“一带一路”与地方志创新
——第六届中国地方志学术年会论文集

主　编　冀祥德
副主编　张英聘　周勇进

方志出版社
Publishing House of Local Records

图书在版编目（CIP）数据

“一带一路”与地方志创新：第六届中国地方志学术年会论文集/冀祥德主编. --北京：方志出版社，2017.5
ISBN 978-7-5144-2412-6

Ⅰ.①一… Ⅱ.①冀… Ⅲ.①方志学—中国 学术会议—文集 Ⅳ.①K290-53

中国版本图书馆 CIP 数据核字（2017）第 080847 号

2016 年 9 月 5—6 日，第六届中国地方志学术年会在甘肃省兰州市召开。主席台就座领导（自左至右）：西北师范大学党委常委、副校长田澍，甘肃省地方史志办公室主任张军利，中国地方志指导小组办公室主任、中国地方志学会副会长兼秘书长冀祥德，西北师范大学校长刘仲奎，中国地方志指导小组办公室副主任、中国地方志学会副会长刘玉宏

（张万乐　摄）

开幕式现场　　　　（滕元明　摄）

冀祥德在开幕式上讲话　　　　（范静　摄）

刘仲奎在开幕式上致辞　　（滕元明　摄）

张军利出席会议　　（滕元明　摄）

刘玉宏在闭幕式上作总结讲话　　（周勇进　摄）

田澍出席会议　　（滕元明　摄）

北京大学中文系中国古文献研究中心教授漆永祥发言

（滕元明　摄）

西北师范大学教授李并成发言

（滕元明　摄）

兰州大学博物馆馆长、教授张克非发言

（周勇进　摄）

大会学术交流　　（滕元明　摄）

大会学术交流　　（周勇进　摄）

第一组讨论会场　　（周勇进　摄）

第二组讨论会场 （周勇进　摄）

第三组讨论会场 （周勇进　摄）

9月6日上午，第六届中国地方志学术年会闭幕式举行　　（周勇进　摄）

会议分组交流汇报　　（滕元明　摄）

第六届中国地方志学术年会

会议合影

（西北师范大学历史文化学院 提供）

《第六届中国地方志学术年会论文集》编辑委员会

目 录

在第六届中国地方志学术年会上的讲话

冀祥德（中国地方志指导小组办公室主任　中国地方志学会副会长兼秘书长）

尊敬的各位来宾，同志们：

大家上午好！今天，第六届中国地方志学术年会在“黄河之都”兰州隆重开幕了。在此，我谨代表中国地方志指导小组及其办公室和中国地方志学会，向来自全国各地的方志专家、学者和地方志工作机构的同志们表示热烈的欢迎！向给予本届学术年会以大力支持的甘肃省委、省政府领导，西北师范大学领导，以及为承办这次会议付出艰辛劳动的西北师范大学、甘肃省地方史志办公室的同志们表示衷心的感谢！

中国地方志学术年会已经连续举办了五届，是中国地方志指导小组办公室和中国地方志学会重点打造的一个品牌性学术会议。本届年会主题为“‘一带一路’与地方志创新”，是为进一步贯彻落实《全国地方志事业发展规划纲要（2015—2020 年）》，充分发挥地方志资源优势，推动方志文化走向世界，增强方志文化影响力，为“一带一路”国家重要战略提供智力支持。此次会议由中国地方志指导小组办公室、中国地方志学会联合主办，西北师范大学承办，甘肃省地方史志办公室协办。

我们都知道，“一带一路”是丝绸之路经济带和 21 世纪海上丝绸之路的简称，2013 年 9 月和 10 月习近平总书记分别提出建设“新丝绸之路经济带”和“21 世纪海上丝绸之路”的战略构想。“一带一路”战略构想旨在借用古代“丝绸之路”的历史符号，发展与沿线国家的经济合作伙伴关系，共同打造政治互信、经济融合、文化包容的利益共同体、命运共同体和责任共同体。建设“一带一路”是党中央作出的重大战略部署，是我国开创全方位开放新格局的重要举措，影响十分深远。今年 8 月 17 日，习近平总书记出席推进“一带一路”建设工作座谈会时也强调，要切实推进舆论宣传，积极宣传“一带一路”建设的实实在在成果，加强“一带一路”建设学术研究、理论支撑、话语体系建设。因此本届地方志学术年会就是要围绕国家的“一带一路”战略，推动地方志工作的创新。

2015 年 8 月 25 日，国务院办公厅印发《全国地方志事业发展规划纲要（2015—2020 年）》

（以下简称《规划纲要》），对地方志工作提出“到2020年，全面完成第二轮修志规划任务，实现省、市、县三级综合年鉴全覆盖”的具体要求，能否在规定时间，完成规定任务，是摆在我们面前的一个重要课题，所以在今后这几年，贯彻落实《规划纲要》提出的要求是地方志工作的一项重要任务。《规划纲要》中提出的旧志整理工作、方志理论研究、方志学学科建设、人才队伍建设等任务，都要求我们要不断加强学术交流与合作，提升地方志学术研究水平，展示地方志的当代价值及永恒魅力，推动方志文化走向世界，增强方志文化的影响力。

方志学与其他中国特色哲学社会科学一样，要体现继承性、民族性，原创性、时代性，系统性、专业性的特点，地方志学者也要有立时代之潮头、通古今之变化、发思想之先声，积极为党和人民述学立论、建言献策的责任感和使命感。

首先，地方志学术研究要围绕中心、服务大局，主动服务和融入国家发展战略。

地方志作为全面系统地记述本行政区域自然、政治、经济、文化和社会的历史与现状的资料性文献，编修传统绵延数千年不断。历朝历代留存的方志达8000余种，占我国现存古籍的十分之一。改革开放以来编修的省市县三级志书近7800种、省市县三级综合年鉴达16000部、部门志行业志22000余部、专业年鉴近7200部、山水名胜志和乡镇村志近5000部，整理出版了历代方志近2500种和大量的地情书，内容极为丰富，覆盖了“一带一路”建设区域的政治、经济、文化、社会、生态文明建设的方方面面。地方志工作者要发挥能动性，主动围绕国家经济社会发展的中心工作和国家战略提供智力服务。

第二，地方志学术研究要展示地方志的当代价值及永恒魅力，推动方志文化走向世界，增强方志文化影响力，为提升国家文化软实力发挥独特作用。

中华民族创造了辉煌灿烂的文化，地方志是具有独特价值的文化载体。地方志的发展经历了从雏形到发展，从发展到成熟的过程，不同历史时期的地方志记录了各地独具特色的社会状况，具有鲜明的区域性、连续性、资料性的特征。卷帙浩繁的地方志资源是成为我国特有的一种地情资源。这一文化现象不仅影响了我国的历史传承，同时也影响了世界上其他的国家和地区，而且将来它的影响力还会不断地扩大，方志存史的传统不仅属于中国，同样也应该属于世界。现在世界各地一些重要的图书收藏机构和研究机构，都藏有大量的中国地方志，地方志作为介绍中国国情，宣传中国文化的媒介，发挥着越来越重要的作用。

第三，地方志学术研究更要为志鉴编纂实践服务，积极利用现有研究成果指导地方志、年鉴的编纂、利用。

思想是行动的先导，理论是实践的指南。地方志学术研究必须要沉下心来，有意识地把理论研究的成果转化成地方志编修实践的工作指南。理论研究如果只是空对空，脱离工作实践，那就是无用的空谈，研究的价值就会失去其应有的意义。为实践服务是地方志理论研究和建设方志学学科的主要目标和依归。

第四，地方志学术研究要开拓视野，提升水平，加强与学术界与海内外相关机构的广泛交流。

一直以来，方志界的研究者囿于自身的学术水平和学术视野，与海内外学术机构和学者的交流不够，这既影响了我们自身学术能力的提高，也不利于扩大方志学研究和方志学学科建设的健康发展，方志文化的推广与弘扬。方志人“修志问道，直笔著史”，固然要有淡泊名利，甘于寂寞的问学态度，但也要有与人学习切磋的意识。“独学而无友，则孤陋寡闻”，只顾低头闭门造车，自娱自乐的学术研究终究上不了台面。中国地方志学术年会就是给全国的方志工作者和学术界搭建了一个高层次、高水平的交流平台，希望大家相互学习，相互砥砺，让学术界更加了解我们的新方志工作，也让方志界在与学术界的交流中真正把握住地方志工作的学术价值和意义。

本届中国地方志学术年会是中国地方志指导小组办公室、中国地方志学会第一次与高校合作，这也是我们在工作模式上的一种尝试和创新，这也符合我们希望不断提升理论研究水平和推动方志学学科体系建设的目标。地方志工作想要谋求更为长远的发展，必须坚持社会各界广泛参与的工作体制。

最后，再次感谢各位与会嘉宾的莅临，感谢承办方和协办方的辛苦工作，预祝大会圆满成功！清代兰州学者江得符有诗句说：“我忆兰州好，秋天景最多。”时逢金秋，祝大家在兰州有所得，有所获。谢谢大家！

在第六届中国地方志学术年会上的致辞

夏红民（甘肃省人民政府副省长　甘肃省地方史志编纂委员会主任）

各位领导，各位嘉宾，同志们，朋友们：

九月的金城金风送爽、瓜果飘香，在这秋色宜人的美好季节，我们相聚在美丽的黄河之都——兰州，迎来了第六届中国地方志学术年会的召开。在此，我谨代表甘肃省人民政府向各位领导和专家学者的到来表示诚挚的欢迎！向中国地方志指导小组办公室长期以来给予甘肃省工作的关心和支持表示衷心感谢！

甘肃是中华民族和华夏文明的重要发祥地，历史悠久、文化厚重、资源丰富、自然风光独特、民族风情浓郁，是名副其实的中华民族文化资源宝库。近年来，甘肃省委、省政府把加强人文交流合作作为丝绸之路经济带甘肃黄金段建设的重要内容，持续有力推动华夏文明传承创新区建设和文化大省建设；坚持“文化先行”，将文化旅游产业作为现代服务业的首位工程，持续深入推进经济结构调整和转型升级。

甘肃自古就是丝绸之路的战略通道和商埠重地，丝路东西横贯全境1600多公里，千百年来创造了“使者相望于道，商旅不绝于途”的盛况，留下了隋朝时期就举办“万国博览会”的传奇，诞生了敦煌这个古中国、印度、希腊、伊斯兰四大文明绝无仅有的交汇地。“丝绸之路三千里，华夏文明八千年”，是对甘肃的生动写照。习近平总书记“一带一路”战略的提出，重新点亮了千年丝绸古路，使其迎来了重焕荣光的历史契机，散发出璀璨夺目的时代光芒。也为甘肃发展提供了千载难逢的历史机遇，让甘肃站在了振兴发展的新起点上，发展变化日新月异。当前，我们正在积极融入和服务“一带一路”建设，围绕打造丝绸之路经济带黄金段扎实实施“13685”战略规划，精心组织筹备丝绸之路（敦煌）国际文化博览会，努力将其打造成国际文化交流的重要平台、中华文化走出去的重要窗口、丝绸之路经济带建设的重要支点。

地方志是具有独特历史文化和学术价值的资料性文献，具有“存史、资政、育人”的功能。两千多年来，编修地方史志代代相传，历久不衰。国有史，方有志，国史和方志形成了我国历史文化的两大支柱，也是我国历史文化传承的两大载体，在全面系统记述自然、政治、经济、文化和社会历史与现状的同时，传承着中华民族的优秀文化，弘扬着中华民族的传统美德。第六届中国地方志学术年会以"'一带一路'与地方志创新"为主题，与国家战略密切吻合，与时代精神高度契合，必将促进地方志事业功能作用和资源优势的进一步发挥，使其在"一带一路"战略中更有作为。

甘肃省委、省政府历来重视地方志事业发展，2009年，我省颁布了《省地方志工作规定》，2013年印发了《关于进一步加强地方志工作的意见》，今年5月编制印发了《甘肃省地方志事业"十三五"发展规划》，这些政策规定的出台，使全省地方志事业进入以法治志、科学发展的新阶段，为全省地方志事业健康快速发展奠定了坚实的基础。当前，我省地方史志工作按照"三级志书为主体，地方综合年鉴为主导，信息化平台为依托，服务社会为支撑"的总体思路，形成了党委领导、政府主持、地方志工作部门组织实施、社会各界广泛参与的工作体制，"一纳入、八到位"的工作机制已全面形成；首轮修志任务全面完成，二轮修志进展顺利，年鉴编辑全面展开，编修成果不断丰富，累计出版地方志书272部，部门志、行业志、乡镇（村）志800多部，综合年鉴、部门行业年鉴400多部；基础平台建设稳步推进，建成地情资料库（方志馆）27个，地方志网站40个。全省地方志工作基础条件建设、业务建设、队伍建设、制度建设和理论建设有了很大提高，各项工作取得了长足发展，服务社会能力不断提升。

甘肃省地方史志学会自1995年成立以来，以方志理论研究为导向，认真研究解决修志实践中的一些理论问题；组织开展旧志整理，发掘传统文化资源；积极参加社会科学优秀成果评奖，认真组织全省第一至第八届地方史志优秀成果评选，为全省地方志学术研究发挥了积极作用。本届全国地方志学术年会在兰州召开，给我们提供了一个难得的学习借鉴机会。各与会代表都是地方志工作方面的行家里手，对地方志理论有着深入的研究，相信这次年会的学术成果，一定会对甘肃"一带一路"建设和地方志创新带来有益的启发和积极促进。

最后，预祝年会取得圆满成功！祝各位领导、专家学者在甘期间生活愉快，身体健康，诸事顺意！

谢谢大家。

在第六届中国地方志学术年会上的致辞

刘仲奎（西北师范大学校长）

各位专家、学者：

早上好！

由中国地方志指导小组办公室、中国地方志学会联合主办，西北师范大学承办，甘肃省地方史志办公室协办的第六届中国地方志学术年会今天在这里隆重开幕了。在此，我谨代表西北师范大学党委、行政和全体师生，向前来参加此次会议的各位来宾、专家、学者，表示热烈的欢迎，向会议的召开表示热烈的祝贺！

西北师范大学是甘肃省人民政府和教育部共同建设的重点大学，是国家重点支持的西部地区十四所大学之一，学校发端于1902年京师大学堂师范馆，可谓历史悠久，积淀深厚。在长期办学历程中，学校始终坚持立德树人，坚守培养人类灵魂工程师的高地，形成了“围绕学生成长这个中心，依靠教师发展这个根本，突出教学重心”的办学思路，培养了各类人才21余万人。学校的校训是“知术欲圆、行旨须直”，正是在这一精神的引领下，西北师大人一路奋发，开拓创新，为甘肃乃至西北地区教育事业发展、社会经济发展和文化繁荣做出了积极贡献。

西北师范大学地处丝绸之路“黄金路段”的甘肃。在学科建设和科学研究领域，学校具有良好的基础，拥有一支结构合理、学识渊博、勤奋敬业的师资队伍。学校在西北少数民族教育、敦煌学、简牍学、西北史地、西北民族宗教与文化、陇右地方文献、西北方言研究等方面，经验丰富、成果丰硕。近年来，学校连续主办“历史与展望：中西交通与华夏文明”国际学术研讨会、“丝绸之路黄金段：甘肃丝绸之路文化高层论坛”等会议，在学术界产生了良好的影响。

“第六届中国地方志学术年会”的主题非常明确，即“一带一路”与地方志创新，这是贯彻落实《全国地方志事业发展规划纲要（2015—2020年）》的重要举措，是充分发挥地方志资源优势，推动方志文化走向世界，增强方志文化影响力，为“一带一路”国家重要战略提供智力支持的重要手段。“一带一路”战略承载着丝路沿线国家人民的“发展梦”，承载着甘肃人民的“幸福梦”，也承载着西北师大这所百年老校的“育人梦”。作为“一带一路”高校战略联盟之一，西北师大将积极发挥高校的育人功能，充分发挥学校教学科研优势，整合共享校内外各类资源，从人文沟通、人才培养、学术研究等方面入手，持续为“一带一路”建设提供人才保障和智力支持，不断为国家教育事业发展贡献力量。

今天，我们相聚在西北师范大学，这是我们向各位专家学者请教问学的好机会，预祝大会圆满成功，祝各位领导、各位嘉宾身体健康，工作顺利！

谢谢大家！

在第六届中国地方志学术年会上的总结讲话

刘玉宏（中国地方志指导小组办公室副主任　中国地方志学会副会长）

各位来宾，各位专家学者：

经过两天紧张而有序的交流，会议圆满完成了各项议程，下面由我作会议总结，并对本届学术年会的基本情况、总体认识作简要概述。

一　关于会议的总体情况

此次学术年会以“‘一带一路’与地方志创新”为主题，具有极为深远的重要意义。“一带一路”战略作为国家重要战略，绝非经济发展专利，也应成为文化大发展的战略契机，作为资治、存史、教化的地方志，如何在实施这一战略中发挥其特有的功能和作用，是值得思考和研究的重要课题。

从这次文章的征集看，也说明我们选择这一主题是正确的。本届学术年会共有110余人参加，两天来与会专家学者围绕年会主题，采取大会交流与分组讨论相结合的方式，大会发言10人，分组讨论66人次，相应的论文点评66人次。与会专家学者热烈讨论、广泛交流，就“一带一路”与地方志创新问题交换看法、总结经验，发言与点评准备充分，收到了良好的效果。

二　关于会议研讨内容的概述

方志编修，理论先行。与会专家学者围绕年会主题，研讨的主要内容涉及“一带一路”视野下的方志学理论创新、方志编纂、方志文献的整理与研究、方志文献价值的再评价以及方志文献所见“一带一路”文化交流、区域文化研究、方志文化与社会变迁、地方志服务“一带一路”建设的路径与方法、地方志工作模式创新研究等议题。尤为值得注意的是，本届年会紧跟时事热点，以习近平总书记在哲学社会科学工作座谈会上的讲话为指导，就地方志在哲学社会科学领域中的地位与作用进行了系统阐释。还有3篇就南海主权问题撰写的文章，从志书中提供了历史依据，充分彰显了地方志资政、存史的作用。

三　本届年会所呈现出的特点

与工作会议不同，此次学术年会带有明显的学术会议的特点，无论从内容还是形式都具备了学术性、现实性、特色性、针对性、广泛性、创新性和指导性。

（一）学术性

本届年会秉承历届学术年会的传统，首重学术性。与会专家学者和方志界同人准备充分，对各自研究的问题有观点、有方法、有创新，提交的论文水平高，有深度，质量好。

（二）现实性

大家围绕热点、难点、要点问题，抓的准确，站在理论研究最前沿，对“一带一路”、南海问题、志鉴编纂中的基本问题等方面展开研究。选题充分考虑与现实的呼应，研究内容有现实性。修志问道，修志为用，从学术研究的高度较好地回答了一系列现实问题。

（三）特色性

各位专家学者研究的题目，有意识形态方面的，有编纂实践方面的，有宏观的，有具体的，大家依据各自的工作岗位和研究领域，提出的学术观点各具特色，既代表了国内方志研究的水平，又彰显了各自的学术个性，独特新颖。

（四）针对性

方志界和高等院校等科研机构相比，编纂实践经验丰富，业务熟练，但在方志理论研究层面相对薄弱，特别是对一些基本理论问题，还缺乏深入研究，缺乏正确引导，缺乏系统性，呈现碎片化的趋势，有些基本问题概念不清，观点不一。此次学术年会则对很多基础问题作了深入研究，很有针对性，这个研究态势非常好，难能可贵。

（五）广泛性

本届年会内容包罗万象，既有明确的研讨主题，又涉及志鉴编纂的方方面面，有文化建设的战略思考，有“一带一路”的路径方法，有对南海问题的回应佐证，有志鉴编纂实践的深入思考。同时，在人员的参与上也具有广泛性，涉及方志界、高等院校、科研机构、志鉴收藏机构等与方志研究相关的各方面专家学者。会议收到各方面的论文 170 余篇，涵盖了方志学学科的各个方面，无论是数量还是内容都超过了往年。

（六）创新性

此次年会由中国地方志指导小组办公室、中国地方志学会主办，西北师范大学承办，是方志界首次与高校在学术会议上进行合作。这是在合作模式上的一种新尝试，这对于推动方志理论研究和方志学学科建设将产生深远的影响。

（七）指导性

本届年会的许多论文涉及第二轮修志中出现的现实问题，各地都在探索新形势下如何使地方志书贴近现实，提高编纂质量，以服务现实社会需要。如何更好地开展地方志工作，推动地方志事业健康发展，很多专家都具有丰富的实践经验，会上他们不仅对一些现实问题提出具体可行的解决办法，而且提出了许多开创性的工作思路，对于指导地方志工作实践具有非常重要的意义。

四　对方志理论研究现状的几点建议

（一）抓机遇，乘势而上

党的十八大以来，党中央从坚持和发展中国特色社会主义全局出发，作出全面建成小康社会、全面深化改革、全面依法治国、全面从严治党的战略部署，确立了实现“两个一百年”、实现中华民族伟大复兴中国梦的奋斗目标。党的十八大以来，新一届中央领导集体非常重视传统文化在中国特色社会主义建设中的重要作用，十分关心地方志工作，多次发表重要讲话、作出重要批示。习近平总书记2014年2月到首都博物馆考察时强调要“高度重视修史修志”。这些重要指示将地方志工作列为传承优秀文化传统的重要抓手，为弘扬优秀的修志传统指明了方向。李克强总理2014年4月就第五次全国地方志工作会议召开作出重要批示，强调"修志问道，以启未来"。2015年12月29日，又对全国地方志系统先进模范座谈会作出批示，要求“各级政府都要关心和支持地方志事业发展，也希望地方志工作者继续发扬方志人精神，志存高远，力学笃行，直笔著信史，彰善引风气，为当代提供资政辅治之参考，为后世留下堪存堪鉴之记述”。中央领导同志如此密集地就地方志工作发表重要讲话、作出重要批示，肯定地方志工作的重要作用，对地方志工作提出新任务新要求，是极为罕见的，充分凸显了地方志工作作为国家基础性文化建设工作的重要性。

继国务院《地方志工作条例》之后，2015年8月，国务院办公厅印发《全国地方志事业发展规划纲要（2015—2020年）》，明确了到2020年的总体目标与主要任务，是指导今后一个时期全国地方志工作的重要政策性文件。第五届中国地方志指导小组于2013年12月组建后，王伟光组长、李培林常务副组长为推动地方志工作，已调研了全国30个省（自治区、直辖市），可以说是亲历亲为，不遗余力。

全国各地修志热情高，政府依法修志意识不断增强，方志工作机构开拓创新，上下联动，我们趁势而上，珍惜和继续保持这种良好的发展态势和前所未有的大好局面。

（二）树品牌，弘扬方志文化

地方志具有地域性、综合性、资料性、客观性、连续性的特点，是极好的地情教科书，是丰富的地情资料库。因此，方志文化是地方文化建设的一项重要资源，各级党委政府对地方志工作都很重视，社会各界有识之士对地方志也有很深入的了解，十分重视地方志书的编纂和研究，使地方志编修成为了中华民族一个优良的文化传统。但从全社会的层面来讲，大众对方志为何物还不甚清楚。这是摆在我们方志界面前的一个大问题，需要我们不断通过各种途径宣传方志文化，树立品牌意识，让社会公众了解什么是方志，方志文化在社会义文化建设中的地位和作用，为什么几千年来方志编修传统能赓续不辍，传承不断。

（三）抓基础，推动学科建设

方志学基础理论问题历代博学鸿儒多有阐述，近几年方志界提出了方志学学科建设问题，有许多专家学者一直在呼吁，期盼早日建立独立的方志学学科，但现实推进力度还不理想。方志界重编纂实践轻理论研究的局面并没有得到根本的扭转，在理论研究人才培养和学科基础建议方面都有待加强，特别是地方志系统参公管理以后，在制度管理层面也产生了一定的影响。建立独立的方志学学科的路线图、时间表并没有落地，具体推动措施还有待付诸行动。因此需要在做好顶层设计的同时，加大推进力度，力争早日实现方志学学科的建设目标。方志学科建设既需要我们有编纂实践，又需要我们有雄厚的基础理论作支撑，这是建设方志学学科的必要条件。

（四）放眼量，续写方志新篇

方志界常说地方志工作机构是冷部门、边缘部门，但大家又都认为地方志工作特别重要，中心工作往往也需要史志工作在文化上的智力支持。其实地方志工作部门现在不是冷部门，而是内热外冷，内部热火朝天外部关注度不够而已。这主要是因为我们的宣传工作力度还不够，说明我们的眼界不够开阔，站的还不够高，这一局面亟需改变。在重视基础理论研究的同时要关注大问题，要清楚方志文化在社会主义文化建设中的地位和作用。比如国家在实施“一带一路”战略时方志能起什么作用，在南海问题上怎样才能彰显方志存史的重要性，这些都需要我们用实际工作去证明，去展示。中国社科院之所以能定位为马克思主义坚强阵地、哲学社会科学研究的最高殿堂、党中央国务院重要的思想库、智囊团，就是一代代社科人积极关注现实问题，研究现实问题，回答现实问题，解决现实问题的结果。地方志工作也需要这样，要站在国家文化建设的高度，证明地方志工作存在的价值，来提升地方志的公信力。让全社会认识方志，了解方志，重视方志，运用方志，热爱方志。把我们优秀的修志用志传统发扬下去。

同志们，这次会议的成功举办，得到了西北师范大学和甘肃省地方史志办公室的大力支持，西北师范大学的领导、老师和同学们统筹规划，精心安排，在材料准备，会务安排，会务服务等方面都付出了辛勤劳动。甘肃省地方史志办公室的领导和同志们积极为会议保驾护航，投入了大量的人力物力，我提议让我们以热烈的掌声对西北师范大学和甘肃省地方史志办公室的各位领导和同志们表示衷心的感谢。最后，还要感谢与会的专家学者对本届学术年会的大力支持，谢谢大家。

我国哲学社会科学繁荣发展的纲领性文献

——学习习近平总书记在哲学社会科学工作座谈会上讲话的体会

朱敏彦（上海市地方志办公室）

提要：习近平在哲学社会科学工作座谈会上的讲话（简称《讲话》），全面总结中国共产党领导哲学社会科学工作的基本经验，集中反映中国共产党对哲学社会科学重要地位和作用的最新认识，深刻阐述坚持马克思主义在我国哲学社会科学领域的指导地位，明确提出加快构建中国特色哲学社会科学，着力强调要加强和改善党对哲学社会科学工作的领导。《讲话》标志着中国共产党对于发展什么样的哲学社会科学、怎样发展哲学社会科学的认识更加深化，是我国今后一段时期哲学社会科学繁荣发展的纲领性文献。地方志事业是整个哲学社会科学事业中不可或缺的组成部分，《讲话》同样也是我国今后一段时期繁荣发展地方志事业的纲领性文献。

关键词：习近平　繁荣发展　哲学社会科学

2016年5月19日，中共中央总书记、国家主席习近平在哲学社会科学工作座谈会上作了关于进一步繁荣发展哲学社会科学的讲话（简称《讲话》），全面总结了中国共产党领导哲学社会科学工作的基本经验，深刻阐明了我国哲学社会科学发展的一系列具有重大现实意义和理论意义的问题，提出了繁荣发展哲学社会科学的基本思路。《讲话》标志着中国共产党对于发展什么样的哲学社会科学、怎样发展哲学社会科学的认识更加深化，是我国今后一段时期哲学社会科学繁荣发展的纲领性文献。地方志事业是整个哲学社会科学事业中不可或缺的组成部分，《讲话》同样也是我国今后一段时期繁荣发展地方志事业的纲领性文献。

一　《讲话》集中反映中国共产党对哲学社会科学重要地位和作用的最新认识

中国共产党历来高度重视哲学社会科学。习近平回顾了毛泽东、邓小平、江泽民、胡锦涛同志对哲学社会科学重要地位和作用的论述。《讲话》指出：“毛泽东同志就是一位伟大的哲学家、思想家、社会科学家，他撰写的《矛盾论》《实践论》等哲学名篇至今仍具有重要指导意义，他的许多调查研究名篇对我国社会做出了鞭辟入里的分析，是社会科学的经典之作。进入改革开放历史新时期，邓小平同志指出：‘科学当然包括社会科学。’‘政治学、法学、社会学以及世界政治的研究，我们过去多年忽视了，现在也需要赶快补课。’江泽民同志指出：‘在认识和改造世界的过程中，哲学社会科学与自然科学同样重要；培养高水平的哲学社会科学家，与培养高水平的自然科学家同样重要；提高全民族的哲学社会科学素质，与提高全民族的自然科学素质同样重要；任用好哲学社会科学人才并充分发挥他们的作用，与任用好自然科学人才并发挥他们的作用同样重要。’胡锦涛同志说：‘应对激烈的国际综合国力竞争，在不断增强我国的经济实力的同时增强我国的文化创造力、民族凝聚力，增强中华文明的影响力，迫切需要哲学社会科学发展具有中国特色的学科体系和学术思想。’党的十八大以来，党中央继续制定政策、采取措施，大力推动哲学社会科学发展。”

中国共产党领导下的哲学社会科学工作者对于中国革命、建设和改革开放发挥了极其重要的作用、在新民主主义革命和社会主义建设时期，哲学社会科学对于传播马克思主义，实现马克思主义中国化，取得新民主主义革命胜利和社会主义建设成就，做出了重要贡献。中共十一届三中全会以来，哲学社会科学对于党的思想路线的重新确立和指导思想的丰富发展，对于马克思列宁主义、毛泽东思想、邓小平理论和“三个代表”重要思想武装全党教育干部和人民，对于深化共产党执政规律、社会主义建设规律、人类社会发展规律的认识，对于推动改革开放和促进社会主义物质文明、政治文明、精神文明协调发展，对于弘扬和培育民族精神，引导人们树立有利于中国特色社会主义事业发展的思想观念，做出了重要贡献。对此，习近平在《讲话》中强调：“广大哲学社会科学工作者解放思想、实事求是、与时俱进，坚持以马克思主义为指导，坚持为人民服务、为社会主义服务方向和百花齐放、百家争鸣方针，深入研究和回答我国发展和我们党执政面临的重大理论和实践问题，推出一大批重要学术成果，为坚持和发展中国特色社会主义做出了重大贡献。”

进入21世纪以来，党中央就繁荣发展哲学社会科学这一专题作过一系列的重要指示。提出哲学社会科学与自然科学“四个同样重要”，对哲学社会科学要做到“五个高度重视”，提出哲学社会科学有“两个不可替代的作用”，指出哲学社会科学与自然科学，两者“犹如车之两轮，鸟之两翼，同等重要”，“发展哲学社会科学，是我国科教兴国战略的重要组成部分”，强调“哲学社会科学的发展水平和繁荣程度，是一个民族的综合素质和文化力量的重要体现和标志，积极发展哲学社会科学是全党和全社会的重要任务。”

习近平根据新形势、新发展、新要求，对哲学社会科学的重要地位和作用作了进一步的阐述：根据“五个面对”，提出“六个如何”。即面对社会思想观念和价值取向日趋活跃、主流和非主流同时并存、社会思潮纷纭激荡的新形势，如何巩固马克思主义在意识形态领域的指导地位，培育和践行社会主义核心价值观，巩固全党全国各族人民团结奋斗的共同思想基础，迫切需要哲学社会科学更好发挥作用。面对我国经济发展进入新常态、国际发展环境深刻变化的新形势，如何贯彻落实新发展理念、加快转变经济发展方式、提高发展质量和效益，如何更好保障和改善民生、促进社会公平正义，迫切需要哲学社会科学更好发挥作用。面对改革进入攻坚期和深水区、各种深层次矛盾和问题不断呈现、各类风险和挑战不断增多的新形势，如何提高改革决策水平、推进国家治理体系和治理能力现代化，迫切需要哲学社会科学更好发挥作用。面对世界范围内各种思想文化交流交融交锋的新形势，如何加快建设社会主义文化强国、增强文化软实力、提高我国在国际上的话语权，迫切需要哲学社会科学更好发挥作用。面对全面从严治党进入重要阶段、党面临的风险和考验集中显现的新形势，如何不断提高党的领导水平和执政水平、增强拒腐防变和抵御风险能力，使党始终成为中国特色社会主义事业的坚强领导核心，迫切需要哲学社会科学更好发挥作用。习近平强调“新形势下，我国哲学社会科学地位更加重要、任务更加繁重。”“坚持和发展中国特色社会主义，统筹推进‘五位一体’总体布局和协调推进‘四个全面’战略布局，实现‘两个一百年’奋斗目标、实现中华民族伟大复兴的中国梦，我国哲学社会科学可以也应该大有作为。”

习近平在《讲话》中明确指出：“历史表明，社会大变革的时代，一定是哲学社会科学大发展的时代。当代中国正经历着我国历史上最为广泛而深刻的社会变革，也正在进行着人类历史上最为宏大而独特的实践创新。这种前无古人的伟大实践，必将给理论创造、学术繁荣提供强大动力和广阔空间。这是一个需要理论而且一定能够产生理论的时代，这是一个需要思想而且一定能够产生思想的时代。我们不能辜负了这个时代。自古以来，我国知识分子就有‘为天地立心，为生民立命，为往圣继绝学，为万世开太平’的志向和传统。一切有理想、有抱负的哲学社会科学工作者都应该立时代之潮头、通古今之变化、发思想之先声，积极为党和人民述学立论、建言献策，担负起历史赋予的光荣使命。”

二　《讲话》深刻阐述坚持马克思主义在我国哲学社会科学领域的指导地位

繁荣发展哲学社会科学必须坚持马克思主义的指导地位，始终保持哲学社会科学发展的正确方向。必须坚持以马克思列宁主义、毛泽东思想、邓小平理论、“三个代表”重要思想、科学发展观为指导，善于把马克思主义的基本原理同中国具体实际相结合，把马克思主义的立场、观点和方法贯穿到哲学社会科学工作中，用发展着的马克思主义指导哲学社会科学。

马克思主义是我们立党立国的根本指导思想，是社会主义意识形态的旗帜和灵魂，是全党全国人民团结奋斗的思想基础，是建设中国特色社会主义的根本保证。哲学社会科学作为党的意识形态工作的重要组成部分，必须始终坚持马克思主义的指导地位。习近平强调，“坚持以马克思主义为指导，是当代中国哲学社会科学区别于其他哲学社会科学的根本标志，必须旗帜鲜明加以坚持。”深刻领会这一论断，繁荣我国哲学社会科学，对于广大理论工作者和从事社科管理工作的同志的健康成长，有着重大意义。这是因为，马克思主义的产生是人类思想史上的伟大革命。马克思主义是极其严密的科学理论体系。马克思主义的基本原理，特别是它的世界观和方法论，是我们认识世界和改造世界的强大思想武器。只有马克思主义才能指导哲学社会科学工作者深刻认识社会发展的客观规律，把握世界形势变化的本质，不被历史长河中的漩涡和逆流所迷惑。如果离开马克思主义的指导，我们的哲学社会科学事业就会偏离正确的轨道，就难以为改革开放和现代化建设提供有力的思想保证、理论支持和文化条件。因此，哲学社会科学的一切学科和领域，都必须坚持以马克思主义为指导，决不能搞指导思想上的多元化。为此，习近平在《讲话》中强调，“我国哲学社会科学坚持以马克思主义为指导，是近代以来我国发展历程赋予的规定性和必然性。在我国，不坚持以马克思主义为指导，哲学社会科学就会失去灵魂、迷失方向，最终也不能发挥应有作用。正所谓‘夫道不欲杂，杂则多，多则扰，扰则忧，忧而不救’。”

马克思主义进入中国，既引发了中华文明的深刻变革，也走过了一个逐步中国化的过程。在革命、建设、改革各个历史时期，我们党坚持马克思主义基本原理同中国具体实际相结合，运用马克思主义立场、观点、方法研究解决各种重大理论和实践问题，不断推进马克思主义中国化，产生了毛泽东思想、邓小平理论、“三个代表”重要思想、科学发展观等重大成果，指导党和人民取得了新民主主义革命、社会主义革命和社会主义建设、改革开放的伟大成就。尽管如此，马克思主义中国化进程仍未结束。习近平在《讲话》中明确指出，“我国哲学社会科学的一项重要任务就是继续推进马克思主义中国化、时代化、大众化，继续发展21世纪马克思主义、当代中国马克思主义。”

当前，在对待坚持以马克思主义为指导的问题上，有一些同志存在对马克思主义理解不深、理解不透，在运用马克思主义立场、观点、方法上功力不足、高水平成果不多，在建设以马克思主义为指导的学科体系、学术体系、话语体系上功力不足、高水平成果不多的状况。社会上也存在一些模糊甚至错误的认识，有的认为马克思主义已经过时，中国现在搞的不是马克思主义；有的说马克思主义只是一种意识形态说教，没有学术上的学理性和系统性。实际工作中，在有的领域中马克思主义被边缘化、空泛化、标签化，在一些学科中“失语”、教材中“失踪”、论坛上“失声”等等。习近平强调“这种状况必须引起我们高度重视”！要求我国广大哲学社会科学工作者“自觉坚持以马克思主义为指导，自觉把中国特色社会主义理论体系贯穿研究和教学全过程，转化为清醒的理论自觉、坚定的政治信念、科学的思维方法”。

如何坚持马克思主义在我国哲学社会科学领域的指导地位？习近平在《讲话》中提出：（一）“首先要解决真懂真信的问题”。哲学社会科学发展状况与其研究者坚持什么样的世界观、方法论紧密相关。人们必须有了正确的世界观、方法论，才能更好地观察和解释自然界、人类社会、人类思维各种现象，揭示蕴含在其中的规律。马克思主义关于世界的物质性及其发展规律、人类社会及其发展规律、认识的本质及其发展规律等原理，为我们研究把握哲学社会科学各个学科、各个领域提供了基本的世界观、方法论。只有真正弄懂了马克思主义，才能在揭示共产党执政规律、社会主义建设规律、人类社会发展规律上不断有所发现、有所创造，才能更好识别各种唯心主义观点、更好抵御各种历史虚无主义谬论。（二）“核心要解决好为什么人的问题”。世界上没有纯而又纯的哲学社会科学。世界上伟大的哲学社会科学成果都是在回答和解决人与社会面临的重大问题中创造出来的。研究者生活在现实社会中，研究什么，主张什么，都会打下社会烙印。党和国家一切工作的出发点和落脚点是实现好、维护好、发展好最广大人民根本利益。我国哲学社会科学要有所作为，就必须坚持以人民为中心的研究导向。脱离了人民，哲学社会科学就不会有吸引力、感染力、影响力、生命力。我国广大哲学社会科学工作者要坚持人民是历史创造者的观点，树立为人民做学问的理想，尊重人民主体地位，聚焦人民实践创造，自觉把个人学术追求同国家和民族发展紧密联系在一起，努力多出经得起实践、人民、历史检验的研究成果。（三）“最终要落实到怎么用上来”。马克思主义具有与时俱进的理论品质。新形势下，坚持马克思主义，最重要的是坚持马克思主义基本原理和贯穿其中的立场、观点、方法。这是马克思主义的精髓和活的灵魂。马克思主义是随着时代、实践、科学发展而不断发展的开放的理论体系，它并没有结束真理，而是开辟了通向真理的道路。把坚持马克思主义和发展马克思主义统一起来，结合新的实践不断作出新的理论创造，这是马克思主义永葆生机活力的奥妙所在。

三 《讲话》明确提出加快构建中国特色哲学社会科学

哲学社会科学的特色、风格、气派，是发展到一定阶段的产物，是成熟的标志，是实力的象征，也是自信的体现。我国是哲学社会科学大国，研究队伍、论文数量、政府投入等均在世界前列，但目前在学术命题、学术思想、学术观点、学术标准、学术话语上的能力和水平同我国综合国力和国际地位还不太相称。为此，习近平在《讲话》中明确提出：“要按照立足中国、借鉴国外，挖掘历史、把握当代，关怀人类、面向未来的思路，着力构建中国特色哲学社会科学，在指导思想、学科体系、学术体系、话语体系等方面充分体现中国特色、中国风格、中国气派。”

习近平在《讲话》中明确指出中国特色哲学社会科学具有三方面的特点：

第一，体现继承性、民族性。绵延几千年的中华文化，是中国特色哲学社会科学成长发展的深厚基础。中华民族有着深厚文化传统，形成了富有特色的思想体系，体现了中国人几千年来积累的知识智慧和理性思辨。中华文明延续着我们国家和民族的精神血脉，既需要薪火相传、代代守护，也需要与时俱进、推陈出新。要加强对中华优秀传统文化的挖掘和阐发，使中华民族最基本的文化基因与当代文化相适应、与现代社会相协调，把跨越时空、超越国界、富有永恒魅力、具有当代价值的文化精神弘扬起来。要推动中华文明创造性转化、创新性发展，激活其生命力，让中华文明同各国人民创造的多彩文明一道，为人类提供正确精神指引。为此，习近平明确要求，哲学社会科学工作者“要围绕我国和世界发展面临的重大问题，着力提出能够体现中国立场、中国智慧、中国价值的理念、主张、方案。”“不仅要让世界知道‘舌尖上的中国’，还要让世界知道‘学术中的中国’‘理论中的中国’‘哲学社会科学中的中国’，让世界知道‘发展中的中国’‘开放中的中国’‘为人类文明做贡献的中国’。”习近平在强调民族性的同时，还指出不要排斥其他国家的学术研究成果，“要在比较、对照、批判、吸收、升华的基础上，使民族性更加符合当代中国和当今世界的发展要求，越是民族的越是世界的。解决好民族性问题，就有更强能力去解决世界性问题；把中国实践总结好，就有更强能力为解决世界性问题提供思路和办法。”

第二，体现原创性、时代性。理论的生命力在于创新。创新是哲学社会科学发展的永恒主题，也是社会发展、实践深化、历史前进对哲学社会科学的必然要求。改革开放以来，中国共产党坚持理论创新，正确回答了什么是社会主义、怎样建设社会主义，建设什么样的党、怎样建设党，实现什么样的发展、怎样发展等重大课题，不断根据新的实践推出新的理论，为制定各项方针政策、推进各项工作提供了科学指导。推进国家治理体系和治理能力现代化，发展社会主义市场经济，发展社会主义民主政治，发展社会主义协商民主，建设中国特色社会主义法治体系，发展社会主义先进文化，培育和践行社会主义核心价值观，建设社会主义和谐社会，建设生态文明，构建开放型经济新体制，实施总体国家安全观，建设人类命运共同体，推进“一带一路”建设，坚持正确义利观，加强党的执政能力建设，坚持走中国特色强军之路、实现党在新形势下的强军目标等等，都是具有原创性、时代性的概念和理论。在这个过程中，我国哲学社会科学界做出了重大贡献，也形成了不可比拟的优势。习近平强调，“我国哲学社会科学应该以我们正在做的事情为中心，从我国改革发展的实践中挖掘新材料、发现新问题、提出新观点、构建新理论，加强对改革开放和社会主义现代化建设实践经验的系统总结，加强对发展社会主义市场经济、民主政治、先进文化、和谐社会、生态文明以及党的执政能力建设等领域的分析研究，加强对党中央治国理政新理念新思想新战略的研究阐释，提炼出有学理性的新理论，概括出有规律性的新实践。”

第三，体现系统性、专业性。习近平在《讲话》中指出，“中国特色哲学社会科学应该涵盖历史、经济、政治、文化、社会、生态、军事、党建等各领域，囊括传统学科、新兴学科、前沿学科、交叉学科、冷门学科等诸多学科，不断推进学科体系、学术体系、话语体系建设和创新，努力构建一个全方位、全领域、全要素的哲学社会科学体系。”我国哲学社会科学学科体系已基本确立，但还存在一些亟待解决的问题，主要是一些学科设置同社会发展联系不够紧密，学科体系不够健全，新兴学科、交叉学科建设比较薄弱。针对这种情况，习近平明确指出，“要突出优势、拓展领域、补齐短板、完善体系。”“要通过努力，使基础学科健全扎实、重点学科优势突出、新兴学科和交叉学科创新发展、冷门学科代有传承、基础研究和应用研究相辅相成、学术研究和成果应用相互促进。”习近平认为，“发挥我国哲学社会科学作用，要注意加强话语体系建设。”在当前，如何加强哲学社会科学学术话语体系建设？一是把研究阐释当代中国马克思主义作为主攻方向，引领建设具有中国特色、中国风格、中国气派的哲学社会科学学术话语体系；二是深入研究阐释习近平总书记治国理政新理念新思想新战略，是建设中国特色中国风格中国气派的哲学社会科学最首要、最根本的任务；三是深入研究回答国际国内关注的重大理论和现实问题，是推进中国特色中国风格中国气派哲学社会科学学术话语体系建设的重点突破口。习近平强调，“构建中国特色哲学社会科学是一个系统工程，是一项极其繁重的任务，要加强顶层设计，统筹各方面力量协同推进。”一是要实施哲学社会科学创新工程，搭建哲学社会科学创新平台，全面推进哲学社会科学各领域创新；二是要充分发挥马克思主义理论研究和建设工程、中国特色社会主义理论体系研究中心、马克思主义学院、报刊网络理论宣传等思想理论工作平台的作用，深化拓展马克思主义理论研究和宣传教育。三是要运用互联网和大数据技术，加强哲学社会科学图书文献、网络、数据库等基础设施和信息化建设，加快国家哲学社会科学文献中心建设，构建方便快捷、资源共享的哲学社会科学研究信息化平台。四是要创新科研经费分配、资助、管理体制，更好发挥国家社科基金作用，把财政拨款和专项资助结合起来，把普遍性经费资助和竞争性经费资助结合起来，把政府资助和社会捐赠结合起来，加大科研投入，提高经费使用效率。五是要建立科学权威、公开透明的哲学社会科学成果评价体系，建立优秀成果推介制度，把优秀研究成果真正评出来、推广开。

四 《讲话》着力强调要加强和改善党对哲学社会科学工作的领导

哲学社会科学事业是党和人民的重要事业，哲学社会科学战线是党和人民的重要战线。加强和改善党对哲学社会科学工作的领导，是繁荣发展我国哲学社会科学事业的根本保证。

习近平在《讲话》中把深化管理体制改革作为繁荣发展哲学社会科学的强大动力。“各级党委要把哲学社会科学工作纳入重要议事日程，加强政治领导和工作指导，一手抓繁荣发展、一手抓引导管理。要深化管理体制改革，形成既能把握正确方向又能激发科研活力的体制机制，统筹管理好重要人才、重要阵地、重大研究规划、重大研究项目、重大资金分配、重大评价评奖活动。”积极探索和建立符合哲学社会科学发展规律、与社会主义市场经济体制相协调的科研及管理体制，是发展哲学社会科学事业的重要条件。要深化哲学社会科学研究体制改革，整合研究力量，优化资源配置，不断推出有重大价值和重要影响力的研究成果。“要统筹国家层面研究和地方层面研究，优化科研布局，合理配置资源，处理好投入和效益、数量和质量、规模和结构的关系，增强哲学社会科学发展能力。”国家级的社会科学研究机构和重点高等学校主要承担重大基础理论研究，关系党和国家事业发展全局的战略性、前瞻性问题及重大现实问题的研究，并努力形成各自的优势和特色。地方社会科学研究机构应主要围绕本地区经济社会发展的实际开展应用对策研究，有条件的可开展有地方特色和区域优势的基础理论研究。要深化哲学社会科学教学改革，以提高教学质量和课堂效果为重点，改革教学内容和教学方式。要深化哲学社会科学规划体制改革，改革国家社会科学研究基金评审制度，重点支持重大基础研究项目和重大现实问题研究项目，着力推出代表国家水平的哲学社会科学研究成果。要建立和完善哲学社会科学评价和激励机制。推动理论创新，推动理论与实际结合。完善哲学社会科学成果的奖励制度，鼓励多出优秀成果、多出优秀人才。

习近平在《讲话》中把智库建设和人才培养作为繁荣发展哲学社会科学的重要基础。中共十八届三中全会提出，要加强中国特色新型智库建设，建立健全决策咨询制度。中共十八届五中全会强调，要实施哲学社会科学创新工程，建设中国特色新型智库。2015 年 11 月，习近平主持中央深改组会议，通过了国家高端智库建设试点工作方案，第一批高端智库建立并运行。习近平强调，“要建设一批国家亟需、特色鲜明、制度创新、引领发展的高端智库，重点围绕国家重大战略需求开展前瞻性、针对性、储备性政策研究。”习近平针对近年来我国智库研究存在重数量、轻质量，重形式传播、轻内容创新的问题，以及流于搭台子、请名人、办论坛等形式主义的做法，强调“智库建设要把重点放在提高研究质量、推动内容创新上。要加强决策部门同智库的信息共享和互动交流，把党政部门政策研究同智库对策研究紧密结合起来，引导和推动智库建设健康发展、更好发挥作用。”建设中国特色社会主义这项前无古人的伟大事业要求必须建设一支宏大的哲学社会科学队伍、高度重视哲学社会科学人才的培养和使用，实施哲学社会科学人才工程，着力发现、培养、集聚一批有深厚马克思主义理论素养、立足中国、面向世界、学贯中西的思想家和理论家，一批理论功底扎实、勇于开拓创新的学科带头人，一批年富力强、政治和业务素质良好、锐意进取的中青年学术骨干，构建种类齐全、梯队衔接的哲学社会科学人才体系。要认真贯彻党的知识分子政策，尊重劳动、尊重知识、尊重人才、尊重创造，做到政治上充分信任、思想上主动引导、工作上创造条件、生活上关心照顾，多为他们办实事、做好事、解难事。要加强哲学社会科学优秀人才使用，让德才兼备的人才在重要岗位上发挥作用。

习近平在《讲话》中把贯彻“百花齐放、百家争鸣”作为繁荣发展哲学社会科学的重要方针。改革开放三十多年来我国哲学社会科学的空前繁荣和出现的朝气蓬勃、生动活泼的局面，无不与始终贯彻“双百”方针有关。实践证明，“双百”方针是繁荣发展我国哲学社会科学事业的正确方针。繁荣发展哲学社会科学，必须紧紧围绕全党全国工作大局，促进社会主义经济建设、政治建设、文化建设和社会建设协调发展和人的全面发展，为全面建设小康社会、开创中国特色社会主义事业新局面提供思想保证、精神动力和智力支持。哲学社会科学有着独特的发展规律，理论研究是一种复杂的精神劳动。要尊重哲学社会科学规律，尊重哲学社会科学工作者的创造性劳动，为哲学社会科学工作者提供广阔的创造空间。习近平明确指出，“要提倡理论创新和知识创新，鼓励大胆探索，开展平等、健康、活泼和充分说理的学术争鸣，活跃学术空气。要坚持和发扬学术民主，尊重差异，包容多样，提倡不同学术观点、不同风格学派相互切磋、平等讨论。要正确区分学术问题和政治问题，不要把一般的学术问题当成政治问题，也不要把政治问题当作一般的学术问题，既反对打着学术研究旗号从事违背学术道德、违反宪法法律的假学术行为，也反对把学术问题和政治问题混淆起来、用解决政治问题的办法对待学术问题的简单化做法”。

习近平在《讲话》中把解决学风问题作为繁荣发展哲学社会科学的重要方面。当前，哲学社会科学领域存在一些不良风气，学术浮夸、学术不端、学术腐败现象不同程度存在，有的急功近利、东拼西凑、粗制滥造，有的逃避现实、闭门造车、坐而论道，有的剽窃他人成果甚至篡改文献、捏造数据。针对哲学社会科学界这一情况，习近平强调指出，“繁荣发展我国哲学社会科学，必须解决好学风问题。”要大力弘扬优良学风，把软约束和硬措施结合起来，推动形成崇尚精品、严谨治学、注重诚信、讲求责任的优良学风，营造风清气正、互学互鉴、积极向上的学术生态。要求广大哲学社会科学工作者，“树立良好学术道德，自觉遵守学术规范，讲究博学、审问、慎思、明辨、笃行，崇尚‘士以弘道’的价值追求，真正把做人、做事、做学问统一起来”；要有“‘板凳要坐十年冷，文章不写一句空’的执着坚守，耐得住寂寞，经得起诱惑，守得住底线，立志做大学问、做真学问”；要“把社会责任放在首位，严肃对待学术研究的社会效果，自觉践行社会主义核心价值观，做真善美的追求者和传播者，以深厚的学识修养赢得尊重，以高尚的人格魅力引领风气，在为祖国、为人民立德立言中成就自我、实现价值”。

习近平关于繁荣发展哲学社会科学的讲话，是对马克思列宁主义、毛泽东思想、邓小平理论关于哲学社会科学理论的继承和发展。我们要认真学习习近平在哲学社会科学工作座谈会上的讲话，深入领会习近平关于繁荣发展中国特色的哲学社会科学的一系列新思想、新观点、新论断，解放思想、实事求是、与时俱进，为繁荣发展包括地方志事业在内的中国特色哲学社会科学事业、加快构建中国特色哲学社会科学体系而努力奋斗。

方志的历史文化价值与忧患意识

——学习习近平总书记在哲学社会科学工作座谈会上讲话的体会

潘捷军（浙江省人民政府地方志办公室）

提要：本文以2016年5月习近平总书记在哲学社会科学工作座谈会上的讲话为指针，在分析方志学在中国哲学社会科学总价框架体系中的独特地位价值、其与历史学科的相互关系等问题基础上，按“立时代之潮头、通古今之变化、发思想之先声”的总要求，就当前及今后的方志学学科建设、人才培养和队伍建设等问题提出了建设性意见。

关键词：哲学社会科学　方志学　学科建设

习近平总书记2016年5月17日《在哲学社会科学工作座谈会上的讲话》（以下简称《讲话》）①，是指导当前和今后全国哲学社会科学工作的根本纲领和行动指南。与全国哲学社会科学界一样，深入学习和切实贯彻落实《讲话》精神，也是全国地方志系统的当务之急和重中之重。（注：本文直接引用《讲话》即达三十五六处之多，可见其现实指导性和针对性之强。由于我还兼任中国地方志学会副会长一职，因而更有责任有义务就此问题作较为系统的思考）

一　“志为史基，史从志出”：从史志关系看方志学在中国哲学社会科学事业中的价值地位

就全国方志系统而言，认真学习和深刻领会《讲话》精神，首先需要了解习近平同志对哲学社会科学、历史研究以及方志工作的一系列重要论述，这是做好工作、促进事业发展的基础与前提。特别要善于在科学理解、准确把握三者间辩证关系的基础上，对方志学科建设予以准确定位，这是加强学科建设的根本遵循和行动指南。

（一）哲学社会科学是推动历史发展和社会进步的重要力量，方志界同样应“立潮头、通古今、发先声”

《讲话》开宗明义指出：“哲学社会科学是人们认识世界、改造世界的重要工具，是推动历

① 习近平：《在哲学社会科学工作座谈会上的讲话》，《人民日报》，2016年5月19日第2~3版（下同）。

史发展和社会进步的重要力量，其发展水平反映了一个民族的思维能力、精神品格、文明素质，体现了一个国家的综合国力和国际竞争力。一个国家的发展水平，既取决于自然科学发展水平，也取决于哲学社会科学发展水平。”既精辟概括了哲学社会科学的价值内涵，又科学界定了它与自然科学一样对人类社会发展的重要意义。习近平总书记还对全国广大哲学社会科学工作者提出了“立时代之潮头、通古今之变化、发思想之先声”的总要求。

方志学是中国哲学社会科学丰富宝库中的一个重要分支。数千年来，中国地方志事业成就卓著，志鉴等成果丰硕，仅新时期改革开放以来全国各地就出版了各类志书近 3 万部，这其中与方志学的指导引领密不可分。长期以来，方志学界力求“立潮头、通古今、发先声”，从方志起源、志书性质、类型框架到编纂规范、评价体系、学科架构，从编纂实践到学术创建，都做出了重要的贡献。与哲学社会科学其他学科一样，在推动历史发展和社会进步进程中，方志学发挥了自身独特的重要作用。

（二）“历史研究是一切社会科学的基础”，史学对方志学发展具有重大助推作用

在哲学社会科学总体体系中，史学的地位殊为重要。马克思、恩格斯曾将历史分为自然史和人类史两大类，侧重研究后者的即为历史学。他们认为：“社会的科学，即历史科学和哲学科学的总和。”[①] 马克思还进一步指出：“我们仅仅知道一门唯一的科学，即历史科学。”[②]同样，在中国学术史上也有此共识。例如，“在章学诚看来，作为一切学问的根本不是哲学，而是史学。所有的学问都是史学”[③]。这一观点与经典作家的论述具有异曲同工之义。

如果说哲学社会科学是人们认识改造世界的重要工具，是推动历史发展和社会进步的重要力量，那么“历史研究是一切社会科学的基础，承担着‘究天人之际，通古今之变’的使命”[④]。习近平总书记的这一科学论断进一步阐明了历史研究及史学在哲学社会科学中的总体地位和特殊价值。

众所周知，中国传统文化体系基本按经、史、子、集四大类进行划分，而按哲学、史学、文学等加以分类，则是西方学科划分的传统方法，也是后来为世界各国（包括中国在内）所普遍采用的科学分类方法。即便如此，学术界的一般共识是：文、史、哲乃是这一体系中最重要的三大学科，其他学科一定意义上则由此派生而来。因此无论从中国文化传统历史渊源和发展过程看，还是从当今哲学社会科学宏观体系看，史学都占有极其重要的位置并对人类社会进程产生着重大影响。

例如，在《讲话》提到的九位“名家大师”中，至少有五位（即郭沫若、李达、翦伯赞、

---

① 《马克思恩格斯文集》第 4 卷，北京：人民出版社，2009 年，第 284 页。

② 《马克思恩格斯选集》第 1 卷，北京：人民出版社，2012 年，第 146 页。

③ ［日］内藤湖南语。转引自马彪：《如何认识章学诚史论的“真价”》，《史学理论与史学史学刊》2002 年卷。

④ 《习近平致第二十二届国际历史科学大会的贺信》，《人民日报》，2015 年 8 月 24 日第 1 版。

范文澜、吕振羽）为史学名家，其他几位（艾思奇、马寅初、费孝通、钱钟书）也都是运用历史、宣传历史的大家，这也从一个侧面反映了史学在中国哲学社会科学事业中的特殊地位，反映了诸位名家大师对这一事业所作出的独特贡献。

《讲话》着重指出：“中国古代大量鸿篇巨制中包含着丰富的哲学社会科学内容、治国理政智慧，为古人认识世界、改造世界提供了重要依据，也为中华文明提供了重要内容，为人类文明做出了重大贡献。”习近平总书记近年来还反复强调：“重视历史、研究历史、借鉴历史，可以给人类带来很多了解昨天、把握今天、开创明天的智慧。”① “这是我们民族的‘根’和‘魂’，丢了这个‘根’和‘魂’，就没有根基了。”② “这门功课不仅必修，而且必须修好。”③这都需要我们认真领会并切实加以把握。

历史学科在哲学社会科学体系中的重要位置和价值，一定意义上也影响着方志学的建设与发展。因为“史”“志”历来关系密切，史志学界早有“志与史同源，史与志异流”的定论（〔明〕张元益），章学诚也有“志属信史”“志乃史体”等一系列令我们耳熟能详的论述。在中国传统文化体系中，尽管方志学从无到有，经历了一个漫长的历史发展过程，但它始终与“史部”等传统体系相依而生，相伴而行。而在我国现行哲学社会科学学科体系中，方志学总体上仍属史学研究范畴，系“历史学”学科中二级学科“专门史”下的一个三级学科，这也是方志学赖以生存的一个重要基础，是其之所以能不断发展的一个重要原因。

例如，《讲话》中提到的几位“名家大师”，不仅是近现代中国史学界的开创者和奠基人，同时也在不同程度上为地方志事业做出了独特贡献。如1954年在第一次全国人民代表大会上，郭沫若、马寅初等学者就提出了编修方志的建议。翦伯赞曾明确指出要“从正史以外之诸史中，从史部以外之群书中去发掘史料，提炼史料。”他还以方志等文献史实和相应研究为基础，指出到18世纪上半期，中国封建社会已孕育了资本主义的萌芽④。范文澜则有“东汉《越绝书》《吴越春秋》开方志先例”的重要论断。等等。由此可见，中国的地方志事业之所以能世代相沿传承至今，除方志界自身坚持不懈的努力外，与中国史学界的接力传承和宣传弘扬是分不开的。

（三）“志为史基，史从志出”，方志学在史志学科体系中具有独特价值

“史”与“志”的密切联系，不仅体现在学科的隶属关系中，更在于地方志还具有史学等其他学科所无法替代的独特价值，因此即便“志属于史”也不能简单“等同于史”。为此笔者

---

① 《习近平致第二十二届国际历史科学大会的贺信》，《人民日报》，2015年8月24日第1版。
② 习近平同志2012年12月在广东考察时的讲话。
③ 习近平同志2011年9月1日在中央党校2011年秋季学期开学典礼上的讲话。
④ 参见郭士礼：《论翦伯赞的文学史料观》，《广西社会科学》2012年第10期。

曾试图以一张“工”字图来阐述这一问题[①]。

工

这个“工”字图形结构表明：

——方志编纂是历史研究的重要基础。即图中“⊥”形结构为“方志编纂”，上面“一”则为“历史研究”，后者以前者为重要基础。李大钊曾将史学分为“记述历史”和“历史理论”两个部分。何兆武也曾将历史学分为两个层次：历史学Ⅰ（对史实或史料的知识或认定），历史学Ⅱ（对历史学Ⅰ的理解或诠释）[②]。这都说明，历史学可由两方面构成：“客观”地“记述历史”是前提，“主观”的“历史理论”是建立在前者基础上的升华与深化，两者的有机结合构成历史研究的整体系统。

如果承认地方志大类上属史学范畴，而且又认定其性质系“资料性文献”，那么，无论从历史所存志书形式还是从目前的方志编纂实践看，地方志应属于“客观”地“记述历史”的范畴（即“历史学Ⅰ”），这是它与历史研究的职能分工和关系定位。在此意义上，我们将地方志视为历史研究的重要基础。正如明代《汉阳府志序》所言：“志者史之积，史者志之成。”[③] 章学诚也认为志书可“补史之缺，参史之错，详史之略，续史之无。”因此“修史，必将于方志取其裁”[④]。

——历史研究是在地方志书基础上的升华与深化。图中，建立在“⊥”形结构（方志编纂）基础上的“一”即为“历史研究”，即“历史学Ⅱ”。尽管“历史学的首要任务当然是收集和考订资料，但历史决不等于资料。”“可以说，真正的历史研究开始于资料全部考订准确清楚之后。”[⑤] 正如章学诚所言：“整辑排比，谓之史纂；参互搜讨，谓之史考，皆非史学。”[⑥] 因此，既然地方志以“资料性文献”性质定位，以客观收集、整理史料为主要内容和形式，那么历史研究无疑是建立于“客观”和研“史”基础上的“主观”之“论”。

在此意义上看，如果说“历史研究是一切社会科学的基础”，那么地方志书和方志学研究则又是历史研究的基础。我们应当有这样的文化自信、理论自信和路径自信。当然，历史研究并不仅仅以方志为基础，方志也不仅仅为历史研究服务，两者都还有更为广阔的空间。

习近平同志历来高度重视修史修志工作，并科学阐明了地方志工作和地方志书的特殊价值。他说，“志书就给我们提供了一个为现实工作服务的有利辅助手段”。1989 年 8 月，习近平同志在福建工作时就说过，“要马上了解一个地方的重要情况，就要了解它的历史。了解历史

① 参见拙文：《“史”“志”关系辨析》，《福建论坛》（人文社科版）2012 年第 7 期（中国人民大学复印报刊资料“历史学”2012 年第 11 期全文转载）。

② 何兆武：《对历史学的若干反思》，《史学理论研究》1996 年第 2 期。

③ 见《章学诚遗书》，北京：文物出版社，1985 年，第 619 页。

④ 〔清〕章学诚：《州县请立志科议》，北京：中华书局，2000 年，第 588 页。

⑤ 王学典等：《二十世纪中国历史学》，北京：北京大学出版社，2009 年，第 7 页、第 239 页。

⑥ 〔清〕章学诚：《文史通义校注》，北京：中华书局，1985 年，第 524 页。

的可靠方法就是看志”。正因如此，修志是“一种有文化的表现”和“有远见的表现”，“是一项很有意义的工作”①。这不仅是对地方志这种中华民族独有文化传统价值的充分肯定，同时也为方志学科建设提供了根本遵循。

二 “‘志’不立，天下无可成之事”：从学科现状看方志学发展前景和建设举措

正因为方志学与哲学社会科学、与史学关系密切并具有重要地位，因而须高度重视方志学的学科建设。《讲话》指出：“中华民族有着深厚文化传统，形成了富有特色的思想体系，体现了中国人几千年来积累的知识智慧和理性思辨。这是我国的独特优势……是中国特色哲学社会科学发展十分宝贵、不可多得的资源。”地方志是中华民族特有的传统文化形式，方志学理应成为我国哲学社会科学的“独特优势”和“十分宝贵、不可多得的资源。”但是，毋庸讳言，由于种种原因，这个“独特优势”尚未完全显现，这个“宝贵资源”还有更为广阔的发展空间。

应当看到，经过方志界的长期努力，特别是改革开放后两轮修志工作启动以来，方志学学科建设取得了长足的发展进步。但与《讲话》要求相对照，方志学学科领域还有发展的新追求、新空间和新举措。一方面，正如《讲话》中指出的那样，类似甲骨文等古文字研究“具有重要文化价值和传承意义的‘绝学’、冷门学科”“事关文化传承的问题”，有些“新兴学科、交叉学科比较薄弱”。方志学在建设发展过程中无疑也同样面临类似问题。另一方面，在谈到目前哲学社会科学领域“存在一些亟待解决的问题”时，《讲话》列举了“发展战略还不十分明确，学科体系、学术体系、话语体系建设水平总体不高，学术原创能力还不强；哲学社会科学训练培养教育体系不健全，学术评价体系不够科学，管理体制和运行机制还不完善；人才队伍总体素质亟待提高，学风方面问题还比较突出，等等”诸多问题，这些问题方志界同样不同程度地存在，有的还日趋严重。

目前，全国各地方志工作依法修志、依法治志的行政趋势正逐步强化，应当说这是这项事业的总体和根本发展趋势。但与此同时，受机构划为政府事业序列、人员普遍“参公”等影响，全系统的学术氛围正日渐淡化，方志工作者对学术研究或存畏难懈怠之心，或缺敬业敬畏之心，无压力、缺动力、少活力的现象日益显现，学科建设受到较大影响。笔者曾作过调查统计，发现自1995年中国人民大学复印报刊资料向社会公开信息以来，经其转载的“历史学”大类及相关学科约2万多篇论文和其他有关成果中，直接涉及方志学科的仅有60多篇，尚不到总数的百分之一②。同样，笔者曾查阅《〈中国地方志〉优秀论文选编（1981—2001）》，发现这30年间特别是早期在此刊所发论文的史学大家比比皆是，之后则每况愈下，史学界与我们

① 习近平同志1989年8月12日在宁德地区地方志工作会议上的讲话。

② 参见潘捷军、袁新国：《两轮修志以来方志学部分研究成果综述——一项对中国人民大学复印报刊资料所载成果的综合分析》，2014年（杭州）《第四届中国地方志学会学术年会论文集》。

“若即若离”甚至渐行渐远的现象日渐突出。当然这其中可能有很多原因，但这却是不争的事实。

如何认识方志学科建设现状和所面临的问题？如何厘清界定学科建设与方志工作事业、编纂业务的关系？这是下一步工作的着力点和路径所在。笔者认为，强化行政职能，加大依法修志、依法治志力度，是地方志工作的“发展之本”；方志编纂实践和相应的丰硕成果是我们事业的“立足之基”；而加强学科建设则是提升成果质量和工作事业整体水平的“活力之源”，三者相辅相成，不能顾此失彼，必须协同推进。从这个意义上说，当务之急是要通过“疏通”“活力之源”来强“本”固“基”，通过强化学科建设来提升中国地方志工作和事业的总体质量水平。

《讲话》明确指出：“哲学社会科学的特色、风格、气派，是发展到一定阶段的产物，是成熟的标志，是实力的象征，也是自信的体现。”他还要求全国哲学社会科学界，不仅要让世界知道“舌尖上的中国”，还要知道“学术中国”“理论中国”。“志不立，天下无可成之事。”这是习近平总书记在今年7月1日庆祝建党95周年大会讲话中引用王阳明的一句名言，借此告诫我们要胸怀大志，“不忘初心，继续前进”。结合地方志工作实际，我们还可作进一步的理解：正因为地方志在中国哲学社会科学体系中占有重要一席，正因为其对历史研究和史学的基础性价值，因而“‘志’（注：地方志）不立，天下无可成之事”。因此，方志学能否形成自身独特的“特色、风格、气派”，当前正面临千载难逢的发展机遇。我们要通过努力，力求让全社会、全世界知道“方志中国”，让“方志中国”为实现中华民族的伟大复兴做出更大贡献。

在《讲话》中，习近平总书记还引用了马克思的一句话：“主要的困难不是答案，而是问题。”问题是“表现自己精神状态的最实际的呼声”。他还明确要求：“下一步，要突出优势、拓展领域、补齐短板、完善体系。”那么，什么是我们所面临的“问题”“短板”？笔者认为，当前全国方志学学科建设领域应着重从以下几个方面厘清“问题”，补齐“短板”：

（一）加强基础理论研究，着力夯实学科基础。应当承认，长期以来，很多学者已就中国方志学的宏观体系、学科结构等问题作过系统论述和综合梳理①。但同样也应承认，由于在一定意义上，地方志本身系由其他形式“脱胎换骨”而来，因而与有些学科相比，方志学系“先天不足”的“肌无力”，“方志无学”更是长期笼罩在方志界头顶上的一片“阴云”。《讲话》引用了庄子名言谆谆告诫我们：“夫道不欲杂，杂则多，多则扰，扰则忧，忧而不救”。（庄子《内篇》）事实上，在一些基础性理论（如方志性质与来源、史志关系、志鉴关系等；年鉴的“一年一鉴”和“多年一鉴”之争）和事关方志学和事业发展的重大问题上，方志界众说纷纭、莫衷一是的现象并不鲜见，不少始终未形成共识。习近平总书记指出：“理论上不彻底，

---

① 具体可参见历年《中国地方志》所载史念海《论历史地理学和方志学》、陈桥驿《地理学与地方志》、许卫平《近代方志学分期探论》、刘柏修《方志学科建设研究综述》等系列成果。

就难以服人。”（“七一”讲话）为此建议以中国地方志学会为龙头，以《全国地方志事业发展规划纲要（2015—2020年）》为总要求，通过制定实施方志学科建设规划、定期举行学术年会（论坛）、以招标方式设立重大课题项目和依托中国地方志指导小组办公室设立“中国方志研究院”等方式，进一步加大学科建设力度，力求构建全国方志学术的基础平台。习近平总书记在《讲话》中还谈到：“学科体系建设上不去，教材体系就上不去；反过来，教材体系上不去，学科体系就没有后劲。”建议以方志出版社为依托，通过编纂权威版方志学系列教材、出版方志学术名家专集、设立学术“精品工程”等方式“出名品，树名家，创名社”，力求打造全国方志学术高地。

（二）建立长效发展机制，着眼事业长远发展。《讲话》指出：“要建立科学权威、公开透明的哲学社会科学成果评价体系，建立优秀成果推介制度，把优秀研究成果真正评出来、推广开。”为此建议：一是除已建立的志书、年鉴等成果评奖体系外，应尽快设立面向全国方志系统的学术研究成果奖；二是可通过坚持公布《中国地方志》论文排行榜、对人大复印资料等转载成果进行统计分析等方式，逐步建立面向各省（区、市）方志系统的学术建设评价体系，积极致力提高全系统的学科建设水平；三是要注重建立史志合作机制，如在“中国地方志学会”体制不变前提下，可向中国史学会申请二级会员单位，以加强两者融合，促进方志学科发展。要通过强化这一机制，尽快采取措施将学科层次从三级提升为二级。同时还要适应“史（地方史）志（地方志）合一”的新形势，采取措施适时拓展方志学建设的空间领域。

（三）加大宣传开发力度，扩大方志事业影响。学科建设既要注重研究提高，也应关注宣传普及。只有让更多的人关心运用，学科建设才有广泛而深厚的现实基础，才能真正成为“活力之源”。《讲话》引用了东汉王充《论衡》中的一句名言：“凡贵通者，贵其能用之也。”从而提示我们要通过运用，进一步扩大方志事业在全社会的影响力。如除已有的学会年会等固定平台外，还可在各地媒体开设讲坛专栏，举行高级研修班请史学界等名家授课；可借鉴安徽《治皖一叶》、上海“方志微信抢红包”等方式普及方志知识；可总结《方志中国》《中国名镇志》宣传片的成功经验，与文学艺术和影视界合作，有计划地加大方志文化的宣传力度；还可通过派员访学、共同举办学术活动等方式加强与国际学术界的交流合作。另一方面，《讲话》提出“要运用互联网和大数据技术，加强哲学社会科学图书文献、网络、数据库等基础设施和信息化建设，加快国家哲学社会科学文献中心建设，构建方便快捷、资源共享的哲学社会科学研究信息化平台”。这就提示我们：要通过运用现代化、信息化手段，通过网上方志馆等渠道平台，不断扩大学科知识普及面，不断提升事业影响力。

三　“修志问道”“士以弘道”：从人才队伍建设看学科建设的使命担当

任何学科均非无源之水，无本之木，学科重在建设，建设关键在人。《讲话》指出：“历史表明，社会大变革的时代，一定是哲学社会科学大发展的时代。”“这是一个需要理论而且一定能够产生理论的时代，这是一个需要思想而且一定能够产生思想的时代。我们不能辜负了这个时代。”《讲话》还指出：“构建中国特色哲学社会科学，要从人抓起，久久为功”，并要求“要把这支队伍关心好、培养好、使用好”。为此建议：

——学科重在建设，关键在人，就要下大力气实施人才队伍建设工程。《讲话》强调：“要实施以育人育才为中心的哲学社会科学整体发展战略”“实施哲学社会科学人才工程”“完善哲学社会科学领域职称评定和人才遴选制度”“着力发现、培养、集聚一批有深厚马克思主义 理论素养、学贯中西的思想家和理论家，一批理论功底扎实、勇于开拓创新的学科带头人，一批年富力强、锐意进取的中青年学术骨干，构建种类齐全、梯队衔接的哲学社会科学人才体系”。按此要求：一是建议在全国方志系统通过规范的遴选程序，设立覆盖方志学科各个方面的“学术带头人”制度，使其能真正引领全国方志学术前行；二是要实施不同层次、不同要求特别面向中青年后备人才的“人才梯队”制度，以使全国方志学术领域真正后继有人，持续发展；三是针对方志学博大精深而人员又流动频繁的实际情况，要鼓励更多高校科研院所开办从本科直到博士后等各种层次的学历班次，要定期举办面向全国各级方志机构主要负责人的上岗培训班和各种类型的短期业务培训班，以大面积、全方位、可持续地提升全系统人员的理论素质和业务水平。

——学科重在建设，关键在人，就要按《讲话》要求“建立规范的奖励体系”并形成长效机制。《讲话》指出：要“表彰有突出贡献的哲学社会科学工作者，增强他们的荣誉感、责任感、获得感。”近年来，全国方志系统从上到下普遍开展了先进集体和个人评选表彰活动，要适时把学科建设活动纳入其中，向学术领域延伸拓展。例如，自 2015 年始，中国地方志指导小组为从事 10 年以上方志工作的同志颁发奖牌就是一个很好的创举，建议同样可开展方志学术“年度贡献奖”“终身成就奖”等奖项的评比工作。又如，山东省政府办公厅定期开展的方志成果“八个一”表彰奖励活动（评选奖励一部好著作、一篇好论文等），同样值得各地借鉴。总之，要采取有效措施使“有为”者“有位”，以鼓励更多的人投身方志学科建设。

——学科重在建设，关键在人，广大方志人就要“不忘初心，继续前进”。

首先，“为学之道，必本于思。”《讲话》中同时引用了两句名言：一是宋代晁说之的“不深思则不能造于道，不深思而得者，其得易失。”二是恩格斯的“即使只是在一个单独的历史事例上发展唯物主义的观点，也是一项要求多年冷静钻研的科学工作”。《讲话》还着重指出：“哲学社会科学发展状况与其研究者坚持什么样的世界观、方法论紧密相关。人们必须有了正确的世界观、方法论，才能更好观察和解释自然界、人类社会、人类思维各种现象，揭示蕴含在其中的规律。”并强调一定要“坚持马克思主义在我国哲学社会科学领域的指导地位”。这是方志学科建设的根本遵循。

其次，《讲话》告诫我们：“要有‘板凳要坐十年冷，文章不写一句空’的执着坚守，耐得住寂寞，经得起诱惑，守得住底线”。如果以编修和指导数量而论，方志界很多人可能已达到了志书“等身”的程度。但按习近平总书记要求，我们应先“等心”，再求“等身”。“不下大气力、不下苦功夫是难以掌握真谛、融会贯通的。”这是方志学科建设的关键所在。

最后，“理论的生命力在于创新”。《讲话》要求我们不能简单延续“母版”、套用“模板”、照旧“再版”和复制“翻版”。强调“理论思维的起点决定着理论创新的结果”“创新可大可小，揭示一条规律是创新，提出一种学说是创新，阐明一个道理是创新，创造一种解决问题的办法也是创新”。这是方志学科建设的根本出路。

“修志问道”“士以弘道”，前者是李克强总理对全国方志人的殷切期望，后者则是这次习近平总书记对我们进一步提出的时代重托，这就是我们方志人所面临的历史担当。从方志学科建设角度看，“问道”是基础前提，就是要我们通过扎实的科学研究清清楚楚探明这条“道”；而“弘道”则是实质关键，就是要我们在明“道”基础上，以学科建设弘扬方志文化并引领事业前行。“‘志’不立，天下无可成之事”，我们要以《讲话》为指针，以学科建设为契机和现实起点，“不忘初心，继续前进”，力求使方志学为中国的地方志工作和哲学社会科学事业做出新贡献。

不忘初心　牢记使命　主动作为

——学习习近平总书记在哲学社会科学工作座谈会上讲话的体会

马小彬（四川省地方志工作办公室）

提要：2016 年 5 月 17 日，习近平总书记在哲学社会工作座谈会上发表的重要讲话，为构建中国特色哲学社会科学体系指明了新方向，提出了新要求，是发展与繁荣社会科学事业的纲领性文献，也为全国地方志事业的改革发展创新指明了方向。

关键词：学习　习近平系列讲话　地方志　体会

2016 年 5 月 17 日，习近平总书记在哲学社会科学工作座谈会上发表了重要讲话（以下简称《讲话》），为构建中国特色哲学社会科学体系指明了新方向，提出了新要求，是发展与繁荣哲学社会科学事业的纲领性文献。《讲话》的发表，令人深受鼓舞，倍感振奋。学习贯彻落实《讲话》精神，对持续推进地方志事业发展与理论研究，不忘初心，牢记使命，把握形势，统一思想，凝聚共识、谋划未来，意义重大深远。为此，有以下几点感受。

一　《讲话》的发表意义重大深远

《讲话》是习近平总书记在新的国际国内形势下、在“十三五”开局的关键时刻，专门就我国哲学社会科学事业如何适应新形势、新任务、新要求而发表的重要讲话。《讲话》从“坚持和发展中国特色社会主义必须高度重视哲学社会科学、坚持马克思主义在我国哲学社会科学领域的指导地位、加快构建中国特色哲学社会科学”三个方面，立足国际国内形势，总结了历史经验，充分肯定了哲学社会科学研究的历史地位作用，提出了一系列新理念、新战略和顶层设计，为社会科学事业开创新局面、加快发展指明了方向和重点。《讲话》深刻阐述哲学社会科学的历史地位和时代价值，突出强调坚持马克思主义在我国哲学社会科学领域的指导地位，对加快构建中国特色哲学社会科学作出重大部署。《讲话》极富创新性，极具指导性和操作性，对推进全国地方志事业发展以及地方志理论与实践工作发展的意义重大深远。

二 《讲话》内容高瞻远瞩，博大精深

《讲话》回顾人类文明及中华文明发展历程，高度评价了哲学社会科学在人类发展史上的重要作用和历史地位，高度评价了中华民族优秀文化遗产的历史地位与作用，通篇体现了党和国家对中华优秀历史文化的高度文化自觉和文化自信。《讲话》指出：中国古代大量鸿篇巨制中包含着丰富的哲学社会科学内容、治国理政智慧，为古人认识世界、改造世界提供了重要依据，也为中华文明提供了重要内容，为人类文明做出了重大贡献。《讲话》旗帜鲜明地提出，必须坚持以马克思主义为指导，自觉把中国特色社会主义理论体系贯穿到社会科学事业研究和实践全过程，并通过学习使之转化为清醒的理论自觉、坚定的政治信念、科学的思维方法等。《讲话》提出的这一系列新理念和新战略，为全国地方志工作机构和广大地方志系统工作人员坚持以马克思主义为指导，加强中华优秀文化历史文献的抢救保护和开发利用提出了纲领性的战略指南。

《讲话》对社会科学工作者给予崇高的期望，鼓励社会科学工作者要在"为祖国、为人民实现立德立言"上主动作为，勇于担当；要加强学习研究马克思主义理论体系，"不下大气力、不下苦功夫"是难以掌握真谛、融会贯通的。"为学之道，必本于思。""不深思则不能造于道，不深思而得者，其得易失。"《讲话》对社会科学工作者给予积极的鞭策，明确提出"要系统论证了中国特色哲学社会科学建设的目标，在指导思想、学科体系、学术体系、话语体系等方面充分体现中国特色、中国风格、中国气派"，这为构建中国特色的地方志事业指明了方向，明确了任务。《讲话》明确提出了社会科学创新原则和要求、创新方式，就是要"不忘本来、吸收外来、面向未来""要按照立足中国、借鉴国外，挖掘历史、把握当代，关怀人类、面向未来的思路"。《讲话》是指导全国地方志事业发展以及地方志理论与实践工作的纲领性文献，具有十分明确的针对性、前瞻性和指导意义。

三 学习贯彻落实《讲话》，切实推进工作

认真学习贯彻习近平同志系列重要讲话精神，是当前与今后地方志系统的重要任务。面对新形势新任务，要按照《讲话》要求，加快构建既体现时代精神又具有鲜明中国特色的地方志事业的理论与实践体系。坚持以人民为中心的研究导向，结合地方志工作实际，坚持用"五个理念"来引领，拓展地方志工作；构建具有中国特色的方志学科、地方志事业。要有"为天地立心，为生民立命，为往圣继绝学，为万世开太平"的人文情怀，坚持"为党立言、为国存史、为社会及人民立言，党和人民述学立论"。四川作为我国西部发展中心之一，地方志工作要结合实际，全面贯彻落实《讲话》，切实全面推进地方志事业发展。

第一，加强学习，不忘初心，牢记使命，落实好组织保障和人才队伍保障。要坚持按照中央和省委部署，切实把思想、行动统一到中央、省委精神上来。作为地方志工作机构的负责人

要坚持“举旗子、抓班子、带队伍”，确保全省地方志工作者思想强、业务精，主动作为，勇于担当，要不断强化、树立起“板凳要坐十年冷，文章不写一句空”的执着坚守，在为祖国、为人民立德立言中成就自我，实现价值。省地方志办要继续按照不断提高政治素质和履职能力要求，加大人员培训工作力度，确保地方志人才队伍适应工作需要。当前，我们地方志部门和广大地方志工作者要抓住党中央和国务院高度重视加快社会主义文化强国、增强文化软实力的机遇，要抓住省委省政府高度重视文化强省，高度重视地方志工作的机遇，在统筹推进“五位一体”总体布局和协调推进“四个全面”战略布局，实现“两个百年”奋斗目标、实现中华民族伟大复兴的中国梦中，不忘初心，牢记使命，为地方志事业发展、人才成长营造出“想干事、能干事、干成事、不出事”的良好工作氛围，为事业发展提供人才队伍保障。

第二，加强依法修志工作，落实好法治保障。持续深入学习贯彻国务院颁布的《地方志工作条例》、国务院办公厅印发的《全国地方志事业发展规划纲要（2015—2020 年）》，结合四川省实际，不断完善有关地方志工作的地方法规规章建设。省地方志办将印发《四川省各级方志馆通则》《四川省综合年鉴编纂出版规范》等规范性文件；针对地方志工作发展的薄弱地区，继续在省人大、省政协，以及省法制办的支持下，按照“一纳入、八到位”要求，开展执法调研、民主协商及检查工作，不断完善管理体制机制；继续在各级政府的领导下，督促各级地方志工作机构依法履职，切实加强本行政区域内地方志工作的组织协调、指导监督，把方志资源、地方志机构的工作优势转化为服务于中心大局、服务于社会各界的工作动力。

第三，突出重点，全面推进地方志事业各项工作。按照省委省政府部署、按照中国地方志指导小组的指导要求，四川省要突出重点，强力推进地方志事业的“两个全面”任务的如期完成；持续推进“地方文献资源的抢救保护和开发利用建设”，继续完成《四川历代旧志集成》丛书的编辑出版；依法加快四川省方志馆馆库以及市县级方志馆、地方志信息化设施建设；继续拓展历史文化名镇（村）、部门志、特色志书的编纂工作，确保全省地方志事业可持续发展。

第四，加强地方文献资源的保护与开发利用建设，服务中心工作，满足社会各界文化需要。围绕建设西部文化强省，加强巴蜀文化、红色文化、藏羌彝民族文化、地震感恩文化、科教文化的保护与开发，深化和拓展地方志工作领域。要以“五大理念”引领地方志工作，要加强对地方志文献资源的抢救保护、收集整理工作，要继续开展涉及巴蜀文化的川剧志、川茶志、川盐志、川菜志、武侯祠志、乐山大佛志的编纂；要结合四川红色文化中的长征丰碑、帅乡故里和川陕苏区文化，加强四川红色文化历史文献的收集整理和开发利用。要结合四川丰富的藏羌彝民族文化资源，按照文化部、财政部印发的我国第一个国家层面的区域文化产业发展专项规划《藏羌彝文化产业走廊总体规划》，积极探索历史文化与旅游资源开发利用相结合的路子，继续编纂《四川羌族志》《西康省志》《西康通志稿》《刘赞廷图志》以及在四川的民族区域自治地区开展用本民族语言文字编纂出版志书的工作。要结合近现代史上的重大事件，深化史志编纂研究，继续开展《四川抗战文献丛书》《四川当代史（1949—2009》《四川简史》

《5·12汶川特大地震四川抗震救灾志》的编纂；要结合独特的人文地理、自然地理特点，加强对反映各类自然保护区资源、非物质文化资源的记述；切实担负起为党和人民述学立论、建言献策的光荣使命，编写出经得起历史和社会检验的志书。

第五，加强方志学科建设，发挥方志学理论的先导作用。继续在省社科联支持下，发挥各级地方志机构、地方志工作者以及学会、方志期刊、网站、微信平台作用，积极利用社会各种媒体资源，加强地方文化资源的社会宣传，以扩大和增强社会的方志文化意识。继续开展两年一次的省地方志科研课题立项、省地方志学会优秀成果评奖制度，继续做好方志学优秀成果省政府的哲学社会科学优秀成果评奖推荐工作，通过科研立项、优秀成果评奖，推动全省地方志事业发展中的重点工作的前瞻性研究，强化方志学理论对地方志工作以及对地方志事业发展规律性的引导作用；及时总结归纳四川在依法修志、两轮修志工作、方志发展史、新方志编纂、年鉴编纂、方志馆建设等工作及理论研究成果，用于指导工作，为方志学科建设和人才教育培养打好基础。

当前，正是我国地方志事业发展面临最好的发展机遇期，《讲话》的学习贯彻必将给全国地方志机构和广大地方志工作者以强大的理论和思想指导。加强全国地方志事业的组织协调、宏观指导，必须依靠方志学理论创新和知识创新，我们地方志工作者只有树立高度的理论自信、文化自信和文化自觉，才能真正以务实的行动致力于依法修志、地方志理论与技能水平的提升，才能真正提高和彰显中华优秀文化的地位和影响力。对此，我们广大地方志工作者要不忘初心，牢记使命，主动作为，要切实按照《讲话》要求，以本土化的情怀和国际化的视野建构起具有民族性、继承性、时代性、系统性的中国特色的地方志事业发展体系与方志学科学体系，这是方志工作者的价值和使命之所在。

福建船政人经略南海的历史见证

（福建省地方志编纂委员会“南海主权与福建船政问题”研究小组[①]）

提要：南海诸岛自古以来就是中国的领土，但在大航海时代，因科技落后等因素的影响而遭到列强的侵扰。清政府洋务派代表人物、闽浙总督左宗棠于同治五年（1866）奏请在福州马尾创办船政，创立船厂造船，设前后学堂培养造船与驾驶人才，福建船政成为近代中国海军的摇篮和造船基地，在近代海防建设和捍卫祖国海疆主权方面做出不朽的贡献。本文整理船政人经略南海的一些片段，旨在展示船政人捍卫南海海疆的贡献，并为中国对南海诸岛拥有无可争辩的主权提供新的历史佐证。

关键词：福建　船政局　南海　海疆　历史

南海诸岛自古以来就是中国领土，但因孤悬海外，在清朝持续一百多年的消极海防政策的影响下，南海防务建设发展缓慢。清朝末年，随着国势衰微，南海诸岛先后遭到西方列强和日本人的袭扰。

福建船政局自同治五年（1866）创立起，就致力于创建近代化海防舰队，船政人成为大航海时代经略南海、捍卫海疆的重要力量。

一　近代中国海军的诞生与南海经略

清道光二十年（1840）鸦片战争后，中国开始沦为半封建半殖民地社会。随着民族灾难的加深，清王朝统治阶级内部的有识之士开始推动“师夷之长技以制夷”的自强运动。洋务派代表人物、闽浙总督左宗棠等人认识到“东南大利，在水而不在陆”[②]，“欲防海之害而收其利，非整顿水师不可；欲整顿水师，非设局造船不可”[③]，遂于同治五年（1866）五月十

---

① 福建省地方志编纂委员会“南海主权与船政问题”研究小组，组长：冯志农；成员：刘传标（执笔）、李莉。

② 左宗棠：《试造轮船，先陈大概情形折》，张作兴主编《船政奏议汇编点校辑》，福州：海潮摄影艺术出版社，2006年，第3页。

③ 左宗棠：《试造轮船，先陈大概情形折》，张作兴主编《船政奏议汇编点校辑》，福州：海潮摄影艺术出版社，2006年，第4页。

三日奏请在福州马尾创办船政，提请“试造轮船”，认为“中国自强之策，除修明政事、精练兵勇外，必应仿造轮船以夺彼族之所恃”，为“师其长以制之”而兴办船政。左宗棠在《奏呈堂艺局章程》中指出：“夫习造轮船，非为造轮船也，欲尽其制造驾驶之术耳；非徒求一二人能制造驾驶也，欲广其传，使中国才艺日进，制造驾驶展转授受，传习无穷耳。”同年九月左宗棠奉调陕甘总督后，沈葆桢主持船政，也反复强调兴办船政学堂以培养人才的重要性，指出船政“创始之意不重在造，而重在学”“船政根本，在于学堂”“海防之根本，在于育人”①。

为快速建立中国近代化海上防卫力量，沈葆桢等通过创办“求是堂艺局”（前后学堂）培养船舶制造与驾驶人才，并实行“借才异域”的政策，高薪聘请法国人日意格与德克碑分任正、副监督，并先后从法国雇请51名洋师、洋匠和工人，教导中国工匠造轮船；从英国聘请30名驾驶和管轮技术人员、轮船驾驶人才。

船政创办伊始，就有意识地为广东培养近代化海防建设者与捍卫者。同治六年（1867），船政创办求是堂艺局（第二年改称“前学堂”“后学堂”）伊始，就充分考虑广东（时海南及南海诸岛行政区划归广东）的海防建设需求，从广东招收具有英文和法文基础的学生李和、李田、邓世昌、林国祥、张成、吕瀚、叶富、黎家本、梁梓芳、卓关略、程璧光、黎晋莘、黎晋贤、黎星桥等30人（正式毕业有23人），分别送入船政求是堂艺局或艺徒班学习。

船政学堂教育很重视实践，根据造船和驾驶人才各自的特点，安排了大量的实习，使学生较快掌握制造、航海技术。因此，到外国技师、教师5年聘期满时，“学堂自己培养的学生已独当一面，制造专业的学生能自行设计制造，船政船厂成为当时远东第一大船厂；驾驶专业的学生能独立驾驶轮船巡视海疆，成为了中国近代海军的骨干中坚，船政成为了近代海军的发源地”。

（一）船政学生巡防南海

同治七年（1868）五月初一日，福建船政船厂制造的第一号螺旋桨（又称暗轮）驱动的木壳兵商船“万年清”号运船完工下水。本着“成一船轮机，即成一船；成一船，即练一船之兵”② 的主旨，“万年清”号列为福建船政学堂练习舰。到同治九年七月，福建船政船厂先后造出“万年清”“湄云”“福星”3艘兵轮，马江附近的军港设施日益健全，船政制造的军舰和培训出的海军人才也渐成规模，最早的一支海军舰队雏形——船政轮船队诞生，船政大臣沈葆

① 沈葆桢：《察看福州海口及船坞大概情形折》，张作兴主编《船政奏议汇编点校辑》，福州：海潮摄影艺术出版社，2006年，第24页，《沈文肃公政书》第4卷，第69页。

② 左宗棠：《试造轮船，先陈大概情形折》，张作兴主编《船政奏议汇编点校辑》卷一，福州：海潮摄影艺术出版社，2006年，第3页。

祯奏请批准设轮船统领统一管理，委派福建水师提督李成谋为轮船统领[①]，开始巡防南海诸岛和台湾海峡、北洋。福建船政轮船队（即福建水师）成为大航海时代中国防卫南海的主要力量。

同治九年（1870）十一月二十七日，福建船政向德国购买普鲁士建造的原名“马得多”号夹板帆船，改名为“建威”，作为船政学堂驾驶学生练习舰。次年正月二十日，福建船政派后学堂第一届驾驶班学生严宗光（后改名严复）、刘步蟾、林泰曾、何心川、叶祖珪、蒋超英、方伯谦、林承谟、沈有恒、林永升、邱宝仁、邓溥泉、叶伯鋆、黄建勋、许寿山、陈毓淞、柴卓群、陈锦荣等18人及后学堂第一届第二批张成、吕翰、叶富、李和、李田、邓世昌、黎家本、梁梓芳、林国祥、卓关略等10人登“建威”练船“周历海岛，勤加操演”。这批学生于同治十二年六月二十日自马尾出航，赴南海演练与巡视（并顺访了南洋的新加坡、槟榔屿等各口岸），演练航海、驾驶、枪炮、鱼雷，并测量沙线等，熟悉我国南海航线风涛沙线，历时4个月。

光绪元年九月初二（1875年9月30日），福建船政建造的第一艘近代化轻型巡洋舰“扬武”号试洋成功后，改为船政后学堂的练习舰。福建船政后学堂第三届驾驶班毕业生林履中、许济川、林森林、戴伯康、陈英、蓝建枢、韦振声、史建中等8人及第一、二届毕业学生全部集中到“扬武”号再次作远航训练，自马尾启航，经厦门、香港至南海诸岛演练（并再次顺访了新加坡、槟榔屿）。

此后，每届福建船政后学堂驾驶和管轮班毕业生都要登“扬武”号练习，例行巡视南海诸岛，宣示主权，“扬我国威”，并赴菲律宾、新加坡、印尼等地宣慰华侨。

光绪十年（1884）七月初三日“扬武”舰在中法马江海战中被法军击沉后，“威远”号改为练习舰。船政后学堂第十届、十一届、十二届驾驶班毕业生登“威远”号练习舰实习，也依例巡视南海诸岛。“建威”号练船乘风北驶，“历浙江、上海、烟台、天津，至牛庄始折而南”，“教习洋员德勒塞驾船南行，先厦门，次香港，次新加坡，次槟榔屿”[②]。根据参加南海演练的学生转述，沈葆桢在“续陈轮船工程并练船经历南北洋各情形片”中指出在我国南海诸岛演练的情形：“海天荡漾，有数日不见远山者。有岛屿萦迴，沙线交错，驶船曲折而进者。去时，教习躬督驾驶各练童逐段誊注日记，量习日度、星度，按图体认，期于精熟。归时则各童自行轮班驾驶”[③]。

---

① 左宗棠：《试造轮船，先陈大概情形折》，张作兴主编《船政奏议汇编点校辑》卷一，福州：海潮摄影艺术出版社，2006年，第3页。

② 沈葆桢：《续陈轮船工程并练船经历南北洋各情形片》，张作兴主编《船政奏议汇编点校辑》，福州：海潮摄影艺术出版社，2006年，第75页。

③ 沈葆桢：《续陈轮船工程并练船经历南北洋各情形片》，张作兴主编《船政奏议汇编点校辑》，福州：海潮摄影艺术出版社，2006年，第75页。

光绪二十一年（1895）三月十八日福建船政船厂建造（总第三十四号）钢胁快船“建靖”运输舰号下水，次年竣工后改为练习舰，更名“通济”。福建船政后学堂第十三、十四届驾驶班登“通济”号练习舰见习，继续保持南下航海练习通例。①

船政学生巡视南海符合当时国际法的有关条款。《万国公法》规定：“自护之权为大。诸国自有之原权，莫要于自护。此为基而其余诸权皆建于其上。”②

（二）船政毕业生成为广东海防建设者和捍卫者

船政自诞生之日起，从广东招收生员，为广东（粤洋）水师建设储备大量人才。船政后学堂驾驶班第1~19届241名毕业生中广东籍有张成、林国祥、吕瀚、叶富、黎家本、邓世昌、李田、李和、梁梓芳、卓关略、黎晋萃、黎晋贤、黎星桥、邓聪保、邝聪、程璧光、黄伦苏、李国圻、詹天佑、吴敬荣、吴应科、欧阳庚、苏锐钊、陆永泉、杨兆楠、邓咏钟、徐振鹏、容尚谦、黄季良、薛有福、邓士聪、吴其藻、宋文翙、邓桂廷、李国堂等43名；船政后学堂管轮班第1~14届210名毕业生中广东籍有陆麟清、黎阿本、黎晋骆、黎弼良（曾参加甲午海战、练习舰队轮机长）、刘义宽、杨楷等21名。其中，吕瀚（福建水师“福胜”“建胜”管带）、黄季良、高腾云（广东广德营都司、廉州营游击、广海营参将）、邝咏钟、叶琛（福建水师“福胜”管带）5人在马江海战中阵亡；邓世昌（北洋水师“致远”舰管带）、陈荣、黎星桥、黎晋萃4人在甲午海战中阵亡，其余多数在马江海战和甲午战争后回到广东。

马江海战后，广东水师向船政船厂订造的“广甲”“广乙”“广丙”等舰和从德国订购的“雷龙”等3艘双管鱼雷艇和“雷乾”等8艘单管鱼雷艇先后到广东，广东籍船政学堂毕业生多应招回广东水师（粤洋海军）服务，成为广东水师的骨干和领导者。据光绪十二年（1886）统计，当时广东水师共有舰艇26艘，自船政毕业回广东服务，担任管带（舰长）16艘，任帮带驾驶大副（副舰长）、枪炮大副、大管轮（轮机长）等主要官职就有31人。这些船政毕业生成为广东水师的骨干，成为我国南海的守护者与捍卫者。

光绪十六年（1890）正月北洋舰队南下避冻。2月24日丁汝昌率“致远”“济远”“经远”“来远”4舰至南海一带操巡。

---

① 刘传标：《近代中国船政大事编年与资料选编》（1840—1949）上册，北京：九州出版社，2011年。

② 惠顿著，丁韪良翻译，何勤华总校《万国公法》，北京：中国政法大学出版社，2003年，第57~58页。

部分船政后学堂毕业生职官情况

姓名	毕业届别	在福建水师/南洋水师任职情况	在中央系海军任职情况	回广东任职情况
张成	第一届驾驶班	“海东云”“龙骧”“靖远”“永保”“扬武”管带，福建水师统带(司令)等职	—	任广东水师驾驶督练官
吕翰	第一届驾驶班	“长胜”“振威”“飞云”“威远”“建胜”管带等职	—	—
林国祥	第一届驾驶班	“琛航”“伏波”管带，“威靖”“南瑞”“开济”号管带	—	“安澜”“广乙”管带，广东水师舰队左翼统领
李和	第一届驾驶班	—	北洋水师“镇南”“平远”“通济”管带、南京海军军官学校校长、北京政府海军部次长、天津塘沽海军学校校长、军港司令	民国初年任广东海军司海防帮办(副司令)、广东江防司令、广东黄埔海军学校校长
李田	第一届驾驶班	“长胜”“振威”管带	—	广东水师参赞、广州黄埔水师学堂总办、黄埔海军学校校长
林承谟	第一届驾驶班	帮带大副、“伏波”管带	—	“广乙”“广丙”管带
邓聪保	第二届驾驶班	—	清末海军部机要司司长	广东黄埔海军学校校长
黄伦苏	第四届驾驶班	“飞云”运舰管带、“靖远”炮船管带	—	“镇海”、“广庚”管带、广东海防办事处帮办(副司令)、广东江防司令、广东江防总司令
程璧光	第五届驾驶班	“超武”“康济”帮带大副，“元凯”管带	“海筹”“海圻”管带，清末陆军部海军处第二(船政)司司长、巡洋舰队统领、北洋政府海军总司令、海军总长	“广甲”帮带大副、“广丙”管带、护法海军部长
吴应科	第八届驾驶班	—	“定远”大副、江南船坞总办、清末长江舰队帮统(副司令)、巡洋舰队统领(司令)、革命军鄂政府海军总司令、革命军苏沪联军海军总司令，北京政府海军右司令，第二舰队司令	—

续表

姓名	毕业届别	在福建水师/南洋水师任职情况	在中央系海军任职情况	回广东任职情况
徐振鹏	第八届驾驶班	南洋海军统领兼“镜清”管带	“定远”舰鱼雷大副、清廷海军事务处参赞厅一等参赞、清廷海军部军制司司长，南京临时政府海军右司令、第二舰队司令、练习舰队司令，北京政府海军部次长	—
宋文翙	第八届驾驶班	—	“定远”船枪炮大副、“建安”管带、“江利”管带、“江元”管带、“镜清”管带	“广甲”操练大副、“广甲”船帮带大副、“广甲”舰管带
李国堂	第十六届驾驶班	—	“海圻”巡洋舰帮带大副、“楚同”舰长、“福安”舰长、“海圻”巡洋舰副舰长、“海圻”舰长、渤海舰队参谋长、渤海舰队副司令兼“海琛”舰长、海舰队司令，东北联合舰队海防第二舰队司令，南京国民政府军政部海军署参事，国民革命军海军第三舰队驻长山岛办事处少将处长，中央海军军官训练团主任教官，副教育长，海军总司令部高级参议，海军马尾要港少将司令，海军总司令任少将高参，台澎要港司令部司令	护法海军总司令部“福安”舰长，广州军政府海陆军大元帅府参军处参军，参谋长，“飞鹰”舰长兼任护法军政府政务院海军部（部长林葆怿）军备司司长，护法海军“海圻”巡洋舰少将舰长，广东军政府海军部少将次长，广东大元帅府海军“肇和”舰长、代理总司令，广州要港司令
刘义宽	第二届管轮班	—	—	黄埔船坞督办、广东水师“琛航”管带、广州黄埔船坞总办、广东海军学校校长、护法军政府海军警卫营营长

注：据刘传标著《中国近代海军职官年表》（福建人民出版社，2004 年 2 月出版）整理

闽籍船政毕业生在广东海军任职，为广东水师和南海海防建设做出巨大贡献，代表人物有叶祖珪（第一届驾驶班，曾任广东水师提督）、萨镇冰（第一届驾驶班，曾任广东南澳镇总兵、广东水师提督）、魏瀚（第一届制造班，曾任广东黄埔造船所总办、黄埔水师学堂总办、广东水鱼雷局总办）。同时也为保护广东和南海的海洋权益做出积极贡献，如萨镇冰在任广东水师提督期间就认为“非绘成全图，不足划清渔界，即不足表明领海”。“南洋为重要之区，江海各防尤关重要，应将此项图志，加以考核，准经纬线，着色精绘。江海渔界全图，并该书内载中国渔船所到之外，地名及注说明华文，兼译英图原下文，俾外人明晓，趁此会场，得据此表明

渔界，即可以表明领海主权。”[①] 在1902—1903年，绘制《江海渔界全图》。

（三）船政轮船队派舰艇驻守广东，捍卫南海海疆

“船政之设，原以筹备沿海七省，非福建一省所得而私”[②]。由福建船政建造的“万年清”“湄云”“福星”“伏波”“安澜”“镇海”“扬武”“飞云”“靖远”“振威”“济安”“永保”“海镜”“琛航”“大雅”等所组成的福建船政轮船队（福建水师），是清末最早的一支有一定规模和实力的近代化海军，“其派拨各省，并不索价分文，诚以同属海疆，彼此无所分其畛域，冲粤东毗连闽海，复为洋泊入华之首冲，内而港、澳，外而琼廉，近守远攻，在在皆关形势。即使闽治舟师，粤省力难协济，亦应酌派巨舰，以固藩篱”[③]。“船政之设，所以开中国制造之先，备沿海防御之用。创立以来，廿有余载，成船三十一艘，除拨驻烟台、牛庄、浙、粤、南北洋各处”[④]。船政轮船队（福建水师）自诞生之日起，就派遣舰艇驻守广东洋面，肩负广东洋面和海南、南海诸岛的防守重任。

同治十一年（1872），福建船政轮船队拥有“万年清”“伏波”等15艘。同年五月初十日，福建船政就调拨“安澜”号驻守广东琼廉洋面。七月二十日福建船政船厂建造的第九号炮船/运输船“靖远”号完工下水（1871年12月1日开工，1873年3月26日竣工）。后该舰也调拨驻守广东（在广东舰队服役至1918年除役）。光绪元年（1875）五月初一日，福建船政船厂建造的第十六号炮船（通报舰）“元凯”号下水（1874年10月30日开工，1875年8月5日竣工），后该舰也一度被派驻广东巡防。光绪二年闰五月初二日，福建船政船厂建造的第十八号炮船“登瀛洲”号木壳运船完工下水（1875年7月21日开工，1876年9月15日完工）。后该舰也调拨驻守广东（在广东舰队服役至1913年10月除役）。

光绪八年（1882）初，法国人入侵越南北部，侵扰南海。清廷令广东水师派兵船赴廉琼海面驻扎，并令福建船政大臣黎兆棠迅速调派兵船赴廉琼协助广东水师巡防南海。黎兆棠奉命调原驻浙江的“济安”号（管带唐祐）、驻守台湾的“飞云”号（管带黄伦苏）赴廉琼驻守，加强对南海巡防。[⑤]

光绪八年（1882）五月十七日派“伏波”（管带林国祥）、“济安”（管带唐祐）、“飞云”

---

① 李士豪、屈若搴：《中国渔业史》，台湾：台湾商务印书馆，1980年，第65页。

② 黎兆棠：《奏复协造广东兵轮，援案动支官款折》，张作兴主编《船政奏议汇编点校辑》卷三十六，福州：海潮摄影艺术出版社，2006年，第360页。

③ 黎兆棠：《奏复协造广东兵轮，援案动支官款折》，张作兴主编《船政奏议汇编点校辑》卷三十六，福州：海潮摄影艺术出版社，2006年，第360页。

④ 黎兆棠：《闽厂工程稍松，接造穹甲快船折》，张作兴主编《船政奏议汇编点校辑》卷四十三，福州：海潮摄影艺术出版社，2006年，第415页。

⑤ 黎兆棠：《遵旨迅派兵轮赴粤，驻扎廉琼洋面巡防折》，张作兴主编《船政奏议汇编点校辑》卷二十，福州：海潮摄影艺术出版社，2006年，第195页。

（管带黄伦苏）驻守广东廉州、琼州洋面①，成为捍卫南海疆门户重要力量和基础。

到中法马江海战前夕，福建水师共拥有福建船政建造的“扬武”“琛航”“永保”“伏波”“济安”“飞云”“振威”“福星”“艺新”等9艘兵船，以及购自英国的“福胜”“建胜”2艘炮艇，计11艘，其中2艘派驻琼廉海面。

光绪二十年（1894），广东水师主力舰“广甲”“广乙”“广丙”三舰因参加北洋海军会操滞留北洋，“广甲”“广乙”先后于丰岛海战、黄海海战中被击毁，“广丙”在威海卫海战结束后被日军所俘，广东水师实力大减，光绪二十一年十二月十八日经两广总督谭钟麟奏请，福建水师将“琛航”“伏波”“振威”三舰调驻粤洋②，以加强南海防卫。

同时，自光绪十一年（1885）起，福建船政造船厂为广东水师先后建造主力舰艇“广甲”“广乙”“广丙”“广丁”（后因粤省方面财政因素未依约验收，改名“平远”归北洋水师）等舰艇，在巡防南海方面发挥积极作用。

二 福建船政在维护南海主权方面做出的贡献

（一）驱逐在东沙群岛盗采鸟粪资源的日本商人

南海诸岛是海鸟的天堂，千百年累计下来的鸟粪形成了富含磷质的砂矿资源，是绝好的天然肥料，在欧美广受欢迎。

光绪三十一年（1905）日俄战争结束后，基隆日商西泽吉次在海上遇台风漂至月牙岛，发现岛上覆盖厚实的鸟粪层是质优磷肥。为了盗挖岛上磷质矿砂，他于光绪三十三年夏，带领120名工人登上我国东沙岛，将在岛上作业的中国渔民连渔船用暴力强行驱离，岛上的中国渔民修建的“海神庙”“兄弟所”等被尽行拆毁，数百座中国人的坟墓也被掘开，将骸骨尽行烧化，扔入大海。西泽吉次擅自将东沙岛改称“西泽岛”企图长期占据，并在东沙岛的南端，用废木料建了一个码头，并修建了一条贯通南北的小铁路，还通上了电话、水管，建立了淡水厂，盖起了日式办公室和宿舍。

光绪三十三年（1907）9月底，两江总督端方首先得到日本人强占我东沙群岛的消息。他立即向清廷外务部报告，并明确指出：“凡闽粤人之老于航海者及深明舆地学者，皆知道该岛为我属地”。外务部立即致电两广总督张人骏，要求张人骏火速查清。两广总督张人骏也认为海南岛崖洲所属榆林港和三亚湾与西沙群岛，“相距仅150多海里，旦暮可达”，且二港“山水环抱，形势天然，地土亦颇饶沃，实擅琼崖之胜”③ 必须坚决捍卫领土主权。宣统元年二月二

① 黎兆棠：《遵旨迅派刲轮赴粤，驻扎廉、琼洋面巡防折》，张作兴主编《船政奏议汇编点校辑》卷二十，福州：海潮摄影艺术出版社，2006年，第195～196页。

② 黎兆棠：《内厂续造福安铁壳船安上龙骨并派各省轮船修改工程片》，张作兴主编《船政奏议汇编点校辑》卷四十六，福州：海潮摄影艺术出版社，2006年，第439页。

③ 陈天锡：《西沙岛东沙岛成案汇编·西沙群岛成案汇编》，北京：商务印书馆，1982年，第17～23页。

十六日（1909年3月17日），张人骏照会日本驻广州领事赖川浅之进，强烈要求日本敦促西泽吉次从我东沙岛上撤离。二月三十日，日本外务省指示驻广州领事赖川向我国表示：日本从未对东沙岛主张过主权，现在也没有占领的意图，但东沙岛确是“无主荒地”，中国方面如果主张拥有主权，应提供“地方志书及该岛应归何官何营管辖确据”。张人骏立即驳斥赖川领事，指出西泽吉次虽然将岛上中国人的“海神庙”等拆毁、毁灭证据，但遗迹清晰可辨。日本驻北京公使向清政府总理大臣衙门提出交涉，称东海里的东沙诸小岛旧属琉球国，日本将琉球归入本国版图，清政府未持异议，故而东沙诸岛亦应属于日本。日方还提出：日本商人西泽幸二早在几十年前就在东沙岛上雇土人打鱼晒盐，筑堤坝、蓄淡水，围垦土地，岛上早就飘扬着日本国旗，这些都是东沙诸岛属于日本的证据。对此，执掌朝政的醇亲王载沣等人上奏慈禧太后，请予定夺。慈禧太后下旨给两江总督端方，令他兼管东海沿海交涉事务，与日方周旋应付，“相机办理”。

随后日本代表矢野志三郎带领随员三人，自日本来到南京，住进日本领事馆，日日与两江总督衙门交涉，逼得很紧，限期解决这一问题。端方遂立即发电报给陈庆年[①]。陈庆年接到端方的电报后顾不上休息就赶到南京总督衙门，以正式谈判代表身份参加谈判。日本人的颐指气使蛮不讲理激怒了陈庆年，他在激烈的谈判中据理力争，寸步不让。矢野志三郎取出英国人金波尔（来华传教士，同时又是个海洋地理学家，以传教士身份为掩护，搞过江浙海域的地理测量，为英帝国提供情报）出版的《东海图说》一书（共三卷），称该书中根本未标明东沙诸岛是中国的疆土，坚持要看中国的志书等文献有否记载。据此，闰二月十六日端方“上端陶帅书”云：“昨夕手谕并粤电谨悉大东沙岛必须先明其位置所在及其附近诸处是何形势方能博访旧籍据图推证”。

为求“将凭据考核切实”，端方建议张人骏进一步寻找“早年图志案卷为凭”，在“广东省府县各志书、各舆图及公署案卷、私家著述内，遍加搜讨，再能举出数证”。证据主要是由陈庆年等从龙蟠里江南图书馆等文献收藏部门的史志和古代海洋著作中查找到的，主要有以下几种：

一是清雍正五年（1727）出版南澳总兵陈伦炯[②]的《海国闻见录》附图《四海总图》、《沿海形势图》中明确地将东沙群岛所在的位置标注为“南澳气”。这是我国第一幅能够明确标示东沙群岛的地图。而其书中所记载的“南澳气，居南澳之东南，屿小而平，四面挂脚，皆嵝岵石，底生水草，长丈余。湾有沙洲，吸四面之流，船不可到，入溜则吸搁不能返。隔南澳水程

① 陈庆年，字善余，江苏镇江丹徒县人，毕业于著名的江阴南菁书院，学贯中西、才华横溢、先后担任过江楚译书局主办、江南通志局主办、长沙图书馆监督、湖北译书局总办等职。1904年陈庆年辞官退隐，两江总督端方久闻其名，重金礼聘陈为幕僚，他坚辞未赴南京就职，但与端方保持联系。

② 陈伦炯，浙江海盐人。对航海甚有兴趣，当过乡试秀才，在他编著的这部书的“沿海形势图”中清楚地标明了东沙诸岛为中国领土，早在宋代东沙群岛被称作云山岛，置于宋朝官员的有效管理之下，岛上建有码头、蓄淡水池，防浪石堤及卫军堡塞等，还在岛中心山丘上建有航海信号灯塔。

七更，古为落说”，清楚地说明了东沙诸岛为中国领土。三月二十日端方“上端陶帅书”云：“日来在舍间检阅所有海道各书，见陈伦炯《海国闻见录·沿海形势图》惠州甲子港之西明有东砂一岛，其东北为……此书成于雍正八年可以引据也。故书雅记有益于国际交涉如此。惜治此学者日益寥落不能辨一机关杂志耳……”。

二是成书于嘉庆二十五年（1820），由谢清高口述、杨炳南笔录的《海录注》在“小吕宋”条中记载：“船由吕宋北行四五日可至台湾，入中国境。若西北行五六日经东沙，又日余见担干山。又数十里即入万山到广州矣。东沙者海中浮沙也。在万山东，故呼为东沙，往吕宋、苏禄者所必经。其沙有二：一东一西，中有小港可以通行。西沙稍高，然浮于水面者亦仅有丈许”[①]。

三是嘉庆二十三年（1818）两广总督阮元修《广东通志》〔道光二年（1822）成书〕卷一百二十四之第三十六张“海防一图”指明香港之东有澳名步袋[②]。

四是成书于光绪六年（1880）王之春的《国朝柔远记》图中，把东沙岛列于甲子遮浪之间。

五是福建船政后学堂第三届驾驶班毕业生陈寿彭译《中国江海险要图说》（1907 年印）明确记载蒲拉他士岛（即东沙岛）“中国至此围渔，已有年所”[③]。并绘有“广东杂澳十三：蒲拉他士岛”[④]。所记载蒲拉他士岛经纬度分明，且与《国朝柔远记》所载东沙的方位一致，成为交涉的有力证据。

闰二月初八日（3 月 29 日），赖川领事再次会晤张人骏。张人骏当即向日本谈判代表出示了《海国闻见录》等书，矢野等人在检视了张人骏收集的有关证据及上岛中原存有中国渔民所建庙宇的实证，日本领事顿时理屈词穷，不再纠缠无主荒岛的问题。但又表示，日本政府可以承认中国在东沙岛的主权，但希望中国对日本商人的投资进行补偿。

几番唇枪舌剑后，4 月中旬日本驻北京公使代表日本政府正式照会大清外务部，表示“西泽吉次到该岛创始营业，全系善意，此事结局，纵定位中国领地，而对该商平善事业，应加相当之保护”。

随后，赖川领事提出，西泽吉次已为开发东沙岛花费高达 51 万日元，希望中国政府继续同意他在岛上开采磷质矿沙，期限 30 年。张人骏对日本的无理要求“严加拒绝”，他要求：必须将东沙岛归还中国，西泽吉次已经在岛上建立的设备，可以经两国估价后由中国政府收购；同时，西泽吉次也必须赔偿损毁岛上华人庙宇和驱逐华人渔民的损失，并“加倍补缴已经开采的

---

① 谢清高口述、冯承钧注释的《海录注》卷中，台湾：台湾商务印书馆，1960 年，第 59 页。

② 嘉庆二十三年两广总督阮元修（至道光二年成书）《广东通志》书卷一百二十四《海防一图》（卷之第三十六张）。“步袋”即西人“拔达”音译。端方于宣统元年闰二月初九日“上端陶帅书”云：“昨日考东沙岛事从图书馆检书匆匆发箧，姑以步袋澳岛当之．其说但就经纬度数及香港以东部位大略揣测而于安帅二月二日电汕头正南约百五十英海里之说不能相合”。

③ 陈寿彭译《中国江海险要图志》卷十，上海：经世文社，1901 年，第 2 页。

④ 陈寿彭译《中国江海险要图志·图》卷一，上海：经世文社，1901 年，第 21 页。

岛产、海产的税收”。

为摸清西泽吉次在岛上设施的价值，张人骏又派福建船政学堂后学堂驾驶班第八届毕业生吴敬荣和第十一届驾驶班毕业生、“飞鹰”舰管带黄钟瑛率领“飞鹰”舰协同广东的海关巡逻艇，再度远航东沙取证，收集了渔民们被西泽吉次欺凌的大量证词，还顺道巡视了西沙群岛[①]。黄钟瑛督驾“飞鹰”舰巡视东沙岛，并拍摄有关证据。

管带黄钟瑛呈报“蒲拉他士岛，即土名之东沙。查该岛日人改名为西泽岛，竖有木牌一面曰明治四十年（1907）有八立。岛上并无中国居民，只有日本男女百余人，盖屋居住，并雇有小工50余名，结芦为居，均系于前年八月到此……中国渔民前建之天后庙，日人来时已被毁去，以图灭迹。闻有渔船到此，日均驱逐离岛，所有轮艇船只，均由台湾到此”[②]。由此东沙岛被侵占的事实终于被清官员所明了。

随即，张人骏将有关东沙岛的各种文献，包括英法海军的相关海图及“飞鹰”舰拍回的照片，急送北京外务部。张人骏希望外务部“迅与日使交涉，饬将该国商民一律撤回，由我派员收管，另筹布置，一申主权”。

在中国强硬的立场和有力的证据面前，日本人逐渐退让，并最终在6月份基本达成意向。

张人骏随即派遣洋务处道员、福建船政前学堂第一届制造班魏瀚与日本领事馆代表，于宣统元年（1909）六月初一前往东沙岛评估。结果发现，西泽的投资实际只值30万日元左右。

八月二十八（10月11日）中日签订《东沙问题条约》，明确东沙群岛为中国固有领土，日本人立即撤出；中国以广东毫银16万元收购岛上已建设施；日本人补缴各项税款及损坏庙产等的赔偿合计广东毫银3万元。

十月初七（11月19日），福建船政毕业生林国祥、吴敬荣协同广东水师提督李准在东沙岛举行了庄严的交接仪式。在全副武装的“广海”舰护卫下，中国清政府的黄龙旗在东沙岛上空冉冉升起，“广海”舰鸣放21响礼炮。东沙岛终于重新回到中国手中，这一海域的主权属我已明确无疑，这为日后中国政府依法行使主权奠定了坚实的基础。

从日本人手中收回了自己的领土，引起广泛反响。西方报纸对中日之间围绕着这个被称为“普拉塔斯”（Pratas）小岛的争斗，进行了大量报道。当月英国驻华公使朱尔典（John Newell Jordan）亲赴外务部，建议中国在东沙岛上设立无线电台，与香港的天文台互通信息，以便准确预报这一海区的风浪。并强调此举可宣示“该岛为中国领土”，外务部立即批转邮传部研究办理。

（二）巡视西沙群岛，宣示主权

为避免我西沙群岛遭受外人侵占，广东水师提督李准主张派海军军舰前往西沙群岛巡视，

① 黄惠军、黄汉锵、黄信仿：《清末东沙群岛回归记》。

② 陈天锡编著：《西沙岛东沙岛成案汇编》，广东省实业厅出版社，1928年（收入张良福编著的《让历史告诉未来：中国管辖南海诸岛百年纪实》，北京：海洋出版社，2011年）；《东沙群岛成案汇编》北京：商务印书馆，1982年。

宣示中国政府对南海的主权，以免重蹈东沙岛被人当作“无主荒地”强占的覆辙。李准的建议得到张人骏的大力支持。张人骏在提交给北京的报告中提出，东沙、西沙“适当欧洲来华之要冲，为南洋第一重门户，若任其荒而不治，非惟地利之弃，甚为可惜，亦非所以重领土而保海权也”①，请求调派军舰前往西沙巡视。由于当时广东水师没有大型军舰，张人骏只得派福建船政建造的老旧军舰“伏波”“琛航”号组成舰队前往巡视。巡视前，福建船政后学堂第一届驾驶班毕业生、广东水师左翼统领林国祥对这两艘军舰进行了严格检查、修理和加固。

四月初一日（5 月 19 日），李准率领参赞王仁棠、广东候补道李哲濬（宁波人，字子川）、广东补用知府丁乃澄（归安人，字少苏）、广东补用知府裴祖泽（霍邱人，字少苏）、王叔武、李田、邵述尧、刘镛、郝继业、陈晋庆、袁武安、赵华汉、郑继濂、张瑞图、刘启唐、潘镇藩、梁朝彝、郭朝升、陈仕平，港商韦雪斋、李惠林、苏汇泉，海军测绘学生四名：萧广业（广东省三水县人，毕业于广东黄埔水陆师学堂第九期驾驶班）、邱世堃（广东人，毕业于广东黄埔水陆师学堂第五期驾驶班）、孙承泗（广东省番禺县人，毕业于广东黄埔水陆师学堂第九期驾驶班）、梁宝琳（广东人，毕业于广东黄埔水陆师学堂第二期驾驶班），测绘委员四名：孙金汉、刘迺封、赖鹏、陆振，测绘学生八名：吴应昌、韩国英、王钦、洪禹懋、赖国琛、彭道宗、杨基，化验师二人：无线电局工程师布朗士、礼和洋行化验师孙那，农工路矿公司探钻工程师二名：钟饰、钟英，军医生两名：陆锡藩、胡国镇，庶务随员谭开宗，照相人二名，木工四名：朱生、伍嘉、朱胜、香基，泥水二名，修盐漏工四名，种植工二名，洗衣工二名，小工一百名等，共 170 人官兵（海军官兵和李准的卫队排之外）登上“伏波”（管带吴敬荣）、“琛航”（管带刘义宽）正式出航，以“伏波”号为旗舰，以福建船政后学堂第一届驾驶班毕业生、广东水师左翼统领、“琛航”管带林国祥为两舰督带官，向南海诸岛进发。

舰队在榆林港停留了几天，四月十一日（5 月 29 日）下午四点，再度起锚南下。四月十二日中午 11 点 20 分，两舰抵达林岛（今永兴岛），“伏波”舰管带吴敬荣率人乘平底船登上林岛，鸣炮宣示主权，李准将此岛命名为“伏波岛”。随即，吴敬荣率领海军官兵在岛上伐木建屋，在屋侧树了一根 5 丈高的桅杆，在珊瑚石上刻下了“大清光绪三十三年广东水师提督李准巡阅至此”的字样②。

次日，李准下令将所带的种羊等留在岛上几对。随后，林国祥、吴敬荣等又相继登陆其他 13 个岛，逐一命名，勒石树碑、升起国旗，重申主权。命名的特点是“触景生情，就地取材”。甘泉岛因岛上掘井出淡水，水质甘甜而得名；珊瑚岛因地貌特征得名。其余 12 个岛，或以随行诸人的籍贯命名，如丰润岛（张人骏，河北丰润人）、邻水岛（李准，四川邻水）、华阳岛（王文焘，四川华阳人）、霍邱岛（裴祖泽，安徽霍邱人）、归安岛（丁乃澄，浙江归安人）、

---

① 陈天锡：《西沙岛东沙岛成案汇编·西沙群岛成案汇编》，北京：商务印书馆，1982 年，第 9~12 页。

② 《李准巡海记》，国闻周报，1931 年（33）。

乌程岛（沈孝文，浙江乌程人）、宁波岛（李哲濬，浙江宁波人）、新会岛（林国祥，广东新会人）、阳湖岛（刘子怡，江苏阳湖人）、休宁岛（吴敬荣，安徽休宁人）、番禺岛（汪道元，广东番禺人），或以所乘坐的军舰命名，如以“伏波”舰命名的“伏波岛”，因“琛航”舰得名的“琛航岛”。其中，琛航岛、广金岛、甘泉岛、珊瑚岛的岛名沿用至今。巡视归来后，李准又请上级批准将西沙各岛重新命名，并得到批准。①

除命名岛屿之外，萧广业、邱世堃、孙承泗、梁宝琳等海军测绘人员和四名测绘委员对各岛礁开展实地测量，共绘得海图27幅。这是首次以官方身份测绘并绘制了西沙群岛总图和西沙各岛的分图海图②。

这次勘查，大致明晰了西沙群岛的主要构成和地理位置的重要性，“该岛共有15处，内分西（东）七岛、东（西）八岛，其地居琼崖东南，适当欧洲来华之要冲。为南洋第一重门户，若任其荒而不治，非惟地利之弃，甚为可惜，亦非所以重领土而保海权”③。

李准返航后，张人骏立即将随行测绘员所画的海图，飞章呈交陆军部和军机处，而李准在南海诸岛所收集的各种珍奇，开始巡回展览。6月14日，张人骏再度致电军机处、外务部，请两衙门代为上奏摄政王，请求调派更为大型的新式军舰前来广东听令，再往西沙巡视3个月。

李准在其自传手稿《任庵自编年谱》中记载：“经吴敬荣、林国祥、王仁棠先会同粤海关船员往探，当会商安帅亲往探明，绘成海图，以便呈鱼师、海港、军部、内阁立案。免又如东沙之覆辙，待有外人占据始为交涉为其计”。《李准巡海记》还记录：“所历各岛，皆令海军测绘生绘之成图，呈于海陆军部及军机处存案”④。朝廷也因此于当年颁布《外务部测绘领海荒岛之计划》：“嗣后我国勘定各岛，无论何国均不准以无名荒岛任意侵占。并咨沿海各省督抚，随时饬派军舰巡视，以免损失海权”。

这次巡视也引起了西方的普遍关注。美国《基督教箴言报》报道说，大清特遣舰队的“吴司令”建议朝廷向所有可居住的南海岛屿尽快移民；《洛杉矶时报》甚至还罕见地为官阶并不很高的吴敬荣刊发了画像。

清政府在一个月之内，两次派水师巡视西沙群岛，宣示主权，此举在国际社会上引起了强烈反响，国际社会普遍承认西沙群岛为中国海洋国土，各国航海之书，都称其为中国海洋国土，普遍认为“帕拉赛尔群岛（西沙群岛）是分散在海南岛南部中国海上的群岛”，“1909年中国政府把该群岛归于中国所有”⑤。

---

① 梁东贵、周启庆：《李准与东、西沙群岛》，《文史天地》2009年第10期；李准手稿自传《任庵自编年谱》。1933年，法国殖民者侵占我南海中九岛。李准亲至天津《国闻周报》社，向记者谈及他早年巡阅南海事，并将所撰《巡海记》发表在了这一年的《国闻周报》上，向世人公告：南海诸岛为我国固有领土，各岛上均立有“大清光绪三十三年广东水师提督李准巡阅至此”的石碑。

②③ 陈天锡：《西沙岛东沙岛成案汇编·西沙群岛成案汇编》，北京：商务印书馆，1982年，第9~12页。

④ 李准《任庵自编年谱》（1988年7月由李准的八女李如璧捐献给国家）；1930年李准用五言韵文写成的《任庵六十自述》、《李准巡海记》（1933年天津出版的《国闻周报》第十卷第三十三期）。

⑤ 韩振华：《我国南海诸岛史料汇编》，北京：东方出版社，1988年，第571页。

福建船政毕业生林国祥、吴敬荣协同广东水师提督李准的这次巡视南海，再次确立了中国对南海诸岛的主权。收回东沙、宣示西沙主权后，清政府相继成立了“筹办西沙岛事务处”和“管理东沙岛委员”，对南海岛屿开展了有针对性的开发。此后经营西沙群岛的重心便从万洲移到崖洲，崖洲成为群岛有力的后勤和军事保障基地。

宣统元年（1909），筹办西沙岛事务处官员在给张人骏的禀报中将此说得很明白：西沙各岛“居琼崖之东南，适当欧洲来华之要冲，为中国南洋第一重门户，如不及时经营，适足启外人觊觎之心，损失海权，酿成交涉，东沙之事，前车可鉴”[①]。

宣统二年（1910），林国祥、吴敬荣等协助李准绘制《广东水师国防要塞图说》，对《东沙岛》和《西沙岛图说》还首次使用了现代科技经纬度：“西沙岛在琼州陵水县榆林港之东南，星罗棋布，延袤直自纬北一十五度四十六分至纬北一十七度一十七分五秒，横自经东一百一十一度一十四分至经东一百一十二度四十五分。共岛十五处，分为西七岛、东八岛。水深一十三拓至二十拓不等。岛产磷质、雀粪极多。宣统元年，张前部堂派员查勘，现拟招徕华商承办岛务官，为保护维持，以重领土而保利权”。《广东水师国防要塞图说》成为了证明中国对东沙、西沙等南海诸岛拥有无可辩驳主权的重要文献。

日法等国对中国捍卫西沙群岛主权之举给予了承认。日本人下中弥三郎编《大百科事典》写道：“清典，为防止这些岛屿被外国人夺走，广东政府曾派员对该岛进行经营和调查。”[②] 法国殖民者亦承认，1909 年 4 月，中国派官员到西沙群岛勘探，结果发现了丰富的磷矿。1909 年 6 月，中国又派第二批官员到西沙群岛，宣示主权。[③]

1921 年 8 月 22 日，法国内阁总理兼外长白里安在西沙群岛问题上坦承：“由于中国政府自 1909 年已确立自己的主权，我们现在对这些岛屿提出要求是不可能的”[④]。

（三）海军部海岸巡防处设立东沙岛气象台

民国 12 年（1923），香港政府托英使转致税务处征询北京政府海军部，称计划在东沙岛建筑观象台。北京政府海军部以“主权所在”拒绝英国人请求，并为维护我领海主权，呈请北京政府建设东沙岛观象台。北京政府饬由海军部海岸巡防处（时任处长吴振南）筹办管理。

北京政府海军部于民国 13 年（1924）6 月设立全国海岸巡防处。巡防处组建后，先后配置“海防第一号”巡防艇和“秋阳”巡防舰，并鉴于中国海岸线绵长，巡防处分界设防，划分东三省、直鲁、苏浙闽、粤琼（包含南海诸岛）4 个区域，每区设一分处，分处辖报警台、观象

① 陈天锡：《西沙岛东沙岛成案汇编·西沙群岛成案汇编》，北京：商务印书馆，1982 年，第 16 页。
② 韩振华：《我国南海诸岛史料汇编》，北京：东方出版社，1988 年，第 572、538 页。
③ 韩振华：《我国南海诸岛史料汇编》，北京：东方出版社，1988 年，第 572、538 页。
④ 胡焕庸：《法人谋夺西沙群岛》，《外交评论》第 3 卷第 4 期（1934 年 4 月）。

台与巡防艇队。

民国15年（1926）2月，北京政府海军部训令海军总司令部，派海军陆战队进驻东沙岛，海军部咨请外交部向日使交涉，将占住该岛的日本人驱离（日本人对东沙岛的非法霸占告平息），并经国务会议议决“东沙岛划作海军军事区域，归海军管辖”。

4月8日，北京政府海军部海岸巡防处设立东沙岛气象台，北京政府海军部海岸巡防处派许庆文任台长，黄琇（福州海军学校第一期）任气象台测象主任。7月26日，海军海道巡防处东沙岛观象台建成，开始通报气象。这是中国人自己建造的第一个海岛上的气象机构，宣布东沙岛为军事区，划归海军管辖。

中国海军进驻东沙岛同时设立无线电台和灯塔等设施，提供气象信息。10月，黄琇任东沙观象台台长。12月5日，海岸巡防处东沙观象台编制正式公布实施，沈有瑾（福州人）任东沙观象台少校技正、李景杭任主任、顾厚模任中尉台员。

民国18年（1929）6月1日，南京政府海军部正式成立。7月19日，苏浙闽巡防分处奉命裁撤。次年5月21日，黄琇再任东沙岛观象台台长。民国20年（1931）4月14日，黄琇调任厦门气象台台长，李景杭继任东沙观象台台长。民国23年（1934）7月21日，黄琇再任东沙观象台中校台长。民国24年（1935）3月28日，黄琇被免去东沙观象台中校台长之职。黄琇驻守东沙前后共十年，为捍卫南海海疆做出巨大贡献。5月4日，方均（福州人）任海军东沙观象台台长。次年5月8日，方均调任海岸巡防处少校课员，海岸巡防处少校课员派驻厦门无线电台办理气象的李景杭升代东沙观象台中校台长。

民国26年（1937）“七七事变”后，抗日战争全面爆发。8月24日，日军决定对中国南海沿海实施封锁，其中东沙岛是日军登陆夺取的首要目标。当时，该岛驻扎有中国海岸巡防处，设有无线电台和观象台各一座，守备军共37人，由海军少校台长李景杭指挥。9月3日，日本海军第二舰队二等巡航舰“夕张”号和二等驱逐舰“朝颜”号驶进东沙岛开炮轰击，掩护3艘登陆艇的百余名海军陆战队员登陆。中国守军寡不敌众，遭日军俘虏，押往“朝颜”舰转送高雄，遣至花莲港厅服兵役，后又转压到广东，途中多人因受酷刑而死亡。李景杭幸免。民国35年（1946）5月13日，李景杭任海军总司令部东沙岛管理处电信组三等正组长、电讯少校；6月26日，随国民党军接收部队涉水登岛接收东沙。9月12日，东沙群岛正式划归国民党海军管理。东沙历经七度易手，终于回归中国。

民国36年（1947）4月17日，东沙岛管理处成立，海军上尉张君然暂代主任之职。海军总司令部设立海军南沙岛管理处，海军总司令部训练处参谋彭运生任主任。5月9日，海军总司令部设立海军东沙岛管理处，海军上尉李景杭任东沙岛管理处主任兼电信组中校组长。从此，海军管理东沙群岛进入了新阶段。

（四）“九小岛”事件后中国海军加强对南沙西沙巡防

民国20年（1931）“九一八事变”后，法国人乘日本侵略中国东北之际，于12月4日声称对西沙拥有所谓的“先占权”。中国政府于次年7月26日驳复法国外交部。

民国22年（1933）4月7日至12日，法国又派炮舰侵占南海九小岛（当时法国并未立即公布侵占南沙岛礁的消息）。7月25日，法国公开宣布占领南海九小岛后，国民政府外交部照会法国驻华使馆抗议并声明主权。汉口党务整理委员会致电南京国民政府外交部，文件中写到：法国占领九小岛“有损我领海主权更足影响全部海防”，要求外交部“切实查明，严提抗议以保领海主权”。7月30日，国民外交后援会发表通电，对法人的暴行“誓必奋斗到底”。8月5日，行政院训令外交部切实对法交涉。此后，中国政府与法国围绕南海诸岛问题进行了长达六年（民国22年至27年）的外交交涉。

“九小岛”事件，促使民国政府增强对南海诸岛的有效管辖。鉴于“九小岛”事件中对被占岛屿名称和位置一无所知，民国政府于民国22年（1933）成立了“水陆地图审查委员会”，对疆域内各岛礁的中英文地名统一进行审定并完成南海诸岛的测量和地图编制工作。

民国24年（1935）春，广东省建设厅农林局提出“以辟富源而维国土”加强东沙群岛管理的建议，经广东省政府批准，设立了“东沙岛海产管理处”，任命梁权为管理处主任。3月，梁权和广东第一集团军总司令部参谋林冠英、海军司令部参谋胡应球等率员前往东沙群岛巡视，回来后建议按照当时国际惯例把东沙群岛领海权定为12海里。同时将“东沙岛海产管理处”改名为“东沙群岛管理处”，“以符行政上之设置，以杜外人借口”。经广东省建设厅呈请广东省政府审核，“俯准照办”。

对于西沙群岛，广东省政府将其划为海南岛管辖，加强了对西沙群岛的调查与治理。广东江防司令部上校参谋胡应球编写的《奉派调查东沙岛报告书》中，详细记述了东沙岛的位置、面积、礁堤、暗礁、底质、气候、淡水、物产等情况。

为了巩固对南沙群岛的管辖，当时的中国政府还采取了一系列举措，派军驻守太平岛，设立观象台（气象台）和无线电台等。

抗日战争爆发后，日本人为掌握南中国海上的全部制海权，避免我国的南海诸岛成为法军或英军的空军基地或潜水艇停泊基地，切断中国与南洋的交通线，并扬言，既然法国政府以简单的声明得以决定所占九岛的属籍，日本政府也将用同样的手段占取与台湾关系最密切的西沙群岛。“关于帕拉塞尔群岛问题，台湾总督府所抱见解如下：法国所宣言先占之岛，与台湾关系最深之西沙群岛或不相同，然若如法国以简单之声明，决定属籍，日本亦将以同样之手段，取西沙群岛。”① 民国28年（1939）9月30日，日军驱逐法人，占领南沙群岛等3个群岛，划归台湾总督管辖，将其改名为“新南群岛”，并将之划归日本占领下的台湾高雄市管辖。

---

① 1933年8月1日《时事新报》。

（五）抗战胜利后船政人主导收复南海诸岛

民国34年（1945）8月15日，日本宣布无条件投降。9月9日，国民政府海军总司令陈绍宽奉命与何应钦等人在南京接受日军代表冈村宁次的投降书。

南沙、西沙群岛自古以来就是我国的神圣领土。为了接收曾遭日本侵占的南沙、西沙群岛。根据《波茨坦公告》和1945年9月2日日本签署的《无条件投降书》的有关条款，国民政府行政院指令海军总司令部派舰接受南海诸岛。10月7日，海军总司令部派烟台海军学校寄读于福州海军学校（前身为船政后学堂）（俗称“寄闽班”）林遵（福州人）负责组建由“太平”“中业”“中建”“永兴”等四舰组成“前进舰队”，执行收复南沙群岛的任务。10月24日“前进舰队”自上海吴淞口启航，经舟山群岛、珠江口直驶虎门。11月1日晚抵达珠江口。11月6日，舰队自虎门启锭继续向南航行抵达海南岛榆林港，然后分两路前进：一路由林遵率领“太平”“中业”两舰偕同广东省政府任命接收南沙群岛专员麦蕴瑜及其他工作人员进驻南沙群岛；另一路由舰队副总指挥姚汝钰率领“永兴”“中建”两舰进驻西沙群岛。时值南中国海东北风强劲季节，赴南沙群岛的两舰两度出航均因狂风巨浪而折回。

12月9日再次出航，由李敦谦舰长率“中业”舰为舰队先导，林遵坐镇“太平”舰随后，目标直抵南沙群岛的主岛——长岛；“永兴”“中建”两舰在副总指挥姚汝钰率领下出港后直抵西沙群岛主岛——林岛，执行收复西沙群岛任务。“永兴”“中建”两舰收复林岛后，将林岛改名为“永兴岛”，以纪念接收舰“永兴”号，并立“固我南疆”石碑于该岛码头处。

林遵率领“中业”“太平”舰于12月12日晨在南沙群岛的一个较大的岛上登陆。登陆后，他们拔掉岛上日本人原竖着的石碑，在原基座上用水泥建起命名为“太平岛”的主权碑，碑的背面镌刻着建碑日期“中华民国三十五年十二月十二日重立”，左旁刻“中业舰到此”，右旁刻“太平舰到此”，并举行了隆重的“进驻南沙群岛成功典礼仪式”。林遵和麦蕴瑜以及“太平”舰舰长麦士尧、“中业”舰舰长李敦谦等50人参加升旗竖碑仪式。为了纪念“太平”舰接收该岛，即以“太平”为该岛命名。随后李敦谦也将刻有“中业岛”字样的碎石竖在另一小岛，将该岛命名为“中业岛”。

南沙群岛中的三个岛，分别以名字命名，即“中业群礁”“敦谦沙洲”“鸿庥岛”，而进驻主岛以太平岛名之，为此次任务中获得最高之荣誉。

12月15日，林遵率舰队官兵和政府代表，同驻岛官兵依依话别后，踏上归程。南沙群岛的收复与进驻任务，至此顺利完成。①

---

① 麦蕴瑜、麦士尧等：《一九四六年我国收复南沙群岛纪实》，《人民政协报》，1990年9月21日第3版；郭寿生：《我国南海前哨中的西沙群岛》，《中国海军月刊》创刊号；杨秀清，《我海军进驻西南沙群岛经过》，《中国海军军月刊》第11期。

林遵率领前进舰队收复南海诸岛后，陆幼刚等34人于民国36年（1947）2月在国民党六届三中全会上联名提案“加紧建设西、南沙群岛，以固国防”，胡木兰等36人在是年5月四届三次国民参政会上也倡议“中央应着手建设西、南沙群岛，力保主权”。

民国36年（1947）内政部公布的《南海诸岛新旧名称对照表》中，南海诸岛的名称已经进行了重新审定，除明确将南海诸岛划分为东沙、中沙、西沙、南沙四个群岛外，对许多岛礁都重新进行了命名，部分命名恢复了清代李准巡海时的名称，如忠孝、礼仪、仁爱、和平等，而永兴、太平、中业、中建等岛礁名则以中国海军收复南海诸岛的军舰命名。①

1949年国民党退踞台湾后，由于人民海军较弱小，缺乏大型舰艇，南海诸岛由踞守台湾的国民党海军控制。

随着中国大陆解放，政权易手，1950年国民党在海南岛弃守，因补给不易，5月决定暂从南海诸岛撤回驻军，同时发布公报，昭示世界，虽然国民党暂时从南沙撤军，但海军舰艇仍经常巡逻各岛。

国民党海军暂撤南海诸岛后，菲律宾觊觎南沙之心萌发。1950年5月13日，《马尼拉论坛报》在社论中发表菲律宾要与美国“立即占有南沙群岛”之类谬论，因为“它离巴拉旺比中国和越南都近得多，不必考虑有多大的牺牲”。同日报纸有菲国防部长康利容云，“将与外交部长蜀慕洛讨论这一政策问题”。当时退到台湾的国民党当局向菲政府发表严正声明，申明中国对南海诸群岛之主权不容任何疑议。菲总统季里诺在记者招待会上发表谈话称：“中华民国政府仍驻守南沙群岛之说如确，则菲律宾无庸要求该岛之主权，因中华民国政府为一友邦……”云云。

鉴于1950年国民党海军暂时撤离南沙造成的“屋主外出，小偷频顾”，甚至出现反客为主的情形，为应对菲、越等国对于南沙群岛的不轨之心和侵扰之举，台湾国民党迫切地感到有重返并驻守南沙之必要。1956年，台湾国民党海军编组立威部队（由太和、太仓两军舰及陆战队侦察排组成）前赴南海侦巡，其旨在“以和平之手段，达成维护领土主权”。

三　加强南海海疆历史文献研究的几点建议

南海诸岛自古为中国领土，不仅在宋元明清中央政府的奏议和档案中有丰富的记载，而且广东、海南、广西、福建等省的地方志书和各姓氏宗谱，文人的游记、笔记和诗词，从事海外贸易海商的游记、笔记及移民东南亚华侨的游记、笔记等多有记载。以南海地图为例，不同时期私人编绘的地图也多有涉及（虽然不是“官方版本”，但也是南海诸岛自古属于中国的重要佐证）。比如，1914年12月上海亚东图书馆胡晋接编的《中华民国地理新图》，该图用一条连续线标示南海海疆线；1927年屠思聪编《中华最新形势图》、1937年陈铎编《中国模范地图》

① 《海军巡弋南沙海疆经过》，台湾：学生书局，1984年。

等都以范围不等的连续线划入南海诸岛。再以地方志为例，有大量关于对南海诸岛行政管理的记述。比如，明嘉靖三十七年（1558）黄佐纂修的《广东通志》记载明朝水师巡海防寇的情况："海寇，有三路，设巡海备倭官军以守之……至乌潴（今珠江口外）、独潴（今万宁县海外）、七州（今西沙群岛）三洋……故防之"①。乾隆年间黄任《泉州府志》有记载康熙四十九年至五十一年（1710—1712）广东水师副将吴升巡海情况："自琼崖，历铜鼓，经七洋洲（今西沙群岛海域）、四更沙，周遭三千里，躬自巡视，地方宁谧"②。道光二十一年（1841）明谊撰《琼州府志》记载："崖州协水师营，分管洋面；东自万州东澳港起，西至昌化县四更沙止，共巡洋面一千里，南面直接暹罗、占城夷洋"③。

由于受"重陆轻海"观念的影响，古籍记载的南海诸岛，显得零散且不具体，当中国主权受到侵犯时，对外交涉过程中，不得不以外文图和外语译名为依据，局面十分被动。张人骏深切体会到了其中的痛楚："中国志书，只详陆地之事，而海中各岛，素多疏略"，"我国舆地学详于陆而略于海，偏于考据方向远近，向少实在测量，记载多涉疏漏。沿海岛屿，往往只有土名，而未详记图志。欲指天度为言，旧书无考。所恃者，仍是英国海图"④。

目前涉及南海问题的有关文献整理、保护、研究虽然有所加强，但仍相对滞后。我们认为，当前，要加强包括南海历史在内的海疆历史研究，亟需发挥职能部门作用、建立完善工作机制、抢救保护利用"沉睡"资料、加大宣传展示研究成果力度等，地方志在其中可以发挥不可替代的重要作用。为此，建议：

（一）建立海疆历史资料收集整理研究工作机制

据了解，目前涉及南海诸岛等海疆历史的相关文献分散于国家和地方的档案、文物和图书馆、研究机构等部门，其中还有不少保存在台湾地区的有关部门中。分散保存不利于形成完整的历史依据链条。鉴此，建议由中央有关部门牵头，宣传、地方志、海洋、国土、交通、档案、社科、测绘、海事、华侨等相关部门和厦门大学、暨南大学等有关高等院校参与，并创造条件与台湾地区海军司令部图书馆、档案馆等部门协作，联合成立海疆历史资料收集整理研究工作联席会或工作机制，设立专项资金，以现有的"中国南海网"为基础，设立海疆历史资料收集数据库（含文字子库、图片子库、影像子库，设立南海问题、东海问题等若干专题库，并逐步实现可检索功能），各成员单位循由各自途径收集整理相关资料并入库统一保存，同时发布征集公告，吸引相关专家学者参与，建立专家库，定期研商、成果备案，共建共享、互通有无。

---

① 〔明〕黄佐纂修《广东通志》，嘉靖四十年（1561）刻版。
② 黄任：清乾隆《泉州府志》。
③ 明谊：清道光《琼州府志》。
④ 《清季外交史料》（第二册），宣统元年（1909）闰二月六日，第47~48页。

（二）无偿开放海疆历史档案资料使用

据了解，一方面，目前有不少涉及海疆的历史档案资料仍封存“沉睡”在档案库房中；另一方面，有关专家学者因受档案未公开、查询费用高昂、档案无人整理等因素的限制，只能“望档兴叹”，无法使用。鉴此，建议尽快无偿开放不涉密的有关档案，并组织有关专家学者整理、研究、编辑出版中国海疆文献历史遗存：一是收集整理我国沿海省市县方志中及档案中历史记载；二是收集整理西班牙、荷兰、葡萄牙、英国、法国及菲律宾、印尼、马来西亚等国有关我国海疆的记载；三是收集整理我国沿海各省曾经经略海洋有关家族的族谱、文人的杂文游记及侨批中的记载；四是收集整理船政学员的巡防记录和《航海日记》等。

（三）吸收海疆历史资料入志

鉴于地方志独特的官方权威性，可在维护海疆权益、宣示国家主权等方面发挥官方文献的重要作用，建议中国地方志指导小组在全国方志系统尤其是涉及东海钓鱼岛和南海岛权争议的有关省市，倡导联动开展相关海疆资料的收集整理研究入志工作。各有关省市组织有关专家，对海疆历史相关资料进行甄别、删选、整理、研究、审定，形成入志资料，吸纳入相关志鉴中，待时机成熟时可编纂本省市的海疆志或建置志。中国地方志指导小组则可适时牵头组织编纂《中国海疆志》，为维护我国海疆权益提供翔实的历史佐证。

（四）加强海疆历史文献的宣传与展示

在积极加强包括南海历史在内的海疆历史文献资源建设与研究的同时，要积极将有关研究成果推介出去，为国家争取更多的国际话语权，并通过宣传展示，不断增强国人的主权意识和海洋意识。

结束语

福建船政自创办之日起就成为捍卫祖国海疆的重要力量。重视海洋、经略海洋，是今天中华民族复兴的必然要求，也是中国和平崛起的标志和必然历程。民族振兴召唤海峡两岸共同维护祖产。

广东历代方志中的南海史料①

广东省人民政府地方志办公室

提要：据不完全统计，广东历代方志南海史料，总字数约15万字，图片约100余幅。史料多散见于广东历代方志的前事略、地理志、地舆志、海黎志、杂志、山川略、政事、政纪、建置、地形、疆域、舆地、山川、海防、海道、防所、宦迹、夷情、流寓、艺文、杂记、纪异等中，形式多为记事、人物、图照、辞赋、数据、表格等。由广东历代方志资料可见，我国对南海及南海诸岛的管辖是持续、从未间断的，对南海及南海诸岛行使主权有着清晰的历史主线，我国一直是南海的主人。

关键词：广东　历代方志　南海　史料

南海诸岛自古以来就是中国领土。对此，广东历代方志客观真实记录了有史以来中国政府持续对南海行使主权、开发管理，以及中国人民在南海的生产经营活动，一再证明南海诸岛自古以来就是中国的神圣领土。南海史料散见于广东历代方志的前事略、地理志、地舆志、海黎志、杂志、山川略、政事、政纪、建置、地形、疆域、舆地、山川、海防、海道、防所、宦迹、夷情、流寓、艺文、杂记、纪异等中，形式多为记事、人物、图照、辞赋、数据、表格等。据不完全统计，总字数约15万字，图片约100余幅。

一　记载南海史料的广东历代方志名录介绍

无论是旧志，还是新编地方志，内容资料皆涉及南海及南海诸岛。

旧志主要有：东汉《南裔异物志》（杨孚撰）、万历《粤大记》（明郭棐撰）、嘉靖《广东通志初稿》（明戴璟等纂修）、嘉靖《广东通志》（明黄佐纂修）、康熙《广东通志》（清金光祖等纂修）、雍正《广东通志》（清郝玉麟等纂修）、道光《广东通志》（清阮元等纂修）、《广东新语》（清屈大均著）、民国30年（1941）《广东年鉴》（广东年鉴编纂委员会编纂）、光绪《惠州府志》（清刘溎年等纂修）、康熙《饶平县志》（清刘抃等纂修）、乾隆《南澳志》（清齐

① 本文主要提取广东历代方志中的南海史料，包括1988年海南分设前的资料。

翀等纂修）、光绪《海阳县志》（清卢蔚猷等纂修）、正德《琼台志》（明唐胄等纂修）、万历《琼州府志》（明陈于宸等纂修）、乾隆《琼州府志》（清萧应植等纂修）、道光《琼州府志》（清明谊等纂修）、康熙《万州志》（清李琰等纂修）、道光《万州志》（清胡端书等纂修）、光绪《崖州志》（清钟元棣等纂修）、民国《感恩县志》（周文海等纂修），约21种之多。

新编地方志主要有：《广东省志·总述》[①]《广东省志·大事记》[②]《广东省志·地理志》[③]《广东省志·海洋与海岛志》[④]《广东省志·测绘制》[⑤]《广东省志·地名志》[⑥]《广东省志·生物志》[⑦]《广东省志·审判志》[⑧]《广东省志·军事志》[⑨]《广东省志·水产志》[⑩]《广东省志·科学技术志》[⑪]《广东省志·人物志》[⑫]《广东省志（1979—2000）·专记卷》[⑬]《广东省志（1979—2000）·人物卷》[⑭]《广东省行政区划图志》[⑮]等15部之多。

以上两类多收集于《广东省志》[⑯]《广东历代方志集成》[⑰]、《广东省志（1979—2000）》[⑱]。另有民国30年（1941）《广东年鉴》誊印版，1991年由广东省地方志办公室、省文史馆、汕头市地方志办公室等单位誊印。新编地方志中的市、县、区志中，特别是湛江、茂名等沿海地区的志书也多有南海资料，此处不做记述。

二　广东历代方志中关于南海的史料综述

综合广东历代方志，可以明确得出：早在先秦时期，我国古代先民就已经发现并到过南海岛屿。秦始皇统一中国后，在岭南设置南海、象、桂林三郡，从行政管理上明确了中国对岭南地区及其濒临的南海管辖权。汉袭秦制，在岭南分设九郡，加强海域管理与使用。东汉光武帝时，伏波将军马援“缘海而进”，植铜柱，表汉界。三国吴孙权派员巡游南海。东晋南海太守定期巡视南海及南海诸岛。唐代将南海诸岛划归琼州管辖。宋代，南海诸岛由广南西路管辖，置水师巡海，救济遇难船员，行使主权。元明清时期，南海诸岛仍归海南岛管辖。元代，郭守敬奉元世祖忽必烈命令观测南海。明代，郑和遍历南海诸岛。清代，水师“每岁都有巡洋”，清末广东水师提督李准率官兵、工程师等170余人，分乘军舰巡视勘察西沙群岛，命名岛屿，勒石竖旗，放养牛羊。1924年，中华民国政府外交部、内政部、海军部等组成的中国水陆地图审查委员会审定公布132个岛礁地名，将南海诸岛分为东沙岛（今东沙群岛）、西沙群岛、南沙群岛（今中沙群岛）、团沙群岛（今南沙群岛）四部分。抗日战争期间，日本侵占南海诸岛。

---

①⑩ 广东省地方史志编纂委员会编，广州：广东人民出版社，2004年。
② 广东省地方史志编纂委员会编，广州：广东人民出版社，2005年。
③⑥⑧⑨ 广东省地方史志编纂委员会编，广州：广东人民出版社，1999年。
④ 广东省地方史志编纂委员会编，广州：广东人民出版社，2000年。
⑤ 广东省地方史志编纂委员会编，广州：广东人民出版社，1996年。
⑦⑪⑫ 广东省地方史志编纂委员会编，广州：广东人民出版社，2002年。
⑬⑭⑱《广东省志》编纂委员会编，北京：方志出版社，2014年。
⑮ 广东省人民政府地方志办公室编，广州：广东地图出版社，2016年。
⑯ 广东省地方史志编纂委员会编，广州：广东人民出版社，1993—2007年。
⑰ 广东省地方史志办公室辑，广州：岭南美术出版社，2006—2009年。

1945年，日本无条件投降，广东省政府即任命接收西沙群岛、南沙群岛专员，在南沙群岛主岛太平岛上举行宣示主权仪式并测绘地图。1947年，国民政府内政部正式公布南海诸岛172个岛礁地名，将1935年公布的南沙群岛改名为中沙群岛、团沙群岛改名为南沙群岛。1949年，国民政府公布的《海南特别行政长官公署组织条例》明确规定：海南特别区包括东沙、中沙、西沙、南沙诸岛。大小礁、滩、沙洲、暗礁，均改属海南特别区，仍由海军代管。中华人民共和国成立后，不断加强对南海诸岛的管辖。1959年，设立西沙群岛、南沙群岛、中沙群岛办事处。1988年，海南建省，三个办事处划归其管辖，东沙群岛仍由广东省管辖。

广东历代方志中的南海史料也一再证明，南海及南海诸岛自古以来就是广东先民生产生活的重要区域，历朝历代皆有广东先民的印记。早在远古时期，就有广东先民在南海之滨及沿岸岛屿劳动生息，商周时期广东先民已经开发鱼、珍珠、大贝和玳瑁等水产品，与中原开展经济政治联系。秦始皇统一中国后，南海逐渐开辟成为对外友好和政治经济联系的海上丝绸之路重要航线，南北朝时期就呈现出“舟舶继路、商使交属”的繁荣景象，至宋代，中国航海所及国家已遍布东南亚。广东先民对南海的航线和航程，珊瑚岛屿、沙洲和暗礁的形态和成因，珊瑚赖以生长的海下地貌“大礁盘”，南海海龟和贝类都有所考察和初步认识。西汉已对南海沿岸产盐区进行管理。东汉伏波将军马援观测琼州海峡潮汐变化，树立潮信碑。晋代裴渊划分出南海全日潮和半日潮。唐代南海诸岛居民已有不挖井取水皆饮椰浆的习俗。明代出现了更多记述南海诸岛之书，不仅记载南海航路，南海诸岛的方位、里程和地理形势，潮汐和海流变化规律，航海和风向及海流之关系，而且对不同海域的水色及鱼类、鸟类在导航上的指导意义也有详细描述。清光绪年间，海南岛渔民在西沙群岛、南沙群岛的一些岛屿上挖水井、种椰子树。同治年间，“各岛俱有海南渔民的足迹”。民国时期，广东曾多次组织开展南海学术调查，试采鸟粪，设置气象台、无线电台与灯塔；国民政府公布章程、命名岛屿、巡视海岛、举办物产展览会、抗议非法入侵南海诸岛行为；中国商人也正式向政府申请开发南海诸岛。中华人民共和国成立后，叶剑英主政广东，要求“对所有海岛一个也不能放松”，安排查阅广东旧志等，编印《广东海岛资料》作决策参考。我国高度重视南海自然资源和环境科学调查研究及资源开发利用工作，先后成立专门机构，调查研究遍历整个南海及南海诸岛，促使海洋渔业生产、航运贸易、资源开发、环境保护、旅游等产业不断发展。

由此可见，我国对南海及南海诸岛的管辖是持续、从未间断的，对南海及南海诸岛行使主权有着清晰的历史主线，我国一直是南海的主人。现分旧志、新志，择其重要内容简单介绍。

（一）旧志中关于主权管辖、命名、方位、科学研究、辞赋的表述

1. 关于主权管辖的描述。根据广东历代方志记载显示，历朝历代岭南基层政权重视南海主权，设立管辖机构，不间断地行使着巡视、剿匪等，维护社会治安。如清光绪《崖州志》卷十二《海防志一》云：“宋庆历中，招收广南南巡海水军，予以旗鼓，训练，备战守之役。萧

《府志》明洪武二十七年，命安陆侯吴傑专训练沿海卫所官军，以备倭寇。设海南卫备倭指挥一员，专辖内外十一所。每所官各一员，督管军船，于所部海面巡视。有警申报剿除，分别功罪。”又如明嘉靖《广东通志》卷六十六《外志·夷情上》记载“海寇有三路，设巡海备倭官军以守之”。其中转引《海语》：“自东莞之南亭门放洋，至乌潴、独潴、七洲三洋，星盘坤未针，至外罗，坤申针则入占城，至昆仑洋，直子午收龙牙门港，则入暹罗，若番贼、海寇则入十字门打劫，故防之。”清康熙《广东通志》卷十二《边防》中提到“万州营曰扬威左营（见兵额），曰贡田，曰张牙市，曰五香，曰太平，曰莪根，曰长沙（见兵额），曰沙牛坝”。“长沙营，管队一名、兵四十名防守”。清雍正《广东通志》卷四《疆域》记有“万州三曲水环泮宫，六连山障，州治千里长沙、万里石塘，烟波隐见。”记载琼州府管辖范围“外匝大海，远接外岛诸国。《琼管古志》云：外匝大海，接乌里、苏密、吉浪之州，南则占城，西则真腊、交趾，东则千里长沙、万里石塘，北至雷州府徐闻县。”清光绪《惠州府志》卷三《舆地三》记载“涨海。在县南百里，即南海也。文天祥尝率舟师驻此。”清光绪《崖州志》记述道“海则一望浩瀚，水师所辖，洋面东西相距几一千里，出没无常，处处可入，防不胜防。膺是任者，无事则练习水战，巡哨海面，远为侦探。有事则固守要口，联络渔艇，防其登岸。而又坚壁清野，严缉濒海奸民，杜其沟通接济之路”。

由此可见，在列强侵略我国南海及南海诸岛前，我国政府一直设有基层政权管辖南海及南海诸岛，布防军队定期巡查，说明无论是军事管理权还是行政管理权，南海及南海诸岛都由我国一直拥有并行使着。

剿匪，维护治安是地方政府的重要职责之一，广东历代方志颇多此类记述。如明万历《粤大记》卷之三十二《政事类》记载有“外洋带管海道副使孙光祖奉督府方略，帅参将胡震督兵追剿至九洲洋”；卷之八《宦迹类》记载有“陈茂，字君因，汝南人。……客仕苍梧，为交趾别驾。旧令刺史行部不涉涨海。永和中，盗贼起日南、九真，海滨皆震。刺史周敞涉海遇风，船欲覆没，茂拔剑，诃骂水神，风即止息。南海途人望之，以为神明，莫不畏仰。”

2. 关于南海诸岛命名的资料。根据广东历代方志记载，历史上南海诸岛曾称“涨海崎头”“珊瑚洲”“九乳螺洲”“石塘”“千里石塘”“万里石塘”“长沙”“千里长沙”“万里长沙”等。东汉杨孚《南裔异物志》称“涨海崎头，水浅多磁石”。清康熙《万州志》卷一《地理志》“曰长沙海，在州东，古志云千里长沙。曰石塘海，在州东，《琼管古志》云万州之海，万里石塘。”道光《万州志》卷三《山川略》称“长沙海、石塘海，俱在城东海外洋。古志云：万州有千里长沙、万里石塘，然俱在外海。海舟触沙立碎，入塘无出。”民国《感恩县志》卷十二《海防志》则有“洲东接大洲洋，有千里石塘、万里长沙，为琼洋最险之处。”民国30年（1941）《广东年鉴》第一辑第二章《地形》明确记载：“较小之岛屿，除密迩大陆者，已在各区中分别叙述外，其离岸较远者，尚有东沙西沙，南沙与团沙四大岛，多为珊瑚所成，面积甚小，经济价值虽不大，唯在交通与军事上颇为重要。东沙群岛，在汕头之南约一百一十里，当香港吕宋航空线之冲。西沙至海南岛之南一百二十里（由榆林港起计）在香港与新加坡航路之中，此二群岛多小岛礁石，大轮难近，昔均有气象台，用以预告飓风之行径，岛中有鸟粪磷矿，多为敌人所偷采，抗战后且为敌所占据。南沙群岛位于西沙之东而稍偏南，团沙群岛更在南沙之南，乃我国最南之岛。往昔常称西沙群岛之土莱塘岛（Triton，至北纬十五度四十分），为我国最南之地，实则团沙群岛尚在其南二百余里。此二群岛，面积更小，多属礁石，为航行之危险地带。民廿三年，法人占据团沙西部之九小岛，其中之斯巴特莱岛（在北纬八度三十九分），可作海空军根据地，廿八年，又为敌所占。”此条史料有命名、有事件，较为详细地记载了南海及南海诸岛，却较少被使用。

3. 关于南海方位的表述。如明正德《琼台志》卷四《疆域》记载“琼为都会，居岛之北陲，儋居西陲，崖居南陲，万居东陲，内包黎峒，详黎情门，万山峻拔，外匝大海，远接诸番。”再引用《琼管古志》以证云：“外匝大海，接乌里、苏密、吉浪之州，南则占城，西则真腊、交趾，东则千里长沙、万里石塘，北至雷州徐闻。”明正德《琼台志》卷六《山川下》记载“番夷诸国多在西南海中，逶迤而至崖南占蜡、暹剌哇、佛泥诸番，而琼之东则匝大海，千里长沙、万里石塘是即地”。明万历《琼州府志》卷三《地理志·疆域》称“长沙海、石塘海，州东。”清乾隆《南澳志》卷之十二《杂记》记载：“南澳，在涨海、岐海之交。”唐代《初学记》中称“南海之别有涨海。”《南史·扶南国传》记载：“扶南东界即大涨海，又交趾七郡土献皆从涨海出入。”清道光《琼州府志》卷四十四《杂志·纪异》中记载有“千里石塘，在崖州海面之七百里外。相传此石比海水特下八九尺，海舶必远避而行，一堕即不能出矣。万里长堤，出其南，波流甚急，舟入回溜中，未有能脱者。番舶久惯自能避，虽风汛亦无虞。又有鬼哭滩，极怪异，舟至则没头”。再如雍正《广东通志》卷十三《山川四》注有“长沙海、石塘海，俱在城东海外洋”。可见，旧志对南海方位表述前后一致、清晰，皆与今之主权范围一致。

4. 关于南海诸岛科学研究的记述。科学研究是保证发现、开发、管辖南海的重要基础。我国先民不断观察、研究南海，最早发现了南海的潮汐规律、命名了珊瑚岛礁、开发了南海航线等。如清道光《广东通志》卷一百二十四《海防略二》、《琼州府志》卷十八《海黎志二》中皆专设有“水醒水忌”，“船到七洲洋及外罗，值此数日，斟酌船身不可偏西，西则无水，宜扯过东。凡行船，可探西，水色青，多见拜浪鱼；贪东，则水色黑色青，有大朽木、深流及鸭鸟声见，如白鸟尾带箭，此系正针。足近外罗对开，贪东七更船，便是万里石塘，内有一红石山，不高，如望见船身，抵下若见石头，可防水痕”。可见已经能够科学地总结南海航行中的水势水流、潮汐变化及航行参考等。

又如，明正德《琼台志》卷二十一《海道》中有关于航程的记述，“外匝大海，接乌里、苏密、吉浪之洲，南则占城，西则真腊、交趾，东则长沙、万里石塘，东北远接广东、闽、浙，近至钦、廉、高、化，开洋四日到广州，九日夜达福建，十五日至浙江。”这既是对南海航线的记载，详列航线航程，也是海上丝路的重要说明。

5. 关于南海诸岛文字作品。中国人擅长诗词，用此言志，用此记事，主要体现在诗赋方面，如明嘉靖《广东通志初稿》卷三《政纪》张以宁赠广东行省参政周祯诗中记载：“昔年涨海奔长鲸，五羊城上飞搀抢”，卷四十《杂著》中收录有明代理学家丘濬的《南溟奇甸赋》，对南海（时称涨海）亦有记述。这表明当时人们对南海已经有普遍了解，南海及南海诸岛也已经引起世人的关注。

（二）新编地方志中关于南海的资料

新编地方志从行政区划管理、岛屿命名、科学考察、生产经营等系统梳理了历朝历代我国关于南海的管辖管理的史料，对我国人民在南海的生产生活也颇多涉及，另重点收录了法国、日本、越南、菲律宾等国对我国南海主权的侵犯行为，及我国对此作出的应对措施。因内容较多，只列重点。

1. 《广东省志·总述》。其较为详细地记载了民国时期对南海及南海诸岛管辖的演变，如“民国36年（1947年），广东政区作最后一次调整，即在原来政区的基础上，将行政督察区分为省府直接督察区和专署行政督察区。……（其中）十一区辖崖县、万宁等8县及西沙群岛。同年12月1日，国民政府内政部通过中央社正式公布南海诸岛岛礁地名，并将民国24年（1935）公布的南沙群岛改为中沙群岛，团沙群岛改为南沙群岛，将东沙、西沙、中沙、南沙4群岛划归广东省政府管辖。1949年6月6日，国民政府公布《海南特别行政长官公署组织条例》，第一条规定：海南特别行政区包括东沙、中沙、西沙、南沙诸群岛。大小礁、滩、沙洲、暗礁，均改属海南特别行政区，仍由海军代管”。

2. 《广东省志·地理志》。其则详细记述了南海诸岛的地貌、气候、植被、动物、农业、经济地理等多项内容。内容详细，分类清晰。如第一节地貌基本轮廓“六、南海珊瑚礁群岛地貌奇异”中记载“南海中的东沙群岛、西沙群岛、中沙群岛和南沙群岛，主要是由珊瑚礁组成。它们广泛分布于北纬3°58′至北纬21°04′，东经109°36′至东经117°50′之间。这些珊瑚礁大部分淹没在海面之下，成为暗礁、暗沙和暗滩，少数露出水面成为岛屿及沙洲，面积大的只有10.6平方公里，而且高度很少，一般低于9米，最高也只有15.9米。大多数珊瑚礁群岛发育在下沉的南海古陆块上，少数发育在海底火山之上。”从专业的角度对南海及南海诸岛作出科学的表述。

3. 《广东省志·海洋与海岛志》。其综各类内容之大成，囊括旧志新志、各专业志之内容，详细记载了海洋与海岛管理（含中华人民共和国成立前后内容）、开发研究工作；专设南海诸岛一节，分东沙群岛、西沙群岛、中沙群岛、南沙群岛四目，分别介绍金银岛、甘泉岛、珊瑚岛、中建岛、永兴岛、石岛、东岛、黄岩岛、太平岛、中业岛、南威岛、鸿庥岛、永暑礁等，附录了1958年至1988年间中华人民共和国政府关于领海的声明、中华人民共和国外交部部长周恩来关于美英对日和约草案及旧金山会议的声明、中华人民共和国外交部发言人关于南沙群岛主权问题的声明及有关南海的外国报道、书籍、地图等。《海洋与海岛志》最突出的内容是对国民政府时期及中华人民共和国成立后至1988年间，地方政府对南海的管辖与开发利用，补历朝历代之管辖内容，保证了资料的不断线。

重要史料如：民国24年（1935）1月，由中国外交部、内政部、海军部等部门组成的中国水陆地图审查委员会审定公布了《中国南海各岛屿华英名对照表》，公布132个岛礁地名，将南海诸岛分成四部分：东沙岛（今东沙群岛）、西沙群岛、南沙群岛（今中沙群岛）和团沙群岛（今南沙群岛）。民国24年4月在中国《水陆地图审查委员会会刊》第二期公布《中国南海各岛屿图》，详细画明南海诸岛，并标出各小岛名称。

又如记载了国民政府对南海行政管辖的最后一一次调整：民国36年（1947），广东政区作最后一次调整，即在原来政区的基础上，将行政督察区分为省府直接督察区和专署行政督察区。其中十一区辖崖县、万宁等8县及西沙群岛。同年12月1日，国民政府内政部通过中央社正式公布南海诸岛岛礁地名，并将民国24年（1935）公布的南沙群岛改为中沙群岛，团沙群岛改为南沙群岛，将东沙、西沙、中沙、南沙4群岛划归广东省政府管辖。1949年6月6日，国民政府公布《海南特别行政长官公署组织条例》，第一条规定："海南特别行政区包括东沙、中沙、西沙、南沙诸群岛。大小礁、滩、沙洲、暗礁，均改属海南特别行政区，仍由海军代管。"

再如，记载广东、海南分省时的区划划分：1988年4月，海南省建立之后，广东省和海南省在琼州海峡作了行政区划，琼州海峡中央线以南海域划归海南省，以北海域划归广东省；西沙、中沙和南沙群岛划归海南省管辖，仍在西沙群岛的永兴岛设"西沙、中沙、南沙工委办事处"。

4.《广东省志·测绘志》。其中的大地测量、天文基线测量、地形测量、地图制图、海洋和江河航道测量、测绘管理、测绘科学技术等，无论是民国时期还是中华人民共和国成立后，中央及广东地方政府从未间断过对南海的测绘工作。重要史料如："抗日战争胜利后，民国35年（1946）11月，南京国民政府派内政部方域司司长郑资约为南海岛屿接收团长，率领团员20余人由舰队司令林遵带领，乘太平舰、永兴舰、中建舰、中业舰来到广州，会同广东省政府派出的以省政府技术室主任麦蕴瑜为团长，省政府委员肖次尹为副团长的省接收团，团员有省地政局测量总队队长黄纬史和测量人员曾隼秋、钟晋祥、梁宝森等20余人，以及海军、空军于11月底到达海南岛榆林港，12月上旬分两路出发，一路由郑资约、麦蕴瑜率领，乘中业运输舰由太平舰护送到南沙群岛，在长岛（今太平岛）测绘1∶10000比例尺地形图并搜集水文、地质、气象有关资料。该岛实测东西长1400米，南北宽335米，面积0.43平方公里，海拔3.3米。另一路由肖次尹率领，乘中建运输舰，由永兴舰护送到西沙群岛，在林岛（今永兴岛）和附近的石岛测绘1/1万比例尺地形图并搜集水文、地质、气象有关资料。实测林岛东西长1950米，南北宽1350米，海拔5米，面积1.85平方公里，是群岛中面积最大的岛。之后，将南沙群岛的两个岛和西沙群岛的两个岛更名①。”“南海舰队海测船大队1970—1975年在西沙、南沙群岛测量了二等天文点8点。”

5.《广东省志·地名志》。其重点记述历朝历代对南海及南海诸岛的命名工作。主要有地名管理——南海诸岛地名普查、政区名——南海行政区、地理实体名——南海诸岛，详列各岛名称及其标准拉丁文标注、位置，各岛命名主要缘起、意义、时间等。如1983年地名普查时，“确定了定名原则：（1）名从主人；（2）保持地名的稳定性；（3）消除外来影响；（4）符合科学性。据此原则，287个地名中，新命名119个，渔民习称用作标准地名的46个，渔民习称作为标准地名的附注187个。1947年公布的172个地名只保留作为标准地名的152个，保留名称暂不公布的2个，销名2个，更名16个。”并通过《人民日报》向全世界昭告。

6.《广东省志·军事志》。其重点介绍了中国政府在南海的驻军、重要战事等。明确记载，清两广总督管辖南海诸岛。海战中则详列1974年1月的西沙永乐群岛自卫反击战。

7.其他志书。《广东省志·生物志》介绍了南海及南海诸岛的动物、植被类型及相关研究工作。《广东省志·审判志》介绍了广州海事法院的管辖范围，“西起广西壮族自治区的北仑河口（东兴）、东至广东省与福建省交界处的延伸海域和珠江口至广州港一段水域，其中包括南海、海南岛、南澳岛、南海诸岛（东沙、西沙、中沙、南沙、黄岩岛等岛屿）和防城、北海、三亚、八所、黄埔、广州、蛇口、汕头等主要港口。”《广东省志·水产志》通过海洋捕捞、水产科技等，清晰地记载了“南海诸岛及其周围海域，历来是中国渔民生产的海域。”《广东省志·科学技术志》设有海洋科学调查——南海诸岛及其邻近海域综合调查、测绘技术——西沙南沙测绘等，系统梳理了我国清代以来对南海的科学调研研究工作。《广东省志（1979—2000）·专记卷》，设有海洋经济——渔场分布、海洋科技之南海诸岛及其邻近海域综合调查等，介绍了南沙渔场及其20世纪七八十年代对海洋技术研究成果在南海的应用。

三 广东历代方志中南海史料的特点

（一）资料众多，材料丰富，线索清晰，连贯不断。无论旧志还是新编地方志，仅广东一地就约有50多本记载南海及南海诸岛资料。资料丰富，有记事、有剿匪、有人物、有图、有表，有行政管辖、有科学研究、有民间开发，更有风俗人文、诗词歌赋、水醒水忌等。所有的资料都明确、反复记载我国对南海及南海诸岛行使主权，始自2000多年前，明确先秦时期，广东先民已经发现并且在南海一带生产生活。从秦代开始，南海及南海诸岛正式纳入岭南基层政权管辖之下，从未间断。在基层管理中，逐渐建立管辖南海的基层政权，列入琼州管辖，设置专门的军师巡视南海，剿灭匪患，维护治安。中国人更是在和平利用南海、加

① 西沙群岛的林岛（亦名武德岛）更名为永兴岛；西沙群岛的半路寺（又名螺岛）更名为中建岛；南沙群岛的长岛（又名为黄山马）更名为太平岛；南沙群岛的铁山峙（又名为三角岛）更名为中业岛。

强对外交往中，不间断命名南海诸岛，不间断开展海外贸易、地理测绘、生产经营、海上救助。史料记载的时间更是从未间断，从先秦至今，历朝历代都有明确的资料表述。

（二）旧志新志各具特色。具体到各部广东历代地方志，对南海及南海诸岛的记载因时代局限、印刷技术等客观条件的影响，略有不同，各有特色。旧志中的南海史料多散见于各卷中，基本未有单独设卷记述；内容上也多倾于战事、剿匪、命名、人物、辞赋、科技等。但明末清初屈大均的《广东新语》是个例外，在“水语”中专设“涨海”一目，从涨海之名来由到千里长沙、万里石塘之方位，潮汐、季风之变化等均有记述，特别指出《后汉书》中已经有明确记载有“交趾七郡献贡皆从涨海出入”。新编地方志，则相对集中，有些单独设章节，有些独立成目；内容上除对历朝历代对南海的主权管辖、生产经营进行梳理外，更多侧重于生产、外贸、科考、巡查等，更多侧重统计数据、科学规范等。

（三）广东历代地方志中的南海史料分散多处，综合性不强，使用不便，有待进一步挖掘。南海史料分散于近五六十本地方志中，有待挖掘。旧志资料分散，分布于多个卷中。且古代历来重陆轻海，更不可能对南海及南海诸岛资料进行系统整理，况且缺少句读，使用特别不便。新编地方志中，虽然广东省在首轮修志中，设置有《广东省志·海洋与海岛志》，且收录了大量的资料，但多注重于新中国成立后海洋海岛的科学研究、生产经营，而对历史资料缺乏有效综合与系统梳理，重经济轻政治，利用起来难免不便。二轮省志编修中，由于时广东、海南已经分设，二轮广东省志仅在专记中设有海洋经济章，记述了极少的内容，更缺乏 1979 年至 1988 年海南设省前的资料。这些散落各处的资料是不能够满足现实需要的，为此，2016 年 7 月，为了集中展示广东历代方志中的南海史料，广东省人民政府地方志办公室辑录了部分广东历代方志中有关南海的史料，附录中华人民共和国政府关于南海领土主权和海洋权益的声明，同时收录了《Collier's World Atlas and Gazetteer》等美国、日本、越南绘制的历史地图，按照志体编印《广东历代方志南海史料辑录》一书，设前言、图照、大事记、方志辑录、人物辑录、附录六部分。以书分类，把部分地方志中的南海资料进行了整理。

广东历代方志中的南海史料一再证明中国最早发现、命名和开发利用南海诸岛及相关海域，最早并持续、和平、有效地对南海诸岛及相关海域行使主权和管辖，确立了在南海的领土主权和相关权益。广东历代方志史料雄辩地证明：南海诸岛自古以来就是中国的神圣领土！

南海诸岛自古以来就是中国领土

陈家传（海南省地方志办公室）

提要：南海诸岛自古以来就是中国的神圣领土，是中国人最早发现、命名、开发、经营和管辖。菲律宾炮制的所谓“南海仲裁案”改变不了中国人对南海诸岛拥有领土和主权的事实，我们有充分的历史依据。

关键词：南海诸岛　自古　中国　领土

南海诸岛自古以来就是中国的神圣领土，由中国人最早发现、命名、开发、经营和行使主权。据史籍记载，自汉代开始，中国人就在南海诸岛上航行、捕鱼和居住，可以说南海是中国渔民世代经营的祖宗海。美国重返亚太后，推行所谓的“航行自由”，挑起南海问题。2016 年 7 月 12 日，受域外大国挑唆，菲律宾不顾国际社会通过和平谈判解决争端的呼声，炮制的所谓“仲裁案”，企图否定中国对南海诸岛拥有的主权和权利，所谓的“南海仲裁案”①，必将是“一张废纸”②，改变不了中国人对南海诸岛拥有的历史权利，也改变不了中国对南海诸岛拥有的领土和主权，南海诸岛自古以来就是中国的领土有充分的历史依据。

一　南海诸岛是中国人最早发现命名和开发经营

（一）最早发现和命名

中国人对南海诸岛的最早发现和命名，伴随在南海活动历史进程中。渔民应是南海诸岛的首先发现者，但见于文献记述最迟是《史记・秦始皇本纪》：“上会稽，祭大禹，望于南海。”秦始皇三十三年（前 214）统一岭南，在广东地区设置南海郡，“南海”应是指今南海。《汉书》卷二十八下《地理志》：“自日南障塞、徐闻、合浦船行可五月，有都元国；又船行可四月，有邑卢没国……船行可二月余，有黄支国，民俗略与珠崖相类。……有译长，属黄门，与

① 《不合法的裁决不过是废纸一张》，人民网，2016 年 7 月 12 日。

② 戴秉国：《南海仲裁结果只是张废纸》，《人民日报》，2016 年 7 月 6 日。

应募者俱入海市明珠……汉之译使自此还矣。”从记载中可知，西汉中期（约前110—前87），平定南越后，汉武帝派遣船队，聘请翻译、应募的水手等人员，从边疆要塞日南（今越南岘港）、或徐闻（今广东徐闻）、合浦（今广西合浦）出发，船行约五月，可到都元国（今越南南圻）；又船行约四月，有邑卢没国（今泰国华富里）……船行约二月余，有黄支国（今印度东岸建志补罗）等[①]。新开辟了这条穿越南海诸岛，通往印度洋的航线，是“中国使者和航海家发现了南海诸岛”[②]。“这比越南人声称的南海活动时间（1630—1653）早了1500多年”[③]。

谢承《后汉书》云：“交趾七郡贡献皆从涨海出入”。首次用“涨海”指今南海及南海诸岛。东汉杨孚《异物志》不仅记载渔民捕鱼活动，还记录南海的海况：“涨海崎头，水浅而多磁石。”宋李昉等撰《太平御览》引三国吴康泰《扶南传》：“涨海中到珊瑚洲”。用“涨海”一词延续到南北朝，而《梁书》卷五十四《海南诸国列传》：“干陁国在南海洲上”（干陁国故地在今苏门答腊岛），已开始使用“南海”名称，至唐宋时期“南海”之称渐多，说明远在1500年前中国人已经认识南海和南海诸岛，把南海称为“涨海”“南海”。北宋曾公亮的《武经总要》载有“王师出戍”至“九乳螺石（州）”（今西沙群岛）。南宋周去非《岭外代答》载，南海有“长沙（今西沙群岛）、石塘（今南沙群岛）数万里”。南宋义太初作序的《琼管志》：“东则千里长沙，万里石塘”。

明顾玠《海槎余录》载：“千里石塘（今西沙群岛）在崖州（今三亚市）海面之七百里外……万里长堤（今南沙群岛）出其南。”清代《广东通志》《琼州府志》《万州志》都有“长沙海、石塘海，俱在（万州）城东海外洋”的记载，“长沙海”和“石塘海”分别指西沙和南沙所在海域。

清宣统元年（1909）5月，广东水师提督李准巡视西沙群岛，命名15座岛屿。1935年中国政府第一次公布中国南海各岛屿地名132个。1947年12月1日，中国政府公布南海诸岛地名172个。1983年4月24日，中国地名委员会公布《我国南海诸岛部分标准地名》，共287个，比1947年增加地名115个，除对岛、沙洲、礁、暗沙、滩命名外，首次为“水道”（渔民称为“门”）正式命名。说明“中国人从发现至今，持续对岛屿进行命名和管理”[④]。

（二）最早开发和经营

1. 海上丝绸之路必经之地

早在西汉，中国人在南海开辟了一条经过西沙群岛、南沙群岛通往东南亚各国和印度的航线，被后人称为“海上丝绸之路”[⑤]。据《汉书》卷二十八下《地理志》记载：广东

---

① 《广东海上丝绸之路史》，广州：广东经济出版社，2003年，第32页。
② 广东省地名委员会编：《南海诸岛地名资料汇编》，广州：广东省地图出版社，1987年。
③ 吴士存：《纵论南沙争端》，海口：海南出版社，2005年。
④ 海南省地方志办公室编：《海南省志·西南中沙群岛志》，海口：南海出版公司，2008年。
⑤ 中共海南省委党史研究室（海南省地方志办公室）：《海南与海上丝绸之路》。

徐闻县是西汉“海上丝绸之路”的始发港，经南海诸岛，穿越马六甲海峡，进入印度洋。到了唐代，《新唐书·地理志（下）》记述：“广州通海夷道”，其中与海南有关的一段为：“广州东南海行，二百里至屯门山（今广东深圳南头），乃帆风西行，二日至九州石。又南行二日至象石。又西南三日行，至占不劳山（今越南岘港东南占婆岛）。”据谭其骧先生主编的《中国历史地图集》（第五册）唐岭南道东部图注，“九州石”是唐崖州文昌县境，属今海南省文昌市东北海中的七洲列岛。“象石”是唐万安州万安县境，属今海南省万宁市东南的大洲岛。由此说明唐朝的“海上丝绸之路”航线是沿海南岛东部沿海航行，穿越南海诸岛①。

明永乐、宣德年间，郑和从江苏刘家港出发，经福州，泉州、加禾千户所（今厦门），到广东省南澳山（今南澳岛），大星尖（今东省惠东县东南小星山岛对面突出之海角处）、独猪山（今独州山，今海南万宁市东南大洲岛），到七洲洋（南海七洲列岛），然后到占城、古里（今印度喀拉邦北岸的卡利库特等国家和地区，也穿越南海诸岛。“海上丝绸之路”从汉代兴起，经南海诸岛，通往东南亚和印度洋，历经几千年的经营仍然兴旺发达。

2.《更路簿》是渔民耕海牧渔，世代经营南海的铁证

《更路簿》，又称为《水路簿》，是记录中国海南省渔民赴西沙群岛、南沙群岛航行的航向和航程（古称“海道针经”）的书，不仅是海南渔民参与开发和建设南海的有力证据，也是认定南海诸岛自古是我国领土的有力证据之一②。“海南渔民世代相传的《更路簿》，最早出现元代”③。具有代表性的有苏德柳本《更路簿》、陈永芹《西南沙更簿》等12种，主要有东头线、西头线和南头线3条。其中苏德柳本《更路簿》，记载地名22个，航道29条，记录了从海南岛到西沙群岛、南沙群岛航行的罗盘方位、航行时间、距离，形象地描述了南海诸岛各岛的沙洲、暗礁、水道的大小、地形、方位等内容。

渔民每年冬季11—12月乘东北风南下，先到西沙群岛，后南沙群岛捕捞，第二年清明谷雨期间乘西南风北返。渔民在岛上居住，建庙宇、挖水井，种植椰子、地瓜和蔬菜等。文昌县“东郊上坡村的陈鸿伯住岛达18年”④。据记载，在南沙群岛的北子岛还竖立着两块墓碑，分别安葬着死于清同治十一年（1872）的渔民翁文芹和死于同治十三年（1874）的吴□□。1990年在太平岛上发现了两块清代墓碑，分别为“皇清显考纯直郭公之墓”和黄郁堂之墓等⑤。

---

① 陈家传：《唐代海南政治经济文化对后世的影响》，《岭南文史》2015年第4期。
② 中共海南省委党史研究室（海南省地方志办公室）：《海南与海上丝绸之路》。
③ 符力：《〈南海更路簿〉：一部厚重的人文档案》，《海南日报》，2016年7月19日。
④⑤ 广东省地名委员会编：《南海诸岛地名资料汇编》，广州：广东省地图出版社，1987年。

二 南海诸岛由中国最早管辖和行使主权

（一）设置行政机构

从西汉开始，我国持续对南海诸岛进行行政管辖至今。西汉元鼎六年（前111），汉武帝派伏波将军路博德、楼船将军杨仆平定南粤之乱，以其地置南海、苍梧、玉林、合浦、交趾、九真、日南7郡。次年，即元封元年（前110），遣军渡海，在今海南境内设置珠崖、儋耳2郡。东汉建武十九年（43），光武帝派遣后伏波将军马援“平定交趾，往来南海，抚定珠崖”（郝玉麟等《广东通志》）。南海诸岛属东汉的管辖范围。唐代将“涨海”（今南海诸岛）划归崖州都督府（后为琼州都督府）的振州和万安州管辖。[①]《旧唐书·地理志》岭南道振州条记载：“振州（今海南三亚市境）……南至大海千里……东南至大海二十七里，西南至大海千里。”南宋赵汝适撰《诸蕃志》载唐“贞元五年（789）以琼为督府，今因之。……至吉阳（今三亚市境），乃海之极，亡复陆涂。外有洲曰乌里，曰苏吉浪，南对占城，西望真腊，东则千里长沙、万里石床，渺茫无际，天水一色。”赵汝适在建置中记述南海诸岛的内容，说明宋代属振州管辖。[②]

宋代《琼管志》载：“万州有千里长沙、万里石塘。”说明此时南海诸岛已划归万州（也称万安州，今万宁市境）管辖。明正德七年（1512），立海防营于万州，管辖“万里石塘”“石星石塘”“万里长沙”（即今南海诸岛）。清光绪三十一年（1905）后，“万里长沙”“千里石塘”（即今南海诸岛）隶属崖州直隶州万县（今万宁市）管辖。宣统三年（1911），广东省都督府宣布将西沙群岛划归琼崖崖县（今三亚市）管辖。1928年，广东政治分会将西沙群岛拨归中山大学管理。1946年，中国政府依据《开罗宣言》《波茨坦公告》依法收回台湾、澎湖列岛和南海诸岛等的主权，并划归广东省管辖。1949年1月21日，设立海南特别行政区，6月6日，中国政府公布《海南特别行政区长官公署组织条例》第一条规定：“海南特别行政区管辖东沙、中沙、西沙、南沙诸群岛，大小礁滩、沙洲、暗礁，均改属海南特别区，仍由海军代管。”[③]

1951年6月1日，成立海南行政公署海岛管理局，负责海岛管理工作。[④] 1959年3月24日，成立广东省西沙群岛、南沙群岛、中沙群岛办事处。[⑤] 1984年5月31日，第六届全国人民代表大会第二次会议审议通过《关于成立海南行政区人民政府的议案》，“海南行政区人民政府

---

① 海南省地方志办公室编：《海南省志·建置志》，海口：南海出版公司，2006年。

② 广东省地名委员会编：《南海诸岛地名资料汇编》，广州：广东省地图出版社，1987年。

③ 吴士存著：《纵论南海争端》，海口：海南出版社，2005年。

④ 海南省委组织部、省委党史研究室、省档案局馆：《中国共产党广东省海南行政区组织史资料（1926—1988）》修订本，海口：海南出版社，2012年。

⑤ 海南省地方志办公室编：《海南省志·建置志》，海口：南海出版公司，2006年。

管辖海口市、琼山县、琼海县、文昌县、万宁县、定安县、屯昌县、澄迈县、临高县、儋县和海南黎族苗族自治州及其所属的三亚市、东方县、乐东县、琼中县、保亭县、陵水县、白沙县、昌江县，以及西沙群岛、南沙群岛、中沙群岛的岛礁及其海域。”① 1988 年 4 月 13 日，第七届全国人民代表大会第一次会议通过《关于设立海南省的决定》，“海南省管辖海口市、三亚市、通什市、琼山县、琼海县、文昌县、万宁县、屯昌县、定安县、澄迈县、临高县、儋县、保亭黎族苗族自治县、琼中黎族苗族自治县、白沙黎族自治县、陵水黎族自治县、昌江黎族自治县、东方黎族自治县和西沙群岛、南沙群岛、中沙群岛的岛礁及其海域。”② 2012 年 6 月，经国务院批准，撤销西沙群岛、南沙群岛、中沙群岛办事处，设立地级三沙市，管辖西沙群岛、中沙群岛、南沙群岛的岛礁及其海域，三沙市政府驻西沙永兴岛。③

（二）军事巡视，彰显主权

宋庆历五年（1045）曾公亮《武经总要》记北宋初期“广南东路……置巡海水师营垒……（巡视）至屯门山二百里……从屯门山用东风，西南行七日至九螺洲（今西沙群岛）”。元将史弼曾到“万里石塘”（今南海诸岛）巡视。明洪武二十七年（1394）“设海南备倭指挥一员，专辖内外十一所。每所官各一员，督管军船，于所部海面巡视，有警申报剿除。”明正德七年（1512）“立海防营于万州”④。明世宗年间（1522—1566）“参将朱文达，至琼即巡海”⑤。

清顺治年间（1644—1661），清政府在琼州府（今海南）设镇标右营，驻海口，督隶水军战船，分汛防海面。康熙四十九至五十一年（1710—1712），广东水师副将吴昇率领水师巡海，“自琼崖，历铜鼓，经七洲洋，四更沙，周遭三千里，躬自巡视，地方宁谧”⑥。道光十二年（1832），“崖州协水师营分管洋面，东自万州东澳港起，西至昌化县四更沙止，共巡洋面一千里；南面直接暹罗、占城夷洋”。同时规定：“崖州协水师副将和水师守备。轮替出洋巡缉。有大小师船四号，兵丁一百四十六名。”⑦ 说明清朝驻防海南海军巡洋路线有两条：一是环海南岛巡海，一是到达南海疆界的南部和西部洋面巡视。宣统元年（1909），广东水师提督李准巡视西沙群岛（见陈天锡《西沙岛成案汇编》）。

明清时由官方修纂的《广东通志》《琼州府志》《万州志》等地方志书，都把西沙群岛和南沙群岛载于“疆域”“山川”“海境”或“风俗形胜”等条目下，列入水师巡视范围。1946

① 海南省地方志办公室编：《海南省志·建置志》，海口：南海出版公司，2006 年。
② 海南省地方志办公室编：《海南省志·建置志》，海口：南海出版公司，2006 年。
③ 《海南年鉴》编辑委员会：《海南年鉴（2015）》。
④ 清嘉庆间阮元等修《广东通志》卷一二四《海防略·万州》。
⑤ 广东省地名委员会编：《南海诸岛地名资料汇编》，广州：广东省地图出版社，1987 年。
⑥ 〔乾隆〕《琼州府志》卷五十六。
⑦ 广东省地名委员会编：《南海诸岛地名资料汇编》，广州：广东省地图出版社，1987 年。

年10月，中国政府派出“太平号”“永兴号”“中业号”“中建号”4艘军舰，由林遵、姚汝钰率领南下，前往西沙、南沙执行依法进驻和接收任务，并巡视南海诸岛。以上史实说明，南海诸岛自古以来就有中国海军巡视，彰显军威，行使主权。

（三）巧手绘图册，明我主权心

中国历代绘制的图册，不论是私人著作，还是官方图籍，不论是航海图，还是政区版权图，都将南海诸岛列入中国政府管辖的版图之内，是中国行使主权的重要标志。最迟在元至大四年至延祐七年（1311—1320），朱思本绘、罗洪先增补的《广舆图》在今南海诸岛都绘有“石塘”“长沙”，说明元朝仍将南海诸岛列入版图。明宣德六年（1431）航海家郑和最后一次下西洋用的航海图——《郑和航海图》〔载于明人茅元仪《武备志》，其中标绘有“石塘”（指西沙群岛）、“万生石塘屿”（指南沙群岛）、“石星石塘”（指东沙和中沙群岛）等〕。清康熙五十五年（1716）的《大清中外天下全图》、乾隆二十年（1755）的《皇清各直省分图》、嘉庆五年（1800）的《清绘府州县厅图》等官方舆图，都把西沙群岛和南沙群岛分别标绘为“万里长沙”“千里石塘”，列入清朝版图，属广东省琼州府海域。另清雍正八年（1730），高凉总兵陈伦炯的《海国闻见录》中绘有《四海总图》，在今南海诸岛位置标明“气沙”（指东沙群岛）、“长沙”（指中沙群岛）、“七洲洋”（指西沙群岛）、“石塘”（指南沙群岛），标明“七洲洋在琼岛万州之东南，凡往南洋者必经之所”，并把南沙群岛的太平岛称为“南沙马崎”。清代林则徐、魏源著《海国图志》（1842），图中“万里长沙”“千里石塘”分别指今天的西沙群岛和南沙群岛。清彭玉麟、王之春著《国朝柔远记》（1891）中的《环海全图》有“气头沙”“长沙”“七洲洋”“石塘”等，分别指今东沙、中沙、西沙和南沙群岛。①

1922年2月至3月崖县（今三亚市）政府派员协同商人勘察西沙群岛的北岛、中岛、南岛、树岛（赵述岛）、白岩岛、玲洲岛（东岛）、吕岛、笔岛（珊瑚岛）及都岛，并测绘地图。1947年，中国政府出版《南海诸岛位置图》，用11段断续界线来标示中国管辖的岛礁沙洲及其附近水域的范围，成为今日的9段断续国界线，即著名的“九段线”的历史来源。“断续国界线公布后，国际社会从未提出任何异议，也没有哪个国家对此线提出外交交涉。相反，许多国家出版的地图均据此标绘中国疆域。这样断续线作为国际认可的具有法律效力的历史性界线沿用至今”②。

---

① 广东省地名委员会编：《南海诸岛地名资料汇编》，广州：广东省地图出版社，1987年。

② 吴士存著：《纵论南海争端》，海口：海南出版社，2005年。

（四）科学考察，筹划开发

唐开元十二年（724），即测子午线那年，曾在南海上观测老人星（船底星座 a 星）[①]。至元十六年（1279）郭守敬“南逾朱崖”到南海主持纬度（即子午线）测量工作[②]，后人考证实测点应为西沙群岛永兴岛或中沙群岛的黄岩岛。证明中国在南海及其诸岛管辖这一历史事实。[③]清宣统元年（1909）3 月，广东总督张人骏设立西沙群岛筹办处，派员赴西沙群岛复勘，筹备经营西沙事宜。1928 年 5 月，广东省民政厅派委员方新主持南海诸岛调查活动，由中山大学教授沈鹏飞率领调查团乘“海瑞号”军舰在西沙群岛进行 16 天的考察，写成《西沙群岛调查报告书》，拟订移民兴业开发计划。中山大学与有关部门联合审议了广东协济公司、益农公司赴西沙群岛开采矿产和鸟粪的申请。1932 年，广东省制定了建设西沙群岛的计划书，就建设无线电台、灯塔、气象台以及改善驻守人员的生活问题等均有详细的计划。1936 年 3 月，政府拨款 20 万元在西沙群岛建立电台、灯塔。到 1934 年和 1936 年，中国政府先后在西沙群岛建起了气象台，设置了电台和灯塔。

1955 年 5 月后，海南相继成立海南鸟肥公司、西沙渔业生产指挥部、琼海西南沙渔业公司等，对西沙、南沙进行开发和经营。1984—1986 年，中国科学院会同国家各部委有关单位组成南沙综合考察队对南沙群岛及邻近海区综合调查。1988 年，由联合国教科文组织批准，中国在永署礁建设第 74 号国际海洋观测站，为国际社会提供海洋气象服务。[④] 1989 年，国家地质矿产部广州海洋地质调查局完成南海万安盆地和曾母盆地北部的综合调查。[⑤] 中国政府还组织了中德、中美、联合国对南海诸岛的科考活动。中国人对南海诸岛的开发经营，始于民间，逐渐得到官方的支持、保护和规范。持续的科考活动，为大规模的开发建设奠定基础。

三　维护领土和主权的斗争

中国人是南海诸岛的主人，同时也是南海诸岛主权的捍卫者。1933 年，法国殖民当局以武力侵占我国南沙群岛 9 个岛屿，遭到在南沙群岛从事生产活动的中国渔民的反抗，中国政府向法国提出交涉。[⑥] 1939 年 3 月，日本侵占南海诸岛，由台湾总督署划归高雄市管辖。[⑦] 1945 年 8 月，日本投降之后，中国政府根据《开罗宣言》和《波茨坦公告》的规定，收回台湾、澎湖列岛和南海诸岛等的主权。

---

① 广东省地名委员会编：《南海诸岛地名资料汇编》，广州：广东省地图出版社，1987 年。
② 海南省地方志办公室编：《海南省志・建置志》，海口：南海出版公司，2006 年。
③ 张贵松、程小斌：《中国对南海诸岛有效管治的历史》，《海南史志》2015 年第 2 期。
④ 程永华：《中国坚定致力于通过对话协商和平解决南海争议》，凤凰网，2016 年 5 月 10 日。
⑤ 海南省地方志办公室编：《海南省志・西南中沙群岛志》，海口：南海出版公司出版，2008 年。
⑥ 广东省地名委员会编：《南海诸岛地名资料汇编》，广州：广东省地图出版社，1987 年。
⑦ 吴士存：《纵论南海争端》，海口：海南出版社，2005 年。

1951 年 8 月 15 日，中国外交部部长周恩来针对即将召开的“旧金山会议”和美国公布的“对日和约草案”中，规定“日本放弃对南沙群岛和西沙群岛的一切权利”而未提到归还主权问题，发表声明，严正指出：“中华人民共和国在南威岛和西沙群岛有不可侵犯的主权，不论美英日和约草案有无规定和任何规定，均不受影响。”1959 年 2 月，南越西贡当局出动军舰和飞机入侵我西沙群岛，派员登上岛，逐户洗劫中国渔民的财物，撕毁和侮辱我国国旗，激起了中国人民的极大愤慨。2 月 28 日，《人民日报》发表评论员文章，申明中国对西沙群岛的主权，谴责西贡当局的侵犯行为。1974 年 1 月，南越西贡当局悍然出动海空军侵犯西沙群岛，中国军民自卫反击，赶走了入侵者，捍卫了中国的领土主权。1988 年 3 月，我人民海军奉命在南沙永署礁、赤瓜礁等岛礁进行考察，遭外国武装分子开枪击伤，中国军队被迫还击，并取得胜利，保卫了祖国的领土领海。[①]

综上所述，南海诸岛不仅是中国人最早发现，最早开发经营和进行命名管理，也是最早设立行政管理机构，行使主权。因此，南海诸岛自古以来就是中国的领土。

---

① 海南省地方志办公室编：《海南省志 · 西南中沙群岛志》，海口：南海出版公司，2008 年。

敦煌本唐代图经再考

李并成（西北师范大学）

提要： 敦煌遗书中保存了 8 件唐代图经，这是我们今天所能见到的仅有的唐代图经原件，其史料价值之高不言而喻。唐代图经内容翔实、体例严整、地方特色突出、注重实用价值等特色，是已经发展到成熟阶段的成型方志。

关键词： 图经　唐代　特色　成型方志　敦煌遗书

唐代是我国方志纂修史上的重要时期，图经的兴起即其标志性成就之一。然而由于唐代图经作品今天鲜有留存，其原貌长期以来不为人们所知，也由此在学界引起一些臆测与误判。所幸敦煌遗书中保存了若干唐代图经原件，使我们得以睹其概貌，大大开阔了我们的眼界。敦煌本图经是我们今天所能见到的仅有的唐代图经原件，其史料价值之高不言而喻。诚如 1909 年罗振玉在为《沙州都督府图经》所写的“跋”中所说：“唐代图经，久绝于世，亟为考其厓略，俾读者知此为人间鸿宝也。”[①] 从方志学角度上对这批图经作过考证的学者，曾有傅振伦[②]、仓修良[③]等先生。笔者曾于 1986 年撰《唐代图经蠡测——对〈沙州都督府图经〉的研究》一文[④]，主要以《沙州都督府图经》为例，对唐代图经的历史演变、编纂体例、内容特点、历史功用等进行了剖析。本文在此基础上，拟对敦煌遗书中的所有图经作品作进一步的深入探讨，以更加充分地揭示其历史面貌。

一　敦煌遗书中的唐代图经及其纂修年代

敦煌遗书中保存有哪些唐代图经？学者们看法不尽一致。笔者从有关题记、格式及内容来

① ＊本文为国家自然科学基金项目《西北地区古代民众生态环境意识研究》（批准号：41361032）成果。
罗振玉：《雪堂校刊群书叙录》卷下，转引自王重民《敦煌古籍叙录》，北京：商务印书馆，1958 年，第 115 页。
② 傅振伦：《从敦煌发现的图经谈方志的起源》，《兰州大学学报》（哲社版）1980 年第 1 期，第 1～3 页。
③ 仓修良、陈仰光：《从敦煌图经残卷看隋唐五代图经发展》，《文史》2001 年第 2 辑，第 117～139 页。
④ 李并成：《唐代图经蠡测——对<沙州都督府图经>的研究》，《西北师院学报》1986 专刊《敦煌学研究》，34～38 页。

看，认为应有以下8件[①]：

第一件，P. 2005《沙州都督府图经》，首尾俱残，存513行。记事起于甘泉水，竟于歌谣，叙述详赡，文字尔雅。罗振玉考得其纂于开元、天宝年间，王重民认为实作于武后之世[②]；池田温则考为系上元三年（676）以后的数年中成型，武周证圣元年（695）作了大幅度补订，开元初年又增补部分内容，永泰二年（766）改称现名。[③] 笔者赞同池田温的说法。该卷背面有题记两行："敕河西节度归义军使等检授兵部尚书兼义（御）使大夫赐紫金鱼袋南阳郡开国公石（食）邑三百。"具有此种身份者显系归义军首任节度使张议潮莫属，则该卷图经可能原为张议潮所藏。

第二件，P. 2695《沙州都督府图经卷第三》，卷首残缺，卷末题"沙州都督府图经卷第三"，据之定其名称。凡79行，记事起于敦煌祥瑞，竟于歌谣，其内容除极个别文字外（应系抄写之讹），与上述P. 2005《沙州都督府图经》之399～513行完全相同，因之知P. 2005亦应为该图经卷第三。

第三件，S. 2593v《沙州图经卷第一》，首题卷名，仅存6行，未抄完。卷中记："第一州，第二、第三、第四敦煌县，第五寿昌县。"据其卷名，该卷应系永泰二年（766）之前沙州升格都督府之前所写。该图经应有5卷，此即卷第一，当为整个沙州概况的载记，卷第二至第四专记沙州所属之敦煌县，卷第五记沙州另一属县寿昌县。

第四件，P. 5034《沙州图经卷第五》，首尾俱残，中间亦有残断，计217行，其间约有34行缺失文字，81～132行上端又残缺数字。向达名其为《沙州图经》，黄永武《敦煌宝藏》名为《沙州附近关山泉泽等地志》，郑炳林《敦煌地理文书汇辑校注》名为《沙州地志》，池田温名为《沙州图经卷第五》，施萍婷《敦煌遗书总目索引新编》定为《沙州都督府图经》。观其内容，均属寿昌县之事，故应名为《沙州图经卷第五》或《沙州都督府图经卷第五》。

第五件，S. 0788v《沙州图经》，首尾俱残，存16行。王重民、黄永武、郑炳林、施萍婷皆定其名为《沙州图经》，王仲荦《敦煌石室地志残卷考释》定为《沙州地志》，唐耕耦、陆宏基《敦煌社会经济文献真迹释录》定为《沙州志残卷》。记事首起敦煌之悬泉水，尾至寿昌县之黑鼻山。卷中提到："建中初陷吐蕃，大中二年（848）张议潮收复"，知其应为归义军时期所修沙州图经。《唐会要》卷七十一《州县改置下·陇右道》载："大中五年（851）七月，刺史张义潮遣兄义潭，将天宝陇右道图经、户籍来献，举州归顺。"则该卷恐即张议潮归顺所献图经。

第六件，S. 0367《沙州伊州图经》，卷首残缺，尾部有抄写者张大庆光启元年（885）十二

① 本文所引敦煌图经，见于唐耕耦、陆宏基编《敦煌社会经济文献真迹释录》第一辑，北京：书目文献出版社，1986年；参见郑炳林《敦煌地理文书汇辑校注》，兰州：甘肃教育出版社，1989年。

② 王重民：《敦煌古籍叙录》，北京：商务印书馆，1958年，第113～117页。

③ ［日］池田温：《沙州图经略考》，载《榎博士还历记年东洋史论丛》，东京：山川出版社，1975年，第42～101页。

月廿五日题记。残存86行，1～28行记沙州寿昌县地理，29～84行记伊州地理，最后两行为抄写题记。大多学者将其定名为《沙州伊州地志》，依其内容与格式等判断，亦应为图经。唐代将相邻两地区合编为一部图经者不乏其例，如诗人元稹《进西北边图经状》中就提到《京西京北图经》四卷①。

第七件，P. 2009《西州图经》，首尾俱残，存56行。记事起于道路，竟于古塔，学者们均将其定名《西州图经》。记西州十一条道路、二所窟院及一所塔。

第八件，S. 6014《始平县图经》，首尾俱残，仅存7行，记事起于武功驿，至于龙泉乡。卷中提及“武德元年”“总章元年”等字样，应系唐高宗时所撰②。

以上这些图经作品，均系残卷，且“图”均佚失。

另有学者认为，P. 2691v亦应属于图经性质，“书目文献出版社出版的《敦煌社会经济文献真迹释录》一书中则称《沙州城土镜》，这是因为残片内容中有‘沙州城土镜’字样而定，其实并不妥当，因为许多内容并不在沙州城内，而是在沙州范围之内”③。其实这是一种误解。该卷首残，第四行下部题写卷名《沙州城土镜》，此种题名方式在敦煌文书中并不少见，它是我国古代卷轴式文献题名的一种方式。所谓“城土”，是指沙州城及其所辖地域，并非专指城内而言。所谓“镜”，是我国古代的一种文献类型，笔者曾撰文考得，“镜”类文献以“镜”字假为概观、一览、察鉴、指南之义，具有择精萃要、以约驭繁、鉴古资今、简便适用等特点。④P. 2691v正是如此，所记沙州甘泉、兴胡泊、长城、塞城、鸣沙山、三危山、寿昌海、玉门关等45项地物，每项仅记其方位里程，十分简约，可作为一本很适用的路径指南，因而此件文书并非“图经”。

二　图经的兴起与演变

“图经”者，“图则作绘之名，经则载言之别”（宋李宗谔《祥符图经·序》），即一方地图并配之以文字记载，以系统地反映某一地区自然、历史、社会的全貌，所谓“开卷尽在，披图朗然”是也。毋庸置疑，图经是我国地方志发展到一定阶段出现的一种类型样式，是较之早期的异物志、风土记、山川图记、州郡地记等在内容、体例和表现形式上更为完善的地方志书。显而易见，这种既有图件又有经文，图文并茂的著作，较之仅有文字表述的早期方志作品不仅对区域社会历史的记述更趋完善，而且更能引起人们阅读的兴趣，因而图经一出现，便呈现出蓬勃发展的势头，成为唐代方志的主体作品。

图经出现的历史背景，简略地说，不外乎社会生产力的进步，大一统中央集权制国家的不

① 〔唐〕元稹：《元氏长庆集》卷三十五，四部丛刊初编本。.
② 李并成：《唐〈始平县图经〉残卷（S. 6014）研究》，《敦煌研究》2005年第5期，第51～53页。
③ 仓修良、陈仰光：《从敦煌图经残卷看隋唐五代图经发展》，《文史》2001年第2辑，第131页。
④ 李并成：《“镜”类文献识略》，《敦煌研究》1999年第1期，第52～62页。

断巩固与发展，庞大的国家行政管理的需要，我国古代地图制作技术的日益精良，早期方志著作的进一步发展。方志的功用一般可概括为存史、资治、教化，图经亦不例外。约作于唐肃宗乾元二年（759）的《发愿文范本》（S.4624）云："伏惟我光天文武大圣皇帝祚承大业，圣备无疆，兴义兵以擒妖氛，握图箓而驭寰宇。"该愿文作于平定安史之乱之际，从中可见"图箓"在平定叛乱、国家治理中的重要作用。图经即属于"图箓"之类。

考之图经的历史演变，并非为唐代所独有，而是经历了一个从起源到发展、兴盛、衰落的漫长历史过程。其起源可上溯自汉代，讫于明代，而盛于唐代。《隋书·经籍志》载，早在汉武帝时"计书既上太史，郡国地志，固亦在焉"。所谓"计书"，即地方官吏上计考课时所报送官员钱粮赋税等政绩数据的簿籍。那么"郡国地志"是一种什么样的文书？由于原件均已亡佚，一些学者推测这应属于地理一类书籍，其实这即是当时所修的地方志书。这是见于正史记载中最早的方志，依此规定须与计书一同呈报，此为中央政府通令纂修方志的开端。从《华阳国志·巴志》里可以看到，东汉桓帝时巴郡太守但望的疏文中就提到了《巴郡图经》。又据有关记载，东汉顺帝时侍中王逸还编过《广陵郡图经》。可见早在东汉时期就已有图经的纂修，但其原件早已亡佚。迨及隋代，为适应大一统国家运行管理的需要，图经等方志的编修更盛。大业年间"普诏天下诸郡，条其风俗、物产、地图，上于尚书"，中央政府再次通令各郡修志，这种既有"风俗""物产"，即社会面貌和自然情况的记载，又有"地图"的作品，无疑即是图经。正是依据各郡上报的图经资料，隋代编出了《诸州图经集》100卷、《区宇图志》1200卷等篇帙宏大的著作。

降及唐代，随着统一的中央集权制国家的进一步巩固和发展，图经的编纂大盛，中央政府不仅敕令州郡修志，设有专门官吏以理其事，而且还作出必须定期（三年，或五年）向尚书省兵部职方奉送图经的具体规定，图经的编写进一步制度化。《唐六典》卷5《尚书兵部》："职方郎中、员外郎，掌天下之地图及城隍、镇戍、烽候之数，辨其邦国、都鄙之远迩及四夷之归化者。凡地图委州府三年一造，与板籍偕上省。其外夷每有番客到京，委鸿胪讯其人本国山川、风土，为图以奏焉，副上于省。其五方之区域，都鄙之废置，疆场之争讼者，举而正之。"《旧唐书·职官志》"职方郎中"条亦有相似记载。《唐会要》卷五十九尚书兵部"职方员外郎"条："建中元年十一月二十九日，请州图每三年一送职方，今改至五年一造送，如州县有创造及山河改移，即不在五年之限。后复故。"从此规定来看，若遇到州县增废、山河改移的特殊情况，图经须随时造送，不受五年之限。《通典》卷二十三《职官五》"职方郎中"条："隋初有职方侍郎，炀帝除侍字，武德中加中字，龙朔二年改为司城大夫，咸亨元年复旧。掌地图、城隍、镇戍、烽候、防人路程远近"。《新唐书·百官志》"尚书省兵部"条亦载："职方郎中、员外郎各一人，掌地图、城隍、镇戍、烽候、防人道路之远近，及四夷归化之事。凡图经，非州县增废，五年乃修，岁与版籍偕上。凡蕃客至，鸿胪讯其国山川、风土，为图奏之，副上于职方。殊俗入朝者，图其容状、衣服以闻。"

唐代的方志著作以图经为盛，但不以图经为限。除上述既有“地图”又有“版籍”的图经外，还有“图志”，如李吉甫《元和郡县图志》40 卷（惜图已佚），图志亦应有图，可能与图经相差无多，也许是图经的另一种叫法。此外，唐代可列入方志类著作的尚有：“图”（如《十道图》10 卷）、“志”（如李泰《括地志》550 卷）、“书”（如《蛮书》10 卷）、“录”（如《南诏录》3 卷、《贞元十道录》）、“记”（如《扬州记》7 卷、《闽中记》10 卷）等多种类型，呈现出百花齐放的繁荣景象。援实立名，这些不同类型的方志作品，在其内容、地域范围、体例、功用、表现形式上应各有所别。余暂不论，唯有图经是由中央政府敕令修纂，并须定期上送兵部职方的志书，是封建统治者特别关注的一项要政。

延及五代，虽其国祚短暂，但图经的编纂仍备受重视。如《五代会要》卷十五《职方》记载，后唐长兴三年（932）敕：“宜令诸州道府，据所管州县，先各进图经一本，并须点勘文字，无令差误。所有装写工价，并以州县杂罚钱充，不得配率人户。其间或有古今事迹、地理山川、土地所宜、风俗所尚，皆须备载，不得漏略，限至年终进纳。”

北宋以降，图经纂修继续兴盛，宋室不仅承袭了唐代制度化的作法，“遇闰岁造图以进”，而且还在中央特设了“九域图志局”，专管州郡编纂图经方志事宜，可见其重视程度。《宋史》卷一百六十三《职官志》“职方郎中”条：“职方郎中、员外郎，掌天下图籍，以周知方域之广袤，及郡邑镇砦道里之远近。凡土地所产、风俗所尚，具古今兴废之因，州为之籍，遇闰岁造图以进。”今天我们所能见到的尚有神宗元丰七年（1084）朱长文纂《吴郡图经续记》3 卷、北宋末年沈津纂《四朝图经》、徐兢纂《宣和奉使高丽图经》等。景德四年（1007），诏以各郡县所上图经，纂成长达 1566 卷的《图经总集》（已佚），可谓我国方志史上篇帙最大的皇皇巨著了。南宋以后，图经之名渐趋消弱，所见仅有绍兴九年（1139）陈公亮纂《严州图经》（卷首有图 9 幅）等少数几部，而大多方志称之为“志”，相应地，其内容和形式上亦有变化。延及明代仍有称图经者，如胡震亨纂《海盐图经》。

图经既然有“图”有“经”，那么二者的关系若何，何轻何重呢？有人认为图经应以图为主，而附之以文字说明。也有人认为最早的图经是以图为主，6 世纪以来的图经应以经为主。笔者则赞同仓修良等先生的看法，唐代的图经应是卷首冠以若干地图，而并非以图为主，文字应是其主体内容。

三　敦煌本唐代图经的若干特色

敦煌遗书中留存的唐代图经虽数量不多，且均属残本，图亦亡佚，不能察其全貌，但这是我们今天所能看到的仅有的唐代图经原件。仅就现有这些材料来看，亦可觇见唐代图经在编纂体例、框架结构、采辑资料、编写内容、语言运用等方面的若干特点。

（一）内容翔实，体例严整

S. 2593v《沙州图经卷第一》虽仅存 6 行，但其首先列出整个图经的框架结构，使读者一目了然："第一州，第二、第三、第四敦煌县，第五寿昌县"。即全书凡5卷，卷第一是对整个沙州概况的记载，然后用3卷的篇幅（卷第二至卷第五）详细记载敦煌县的相关内容，因敦煌为沙州最重要的属县，需要多费笔墨；卷第五记载沙州另一属县寿昌县的状况。接着描述了沙州的地势、土质、草木等内容，突出了"其地平川，多沙滷，人以耕稼为业，草木略与华夏同"等特征。由此推测整个卷一大概是沙州地区自然地理全貌的记载，这也是明清以来一般方志记述地区地理必不可缺的首要内容。

P. 2005与P. 2695均属《沙州都督府图经卷第三》，篇幅长达500多行，内容也较为完整，且行文格式、标题都规整划一，显得颇有条理。卷中详细缕述沙州所属敦煌县一县的河流、渠道、壕堑、泉泽、堰堤、碱卤、盐池、湖泊、驿站（含已废弃的旧驿）、州学、县学、医学、社稷坛、杂神庙、异怪、祠庙、坟冢、殿堂、土河、古城址、古长城、古塞城、张芝墨池、祥瑞、歌谣等项内容。除此之外，对于本县所不具备的事项，图经还一一开列出条目名称，有：监牧、羁縻州、江河淮济、海沟、陂、宫、郡县城、关铲津济、岳渎、铁、碑碣、名人、忠臣孝子、节妇烈女、营垒、陵墓、台榭、邮亭、矿窟、帝王游幸、名臣将所至、屯田，指明"当县并无前件色"。

P. 5034《沙州图经卷第五》为沙州所辖寿昌县（今敦煌市阳关镇）的专篇，从其残存可见寺院、县学、山、泽、泉、海（湖泊）、渠、涧、古关（阳关、玉门关）、塞城等的记载，该卷后半部专记当时沙州寿昌县所辖石城镇（今新疆若羌县）、播仙镇（今新疆且末县）的沿革、道路、僧寺、祆舍、故城、蒲昌海（今罗布泊）等内容。

S. 0788v《沙州图经》，存沙州盐池、土河、湖泊、泉以及寿昌县户数、辖乡、公廨本钱、沿革、寺、镇、堡、戍、烽、栅、城、破羌亭、玉门关、黑鼻山等的记载。S. 0367《沙州伊州图经》，存海（寿昌海、蒲昌海）、渠、涧、河、泉、山、建置沿革、四至、城、辖县、军、镇、寺、观、盐池、风俗、部落、火祆庙等内容。P. 2009《西州图经》残卷，存11所道路、山窟、古塔等内容。S. 6014《始平县图经》残卷，主要存几条祥瑞的记载。

综上所列，删其重复，图经中所缕列的各种条目多达70项（包括本地区所不具有的22项），其内容已涉及到了地区的自然、沿革、历史、经济、政治、军事、文化、民族、民俗、教育、学校、人物、户数、寺庙等各个方面，颇为详备，可谓网罗周全，巨细毕集，条目明晰，体例谨严。而这还仅仅是残卷所拥有的份量，其中显而易见缺少大事记、田赋、差科、徭役、物产、土贡等不可能不载的要项。若得全卷在握，其规模浩博宏大、内容丰富翔实的程度可以想见。

由上列条目可以得知，唐代中央政府不仅将方志的编纂著为功令、要求各地州郡必须按期纂修并须定期上报，而且规定有详尽的、统一的、规范化的撰修体例，各地州郡均须按例纂修，本地所缺的内容也须一一注明，不得罅漏。著书立说，必须发凡起例，编拟纲目，体例既是志书的组织结构，又体现了其所包容的内涵，毫无疑问，一部方志的完善与否与其体例关系极大。北宋郑樵《通志・校雠略》说：“欲明书者，在于明类例……类例既分，学术自明。”由上述敦煌本唐代图经的体例纲目可以看出，图经并非像有些学者所说的仅仅是地理之书，也非纯属社会历史的记述，而是囊括所属行政区域内的自然和社会、历史和现状的全貌，充分体现出了其存史、资治、教化的特定功能。敦煌位处边郡，边郡的图经尚且有如此规模，编纂如此严谨，内地的图经完备程度可想而知了。毋庸置疑，唐人的图经可以说是已经发展到相当成熟阶段的成型方志了。

从清代乾嘉学派直到今天，方志学界有一种比较流行的看法，认为我国方志的定型和成熟是直到宋代才完成的。清代方志学大家章学诚在其《与戴东原论修志》中说：“图经之用，乃是地理专门”，“方志与图经，其体截然不同”，竟不将图经入方志之门。这当然是由于在他所处的那个时代无法看到唐代图经原件，无从了解图经的原貌，因而只能借助于推测来下结论了。章学诚先生的这一论点在学界影响很大，时至今日仍在流行。或曰“宋以前的图经仍限于地理书的范畴，到了宋代方志的内容始突破地理的范围，扩大到人文、历史方面”①；或曰隋唐的图经“内容还不充实，体例也未定型……而不归入方志范畴”②；或曰方志“至两宋才成体，至明清才普遍，不甚引人注目”③ 等等。仓修良、陈仰光亦认为，图经与成型方志有着明显的区别，图经在地记和成型方志之间起到了十分重要的承前启后的作用④。意思是说图经还并非成型的方志。这些观点可以说都是从章学诚那里一脉相承的，从以上的讨论不难看出这些观点均属失之偏颇。敦煌本唐代图经为我们探讨我国方志成熟和定型的时代提供了有力的物证，也为我们正确地认识和评价唐代方志纂修取得的巨大成就提供了不容置疑的证据。据之，把我国方志成熟和定型的时代上推至盛唐，恐怕还是平允适切的吧。两宋时期的图经等方志著作当然更趋发展，但其基本体例、框架格局还是承袭、仿援于唐代图经的。

敦煌图经不仅猎涉的方面广博，而且每一方面所含的内容亦细针密缕。如其所记水利方面的资料即开列有河流、渠道、灌溉、壕堑、泉、泽、湖、海（指内陆湖泊，如蒲昌海、寿昌海）、堰堤、碱卤、盐池、江河淮济、海沟、陂、关铲津济、岳渎等十余个条目，每一条目之下更是纤细必具，少有疏漏。如就 P. 2005 中的“盐池”一项，细载敦煌县境内的东、西、北三片盐池的位置、范围、大小、产盐情况、盐质、盐味、采盐过程等。如“西盐池水，右俗号沙泉盐，在州北一百一十七里，总有四陂，每陂二亩已下。时人于水中漉出，大者有马牙，其味极美，其色如雪。取者既众，用之无穷。”而《元和郡县图志》仅记敦煌有东盐池，而遗西、北二盐池。利用图经这些纤细翔实的资料，我们不仅可以复原当时敦煌地区的自然地理状况，探讨其历史时期的环境变迁，而且对于今天当地沉积矿产资源的开发亦

① 薛虹：《中国方志学概论》，哈尔滨：黑龙江人民出版社，1984 年。
② 宋挺生：《从我国的地方志谈我省的地方志书》，《中国地方史志论丛》，北京：中华书局，1984 年。
③ 王燕生：《方志刍议》，《中国地方史志论丛》，北京：中华书局，1984 年。
④ 仓修良、陈仰光：《从敦煌图经残卷看隋唐五代图经发展》，《文史》2001 年第 2 辑，第 117、132 页。

有借鉴意义。

（二）地方特色突出

唐代图经的编写虽需遵循一定的体例，但在具体材料的选取、组织、编排等方面，并不因循拘泥，而是善于抓住地方特色，使其鲜明地突出起来。

敦煌绿洲深居内陆，环处沙漠，气候干旱鲜雨，发展农业唯灌溉是赖，这是其自然地理环境和开发利用上最基本的特色。S. 2593v《沙州图经卷第一》开篇即曰："沙州者，古瓜州。其地平川，多沙卤，人以耕稼为业。"其后卷第三、卷第五的分县叙述中亦紧紧围绕这一特点，对于与其相关的水利灌溉等项目，不仅放在卷首，开卷明义使其十分醒目，而且记述备细，不惜笔墨，其分量占到整个残卷的三分之一以上。

敦煌、西州（今吐鲁番）地当丝绸之路枢纽重镇、东西方文明荟萃之地，盛唐时期随着丝路国际交通大动脉的空前繁荣，敦煌、西州的枢纽地位更为显要。这一特点对于敦煌、西州的政治、经济、军事、文化和社会生活的各个方面均有着极为深刻的影响。为了突出这个特点，P. 2005 细列出敦煌通往周边地区的"一十九所驿并废"，以及关隘（阳关、玉门关）、塞城、古长城等方面情况。对于它们确切的位置、驿路归属、与前一驿和下一驿的方位距离、置驿过程、增设改置情况及增废的年代和原因、驿名来由等，均一一载明，凸显了敦煌这一丝路喉襟在驿道开通、驿路建设上取得的成就。如横涧驿，"右在州东北六十里，北去白亭驿廿里。刺史陈玄珪，为中间迂曲奏请，奉证圣元年十二月卅日敕置。驿侧有涧，因以为名。"这些材料比正史《地理志》《外夷传》和《大唐西域记》等更为具体而详明，为丝路古道的研究留下了弥足珍贵的资料。笔者依据这些记载及其他有关史料，并经反复实地考察，一一找到了这些驿站的遗址，复原了其历史面貌[①]。

又如，P. 2009《西州图经》残卷，开篇就记载了西州通往各地的 11 条道路：赤亭道、新开道、花谷道、移摩道、萨捍道、突波道、大海道、乌骨道、他地道、白水涧道、银山道，对每一条道路的走向、起迄地点、距离、沿路水草状况、行走难易程度、是否可通车马等，均一一详载。如："大海道，右道出柳中县界，东南向沙州一千三百六十里，常流沙，人行迷误。有泉井鹹苦，无草，行旅负水担粮，履践沙石，往来困弊。"西州柳中县故址在今新疆鄯善县鲁可沁古城。该道早在十六国前凉时期即已开通，延及唐宋沿而未废，它可直接连通西州与沙州，无需绕经伊州（今哈密），方向顺直，途程较短，但沿途乏水草，多流沙，行走颇为困难。笔者曾对其做过考察研究[②]。

再如 P. 5034，记石城镇（今若羌县）通往屯城（今若羌县米兰）、沙州、新城（约在今若

① 李并成：《唐代瓜沙二州间驿站考》，《历史地理》第 13 辑，上海：上海人民出版社，1996 年，第 93 ~ 101 页。
② 李并成：《古丝绸路上的大海道》，《光明日报》，2000 年 2 月 18 日，C4 版"历史周刊"。

羌县瓦石峡）、播仙镇（今且末县）、南山（今阿尔金山）、焉耆、萨毗城（约在今若羌县祁曼塔格乡）的6所道路，具体而细致，特别是就每一条道路沿途有无井泉、水草状况等记之尤详，反映了干旱荒漠地区路途选择的重要特点，据之可作为行旅良好的行路指南。如“一道南路，从镇东去沙州一千五百里。其路由古阳关向沙州，多缘险隘，泉有八所，皆有草。道险不得夜行，春秋二时雪深，道闭不通”。

（三）注重实用价值

立志的重要目的之一在于“资治”，在于为上层建筑服务。注重实用价值，注重关乎国计民生的要政的记载，这一特点在唐人图经中亦体现得十分突出。

似敦煌这样的干旱地区，水资源是其最可宝贵的自然资源，是哺育绿洲文明、维系绿洲经济发展繁荣的命脉。敦煌文书《渠规残卷》（S. 5894）开宗明义：“本地，水是人血脉。”因之进行必需的水利建设，并有效地分配用水、管理用水，向被视为发展绿洲经济、巩固封建政权的头等要政，或曰“天下之大命”。图经中对这一内容详列细述，用笔最力。如 P. 2005 残卷，开篇就记河流水系，对于甘泉水（今党河）、苦水（今黄水沟—芦草沟）、独利河水（疏勒河支津）、悬泉水（今吊吊水）4 条独立的内河水系，详记其源地、流向、流长、沿程切穿的山脉、流域地势、河谷形势、动植物分布、分水溉田的堰坝、渠道分布情势等；就人工建造的水利工程而言，详细记载敦煌县境内的宜秋、孟授、阳开、都乡、北府、三丈、阴安等 7 条干渠（大河母）及 2 座主要堰坝；P. 5034 则详记寿昌县境内的大渠、长支渠等的源头、流向、长度、宽度、渠道名称的来源等。记“宜秋渠，长廿里。右源在州西南廿五里，引甘泉水。两岸修堰十里，高一丈，下阔一丈五尺。其渠下地宜晚禾，因号为宜秋渠。”又记“长城堰，高一丈五尺，长三丈，阔二丈。右在州东北一百七十里，堰苦水以溉田。承前造堰不成，百姓不得溉灌。刺史李无亏造成，百姓欣庆……大周圣神皇帝赐无亏长城县开国子，故时人名此堰为长城堰。”对于已废弃的故堰堤也有记载。如“一所故堤，高三丈，阔三丈五尺。右在州东北一百廿步……其堤多毁灭，唯东面、北面，其趾步存”。这些内容的详尽程度，比照清代道光和光绪年间纂修的《敦煌县志》，亦不在其之下。这些史料不仅对于当时的水利建设和水利管理至为重要，而且对于我们今天研究历史时期绿洲的开发经营、水利灌溉制度的运作、自然环境的变迁等亦有重要意义。笔者曾据此及有关材料，并通过实地考察，对于唐代敦煌水系作过系统研究①。

有学者认为，唐代图经的编修，“完全出自封建国家的功令，各个地方官往往为了例行公事，大都采取应付态度，草草了事，完全变成了案牍之公式，很难谈得上是著作。有的为了交差，便将旧本过录一道上呈，当然也谈不上具有何种学术价值”。由以上的探讨来看，此种观

① 李并成：《唐代敦煌绿洲水系考》，《中国史研究》1986 年第 1 期，第 159～168 页。

点恐难以成立，敦煌本图经并非如此。

（四）宗教、风俗等方面的资料及价值

除上述特点外，敦煌本唐代图经还保存了中古时代有关敦煌及西北一些地区的历史史迹、宗教、风俗、文学等方面的珍贵史料。

唐代图经采辑《十六国春秋》《西凉异物志》《西凉录》《后凉录》，以及《瑞应图》、王羲之《番页书论》等早已亡佚的古籍中的资料颇多，对于研究这一时期的历史以及校勘和补苴有关文献资料颇为有益。

唐代图经还记载了一些宗教方面的史料，特别是有关火祆教以及该教经敦煌流行到我国内地的一些情形，可从图经中找到可靠的原始依据。火祆教，即琐罗亚斯德教，又称拜火教，为萨珊波斯的国教，约在魏晋时传入我国，唐时益盛。S. 0367 记，伊州伊吾县有“火祆庙，中有素书形像无数。有祆主翟槃陀者，高昌未破以前，槃陀因入朝至京，即下祆神，因以利刃刺腹……即平复如旧。有司奏闻，制授游［击］将军。”P. 2005：“祆神，右在州东一里，立舍画神主，总有廿龛，其院周回一百步。”祆祠赛神当时已被纳入到敦煌当地的传统祭祀习俗中，从官府到普通百姓，无论粟特人，还是汉人和其他少数民族，无不祀祆赛神。火祆教又由敦煌传入我国内地。

P. 2005、P. 2695《沙州都督府图经卷第三》，列有 20 种祥瑞，起自后凉吕光麟嘉元年（389），迄于武周天授二年（691）。记载祥瑞名物 21 种，包括白雀、白狼、黑狐、黑雉、白龙、黄龙、凤凰、五色鸟、同心梨、瑞葛、嘉禾、木连理、柳树生杨牧（枚）、野谷、赤气龙迹、甘露、日扬光、庆云、大石立、瑞石、蒲昌海五色等，以此赞扬统治者的种种政绩，宣扬唐王朝政权的合法性。S. 6014《始平县图经》亦列有连槐树、芝草等祥瑞。在传统中国，由于祥瑞被认为是“受天之符，天人之应”，不仅是政权合法性与政治行为正当性的直接呈现，而且关乎王朝运命、天下安危与苍生幸福，故而深为历代统治者所重。祥瑞在唐代图经中如此大量的出现，为历代方志中所不多见，也由此反映出当时官员政治生态的一个重要方面。

图经中还有不少为武则天歌功颂德等内容的歌谣诗文，于此可见当时的歌谣早已脱离了原本反映民间疾苦和民风的属性，转而变得政治化、官方化，演变成为所谓的“谶谣”了。

试论清代河西走廊地方志中的国家战略与地方博弈[①]

张景平（清华大学）
张克非（兰州大学）

提要：清代甘肃河西地区方志修纂可分为顺治、康熙时的“因循期”，雍正至道光时的“繁荣期”，以及光绪、宣统时的“蜕变期”。清代河西方志具有两个显著特点：一是在“繁荣期”相继修成的《重修肃州新志》《五凉全志》与《甘州府志》等府、州志，《敦煌县志》《玉门县志》等，都非常突出地体现了雍、乾时期平定准部、控制新疆的国家传略和文化取向，并在编纂动机、体例和内容上，都留下了鲜明的烙印；二是清代河西方志修纂中普遍重视水利灌溉及上下游地方争夺水资源的博弈，保留了相对丰富的水利文献，并且往往成为官府、地方等裁决“水案”的重要依据，因而志书编纂者的地方立场与客观公正之间的矛盾，往往影响着志书的可信程度及其在地方博弈中的作用。这些作为全局性与地方性的双重原则，都需要引起当今地方志编纂工作的高度重视。

关键词：清代河西方志　修纂三期　国家战略　地方博弈　启示

方志“乃一方之全史”。清代是我国地方志发展历史中的一个重要时期，不论从地方志编纂的数量、质量，还是关于地方志编纂的理论，都达到了新的历史高度。据《中国地方志联合目录》统计，现存清代方志5701种，约占全国现存方志总数的70%。甘肃作为近世西北的偏远省份，宋代以后文献积累状况欠佳，清代地方志对于研究明清甘肃历史更具重要意义。据统计，从魏晋南北朝至民国，甘肃存佚的历代方志共412种，其中清代方志就有172种，约占42%[②]；但在全国清代方志中也仅占3.02%。

关于清代甘肃方志编纂得失的分析评价，前贤张维、张令瑄父子早已有全面论述，当代学

① 本文系国家自然科学基金青年项目“历史时期敦煌酒泉绿洲典型渠系复原及相关方法论研究”（41501150）阶段性成果之一。

② 郝玉屏主编《甘肃方志通览》，兰州：兰州大学出版社，2007年，第100页。

者也多有补充。[①] 尤其是近二十年来地方志系统的朋友们经过辛勤努力点校整理了一大批清代方志，不但为学界利用甘肃清代方志提供了方便，也加深了学界对于各种甘肃清代方志本身在编写组织、体例、史源等方面的认识，可以说居功甚伟。笔者从事西北区域史研究，亦曾长期参与当代地方志的编写工作，对清代方志亦颇多关注，在这里拟结合自己的研究与编纂经历谈一些对清代甘肃河西走廊地方志的认识，以期抛砖引玉之效。

河西走廊是一个在中国历史上占有特殊地位的区域[②]，曾在汉唐时期作为“丝绸之路”之咽喉而臻于极盛，并于元明逐渐远离中原王朝的核心视野。进入清代，河西走廊因其特殊的战略地位再次得到国家重视，并在人口数、耕地面积等方面远远超越了前代。清代河西志书的修纂，即是当时该地区再度繁盛的体现。除了普遍意义上的史料价值外，清代河西走廊地方志似乎有两点值得我们特别重视，一是其中体现的国家战略，二是其中体现的地方博弈，这两个特点尤其值得当今修志工作者所参考。

一　清代河西走廊地方志修纂的分期特征

清代所修方志中，内容集中涉及河西走廊者除历朝《一统志》与雍正《甘肃通志》、宣统《甘肃全省新通志》两种省志外，计有府、州、县（乡土）志21种（见表1），以及与大量方志相关的“采访录”“备考”等作品。这些方志的编修基本可以划分为三个时期。

表1　清代河西走廊府、州、县(乡土)志一览

序号	书名	编成时间	编者
01	重刊甘镇志	顺治十四年(1657)	西宁分巡道副使杨春茂
02	凉镇志	顺治十四年(1657)	西宁道苏铣
03	镇番卫志(佚)	顺治年间	邑人杨大烈
04	镇番县志(佚)	雍正年间	邑人吴攀桂
05	古浪县志(佚)	乾隆元年(1736)	甘肃巡抚许容监修
06	重修肃州新志	乾隆二年(1737)	肃州分巡道黄文炜、军需观察沈青崖
07	五凉全志	乾隆十四年(1749)	武威名宿张玿美
08	甘州府志	乾隆四十四年(1779)	甘州知府钟赓起
09	永昌县志	乾隆五十年(1785)	知县李登瀛创修、邑人南济汉纂辑
10	玉门县志	嘉庆、道光时期	不详
11	镇番县志	道光五年(1825)	镇番知县许协创修、邑人谢集成纂辑
12	敦煌县志	道光十一年(1821)	敦煌知县苏履吉创修、鸣沙书院主讲曾诚纂辑

① 张维：《陇右方志录》，北平：大北印书局，1934年；王宗光：《〈陇右方志录〉补正》，《西北民族大学学报》（哲学社会科学版）1988年第2期，第58～66页；张令瑄：《三陇方志见知录》，《西北史地》1994年第4期，第15～38页；张令瑄：《明代庆阳府各志考述：三陇方志见知录补稿》，《图书与情报》1995年第3期，第28～36页。

② 张克非：《也论河西地区在历史上的地位和贡献》，《甘肃社会科学》2012年第5期，第169～173页。

续表

序号	书名	编成时间	编者
13	山丹县续志	道光十五年(1825)	教谕党行义创修,知县黄璟续修
14	镇番县乡土志	光绪三十一年(1905)	镇番知县刘春堂
15	山丹县志	光绪三十四年(1908)	不详
16	镇番县志	光绪三十四年(1908)	镇番知县常孝义创修、教谕彭汝翼纂
17	山丹县志	光绪三十四年(1908)	不详
18	肃州新志	光绪年间	不详
19	敦煌县乡土志	光绪、宣统时期	不详
20	张掖县乡土志	光绪、宣统时期	张掖知县李含
21	永昌县乡土志	宣统元年(1909)	永昌知县杨鼎新

注:本表根据吴浩军教授相关成果整理而成。① 除本表所列各书以外,清代尚有若干从府志、州志中支离而成的县志,因非原创,在此未予列举

第一阶段为顺治、康熙时期，可概称为清代河西走廊地方志修纂的“因循期”。本阶段的主要工作是对明代的一些旧志进行重刊与补遗，如顺治《重刊甘镇志》系以明万历《甘镇志》为本、顺治《凉镇志》系以《明天启凉镇志》为本，二书纪事大抵以明末为限，少有反映清初地方史事。甘州作为顺治五年米喇印、丁国栋反清起义的肇端地，顺治《重刊甘镇志》对此毫无记载，故《重刊甘镇志》向来被视为明代河西史料渊薮之一而较少为治清史者运用，这既与当时为清代立国之初、相关信息匮乏有关，也与清初河西走廊整体的边疆格局较明代变化不大有关。

第二阶段为雍正至道光时期，可概称为清代河西走廊地方志修纂的“繁荣期”。这一阶段是在清廷征服准部、进军西域的大战略驱动下，从康熙末年开始河西走廊边疆格局发生重大变化，明代被弃置边外的嘉峪关以西及黑河下游地区重新被纳入朝廷直接控制，开始移民屯田并设立卫所，后来又逐渐改立郡县。雍正、乾隆诸帝对编纂方志非常重视，纂成于雍正朝、奏进于乾隆初的《甘肃通志》即是奉敕编纂的诸省通志之一，而乾隆帝则把西北方志的编纂视为重建内地与西域的文化联系、增强西北诸地文化认同的重要手段。② 《重修肃州新志》《五凉全志》与《甘州府志》为代表的三部府、州志即在此背景下诞生。它们都以较大篇幅记录了清代以来河西走廊诸地的重要史事、制度与人物。此后的嘉庆、道光时期，河西走廊的开发继续深入、人口不断增殖，地方文化亦有发展，各县纷纷编纂县志，并形成了“知县+学官（名儒）”的编纂组织模式；其中敦煌县、玉门县作为新收故土的一部分，《敦煌县志》《玉门县志》皆为

① 吴浩军：《酒泉古旧方志存佚及研究整理考述》，《河西学院学报》2007 年第 3 期，第 67～74 页；吴浩军：《张掖古旧方志存佚及研究整理考述》，《图书与情报》2007 年第 6 期，第 117～128 页；吴浩军：《武威古旧方志存佚及研究整理考述》，《甘肃广播电视大学学报》2009 年第 2 期，第 21～26 页。

② 戴良佐：《乾隆与新疆地名研究及疆域地图》，《中国边疆史地研究》2000 年第 4 期，第 66～69 页。

其创修县志。

从文献学与史源学的角度来看，清代第二阶段河西走廊地方志编纂形成了一套完备的体系，即以雍正《甘肃通志》与《重修肃州新志》《五凉全志》《甘州府志》三大府、州志为史源主体、各县县志分头深化拓展的文献系统。① 三大府、州志在体例与内容方面都比明代旧志更为丰富合理，在相当程度上体现出厚今薄古的色彩，尤其田赋、兵备、水利等部分都注意使用最新统计数据，从而与《甘肃通志》成为新修各县志的重要依据；在对于前代旧事的采择方面，也并非照抄旧志，而是有损益与订正。在西北史地之学兴起的背景下，凉州著名学者张澍完成《凉州府志备考》并辑佚多种中古河西文献，成为清代河西走廊各类府、州、县志的重要补充。② 此外，道光时期镇番乡贤谢树森纂集的《镇番遗事历鉴》虽与方志体存在较大差别，但保留史料微观、具体而全面，为近世河西所仅见，已成为当今研治河西历史必备之书。③

第三阶段为光绪、宣统时期，可概称为清代河西走廊地方志修纂的“蜕变期”。在此之前的同治年间，河西走廊社会经济在陕甘回民起义中遭受巨大打击，文化事业极度衰残。成书于光绪年间的诸种志书，大都以相当篇幅对这次惨痛灾难进行了记录。光绪末年与宣统时期，因为《甘肃全省新通志》编纂的需要，各地纷纷依体例撰写各类采访录，同时开展具有现代意味的地情调查活动。目前清末河西走廊各县的《地理调查表》《采访录》传世较多，与《甘肃全省新通志》之间的信息关系可十分清楚地加以勾勒。④ 然而，既不同于《甘肃全省新通志》中已经采用的半西法地图绘制与某些现代地理表述（如经纬度），也不同于各县《地理调查表》中的某些现代统计原则（如职业统计），《采访录》还是保持了传统志书的基本体例与风貌。成书于宣统元年（1909）的《安西采访底本》完全是中规中矩的传统方志类体，没有体现现代要素。反倒是严格按照学部《乡土志例目》编纂的几部《乡土志》，具有了某些现代要素。⑤ 不过由于清末河西走廊地方凋敝，各志书除保存史料之价值外，编纂质量普遍不高，不能与清中叶的繁荣期相比较。

综上所述，清代河西走廊的地方志修纂实与清代“国运”密切相关。我们以下讨论清代河西走廊地方志中体现的国家战略与地方博弈，正是在这样一个大背景下展开的。

二　清代河西修志“繁荣”期志书中的国家战略及其影响

众所周知，清代的边疆经略对于现代中国版图的形成有着至关重要的影响。明代在西北地

---

① 例如道光《山丹县志》在主体资料取自《甘州府志》的基础上进行增补；道光《镇番县志》虽改变《五凉全志·镇番县志》的体例，但在史料上仍颇多因袭。

② 〔清〕张澍：《凉州府志备考》，武威市市志编纂委员会1986年翻印。

③ 〔清〕谢树森著、〔民国〕谢广恩增补、李玉寿整理：《镇番遗事历鉴》，香港：天马图书有限公司，2000年。

④ 具有代表性的如宣统元年《安西县采访底本》（《陇右稀见方志三种》，上海书店1984年影印本）、光绪三十四年《安西县地理调查表》（甘肃省图书馆西北文献部收藏）与《甘肃全省新通志》三者间关系，关于安西县户口、赋税的数据基本一致。

⑤ 王兴亮：《清末民初乡土志书的编纂和乡土教育》，《中国地方志》2004年第2期，第43～48页。

区取守势，河西走廊北、西、南三面都为所谓“番虏”包围，在世人心目中向有“地狭民贫”“孤悬绝域”之感，军事气息浓厚。[①] 清代康熙末期为恢复对西域的经营，突破明代以嘉峪关作为西北极边的格局，使河西走廊从边防系统的前沿末梢一变成为“廓新疆、并旧隶、握中权”的关键区域，较前代呈现出人丁兴旺、粮产丰裕、交通发达的繁荣格局。[②] 可以说，清代河西走廊在国家战略中最为重要的意义，即是作为收复、控驭西域的重要战略基地与军事支点。清代修志“繁荣期”纂成的各类方志不但在客观上保留了大量与这一国家战略相关的史料，在修志者的主观意愿上亦有主动以方志修纂服务于国家相关战略之意，其编纂中的体例安排等也直接受到国家战略的影响。这是该时期河西方志最为显著的特点。

康熙五十四年（1715）三月，准噶尔部首领策妄阿拉布坦进攻哈密，西北边境局势骤然紧张，康熙帝先后派遣席柱、富宁安等人总办西北军务，同时调集各路军队前往救援。相对于次年大策凌敦多布率六千精骑对西藏的万里奔袭，准噶尔部对于哈密的进攻仅是一次试探与佯动，进攻哈密的准军不久即主动撤退[③]；但康熙帝仍在河西走廊留驻大军，同时增设卫所、开设屯田，就地解决粮草问题。[④] 雍正时期清廷与准部战事不断，肃州成为军政中心，川陕总督、甘肃巡抚与各路将领常在此现场指挥、协调各类军政事宜。这些军政大员于“政事之暇，商榷古今，眷眷以志乘为属”[⑤]，但同时又深感旧志疏略漫漶、难以满足一时之需，于是肃州遂成为河西走廊乃至甘肃修志活动的中心，促进了河西走廊修志事业的繁荣。

在肃州当时特殊的氛围中，《甘肃通志》的修纂最先于乾隆元年（1736）告竣[⑥]，次年《重修肃州新志》修成。与后世地方官委派学官、耆宿专门修志不同，这两部志书的主要发起人与实际执行者都是承担屯田、移民、筹粮等军事后勤保障工作的一线官员[⑦]，故其出发点也与一般方志有所区别。张鸿汀先生论这两本志书，认为其编纂粗疏、于前代旧事考订不精，故颇有微词；不过他亦承认《甘肃通志》有“草创”之功，《重修肃州新志》于“屯田兵防极称详备”“盖必兴屯足食方可言进取”[⑧]。《重修肃州新志》在具体纪事方面与雍正《甘肃通志》肃州部分大抵吻合，编纂时间也基本重合，估计有共同的资料基础。唯《甘肃通志》限于省志体例，编者自由意志体现较少，我们以《重修肃州新志》为主，兼及此一时期其他方志，看看国家战略如何对修志产生影响，大略而言有以下三端。

---

① 河西“地狭民贫”说参见〔明〕瞿九思《万历武功录》（万历刻本）卷9中《三边》所录《哆罗土蛮把都儿黄台吉麦力哥克臭列传》，“孤悬绝域”说参见〔明〕严从简《殊域诹咨录》（万历刻本）卷10三《西戎》之《土鲁番》条。

② 〔清〕钟赓起撰、张志纯等点校：《甘州府志》之《王曾翼序》，兰州：甘肃文化出版社，1995年，第9页。

③ 参见《准噶尔史略》编写组编：《准噶尔史略》，桂林：广西师范大学出版社，2007年，第152～153页。

④ 以上诸卫所建立时间与沿革参见王希隆《清代关西五卫述论》，《兰州大学学报》社会科学版1992年第3期。

⑤ 参见〔清〕沈青崖、黄文炜：《重修肃州新志》之《序》，酒泉县博物馆1984年排印本，第4页。

⑥ 〔清〕许容撰：《甘肃通志》之《甘肃通志呈进表》，四库全书本，第1页。

⑦ 黄文炜、沈青崖事迹简单介绍，可参见星汉：《清代统一西域前军营僚属诗作论略》，《西域研究》2016年第2期，第114～119页。

⑧ 张维：《陇右方志录》，第28页。

首先，为了突出要重点记述的内容不惜“破体”。《重修肃州新志》作为一部州志，却在开篇专门设置《河西总叙》一节，从“唐虞”一直说到“本朝”，把不在肃州治下的甘州、凉州全部纳入。此种安排看似不经，其实是当时边疆形势在志书编纂中的一种投影。清廷经略西域，以肃州为前沿枢纽，而以甘、凉为其直接支撑，如不先行统一交代河西走廊沿革始末，则其后各目下纪事则必然有不明之处，如分别交待则牵涉复杂。又该志的《屯田》《马政》等部分，也多把甘州、凉州的相关事务一并纳入。编者承认，这些内容“本应见甘、凉之志”，但“统为肃州军需起见……恐后世无从稽考，因亦附载于此”[①]。可见较之于体例的完备严谨，此志的现实参考作用更为明显。至于在当时就被评价甚高的《五凉全志》，虽系私人修纂并以“敦教化”为主要出发点，却也首推水利、兵防二部最为详细，这也是时代主题使然。[②]

其二，在当时编纂时间仓促、人员专业性不强的客观条件下，方志的编纂采用了不加剪裁考订、尽可能多保留材料的做法。如《重修肃州新志》中的《肃州·水利》一节，先是完全照抄万历《肃镇志》中的相关河渠内容，然后又把雍正朝当地河渠情形胪列一遍，其中重复、矛盾之处颇多。对此编修者解释道，是因为发觉清代水利不如明代，但一时不能找到确定的原因，所以将旧志“录以备参考，或俟后人之修举”[③]。此种情况在该志中极为常见，编者皆能明确注明何为“旧志所载”，何为新补材料，可见其态度之诚恳。

其三，普遍把“边外”诸“番夷”事作为重要内容予以专门胪列。乾隆《重修肃州新志》最后专设《西陲纪略》一册，在体例与内容方面显然参考了《肃镇华夷志》《陕西通志》《边政考》以及《秦边纪略》诸文献中皆附有的《西域土地人物志》，并加入了反映清代实际情形的道路、屯田以及与准部情形等内容，记述空间直到中亚一带，有些内容离肃州较远，编次也稍显杂乱。[④] 又《甘州府志》亦于卷末专门设立《杂纂》一卷，多讲南山与塞北“番夷”之事，其实是一部汉至清甘州边防资料长编。[⑤] 这种重视“边外”的做法，是边疆方志固有的传统，在清代开拓边疆的战略背景下，河西方志对之予以保留并进行了强化。

此外，在清代河西走廊诸志中的《艺文志》中，普遍多以唐代边塞诗入志，而与实际地理多无关系，或原诗本为泛指西域、塞外而径收录入某志。[⑥] 此种情形，一方面是编修者自身水平有限，以及地方近世艺文缺乏，而不得不以名诗充数且感同身受的原因；但另一方面也是清代，特别是乾隆时期，在西北重续汉唐文化根脉相关政策影响下的产物。与明代河西方志中收录唐代“安西”等地边塞诗而依稀透露出的某种缅怀情绪不同，清代方志收录边塞诗并与时人所做反映平准战事的作品并列，反映出的是一种古今同理的契合感，间接塑造着河西地方特别

① 《重修肃州新志》之《肃州·屯田》，第86页。
② 张维：《陇右方志录》，第20页。
③ 《重修肃州新志》之《肃州·水利》，第76~84页。
④ 《重修肃州新志》之《西陲纪略》，第617~671页。
⑤ 《甘州府志》卷十六《杂纂》，第751~788页。
⑥ 张维：《陇右方志录》，第29页。

是新成立郡县的历史归属与自豪感，以及在经略边疆中的重要地位。

综上所述，清代修志“繁荣期”所编著的河西志书，在编纂动机、编纂人员、体例、内容等方面都受到国家战略影响。这些影响有的甚或是以“缺陷”的形态表现出来，我们今天应该可以予以同情之理解。事实上，对于河西方志中这些缺陷，清人一直在设法弥补并不断进步，如《甘州府志》在体例、征引、考订方面都十分成熟。至于张澍所作《凉州府志备考》，则引入学术思维，足以弥补《五凉全志》等志书在考订前代史事时的疏漏与舛误。

三　清代河西方志修纂中的地方博弈

清代中期经营河西走廊的努力，随着乾隆二十四年（1759）彻底平定准部、控制新疆，而逐渐进入一个平稳发展的新时期。此后直至同治年间陕甘变乱之前的河西走廊，军事色彩逐渐淡化，开始逐渐走向与内地郡县“并轨”的发展道路。在这一时期，地方的利益关系渐趋复杂，矛盾不断尖锐，并且产生了各种各样争夺资源的博弈。对此，该时期河西地方志中亦有大量反映；甚至可以说，参与地方博弈已经成为地方志修撰的一项自觉内容和重要使命。在河西走廊这样的内陆干旱区，水资源对于地方有关乎生死存亡之干系，故各方志普遍以较大篇幅，详细记叙河渠水利；其中的内容，并非限于一般性的描述，而是有大量涉及水利纠纷及其各方裁决的内容。这其中最为典型的是石羊河流域的相关记载。

石羊河是河西走廊东部的主要灌溉水源，流域涉及清代凉州府治下的武威、古浪、镇番（今民勤）与永昌等县。其中，武威县人口最多、灌溉面积最大，而镇番县位于石羊河下游，三面为沙漠包围，对石羊河水依赖性更强，故与上游的武威县时有冲突。顺治《凉镇志》中花费较大篇幅详细地记载了石羊河流域武威、镇番两地严密的水利管理制度；乾隆《五凉全志》在《武威县志》与《镇番县志》中都辟有《水利图说》，其中《镇番县志·水利图说》中增设《水案》一门，以事为纲，详细记载了校尉渠、羊下坝、洪水河三个水案的发生原因、冲突过程与解决办法，并夹引夹叙地将政府裁决概括出来。① 值得注意的是，这三个案件并非发生于镇番县内部的水案，而全部是武威与镇番之间的水利冲突。此种专门记述水案的办法为其后道光、光绪两版《镇番县志》所继承，侧重记载政府判决两地水案的传统得到很好继承。

就其立场而言，《五凉全志》对“水案”的记载尚较为持平，但在《镇番县志》中已经通过极细微的笔法表现出对“本邑”的偏袒，如刻意追认河流水源、人为“制造”流域诸河关系等。之所以表现出这样的态度，不仅仅是因为一种编纂者的“地方情绪”使然，也是因为在现实的水案裁决中，方志常与碑刻、原始文书一起成为重要的依据；且碑刻、原始文书易遭破坏，方志因其较广的流传性反而更受重视。因此，水案争执双方都会援引地方志进行辩护，多

---

① 〔清〕张玿美：《五凉全志·武威县志》，《中国方志丛书·华北地方·第560号》，台北：成文出版有限公司，1976年，第42～49页；《五凉全志·镇番县志》，《中国方志丛书·华北地方·第560号》，第240～247页。

数是正常引用，但也不乏断章取义甚至无中生有的情况，因此官府在裁判水案时都把核对、勘验方志视为重要内容。如嘉庆十三年（1808）武威知县杨万业为本县争取水源而在呈文中杜撰《五凉全志》中相关文字，最终获取上风有利判决。此事当时尚无人指出，但至光绪六年（1880）为另一起水案牵连，被甘凉道铁珊识破，故官方对此前判决不再支持。[①]

清代以方志为依据进行水利裁判，直接影响了河西走廊各地方志的修撰，各志于水利记载无不格外留意，不但详细叙明各渠水源、水规，还普遍绘制渠系图。且不同于《五凉全志》对官方判决的概述，一些重要的水利碑刻与裁判文书开始被全文收入志书，如《甘州府志》收录的两块龙王庙碑文。这两块龙王庙碑文是官方对张掖地区水利秩序的总宣示，同时还把庙产执照附后，以示官方刻意保护之意。[②] 此风延续至民国时期，各县志中水利志的篇幅往往极为庞大，极端者如《创修民乐县志》中的《民政志·水利》，篇幅多达一万余字，大部分涉及与邻县山丹的水利纠纷，不但原文照抄大段公文，甚至还将水闸设计图纸原文附上。[③] 同样，民国时期的水利纠纷判决仍然多依赖清代地方志。如酒泉、金塔两县之间爆发的大规模水利纠纷中，双方争论的焦点之一是对于乾隆《重修肃州新志》中有关金塔县水源“系讨赖河并洪水河水尾”的理解。[④] 河西走廊所谓“水尾”指灌溉余水。按金塔方面的理解，志书记载的金塔水源应为“讨赖河干流径流＋洪水河灌溉余水”，遂指责酒泉绅民独占讨赖河水。[⑤] 然酒泉绅民则认为志书的本意是“讨赖河干流灌溉余水＋洪水河灌溉余水”，所以无均水义务。[⑥] 因此，当1941年甘肃水利林牧公司成立之初，这家专门旨在解决甘肃水利问题的政策性企业即特别注重搜集全省方志，尤其是水利纠纷热点地区的地方志，并特别强调要“注意搜集可靠版本”。[⑦]

清代地方志修纂者在维护地方水利权益方面的良苦用心往往至隐而微，不结合其他史料，往往难以发现。如乾隆《重修肃州新志》在《肃州册·文》中引用了岳钟琪的奏折《川陕总督岳锺琪奏请改肃州为直隶州并设州同一员分驻威鲁堡折》[⑧]，改名为《建设肃州议》。这一份奏折表面上看作为肃州建制更改的证据，但为何其时肃州境内政区调整甚多，却只单单记录了这一件？其实，其中重要的内容是为了避免水利纠纷，把原属甘州的高台县划归肃州。所避免的是何种“水利纠纷”，奏折未言，实为黑河上游甘州府张掖县等处截占流往下游高台等处水

---

① 许博：《塑造河名、构建水权：以清代“石羊河”名为中心的考察》，《中国历史地理论丛》2013年第1期，第117～126页。

② 〔清〕袁州佐：《重修中龙王庙合祀碑记》、〔清〕王廷赞：《重建黑河龙王庙碑记附载给发执照》，参见《甘州府志》卷14《艺文中》，第594～598页。

③ 樊得春纂、刘汶等校注：《创修民乐县志》，兰州：兰州大学出版社，2009年，卷五《民政志·水利》，第373～390页。

④ 乾隆《重修肃州新志》之《肃州·水利》，第78页。

⑤ 参见《甘肃省政府训令建字第九十二号》，民国甘肃省政府编：《甘肃省政府公报》1936年第65、66期合刊，第7～12页。

⑥ 参见酒泉民众代表：《呈酒泉县农会干事长暨各区区长各区水利代表朱子注等为委员查案不明偏于理想不切事实请派员另查由》（1936年5月28日），甘肃省档案馆藏档案，档号15－13－274。

⑦ 佚名：《公司资料室概况与征集启事》，《甘肃水利林牧公司同人通讯》1941年第1期，第19页。

⑧ 第一历史档案馆编：《雍正朝汉文朱批奏折汇编》第15册，南京：江苏古籍出版社，1989年，第109～111页。

源事。为解决这一问题，军政大员年羹尧、岳钟琪两人主导了黑河流域的“均水制”，即上游甘州府所在的张掖县向下游高台等地定期分水轮灌。① 岳钟琪关于高台划归肃州直隶州的初衷其实是将上下游分属两个平级的府州级政区，从而消弭同一政区下高台相对“郭下县”张掖的劣势。后来与黑河“均水”相关的历次水案，岳钟琪的这一篇奏折成为《重修肃州新志》中引用率最高的部分。② 可见岳钟琪的用心为修志者准确体察，并通过看似不经意的安排予以实现。这种高度的契合，也与编者作为岳钟琪下属官员的丰富实践履历有关。

如果说道光《镇番县志》的编纂者为维护本县水利利益而进行的工作尚属于温和委婉，那么清末的个别方志就明显失去了客观态度。比如始纂于清末、完稿于民国初期的《安西县水志》，在涉及与玉门县水利纠纷时，完全采取实用主义态度，在抄录碑文时只选取对自身有利的碑刻，而将不利碑刻弃之不用，从而塑造出安西县两百年来在水利灌溉上一直深受玉门县压迫的悲情姿态。③ 其实那些未被抄录的碑刻多在玉门境内，安西当局并无力破坏，所以这些碑刻仍可以在民国水案文献中得以窥见其片段。④ 正是因为《安西县水志》的偏颇态度，此志并未流传，相关内容既未被民国《安西县志》采用、也未出现在其他民国水案文献中。

再如1948年鼎新县与高台三清渠水利纠纷中，双方共同认可根据《创修鼎新县志》而非《新纂高台县志》为依据，乃是因为一致认定《鼎》志比《高》志的水利记载“较为详赡，所据确凿”，相对公正、可信。如果单从文字上看，《高》志的记载确实比《鼎》志有利于高台方面，但因《鼎》志收录有关键的金石材料《黑河水案牌》，故高台方面亦无法坚持。⑤

总之，清代以来河西方志在地方利益博弈、特别是水资源博弈中占有重要地位，具有很强的公信力。可见，方志编纂虽受到地方博弈的影响，但因其体裁限制，纪事毕竟要以真实可靠为标准，否则反而不能对地方博弈产生积极、有效的影响。

四　结语

抗日战争时期，史地大家张其昀曾把“方志学”与“国势学”并列为中国地学急需提倡之学问，认为可以“奠定政治之基础、消除国内之紊乱、养成国民独立自信之精神”⑥。此语道出了地方志所蕴含的巨大功能与崇高价值。清代河西走廊地方志虽然编成于张氏此语之前数十至

---

① 相关内容可参见王培华：《清代河西走廊的水资源分配制度——黑河、石羊河流域水利制度的个案考察》，《北京师范大学学报（社会科学版）》，2004年第3期，第91~98页；崔云胜：《从均水到调水——黑河均水制度的产生与演变》，《河西学院学报》（张掖）2005年第3期，第33~37页；[日] 井上充幸：「清朝雍正年間における黑河の断流と黑河均水制度につてい」，『オアシス地域史論叢——黑河流域2000年の点描』第3号，松香堂2007年版，第74~100页。

② 如编写于1934—1945年的《鼎新县均水会议记录清册》（张掖市档案馆未编目民国档案）涉及均水会议记录16份，有6次提及此奏折，其余文献未见如此频繁引用。

③ 佚名：《安西县水志》，酒泉市档案局藏民国二年抄本。

④ 玉门县政府：《为呈请曹专员并水利专员会考历次安玉水案证据以公平裁断由》，1938年6月，酒泉市档案馆藏档案，档号历2—3—561。

⑤ 高台县政府：《奉命会同鼎新县长勘察三清渠口报告》，1948年，张掖市档案馆未编目民国档案。

⑥ 张其昀：《方志月刊卷头语》，《国风半月刊》1942年第8期，第82页。

二百余年，但在一定程度上起到了“奠定政治之基础、消除国内之紊乱”的作用。积极体现国家战略，是为“奠定政治之基础”；服务于地方博弈，是为“消除国内之紊乱”。这对当前地方志编纂工作或许构成一些启发。

全局性与地方性始终是地方志编纂要处理的重要问题。在具有深厚大一统传统的中国，任何地方首先是国家的一部分。这或许需要地方志编纂者仔细体察、分析国家战略，思考所在地方在不同时期国家战略中的地位，并将这些思考体现于志书的编纂工作，这样才能使地方志编纂有着更为广阔的视野，而不仅仅是地方性知识的简单汇总，有利于产生能够传世的精品志书。另一方面，服务地方是地方志编纂的根本立足点，而能够坦率、直面地方广泛存在着的各种利益博弈，在秉持中立、公正、客观的史家态度指导下，搜罗有关文献，述而不作、以备考稽，或许可以对地方的相关博弈走向良性发展轨道提供有力支持，为促进社会和谐、进步尽一份责任。

“一带一路”视野下的地方志编纂

马艾民（吉林省地方志编纂委员会）

提要：连续不断地编纂地方志是中国传统文化延续至今的重要体现，也是文化事业的重要组成部分。在“一带一路”国家战略中，文化作为不可或缺的方面，有着极为重要的地位，发挥着隐形的巨大作用。本文作者把地方志编纂以及年鉴编纂置于“一带一路”的视野之下，从三个角度探讨地方志编纂在这一重大战略中应该发挥的独特作用。本文对于吉林省乃至全国的地方志工作者（年鉴编纂者）站在更高的角度上提升认识水平、转变编纂思路具有启发、指导和借鉴意义。

关键词：“一带一路”　地方志　年鉴编纂

“一带一路”分别指的是丝绸之路经济带和21世纪海上丝绸之路，是2013年由中国提倡、由高层推动的国家战略，其战略目标是建立一个政治互信、经济整合、文化包容的利益共同体、命运共同体和责任共同体。“一带一路”战略借用了中国古代“丝绸之路”的历史符号。陆上丝绸之路，起自中国古代都城洛阳，经长安（今西安）、河西走廊、中亚国家、阿富汗、伊朗、伊拉克、叙利亚等而达地中海，以罗马为终点，全长6440公里。丝绸是最具代表性的货物。海上丝绸之路，是指古代中国与世界其他地区进行经济文化交流交往的海上通道。古代海上丝绸之路从中国东南沿海，经过中南半岛和南海诸国，穿过印度洋，进入红海，抵达东非和欧洲。中国输往世界各地的主要货物有丝绸、瓷器和茶叶。

“一带一路”沿线有65个国家，覆盖总人口约46亿人（超过世界人口60%）。“一带一路”共涉及中国18个省（区、市）。其中，丝绸之路经济带圈定新疆、陕西、甘肃、宁夏、青海、内蒙古、黑龙江、吉林、辽宁、广西、云南、西藏、重庆13省（市、自治区）；21世纪海上丝绸之路圈定上海、福建、广东、浙江、海南5省市。

21 世纪海上丝绸之路线路图（出自百度百科）

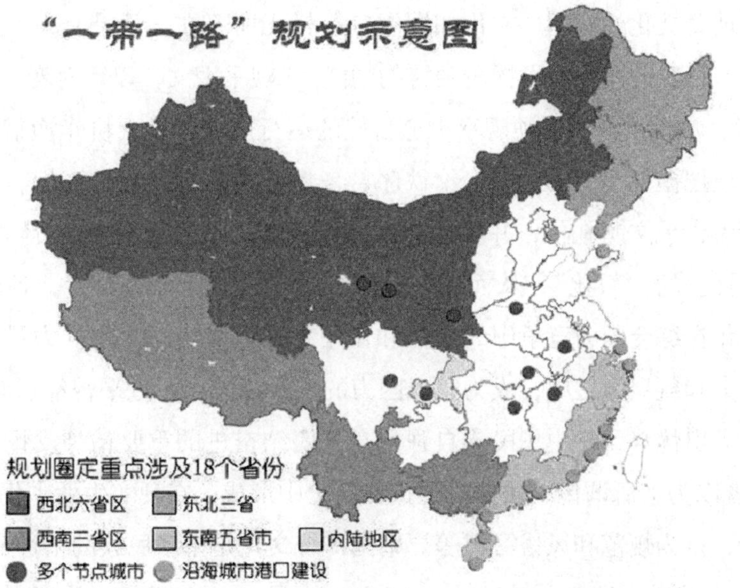

“一带一路”规划示意图

“一带一路”战略中明确提出了各省的定位及任务，东北三省一区要发挥内蒙古联通俄蒙的区位优势，完善黑龙江对俄铁路通道和区域铁路网，以及黑龙江、吉林、辽宁与俄远东地区陆海联运合作。规划中“一带一路”的东方节点是吉林省的珲春，向东通过俄罗斯扎鲁比诺港和朝鲜罗津港进入日本海，构建东北亚地区的海上丝绸之路；向西连接蒙古国乔巴山铁路及俄罗斯西伯利亚大铁路，实现与俄罗斯跨欧亚大铁路和蒙古国草原之路对接，形成新的亚欧大陆桥，构建起东北亚地区的陆上丝绸之路。吉林省在历史上曾有很长的海岸线，晚清东北丧失领土后变成了内陆省份。吉林现与朝鲜、俄罗斯合作，加快畅通对外通道，谋划珲春至海参崴高速铁路，加快与扎鲁比诺海港合作以借港出海，继续推进图们江出海航行计划。

“一带一路”沿线各国资源禀赋各异，经济互补性较强，彼此合作潜力和空间很大。但这个战略所涵盖的绝不仅仅是经济领域，除了设施联通、贸易畅通、资金融通之外，政策沟通、民心相通也是其中的主要内容。在互联网时代，在经济全球化的今天，经济的背后是文化，文化的未来是经济。所以，“一带一路”建设必须夯实文化基础，发挥中华优秀传统文化的作用，使文化在“政策沟通、民心相通”方面有所作为。地方志（包括年鉴）作为中国优秀传统文化的组成部分，在“一带一路”战略中理应发挥其独特作用。

一 “一带一路”视野下，中国传统文化“走出去”成为必然

文化这个概念内涵十分丰富。文化作为一种精神力量，能够在人们认识世界、改造世界的过程中转化为物质力量，对社会发展产生深刻的影响。这种影响，不仅表现在个人的成长历程中，而且表现在民族和国家的历史中。[①] 人们的经济活动、制度设计、行为方式、日常生活都具有特定的文化内涵，体现着文化的作用。文化如同空气一样无所不在，凡是有人的地方，凡属人的活动范围，文化都起着特殊的作用，发挥着独特的功能。“观乎天文，以察时变；观乎人文，以化成天下。”[②] 意思是说，治理国家者必须观察天道自然的运行规律，发现耕作渔猎的时序并对此加以管理、推广；又必须把握现实社会中的人伦秩序，来规范君臣、父子、夫妇、兄弟、朋友等等级关系，使人们的行为合乎文明礼仪，并由此而推及天下，以成“大化”。文化的特殊作用和独特功能就是对个人和社会的“教化”，从而塑造个人，引导社会。当今世界，各国之间综合国力的竞争日趋激烈。文化在综合国力竞争中的地位和作用越来越突出。文化的力量，深深地熔铸在民族的生命力、创造力和凝聚力之中，成为综合国力的重要标志。习近平曾经强调，“中华优秀传统文化是中华民族的突出优势，是中华民族自强不息、团结奋进的重要精神支撑，是我们最深厚的文化软实力”。笔者以为，所谓传统文化，是指在历史中形成，在现实生活中仍然起作用的那些思维方式、价值观念、行为规范和风俗习惯等。中国传统文化是中华民族的精神命脉。

社会是以经济为基础、以政治为中介、以文化为导向的有机体，人类的生存离不开经济、政治和文化，世界的发展主要体现在经济的繁荣、政治的昌明和文化的进步。“一带一路”战略要增进沿线各国人民的人文交流与文明互鉴，让各国人民相逢相知、互信互敬，共享和谐、安宁富裕。在“人文交流”和“文明互鉴”方面，中国传统文化理当承担重任，通过形式多样的文化交流，让古老的中华文明走向世界，从而成为“一带一路”战略的开路先锋，拉近与沿线各国人民之间的感情，让人们“相逢相知、互信互敬”。国与国之间需要互通有无，人与人

① 高中二年级政治教科书第一单元。

② 出自《周易》。

之间需要相互了解。“以文化人”，我们应该高度重视文化的“教化”作用，注意发挥文化对个人和社会的“教化”功能。这不是说我们要借助文化改变邻国、改变他人，而是让邻国、邻人更多地了解我们，从而认识和理解当今的中国和中国人民。“一带一路”战略构想契合沿线国家的共同需求，这一战略在平等的文化认同框架下谈合作，体现的是和平、交流、理解、包容、合作、共赢的精神，为中华文化走向世界提供了巨大的舞台和难得的机遇，中国传统文化“走出去”成为“一带一路”战略的题中应有之义。

二 “一带一路”视野下，地方志编纂大有可为

“在中华传统文化中，地方志自成一脉，具有独特的魅力，是中华民族特有的文化基因，是最具有民族特征的标志性传统文化形式之一。”① 编修地方志是中华民族优秀文化传统，地方志是传承文明、服务社会的信息载体，是发掘历史智慧的重要途径。地方志所记载的内容纵贯古今，横陈百科，能够集中展示中国各地深厚的历史底蕴、多样的文化形态、经济的发展脉络、丰富的社会生活、迥异的风土人情。作为联系历史与现实的重要桥梁之一，地方志应该成为“一带一路”战略中向沿线各国宣扬中华文明、传颂中华文化、播撒中华智慧的重要载体。

在国务院颁布的《全国地方志事业发展规划纲要（2015—2020年）》中，明确提出了要配合国家文化“走出去”战略，推介一批高质量的地方志成果，充分展示地方志的当代价值及永恒魅力，推动方志文化走向世界，增强中华文化凝聚力、影响力和国际竞争力。这一提法准确呼应了时代要求，提出了地方志工作机构要加强国际传播能力建设，把中国地方志推介出去的目标，主动把地方志工作融入国家“一带一路”战略，为提升国家文化软实力发挥重要作用。

在地方志这个概念之下，包括了志书、年鉴、地情书和地情网站等地方志文化产品。笔者以为，上述文化产品如同“百科全书”，全景式地记述和表现了各个行政区域内方方面面的大事小情。天文地理、建置沿革、人口民族、自然概况、资源物产、气候水文、行政区划、政党团体、经济建设、法治进程、军事司法、科学技术、教育文化、体育卫生、地方人物、文献公报……在地方志文化产品中都有充分的体现。可以说，地方志“存史、资政、育人”三大功能就是通过这些文化产品实现的。

“一带一路”战略为文化“走出去”开辟了新的通道，也为地方志走向世界打开了新的窗口，以此为契机，志书、年鉴、地情书和地情网可以在沿线国家和地区广泛传播、大加宣传，有了新的受众群体，地方志文化产品的知名度和影响力必将继续扩大，所承载的内容必将成为沿线人民独特的精神食粮，从而得到更加广泛的认知，为实现“一带一路”倡导的和平合作、开放包容、互学互鉴、互利共赢理念提供精神动力。

---

① 王伟光：《盛世修志助力中国梦》，《人民日报》，2015年9月10日第10版。

全国地方志系统年鉴出版情况统计表

（截至2015年10月31日）

单位：部

序号	行政区划	省级综合年鉴		市级综合年鉴		县级综合年鉴		专业年鉴	
		种	部	种	部	种	部	种	部
1	北京	1	24	—	—	16	181	86	647
2	天津	1	16	—	—	16	187	18	192
3	河北	1	24	11	131	71	328	21	64
4	山西	1	30	11	94	44	273	16	148
5	内蒙古	1	17	12	119	33	128	19	78
6	辽宁	1	24	14	304	35	401	38	244
7	吉林	1	30	10	136	46	237	12	117
8	黑龙江	1	30	13	166	88	457	53	303
9	上海	1	20	—	—	17	246	75	381
10	江苏	1	30	13	160	98	1046	63	293
11	浙江	1	27	11	185	71	629	65	368
12	安徽	1	32	16	219	106	350	38	185
13	福建	1	30	9	111	73	338	14	250
14	江西	1	14	11	121	89	299	65	502
15	山东	1	29	17	345	106	533	147	893
16	河南	1	32	18	325	117	546	17	272
17	湖北	1	27	13	217	104	561	90	574
18	湖南	1	30	14	56	63	179	25	62
19	广东	1	30	21	385	120	824	83	704
20	广西	1	30	14	190	77	336	36	175
21	海南	1	26	2	27	16	54	4	36
22	重庆	1	29	—	—	37	214	15	85
23	四川	1	30	21	338	153	1361	46	323
24	贵州	1	31	9	48	40	124	6	18
25	云南	1	10	16	292	106	981	23	190
26	西藏	1	16	7	28	10	27	19	74
27	陕西	1	28	10	157	79	356	22	78
28	甘肃	1	6	13	120	44	199	40	193
29	青海	1	18	8	64	10	29	11	36
30	宁夏	1	15	5	29	15	60	6	12
31	新疆	1	32	14	180	65	418	3	30
32	新疆生产建设兵团	1	30	5	48	15	100	4	24
总计		32	797	338	4595	1980	12002	1180	7551

说明：天津、云南、西藏等省（区、市）综合年鉴为非地方志工作机构编纂。天津市地方志办公室编《天津区县年鉴》、云南省地方志方志办公室编《云南小康年鉴》，应为专业年鉴，但两省（市）未提供《天津年鉴》《云南年鉴》情况，仅提供该办编纂年鉴数据，为统计之便，列入省级综合年鉴序列，其综合年鉴数据待补

资料来源：中国地方志指导小组办公室统计，http://www.difangzhi.cn/zgdfz/zxtjllist.shtml 中国方志网

三 “一带一路”视野下，要用“年鉴语言”讲好“中国故事”

年鉴在中国经过40多年的快速发展，在今天有“遍地开花”的态势，中国俨然成为“年鉴大国”。据国家图书馆统计，到2015年年底，全国编纂出版各级各类年鉴约5000种。中国的年鉴记的是各个行政区域内的基础信息和大事要闻，讲的是中国故事，是向全世界展示中国魅力的有力话语体系。

年鉴编纂作为地方志工作的重要组成部分，不仅能宣传地情、展示国情，更能承载当代智慧、传承中华文化。和一般图书相比，年鉴是年度资料性文献，具有地域性、年度性、连续性、科学性、资料性、信息性、工具性等特点和权威性、真实性、准确性、新颖性、可读性、及时性、存史性等基本性质。[①] 年鉴是外界了解中国的一个窗口，能够帮助世界人民认清中华文化和地域文化的历史渊源、发展脉络、基本走向、现实状况，了解中华大地上发生的独特创造、价值观念，有助于展示中国风格、塑造中国形象。在“一带一路”战略中，我们要用“年鉴语言”讲好“中国故事”。

虽然“一带一路”战略的根本性质归属于政治层面的话语框架，但有关于“一带一路”的表达方式应该接近大众的普遍接受程度，这样才能更好地发挥传播作用。好多海外民众最开始是从中国的一个地区、一个城市来了解中国这个国家的。他们对于中国的认知并不是从宏大的、整体的、抽象的逻辑层面开始，反倒是以离他们兴趣点最近的微小的、个体的、具体的地区或事件为起点。举个例子，来自迪拜的一个留学生在长春中医药大学学习中医，他在中国的商场买了一条皮带，后来发现皮带上自带的眼儿用不上，需要重新打眼才能扎在腰上。他跑了几家商场，都打不了眼儿，后来在红旗街的一个修鞋摊上，他如愿打了三个眼儿，皮带终于用上了，他十分欣喜。拿人民币付钱的时候，师傅摆手示意不收钱，他万分惊讶，连连道谢，从此逢人便讲这个皮带打眼的故事。

他在一篇征文中表达了对学校、对长春、对吉林、对中国的理解和喜欢。从传播学的角度来看，基于文化认同的吸引是无形的，却具有无限的力量，它可以让大众毫无理由地喜欢上一种文化形态、一种价值观念，将其上升为知识和经验基础之上的身份认同。也就是说，让外国人了解了、认同了我们的文化，对方会喜欢上这个地方、这里的人，同时和我们有了相似的价值判断，最后对方会认为自己“不是外人”。

年鉴作为一种文化产品，也是一种传播媒介，要想达到良好的文化传播效果，更好地服务于“一带一路”战略，我们应该追求“润物细无声”般的文化滋养和吸引。如何使用“年鉴语言”来讲“中国故事”？笔者将从两大方面加以表述，一是目前年鉴存在的问题，二是在“一带一路”背景下，如何办好年鉴，使之成为讲述“中国故事”更好的载体。

① 许家康：《许家康集》，北京：线装书局，2001年。

就目前而言，全国地方综合年鉴存在的问题之一是实用性不强，应该着力记述的内容（如上一年度某一领域的发展状况），恰恰记得不多；应该大力删减一些内容（如机关单位日常事务、行政的过程、管理的措施、取得的成绩，宣传性、事务性、工作总结性的内容等等）。该详的不详，该略的不略，造成一些年鉴实用性不强。

问题之二是体量偏小。全国有的市级年鉴只有40万字，记述的内容基本属于蜻蜓点水。某部县级年鉴只有36万字，个别条目仅20多个字，读者想从中查找具体内容是很困难的。根据全国各级年鉴的平均字数，一般市级年鉴80万字左右为宜，县级年鉴在60万字左右。一些县级年鉴不仅全书体量较小，而且每个部类之间，记述量失衡。主要表现为以下三种情况：一是全书一次文献过多，年鉴成了“文件汇编”。笔者曾在评估的县级年鉴中发现一部年鉴的“文献”占了全书的二分之一文字，全县一年中发布的所有的文件，包括政府组成部门的文件，都被原封不动地收录其中，事无巨细、无一遗漏。二是全书“动态性条目”少而又少，多数条目是多年设置的固定条目，与上一卷年鉴相对比可以发现，条目标题是一样的，只是改动了其中的数字。也就是说，全书对一次文献的开发不够，二三次文献过少。三是不善于使用表格和图片，使得年鉴的记述不仅不生动、不活泼，而且不直观、不充实、不耐读。曾有一部县级年鉴，全书只有两个表格，除了卷首彩页之外，正文没有一张图片。问及原因，编辑人员完全忽略了表格这个表述手段，认为前面有了彩色的图片，加上图片组稿困难，正文可以不用了。这些“原因”听来确实让人哭笑不得。体量偏小意味着内容不充分，内容不充分自然读来“不解渴”。

问题之三是年鉴读来淡而乏味。“缺少味道”的主要表现是框架结构缺少特色，内容空泛，资料单一，缺乏个性。从条目中看不到地方的独特优势所在，见不到地方的特点，只有千篇一律、大同小异的“常规”栏目，读来索然无味。年鉴框架设计应当与时俱进，逐年从实际出发更新一些栏目，增加对那些有时代意义的新事物的记述。现实情况是，许多县级年鉴的框架长期稳定，缺乏新意，栏目没有创新，读者从中看不到年度特点。年鉴撰稿人缺乏深厚的材料基础，写稿时单纯依赖单位的工作总结或报告、汇报，概括性的、浅层次的记述多，有深度的、有特色的内容少。单一性条目经常与本单位的职能处室相对应，条目选题多反映某项职能工作的稳定性选题，那些有新意、有价值、有特色的题材被淹没其中，“动态性条目”变得十分稀有。选题上下年雷同，部门间、地区间“似曾相识”，这样的年鉴读来不可能有味道。

在“一带一路”战略下，重新审视年鉴问题，笔者认为年鉴编纂者首先要胸怀大格局、拥有大视野，把年鉴放在全国、全世界、全人类的高度，重新考虑入鉴内容、表达形式、传播方式等问题，让年鉴更好地为“一带一路”战略服务，成为沿线各国人文交流中的桥梁和使者，成为传扬中华文化、展示当代中国的崭新窗口。

首先，要从年鉴的工具书属性出发，以增强实用性为重点目标。年鉴是逐年出版的资料性工具书，以基础信息和大事要闻为记述重点。能及时反映年度的大事、要事、新事、特事，其资料性是新闻报道无法比拟的；其时效性是百科全书无法相比的。年鉴人应该把这种优势保持好、发挥好并不断强化，形成年鉴独有的核心竞争力，使年鉴在当今社会立于不败之地。把那些货真价实的新鲜事、特殊事以“动态条目”的形式充分地反映在年鉴中。与此同时，时刻牢记读者，从读者的角度审视年鉴内容，哪些是读者想看、要查的资料？哪些是无关痛痒、可有可无的东西？哪些内容具有存史价值？年鉴可以增加便览性的实用资料，应注重提供实用价值高的事物类表格。地方特产、旅游景点是一个行政区域的代表，相当于当地的“名片”，不仅是当地的特色，也是广大读者感兴趣的内容。注重反映地方土特产基本情况及生产、开发、经营情况，可以看出行业的兴衰起伏、时代变迁。对旅游景点、甚至旅游线路的介绍，比一般化地记载旅游规划和开发、旅游宣传和推广、旅游行业管理等内容更具实用性。地方风土人情、民俗节庆是一地的“文化符号”，年鉴应加大记述力度，通过详细记载活动仪式、说唱内容、服饰道具并配以活动图片，图文并茂地进行记载，不仅可以记述当代，还可以为将来留存宝贵的资料。深入研究地情，从独特的地域经济、文化出发，对该突出的内容详细地加以记述，把各地的特色、特产传扬出去。

年鉴所记内容不应仅仅停留在工作、事务的记载层面，更应总结、呈现事物发展的特点和规律，提供给人以启发、深思的资料，做到“把握时代性，体现规律性，富有创造性”[①]，如此才能发挥年鉴的镜鉴作用和实用功能。对那些不便在条目中展开的内容，可以通过配发表格、示意图，刊发“相关链接”来拓展年鉴记述内容的深度。

其次，努力呈现地方年度亮点。不仅在年鉴框架设计中体现与众不同之处，而且要在条目编写中充分体现这些“特色”“优势”。全国各地资源环境各不相同，经济社会发展水平不一，风土人情各异，年鉴编纂者要充分认识、准确把握一个地方的地情，不仅要从共性内容上有准确的记述，而且要抓住个性内容作深度解读。年鉴记录的是地情，年鉴的框架结构最直接地反映了所刊载的内容，它决定着年鉴的选题范围及选材方向。框架设计得科学合理，年鉴的有效信息才能增加，年鉴资料的利用率也才能提高，年鉴的实用功能会因此变得强大。要善于抓住地方的强项，地方的独到、独特之处，合理设计栏目，适当安排版面，使年鉴富有自己的“味道”。

再次，创新年鉴编排和传播方式。“创新是在现在基础上的前进、突破，某种程度上是对现有工作思路、发展模式的改正、调整。”[②] 我国作为一个具有历史悠久、多地区文化并存的文明实体，要呈现给国际社会的文化资源让人眼花缭乱，在新媒体时代的背景下，寻找我国文化与全球大众文化相契合的连接点，让对外传播更能契合全球化新媒体传播的时代要求，这是我们应该面对的问题。我们不能止步于传统的纸质年鉴加光盘的出版形式，要借助互联网技术创

---

① 莫秀吉在第15次全国地州区县年鉴研讨会上的主题报告（2014年10月）。

② 李培林：《开拓创新、乘势前进，努力开创地方志事业发展新局面——在全国地方志机构主任工作会议上的总结讲话》2015年4月17日。

办“网络年鉴”，同时编辑出版年鉴的多种语言版本，方便各个国家、多个民族读者随时随地查阅、检索。“网络年鉴”可以尝试即时编纂模式，改变过去年末出版的传统做法，把最新的资讯用年鉴条目体的表达方式及时地传递给读者，同时请读者参与互动，成为“编外编辑”。少数民族语言和外文版年鉴是从前较少提及的，但在“一带一路”战略下，要让年鉴发挥应有的作用，“一带一路”涉及的省（市、自治区）出版民族语言版和外文版年鉴是十分必要的。

中国提出“一带一路”的倡议，立足于当今世界地区发展不平衡的现实，秉持求同存异的发展理念，着眼于文明交流互动、平等对话的角度，旨在助推世界走出“治—乱”周期律，描绘出一幅人类社会合作共赢的美好前景，可谓古丝绸之路的中国化、时代化、大众化，彰显了中国“达则兼济天下”的大国担当。① 在“一带一路”背景下，文化事业需要谋篇布局，地方志作为文化事业的一部分，也要有所作为，发挥“存史、咨政、育人”的功能，成为“一带一路”战略中沟通各方的桥梁。“一带一路”发展战略绝非以经济发展为唯一目标，也应成为文化大发展的战略契机。地方志文化要借机发力，成为文化软实力中的“硬基础”，成为传扬中华文化的重要载体。对接“一带一路”发展战略，让地方志事业站在新的文化高度上为实现国家战略目标做出独有的贡献，为沿线各国提供中国独有的特色文化。

《全国年鉴事业发展规划（2016—2020年）》即将由中国地方志指导小组印发，年鉴的发展迎来了千载难逢的大好机遇，办出精品年鉴，使之成为相对稳定、具有较强说服力、受到普遍欢迎的文化产品，凸显“一带一路”的文化属性。我们“利用年鉴的年度资料性文献性质，及时记录各地在全面建成小康社会的伟大征程中，每年取得的新成绩、新经验，出现的新情况和新问题，涌现的优秀人物和典型事迹，在改革大潮中人民群众的所思所想、喜怒哀乐，在社会变迁中当地的风俗习惯、文化特征，将之全面、系统、客观地告诉世人。”② 虽然年鉴只是地方志文化中的一个品种，但以其一年一卷的出版时效和出版数量而言，完全能够承担政策沟通、设施联通、贸易畅通、资金融通、民心相通“五通”的记述和宣传使命。中国庞大的年鉴群与我国文化传播的想象力、民族文化的创造力和我国未来在国际话语舞台中的地位有一定的关联，所以，我们要从更高的视角看待中国传统文化、地方志和年鉴，让文化成为实现“一带一路”战略目标的助推器和加速器，成为世界各国人民友好交往的“润滑剂”；让精品年鉴具有“中国特色、中国风格和中国气派”③，为“一带一路”战略提供智力支持和精神动力。

---

① 陶连飞：《“一带一路”的内在逻辑》，《吉林日报》，2016年7月26日，第5版。

②③ 李培林：《统一思想，凝心聚力，深入贯彻落实〈规划纲要〉，努力实现年检事业发展新跨越——在第一次全国年鉴工作会议上的讲话》，2016年7月15日。http//www. difangzhi. cn/zgdfz/ld；h/201608/3ecd74a3af524fbca34ac06f214feqeo. shtm 中国方志网。

北方海上丝路（登州港）与新编两部蓬莱方志记述视角的变迁
——“一带一路”视野下的二轮市县志编纂

王耀生（山东省地方史志办公室）

提要：今山东蓬莱（古为登州）是历史上中国北方海上丝绸之路的重要港口，与北方海上丝绸之路建立和发展存在密切关联。蓬莱旧志对之记载甚少，新中国成立后编修的二轮《蓬莱市志》对之记述视角远不同于首轮《蓬莱县志》。这实际上反映了外向型经济和“一带一路”战略实际上已深刻影响到二轮市县志的编纂。本文探讨两部志书关于海上丝路（登州）记述视角的变迁，以总结其对方志基本理论和二轮修志实践所具有的启发借鉴意义。

关键词：北方海上丝路　登州港　蓬莱方志

自汉到清，今山东蓬莱（古为登州）是中国北方海上丝绸之路的重要港口，与海上丝绸之路建立和发展存在密切关联。囿于时代和编纂者眼光的局限，蓬莱旧志对之记载少之又少，不足为据，难以提供客观翔实的资料和分析样本。新中国成立后的当地两轮社会主义新方志编修，分别于20世纪90年代和2005年编纂完成，即《蓬莱县志》和《蓬莱市志》。[①] 本文以下《蓬莱县志》简称县志，《蓬莱市志》简称市志。有意思的是对于同样远近的海上丝路（登州），时隔仅二十年的两轮蓬莱方志对之记述大不一样；而且有违方志记近、史书记远的规律，倒是二轮市志对之记述更为翔实。这种不合常识的做法早在几年前曾引起从事全省市县志书编纂业务指导的笔者的好奇和关注。经过对两部志书的文本解读，发现海上丝路（登州）与新编两部蓬莱方志记述视角的变迁之间存在密切关联，方解开心中的疑惑。看似与地方志不搭界的“一带一路”实际上已深刻影响到二轮市县志的编纂。本文试图通过对两部志书关于海上丝路（登州）记述视角变迁的探讨，总结其对方志编纂理论和二轮修志实践所具有的启发借鉴意义。

① 蓬莱市史志编纂委员会编：《蓬莱县志》，济南：齐鲁书社，1995年。蓬莱市地方史志编纂委员会办公室编：《蓬莱市志》，北京：方志出版社，2013年。

一　海上丝路（登州）史实还原

有关历史记载和研究成果表明①：登州在汉代为东莱郡之地。在隋朝为牟州；唐初武德年间，改牟州为登州。贞观年间，登州被废并入莱州。武则天如意元年（692），又从莱州分析而单独立郡，辖牟平、黄、文登三县，并以牟平为登州州治所在。登州所辖大体包括了今天烟台市所属的牟平、福山、栖霞、蓬莱、黄县、长岛，以及威海市所属的荣城、文登、乳山等县级市区。唐中宗神龙三年（707），黄县改称蓬莱，登州治所也从牟平移置于蓬莱。登州地处沿海，与东夷诸国隔海相望，属于边州之列，为唐朝与东夷诸国进行封贡往来的必经之地，登州港也成为唐朝后期封贡体制下的专门港口。登州港内，唐朝商民与诸蕃私自贸易的情况较为盛行。究其原因，一方面，在唐朝因安史之乱而中央法令影响力下降的情况下，边民敢于冒险以实现自己的利益需求；另一方面，则是因边州官员的利益因素，使他们有意不执行中央的相关法令。登州曾是高句丽、百济、新罗以及日本朝贡使团进入唐朝的登陆港口，在唐朝的封贡体制下，登州港发挥着唐朝构建东亚地区华夷秩序的政治功能。在归属淄青镇节度使管辖前的唐朝前期，登州港的贸易活动不多。在建中元年（780）前的一段时间，曾为唐下级军官的新罗人张保皋从淄青镇节度使李师道所主持的国际贸易中得到启示，建立起自己的登州与新罗、日本间的海运贸易。从中国古代海外贸易史的视角观察，北方海上丝路早在秦汉就已开辟，但东亚贸易体系则是肇始于唐后期的登州港，缘于安史之乱后唐朝中央控制能力的下降和山东沿海地方藩镇势力的扩张，根基于跨海贸易商人与地方政府及官员的经济利益需求。也就是说，它的最初形成恰恰是唐朝封贡体制衰落的结果。在新罗张保皋势力的作用下，东亚地区形成了登州（唐朝）—清海镇（新罗）—博多（日本）的固定海上贸易航路，标志着东亚贸易体系由此形成。而从唐后期登州港促成东亚贸易体系形成的机制看，地方政府涉外权力的增强和追求经济利益的目的，促成了商人们进行东亚海域国际贸易的行为。而宋、元、清诸王朝所持允许本国商人出海贸易政策和由市舶司制度为主导的互市贸易体制，则支撑了北方海路（登州）的不断成长和发展。

二　县志和市志对海上丝路（登州）的记述视角的变化

方志编纂的视角常常决定着志书体例的安排和对史料的取舍。由于编纂者视角不同，蓬莱两部志书在编纂意图、总体设计、篇目设置、资料选取和内容记述等方面都有所变化。

（一）编纂意图变化：由忽略到极为重视

编纂者的编纂意图主要体现在志书的凡例中。县志凡例规定：“本志上限1840年，下限

① 朱亚非：《山东对外交往史》，济南：山东人民出版社，2011年；陈尚胜：《东亚贸易体系形成与封贡体制衰落》，清华大学学报（哲学社会科学版）2012年第4期。

1991年，部分篇章适当上溯和下延”“本志地域记述范围，基本上以1991年蓬莱县行政地域为限。发生于境外与蓬莱有重要关联的事件仅作相应的记述。”这就为从简记述对海上丝路（登州）史实作了铺垫，提供了依据。同时，在志书“简介”中，编纂者是把当地的“澎湃仙境、蓬莱阁”作为地方特点和历史文化资源。显然，海上丝路（登州）史实并未进入首轮修志者的视野。

市志言明为重修志书。重修意味着记述要贯通古今，逾越二轮志书二十多年的记述时限之规定。这很大程度上是为把海上丝路（登州）史实入志。这一点在市志的凡例和编纂说明中得到相应的反映。市志“凡例”对记述时间断限及地域空间作出如下规定：“为保存地方史料，上限视掌握史料的情况而定，不强求统一。”“本志记述地域范围以2015年末蓬莱市行政辖区为主，对历史上的登州（府）辖区史情，发生于境外且与蓬莱密切关联的事情则做简略记述。”这似乎是强调“越境不书”的修志规范，但这一点并未在正文记述中得到有效遵守。另外，或许编者自己也感到有些突兀和有违志体，在市志“凡例”之外又加写一段志书编纂中非常少见的“编纂说明”文字。其中第十条说：“为弥补旧志不足，本志除补充大量新石器时代至清代地方史料外，特设《外事 口岸 侨务》编，系统记载封建时代古登州（蓬莱）作为中原王朝外交口岸的大量翔实史料，从中可见蓬莱城市兴起、发展的历史脉络和港兴城兴的城市历史特点，展示蓬莱地域悠久、广阔的文明历史背景。”

由上述可见，正是由于编纂意图从由忽略到极为重视的变化，才导致以下志书总体设计和内容记述上的一系列变化。

（二）所用体裁：由单一变得广泛

志书对海上丝路（登州）史实的记述水平如何，从根本上取决于志书的总体设计，而总体设计最重要的是体裁的运用。县志仅用志的体裁。市志则是多种体裁综合并用，述、记、志、图、表、录体裁，除人物传之外的其他体裁悉数采用，可谓广；这些体裁互为补充，互相配合，构成对海上丝路（登州）史实的完整记述架构。其中述体包括总概述和篇下无题概述等。总概述按历史分期，从南北朝到清代逐朝代记述重要史实，海上丝路（登州）史实占其中一半，成为总概述内容记述的主轴。国内外资料参半的内容在省内志书中绝无仅有，在全国二轮志书中也属异数。记的体裁使用分两种情况：一是采用大事记，古代史实内容共计642项事条，涉及海上丝路（登州）的有507条，其中三国两晋南北朝、隋唐等朝代几乎全是涉及事条。二是采用附记体裁，“外事”章附文3篇。图的体裁有地图、照片11幅。表的体裁共有统计表15幅。录的体裁收集载入明代朝鲜使臣题咏蓬莱散文1篇、诗73篇，另有明代朝鲜使臣专门题咏蓬莱阁的诗文37篇①。

（三）篇目设置：由简略变得周详

围绕对海上丝路（登州）史实，县志只在经济部类“交通”编中设“港口”章，其第一节设为“登州港”。市志则在篇目设置上更为周详，共有以下篇章节目的设置：第三编“人口”第二章“人口构成”中“民族构成”节，第三章“人口变动”中第二节“人口迁徙”；第七编“军事”第五章“海运护送”；第八编“外事 口岸 侨务”编中“机构、外事口岸、侨务”3章；第十二编“外经外贸”第二章“经由蓬莱完成的古代礼贡贸易”和第三章“对外贸易”；第二十二编“交通运输”设“水路交通”章；“附录”中“诗文选录”。上述编章节目之间的关系呈现以“外事 口岸 侨务”编章集中记述，其他编章分散记述相结合。但有关编章之间有相互交叉重复的问题。如“大事记”事条内容与“外事 口岸”章第二节“外事活动”内容多有交叉重复，同一资料在多处被反复转引和言说。

（四）资料选取：由薄弱到丰厚

如何选择合适的资料以重新描述历史事实，还原历史真实，决定于编纂者的立场和观察问题的角度。县志关于海上丝路（登州）史实资料搜求力度不大。市志对之资料搜求力度很大，来源范围更广。志书“外事 口岸 侨务”编下无题概述中有一条说明：“许多隐藏于历代史籍中的有关蓬莱的珍贵史料在明清以来登州府志、蓬莱县志中都极少著录。”为此，市志关于海上丝路（登州）史实所征引的资料涵盖了以下正史、会要、实录、旧志及其他史籍：二十四史的大部分以及《唐会要》《明会要》《资治通鉴》《续资治通鉴》《续资治通鉴长编》《元和郡县图志》《明太祖实录》《明世宗实录》《读史方舆纪要》等。换言之，全国性史料成为市志编纂的又一重要文献基础。

（五）记述深度：没有实质变化

志书记述深度主要体现为反映所记事物的本质面貌和规律，显示出事物发展必然的因果关系。县志对海上丝路（登州）记述尚属平实，较为客观，记述从汉代到明清诸朝登州港地位作用及与丝路关系等，不足一页纸，区区1200字。市志记述有一定深度。如在“编纂说明”中提出，要揭示“蓬莱城市兴起、发展的历史脉络和港兴城兴的城市历史特点，展示蓬莱地域悠久、广阔的文明历史背景。”在“人口构成”章的“民族构成”节中记述了南北朝到隋唐时期，朝鲜半岛和日本群岛诸国侨民定居长住通婚融入当地社会的情况。

---

① 明代朝鲜使臣《呈礼部请勿改贡路文》、高丽（朝鲜）使臣在登州留下的诗文、崇祯三年朝鲜遣明使高用厚呈登州抚院两文。

但市志记述也存有不够深入甚至不客观之处。主要有以下几点：一是对朝贡贸易的本质认识不清。不自觉的、带偶然性的流通，与自觉的贸易是两回事；而且在唐代两者的关系互相对立，此消彼长。市志未能如实记述和反映这种复杂的历史面象。二是市志“人口迁徙”章中回避抢掠新罗人为奴史实。唐穆宗数次采取禁止海盗掳掠新罗人口和将新罗奴婢放良的措施后，山东登莱沿海仍然存在着海盗掳掠新罗人为奴的现象。三是市志记述的唐朝登州港，除登州州治所在地蓬莱港外，还包括登州所辖各县之港口。

三　探讨志书对海上丝路（登州）史实记述的意义

上述对两部蓬莱方志文本解构的讨论，对于方志基本理论和二轮修志实践具有一定的普遍意义。

（一）对方志基本基本理论创新的启发

1. 方志编纂的主观性和客观性之间的张力

两部蓬莱新方志如此，再联想到旧志对海上丝路（登州）史实不加记载，就可以进行历时性分析，生动地呈现出方志编纂目的和实质。即在志书的书写中海上丝路（登州）一直在发生着变化，这并非海上丝路（登州）的本身的变化，而是书写的主体编纂者及其观念的变化。这些变化映射出了方志编纂的主观性和客观性之间的张力。辩证唯物主义和历史唯物主义的原理告诉我们，无论编纂者的立场多么客观，都要受其世界观的制约。而一个人的世界观都要或多或少受到时代的影响和制约，因此，任何一部志书，都要打上自己时代的印记。方志在一定程度上是对地方历史过程的客观反映，如对县域建置、河流山川等基本信息的记述，基本是对客观事实的记录。但是，方志又远非纯客观的历史记录，而是编纂者基于一定的历史事实、现实需要、价值观念，对隐含着权力、观念和目的的正史、方志、文集等类型文本进行筛选、排列、组合、解释而建构起来的地方历史。历史是有选择的记忆，修志带有很大的主观性，从本质上说地方志即是对地方公共历史与文化的主观建构。所以胡适先生强调，“因为无论以什么方式编志，新方法也好，旧方法也好，都不免经过整理，许多材料不免受编志总纂主观的取舍。我们以现代新的眼光来看，与其编志，不如做搜集材料、发表材料，继续搜集材料、随时发表材料的工作。”①

2. “越境不书”的志体要求与经济社会发展转型之间的张力

地方志作为传统学术文化的一个门类，它很大程度上是中国发达的农业文明、成熟的自然经济的产物（欧美历史上没有地方志不是偶然的）。地方志有其历史文化价值。但任何事情都

① 本文为1953年1月6日胡适在台湾文献委员会欢迎会上的演讲，收入《胡适言论集》甲编，1953年5月台北华国出版社出版。

是辩证的，地方志本质属性的地域性既是它的特长和优势，又是它的不足和缺陷。不适当地强调地域性，恐怕与现代工业文明、统一开放的市场经济、全球化大趋势的观念和做法还对接不上。因为方志要按地方来写，地方是有一定空间局限的，这就容易使人产生狭窄的地方观念。这恐怕是地方志一个很大的缺陷——不能越境而述，死守地域范围。北方海上丝路（登州港）这段历史表明：市场经济、海上丝路的本质和时代精神就是打破地域界限。这对修志事业是个根本性的挑战，也是方志内在的悖论。实际上，市志是把登州港与古登州混为一谈，地域界定不清模糊。因为这样就可以回避“越境不书”的志体要求，也不会引起相邻其他县区异议。相比较而言，首轮登州港记述则较为客观科学。

（二）对二轮修志实践的启示

志书编纂要求资料要反映事物和现象的本质，选取最能反映事物本质的资料入志，通过科学编排反映事物的发展变化和规律。这就是志书记述的本意，也是方志作为官修性质的地方公共历史记录、属天下公器的本质要求。但二轮修志普遍存在着志书记述深度不够的问题，蓬莱方志只是一个并不严重的案例。

试论“一带一路”视野下地方志体例的创新

——以《张家口市桥东区志》京张铁路编为例

李志刚（河北省张家口市桥东区档案史志局）

提要：“一带一路”是国家发展战略。“一带一路”战略构想的提出和实践，对方志学理论研究提出了新的课题。以地方性为首要特征的方志体例，如何记述跨越地域事物的整体性内容，《张家口市桥东区志》京张铁路编，采用遵循条件、升格设编，依据地情、前置首篇，内涵外延、越境而书，以“路”归类、详述重点的方法，探索对“路”记述体例的继承与创新，与修志同仁商榷争鸣。

关键词：“一带一路”　京张铁路　特色地情　体例创新

“一带一路”是中共中央总书记、国家主席习近平于2013年提出的建设“新丝绸之路经济带”和“二十一世纪海上丝绸之路”战略构想的简称。“一带一路”贯穿欧亚非大陆，是世界上跨度最长的经济走廊，也是世界上最具发展潜力的经济合作带。“一带一路”的战略构想，开创了中国全方位对外开放的新格局，主动地发展与沿线国家的合作伙伴关系，共同打造政治互信、经济融合、文化包容的共同体，给二十一世纪的国际合作带来了新的理念。

“一带一路”战略构想的提出和实践，对方志学理论的研究提出了新的课题。方志是地方志的简称。方，地方，方域；志，记也。方志就是一个地方的记载、记述。地方性是方志的首要特征，地方志在凡例中都明确规定记述的地域范围。以地方性为首要特征的方志体例，如何记述跨地域事物的整体性的内容，本文结合《张家口市桥东区志》京张铁路编目中对“路”的记述内容与方法，探索方志编修体例的继承与创新的方式方法。

一　遵循条件升格设编

遵循条件、升格设编就是坚持以《全国首次市县志编纂经验研讨会纪要》“升格的事物确系本省或全国公认有影响的；确系本地占有重要资料、科学地位和价值，能够体现地方特色的”[①] 条件，以“京张铁路”为标题，升格设编，记述京张铁路的辉煌成就，以及京张铁路对桥东区乃至张家口市历史进程的巨大影响。

京张铁路是以杰出爱国工程师詹天佑为首的中国工程技术人员与中国工人，完全靠自己的技术与力量，自筹款项，独立自主地进行勘测、设计、施工和管理的第一条国有干线铁路。詹天佑是这样记述京张铁路的，“按京张一路，尽人皆知为中国第一纯粹中国人所筑之路”[②]，“且将来全路通行，口外商务日盛”[③]。

京张铁路于1905年10月正式修筑，1909年9月正式通车。用四年时间，不仅提前胜利竣工，而且达到了“花钱少、质量好、完工快”的既定目标。

北京到张家口需要经过长城内外的崇山峻岭，“路险工艰，为他处所未有。”工程之难在当时为全国所没有，在世界所罕见，詹天佑创造性地采用“人”字形轨道，以“竖井施工法”开凿八达岭隧道，破解京张铁路修建最难点。

在列强争霸、路权外沦的旧时代，京张铁路的建成通车是“中国人民的光荣”（周恩来语），由此它成为一条标志着中国人民“自主创新”精神的“争气路”。

张家口火车站于1908年破土兴建，1909年交付使用，占地面积583.987亩。站区由站前广场、售票厅、候车室、站台、风雨棚、站场组成。张家口火车站建成时，规格为京张铁路各站之最，是京张铁路终端的重点土木工程建筑，曾是张家口的标志性建筑。

张家口火车站作为京张铁路的终点，成为陆路商埠张家口客货运输的交通枢纽，将京张铁路与张库大道衔接，承担着我国西北地区及对俄罗斯国际贸易陆路运输的重任。张家口火车站的建设，成为桥东城区始有的原点，成为张家口由堡嬗变为城市的契机。

张家口火车站经历百年历史，2011年12月入选全国第三次文物普查“百大新发现”。入选理由是这样表述的：它为工业文明走进中国的象征，是中国近代史和中国铁路史上划时代的标志性建筑，见证了张家口的百年发展历程，具有较高的历史价值和纪念意义。

将京张铁路升格设编，就是以创新的方式体现地方特色，即桥东特有的历史发展进程，《桥东区志》特有的编纂体例。

二　依据地情前置首篇

依据地情、前置首篇就是坚持方志编纂从实际出发的原则，“研究确定自己的优势、定位、区情，在篇目中显示出来，凸现出来”[④] 桥东区因京张铁路而始，因京张铁路而兴，《桥东区志》将京张铁路编前置首篇，符合桥东历史发展的演变过程。

---

① 王朝武、李树德、张守义：《城市区志续志编纂研究》，河北省《第二轮志书分志撰稿培训参考资料》，第74页。

② 詹天佑：《在旅汉美国各大学校联合同学会新年大会的演说词》，《詹天佑文集》，北京：中国铁道出版社，2006年7月第一版，第37页。

③ 詹天佑：《修造京张全路办法》，《詹天佑文集》，北京：中国铁道出版社，2006年7月第1版，第8页。

④ 于平天：《解读26部城市区志编修篇目》，河北省《第二轮志书分志撰稿培训参考资料》，第83页。

京张铁路1905年勘测，将终点站定址在张家口堡清水河东岸。詹天佑在勘测线路定址张家口车站时考察记述：张家口堡东清水河上建有一座大桥，“该桥跨过的河流将张家口城镇与其东郊划分为两部分”①，“将来车站拟即在下堡对岸园子地方建设”②。

1905年京张铁路兴建初期，天津怡和洋行在车站站址周边大兴土木，筑街道、建住房、开辟商业区，桥东城区形成雏形，与桥西老城区共同构成了现在张家口市的城市基本格局。

1909年建立的铁路机车车辆修理厂，是张家口市近代工业发展的标志；1917年建于桥东地域京张铁路旁的电灯公司，是张家口市电力发展之源；1912年建成的怡安商业街，是桥东商业的发祥地，是张家口近代商业发展的摇篮。

1914年6月，中华民国北洋政府设察哈尔特别行政区建制，张家口的地位从直隶省（现河北省）万全县的一个镇成为专区治所所在地。1931年，桥东地域隶属万全县第六区（今张家口市）管辖，境内按街道设13个镇。1939年年初，张家口设市建制，桥东为第一区。

京张铁路的建成通车，张家口火车站的竣工使用，桥东由农村建置向城区建置转折，由农耕经济向工商经济转变，由农村自然环境向城镇人文环境过渡，是桥东地域历史发展的“特色地情”。京张铁路的修建成就了“百年桥东”，为张家口发展成为原察哈尔省的省会城市、现今河北省的直辖市提供了契机和基础。

在《桥东区志》中，我们将京张铁路编前置首篇，并采用文学作品写作方式的“引子”作序，“百年桥东历史，始于清光绪三十一年（1905）清廷政府建筑京张铁路之时；《张家口市桥东区志》以京张铁路为第一编开篇”是桥东“特色地情”的真实写照。

三　内涵外延、越境而书

内涵外延、越境而书就是坚持传统方法的基本体例，破解以地域记述事物整体局限性的难题，创新运用“不拘泥于现境，适当、合理地越境而书”③ 的方法，以地域张家口火车站交通枢纽为内涵，外延、越境记述陆路商埠张家口、商贸古道张库大道对外开放、商贸繁荣的辉煌历史。

张家口在历史上被称为“南北互市通衢”“陆路商埠”；张库大道被誉为“草原茶叶之路”。詹天佑是这样记述修建京张铁路必要性的：“张家口者，为接壤蒙古之地，而为万里长城通商地之一也”④，“既属重镇，又当孔道，不但互市要区，实亦西北之屏藩也”⑤，“此路早成

① 詹天佑：《詹天佑日记》，《詹天佑文集》，北京：中国铁道出版社，2006年，第102页。

② 詹天佑：《修造京张全路办法》，《詹天佑文集》，北京：中国铁道出版社，2006年，第8页。

③ 魏桥：《宁波市北仑区志·序言》，杭州：浙江人民出版社，2013年，第5页。

④ 詹天佑：《在旅汉美国各大学校联合同学会新年大会的演说词》，《詹天佑文集》，北京：中国铁道出版社，2006年，第37页。

⑤ 詹天佑：《京张铁路工程纪略·自序》，《詹天佑文集》，北京：中国铁道出版社，2006年，第49页。

一日，公家即早获一日之利益，商旅亦早享一日之便安”①。

京张铁路的建成通车，张家口火车站成为陆路商埠的交通枢纽。京张铁路与张库大道相连，为中国与俄罗斯的国际贸易转运提供了快捷、便利的运输条件。《桥东区志》京张铁路编以“国际商贸交通枢纽”节，记述张家口火车站见证陆路商埠、张库大道对外开放的历史，“1909 年 9 月，京张铁路全线通车，与张库大道实现对接，张家口火车站成为‘两路’枢纽。张家口车站站舍门楼的站名匾上是詹天佑亲笔题写的‘张家口车站’，汉字下边是英文‘KALGAN’（音：卡拉干）。‘KALGAN’是张家口在国际上通用的域名，英文站名是张家口作为陆路商埠对外开放历史的见证”“京张铁路全线通车后，客货两旺，运输繁忙。1910 年运输旅客 40 万人次，运输货物达 42.9 万吨。张家口站为陆路商埠张家口的物资中转、商品交易提供了强有力的交通运输保障”。该节前呼后应，第一段记述张家口车站英文站名“KALGAN”，外延越境记述张家口（包括桥东区境）对外开放的历史，最后一段记述张家口车站繁忙的运输情况，回归境内记述。

京张铁路编越境而书，记述了“陆路商埠”张家口（包括桥东区）对外开放的历史；记述了“茶叶之路”“张库大道”在国际贸易历史中的作用。虽然越境而书，却衬托了张家口火车站交通运输的枢纽功能，以及京张铁路修建在商贸经济活动中的重要意义。

四　以“路”归类详述重点

以“路”归类，详述重点，包括以京张铁路为总揽，集中设编、整体记述和以张家口火车站为重点，单独列章，突出地情两个方面。以及把握尺度，采用京张铁路概述、张家口站详述的方法。

京张铁路编目设置共计 3 章、18 节、编后附文 2 篇。具体编目为：第一章京张铁路概况，包括线路·车站、工程总况、重点工程、工期·质量·造价、始建人物、竣工通车庆典等 6 节。第二章张家口火车站，包括张家口（北）站、张家口南站、市区铁路线、国际商贸交通枢纽、站名“KALGAN”解析、百年老站工业遗产普查等 6 节。第三章名人与京张铁路，包括詹天佑崭露才华担重任、詹天佑“力任其难”筑京张、詹天佑情系京张铁路、孙中山考察京张铁路、徐世昌视察京张铁路、和成为张家口站庆典剪彩等 6 节。编后附文为摘录自《詹天佑文集》的文史资料。由《桥东区志》编者所设标题“陆路商埠张家口和京张驿道”“京张铁路（张宣段）选线和张家口站选址”。

以“路”归类、集中设编、整体记述，就是借鉴“以‘港’单独设卷的例子”② 在继承传统体例的方法、记述形式上要有创新和发展，破解分部类记述事物整体被分散的局限性的难

① 詹天佑：《修造京张全路办法》，《詹天佑文集》，北京：中国铁道出版社，2006 年，第 8 页。
② 陈桥驿：《宁波市北仑区志·序言》，杭州：浙江人民出版社，2013 年，第 9 页。

题，汇集京张铁路编资料，立体展示京张铁路全貌。京张铁路编目中包括地理、经济、文化、人物等内容。地理方面包括京张铁路概况章中的线路·车站、工程总况、重点工程、工期·质量·造价等4节。张家口火车站章中的张家口（北）站、张家口南站、市区铁路线等3节。编后附文中的“京张铁路（张宣段）选线和张家口站选址”文。经济方面包括张家口火车站章中的国际商贸交通枢纽节和编后附文中的“陆路商埠张家口和京张驿道”文。文化方面包括京张铁路概况章中的竣工通车庆典节；张家口火车站章中的站名“KALGAN”解析、百年老站工业遗产普查等2节。人物方面包括京张铁路概况章中的始建人物节以及名人与京张铁路章的全部6节内容。

详述重点、单独列章、突出地情就是遵循地方志的地域原则，体现地方性特征，以张家口火车站为中心，“重点在区境段铁路内容，重点记述路与城的发展”,[①] 突出展示地域特点、地情特色。京张铁路第二章以张家口火车站设标题单独列章，章内设6节；第一章京张铁路概况第六节中，设有在张家口举行的“验收通车茶话会”节；第三章名人与京张铁路中，在孙中山、徐世昌考（视）察京张铁路两节中重点记述了在张家口的活动内容，并设地方官员“和成为张家口站庆典剪彩”一节。在编后附文“陆路商埠张家口和京张驿道”“京张铁路（张宣段）选线和张家口站选址”两篇。

总之，既要遵循地方志传统方法的基本体例，又要有所突破和创新，是《桥东区志》编纂的总体思路。从桥东实际出发，以特色地情、创新条件、突出重点、详特略同原则为基础，采取升格设编、前置首篇、越境而书、以“路”归类的创新方法。在继承中创新，破解地方性、分部类记述的传统体例束缚京张铁路编全线路、多内容记述的难题，是对记述“路”的体例方法的探索和尝试。

---

① 李淑萍：《张家口市桥东区志评审意见》，2015年1月。

“一带一路”战略视野下的西藏地方志编修

邹廷波（西藏自治区地方志办公室）

提要：南亚地区是实施“一带一路”战略的重要地区，南亚大通道建设是实施“一带一路”战略的重要组成部分。“一带一路”战略的深层文化，不管是过去、现在，还是将来，都会或将会对我国西藏地方产生重大而深远的影响。充分发挥“存史、资治、育人”的功能，全面体现“一带一路”战略中关联西藏地方的丰富内涵，是编修西藏地方志的必然要求；同时，“一带一路”战略所倡导的基本理念，也为做好西藏地方志编修工作提供了新的视角。

关键词：“一带一路”战略　南亚大通道建设　西藏地方志编修

党的十八大以来，面对全面深化改革，实现中华民族伟大复兴的新形势、新目标、新任务，以习近平同志为总书记的党中央，审时度势、继往开来、锐意创新，适时提出了建设“丝绸之路经济带”和“21 世纪海上丝绸之路”（即“一带一路”）的战略构想。“一带一路”战略，不仅是一项发展经济的战略，更是一项事关全局、全面发展的战略，必将对包括修志事业在内的各项事业产生持续而深远的影响。西藏在国家全局中具有重要战略地位，西藏修志事业也是一项重大的政治工程、战略工程、文化工程、固边工程。深刻分析西藏地方及西藏地方志与“一带一路”战略的重大关系，将会对我们全面做好、扎实推进西藏地方志编修工作产生重大而深远的影响。

一　西藏是实施“一带一路”战略的重要桥梁

实施“一带一路”战略，加强南亚大通道建设是其中的重要组成部分①。我国西藏在地理

① “一带一路”战略中，“一带”是指“丝绸之路经济带”，主要在陆地。它主要分三个走向，即从中国出发，一是经中亚、俄罗斯到欧洲；二是经中亚、西亚到波斯湾、地中海；三是从中国到东南亚、南亚、印度洋。“一路”，是指“21 世纪海上丝绸之路”，主要分两个走向，一是从中国沿海港口过南海到印度洋，延伸至欧洲；二是从中国沿海港口过南海到南太平洋。从这几个走向可以看出，南亚地区是“一带一路”战略的重要地区，南亚大通道建设是“一带一路”战略的重要组成部分。做好南亚大通道建设，将会对南亚地区甚至印度洋地区、东南亚地区和中亚地区都产生积极而重要的影响。

上与南亚地区紧密相连，并且频繁交流，是实施“一带一路”战略的重要桥梁纽带。

（一）西藏是实施“一带一路”战略中建设南亚大通道的“地理桥梁”

西藏自治区位于我国西南边疆，共有21个边境县直接与南亚地区的印度、尼泊尔、不丹等国家和克什米尔地区相连，边境线约4000余公里，境内有数百条通道直接通往南亚地区，是我国面向南亚地区开放的重要门户。此外，南亚区域内三大主要河流发源都与我国西藏境域有关。其中，印度河源头在我国西藏境内的名称叫森格藏布，是巴基斯坦最重要的灌溉水源，最终注入阿拉伯海；布拉马普特拉河源自我国西藏境内的雅鲁藏布江，流经印度和孟加拉国，最终流入孟加拉湾；恒河发源于我国西藏境内喜马拉雅山南麓，流经恒河平原，最终注入孟加拉湾。三条河流共同孕育了南亚文明。

（二）西藏是实施“一带一路”战略中建设南亚大通道的“文化桥梁”

由于地理上的相连，西藏与南亚地区的文化交流历史悠久、绵延不断，特别是佛教文化的传播交流，对双方都产生了深远影响，并已厚植于民俗文化中，构成了民族文化的基本面。文化交流的影响是双向的。一方面是佛教传入西藏，形成藏传佛教文化庞大体系，对藏民族的生产生活产生了巨大影响。早在吐蕃政权建立前，佛教就已传入西藏。到吐蕃赞普赤松德赞时期，以桑耶寺的修建及“七士人”在桑耶寺出家为标志，“佛、法、僧”三宝聚齐，佛教文化在西藏落地生根，形成了赞普王室支持佛教发展的总体局面。通过佛教与苯教（西藏本地宗教）、汉地佛教与印度佛教间的论战，以及大量佛教经典的翻译厘定，在不断将宗教理论研究推向深入的同时，也推进了藏文体系的不断完善。此过程成为西藏本土文化与印度佛教文化的交流的第一个高潮。公元九世纪中期，吐蕃政权崩溃，各种地方势力纷争不断，佛教传播陷入低谷。11世纪，在地方势力的支持下，经过“上路弘传”与“下路弘传”，藏传佛教许多教派就在此时期形成，如宁玛派、噶举派、噶当派、萨迦派等等。此过程中，既有阿底峡等印度高僧入藏传教，也有译师玛尔巴、仁青桑布、卓弥等前往南亚地区学法回藏传播，这成为西藏文化与南亚文化尤其是印度佛教文化交流的第二个高潮。伴随着宗教理论的不断成熟，藏传佛教真正形成，并在西藏宗教中占据了主要地位。可以看出，藏传佛教的形成和壮大的过程，实际上就是南亚文化尤其是印度佛教文化与西藏本土文化不断结合的过程。另一方面，西藏文化特别是藏传佛教文化也对南亚地区民众的生产生活产生了巨大影响，尤以喜马拉雅山地各民族为最。时至今日，不丹、尼泊尔等地区还是世界上藏传佛教的主要信仰地之一，而我国西藏境内的岗仁波齐（山脉名称）、玛旁雍错（湖泊名称）等神山圣湖也是南亚地区广大信众的主要朝拜地之一。这些频繁的交流所产生的文化共性，必将在推进南亚大通道建设上发挥重要作用，以“文化唱戏”促进“经济搭台”。

（三）西藏是实施“一带一路”战略中建设南亚大通道的“经济桥梁”

我国西藏与南亚地区的经济交往具有悠久的历史。早在松赞干布时期，吐蕃政权就与南亚地区进行频繁的文化交流和贸易往来，并形成了阿里地区通过“吐蕃五大道”至印度和克什米尔，以及通过聂拉木通往尼泊尔、印度这两条主要道路。此外，历史上双方民众还探索出了众多地区性自然通道。据相关统计，西藏有通往南亚地区的通道 312 条。其中，常年性通道有 44 条，季节性通道 268 条，通过这些通道，形成了许多传统的贸易市场、口岸和边贸点，双方开展了大量的经济文化交流，形成了多元文化地带，呈现出相互影响、相辅相成与共生共荣的文化关系。

英国入侵南亚地区后，我国西藏与南亚国家贸易往来逐渐成为英印殖民当局侵略、掠夺的工具，双方贸易关系中贯穿了反侵略与侵略的特殊内容。通过侵藏战争，英印殖民当局用武力打开西藏大门，亚东被迫开关通商，并成为藏印贸易的主要通道。经亚东口岸出口的主要是羊毛等畜牧产品，进口的主要是工业品。西藏逐渐沦为英印工业品倾销市场。西藏经济变为具有二元特征的半殖民地经济，即在自给自足仍占绝对支配地位的同时，在一定范围和一定程度上为英印资本主义市场提供原料并消费其制成品的经济特征。

西藏和平解放初期，在中央的主导下，重新确定了西藏与印度、尼泊尔之间的正常关系，西藏与南亚间的贸易往来发展态势良好，并为中央早期经营西藏事业做出了巨大贡献。1962 年中印边境自卫反击战后，在很长一段时间，西藏与南亚间的贸易往来相对减少，主要通过樟木等口岸与尼泊尔进行。20 世纪 80 年代以来，随着中印关系的逐步改善，中印边境贸易得以缓慢恢复，发展空间很大。

二　全面深挖“一带一路”战略丰富内涵是编修西藏地方志的内在要求

“一带一路”战略是历史与现今结合的产物，内涵博大精深，文化丰富多彩，是地方志书中不可或缺的重要内容。西藏是建设南亚大通道的重要环节，是实施“一带一路”战略的重要区域，全面深挖“一带一路”战略丰富内涵，自然就是编修西藏地方志要发掘的重要内容。

（一）深入挖掘“一带一路”战略丰富内涵，是盛世修志与志载盛世的必然要求。“盛世修志”，实施“一带一路”战略的根本出发点，就是要以发展经济为龙头，促进经济社会全面发展，增强国家与地方的综合实力，创造更加多元文化的交流合作共赢。社会经济的发展，将为地方志编纂提供人、财、物等方面强力保障。“志载盛世”，“一带一路”战略的顺利实施，必将极大地促进我国及相关国家的经济社会全面发展，不断丰富地域文化。地方志是作为存史、资治、育人的著作，全面记载“一带一路”战略创造的盛世，是修志的必然要求。

（二）全面记载“一带一路”战略丰富内涵，是西藏地方志突出地方与行业特色的基本要求。西藏是个独具特色的地方。在漫漫历史长河中，西藏地方因为独特的自然地理环境与人文交流环境形成了丰富多彩的地域文化、民族文化、高原文化。从历史维度看，这种多彩文化中又包含了大量与南亚地区交往交流的文化，并在其中占有重要位置，尤其是在边境县及外经贸等地区和领域表现得更为明显。由于西藏历史上没有官方修志传统，一轮修志中所有志书均要上溯到事物发端。充分展示在绵长的历史进程中西藏地方与南亚地区各方面交流，既是编修西藏地方志中坚持历史客观性的要求，又是突出西藏地方志地域与行业特色的重要内容。即使是在二轮修志乃至今后连续不断的修志事业中，由于地缘优势和我国对外交往交流的需要，西藏地方与南亚地区的交流始终是我国对外交流的重要方面，也是西藏地方文化交流与文化特色的重要方面，更何况我国已提出了“一带一路”战略，南亚大通道建设还是其中的重要组成部分。深入记述西藏在南亚大通道建设上的作用，将“一带一路”战略思想贯彻始终，是把西藏地方志编修成精品特色志书的必然要求。

（三）充分反映“一带一路”战略丰富内涵，是发挥西藏地方志“存史、资政、育人”的必然要求。编修地方志的根本目的就是为了存史、资治、育人，传承中华文明、更好向前发展。由于西藏在国家战略全局中的重要地位，现在我们编修西藏地方志书更强调发挥存史、资治、育人作用。要实现存史目的，就决不能忽视对一直延续的西藏地方与南亚地区交往交流历史的记载。要实现资治、育人目的，就必须重视对南亚地区尤其英印殖民政府对西藏渗透与侵略历史的记载，实现牢记耻辱、反思过往、增强信心、奋力向前，为国家“治边稳藏”战略、为西藏的稳定发展大局服务。所以，编撰西藏地方志书，必须牢固树立“一带一路”战略思想，深挖资料，全面反映西藏地方与南亚地区的交流交往的历史。西藏自治区地方志办公室在编审《西藏对外贸易经济志》过程中，已进行了大量有益的探索和尝试，力求反映我国西藏与南亚地区的交流交往的客观史实。

（四）充分借鉴“一带一路”战略理念，是做好西藏地方志编修工作的必然条件之一。从历史角度看，西藏地方志事业从无到有、从小到大，至今已走过二十年的发展历程，取得了良好成绩，编纂出版了近百部志书，初步形成了地方志工作队伍，地方志理论研究方面也得到一定深化。从现实维度看，西藏地方志工作离《全国地方志事业发展规划纲要（2015—2020年)》的要求和自治区党委、政府的要求都还有很大差距，且促进地方志事业全面发展也还面临很多困难，尤其是人员、经费、办公室场所与设备等方面的困难。要克服困难，圆满完成“两个全面”任务，就必须充分吸收“一带一路”战略所提倡的新理念、新方法，开门修志、合作共赢，突出特色、服务现实，主动作为、实现有位。

三 “一带一路”战略视野下编修西藏地方志应把握的几个问题

要做好西藏地方志书编修工作，必须充分吸收“一带一路”战略的丰富内涵与深刻思想，重点把握好以下五方面问题。

（一）把握好“西藏自古以来是中国不可分割的一部分”的政治原则。西藏地方与南亚地区地理毗连，千百年来交流绵延不断，并形成了丰富的内容，是编修西藏地方志书是无法绕开的问题，而且多数志书的编者们也注意到了这个问题。但是，有一个至关重要的原则需要特别强调，就是西藏与南亚地区的交流与交往，历史上只是地方政权与外部的交流；主权国家概念出现后，就是在中央的授权下，西藏地方开展的对外交流。修志是一种科学严谨的工作，行文一定要认真考究，避免造成误解，甚至造成涉藏事务上的被动。

（二）牢固树立修志“经世致用”的编修思想。“一带一路”战略的提出，是实现国家富强、人民富裕的国家战略，具有强烈的服务现实、服务大局、服务长远的意识。编修西藏地方志的目的，除了要“存史、资治、育人”而外，更有为“治边稳藏”战略大局服务与宣示国家主权的要求。要使编修的西藏地方志书具有这些功能，就要求西藏地方志的编修者们始终牢固树立“经世致用”的修志意识，把握住修志是为了服务现实、预示未来，避免陷入志书只是简单的资料堆砌，而无太多的实用性而被“束之高阁”。

（三）围绕“一带一路”文化突出西藏地方志特色。历史上“一带一路”文化对西藏产生了广泛而深入的影响。西藏与南亚地区的交互影响，许多文化因子已经融入藏族人民的日常生活中，成为一种生活习惯。而现代“一带一路”文化正在影响着，而且必将长期影响着西藏的发展与进步。作为记载西藏发展变化的著作，其对历史负责、对现实负责的编写原则，都要求要详实地记录“一带一路”文化影响下西藏与南亚地区交流交融的历史，这也将成为志书特色的重要方面，尤其是边境地区，多元文化重生的地带，更应该把“一带一路”文化影响和形成的诸多产物结合起来，突出特色。

（四）开门修志，合作共赢，构筑推动编修西藏地方志的强大合力。开放、合作、共赢是“一带一路”战略的基本价值理念。要推动西藏地方志事业深入持续发展，就必须树立“一带一路”战略的基本价值理念，借助外力、开门修志、加强合作。从西藏地方志编纂的各环节来看，应该重点把握以下三方面合作：

1. 与部门合作，包括上下级合作和相关单位合作。就西藏修志现实看，自治区和地市级修志机构稳定，且都完成了一轮修志任务，并对辖区县级志书进行过指导，拥有相对丰富的修志经验。而县级修志人员业务素质参差不齐，对相关修志工作和业务还不是很了解，需要上级修志部门对其进行业务指导，并采用合适方式对县级修志人员进行“传帮带”。编修西藏志书，收集资料是一项相当烦琐和艰巨的工作，特别是一些带有极强专业性和地域性的资料，必须依靠相关单位提供。如不与相关单位保持较好联系，修志资料得不到保障，修志就是无源之水，极大地影响志书质量甚至造成修志工作停滞。

2. 与社会力量、专业人才合作。要克服目前编修西藏地方志存在的时间短、任务重等困难，借助社会力量和专业人才修志是一种较为合适的方式。当然，西藏修志有自身的特殊性，不是任何一个人、一个机构都能修好西藏地方志书，必须要借助一些熟悉西藏情况的人员与机构，特别是要借助在当地或行业工作的人员力量，才能把握好编修西藏志书的一些基本问题，确保西藏志书的政治性、保密性与史实性的高度统一。

3. 与援藏单位合作。在中央的特殊关怀下，目前西藏所有县（区）都有对口支援的内地城市和央企。这些支援西藏建设的城市和企业，都为所援助的西藏县（区）的发展无私提供了大量的人员、财力和智力支持，并且都拥有丰富的文化发展经验。各县（区）可以根据援藏对口单位的实际，加强沟通，争取对口单位对本地修志工作的业务、人员、资金等方面的支持，在修志援藏工作上打开新局面。

4. 主动作为，以有为实现有位。“一带一路”战略是中央审时度势，主动作为，为实现中华民族伟大复兴的历史目标而实施重要战略。同样，西藏修志事业要深入持续发展，除了依靠做好顶层设计，通过会议、签订责任书、督查推进、印发文件、出台法规等途径自上而下地从外部推进外，各修志单位也要充分利用好修志工作经验和志书资源，努力挖掘资治教育资源，围绕本区域、本行业的中心工作，不断创新工作思路，积极作为，以良好的成绩获得领导的重视与支持，获得社会各界的肯定，为向前推进修志工作注入内生动力。

参考文献

［1］孙勇：《维护西藏地区社会稳定对策研究》，拉萨：西藏人民出版社，2015 年。
［2］陈庆英，高淑芬：《西藏通史》，郑州：中州古籍出版社，2003 年。
［3］陈继东：《西藏建设南亚贸易通道问题》，《西藏研究》，2004 年。
［4］徐勇：《大碰撞：国家一体化进程中的边疆治理》，《南国学术》，2015 年。
［5］陈志刚：《清代西藏与南亚贸易及其影响》，《四川大学学报》，2012 年。

凡例的设置及其基本要求

——结合全国31个省（直辖市、自治区）百余部志书凡例

樊春楼（河北省涉县地方志办公室）

提要：本文在简述凡例设置的起源发展和具体含义及其重要性之后，通过对全国31个省（直辖市、自治区）百余部志书凡例的简析，阐明志书凡例要做到项目齐全，次序得当，语言简洁精准，个性突出，一事一条。

关键词：凡例　齐全而条理　语言简练精准　有个性而一事一条

凡例的设置在我国源远流长。最早语出西晋杜预《春秋经传集解·序》：“其发凡以言例，皆经国之常制，周公之垂法，史书之旧章。”“凡例”是“发凡起例”的缩略语，“发凡”即阐明全书宗旨、大纲和概要；“起例”即指拟定著述体例、格局、样式及规则条例。所以，“凡例”又称志例、志议、约言、体例、例言、发凡、序例、叙例、总例、略例、编辑例言、出版说明、编辑说明等。地方志究竟何时开始设凡例，尚无定论，多数学者认为宋代，即方志定型后，凡例应运而生，如宋凌万顷、边实纂《淳祐玉峰志》卷首设凡例5条。元代创修《大一统志》即制定凡例。至明代，为强调志书规范，永乐年间两次颁发修志凡例，各级各地多数志书设有凡例。清代志书普遍设凡例。民国和当代凡例设置已达到普及。正如民国时吴宗慈所云：“今作志者，必先撰体例，几为一般通则。”①由此可知凡例之源流为：“始见于宋，发展于元，盛行明、清，普及于民国和当代。”②

史论家刘知几说：“夫史之有例，犹国之有法。国无法，则上下靡定；史无例，则是非莫准。”③清代著名学者方苞在《与一统志馆诸翰林书》中说：修志伊始，“体例不一，犹农之无畔，木之无绳墨。”④章学诚将“识足以断凡例”⑤列于修志者当有“三长”之首。民国方志学家

---

① 吴宗慈：《修志丛论·论体例》。
② 韩章训：《方志写作学基础教程》，杭州：西泠印社出版社，2010年，第281页。
③ 刘知几：《史通·序例》。
④ 方苞：《与一统志馆诸翰林书》，《方志写作学基础教程》，杭州：西泠印社出版社，2010年，第285页。
⑤ 章学诚：《章学诚方志论文集》。

甘鹏云认为："纂修通志，以规定义例为最重要，义例不定，如裘无领，如网无纲。"①当代著名方志学者傅振伦在总结历史经验后说："修志之道，先严体例，义不先立，例无由起，故志家必以凡例冠之。"②"志之为志，是由于它有特定的凡例约定而成的；没有凡例不成体统。"③ 朱士嘉对凡例的解释切中要害："凡例是对于编纂目的、方法和内容结构的纲领说明，对全书有指导意义。"④

自从"概述"出现后被方志界一致推崇为"志眼"，那么，笔者却以为凡例就是志书的"眼睛珠子"。凡例是冠于志首不可缺少的纲领性文字。在成书前它是关于编纂思想、设立篇目、取舍资料、撰写要求等方面的统一规定，是一个特别精炼了的写作方案；成书后则是读者阅读志书的钥匙和指南。凡例制定得不好，不但编撰人员难免自乱章法，读者用志也不得要领。凡例的一滴水可以折射出全书"太阳的光辉"，通过凡例的"一斑"可以窥视到此书的"全豹"，透过凡例这一窗口可以体察到整本（套）志书的质量。凡例既是该部志书的缩影，又是编纂方式的沙盘。通过凡例，一是可看出该书的编纂思想是否正确，立意是否高远，目的要求是否精深；二是可看出志书内容是否精选，有无缺漏或余赘；三是可看出编排顺序是否严谨而成为一个有机的整体；四是可看出编纂原则是否正确而全面；五是可看出编纂方法是否科学规范，达到整体优化的标准；六是可看出编者"决去取"的剪裁能力；七是可看出有无锐意创新的意识；八是可看出编者的国学水平和语言功底。凡例的制作是编者能力大小和水平高低的集中体现。

笔者查阅了全国31个省（直辖市、自治区）百余部志书，其中不少凡例项目齐全、设置严谨、语言精准、个性丰满、条理清晰而令人拍案叫绝；然而，也有不少凡例中，存在着这样那样的不足，主要表现在项目缺漏、次序不当、语言欠锤炼、缺乏个性、内容混杂等方面，本文就此作一简要分析。应特别说明的是，所看到的这百余部志书凡例的优长很多，异彩纷呈，有不少堪称典范，限于篇幅，恕不一一评价，只是以求全责备的态度，对其中值得商榷的一两点美玉微瑕处略作评析，况且笔者也难免是井底之蛙、一孔之见，粗浅的建议仅供参考而已。

一　项（条）目齐全

制定凡例亦如编辑整部志书一样，必须做到要项不缺。凡例应该订多少项（条），历代要求不同。明永乐十六年（1418）颁布《纂修志书凡例》21条，清康熙十一年（1672）《修志四十款》为23条，民国35年（1946）国民政府内政部颁发《地方志纂修方法》列凡例9条。方志界对凡例设置也众说纷纭：肖怀在《试论地方志"凡例"制定诸要素》中说以10条为宜；

① 甘鹏云：《方志学两种》，长沙：岳麓书社，1983年。
② 傅振伦：《中国方志学通论》，北京：北京燕山出版社，1988年，第105页。
③ 李明：《新方志编纂实践》，上海：上海人民出版社，1988年，第40页。
④ 朱士嘉：《中国地方志浅说》，《文献》1979年第1期。

辛增明在《“凡例”小议》中列出6条；陈寿春在《谈方志凡例》中列出8条；蔡华伟在《发凡起例乃著志之要务》中认为应14条；胡慧秋在《志书“凡例”及其他》中认为凡例主要包括3个方面。2008年中国地方志指导小组（以下简称：中指组）《地方志书质量规定》凡例包括指导思想、原则、时空范围、体裁、人物收录标准、资料来源、行文规范、特殊问题处理8条。而笔者认为凡例的功能与任何文化一样，要使读者明白“为什么写，写什么，怎样写”，因此要再加上“内容编排”或“结构层次”这一条，即“写什么”，而且不少凡例已经是这样设置的。条数多少允许见仁见智并提倡创新，但有一个根本要求，就是对所纂志书有一个全方位的指导、说明和规定。还是蔡元培先生说得好：“师古者得其意，不必袭其貌。例因事而立，不强事以就例，皆章先生之家法也。”①笔者在所看的志书中，条数最多的为《绍兴县志》设10项（类）共40条，最少的是6条。条数多与少不是凡例成败的标准，而主要看其能否反映出“为什么写”“写什么”“如何写”三个方面的内容。“为什么写”即义旨，方志学家甘鹏云说：“义之不立，例之何有？”又说：“先言志义，因义生例。”②此“义”即义旨。义旨包括指导思想和目的意图。在所看凡例中，九成多的均有指导思想，即“马克思列宁主义、毛泽东思想、邓小平理论、‘三个代表’重要思想和科学发展观”“运用辩证唯物主义和历史唯物主义的立场、观点和方法”。目的意图主要指发挥“资政、存史、教化”功能，使思想性、著述性、资料性、科学性、可读性相统一，为“四个文明”建设服务等。“写什么”主要是指全书的内容编排或结构层次。“如何写”占凡例的比重大，包括编纂原则、时空范围、体裁、人物收录标准、行文规范、特殊问题处理和资料来源等。凡例不能漏项，否则就会造成统而无纲、衣而无领，从而导致捉襟见肘、残缺不全。下面就所阅志书凡例项目是否齐全简析之。

旧志中的凡例一般简略，但也有写得比较详细和具体的，如章学诚撰《湖北通志》、清道光贵州《兴义府志》的凡例③，其中后者48条之多，不愧为方志大师的大手笔。

新中国成立后浙江《绍兴县志》的凡例共设宗旨、时限、地域、文体、纪年、人物、数据、资料、指称、文字标点10项共40条，魏桥先生称其是“不同凡响的凡例”，“值得同行和读者的重视”④，在全国实属首创和佼佼者。

山东省《威海市志（1398—1982）》⑤为1986年出版的第一轮志书，其凡例设指导思想、编纂原则、时间断限、内容编排、行文分期、表述形式、纪年方法、称谓书写、人物立传、志书资料共10条。主编宋协生、王河清深谙修志原理，参透修志之道，而且有超前意识，早在近30年前就能列出这样完美的凡例，值得敬佩，尤其是能列出编纂原则“实事求是、详今略古、突出地方特色、体现时代特色”等，这与中指组2008年新颁布的《地方志书质量规定》基本

① 蔡元培：《重修上虞县志·例言》。
② 甘鹏云：《方志通义》。
③ 章学诚：《兴义府志·凡例》。
④ 魏桥：新编《绍兴县志·序》，北京：中华书局，1998年。
⑤ 《威海市志》，济南：山东人民出版社，1986年。

吻合，而且有“内容编排”更胜一筹。同时在“第五条行文分期”中说明了威海曾划分英租界和国民政府直辖的特例。此实乃凡例中的具有划时代意义的精品和典范，真正令包括笔者在内的当代方志人汗颜。

河北省《山海关志》①凡例，项目齐全，前后顺序得当，尤其是在第一条指导思想后，第二条就列出“本志以类系事，横排竖写、叙而不论，力求横不缺项、纵不断线，实事求是，秉笔直书，详今略古”的编纂原则，第三条列篇目内容及其排列顺序，这在20多年前就能与中指组《规定》要求合拍，实属不易，即使今天能做到的也为数不多，说明作者对修志之道禅悟精深，也可能是受“天下第一关”的城楼西侧城墙上塑有与抗敌英雄等当地精英人物比肩的《山海关志》主编的塑像被尊崇而激励和感召所致。

江西省《鹰潭市志·凡例》② 29条：志书取名、写作目的、写作原则、市县关系处理、全书结构、体裁运用、行文规范、附录写作、学术追求、纪年、简称、语体、资料、详略、记人、记载时限、空间范围以及特例……周详而实用，亦堪为佳作。

江西省《抚州市志》③凡例齐全，设宗旨、断限、区域、体裁、结构、纪年、人物、数字、数据、计量、特称、简称、详略、人名、地名、附录、文字、标点、图点、资料共20条之多。

福建省《龙岩市志（1988—2002）》，④凡例19条，项目齐全、丰富，其中地理、建筑业与房产业、跨境经济合作作为特例单列并详细说明，其中第十七章人名、地名、机构会议名、译名分行说明，给人周全备至之感。凡例分通例、分例（专例）、特例，此志在分例方面也优势明显。

河南省《洛阳市志（1991—2000）·凡例》⑤第五条“本志为篇章节体式构架，志首列序言、凡例、总述、大事记与篇同级并列，志末置附录和索引。各篇近类合并为卷，共分6个卷本。”反映了编者的统筹能力。又如该省《林县志·凡例》：“本志力求宏观全局，微观百科，纵观历史，横陈社会，卷首一般设有无题小序，以便记述发展反映规律。”⑥主编谋篇布局的著述思想跃然纸上。

浙江省《余杭通志·凡例》⑦设宗旨2条，时限1条，地域2条，体例5条，纪年3条，人物2条，资料2条，指称3条，个例8条，共9项28条。其中“体例”项中含体裁、编章排列、文体使用、图照运用、丛录编排共5条。

山东省《崂山区志》⑧，设指导思想、地域范围、时间断限、志书结构、志书体裁、行文规

---

① 《山海关志》，天津：天津人民出版社，1994年。
② 《鹰潭市志·凡例》，北京：方志出版社，2003年。
③ 《抚州市志》，北京：方志出版社，2013年。
④ 《龙岩市志（1988—2002）》，北京：方志出版社，2006年。
⑤ 《洛阳市志（1991—2000）》，郑州：中州古籍出版社，2006年。
⑥ 《林县志》，郑州：河南人民出版社，1989年。
⑦ 《余杭市志》，杭州：浙江人民出版社，2013年。
⑧ 《崂山区志》，北京：方志出版社，2008年。

范（包括文体、称谓、纪年、计量、数字使用等）、入志人物、资料出处 8 条，给人以应有尽有之感。

广东省《清远市志（1988—2003）》①第一条指导思想表述得十分周全、明确。刘希汉先生认为：“共产党人修志敢于名正言顺地直书宗旨和指导思想正是辩证唯物主义观点和大公无私英雄气概的表现。”②

然而，在笔者所看到志书凡例中，缺项等问题不在少数。首先要作自我批评。《涉县志》（1998 年版）③ 凡例的主要问题首先是项目不全：一是没有设置包括横排纵写、详今略古、独特略同、述而不论等在内的编纂原则，二是漏掉记述的空间（地域）范围，三是在纪年条中漏掉民国纪年方式，四是在行文规范中无使用标点符号说明，五是没有特殊问题处理，六是在资料来源中丢掉了所属各单位提供这个主项。笔者主编的《涉县志（1991—2011）》④ 同样存在缺项、语言不精、各条文字数量畸轻畸重等毛病，如第七条文体文字中“杜绝公文化、文学式、新闻体、评论型”中还是丢了“教科书式”，即志书记述不能采用教科书中下定义的方法。

河南省《三门峡市志（1991—2000）》，⑤凡例除了无内容编排、编纂原则、特殊问题处理外，还缺资料来源。

福建省《长汀县志》，凡例设指导思想、断限、结构、人物、语体文、纪年、计量，也缺资料来源。

安徽省《来安县志·凡例》⑥没有指导思想、体裁两项。

山西省《高平市志·凡例》⑦没写体裁、原则。第十六条“本志资料来源除引用典籍原文外，一般不注明出处”，丢却了资料来源于何处的主要内容。同省《黎城县志（1991—2003）·凡例》⑧可贵处是写出全志 30 卷 135 章 468 节的内容，但也丢了资料来源主项。山西省《晋城市志·凡例》⑨没有指导思想、原则、体裁 3 条。

江苏省《无锡市志》⑩和《温州市志》⑪凡例只有 500 余字，简则简矣，但不足以说全面，说具体。

新疆维吾尔自治区《麦盖提县志》⑫凡例设 6 条，缺体裁、原则等项。方志学者刘希汉认

① 《清远市志（1988—2003）》，广州：广东省出版集团、广东人民出版社，2012 年。
② 刘希汉：《地方志凡例编纂研究》，《中国地方志》1996 第 3 ~4 期。
③ 《涉县志》（1998 年版），北京：中国对外翻译出版公司，1998 年。
④ 《涉县志（1991—2011）》，北京：中华书局，2012 年。
⑤ 《三门峡市志（1991—2000）》，北京：方志出版社，2006 年。
⑥ 《来安县志》，北京：中国城市经济社会出版社，1990 年。
⑦ 《高平市志》，北京：中华书局，2009 年。
⑧ 《黎城县志（1991—2003）》，北京：中华书局，2006 年。
⑨ 《晋城市志》，北京：中华书局，1999 年。
⑩ 《无锡市志》，南京：江苏人民出版社，1995 年。
⑪ 《温州市志》，北京：中华书局，1998 年。
⑫ 《麦盖提县志》，乌鲁木齐：新疆大学出版社，1994 年。

为："一篇凡例的条款数量虽无固定标准，但应以本志的实际情况能够覆盖全书为原则，条款过少恐怕是很难胜任的。"①

宁夏回族自治区《盐池县志》②凡例8条，时空范围齐全，但缺"资料来源""内容排列""特殊问题处理"条。

浙江省的诸暨县也是历史文化名城，《诸暨县志·凡例》③ 十分简洁，总共不足300字，偏少。缺项也比较多，无资料来源，无地域范围，无编纂原则，无关于历史文化名城的特例。

湖北省《江陵县志》④为第一轮全国优秀志书，其精良的篇目及其深厚的文化品位为全国方志界交口称赞. 但开头没有指导思想是一个缺憾。

贵州省《兴义市志（1978—2006）》⑤，凡例设11条，项目齐全，可贵处是设编纂原则"存真求实""遵循志体""详尽略远""体现特色"4个分条，美中不足是原则中缺"横排纵写""详独略同""述而不论"等。

青海县《祁连县志》⑥凡例8条，缺"指导思想""体裁"等要项。

综上所述，按照马克思主义方志学事物不断发展的观点，凡例任何时候也不会有至尊和定式。然而笔者认为目前志书的凡例应该像《绍兴县志》《余杭通志》等志书那样项（类）下列条，依次是义旨（包括指导思想和目的要求两条），原则（横排纵写，存真求实，述而不论，详近略远，生不立传，保证不出现涉密、宗教、民族、军事等问题，共6项），范围（时间和空间两条），体裁（7种），内容编排或结构层次（包括书首、分志、书尾），人物收录标准及其方法，行文规范（包括文体、文风、称谓、纪年、数据、计量、标点符号等，其中称谓下又分第一人称、简称、人名、地名、文件名、植物名、译名等），特殊问题处理，资料来源。在所看凡例中，写全的或基本写全的真是凤毛麟角而寥若晨星，这不能不引起我们的注意。

二　次序得体

我国古代修志就十分讲究次序的排列。如清顺治十六年（1659）《涉县志》就这样写道："盛朝统一疆域，海晏河清⑦，尚志以纪盛，固矣。然分符⑧致治，必遵职方氏⑨、披舆胜，故首先《舆图》。舆图明而后建置不紊，故次之《建置》。建置立而后君子、野人有定分，故次以

① 刘希汉：《地方志凡例编纂研究》，载《中国地方志》1996年，第3~4期。

② 《盐池县志》，银川：宁夏人民出版社，2002年。

③ 《诸暨县志》，杭州：浙江人民出版社，1993年。

④ 《江陵县志》，武汉：湖北人民出版社，1990年。

⑤ 《兴义市志》，贵阳：贵州人民出版社，2008年。

⑥ 《祁连县志（1978—2006）》，兰州：甘肃人民出版社，1993年。

⑦ 海晏河清：沧海波平，黄河水清。形容国内安定，天下太平。

⑧ 分符：古代朝廷用以传达命令、调兵遣将的凭证。

⑨ 职方氏：官名。《周礼·夏官》有职方氏，掌天下地图，主四方职贡。隋置职方侍郎，唐宋兵部下有职方郎中、职方员外郎，明清在兵部下设职方清吏司，其职责为掌舆图、军制、城隍、镇戍、简练、征讨之事。

《官秩》。官秩叙而禄养、食货有成法，故次之《籍赋》。然既富方谷[①]，人才可以辈出，故《选举》次之。《语》云：十室忠信，亦不乏人。矧以太行、清漳钟秀挺异，岂无一二英标奇节表表[②]者乎？《人物》次之。以至灾祥代有，天之仁爱，以示儆戒、验休咎[③]，甚不可忽也，《丛纪》次之。若夫文以志实，已各因类附见矣。间有言情写志，各立标题，或大方君子至止履地、寻胜寄怀，亦文献之一征[④]也，故终之以《艺文志》焉。"以上文字说明，志书门类排序不是心血来潮和随心所欲的，必须依据事物的逻辑关系和人们的思维习惯而精心编排。朝三暮四的原意和乒乓球团体赛甲队 1 号打乙队 2 号、甲队 2 号打乙队 3 号即可胜之都说明了排序关系到事业的成败。而凡例条款的顺序应大致遵循"为什么写——写什么——如何写"编排。请看下面凡例设置情况。

内蒙古自治区的《伊克昭盟志》[⑤]是一部成功的志书，充分体现了"风吹草低见牛羊"的自然风光和一代天骄成吉思汗及昭君出塞的历史文化，其凡例也体现了大草原风情，其中第一条写指导思想，第二条是补充"为什么写"的问题，第三条交代了内容编排，在交代体裁时将每种体裁的写法也带出来了。

黑龙江省《嫩江县志（1986—2000）》[⑥]，凡例第一条："本志为第二届社会主义新方志，是《嫩江县志》的续志"，应与第二条指导思想位置互换。

上海市《黄埔区续志》[⑦]，凡例第一条："《黄埔区续志》是《黄浦区志》的继续……"，建议将"指导思想"条打头。与此相似的还有上海市《奉贤县续志》。

河北省《北戴河志（1988—2003）》[⑧]，凡例第一条"本志名为《北戴河志》，以秦皇岛北戴河区划为记述范围。"主编可能过分倚重"名不正、言不顺"之古训了，但还是按纂志游戏规则依思想中枢主导本系统各脉系的理念为宜；况且该名也不正，应改为《秦皇岛市北戴河区志（1988—2003）》。

浙江省《天台县志（1989—2000）》[⑨]第一条"本志是 1995 年版《天台县志》（下称前志）的续志，续主体、补遗缺和纠错误。前志未记地情味浓或时代感强事物适当前溯或后延，"第二条才是指导思想，换一下位置为好。

河北省《唐山市丰润区志（1978—2005）》[⑩]，凡例第一条，开头用百余字交代了丰润区的

① 既富方谷：应该赐给他们爵禄，使他们富贵。
② 表表：卓异，不同寻常。
③ 休咎：善恶，吉凶。
④ 征：证明，证验。
⑤ 《伊克昭盟志》，北京：现代出版社，1994 年。
⑥ 《嫩江县志（1986—2000）》，哈尔滨：黑龙江人民出版社，2006 年。
⑦ 《黄埔区续志》，上海：上海社会科学院出版社，2003 年。
⑧ 《北戴河志（1988—2003）》，北京：方志出版社，2008 年。
⑨ 《天台县志（1989—2000）》，北京：方志出版社，2007 年。
⑩ 《唐山市丰润区志（1978—2005）》，北京：方志出版社，2010 年。

行政区划的由来，然后才引出本志书的命名，并杂糅进去断限，第二条才是指导思想。河北省《武安县志》[①]为第一轮全国优秀志书，其凡例实用简洁，可贵的是写出志书实体内容，即所设篇目，但把指导思想放在了第三条，第一条写断限，第二条写结构编排。

河北省《景县志（1986—2003）》[②]，凡例写得很好，“类目升格”单列为第四条，但第一条为“时间断限”，“指导思想”屈居第二。

河南省《安阳县志》[③]，凡例共11条，第一条为指导思想很好，第二条为体裁有点靠前了。

黑龙江省《伊春市志》[④]，凡例12条，比较全，美中不足是最后“专志共载30篇”属“写什么”的问题应排在“如何写”之前。

《重庆市市中区志（1986—1994）》[⑤]，语言精练，项目齐全，指导思想排到第二条，第一条说明是续志、断限、志名，二者互换位置为佳。

从以上事例可以看出，凡例制定要依一定的内在的逻辑联系，要符合事物本来的时间和空间的存在与发展的规律，符合人们的认识习惯。如韩章训先生在排列全书结构顺序时应按地——人——事顺序，并解释其理念：地上产生人，人再去做事，而做事又反作用于地和人。[⑥]一旦打乱此顺序，就会杂乱无章而不得要领，给人以结构凌乱、运思不严谨之感。当然，凡例排序也提倡创新和因志而宜，但其基本顺序一般为指导思想，目的要求，编纂原则，时空范围，内容（结构）排列，体裁，人物收录标准，行文规范，特殊问题处理，资料来源。

三　语言简练精准

“简练为文”是对所有文字工作者的基本要求，如《水浒传》中“那雪下得正紧”，“紧”字金圣叹赞之为一字传神、境界全出。又如《资治通鉴》中《赤壁之战》写曹军“引次江北”的“次”字涵盖了千军万马安营扎寨的情景。而史志就更需要锤炼语言，在简的同时还要求准，即如法国著名作家福楼拜所要求的要找到那一个最准确的名词、动词、形容词。这就要求每位编辑必须有“为求一字稳，耐得半宵寒”[⑦]的毅力。而作为“眼睛珠子”和“窗口”的凡例就要像制定一部法律条文那样反复推敲，必须做到惜墨如金而表达精准，“像拍电报那样”绝不能拖泥带水，绝不能随心所欲。试分析以下几部志书语言运用的得与失。

河北省《井陉县志（1985—2004）》[⑧]，不愧为方志界一致称道的优秀志书，就其凡例来说项目全，排序优，语言精，比一般志书的优势主要是设“结构层次”（第四条），即回答了

① 《武安县志》，北京：中央广播电视出版社，1990年。
② 《景县志（1986—2003）》，北京：新华出版社，2008年。
③ 《安阳县志》，北京：中国青年出版社，1990年。
④ 《伊春市志》，哈尔滨：黑龙江人民出版社，1995年。
⑤ 《重庆市市中区志（1986—1994）》，重庆：重庆出版社，2007年。
⑥ 韩章训：《新“三宝体”方志的构想》，《方志研究》1989年，第5期。
⑦ 顾文炜：《苦吟》。
⑧ 《井陉县志（1985—2004）》，北京：新华出版社，2006年。

“写什么”的问题；在特殊处理的“类目升格”（第六条）中将升格的6篇写出；在第五条门类排列中载明“按地、人、事为序排列门类”“反映以人为本的理念”。如果要挑毛病的话是语言精准简练上尚有修改的空间：第一条“指导思想”中“为全县新农村建设和建立和谐社会而服务”，新农村建设固然重要，但站在全志的高度，它只不过是“经济部类”下的“三农编”中的一个分支，这样写就有以偏概全之嫌；第十一条“人地称谓”中“政党、团体、组织、机构、会议、文件等名称，首次出现时为全称。对称谓过长者，同时括注简称，之后视需要兼用简称。”但在写作实践中，往往是有的如工会、公安局、商业局、气象局等不少词首次以后也用全称，而需使用简称的只是全书所涉及全部名称中的一部分，误将特称判断作全称判断了；同时标点和遣词也应改动，试改为“政党、团体、组织、机构、会议、文件名称，一般用全称；对称谓过长者，首次用全称并括注简称，之后视需要用简称。”最后一条“十四、资料来源本志采用资料，大多来源于各承编部门或各级档案馆、图书馆、摄影协会以及有关史志书刊，辅以经过考订的口碑资料。”严格地说，口碑资料以外的所有资料也都需要考订。尤其是在凡例的14条中每条都有赘语“本志”，只此一项浪费28个字，不合简练为文原则。因为凡例就是本志的凡例，其下条款不会变成他志的，就像概述、大事记以及每一编章节等都大可不必前缀“本志”一样。这就要求我们必须认真学习借鉴长城内外、大江南北的优秀志书，如《绍兴县志》《余杭通志》《呼和浩特市志》《伊克昭盟志》《抚州市志》《长沙市志》《南昌市志（1986—2004）》①《天津市河西区志》②等许多志书的凡例，不管是几条还是几十条，从未出现过一个“本志”，这充分体现出这些主编精雕细刻的态度、节约成本的意识、排挤水分的能力和锤炼语言的功底。

河南省《焦作市志（1987—2000）》③凡例10条，全面、条理，但第二条“本志与1993年出版的《焦作市志》全3卷相衔接，客观、系统、全面地反映了焦作市的发展历程。”这一条可不设，前半句整合到第三条断限中，后半句为编纂原则6项中的其中一项，既然其他5项都没设，只此六分之一撑不起一条，况且在第一条末已载明“实事求是地记述限内焦作市的历史和现状”，这里不宜再重复了。其中“反映了”的“了”字是多余的，它是表已然的结构助词，表示“已完成”，而志书大多是记述事物发展变化的，为“进行中”；从程度上说，“了”是100%的完成，而现实往往是“力争做到但尚未全面做到”，故“了”在志文中一般不用，在凡例中更要慎用。

福建省《长汀县志（1988—2003）》④第一章“续编《长汀县志（1988—2003）》”中“续编”两字可删。

---

① 《南昌市志（1986—2004）》，北京：方志出版社，2006年。
② 《天津市河西区志》，天津：天津社会科学院出版社，1998年。
③ 《焦作市志（1987—2000）》，郑州：中州古籍出版社，2005年。
④ 《长汀县志（1988—2003）》，北京：中华书局，2006年。

安徽省《歙县志》[1]，凡例第六条“志中‘解放前’指1949年4月28日歙县解放之前，‘解放后’指1949年4月28日歙县解放之后”，接着“建国”也是这样表述。若改为：“歙县‘解放前’与‘解放后’以1949年4月28日歙县解放为界”，可节省16个字符，再加上“建国”共可节省30余个字符。如山西省《高平市志》等凡例就是这样处理的。

山东省《潍坊市志》[2]，凡例第一条“坚持辩证唯物主义原则”中的“原则”改为“立场、观点和方法”或“世界观和方法论”为宜。

山西省《晋城市志》[3]，凡例第一条“上溯不限”中的“上溯”是动词，此句字面意思就成了这种行为不限，应改为“上限至事物发端。第二条“正志”改为“志文”或“志体”。第八条“纪年方法，中华民国成立前用历史纪年，夹注公元纪年；中华民国以后用公元纪年。大事记全部用公元纪年。凡XX年代均指本世纪即20世纪。”第一句与第二句所说的纪年方式相抵牾，因为该志是通纪体，中华民国以前的在大事记中也应采用历史纪年；第三句话最后加“所属”或加“的年代”，因为“XX年代”并非指“本世纪即20世纪”，而是20世纪下辖的年代。第九条“本志计量单位除必要时保留旧制外，一般采用公制”，并未说清在什么情况下保留，应改为“除引用含旧制的原文外”。

山西省《阳泉市志·凡例》[4]第五条：“本志大事记采用编年体结合纪事本末体的体例，即在按年、月、日编排史实的大框架下，对某些一事分见数出的情况，采用集中于一处编写的方法，以保持叙述的完整性。”后半句2/3的解释两种“文体”的文字必要性不强，可删。

山西省《大同市志·凡例》[5]第3条：“下限切至1985年”“图片下限切至1999年”中两个“切”字属口头语，可删；第八条，6个“五年计划”的起止时间近百个字符不合“通典不录”原则，可删；第十二条“资料来源广泛”等于没说，应该列出具体来源渠道为好。

吉林省《集安市志（1984—2003）·凡例》[6]共10条，其中有5条的开头缀“《集安市志》”、两条缀“本志”，浪费了34个字符。

《北京市朝阳区志》[7]凡例写得很简洁明了，如第十条：“资料来源于档案、史籍、公开出版物、文物考古、专题调查及口碑等，不一一记明出处。”但其他还是有可精简的余地，如第十条：“上限力求追溯事物发端或建置之始”，“追溯”后加“至”，“建置之始”删去，因其也是“事物发端”。

贵州省《黔东南布依族苗族自治州志》[8]，不设凡例而设“编写说明”共12条，其职能和

---

① 《歙县志》，合肥：时代出版传媒股份有限公司，2010年。
② 《潍坊市志》，北京：中央文献出版社，1995年。
③ 《晋城市志》，北京：中华书局，1999年。
④ 《阳泉市志》，北京：当代中国出版社，1998年。
⑤ 《大同市志》，北京：中华书局，2000年。
⑥ 《集安市志》，长春：吉林文史出版社，2005年。
⑦ 《北京市朝阳区志》，北京：北京出版社，2007年。
⑧ 《黔东南布依族苗族自治州志》，贵阳：贵州人民出版社，2007年。

功用与凡例相同，其优长是有特设旅游篇和地域的详细划分，但第七条"图表不载是因避免选录标准欠统一"、第八条"大事记立足全州范围"、第十条"表格归并综合"以及最后第十二条"欲知本志各篇章更详细内容，可直接查阅各篇章相对应的分志"都应删去。

青海省《果洛藏族自治州志》[①]，凡例制定较全面，只是十一条中都有"《果洛州志》"前缀，这66个字符完全可以节约。

由此观之，撰写凡例要拿出制定法律和章程的态度和功夫，语言尤其要做到首先简之又简，真正做到惜墨如金，用最简约的词句表述，一般不要"从而""并""则""必须""一定""应该"等公文赘语。其次是准之又准，要全方面考察每一个概念的内涵和外延，从现代汉语中搜寻最精准的词语，并反复比较试用，以察效果，力争最佳。在凡例中锤炼语言的精准功力要成为撰写全书的典范。

四　个性突出

列宁同志说："马克思主义的精髓和活的灵魂是对具体情况的具体分析。"[②]毛泽东同志也说："用不同的方法去解决不同的矛盾，这是马克思列宁主义者必须严格地遵守的一个原则。"[③]地方志是反映特定地区的自然和社会的历史与现状的，每一本志书包括凡例在内都应该具有鲜明的个性。制定凡例强调地方特色在古代颇多，康熙年间知县陆陇其撰《灵寿县志》凡例第一条载："灵寿土瘠民贫，居官者知此然后不敢以纷更聚敛为事，土著者知此然后不敢以侈靡争竞为能，纲领所在，故随处提醒。"[④]章学诚以此言"尤为仁人恺悌之言。全书大率以是为作书之旨，其用心真不愧于古循良吏矣。"[⑤]方志专家韩章训认为："凡例既要注意写好那些通例，更要注意写好专例和特例……写好专例和特例就成为合格凡例的基本要求。"[⑥]任根珠先生说过："特例问题是凡例最能体现本志特色的内容，志书编纂者应把它作为凡例的重点，使凡例真正显现出自己的个性来。"[⑦]方志学者诸葛计也说过："一部志书仅有通例而没有特例是难以想象的。"[⑧]主编要通过特例来凸显本区域鲜为人知的事物，即使通例也并非一个模子的机械复制，也有角度、轻重、缓急、主次的适当变换。下面试析以下几部志书凡例在突出个性方面的优长和不足。

早在清嘉庆六年（1801），谢启昆修、胡虔纂的《广西通志》，是志界公认的一部名志，它的《叙例》近5000字（含全书篇目），不但篇幅大，而且可以说条条皆是特例，特就特在每一

---

① 《果洛藏族自治州志》，北京：民族出版社，2001年。
② 列宁：《共产主义》，载《列宁全集》第31卷第144页，北京：人民出版社，1960年。
③ 毛泽东：《矛盾论》，载《毛泽东选集》第1卷第286页，北京：人民出版社，1966年。
④ 陆陇其：《灵寿县志》，康熙二十五年（1686年）刻本，台北：台北成文出版社，1976年。
⑤ 章学诚著、仓修良编：《文史通义新编》，第913页。循良，奉公守法。
⑥ 韩章训：《方志编纂学》第144页，北京：方志出版社，2003年。
⑦ 任根珠：《新方志"凡例"丛谈》，《西樵志语》，第35页，北京：方志出版社，2005年。
⑧ 诸葛计：《志书凡例琐谈》，载《中国地方志》2009年，第6期。

条都有方志理论的探索和各种类目历史的寻绎。①

江西省《井冈山市志》②，为首轮社会主义新方志，凡例个性鲜明，第一条集中记述“毛泽东、朱德等一大批无产阶级革命家在井冈山创建中国第一个农村革命根据地”“籍以定出井冈山的历史特点”。第五条“井冈山是中国革命的摇篮，又是国家重点风景名胜区，本志特设《井冈山革命根据地》《井冈山开发建设》《革命文物》”。第八条，附有《湾红一连的新业绩》《斯诺夫人续写井冈山》等典型材料。给人深刻的印象是该志就是中国第一个革命根据地志。

甘肃省《敦煌志》③，凡例特色鲜明，第三条“本志根据敦煌特色，采用了较多的插图。卷前及随文附载洞窟图像、古遗址、古文献照片、自然景观、线描图、示意图共260幅。”第十条“文中出现的不同收藏地的敦煌文书编号，用代号表示，如英国图书馆的‘S’……”。第十一条“莫高窟的编号一律采用敦煌文物研究所编号……”。读之，神秘莫测而引人入胜的文化气息扑面而来；仅看凡例，就可使读者想象到该书中博大精深而使人震撼不已的敦煌文化。

福建省《龙岩市志（1988—2002）》④，第三条特设“扶贫扶建与农村小康建设”编及其说明它是“具划时代意义的壮举”。诸葛计先生特撰《志书凡例琐谈——从〈龙岩市志·凡例〉说起》⑤一文，对其专例和特例的写法予以充分肯定。

甘肃省《酒泉市志》⑥，凡例18条，千字左右，要言不烦。美中不足是缺特殊问题处理条，如志文中有“敦煌学”专篇应在凡例中有所体现。而《天水市志》⑦，凡例中凸显所设伏羲文化、大地湾文化、秦文化、三国文化、麦积山石窟文化五编内容，这表明作者十分倚重文化品牌的纂志思想。

上海市《奉贤县续志》，⑧凡例共16条，内容丰富实用，堪为成功的范例，第七条：“本志为了充分反映社会主义市场经济所带来的巨大变化，将升格设有《招商引资》《经济园区》《集团企业》等专卷。”第八条“本志鉴于奉贤尚无专门地名志书和前志宗教内容过于简略，特设《地名》卷和《宗教》卷。”最后第十六条“本志出版后，内容全部进入‘奉贤史志’网站……”提示读者利用电子阅读使用，这确实是一个创新。

浙江省《余杭通志》⑨在“个例”大项中，分通纪资料运用、两县资料相糅、补纠说明、良渚文化、水利详载、体现非遗、‘杨乃武与小白菜’、特殊内容编排说明共8条特例，在彰显本志个性方面堪为表率。

---

① 广西师范大学历史系中国历史文献研究室点校：《广西通志》，桂林：广西人民出版社，1988年。
② 《井冈山市志》，北京：新华出版社，1997年。
③ 《敦煌志》，北京：中华书局，2007年。
④ 《龙岩市志（1988—2002）》，北京：方志出版社，2008年。
⑤ 诸葛计：《志书凡例琐谈——从〈龙岩市志·凡例〉说起》，《中国地方志》2009年，第6期。
⑥ 《酒泉市志》，北京：方志出版社，2008年。
⑦ 《天水市志》，北京：方志出版社，2004年。
⑧ 《奉贤县续志》，北京：方志出版社，2007年。
⑨ 《余杭通志》，杭州：浙江人民出版社，2013年。

山东省《曲阜市志》①，凡例设9条，项目齐全、排序适宜，并有“设孔氏家族、旅游、文物”专篇，使圣人诞生地、儒家发祥处赫然在目。

内蒙古自治区《呼和浩特市志》②，凡例项目齐全、特色鲜明而且语言精练，在总共10条中，没有一个“本志”出现。尤其在第七条“要充分反映地区特色和民族特点。呼和浩特市是内蒙古自治区的首府，有其特殊的地理位置，要突出记述其边疆城市独有的风貌和政治经济优势。”仅看凡例，北国首府、草原明珠已在读者脑海中形成概念。

湖南省《长沙市志》③，凡例14条，突出了“全书分17卷出版，各卷由同类的专业组成”和“城区”“市区”“地区”“全市”所指内容。

上海市《川沙县续志》④的凡例是十分成功的，除了没有写编纂原则外（也不能过分苛求）其他一事一条，而且叙述完备，语言简练，尤其难能可贵的是在第四条中“为突出时代特点和地方特色，将‘参与浦东开发开放纪实’置于卷前，‘川沙国民经济发展总览’独立成卷。”使人联想到黄浦江畔的东方明珠，是特例撰写的典范。

新疆维吾尔族自治区《克拉玛依市志》⑤，凡例列9条，项目全，条理清，尤其是在第四条“为反映油城特色”写了3行文字，这就与唱遍全国的克拉玛依之歌交相辉映。

天津市《南开区志》⑥，凡例第三条“本志特设‘南开精华’篇”与第四条“本志设‘厢风卫俗’篇”使人立刻感受到天津卫的风情。

吉林省的《延边朝鲜自治州志》⑦，凡例共12条，其特色是第六条：“本志单设民族篇，记叙朝鲜族和各民族的风俗民情及贯彻党的民族政策等内容”。

山东省《崂山区志》⑧凡例中通例项目齐全，语言流畅。美中不足的是缺乏特例，全书设17篇，其中第16篇“崂山风物”是享誉海内外的历史文化名胜旅游地，作升格处理是当之无愧的，但在凡例中没有显现。

河南省《洛阳市志（1991—2000）》⑨，凡例共12条，第七篇至第十篇为“河洛文化”“白马寺”“龙门石窟”“牡丹牡丹花会”“黄河河务”“小浪底水利枢纽工程与移民”，但可惜没有在凡例中作为特例予以说明。

山西省《洪洞县志》⑩的凡例共设9条，项目基本齐全，顺序也合理，中指组程方勇先生曾

---

① 《曲阜市志》，济南：齐鲁书社，1993年。
② 《呼和浩特市志》，呼和浩特：内蒙古人民出版社，1999年。
③ 《长沙市志》，长沙：湖南人民出版社，2004年。
④ 《川沙县续志》，上海：上海社会科学院出版社，2004年。
⑤ 《克拉玛依市志》，乌鲁木齐：新疆人民出版社，1998年。
⑥ 《南开区志》，天津：天津社会科学院出版社，1998年。
⑦ 《延边朝鲜自治州志》，北京：中华书局，1996年。
⑧ 《崂山区志》，北京：方志出版社，2008年。
⑨ 《洛阳市志（1991—2000）》，郑州：中州古籍出版社，2006年。
⑩ 《洪洞县志》，太原：山西春秋电子音像出版社，2005年。

以《大槐树下著志章》的书评予以肯定，但惜之没有把移民大槐树等文化作为特例在凡例中体现。

四川省《九寨沟县志（1986—2005）》①，凡例的要项资料来源阙如，另外拥有“世界自然遗产”“世界生物圈保护区”“绿色环球21”三项国际桂冠，得天独厚的旅游资源在凡例中没有以特例凸显。

湖南省《张家界市志》②，凡例中特例说明“为尊重历史，本志保留两种市名”“名人览胜编直接以名人姓名立目”，但“奇峰三千”“全国乃至全世界第一流风景区”的特色在凡例中彰显力度不够。

综上所述，一棵树上没有完全相同的两片树叶，世上没有完全相同的两个人。凡例要因地、因时、因书而宜。其标准是看能否准确、全面、生动地反映出本书特质。凡例虽然有常规，但要力求有创新，尤其要准确掌握特例制定的技术，要走出千篇一律的老套和羁绊。这就要求，主编在制定方案以后和写书之前制定凡例时，必须全面而深刻地吃透本区域的地方特色和时代特色；同时在深入研判地方志最新成果的基础上采用哪些科学写法，将之提炼后运用到凡例中。

五　一事一条

虽然马克思主义哲学认为“辩证法是关于普遍联系的科学”③，但在具体做每一分项工作时，还必须要求目标集中，即目无全牛，先化整为零，聚精会神地做好每一件事。志书与史书不同，横排门类是其基本特征，章学诚认为，史体纵看，志体横看。而凡例的制定也必须是这样，要做到条分缕晰，互不干扰，“邻枣入庭，终非己有，葛藤施谷，攀附可耻。”④凡例只有一事一条，方能给编者有可行的操作性、给读者留有鲜明的印象，否则交叉而互相纠缠，就难免重复和遗漏。这就是说凡例的每一条款不兼两职，更不兼多职，这有利于专心致志而旗帜鲜明地做好每一条款。请看以下几部志书凡例的成功和可商榷处。

黑龙江《漠河县志（1991—2005）》⑤不愧为优秀志书，其凡例项目齐全，顺序得当，语言精练准确，除最后一条“本志资料出自各单位部门，档案书籍均不注明出处。所用数字以法定数字为准”资料来源与数字使用有些黏合外，应该说是成功的凡例。

《北京市房山区志》⑥的凡例的成功之处是细、全，实用性强，近2000字，尤其可贵的是交代了所设6编即“写什么”的问题和北京市特殊的历史沿革问题。值得商榷的是第四条中“各

① 《九寨沟县志（1986—2005）》，北京：方志出版社，2011年。
② 《张家界市志》，张新出准字（2006）第025号，2006年。
③ 恩格斯：《自然辩证法》，载《马克思恩格斯选集》第3卷，北京：人民出版社，1972年，第521页。
④ 陈才良：《漫议越境而书》，《浙江方志研究论坛》，第243页。
⑤ 《漠河县志（1991—2005）》，哈尔滨：黑龙江人民出版社，2009年。
⑥ 《北京市房山区志》，北京：北京出版社，1999年。

朝代断限”可并入第三条“断限”中；第六条“房山区建置沿革”可并入第二条“记述地域范围”；第十条处理资料方法可并入资料来源或行文规范中。另外第四条“中国社会阶段划分”按“通典不录”的原则，删去为好；第二条中记述有关单位归属沿革过细，用了200字，作为写作方案尚可，而作为纲要的凡例就显得臃肿了。

西藏自治区《林芝地区志》①，凡例设7条，第一条指导思想与“坚持述而不论”的原则杂糅，第三条体裁与内容编排合在一起。西藏自治区《日喀则地区志》②，凡例设12条，第四条结构编排、体裁、特殊处理、横排纵写本该4条的内容融为1条，还是以剥离开来为好。

福建省《龙岩市志（1988—2002）》③第三条中，将体裁“述、记、志、传、图、表、录”与内容结构“共设41编”“设附录、辑录、地方文献、增补勘误说明”及其结构形式“每编设章、节、目三个层次”，杂糅于一条值得商榷。

陕西省《汉中地区志》④，凡例13条，第五条杂糅了体裁、结构层次、横排纵写和真实性的原则以及做到“科学性、实用性、资料性、逻辑性、可读性相统一”的目的要求（宗旨）的多条内容。

山东省《潍坊市志》⑤，凡例第四条运用“述……”体裁与第七条“本志大事记采取编年体与纪事本末体相结合的形式”，合并为宜。

山东省《淄川区志（1986—2002）》⑥凡例共设6条，其中第三条“本志按类立篇，篇下设章节，部分节下设目、子目。采用述、记、志、传、图、表、录诸体，以志为主，图表随文，大事记、人物、专记、附录单列。遵循科学分类的原则，横分门类，纵述史实，特设建陶工业、旅游、精神文明建设三篇及聊斋文化研究一章，突出时代特色与地域特色。”本条将结构形式、体裁运用、编纂原则、升格特例本应4条的内容捆绑在一起不宜。

安徽省《潜山县志（1978—2002）》⑦凡例第五条“以志为主，兼用记、传、录、图、表等手法，所有称谓、时间、数字、计量单位、标点符号均根据有关志书规范行文。”体裁和行文规范分设为好。

山西省《侯马市志》⑧凡例共14条，文字洗练，但第六条“大事记采用编年体与纪事本末体相结合的方法记述”可以归并到第五条“述、记、志、传、图、表、录”体裁中，因大事记就是7种体裁中的“记”。

---

① 《林芝地区志》，北京：中国藏学出版社，2006年。
② 《日喀则地区志》，北京：中国藏学出版社，2011年。
③ 《龙岩市志（1988—2002）》，北京：方志出版社，2006年。
④ 《汉中地区志》，西安：三秦出版社，2005年。
⑤ 《潍坊市志》，北京：中央文献出版社，1995年。
⑥ 《淄川区志（1986—2002），北京：中华书局，2008年。
⑦ 《潜山县志（1978—2002）》，合肥：黄山书社，2007年。
⑧ 《侯马市志》，北京：长城出版社，2005年。

海南省《三亚市志》[①]，凡例第二条断限与第三条“本志贯通古今”可合并，而第四条杂糅了体裁、所设篇章、以类系事的写法、目的要求本该4条的内容，以剥离为佳。

上海市《卢湾区志（1994—2003）》[②]凡例第八条：“本志资料来源于文献档案、志鉴图书、报纸杂志、调查材料及有关口碑资料和实物，一般不注明出处”，紧接着第九条“本志统计资料由区统计局和有关专业部门提供。”两条都是资料来源，合并为宜。

《北京市丰台区志》[③]凡例第五条“本志记述内容贯通古今”可归并于第三条断限中。而第三条断限后杂合了“志书正文后，附1991年至1999年丰台区情概要”的内容编排。第七条设置篇目方式与体裁糅合在一起。

黑龙江省《齐齐哈尔市志》[④]，凡例共14条，项目齐全而排序适宜。只是第八条述体应归到第六条体裁中。

湖北省《宜昌市志（1979—2000）》[⑤]，凡例设10条，内容丰富，可贵的是编纂原则和特殊问题均以单条处理。不过，“特设篇”和“专门记录”两条合并为宜。

安徽省《亳州市志（2000—2009）》[⑥]，凡例第一条将断限杂糅于指导思想中，第二条的体裁与内容编排（结构）合在了一起。

云南省《云县志（1991—2000）》[⑦]，凡例只有6条，除了无编纂原则、特殊问题处理、资料来源外，第一条杂糅了指导思想和断限，第二条杂糅了体例结构和体裁。

广西壮族自治区《贵港市志》[⑧]凡例设10条，门类齐全，语言简练，并设有贵县撤县“改市前称贵县，此后称贵港市”的特例。可商榷的是第四条分别写了卷首概述、大事记和卷末设附录的内容及其写法，第五条“设33个专志”及其功用，两条整合为“内容编排”或许更好一些。

通过以上分析，真正能做到不蔓不枝的凡例不是太多，或多或少地都有修改的空间和余地。这就要求在今后制定凡例时必须使每条的目标单一，各司其职，不互相勾扯，以求各个击破，集中力量写好每一条，若此，整个凡例才有可能撰写成功。

总之，凡例之于志书，就像一个国家的《宪法》，一个政党的《党章》。《党章》制定得好，才能宗旨明确、责任清楚，从而指导该党兴旺强盛；《宪法》制定得好，才能使国体、政体设置科学，约束力和指导性强，可行性翔实备至，从而使国家得到科学有效的治理。凡例制定的优劣是决定志书成败的晴雨表和试金石。正如韩章训先生所说：“修志凡例的优劣直接反

① 《三亚市志》，北京：中华书局，2001年。
② 《卢湾区志（1994—2003）》，上海：上海世纪出版集团，2008年。
③ 《北京市丰台区志》，北京：北京出版社，2001年。
④ 《齐齐哈尔市志》，合肥：黄山书社，1998年。
⑤ 《宜昌市志（1979—2000）》，北京：方志出版社，2012年。
⑥ 《亳州市志（2000—2009）》，北京：方志出版社，2010年。
⑦ 《云县志（1991—2000）》，昆明：云南出版集团公司、云南人民出版社，2006年。
⑧ 《贵港市志》，桂林：广西人民出版社，1993年。

映其编者学识和胆量。”[①]这就要求我们在制定凡例时要考虑周到，全方位谋划；分开轻重缓急，统筹安排次序；以语言大师的标准和态度反复斟酌，千锤百炼，精心遣词造句，做到既斩钉截铁，又刚柔并济；充分展现志书地方特色，时代特色，编纂特色，追求卓越，锐意创新，力争使读者一看凡例就有耳目一新之感；同时要每一条目标集中，不旁枝逸出，不拖泥带水。若做到了以上五点，凡例才算基本过关，才能为编成精品良志奠好基、定好调、立好纲、制好法。

---

① 韩章训：《方志写作学基础教程》，杭州：西泠印社出版社，第286页。

关于第二轮志书规范记述地名的思考

芙　蓉（内蒙古自治区地方志编纂委员会办公室）

提要：地名的重要性及地方志的一些要求等是第二轮志书必须重视地名记述的缘由；志书规范记述地名需要注意地名的归类和篇目设置等问题。

关键词：第二轮志书　地名　思考

土地是人类赖以生存的生产资料。中国古代方志非常重视土地的记述，方志“三宝体”之一就是土地。土地是地名的内容，地名是土地的符号。我们要提高对地名的认识。地名不只是简单理解意义上的文化符号。2015 年 11 月 9 —10 日在福建省厦门召开的第五届中国地方志学术年会上，专家学者提出第二轮志书要重视地名记述。笔者关注该问题已有一段时间。那么，第二轮志书为什么要必须记述地名？已出版的志书在地名记述方面有什么遗憾？怎样才能做到规范记述？值得注意的问题有哪些？本文将对以上问题进行探讨。

一　必须记述地名的缘由

土地是一个国家一个民族的根本。《冒顿单于的传说》中，东胡国跟冒顿单于提出要他心爱的骏马和夫人时，冒顿单于考虑到邻国的友好，答应了要求。东胡国再提出要冒顿单于让出一点国土时，冒顿认为只要国家国土存在，骏马和夫人都可以再拥有。于是，他率领军队攻打了东胡国。地名是土地的符号。第二轮志书（主要指综合志及地名志）必须重视地名记述，有以下几个原因。

（一）地名关系到国家领土完整、民族团结、经济社会发展等。她具有政治性。2016 年 7 月 12 日，“南海仲裁案”结果出炉，中国政府及民众提出严重抗议。有关专家学者在中国方志微博上发表文章《南海主权有志为证》，根据东汉《异物志》、南宋《诸蕃志》《琼管志》、明代《元史・地理志》、清代《增广海国图志》《泉州府志》等古代方志有关南海的记载，有力证明南海是中国的领土。有的学者根据 2008 年 9 月出版的《海南省志・西南中沙群岛志》，从古代方志等古籍记载，整理出了南海及南海诸岛的地名变化，佐证了中国对南海的主权。目前，中国的各省市自治区相继出台了地名管理规定，在依法管理地名。地名的这一重要特点决定了第二轮志书必须重视地名记述。

（二）地名是一个地区一个民族的历史文化的载体。马在蒙古人生产、生活、交通、征战等方面起到了重要作用。蒙古语地名中与马有关的地名特别多。有和马的名称有关的地名；也有和马的用品有关的地名；又有和马的传说有关的地名。蒙古人的大地崇拜及崇尚马的信仰意识是该文化现象的历史文化根源。20世纪初，陶格陶胡为了保护草原，为了保护蒙古民众的利益，抗垦武装起义。他的英雄事迹、传奇故事传遍了蒙古草原。源自民族英雄陶格陶胡的地名很多。地名是一个地方一个民族的历史文化的活化石。这一点是第二轮志书重视地名记述的重要缘由之一。

（三）地方志书，是指全面系统地记述本行政区域自然、政治、经济、文化和社会的历史与现状的资料性文献。清代方志学家章学诚认为：地方志是一地之全史。地名是广义文化的重要组成部分。2013年，蒙古蒙古语地名研究会成立。2014年至今，由该研究会主办的蒙汉文《内蒙古蒙古语地名文化研究》（季刊），受到广大读者的青睐，产生了良好的社会效果。地方志书所记述的内容没有地名是残缺不全的，是违背志书横不缺项的编纂原则。就内蒙古而言，已出版的第一轮和第二轮志书中重视地名记述的不多，规范记述的少之又少。其实，在志书中的地名内容是接地气的，多被人关注的部分。从这个意义上讲，第二轮志书一定要重视地名记述。

（四）地方志书是重要地情文献资料之一。突出地方特色、民族特色、时代特点是编纂志书的关键所在。地名是地域文化重要组成部分。地名是乡土记忆，是乡土情愫。重视地名记述是第二轮志书彰显地方特色民族特色及时代特征的有效途径之一。志书记述好地名，对发挥地方志“资政、存史、教育”功能有积极作用。读者通过阅读志书记述的地名，了解地情、乡土文化，激发他们热爱这方土地的热情。内蒙古地区地名中，少数民族语言特别是蒙古语的地名很多。有的地名有几个民族语混合组成。地名是相对稳定的文化现象，但具有一定的活态性。民国25年（1936），德穆楚克栋鲁普在嘉卜寺成立“蒙古军政府”，将新明设置局改为德化市，蒙古语名为额尔德木索雅勒图浩特。民国34年（1945），中共察北地委派员接管德化县，更名为化德县，属察哈尔察北专区管辖。满洲里原来是叫哈拉金布拉格的牧野。1901—1902年，东清铁路在此地建成车站后，用俄语命名为满洲里亚，将其进行汉语音译时，省略了“亚”。这就是今满洲里市的地名来源。第二轮志书重视对地名的记述，有益于志书突出地方特色民族特点，有利于彰显地方文化的多样性。

（五）第一轮志书忽略了地名记述。内蒙古地区的多数第一轮志书中，简单记述了地名普查、地名管理，替代了地名记述。其实，地名普查、地名管理只是地名的其中一个内容而已。极个别的志书记述了一些地名，但是记述特别简单。记述自然地理实体名称的志书几乎没有。已出版的第二轮志书很多都没有地名记述。目前，内蒙古地区出版了很多蒙古文地名书。它们内容丰富，有学术价值、资料价值、实用价值。可是，编纂地方志书时，没有利用它们。做田野调查，收集地名方面资料更谈不上。在一些志书中记述地名错误百出。我们要对历史负责、对人民负责、对为了负责、对社会负责的态度，客观记述地名。已出版志书中轻视地名记述，是未出版的第二轮志书要重视地名记述的原因之一。

有的学者认为，地名是一个地方名称的表述和文字符号。志书的其他全部内容和地名息息相关。特别是志书的政区、自然地理、地图（地势地貌图等）及交通部分和地名有直接关系。故，志书忽略地名记述是一个硬伤。地方志、地名的“职责”及目前已出版志书记述地名不理想的情况等，是未出版的第二轮志书必须重视地名记述的几个重要原因。

二　值得注意的几个问题

在历史的长河中，先辈们给我们留下丰富的、珍贵的地名文化。它是集体的记忆、历史的智慧。如何将其传承保护弘扬？作为历史的记录者的我们修志人应该怎么做？笔者认为，第二轮志书记述地名时，要注意一下几个问题。

（一）资料要翔实，记述要客观。资料翔实，史实准确无误是志书的生命线。有些盟市旗县志记述的地名由来有误。有的志书把少数民族语的一些地名根据其汉语音译词去解释；有的志书记述有几种解释的地名时，就记述其中一种解释；有的志书记述错误解读的地名。在已出版的一些志书中，杜撰地名来源、地名传说。内蒙古某个旗志中记述一座山的传说时，故意把山名与嫦娥的故事连在一起。其实，该山名是以野生动物的名称命名的。山周围居住的几乎都是说蒙古语的蒙古人。因多种原因，该地的民众对嫦娥没有概念。显然，旗志记述的山的传说是编者自编的。地名是一个民族一个地区的历史文化的浓缩，是祖先留下的非物质文化遗产。第二轮志书记述地名时，一定要把握好其史实关。该查阅文献的要查阅文献，该做田野调查的要做田野调查，该请示专家的要请示专家。

（二）设置地名篇目时，要兼顾地名、地方志专业特点要求及地方地名资料情况 3 个方面。地名是一个地方的名称。地名大体可分为自然地名和人文地名。志书中的地名记述是把一个地方的地名的内容按方志的体例体裁行文规则等要求进行的记述。目前，很多志书分政区聚落地名、自然地理地名、交通地名、水利地名、文化地名、历史地名、工厂矿产地名、地名艺文、地名研究等记述地名。第二轮综合志设置地名篇目时，要记述什么内容？设置成章节目的哪个？这里除了要考虑地名专业一些特点和志书结构合理匀称外，还需要顾及地方地名情况及其资料的拥有量。目前为止，内蒙古地区没有出版综合地名志，但是有关地名的书很多。内蒙古地区已出版的新志书，对它们的利用率极低。组织有关人员做田野调查收集资料更谈不上。第二轮志书设置地名篇目时，要充分考虑以上谈到的三个方面。编纂者要根据各自的地方情况决定设置或章或节或目。

（三）地名归类要得当。已出版的志书中，有的把地名普查记述在民政部分中，有的把地名记述在区域部分中。地名和地名普查，又有联系，又有区别。地名的概念比地名普查、地名管理大。地名普查、地名管理工作放在民政部分记述为比较合理，地名普查的具体结果要记述在我们所说的地名中。前者的记述重点在于管理，后者的记述重点在具体地名的地名由来、地名变迁。志书编纂者要处理好这一交叉。在第二轮综合志书中要把地名归类在区域部分中记述比较合理。地名传说记述在志书的民间文学部分中，地名艺文要记述在文学艺术部分中。这样记述符合志书“横排书写”“类为一志”的篇目设置要求。

（四）要重视自然地理名称记述。内蒙古地区已出版的志书中，极个别的志书在地貌部分中稍微涉及了自然地理实体名称记述。专门记述的几乎没有。内蒙古地区自古以来是游牧民族的摇篮。内蒙古自治区的主体民族是蒙古族。在内蒙古地区蒙古语地名特别多。其中，自然地理实体的名称特别多。蒙古族的大自然崇拜，大地崇拜是该现象的历史文化根源。辽阔的沃野是游牧人赖以生存的生产资料。地名记载反映了这些现象，在延续着文化基因。因自然或人为的因素，自然地理实体会发生一些变化，肯定影响其地名。从这个意义上讲，第二轮志书一定要重视自然地理实体记述。

（五）要遵守“尊重历史照顾现实”的原则，规范记述少数民族语地名。第二轮汉文志书记述少数民族语地名时，除了应标注其所属语种外，还要记述其词义及汉语音译。少数民族语地名的汉语音译和汉语名称是两个概念。地名可可西里属蒙古语，是根据方言音译的，她的标准读音应该是“呼和西里”，但现已约定俗成。那么，志书就记述可可西里。记述少数民族语地名的汉语音译时，要用汉语拼音书写的同时，尽量用本民族的文字进行标注。记述读音时除了约定俗成的一般应根据该民族语的标准语音。志书要记述成第二轮志书记述少数民族语地名时，要遵守地名方面的“名从主人”“约定俗成”等规定原则。

地名的社会关注度非常高。1999 年 10 月，撤销哲里木盟建制，建立了通辽市。哲里木是蒙古语，汉语意为马鞍吊带。作为地名已沿用几百年。哲里木盟改成通辽市后，很多民众特别是蒙古族人很难接受。有些人士跟有关部门多次反映过该问题。2016 年 6 月，科尔沁文化遗产研究会召开《回复哲里木地名专家论证会》。专家学者提供了回复哲里木地名的依据。目前，正在跟有关部门反映情况。2006 年出版发行了《巴林右旗地图》。有位学者写文章，指出该地图中被异化的地名，并把其传统的蒙古语地名予以记述。可谓是做到了“尊重历史照顾历史”。

习近平总书记强调：要规范地名管理，传承、保护和弘扬优秀的传统地名文化。李克强总理要求：搞好地名普查，加强地名管理。近两年，笔者建议内蒙古自治区地方志办公室有关领导，编纂《内蒙古年鉴》要增加地名条目。目前，在年鉴的盟市旗县部分的概况条目中已记述地名由来，受到广大读者的认可。志书编纂者要高度认识地名的重要性，要本着“尊重历史照顾现实”的原则，做好地名记述。第二轮志书记述好地名，有利于志书结构合理，有益于突出志书的地方特色、民族特点、时代特色；对提高志书可读性，对该地方经济社会发展有积极作用。

参考文献

［1］特·宝音楚古拉：《〈巴林右旗地图〉中异化的地名》（蒙古文），《内蒙古蒙古语地名文化研究》2015 年 4 期。

［2］《内蒙古自治区地名管理规定》，《内蒙古蒙古语地名文化研究》2015 年 1 期。

［3］宝音木仁：《乌拉特中旗志》（蒙古文），内蒙古：内蒙古人民出版社，2013 年。

兵团二轮修志编纂工作创新探讨

苏　娟（新疆生产建设兵团第二师二十九团）

提要： 兵团二轮修志自2009年启动以来，由于社会环境发生了很大变化，志书编纂工作必须主动适应时代发展的变化和要求，与时俱进，全方位地吸纳时代精神，开拓创新，在编纂管理、篇目、内容、方法上不断创新，才能编修出一部具有时代特征的、反映时代特点的精品佳志，使志书能够真正发挥其社会主流价值文化载体的功能，为团场的经济建设贡献力量。

关键词： 二轮修志　编纂工作　创新

方志作为地情书，一方之全史，是概括一地自然、社会和人文发展过程的地方史书，也是汇集一方基本知识和系统资料的百科全书。方志性质决定了编修方志不仅是一项系统的文化工程，而且是一项社会性极强的工作。

当今社会是个日新月异、高速发展的社会，世界是高科技、信息化、网络化的世界，社会、政治、经济、文化、管理等各种结构和人民生活都发生了翻天覆地的变化。地方志作为一项文化事业，必须全方位地吸纳时代精神，与时俱进，开拓创新，才不会被时代抛弃。

一部志书，从总体规划、篇目设计到布置任务，从宣传发动到业务培训，再从稿件审、评、定到出版、发行、应用，每个环节都需要科学规范的管理。而参与修志的人员必须结合时代特点，用改革创新的精神，去探索新的工作模式、新的技术手段、新的服务方式，坚持用发展、创新的观点指导二轮修志，才能修好志书，顺利完成二轮志书编纂工作。

一　二轮修志创新的必要性

创新，对于兵团二轮修志来说，非常重要，从某种意义上来说，是决定这一轮修志能否与时俱进、能否出精品佳志的关键所在。

二轮修志是在一轮修志的基础上启动的。第一轮修志时虽然也积累了许多宝贵的经验，也提供了不少有益的启示，但那种计划经济体制和管理方法，已经受到了严重挑战。随着政治体制改革不断深入和市场经济体制不断完善，兵团的行政职能发生了较大的转变，行业变化较大，撤销、合并、新增等，从而给二轮修志的组织发动带来很大困难，原来能指挥的如今指挥不动了，原来能协调的现在无法协调。面对兵团二轮修志时间段限内的社会环境已经发生了很多变化的情况，如果不假思索和选择，把一轮修志的管理方法、编纂思想、编纂原则、编纂体例、编纂方法乃至篇目结构，都一一照搬过来，依样画葫芦，就会碰钉子，遇麻烦，使修志工作陷入被动，很可能使志书编纂停留在原来的水平上，甚至质量下降。因此，随着时代发展，特别是人们思想观念的不断变化，二轮修志工作的编纂理论、体例方法、组织形式、内容结构和技术手段等等都需要创新发展，这些都对编纂工作提出了新的挑战和要求。

与旧有的修志不同，二轮修志，是真正意义上的当代人修当代志，记载时限大多都是改革开放以来的十多年至20多年的时间段内，如《二十九团志》的记载时限是1996年至2010年的15年，正是兵团经济体制改革的攻坚阶段和转折时期，改革涉及了遇到了许多难题，改革的道路也是艰难曲折；记载内容，大都是我们亲见、亲闻、亲历过的。自改革开放以来，兵团的经济和社会各方面都发生了翻天覆地的变化，对二轮修志也提出了新的要求。同样的，二轮志书的记述对象也就是主体已经与时俱进发生了很多变化。那么，这就要求我们适应时代的变化，把志书时限段的变化真实地记载下来，同时要求修志工作者不断创新。无论是志书的体裁、体例、内容、表达形式，还是著述方式、图照运用、索引编制等都要有创新、有进步，否则有愧于伟大的现实，也对不起子孙后代，所以创新应当贯穿始终，必须把修志的过程，当作不断创新的过程。

二　二轮修志创新的途径

编修志书涉及多个方面，多项内容，要在总结和运用一轮修志成功经验的基础上，结合时代特点和团场实际情况创新，不能为了创新而创新。结合二十九团编纂二轮志书的过程，我认为，二轮修志可从四个方面进行创新探索。

（一）编纂管理创新

修志工作是一项庞大的系统工程，涉及经济和社会生活的方方面面，没有较强的组织协调能力，是难以顺利开展修志工作的。就团场来讲，涉及几十个部门，上百个资料收集、编纂人员，数十万的资金使用，如果管理上出现问题，不仅无法提高工作效率，不能按期完成志书编纂任务，而且志书的质量和效益也会受到严重影响。从某种意义上来讲，二轮修志管理水平的高低，将决定着修志工作的成败。管理民主科学，就能充分调动各部门的积极性，充分发挥参与修志的专兼职人员的聪明才智，起到事半功倍的效果。

自二轮修志工作启动以来，兵团确定了试点单位。但少数试点单位领导对方志工作不了解，头脑中只把修志工作看成是临时性的短期行为，更未尽熟悉用人之道，修志组织协调工作不到位，无法实现修志管理有机、高效地运转。而参与修志工作的人员大多是从其他岗位转岗而来，虽有一定的文学功底，但对修志流程和业务不熟悉，效益意识较差，组织协调能力不够，修志工作基本处于走一步算一步，走到哪里算哪里的状态，修志工作者的积极性和创造性难以发挥出来，导致少数试点单位的修志工作成了“马拉松”赛。

针对在二轮修志管理中出现的问题，各修志单位应结合实际，在管理上要与时俱进，大胆创新，积极转变观念，提高修志的管理效益。一是挑选精兵强将，组建一支高素质的修志队伍。提高志书编纂效益的根本途径在于提高修志队伍的整体素质。志书是集体智慧的结晶，如果修志队伍整体素质偏低，个人水平再高也无济于事。所以，在二轮修志工作中，各修志单位都应当高度重视人才工作，采取各种办法，吸引人才、留住人才、培养人才，努力组建一支高素质的稳定的修志队伍。这是提高志书质量和工作效率的根本要求。据了解，有的团场二轮修志工作启动后，每年都要更换修志人员，由于人员不固定，不仅业务培训无法进行，而且造成二轮修志迟迟不能正式启动，工作没有进展，势必影响志书编纂工作进度。

二是改善工作条件，运用现代化手段提高工作效率。当前，我国已经进入信息化时代，在编修志书、编纂管理的过程中，要勇于改革旧有的工作方法，引进新理念，新的工作手段，让修志人员通过互联网方便、快捷、及时、准确地了解自己想知道的东西，也可以通过网络学习交流。同时配备现代化的办公设施，足不出户，就可以完成打字、复印、传真、收文等工作程序，从根本上降低修志成本、提高工作效率。

三是实行承包制，充分调动修志人员的积极性。实践证明，没有同个人利益挂钩的工作，其质量和效率是无法得到保证的。二轮修志可结合各自单位情况，大胆尝试，采取层层承包的方式，签订修志承包合同，能够充分调动修志人员的积极性，志书编纂质量和工作效率也会得到提高。如第二师医院、第二师党校、华山技校等修志单位均采取了由兼职人员承包修志的办法，效果较好。

四是纳入绩效考核，全面提高志书编纂质量和工作效率。考核对象主要是专职修志人员和参与修志的部门，以年度为时限实行考核。修志工作纳入各级各部门的绩效管理目标内容，能够充分调动参与修志人员的工作积极性，全面提高志书编纂的工作效率。如二十九团以二轮修志为契机，把志书资料收集纳入机关各部门的绩效考核范围，安排布置了对口行业和部门的资料收集任务，在规定的期限内，各科室和部门共向编纂组提供了70多万余字的资料，拓展了资料的来源渠道，丰富了志书的内容。同时，按照完成的工作量，参与提供资料的人员获得了相应的报酬。

因此，在二轮修志工作中，我们要改变旧有观念，把提高志书效益放在第一位，要把丰富的方志文化资源转变为实实在在的方志文化资本，让广大人民群众特别是千千万万的修志工作者从中得到实惠，才能体现编史修志的价值。

（二）编纂篇目创新

二轮修志志书的篇目设计，应当从地情实际出发，有什么样的地情，就设计什么样的志书篇目。但是，要知道地情是在不断变化之中的，环境在变，人类活动内容在变，人地关系都在变，正是这种变化，要求志书篇目也相应有所变化、有所创新。与一轮修志篇目相较，有的篇目可取消，有的必须增设。如有关社会保障内容，把一轮修志的下限1996年之前与二轮修志的断限期即1996年至2010年期间的社会保障体系作一比较，就会发现，变化十分明显。党的十一届三中全会以后，随着经济的发展和社会进步，社会保障体系开始逐步建立，以兵团团场为例，1996年社会保障工作正处于起步阶段。1996年以后，社会保障力度逐步加大，体系不断完善，出现前所未有的新面貌，相继建立了多项保障制度，如养老保险制度、医疗保险制度、失业保险制度、工伤保险制度、生育保险制度、最低生活保障制度、社会福利制度、优抚安置制度、灾害救助制度、社会互助制度等，这些制度的建立，说明兵团各级的社会保障系统已经初步建立起来了，这是过去任何时期都无法比拟的。

所以，一轮修志时，涉及社会保障的内容不仅少，记述简单，而且采用分散记述方法，如《二十九团志》在一轮修志时，劳动篇里只用四五百字简要记述了劳动保险的内容，是因为当时各项社会保险改革刚启动，因此无法全面完整地记述；而医药卫生篇只记述了医疗制度，民政篇记述了优抚安置等。在当时社会保障制度并不完善的情况下，分散记述是可以的。但是在社会保障体系初步建立的情况下，还是采用分散记述就不够了，因此，在二轮修志篇目设计时，二十九团专门设劳动就业社会保障章，把社会保障内容作为一节，集中记述了养老保险、医疗保险、失业保险、工伤保险、生育保险等五大社会保障制度。因为社会保障体系的建立和完善，既是经济发展的必然结果，也是社会进步和文明程度提高的重要标志，对于这种重大变化，有理由在篇目上反映出来。

同时，安全生产、小城镇建设、招商引资、精神文明建设等内容，为二轮修志时限内发展较快的工作，在篇目设计时也增设了相应的章节。中心团场二十九团与进入团场二十八团的内容安排，在篇目设计上也做了大胆的尝试，即将原二十八团的内容设特辑，纳入二十九团志的总体篇目，做到既统又分，相互照应，较客观地、完整地反映了两团在时限断内的社会和经济发展情况。

（三）编纂内容创新

这是二轮修志的大问题，如何把改革开放以来各行各业的巨大变化写出来？如何把改革开放中取得的成就，出现的新情况、新事物、新面貌反映出来？如何把它写深、写透、写足？虽然难度很大，但是必须写好，这是志书成败的关键。当代人如果不能把当代事写好，那就无法向后人交代。如这二十多年来，人口变化大，城乡二元结构正在被打破，流动人口人数增加，人口素质有了很大变化，民族融合也出现了前所未有的新情况等，这些该不该记，如何记？城镇化成了十多年来的热门话题，兵团团场小城镇面积在不断扩大，基础设施建设投资和建设规模加大，建设速度前所未有，社区管理开始进入团场，并已形成较为完善的管理模式，这些新内容如何记述？团场实行农业经营体制改革，以往的经营承包方式被打破，“两费”自理、团场基本经营制度的确立，团场“三化”建设有了新发展和变化，高产、优质、高效农业迅速发展，国家通过项目资金大力支持农业基础设施建设，同时兵团党委采取各项措施为职工减负，团场的连队管理、经营模式以及职工队伍的结构，与以前相比发生了根本性的改变，团场、连队、职工究竟发生了什么变化？工业、商业、服务业在这十多年来的变化同样是巨大的，随之而来的工业企业改制、破产、兼并、倒闭以及最后的企业私有化是怎么回事？下岗工人再就业怎么安置？民营企业是怎么发展起来的？现在，在团场民营企业已经成为团场经济的重要组成部分，这些民营企业对团场经济有些什么贡献？这十多年来，团场文化事业也出现了许多变化，在这当中，军垦文化是继承了还是消失了？流行文化是从哪里来的？有哪些表现形式？如网吧、卡拉 OK 等。文化产业情况又如何？人们的思想观念上又有哪些变化？居民的生活变化，既是实实在在的，又是翻天覆地的。团场职工的住宅出现了哪些新动向？消费结构变化中为什么投向文化教育的比例会越来越高？私家车现在越来越多，拥有者主要是哪些阶层？总之，兵团二轮修志的时限断内，团场发生的变化，是全方位的，是日新月异的，是翻天覆地的，二轮志书有条件、有责任，也有可能把这些变化记述好、反映好。

（四）编纂方法创新

与一轮修志相比，二轮修志的内容更丰富，更新鲜，也更贴近时代，许多事物还在不断发展、变化、更新当中，有的还缺乏历史的沉淀、过滤和检验，因此，在记述方法上，也要有所创新。比如，面对正在发展变化中的人、事、物，要尽量少用凝固的笔调去叙述，少下结论，少作定性，多采用动态记述的方法使之更具客观性，更符合历史本来面目。比如，进入团场二十八团与中心团场二十九团合并前（1996 年到 2005 年）的十年历史，如果将其内容纳入二十九团整体篇目中记述，按分门别类的方法记述，或许会削弱整体性，变得支离破碎，这样的情况下，我们采取特辑的方式加以记述，既保留了资料的完整性，也给后人查阅提供了便利。

再比如，在大量、丰富、鲜活资料的运用过程中，如何加强综合性、整体和科学性记述，使之比原始形态的资料更加准确真实、信息量更大，同时反映出事物之间的互相联系，提示事物的发展规律，更好地为现实服务等，这些都是修志工作者需要破解的难题，要在实践的过程中不断总结经验教训，实现创新发展。

三　二轮修志创新应掌握的原则

二轮修志无论在内容还是形式上，都有着广阔的创新天地，但是这种创新应该是以事实为依据的，实事求是的、科学的，是遵循志书自身规律的，不能凭空想当然，不能违背科学，更不能离开“志谱”。我认为应当掌握以下原则：

第一，创新必须从地情的实际出发。离开地情的创新，是无源之水，无本之木。地方志记载地情本身就要求从地情实际出发。二十九团在志书中把二十八团列入特辑，是因为存在这种独特的地情条件，两团的承包方式和地域特点不同，如果用同一个篇目插花式记述，势必会削弱两个团场的地域特色。考虑到这种情况，我们在编纂二轮志书时，进行了大胆尝试，专设特辑，我认为这种处理方式符合我们团场的地情，在记述和内容安排也更加科学合理，符合实事求是的修志原则。

第二，创新不能离开志书的基本规则。鼓励创新、支持创新，但这种创新必须符合志体要求，在体裁、体例、篇目、记述方法上，遵循志书的基本原则。志书的基本要求，是“纪实之作”，不能虚构，不能夸大、不作论述，不进行分析，只进行客观叙述。强调用记事、叙述的手法，对各章的内容作出实事求是的记述和介绍，坚持“述而不论”，仍然保持志书“记事”的基本格调。

第三，创新要以学习为本，提高编纂人员知识储备和能力。二轮修志要把改革开放以来发生的变化作深度的记述，对修志工作者综合能力而言，是一个严峻的挑战。诸如资料收集上来了，而有价值的资料不够，本质问题难以把握，容易停留在表面现象上等，如果泛泛而书，在某些重要问题和资料的处理上很可能难以有深度。因此，修志工作者必须在编纂志书的过程中，不断学习吸收除方志业务以外的其他学科的知识，为我所用。如学习并了解一些经营管理、财务、统计、政治、社会、人文等知识，掌握一些基本的应用方法。如对于现阶段团场经济社会各项事业的深刻变化，都是我们亲自所见、所闻、所经历的，都有深刻的感受。但是，在记述这种变化时，又觉得无从下手，不知从何写起，如果光凭报告、文件、档案资料，又难以深入记载。碰到这种情况，可以深入学习了解国家和兵团相关政策，了解时代背景，开阔视野，创新思维方法。同时也可运用社会学的调查方法，确定选题，进入深入细致的量化调查，取得第一手资料，或许对深入记述这种变化是大有益处的。都说家庭是社会的细胞，假如选择若干个家庭，进行全方位调查，从生产、生活到思想观念的变化，一一予以量化记录，并记入志书之中。在调查过程中，不难发现家庭的深刻变化，而家庭的变化，又往往能够折射出社会的变化。这种从典型事例入手，进行细致解剖的方法，就可以一试。所以，修志工作者在编纂志书时，一定把学习作为创新的根基，通过不断学习新的学科知识，运用吸收不同学科成果和方法，逐步提高创新能力，以深化志书的记述，不失为一种有效的途径。

国家方志体系视野下村志的立身与编修

王建设（安徽省淮北市方志学会）

提要：中国传统文化根植于被称之为母体文化的村落文化。村落文化是凝聚在中国整体文化中并通过农民体现出来最精微的思想基础，是中国整体文化不断汲取营养的最主要精神支柱、思想源泉和基本观念。中国乡村的变迁是中国历史变迁的主体，现代化和城市化的进程本质上也是乡村变迁的历程。研究中国历史变革的走向、规律及其特征，只有从乡村社会研究入手，才能真正获得符合中国实际的具有认知价值的认识。展示中国传统文化，最佳方式乃整体修编村志，国家应予以行政支持，国家方志大体系应对村志包容并蓄，纳为一系。

关键词：方志体系　村志　工程　整编

一　村落——中华传统文化之源地

中国之所以名排世界四大文明古国，五千年积淀的传统文化乃其重要标志。谈中国文化，离不开中国特有的封建文明，而这种文明又具古老的历史渊源和世系传承特性。

历经五千年进程后的今天，中国形成了经济高速发展而造就强大的物质文明。与此同步的是现代文化也得以迅猛发展，诸如城市文化、企业文化、社区文化、校园文化等等，各类现代文化又分别衍生出层层的分枝分叶文化。目前中国2000多个城市（县城）中，尤以中东部地区，几乎各行业群体都有着自己独特的文化。这些新兴的文化集合覆盖了城市社会，以至成了城市人现实物质生活以外的主要精神寄托和追求。

倘对这些新兴文化的成因乃至其内涵加以追溯、剖析，可以发现，它们几无例外的都根植于被称之为母体文化的村落文化，无一不在传统村落文化的基础上发展创新。这是由中国的最大国情——拥有幅员辽阔的广袤农村、近百万村居、近10亿计的农民主体所决定的。村落自有村落文化，村落文化既是中华文明的萌芽，也是中华文明的中流，以至顽强地接续至今。村落自诞生的那一天起，文化便应运而生，从人类发展史来说，村落文化总是伴随村落的诞生而诞生，伴随村落的消亡而消亡。一个村落史，也就是一部村落文化史，研究村落文化离不开对村落的考察。从宏观的角度，研究整个中国传统文化，则离不开对中国村落整体的历史的考察。

今天，我们所定义的中华民族是由无数个氏族和家族构成，家族上面是氏族，家族下面是家庭。村落则是国家和社会最基本的构成单元，家庭是民族最基础的构成单元。村落，这一由"聚族而居"模式发展起来的极为稳定的社会单元，是中国农村广袤地域上和历史渐变中一种实际存在的、历史最为悠久的时空坐落。

因此，如果对中国传统文化作一展演，便可以得出这样的结论——它与乡土村落有着一脉相承的血缘关系。中国传统文化之浩瀚博大，几无例外的都原产民间、乡村，而后才走向城市。而走向城市的传统文化不管怎样变异和创新，其根仍在乡村，其宗迄今不变。

19 世纪末，美国学者明恩溥《中国乡村生活》一书问世，催生了中国本土学者对于中国村落研究的热情，包括梁漱溟、吴文藻、林耀华、费孝通、杨懋春、杨庆堃、许烺光等。比较集中一点的是，都在研究一个具有数千年农耕文明历史的中国传统村落文化，得出"传统村落中最为浓厚的家族观念、宗族观念，使得村落文化具有极为牢固的内在结构与外在形态"这一观点。诸如市场、宗族、宗教等组织以及庇护人与被庇护者、亲戚、地邻之间的非正式相互关系网等，都起到了维系村落成员之间关系的作用。并认为，村落中的一切相关文化，都是在村落生活中的人们所创造的，都是村落文化的一部分。对村落中的任何文化形态展开研究，都是村落文化研究，它包括建筑营造与堪舆规划、生产生活与经济模式、文化教育与道德教化、宗法礼制与村落治理、民族民俗与宗教信仰、民间艺术与手工技能、生存空间与资源环境等等。

由于村落文化具有聚族群体性、血缘延续性的特质，并承载了中国久远悠长的文明历史，因而极具民族文化的本源性和传承性。村落成员的生产生活以及与之相关的有形或无形的文化形态，从表面化一般形式的呈现，到隐性化深层次的内在文化结构与内涵，都代表着国家和民族的文化传统，体现着"社会人"由单一个体到家庭家族，进而到氏族，最后归属于民族范畴，再直接引申到"国家"概念的文化层面的全部含义。可以这样说，村落文化是凝聚在中国整体文化中并通过农民体现出来最精微的思想基础，是中国整体文化不断汲取营养的最主要精神支柱、思想源泉和基本观念。纵览几千年，中国乡村社会的变迁始终是历史变迁的主体，这不仅因为在区位结构中乡村占绝对的多数，而且因为乡村生活模式和乡村文化传统更深层次的代表了中国历史传统。即使对于整个近代而言，现代化和城市化的进程本质上也是乡村社会变迁的过程。考中国历史变革的走向、规律及其特征，如果不从乡村社会研究入手，就很难真正获得符合中国实际的具有认知价值的认识。

2014 年 2 月 24 日，习近平总书记在中央政治局第十三次集体学习会上说："要讲清楚中华优秀传统文化的历史渊源、发展脉络、基本走向，讲清楚中华文化的独特创造、价值理念、鲜明特色，增强文化自信和价值观自信。"这就明示我们，要对自己国家民族历史、民族文化、民族本性有深刻本质性认识，应重视对它的整体考察研究，并给予一种庞大的载体对其作以宏大的展演。从中国文化大发展的走向看，最好的方法就是整编村志。

当前文化发展鼎盛期，注重编纂省、市、县三级地方志书的同时，力主整编中国地方志中最小单位的村志，以村志为载体，举力弘扬中华母体文化的精髓，借以凝聚近10亿乡民合力，进而渗透、感教数亿城市人这个庞大群体；同时通过对乡土地情的深入调查研究，找出城乡文化差异产生和变迁的背景及其规律，为文化强村、强县、强市乃至强省、强国提供基础资料支撑，意义就显得十分重要而深远。

二　村志工程纳入政府职能的思考

涉越中国村落的沿革，村志编修古之有焉。清康熙二十四年（1685）郎遂编撰安徽池州《杏花村志》，“清人为村立志，颇为稀奇，是修村志之起端”。康熙五十七年（1718）汪叟编撰上海闵行《紫堤村志》。道光末年侯云若续修《紫堤村志》之后，沈心卿以汪叟编纂《紫堤村志》为原本，参阅侯云若续修《紫堤村志》时采集的资料，增修《紫堤村志》成稿于咸丰六年（1856）。30多年后，张启楠抄录《紫堤村志》，于民国8年刻印《紫堤村志》，流传于世。《紫堤村志》自康熙至民国8年（1919）的202年间，历创修、续修、增修，其志体不断完善，内容渐实，成为上海地区村志的佼佼者。

当代，自20世纪80年代初全国性修志事业兴起，截至2015年10月底，全国首轮及二轮共编纂出版省、市、县三级志书8000多部，行业志、部门志、军事志、武警志、专题志、乡镇村志等20000余部，地方综合年鉴17000多部，专业年鉴7000多部。

然而如此宏大的方志事业，村志编修却不入新方志的规划，其编修处于自为状态。编修地方志一向为中华民族的优良传统，但流传下来大量的是省、府、州、县志书，作为县以下的村志则鲜见。据《中国地方志联合目录》报告，现存1949年前编修的地方志共有8200多种，其中乡、镇、村、里志仅160多种，为总量的1.9%，且集中于当时经济富足的江南（江苏、浙江）地区，表明了村志在中国方志中的明显缺失。

当今中国，新编方志虽渐成大系，以省、市、县三级志书为主体的方志已铸就国家方志之龙躯，然尚不健全，上缺“国家方志”这个龙头，下缺“村志”这个龙尾。早在2003年，黑龙江方志学者梁滨久先生就曾提出编纂“中国国家志”的设想，而其时当代村志的编修刚处在萌芽状态。从完整的方志体系上说，中国方志应对村志包容并蓄，留有一席之位，盖编修村志乃保存政治、经济、文化、社会等社会基础资料的最佳载体。

就全国而言，村志编纂一旦全面铺开，必将留下体量硕大、卷帙浩繁的文化遗产，保存大量珍贵、翔实的中国社会最基层的历史资料，具有无可替代的文献价值。蔚为大观的村志是规模最大的地域文化集群，所载事物，上可至起源，下可至成志之日，来龙去脉，悉数记载。大量的关于气象、自然灾害、矿藏、物产、水利等方面的珍贵资料，可录于志，优劣兼记，真实客观。发掘、保存历史遗存是村志存史、服务现实的重要切入点，通过对本地域人文历史的记述，展示本地人杰地灵的物质面貌和精神风貌，是村志奉行不悖的宗旨。不止于此，村落文化中的活态文化，即村落中所保留的民族文化精神，也应被重视起来。这种民族文化中精神性的部分，包括作为中国传统社会制度文化的“村礼”“族礼”“家礼”，文化教育与道德教化及其关系，文化传承与文化传播（含宗教文化的传播），民俗与原住民日常生活中的衣、食、住、行、婚丧、喜庆、信仰，以及与之相关的生产活动之间精神与物质的互为影响关系等等，都是村落文化中活态文化的部分。它们关乎村落中的人如何生活以及文化如何被创造并传承，始终随时代的变迁而演进，尤值得深入研究。

从资政的角度，今日组织编纂村志，实际上等于对中国的农业、农村、农民问题作了一次深刻、系统的调查研究和大量的个案分析。实践证明，凡编出村志的村民和村干部已经从中找到了正确的答案。通过村志悟出了发展乃第一要务，为民是执政根本。只有情为民所系，利为民所谋，才能共襄善举、大业功成、鉴古通今、继往开来，从而总结经验、汲取教训、扬长避短、奋发图强。

村志既然是传统文化的主要载体，当不可低估它对社会发展、人类前进的警示、借鉴作用。村志的集合是最全面、最系统的国情、地情调查，编修村志最大的宗旨是使人全面了解农耕文明的历史，是研究当今人们赖以生存的生态资源面临什么问题的最好方式。横向看，现代资本主义文明的最大弊端就在于为了取得和维持所谓的文明，人类付出的代价过于巨大，以致现代世界已十分迫切地感受到保护地球、保护生态、保护资源为刻不容缓的当务之要。

而从当今社会多元发展的大视野角度，村志修编更重要的战略意义在于，旨在促进农村经济要素有序自由流动、资源高效配置和市场深度融合，推动中国的乡村实现经济总体的协调。开展更大范围、更高水平、更深层次的区域合作，共同打造开放、包容、均衡、普惠的区域经济合作架构。实现中国乡村多元、自主、平衡、可持续的发展，增进中国农民的人文交流与文明互鉴，让农民相逢相知、互信互敬，共享和谐、安宁、富裕的生活。当今中国农村经济的勃起由东而源，东部率先发展起来，内陆及中西部尚落后，不可否认的是已有了经济上的贫富差距，也有了文化发展的差异。今天，“一带一路”的战略思想正在推动社会发展再平衡，鼓励向中西部开放，带动中西部开发，推行整体化的包容性发展理念。因而，中国村志的整体修编，应是对国情国力的一次全方位的重大考察。

得益于盛世修志，一个值得关注的现象表明，随着时代的推进，未被列入新方志规划的村志正在中华大地悄然兴起。近些年，各省在普修省、市、县三级志书的同时，一些地方自发编纂村志。1991 年 6 月，浙江省江山市《白沙村志》出版发行，号曰新中国第一部以村为单位单独出版的村志。浙江省将村志编修、出版纳入浙江乡村社会研究系列丛刊，已有一批村志问世。安徽省着手编纂《名镇名村志》，一些地方先行自发编纂、出版一批村志。在山西省 28323 个行政村中，目前有 500 余个村子编纂村志。2011 年 7 月 1 日，《山西省地方志工作条例》正式施行，首次将村志编纂纳入政府工作，标志着山西省政府对修编乡村志给予的鼓励和支持。在山西省省会太原，由于城市规模不断扩大，郊区的一些村庄正逐步被“蚕食”。目前形成“城中村”的共有154个，世世代代生活在村子里的居民，离开老宅子搬迁都市区新家。太原正组织半数以上的村庄编修村志，让村庄这个实实在在的氛围，成为村民记忆中的一部分。2012年，方志学者著文《国家倡修村志的现实意义》，对各地村志的修编起有推波助澜的作用。

农民自己动手编纂村志的现实，说明千百年来一直处在社会最底层的农民开始发现自身的价值，产生一系列过去梦中也不可能有的新追求。由于生养村民的村落大多名不见经传，身不在典册，它进不了一直是由文人文化中记录的大背景、大历史，因此村民亟须通过史学来为自己定位，让史籍留下自己的足迹，也需要通过史学总结经验，探索进一步发展的方向。“人有爱乡心而后有爱国心，不能爱乡而谓能爱国者，是谰语也”（《辽阳洲志乡土志》卷前）。村志使农民感到特别亲切，尤有说服力和感染力。爱国先爱村，爱村必读志。村志以其生动翔实的资料为村民提供了热爱家乡的生动教材，能够正确而又适度地调动人的恋乡恋村情结，既可教育今人，又可启迪后代，其教化效果透彻深远。

但是，由于村志编纂首先未得到政府的官方行政支持，兼之国家经济的高速发展，城市进程化、城乡一体化的加快，对广大农村尤其对近百万村落是个强大的冲击。有的村落已经在冲击波下消亡，各乡村清代、民国时期的历史人文信息已基本消遁，解放前后的珍贵历史人文信息亦濒于散失，从新中国成立至今60年来的历史变迁尚未全面、系统地记录和整理。不仅如此，随着对建国前后历史熟稔的老农民相继去世，今后想采访都很困难。这样，客观上就给村志编纂带来许多不便。因此说，村志编修是一项抢救性、急切的工作，刻不容缓。

中国目前约有60多万个行政村、近百万个自然村。据《中国统计摘要2010》的统计数字显示，从2005年至2009年，全国每年减少约7000多个村民委员会。这说明，在中国这个曾以农业文明兴盛的广袤大地上，平均每天有20个行政村在消失。如广东清远连州市河背村——一个普通的粤北小山村，如今一年中最热闹的春节，也未能给它带来一丝生机，原本23户人家的村庄，如今搬迁得只剩下两户村民。山西省的赵家沟村，由于人口大量外流，且随着老人陆续过世、青少年外出务工学习，这种典型的黄土高原生态村落，将面临“空巢”的境地，农村的传统文化生活形态将只能成为记忆中的往事。这已经成为中国许多即将消亡的村落的一个普遍现象。

鉴于此，由政府对村志的修编还尚处倡导阶段，目前村志的编纂又多属自发行为、各自为编的状态，急切呼吁国家层面的明政指令，就像省、市、县志，应将其纳入政府工作范畴，尽快实现从由任其自为到行政规导的转型，出台村志修编的整体规划。加大村志修编的宣传舆论导向，营造村志修编的氛围，宣传村志修编的重要意义，发动、号召村民关注、支持、参与。各级政府制订有关条例、措施、办法，从规划、组织、人力、物力、财政等方面给予明确界定。村志编修业务，由于村志的存世量少，可供借鉴的范本不多，因此，方志学界的专家学者，有义务在媒体上提供一些村志编纂的理论知识和编写方法，从形式到内容作大体的规约，以飨编者。

三 村志的组织及其编纂

村志编纂不同于省、市、县志稳固，首当其冲的是要解决好临时组织问题。没有组织，一盘散沙，无头无序，无从做起。从目前已经编纂出版的村志来看，组织得力，编纂起来就顺利，反之则差。有村志能延宕数年，甚至十多年都没能脱稿，根本原因是没组织好。笔者总结近年参与修编村志的实践，对村志的编写组织得出 16 字要诀，即："村委乃先、专家领衔、村民参与、县志把关"。

村委乃先。村志修编是村里的大事，村志是一个村最大的文化工程，开天辟地，亘古未有。村委会应担负起村志修编策划、组织、协调、处理等事宜，担负起人力、物力、财力的筹措、安排、实施，担负起编委会及印刷出版工作。应责无旁贷、义无反顾、率先垂范、身体力行。

专家领衔。由于方志的独特体例，更兼村志在方志体系中又为新体，专业性较强，村民一般多不熟稔，必须有较高的专业知识或专业实践经验的人员参与编纂全过程，包括调研、策划、篇目拟定、资料收集的指导、编写的指导、总纂等，尤其对村志素有研究的专家更为合适。这样，力保村志的体例、篇目、政治性、史实、语言等都达到或符合志书的质量标准。

村民参与。众手成书乃修志的一个法则，对文档资料匮乏、以口碑资料居多的村志来说尤其如此。要考虑成立村志编纂组，注重培养和选拔一批村志编纂专业人员，除抽调或选聘数名有热情、熟悉村情、文字功底过硬的编辑人员入组，还要积极鼓励有志于村志编纂，且有一定文化基础、理论水平的退休干部、老教师和农村老党员参与编写，广为动员村民提供资料、线索及实物，在老一代村民中建立口碑资料的提供群体，确保村志资料收集、编纂工作的顺利开展。

县志把关。一般来说，鉴于村志体量较小（小村 10 万字左右、中村 20 万 ~30 万字、大村 30 万 ~50 万字），志书成稿后先经村级组织内审（主要把史实关）、县志办组织正式评审（主要把政治关、体例关、文字关）即可。县志办评审规模不宜过大，时间不宜过长，十数人、半天为宜。

至于村志的具体编纂，尽管村志古已有之，但成书量及存世寥寥，且村志作为方志大体系下一种独特志体，有一个渐趋成熟的过程，迄今尚未有方志理论的支撑。近几年，各地已经编纂出来的村志参差不齐，其质量普遍不高，甚至低劣，令人担忧，不少村志没能达到起码的质量标准。究其原因，盖因国家整个修志界没有一个村志的编纂规范，从事省、市、县三级志书的工作者，也都较少研究村志体例。而从事村志编纂的村民，则大多对方志知识不甚了了，更对村志这个方志中独特的志书体例缺乏研究。由此，村志的质量不高也就在所难免。

目前村志质量问题，比较集中地体现在篇目上。修志之道，篇目乃要，村志也不例外。篇目设计的科学合理，修志即成功了一半。篇目乃体例的重要体现，事涉志书的总体设计，之于志书，犹宴席之菜谱、工程之设计蓝图，集中体现着一部志书体例的正确与否，指导着门类下各条目的资料收集与编写，同时兼有检验志书特色特质的功能。对于村志，尤其如此。因此，应对村志篇目的设计予以充分重视，不可掉以轻心。察当今业已面世的村志篇目，一是失之过简，有的村志缺项严重，或缺地理环境，或缺社会生活，或缺人物，甚至有的缺少凡例，或缺少概述、大事记、附录等。一是失之过繁，有村志篇目过细，包罗万象，事无巨细，万事万物皆收囊中，其篇目排列起来不啻一部县志的篇目。也有村志的体例值得商榷，如浙江《白沙村志》的篇目立异标新，志体设“五环”，第一环天人；第二环产业；第三环政俗；第四环世系；第五环文韵。志不设篇章而设环，据说是受了奥运会五环旗的启发。这种创新的体例究竟如何，有待学界评说。

值得注意的是，无论繁简，已出版的村志多缺“宗系氏族”部分，这本不应该。人，乃社会中最重要、最活跃的元素，读一部村志，首先要让人清楚的是村落人口的渊源，乃至其上下左右的宗族关系。村中已有的家谱固然为其传统载体，但由于成书的家谱多掌握在族长或分支长者手中，受众者少，一般村民很难看到。如纳入村志并普发给村民，则影响及效果极佳。散存于民间的宗族谱牒又称宗谱、家谱、家乘，是家族的民间档案资料，是民族的宝贵文化遗产，也是我国传统的历史文献之一，具有重要的史学价值。于族人可彰显家族声望，弘扬传统美德，凝聚亲族；于国家可弘扬正统观念，规范人际社会关系，巩固统治。作为村志，应责无旁贷地按照志书体例予以编写录载。

古村志对于篇目讲究一地志、二民志、三官志、四政志、五事志、六文志、七物志、八杂志。时过境迁，现代村志篇目的设计，应考虑现代社会的特点。笔者以为，现代村志的内容应大抵包括如下版块：一曰地理环境，记录村庄的由来及其沿革、地表地下资源分布、环境气候、村落古遗、人口渊源及宗系氏族等；二曰经济，记载农林牧副渔、特色产业、手工业、工商业的发展变迁情况；三曰政治，记录旧时村落的行政隶属管理、新中国成立后党、政、工、青、妇、群众团体、民间组织等各项工作；四曰文化，记载有史以来村落物质的、非物质的文化遗产及其各种活动展演；五曰社会，包括村庄民居的建设、变迁、道路桥梁、水电气暖、生活设施，民俗风情、生活水平的提高等；六曰人物，收录知名的乡贤士绅等。上述6个方面，只是一个粗略框架，具体到每个村，应与村落的实际结合起来，充分体现个性与特色，斟酌排序的先后，否则就会千篇一律，有互为临摹、雷同之嫌。试借鉴学界民俗分类法设置民俗篇目如下：

《××村志》第×章民俗

第一节　物质生活

生产习俗（种植、养殖、采掘、捕猎等物质资料的初级生产活动）

商贸习俗（匠艺、服务和商贸诸业等加工、交易活动）

生活习俗（衣、食、住、行等物质消费活动）

第二节　社会生活

社会组织（宗族、村落、区域、帮会等组织活动）

岁时节日（民间约定俗成的特定时日节庆）

人生礼俗（诞生、成年、婚姻、丧葬等人生历程方面）

方言俗语（区域性的地方语言）

第三节　精神生活

游艺习俗（民间曲艺、地方戏、竞技、社火等娱乐活动）

民间信仰（诸神崇拜、传说、宗教信仰等所代表的民间精神世界）

当然，篇目不可能一蹴而就、一次定型，而应在资料收集及编写过程中对篇目不断检验、不断的修正，直至定稿。此外，还应包括卷首、卷尾内容的设计。一言以蔽之，村志虽小，却也“五脏俱全”，应有“述、记、志、传、图、表、录”等体裁。

村志工作展开时，资料收集、动手撰写两个环节，需依托篇目并将篇目尽可能的细分化，重点放在资料的收集上。所谓“巧妇难为无米之炊”，没有资料或资料不全，一切无从谈起。其工作最好在专家的指导、示范下进行。

初稿撰写，不能不提及志书的行文。志书也应具可读性，但大量的实践是，三级志书文字虽多严谨，但多失之刻板，生气欠足，很难说其可读性。志书“行文要严谨、朴实、简洁、流畅”，这是最基本的要求。而在志书编纂的现实过程中，过于单纯强调志书语言的严谨、平实，而忽略了其灵活有变、典雅流畅，会致使语言枯燥、艰涩、呆板、乏味。我们编史修志的目的，就在于发挥其“存史、资治、教化”功能，在于读志用志。如果编纂出版志书之后没有吸引力，将其束之高阁，便失去了志书的作用。因此，增强志书的可读性，当是目前所有志书行文应为重视的问题。

而村志，由其直接记写民众、承载社会最基础资料的特点所决定，有理由写得更为鲜活、生动。一应不仅记述严谨，语言更要灵活。可适当运用议论或描述等表现手法，准确用词，言简意赅，使所记内容具体形象。根据记述内容，灵活多变，力求真实而又生动地反映历史和现状；二应不仅行文朴实，也要有文采。孔子曰：“言之无文，行而不远”，只有语言精美、富有文采，文章才能流传久远。清代方志大家章学诚提出方志语言“要简、要严、要核、要雅”，这个雅，指的就是志书的文采；三应形式上力求图文并茂，设计新颖。21 世纪被称为读图时代，图文并茂的志书越来越迎合人们的阅读口味。对于村志来说，图片、照片和表格的运用，都能使村志更直观、形象、生动，不但可以节约文字记述的篇幅，而且可大幅提高村志的可读性；四应适当增加人文元素。注意典型人物和典型事件的记述，增加奇闻轶事的收录；五应注意贴近百姓生活，让村志走入寻常百姓家，关注民生，使普通百姓都想看，看得懂。必须在内容方面多一些百姓生活情境，多记述一些与民众休戚相关的社会现象。村志对平民生活多关注一些，会使村志显得生活气息更浓，史料更加鲜活，真实感更为强烈。

"一带一路"视野下修志对中药材进出口的研究

于盼粘（河北省安国市地方志办公室）

提要：在"一带一路"建设中，研究古今丝绸之路上中医药文化交流很有必要。中国与丝绸之路沿途各国都有大量中药材贸易，张骞出使西域、郑和下西洋以及陆、海丝绸之路上的各国商人对中医药文化国际交流都做出重大贡献。各个时期史料对中药进出口有很多记载。安国药材市场是全国药材集散地、古今中药材进出口窗口，是丝绸之路中药材的仓储区、中转站。我国西部、沿海、内地都在"一带一路"中药材进出口上做文章，应该编纂《丝路中药志》。

关键词："一带一路"　中药材进出口　丝路中药志

2013年9月和10月，国家主席习近平在出访中亚和东南亚国家期间，先后提出共建"丝绸之路经济带"和"21世纪海上丝绸之路"（以下简称"一带一路"）的重大倡议，得到国际社会高度关注。国务院总理李克强参加2013年中国—东盟博览会时强调，铺就面向东盟的海上丝绸之路，打造带动腹地发展的战略支点。加快"一带一路"建设，有利于促进沿线各国经济繁荣与区域经济合作，加强不同文明交流互鉴，促进世界和平发展，是一项造福世界各国人民的伟大事业。①

2014年年初，国家中医药管理局在中医药工作会议上，为把国际中医药文化交流嵌入"一带一路"，提出"传播中医药健康文化，提高国际社会对中医药的认知和认同，着力培养海外市场"，并确定为工作重点内容。2015年，国家中医药管理局提出"以服务'一带一路'建设为契机，全力推动中医药海外发展。"②

起源于汉代的丝绸之路是具有历史意义的国际通道，中国的丝绸、瓷器、香料等通过丝绸之路贩运到中亚，甚至更远的欧洲。如今，中国中医药已经逐渐在丝绸之路沿线国家"生根发芽"。中医药发源在中国，但历史上大量的中药材来自世界各地，其传输多是通过丝绸之路作

① 国家发展改革委、外交部、商务部联合发布《推动共建丝绸之路经济带和21世纪海上丝绸之路的愿景与行动》。
② 国家中医药管理局局长王国强在全国中医药工作会上的报告。

为渠道，中医药也随丝绸之路传播到多个国家。古代文献中对此多有记述。

研究史料对丝绸之路的记述和当今记述“一带一路”都是地方志工作者的责任，在世界共建“一带一路”事业中，志书记载其盛况，也是必然的。本文就历史上丝绸之路中医药的国际交流和如何记述目前中药在“一带一路”中的状况，做一阐述。

一　丝绸之路上的中外药材交流

中国地大物博，中华文明源远流长，中医药就是贡献给人类的文明之一。同时，中医药文明是在漫长的历史长河中总结前人经验，汲取外邦营养而逐渐成熟起来的。两汉时期，中国最古老记载药物的书籍——《神农本草经》问世，它所记载的药物365种，其中就有了张骞出使西域带回的药材胡麻等。这说明西汉或以前就有了域内外物资传输渠道，但到了明代李时珍的《本草纲目》所载药物即达到1871种，从西汉初年到李时珍《本草纲目》成书近1800年的时间里，中药材品种增加了1506种之多，其中已经有了大量海外药材。①同时期，中医药文化也传到了朝鲜、日本、越南、东南亚、中亚和欧洲。②史世勤在《中医药传日史略》中介绍了唐代某个时期日本正仓院保存的麝香、犀角、朴硝等60种中药材，并指出唐代传入日本的香药很受欢迎，甚至出现了派人专门入唐求香药之事。③ 这些药材交流，都是经过海上丝绸之路和陆上丝绸之路流转贸易。

唐代是丝绸之路上药材贸易兴盛时期，粟特人④是中古时代丝绸之路中药材交易的主要中介商，他们的商品基本囊括了西域与东南亚诸国的名香（名贵药材）。4—8世纪，海上丝绸之路从事香药贸易的中介商人主要是波斯（今伊朗）人，其商品来源从东非的索马里到欧洲的地中海，从阿拉伯半岛到南中国海，在海上丝绸之路活跃了500年。8世纪后，阿拉伯人成为继波斯人之后将香药输入唐土的中药中介商。⑤ 宋元时期，瓷器渐渐成为主要出口货物，因此，人们也把它叫作“海上陶瓷之路”。同时，由于输入的商品历来以香料（药材）为主，因此也把它称作“海上香料之路”。

明代，郑和下西洋的七次航海之旅，走的就是海上丝绸之路，明代丝绸之路对中医药发展和对中药材种类的补充和完善做出重大贡献。郑和及他的船员们对中医药在这一时期的发展功不可没。

郑和率领的大明船队从苏门答腊内陆及印度尼西亚岛屿的森林中，带回了一些珍贵的树脂，如樟脑、乳香等；从苏门答腊活火山周围带回了质量上乘的重要药材硫黄；此外还有犀牛

---

① 参阅民国23年（1934）《新医药刊》第17~20期。

② 杜石然：《历史上的中药在国外》，《自然科学史研究》1990年第1期。

③ 范天磐：《汉唐以来外药输入的历史与外药之国药化》。

④ 粟特人原是生活在中亚阿姆河与锡尔河一带操中古东伊朗语的古老民族，从我国的东汉时期直至宋代，往来活跃在丝绸之路上，以长于经商闻名于欧亚大陆。

⑤ 温翠芳：《中古时代丝绸之路上的香药贸易中介商研究》，《唐史论丛》第12集，西安：三秦出版社，2010年。

角、大枫子油、胡椒、丁香、豆蔻、木香、苏合香、安息香、沉香、燕窝等，也大量被随船医生列入药材，凡郑和手下所采集到的药草，马上在船上加工处理以保持其功效，便于保存和使用。这些药材中很大一部分被后世广泛运用于中医临床，而且影响颇为深远。

郑和下西洋进一步扩大了中医药在东南亚及印度河流域的影响。以马来西亚为例，在与郑和同行的匡愚医士所著的《华夷胜览》一书中记载，郑和舰队将优秀的中华文化和奇珍异宝带到那里，其中就包括了珍贵的中药。当时随行医官除了到处施医赠药之外，还充分利用当地资源，搜集各地药物，炮制成中药，将中医中药的知识和技术传播到马来西亚。中医在东南亚及印度河流域的流传和发展连绵不息。

丝绸之路，是亚欧大陆上勤劳勇敢的人民探索出多条连接亚欧非几大文明贸易和人文交流的通道。千百年来，从事中医药的各国商人在这条通道上，“和平合作、开放包容、互学互鉴、互利共赢”，推进了人类文明进步，是促进沿线各国医药事业繁荣发展的重要纽带，是东西方医药交流合作的象征，是世界历史文化遗产。丝绸之路精神薪火相传，就在于它的实用性。

二 安国市中药材市场是中药材进出口的窗口

河北省安国市药材市场肇于宋，兴于明，盛于清。北宋河北著名“四大榷场”[①] 之一鄚州是药材进出口的重要市场，安国市（时称祁州，以下均称安国市）药材市场与其相距百余里，两市场遥相呼应，互通贸易。因此，安国市药材市场囤积、流通着大量中外所产药材。明代，安国市已经成为长江以北药材集散地，安国市的药材通过磁河到白洋淀直下渤海而运往我国沿海地区和世界各地，特别是到广州经海上丝绸之路运出运进数量巨大。清雍正己酉（1729）进士刁显祖（安国市人）作《祁阳赋》记到安国市药材市场盛况：“年年两会，冬初春季，百货辐辏，商贾云集。药材极海山之产，布帛尽东南之美。皮服来岛夷而贩口西，名驹竭秦晋而空冀北。”[②] 是说安国市春秋两次庙会上，世界各地所产药材应有尽有，各种货物也非常丰富。实为丝绸之路药材交易的一个节点和缩影。

清乾隆年间（1736—1796），安国市药材市场形成全国性且为全国最大的药材市场，号称“天下第一药市”。全国各地药商组成的众多行帮常驻或往来安国市经营，其中最著名的有“十三帮”[③]“五大会”[④]。广东帮携通过广州口岸进口的药材如广角、广木香等带“广”字的药材，关东帮、西北口帮携牛黄、麝香、鹿茸、西红花、羚羊角、虎骨等俄罗斯、阿拉伯国家所产药材，等等，到安国市药材市场贸易，同时带走如黄芪、知母等国产药材出口，仅安国市加工的“炮台芪”每年就通过广州出口300多箱。民国20年（1931）京通卫帮（北京、通州、天津卫

① 北宋河北四大榷场：易州、霸州、雄州、鄚州。榷场是宋、辽、西夏、金政权在边界设立的贸易市场。

② 载于清乾隆本《祁州旧志》。

③ 十三帮：关东帮、京通卫帮、山东帮、山西帮、西北口帮、古北口帮、陕西帮、怀帮、黄芪帮、亳州帮、川帮、宁波帮、江西帮。还有广东帮、广西帮等若干帮。

④ 五大会：南大会、北大会、估衣会、银钱会、杂货会。

一带药商）运到安国市出售的日本产药材有皮苓、神羔、根朴、洋丹、洋枳实、洋枳壳、砂仁、决明子等33种，印度产大腹子、大枫子两种；山西帮和广东帮、广西帮运到安国市出售的药材有南洋产的没药、乳香、肉蔻、公丁香、母丁香、荜拨、草果、益智等，印度产的檀香、牛黄、珍珠、犀角、甲片等，新加坡、泰国产的犀角、槟榔、紫蔻等，还有柬埔寨的苦果、美国的花旗参等。古北口帮、京通卫帮、广东帮、宁波帮、关东帮每年要在安国市场收购大量的蛇床子、远志、麻黄、甘草、大苏、柴胡、五灵脂、黄芩等销往日本、西欧市场，还有大量药材通过香港外销。①

“七七事变”后，日本侵略者的铁蹄踏入中国，对形成两千多年的陆上丝绸之路和海上丝绸之路都予巨大摧残，随后对东南亚国家的侵略，使丝绸之路几乎断绝。此时，安国市药商大部分迁往天津。1860—1945年，英国、法国、美国、德国、意大利、俄国、日本、奥匈帝国和比利时等国通过签订不平等条约和协议在天津设立租借地，相对其他地区来讲，这里国际贸易比较发达。安国市药商的迁入，对推动天津中药材出口贸易起了很大作用。当时“搞国药出口、黄芪出口的大都是祁州人”。专门加工黄芪的“黄芪帮”迁津后，加工的炮台芪、冲正芪、三色芪等产品从天津口岸直销香港、东南亚及西欧，安国市药商不但在海外享有盛誉，还为在恶劣条件下维护丝绸之路上的药材贸易客观上做出重大贡献。

日本侵略军侵入中国后，大肆掠夺财物。民国29年（1940），日军在天津成立“华北生药协会”，对中国药材产销强行控制垄断。是年，日伪华北政务当局打着“复兴中国药业”的幌子，“恢复安国药材庙会”，以控制安国市药市的药材资源，每年廉价运走大宗大黄、麻黄、甘草、远志等药材。直到安国市解放前的民国33年（1944），日本侵略者仍通过其伪“合作社”收购药材，品种有祁大黄、祁薄荷、祁木香、祁薏米、蜂蜜等运往日本。②

中华人民共和国成立后，药材进出口贸易主要通过香港进行，其运输路线基本还是海上丝绸之路。药材生产则实行计划种植、计划收购、计划出口。1959—1980年保定地区外贸部门出口菊花、天花粉、紫菀、青木香、毛知母、山药、白芷、天南星、阿胶、槐米、蜂蜜、香菜子等近1500吨，其中50%以上出自安国市。

改革开放后，国家实行“对内搞活，对外开放”政策，安国市恢复中断40多年的全国性药材市场，药材进出口数量大幅度上升。仅安国市北方中药材贸易货栈1980—1990年出口药材即达32个品种1360吨。其后，安国市药材进出口数量大幅度上升，到2015年，每年有几万吨药材、饮片出口到欧美、中东、东南亚、非洲、澳洲等世界各地，韩国、日本等国家则有一些企业直接注册在安国市，收购、加工的中药材源源不断运回本国或销往世界各地。东南亚、非洲、美洲等世界各地所产药材，也大量输入安国市药材市场。进出口药材多通过天津、广州等

① 郑合成：《安国药市调查》，《民国时期社会调查丛编·宗教民俗卷》，福州：福建教育出版社，2005年。

② 薛愚主编：《中国药学史料》，北京：人民卫生出版社，1984年。

口岸，顺着丝绸之路开辟、扩展的航线川流不断，世界各国互通有无，共同为人类健康服务。

三　更多的中医药交流踏上“一带一路”的快车道

我国“一带一路”规划：“陆上依托国际大通道，以沿线中心城市为支撑，以重点经贸产业园区为合作平台，共同打造新亚欧大陆桥、中蒙俄、中国—中亚—西亚、中国—中南半岛等国际经济合作走廊；海上以重点港口为节点，共同建设通畅安全高效的运输大通道。”① 2015 年 5 月 7 日，国务院办公厅印发的《中医药健康服务发展规划（2015—2020 年）》中提出“中医药将参与‘一带一路’建设。国务院将遴选可持续发展项目，与丝绸之路经济带、21 世纪海上丝绸之路沿线国家开展中医药交流与合作，提升中医药健康服务国际影响力。”②中药材是丝绸之路上的传统商品，也是保障各国人民健康的必须商品。因此，我国政府在“一带一路”规划方案中提出：“为有关国家提供医疗援助和应急医疗救助，在妇幼健康、残疾人康复以及艾滋病、结核、疟疾等主要传染病领域开展务实合作，扩大在传统医药领域的合作。”③ 我国无论是西部、沿海，还是内地，都有丰富的中医药资源，作为经济发展和文化输出项目，很多地方都在与“一带一路”对接，参与这项造福世界各国人民的伟大事业。

从陆上丝绸之路经济带看，中医药有着得天独厚的发展优势，丝绸之路沿线与中国毗邻的国家，在文化、生活方式上比较接近，中医药理念易于接受，就近输出、输入，运输成本会大大降低。中药低廉的价格，符合当地民众消费水平，有利于中医药在沿线国家发展。2013 年，国家中医药管理局与吉尔吉斯斯坦卫生部签署的《中医药领域合作谅解备忘录》，其中一项重要内容为中国—吉尔吉斯斯坦中医中心项目。兰州佛慈制药股份有限公司生产的 20 类中成药，已在乌克兰、莫斯科完成注册；乌克兰代理商与甘肃省企业签订了 500 万元中药保健饮料的销售合同。重庆位于中西部地区核心，作为中国五大中心城市之一，正在利用丝绸之路上的渝新欧铁路，打造两路寸滩保税港中的“中国（重庆）国际生命科学产业园区”，把中国传统的中医药推向欧洲，把欧洲先进的医疗器械引进中国。中医药进军丝绸之路沿线国家，已取得一定的成效，与世界医药交流将大大缩短距离。

再看海上丝绸之路，中医药国际交流事业也已迅速展开。2015 年 11 月，由中华中医药学会和巴塞罗那中医学院在西班牙联合举办“2015 年首届海上丝绸之路中医药国际论坛”，探讨海上丝绸之路国家中医药合作新模式。④ 广东是海上丝绸之路的发祥地，岭南中医药在海上丝绸之路国家影响深远，当前广州正在建设海上丝绸之路核心枢纽，把对东盟各国的卫生事业交流列为重点发展项目之一。⑤ 天津处于“一带一路”的交汇点上，是丝绸之路的东部起点，也

---

① 国家发展改革委、外交部、商务部联合发布《推动共建丝绸之路经济带和 21 世纪海上丝绸之路的愿景与行动》。

② 中华人民共和国中央人民政府网·政策·政府信息公开专栏。

③ 国家发展改革委、外交部、商务部联合发布《推动共建丝绸之路经济带和 21 世纪海上丝绸之路的愿景与行动》。

④ 《中国中医药报》，2015 年 11 月 2 日。

⑤ 黄小晶：《广州建设 21 世纪海上丝绸之路的战略思考》，2014 年 7 月 29 日党建网。

是海上丝绸之路的重要起点，《天津市国民经济和社会发展第十三个五年规划纲要》中指出：“打造多式联运跨境交通走廊，畅通‘津新欧’‘津蒙俄’等运输通道。探索‘东北亚—天津港—大陆桥—中亚、西亚和欧洲’双向多式联运”“积极推进医药卫生合作，推动中医药‘走出去’。”①

河北安国、安徽亳州、广西玉林、成都荷花池、广州清平等全国各地中药材市场也都在为推进中药材、中药饮片出口积极努力。仅以安国市为例，有出口业务的企业20多个，出口药材、饮片300多种，主要出口东亚、东南亚、美欧、中东等地市场，并通过天津、广州、玉林、瑞丽等口岸进口丁香、白蔻、水蛭、补骨脂等药材100多种。此外，安国市、亳州等地药材种植单位和药农把桔梗、黄芪、黄芩、薏米等药材种植推广到印尼、马来西亚、韩国、蒙古、缅甸、泰国等丝绸之路沿线国家，也引进了伊朗、日本、美国、加拿大、越南、印尼、马来西亚等国家的药材种植品种，如西红花、红柴胡、西洋参、玛卡、辣木籽、丁香、大海、白蔻、肉蔻、马钱子、大枫子等。通过丝绸之路，将有更多的中外中医药文化交流，更好地为经济发展、文明传播、人类健康服务。

四　建议编纂《丝路中药志》

古代丝绸之路，历史悠久，文化厚重，岁月沧桑，可歌可泣；今天“一带一路”，气势恢宏，磅礴大气，前景灿烂，可贺可书。中药文化，在古丝绸之路上发展、完善、传播，在“一带一路”中交流、提升、辉煌。志书义不容辞记述古今丝绸之路，记述丝绸之路上的中药文化交流也是理所当然。志书怎样记述丝绸之路上的中药文化交流，做一设想，以抛砖引玉。

首先，设定志书时限，设计体现丝绸之路上中药特色的篇目。可编纂贯通古今的志书《丝路中药志》，也可编纂阶段性断限志《一带一路中药志》。其记述范围是陆上和海上丝绸之路有关药材的所有内容。篇目除设概述、大事记外，设路线（含陆上、海上）、驿站港口、出口药材、进口药材、经营单位（中、外分设）、仓储物流（含运输工具、仓储设施等）、药材采集、药材种植（含养殖）、药材加工、中医药传播、要事纪略、沿途风情、药材传说、人物传、人物简介等。

随后，理清资料来源和渠道。如果编纂古今通志，一是要搜集大量历史资料，有关丝绸之路的文献、中医药著作中记载着大量有关中外中药文化交流的内容。例如享誉沪港、对中医药历史颇有研究的名中医陈存仁先生，在其晚年写了一本书——《被误读的远行》，专门考证郑和下西洋这段历史。这本书有一大鲜明的特点，就是陈存仁先生以中医学家特有的视角来扫描郑和下西洋的这段历史，书中记载了郑和团队下西洋时所进行的大量中医药文化交流资料。二是通过外贸管理部门、外贸单位，如国家、各省市自治区医药保健品进出口公司等单位搜集中

① 天津市海洋局网，2016年6月11日。

药材进出口情况，有些外贸部门也有部门志或行业志。三是全国各地中药材市场，国家发证的有河北安国、安徽亳州、河南禹州、广西玉林、成都荷花池、江西樟树、广州清平、山东鄄城、重庆解放路、哈尔滨三棵树、兰州黄河、西安万寿路、湖北蕲州、湖南岳阳花板桥、湖南邵东廉桥、广东普宁、昆明菊花园等十七个药材专业市场，另外全国各地还有100多家有地方特色的药材市场。这些市场每年都有大量药材出口，也有大量药材进口。四是港口、海关，有药材出口的报关数据，也有药材进口的数据。五是边贸市场，与丝绸之路相邻国家互市贸易，可以得到有关部门统计不到的情况。六是出国考察的医药工作人员，他们掌握着许多具体事例。七是网络资料，网上可以查阅药材进出口资料和线索。还有很多搜集资料的渠道，如新闻单位、外事部门等等。

编纂《丝路中药志》，可将零散的丝绸之路药材交流历史资料集中起来，是对“一带一路”建设的重要贡献。

关于编纂《“中蒙俄经济走廊”黑龙江陆海丝绸之路经济带志》的构想

柳成栋（黑龙江省地方志办公室）

提要： 黑龙江位于东北亚的中心腹地，是辐射东北亚诸国、连接亚欧两大洲的重要枢纽地带。特殊的地理位置，使之成为“一带一路”发展战略的重要组成部分。编纂《“中蒙俄经济走廊”黑龙江陆海丝绸之路经济带志》是贯彻落实中央“一带一路”发展战略、贯彻落实黑龙江省委、省政府实施《“中蒙俄经济走廊”黑龙江陆海丝绸之路经济带规划》的重要举措，它可为实施《黑龙江陆海丝绸之路经济带规划》打造信息交流平台、提供相关资料、开辟绿色通道，详细记述龙江丝路带发展历史。龙江丝路带按通道可分为陆海联运通道、铁路通道、公路通道、水运通道、航空通道等。按产业产业发展空间布局，又可以哈尔滨为核心枢纽，分为哈大齐（满）、哈牡绥东、哈佳双同、哈绥北黑产业聚集带。龙江丝路带共覆盖省内及内蒙古自治区51个市、县（区）和俄罗斯、韩国境内的14个城市。论文还对《“中蒙俄经济走廊”黑龙江陆海丝绸之路经济带志》结构、体例、断限、编写原则、篇目设置等进行了谋划和探索。

关键词： 一带一路　“中蒙俄经济走廊”　陆海丝绸之路经济带　规划　编纂原则

2013年9月、10月，习近平总书记分别在出访中亚、东南亚时，提出共建“一带一路”的战略构想，成为我国在新时期优化开放格局、提升开放层次和拓宽合作领域的重要指针。2013年11月，党的十八届三中全会正式把“一带一路”战略写入三中全会决定之中。《决定》强调，要“加快同周边国家和区域基础设施互联互通建设，推进丝绸之路经济带、海上丝绸之路建设，形成全方位开放新格局”。于是，“一带一路”发展战略在全国蓬勃展开，并得到了沿线国家的积极响应和大力支持，取得了丰硕的成果。

黑龙江位于东北亚的中心腹地，是辐射东北亚诸国、连接亚欧两大洲的重要枢纽地带。其北、东部与俄罗斯为界，西部与内蒙古自治区相邻，南部与吉林省接壤。全省土地总面积47.3万平方公里（含加格达奇和松岭区），与俄罗斯水陆边境长3045公里。特殊的地理位置，使之成为“一带一路”发展战略的重要组成部分。生活在黑龙江流域的古代先民，在漫长的历史岁月中，创造了灿烂的地域文明。从先秦时期的肃慎，到汉代的挹娄，北魏的勿吉，隋唐的靺鞨，辽金及元明的女真，清代的满族，以及濊貊、东胡等其他族系，黑龙江先民以坚韧、豪迈、包容的气概书写着民族的辉煌。他们雄踞雪覆的崇山峻岭，跃马广袤的白山黑水，驰骋于冰封旷野平原，搏击在苍茫的兴安岭内外。黑龙江冰雪丝绸之路以不争的史实说明，黑龙江流域同黄河、长江流域一样，也是中华民族和中华文明的发源地之一。千百年来，在冰雪丝绸之路上，銮铃响彻、驿马驰骋、旌旗飘舞、百舸争流、官民络绎、兵丁往返、商贾穿行、水陆两忙。居住在松花江流域，黑龙江中、下游广大地区的我国东北边疆少数民族，或以民族部落的形式，或以地方政权的形式，携土特产品前往中原王朝称臣纳贡，并带去了东北边疆的风物土贡；而历代朝廷则以金银米粮、丝绸棉帛作为“赏赉”，广布“天恩”，凭借着冰雪丝绸之路的交流与沟通，加强了边地与内地、中央与地方的政治、经济、文化联系，传播并拓展了中华文明。

“一带一路”是一条互尊互信之路，一条合作共赢之路，一条文明互鉴之路。为了贯彻落实中共中央和习近平总书记“一带一路”发展战略指示精神，2014 年 4 月，中共黑龙江省委超前谋划，主动作为，不失时机地提出了构建“黑龙江陆海丝绸之路经济带”的总体设想，积极融入“一带一路”战略规划。2015 年 4 月 13 日，中共黑龙江省委、省政府制定了《“中蒙俄经济走廊”黑龙江陆海丝绸之路经济带规划》（以下简称《龙江丝路带规划》）。这是黑龙江省推进丝路带建设的总蓝图、路线图和施工图。

一 编纂《“中蒙俄经济走廊”黑龙江陆海丝绸之路经济带志》的意义

欲编纂《“中蒙俄经济走廊”黑龙江陆海丝绸之路经济带志》（以下简称《龙江丝路带志》），首先当明确建设黑龙江陆海丝绸之路经济带的重要意义。

建设“中蒙俄经济走廊”黑龙江路海丝绸之路经济带，首先，有利于深化我国与周边国家全方位务实合作，为促进地区经济互利共赢发展创造有利条件；其次，有利于深化双边和多边合作，进一步促进东北亚地区要素有序流动、资源高效配置、市场深度融合，加快培育我国对东北亚地区经济合作竞争新优势；第三，有利于促进中俄基础设施和口岸通道的互联互通，不断创造更多的利益契合点和合作增长点，拉紧中俄合作的利益纽带，把两国经贸合作推向一个新的高度；第四，建设黑龙江路海丝绸之路经济带，还能引导边境地区经济社会协调发展、兴边富民，有利于把这一地区建成面向俄罗斯及东北亚开放的重要枢纽和集聚亚、欧、北美等多种资源和多个市场的开放大平台，全面提高对外开放水平，有利于从整体提升和拓展黑龙江和内蒙古东北部沿边开发开放的深度和广度，在全国沿边开放格局中发挥重要战略作用。而编纂《龙江丝路带志》正是为贯彻落实中央“一带一路”发展战略、贯彻落实黑龙江省委、省政府实施《龙江丝路带规划》的重要举措，为实施《龙江丝路带规划》打造信息平台、提供相关资料、开辟绿色通道、记述龙江丝路带发展历史。

二 黑龙江陆海丝绸之路经济带覆盖的主要市县

根据《黑龙江陆海丝绸之路经济带建设规划》，黑龙江陆海丝绸之路经济带总体上呈东西走向，起自黄渤海、东南亚沿海或俄罗斯远东港口，经大（连）哈（尔滨）佳（木斯）同（江）、绥满、哈黑、沿边铁路四条干线通达边境口岸，出境后，与俄罗斯横跨欧亚的西伯利亚、贝阿铁路相连，向西抵达欧洲。黑龙江陆海丝绸之路经济带对外辐射东北亚国家和地区及欧洲，重点是俄罗斯及欧盟；对内辐射我国东北、华北、华东、华南地区，重点是环渤海、长三角、珠三角地区。

黑龙江陆海丝绸之路经济带的通道布局是以大哈佳同、绥满、哈黑和沿边铁路为主骨架，以周边公路、水运、航空，以及管道、电网、光缆为辅助，以相关车站、港口、机场为节点，建设连接亚欧的国际货物运输大通道。分为陆海联运通道、铁路通道、公路通道、水运通道、航空通道等。

陆海联运通道。起自我国广州、宁波、上海，韩国釜山，日本新潟等港口，经海运至俄罗斯远东海参崴、纳霍德卡、东方港等港口，经铁路至绥芬河，再经绥满铁路至哈尔滨、满洲里，从满洲里出境后至外贝加尔，与俄罗斯西伯利亚大铁路相连，向西抵达波罗的海沿岸和汉堡、鹿特丹港。

铁路通道。铁路通道有四，分别为绥满铁路过境通道、东北港口至同江铁路大桥过境通道、哈尔滨至黑河铁路过境通道、沿边铁路过境通道。绥满铁路过境通道。大致呈东西走向。东起俄罗斯远东海参崴等港口，途经绥满铁路，经绥芬河、哈尔滨，至满洲里出境后可达外贝加尔，与俄罗斯西伯利亚大铁路相连，向西抵达波罗的海沿岸和汉堡、鹿特丹港。东北港口至同江铁路大桥过境通道。大致呈南北走向。南起大连港等港口，途经哈大铁路至哈尔滨，再经哈佳铁路至同江，从同江铁路大桥出境至比罗比詹，与俄罗斯西伯利亚大铁路、贝阿铁路相连。哈尔滨至黑河铁路过境通道。沿边铁路过境通道致呈南北走向。南起哈尔滨，途经滨北线、北黑线至黑河，从黑河大桥出境至布拉戈维申斯克，与俄罗斯西伯利亚大铁路、贝阿铁路相连。沿边铁路过境通道。大致呈东南—西北走向。南起老黑山，北止于洛古河，途经黑龙江省沿边铁路，经东宁、绥芬河、虎林、饶河、抚远、同江、名山、逊克、黑河、漠河等边境口岸，并在这些口岸出境，与俄罗斯西伯利亚大铁路、贝阿铁路相连。

公路通道是以连接相关节点、产业园区和边境口岸的国省干线为主的公路网。

水运通道以哈尔滨港和佳木斯港为枢纽，黑河、抚远等口岸港口为节点，建设黑龙江、松花江和乌苏里江航道等重要水路运输通道及江海联运通道。

航空通道以哈尔滨太平国际机场为枢纽，齐齐哈尔、牡丹江、佳木斯、黑河、漠河、抚远等支线机场为节点的中俄、中欧、亚洲等航线。

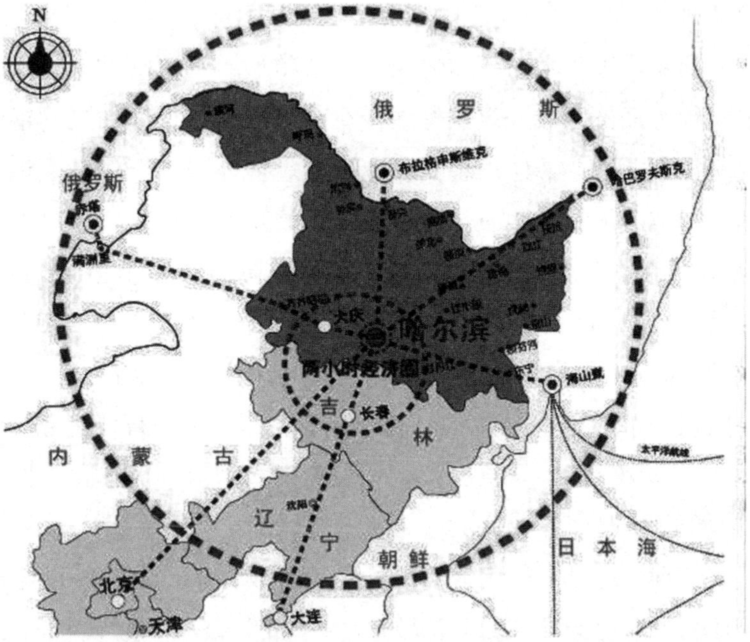

黑龙江建设连接亚欧的国际货物运输大通道示意图

（一）黑龙江境内（以及内蒙古自治区）覆盖的市县（区）

依托黑龙江陆海丝绸之路经济带国际货运通道和主要交通干线，以中心城市和交通商贸重镇为节点，以沿线城市重点产业园区为支撑，依托哈长城市群等重点区域，打造承接国内外产业转移聚集区，发展跨境产业链，形成以“一核四带一环一外”为主要内容的产业发展空间布局。

——“一核”：哈尔滨都市圈。以哈尔滨为核心枢纽，发展高新技术服务、国际物流、国际金融、国际商务会展、休闲旅游、电子商务等高端服务业，积极发展高端装备、新材料等先进制造业和现代医药、新能源、生物产业，打造中俄经贸合作平台、合作企业总部、物流集散枢纽、加工制造基地、信息金融服务和文化科技交流中心，建成对俄合作中心城市。

——“四带”：哈大齐（满）、哈牡绥东、哈佳双同、哈绥北黑产业聚集带。

哈大齐（满）产业聚集带。以哈尔滨为龙头，以大庆和齐齐哈尔为区域骨干，包含沿线肇东、安达等经济区域，大力发展新材料、生物、新能源装备制造、新型农机装备制造、交通运输装备制造等战略性新兴产业和利用俄油、气资源加工产业链，形成技术先进、特色鲜明、竞争力强的新型产业基地。

哈牡绥东产业聚集带。以牡丹江、绥芬河、东宁等城市为重要节点，包含阿城、尚志、五常、海林、宁安等经济区域，重点发展进口木材、宝玉石等资源加工，及绿色食品、商贸物流、建材、机电、电子信息、旅游会展等产业，提高进出口商品本地加工转化率，建成物流集散中心、贸易投资服务平台、进出口加工基地和国际旅游目的地，形成对俄及东北亚区域开放合作的先进制造产业带。

哈佳双同产业聚集带。以佳木斯、双鸭山、同江等城市为重要节点，包含宾县、方正、依兰、桦川、集贤、富锦等经济区域，重点发展稀有金属原材料合作加工、钢铁与铝材为主的新材料和绿色食品等精深加工产业，建设现代农业示范、境外资源合作开发利用、进出口加工基地和国际物流枢纽，形成对俄及东北亚区域开放合作的新兴产业带。

哈绥北黑产业聚集带。以绥化、北安、黑河等城市为重要节点，包含绥棱、海伦、五大连池、孙吴等经济区域，重点发展原材料加工、绿色食品、轻工纺织、新型建材和商贸物流等产业，建设黑河利用俄电力为能源的"新兴基础原材料加工区"和利用俄油建设石油化工综合体，打造外向型产业聚集区、对外商品集散地、循环经济示范区和休闲度假胜地。

——"一环"：沿边环形产业聚集带。以漠河、塔河、呼玛、孙吴、逊克、嘉荫、萝北、绥滨、同江、抚远、饶河、虎林、密山等边境县镇为节点，重点发展外向型经济，构建优势突出、特色鲜明、整体协调、差异化发展的新的沿边开放经济带，建设牡丹江（鸡西）、三江、兴安三大沿边开放区和黑瞎子岛中俄跨境经济合作区，形成全国提升沿边开放的先行区。

哈大齐（满）经济带。包括哈尔滨、肇东、安达、大庆、齐齐哈尔、杜蒙、齐齐哈尔、龙江、扎兰屯 、牙克石、呼伦贝尔、扎赉诺尔、满洲里市县（区）。

哈牡绥东产业聚集带。包括哈尔滨、阿城、尚志、五常、海林、牡丹江、宁安、鸡西、穆棱、绥芬河、东宁等市、县（区）。

哈绥北黑产业聚集带，包括哈尔滨、呼兰、绥化、绥棱、海伦、北安、五大连池、孙吴、黑河等市、县（区）。

哈佳双同产业聚集带。哈尔滨、宾县、方正、依兰、佳木斯、桦川、集贤、富锦、双鸭山、同江等市、县（区）。

沿边环形产业聚集带。以漠河、塔河、呼玛、孙吴、逊克、嘉荫、萝北、绥滨、同江、抚远、饶河、虎林、密山等边境市、县（区）。

从上面对"四带"的规划来看，可以看出黑龙江陆海丝绸之路经济带所涉及和覆盖黑龙江全省46个主要市县区，内蒙古5个市县（区）。

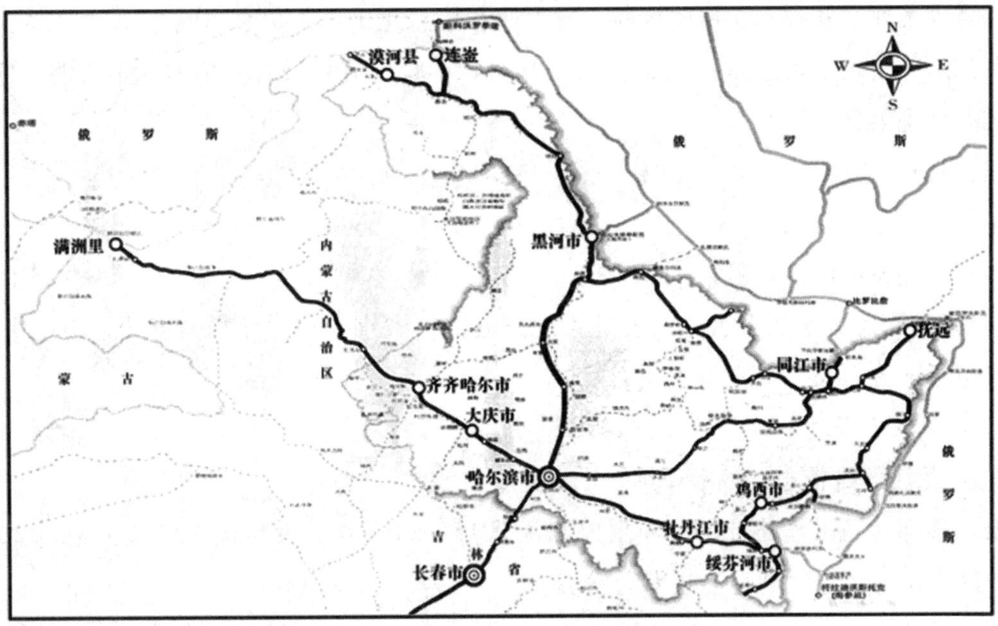

“中蒙俄经济走廊”黑龙江陆海丝绸之路经济带示意图

（二）黑龙江省外延所涉及的城市

长春

沈阳

大连

（三）黑龙江境外所涉及的城市

俄罗斯城市：乌苏里斯克（双城子）、符拉迪沃斯托克（海参崴）、哈巴罗夫斯克（伯力）、叶卡捷琳堡（斯维尔德洛夫斯克州首府）、纳霍德卡（滨海边区的直辖市）、阿穆尔共青城市、秋明市（秋明州首府）、列索扎沃茨克、比金（口岸）、比罗比詹市（犹太自治州首府）、布拉戈维申斯克（海兰泡阿穆尔州首府）、赤塔（赤塔州首府）、伊尔库茨克（伊尔库茨克州首府）。

韩国城市：釜山。

三　编纂《龙江丝路带志》的具体问题

编纂《龙江丝路带志》重要意义已在文章第一部分阐述清楚，基于此，欲高质量、快速度编纂出版《龙江丝路带志》必须做好以下工作。

（一）成立《龙江丝路带志》编委会、办公室

《龙江丝路带志》编委会组成单位：黑龙江陆海丝绸之路经济带建设领导小组办公室、省

发改委、省商务厅、省技术质量监督局、省工业和信息化工作委员会、哈尔滨铁路局、省交通厅、黑龙江航空公司、哈尔滨海关、省人事社会保障厅、省民政厅、省社会科学院、省外办、省地方志办公室等；

主任：省长；

副主任：主管副省长；

委员：上述各单位主管领导；

《龙江丝路带志》编纂办公室：省地方志办公室，省直各相关厅局委办史志办，龙江丝路带沿途各市县地方志办公室。

（二）《龙江丝路带志》编纂原则

断限。整部《龙江丝路带志》断限原则为2015—2017年；大事记、概述上限自2013年9月起；政区沿革等可追溯到设治或事物发端。

体例类目体。政区概况、自然条件、基础设施、经济概况、经济综合管理、社会事业、社会生活7大类目，32个二级类目。二级类目以下可视情况再设子目。

体裁。概述、大事记、志、图、表、录、附记。

写法以黑龙江陆海丝绸之路沿线或经济带为经，以沿途所经过之市、县（区）为纬，分别记述黑龙江陆海丝绸之路沿线或经济带所经过之市、县（区）的政区概况（地理位置、政区沿革、土地面积、人口民族）、自然条件（地形地貌、气候、水文、自然资源）、基础设施（交通运输、邮政电信、互联网、能源、环境保护）、经济概况（农业、工业、商业贸易、财政税务、金融保险、旅游）、经济综合管理（海关、工商税务、物价管理、质量监督、检验检疫）、社会事业（文化艺术含非物质文化遗产）、教育、科技、医疗卫生、广播电视、新闻出版、名胜古迹包括文物保护）、社会生活〔风土人情、地方特产、民俗节庆（只记述新的文化、民俗节庆，传统节庆、纪念节日不记）〕、社会保障、宗教信仰。

（三）《龙江丝路带志》篇目

××市（县、区）

序言

凡例

大事记

概述

政区概况

●地理位置

●政区沿革

●土地面积
●人口民族
自然条件
●地形地貌
●气候
●水文
●自然资源
基础设施
●交通运输
●邮政电信
●互联网
●能源
●环境保护
经济概况
●农业
●工业
●商业贸易
●财政税务
●金融保险
●旅游
经济综合管理
●海关
●工商税务
●物价管理
●质量监督
●检验检疫
社会事业
●文化艺术（非物质文化遗产）
●教育
●科技
●医疗卫生
●广播电视
●新闻出版

●名胜古迹（包括文物保护）

社会生活

●风土人情

●地方特产

●民俗节庆（只记述新的文化、民俗节庆，传统节庆、纪念节日不记）

●社会保障

●宗教信仰

附录

编后记

试论“一带一路”视野下《丝路人物志》的编纂

池 诚（陕西省咸阳市史志办公室）

提要：“一带一路”视野下地方志编纂，要突破传统的地方志编纂理念，并应选择编纂专志。《丝路人物志》从语言、文风以及记述手法上充分体现传主的社会、经济、历史和文化背景，通过人物反映当时丝路沿线国家地区的历史和文化特色。用丝路人物的丰富内涵和精神，唤醒丝路沿线国家人民的历史记忆，为“一带一路”建设提供历史借鉴和服务。

关键词：“一带一路” 丝路 人物志编纂

我国地方志的编纂已经有两千多年的历史。从产生到现在，地方志都是以一定行政区域的自然、政治、经济、文化、社会的发展历史与现状为记述的主要对象。几乎每一部地方志的凡例中都要对于其记述的地方、区域进行界定，对志书的语言文风严格规定要求。一般情况下，地方志的编纂不会也不提倡越界而书，更不会跨区域、国家地区。在记述上要求前后用语标准一致。由于特殊情况的需要，历史上也出现过几个地方合编的县志、州志，也有一些志书有不同的语言记述。道光年间，林则徐为了解西方各国的社会历史和政治经济情况，组织编纂了《四洲志》，魏源在此基础之上编纂的《海国图志》，使地方志的记述区域突破了传统志书的惯例。就这两本书来说，史书特征更多，主要记述西方诸国的历史地理和经济文化历史状况。

“一带一路”是指“丝绸之路经济带”和“21 世纪海上丝绸之路”，范围涉及中西亚、南亚、欧洲、非洲等地。在此视野下编纂地方志，必须突破传统的地方志编纂方式方法，对地方志文化实行大胆创新。以丝路为历史背景开展修志，与传统的地方志编纂相比，主要存在地方志资料文化的多元性、丝路沿线人们生活风俗习惯的多样性，以及政治理念的复杂性等等因素，在地方志编纂的组织协调配合上难度更大。这就要求建立地方志编纂的新理念，科学谋划、精心组织、大胆探索，借助传统的地方志编纂理论、方法和经验，探索在新的历史条件下地方志编纂的理论和方法，编纂出内容丰富翔实、质量上乘的精品佳志，以此唤醒丝路沿线人民的历史记忆，推动“一带一路”建设和发展。

地方志文化发展到现在，编纂的志书类型丰富多样。从专志、部门志、行业志到村志、县志、市志、省志、一统志，或通志、断代志等等。探索“一带一路”视野下编纂地方志，应主要考量历史文化资源的实际。由于现代学科分类的细化，涉及各个国家历史地理的资料比较丰富，根据实际需要，我以为编纂专志是比较适宜的。例如，编纂以丝路为主题的《丝路风物志》《丝路民族志》《丝路人物志》《丝路文化志》等等，这些与“一带一路”战略的主旨相对比较契合。下面，以编纂《丝路人物志》为例，就“一带一路”视野下的地方志编纂与各位专家学者进行商榷。

一 编纂《丝路人物志》的现实与历史意义

丝路文化承载着两千多年的丝路发展历史，携带着社会进步的生命基因，传递着优秀的丝路精神。从西汉时张骞奉命出使西域开始，逐步连通亚、欧、非洲的陆上、海上丝绸之路，在丝路沿线人民的共同参与、开拓和维护中，沐浴着各国人民的热望，经济和社会发展经验以及优秀的民族文化等等信息在这条路上实现了对接和交融与传播，创造了一个个美丽的传说。千百年来，丝绸之路已经成为一条沟通世界的友谊和平发展之路。而丝路人物就是这一切的实施者和见证者，是丝路文化及精神的继承者和传承者，也是构建“一带一路”发展战略的历史支点。

（一）编纂《丝路人物志》能唤醒丝路人民的历史记忆

“一带一路”建设是致力于亚欧非大陆及附近海洋诸多国家地区的互联互通，建立和加强沿线各国互联互通伙伴关系，构建全方位、多层次、复合型的互联互通网络，实现沿线各国多元、自主、平衡、可持续的发展的伟大战略；是推动沿线各国发展战略的对接与耦合，发掘区域内市场的潜力，促进投资和消费，创造需求和就业，增进沿线各国人民的人文交流与文明互鉴，让各国人民相逢相知、互信互敬，共享和谐、安宁、富裕的生活的和平决策。地方志作为社会历史文化的载体，“要通过了解丝绸之路和海上丝绸之路的历史文化，总结历史经验，为新形势下推进‘一带一路’建设提供借鉴。”

两千多年来，丝路历史得到赓续和发展，一个关键的因素是有无数个不怕艰辛、不怕困难的丝路人探索、前行在丝路之上。中国古典小说《西游记》中，玄奘师徒四人，在丝路上的九九八十一难，就是所有丝路人精神的写照。他们的不懈努力，使丝路成为中国与中西亚、南亚、欧洲、北非国家人民相互往来，互相进行经济文化技术交流、增进友谊、相互学习的桥梁。

古语道：“帮之交在于民相亲，民相亲在于心相通”。编纂《丝路人物志》，就是用鲜活的丝路历史人物故事，唤醒丝路沿线人民的历史记忆，推动丝路沿线各个国家人民的相交相识。千百年来，一个个流传于丝路之上的人物故事，就是丝路沿线人民对于丝路的历史记忆的感情宝库；一个个具有民族色彩的丝路人物，也是一个个传播和推动丝路文化精神的载体，是丝路文化延续的灵魂和旗帜。他们背负着国家、民族发展和友谊的梦想，筚路蓝缕、栉风沐雨、砥砺前行。所以，《丝路人物志》要抓住丝路人物这条主线，挖掘出千年丝绸之路丰富的历史和人文内涵，凝聚丝路沿线国家人民的民族感情和建设热情；同时，总结千百年丝绸之路发展的历史经验，为推进“一带一路”建设提供智力支持。

为人物立传是地方志的优良传统，旧的地方志书中，人物的分量都很重，故有“志书半人物”之说。用《丝路人物志》汇聚千百年来千万个丝路人物，挖掘历史智慧，推动丝路各国之间加强友谊互信，实现民心相通，为“一带一路”建设奠定牢固的社会根基和坚实的民意基础。

（二）《丝路人物志》有利于丝路文化的最大挖掘

丝绸之路是丝路沿线人民友好交往的历史见证，也是最早连接亚洲、非洲和欧洲的商业贸易路线。从最初的商品贸易之路，在丝路人的带动和推动下，逐步发展成东方与西方之间在经济、政治、文化等诸多方面进行交流的通道。

丝绸之路分陆上丝路和海上丝路。陆上丝路以西汉时张骞出使西域为起始。1877 年，德国地质地理学家费迪南德·冯·李希霍芬（Ferdinand von Richthofen）在《中国：亲身旅行之成果和据此所作的研究》一书中，把“从公元前 114 年至公元 127 年间，中国与中亚、中国与印度间以丝绸贸易为媒介的这条西域交通道路”命名为“丝绸之路”。其后，德国历史学家郝尔曼在 20 世纪初出版的《中国与叙利亚之间的古代丝绸之路》一书中，根据新发现的文物考古资料，进一步把丝绸之路延伸到地中海西岸和小亚细亚，确定了丝绸之路是中国古代经过中亚通往南亚、西亚以及欧洲、北非的陆上贸易交往的通道。

海上丝绸之路，是指两千多年前，以中国广东徐闻港、合浦港等港口为起点的海上世界性的贸易航线。古代海上丝绸之路从中国东南沿海，经过中南半岛和南海诸国，穿过印度洋，进入红海，抵达非洲和欧洲。宋元时期，随着中国造船技术和航海技术的大幅提升以及指南针的航海运用，极大地提升了商船远航能力。这一时期，中国同世界 60 多个国家有着直接的“海上丝路”商贸往来。

联合国教科文组织所承认的海上丝绸之路的起点是泉州。在东汉初年，宁波地区已与日本有交往。从 3 世纪 30 年代起，广州已成为海上丝绸之路的主港。唐宋时期，广州成为中国第一大港；宋末至元代时，泉州成为中国第一大港，并与埃及的亚历山大港并称为“世界第一大港”。

从以上丝路历史轨迹来看，两千多年来奔波在丝路上的人群，种族多，民族成分庞杂。丝路如同感情丰富的历史长河，包容、融合了众多文化，塑造了丝路沿线各国之间友好交往学习交流的丝路文化。从张骞出使西域开始，其后有大汉使节苏武、胡人堂邑父，古代帕提亚国王米特拉达提二世，龟兹国王绛宾，贵霜帝国君主丘就却、迦腻色伽，以及解忧公主、细君公主、王昭君、冯嫽、甘英等等，到唐时玄奘西天取经、鉴真东渡，明时郑和七下西洋，还有明清时的西方传教士……他们或带着真诚和友谊、怀着虔诚和梦想，或带着商品和技术、承载着先进的文化思想，凭借丝绸之路这条友谊之路，用他们的辛劳和智慧，促进了东西方经济文化的交融与发展。

从明朝开始，中国通过传教士带来的《万国坤舆全图》、自鸣钟、三棱镜、浑天仪等科学仪器，了解西方先进的科技文化，其中包括天文历法、数学、农田水利、矿学、建筑学、物理学、生物学、哲学、音乐、艺术等，从而给中国科学技术和文化的发展以极大的推动力。传教士修订历法，修造天文台。我们现在所使用的公历（阳历）就是从清朝传教士所修订的100卷《崇祯历》开始的，它取代了当时陈旧的回回历、大统历。法国传教士张诚撰有《满文字典》译有满文《哲学原理》，利玛窦撰《中意葡字典》《中国文法》，徐日升著《律品正义》、详记中国音乐和西方音乐，傅泛际与明代科学家李之藻合译《寰宇诠》（讲学宇宙）、《明理探》，还有清朝政府画院中有身兼艺术家的王致诚、郎世宁、艾启蒙等传教士介绍西洋油画，在圆明园中，也有许多中西结合的艺术建筑。鸦片战争前，东印度公司的医生郭雷枢、李文斯敦等在广州、澳门一带行医，将西医传入中国。利玛窦将《大学》《中庸》《论语》《孟子》译成拉丁文传至西方，还有传教士寄回的大量书信，广泛介绍中国的文化、历史、典章制度和风俗习惯，许多中国文学作品也被译成西文。法国启蒙运动代表人物伏尔泰、德国伟大诗人歌德，都借着这些译本受到了中国文化和思想的影响，歌德晚年对中国哲学、文学尤为向往。利玛窦被誉为“西学东渐第一士”“向西方介绍中国文化的第一人”。王友三教授主编的《中国宗教史》记载：到1926年教会创办学校总数达15000所（含新教）。教会创办报刊、开设印刷所。著名的报刊有《广益录》周刊、《益世报》（日报）、《公教报》……创办这些报刊旨在“启发民智、改良社会”，主要报道教会消息，谈论政事，发布新闻和社论，介绍科学技术。

纵观两千多年来，成千上万的丝路人物凭借丝绸之路这一舞台，上演了波澜壮阔的人类社会诸多国家、诸多民族相互学习交往的历史大剧，一个个丝路人物故事就是一个国家社会历史文化发展的时代缩影，挖掘和整理其丰富的历史文化内涵，为“一带一路”建设提供历史借鉴。

（三）丝路人物是“一带一路”建设的历史支点

事实证明丝路人物使丝路沿线各国人民友好往来的感情基础历史支点。两千多年来，一代代丝路人，用他们的实际行动，为沿线各国人民带来了先进的文化和技术，促进了沿线人民之间的贸易往来，开阔了沿线人民的视野和胸襟，也增进了沿线各国人民之间的友谊。如张骞、苏武、文成公主、玄奘、鉴真、郑和、利玛窦、汤如望等一批人，都是丝路沿线各国人民友好交往的实践者和见证者。

丝路人物是千百年来丝路文化和丝路精神的创造者和继承者。他们用自己的行动与智慧为千年的丝绸之路不断注入新的内涵。虽然，千年丝路并不是风平浪静的坦途，侵略者也曾假借丝路实现他们的罪恶勾当，但传递世界友谊、增进世界经济文化交流始终是丝路人物理想的目标追求。通过历史人物来演绎历史故事，诉说历史情怀，把丝路人物的追求和愿望告诉人们，以此唤醒丝路沿线人民的历史记忆，使人们在历史的感召下，认识“一带一路”建设的现实与历史意义，积极参加“一带一路”建设，分享现代技术发展、经济交流、文化交融的丝路新成果。同时，用历史上的丝路人物故事，影响带动新一代丝路人，使其成为“一带一路”建设的生力军，成为当代各国人民加强友好往来、共同分享社会团结进步的使者。

“一带一路”伟大战略，是党中央站在新世纪世界和平发展的高度，以丝绸之路为依托，提出推动世界经济发展，增进世界和平进步的新构想。两千多年来，一批批丝路人，用他们的辛勤和汗水，构筑起连接世界上大多数国家和地区之间、人民之间友好交往之路。借助于丝路人物故事的整理挖掘，汇集丝路精神和经验，夯实“一带一路”建设的历史文化根基。

二 “一带一路”战略为地方志创新提供了重要条件

“一带一路”建设不但为中国与世界经济文化交流开辟新的途径，也为地方志文化发展创新打开新思路。例如，《丝路人物志》是依托“一带一路”建设的平台，以丝绸之路为历史背景，以增进丝路沿线国家间、民族间的友谊和经济文化交往为目标，其作用也大大丰富和完善了地方志文化的理论和实践体系。两千多年来，丝路对世界经济文化发展做出了巨大贡献。今天，按照“一带一路”建设的要求，追寻挖掘丝路文化，探索和发扬丝路精神，使丝路沿线国家人民共同分享社会进步与和平发展的成果，不断推进丝路沿线国家地区经济文化的繁荣发展，既是“一带一路”的宗旨，也是地方志文化开拓创新和《丝路人物志》服务社会发展的新目标。

（一）“一带一路”建设为《丝路人物志》编纂搭建了重要平台

2013 年 9 月至 10 月，国家主席习近平在出访中亚和东南亚国家期间，先后提出共建“丝绸之路经济带”和“21 世纪海上丝绸之路”的重大倡议；2015 年 3 月，中国政府发布《推动共建丝绸之路经济带和 21 世纪海上丝绸之路的愿景与行动》，到 2015 年年底，习近平主席、李克强总理等国家领导人先后出访 20 多个国家，出席加强互联互通伙伴关系对话会、中阿合作论坛第六届部长级会议，就双边关系和地区发展问题，多次与有关国家元首和政府首脑进行会晤，深入阐释“一带一路”的深刻内涵和积极意义，就共建“一带一路”达成广泛共识。2015 年，我国企业共对“一带一路”相关的 49 个国家进行了直接投资，投资额同比增长 18.2%。全年承接“一带一路”相关国家服务外包合同金额 178.3 亿美元，同比增长 42.6%。

2016 年年初，我国在加强与丝路沿线有关国家的沟通磋商的基础上，在基础设施互联互通、产业投资、资源开发、经贸合作、金融合作、人文交流、生态保护、海上合作等领域，推进了一批条件成熟的重点合作项目。与东北亚，中亚、南亚及东南亚国家开通公路 13 条，铁路

8条。此外，油气管道、跨界桥梁、输电线路、光缆传输系统等基础设施建设也取得成果，为“一带一路”打下牢固的物质基础。同时，各地成功举办了一系列以“一带一路”为主题的国际峰会、论坛、研讨会、博览会，发挥上海合作组织（SCO）、中国—东盟“10+1”、亚太经合组织（APEC）、亚欧会议（ASEM）、亚洲合作对话（ACD）、亚信会议（CICA）、中阿合作论坛、中国—海合会战略对话、大湄公河次区域（GMS）经济合作、中亚区域经济合作（CAREC）等现有多边合作机制作用，使相关国家加强沟通，让更多国家和地区参与“一带一路”建设。随着“一带一路”建设的逐步展开，中国围绕陆上、海上丝绸之路与沿线国家地区间进一步加强了经济技术和文化合作，友谊不断加深，这一系列的成就，为编纂《丝路人物志》提供了重要的条件。借助“一带一路”建设这个平台，积极挖掘和整理历史上优秀的丝路人物故事，使他们成为推动“一带一路”建设的原动力。

（二）“一带一路”战略为地方志文化创新开辟了新的天地

“一带一路”是依靠中国与有关国家既有的双多边机制，借助既有的、行之有效的区域合作平台，共建旨在促进经济要素有序自由流动、资源高效配置和市场深度融合，推动沿线各国实现经济政策协调，开展更大范围、更高水平、更深层次的区域合作，共同打造开放、包容、均衡、普惠的区域经济合作的新型发展模式。这一思路和模式，为地方志文化发展提供新的思路和视野。两千多年来，地方志作为中华民族文化的一脉，始终坚守着以国家为最大区域范围，除一统志外，其他志书都是以省、市、县或更小的区域为其记述范围，从志书语言和文风、记述规范上都具有鲜明的中华文化印记。“一带一路”建设的实施，要求地方志文化必须有更大、更新的视角，有更多元、更丰富的文化特质，不但要从区域上突破，为国家之间的交流交往搭建文化桥梁；也要从地方志的编纂理念上有所创新，用更丰富的语言、更具地方特点的文风、更包容的文化心态编纂地方志，使地方志成为“一带一路”建设文化推手。

“一带一路”建设也为地方志文化的普及与传播搭建了新的平台。地方志文化在中国已经有了两千多年的历史，但它的传播速度和范围非常有限，除少数几个国家地区学习应用地方志文化外，一直生长在故乡故土之上。借助“一带一路”建设平台，可以将地方志文化传播到更大范围，使地方志文化为世界文化的发展服务，在“一带一路”建设的视野下，科学慎思谋划，构建地方志的学科体系，推动地方志文化普及和发展。

（三）《丝路人物志》为“一带一路”提供丰富的历史文化支撑

《丝路人物志》是以丝绸之路为背景，以增进沿线各国之间经济文化交流、宣传和弘扬丝路文化和精神为目的，用几千年来的丝路人物故事，挖掘出丝路历史文化的优秀基因，旨在为丝路沿线人民增进感情共识，加强互相学习交往，积极参与和推动“一带一路”建设顺利开展。

两千多年来，成千上万个丝路人物对于丝路沿线国家之间、民族之间互相学习与交往，国家地区的经济文化发展做出了巨大贡献，为丝路沿线国家地区间搭建了一座永久的友谊和平之桥。一代代丝路人沿着这座桥，互通有无、相互学习、相互促进，为世界和平友谊树立了典范。张骞十几年的漫漫丝路征程，为汉王朝凿开了联系西域的通途，使汉王朝的丝绸、瓷器、茶叶等商品，造纸术、指南车、印刷术等技术被输往西域、欧洲等国和地区；同样，西域、欧洲的香料、种子，先进技术和文化借助于丝路传输到中国。据《汉书·沟洫志》史料记载，汉元朔到元狩年间，严罴献言武帝修渠引洛水灌溉，施工中曾创造的“井渠法”，后经丝绸之路传至西域，解决了沙土地的灌溉难题。今天新疆地区的坎儿井如同一座历史丰碑，诉说着丝路的历史与情怀。还有为和平远赴塞外的王昭君，以一个女子的柔弱肩膀，扛起了民族和平友爱的旗帜。玄奘，为求佛法精髓，十几年风雨无阻，从长安到印度，在古丝路上艰难前行，开创了佛教在中国的历史新纪元。他记录的丝路见闻——《大唐西域记》，为中国与中亚、南亚和西方各国之间友好交流打开了一扇大门。伊本·胡尔达兹比赫，阿拉伯地理学家，黑衣大食（阿拔斯朝）人，约公元864年编纂《道里邦国志》，现有三种阿拉伯文写本传世。书中对于当时世界各国之间的路程、商贸价格、商路食宿、海港及航程等进行记述，为研究9世纪海上丝路提供了重要的资料。伊本·白图泰，中世纪穆斯林旅行家，出生于摩洛哥丹吉尔，元至正六年（1346），以印度苏丹使者身份到中国泉州、广州及大都（北京），考察民情风俗。后著《异域奇游胜览》，为研究印度、中西亚、非洲及中国历史、民族、宗教、民法、地理留下了丰富的历史资料。马可·波罗，意大利旅行家，元至元十二年（1275）由陆路到达上京（今内蒙古正蓝旗东），在中国为官17年。回国后，口述成《马可·波罗游记》一书，成为研究中西交通历史的重要佐证。郑和七下西洋，将大明王朝的文化精神传播各地。利玛窦以博学之才，为中国文明与世界文化交融、学习搭建了具有首创意义的历史桥梁，洞开了中西方文化相互认知和了解的窗口。陈诚，吉水（今江西吉水）人，明洪武进士，曾先后五次出使西域，所著《西域行程记》《西域番国志》，是研究明代中西交通的重要资料。魏源的《海国图志》也是重要的丝路文献。戴维斯，英国人，1894年至1900年，四次到云南探险考察，著有《云南——印度与扬子江的锁链》一书，提出开辟一条沟通印度洋与长江流域的现代化铁路的设想。

两千多年来，许多丝路人，以他们的聪明才智和奉献精神，为世界文明进步留下了宝贵的文化遗产，也为丝路文化注入了和平、友谊、正义的思想内涵。整理和编辑好这些丝路人物故事，对于宣传丝路文化，播撒丝路友谊，弘扬丝路精神，一定会起到巨大作用；同样，丰富的丝路文化必然会对“一带一路”建设，提供历史文化支撑。

三　编纂《丝路人物志》的方法和措施

其实，早在两千多年前，司马迁编纂的《史记》，就第一次将视野移出中国中原地区，突破了当时中国的行政区域限制，内容涉及南越、东南亚，到达今新疆、中亚地区。还有道光年间编纂的《四洲志》和《海国图志》，内容主要是记述西方诸国的地理和政治文化历史情况，目的是为了“师夷之长而制夷”，且编纂方法与志书有一定的区别。“一带一路”背景下的志书编纂，可以借鉴以上史书的编纂经验和方法，搜集整理两千多年来丝路沿线各国的丝路人物，使《丝路人物志》成为新的历史时期，丝路沿线各国地区间、人民之间文化友谊的纽带。下面就探索“一带一路”背景下的地方志编纂，以《丝路人物志》编纂为例，提出几点不成熟的做法，与各位商榷：

一是地方志编纂要有战略眼光或意识。要认识到世界发展的新趋势，随着中国市场经济地位的建立与完善，世界范围内的中国元素更为丰富，中国内部的世界元素也不断增多，要全面客观反映中国发展的实际，地方志的编纂观念就必须要有突破，要有纵览全局的眼光。《丝路人物志》编纂要学习利用司马迁《史记》的编纂理念，将记述的触角延伸到整个丝路沿线。

二是要突破以往地方志区域上的界定。在以往地方志的编纂中，都是以一定的行政区域为志书取材、记述的界限，不提倡也不允许越界而书，避免造成志书记述间的彼此重复和错讹。《丝路人物志》取材的范围超乎了以前传统志书的区域界线，它要以丝路沿线各国为记述范围，这就要求修志工作者，要有更大的范围搜集整理资料。

三是要突破地方志记述上语言的限制，不同国家的人物记述用本国家的语言，可以同时辅以中文，这种双语的形式记述，更便于阅读和了解。同时辅以中文，也为中国与各国之间相互文化的交流提供平台。

四是在不同地区或国家人物的记述上，突破传统地方志书人物的记述方法。要提倡体现不同的地方性、地域性和国家的文化习俗。提倡用丝路人物的本民族和国家文化，精彩塑造人物，使人物成为真正沟通各国人民之间感情的钥匙，提倡以人物国籍的文化特色和文化习俗，记述人物事迹。同时要处理好不同政治主体、不同文化习俗、不同民族信仰等等之间的矛盾和问题。

五是以丝路人物为线索，介绍人物国家地区当时的社会、经济、文化民族等历史背景。可以借助丝路人物这个平台，构建起丝路各国之间历史信息的共享资源，为“一带一路”建设打好人文历史的基础。

六是丝路人物的涉猎面要广，人物成分要全，人物事迹要典型突出，以正面和优秀人物为主。亚洲、欧洲和非洲的所有古丝路沿线国家，尽量都要人物出现。人物构成可以涉及方方面面，不拘一格；要求人物事迹突出，生动鲜明。

七是加强丝路沿线国家、地区间的协调，挖掘丰富和具有代表性的丝路人物。丝路人物涉及丝路沿线诸多国家和地区，在真诚友好的条件下，进行协商，为丝路人物的挖掘创造和谐的环境。这一项工作，实际是非常艰巨的，决定着《丝路人物志》编纂的成败。所以，要认真规划部署，利用“一带一路”建设的平台，搞好丝路沿线国家地区间的沟通和联系，为确保搜集到第一手丝路人物资料做好准备。

八是在记述手法上，可以借助《史记》的方法，将丝路人物分类记述。可以设立政治人物、外交使臣、商旅人物、文化宗教、工匠（工程）技术、医疗医学、艺术人物等等几个大类，人物的排列以出生年月先后为序等等。

九是要以可读性和实用性为目的，使《丝路人物志》成为一本宣传丝路文化、弘扬丝路精神、播撒丝路友谊的优秀读本。

十是要学习研究利用丝路研究成果、丝路文献等，使这些文化资源成为丰富《丝路人物志》的历史文化内涵的可靠资料。

总之，在“一带一路”视野下编纂地方志，是地方志理论与编纂方法创新发展的新思维。《丝路人物志》编纂，是一项区别传统地方志编纂理念的新工程。面对多元文化和更加复杂的历史文化背景，开展历史人物的编辑，从记述语言、文风和人物特色方面，都要有所创新，既要便于读者阅读利用，又能使人物志成为挖掘丝路历史智慧，为“一带一路”建设提供支持的智力源泉。

“一带一路”视野下的简志编纂与服务对象

——以辽宁省简志精准服务“一带一路”建设为例

由林鹏（辽宁省人民政府地方志办公室）

提要：“一带一路”是国家的重要发展战略，如何将地方志工作融入“一带一路”建设中来，地方志工作者必须主动作为，挖掘最有效的方法与形式为“一带一路”建设服务。其中，编好简志是最直接、最实用的形式之一。在以服务“一带一路”建设的简志编纂过程中，要注重使简志服务于“一带一路”战略大局，要考虑“一带一路”受众群众的实际需求，要统筹协调好地方志书为“一带一路”服务，要理顺简志结构层次做到精准服务，要综合提升“一带一路”主体的便捷服务效率。

关键词：“一带一路”　地方志　简志　服务　受众群体

“一带一路”是“丝绸之路经济带”和“21世纪海上丝绸之路”的简称。习近平总书记指出：“两千多年中西交往历史证明了——只要坚持团结互信、平等互利、包容互鉴、合作共赢，不同种族、不同信仰、不同文化背景的国家完全可以共享和平，共同发展”。地方志文化也是“一带一路”顺利推进的文化重器，是经济合作的文化基础。辽宁省地方志办公室紧抓“一带一路”这一历史契机，探索研究如何在“一带一路”的国家战略下，发展地方志事业，加强地方志文化传播与交流。至于如何将地方志工作融入“一带一路”建设中去，编纂简志应该是最直接、最有效、最切实际的做法。

一　简志应优先服务于“一带一路”战略大局

一部志书如果要编写简志，那很有可能写出多种多样，有人认为简志应统一规范，编纂成册，跟志书一样要求体例规范；有人认为简志之所以为“简”，是为了便于有需求的人进行阅读，而不同的人，需求也就不尽相同，因此，简志也应百花齐放。其实，这两种意见，本人认为是殊途同归，他们都是在强调简志的功能性。简志编写给什么人看，关系到简志从框架设计到编纂出版一系列环节要把握的原则。尤其是以两轮修志已出版的志书为资料基础所进行的编纂，首先应对简志的使用功能进行定位。简志其使用功能的定位应该是：服务社会、了解地情的快捷通道。读者通过阅读简志，可方便快捷地了解一地基本地情及其发展变化脉络。在"一带一路"的视野下，简志的编写应进行准确的定位，其主要读者对象应是外商、华侨、外国友人等面向海外或与对外开放有联系的读者群体。

二　如何深挖"一带一路"的受众群体的实际需求

"一带一路"战略，就是要加快推动全国企业"走出去"，通过实施"走出去"战略，促进企业对外投资，实现技术创新，优化产业结构、产品结构。作为记载地情资料的简志，要服务"一带一路"建设，就要找准简志的受众群体，了解受众群体所关注的内容，精准服务受众群体才能使得简志发挥出服务中心工作的现实意义。

在编纂简志的过程中，"一带一路"建设的受众群体主要关注投资的环境因素。因此，从"一带一路"角度下，简志应该注重介绍本地区在技术创新、优化产业结构等方面已经取得的成就，介绍本地区在某项领域内的独特优势并从文字中展示本地企业的对外引进科技人员，以及吸纳新技术、促进技术转型升级所采取的做法，从而挖掘打造企业的国际名牌的优势条件。介绍本地企业如何发挥技术、装备、规模优势，在全球范围内开展资源和价值链整合，从而挖掘投资本地区的资源优势以及拓展国际新空间的可能性。这些内容，都是"一带一路"角度下读者群体所关注、所关心的内容，作为简志有必要将其完美地展示出来，发挥简志读志用志的功效。

另外，要充分认识到在"一带一路"视野下，简志的受众群体不再仅仅是外商、华侨与国际友人，也应该立足国内、放眼世界，积极开拓国际资源和国际市场，因此国内的受众群体也不应该被忽略。在简志编纂过程中，要注重介绍本地区的国内国际两个市场、两种资源。只有内外结合、统筹兼顾，才能将"一带一路"建设融入本地区的发展战略、重大生产力布局、对外开放战略布局中。所以，简志中可重点介绍与"一带一路"沿线国家的经贸合作历史，包括一批境外经贸合作区、境外科技企业、境外资源基地、境外营销网络，以及总集成、总承包跨国企业集团。这些内容将为国内的投资者指明企业的发展方向和趋势，同时也是简志编纂过程中必不可少的内容，是简志服务"一带一路"建设的又一项内容。

三　如何综合地方志书服务于"一带一路"建设

"一带一路"建设的重点任务包括加快交通网络建设、拓展对外产业投资、推进境外经贸合作等等，这些任务的完成就需要了解对外贸易的发展、境外资源的开发、对外承包工程所具备的规模和水平。面对这些任务，地方志工作需要精准做好"一带一路"建设的简志，做出面向受众群体所需要的实际内容，精准地服务于"一带一路"建设。

以辽宁省加快"三大通道"为例，在简志的编纂过程中，就应该从地方志书寻找"三大通道"的相关资料，进行分类编纂。"三大通道"建设依托中蒙俄经济走廊，一是加快大连国际航运中心建设，以大连港为海上起点，过南海经印尼、辐射南太平洋区域和经白令海峡到欧洲的北极东北航道的海上通道重要支点（辽海欧）建设。二是重点加快以大连、营口港为起点，以辽鲁陆海甩挂运输大通道为主要干线，整合两个港口功能，实现货物相互转运的大连、营口—满洲里—俄罗斯—欧洲的（辽满欧）物流大通道建设。三是积极争取建设以锦州港、丹东港为起点，至蒙古国乔巴山的铁路出海通道，并到达欧洲的（辽蒙欧）蒙古出海大通道。其中涉及的地方志书有《辽宁省志·民用航空志》《辽宁省志·对外经贸志》《辽宁省志·海关志》《辽宁省志·铁道志》《辽宁省志·出入境检验检疫志》等地方志书。在编写简志过程中，要综合这些地方志书中的相关内容与数据，再将这些内容与数据进行综合、分析、梳理、分类，使其形成条目清晰、内容务实、直击问题的实用性简志。

四　理顺简志结构层次，精准服务“一带一路”

无论哪一类简志，既然属于“志”的家庭，总要遵循“事以类聚”“横分纵述”的基本要求。在“一带一路”视野下，简志的结构层次应满足“一带一路”的实际需求，最大限度地容纳资料，且使复杂的资料层次清晰，联系紧密，轻重主次一目了然。以辽宁省简志精准备服务“一带一路”建设为例，辽宁省准备充分利用俄罗斯的“远东地区发展规划”和蒙古国“草原之路”计划，进行“一带一路”建设。其中，以推进哈萨克斯坦辽宁工业园建设为基点，提升建材、轻工产品、机械设备的市场占有率，逐步拓展吉尔吉斯斯坦、乌兹别克斯坦等国家的市场；以推进辽宁省与塞尔维亚、罗马尼亚、波兰等东欧国家在制造业、农业和建材等领域的投资合作，引导辽宁企业入驻中亚、中东欧地区。那么，在简志的编纂过程中，就要充分地记述辽宁省在电力、装备制造、建材和矿产资源开发等领域的技术优势，还要充分地记述整理辽宁省电力、冶金、农业、装备制造、资源开发、建筑安装等优势企业开展境外投资合作，承揽国际工程的历史资料。重点记述辽宁在高端装备制造业、新兴产业、农业和现代服务业等领域合作的优势与历史成绩。因此，简志的体例结构就应该将装备制造业、新兴产业、农业、电力、冶金、建材和矿产资源开发和现代服务业等设为一大类。在各大类的编写过程中，应从省内与国际的两个资源和两个市场进行编纂，最大限度地精准服务于“一带一路”的实际需求。同时，要注意无论简志框架如何“简”，全书概述都不应“简”掉。通过统摄全局的概述，可以把简志中相对独立而又相互作用的各个大类，组成一个有机整体，把相互联系的发展运动、趋势及其规律展示出来，则“一带一路”各领域发展变化之因果自彰。

五　简志的出版形式应面向“一带一路”服务主体

在“一带一路”的视野下，应继续与国际友好城市进行密切合作，弘扬地域文化，加强双方交流，特别是与俄罗斯、蒙古国、吉尔吉斯斯坦、乌兹别克斯坦、塞尔维亚、罗马尼亚、波兰、美国、日本、韩国、东盟和南亚地区，尤应如此。

在“一带一路”的视野下，简志的编纂必须面向国际，因此，在简志的编纂上，必须配套相应的外文版，增强简志的实用性。比如在与日韩科技企业，研究建立境外研发平台和营销体系，在介绍省内企业自主创新和市场开拓能力的历史与优势时，如果没有日文版或韩文版的简志，那么简志的实用性将大大削弱。因此，在简志的编纂过程中，应该适当地面向某一语言国家，内容上有所侧重，尽量避免在出版相应的外文版时产生矛盾。

地方志是地域文化的一块重要地标，在当前“一带一路”建设中，地方志文化更是经济建设不可或缺的一部分，发展地区经济，地方志为其注入文化元素与文脉支撑。无论是外商投资，还是国际交往，地方志文化元素的作用日益突显。辽宁要在“一带一路”建设中发挥自己的特色，必须立足于地方志文化，同时，地方志工作者也应该在辽宁“一带一路”的战略布局中，提供自己力所能及的文化支撑，让经济发展建立在文化发展的基础之上，更具有可持续性，在辽宁经济转型升级过程中，为其提供历史借鉴与现实服务，这就是“一带一路”视野下简志编纂的意义所在——为经济服务、为现实服务、为广大群众服务。

浅谈“东北亚丝绸之路”下方志文献价值的体现

张斌成（吉林省长春市九台区地方志办公室）

提要：“丝绸之路”之所以能够改变了历史，绝不仅仅是简单的经济贸易往来，主要原因是那些沿着“丝绸之路”走完全程或部分旅程的人撒下了文化的种子，就像原来的物种被带到新奇的地方，新来的在新家扎根发芽，他们与当地居民融合，而且常常吸收随后到来的其他群体。方志文献作为全面系统记述着一定区域经济、政治、文化、社会和自然的历史与现状的资料性文献，更应该结合自身特点，发挥学科优势，挖掘优秀传统文化资源，结合当前的现实问题开展具有战略性、针对性、实效性的研究，服务国家“一带一路”战略，为当地经济发展主动服务，以及向东北亚辐射中心发挥决策咨询作用。

关键词：“一带一路”　东北亚丝绸之路　方志文献　文化

也许一提到“丝绸之路”，所有人会很自然地想到张骞出使西域的“古丝绸之路”，却不清楚在古代丝绸之路中还另有一条重要的丝绸之路，即东北亚丝绸之路。这是一条西连西土长安，并由它直接影响着东北地区民族、经济、文化的主要之路，史书称之“北丝绸之路”，或东北亚丝绸之路，也称朝贡道。东北亚丝绸之路的朝贡道共有 5 条，其中抚松、农安、桦甸、珲春、敦化都在这些贡道上。所以说，虽然吉林是内陆省，但也与“一带一路”有着千丝万缕的联系。

2013 年 9 月和 10 月，习近平总书记分别提出建设“新丝绸之路经济带”和“21 世纪海上丝绸之路”的战略构想，简称“一带一路”。其中涉及东北亚地区的“丝绸之路”，即“丝绸之路”的北线，就是指从“珲春—延吉—吉林—长春—蒙古国—俄罗斯—欧洲”这条陆路线路。

可以说“丝绸之路”之所以能够改变了历史，绝不仅仅是简单的经济贸易往来，主要原因是那些沿着“丝绸之路”走完全程或部分旅程的人撒下了文化的种子，就像原来的物种被带到新奇的地方，新来的在新家扎根发芽，他们与当地居民融合，而且常常吸收随后到来的其他群体。可以说新丝绸之路经济带的构想不仅强调政治协调、经济交流、促进安全、制度建设，更突出民心相通，这种交流交融为区域经济一体化建设奠定了坚实的民意基础与社会基础。就文化而言，新丝绸之路经济带建设的着眼点是各相关国及背后多元文明的群体性复兴，以文化的交流交融为经济建设搭桥铺路。这要求各相关国要不断加大文化的对外开放水平，通过文化的传承和创造性转换，使古老文明在现代社会焕发新的活力。可见，“一带一路”发展战略绝非经济发展专利，而应成为政治、文化、社会和自然等全方位大发展的战略契机。

方志文献作为全面系统记述一定区域经济、政治、文化、社会和自然的历史与现状的资料性文献，更应该结合自身特点，发挥学科优势，挖掘优秀传统文化资源，结合当前的现实问题开展具有战略性、针对性、实效性的研究，服务国家“一带一路”战略，为当地经济发展主动服务，并以及向东北亚辐射中心发挥决策咨询作用。

“治天下者以史为鉴，治郡国者以志为鉴”。在历史的长河中，方志人一直担当着“地理通”“诸事清”“百科明”的“史官”“谏官”智库角色。方志文献承载着全面、科学、权威的资料信息，“每到一地，先看志书”，已经成为各级领导的共识。对接“一带一路”发展战略，方志文献事业更应站在新的文化高度，进一步做好做强传承、传播拓展。

一　方志文献是沟通地区合作交流的前提

（一）空间的地域性

方志文献挖掘本地事物及规律与外地的不同之处，详细记载本地区的政治、经济、社会等发展状况，形成了独特的区域文化，具有鲜明的地方特征。如《吉林省志》丛书分志 89 部，主要以吉林这一特定的区域为记述范围，上下三百余年，方圆数百里，反映了吉林这一特定区域内各方面的发展情况，是吉林自然和社会的综合性资料，为外界了解吉林、探知吉林提供了翔实的史料参考。

（二）鲜明的时代性

方志文献生产发展于一个区域特定的自然、人文和社会环境中，不同时代的方志反映不同的时代特点，展示了古代的、近代的、现代的不同时期的史实。每一部方志文献都以记述最近一段时间本地区的情况为主，是一个特定时期文化积淀和历史的产物，反映出了特定时代的经济、政治、文化等方面的烙印。如清光绪年间所修的《吉林通志》记述了当时吉林省政治、经济、文化、历史、沿革、资源等各个方面内容，不但为社会学、考古学、历史学、文献学、经济学提供了大量有用的资料，还记载了吉林省的气候、水利、矿产、自然灾害等内容，为吉林省的经济发展、资源的开发、灾害的防治提供了指引，对后人研究吉林的历史、文化、沿革、风俗都有很高的价值。

（三）内容的广博性

方志文献内容极为广泛，它记载一个地区自然、社会、人文的历史和现状的各个方面：从天文地理、名胜古迹、物产资源、民族宗教、方言俗语、金石碑刻到政治经济、科学文化、典章制度、著名人物、重大事件等，只要在当地有影响的人、事、物，统统属于它的记述范围。同时，包罗万象的内容和新旧志书之间从形式到内容的继承关系，又使它有别于其他地方性文献。它们纵向揭示历史演变的连续性，横向反映各个门目的联系性。因此，它在记述的内容上还具有交叉性。

（四）史料的真实性

方志文献是特定区域面貌的真实写照。方志文献均是聘请当地人士编修，重在记述当代。其资料来源主要多系当地征得的第一手资料，如地方政府档案等原始记录，还有地方文献、谱牒家传、诗文集、实物和通过实地调查。记述范围限于本地，并且内容安排上详近略远，离现实越近的越要详写，正所谓“地近则易核，时近则迹真”，极具翔实性、客观性特征。

（五）形式的多样性

方志文献形式多样，从出版角度上，方志文献有图书、连续出版物等；从载体形式上，古时候方志文献以甲骨、金石、手抄、刻印组成，而现代方志文献则以印刷、缩微、视听型为主；从文字使用上，涉及汉文、少数民族文种、外文等多语种文字。

二　方志文献是促进地区社会发展的基础

想要真正发挥吉林省在“东北亚丝绸之路”中的作用，必须寻根溯源，挖掘“东北亚丝绸之路”背后的文化背景，只有寻找到其中千丝万缕的联系，才能在“一带一路”大战略下构建起助推吉林省经济发展的脉络和框架，内为繁华经济，团结各族人民；外为传播中华文化，推动国际交流。

唐代渤海国时期是东北亚丝绸之路首度繁盛时期。762 年，渤海国第三代君主大钦茂以唐为模式，设置渤海五京。五京之一的东京龙原府，在现今的吉林省珲春市八连城。龙原日本道，是渤海与日本进行政治、经济、文化交流的一条要道。渤海国赴日本的交通线路，分陆、海两路。都要由龙原府，即今珲春八连城，到达毛口崴（今俄罗斯克拉斯基诺南面波谢特海湾）渤海国盐州（今俄哈桑区克拉斯基诺村东南 2000 米至 3000 米古城）。所以，东京龙原府（珲春）是日本道陆路段的中枢。

自明朝开始，东北亚丝绸之路进入顶峰时期（1403—1424）。明统一天下后，明朝永乐天子朱棣锐意进取，同时开辟了两条丝绸之路：一条是闻名于世的“郑和七下西洋”的海上丝绸之路；另一条便是“亦失哈九上北海”的东北亚丝绸之路。

吉林历史上曾有很长的海岸线，自秦汉时起，珲春经俄罗斯至日本的航道就被称为“海上丝绸之路”，晚清东北丧失领土后变成内陆省。所以，无论是海上还是陆路，吉林省东西部区域均包含于古丝绸之路当中。如今吉林又与朝鲜、俄罗斯合作，加快畅通对外通道，融入“一带一路”建设。例如谋划珲春至海参崴高速铁路，加快与扎鲁比诺海港合作以借港出海，继续推进图们江出海航行计划等。在“一带一路”国家战略的大背景下，如果文化事业能发挥出串珠成链的作用，对拉动吉林省经济发展具有重大现实意义。

据东北亚丝绸之路专家温跃宽在仔细研读《渤海国记下篇·杂识》《全辽志》等志书文献后，经过调查研究确认，东北亚古丝绸之路自唐朝（698）起就开始逐渐形成，在以后的历史长河中得到不断发展，距今已经有1200多年的历史。既传播了中华文明，又促进了东北边疆与中原内地经济与文化的交往。东北亚丝路研究“第一人”杨旸在受到《明实录》启发后，跑遍日本北海道16个博物馆，提出了东北亚丝绸之路的大致路线：苏州、江宁—渤海口—开原（丝关）—吉林船厂—海西东水路城站—奴尔干—库页岛—北海道。并在一家博物馆发现了中国清代的丝绸，上面有《红楼梦》作者曹雪芹爷爷曹寅的押记。

这些史料都证明，吉林是“东北亚丝绸之路”的关键一站，也必然成为“一带一路”战略的重要支点，而且多个城市沿边近海，对中蒙俄经济走廊的构成和发展将起到有效的支撑作用。可见，方志文献之于“一带一路”的作用，不仅因为它是联结历史和现实最可信的桥梁、最权威的资信，而且是让世界了解中国、让各国相互理解信赖的“国之精品”。

三　方志文献是推动地区经济发展的需要

方志文献与一个地方的经济、政治、文化、社会，甚至百姓的日常生活息息相关。说到底是源于中国特有的方志文化的三大功用。即存史、资治、教化。“治天下者以史为鉴，治郡国者以志为鉴。”修志、读志、用志，历来是地方官员工作的重要内容。而今方志文献已成为地方领导干部的案头必备之书，不仅为科学决策提供参考，为兴建大型项目提供依据，还为开发地方资源、拯救传统工艺和恢复历史景观提供线索，为招商引资、发展经济牵线搭桥。如《吉林地志》《吉林乡土志》不但展现了吉林省奇异秀美的自然景色，也介绍了各地的一些名胜古迹。很多外商在考察前，都将当地的山川、河流，自然环境、物资资源等情况调查了解得比较详尽，对本地的地理位置、物产状况等方面产生了较为浓厚的兴趣，才进一步坚定了投资的决心。方志文献保存一地史料，是“一方之全史”，也是“一方之信史”。因此，方志文献往往被史学家看作从事地方史研究和国史研究的珍贵史料，“补史之阙，参史之错，详史之略，续史之无”。古人云，“史志之书，有裨风教者，原因传述忠孝节义，懔懔烈烈，有声有色，使百世而下，怯者勇生，贪者廉立。”方志文献更是一个地方的地情书，对普通百姓来讲，是了解家乡、热爱家乡、建设家乡的生动教材，是联系人们乡土情感的重要纽带。大量海外华人、华侨通过家乡志书，回国寻根问祖，联络亲人，投资兴业，资助教育。实践证明，方志文献对于构建和谐社会，弘扬民族精神和时代精神，增强民族认同感、凝聚民族力量有着独特作用。

新丝绸之路经济带注重依靠区域主体自身的文明特点、发展特征、资源与制度禀赋的优势以形成发展合力，旨在通过各种合作机制，发挥市场在资源配置中的决定性作用，调动社会民间资本，以互联互通即政策沟通、道路联通、贸易畅通、货币流通、民心相通，来提高区域经贸和文化交流水平，最大程度上惠及广大民众。

如《吉林省志》记载的风土人情、民俗民风、资源分布、地理气候等自然社会基本资料，正是外商了解地域经济、社会环境和政策环境的重要窗口。随着改革开放的不断深入，方志的编修为改革开放和海内外交往服务的事例随处可见。所以，就一方志书而言，“古丝绸之路”是历史的概念，“东北亚丝绸之路”是现实的战略。作为联系历史与现实的重要桥梁之一，吉林省方志文献、地方史、年鉴、地情应成为“东北亚丝绸之路”文化建设的重要内容，成为传承文明的重要纽带，成为“东北亚丝绸之路”前行路上的文化传播者。其多层次、多维度、全方位、百科式的传承，能让人不论身处何时何地都能感受到“一带一路”战略下的厚重历史和文化底蕴，又能够助推文化产业的大发展、大繁荣，为文化正能量的弘扬提供源源不断的原始材料。

四　方志文献是繁荣地区文化事业的保障

方志文献中一般都详细记载着当地的名胜古迹、风土人情、民俗风情、历史典故、历史人物、重大事件等旅游信息资源，方志往往是一个地方图文并茂的名片，朴实忠诚的地方导游。我国志书源远流长，种类繁多，搜罗的材料之广博，超过正史、野史、前人笔记的记载，值得人们组织力量从方志文献中选取适合于宣传本地文化旅游等多方面的内容，编写地域文化指南。因此，自古以来，很多仁人志士建议从志书中发掘地域特色素材为发展文化事业服务。

在“一带一路”战略视域下的今天，作为满族的重要发祥地及聚居区，兼具地缘优势及民族特色，拥有完整、丰富的满族文化资源的吉林省，可以深入挖掘满族文化遗产，以本地特色资源为基点，开创地区间的新型合作，探索新的经济增长极。对于吉林省满族文化旅游资源，一是可以依托“东北亚丝绸之路”，携手东三省，打造满族文化旅游产业平台。吉林省若以长白山满族发祥地为核心，以省内乃至长白山周边满族文化旅游资源为载体，将其融合到东三省的满族文化旅游圈中，打造满族文化旅游产业平台，纳入国家和省“十三五”规划当中，融入国家的“一带一路”战略，使满族文化发展成为哈长经济群中的一道亮丽风景线。二是可以依托“东北亚丝绸之路”，对接京津冀，使其成为吉林省满族文化资源旅游项目宣传平台。京津冀地区是中国满族的主要聚居地，更是全国各界满族名人的聚集地，与东三省地缘相近，文化相容，整合开发满族文化资源互补性强，具有广泛的合作领域和潜力。这其中，正是《吉林通史》《清代东北民俗文化研究》《东北地区自然地理》《东北史研究》《吉林省志》等一系列方志文献为政策、规划和实践提供了可靠参考。

五　方志文献是架构地区飞跃发展的平台

修志的目的在于用志，开发的目的也在于利用。方志资源是人类创造历史实践经验教训的总结和记述，对于当今如何尊重历史，尊重客观规律，实现科学发展有着极其重要的借鉴价值。

一是方志作为一地自然和社会发展情况的朴实、严谨、科学的著述，其经济价值日益明显，这是由自然和社会发展的历史在一定程度上就是经济发展历史的本质所决定的。因此，在“一带一路”大背景下，方志工作者更应该紧紧抓住这一历史机遇，充分发挥自身的优势，带头用经济眼光去收藏、整理、开发、使用志书，从而带动全社会提高对方志经济价值的认识程度。将既有的史志成果精加工、数字化、网络化，通过地情信息网络平台向社会、公众公开史志成果，共享史志文化。

二是修编志书要坚持做到思想性、科学性和资料性相统一的原则。方志的主要功能是资政，发展是党执政兴国的第一要务，这一时代主题决定了修编志书必须紧紧围绕发展来展开。修编志书要详细地记载发展活动，重点突出发展目标，理清发展思路，明确发展标志，认清发展阶段，总结发展经验教训。这就要求修编志书要突出特色、经世致用、求深不求全，突出为经济建设服务的原则要求。编修综合年鉴、专业年鉴、行业年鉴，要与时俱进助力于经济发展，即以志史传承历史，以年鉴地情对接现状。

三是建设区域文化和课题研究中心，充分发挥方志文献书全面、翔实的史料优势。通过组织编纂地情资料书，向外界宣传当地的地方民俗、文化旅游、名人荟萃以及经济社会发展状况。加大区域研究和课题研究，以调研报告、专题论文等形式为各级领导提供资政服务。通过开展专项课题研究，召开专题知识讲座，切实加强对资料文献的专门研究，围绕当地经济社会发展，积极加强与党校、学校、各机关单位的交流合作，组织高水平的研讨活动，形成一些有价值的研究成果。同时，全力打造地情信息平台，开展数字化、网络化建设，扎实做好方志资源的整合、共享与开发利用。打造网络史志“一带一路”软实力，为经济“一带一路”提供实时文化资源、文化品牌支撑，发挥方志部门的优势，与有关部门配合，利用报纸、广播、电视等媒体开设读志用志专栏、专题讲座、开办刊物宣传交流，以帮助和推动社会各界读志用志，进行全民爱国主义教育和革命传统教育。推动城乡方志文化建设，培养地方历史记忆，在传承的同时进行实时有效传播，更好地贴近经济社会发展实际，贴近人民群众需要，充分发挥方志文献资源在“一带一路”公共文化服务中的“资政”“商鉴”“教化”等重要作用。

服务经济社会发展是方志文献工作提升自身价值和社会影响的根本途径和必然要求。作为党的十八大提出建设社会主义文化强国的战略任务，“一带一路”又成为国家的三大战略之一，这都为广大修志工作者施展才华提供了广阔的舞台。通过对“一带一路”战略背景的解读，我们可以更加明确“一带一路”中文化传承与创新的重要性及意义，并为了促进此战略的实施，发挥人文桥梁的作用，促进中华文化的传承。

参考文献

［1］来新夏：《中国方志文献的史料价值及其利用》，《国家图书馆学刊》2005 年第 1 期。

［2］蓝凌云，莫争春：《对我国旧志数字化问题的思考》，《广西方志文献》2005 年第 6 期。

［3］王荟，肖禹：《数字方志建设与思考》，《中国地方志》2005 年第 11 期。

［4］曾红樱，张丽君：《网络环境下地方志文献资源的开发与利用》，《内蒙古科技与经济》2001 年第 4 期。

［5］李希光：《建设一带一路上的文化强国》，http：//theory. rmlt. com. cn/2015/1104/407528_4. shtml 人民论坛网，2015 年 11 月 4 日。

［6］《“一带一路”在文化上也要有所作为》，http：//news. xinhuanet. com/politics/2015-03/06/c-1114544009. htm 新华网，2015 年 3 月 6 日。

"一带一路"视野下地方志书文献价值的再评价

——以咸淳《临安志》、大德《南海志》为例

莫艳梅（浙江省杭州市萧山区地方志办公室）

提要："一带一路"视野下地方志书的文献价值不可忽视，它记录了丝路的历史风貌，又为丝路的研究与创新发展服务。如南宋咸淳《临安志》、元代大德《南海志》再现了杭州、广州丝路古城的历史风貌：河运海港发达，流动人口增长，丝绸等物产丰富，商业贸易繁荣。市舶司的特设，是海上丝绸之路兴盛发展的佐证，与之来往的国家和地区多达140余个，舶货70多种。为此，整合丝路资料，讲好丝路史话，续写丝路新况，奉献丝路文化精品，是我们史志工作的重要任务。

关键词：志书　价值　评价　"一带一路"

前　言

"一带一路"，是"丝绸之路经济带"和"21世纪海上丝绸之路"的简称。英文名为the Silk Road Economic Belt and the 21st-Century Maritime Silk Road，简称the Belt and Road，缩写为B&R。

"丝绸之路"一词，是近代德国地理学家费迪南德·冯·李希霍芬（Ferdinand von Richthofen）于1877年最早提出，德文名Seidenstrasse，起初指西汉张骞、东汉班超出使西域时开辟出来的通道，因为丝绸为商道上的大宗商品而得名，后来这一概念成为古代中国对外交流通道的统称。

"一带一路"一词，是国家主席习近平于2013年最先提出，2015年国家发改委、外交部和商务局联合发布《推动共建丝绸之路经济带和21世纪海上丝绸之路的愿景与行动》，至今有60多个国家响应"一带一路"倡议，这是对古丝绸之路的创新型传承和发展，是对古丝绸之路的超越和提升。

从丝绸之路到"一带一路"，从丝路史话到丝路研究发展，古今地方志书的文献价值不可忽视。

地方志书是全面系统记述行政区域内自然、政治、经济、文化和社会的历史与现状的资料性文献，是区域性地情信息资料的重要载体。

丝路与志书，两者的相似之处：发起于西汉，历史悠长，绵延不绝，传播文明，可资可鉴。两者的关系：丝路是志书记载的内容之一，志书记载丝路的历史地理、人文风俗，又为丝路的研究和创新发展服务，尤其丝路沿线国际贸易支点的古志，其文献价值与史料价值及现实意义不可估量。如杭州、广州是“一带一路”国际贸易支点城市，它们在古代丝绸之路上状况如何，地位怎样，志书有所反映，现以南宋咸淳《临安志》、元代大德《南海志》为例说明之。

一　志书的文献特征及其广泛应用价值

地方志书是中国特有的优秀文化形式，数量宏富，仅两汉至民国时期的历代旧志就有9000多种、10万余卷，约占我国现存古籍的十分之一，这是中国历史文化遗产中弥足珍贵的部分。

志书的文献特征，表现出多种特性：空间的地域性，鲜明的时代性，资料的丰富性，形式的多样性，官修的权威性，全国范围内的普及性。其横排竖写、全面而系统的广博内容，可弥补国史记载时间与空间之所不能、所不足，可补史之缺、参史之错、详史之略、续史之无，尤其古志于今仍然具有广泛的应用价值，不可忽视。

（一）咸淳《临安志》及其广泛应用价值

我国现存宋元古志40余种，南宋咸淳《临安志》是其一。

杭州古称临安。隋时废钱塘郡置杭州，杭州之名始于此。南宋绍兴八年（1138），南宋迁都杭州，改名临安，京都临安府下辖9县（钱塘、仁和、余杭、临安、於潜、富阳、新城、盐官、昌化）。

咸淳《临安志》因成书于南宋咸淳年间（1265—1273）而得名，为当时临安知府潜说友主持纂修。全书100卷，今存97卷。此前，有南宋府尹周淙纂修的乾道《临安志》，原本15卷，现存3卷；南宋府尹施谔、赵与懃主持，陈仁玉等纂修的淳祐《临安志》，原本52卷，现存6卷。南宋乾道、淳祐、咸淳临安三志，为现存最早的杭州古志，也是中国现存古志之佳品，尤以咸淳《临安志》体例最完备，内容最丰富，通行的以清道光十年（1830）钱塘藏书家振绮堂汪远孙仿宋重刊本较为完善。《宋元方志丛刊》（中华书局1990年版）收录古志43种，所选咸淳《临安志》即汪氏振绮善本。本文选用咸淳《临安志》（浙江古籍出版社2012年版），为浙江图书馆藏清海宁马氏碧萝馆抄本为底本的影印本，此本是比较早期的抄本，共95卷，缺第六十四卷、第九十卷、第九十八卷、第九十九卷、第一百卷，全书有多处漏抄或缺页，即据振绮堂本补录而成全璧。

该志将都城志与府志融合为一体，设有凡例、序、图、表、志、传、注释、附录（纪遗）等体裁，体例完备。志书有凡例、序言，均始于宋，咸淳《临安志》是代表著作之一。其第一卷至第十五卷为行在所录，即都城志，分列宫阙、郊庙、朝省、御史台、谏院、六部、诸寺、秘书省、国史院、敕令所、诸监、大宗正司、省所、院辖、监当诸局、三衙、阁职、内诸司、邸第、官宇、学校、贡院、太史局、太医局、堂后官院、宫观、祠庙、苑园、禁卫兵、省院兵、攒宫、馆驿、赋咏等。第十六卷至第一百卷为府志，分列疆域（6卷）、山川（18卷）、诏令（2卷）、御制（1卷）、秩官（9卷）、官寺（4卷）、文事（1卷）、武备（1卷）、风土（1卷）、贡赋（1卷）、人物（11卷）、祠祀（4卷）、寺观（11卷）、园亭和古迹（1卷）、冢墓（1卷）、恤民和祥异（1卷）、纪遗（12卷）。

全志约70万字，是现存宋代篇幅最大且价值最高的志书之一。

从现存史料看，整个宋朝的史籍“北宋详，南宋略”，南宋的史籍“前期详，后期略”。咸淳《临安志》内容包罗万象，有政事变迁、物产赋税、城市基础设施、官员政绩、文人唱酬、风俗轶事、对外贸易（丝绸之路）等，具有丰富而独特的史料价值，是研究宋史、杭州地方史以及丝绸之路的重要文献。

如志首的“京城四图”（宫城图、京城图、浙江图、西湖图），是现存最早的南宋都市图，标记了南宋晚期京城临安城的地名信息共计1582条，极为详细，可补史之缺，也说明当时的绘图印刷技术十分精湛，在中国古地图中罕有可比者，对现代考古作业有很大的指导意义，对世界遗产西湖文化景观保护管理、世界文化遗产中国大运河（杭州段）保护规划、全国重点文物单位临安城遗址保护规划、海上丝绸之路研究、当代杭州旅游攻略有重要的参考价值。

咸淳《临安志》广泛运用注释，注出处、注撰人、注异名、注内容、注存佚、注真伪、注篇章、注附录，大大地提高了志书的文献价值和史料价值。其中引用宋《国史》、宋《会要》《大宋登科记》《中兴登科小录》《吴越备史》、方志类、文学类书籍200多种，大都说明来源，很多书籍或残或佚，咸淳《临安志》保存了极有价值的文献史料。

如咸淳《临安志》引用已佚《祥符州县图经》共存43条。《祥符州县图经》是北宋前期的全国性地理总志，篇幅巨大，共有1566卷（含目录2卷），是研究古丝绸之路繁荣及其地理人文因素影响的又一重要文献，惜早佚。“临安三志”对其有关杭州的记载多有引述，其中咸淳《临安志》征引最多，共计56次，起到了很大的辑佚存史作用。例，咸淳《临安志》记载：“酒务，《祥符志》云：在县南五十步，太平兴国五年置。税务，在县西市厢去县三里，《祥符志》云：太平兴国五年置，至道二年徙于县治，大中祥符二年四月徙今处。”① 从中可知北宋临安县酒务、税务设置的最早时间，这也是工商经济发展的一个体现。

咸淳《临安志》内容广阔而丰富，是研究南宋及以前杭州地区的自然、政治、经济、文化和社会风俗的重要文献，也是研究南宋史的重要文献，对我们今天研究“一带一路”支点城市杭州有重要参考价值。

---

① 〔南宋〕潜说友：〔咸淳〕《临安志》第五十五卷官寺四，杭州：浙江古籍出版社，2012年，第1973页。

（二）大德《南海志》及其广泛应用价值

大德《南海志》是全国现存宋元40余种古志之一，也是现存最早的广东、广州古志。

广州古称南海。隋时废南海郡置广州，后或郡或州，元时广州路下辖7县1司（南海、番禺、东莞、新会、香山、增城、清远、广州录事司）。

大德《南海志》因成书于元代大德八年（1304）而得名，为南海郡（广州路）志，不是南海县志，为当时广州路人士陈大震、吕桂孙纂修，全书20卷，今存5卷。在此之前，有南宋知州陈岘纂修的嘉定《南海志》，原本12卷，全佚；南宋知州方大琮纂修的淳祐《南海志 》，原本13卷，全佚。这三部《南海志》，唯大德《南海志》幸存原本的四分之一，今藏于中国国家图书馆，是目前可见的广州古志最早的元代刻本，弥足珍贵。《宋元珍稀地方志丛刊》甲编（四川大学出版社2007年版）整理古志8种，其中大德《南海志》即据元代刻本残本点校整理而成，本文以此点校本为用。因元代的南海志是在南宋的南海志基础上重修、续补而成，故书名未变，实则记录了元代广州路7县1司的情况，为广州路志。

现存5卷，分别是第六卷户口、土贡、税赋，第七卷物产、舶货、诸番国，第八卷社稷坛壝、城濠，第九卷学校，第十卷兵防、水马站、河渡、局务仓库、廨宇、郡圃。文体较严谨，先总后分，大类之前有序，综述历史兴废由来，不失为古志佳作。虽然首尾俱阙，未能尽窥全豹，但仍然是研究宋元时期广州政治、经济、军事 、文化以及丝绸之路的重要文献。

宋元方志趋于定型，体例完备，内容广阔，大德《南海志》也不例外，虽然大部散佚，但有的从其他古籍中可以窥见其一二。

《永乐大典》残卷，引《南海志》共有97条，其中34条见于《南海志》残本，另有63条2万多字不见于《南海志》残本，涉及元事5条，涉及山川、建置、道里、乡坊58条，有的可补史之缺，详史之略。

如大德《南海志》记述元时广州沿革，比较详细，可补史之略。又沿革后专设“取广州始末”一节，记元军三进广州事特详，揭露元兵暴行，详记南宋沿革变迁，为史籍所不载。现存第八卷社稷坛壝、城濠，第九卷学校，也有呼应：“天兵（元兵）下南，平夷城壁，楼橹雉堞，一切荡除。”① “至元十四年（1277）十二月，塔出元帅、吕元帅师夔会泉、福舟师取广州，广帅张镇孙以城降。十五年正月八日，元帅下令夷其城隍，惟子城及两雁翅无恙。”② “至元丙子（1276），天兵下广，重屯于学，毁拆殆尽，所存惟一大成殿，学士寻亦解散。”③ 这些记叙前后

---

① 〔元〕陈大震：〔大德〕《南海志》第八卷城濠，《宋元珍稀地方志丛刊》甲编第八册，成都：四川大学出版社，2007年，第68页。

② 〔元〕陈大震：〔大德〕《南海志》第八卷城濠，《宋元珍稀地方志丛刊》甲编第八册，成都：四川大学出版社，2007年，第69页。

③ 〔元〕陈大震：〔大德〕《南海志》第九卷学校，《宋元珍稀地方志丛刊》甲编第八册，成都：四川大学出版社，2007年，第78页。

呼应，互相补充，所记又鲜为人知，有很大的史料价值。

从现存内容看，资料丰富又有特色。如第七卷物产、舶货、诸番国，第十卷市舶，是海上丝绸之路的珍贵史料，说明当时的广州已是海上丝绸之路国际贸易支点城市。

二 古志再现“一带一路”古城历史风貌

2015 年，据中国人民大学重阳金融研究院专题研究报告显示，“一带一路”国际贸易支点城市综合排名前六的城市为：上海、北京、深圳、重庆、杭州、广州。它们在古代的区位优势与交通优势如何？人口规模与经济发展怎样？对外贸易及往来国家多少？古今比较又有何异同？南宋咸淳《临安志》、元代大德《南海志》再现了杭州、广州丝路古城的历史风貌，可供专家们研究参考。

（一）河运海港发达

1. 杭州。位于海上丝绸之路和陆上丝绸之路的交汇点。大运河纵贯南北，长江连带东西，河运海港发达。作为南宋都城，还是全国政治、经济、文化中心。咸淳《临安志》记载，境内除了著名的浙江、西湖以外，还有大小河流 23 条，溪流 51 条，湖泊 21 个，潭涧 33 处，渡 31 处。南宋时的杭州已是“四达之冲，舟车之会”“四方之所聚，百货之所交，物盛人众，为一都会”。①

咸淳《临安志·山川·序》描述了漕运的繁忙景象：“薪南粲北，舳舻相衔，夫江商海贾，穹桅巨舶，与安行于烟涛渺莽之中，四方百货，不趾而自集。”② 从中可见南宋钱塘江、京杭大运河上商船往来熙熙攘攘的场景，而且南北两条水路运输任务不同，北方大运河以运输谷米粮食为主，南方钱塘江以运输木材、柴薪为主，与“东菜西水、南柴北米”的谚言相吻合。

那时有多少船场、交木场、柴场、粮仓？咸淳《临安志·官寺·仓场库务等》记载：有船场 2 个，交木场 1 个，柴场 20 个，抽解竹木场 9 个。咸淳《临安志·行在所录·监当诸局》又载：有大仓 10 多个，可以储存上千石粮食，其中咸淳四年（1268）潜说友创建的咸淳仓“凡为敖百，为间五百有二，为米六百万石”③ 这些大仓的设置，可供京城两三年之用。《浙江图》上，可见行驶的帆船近 10 只，说明当时漕运发达，物资运输以及交易都非常火爆。

境内有浙江、龙山、鱼山三大码头。咸淳《临安志·山川·渡》记载：

> 浙江渡，在候潮门外，对西兴。
>
> 龙山渡，在六和塔下，对渔浦。

---

① 〔南宋〕潜说友：〔咸淳〕《临安志》第五十二卷官寺一，杭州：浙江古籍出版社，2012 年，第 1862 页。

② 〔南宋〕潜说友：〔咸淳〕《临安志》第二十二卷山川一，杭州：浙江古籍出版社，2012 年，第 894 页。

③ 〔南宋〕潜说友：〔咸淳〕《临安志》第九卷行在所录，杭州：浙江古籍出版社，2012 年，第 343 页。

鱼山渡，在大朱桥盐场，两岸相望不远，潮势已杀，浙东士夫，惮于渡渔浦者，多由此（渡船）。①

浙江渡、龙山渡，因海鲜、木材、炭薪、粮食交易火爆，商务往来频繁，还设有浙江亭（樟亭驿）、浙江税务、龙山税务，方便往来客商住宿以及缴纳商税。

2. 广州。位于中国南部，是海上丝绸之路的发祥地。南临南海，西江、北江、东江在此汇流入海，既是河港，也是海港，对外交通便捷，且港口深居珠江三角洲的内侧，可避台风，商船寄碇十分安全。大德《南海志》记载，“广州乃岭南一都会，户口视他郡为最，于南宋时建有子城、东城、西城三城，在城之外环挖有南濠、清火濠二个内濠，另有南海县长河渡33处、横水渡46处，番禺县长河渡17处、横水渡33处，水系发达，漕运畅通。”大德《南海志·城濠》记载：“城之外环之以濠，东自平海门侧由海道入，环遶至城西金肃门外，通出海道。其外又有东西两澳，由城内达诸海，以通漕运，以泄渠脉。其东为清水濠，其西为南濠。”② 这里的南濠（西澳）、清火濠（东澳）为广州最重要的内港码头。

对于这两大码头，大德《南海志·濠》有专门记载：

南濠：在越楼下，限以闸门，与潮上下，古西澳也。景德间，经略高绅所辟，纳城中诸渠水，以达于海。维舟于是者，无风涛恐，且以备火灾。淳熙二年（1175），经略周自强浚之，岁久复堙。嘉定二年（1209），陈经略岘重开，自外江通舟楫以达于市，旁翼以石栏。自越楼至闸门，长一百丈，阔十丈；自闸至海，长七十五丈。绍定三年（1230），经略方淙浚之。宝祐元年，李经略迪复自擢甲巷开浚，至闸口又加深焉。德祐元年（1275），经略徐直谅又浚之。至元二十八年（1291），行枢密院副使、广东道宣慰使阿里又浚焉。

清水濠：在行春门外，冗城而达诸海，古东澳也。濠长二百有四丈。阔十丈，岁久堙壅。嘉定二年，经略陈岘重浚。③

由此可见，宋元时期，南濠、清水濠两大码头，不仅长而阔，而且防风防火，是一个很好的避风港。广州路还在南濠街设有商税务、酒醋务等，可见当时交易量大，商务往来频繁。

---

① 〔南宋〕潜说友：〔咸淳〕《临安志》第三十九卷山川十八，杭州：浙江古籍出版社，2012年，第1446页。

② 〔元〕陈大震：〔大德〕《南海志》第八卷城濠，《宋元珍稀地方志丛刊》甲编第八册，成都：四川大学出版社，2007年，第68页。

③ 〔元〕陈大震：〔大德〕《南海志》第八卷城濠，《宋元珍稀地方志丛刊》甲编第八册，成都：四川大学出版社，2007年，第71页。

（二）流动人口增长

1. 杭州。咸淳《临安志》记载了隋置杭州以来的户数，南宋时期的最为翔实，有补史、证史作用。

其中北宋元丰二年（1079），杭州202813户（主164290户、客38523户）。

南宋淳熙年间（1174—1189），临安205369户。

南宋乾道年间（1165—1173），临安主客户261692户552607人。

南宋淳祐年间（1241—1252），临安主客户381335户767739人。

南宋咸淳年间（1265—1274），临安主客户391259户1240760人。

究其原因，南宋迁都之前，杭州已是江南人口最大的州城，后随着宋室的南迁，外来人口不断增加，南宋后期，政局稳定、经济发展，外来人口远远超过临安本地人口。这些新增的户口，包括皇族群体、军队、官吏阶层、商人工匠、市井小民、僧尼道士、农民等。

咸淳《临安志》第十四卷禁卫兵、第五十七卷武备，记载驻扎在临安的军队多达135195人，加上军属之类的，就更多了。

咸淳《临安志》第七十五卷至八十二卷寺观，记载城区（钱塘县和仁和县）各类寺、观、宫、院、庵、塔计739座约6000人，其中灵隐寺最盛时寺僧达1700余人，上、中、下天竺三寺的僧人在千人左右，净慈寺僧千余人，集庆寺僧千余人，说明当时的临安宗教非常发达，也说明临安户数特别是外来人口大量增长。

《宋史》仅记载了“（宝庆元年）两浙路户一百九十七万五千九百九十六，口二百八十二万二千三十二”，并未记载南宋各府人口数据，而咸淳《临安志》不仅记载了临安府的数据，还记载了所辖9县的人口数据，因此这些数据有补史价值。

2. 广州。大德《南海志》记载了两汉以来广州的户数，元代的最为翔实，有补史、证史作用。

其中北宋，广州有143259户（主64796户、客78463户）。

南宋淳熙年间，广州有195713户（主82090户、客113623户）。

元至元二十七年（1290），广州有172284户，僧道1835名。

元大德八年（1304），广州有180873户（南人180323户、北人550户），僧道1835名（僧尼行童1643人，道士女冠162人）。

对于外来人口占比多的原因，该志第六卷户口有说明，历代政变、兵祸、灾事等导致北方人南迁：“大抵建安、东晋永嘉之际至唐，中州人士避地入广者众，由是风俗革变，人民繁庶。

至宋，承平日久，生聚愈盛。”① 当然，宋室南迁，随之到广州从政、从学、从商的增多，也是原因之一。而元初人口下降的原因，与元军入侵杀戮有关：“自王师灭宋平广以前，兵革之间，或罹锋镝，或被驱掠，或死于寇盗，或转徙于他所，不可胜计。至元二十七年（1290），朝廷籍江南户口，方见定数。比年官府肃清，盗贼宁息，人皆安生乐业，故广之生齿日蕃，户计日增矣。”②由此可见，至元二十七年（1290）比南宋初减少了23400多户，减幅12%，但14年后，即大德八年（1304），户数又重新回升到18万多户。

值得一提的是，广州大德八年（1304）的人口数据，所辖7县1司的人口数据，包括南人、北人、僧尼行童、道士女冠的人口数据，十分详细，为其他文献所没有，因此这些史料价值独特而珍贵。

（三）物产丰富多彩

1. 杭州。长江中下游太湖流域是中国最大的丝绸产地，产量占全国一半，主要集中在苏州、杭州、湖州三大绸市。咸淳《临安志》记录了杭州丰富的物产，而且品种多样：

（1）丝之品10种。

绫，白文公诗：红袖织绫夸柿蒂。注云：杭州出柿蒂，花者为佳，内司有狗蹄绫，尤光丽可爱。

罗，有花素二种，结罗，染丝织者名熟线罗，尤贵。

锦，内司、街坊所织，以绒背为贵。

克丝，有花素二种，择丝织者故名。

杜缂，又名起线。

鹿胎，次者为透背，皆花纹突起，色样不一。

纻丝，染丝所织，有织金、闪褐、闲道等类。

纱，机坊所织，有素纱、天净、三法新翻、粟地纱。

绢，机坊多织唐绢，幅狭而机密，画家多用之。

緜，土产以临安、于潜白而丽密者为贵。

紬，有绩緜、绩线为之者谓之緜线紬，土人贵此。③

志书对各种丝之品以及特点，有简要说明，史料十分珍贵。

（2）枲之品4种。

①② 〔元〕陈大震：〔大德〕《南海志》第六卷风土，《宋元珍稀地方志丛刊》甲编第八册，成都：四川大学出版社，2007年，第1页。

③ 〔南宋〕潜说友：〔咸淳〕《临安志》第五十八卷风土，杭州：浙江古籍出版社，2012年，第2067~2068页。

桑、柘、麻、苎。①

（3）货之品5种。

茶，岁贡，见旧志载，钱塘宝云庵产者，名宝云茶，下天竺香林洞产者，名香林茶，上天竺白云峰产者，名白云茶。东坡诗云："白云峰下两枪新。"又宝严院垂云亭亦产茶，东坡有《怡然以垂云新茶见饷报以大龙团戏作》小诗："妙供来香积，珍烹具太官；拣芽分雀舌，赐茗出龙团。"又《游诸佛舍，一日饮酽茶七盏，戏书勤师壁》有云："何须魏帝一丸药，且尽卢仝七碗茶。"盖南北两山及外七邑诸名山大抵皆产茶，近日径山寺僧采谷雨前者以小缶贮送。

盐，汉置海盐县，有盐，官吴王濞，煮海为盐之地也。

蜜，《寰宇记》，岁贡。

蜡，与蜜同种。

纸，岁贡，藤纸，按旧志云：余杭由拳村出藤纸，今省劄用之，富阳有小井纸，赤亭山有赤亭纸。②

（4）其他物产。药之品74种、榖之品37种，菜之品31种，果之品23种，竹之品15种，木之品21种，花之品55种，禽之品46种，兽之品12种，虫鱼之品40种。

（5）贡税。唐宋以前，杭州土贡主要有白编绫、绯绫、藤纸、木瓜、橘、蜜姜、干姜、芑、牛膝等。宋以后，以丝绸居多，也有免岁贡的，如"高宗皇帝绍兴二十六年有旨，临安府岁贡，御服绫一百匹，自二十六年以后特与放免"③。

田税中，丝绸为大宗，故南宋夏秋二税，临安以丝绸名目的居多：

夏：

绢，九万五千八百一十三匹二尺四寸三分七厘；

紬，四千四百八十六匹三丈四尺八寸一分二厘；

绫，五千二百三十四匹一丈；

緜，五万四千一百四两。

秋：

---

① 〔南宋〕潜说友：〔咸淳〕《临安志》第五十八卷风土，杭州：浙江古籍出版社，2012年，第2068页。

② 〔南宋〕潜说友：〔咸淳〕《临安志》第五十八卷风土，杭州：浙江古籍出版社，2012年，第2068~2069页。

③ 〔南宋〕潜说友：〔咸淳〕《临安志》第五十九卷贡赋，杭州：浙江古籍出版社，2012年，第2097页。

苗米，一十三万二千七百一十三石六斗八升一合一勺七撮。

茶租钱，一万一千六百八十九贯一百四十三文。①

杭州物产以丝绸为大宗，这是古丝绸之路的最大宗商品，茶、纸、中药亦为土贡，也是古丝绸之路的重要商品。

2. 广州。珠江三角洲是中国第三大丝绸产区，以纱绸为主。大德《南海志》记录了广州丰富的物产，尤其丝织、珠宝、香药等，为北方所没有，奇花异果甚多，特色鲜明：“广东南边大海，控引诸蕃，西通牂牁，接连巴蜀，北限庾岭，东界闽瓯。或产于风土之宜，或来自异国之远，皆聚于广州，所以奇花异果，珍禽奇兽，犀珠象贝，有中州所无者。汉志云：粤地处近海，多犀、象、珠玑、银、铜、玳瑁之凑。”② 广州的地理位置决定了物产的丰富多彩。

（1）丝织8种。

絁、紬、纱、蕉布、葛布、苎布、竹鲜布、吉贝布。③

（2）宝贝3种。

珠：来自舶上，土产不多。刘汉时置媚川都以采之，至宋而废。归附后，元贞元年，屯门寨巡检刘进程、张珪建言：东莞县地面大步海内生产鸦螺珍珠。又张珪续言：本县地名后海、龙岐及青螺角、荔枝庄，共二十三处，亦有珠母螺出产。省府委官相视采涝，及采到产珠鸦螺树、鸦螺壳，各取珠子进呈去讫。定议三年一次，于六月、七月采涝，所得多寡，初无定数。大德四年，续有侯福建言：东莞县东名横洲，共十处，出产珠颗。见行委官，亦依例相视采涝。

紫贝。鼊皮。④

志载珍珠的历史悠久，而且东莞县生产的珍珠量多质好，闻名遐迩。

（3）其他物产。香药104种、谷粟9种，花90种，果64种，瓜8种，木52种，竹18种，菜59种，兽21种，畜12种，水族94种，禽37种。

---

① 〔南宋〕潜说友：〔咸淳〕《临安志》第五十九卷贡赋，杭州：浙江古籍出版社，2012年，第2098~2100页。

② 〔元〕陈大震：〔大德〕《南海志》第七卷物产，《宋元珍稀地方志丛刊》甲编第八册，成都：四川大学出版社，2007年，第30页。

③ 〔元〕陈大震：〔大德〕《南海志》第七卷物产，《宋元珍稀地方志丛刊》甲编第八册，成都：四川大学出版社，2007年，第31页。

④ 〔元〕陈大震：〔大德〕《南海志》第七卷物产，《宋元珍稀地方志丛刊》甲编第八册，成都：四川大学出版社，2007年，第32页。

有的物产是广州土生土长的，如增城出产的荔枝，非常有名：“其名有脆玉、麝香匣、大将军、小将军、皱玉、状元红、绿罗包、紫罗包、大丁香、小丁香、天茄子、黄泥子、水晶团、犀角子。又有金钗子，一名丫髻子，荔枝之小者，并蒂而生，味甘无核。又有海山楼者，宋诸司以重五日阅舟师于海山楼，率以是日至，因名焉。”① 仅荔枝就有十多个品种，并成为贡品。

有的物产不是岭南特产，从西域传入，如素馨花、波罗蜜、频婆子等。其中素馨花，成为了广州著名的花：“胡人自西国移植于南海……今城西九里，地名花田，弥望皆种此花，其香他处莫及。古龙涎香饼及串珠之类，治以此花，则韵味愈远。贩女或以蕉丝为穗，鬻于市。”②这里的“西国”即西域。

西瓜则从回纥传入，后来成为广州土产品：“契丹破回纥得此种，以牛粪覆棚而种，大如中国冬瓜而味甘，因名。广州自至元归附后，方有此种……今岭南在在有之，遂为土产。”③ 西瓜是至元时传入岭南的。

不管是从西域、回纥传入，还是外传至诸番国，这些都是中外物资交流和文化传播交流的结果。

奇珍异果多，谷粟较少，也说明可耕之地减少，经济作物增多的发展前景。

（4）贡税。唐宋以前，广州土贡主要有珠宝、龙眼、荔枝等，如“汉初赵佗，因陆贾使回，献白璧一双，翠鸟千，贝五百，桂蠹一器，生翠四十双，此一时事也。后汉岁献龙眼、荔枝，十里一置，五里一堠”④。宋以后，以香药居多，如“《九域志》所载土贡，沉香一十斤，甲香三斤，詹糖香、石斛各二斤，龟壳、水马各三十枚，鼊皮一十张，藤席二十领。后悉除之。圣朝不贵异物，进贡所供药物而已”⑤。又载元代的田税与宋代的不同：“宋行雇役之法，故于田税之外，又有夏役、秋役、茶钱、赏给之需；商税之外，复有地基、河渡、银场、经制之目，名件不一，民以为病。圣朝混一，首以宽民力为第一义，凡宋无名之赋，一切蠲除之。广为极边，愈加优恤。惟种田纳地税，买卖纳商税（商税三十税一），鱼盐舶货之征，随土所有。自此之外，秋毫不扰。”⑥ 于是元代广州的税粮：“田钱，壹佰柒拾伍贯贰佰肆拾伍文肆分，

---

① 〔元〕陈大震：大德《南海志》第七卷物产，《宋元珍稀地方志丛刊》甲编第八册，成都：四川大学出版社，2007年，第39页。

② 〔元〕陈大震：大德《南海志》第七卷物产，《宋元珍稀地方志丛刊》甲编第八册，成都：四川大学出版社，2007年，第35页。

③ 〔元〕陈大震：大德《南海志》第七卷物产，《宋元珍稀地方志丛刊》甲编第八册，成都：四川大学出版社，2007年，第43页。

④ 〔元〕陈大震：大德《南海志》第六卷土贡，《宋元珍稀地方志丛刊》甲编第八册，成都：四川大学出版社，2007年，第43页。

⑤ 〔元〕陈大震：大德《南海志》第六卷土贡，《宋元珍稀地方志丛刊》甲编第八册，成都：四川大学出版社，2007年，第10页。

⑥ 〔元〕陈大震：〔大德〕《南海志》第六卷税赋，《宋元珍稀地方志丛刊》甲编第八册，成都：四川大学出版社，2007年，第13页。

计正耗米壹万贰仟肆佰叁拾肆石陆斗贰升伍合肆抄叁撮。正米，壹万壹仟陆佰贰拾壹石壹斗肆升肆合玖勺整。鼠耗分例米，捌佰壹拾叁石肆斗捌升壹勺肆抄叁撮，”① 而“旧志税赋：田钱，壹仟叁佰玖拾壹贯有奇。茶钱，贰仟壹佰叁拾捌贯有奇。夏秋料役钱，共肆万肆佰贰拾肆贯有奇。田米，旧管伍万陆仟壹佰玖拾柒硕有奇，今管肆万捌佰肆硕有奇。”② 比较而言，元代的税赋比宋代轻简多了。

土产有丝织、珠宝等，尤以中药甚多，这些都是古代丝绸之路的大宗商品。

（四）商业贸易繁荣

1. 杭州。南宋后期，政局相对稳定，人口不断增长，临安手工业、商业以及税收都取得了长足的进步，成为了全国第一商业中心。咸淳《临安志》记载了当时临安的商业繁荣。

（1）交易坊市繁多。当时实行城市厢坊制，打破了坊（居住区）、市（商业区）的界限，也打破了日出开门、日落闭市的规定，街头坊巷商铺林立，日市、早市、夜市、专业市场热闹非凡，成为临安都市经济的一大特征。

咸淳《临安志》记载，临安城内共有13厢91坊，行业团市17个。

药市，在炭桥，今羲和坊内芳润桥。

花市，在寿安坊内，俗呼冠巷。

珠子市，旧在融和坊，北至市南坊，今或在冠巷。

米市，在余杭门外崇果院黑桥头。

肉市，在大瓦，今坝北修义坊内。

菜市，在崇新门外南北土门及东青门外坝子桥等处。

鲜鱼行，候潮门外。

鱼行，余杭门外水冰桥头。

南猪行，候潮门外。

北猪行，在州北打猪巷。

布行，在便门外横河头。

蟹行，在崇新门外南土门。

花团，在城南，今冠巷口与钱塘门里亦有之。

青果团，在候潮门里泥路上。

① 〔元〕陈大震：大德《南海志》第六卷税赋，《宋元珍稀地方志丛刊》甲编第八册，成都：四川大学出版社，2007年，第13页。

② 〔元〕陈大震：〔大德〕《南海志》第六卷税赋，《宋元珍稀地方志丛刊》甲编第八册，成都：四川大学出版社，2007年，第27页。

柑子团，在后市街。

鲞团，在便门外浑水闸头，亦名南海行。

书房，在橘园亭。

已上团市，皆四方物货所聚，姑载其大略，余不悉书。①

“团”是市场的意思，如“鲞团”，是一个贩卖海产品的市场。“鲈鱼行”，顾名思义，是以贩卖鲈鱼等淡水鱼为主的市场。药市、花市、布市、米市、肉市、菜市以及专门用以交易珠宝的珠子市，还有鲜鱼行、鱼行、南猪行、北猪行、布行、蟹行、青果团、柑子行、书铺等，都是“四方物资所聚”之地，也是商品交易场所。

（2）戏楼、茶肆酒肆、星罗棋布。由于社会各阶层的超大需求，临安的娱乐业、饮食服务业发达，志书记载城内瓦舍17处，是全国其他城市无法相匹的：

南瓦，在清冷桥西，有熙春楼。

中瓦，在市南坊北，咸淳六年更刱三元楼。

大瓦，在市西坊内之北，尝扁为上瓦子，亦名西瓦。

北瓦，在众安桥之南，亦名下瓦，有羊棚楼。

蒲桥瓦，在蒲桥之东，亦名东瓦，今废为民居。

便门瓦，在便门外北。

候潮门瓦，在候潮门外北。

小堰门外瓦，在保安门外东。

新门瓦，又名四通馆瓦，在新开门外南。

荐桥门瓦，在崇新门外，章家桥南。

菜市瓦，在东青门外菜市桥南。

钱湖门瓦，在钱湖门外，省马院前，仅存勾栏一所。

赤山瓦，在步司后军寨前，今惟存勾栏。

行春桥瓦，在东行春桥侧。

北郭瓦，在余杭门外，北郭税务北，又名大通店，今惟存勾栏。

米市桥瓦，在米市桥下，今惟存勾栏。

旧瓦，在石牌头北麻线巷内。

已上瓦子，盖取聚则瓦合，散则瓦解之义，故老云。②

---

① 〔南宋〕潜说友：〔咸淳〕《临安志》第十九卷疆域四，杭州：浙江古籍出版社，2012年，第786~788页。

② 〔南宋〕潜说友：〔咸淳〕《临安志》第十九卷疆域四，杭州：浙江古籍出版社，2012年，第788~789页。

“瓦子”，又称瓦舍，各类民间伎艺、职业艺人固定卖艺演出的场所，即娱戏之地。设立瓦舍的起因是：“绍兴合议后，杨和王为殿前都指挥使，以军士多西北人，故于诸军寨左右创营瓦舍，召集妓乐，以为暇日娱戏之地。”[①] 瓦舍的观光者有商人、军士、官吏、文人墨客、贵家子弟、僧道、农民等，以城市居民为多，居民生活丰富多彩。

城内高档茶肆和大型酒肆比比皆是，成为文人、士大夫以及各种客官集聚、交际的重要场所，如“丰乐楼……搢绅多聚拜于此”[②]。

因为临安的繁华，加上流动人口众多，在城内外设有20多个官驿，来往过客留下了许多题咏诗赋。咸淳《临安志》所引诗词歌赋多达2500余首，涉及作者近300百人，保存了宋代帝王、宰执以及下层官吏、邑人、僧道的许多诗文题咏，为其他文献少见，具有很大的辑佚价值。

（3）御街是全国第一大商业区。御街，又名天街，是南宋天下第一街，长约十里，故又名十里天街，是南宋都城铺设的一条主要街道，以它为中轴线，形成了都城规划的基本结构与街坊的分布格局。咸淳《临安志》等文献记载，铺设御街使用了1万多块石板：“御街，自和宁门外至景灵宫前，为乘舆所经之路，岁久弗治，咸淳七年，安抚潜说友奉朝命缮修，内六部桥路口至太庙北，遇大礼别除治外，袤一万三千五百尺有奇。旧铺以石，衡从为幅，三万五千三百有奇，易共阙坏者凡二万。跸道坦平，走毂结轸，若流水行地上，经涂九轨，于是为称。”[③] 至今杭州严官巷仍保存有南宋御街遗迹。

南宋《梦粱录》记载，御街两旁店铺林立，早市夜市人流如织：“自大街及诸坊巷，大小铺席，连门俱是，即无虚空之屋。每日清晨，两街巷门，浮铺上行，百市买卖，热闹至饭前，市罢而收。盖杭城乃四方辐辏之地，即与外郡不同。”“杭城大街，买卖昼夜不绝。夜交三四鼓，游人始稀。五鼓钟鸣，卖早市者又开店矣。”临安商业的繁荣可见一斑。

御街是全国最大的商贸区，以御街为中心，形成了南、中、北三大商业闹市区。

御街南端，自皇宫北门和宁门外至朝天门一带，为城南闹市区 。该区紧靠大内皇宫、朝廷中枢官衙，四围多皇亲贵戚、达官显宦，消费力强，多需高档珍品 ，店铺以金银首饰、丝绸与各种奢侈品为多。

御街中段，自朝天门至众安桥一带，是京都临安“大而全”的商业闹市区，也是唐宋之间杭州唯一“市 ”的旧址拓展，诸行百市 ，样样齐全，大小铺席，处处密布，据《梦粱录》记载有100多家名店集中于此段，丝纺业多集中在御街中段官巷一带，御街中段的棚桥也是临安最大的书市，刻板作坊就在棚桥附近。

御街北段，自众安桥至观桥转西至新庄桥、景灵宫一带，为城北闹市区，这里有太学、武

① 〔南宋〕潜说友：〔咸淳〕《临安志》第十九卷疆域四，杭州：浙江古籍出版社，2012年，第790页。
② 〔南宋〕潜说友：〔咸淳〕《临安志》第三十二卷山川十一，杭州：浙江古籍出版社，2012年，第1188～1189页。
③ 〔南宋〕潜说友：〔咸淳〕《临安志》第二十一卷疆域六，杭州：浙江古籍出版社，2012年，第864页。

学、礼部贡院等，既是京师最大的娱乐场所北瓦所在地，又是书店、酒楼、茶肆、点心店集中之地，大多店铺，日夜营业。

御街商肆遍及全城，既有金银首饰高档商品，也有一般商品市场，还有众多茶楼、酒店、戏楼，说明当时经济和文化十分繁荣。

（4）城郊商业市镇与京都大物流。临安城基础设施完备，有坊市、御街，还有465座桥道、25个城郊市场、11个商业市镇、3个大码头，形成了以都城为中心、辐射郊区市镇的京都大物流。

南宋《都城纪胜》记载，当时临安“城之南、西、北三处，各数十里，生烟生聚市井坊陌，数日经行不尽，各可比外路一小小州郡”。

南宋《梦粱录》记载，临安“今诸镇市，盖因南渡以来，杭为行都二百余年，户口蕃盛，商贾买卖者十倍于昔，往来辐辏，非他郡比也。”

咸淳《临安志》记载，临安“南北二厢，设于关外，而分任之地，皆六七十里，顾南厢所统，尤为延袤，北至艮山，南氐南荡，五方杂居，永陆互市。”① 城郊“商贾骈集，物货辐萃，公私出纳，与城中相若。车驰毂击，无闲昼夜。”②

这些史料均可以互证、互补，说明临安京城以及城郊的繁荣景象，非其他州郡可比。

（5）造纸印刷业先进。南宋绍兴三十一年（1161），朝廷诏临安府置会子务，会子即汇票、支票。乾道四年（1168）三月，朝廷又以“蜀远，纸弗给”，诏临安府制造会纸，官衙开始在九曲池，后迁至赤山之湖滨，“工徒无定额，今在者一千二百人”。③

南宋在很长一段时间里，纸币逐渐替代铜钱，有力促进了城市以及整个国家商业的繁荣、经济的发展。

印刷业的先进程度，从京城四图的绘制与印刷中亦可见一斑。

（6）商税大增。南宋临安设有浙江税务、龙山税务、都税务、北郭税务、江涨税务，五税务的年收税分别为“八万一千八百一十贯二文”“三万六千九百六十八贯”“一十五万五千三百一十三贯一百五十八文”“一十万八百九十贯四百四十三文”“四万五千一十七贯六百四十七文”，合计四十二万贯文，居全国之首。

从赋税收入也可窥见一地富庶与商业繁荣景象。

2. 广州。大德《南海志》残本虽然没有咸淳《临安志》的“坊巷”“市行”“御街”“会子库”“造纸局”等条目，但从现存“物产”“舶货”“税赋”内容看，广州物产丰富，且不少奇花异果、香药宝物来自海外诸国，可见广州商业贸易的繁荣。

商税方面，元代广州路各务县周岁总办：税课钞二千六十一定四十五两二钱三分六厘。在

---

① 〔南宋〕潜说友：〔咸淳〕《临安志》第五十三卷官寺二，杭州：浙江古籍出版社，2012年，第1904页。
② 〔南宋〕潜说友：〔咸淳〕《临安志》第二十一卷疆域六，杭州：浙江古籍出版社，2012年，第860页。
③ 〔南宋〕潜说友：〔咸淳〕《临安志》第九卷行在所录，杭州：浙江古籍出版社，2012年，第347页。

城商税务周岁办：税课钞一千八百三拾四定一十二两。

南宋时，广州扩为子城、东城、西城三城，建成南濠、清水濠两大码头，另有马站6处、马126处，水站10处、船90只，馆驿14处，递铺40处，桥15座，可见基础设施完备，有利于国内商业贸易和对外贸易。

我国宋代对外贸易的主要港口有杭州、广州、明州（今宁波）、泉州、密州（今山东胶州）等。《宋会要辑稿·食货》记载，北宋熙宁十年（1077），全国商税最多的府州是北宋京都开封府152801贯660文，其次为杭州府，再次为成都府171635贯559文。五大港口的商税额分别是：杭州183813贯523文，广州69703贯485文，明州26947贯304文，泉州46026贯906文，密州87136贯999文①，说明北宋中期的杭州、广州，已经比泉州、明州商业发达，是全国重要的商业都市，到了南宋中后期，作为南宋京都的杭州和岭南都会广州，商业贸易更是蒸蒸日上。

（五）市舶司的特设

市舶司是我国古代管理对外贸易等事务的机构，它类似于今天的沿海海关。

唐朝始有市舶使的官名，宋代始有市舶司的机构名。宋代市舶司的设置，不仅说明了我国古代对外贸易的发展与兴盛，记录了中外各国的往来以及文化交流，更是古代海上丝绸之路发展的有力佐证。

北宋时设有比较固定的四路市舶司：广南路广州市舶司，设于开宝四年（971）；两浙路杭州市舶司，设于端拱二年（989）；福建路泉州市舶司，设于元祐二年（1087）；京东路密州市舶司，设于元祐三年（1088）。

四路市舶司中，两浙路、福建路市舶司曾几立几废，两浙路出现过五务（杭州市舶司、明州市舶司、秀州华亭市舶司、温州市舶司、江阴军市舶司）并存。泉州市舶司比广州市舶司、杭州市舶司晚了一百多年。密州市舶司只存在于北宋一朝，时间较短。广州市舶司成立最早、发展最为稳定。

1. 杭州。志书记载了杭州市舶司的变迁情况。

《乾道临安志·提举市舶衙》记载：“旧在城中，淳化三年四月庚午，移杭州市舶司于明州定海县，以监察御史张肃领之。”②

咸淳《临安志·市舶务》记载：“在保安门，海商之自外舶至京者，受其券而考验之。又有新务在梅家桥之北，以受舶纲。”③

市舶务，即市舶司。根据南宋临安志的记载，杭州市舶司最早设于杭州城中，淳化三年

① 程民生：《北宋商税统计及简析》，《河北大学学报》1988年第3期。

② 〔南宋〕周淙、施谔：《临安两志》，杭州：浙江人民出版社，1998年，第25页。

③ 〔南宋〕潜说友：〔咸淳〕《临安志》第九卷行在所录，杭州：浙江古籍出版社，2012年，第348页。

(992) 迁至明州定海县（今宁波镇海），后复置杭州市舶司（咸平二年），一在保安门，一在梅家桥北（市舶新务），凡海商自外至杭，受其券而考验之。

又南宋宝庆《四明志·市舶》记载两浙市舶司曾几立几废：

浙务初置杭州，淳化元年徙明州，踰六年复故，咸平二年杭、明二州各置务，其后又增置于秀州、温州、江阴军，在浙者，凡五务。光宗皇帝嗣服之，初禁贾舶至澉浦，则杭务废。宁宗皇帝更化之，后禁贾舶泊江阴及温、秀州，则三郡之务又废。凡中国之贾，高丽与日本诸蕃之至中国者，惟庆元得受而遣焉。

其“市舶务”条目记载：

淳化元年（990）初置于定海县，后乃移州，在于子城东南，其左倚罗城……其厅事高，其闬闳内厅，扁曰清白堂，后堂存旧，名曰双清清白堂，之前中唐有屋，以便往来。东西前后列四库，胪分二十八眼，以寸地尺天皆入贡，奇祥异瑞争来送，不知何国致白环，复道诸山得银瓮号之。两夹东西各有门，东门与来安门通，出来安门为城外，往来之通衢。衢之南北各设小门，隔衢对来安门，又立大门，门之外濒江，有来远亭……贾舶至，检核于此，历三门以入务，而闭衢之，南北小门，容顿宽敞，防闲缜密，司存之吏，亦免于戾矣。务之前门，与灵桥门近……自此门之外，先后建置皆有碑记。

宝庆《四明志》详细记载了明州市舶司的地理位置及结构，是当前研究宋代明州市舶司之所在的唯一线索。从中可以看出，南宋时明州市舶司已有相当规模，已有2厅4库28房，前门与灵桥门近，东门与来安门通，城外有来远亭（专门用来接待外国使臣的驿馆）。1995年发掘出土的一处砖砌宋代市舶务仓库基址、地坪遗址，证实了古志的记载，弄清了宋代市舶司、库的确切位置，可见古志文献价值与史料价值的珍贵。

2. 广州。广州是全国最早设置市舶使、市舶司的港口，于唐玄宗开元年间（713—741）始设市舶使专管海外贸易的官职，北宋开宝四年（971）始设市舶司专管海外贸易的机构。大德《南海志·市舶》记载了广州市舶司、库、亭的位置或元代重建的时间：

市舶库，在子城直街，内有来远楼。

市舶亭，在朝宗门外，至元十九年（1282）创建。

又“旧志诸司仓库”条目记载：

市舶亭，在镇安门外。

“旧志诸司公廨”条目记载：

胜己斋，在厅事东。(以下皆废。)
公生明，在胜己斋后。
戏彩堂，在厅事北。
山斋，在戏彩堂西。
九思堂，在厅事西。
达观楼，在九思堂后。
南风堂，在后园。
鉴正，在南风堂左。
丛秀，在鉴正东。

从中我们看出，元代以前广州市舶司已有相当规模，办公场所有 9 处。元统一中国后，陆续在泉州、庆元（今宁波）、上海、澉浦（今浙江海盐县）、杭州、广州、温州等地设立市舶司，几经扩删合并，最终形成了稳定的三大市舶司：泉州市舶司、庆元（今宁波）市舶司、广州市舶司。

不同的是，元代广州市舶司比泉州市舶司、宁波市舶司重建要晚几年，泉州、宁波均于至元十四年（1277）设立市舶司，时广州尚未归属元朝，是南宋灭亡前宋朝的最后一道屏障，宋元水陆两军为此反复争夺，元朝统治者为广州军民的韧性抗争所激怒，于至元十五年（1278）下令“夷广州城”，屠城后的广州遭受灾难性打击，人口锐减，船商流失，海外贸易地位下降，直到至元十九年（1282）才重新创建广州市舶亭，至元二十三年（1286）重建广州市舶司，广州的海上贸易才逐渐复苏。

（六）舶货诸番国来往

1. 杭州。南宋临安是全国的政治、经济、文化中心，对外贸易十分活跃。咸淳《临安志》记载：两浙“道通四方，海外诸国，物货丛居，行商往来，俗用不一。”① 此时的临安已经成为国际化大都市。

向外输出的商品，主要有绫、罗、锦、绢、细等。朝廷规定以绢帛、锦绮、瓷器等物品交换外国舶来品，两浙缴纳的丝织品，占全国的四分之一，输出的数量和范围日益扩大，主要贸

① 〔南宋〕潜说友：〔咸淳〕《临安志》第五十二卷官寺一，杭州：浙江古籍出版社，2012 年，第 1857 页。

易国有日本、朝鲜等。舶货多经明州（今宁波）而后再发。南宋宝庆《四明志·市舶》记录了两浙与朝鲜、日本输出入商品的货单：

本府（宁波）与其礼宾省（高句丽国），以文牒相酬酢，皆贾舶通之，麓货具于左：细色：银子、人参、麝香、红花、茯苓、蜡、麤色、大布、小布、毛丝布、紬、松子松花、栗、枣肉、榛子、椎子、杏仁、细辛、山茱萸、白附子、芜荑、甘草、防风、牛膝、白朮、远志、茯苓、姜黄香油、紫菜、螺头、螺钿、皮角、翎毛、虎皮、漆、青器、铜器、双瞰刀、席、合蕈。

日本，即倭国，善造五色笺，错金为兰，或为花，中国所不逮也，多以写佛经，铜器尤精于中国，贾舶乘东北风至，货具于左：细色：金子、砂金、珠子、药珠、水银、鹿茸、茯苓、粗色、硫黄螺头、合蕈、松板、杉板、罗板。

对于中国的丝织品"紬"为什么成为朝鲜的舶来品，该志有注解：高句丽国"俗本不善蚕桑，其丝线织纴皆仰贾人自山东闽浙来，然颇善织，花绫有文罗，紧丝锦罽，后得北虏降卒，工技益巧，染色又胜于前日，紬乃其粗也。"原来，桑蚕丝来自中国的浙江等，善织的朝鲜人进行精加工，变成了他们的名优产品。

南宋临安的对外交流，还体现在佛教文化、绘画艺术等交流。当时的临安，佛刹如林，僧徒众多，流派纷呈，可统计的城内外寺院达496座，对外活动与交流频繁，是举世闻名的"东南佛国"。外来参学、游方的禅僧画家很多，尤其是到灵隐寺、净慈寺、天竺寺、径山寺等著名寺院学习取经的禅僧画家居多。周边国家佛徒僧众来华学习取经已成为一种潮流，并达到了鼎盛时期。

2. 广州。岭南一都会，广州在宋元时期，海外贸易频繁。

大德《南海志》专设"舶货"，列举各种舶货71个品种，附记与广州有海外贸易关系的国家和地区144个，比南宋赵汝适《诸蕃志》记载的与泉州来往的国家58个、舶货47种要多得多，这对元代广州的海外交通、海外贸易、海上丝绸之路的研究具有重大意义。

"舶货"小叙云：

货通狮子国，昌黎尝有是诗矣。山海为天地宝藏，珍货从出，有中国之所无。风化既通，梯航交集。以此之有，易彼之无，古人贸通之良法也。广为蕃舶凑集之所，宝货丛聚，实为外府。岛夷诸国，名不可殚，前志所载者四十余。圣朝奄有四海，尽日月出入之地，无不奉珍效贡，稽颡称臣。故海人山兽之奇，龙珠犀贝之异，莫不充储于内府，畜玩于上林，其来者视昔有加焉。而珍货之盛，亦倍于前志之所书者。今录其可名之国，附于舶货之后。①

志中舶货分为8类：

宝物：象牙、犀角、鹤顶、真珠、珊瑚、碧甸子、翠毛、龟筒、玳瑁。

布匹：白番布、花番布、草布、剪绒单、剪毛单。

香货：沉香、速香、黄熟香、打拍香、暗八香、占城、麄熟、乌香、奇楠木、降香、檀香、戎香、蔷薇水、乳香、金颜香。

药物：脑子、阿魏、没药、胡椒、丁香、肉豈蔻、白豈蔻、豈蔻花、乌爹泥、茴香、硫黄、血竭、木香、荜拨、木兰皮、番白芷、雄黄、苏合油、荜澄茄。

诸木：苏木、射木、乌木、红柴。

皮货：沙鱼皮、皮席、皮枕头、七鳞皮。

牛蹄角：白牛蹄、白牛角。

杂物：黄蜡、风油子、紫梗、磨末、草珠、花白纸、藤席、藤棒、孔雀毛、大青、鹦鹉、螺壳、巴淡子。②

不少舶来品，为国内所无，有的闻所未闻，如宝物类的碧甸子、龟筒，布匹类的剪毛单，香货类的速香、打拍香、降香、金颜香，药物类的阿魏、没药、乌爹泥、血竭等，十分稀罕。

时广州海外贸易已扩至非洲，诸蕃国有：

交趾国管：团山、吉柴。

占城国管：坭越、乌里、旧州，新州，古望，民瞳胧，宾瞳胧。

真腊国管：真里富，登流眉，蒲甘，茸里。

罗斛国暹国管：上水速孤底。

单马令国管小西洋：日啰亭、达剌希、崧古啰、凌牙苏家、沙里、佛啰安、吉兰丹、晏头、丁伽芦、迫嘉、朋亨、口兰丹。

三佛齐国管小西洋：龙牙山、龙牙门、便塾、榄邦、棚加、不理东、监篦、哑鲁、亭停、不剌、无思忻、深没陀啰、南无里、不斯麻、细兰、没里琶都、宾撮。

东洋佛坭国管小东洋：麻里芦、麻叶、美昆、蒲端、苏录、沙胡重、哑陈、麻拿啰

① 〔元〕陈大震：〔大德〕《南海志》第七卷舶货，《宋元珍稀地方志丛刊》甲编第八册，成都：四川大学出版社，2007年，第53页。

② 〔元〕陈大震：〔大德〕《南海志》第七卷舶货，《宋元珍稀地方志丛刊》甲编第八册，成都：四川大学出版社，2007年，第54~57页。

奴、文杜陵。

单重布啰国管大东洋：论杜、三哑思、沙啰沟、塔不辛地、沙棚沟、涂离、遍奴忻、勿里心、王琶华、都芦辛、啰愇、西夷涂、质黎、故梅、讫丁银、呼芦漫头、琶设、故提、频底贤、孟嘉失、乌谭麻、苏华公、文鲁古、盟崖、盘檀。

阇婆国管大东洋：孙绦、陀杂、白花湾、淡墨、熙宁、啰心、重伽芦、不直干、陀达、蒲盘、布提、不者啰干、打工、琶离、故鸾、火山、地漫。

南毗马八儿国：细蓝、伽一、勿里法丹、差里野括、拨的侄、古打林、大故蓝国、差里也国、政期离国、胡茶辣国、禧里弗丹、宾陀兰纳、迫加鲁、盟哥鲁、条土吉、靼拿、阔里株思、加剌都、拔肥离、涂拂、毗沙弗丹、哑靼、鹏茄啰、记施、麻啰华、弼施啰、麻加里、白达、层拔、瞻思、弼琶啰、勿斯离、勿拔、芦眉、瓮蛮、弗蓝、黑加鲁、默茄、茶弼沙、吉慈尼。①

据悉，大德《南海志》是较早提及“东洋”“西洋”“大东洋”“小东洋”“小西洋”名称的古籍，比元代汪大渊《岛夷志略》提及还要早近半个世纪。

来往舶货多，与之交流诸番国多，说明杭州、广州作为古代丝绸之路国际贸易支点城市的地位以及辉煌。

三 讲好“一带一路”故事的多形式志书载体

英国科学家李约瑟博士曾高度评价中国地方志书与丝绸之路的文明交流互鉴：丝绸之路不仅传播丝绸、陶瓷、茶叶、缫丝机、纺丝机、并丝机等物品，还传播火药、指南针、印刷术、造纸术、铸铁术等科技发明，15 世纪前中国古代科技处于世界领先地位。伟烈亚力（19 世纪英国汉学家）曾经写道，在中国出现的一系列地方志，无论从它们的广度来看，还是从它们的有系统的全面性方面来看，都是任何国家的同等文献所不能比拟的，古代希腊乃至近代英国，都没有留下与中国地方志相似的文献，要了解中国文化，必须了解中国的地方志。

外国学者尚且充分认识地方志的文献价值，我们更应该充分认识地方志的文献价值。“一带一路”视野下，我们要对志书的价值进行再评价，它不仅记录区域自然、政治、经济、文化、社会的历史与现状，还记录丝绸之路的历史与现状。利用好古今志书，服务“一带一路”建设，是当务之急。

（一）整合丝路数据

即整合已有的地方志书广博而丰富的资料数据，包括丝路专题数据、丝路基础数据，形成

① 〔元〕陈大震：〔大德〕《南海志》第七卷舶货，《宋元珍稀地方志丛刊》甲编第八册，成都：四川大学出版社，2007 年，第 57～62 页。

电子书、纸质书，或建成网络化数据库，为“一带一路”研究与创新发展服务。

如当当网上的几种图书：《中国地方志中的陶瓷史料》（学苑出版社 2008 年）；《古籍计算机全文数据库及内容挖掘研究——以〈方志物产 广东〉为例》（安徽师范大学出版社 2013 年）；《中国地方志民俗资料汇编》（国家图书出版社 2014 年）；《中国地方志佛道教文献汇纂》诗文碑刻卷 498 册、寺观卷全 408 册、人物 133 册（国家图书馆出版 2013 年）。这些都属于专题资料数据。

（二）讲好丝路史话

即利用手机方志、微信方志、官方微博、电脑网络、电视广播、音像志、图志、传统纸质志书、报纸杂志等，多形式讲好丝路故事，多媒介传播丝路文明，为丝路的创新发展服务。

（三）续写丝路新况

即持续不断地、及时有效地记录好区域内自然、政治、经济、文化和社会的发展新况，尤其是丝路创新发展的新况，及时数字化、网络化，发挥好地方志资源数据在存史、资政、教化、交流方面的最大功用。编纂志书、年鉴、地情书，主要由政府主持，吸纳有关方面的专家学者参加，确保科学性、严谨性和权威性，同时允许民间与官修并存，进行学术竞争，百花齐放，百家争鸣，促进地方志事业的创新发展。

总而言之，古今志书具有广泛的应用价值，“一带一路”视野下志书的文献价值再一次得到充分体现，这对于“一带一路”的研究与创新发展有重要的智力支撑作用。整合丝路数据，讲好丝路故事，续写丝路新况，奉献丝路文化精品，服务经济社会发展，是我们史志工作的重要任务。

跨越千年大洋　再现丝路盛景

——刍议宁波旧志所见海上丝绸之路史料及价值

姚晓东（浙江省宁波市地方志办公室）
王　蓓（浙江省宁波市史志研究中心）

提要： 宁波作为海上丝绸之路的重要起点，其旧志中保存有丰富的相关史料。这些史料虽散落于不同卷目，但记述跨度时间长、内容全面，既及时详尽准确地记录了海上丝绸之路上的往来盛况，生动再现了诸多细节，又为后人开展相关研究提供了大量的原始资料，同时对于今日重建21世纪的海上丝绸之路，以及我们的地方志工作，都有着借鉴意义。

关键词： 宁波旧志　海上丝绸之路　史料　价值　启示

宁波古称明州、四明，系浙东望郡，地处东半球太平洋西岸。早在七千年前，这里的先民就已活跃于海上。春秋战国时，开辟通海门户句章港，成为当时全国九大港口之一。东吴起，宁波直接与京都（建业，今南京）沟通，江海相连。至唐时，明州港脱颖而出，跻身全国四大港之列，发展成为中国（明州、登州）、日本（博多）、韩国（新罗清海镇）"东亚贸易圈"四大枢纽港之一。宋元时期，宁波（明州、庆元）已成为全国三大对外贸易港口之一，尤其是宋代，宁波更是成为朝廷指定通往日本、高丽（朝鲜）的特定港口。明代，宁波港是朝廷指定日本勘合贸易的唯一港口。清初，弛"海禁"后，清政府在宁波设立的"浙海关"是全国四大海关之一。宁波历经海上丝绸之路千年发展，留存于宁波境域内之海上丝绸之路文献及文物史迹众多，包罗万象，涵盖了政治外交、经济贸易、港口交通、宗教文化、思想学说、教育卫生、民间习俗等诸多领域。

地方志是资料性著作，具有连续性、具体性和全面性的特点，能够弥补一般文献之缺，参史书之误，详史书之略，叙史书所无，具有较高史料价值，历来受到学者的重视。宁波不仅是我国东南沿海著名港口城市，也是国家历史文化名城之一，一直是地方志文献编撰和收集的富集之地。在这座难以让人忽视的文献宝库中，对海上丝绸之路盛况的反映，有着其独特的重要价值。

一　宁波旧志所见海上丝绸之路史料管窥

宁波历为方志之乡、文献之邦，古来乡贤士绅耕读传家，著书修学、治史修志蔚然成风。唐宋时即编纂有明州图经，南宋传世名志全国28种，宁波占其4种，元代传世名志11种，宁波占其3种，现存府志10部，县志无计，现将存世主要旧志所见海上丝绸之路相关记载略作梳理，虽不免挂一漏万，亦可窥一斑而知全豹。

随着造船、航海技术的进步以及江南经济的逐渐富庶，唐时海路交往开始日益兴起，明州港成为遣唐使主要的登陆、返航口岸之一。至宋，经济中心南移，明州逐渐成为海外交往的重要门户。南宋乾道《四明图经》，卷1“分野”、卷7“山”记宁波地理位置，与高丽、日本等国隔海相望，多有来往；卷1“祠庙”记有路允迪等人出使高丽；卷8“律诗”收录多首描写当时海外往来诗句；卷11“延庆院圆照法师塔铭”记有高丽使者拜访延庆寺法师事；“智觉禅师真赞”记贻书致金向日求得天台宗典籍事。南宋宝庆《四明志》，卷3“叙郡下·仓库务场局院等”列专条详记市舶务，“叙郡下·官僚”提到市舶务配有文员；卷6“叙赋下·市舶”专记对宋丽使节的接待和海外贸易的管理，介绍高丽、日本情况并一一列举从两地输入货品；卷19“定海县志·叙祠”记到多位出使高丽的使节；卷20“昌国县志全·叙祠”也记到出使高丽及高丽入贡事；卷20“昌国县志全·叙县”、卷21“象山县志全·叙水”和“象山县志全·叙山”、卷18“定海县志卷第一·叙县”记象山等地地理位置，言“蕃舶商船必经”。南宋开庆《四明续志》，卷8专设“蠲免抽博倭金”“收养丽人”“收刺丽国送还人”记载对海外贸易的管理及海外难民的救助；卷9“吟稿上”收有海外往来相关诗文。

元时对外政策不稳定，随政治形势的变化时开时禁，然庆元（宁波）与泉州、广州一直是元时重要的对外贸易港口。日本是庆元的主要贸易往来国，由于两国关系经常处于紧张的对峙状态，虽然两国之间的贸易往来并没有真正中断过，但冲突事件时有发生。元延祐《四明志》，卷3“职官考下”记有庆元市舶提举司一职；卷8“城邑考上·公宇”记市舶库，卷15“祠祀考”记有路允迪等人出使高丽事；卷16“释道考上·律十方院七”东寿昌院条记僧子麟往高丽、日本并百济诸国传持天台教法及高丽国王遣使送还明州事；卷17“释道考·鄞县禅寺”记日僧、韩僧来明州研习佛经，从日运巨木助建佛寺事。元至正《四明续志》，卷1“土风”记宁波与高丽、日本隔海相望，商船往来贸易频繁货物丰富；卷3“城邑·公宇”记市舶司、市舶库；卷5“土产·市舶物货”详细列举了海外输入货物；卷6“赋役”，专门记述市舶货物抽税情况；卷10“释道寺院庵舍”记有2所伊斯兰教礼拜寺（回回堂）；卷10“道观道院”记录了一次严重的中日贸易争端。

明时倭患频发，实行锁国政策，屡下禁海令，建立朝贡贸易体制，市舶司亦几废几复。晚明，宁波港逐渐衰落。明成化《宁波郡志》，卷3“河防考·鄞县”“广德湖”条记为解决高丽使团接待费用填湖造田事；卷5“廨宇考·附郡公署”记浙江省舶提举司及其衙、库与安远驿；

卷 7“职官考”记浙江市舶提举司与安远驿人员设置；卷 9“寺观考・鄞县”“天童禅寺”条记日僧荣西“致百围之木，泛鲸波以至”助建千佛阁事。嘉靖《宁波府志》，卷 22“海防书”记载明政府针对日“入贡逾额”重新规定“宣德事例”。

清初海禁更严，以至“寸板不许下海”。康熙统一台湾后，有限制地开放，并在宁波设浙海关。鸦片战争后，宁波作为第一批通商口岸被迫向西方开放。清雍正《宁波府志》卷 11“公署”记海关行署、红毛馆；卷 12“户赋”志列浙海钞关与红毛馆所征税银；卷 15“兵制”后附“海防”专记；卷 16“秩官下”记浙海钞关人员设置并列人员名录及任职时间。

民国时，受国内外政局变动的影响，宁波的进出口贸易畸形发展。同时随着西学东渐，西方文化的影响越来越大。民国《鄞县通志》，“舆地志丑编・营建・公署”（566—567）详细记载浙海关位置、结构；“政教志寅编・社会现象”专门记录了外来居留人口情况（1616—1617，1620—1623，1630）；“食货志戊编”更是用一整编的篇幅“不厌冗琐”地记录当时海外贸易往来情况，并设“通商略史”专记梳理从周以来，主要是宋以来，海运往来贸易情况，又收录浙海关章浙海关轮船往来宁沪专章、宁波口引水分章及多种江北岸商埠订定约章，以及浙海关民国 14 年至 20 年（1925—1931）华洋贸易统计报告书等大量珍贵原始史料。

旧志所存这些史料，虽散落于不同卷目，但记述跨度时间长、内容丰富、较为全面，能勾勒出当时宁波与海上丝绸之路沿线诸国往来的大致脉络。海上丝绸之路的地位是在唐亡后，随着中国经济文化中心的南移和亚洲内陆地区政治局势的持续动荡而日益凸显的，宁波与海上丝绸之路沿线国家的交往亦以宋元时最盛，从官方到民间，从经济到文化，真可谓“梯航纷绝缴，冠盖错中州”。明后海禁政策的实行，海上丝绸之路开始禁滞和萎缩，但宁波在海外交往中仍占据独特的重要地位。鸦片战争以后，以中国人主导的和平往来的海上航线性质发生了重大变化，真正意义上的海上丝绸之路其实已经终结。

二　宁波旧志所见海上丝绸之路史料之优长

地方志是记录一定区域范围内自然和社会的历史与现状的资料性、综合性著述，内容涉及该地区的建置沿革、自然环境、城市建设、政治经济、文化社会、民俗人物等。较之其他史籍，地方志相关记述更为丰富，更见有其他史籍所未见之珍贵文献资料。前文所及部分宁波旧志中所见海上丝绸之路史料，也在诸多方面体现了方志文献相对于其他历史资料独特的价值。

（一）及时详尽准确地记录了海上丝绸之路往来盛况，可补其他文献之无或略。“地近则易核，时近则迹真”，地方志一般是由当地人组织编写的关于本地社会、经济、文化发展的地方文献，详今是重要的编纂原则，里面收录了大量“正史”不收的地方史料，在微观历史记载的详细程度上，“正史”“专史”难以企及。

随着海外贸易的发展，唐初始设市舶使，玄宗开元二年（714）安南市舶使周庆立与波斯僧广造奇巧进献内廷，是为文献首见市舶使之记载。自此至宣宗大中四年（850）近 140 余年间，唐代文献均载此职。至宋，随着海上对外贸易的繁荣，开始设立专门管理机构市舶司。两宋时期，由于靠北之海港相继为辽、金所占，或受战事影响，海上对外贸易大多转移至明州，曾迁两浙市舶司于此，南宋移都临安，因明州近临安，此地对外贸易地位更趋重要，由此也专设了市舶务。市舶司（务）是明州对外贸易管理机构，其见证了古代宁波海上贸易之繁荣，对于研究明州海上丝绸之路甚是重要。

宋太祖开宝四年（971），北宋设立首个市舶机构广州市舶司，太宗太平兴国三年至端拱二年（978—989）间，宋廷又于杭州始设两浙市舶司，管理两浙路对外贸易事务，淳化三年（992），两浙市舶司移驻明州定海县，旋迁至明州城，次年又移司杭州。随着明州港的崛起，真宗咸平元年至二年（998—999）间，宋廷决定在两浙市舶司管辖下，于杭州、明州各置司，自此始，明州正式有了市舶机构，成为当时全国三大对外贸易港口之一。南宋高宗建炎初，金兵南下攻掠，两浙不少市舶场务因此遭到破坏，绍兴二年（1132），宋廷下诏将两浙市舶司迁至未受战乱破坏之秀州华亭县，与此同时，杭州、明州两市舶司也降格为市舶务，与原秀州、温州、江阴市舶务并为五务，归两浙市舶司统辖。孝宗乾道二年（1166），宋廷又罢废两浙市舶司，上述五务独立经营，光宗、宁宗时期，杭州、江阴、温州、秀州四务亦曾相继罢废，于是“凡中国之贾高丽与日本，诸番之至中国者，惟庆元得受遣焉”。明州（庆元）市舶务一度成为两浙地区唯一从事对外贸易的管理机构。理宗朝后，两浙路其他港口诸务废置不常，而明州市舶机构则始终存在，直至恭帝德祐元年（1275）五月，元军压境，庆元市舶务废罢。

关于宋代明州市舶司（务）设置问题，《宋史》《宋会要辑稿》等史载或为简略，或是语焉不详，而宝庆《四明志》对此记载则甚是翔实和生动。关于明州市舶司（务），宝庆《四明志》有两处较为集中记载，兹录于下：

卷6“叙赋下·市舶”云：“汉扬州交州之域，东南际海，海外杂国时候风潮贾舶交至，唐有市舶使总其征，皇朝因之置务于浙、于闽、于广。浙务初置杭州，淳化元年（990）徙明州，逾六年复故。咸平二年（999）杭明二州各置务，其后又增置于秀州、温州、江阴军，在浙者凡五务。光宗皇帝嗣服之初，禁贾舶至澉浦则杭务废。宁宗皇帝更化之后，禁贾舶泊江阴及温秀州，则三郡之务又废，凡中国之贾高丽与日本诸蕃之至中国者，惟庆元得受而遣焉。初以知州为使，通判为判官，既而知州领使如劝农之制，通判兼监而罢判官之名。元丰三年（1080），令转运兼提举；大观元年（1107），专置提举官，三年罢之，领以常平司而通判主管焉。政和三年（1113），再置提举。建炎元年（1127），再罢，复归之于转运使，二年复置。乾道三年（1167）乃竟罢之，而委知通知县监官同行检视转运司提督。宝庆三年（1227），尚书胡榘守郡，捐币以属通判蔡范重建市舶务，并置听事于郡东南之戚家桥，且记之谓凡官府之治无非理吾地也，而此则以徕远人，凡法度之修无非齐吾民也，而此则以观四国，惟清其心，如水之澄，公其手，如衡之平，昭其见，如烛之明，而又济之，以能劝行之，以近恕，则观感之余，彼当自化鲸波万里，如履坦途，奇货瑰宝将日陈于斯，庭而帑藏无一之不充矣。”

卷3“叙郡下·制府两司仓场库务并局院坊园等·市舶务”亦云：“市舶务，淳化元年初置于定海县，后乃移州在于子城东南，其左倚罗城。嘉定十三年火，通判王梴重建，久而圮。宝庆三年，守胡榘捐楮券万三千二百八十八缗有奇，属通判蔡范撤新之，重其厅事，高其闬闳。内厅扁曰：‘清白堂’，后堂存旧名曰：‘双清（堂）、清白堂’。之前中唐（堂）有屋，以便往来，东西前后列四库，胪分二十八眼，以‘寸地尺天皆入贡，奇祥异瑞争来送，不知何国致白环，复道诸山得银甕’号之。两夹东西各有门，东门与来安门通。出来安门为城外，往来之通衢，衢之南北各设小门，隔衢对来安门。又立大门，门之外濒江，有来远亭。乾道间，守赵伯圭建。庆元六年，通判赵师嵓修。宝庆二年，蔡范重建，更名来安。贾舶至检覈于此。历三门以入务，而闭衢之。南北小门容顿宽敞，防闲缜密，司存之吏，亦免于戾矣。务之前门，与灵桥门近，绍定元年正月火，自务之西北延燎于南，务独免而前门毁。二月重建，自此门之外先后建置，皆有碑记。”

结合其他相关史书记载，上述宝庆《四明志》关于明州市舶司有关情况记录基本无误。上述两段史料，不仅梳理了明州市舶司（务）设置、沿革，明确其职掌、地理位置，并详细介绍建设情况，以及衙署和储藏舶货市舶库之情况，至于以杜甫《洗兵马》一诗中四句为库编号，十分具体而形象地记述了当时明州海上对外贸易之盛况，是目前所见记载宋代明州市舶机构最早也是最翔实之史料，弥足珍贵。

（二）为后人开展海上丝绸之路研究提供大量原始资料。地方志大多直接根据当地的档案、访册、谱牒、传志、碑碣、笔记、信札等第一手资料来编写，史料价值较高，而且地方志体裁非常丰富，除横排纵写、述而不作的志体外，综合运用述、记、录、图、表等各体，得以保存一批奏议、碑文、契约等原始资料，这些都是我们开展相关研究的重要基础。

宋元时，宁波以一港总揽两浙市舶之利，其在海上丝绸之路上的重要地位前文已及，此不赘述。宝庆《四明志》载，宋时从海外输入商品有160种，志书细列从高句丽国输入：细色有银子、人参、麝香、红花、茯苓、蜡。粗色有大布、小布、毛丝布（苎麻布）、䌷（蚕丝织品）、松子松花、栗、枣肉、榛子、椎子、杏仁、细辛、山茱萸、白附子、芜夷、甘草、防风、牛膝、白术、远之、茯苓、姜黄、香油、紫菜、螺头、螺钿、皮角、翎毛、虎皮、漆、青器、铜器、双瞰刀、席、合蕈。从日本输入：细色有金子、砂金、珠子、药珠、水银、鹿茸、茯苓。粗色有硫黄、螺头、合蕈、松板、杉板、罗板。从海南占城输入：细色有麝香、笺香、沉香、丁香、檀香、山西香、龙涎香、降真香、茴香、没药、胡椒、槟榔、荜澄茄、紫矿、画黄、蜡壁鱼皮。粗色有暂香、速香、香脂、生香、粗香、黄熟香、鸡骨香、斩剉香、青桂头香、藿香、鞋面香、乌里香、断白香、包袋香、水盘香、红豆、荜拨、良姜、益智子、缩砂、蓬莪术、三赖子、海桐皮、桂皮、大腹皮、丁香皮、桂花、姜黄、黄芦、木鳖子、茱萸、香柿、磕藤子、琼菜、相思子、大风油、京皮、石兰皮、兽皮、苎麻、生苎布、木棉布、吉布、吉贝花、驴鞭、钗藤、白藤、赤藤、藤棒、藤篾、窳木、射木、苏木、椰子、花梨木、水牛木、牛角、螺壳、蚜螺、条铁、生铁。尚由“番船”运来：细色有银子、鬼谷珠、朱砂、珊瑚、琥珀、玳瑁、象牙、沉香、笺香、丁香、龙涎香、苏合香、黄熟香、檀香、阿香、乌里香、金颜香、上生香、天竺香、安息香、木香、降真香、亚湿香、速香、乳香、麝香、加路香、茴香、脑子、木札脑、白笃耨、黑笃耨、蔷薇水、白豆蔻、芦荟、没药、没石子、槟榔、胡椒、硼砂、阿魏、腽肭脐、藤黄、紫矿、犀角、葫芦瓢、红花、腊。粗色：生香、修刈香、香缠札、粗香、暂香、香头、斩判香、香脂、杂香、卢甘石、窊木、射木、茶木、苏木、射檀香、椰子、赤藤、白藤、皮角、壁皮、丝、簟。至正《四明续志》记元时输入的贸易品种220种，志书亦一一列举各种货物。这几段“市舶货物”的原始记载，凸显了海上丝绸之路在中外经济文化交流中的重要作用，是研究宋、元时期海上丝绸之路相关贸易及其他交往交流状况的重要基础资料，有很大的参考价值。

唐宋时期，明州作为海上交通要津，也是日本等国佛教徒入中国求法的集散地。乾隆《鄞县志》卷25“寺观”收录《天童山景德禅寺千佛阁记》全文，其中有中日佛教僧侣友好往来珍贵记载：“十六年，虚庵怀敞自天台万年（寺）来主是刹。百废俱举，追迹二老，而千佛之阁，岁久浸圮，且将弗支。犹以前人规模为未足以称上赐，欲从而振起，更出旧阁及前二阁之上，佥以为难，师之志不回也。先是日本国僧千光法师荣西者，发愿心欲往西域，求教外别传之宗，若有告以天台万年为可依者，航海而来，以师为归。及迁天童，西亦随至。居岁余，闻师有改作之意，请曰：‘思报摄受之恩，糜躯所惮，况下此者乎？吾忝国主近属，他日归国，当致良材以为助。’师曰：‘唯’。未几遂归。越二年，果致百围之木，凡若干，挟大舶泛鲸波而至焉。千夫咸集，浮江蔽河，辇致山中。师笑曰：‘吾事济矣。’于是，鸠工度材，云委山积。列楹四十，多日本所致。余则取于境内之山。始建于绍熙四年季秋之甲申，才三载告毕，费缗钱二万有奇。”因阁成即记，所记因虚庵禅师欲兴建千佛阁于天童山，荣西送巨材助建等事可确认无疑。类似碑文、铭文，以及度牒、奏状等，宁波旧志收录颇丰，均是开展相关研究的宝贵的一手资料，亦可借此来考订、校勘其他各类文献中屡经转抄、删节而出现的各种错误。

（三）生动再现了海上丝绸之路往来中的诸多细节。方志，以社会为中心，较其他文献，所记资料更接地气、接民生，贴近生活，使历史更鲜活。

宋代，明州作为宋丽官方贸易港口，明州地方政府承担着接待高丽贡使任务，接待费用开支巨大，为此不惜填湖造田以资。为解决经费，楼异围垦明州西面广德湖为田，以田租收入作为接待高丽人之费用，此事原委亦明成化《四明郡志》卷3“河防考·鄞县”记录在案，云：“而时高丽入贡绝洋泊四明易舟至京师，将迎馆劳之费不赀崇宁加礼与辽使等置来远局于明中令邓忠仁领之忠仁实在京师事皆关决楼欲舍随而得明，会辞行上殿于是献言，明之广德湖可为田，以其岁入，储以待丽人往来之用有余，且欲造画舫百柁专备丽使作涉海二巨航如元丰所造以须朝廷遣使皆忠仁之谋也，既对上说即改知明州下车具工造舟而经理湖为田八百顷募民佃租岁入米近二万石，佃户所得数倍于是，西七厢之田无岁不旱，而时膏腴今为下地，废湖之害也。”

因宋与高丽有着特殊的外交关系，宋廷对遭遇风暴而漂流到宋境之高丽船只积极救援，抚恤有加。此项工作亦主要由明州承担。宝祐六年（1258），有高丽船只因遭海风漂流至明州石□山洋面，船上6名人为明州巡访水军所救，并给予每日钱米资助。此事开庆《四明续志》卷8“蠲免抽博倭金·收养飘泛倭人丽人附”有详细记载，云：“公既请于朝收养倭人之流离者矣。宝祐六年十一月，水军申石□山有丽船一只，丽人六名漂流海岸。公命账前将校取之来，诘其所以。张小斤三则丽之李枢密藏用家奴也。金光正、金安成、金万甫、卢善才则丽之万户土军也。金惠和则丽之还俗僧也。各因本国迁发把隘驾船往白陵县收买木植。是年十月十三日在海遭风不知所向，漂流至石□山……公以其事上闻，且从本司日支六名米各二升钱各一贯。及归国，则又给回程钱六百贯、米一十二硕，公于怀远御外周且密矣。”

同样，高丽对流亡丽境之宋人亦是礼遇有加。开庆元年（1259），高丽礼宾省通过宋商范彦华，将升甫、马儿、智就等三名流亡高丽的宋人礼送至明州事。此事亦翔实记录于开庆《四明续志》卷8“收刺丽国送还人”，云：“开庆元年四月，纲首范彦华至自高丽赉其国礼宾省牒发遣被虏人升甫、马儿、智就三名回国制司引问。马儿者，年二十六，扬州湾头岸北里解三也，十二岁随父业农，秋时为鞑掠去至鞑酋蒙哥叔宴耻达大王所拨隶鹘束辛海部下牧马剃作三搭发，取名马儿，年十五时又见虏至一人即今升甫也。升甫年二十四，本姓冯名时，临安府人，生七岁，父以庄田在淮安州盐城往居焉，淳祐九年（1249）为鞑所掠，亦隶鹘束辛海。智就者，年三十八，德安府人黄二也，家市缣帛，有庄在城外之西罗村，十四岁金国投拜人杨太尉仕于德安阴结李全妻小姐，姐贰于鞑以叛黄，遂为鞑所虏，鞑主第三兄使往沙陀河牧羊凡三年，冀州种田凡十二年，咸平府运粮凡六年，宝祐五年（1257）七月头目人车束辛大领二万人出军，冯时解三皆以牧马从，凡两月至丽界首东路屯于和尚城，丽师不出，及十一月，久雨马多冻死人且馁，冯解谋逸归本朝，匿深山中，师退，丽人取以归賨岛上六年正月入丽京拜国主，月给米养之旬余，黄二亦至皆在汉语都监所宿食，三月发入范彦华船，又逾年三月船始归制司即备申朝廷以各人本贯并无亲属欲收刺厢军续省从所申收刺解三取名解福，冯时取名冯德，黄二取黄恩，并收刺崇节指挥专充看养省马著役。”后并附丽国省牒原文。

三　宁波旧志所见海上丝绸之路若干启示

历史已逝，鉴古知今。旧志所记古时海上丝绸之路带给我们许多有益启示。这些，不管是对于今日重建21世纪的海上丝绸之路，还是我们的地方志工作，都不无借鉴意义。

（一）转变视野、找准定位。古代中国作为海上丝绸之路的东方起始点，从东亚开始连接起亚非欧几十个国家和地区，与陆上丝绸之路一起组成世界上最长、也是最具开发潜力的经济大走廊和海上运输通道。特别是海上丝绸之路连接起来的亚太地区，更是全球经济发展速度最快、潜力最大、合作最为活跃的地区。在全球经济缓慢复苏的大背景下，2013 年 9 月和 10 月，习近平在出访中亚和东南亚国家期间，先后提出共建“丝绸之路经济带”和“21 世纪海上丝绸之路”的战略构想。“一带一路”的提出首先是一种自我定位的调整，标志着我们正重新确定中国在亚洲和世界的位置，是自我主体意识的逐渐觉醒，我们的观察视角正逐渐从边缘向中心调整，这体现了文化自觉和文化自信，而在此过程中这个民族所经历的一切，都需要我们地方志去及时、全面、生动地记录。有人说，志书既没有史书的严谨，又没有文学作品的生动，简直是鸡肋。其实在我们地方志综合成果体系中，既可以有严谨的“史书”，又可以有生动的“文学作品”，我们也要有这样的文化自觉和文化自信，进一步开阔视野、创新手段、丰富形式，既身处方志工作其中又从外部审视，就像拍照时的取景框，范围不同所获得的风景自然不同。

（二）文化先行、互尊互信。自我主体意识的觉醒并不意味着唯我独尊，正如旧志所见古代海上丝绸之路上，既有丝绸、茶叶、瓷器等商品运往韩、日、南洋，也有栗子、香料、药物等输入中国；既有鉴真六渡日本，也有高丽僧人来鄞弘法；既有宋廷对日本、高丽难民的救助，也有高丽对流亡宋人的解救。“一带一路”也是在平等的文化认同框架下的合作，体现的是和平、交流、理解、包容、合作、共赢的精神。海上丝绸之路沿线国家文化形式多样且差异明显，伊斯兰教、印度教、天主教等多种宗教并存且影响巨大。各种宗教、文化交相辉映的背后也潜藏着文化冲突的火苗。这意味着我们要进一步加强文化传播，澄清历史问题，尤其应通过广泛的民间交流加深沿线国家民众对中国历史、文化的了解，力避认知偏差。与沿线各国共同挖掘、梳理历史文化遗产，不断加强文化认同感，发挥文化“润物细无声”的效用，但要避免“文化输出”，切实表现出对异域文化应有的尊重。地方志工作在做好宣传、传播文化这方面也大有可为，刘延东在接见全国地方志系统先进模范代表时就提出，地方志工作者要“服务中华文化走出去，展示中国形象，讲好中国故事”。宁波市方志办在 2013 年成立了中国地方志国际交流宁波中心，在扩大海外方志宣传、海内外史志交流研讨等方面作了一些有益探索。

（三）拓展平台、合作共赢。“一带一路”不是中国一家的独奏，而是沿线国家的合唱，须使各方均成为切实的利益相关者和共享者。沿线各国国情各异，所面临的发展任务也不尽相同，这就需要我们根据各国实际，尽可能挖掘彼此之间的利益契合点，积极对接，实现共赢。宁波在“一带一路”建设中，对应其四大定位（“一带一路”的枢纽城市、“21 世纪海上丝绸之路”的支点城市、经贸合作和人文交流的先行城市、跨境电子商务的试点城市），着力于打造五大平台：一是与海上丝绸之路沿线国家合作新平台，重点建设境内境外双边或多边合作产业园；二是国际港口联盟与“港口经济圈”；三是海上丝绸之路金融合作平台；四是海上丝绸之路跨境电子商务试验区；五是海上丝绸之路人文交流平台，以期以“金融合作——资源能源开发——基础设施建设”的三位一体合作模式为切入点，使我们的资金、商品、装备、材料、工程、劳务、技术、标准和沿线国家的资源、能源、市场形成良性联动。同时充分调动市场主体作用，发挥各类经济主体的主动性，尤其是为民营经济发展拓宽市场空间，营造宽松环境，提供优质服务。宁波也是重要的侨乡，众多“宁波帮”人士在帮宁波开展“一带一路”建设中，有其独特的不可替代的作用。这方面我们方志界要做好资政工作，提供经验、总结教训，用历史智慧帮助有关部门统筹规划、化解矛盾、解决问题。

宁波人靠海而生，宁波以港兴市，伴随着海上丝绸之路的繁盛，日渐成为太平洋沿岸的一颗闪亮明珠。宁波旧志中有关海上丝绸之路的史料，内涵丰富，虽然不足以展现当时各国通过海上丝绸之路交往的全貌，但大致轮廓足可显现，而且诸多细节描绘，是对正史的很好补充，立体而生动。然而，我们的志书质量确是参差不齐，有前文所及诸多精品佳志，也有一些志书内容不全、记述不清、资料不实，从而影响了地方志整体的可信度。这也要求我们以对历史负责的态度，不断增强质量意识和精品意识，修好志，修佳志，这样我们的志书才会真正广为流传，服务社会，志书的价值才能真正体现。

参考文献

[1] 南宋乾道《四明图经》，宁波市地方志编纂委员会整理：《宋元四明六志》，宁波：宁波出版社，2011 年。

[2] 南宋宝庆《四明志》，宁波市地方志编纂委员会整理：《宋元四明六志》，宁波：宁波出版社，2011 年。

[3] 南宋开庆《四明续志》，宁波市地方志编纂委员会整理：《宋元四明六志》，宁波：宁波出版社，2011 年。

[4] 元延祐《四明志》，宁波市地方志编纂委员会整理：《宋元四明六志》，宁波：宁波出版社，2011 年。

[5] 元至正《四明续志》，宁波市地方志编纂委员会整理：《宋元四明六志》，宁波：宁波出版社，2011 年。

[6] 明成化《宁波郡志》，宁波市地方志编纂委员会整理：《明代宁波府志》，宁波：宁波出版社，2013 年。

[7] 明嘉靖《宁波府志》，宁波市地方志编纂委员会整理：《明代宁波府志》，宁波：宁波出版社，2013 年。

[8] 乾隆《鄞县志》，宁波市鄞州区委党史办（鄞州区方志办）整理，杭州：浙江古籍出版社，2016 年。

[9] 雍正《宁波府志》，宁波市地方志编纂委员会整理：《清代宁波府志》，宁波：宁波出版社，2014 年。

[10] 民国《鄞县通志》，中国数字方志库电子版。

[11] 傅璇琮主编：《宁波通史》，宁波：宁波出版社，2009 年。

[12] 张舜徽：《中国文献学》，武汉：华中师大出版社，2004 年。

[13] 中国人民大学课题组：《宁波参与“一带一路”建设的思路对策研究》，《经济丛刊》2015 年第 2 期。

"海上丝绸之路"视野下方志文献价值的探讨

冯志农　凌文斌　滕元明（福建省地方志编纂委员会）

提要：据有关福建方志文献记载，从唐、宋、元、明、清直至近代，福建都是"海上丝绸之路"最重要的通道与枢纽。宋元时期市舶司的设立和明代郑和下西洋，使中国和世界各国间的"海上丝绸之路"得到全面的开发，更加凸显了福建在"海上丝绸之路"中的地位。通过对方志文献的整理编纂，可以看出，在这条海路上，沿线国家之间不仅实现了贸易上的互通有无，对经济发展繁荣起到了重要作用；而且促进了不同民族文化的交汇融合，对人类文明和科技进步产生了深远影响。本文拟从这一角度对方志文献的价值进行探讨。

关键词：海上丝绸之路　方志文献　价值

当前，中国正积极构建"丝绸之路经济带"和"21 世纪海上丝绸之路"（简称"一带一路"）的战略目标，这是借用古代丝绸之路的历史符号，在中外友好关系的历史基础之上，积极发展与沿线国家的经济合作伙伴关系，共同打造政治互信、经济融合、文化包容的利益共同体、命运共同体和责任共同体。因此，参考方志文献资料中有关中国与相关国家友好往来的记载，无疑对"一带一路"的建设具有重要的现实意义。福建作为"海上丝绸之路"重要枢纽，其相关方志文献反映了"海上丝绸之路"发展全貌，整理和编纂方志文献资料，对建设"21 世纪海上丝绸之路"具有重要参考价值。

一　地方志书反映"海上丝绸之路"建成需要各国共同营造

历史上，"海上丝绸之路"沟通、连接着中国与沿线各国的往来和联系。通过"海上丝绸之路"，中国与世界加强融合，建立了经贸和文化交流的紧密联系。在此基础上，国与国之间，不同地区之间虽有过战争和冲突，但更多、更主流的是和平与交融。正是在这种互动交融的过程中，各国之间逐步连成为一个整体，不同文明相互促进、相互影响，推动了历史发展的进程。

方志文献以其特殊的视野，记录了各个地区建构"海上丝绸之路"方面的资料。例如，郑和下西洋的壮举，彰显了明朝时我国的强大硬实力和文化软实力。福建的地方志文献如《长乐县志》《泉州府志》等皆有不少这方面相关的记载。据《长乐县志》记载，永乐十年（1412）三宝太监驻军十洋街，人物辏集如市。[①]《泉州府志》中亦有郑和下西洋后，“胡贾航海踵至，其富者资累巨万，列据城南”[②] 的记录。此外，在福建地方志中还保存了古代沿海民众造船航海的记录。据黄仲昭在《八闽通志》中的记述，早在元代，政府便在福州弥勒院以北设置了专造东征战船的官营造船场所。[③] 明朝初年为防范倭寇，政府在福州设有三卫所，并在庙前、象桥、河口均设有造船厂。[④] 据此可知明初为了加强海防，政府大力发展造船业。强大的航海实力，造就了郑和七下西洋的旷世壮举。郑和船队出访西洋，发展与加强了海外诸国的友好关系，从而达到了明朝“圣化之所及，非前代之可比”[⑤] 的宗主国地位。从永乐三年（1405）至宣德八年（1433），郑和率领庞大的舰队七次下西洋，先后出访了东南亚、南亚、西亚及东非的 30 多个国家和地区。

福建也为郑和下西洋提供了大量的人员。除了一般的航海人员外，福建都司和福建行都司所辖的十六个卫，绝大部分都选派了官兵参与郑和下西洋活动。明代所存的《卫所武职选簿》（仅有福建十六个卫，十二个守御千户所的四个卫），记载了跟随郑和下西洋而以功升任的各路军士。客观地说，郑和船队下西洋，在福建造船，在福建招募航海人员，调派卫所的军士，在福建集结船队，补充给养，购置海外贸易的货物。郑和下西洋给“21 世纪海上丝绸之路”的建设提供了弥足珍贵的历史启迪。

探寻“海上丝绸之路”的发展历史，我们不能忘记那些风尘仆仆的番客。翻阅卷帙浩繁的方志文献，这些方志文献记载了聚集在泉州贸易的外国船只，主要来自大秦、大食、天竺、波斯、三佛齐、占城、阇婆、渤泥、真腊、蒲甘、罗斛、高丽、倭国等地。[⑥] 宋元祐二年（1087），政府在泉州增置市舶司，管理海外贸易。南宋时，福建市舶司“依广南市舶司体例，每年于遣发番舶之际，支破官钱三百贯文，排办筵宴，犒设诸国番商等。”[⑦] 海外番客追波逐浪，从事与中国的贸易，为海上丝绸之路的繁荣立下了汗马功劳。历史上兴盛一时的广州、泉州的番坊，留存至今的泉州番客墓和具有波斯人、阿拉伯人血统的村民部落，都在倾诉着番客们为构建历史上的“海上丝绸之路”所做的贡献。这一事实告诉我们，构建“21 世纪海上丝绸之路”，海外诸国的参与和支持是多么的重要，不可或缺。

今天，在中外文献各类史料不断被挖掘和发现的境遇下，对历史的细化和重新审视已经成为一个重要的趋势和共识。这就要求我们在方志编纂工作中，增加新的资料和记录，充实相关

① 〔民国〕李驹主纂：《长乐县志》（上），福州：福建人民出版社，1993 年，第 56 页。
② 〔清〕怀荫布、黄任、郭赓武纂修：《乾隆泉州府志》卷二十五海防，上海：上海书店出版社，2000 年，第 589 页。
③ 〔明〕黄仲昭：《八闽通志》卷八十古迹，福州：福建人民出版社，2006 年，第 1250 页。
④ 〔明〕王德、叶溥、张孟敬：《福州府志》卷十八官政志·武备，福州：海风出版社，2001 年，第 538 页。
⑤ 〔明〕费信撰、冯承钧校注：《瀛涯胜览校注》，北京：中华书局，1955 年，第 20 页。
⑥ 〔明〕游朴：《诸夷考》，明万历二十年刻本，第 11～38 页。
⑦ 〔清〕徐松：《宋会要辑稿》，职官四四，上海：上海古籍出版社，2014 年，第 12226 页。

的记载，让历史更为详细地呈现过去的经验，为今天构建“21世纪海上丝绸之路”进程中，更好地发展中国与外部世界的联系，发挥其特有的作用。

福建省地方志编纂委员会与福建省图书馆联袂将三次随郑和船队下西洋的马欢所撰《瀛涯胜览》馆藏珍本影印出版，就是进一步挖掘史料的一种尝试。其所记载的郑和在各国的活动情况，以及这些国家、地区基本情况，和明代航海技术成就、手工业的发展、中西交流等，成为研究海丝文化以及明代中外交通历史的第一手资料。

二　地方志书揭示“海上丝绸之路”建成需要各国的经济合作

海上丝绸之路，首要发生作用的因素即商品的交换，也就是说，经济利益的驱动是推动海上丝绸之路贸易往来的基本动力。通过对方志文献的探讨，可以得出应重视中国与丝路沿线国家互惠互利的经济贸易往来的结论，这些历史上的经贸活动对今天中国对外经济活动提供了历史经验。

唐中叶后，海路取代陆路成为中外经济交流的主要渠道，福建的对外交通和贸易也从此走向世界的舞台。福建成为海外交通的重要门户。波斯人、阿拉伯人大量东来，以争夺东方的海上霸权。因此福建与东亚、东南亚，以及印度的海上交通日臻兴盛。外商来福建沿海贸易为数不少，已出现“闽越之间，岛夷斯杂”① 的说法。流传至今的许多唐代诗句，也都充分表现了当时福建对外往来繁荣的景象。如包何的《送泉州李使君之任》一诗：“傍海皆荒服，分符重汉臣。云山百越路，市井十洲人。执玉来朝远，还珠入贡频。连年不见雪，到处即行春。”② 又有晚唐人薛能《送福建李大夫》的诗，也描述了当时福建对外贸易兴盛的情景：“洛州良牧帅瓯闽，曾是西垣作谏臣。红旆已胜前尹正，尺书犹带旧丝纶。秋来海有幽都雁，船到城添外国人。行过小藩应大笑，只知夸近不知贫。”③ 唐末闽人黄滔也有这样的诗句：“大舟有深利，沧海无浅波。利深波也深，君意竟如何？鲸鲵齿上路，何如少经过。”④

宋代海上交通的发展有赖于中国政治经济重心的南移。宋元时期，福建海上丝绸之路通往亚、非国家的范围更为扩大，对沿途国家和地区的地理分布、风土人情、物产等都有了更为深入的了解。这时期福建海上丝绸之路的繁荣，有其深刻的历史背景。宋元统治者鼓励海外贸易、积极发展海外交通的政策，是福建海上丝绸之路兴盛的主要原因。宋元统治者从唐、五代政府自海外贸易获得巨大财政收入的事实中，意识到海外贸易的重要性，因此他们重视市舶司的建立。市舶司制度的实行，宽厚对待来华之外商，促进了福建海外交通的发展。

宋元之际，泉州港海外交通的发达为全国之首。泉州与世界上许多国家和地区都有经济贸

---

① 〔宋〕李昉等编撰：《文苑英华》卷四五七，北京：中华书局，1956年，第2328页。

② 包何：《送泉州李使君之任》，载〔清〕曹寅编：《全唐诗》卷二零八，北京：中华书局，1960年，第2170页。包何，唐天宝年间登第，大历年间任起居舍人。

③ 薛能：《送福建李大夫》，《全唐诗》卷五五九，北京：中华书局，1960年，第6478页。

④ 黄滔：《黄御史集》卷二贾人。

易往来——东起日本，南至南洋，西至印度、阿拉伯、东非海岸40余国。此时来往泉州的商舶不胜其数，马可波罗在他的游记中，对元代的泉州港有客观的描述，他说，泉州港“以船舶往来如梭而出名。船舶装载商品后，运到蛮子省各地销售。运到那里的胡椒，数量非常可观。但运往亚历山大供应西方世界各地需要的胡椒，就相形见绌，恐怕不过它的百分之一吧。刺桐（泉州）是世界上最大的港口之一，大批商人云集这里，货物堆积如山，的确难以想象。”① 摩洛哥旅行家伊本·白图泰在泉州看到大舶百数、小船不计其数后，断言：“泉州为世界最大港之一，实则可云惟一之最大港。”②

明清之际是中国向海洋发展的重要转折时期，也是东南海上交通的鼎盛时期。号称“明初盛事”的郑和下西洋、以福建为活动舞台盛极一时的中琉海上活动、连接福建—马尼拉—拉丁美洲的大帆船贸易、福建漳州月港的私人贸易、郑成功时代的海外贸易都发生这一时期。这都是在宋、元航海事业的雄厚基础上继续发展的。

“海者，闽人之田也”。这句名言出自明末清初的思想家顾炎武的《天下郡国利病书》。顾炎武精辟地概括了福建人与海的关系。海为福建经济的发展及沿海居民的生计带来了无限的生机。事实上，也有一些人对这句话有不同的看法，认为中国人经营海洋，把海当作陆地，当作耕田来对待，具有很大的局限性，这是农耕国家、以陆地为主的国家必然形成的观念。顾炎武的这句话，正是以农业为主的大陆国家看待海洋最具代表性的表现。顾炎武的这句名言明明白白地告诉我们，海洋经济有多么的重要。海，能够像肥沃的良田，给人们带来丰收，带来收获，带来希望。

今天，我们建设“21世纪的海上丝绸之路”，方志编纂要不断深入挖掘整理沿岸各国经贸往来资料，重视对海洋经济的记述，充分反映我国在发展海洋经济方面的巨大潜力，引发沿岸各国全面合作开发利用海洋资源，发展海洋经济。

三　地方志书标明中外文化交流是“海上丝绸之路”建设的重要内容

在我国的方志文献中，非常重视不同国家、不同地区之间的文化交流和联系。在许多方志中，都有专门的卷次记录这些相关的内容。对于我们了解古代中国与外部世界的联系，有非常重要的参考价值。福建是“海上丝绸之路”的重要节点，曾经造就了中国人古代航海技术和航海探索的伟大成就。在这一过程中，也遗留下来非常丰富的有关中外文化交流的文献资料。

以中西方文化交流为例，明清之际，东西方交往以海上丝绸之路的开拓发展为契机，在西方殖民主义国家的殖民扩张的背景下，东西方文化交流开始了新一轮的进程。地处东南沿海的福建，在此一时期成为双方碰撞的重要交汇点。西方人借着殖民者扩张的“东风”，在福建沿

① 陈开俊等译：《马可波罗游记》，福州：福建科学技术出版社，1981年，第192页。

② 马金鹏译：《伊本·白图泰游记》，银川：宁夏人民出版社，1985年，第551页，也见张星烺编注：《中西交通史料汇编》（第二册），“拔都他游历中国记”，北京：中华书局，1977年，第75页。

海地区积极开展文化探察工作，这些活动对于西方人了解和认识中国，无疑有着十分重要的作用。西方世界借此获得东方的种种知识，如拉达在福建购置的大批中国经典书籍，成为西人认知中国儒学文化的重要来源。这些都为日后欧洲的"中国热"奠定一定的基础。西方人前期的文化活动为西方天主教再次传入中国打探了先路。自明中后叶至清初，天主教传教士络绎不绝来到中国，开展了较大规模的传教活动。在传播宗教的同时，他们也将西方的科技文化和思想学说传至中国社会。以艾儒略为代表的天主教传教士开创了在福建传教的局面，同是，也积极实行"学术传教"的适应性策略和路线。据林金水教授根据福建方志等文献考证，当时与艾儒略结交的福建士大夫达 200 余人。①

西方传教士将西学传播至福建的同时，也以这里为窗口，将福建文化的精华以及中国文化诸方面的知识信息传播至西方，成为沟通东西方思想文化交流的桥梁。然而，礼仪之争的矛盾在福建的开启，引发了东西方世界旷日持久的大争论和大讨论，此过程本身也是东西方知识文化相传递的时期，礼仪之争最终结果是导致天主教在中国之传教被禁，也间接导致了东西方文化那种平等双向往来的管道被切断。

通过历史的经验可知，古代中外海上丝绸之路乃是中国与各国平等对话、互惠共赢的通道，遵循的是开放包容、和谐共处的理念，传递的是兼收并蓄的开放胸襟和多元共生的文化性格，而非西方那种自大航海时代以来以殖民扩张为特征的武力征服与经济掠夺。历史经验告诉我们，中国建设"21 世纪海上丝绸之路"也应当秉持这种和谐交往、互惠共赢、平等对话、共存共荣的"海丝精神"，以积极应对愈益明显的全球化发展趋势。再次，应当加强自身的文化建设，提升我国的文化软实力。历史上，中国输出到世界的除了丝绸、陶瓷、茶叶、纸张、药材等受热捧的商品货物外，同样还有 Made in China 的精神文化，例如朱熹理学、儒家文化、文学戏曲、园林建筑等，这些也都是当时西方人十分推崇的对象。这种外国人对中华文化的向往，与当时中国文化处于世界领先水平息息相关。西方人来到中国，本欲推销他们的基督教文化，但却发现中国早已是个成熟的礼仪之邦和文化大国，并对其倾慕、赞叹不已，故而不遗余力向西方世界引介、传递和学习中华文化。同样，今天在重建"21 世纪海丝之路"，我们也应当要有能够让外国人感兴趣和愿学习的文化软实力，比如儒家文化、中华文化创意产业等，只有自身文化建设好，再塑起文化大邦的形象，才能够更好地让世界来理解和学习中国文化。

在方志编修工作中，应重视加强这些文化交流事项的记录和书写，譬如可以将艾儒略与福建士大夫互动交流的事迹体现在方志文献中，其足迹遍及八闽，广交文人，推动了中外文化交流的发展。这是非常有益的文化资产，是中外文化交流中为人津津乐道的话题，是西方人非常感兴趣的文化现象，有助于中国树立文化形象工程；同时也深具方志文献在当下境遇中可待开

① 林金水：《艾儒略与福建士大夫交游表》，《中外关系史论丛》第五辑，1995 年。

拓的资料价值和现实意义。

《福建省人民政府关于进一步加强地方志工作的若干意见》提出：加强与台港澳和海外相关机构或团体的方志文化交流合作加强与国外的文化交流，依托在海外设立的“闽侨文化中心”“闽侨书屋”，向海外华人社区、社团、会馆推介我省志鉴及地情书籍，并收集、征集反映我省与古代丝绸之路相关的历史资料，以及我省流失海外的旧方志和地情资料。地方志书编纂标明中外文化交流是“海上丝绸之路”建设的重要内容的具体体现，通过方志文化，促进与台港澳及其他国家之间更加全面的友好合作。

四　地方志书阐释科技在“海上丝绸之路”建设中的作用

“海舟以福建为上”，这在宋代早有评说。这一经典来自宋人徐梦莘的《三朝北盟会编》。古代海上丝绸之路的辉煌，是以宋元泉州港的海上繁荣为代表。而宋代“海舟以福建为上”的评说，揭示了这一历史辉煌呈现的实质。这一评说告诉世人，宋元福建航海贸易能够达到登峰造极的程度，其中福建人拥有世界一流的造船技术是一个不可忽视的因素。

在众多福建地方志中都记载了福建造船技术的发达成就，其中享誉全球的“福船”，是中国古代标志性的高科技产品。福船首狭底尖，吃水深，稳定性能高。在海中不畏风涛，可以破浪而行。船尾部上方下窄，首尾两端向外伸展，起了减少纵摇的作用。船底板和舷侧板分别以三至二重板叠合而成。多重外壳板的构造比较科学，是一个创造。这样的海船经得起疾风巨浪冲击，坚固无比，既容易施工，又便于维修，适合远洋航行。1974 年在福建泉州后渚港出土的宋船，展示了福船特点。该船以 12 道隔板分隔成 13 舱，采用水密舱壁建造，不仅使海船避免在航行中受损沉没，而且在加强船体横向的承压力，便于货物装卸方面都起了很大的作用。正如厦门《道光志》所记：“其大者上下八层最下一层镇以沙石借此不致倾侧震荡二三层载以货物食物海中最难得水必贮淡水以足千人一年之用其上近地平板一层则中下人居之或装细软切用诸物地平板之外中有甬道可通首尾虚中百步以为扬帆习武游戏作剧之地前后各建屋四层为尊贵者之居。”① 水密舱壁的创设是我国劳动人民在造船技术上的一项重大发明。在造船工艺方面，福船还有许多独到之处。船板的接合应用搭接和平接等方法，在榫联的同时还于板缝间塞以麻丝、竹茹和桐油捣成的捻合物，以防漏水。这种捻缝方法，对保证木质船壳的水密性十分有效，一直被沿用至今。在福船各部船板的连接处，还以铁钉钉合加固，使整个船体更为坚实牢靠。这些技术不仅一流，也是创举。

福建先进的造船技术为郑和下西洋提供了性能优良的福船。《重纂福建通志》记有“大监郑和自福建航海通西夷，造巨舰于长乐”②。史载，郑和下西洋所遗留下的造船起重装置——鹰

① 〔清〕周凯等纂修：〔道光〕《厦门志》卷八番市略，清道光十二年修十九年玉屏书院刻本，第 285 ~ 321 页。
② 〔清〕陈寿祺总纂：《重纂福建通志》卷二七一，祥异。

架，均为上好的木材所组成，中央政府曾令福建官府将鹰架的木料运至南京修宫殿，后担心在崎岖山路的运载过程中损坏，故留在福建作修建仓库货栈的用料。从中央政府调用鹰架木料的这件事说明，福建造船所需木材数量相当巨大，否则不会考虑运到南京修建宫殿。因此，数量众多的鹰架，反映了郑和下西洋在福建的造船规模是巨大的。

通过地方志的记载，我们可知古代造船技术的高超程度及其带来的航海活动的发达和海外贸易的兴盛等现象。这些成就给予今人的深刻启示是：中国要构建“21 世纪海上丝绸之路”，中国要成为海洋大国、海洋强国，必须拥有超一流的科学技术做支撑。同样，今天在从事方志编修工作事业中，也应注意搜集、归纳和整理这些官方或非官方（民间）的资料，使其更为系统完善，丰富这方面的内涵。

五　地方志书应注意收集“海上丝绸之路”有关我国领土主权的资料

“海上丝绸之路”的建设还必须处理好与相关国家历史上遗留的领土争议问题，而方志文献包含我国领土主权的丰富资料，对处理领土主权争议十分重要。历代志书的编修都是在旧志的基础上，补充完善后世的内容，同时也对以往志书内容加以补充订正。但是，古人由于受历史条件的限制，编修志书存在着许多未能尽美尽善的地方，尤其在我国疆域的表述方面多有疏漏。其中的原因是多方面的。譬如编修者的学识局限、关键史料尚未公开、公开的史料尚未利用等都可以造成这些疏漏。

以钓鱼岛问题为例，许多旧志书都未能记载其具体的地理位置和主权所属。最为权威的《重纂福建通志》上记载“后山大洋，北有钓鱼台，港深可泊大船千艘”①，亦有学者认为此处并非是今日钓鱼岛②。若真是如此，中国旧志上真的就找不到一条钓鱼岛的历史资料了。同样，南海诸岛主权归属的史料，在中国古代地方志书上也是空白。

事实上，中国的古籍文献记述了许多钓鱼岛主权属于中国的历史资料，譬如：《顺风相送》的针路簿、明清历朝册封琉球的各种“使录”、政府部门组织编写的海防图集、朝廷组织绘制的各类舆图等等，都详细记述了钓鱼岛的地理位置，主权所属。南海文献史料依然是同样的状况。这么丰富的海疆史料，古人在编修志书时就这样疏漏了。因此，我们在新编志书时非常有必要，有意识地加以补充完善。在志书相应朝代的山川、舆地、星野、海防、疆域、艺文、人物等篇幅中一字不漏地编写进去，客观地反映历史，秉笔直书，为旧志补编。

由此可见，凡涉及东海钓鱼岛，南海岛屿争议的问题，我们必须组织专家认真修订相应的省志、府志、县志。譬如：福建通志、福州志、泉州志、广东通志、海南志、三沙志等，我们可在这些志书相应的年代，补充其疏漏的、重要的疆域史料。这就是方志文献研究的独到学术

---

① 〔清〕陈寿祺总纂：《重纂福建通志》卷八六海防・各县冲要・台湾府・噶玛兰厅。

② 郑海麟：《黄叔璥〈台海使槎录〉所记“钓鱼台”及“崇爻之薛波澜”考》，（台湾）《海峡评论》，2013 年 5 月 1 日第 269 期。

价值和应用价值。

总之，在构建“一带一路”宏伟蓝图的过程中，方志文献蕴含着巨大的时代意义和精神力量。我们应当以重视的态度，加强对方志文献的整理和编纂工作，使方志编纂更加适应时代发展的要求和人类社会进步的需要，为建设“21 世纪海上丝绸之路”继续发挥其应有的积极作用。

“一带一路”方志文献的整理与研究

田桂珍　赵　颖（黑龙江省黑河市地方志办公室）

提要：面对“一带一路”国家发展规划，黑龙江省提出了“中蒙俄经济走廊—龙江丝绸之路经济带”的发展规划，将黑河列为中蒙俄经济走廊节点。“治天下者以史为鉴，治郡国者以志为鉴”。黑河抓住“一带一路”的发展战略，利用独有的民族文化优势，通过各种途径来实现经济合作、文化交流，以促进地区经济发展，为中蒙俄经济走廊开辟新途径。在此背景下对“一带一路”方志文献的整理与研究，显得尤为重要。

关键词：“一带一路”　方志文献　黑龙江　黑河

2013 年 9 月和 10 月，习近平主席先后提出共建“丝绸之路经济带”“21 世纪海上丝绸之路”（简称“一带一路”）的重大倡议，得到国际社会的高度关注。推动“一带一路”建设，是党中央、国务院根据全球形势变化和我国经济发展面临的新任务、新挑战，统筹国内国际两个大局作出的重大战略决策。“一带一路”涉及的国际经济走廊开发，将对中国不同区域的城市、国土格局产生重要影响。新丝绸之路的开发，不仅有利于进一步开发古丝绸之路上的核心城市，还对挖掘沿线新兴城市有重要作用，将这些城市相连成一条合作共赢的经济带。

面对“一带一路”国家发展规划，黑龙江省提出了“中蒙俄经济走廊—龙江丝绸之路经济带”的发展规划，将黑河和绥芬河列为中蒙俄经济走廊节点。在国家“一带一路”战略和黑龙江省“中蒙俄经济走廊—龙江丝绸之路经济带”布局中，黑河的优势是独特的区位。“一带一路”不仅有利于促进经济发展和产业转型，弘扬丝路精神、弘扬民族文化，也有利于加强黑龙江省、黑河市的战略地位。地方志是联系历史与现实的重要桥梁之一，对于地方志而言，文献、地情资料、地方志、年鉴是“一带一路”国家战略格局中的文化软实力。对“一带一路”节点城市方志文献的整理与研究，有助于更好地实现“一带一路”战略格局，更好地发挥地方志“资政、存史、教化、服务”作用。

一　清代黑龙江流域的设治

黑龙江省陆海丝绸之路经济带总体上呈东西走向，起自黄渤海、东南亚沿海或俄罗斯远东港口，经大（连）哈（尔滨）佳（木斯）同（江）、绥满、哈黑、沿边四条铁路干线通达边境口岸，出境后，与俄罗斯横跨欧亚的西伯利亚铁路、贝阿铁路相连，向西抵达欧洲。黑龙江陆海丝绸之路经济带对外辐射东北亚地区及欧洲，重点是俄罗斯和欧盟；对内辐射东北、华北、华东、华南地区，重点是环渤海、长三角、珠三角。黑龙江省及黑河市在“一带一路”中的战略地位与清代黑龙江流域的统治与管理密不可分。

清代黑龙江的设治始于康熙时期黑龙江将军的设治。清代黑龙江流域地域辽阔，范围包括大清龙兴之地——东北的大部地区，是满洲根本，“东连日、韩，北连俄罗斯，边防尤要”①。黑龙江流域无论在军事战略地位上，还是在民族情感上，在清朝统治者的心中都有着重要的地位。清初，因路途遥远和粮饷难以供应，大部分兵力都用于消灭明朝残余势力和农民军余部，清政府没有精力和兵力在黑龙江流域建立有效的军政统治机构和八旗驻防。康熙帝平定三藩之乱和收复台湾后，军事战略部署转向维护边疆稳定，用政治、经济、军事等手段保证大清的长治久安。康熙二十二年（1683），为防止沙俄向黑龙江流域北部的扩张和铲除噶尔丹，开始对黑龙江流域进行积极的军事布防，下令在黑龙江流域永设驻防，建立黑龙江将军衙门和副都统衙门。黑龙江将军的主要职能是均齐政刑，修举武备，绥徕部族，防戍边陲，其设立标志着清代东北地区将军统领下的八旗驻防制的确立。在黑龙江至乌拉设置驿站，及时传达军事情报，修筑水陆运输线，以补给黑龙江流域驻军的军需粮饷，并于土地肥沃之地筑城屯垦。康熙年间一系列的军事部署，为赢得雅克萨战役的胜利和维护清朝国土完整，都起到了积极的作用。雍正、乾隆年间，因清朝黑龙江流域各地八旗驻防兵丁和流民的增加、边境贸易的发展、土地的开垦，原有的宁古塔副都统衙门、吉林副都统衙门、黑龙江副都统衙门、伯都纳副都统衙门、墨尔根副都统衙门、齐齐哈尔副都统衙门已不能有效地管理各辖区内的繁重任务。清政府又先后在黑龙江流域设置了三姓副都统衙门、拉林副都统衙门和阿勒楚副都统衙门。

后随着清政府的衰落，沙皇俄国加紧对清朝黑龙江流域的侵略。迫于西方列强的武力威胁，清政府与沙俄签订了《瑷珲条约》（1858）和《北京条约》（1860）后，对黑龙江流域的有效统治面积大为缩小。光绪帝先后在地近黑龙江流域西部和北部地区，建立布特哈副都统衙门、呼兰副都统衙门、呼伦贝尔副都统衙门、珲春副都统衙门，以缓和清末黑龙江流域紧张的军事局势。但因清政府自给自足的封建经济形态、落后的军事战斗力和腐朽的统治阶级，无法挽救清朝的统治。随着民族危机加深、社会矛盾加剧，光绪三十三年（1907）黑龙江将军衙门被裁撤，宣统元年（1909）黑龙江流域的副都统衙门均被裁撤。

清朝统治者在黑龙江流域“分设八旗驻防官兵，以将军、副都统为董辖”②，黑龙江将军与副都统一起承担保卫中国北疆的任务，带动了区域间的军事、经济和文化的往来。客观上，对

① 赵尔巽 、柯劭等：《清史稿》，北京：中华书局，1998 年。
② 长顺修：《吉林通志》，长春：吉林文史出版社，1986 年。

维护边疆的稳定，推动黑龙江流域民族经济的发展，以及行政区域建制沿革的确立、教育、文化、汉民的安置，旗地管理，土地开垦和流民的安置、水路交通、城镇化的建设等都起到了重要的作用。民国年间，黑河大部分地区为黑河道尹公署管辖。

黑龙江及黑河的战略地位，使清朝黑龙江流域的行政军事设置具有十分鲜明的地域特征。在"一带一路"背景下，黑龙江及黑河的地缘政治作用更加凸显，充分了解清代对黑龙江流域治理的历史变迁，为"一带一路"走出去、引进来提供理论基础，更好地发挥黑河的节点城市作用，使其在巩固祖国北疆的边防，促进黑龙江社会发展等方面做出重要的贡献。

二　黑河与布市边境贸易

黑河、布拉戈维申斯克间的边境贸易已有一百余年的历史。自1858年沙俄侵占我国黑龙江以北大片土地，强建布拉格维申斯克市并于同年签订不平等的中俄《瑷珲条约》后，两个城市间就开展免税定点互市贸易，主要是以货易货、互通有无、满足边民的需要。双方遵守"边界区百里不纳税"的原则，定点互市贸易，"约定暂且每隔八天轮流在海兰泡与瑷珲组织一起集市，为期七天"。后因俄方无货到我岸贸易，只能我方到布拉戈维申斯克"日以过江贸易"。

同治年间，俄方欲将我方在布拉戈维申斯克市场所建板房之处收缴地租，我方过江将板房全行拆毁，市场解散，边境贸易进入自由贸易阶段。双方继续遵守"边界百里不纳税"，但开始利用货币进行交换，可以随便往来对岸百里之内自由贸易，也可在各自对岸建立商店，同时进行劳务输出、开办企业等经贸活动，具有口岸贸易性质。

1900年，沙俄参加八国联军入侵我国京津一带，还以保护中东路为名入侵我国东北，制造了"海兰泡惨案""江东六十四屯惨案"，继之火烧黑河、瑷珲，中俄边境贸易中断。直至1907年，在"庚子俄难"中逃难于外地的黑河、瑷珲人民陆续返回故土，黑河、布拉戈维申斯克间的边境贸易得以恢复。1905年，《中日会议东三省事宜条约》确定瑷珲为通商口岸。1909年清政府于瑷珲设立海关，征收出入边界百里之外的商品税。瑷珲海关设立后，黑河、布市成为国际通商口岸，两岸贸易成为口岸关税贸易。

第一次世界大战爆发和俄国的国内革命战争造成俄岸经济困难，物资、商品奇缺，对我岸经济依赖程度增大，促使两岸边境贸易发展。1922年，俄远东共和国归并苏联，因苏联施行计划经济，加之对边境封锁，禁止中苏两国人民自由往来，由此黑河、布拉戈维申斯克间的边境贸易由盛转衰。1931年"9·18"事变后，日军占领东北全境，受日苏之间的敌对状态影响，两岸之间贸易无法继续，1932年9月26日，瑷珲海关（驻黑河）闭关，边境贸易停止。此时期，黑河与布市间边境贸易的开展繁荣了两岸经济，客观上对黑河的农业、工业、商业、交通运输、城市建设等都产生了积极的影响。

1950年，中苏两国签订《中苏友好同盟互助条约》，中苏两国关系进入了结盟友好时期。1957年，国务院批准黑河口岸开放。8月，黑河地区和阿穆尔州双方代表团在布拉戈维申斯克举行会晤，确立“平等互利、互通有无、以货易货、不动外汇、量出为入、进出平衡、互不拖欠”的边境小额贸易原则。10月10日，边境小额贸易开始过货。随着中苏关系恶化，1970年1月边境贸易最后一次过货，随后停止。

20世纪80年代，随着世界形势的变化，中苏关系的缓和，特别是我国改革开放方针的确定，两岸之间的边境贸易再次被提上两国政府的议事日程。1983年，中苏两国外贸部副部长代表本国政府正式换文，确认恢复黑河、布拉戈维申斯克贸易口岸。同年9月，我国政府向苏联政府提出在中苏边境开展边境贸易问题。1987年5月，苏方确认可由有外贸经营权的部、加盟共和国的边境城市与我方开展边境贸易，其中包括布拉戈维申斯克与黑河的边境贸易。9月，黑河与布拉格维申斯克的边境贸易再次恢复，同时开展合资办企业、劳务输出，进行承包工程、加工装配、补偿贸易、互派旅游团组等方面的业务。

中断多年的两岸边境贸易重新开通，劳务输出、经济技术合作等形式的商贸活动迅速发展，对黑河经济发展产生了积极的促进作用。两岸间一百余年的贸易兴衰史，主要受制于中俄两国关系、两岸经济发展、贸易形势、政局变化、政策调整等因素。通过对两岸贸易史方志文献的客观梳理，可供“一带一路”战略提供历史借鉴。黑河要打造成黑龙江省对俄自由贸易区的重要节点，成为黑龙江省“中蒙俄经济走廊—龙江陆海丝绸之路经济带”战略的有力支撑，必须在两岸贸易中发挥更加积极的作用。

三　黑河在“一带一路”中的战略优势

中俄两国战略协作伙伴关系不断深化，中俄合作已步入历史最好时期。中国提出了“一带一路”国家战略，俄罗斯正在实施远东开发，这两大战略的叠加实施，使黑河与阿穆尔州、布拉戈维申斯克市的独特区位优势日益凸显。得天独厚的地理位置、原生态的自然环境、丰富的物产资源、悠久的少数民族历史以及传统文化，使黑河市具备推进“一带一路”战略机遇的优势条件。

口岸优势得天独厚。黑河口岸客运能力居黑龙江省之首，已建成黑龙江浮箱固冰客、货运输通道，实现了四季通关，布拉戈维申斯克市口岸是阿穆尔州及远东地区最大港口。据交通运输部门测算，从黑河口岸进入俄罗斯腹地，比从绥芬河和东宁近1500公里，可以大幅降低中俄货物流通的综合费用。以黑河、布拉戈维申斯克两个城市为中心，东进可抵达俄远东人口稠密地区，西出可进入俄腹地和欧洲各国，南下可至中国内地、东南沿海、港澳台地区、朝鲜半岛、日本、东南亚各国。

资源富集产业互补。黑河与阿州资源富集，双方在产业发育和市场需求等方面互补性很强，可为两地经济社会发展提供有力支撑。黑河是中国重要商品粮基地、绿色食品主产区和黑龙江省重点林区，有“地质摇篮”和“矿产之乡”美誉。阿州耕地、森林、水电、矿产等资源也十分富集，有“远东粮仓”美称，黄金储量位居远东地区第一。双方立足地缘和资源优势，积极开展境外投资合作，一批事关两地长远发展的重点合作项目正在积极推进。

交通枢纽作用显现。交通通道始终是跨境合作的主要制约因素，所以国家“一带一路”战略和“中蒙俄经济走廊—龙江丝绸之路经济带”都把基础设施互联互通作为优先领域和重点推进方向。1987 年，黑河率先恢复中苏边境贸易。1988 年 7 月，为改善黑河口岸的通关环境，满足货物运输和人员往来的要求，苏联阿穆尔州执委会首先向中方提出了黑河黑龙江大桥项目的建设动议，并得到黑河方面的积极响应。双方完成了立项、地方技术性会议，中俄两国签署《建桥协定》等，还取得了建桥所必需的大部分法律性文件，以及完成了桥址方案确定、水下地形测量、工程地质钻探、水工模型试验等大量前期技术工作。直至 2015 年 9 月，在中俄两国元首共同见证下，正式签署了建桥协定修改议定书和索道协议，黑龙江大桥、跨江空中索道项目取得了突破性进展，黑河对俄合作交通通道将被进一步打开。黑龙江大桥建成后，将打通我国直达俄远东地区的运输瓶颈，正式开辟一条新的欧亚商贸大通道，对于促进我国东北振兴和俄罗斯远东开发战略的有效对接，深化中俄合作，将会产生重大而深远的影响。

人文交流纽带牢固。黑河与阿穆尔州山水相连、人文相通，双方在人文领域的交流合作，一直走在沿边开放口岸前列，相继开创了第一个恢复中俄边境贸易、开通中俄边境旅游、开展中俄国际经济技术合作、开通中俄国际微波通讯、开展中俄边境城市国际金融结算业务等中俄合作史上的“五个第一”。黑河与阿穆尔州、布拉戈维申斯克市交往日益紧密，建立了政府间定期互访和年度会晤机制，对应部门建立了友好合作关系，形成了稳固顺畅的合作机制。中俄文化大集已连续举办六届，上升为两国国家级文化交流项目。多次成功举办“三八”国际劳动妇女节互访、“友谊横渡黑龙江”和“六一”国际儿童互访活动，被外交部列为中俄民间交往机制化项目。双方还在旅游、教育、医疗等领域开展了全方位的交流合作。

地方志是传承和彰显中华文明的重要载体，在对接“一带一路”发展战略中，应站在更新的文化高度，做好传承、传播、拓展，彰显独特的文化作用。通过对“一带一路”方志文献的整理与研究，深刻挖掘，让“一带一路”国家和地区从地方史了解、吸取地方史志智慧、地方文化，为“一带一路”战略实施提供文化支撑。黑河在此背景下立足口岸优势，开展宽层次、多领域的人文交流，构建面向俄罗斯远东地区，立足黑河、服务全省全国的中俄合作高地，通过更加科学、鲜明的定位，实现跨境资源的有效聚集和合理化配置，提升城市整体竞争力，积极对接国家“一带一路”战略构想，在“中蒙俄经济走廊—龙江丝绸之路经济带”中发挥更大作用。

让旧志里的文字活起来

——“一带一路”引发的方志文献价值联想

刘善泳（江西省石城县地方志办公室）

提要：本文以丝绸之路作为联想的引子，论述了旧志文献在本土的当代价值。首先，旧志文献是一地史脉之所系。地方志具有基础性、集大成性的特点，是地方历史的主要载体，只要触及地方的历史，往往能在地方志里找到蛛丝马迹。其次，旧志文献是一地文脉之所维。古代方志重人文，尚斯文，具有浓郁的文化色彩，且经时光淘沥更加显著。最后，旧志文献是一地乡脉之所依。古代方志以其特有的方式为一个地方留下了历史记忆，犹如纸上的故乡。同时又隐藏着地方的精神传统，为后世效法和传承。

关键词：方志文献　价值　文脉　乡土

由于古代丝绸之路的存在，“一带一路”战略除了具有丰富的时代内涵和巨大的现实价值，还有着极为厚重的历史渊源和文化内涵。在古今丝路跨越时空的对话中，历史文献无疑起着举足轻重的作用。习近平在论及提高国家文化软实力时说过，要让“书写在古籍里的文字都活起来”[①]。“一带一路”决策的出台，自然伴随着古代丝绸之路的重新“发现”，其中，古籍文献的支持当不可或缺。我国现有旧志文献8000余种10万余卷，约占存世古籍的1/10。笔者不知道旧志文献在“重建”丝绸之路时起到了什么作用，此时亦无钩稽考证之意，而是以此作为联想的引子，结合本地旧志利用的实际，就方志文献的当代价值作些随想式的思考。

一　方志文献是史脉之所系

人们提起“一带一路”，自然会想到古代的丝绸之路。这条古代中国连接亚洲、非洲和欧洲的商业贸易路线，因其在东西方经济、政治、文化交流中的重要作用，在中国历史上留下了重要而深远的影响。百度“丝绸之路”，丝路历史和地方志的渊源，直接可见的是《西域图

---

① 中共中央宣传部：《习近平总书记系列重要讲话读本（2016版）》，北京：学习出版社、人民出版社，2016年，第203页。

记》。这是由隋朝裴矩编写的以记录西域各国地理情况为主的地方志。学界多认为此书是《隋书·西域传》的主要资料来源，后起的《太平寰宇记》及《太平御览》等典籍也引用其资料。

笔者所在的江西省石城县，地属赣南，和丝绸之路没有明显的关联。但是和所有地方一样，县境内外都有或大或小的商贸往来，因此自然也有商道。特别是跨境的道路，几乎都和商业有着紧密联系。在存世的4部古代石城县志中，都设有"路程"一目，记载县内主要道路。如乾隆十年志《舆地志·疆界路程》记载的陆路有"东陆大路""西陆大路""南陆大路"和"北陆大路"，分别与当时的宁都州、福建汀州府长汀县、建昌府广昌县交界。同时，记载了通往省城的两条水路。这些道路都和商业往来密不可分。如以水路言，县中所产木竹基本都是经水路运往南昌、九江后销往各地，布匹、食盐、石灰等物资则经水路从南城、抚州、赣州等地输入。

"南陆大路"是古代石城县一条以陆路为主的重要商道，也算是地方版的"丝绸之路"。这条商道上的往来，民间称之为"走汀州"。民国以前，石城县通过人力将烟叶、大米、大豆等农产品运往福建汀州，带回食盐、火柴、布匹等生活必需品。当时贵为贡品的"横江重纸"亦多经此道转销南洋各国。对于这条重要的商道，旧志除了"路程"部分的记载，其他卷目也有相关内容，如《艺文志》所辑《重修楼垓岭路碑记》一文载："故客之走闽汀、粤潮，皆于秋口沿河而下，涉水南，度蓝田，远瑞金界，由皇祝关以入。"①《舆地志·山川》载："楼垓岭：城南五十里，龙上里。岭有岩洞，两旁皆石，中一路，望之若梯。明季龙冈邓声吾费重资凿开，以通客货之便。"②

地方志所能提供的历史，当然不限于"道路"，只要触及地方的历史，往往总能在地方志里找到蛛丝马迹。2015年，石城县拆除了位于县城中心地带的琴江大桥，改建一座明清风格的现代廊桥。查旧志，可知琴江桥原址有古桥曰卧虹桥，乾隆四十六年（1781）《石城县志》载："卧虹桥，旧名迎恩桥。城南关外三十余步。创始逸考。旧传长二十丈有奇，高二丈有奇，上构屋为市。明洪武间县丞张大有重修。永乐间毁。石墩七座俱高一丈六尺。弘治元年戊申，知县闻韶拆石以甃河堋。"③ 值得一提的是，建设中的琴江廊桥内左右均设商铺，与当年"构屋为市"相呼应——琴江桥的蝶变，确实与丝路重生有异曲同工之妙——撇开创始时间不究，以明洪武年间作为起点，这座桥也至少有300多年的历史了。如果没有地方志的记载，这300多年的历史便如琴江河水，逝者如斯而无从寻挽。

相仿于丝路重生的事例还有近年跻身于中国十大名砚——"石城砚"的重新发掘。在首轮修志资料收集过程中，修志人员在清道光志中发现有关"龙冈砚"的记载，有关人士以志书记

---

① 《艺文志·重修楼垓岭路碑记》，清乾隆十年《石城县志》（点注本），2013年12月石城县地方志办公室内部印行，第411页。

② 《舆地志·山川》，清乾隆十年《石城县志》（点注本），2013年12月石城县地方志办公室内部印行，第50页。

③ 《经制志·桥渡》，清乾隆四十六年《石城县志》（点注本），2014年12月石城县地方志办公室内部印行，第130页。

载为基本线索多方寻访，终于找到了砚石产地，经艺人潜心研究雕琢，龙岗砚得以重放光彩，成为本县一个重要的文化产品，其制作技艺也被列入省级非遗名录，并正在申报国家级非遗。

中华民族是历史感特别强，特别具有历史情结的民族，国民普遍存有崇宗敬祖、寻根溯源的意识，“忘本”“数典忘祖”自古以来就被视为失德之举，为众人所不齿。这种渊源意识的形成，同绵延不断的历史书写是分不开的。于国而言，有庚续不断的二十四史，于家而言，有踵代接修的家谱、族谱。于地方而言，就是生生不息的地方志。地方志并非依史裁而作，但在长期的文化垄断背景之下，在地方著述极其有限的情况下，地方志客观上成为地方历史的主要载体，成为公认度较高“一方之全史”。就有限的地方典籍进行比较，方志文献具有基础性、集大成性的特点，地方历史的根脉潜藏其中，舍此难有其他。

二　方志文献是文脉之所维

丝绸之路是一条商贸之路，也是一条文化之路、文明之路。“一带一路”战略的实施，既是丝路经济的重振，也是丝路文化的重生。历代修志都有重视人文的传统，相信丝路沿线的方志文献中一定埋藏着丰富灿烂的丝路文化。

回头看本土，方志文献的文化特色是非常显著的。在4部清代《石城县志》中，均设有“艺文”卷，收录序、记、传、书、诗、词、赋等辞章。其中，顺治十七年（1660）志总篇幅9万字，艺文志0.7万字，约占全志篇幅的8%；乾隆十年（1745）志23万字，艺文志5.5万字，约占24%；乾隆四十六年志艺文卷部分散佚，不好比较；道光四年（1824）志29万字，艺文志5.6万字，约占19%。以全书近1/10甚至近1/4的篇幅载录艺文，足可见方志视文章之重。方志所录辞章，顺治志重在“名贤即事写景有关世道者”[①]，乾隆后则偏重“关于一邑名胜或前贤名作”[②]。阅读顺治志中《督修废城》《瘗白骨》《雨舟感怀》等诗作及乾隆志中《入境初详》《三请撤兵》等文辞，可以窥见清初石城兵荒马乱之后世道稍安的社会境况，确有以诗证史、以文观史之效。不过，综观古代方志特别是乾隆志后所录辞章，更多还是关乎“一邑名胜”。如道光志中单题咏类的诗词就有100多首，县城周边的名胜古迹几乎都有相关诗词存录，如东华山、西华山、仙姑岭、五龙岩、海藏寺。地方特色风物如温泉、砚石也多有题咏之作。城东南的通天寨历为县内名胜，现为国家AAAA级景区，旧志存录相关诗词、文章20多首（篇），成为通天寨文化的重要组成部分。

文化的内涵显然要比艺文辞章宽广得多，旧志文献的文化特色也不啻体现于“艺文”。以清乾隆十年（1745）《石城县志》为例。全书设“舆地”“经制”“田赋”“百官”“选举”“人物”“纪事”“艺文”等8卷，除了“田赋志”完全立足于经济外，其他7卷都带有明显的

---

① 《艺文志引》，清顺治十七年《赣石城县志》（点注本），2012年10月石城县地方志办公室内部印行，第212页。

② 《凡例》，清乾隆十年《石城县志》（点注本），2013年12月石城县地方志办公室内部印行，第26页。

人文色彩。“百官”“选举”“职官”“人物”4卷所记其实均为人物，多关乎道德文章；“纪事”下设4个记述单元，除“兵寇”为实录之章，“祥异”“古迹”“轶说”多近乎文化掌故；“经制”所记城池、学校、祠庙、寺观等，也多为文化之物。即使“舆地”这类以记述自然地理为主的卷目，也都被编著者赋予浓郁的文化色彩。如记城东的“琉璃山”：“城东五里。旧传秦末刘华家其上。有女瑶英，啖异果仙去，故曰‘刘离’。后易以此。又名‘仙姑岭’。列嶂如屏，正东两峰相对，中一坳，每岁中秋夜，皓月从坳上，如镜在架，前后夜俱偏斜左右。此为邑八景之一，曰‘姑岭桂月’。”① 修志自古以来都被视作斯文之事，官方也多物色斯文之人成就之，同时，编修者往往都有矜美乡邦的主观，总是倾向于把地方描绘为斯文之地，因此，方志一般也能够成为反映一地人文之盛的斯文之物。

价值观是文化的内核和灵魂，我们在评析方志文献的文化价值时，不可忽略其中蕴含的价值观内涵。方志为历代朝廷所倡修，寄托着扶树纲彝、助流政教的价值使命、因此，方志的背后总是隐藏着统治阶级所倡导的价值主张。成熟定型以后的地方志，通过其结构形式就可以看出明显的价值观意味，并以“人物志”为著。如乾隆四十六年（1781）志“人物志”下设乡贤、忠臣、孝子、文儒、儒行、武略、友恭、义士、列女、旌善等章节，透过“贤”“忠”“孝”“文”“儒”“义”“善”诸字眼，价值立场一目了然。深入志书内容，其记人述物背后的价值取向不难发现，不赘。

旧志文献的文化品质，也和它所经历的时光淘沥息息相关。一部志书修成之后，随着时光的流逝，当时所述地情的物质性功能逐渐淡化，精神性、文化性功能则显现出来。就像清代所修4部《石城县志》，最早者距今350多年，最晚也接近200年，志中的街衢、井埠、坊表、坛遗，无不蒙上时间光影和文化色彩。特别是地方志的编修庚续不断，文化在传承中积累，在积累中传承，从而真正成就一地之文脉。2016年，我县组织编写含《石城纪事》《石城风俗》《石城风物》《石城艺文》《石城人物》等书在内的《人文石城》丛书，试图通过对本地文化的深挖掘、新发现、集大成，反映石城文化的地方特色和独特内涵，展示地方文化的时代魅力。在这项工作的开展中，历代方志成为最重要的基础性文献，成为地方历史文化的“母本”，体现了方志文献在地方文化建设中不可替代的作用。

三　方志文献是乡脉之所依

2013年12月，在重振丝路的背景下，由文化部非物质文化遗产司、国家图书馆和中国丝绸博物馆在国家图书馆举办“丝绸的记忆”中国蚕丝织绣展。本展除了实物展出，还展出文献200余种，其中古籍文献70种。将文献纳入“记忆”，完全契合国家图书馆的社会角色。不过，文献，特别是历史类文献，本身就是保存“记忆”的重要媒质和载体。地方志就是这样的一种

① 《舆地志·山川》，清乾隆四十六年《石城县志》（点注本），2014年12月石城县地方志办公室内部印行，第36页。

文献。

古代方志多重地理，重在记述一方风物，所谓“博物之书”。正是这种看似拙朴的办法，给我们留下了轮廓颇为清晰的地方图景。如乾隆十年（1745）《石城县志》的“经制志”下设城池、公署、学校、坛壝、祠庙、寺观、坊表、兵防、街坊、育婴堂、陂泽、桥渡等纲目。乍看纲目之间并无多大关联，但细细琢磨，它们反映的其实就是当时城中百姓的生活形态。如其序引所言：“城隍关塞之阻，斥堠烽燧之防，天人并参。谓天下即一邑可也。鸣琴坐理，带星出入，则有公署。其秀民之能为士者，联之以师儒，习之以诗书礼乐，则有学校，有公田。凡有功德于民，足为明质者，祀之，则有坛壝、庙宇。表厥宅里有坊表。水利灌溉有陂泽。贸迁有无化居，则有街巷，有场，有集。憩息有邮亭。往来通津有桥渡。至若恩先无告，存活弃儿，掩埋枯骼，惠济之周，各有善所。”① 方志所记之物，多为维系、联结百姓生活的公共之物，通过它们，大致可以勾连出公共生活的基本结构。值得一提的是，志书卷首载有手绘“县治图”，与相关文字的记载互为呼应，共同成全城市的记忆。

旧志文献对于乡村的记述较为简略粗疏，但深入其中，仍可触摸到乡村演变的基本脉络。4部清代石城县志均设“坊乡里图”一类纲目，记载乡村的分布情况。顺治志记载乡村94个，乾隆十年（1745）志记202个，乾隆四十六年（1781）志记221个，道光四年（1824）志记223个。笔者曾对道光志中所记223个村进行调查和古今对照，发现除8个村名实俱废之外，67个村仍可与今日行政村对应，79个村与今日村小组相对应，69个村已不在村组序列，但仍作自然村的俗称被使用。由于城镇化的加速推进，今天村落移易、消失的速度可谓亘古少有，过去几百年没有消逝的村庄，可能就在这个时代要淡出历史，曾经的家园似乎一夜之间就要成为“故”乡。这时，旧志里保存的乡村地名也成了重要的故土符号。每一个乡村地名，可能都连接着特定人群的记忆，凝结和寄托着人们对曾经生活的依恋与怀念。从一定意义上说，旧志文献中的地名其实就是一个一个的家园，是埋藏在方志里的故乡。

一乡一地之根脉，物质之外，更在精神传统。翻阅古代石城县志，有关慈善、公益、乐助方面的记载特别多，反映了县人急公好义的传统。如乾隆十年（1745）志《舆地志·风俗》记石城尊崇礼教之善俗：“各姓自为培养，设立学田，多者数百亩，少亦数十亩。拾青衿与登榜者，均得收其租以济家食。”② 志中所记桥、渡，大多为私人募资建造并捐田、捐租赡养。如乾隆四十六年（1781）志记“济川桥渡”，所附赡田者就有46人。捐赡者代代传承者也不乏其人，如记“城外南门桥渡”：“进贤坊江时荣（字怀素），捐田一百九十二石，并捐城外仙源坊店四间，园地一块，以赡南门、灞口、古樟口三渡。……时荣在日已赡九年，至崇祯十四年辛巳身故，子灏颂，孙澜，复赡。”③ 而在人物志中，所记急公好义者则更是比比皆是，如记北宋

① 《经制志·经制志引》，清乾隆十年《石城县志》（点注本），2013年12月石城县地方志办公室内部印行，第89页。
② 《舆地志·风俗》，清乾隆十年《石城县志》（点注本），2013年12月石城县地方志办公室内部印行，第72页。
③ 《经制志·桥渡》，清乾隆四十六年《石城县志》（点注本），2014年12月石城县地方志办公室内部印行，第125页。

温革捐家资建书楼“尽市监书以惠后学”①，清乾义士陈福宾“三建石亭于要路”，张立举“凡有裨地方事，辄倾囊以资”②，等等。相关记载虽然零星分散，但拼接起来，庶几可成传统，足可为后人效法、传承。

一个个“地方”相联结，成就了丝绸之路灿烂的历史和文化，由一部部方志联结起来的方志文献，造就了一地历史文化的根基和活水源头。近年有一首流传甚广的白话诗，名为《见与不见》，其中一句为“你见，或者不见我，我就在那里”，用来形容方志文献的地位颇为贴切：不管你见还是不见，文献就在那里。犹如丝绸之路，你走，或者不走，它就在那里。

① 《人物志·文儒》，清乾隆四十六年《石城县志》（点注本），2014 年 12 月石城县地方志办公室内部印行，第 246 页。
② 《人物志·义士》，清乾隆十年《石城县志》（点注本），2013 年 12 月石城县地方志办公室内部印行，第 284 页。

略论旧志影印

——以陕甘宁旧志为中心

韩 超（南京图书馆）

提要：旧志数量众多，需求广泛，编纂质量不一。对每部旧志均进行标点、排印整理，既无此必要，也不能满足使用者量的需求。所以影印是目前旧志整理出版中使用最广的整理方法。但是，影印本旧志底本来源不清、版本不明、校勘不精、整理不规范，不仅不能达到存真复原的目的，有的甚至会误导研究者使用错误的资料和信息。所以，对目前出版的纸质和电子影印本旧志做一全面梳理，指出其中存在的问题，思考旧志影印的规范化，对旧志影印的出版和旧志的深入研究都具有十分重要的价值。

关键词：旧志 影印 规范

地方旧志因其所记内容的地域性、领域的广泛性、时间的连续性，越来越受到学者的重视①。但旧志数量众多、馆藏各异，且每部存世量不大，编修质量又不一，若每部旧志均排印整理，实无必要，且无法在短期内满足量的需求。所以，影印是目前使用最为广泛的旧志整理方法。旧志影印本就是采用照相或电脑扫描等技术获取某部旧志原本的全文书影，将书影结集、整理、制版后以某种物质载体发行的旧志复制品②。目前公开发行的旧志影印本主要有纸质本和数字影像本，这些影印本整理质量不一，有些甚至会误导研究者。因此，在众多的旧志影印本中，怎样评价、使用这些影印本，怎样更加规范地进行旧志影印整理，显得尤为重要。

一 纸本旧志影印概况及其优势

目前旧志的影印出版多是丛书，单行本较少，大致可以分为以下几种类型：

（一）全国性旧志影印，将全国各地区、各时期的旧志进行选印。如台湾成文出版社 1966

① 这里谈到的旧志及旧志影印，均为省、府、州、县等正式行政区划单位旧志，山水志、陵墓志、书院志等专志不在讨论范围内。

② 参考许逸民：《古籍整理释例》，北京：中华书局，2011 年，第 101 页；蒋鹏翔：《古籍影印的体例革新与定位变化》，《新世纪图书馆》2016 年第 1 期，第 87 页。

年至1985年陆续出版的《中国方志丛书》，上海书店出版社、巴蜀书社、江苏古籍出版社、凤凰出版社从1992年起合作出版的《中国地方志集成》（分为乡镇志专辑、府县志辑、省志辑），中华书局1992年出版的《稀见中国地方志汇刊》。

（二）断代旧志影印，只收录某一时期的旧志，如中华书局1990年出版的《宋元方志丛刊》。

（三）馆藏旧志影印，只收录某一图书馆或研究机构等收藏的旧志。如国家图书馆出版社策划的《著名图书馆藏稀见方志丛刊》，从2005年至2015年十年间，已出版21家图书馆的稀见方志。又学苑出版社2009年出版《北京师范大学图书馆藏稀见方志丛刊续编》，上海辞书出版社2013年出版《上海辞书出版社图书馆藏稀见方志初编》《续编》，故宫出版社2013年出版《故宫博物院藏稀见方志丛刊》等。

（四）馆藏与断代结合的旧志影印，收录某一馆藏中某一时期的旧志。如上海古籍书店1961年出版的《天一阁藏明代方志选刊》，上海书店1990年出版的《天一阁藏明代方志选刊续编》，2000年中华全国图书馆文献缩微复制中心出版的《国家图书馆藏明代孤本方志选》，线装书局2001年出版的《国家图书馆藏清代孤本方志选》第一辑、第二辑，2002年出版的《国家图书馆藏乡土志抄稿本选编》。

（五）特定区域旧志影印，收录某区域内各时期的传世旧志。如书目文献出版社1990年出版的《日本藏中国罕见地方志丛刊》，后又于2003年出版《续编》。又如中华全国图书馆文献缩微复制中心分别于1994年、1997年出版的《中国西北稀见方志》《中国西北稀见方志续集》。

（六）影印古籍丛书中的旧志，如《中国西北文献丛书》《故宫珍本丛刊》《原国立北平图书馆甲库善本丛书》等都有一部分旧志收录。又各地的地方文献整理项目，如《无锡文库》《扬州文库》《金陵全书》等，旧志是其中必不可少的一部分内容。

从出版质量来看，《著名图书馆藏稀见方志丛刊》是旧志影印中质量较高的，但这套丛书没有统一规划，各图书馆在整理时做法不一。笔者愚见，以规范化程度来说（详见下文），《清华大学图书馆藏稀见方志丛刊》《北京大学图书馆藏稀见方志丛刊》整理质量最高，影印旧志时可参考。其他旧志影印本，以馆藏和断代旧志影印为优，全国性和区域性旧志影印质量较为参差，使用时需要仔细甄别。

从出版时间来看，2000年之前旧志的影印以全国性、大区域性为主，以满足普遍性的需求。2000年之后，影印旧志出版向馆藏化、稀见化、地域化发展。并且，影印旧志出版总体呈上升趋势，其体量大大超越了点校、注释等其他旧志整理形式，这是由旧志的性质及影印的优势决定的。首先，影印旧志出版效率比排印旧志高；其次，影印旧志最大限度地反映了原书原貌，且旧志数量多、价值不一，不一定都需要点校；最后，旧志中有相当一部分的稿本、抄本，在处理这些复杂的旧志时，排印本不一定能很好地反映，而影印就有其独到之处。①

二 旧志影印的新形式——数字化

蒋鹏翔《古籍影印的体例革新与定位变化》将古籍影印定义为：“指通过照相、扫描等技术手段获取底本原书的全文书影，采用以图集为主的形式，制版批量印行的古籍复制品。”② 这里的“印行”明显突出的是纸本。但随着数字化技术的不断发展，在纸质影印本之外，更多的古籍被制成数字化影像，有的还被结集成大型数据库。这些数字影像同样是“通过照相、扫描等技术手段获取底本原书的全文书影”，然后经整理、制版后通过软件或网络发行，除了载体之外，其本质与纸质影印本无二，所以我们认为全文数字影像可以归入影印。近年来，古籍数字化的规模越来越大，范围越来越广，各界对古籍数字化的呼声也越来越高，旧志数字化也在这样的趋势下发展迅速。按目的来说，旧志数字化可分为商业性旧志数据库和公益性旧志数据库两大类。

（一）商业性旧志数据库

专门的商业性旧志数据库有中国方志库、中国数字方志库，其他如万方数据库、雕龙数据库等也都有方志专类。中国方志库由北京大学刘俊文教授总策划、编纂、监制，爱如生公司出品，“共收录汉魏至民国历代地方志类典籍 1 万种。总计全文超过 20 亿字，影像超过 1200 万页，数据总量约 400G。同时配备强大的检索系统和完备的功能平台，可进行毫秒级全文检索和一站式整理研究作业”③。此计划将分五期出版，目前已出版两期，共 4000 种旧志，可分网络版和单机版安装。中国数字方志库是由北京籍古轩图书数字技术有限公司发行的大型旧志数据库，目前共收录 1949 年以前的旧志 10000 余种（有大部分地志和专志），是目前收录旧志最多的专门数据库，主要是网络版发行，使用 IP 控制登录。

从使用的友好性来说，笔者认为爱如生的中国方志库最优。此数据库分区域检索、分类检索、条目检索、全文检索等检索形式，原版图像和文字显示在同一页面上，左图右文，方便阅读比勘。同时，此数据库还可进行标注、书签、文本复制，还配有版本速查、古今地名、常用字典、中外纪年等辅助工具。其他的几种数据库大致与之类似，但是均侧重于检索，配套的辅助工具并不是很完善。

商业性旧志数据库的最大问题就是某些旧志的版本不清、来源不明。如中国方志库、中国数字方志库、雕龙数据库都有一部乾隆《中卫县志》，均著录为“乾隆二十六年（1761）刻本”。但经笔者目验，这三种数据库中所收的版本与《中国方志丛书》所收一致，有抄补的内

① 参考徐蜀：《古籍影印的理念与实践》，《古籍影印出版丛谈》，天津：天津古籍出版社，2006 年，第 9～10 页。

② 蒋鹏翔：《古籍影印的体例革新与定位变化》，《新世纪图书馆》2016 年第 1 期，第 87 页。

③ 爱如生官方网站：http：//www. er07. com/spring/ffront/productinfo/findById？ id＝19。

容，且卷九《艺文编》有道光时期郑元吉所撰内容，定非乾隆原刻印本。其次是所收版本不精，如中国数字方志库收有乾隆《银川小志》是油印本，康熙《鄠县志》非足本，缺卷八至卷十二。再者就是文字识别时出现错误，未能精校。这些问题大概与其商业性有关，数据库开发成本和销售问题使得其版本使用上受到资金的限制，文史专业人员的缺乏使得文本校勘方面的投入较少。

（二）公益性旧志数据库

公益性旧志数据库以公共图书馆和科研机构为主，主要突出馆藏，如中国国家图书馆数字方志、地方志，华东师范大学方志库等。中国国家图书馆数字方志库共收明、清、民国旧志6868种，是收录旧志最多的公益性旧志数据库。此外，中国国家图书馆“地方馆资源——地方志”收录了从地方馆（如贵州省图书馆、陕西省图书馆等）征集的方志资料40多万页，其中有一大部分为旧志。华东师范大学方志库是一个整合馆藏资源和外购资源的旧志数据库，共收书5万，支持在线浏览，并可通过地图进行地区可视化浏览（此功能似尚未开通）。[①] 除了这些，还有苏州图书馆、日本国立国会图书馆、日本国立公文书馆等古籍影像数据库中，均不同程度地收录了一批旧志。

公益性旧志数据库最大的优势就是版本明确、来源清晰。另外，公益性旧志数据库在展现旧志面貌方面也有其独特之处。如中国国家图书馆数字方志，其版面为彩色一叶一拍，能将版心的信息完整地呈现给读者。又如日本的图书馆，将原书从书衣开始依次拍摄，旁边配有色卡和标尺。这样做虽然版心信息不可见，但能直观感受到整部书的风貌。中国国家图书馆地方志也是使用这种方法，但是没有色卡和标尺，图像也只是灰度图而不是彩图。不过公益性旧志数据库检索功能不强，只能根据书名或出版项等进行检索，没有区域或全文检索的功能，总体来看还只是图像数据库。

商业性旧志数据库和公益性旧志数据库，因其开发目的、开发能力、资源掌握程度等不同，呈现出各自不同的优势和劣势。以目前的条件和开发进度来看，研究者可通过商业性旧志数据库进行内容检索，通过公益性旧志数据库进行版本比对。而最终的趋势，笔者以为，应当以公益性旧志数据库为主导，联合商业性旧志数据库成熟的文字识别和检索开发能力，将版本明确、来源清晰的书影和强大的文字检索结合，再辅以各种关联性知识工具和线索。

三　旧志影印的问题

旧志影印在最短的时间内为我们提供大量的旧志资料，且有些旧志是稿本、抄本、甚至孤本，为我们的研究带来了相当的便利。但是，旧志影印不规范，不仅失去了影印应带来的价

---

① 华东师范大学图书馆：http：//202. 120. 82. 33/news/？ p =5313。

值，还为研究增添了阻力。

（一）来源不明

“书有一印本，即有一种不同处。”[①] 注明来源不仅方便研究者核对原书，还能比较不同本子之间的差异，特别是有的旧志稿本、抄本，每一种都是不同的面貌。如《北京大学图书馆藏稀见方志丛刊》第67册（简称“北大本”）和《国家图书馆藏乡土志抄稿本选编》第5册（简称“国图本”）均有一部《咸阳乡土志》。其中《兵事录》有一人，北大本作“胜宫保保”，第二个“保”为小字，从上下文体例可知小字为名，“宫保”是其官职，故其姓名为“胜保”。国图本作“胜宫保”，“宫保”二字为小字，若无北大本对照，仅从体例看，就会误认为此人姓名为“胜宫保”。但是目前除了馆藏旧志影印外，全国性、区域性、断代性的旧志影印很少注明来源，这使研究者误以为某影印本代表了这部旧志，从而导致研究的偏差，有的甚至会引起学术争议。如《天一阁藏明代方志选刊》、《续修四库全书》第649册、中国数字方志库均影印了一部嘉靖《宁夏新志》，此志目前学界公认为海内孤本，仅范氏天一阁藏。《天一阁藏明代方志选刊》自不待言，其底本来自天一阁，《重修宁夏新志序》下有“范氏天一阁藏书”阳文朱印。《续修四库全书》第649册的嘉靖《宁夏新志》，版本项说明为“明嘉靖十九年刻本”，然此影印本《重修宁夏新志序》下有“中华书局上海编辑所藏书”“范氏天一阁藏书”两印，显是据中华书局上海编辑所所藏之上海古籍书店影印本再印，从严格意义上来说不算影印本。[②] 中国数字方志库影印之嘉靖《宁夏新志》版本项著录为“嘉靖间刻本”，可是此本没有任何钤印（疑被修），又没有注明版本来源，会让人感觉除了天一阁之外，天壤间尚有一嘉靖《宁夏新志》存焉。像这类影印本，若能注明来源，研究者自可对照原本以深入研究，否则误人不浅。

（二）版本不清

旧志的版本系统一般来说不会复杂，因为作为官方主导编纂的地方性文献，它在当时的使用范围和使用价值都有一定的封闭性和局限性，且志书“详今略古”的时效性又使得新志一出旧志遂废，所以传世的旧志刻本以一种一版居多。然而，许多影印本不写明版本，或伪造版本，使得本来清晰的旧志版本变得复杂，浪费了研究者的精力。

如乾隆《宁夏府志》（以下简称《宁夏府志》），从笔者目前的调查来看，只有乾隆四十五年（1780）一种刻本。是志目前有《中国方志丛书》《宁夏历代方志萃编》《宁夏地方志丛刊》《中国西北文献丛书》《中国地方志集成》等五种影印本，除了《中国方志丛书》与《宁夏历

---

① 黄丕烈著，屠友祥校注：《荛圃藏书题识》，上海：上海远东出版社，1999年，第182页。

② 参见蒋鹏翔：《古籍影印的体例革新与定位变化》，《新世纪图书馆》2016年第1期，第87页。

代方志萃编》一样，五种影印本竟呈现出四种不同的版本面貌。

1. 成文出版社《中国方志丛书》本（简称“成文本”），是《宁夏府志》最早的影印本，该本版权页说明是据“嘉庆三年刊本”影印。但从影印本内容看，未见新增嘉庆年间撰写的序文，正文也未见新增嘉庆时期的史料，文本也未见有避清仁宗“颙琰”名讳的现象，如卷十“王颙若”，卷十八“杨炎”等。所以，成文本所言的“嘉庆三年刊本”可能并不存在。另外，成文本误将《纂修〈宁夏府志〉详文》2页装订在《凡例》第2页与第3页之间，将杨守礼《重修〈宁夏志〉旧序》误置于杨应聘《〈朔方志〉旧序》后。与乾隆四十五年（1780）原刻本相校，成文本在版式、字体风格、文字内容等方面有较多不同。经过比对，其卷九、卷十三、卷十六、卷十七、卷十八、卷二十、卷二十一、卷二十二等8卷当为乾隆本原刻，其他各卷均不同程度存在抄补现象。天津古籍出版社《宁夏历代方志萃编》当据成文本翻印，① 且沿袭了成文本的装订错误。

2. 凤凰出版社《中国地方志集成》本（简称“凤凰本”），此本影印说明曰：“本书二十二卷首一卷，据清乾隆四十五年（1780）刻本影印。书中间有漫漶不清处，诸馆藏本均同，无法配补。”然据笔者目验，凤凰本只是将成文本《纂修〈宁夏府志〉详文》的装订错误改正了过来，其卷七的第15、17、18、19、24页与乾隆原刻本一致，其余全同成文本，显非其所言为“清乾隆四十五年（1780）刻本影印”。又其所言“漫漶不清处”，甘肃图书馆及国家图书馆所藏，均可补之，并非“无法配补”。

3. 宁夏人民出版社1988年版《宁夏地方志丛刊》本（简称“宁夏本”），三函十七册，线装出版。宁夏本无出版说明，所据底本不详。乾隆刻本卷二“沿革表”最上一列的时代名称中原无“清”“中华民国”，而宁夏本中增加了“清”“中华民国”等五字，可知宁夏本或为民国时期印本，定非乾隆四十五年（1780）原刻初印本。② 另，宁夏本有些文字书写风格与乾隆本有明显不同，或为民国新印时对原刻本漫漶不清之处修饰所致。宁夏本卷十九卷端及版心书名用字作“甯夏府志”，非“寧夏府志”。与成文本一样，宁夏本亦将杨守礼《重修〈宁夏志〉旧序》误置于杨应聘《〈朔方志〉旧序》后。

4. 兰州古籍书店《中国西北文献丛书》本，此本为甘肃学者张维抄补本《宁夏府志》。钤盖有“鸿汀”“临洮张氏”“还读我书楼藏书印”等章，自卷十三起为原刻本，卷首至卷十二是从北平图书馆（即今中国国家图书馆）抄补的。前有张维辛亥（1911）仲冬提要一篇，对宁夏府的行政归属有所考证。张维抄补本卷首至卷十二与乾隆本有部分出入。乾隆刻本卷首的排列顺序是：勒尔谨《宁夏府志序》、永龄《宁夏府志序》、张金城《宁夏府志序》、杨守礼《重修宁夏志旧序》、杨应聘《朔方旧志序》、张金城《纂修宁夏府志详文》凡例、修志姓氏、目

---

① 中国国家图书馆将天津古籍出版社影印本误着録为“据清乾隆四十五年（1780）刻本影印”。

② 宁夏图书馆著录此书为“乾隆四十五年刻本”，实误。

录、图考，张维抄补本将图考置于杨应聘序后，杨守礼序被置于图考和凡例之间，《纂修宁夏府志详文》置于凡例之后，使得篇章次序较为混乱。行款上，张维抄补本卷一恩纶纪为半页10行，没有按照乾隆本半页9行抄写。另外，张维抄补本内容缺漏较多，如卷四缺第11页至第20页，卷二十二缺第65、66两页。抄补过程中，文字出现脱、讹、衍、倒等情况。

可见，目前的影印本中没有一种是真正的乾隆四十五年（1780）刻本《宁夏府志》，除了张维抄本渊源有自，其他几种影印本的版本均含糊不清。其实《宁夏府志》流传较广，北京、甘肃、宁夏等地的图书馆均有收藏，东洋文库等海外藏书机构也有藏，择一文本清晰者影印以嘉惠学林并非难事。

（三）校勘不精

影印本不是简单的“拿来就印”，它也需要经过校勘的过程，比较版本间的差异，不仅需要选择善本、足本，还需要选择文本清晰度高的。然而，目前的旧志影印本，校勘较为薄弱，大有“拿来就印”之势，主要表现有：

1. 孤本不孤。孤本强调的是唯一性，旧志因时效的需要，前修志书淘汰率较高，所以多有孤本出现。如《国家图书馆藏清代孤本方志选》第一辑，其编辑说明指出这套丛书所影印的旧志“全部为国家图书馆地方志和家谱文献中心独家收藏的古籍方志”[①]。但是其第11册康熙《长武县志》，《中国地方志联合目录》著录有中国国家图书馆和陕西省图书馆两家，非为孤本。2006年北京图书馆出版社《陕西省图书馆藏稀见方志丛刊》影印出版康熙《长武县志》，比较两种影印本，我们又发现陕西省图书馆所藏者为足本，上下两卷完整，中国国家图书馆藏仅有下卷。所以从影印出版来说，出版陕西省图书馆所藏者更合适。

2. 足本不足，且无说明。有些影印本，使用的底本并非足本，但只是其中的某几页缺失，若不通读文本，或与他们对勘，很难发现是否缺页。如嘉靖《陕西通志》目前一共有三种影印本，分别是收在《中国西北稀见方志续集》（简称“西北本”）、《华东师范大学稀见方志丛刊》（简称“华东本”）、《原国立北平图书馆甲库善本丛书》（简称“甲库本”）中，底本分别来自甘肃省图书馆、华东师范大学图书馆、原国立北平图书馆（今收藏于台湾“国家图书馆”）。这三种影印本中，华东本半页一印，版面洁净，字大易读，从文本的清晰度上比其他两种本子要好，但华东本并不是足本。西北本、甲库本均有赵廷瑞、周南、王邦瑞、马理、王九思等五人的序，而华东本只有赵廷瑞序的上半部分、王九思序的下半部分。由于嘉靖《陕西通志》中除了马理署名在文末，其他人署名都在最前面，且提要和正文中也没有说明中间缺页，若不通读或与他本对校，仅查阅华东本，很容易认为是书只有赵廷瑞一篇序。并且，西北本的出版远早于华东本，华东本若能校勘后以之配补或作说明，其质量一定会更高。又康熙《鄠县志》，《中

① 国家图书馆分馆编：《国家图书馆藏清代孤本方志选》第一辑，北京：线装书局，2001年，第1册，第3页。

国地方志稀见汇刊》第8册及《陕西图书馆藏稀见方志丛刊》第2、3册均有影印，但后者康如琏序少半页，脱“赐进士第文林郎知鄠县事嵯城康如琏”等十六字及墨印二枚。

3. 把误装当缺页。有些影印本，因为底本本身有页码，所以凡页码不连续者均注曰缺某页，可有时只是误装在其他页间，并非缺页。如《中国地方志稀见汇刊》与《陕西图书馆藏稀见方志丛刊》影印的康熙《鄠县志》均缺卷十一第24、34、35页，这是缺页，《中国地方志稀见汇刊》注明，《陕西省图书馆藏稀见方志丛刊》未注明。同时，《中国地方志稀见汇刊》卷十二第24页亦注缺，实际上这一页被误装在了卷十一第25页之前，即张孟宗的《重建渼陂记》，《陕西省图书馆藏稀见方志丛刊》不误。

四　旧志影印规范化的思考

（一）慎择底本

不同于排印本，影印本不能在比较各种不同本子之后对某文本进行修改，而是将某一部旧志原貌完整呈现出来，所以影印本的底本在选择时比排印本更加严格，择善而从。张之洞在《輶轩语》中说：“善本之义有三：一足本。无阙卷，未删削。二精本。一精校，一精注。三旧本。一旧刻，一旧抄。”[①] 目前，旧志很大程度上的价值表现在资料性上，所以足本是旧志影印首先要考虑的。若限于馆藏旧志的影印，则可用其他本子进行配补。如《原国立北平图书馆甲库善本丛书》第355册影印了一部万历《固原州志》，为万历原刻本，影印价值很高。但这部书并不是足本，有缺页，若能用其他馆藏中的万历刻本补足就更好了。其次当选择精本和旧本。如1990年中华书局《宋元方志丛刊》影印熙宁《长安志》，选择了乾隆四十九年（1784）经毕沅校勘的《经训堂丛书》本，就是把重点放在精校上。2013年《北京大学图书馆藏稀见方志丛刊》仍影印了熙宁《长安志》，主要的考虑就是版本为稀见旧抄本。除了这三点，影印本还要注重底本字迹的清晰度及页面的破损程度。如道光《平罗纪略》，中国数字方志库所用底本为中国国家图书馆藏本，《西北文献丛书》所用底本为甘肃省图书馆藏本。这两种本子虽然没有版本间的差异，但是中国国家图书馆藏本有破损情况，有的是正文中的破损，不如甘肃省图书馆藏本。所以选择影印时，自然以甘肃省图书馆藏本为底本更加合适。

（二）撰写前言或出版说明

底本的选择过程、底本的价值、整理情况等均不能在影印本中体现，需要撰写简明的前言或出版说明。其中应该突出的有：

1. 交代来源。旧志影印必然只能以某一藏所的某一部旧志为影印的底本，每一部旧志经过

① 张之洞撰：《輶轩语》，附于《增订书目答问补正》，北京：中华书局，2011年，第666~667页。

一定时间的流传后必定有不同的面貌，所以此一影印本不能完全代表整个系统内的所有的旧志。故注明来源，既方便研究者追根溯源，又能与其他藏所的同一部旧志进行比较。不过目前只有馆藏旧志的影印有明确来源，其他旧志的影印均不注明来源，有的甚至故意隐没来源。这一方面，我们可以参考《四库全书存目丛书》的做法，每一部影印本均注明馆藏。

2. 明确版本。旧志影印本未注明版本的较少，但是注错或伪造的仍不少。如1968年台湾成文出版社出版的《中国方志丛书·塞北地方》影印的“明抄本”弘治《宁夏新志》，吴忠礼先生就从编排、体裁、序文、体例、篇目、内容等六方面证实此书确为伪书无疑[①]。又如《原国立北平图书馆甲库善本丛书》第355册影印的万历《朔方新志》，版本项注为“据明万历四十五年刻本影印”。然此书有顺治、康熙间增刻的内容，定非万历四十五年（1617）原刻初印本。

3. 选择标准。说明为什么选择这部旧志为影印的底本，它与已经出版或还未出版的其他旧志相比有什么独特之处。这可以保证有价值的志书先影印，也防止重复影印而造成资源浪费。如《辽宁省图书馆藏稀见方志丛刊序》曰：“‘稀见’的标准是指收藏单位在四家以内的，对影印出版过的稀见方志，即使为本馆所藏，亦不再收入。”[②] 又《中国人民大学图书馆藏稀见方志丛刊》影印了一部康熙《新河县志》，这部志书虽然国家图书馆、故宫博物院、台湾“国家图书馆”均有藏，但均是康熙十八年（1679）刻本，而人大所藏者为方志学家傅振伦抄校本，并有傅振伦跋语和钤印，与原刻本不可等量观之。

4. 整理说明。影印本是一种整理本，并不能完全代替原刻本，且不论原刻本的纸张、墨色等是影印本无法表现的，影印本在整理、制版过程中还会进行修改，甚或增加其他的错误也未可知。所以，在整理过程中，一定要将整理者对文本的删削、增补、描润、修改等情况一一说明，若无说明则默认未作改动。如《故宫珍本丛刊》（简称“故珍本”）和《原国立北平图书馆甲库善本丛书》（简称“甲库本”）均影印了万历《朔方新志》，从两部志书均有顺治、康熙间的内容来看，当均为增刻后印本。但是两部志书的正文前的内容排序完全不一样，赵可教《跋》故珍本在卷五末，甲库本在卷四末。并且，甲库本重复页码比故珍本多，经笔者分析，大致能恢复出两种不同时期的印本。

（三）编写新目录

目录可以使使用者最快了解所影印志书是否为自己所需要的，它应当包括的著录项有：1. 年代。旧志的名称很多是相同的，所以加了年代之后方便区分同一名称的不同志书，也提示了志书编纂的年限。其次，年代还提示了所收地域的范围。如书名同为《陕西通志》，康熙九年

---

① 参见吴忠礼：《台湾本明代〈宁夏新志〉伪作考》，《宁夏社会科学》1986年第4期，第80~88页。

② 辽宁省图书馆编：《辽宁省图书馆藏稀见方志丛刊》，北京：国家图书馆出版社，2012年，第1册，第3页。

（1670）之前编纂的就有宁夏内容，而之后由于宁夏划归甘肃布政司管辖，《陕西通志》中也就没有了宁夏的内容。2. 书名、卷数（包括实际存藏卷数）、编修者，这一方面除极个别影印本外，多数都会写明。3. 版本、藏所。版本与藏所的重要性前已详述，不再赘言。可喜的是，有些影印本不仅为整部丛书编制了目录，还为每一部旧志编制了详细的新目录，方便研究者查找相关内容。如《清华大学图书馆藏稀见方志丛刊》《北京大学图书馆藏稀见方志丛刊》，为每部志书编有卷内详目。

（四）撰写提要

笔者以为，在做到以上几点的前提下，撰写提要主要可侧重编纂者生平及编纂过程，同时介绍此编纂者是否还有其他旧志传世。此外着重论述旧志资料价值，纠正过去研究中的偏颇等，卷数及每卷内容目录已经呈现，可略之。若是收录在大型丛书中，提要可针对某志书的特殊情况略加说明。但有的旧志影印本提要未能做到对旧志仔细研究后做出结论，停留在从目录到目录的层面。如《陕西省图书馆藏稀见方志丛刊》第4册《蓝田县乡土志》提要载此志“记事迄光绪二十九年（1903）”，同《中国地方志总目提要》。然笔者翻检是志，《纪事》一目有“（光绪）三十三年，有年麦亩石余”的记载，[①] 科举的下限才是光绪二十九年（1903）。

参考文献

［1］〔明〕胡汝砺撰：弘治《宁夏新志》，《天一阁藏明代方志选刊续编》影印本，上海：上海书店，1990年。

［2］〔明〕杨寿编：万历《朔方新志》，《故宫珍本丛刊》影印本，海口：海南出版社，2001年；《原国立北平图书馆甲库善本丛书》影印本，2013年。

［3］〔明〕赵廷瑞修：《陕西通志》，《中国西北稀见方志续集》影印本，中华全国图书馆文献缩微复制中心，1997年；《华东师范大学图书馆藏稀见方志丛刊》，北京：北京图书馆出版社，2005年；《原国立北平图书馆甲库善本丛书》，北京：国家图书馆出版社，2013年。

［4］〔清〕佚名纂：《咸阳乡土志》，《国家图书馆藏乡土志抄稿本选编》影印本，北京：线装书局，2002年；《北京大学图书馆藏稀见方志丛刊》影印本，北京：国家图书馆出版社，2013年。

［5］《宁夏府志》：中国国家图书馆藏乾隆四十五年（1780）刻本；台北：成文出版社，1968年，《中国方志丛书》影印本；天津：天津古籍出版社，1988年，《宁夏历代方志萃编》影印本；银川：宁夏人民出版社，1988年，《宁夏地方志丛刊》影印本；兰州：兰州古籍书店，1990年，《中国西北文献丛书》第一辑《西北稀见方志文献》影印本；北京：凤凰出版社、上

① 陕西省图书馆编：《陕西省图书馆藏稀见方志丛刊》，北京：北京图书馆出版社，2006年，第4册。

海：上海书店、成都：巴蜀书社，2008 年，《中国地方志集成·宁夏府县志辑》影印本；北京：中国社会科学出版社，2015 年，胡玉冰、韩超校注本。

［6］〔清〕黄恩锡修纂：乾隆《中卫县志》，《中国地方志集成·宁夏府县志辑》影印本，北京：凤凰出版社、上海：上海书店、成都：巴蜀书社，2008 年。

［7］〔明〕杨经编：《固原州志》，中国国家图书馆藏明嘉靖十一年（1532）刻本；《原国立北平图书馆甲库善本丛书》影印本，北京：国家图书馆出版社，2013 年。

［8］〔清〕康如琏修：《鄠县志》，《稀见中国地方志汇刊》影印本，北京：中国书店，1992 年；《陕西图书馆藏稀见方志丛刊》，北京：北京图书馆出版社，2006 年。

［9］黄丕烈著，：《荛圃藏书题识》屠友祥校注，上海：上海远东出版社，1999 年。

［10］徐蜀撰：《古籍影印的理念与实践》，《古籍影印出版丛谈》，天津：天津古籍出版社，2006 年。

［11］许逸民著：《古籍整理释例》，北京：中华书局，2011 年。

［12］张之洞撰，范希曾补正，孙文泱增订：《增订书目答问补正》，北京：中华书局，2011 年。

［13］蒋鹏翔撰：《古籍影印的体例革新与定位变化》，《新世纪图书馆》2016 年第 1 期。

从《华阳国志》看西南丝绸之路的兴衰

赵 婷（湖南科技大学）
赵 琳（湖南省张家界市委党史研究室）

提要：《华阳国志》是我国最早的地方志书，书中主要记载了我国西南地区地理、人文、风俗、物产等地情变迁，从书中不难发现，西南丝绸之路是我国形成较早的一条国际贸易通道，但是由于自然地理和社会环境等原因，这条著名的商道其商业作用被削弱，军事作用反而得到增强，最终导致这条商道不如海上丝绸之路作用和影响之大。对西南丝绸之路兴衰的研究，探究其中的历史自然规律，有助于我们今天更好地推动“一带一路”建设，更好地建设和发展西部。

关键词：华阳国志 西南丝绸之路 兴衰 商道 规律

西南丝绸之路虽然影响力不及海上丝绸之路，但是它的兴衰有着深刻的社会历史和自然地理原因，特别是战争、封闭的经济发展环境、落后的交通条件使得这条商道屡次被阻断。我们今天正在建设“一带一路”，同样面临着交通、地域发展环境等制约条件，研究西南丝绸之路的兴衰，对于更好地建设“一带一路”有着十分重要的意义。

一 早期西南丝绸之路的兴起，源于西南地区互通有无的需要

西南丝绸之路早在张骞凿空西域之前就已存在。《华阳国志·南中志》言：“武帝使张骞至大夏国，见邛竹、蜀布，问所从来，曰：‘吾贾人从身毒国得之。’身毒国，蜀之西国，今永昌（徼外）是也，骞以白帝。”身毒国，即古印度。[①] 早期西南丝绸之路兴起主要有三个特点：

一是西南丝绸之路是自发形成。与西北丝绸之路由汉武帝派遣张骞两次凿空西域不同，西

① 参见白立君，从《华阳国志》看早期西南丝绸之路的状况，齐齐哈尔师范高等专科学校学报，2010 年第 6 期。《华阳国志》在述及永昌郡时，言其“有闽濮、鸠獠、僄越、倮濮、身毒之民”，有人据此认为身毒是永昌境内的一个少数民族族群。然不论此处身毒国具体指代是印度还是西南的永昌郡内一个族群，大夏获得的蜀布等物资必经我国西南流传出去。因为，如果这些蜀布若是经西域流出，那就不用经过身毒。再者，大夏与古印度毗邻，而永昌郡仅为中国西南一个小郡，没有特别突出的商业发展成就，不可能和距离较远的另一个国家发生关联。

南丝绸之路的形成与中央政府关系不大，是商旅根据商业经济的需要自发形成。通俗地讲，通过这条商业贸易之路，商贾们可以获得可观的经济效益。因为西南地区不仅矿产丰富，而且丝绸产量也比较可观。在官道尚未开通之前，大汉的西南方早已存在一条由蜀地通往身毒国（今印度）、大夏的民间商道。该商道具体走向如下：“在中国境内是由灵关道、五尺道和永昌道组合而成的。灵关道由蜀（成都）经临邛（筇崃）、灵关（芦山）、笮都（汉源）、邛都（西昌）、青蛉（大姚）至大勃弄（祥云）、叶榆（大理）；五尺道由蜀（成都）经僰道（宜宾）、朱提（昭通）、味县（曲靖）、滇（昆明）、安宁、楚雄到叶榆（大理）；灵关道和五尺道在大理会合后一路往西，称为永昌道，永昌道出大理、翻博南山，经永昌（保山）、滇越（腾冲）到缅甸、印度等地。”① 沿途区域地势险峻，交通环境恶劣，然而少数民族人民生于斯长于斯，对此地非常熟悉，使得早期西南商道得以顺利畅通。早期西南丝绸之路因商业而兴起，商贸活动繁荣，《华阳国志·南中志》载：“益州西部宝货之地，居其官者皆富及十世。”

二是贸易供给侧结构简单。西南丝绸之路贸易商品以自然资源和初加工产品为主，缺乏地域独特性和规模生产的可能性。从西南丝绸之路的重要城市分析：成都，“其道西城，故锦官也。锦江织锦濯其中则鲜明，他江则不好。”成都织锦精美，但是随着魏晋南北朝以后，中央王朝统治中心南移，蚕桑业的集中发展，气候条件变化等因素，导致苏杭等一批南方丝绸城市兴起，成都丝绸地位逐步下降，西南丝绸之路对商旅的吸引力大大减弱。② 临邛（筇崃），其地在“（蜀）郡西南两百里，本有邛民，秦始皇徙上郡民实之……有古石山，有石矿，大如蒜子，火烧合之，成流支铁，甚刚。因置铁官，有铁祖庙祠。”临邛产铁，铁和盐是封建社会最重要的资源产品，汉武帝时开始实施盐铁官营，但是铁产地全国共有49处，临邛只是其中之一。而且随着冶炼技术的发展，全国铁产地逐步增加，临邛的资源地位逐步下降。③

三是中央王朝对商道的控制力弱。据《华阳国志》不难分析发现，西南丝绸之路沿途区域，虽然部分在秦代就纳入了中央王朝的统治版图之内，但是不少是新征服的区域，比如黔中郡，秦朝名将司马错力主伐蜀先于伐楚，看中的是蜀地的地理优势和资源优势，但是包括秦汉在内的历代封建王朝，对这一地区的控制力实则有限，而且很少发现西南丝绸之路的商业价值。在清朝雍正时期改土归流以前，中央王朝对广大的西南地区一直实施羁縻政策，推崇以夷治夷，实际控制力有限。这种控制力有限使西南丝绸之路沿途地区的商业活动很少受到中央王

---

① 参考白立君，从《华阳国志》看早期西南丝绸之路的状况，齐齐哈尔师范高等专科学校学报，2010年第6期。

② 参见中国丝绸历史概况，引自 http：//culture. people. com. cn/GB/230446/230468/230470/15668320. html。隋唐时期重要的丝绸产区有三个：一是黄河流域，以河北、河南两道为主体；二是四川巴蜀地区，剑南道和山南道的西部可以划入本区；三是长江下的东南地区，基本形成三强鼎立的局面。安史之乱后，江南地区的重要性大大增强。三足鼎立的局面到南宋时期发生了重要变化：丝绸产区基本集中在长江流域，江南地区丝绸生产占绝对优势，浙江已成为名副其实的“丝绸之府”。明初形成了以江南为中心的区域性密集生产，其中苏、杭、松、嘉、湖为五大丝绸重镇。四川丝绸的地位不复从前。

③ 参见中国铁矿（一）铁、铁矿的发现与利用_中国煤炭资源网 http：//www. sxcoal. com/energy/251416/articlenew. htm 随着科技进步，中国古代的铁产地在逐渐增多。汉武帝（前119）在49个产铁地区设置铁官。唐代，按《新唐书·地理志》记载，当时全国产铁之山104处。明代，有铁矿产地130处。到清代前期（1644—1840）铁矿产地发展到134处之多。

朝所奉行的儒家正统思想的鄙弃，但是也造成了这些地区的动荡不安。

二 后期衰落，被海上丝绸之路取代

西南丝绸之路的衰落既有海上丝绸之路兴盛等外部原因，也有自身环境恶劣、政治经济不稳定的内部原因。

一是交通区位原因。西南丝绸之路沿途地区为高山峻岭，《华阳国志》曾经记载西南运输载体——日行千里的“滇池驹”，而且这些地区处于少数民族聚居区，中央王朝控制力弱，未能大规模地修筑官道，从而制约了商旅货物的运输。从《华阳国志》中记载的丝绸之路重要节点城市的道路交通可以管窥这一状况。

汉武帝时开通了僰道，“武帝初，欲开南中，令蜀通僰道、青衣道。（是）［建］元年，僰道令通之……使者唐蒙将南入，以道不通，执令……蒙乃斩石通阁道。”僰道是我国古代一条由成都经僰道（今宜宾）再转向西南丝绸之路要道。汉武帝是我国古代著名的大一统皇帝，汉朝国力自他走上强盛的顶峰，为了打败匈奴，他一方面命人与匈奴正面作战，另一方面也联合其他部落围攻匈奴，为此他不仅下令开通僰道，而且将夜郎、滇国等西南小国纳入了汉帝国的版图，他经略西南夷实际上是为了恢复被匈奴阻隔的东南亚交通线，而自他之后的历代帝王，都没有充分意识到西南本身重要的战略作用，西南交通的发展也阻滞不前。随着汉王朝的衰亡，中央王朝首先失去对滇西的控制，尤其南诏政权趁乱而立，与中央王朝战争不断，西南商道被军事活动占用，西北丝路于此时兴起，交通优势远高于西南丝绸之路。两宋时期，汉政权疲于应付北方少数民族的侵犯战争，对西南地区实际上失去了控制，商业交通环境更加恶化，此后海上丝绸之路兴起，而西南与中原的交通除沿长江而下外，或越秦岭，或穿云贵高原，道路崎岖，和南方海上丝路相较，经济实用性较差。

二是政治军事原因。汉代末年至隋唐初年，西南地区因为易守难攻，成为军阀割据之地，战乱频仍，商业难兴。据《华阳国志·永昌郡》记载，永昌郡，“古哀牢国也……孝武时，通博南山，渡兰沧水、溪，置嶲唐、不韦二县。”直到三国魏晋时，永昌地区少数民族仍叛乱不断。三国历史上著名的“七擒孟获”的故事，即发生在西南地区，少数民族首领不服从蜀汉政权的统治，七战七败，叛乱状况可见一斑。同样因为地区冲突导致商业经济衰落的还有邛都（今西昌）。据《华阳国志》记载：“邛之初有七部，后为七部营军。又有四部斯儿，南山出铜，有温泉穴……余多恶水……照面则使人被恶疾。”邛都铜资源丰富，但是邛都是少数民族聚居区，民族冲突不断。三国时期，大将张嶷曾试图镇守此地，但是难以坚守，最终退出至赤甲、北军二牙门。可以说，西南丝绸之路虽然形成较早，然而由于沿途地区冲突不断，战乱频仍，西北丝绸之路兴起以后，西南丝绸之路一直不如西北丝绸之路繁荣。

三是经济社会原因。西南地区经济发展受封建军阀割据的影响，经济开放性差。沿途地区缺乏强有力的集权式政权对通商贸易进行管理，只有地方土司和境外政权小规模的往来。西南丝绸之路沿途地区经济发展落后，云南作为西南丝绸之路的中转站，除了部分地区为封建领主经济外，滇西北的彝族为奴隶制经济，其他边疆地区还有不少处于原始社会刀耕火种的经济阶段。① 一个落后的经济区域难以支撑一个强大的商业贸易路线。

三　经验与教训

前事不忘，后事之师，西南丝绸之路作为我国古代四大丝绸之路之一，其兴衰有其历史必然性，也有历代统治政策的因素，当今我国正在全力倡导21世纪“一带一路”经济带建设，重新审视西南丝绸之路的兴衰，总结其中的经验与教训，有助于我们推动今天的“一带一路”建设。

一是要充分认识到“一带一路”与本土经济的互融共生关系，创造和平、优越的经济发展环境，提升本土经济的竞争力，努力改善“一带一路”辐射地区经济结构性矛盾特别是供给侧矛盾的问题。当前我国经济已经进入新常态，产业结构性矛盾突出，供给侧改革正在进行，国内内需拉动不足，住宅、基础设施、制造业等传统经济增长大幅放缓，部分行业甚至呈现出结构性过剩，新的消费热点尚在培育。“一带一路”战略是对我国两千多年来丝绸之路精神的传承与发扬。“一带一路”在促进沿线各国互利共赢、共同发展的同时，也有助于构建经济融合、文化包容、政治互信的紧密合作关系，增强维护和平发展的战略能力；有助于深入推进区域经济合作，增强全球化资源配置和管理开放型经济的能力；要从供给和需求两个方面拓展发展空间，增强保持经济平稳健康发展的能力；要加强生态环保的国际协调协作，增强可持续发展和共同应对气候变化的能力；要积极参与全球公共产品提供，增强全球治理格局能力。

二是要创造良好的区位交通条件和维护好市场经济的基础性作用。要吸引更多的外地经济资源进入本土交流、发展。据《华阳国志》记载，西南丝绸之路交通基础条件落后，经济环境处于半封闭状态。“一带一路”要重点打通我国边境通道、东中西部间的物流通道和保障东部与南部资源供应的战略资源通道，将促进西部地区与周边国家的贸易往来，加强东中西之间的联系，降低西部物流成本，发挥西部战略资源优势，密切与东部的经济联系，从而实现双向互动。“一带一路”要加速优化资源配置。当前我们受地理区位、资源禀赋、发展基础等因素影响，对外开放发展呈现不平衡的状态，总体上讲是东快西慢、海强陆弱。西部地区与邻国之间的经济技术合作和科学文化交流不足，对外延伸的市场空间较为有限，市场吸附能力弱化，从而降低了市场配置资源的效率，“一带一路”建设离不开向西开放，应将内陆沿边地区由对外开放的边缘发展为前沿，打造开放包容的经济合作区域，各相关地区理应各施所能，共同构建互利共赢、互利互惠的经济大环境。要实现交通、政策、设施、贸易、资金畅通无阻，让市场

---

① 王元林：《浅议地理环境对北方、南方陆上丝路及海上丝路的影响》，《新疆大学学报（哲学·人文社会科学版）》2006年第6期。

在资源配置中发挥基础性作用。特别是交通条件一定要改善。俗话说，“要想富，先修路”，现代意义上的交通不仅包括道路交通，还包括油、电、气等。

三是要挖掘西南、西北地区的经济发展潜力。我国西部地区曾经是丝绸之路的重要地区，有过非常繁荣的经济发展历史，留下了十分灿烂的丝路文化，而且自然资源丰富，市场潜力大，边境线长、邻国多，战略位置十分重要，要缩小东西部的差距，必须挖掘丝绸之路的潜力资源，加速融入“一带一路”战略布局。

从杨孚《南裔异物志》一窥汉代海外交往

陈泽泓（广东省广州市地方志办公室）

提要：东汉番禺人杨孚的《南裔异物志》，是已知全国最早的异物志。从其辑佚条目中，可寻得汉代岭南与海外交往乃至对海外异国记载的蛛丝马迹，具有极高的历史价值。《南裔异物志》所载物产，涉及周边地区、海外国家；所述许多海产，有些产自深海，更有当时的主要贡品；所载还涉及海外一些地区或国家的俗象；有条目专述东南亚一带的海外国家和瓮人。《南裔异物志》是岭南最早有海上丝路相关记述的志书，是全国最早记载海外风物的志书，也是迄今所见最早记述扶南等海外国家的古籍。

关键词：东汉　异物志　海外交往

迄今为止，学术界公认《汉书·地理志》是最早记载西汉时中国官方商船前往南海诸国的行程的文献。这一海上贸易活动，是中国官方开拓海上丝绸之路的确切标志。据载，此次出航启程“日南障塞、徐闻、合浦番禺”，汉使终点到了已程不国（今斯里兰卡）。① 从《史记》可知，番禺在西汉时为全国知名的“亦一都会也，珠玑、犀、瑇瑁、果、布之凑”②。《汉书·地理志》对番禺在海外贸易方面的市场作用说得更为明确，“处近海，多犀、象、毒冒、珠玑、银、铜、果、布之凑，中国往商贾者多取富焉，番禺其一都会也”③。番禺地处天南一隅而兴发，当因其作为对外贸易商品集散地毫无疑义。因此，有学者推断：“关于西汉远洋对外贸易的出海港和航线，我们认为番禺是出口港，徐闻和合浦是番禺的外港。从而形成番禺—徐闻—合浦—交趾的沿海航行。”④ 汉代番禺是对外贸易港口的论断，不仅得自文献上的间接说明，可从地理条件及其在全国商业活动的地位分析，还得自西汉南越王墓出土的舶来品佐证。《汉书·地理志》记载黄支国（今印度半岛南部）“自武帝以来皆献见。有译长，属黄门，与应募者俱

① 《汉书》卷二十八下“地理志”。
② 《史记》卷一二九“货殖列传”。
③ 《汉书》卷二十八下“地理志”。
④ 陈柏坚、黄启臣：《广州外贸史》，广州：广州出版社，1995年，第44页。

入海市明珠、璧琉璃、奇石异物、赍黄金杂缯而往”①。考古工作者在广州和合浦汉墓中曾发现玻璃珠，经化验其所含元素的化学成分与中国传统的铅钡玻璃截然不同，而“与西方的古代玻璃相类”,② 应是从海外输入的物品，或即为“璧玻璃”。但是，至今尚未能找到番禺在汉代对外交往的文献记载确证。对于这一问题，不妨转向地方志书求解。

中华民族有悠久的修志传统，从志书史料中，可以搜索挖掘海上丝路的起端、航线及港口变化、相关历史事件、历史人物乃至外贸政策及管理、对外经济及文化往来以及对社会发展的影响等方面的宝贵资料。广东是海上丝路重要的始发地，广州是历经二千多年长盛不衰的外贸港城，在志籍中耙疏耕耘，开卷或有所获。

学术界公认岭南最早的志书是东汉杨孚的《南裔异物志》，这也是已知全国最早的异物志。《南裔异物志》成书确切时间无考，从作者杨孚是在汉章帝建初年间到朝中任议郎推断，《南裔异物志》与完稿于汉章帝建初八年（83）的《汉书》成书时间几乎同时。《南裔异物志》已佚，由于唐宋著名类书《北堂书钞》《初学记》《太平御览》等对其内容有所辑录，清人曾钊从中辑佚成卷。该书辑佚或鲜为海外交通史研究者所留意，向来只是把杨孚的《南裔异物志》当成“一种专门记述边远地区特产的异物志”③，即当成特产志。也有研究者认为“这是岭南第一部物产志，也是我国第一部区域性物产志；为后人留下了汉代岭南地区植物学、动物学、矿物学的丰富的第一手资料”④，罕有从与海外交往的角度去看待其中相关记述。笔者发现，《南裔异物志》辑佚条目中，可寻得汉代岭南与海外交流乃至对海外异国记载的蛛丝马迹，具有极高历史价值。

杨孚是东汉番禺下渡头村（今属广州市海珠区）人，章帝建初年间举贤良对策，入朝任议郎。举贤良对策，全称察举贤良方正与文学，是汉代以才学德行为主要标准的郎选制度的高级形式。汉代称学习儒家经书的士人为“文学”，贤良方正与文学，即德才兼备而又正直不阿的文学之士，由此途径对策入仕者，当然文化素质很高。杨孚入朝议政，反对穷兵黩武，主张“创造用武，守业用文”；反对破坏儒家丧礼，主张“均行三年通丧”之制；反对苛政贪贿，主张吏治务必廉政，是一位有政治头脑的人物。从其出身及作为，可见他是文明初开的岭南出类拔萃的有识之士。他对岭南地情了解甚详，因而能够写出《南裔异物志》这样覆盖地域广袤、涉及知识渊博的不朽之作。

分析所见《南裔异物志》的记载，可见此书不同于中原地区的风土志，而具有面向海洋的特色。

首先，《南裔异物志》所载物产，不止于岭南地区，还涉及周边地区、海外国家。杨孚晚

---

① 《汉书》卷二十八下“地理志”。

② 干福熹等：《我国古代玻璃的起源问题》，《硅酸盐学报》第六卷第一、二期，1978 年；杨伯达：《关于我国古玻璃史研究的几个问题》，《文物》1976 年第 5 期。

③ 卫家雄：《方志史话》，北京：社会科学文献出版社，2011 年，第 34 页。

④ 〔东汉〕杨孚撰、吴永章辑佚校注：《异物志辑佚校注》，广州：广东人民出版社，2010 年，第 11 页。

年归居番禺，“其宅在河南下渡头村”[①]，未见其返乡后出外周游之记载。《南裔异物志》中所记载的物产，如榕树、香蕉、荔枝、甘蔗、桔、杨梅之类，是珠江三角洲本地所常见，但有的条目记述对象如大象、孔雀，未必在番禺能见到，至于貀豸，则是传说中的异兽，还有一些生长于荒山野岭，点明系外郡远地的，如合浦、日南之牛，日南、九真猓然（长尾猿），郁林大猪，交趾猩猩，九真长鸣鸡，朱崖水蛇，交趾草、交趾稻等。日南、九真、交趾，在今越南之地，合浦地在今广西，朱崖更在海南岛，离番禺并不近，不可能都属杨孚举目可见。有的事物，还是从岭南广阔幅员去记载，如记木棉，“广州、日南、交阯、合浦皆有之”。岭南诸郡，远至千里之遥，在当时交通条件下，到达不易。杨孚记载入异物志的内容，相当一部分应当是采访所得。所列物产产地，多为沿海之郡，日南、合浦，正是《汉书》所载海上航线的出海港。“合浦港地处北部湾顶部之南流江入海口，向北溯江而上可达北流江，再通浔江、漓江、湘江而达长江水系，或沿西江至云贵，水路交通的便利，使中原地区及西南各地的物资均可通过水路到达合浦”，合浦与徐闻的“这两条水道，都是海上丝绸之路与陕西、河南的陆上丝绸之路对接的重要通道，也是岭南地区通过中国南海走向世界的通道”。[②] 合浦陆海均与其南的交趾等三郡相通，连通南北，被认为是当时两粤通交趾的咽喉。[③]《南裔异物志》多处述及合浦、交趾、朱崖等地物产，正反映了汉代番禺与岭南各处沿海港口乃至远至今之越南、海南等地的往来联系以及交通大港的地位。

其次，《南裔异物志》所述物产有许多海产，其中有一些产自深海，如鲸鱼、鲛鱼、鹿鱼、鲻鱼、水母。更重要的，有当时岭南及海外作为主要贡品的玳瑁、犀角、象牙等。《史记》《汉书》中点到番禺之所以成为都会的原因，都提及番禺是这些物品之聚。《汉书》班固赞曰：汉武帝时，“睹犀、布、瑇瑁，则建珠崖七郡”[④]。《后汉书》记载：天竺国“土出象、犀、玳瑁、金、银、铜、铁、铅、锡。……和帝时，数遣使贡献。后西域反叛乃绝。至桓帝延熹二年、四年，频从日南徼外来献。”[⑤] 可见汉代在海南建郡县与盛产犀角、玳瑁有关，而汉代岭南的犀角、象牙、玳瑁是海外贡物，也是贪官所喜爱掠夺的岭南特产。《汉书·贾捐之传》记载，汉元帝时，珠崖屡反，汉元帝打算派兵征讨，贾捐之以为“不当击”，他对答奉旨诘问的乐昌侯王商说：“又非独珠崖有珠、犀、玳瑁也，弃之不足惜。”[⑥] 推测汉元帝的考虑，包括珠崖出产供应珠、犀、玳瑁的问题，贾捐之的回答，则明确反映了珠玑、犀、玳瑁等物出自多渠道。比《史记》成书约早三十年的《淮南子·人间训》已提到，秦始皇“又利越之犀角、象齿、翡

① 屈大均：《广东新语》卷二“地语·河南”。

② 张镇洪、邱立诚：《中国南海古人类文化考》，广州：广东经济出版社，2013 年，第 97 页。

③ 陈玉龙：《历代中越交通道里选》，《东南亚史论文集》，郑州：河南人民出版社，1987 年，第 97 页。

④ 《汉书》卷九十六下“西域传”。

⑤ 《后汉书》卷八十八，转引自朱杰勤校订、张星烺编注：《中西交通史料汇编》第四册，北京：中华书局，2003 年，第 1856 页。

⑥ 《汉书》卷六十四下“贾捐之传”。

翠、珠玑”①。《南裔异物志》对玳瑁、象牙、犀角均专撰条目记载，以下为辑佚的相关条目。

“瑇瑁，如龟，生南海。大者如蘧篨，背上有鳞，鳞大如扇，有文章。将作器，则煮其鳞，如柔皮。”② 瑇瑁即玳瑁。“蘧篨”，粗竹席，以喻玳瑁之体积之大。《艺文类聚·宝玉部下》引有《南州异物志》“瑇瑁”条，《太平御览·珍宝部八》载有《南方异物志》“玳瑁”条，文字大同小异。《南州异物志》为吴万震所撰，《南方异物志》为唐人房千里所撰，则所记载最早出自杨孚《南裔异物志》，为后世所注意并袭用。

象牙，“俗传象牙岁脱，犹爱惜之，掘地而藏之。人欲取，当作假牙潜往易之。觉，则不藏。”③ 此条目突出象爱惜其牙的传说。岭南地区古代也有象的活动，直至南汉还有象的活动的记述，东莞今存南汉所建造镇象塔。但岭南之象为亚洲象，其牙与海外进口的非洲象牙不同。广州象岗山“南越王墓出土了许多海外物品，如象牙、乳香、银盒、金花泡等。其中西耳室的五支大象牙，经鉴定是非洲象牙。……这些舶来品，有力地证明了广州早在二千年前即与海外有密切的交往。”④ 这五支象牙并排堆放，其长度为 105～120 厘米，体形粗壮，与亚洲象的纤细型象牙不同，应是从海外贩运而来。此外还有刻画象牙、象牙算筹、残牙雕器等 3 种。⑤

“犀，角中特有光耀，白理如线，自本达末则为通天犀。”⑥ “于惟元犀，处自林麓。食惟荆棘，体兼五肉。或有神异，表异以角。含精吐烈，望若华烛。置之荒野，禽兽莫触。”⑦ 三国吴万震《南州异物志》、晋刘欣期《交州记》、南朝宋沈怀远《南越志》均设有犀的条目，记述犀的形态及犀角的神异，至唐刘恂《岭表录异》卷中，尚有条目专记岭南之犀，“岭表所产犀牛，大约似牛而猪头，脚似象，蹄有三甲。”⑧ 可知在广州聚散的犀角，有岭南所产，也有来自海外贸易之物。《汉书·平帝纪》提到：“元始二年春，黄支国献犀牛。”⑨ 同书“王莽传”又提及：“黄支自三万里，贡生犀。”⑩ 杨孚的描述，能够为中原人士提供对犀及角了解。

再次，《南裔异物志》的记载，不止于物产，还涉及海外一些地区或国家的情景，主要是民俗。如：当地人“画其面及身，刻其肌而青之，或若锦衣，或若鱼鳞”的雕题国。⑪ “男无

① 《淮南子》卷十八“人间训”。

② 引自陈彭年《广韵》卷四“代十九”。

③ 引自《太平御览》卷八九〇“兽部二”。

④ 广州市文化局编：《广州秦汉考古三大发现》，广州：广州出版社，1999 年，第 365 页。

⑤ 广州市文物管理委员会、中国社会科学院考古研究所、广东省博物馆编：《西汉南越王墓》上，北京：文物出版社，1991 年，第 345 页。

⑥ 《后汉书·章帝本纪》“元和元年日南徼外蛮夷献生犀”句下，李贤注。

⑦ 杨孚：《〈南裔异物志〉赞·犀》，引自屈大均：《广东文选》卷二十三“赞铭箴诔”。

⑧ 刘恂：《岭表录异》。

⑨ 《汉书》卷十二“元帝纪第九”。

⑩ 《汉书》卷九十九下“列传第六九下·王莽列传”。

⑪ 引自《太平御览》卷七九〇“四夷部一一”。

衣服，女横布帷，出与汉人交易、不以昼市，暮夜会，俱以鼻嗅金，则知好恶”[①] 的狼朧国，岭南外贸使用流通货币层次高于内地，《资治通鉴》梁武帝普通四年（523）载：“梁初，唯扬、荆、郢、江、湘、梁、益七州用钱，交、广用金银，余州杂以谷帛交易”。交、广用贵金属交易风盛，以致能嗅出作为通货的金属好恶真假，凭感觉经验鉴别其价值。

国“在海水（按：‘水’疑为‘外’），以草漆齿，用白作黑，一染则历年不复变，一号黑齿”的西屠国。[②] 后来晋左思《吴都赋》也写道：“乌浒、狼□（此字为“月荒”合一）、夫南、西屠、儋耳、黑齿之酋”。

“其衣则缝布二幅，合两头，开中央，以头贯穿，胸身不突穿”[③] 的穿胸人，穿胸之说，有些离奇，见《山海经·海外南经》有“贯匈国在其东，其为匈有窍”。贯头其实是服装，《梁书·诸夷传》记载“吴时遣中郎康泰、宣化从事朱应使于寻国，国人犹裸，唯妇人着贯头”[④]。《汉书·地理志》记载：“儋耳、珠崖郡，民皆服布如单服，穿中央为贯头。”

“生则镂其颇……食薯，纺绩为业”的儋耳夷。[⑤]

“群相随行，无常居处，其类与禽兽同。或依大树，以草被其枝上，而庇荫其下。发正黄，如扫帚。见汉人散入草，终不可得近”的“黄头人”。[⑥]

“巢居鼻饮，射翠取毛，割蚌求珠为业”的乌浒人。[⑦]

从这些记述可见杨孚采访记述视野之广。这些族群、方国，位于岭南东、南方，有的在海上，如儋耳、朱崖即今之海南省。所记述的镂面刻肤，纺绩、染齿、巢居、贯头穿衣之俗，不仅在古代海南、云南、贵州，也在东南亚等地的土著民族中长期流传。

最后，《南裔异物志》中有扶南国、金邻、斯调国、瓮人的条目，所述国家均为东南亚一带的海外国家，而瓮人则是海外之人。杨孚对异国的记述，不是道听途说，而有具体记载。与前后一些史籍记载相对照，可为岭南与海外交往作佐征。还要指出的是，在《南裔异物志》中专列条目的扶南、金邻、斯调等国名，在《史记》《汉书·地理志》中尚未出现，《南裔异物志》是今见中国最早记载这些东南亚国名的史籍。相关条目如下：

“扶南国，昔但作大扇，遣人持之，不知人各自用也。”[⑧] 扶南，也作夫南，是汉代、六朝时期中南半岛上的古国名，意为“山地之王”，位于今柬埔寨。有人认为《后汉书·西南夷传》中记述汉章帝元和元年（84）“日南徼外蛮夷究不事人邑豪献生犀、白雉”中之“究不事”，

---

① 引自《太平御览》卷七九〇“四夷部一一”。
② 引自《太平御览》卷七九〇“四夷部一一”。
③ 引自《太平御览》卷七九〇“四夷部一一”。
④ 《梁书》卷五四“诸夷传·海南诸国”。
⑤ 引自《太平御览》卷七九〇“四夷部一一”。
⑥ 引自《太平御览》卷七九〇“四夷部一一”。
⑦ 引自《太平寰宇记》卷一六四。
⑧ 引自宋·吴淑《事类赋》卷十四“扇”。

即今柬埔寨之异译。[1] 若此，则汉章帝时，柬埔寨与东汉官方已有来往。扶南的位置及国土情况，《梁书·诸夷传·海南诸国》有明确记载："在日南郡之南，海西大湾中，去日南可七千里，在林邑西南二千余里。城去海五百里。有大江广十里，西北流，东入于海。其国轮广三千余里，土地洿下而平博，气候风俗大较与林邑同。"[2] 扶南与中国一直存在友好往来关系。三国时，扶南在嘉禾元年（232）主动向东吴表示友好，先后三次遣使与东吴通好，孙权则派朱应、康泰回访。《通典》所载的与中国往来，也是从"吴时遣康泰、朱应使于寻国"（时扶南由范寻为王）述起。[3] 扶南国王范寻于晋武帝泰始元年（265）、四年（268）以及从太康六年（285）起连续三年每年都遣使入华访问献礼。[4] 笔者曾考证朱应、康泰出使是由番禺启程。[5] 朱应、康泰出访活动的重大收获，是将考察见闻撰写成书。回国后，朱应著《扶南异物志》，可惜已经失传，书名见录于《隋书·经籍志》《唐书·艺文志》。康泰著《吴时外国传》，原书虽已佚，部分内容被引用于《水经注》《北堂书钞》《艺文类聚》等许多古籍中。我国最早记载中国与东南亚海上交通的古籍是班固的《汉书·地理志》，但《汉书·地理志》只记载6个古国，而且既没有方位，又无里程，考证起来相当困难。《吴时外国传》除了对扶南重点记述之外，还记载了31个古国与地区，所载多数国家记有方位与路程，《吴时外国传》比较真实地记载了1700多年前古扶南国的政治、法律、风俗、物产、造船、贸易、交通对外关系等，是中国乃至世界文化宝库中最早介绍柬埔寨的名著。隋唐以前，柬埔寨本国没有留下自己的历史记载。研究柬埔寨古史，主要靠中国史籍。在《晋书》《宋书》《南齐书》《梁书》《南史》《新唐书》中均设有《扶南传》，这些正史所据的古史材料大多源于《吴时外国传》。柬埔寨古史的一些重大问题的解决，得助于《吴时外国传》。研究柬埔寨史的外国学者一般认为，中国史籍中最先提到扶南王国的是康泰的著作，并认为中国史学关于此国古史之记载，多采自康泰、朱应使扶南后之撰述。官方的正式往来之前，当存在一段时间的民间往来，因此，在早于三国吴时的东汉章帝时番禺人杨孚的著述中，出现对扶南的记述，也就可以理解了。笔者与研究海上丝路史的学者李庆新先生交流对此的看法时，他还认为，这一记述的意义，还在于可能将文献记载的扶南国历史前伸。此条目转引自《事类赋》这一部类书，却并非孤证，在另一部类书《太平御览》中辑佚《南裔异物志》"金邻"国条目，也明确提到"去扶南可二千余里"，这就使之可以互证。依上所述，迄今见于史籍的关于扶南的最早载述，就应该为《南裔异物志》，而不是康泰、朱应的《扶南异物志》，当然，在记载的详细程度上，《南裔异物志》无法比肩《扶南异物志》，但在首载这一点上却有其珍贵意义。而《扶南异物志》之书名，恰恰反映其朱

---

① 白寿彝、高敏、安作璋主编：《中国通史》第四卷"中古时代·秦汉时期（上）"，上海：上海人民出版社，1995年，第864页。

② 《梁书》卷五十八"列传第四十八·诸夷·扶南"。

③ 《通典》卷一百八十八"边防四·扶南"。

④ 《晋书》卷三"武帝纪"。

⑤ 陈泽泓：《东吴朱应、康泰出使南洋事迹考略》，《羊城今古》2000年第4期。

应的著述承杨孚遗风之轨迹。

“金邻，一名金陈，去扶南可二千余里。地出银，人民多好猎大象。生得乘骑，死则取其牙齿。”① 金邻国地在今泰国西南部，金邻大湾为今暹罗湾。晋左思《吴都赋》有“金邻、象郡之渠”之咏，《梁书·诸夷列传》“扶南国”条有“次当伐金邻国”之载。《新唐书·宦者杨思勗传》有“开元初，安南蛮渠梅叔鸾叛，号黑帝，举三十二州之众，外结林邑、真腊、金邻等国”的记载。②

辑佚的斯调国条目不止一条。“斯调国有火州，在南海中。其上有野火，春夏自生，秋冬自死。有木生于其中而不消也，枝皮更活，秋冬火死则皆枯瘁。其俗常冬采其皮以为布，色小青黑；若尘垢污之，便投火中，则更鲜明也”。③ “木有摩厨，生于斯调。厥汁肥润，其泽如膏。馨香馥郁，可以熬膏。彼州之民，仰为嘉肴。”④ “斯调州有木，名摩树，汁如脂。”⑤ 斯调国，学者多认为其地为今斯里兰卡，或说为印度尼西亚爪哇岛之东南一岛。所谓火州或为间歇式火山。

汉代广州与东南亚国家发生密切的贸易关系，东汉时，从广州西航印度的中国商人或汉代使者，开始在印度、斯里兰卡同埃及、罗马的商发生直接的贸易关系，而使海上丝路的贸易交流得以接力延长。《后汉书》有延熹九年（166）罗马人遣使直接航行到中国番禺的记载，“至桓帝延熹九年，大秦王安敦遣使自目南檄外献象牙、犀牛、玳瑁，始乃一通焉”⑥。“桓帝时，扶南之西，天竺、大秦等国，皆由南海重译贡献，而蕃贾自此充斥扬粤矣”⑦。所载的这些事件的发生，都在东汉末年，然而，我们只要注意到，大秦等国所进贡的象牙、犀牛、玳瑁等物，在《史记》《汉书》中皆是番禺之所以成为都会的特别出产，就可以说明，番禺在西汉时已是中外贸易来往的重要聚散地。在这条漫长的远洋航线上，东南亚各国的来往更不是问题。考古发现，加里曼丹出土的印图圈纹陶魁，与广州出土的西汉后期至东汉前期的同类器皿外形非常相似。苏门答腊发现的陶器中有一个灰陶三脚鼎，底部刻记有西汉元帝初元四年（前45）年号。而广州汉墓常见的燃薰炉所用的各种香料，绝大部分来自东南亚各国。这说明这些国家是经常往来贸易、交换物品的。至东汉“永建六年（131）日南徼外，叶调王便遣使贡献。”⑧ 叶调国在爪哇岛上，其国王以其土特产玳瑁、象牙、犀角、香料向汉朝贡献，实质上是一种官方的贸易。在加里曼丹的沙捞越河口还发现有西汉元鼎五年（前112）的五铢钱，证明西汉与东

① 引自《太平御览》卷七九〇“四夷部一一”。
② 《新唐书》卷五十四“列传·宦者杨思勗传”。
③ 引自裴注《三国志》卷四“魏书·三少帝纪”。
④ 引自《太平御览》卷九百六十“木部九”。
⑤ 引自《太平寰宇记》卷一六四。
⑥ 《后汉书》卷八十六“西南史传”。
⑦ 《后汉书》卷八十八“西域传·大秦”。
⑧ 《后汉书》卷八十六“南蛮·西南史传”。

南亚国家已有贸易关系。[①] “广州汉墓的出土文物中，常见熏炉。这说明当时广州的富豪之家普遍燃烧香料。这些香料的大部分也是从东南亚地区输入的。在广州的汉墓中，还有较多的串珠出土，包括玛瑙、鸡血石、石榴石、煤精、水晶、硬玉、琥珀和玻璃等。还有迭嵌眼圈式玻璃珠、蓝色玻璃碗、绿色玻璃带钩和璧。其中带钩和璧是我国传统的礼仪用品，其他则与传统工艺品不同，应是从海外输入”[②]。

瓮人，“齿及目甚鲜白，面体异黑若漆，皆光泽。为奴婢，强勤力”[③]，应是当时输入中国的中印半岛南部及南洋诸岛的马来人。“在广州汉墓出土文物中，还有一种托灯的陶塑俑和侍俑，这些俑深目高鼻，两颧高，宽鼻厚唇，形象有异于汉人，亦不同于一般的侍俑。考古工作者认为他们就是杨孚《异物志》中的瓮人”。“这些‘瓮人’就是通常所说的‘黑奴’，他们‘可能是中国船队带回，也有可能由印度商人贩运而来’。既然他们被杨孚载入书中，则当时广州富人使用这种奴隶已不是个别现象，而且其进口也有相当的一段时间。”[④] “这些‘奴隶’可能是中国船队带回，也在可能由印度商人贩运而来。他们被除数贩运到中国后，成了当时贵阳市家豪族的家内‘奴隶’。”[⑤]

总而言之，《南裔异物志》中的上述记载，可以作为东汉时岭南与东南亚一带海外来往的实证史料。

《简明广东史》评价杨孚的《南裔异物志》“是南海郡人第一部学术著作”[⑥]。这部南海郡人第一部学术著作，显示出岭南著作的地方特色及其在学术史上不同凡响的地位。“现知的异物志，以东汉杨孚《南裔异物志》为最早”[⑦]。基于以上所述，从《南裔异物志》中，可以检索到汉代岭南与海外交往的一些线索。特别要指出的是，有学者注意到，异物志这种体裁的编纂，其实“与朝廷索贡有关，也与增广中原人士见闻有关”[⑧]。嵇含在《南方草木状》序中说道：“南越交趾植物，有四裔最奇，周秦以前无称焉。自汉武帝开拓封疆，搜求珍异，取尤者充贡，中州之人或昧其状，乃拟所闻诠叙，有裨子弟云尔。”王庸指出：“东汉以降，有所谓异物志者，其意义与《山海经》之记异物相类似而较为核实。且其所述，大抵以南方事物为多，所以为北方人广见闻者。”[⑨] 由此可见，称异物志为物产志还不全面，异物志应属风物志大体还可以，而最准确的还是异物志原称，其猎奇炫异的作用在于反映乡土可爱，增广见闻。《简明

① 陈柏坚、黄启臣编著：《广州外贸史（上）》，广州：广州出版社，1995年，第52页。

② 杨万秀：《广州外贸的历史地位和特点——〈广州外贸史〉序》，邓端本、章深著：《广州外贸史（上）》，广州：广东高等教育出版社，1996年，第2页。

③ 引自《太平御览》卷七九〇“四夷部一一”。

④ 杨万秀主编，邓端本、章深著：《广州外贸史（上）》，广州：广东高等教育出版社，1996年，第17页。

⑤ 中国社会科学院科考古研究所、广州市文物管理委员会、广州市博物馆编：《广州汉墓》，北京：文物出版社，1981年，第478页。

⑥ 蒋祖缘、方志钦主编：《简明广东史》，广州：广东人民出版社，1993年，第99页。

⑦ 王晓岩：《方志演变概论》，沈阳：辽沈书社，1992年，第38页。

⑧ 王晓岩：《方志演变概论》，沈阳：辽沈书社，1992年，第38页。

⑨ 王庸：《中国地理学史》，北京：商务印书馆，1938年，第133页。

广东史》称其“在内容上向后人提供了汉代岭南植物学、动物学和矿物学的第一手资料；它也是我国第一部地区性的异物志，在体例上开了这类著作的先河”[①] 还是恰切的。《南裔异物志》成书时间，近乎《汉书》。《汉书·地理志》被公认为最早关于海上丝路南方海外航线官方行为的纪录，是我国最早记载中国与东南亚海上交通的古籍，那么，《南裔异物志》就应该是岭南最早有海上丝路相关记述的志书，是全国最早记载海外风物的志书，也是迄今所见最早记述扶南等海外国家的古籍。

① 蒋祖缘、方志钦主编：《简明广东史》，广州：广东人民出版社，1993 年，第 99、100 页。

道光《厦门志》——考量“海丝”文化的重要文献

李艳玲（福建省厦门市地方志办公室）

提要：古代厦门行政层级低，但所驻军政机构规格高，口岸经济繁荣。道光《厦门志》在多篇分志中运用多种体裁保存了丰富的海外贸易资料，包括鸦片战争前厦门海外贸易的各种要素以及兴衰发展过程。这些“海丝”文化资料对于开展相关的学术研究具有重要的参考价值，对于推动厦门21世纪海上丝绸之路建设也不无借鉴意义。

关键词：“海丝”　方志　厦门

在“一带一路”规划中，厦门被定位为21世纪海上丝绸之路战略支点城市，这是有着厚重的“海丝”文化支撑的。厦门位于祖国东南沿海，地处台湾海峡西岸，是与台湾及东南亚各国往来的重要交通口岸。明清时期，厦门海上贸易发达，国内北边贩货至宁波天津等地，南边往返南澳广东等地，东边与台湾鹿耳门对渡贸易，国外与东西南洋国家都有贸易互往。海上丝绸之路是一条中外贸易交流的海上通道，但厦门因“台运”突出，也需远涉重洋，故本文除了论述厦门与东西南洋国家之间的贸易交流外，也将对台贸易纳入其中论述。

一　古代厦门行政层级低，但所驻军政机构规格高

从五代后唐同安县正式建县直至清末的近1000年的时间里，厦门岛都只是古同安县的一个基层政区——绥德乡嘉禾里。在清代这种行政区划曾稍有变化：一是清顺治十二年（1655）至康熙十九年（1680），郑成功、郑经父子在厦门成立思明州，此时厦门岛不属清同安县管辖。二是清咸丰三年（1853）小刀会起义军在厦门建立为期半年的政权，此时厦门岛也不属同安县管辖。但这两次变化只是历史长河中的小浪花，可以忽略不计。

尽管厦门行政层级低，但明清时期厦门海防地位和贸易口岸地位日益提高，清初平定台湾后，清朝在厦门先后设立或移驻了不少高规格的军政机构统管厦门及福建其他地方的军政要务。康熙二十三年（1684），清朝廷设台厦兵备道统一管理厦门与台湾军政要务，是年，在厦门设立闽海关（当时全国共设4个海关）。康熙二十五年（1686），将泉州府海防同知从泉州改

驻厦门。雍正五年（1727），撤销台厦兵备道，将原设泉州的兴泉兵备道衙门移驻厦门。雍正十二年（1734），增划永春直隶州为兴泉道，改称分守巡海兴泉永兵备道（为省派出机构），统辖兴化府、泉州府以及永春州两府一州的军政要务。这些说明清初以降在统治者心目中厦门的军事、政治和经济地位越来越重要。

二　鸦片战争前厦门海外贸易一度兴盛

古代厦门农耕环境不佳，山多田少，“田多斥卤，地瘠民稠，不敷所食，”[①] 因此厦门人积极向海上发展。从16世纪初开始，厦门就先后与“不请自来”的葡萄牙人、西班牙人、荷兰人有过“被动”贸易。明郑时期，郑氏家族为了维持集团生存及筹措抗清费用，实行“通洋裕国”政策，以厦门、金门为基地开展海外贸易，并在厦门设立以“仁、义、礼、智、信”为字号的五大海路商行，每一个商行拥有12艘船，负责将货物运销海外，获取巨大的利润。清康熙二十三年（1684），清朝在厦门设立闽海关正口，准百姓“出洋贸易”，厦门海外远洋贸易也大有增长，年年出超。雍正五年（1727），清朝规定“其余各口俱不准其收泊”东南亚船只，厦门成为唯一合法的对东南亚各国的贸易口岸，“始有贩洋之船”。乾隆年间（1736—1795），厦门的海上贸易达到鼎盛[②]。乾隆四十九年（1784）后，陆续增开晋江蚶江口—彰化鹿仔港、福州五虎门—淡水八里坌等多处福建—台湾对渡港口，厦门作为对台通航唯一港口的优势大为削弱，“厦口商船日渐稀少”[③]，对台贸易日渐式微。嘉庆二十二年（1817），清朝廷禁止内地茶叶从厦门出口，此后至鸦片战争前夕厦门海外贸易逐渐衰退。

三　道光《厦门志》及其丰富的海外贸易资料

清初收复台湾，尤其康熙年间厦门被官方确定为内地与台湾鹿耳门为海峡两岸对渡的唯一口岸后，厦门与台湾之间贸易频繁，促进了厦门商业经济的发展。道光时期，厦门岛“士蒸蒸以蔚起，民蚩蚩以谋生。虽一里也，而规模廓于一邑矣。”“骎骎乎可比一大都会矣！”[④] 道光十年（1830），浙江富阳人周凯任兴泉永海防兵备道，适逢闽浙总督孙尔准重修《福建通志》，奉命采访近闻，搜罗志乘，得阅乾隆年间《鹭江志》。《鹭江志》对“政事之要，未暇详备”，类似笔记杂记类之书，“未可以云志”。于是周凯广集群书，延聘闽清县儒学教谕凌翰、辛巳科孝廉方正候选县知县陈荣瑞、署福建水师提督中军参将孙云鸿和同安县廪生林焜熿“分门辑纂”《厦门志》，周凯本人任总纂。经过两年时间《厦门志》修成，于道光十九年（1839）刻印成书。《厦门志》为纲目体，有十六卷，运用了图、略、表、传、记、志等多种体裁形式，

① 厦门市地方志编纂委员会办公室整理：《厦门志·番市略》，厦门：鹭江出版社，1996年，第182页。
② 《厦门市志·总述》，北京：方志出版社，2004年，第3页。
③ 《厦门志·船政略》，第132页。
④ 《厦门志·分域略》，第13页。

是一部体例完备、内容齐全且具有浓郁地方特色的志书，是厦门旧志中编纂质量最高的一部，在厦门方志发展史上具有极为重要的地位。

《厦门志》海外贸易内容丰富，如对海上气象规律、航线、交通工具和贸易对象、贸易商品等主要元素都有记载。

第一，关于潮汐、风信等。海船航行要掌握气象、潮汐等自然规律，才能避免自然灾害，平安抵达目的地。《厦门志》卷四防海略“附以风信、潮信、占验及台澎海道、南北洋海道，俾哨弁、贾舶得所取资”①，这很明显地说明编者对海船航行民生资料的重视。其一，潮信。因潮信关系到船只“防礁避浅、出入港汊”的“险易”，厦门潮信时刻资料详细记述了初一至十五每天的潮汐情况，甚至某两天（如初二、初三）情形是完全相同的，也不厌其烦地记下来；下半月涨退时刻与上半月同。此外，外海潮候资料记载了初一至三十日每天潮候情况，还特意点明台、澎、厦三地之间潮候的时间关系“台湾潮候早澎湖三刻，澎湖潮候早厦门三刻”②。其二，风信。“海船利在风，风起灭顺逆，一军安危系焉③”，对于远洋贸易的商船也是如此。风信资料分析了飓风、台风现象的区别及规律，如“有风无雨，名曰‘飓’”，“台无定期，必挟大雨同至”④ 等。其三，占验。占验部分实际上收集的是一些可“聊备人记忆，与古童谣并论”⑤ 的气象谚语，内容丰富，包括占天、占云、占风、占风雨、占日、占虹、占雾、占电、占晦、占潮等。

第二，关于航线（即海道）。台澎海道资料记述了从厦门开船至澎湖和台湾的航行距离，至澎湖有“七更”里程，至“台湾鹿耳门十一更，北路淡水港十七更，彰化鹿子港十五更，海丰港十四更”⑥。其下按语部分记载了具体航线图：“自担门放洋，迤逦东南”，全以指南针认定方向，初渡红水沟，再渡黑水沟，“望见澎湖西屿头、花屿、猫屿为准”⑦，抵达台湾鹿耳门。并指出澎湖是厦台航线上的要津，记载了渡台海道的凶险，“黑沟色墨而险”“常有两舟并行，一变而此顺彼逆，祸福悠分，出于顷刻”“港路迂回，舟触沙线立碎”。风力、海沟、“沙线”等不仅使船只难以到达目的地，而且会有船覆人亡的危险。

《厦门志·番市略》还专门记述了厦门至东洋、东南洋、南洋、西南洋等多个海外国家（地区）的海道情况。具体见下表：

---

① 《厦门志·凡例》，第 8 页。
② 《厦门志·防海略》，第 98 页。
③ 《厦门志·防海略》，第 99 页。
④ 《厦门志·防海略》，第 100 页。
⑤ 《厦门志·防海略》，第 104 页。
⑥ 《厦门志·防海略》，第 105 页。
⑦ 《厦门志》防海略，第 106 页。

鸦片战争前厦门海外贸易对象情况表

大洋	贸易对象	海道	物产	交易(备注)
东洋	朝鲜	东、南、西皆滨海。厦门商舶罕至其地	米、谷、金、银、铜、锡、布、纸、扇、马、牛黄、人参	每年四贡
	日本长崎	自厦门至长崎,水程七十二更,北风由五岛入,南风由天堂入①	金银、如意珠、白珠、青玉、玛瑙、琥珀、水晶、水银、螺钿、石硫黄、铜铁、锦、细绢、花布、刀、屏风、扇、砚、漆器、椒、象、黑雉、山鼠、东洋参、海参、海带	雍正七年(1729)通市。贸易不用金银,以所有易所无。爱台湾之白糖、青糖、鹿、獐等皮,价倍他物。古迹书画,更无论价矣
	琉球	在日本之南,距厦门水程六十八更	有甘蔗酒	间岁一贡,无釜甑和棉絮,士人善诗书,好中国图书、古器
东南洋	吕宋	在台湾凤山沙马崎之东,至厦门水程七十二更。明时为佛郎机所并	金、银钱、子花、苏木、椰、冰片、燕窝、海参、玳瑁、珠、乌木、红花、鹿、麂、牛皮、降香、速香、黄蜡	永乐三年(1405)入贡。雍正五年,始通市如故。以币为献,征税颇多,彼有戒心,查核颇严
	班爱	中国贾舶往市,由吕宋之利仔攴海而南,水程十五更	产与吕宋同	
	呐哔哔	吕宋属国,不属佛郎机部署	苏木、子花	我舟往贩,所携仅瓷器、锡釜之类,极重至石片也。交易朴直
	猫里雾	与吕宋邻,中国商舶,水程由利仔攴往市	产与吕宋同	明永乐三年(1405),遣使入贡。见华人蹙然喜,市法最平
	莽均达老	在利仔攴东南,距厦门水程一百五十更。中国商舶往市,从吕宋水程五十八更可至	燕窝、海参、黄蜡、速香、降香、乌木、苏木、鹿、麂、牛皮、筋脯之类	雍正七年后通市。家无所蓄,需中国布帛以蔽身
	文莱	居吕宋之西,与吉里问近,从吕宋南放洋四十二更可至。距厦门一百十四更	珍珠、玳瑁、玛瑙、车渠、片脑、黄蜡、莉藤。	永乐四年(1406),遣使朝贡。华船到,进王方物。船难出港,最宜蚤行
	吉里问	厦门至其国,海道由吕宋之南分筹。自吕宋水程三十九更可至	檀香、荜拨、豆蔻。	市去城稍远。每贾舶至,王自出城外临之,日有输税亦不多
	苏禄	厦门由吕宋至苏禄,水程一百一十更	珠、玳瑁、珠壳、片脑、番锡、降香、竹布、棉布、荜茇、黄蜡、苏木、豆蔻、鹦鹉	雍正四年(1726),遣使入贡。无银钱使用,率以布匹、米谷交易。岁多珠时,商人得一巨珠,携归,可享利数十倍

① 《厦门志》番市略,第184页。

续表

大洋	贸易对象	海道	物产	交易(备注)
东南洋	文郎马神	厦门至其国,从七洲洋过昆仑、茶盘、噶喇叭而至。水程三百四十更	沙金、鹤顶、降香、蜡、藤席、莉藤、荜拨、獐皮、血竭、肉豆蔻、犀、孔雀、鹦鹉	俗用中国瓷器。女人悉荡小舟,以饮食来市。至售货物,则男人司之。市用铅钱
	旧港	厦门至噶喇叭,水程二百八十更。旧港距噶喇叭又六十三更。计距厦门水程应三百四十三更	珠、金银、犀角、象牙、琉璃、摩挲石、水晶、沉香、安息香、龙脑香、乳香、降香、金银香、木香、蔷薇水、苏合油、没药、血竭、乌木、褊桃、火鸡等29种	刘宋孝武世,始通贡中国。舟至,献果币有成数。市用中国铜钱、布帛、瓷器、铜鼎之属。
	丁机宜	爪哇属国也。针位居于巳方。厦门往彼国,水程自吕宋东南而至二百一十更	犀角、象牙、黄蜡、嘉文席、西国米、血竭、没药、槟榔、海菜	只就舟中与我人为市。俗较驯,货较平
南洋	越南	由厦门过琼之大洲头、七洲洋,大洲头而外,至广南水程七十二更。由七洲洋之西绕北而至交趾,水程七十二更	金、珠、辟寒犀、珊瑚、犀角、象牙、贝、玳瑁、翠羽、铜鼓、铜、丹砂、奇楠香、沉香、速香、安息香、乌角、鹿角、獭皮、燕窝、胡椒、犀、象、兕、白鹿、鸓、猩猩、狒狒、果然等82种	贡期二年一贡。舶主见酋,行四拜礼。所贡方物有成数。酋为设食,给木牌于廛舍,听民贸易。士人嗜书,每重资以购焉
	占城	越南国窬岭而南,亦并于越南。自淳化而南至占城,为广南,距厦门水程一百更	金、银、锡、铁、宝母、澄水珠、火珠、琥珀、水晶、贝齿、菩萨石、犀角、象牙、玳瑁、奇楠香、沉香、檀香、龙脑香、麝香、犀、象、狮、猩猩、白猿等52种	番官监盘上岸,十取其二,听交易。国人狠而狡,贸易往往不平。
	暹罗	厦门至暹罗港口竹屿一百八十更,入港又四十更,计水程二百二十八更	珍宝,西洋诸国异产奇货,辐辏其地	顺治十年(1653)入贡。三年一贡,交易以金银,以海
	六昆	暹罗属国,距厦门水程一百五十更	椒,土产交易与暹罗同	雍正七年(1729)通市
	赤仔	暹罗属国,距厦门水程一百八十更	物产与暹罗相同	雍正七年通市
	宋腒	暹罗属国,距厦门水程与赤仔。	物产与暹罗相同	雍正七年通市
	噶喇叭	本爪哇故土,为荷兰兼并,距厦门水程二百八十更	金、银、真珠、犀角、象牙、玳瑁、沉香、檀香、丁香、铜鼓、红花、夷瓶、芦荟、胡椒、青盐、波罗蜜、海菜、茴香、苏木、犀、象、白鹿、猴、孔雀、鹦鹉等42种	雍正五年通市。华人用果币进王。王日征其税。贸易用银钱。如本夷则用铅钱。最重中国花瓷暨麝香、花绢、罗绮

续表

大洋	贸易对象	海道	物产	交易(备注)
南洋	麻喇甲	在南海中,海道由柔佛而西往,与丁噶呶隔山对坐。距厦门水程二百六十更	猫精石、珠、犀角、象牙、玳瑁、翠羽、乳香、片脑、苏合油、硫黄、没药、夷瓶、燕窝、犀、象、黑熊、火鸡、鹦鹉等29种	市用瓷器、色绢、金银之属。佛郎机占据后,掠夺华人货物,商路断绝
西南洋	大泥	在西南海中,隶暹罗,东北与六昆接,距厦门水程一百五十更	金、犀角、象牙、鹤顶、玳瑁、翠羽、锡、檀香、降香、片脑、吉贝布、明角、獭皮、锦鲂皮、燕窝、西国米、犀、象、孔雀、鹦鹉、宝石、沉香、速香、丁香、豆蔻、黄蜡、珍珠等33种	雍正七年通市,市用金钱。货卖彼国,不敢征税,唯与红毛售货,湖丝百斤税红毛五斤、华人银钱三枚,他税称是。若华人买彼国货下船,则税如故
	柬埔寨	即古真腊国。介越南、暹罗间,距厦门水程一百七十更	万年哈、夜光珠、婆那娑树、庵罗树、建同鱼、浮胡鱼、犀角、象牙、鹤顶、翠羽、铜、金颜香、沉香、獭皮、夷瓶、明角、乌角、燕窝、胡椒、麝香木、犀、象、孔雀、鹦鹉、乌木、黄花木、宝石、铅锡等51种	其国好中国金银,货用青瓷器、漆盘、锡镴、麻布、轻缣、水银、桐油之类。酋长掌其疆政,果币以将,遂成贾而征偿。以所铸官钱售我。市道甚平
	柔佛	在西南海中,历海洋九千里达广东界,由虎门入口。距厦门水程一百八十更	象牙、犀角、玳瑁、锡、片脑、蜡、嘉文席、木棉、布、椒、燕窝、西国米、血竭、没药、槟榔、海菜、吉柿	雍正七年(1729)后通市。有常输贸易只在舟中,无复铺舍。不产谷,土人时驾小舟载方物走他国易米
	彭亨	在西南海中,与柔佛连界,柔佛属国也。距厦门水程约一百五六十更	金、犀角、象牙、鹤顶、玳瑁、花锡、沉香、降香、片脑、嘉文席、胡椒、西国米、椰子、槟榔、吉柿、莉藤、犀、象	雍正五年(1727)后通市。国王为筑铺舍数间,商人随意广狭输其税,而托宿焉。即就铺中以与国人为市
	亚齐	相传旧为苏门答腊国。自麻剌甲西南顺风五昼夜可至其地	宝石、玛瑙、琥珀、犀角、象牙、鹤顶、琉璃、照身镜、龙涎香、乳香、丁香、天鹅绒、琐服、没药、孩儿茶、血竭、千年枣、犀、象、骏马、鹦鹉等55种	雍正五年通市。王遣象来接。舶主进见果币于王。王为设食。贸易输税,号称公平。此国辽远,至者得利倍于他国
	荷兰	厦船不至	金、银钱、琥珀、玛瑙、玻璃、天鹅绒、琐服、哆啰嗹、刀、自鸣钟、时辰表、水镜、哔吱、纱缎	特暹罗、爪哇、渤泥之间相与互市。华人货有当意者,辄厚偿之,不较值
	咭唎	厦船不至	生银、哆啰呢、羽毛缎、哔吱、玻璃	乾隆五十八年(1793)入贡
	干丝腊	厦船不至	黄金、白银	
	法兰西,	厦船不至	钻石、生银、洋布、丁香、水安息、金、吧喇沙末油、苏合油	

注:以上资料见《厦门志·番市略》

从以上表格可看出，《番市略》明确点出了厦门至海外22个国家（地区）的海道水程情况，这表明，厦门海船有到过这22个国家（地区），开辟了22条航线。值得注意的是，还有8个国家（地区）没有厦门海道记载，但也写入了志书。其中，东洋的朝鲜虽因厦门船舶罕至无航线记录，但由于对中国最为恭顺所以入志并放首位；西南洋的荷兰、咭唎、干丝腊、法兰西4国虽“中国贾舶不到其地①。然吕宋、噶喇吧已为所有，来此通市者众。厦门贾舶常往二处，彼此交易，故并纪其舆地、海道、国俗备考”②；东南洋吕宋附近的班爱和呐哔哔、猫里雾以及西南洋的亚齐只有中国船舶到过的记述，但本人猜测很可能厦门船也有到过那里，尤其是东南洋的3个国家（地区）。

第三，关于交通工具——海船。古代滨海百姓往往“以舟代步”，出洋航行当然离不了海船。船政和台运、海关一道是厦门的三大要政，《厦门志》设专卷予以记述。卷五《船政略》详载了厦门开展海外远洋贸易的商船、洋船、外国来厦船只——番船等的外观、规模、构造、人员、载货量以及官方管理等。其一，渡台商船，即“横洋船”。“由厦门对渡台湾鹿耳门，涉黑水洋。黑水南北流甚险，船则东西横渡”，故名之。“船身梁头二丈以上，往来贸易，配运台谷，以充内地兵糈。台防同知稽查配运厦门，厦防同知稽查收仓转运。”③ 有一些较大的横洋船返厦时会从台湾载糖至天津贸易，谓之“糖船”，统谓之“透北船”。其二，洋船。“洋船即商船之大者。船用三桅，桅用番木。其大者可载万余石，小者亦数千石……厦门准内地之船往南洋贸易。”④ 如三宝垅、安南、吕宋等国。雍正五年（1727），“总督高其倬奏开南洋，议准允行”，厦门始有贩洋之船。官方对洋船管理很严格，洋船资料对出洋时的军械配置、人员配置规定及返厦时的人船状况稽查等都有记述。“出贩东洋、南洋之大船，准带军器。每船炮不得过二位，鸟枪不得过八杆，腰刀不得过十把，弓箭不得过十幅，火药不得过三十斤。”“每船船主一名，财副一名司货物钱财，总杆一名分理事件，火长一正一副掌船中更漏及驶船针路……香公一名朝夕焚香楮祀神，总铺一名又司火食，水手数十名。”“商民往贩外洋，或人回而船不回、大船出而小船回及出口人多、进口人少者，该督抚严加查察。”⑤ 其三，番船。即外国船只，又称夹板船，“以其船底用夹板也”。番船分目对来厦贸易或遭风到厦的吕宋、红毛船、越南船、英吉利船作了介绍。吕宋夹板船“头尾系方形”，规模大，海上航行性能好。“大者梁头阔三四丈，长十丈，高五丈余，舵水一百余人，装货一万余担。船用番木制造，坚固不畏飓风……底无龙骨，不畏礁线。”船舱分三层：第一层船主、货客、舵工栖止；第二层水手住宿；第三层装载货物。“船舱第一层安放炮位十余门、鸟枪三四十枝，器械甚精”。红毛船“较吕宋式样相同，而加倍长大。船身阔可五六丈，长十五六丈，高约二十丈，可装货十万担，大炮十

① 荷兰人和英咭唎人都有到过厦门避风或通市的历史记载。
② 《厦门志·番市略》，第211页。
③ 《厦门志·船政略》，第129页。
④ 《厦门志·船政略》，第138页。
⑤ 《厦门志·船政略》，第139页。

二门，小炮三百余门。”越南船与夹板船类似，“桅三节，布帆四面可张，约载五千余担”[①]。英吉利船船式与吕宋夹板船相似，“船头有一木镌作和尚形，其色白，炮械整齐。通船七十余人，载货七八千石”[②]。

第四，关于贸易对象、出入物品和贸易习俗等。

如上表所列，除了台湾之外，与厦门开展海外贸易的主要有东西南洋 29 个国家（地区），这其中以东南亚国家为多。而东洋、东南洋、南洋的多个国家曾为朝贡国，清时多在雍正五年（七年）后通市，对通商华人也较为友好，士人爱购买中国书籍，比较向往中华文化。

东南亚国家物产丰富，有金银珠宝、燕窝、沉香、象牙、犀角、珊瑚等珍贵物品。《番市略》对每个国家（地区）的物产都作了详细介绍，方便商人贸易。嘉庆年间，厦门海船运往南洋货物包括漳州的丝、绸、纱、绢，永春窑之瓷器，及各处所出雨伞、木屐、布匹、纸札等物品。“闽中所产茶、铁，在所严禁。”[③] 不同海外国家对货物有不同的偏好，《番市略 · 交易》也做了介绍，还包括交易的外交礼节，交易地点、交易方式、贸易习俗等等，具体见上表。渡台商船则主要运送台谷、糖、木等返厦。

第五，关于海外贸易兴衰发展。

清朝廷的海洋政策直接影响了厦门的海外贸易。康熙二十三年（1684），在工部侍郎金世鉴的奏请下，准许包括厦门在内的闽省百姓出洋贸易。康熙五十六年（1717），因台湾“愚民”盗米出洋、偷卖船料等禁止南洋贸易。雍正五年（1727），总督高其倬奏开南洋，议准允行。厦门始有贩洋之船。[④] 这是乾隆年间厦门海外贸易一度兴盛的历史背景。

《船政略 · 商船》按语对厦台海上贸易兴衰变化及具体原因有描述。自康熙二十三年（1684）“厦门商船对渡台湾鹿耳门，向来千余号，配运兵谷、台厂木料、台营马匹、班兵、台饷、往来官员、人犯。海外用兵所需尤甚。然皆踊跃从事。近因台地物产渐昂，又因五口并行，并以鹿耳门沙线改易，往往商船失利，日渐稀少。至迩年渡台商船，仅四、五十余号矣”[⑤]。

《船政略 · 洋船》正文和按语部分对厦门对外贸易的经营机构——洋行的兴衰起伏及具体原因也作了记述：至嘉庆元年（1796），尚有洋行八家，大小商行三十余家，洋船、商船千余号，以厦门为通洋正口也。向来南北商船由商行保结出口，后因蚶江、五虎门三口并开，奸商私用商船为洋驳（较洋船为小），载货挂往广东虎门等处，另换大船贩夷，或径自贩夷。回棹则以贵重之物由陆运回，粗物仍用洋驳载回。倚匿商行，关课仅纳日税，而避洋税，以致洋船失利，洋行消乏，关课渐绌。至嘉庆十八年（1813），仅存和合成洋行一家，呈请洋驳归洋行

① 《厦门志 · 船政略》，第 143 页。
② 《厦门志 · 凡例》。
③ 《厦门志 · 船政略》，第 138 页。
④ 《厦门志 · 船政略》，第 139 页。
⑤ 《厦门志 · 船政略》，第 133 页。

保结。经广郊金广和于嘉庆二十二年（1817）以“把持勒索”控，总督董批行查禁。奸商肆然无忌。道光元年（1821），洋行全行倒罢，详请以商行金源丰等十四家共同承办洋行之事。

四　对道光《厦门志》海外贸易内容记述特点的认识

首先，道光《厦门志》在多篇分志中对海外贸易浓墨重彩地作了介绍，内容翔实丰富，体现了厦门的地域经济特色。具体涉及的分志有《防海略》《船政略》《台运略》《关赋略》《番市略》等多卷。其中，《番市略》站在商人的角度对海外诸国的舆地、风土、物产及交易作了具体的介绍，甚至越境而书，对“贾舶不通者”如朝鲜、荷兰、法兰西、干丝腊、咭唎等国也附之，目的是“资贾舶之参考”，体现了鲜明的民生色彩。

其次，参考资料丰富，撰写态度严谨，资料注明出处，多说并录，存以备考。《番市略》参考引用了《台湾府志》《同安县志》《东西洋考》《海国闻见录》《朝贡典录》等多种文献资料，多处标明了出处。编撰者对不同资料关于同一事物的不同记载往往一并记下，用不同的字体区别，以供读者抉择。如琉球距离厦门水程有三种说法，正文记为“六十八更”，之后接排小字“《海国见闻录》。《县志》作四十五更，《台湾县志》作五十八更。”三说并存。

最后，运用采访资料补充文献资料的不足，采用了卷下小序、附、按等体裁记述事物发展历程、表达观点、保存资料。《厦门志》虽然绝大多数内容运用了文献档案资料，但也有个别地方运用了采访资料，比如吕宋夹板船的构造、夷人中黑人和白人的地位区别等。《台运略》卷下小序写到，台运，厦门之要政也，用以表达作者观点。《番市略》在记述各国的海道、风俗、交易情况后，附以海险、夹板船考、洋钱考等，将这三类事务的情况记载下来保存相关资料，采用按的形式对洋行和“关课”的兴衰过程和原因予以分析记述。

总之，道光《厦门志》在多篇分志中运用多种方式对海上气象、航线、航海工具、贸易对象、贸易方式和贸易物品等海外贸易主要元素作了详细记载，保存了丰富的“海丝”文化资料，有助于我们了解那个时代厦门海上丝绸之路情形。值得注意的是，该志书还保留了丰富的厦台贸易资料。这些内容一方面展现了《厦门志》浓郁的地域特色，另一方面对于开展厦门对外贸易、厦台关系等学术研究具有重要的参考价值，更为重要的是对当今如何利用厦门地缘优势、适时纳入台湾、增强同东南亚国家的经济文化交流，推进厦门21世纪海上丝绸之路建设具有深刻的现实借鉴意义。

白银古旧方志存佚及研究整理考述

吴浩军（河西学院）

提要：提要：白银地处丝绸之路要冲之黄河古渡口，自明代以来所编修的地方志及其他带有方志性质的文书近30种，本文就其存佚及研究整理情况一一进行考查并作概述，以供西北史地学者及丝绸之路文化研究者参阅。

关键词：旧志　中国通志　忧患意识

白银市辖景泰、靖远、会宁和平川、白银三县二区，地处丝绸之路要冲之黄河古渡口，自西汉元鼎年间设置媪围、祖厉、鹯阴三县以来，在不同的历史时期曾更名、改置、分设或新建过乡礼、阴密、乌兰、敷川、会宁、凉川、西宁、保川、靖虏、靖远、海城、打拉池、红水、景泰、会宁等县、防、镇、卫建制。据现在所能查阅到的史料可知，自明代起至民国时期，所编修方志及带有方志性质的史地杂著20余种。今一一胪列，就其存佚及研究整理情况略加考述，以为西北史地研究及地方文化建设之参考，并就教于方家。

一　靖远

（一）《〔明〕靖虏卫新志》，佚。

张维《陇右方志录》：“嘉靖《陕西通志·风俗》引有《靖虏卫新志》。”① 靖虏卫设置于明正统二年（1437），去嘉靖时仅70年。此既名“新志”，可知靖虏卫前此已曾编修过卫志。

（二）万历《靖虏卫志》，已佚。明万历十九年（1591）成书，高冠等著。

此志虽久佚，今不能详知其体例内容，然康熙《重纂靖远卫志》收录有时任会宁知县延论的《序》和主纂者高冠的《跋》，使我们仍可窥见纂修缘起及成书过程。延论《序》曰：“靖远故无志，己丑春（明万历十七年，公元1589年），上大夫临海王公以寰宇人豪秉宪兹土，再逾年而政洽。军民公暇叹曰：郡邑有志，犹国有史也，可以边鄙遂阙焉置弗讲哉？乃择卫之饱于闻见者，爰授厥事。佥曰：高君髯眉且白，庶几乡之宿儒也。遂举纂辑付之，凡山川、赋

① 张维：《陇右方志录》，北平：大北印书局，民国23年（1934），第40页。

役、人物、风俗，悉令搜罗，裒益如传记故事，几阅月而草始具。公特手加校雠，始就绪焉。论以下邑吏读而卒业。”① 高冠《跋》说：“万历乙酉（1585），参将李公方塘尝命学生薛尚志纂修矣，而未成。己丑（1589）春三月，楼峰王公祖……奉敕司刑宪，饬督粮储，来莅敝土，下车即披搜往牒……爰命学宫焦子相以修纂厥志。志成进览，以弗备弗程，无以示惩劝。越三祀，辛卯（1591）元旦日，复命冠暨南子应吉、卢子茂再加参考，订补成书。……乃询诸耆老，搜诸故牒，偕房子凤时、张子惟一，分析门类，相为参考焉，订补焉。历四月而仅成稿，谨录以进。”②

倡修者王亮，号楼峰，浙江临海人，进士。万历五年（1577）任靖虏卫兵粮道，后进太仆寺正卿。康熙《重纂靖远卫志》有传，称其“立教约以课士子，修地志以绍文献”③。编纂者高冠，靖虏卫人，隆庆年间贡生，曾任山西浮山、漪氏、夏县等县知县，后居家著述以自娱。康熙《重纂靖远卫志》亦有传。

（三）康熙《重纂靖远卫志》，6卷，6册。存据康熙四十八年（1709）刻本之钞本。马文麟修，李一鹏、邹吉方等纂。

全书共6卷，依次以六艺礼、乐、射、御、书、数命名，并无实际意义。卷一礼部，舆地志7目（分野、形胜、建置沿革考、疆域、山川、古迹、祥异），前附序2篇（石文焯、李一鹏著）、图、凡例、纂修姓氏及总目；卷二乐部，城郭志5目（城池、公署、学校、祀典、寺观），财货志4目（户口丁徭、田赋、俸工、物产）；卷三射部，武备志6目（兵制、营堡、军饷、边隘、侦候、职官）；卷四御部，人物志6目（选举、貤封、名宦、乡贤、忠孝节义、隐逸）；卷五书部，艺文志2目（诰敕、碑记）；卷六数部，艺文志3目（诗赋、杂说、志铭）。不计卷首，共有33目。张维《陇右方志录》：“靖远于明为边防冲要，志首《营堡图》十五叶及《武备》一志，形势险要，防御分布，读之如在目前。惟《武备》分兵制、营堡、军饷、边隘、侦候、彝情六目，志于营堡后即接彝情，而军饷、边隘、侦候俱混入营堡，虚列类目，殊可不必。志为固原提督潘育龙所倡修，《人物》即为潘立传，生人入志，亦非志法。《沿革》叙及雍正八年改卫为县，则后所补，非原文也。”

关于此志的纂修经过及参与者，时任协镇陕西固镇路靖远等处地方副总兵蒋宏道在其《叙》中说：“余从粤东量移斯地……因索乘以希窥全豹，而旧志所载残缺失次，零落无征者几于过半……因与司牧马君文麟共商，所以补漏拾遗者而有志，未果。居无何，而绅衿以修志见告矣。余喜其实获我心，力嘉其成。始于己丑季夏，乃延学博李君一鹏以总厥事，偕豫章邹子吉方，及卫明经贺子福各出其经经纬史之才，如燕如许之手，分类编订，删繁存雅，而绅士李

① 马文麟等修，李一鹏等纂：《康熙重纂靖远卫志》，《中国地方志集成·甘肃府县志辑（15）》，北京：凤凰出版社、上海：上海书店、成都：巴蜀书社。

② 马文麟等修，李一鹏等纂：《康熙重纂靖远卫志》，《中国地方志集成·甘肃府县志辑（15）》，北京：凤凰出版社、上海：上海书店、成都：巴蜀书社，第295~296页。

③ 李金财，白天星，张美泉踪校注，《靖远旧志集校》，兰州：甘肃文化出版社，2004，第80页。

子筠复以宏才卓识，参互订考，以勘厥成，几阅月而缮本具矣。”①

除了时任知县马文麟、总纂李一鹏、编次邹吉方、增正贺福、校雠李筠外，李筠所撰《跋》还特别提到了“以大将军提督全陕，非所谓不世出之人”的靖远籍官僚潘育龙：“于是邑绅士乃请命于我公，公即慨然捐金，力任其成。”“稿脱授梓，三易寒暑而书成，邑绅士相与请序于公，兼谋列衔以冠简首”，公以“修志为吾邑公典，余岂敢以区区之赀，而居然首功耶”为由，坚辞弗从。文末，李筠特别强调：“我公虽奋迹鹰扬，而雅好诗书，留心典故。今年逾古稀，而公余之暇，手不释卷，故于邑乘独为惓惓。余故备述巅末，以俟后之君子，庶几有所感而兴起。”② 由此可知，被张维批评违犯志法，生人而入传的潘育龙，本传说他“弱冠即负大志，投笔从戎”，可能是一介武夫，但他不仅颇具文化情怀，热心为乡里修志出力，而且也是一位深知礼义廉耻的将军。位望崇高，捐金修志，却坚辞作序，不愿居功，这种精神风范确实值得表扬，这可能也是此志破例为其作传的一个原因。

康熙《重纂靖远卫志》六卷本，是靖远现存年代最远的地方旧志，经白银市地方志办公室校注，编入《靖远旧志集校》于2004年10月出版。

（四）乾隆《续增靖远县志》，1卷，1册，存乾隆四十年（1775）原刻本。那礼善修，李林、潘绍尧等纂。

此志体例依康熙《重纂靖远卫志》目，视其事之有无，续编至乾隆时，附旧志后，无单行本。主修者那礼善，为时任县令，《武备志》“职官”目专列“县令”条予以详细介绍——其实这是变相为生人立传：“字在亭，满洲厢（镶）白旗人。廉明清正，弭盗安民，捐修河工，建立黑城桥梁，行商便之。滚子井一带地方，久为中卫占据，力加清厘，始得更正。大宪褒奖，邻封折服，豪强为之敛迹。”《乡贤》为潘育龙列专条，然仅录康熙己丑上谕，无事迹传略，与旧志形成互补，可谓得法。

2004年，经白银市地方志办公室校注，编入《靖远旧志集校》出版，为社会各界阅读利用提供了极大的便利。2012年1月，凤凰出版社出版《中国地方志集成》，影印此志原刻本，收入《甘肃府县志辑》第15册中，又为需要见到原书面貌的专业研究者提供了可靠的文本资料。

（五）道光《靖远县志》，8卷，8册。存道光十三年（1833）原刻本及民国14年（1925）铅印本。知县陈之骥编纂，张联弟、范冈协修。

卷首序、叙录附旧志衔名、衔名、图考、凡例，卷一诰敕、分野、建置沿革、沿革表、世纪、国朝辑略，卷二方域、形胜、山川、古迹、城池、公署、坊表、祀典、学校、寺观，卷三职官、名宦、宦迹，卷四乡贤、武功、科甲、贡生、行伍、杂途、貤封、恩荫、忠孝、节烈、义、流寓、隐逸、乡耆、仙释、冢墓，卷五武备、粮饷、户口、田赋、风俗、物产、史传，卷

① 白银市地方志编纂委员会办公室（李金财、白天星等校注）：《靖远会宁红水县志集校》，兰州：甘肃文化出版社，2002年，第7~8页。

② 同①，第14~15页。

六碑记，卷七序、诗、赋，卷八杂说、杂记、跋、义粮。

张维《陇右方志录》："此志史实概仍旧志，以乾隆后事补之，而新定类目移并颇繁。其《凡例》首云：'志以纪事，条目之繁简，视乎其事之有无。旧志以一纲统数目，臆为增损，而疵累以生。如边隘即形胜之属，营堡即城池之属，一事而两门分见；列祥异于舆地，系职官于武备，其说皆不可通。故不如据事直书，存目去纲之为得。'其移并之意如此。然其分目既近琐碎，而卷四尤甚。且《世纪》既标一目，自须博载大事，作志纲领。今仅就彝情、祥异编列为篇，亦名未符实也。又云冢墓为人究竟，故附于人物之末。靖远有名冢墓皆为乡人，故可云然耳，若皋兰有肃王墓，合水有黄帝陵，皆古圣往贤，附之人物，于义戾矣。建置、沿革于旧志错误沿于《道光会宁县志》者，皆未有所考证。至职官、人物，既列名于职官、选举两目，复为之传，亦足矣，乃名宦、宦迹、乡贤、武功，如娄师德、王进宝等，一见再见。又取正史传文录为史传，叠床架屋，虚汗简册。而《世纪》'天顺三年'、'成化九年'、'二十二年'、'弘治十年'、'正德二年'、'嘉靖元年'、'十三年'、'四十年'、'四十一年'、'隆庆元年'、'三年'，皆云'匈奴寇攻'，匈奴亡近二千年矣，明人訾北虏为匈奴，文移辞章无妨偶用，以是为史志之文，岂不谬甚？虽云沿录旧志，而均无改正，则其所以议旧志者，盖文人喜新之习非真，于志法有深识别裁也。"①

此志民国14年（1925）曾重印，以铅印本行世，刘尔炘、陈国钧、王清海为此次重印各序一篇冠于卷首。1976年，台北成文出版社影印出版。2002年，白银市地方志办公室校注，编入《靖远会宁红水县志集校》再版。

（六）道光《续修靖远县志》，1册。存道光二十五年（1845）写本。李怀庚修，赵诵礼纂。

张令瑄《三陇方志见知录》："此编去前志仅十余年，所补道光十五年以后职官、科名、节孝、义行、艺文各事。全册仅三十页，而兴文社捐款人名，竟占五页；寥寥薄册，而修撰者多至九人。此册倡于知县山西李怀庚，既录其诗文，又为佳传，甚为无聊。"②

（七）光绪《打拉池县丞志》，1卷。存钞本。光绪三十四年（1908），陈希魁等辑，临洮张维补辑。

县丞湖南廖炳文《序》："打拉池县丞，设自光绪元年，旧未有志，叠奉宪札二十七条，饬令访编，因即遵令辑修，数月而成此书。其于条目所未载，所已载而无事可录者，俱从缺焉。是役也，编次者贡生陈希魁、训导谢文俊、廪生杨希贤，采访者附生赵子绅、魏崇文、杨文舒，缮录者附生徐德俊、陈祖虞、陈重德、董元辅，例得备书。光绪三十四年九月。"

临洮张维辑本《序》："打拉池旧属海城，入民国后改隶靖远。三十年冬，江右赵敦甫得此

① 张维：《陇右方志录》，北平：大北印书局，民国23年（1934），第43页。

② 张令瑄：《三陇方志见知录》，周丕显等《甘肃方志述略》，吉林省图书馆学会印行，1988年。

编于书肆，顾不少凌乱缺遗，爰略为订正补录而存之，仍以原稿归敦甫，并记撮录原委于此。民国三十一年七月。”

张令瑄《三陇方志见知录》：“按此稿记述甚简略，全稿三十一页，而所录清奋威将军王进宝碑志占十七页之多。盖山城事少，以此增益篇幅也。”①

（八）《靖远县地理调查表》，1册。存写本。宣统元年（1909）沈潮云编。

（九）《打拉池县丞地理调查表》，1册，仅1页。喻增荣编，宣统元年（1909）。

（十）民国《续修靖远县志》，2册。存民国4年（1915）石印本。刘可宗修，牛树勋等纂。

张令瑄《三陇方志见知录》：“此稿续道光志旧例，重订为三十二目，分：舆图轶、沿革、形势、山川、城镇、关阨、祠宇、祀典、古迹、衙署、户口、赋税、农田、水利、礼俗、物产、学校、选举、仕宦、袭爵、武功、恩荫、乡贤、宦迹、忠义、氏行、方技、艺文、大事记。盖为当时油印征求各方意见草稿，编辑分类，凌乱芜杂，如‘人物’一节即分九目之多，其内容仅以人物、艺文、物产为主，余篇均缺略。惟王志继序例多有见地。志创于牛树勋，见成于王志继、刘可宗等多人，当时距同治兵燹才五十年，遗志乡存，故记清道光以后史事颇详。范振绪《靖远县新志稿》多取证于此。”②

（十一）民国《靖远县志》，8卷，已佚。民国10年（1921）刘可尊、王继志编纂。

（十二）民国《靖远县新志》，5编，14册。存稿本。民国31年（1942）县人范振绪著。

第一编图，三幅，历代大事，民国大事；第二编表，官职、选举、仕宦；第三编考，地舆、地质、气候、物产、民族、方言；第四编略，政事、赋税、户口、礼俗、文化、军事、兵役、司法、水利、农业、矿产、畜牧、商业、合作、交通、卫生、森林；第五编传，名宦、耆旧、忠义、仕女；外编：杂俎、文存。

《凡例》：方志之书，在昔博采陈迹为多。政革以后，兼重建设，事增类目，学采专门，或补或创，皆当务之急，故定名曰新志。书既名为志，故书内目次，不再以志称，以示区别。疆域为一邑界线，河渠为家事本源，绘疆域、水道、城市图冠首焉。班史均列世纪，旧志亦多仿效。章学诚《和州志》《永清志》皆以皇恩、皇言为纪，然时代变迁，不能取法。师古曰：“纪，理也。理众事而系之以年、月者也。”如是，则皇言、皇恩亦不能全志。方志大纲，一邑之大事而已。故采《史记·三代世表》及乐莱吕氏《大事记》，为《历代大事年表》。建置沿革附注表内。职官、选举、仕宦，均以受事之日为断，统依班书《百官表》。用年经事纬之法，分列收入。至科目一目，以其为过去陈迹，另附表于文化略、教育门。地舆、地质、气候、物产系自然生存者；民族、方言系自昔流传者，均须考证，以传后信，今故列之考。凡以人力所经营而与政教有关者，依《迁史》八书、《周史》十志、《周官》六典例为政略。十七略仿信

①② 张令瑄：《三陇方志见知录》，周丕显等《甘肃方志述略》，吉林省图书馆学会印行，1988年。

刘歆、郑樵、裴之野之义，概取略模之义，尽量搜罗，有闻必录。史传体例，生人不得入传，凡名宦政绩列入循吏传。本籍耆旧，载在史乘，或事功确有可传者，另列耆旧传，盖采益都、襄阳之义。至同治之乱，为靖远古今大劫，殉难者不下二十万人，故参照《忠义录》列《忠义传》。其乡贤女妇，轶行有节可传者，仿《华阳国志》例，列仕女传。流寓附耆旧后，仙释附仕女后。凡轶事之可录者，仿《酉阳杂俎》例，列入杂俎。靖远迭往兵燹，经籍作者缺焉失考，故艺文一目最少，著作数部附入文化略。古迹有记载者，亦附于文化略。有关文献之诗文、碑记，则编人文存。至风雷月露咏怀、遣兴之作，概从割爱。

张令瑄《三陇方志见知录》："此志本章学成之说，复就商当代学人，参以新义，体例殊佳。于新各目，详论发凡起例之由，大事表、氏族、礼俗各考入十七试略，考录精覈，能纠旧志之谬。传记文字虽是严谨，惟所标考、略之名，实则一也；年表中沿革、政事、军事、事变多有相混，年表及杂俎所录秦、凉、西夏各事，多无关靖远县，当可省去。耆旧、仕女宜合卷，仕宦表应附此；物产、森林只需注明本县产地、品种及产量，不必广引古籍；方言应注入拼音符号，并现代语法，作为考证，不必泥于训诂；氏族仍着重于本县迁徙居住人氏，无须远溯上古。拙见所及如此，尚在于刊印时有所参择。"①

此志为靖远旧志中卷秩最为浩繁者，字数多达50余万。2004年，白银市地方志办公室校注后编入《靖远旧志集校》出版。

二　会宁县

（一）明《会宁县志》，佚。

张维《陇右方志录》："《嘉靖陕西通志·风俗》引有《会宁县志》。"②

（二）万历《会宁县志》，佚。万历五年（1577）知县高拱辰著。

道光《会宁县志·毕光尧序》："会志自明万历间前县令高公曾经纂修，沦失无存。"

（三）清《会宁县志》，1卷，1册。存民国21年（1932）钞本。清初修。

《北平图书馆方志目录》："《会宁县志》，不分卷，清纂修，佚名，传钞清初本一册。"

《陇右方志录》："此志不载撰人，亦未著时代。考其类目，略同于康熙时应征诸志，盖亦官辑备征之书。所载沿革，多与道光志同误。道光志后魏置乌水县，此作乌兰，较为近似。乌水在会宁南，不能再析其南以置会宁，盖道光志援据此志，而又益增其误也。"

（四）道光《会宁县志》，12卷，4册。存道光十一年（1831）原刻本。毕光尧纂修。

卷一图象志（星野、邑全图、县城图、县署图、学宫图、枝阳书院图），卷二舆地志9目（沿革、疆界、里甲、山川、市廛、关、堡、镇、古迹），卷三建置志8目（城池、廨署、仓

① 张令瑄：《三陇方志见知录》，周丕显等《甘肃方志述略》，吉林省图书馆学会印行，1988年。
② 张维：《陇右方志录》，北平：大北印书局，民国23年（1934），第52页。

储、兵防、铺舍、驿递、桥梁、楼阁），卷四风土志3目（风俗、时令、物产），卷五赋役志8目（户口、丁粮、起运款、外支款、征支款、驿站款、杂赋、恤政），卷六学校志8目（学宫、学额、藏书、祭器、乐器、舞器、书院、义学），卷七典礼志5目（祠祀、坛、庙、乡饮、讲约事宜），卷八秩官志7目（官制、州县、儒学、典史、宦迹、监司、流寓），卷九人物志6目（乡贤、忠义、武功、孝友、烈女、隐逸），卷十选举志10目（进士、举人、孝廉方正、选拔、恩贡、岁贡、武进士、武队、吏员、恩荣），卷十一艺文志6目（碑记、传、铭、诗、赞、歌），卷十二杂记志7目（祥异、古墓、寺观、仙释）。

《陇右方志录》：“会宁设县，始于金之西宁，其后会州尝徙治之，明时定名会宁。此志沿革以会宁为陇西郡地，犹近事实。乃云汉徙陇西郡治，秦即今秦州，以古陇西置襄武县，武帝置凉州治陇，即今陇西，分襄武置枝阳县。东汉废枝阳置祖厉县，后魏废置乌水县，又析乌水南置会宁，县名自此始。宋改会宁为西宁县，皆羌，无故实，随意杜撰。且枝阳在逆水之侧，地属金城，去郡治允吾不远，为今永登县南部地。考之《水经注》，明白可见。《通典》以会宁为汉枝阳县，遂肇错误。然《通典》犹指会州之会宁即今靖远县也，今复移之巩昌之会宁，强以相去四五百里之地当之古迹。《流寓》相因附会，盖稽古之难如此。会宁去襄武，中隔勇士一县，天水分郡后是否仍隶陇西，自属疑问。志以襄武廉褒列冠《人物》，亦近附会。又《秩官·黄显祖传》：前明邑志沦散无稽，显祖求得邑人王守基、范长儒所辑草本，删存其略，盖光尧复就黄本参证编辑，以成此志也。”①

（五）道光《续修会宁县志》，2卷，2册。存道光二十年（1840）原刊本。徐敬修，周西范纂。

张令瑄《三陇方志见知录》：“此志去毕光旧志仅九年，自谓依前目，而多有目无续文。所续建置志五条，学校二条，职官七条，烈女四十二人，科口六人，艺文录知县徐敬诗文数篇，巧宦标榜风雅，借著作以自炫者，类多如此。”②

（六）民国《会宁县志稿》，8册。存稿本。

张令瑄《三陇方志见知录》：“此稿依《新通志稿》例目编次，记近事亦详。会宁县志年久失修，望县人合参两稿订伪补缺，早成新志。”③

（七）《〔民国〕会宁县志续编（样本）》，10卷。存稿本。民国15年（1926）县长段燕苹督修。

卷一舆地志9目（舆地总分图、沿革图表、晷度表、疆域、山水、地质、气候、物产、古迹），卷二建置志11目（城池、廨署、仓库、县市、村里、关梁、坛庙、祠宇、寺观、临时机构、特别机关），卷三民族志10目（种姓、移徙、户口、宗教、文化、生计、农工商、矿林

---

① 张维：《陇右方志录》，北平：大北印书局，民国23年（1934），第53页。

②③ 张令瑄：《三陇方志见知录》，周丕显等《甘肃方志述略》，吉林省图书馆学会印行，1988年。

牧、风俗、方言），卷四民政志6目（议会、自治、警政、水利、赈恤、保甲），卷五财赋志9目（贡赋、税捐、仓储、市籴、差徭、公债、官产、会计、货币），卷六教育志8目（学制、学宫、书院、学校、文化机关、学田、留学、社会教育），卷七军政志4目（军制、兵防、铺舍、边防），卷八交通志5目（驿传、道路、陆运、邮务、电政），卷九秩官志4目（官制、文职、武职、名宦），卷十选举志7目（文科目、考职、武科目、吏员、恩荣、学校毕业、议员），卷十一人物志11目（贤达、监司、武功、节义、孝友、隐逸、艺术、烈女、殉难、仙释、流寓），卷十二艺文志11目（记、碑、传、序、铭、表、颂、檄文、赞、诗、歌），卷十三金石志8目（石器、陶器、金器、石刻、造相、摩崖、砖瓦、范泥），卷十四纪事志2目（历代戎事、历代割据），卷十五变异志2目（历代变异、民国变异），卷十六杂记志3目（拾遗、轶闻、考证）。

张令瑄《三陇方志见知录》："记清道光以后事甚详，文字简畅。惟当时未能付印，今所见存稿，仅卷九职官，分：官制、文职、武职、名宦、监司；卷十选举，分：文武科目、考职、武阶、吏员、荣恩、学校毕业、议员；卷十一人物，分十目。"①

今见秩官比张令瑄所见少一目"监司"。

三　景泰

（一）《红水县采访志》，仅存第5册《人物》，无撰人及时间。所记人物事迹最晚为光绪二十一年。

（二）《皋兰县红水分县采访事略》，一册。存写本。光绪三十一年（1905）②，县丞李国华辑。

此册现存台北中央图书馆，未悉其篇目。

（三）《红水县丞地理调查表》，1册，5叶。存写本。宣统二年（1910）刘秀石编。

（四）民国《创修红水县志稿》，12卷，8册。存稿本及1963年油印本。民国九年（1920）红水县政府修，佚名纂。

卷一图，卷二表：沿革、职官、选举，卷三舆地：星野、疆域、关隘、山川、水道。卷四风俗、方言、物产。卷五经政：建置、田赋、户口、税课、差徭、仓储、邮政。卷六典祀、武备、驿运、邮电、纪事，卷七灾异、蠲赈、教育，卷八古迹，卷九宦绩，卷十、十一人物、列女，卷十二艺文。

张令瑄《三陇方志见知录》："红水为皋兰县丞地，民国2年置县，今改名景泰。此稿多取皋兰旧志增益近事，文辞简洁。惟详于县城而忽于各乡。地图及科学专目均未齐备。其卷六、

① 张令瑄：《三陇方志见知录》，周丕显等《甘肃方志述略》，吉林省图书馆学会印行，1988年。
② 《中国地方志联合目录》记为清宣统元年稿本。

七、八各目，次序欠当，应予调理，如‘纪事’宜列卷首为妥。景泰县志尚缺，极望县人据此稿早日编印新志，以重一邑历史。”①

（五）《红水县各项调查表》，1册。存写本。民国16年（1927），红水县政府编。

（六）《红水县改名移治划界案》，1册。存钞本。民国22年（1933）编。

附：吴浩军河西古旧方志研究论文目录

[1]《评〈修编金塔方志〉》，《酒泉日报》，2006年5月12日、18日、24日第4版。

[2]《酒泉古旧方志存佚及研究整理考述》，《河西学院学报》2007年第3期。

[3]《张掖古旧方志存佚及研究整理考述》，原稿16000字，《图书与情报》2007年第6期。

[4]《评〈肃镇华夷志校注〉》，《中国地方志》2008年第2期。

[5]《〈甘州府志〉体例及纂修者考辨》，《甘肃广播电视大学学报》2008年第3期。

[6]《历史文化名城如何修志？——以〈敦煌志〉为例》，《敦煌学辑刊》2008年第3期。

[7]《什么是乡土志？——兼说〈古本敦煌乡土志八种笺证〉》，《中国地方志》2008年第8期。

[8]《武威古旧方志存佚及研究整理考述》，《甘肃广播电视大学学报》2009年第2期。

[9]《文献可征，瑰宝重光——〈肃州新志校注〉的文献价值和校注成就》，《河西学院学报》2009年第3期。

[10]《挖掘方言文化，克绍姬汉传统——以何茂活〈山丹方言志〉为例》，《中国地方志》2009年第5期。

[11]《〈陕西行都司志〉存佚考》，《中国历史地理论丛》2010年第2期。

[12]《青海古旧方志存佚及研究整理考述》，《青海师范大学学报（社会科学版）》2012年第5期。

① 张令瑄：《三陇方志见知录》，周丕显等《甘肃方志述略》，吉林省图书馆学会印行，1988年。

海上丝绸之路与新编《上海通志》

——关于地方志记载“一带一路”建设的思考

沈永清（上海市闵行区地方志办公室）

提要：上海古有“东南之都会、江海之通津”的美称。上海之兴源于港口，港口又为上海“海上丝绸之路”提供平台，上海是海上丝绸之路的重要起点之一。新编《上海通志》[①] 在交通，对外贸易与经济协作分志中系统记载上海地区自唐大中年间（847—850 年）至民国年间相关海上丝绸之路通道和对外进出口贸易的历史与现状；在总述、大事记和经济、文化、社会、人物门类的分志中记载与海上丝绸之路所带来的西方文明、中西文化融汇、人文交流，使上海成为世界著名商埠。《上海通志》所记上海地区海上丝绸之路资料，具有文献、学术、服务现实价值。方志人应学习“一带一路”建设的丰富内涵，为其入志作思想与理论准备；挖掘、整理一地相关“一带一路”的历史文献资料，使其扩大社会影响、唤起历史记忆；重视一地“一带一路”建设的资料搜集、整理，为第三轮志书记载“一带一路”建设打下坚实的资料基础。

关键词：海上丝绸之路　《上海通志》

“丝绸之路既是古代中国经中亚通往南亚、西亚、欧洲、北非的陆上贸易通道，也是古代中国与欧亚大陆政治、经济、文化交流的国际大动脉。1877 年开始出版德国著名地理学家费迪南德·冯·李·希霍芬（1837—1905）《中国：亲身旅行之成果和据此所作的研究》一书中首次将汉代中国于中亚南部、西部及印度之间以丝绸贸易为主的通道称为‘丝绸之路’。由于这个命名贴切写实且富有诗意，立即得到学术界的认可。虽然丝绸之路正式开通始于公元前 119 年汉武帝派遣张骞出使西域，但民间自发的丝路活动早已开始。以丝路沿线考古出土的实物来看，中国丝绸在公元前 4 世纪就已经传到印度和欧洲古希腊和古罗马地理学家、历史学家称与丝绸相关的国家和民族为‘赛里斯’（Seres），意为‘丝国’、‘丝国人’，指称当时的中国。20 世纪 90 年代，学者们根据丝绸之路所经过不同地域和环境，将丝绸之路分为绿洲丝绸之路、草

---

① 上海通志编纂委员会编：《上海通志》，上海：上海人民出版社、上海社会科学院出版社，2005 年。

原丝绸之路、海上丝绸之路、西南丝绸之路四条。”①

作为中国古代对外贸易的重要通道，“海上丝绸之路”在秦汉时代就已经出现，至宋元时期最为鼎盛。元朝时的意大利人马可·波罗，就是由陆上丝绸之路来到中国，又经海上丝绸之路返回欧洲的。明代郑和起始于南京龙江港的七下西洋，劈风斩浪，万里起航，开辟了连通亚洲与非洲的海上丝绸之路，对世界航海史做出了巨大贡献，弘扬了中华文明。在中华民族文明史和世界文明史上，这无疑是光彩夺目的辉煌篇章。东南沿海的番禺（广州）、泉州、明州（宁波）、上海是古代海上丝绸之路的重要起点，他们都是与朝鲜、日本、琉球、安南（越南）、菲律宾等国进行贸易通商、文化交往的海上通道。有学者指出，与其说“海上丝绸之路”是“线”，不如将之理解为“面”更为合适。“海上丝绸之路”与“沙漠之路”“草原之路”“西南丝绸之路”，共同构成一个覆盖欧亚的交通网络。②

一　上海是海上丝绸之路的重要起点之一

上海市，简称沪，别名申，地处北纬30°41′~31°53′，东经120°52′~122°16′，位于太平洋西岸，亚洲大陆东沿，中国南北海岸线的中心点，长江和钱塘江入海汇合处。上海是全国特大城市，世界著名商埠。早在鸦片战争前夕，上海已是“东南之都会，江海之通津”。到了近代，上海开埠10年，即1863年，就超广州，成为全国对外贸易中心。进入20世纪20、30年代，上海进一步发展成为远东国际贸易与金融中心。笔者认为，这是海上丝绸之路的延续，是她融汇了中西经济繁荣与人文交流。

上海之兴盛源于港口，港口又为海上丝绸之路提供平台。上海地区最早的港口原设在青龙镇（今青浦区旧青浦镇）。青龙镇实先上海而发展，且为上海发展的根源。青龙镇衰落，上海即代替之，从而获得上海港的发展机会，成为今日之上海。青龙镇“据吴淞江下游沪渎之口，镇东临海水面宽阔，具备良港条件。随着太湖地区的开发，青龙镇处于江海要冲，成为上海地区最早的对外贸易集镇。”③ 当时，青龙镇位于我国南北海岸线的中心，正处于从海口进入大陆的咽喉位置，是船舶由海进江、从江出海的必经之路。唐大中年间（847—850），已有日本和新罗（朝鲜）的船舶开来青龙镇进行贸易。宋淳化二年（991），青龙镇正式设镇。此时，国内外的商船已云集此港，“自福建、漳、泉、明、越、温、台等州，岁两至；广南、日本、新罗（朝鲜）岁或一至。”④ 绍兴二年（1132），宋在青龙镇设市舶司（市舶司是宋朝建立的专门市舶机构，管理对外贸易事宜。市舶机构的设置是航运贸易发达的标志。凡是设有市舶机构的地方，都是航运贸易会集的场所。市舶司的职能近似于今天的海关和港口管理机构，同时又具有

① 保宏彪：《“草原丝路”宁夏段与“参天可汗道”上的灵州》，《宁夏史志》2015年第5期。
② 参阅周长山：《“海上丝绸之路”概念之产生与流变》，《广西地方志》2014年第3期。
③ 《青浦县志》，上海：上海人民出版社，1990年，第83页。
④ 《松江府志·名迹志》，《灵鉴保塔铭》。

对外贸易部的职能)。此时之青龙镇“瞰松江,上据沪渎之口,岛夷闽越、交广之途所自出。……时海舶辐辏、风樯浪楫,朝夕上下,富商巨贾,豪宗右姓之所会也,人号‘小杭州’。”① 后来由于上海地区大陆由西南推向东北,海岸也由“沪渎之口”(今青浦区)转移到华亭海(今上海城区),代之而起的是上海镇(今上海市黄浦区南市地区)。

上海镇在青龙镇东南,吴淞江支流上海浦旁。景定五年(1264)南宋在上海镇设市舶司。咸淳三年(1267)建立镇治。元至元十四年(1277)上海镇与广州、泉州、温州、杭州、元庆、澉浦并列为全国七大市舶司。这时的“上海襟江带海,舟车辏集,故昔有市舶,有榷场,有酒库……甿廛贾肆,鳞次而栉比,实华亭东北一巨镇也。”② 元至元二十九年(1292),元朝析华亭县东北境之长人、高昌、海隅、新江、北亭5乡26保置上海县,隶属松江府。当时上海县域东、东南至海,西、西南至华亭县,北至嘉定县,南北长48公里,东西宽百里,海岸线达37.59公里。由此可见,由于青龙镇的衰落,上海镇才繁荣起来,于是设立市舶司,过了3年正式设镇,又过了25年才立县于上海镇。可见县源于镇,镇源于港,追本溯源,一切从港口开始。至元年间,进出上海口岸的有日本、朝鲜、东南亚及闽广等贸易商船,本地也有庞大的海商船队。明洪武四年(1371),实行海禁,上海地区仍有小规模的朝贡贸易和民间贸易。清康熙中期部分开放海禁,上海与东南亚及日本的传统贸易恢复发展。康熙二十年(1681),上海设江海关,雍正年间每年约有80余艘沙船开往日本进行贸易多数发自上海。③

清代,上海是全国重要的埠际贸易转口地,即进出口商品转口贸易和本国产品的埠际流通。“上海独具的港口优势,决定了上海港的对外贸易呈现浓厚的转口贸易特征。19世纪下半叶,上海、香港以外的中国其他沿海口岸、港口及城市发展步履迟滞,对绝大部分进出口货物来说,上海是它们进出中国的门户,除华南外,一切外轮不论其最终目的地是哪儿,它都是要先开到上海。上海在成为中国对外贸易第一大港的同时,也是沟通中国沿海及长江沿岸各地埠际贸易的枢纽大港,两者共同构成近代上海口岸贸易繁盛的坚实基础。”④

综上可见,上海地区的海上丝绸之路源于唐大中年间(847—850)青龙镇港口,盛于宋元上海镇港口的开发,承于清康熙二十年(1681)江海关的设立,延续至民国,上海成为远东国际贸易与金融中心。上海是古代海上丝绸之路重要起点之一。

---

① 上海市地方志办公室、闵行区地方志办公室编:《上海府县旧志丛书·上海县卷·弘治上海志》,上海:上海古籍出版社,2015年,第31页。

② 上海市地方志办公室、闵行区地方志办公室编:《上海府县旧志丛书·上海县卷·弘治上海志》,上海:上海古籍出版社,2015年,第51页。

③ 参阅金立成:《试论上海港在城市建设与历史发展的作用与影响》,《上海研究丛书(9)》,上海:上海社会科学院出版社,1993年,第402~408页。

④ 戴鞍钢:《近代上海国内沿海埠际贸易探析》,《上海研究丛书(11)》,上海:上海社会科学院出版社,1997年,第47、56页。

二 《上海通志》与海上丝绸之路

《上海通志》凡例曰：“本志记述地域范围，1927年前以上海县地域为主，1927年至1958年分别以上海特别市、上海市为主，1958年至1995年以1995年上海市地域为主。本志记述主要内容的时限，上限不定，大多起记于事物、事件有考或历史文献能确定的发端期；下限一般至1995年。”它记述时间跨越2000年，记述内容齐全，堪称上海的百科全书。

《上海通志》除总述、大事记外，共设46卷，版面文字1108万字。全志分为十册，第一册：总述、大事记，第一卷建置沿革、第二卷自然环境、第三卷人口；第二册：第四卷中国共产党、第五卷政府（上）、第六卷政府（下）、第七卷人大政协代议机构、第八卷党派群团、第九卷公安司法、第十卷军事、第十一卷劳动人事、第十二卷外事、第十三卷侨务港澳台事务、第十四卷民族宗教；第三册：第十五卷经济综述、第十六卷综合经济管理、第十七卷工业（上）、第十八卷工业（下）；第四册：第十九卷商业服务业、第二十卷旅游、第二十一卷对外贸易与经济合作；第五册：第二十二卷农业、第二十三卷水利、第二十四卷财政税务、第二十五卷金融、第二十六卷城市建设、第二十七卷房地产；第六册：第二十八卷交通运输（上）、第二十九卷交通运输（下）、第三十卷邮电、第三十一卷浦东开发开放、第三十二卷开发区；第七册：第三十三卷科学技术、第三十四卷哲学社会科学、第三十五卷教育、第三十六卷卫生、第三十七卷体育；第八册：第三十八卷文化艺术（上）、第三十九卷文化艺术（下）、第四十卷方言；第九册：第四十一卷报业通讯出版广播电视、第四十二卷图书馆文博档案、第四十三卷社会生活；第十册：第四十四卷人物、第四十五卷专记、第十六卷特记，《上海通志》编纂人员、审定人员与编后记。各册之首设与各卷相关的图照集。

（一）《上海通志》记载海上丝绸之路概况

1. 总述，记有“政和三年（1113年），宋廷在华亭县设市舶务。……南宋景定五年（1264年），青龙镇市舶分司移驻上海镇。……17世纪末，清廷在东南沿海设江、浙、闽、粤4海关。江南海关署设上海县城小东门……所辖24个分海口。……清乾隆以后……上海口岸迅速发展成为全国最主要的贸易港口之一。……上海又为清廷指定与日本进行洋铜贸易的两口岸之一。……清道光二十四年，上海仅为广州的七分之一，到咸丰二年和广州相当，到咸丰五年是广州的两倍，取代了广州的中国对外贸易的中心地位。同治三年至光绪二十年，进出口贸易年均占全国一半以上，其中进口占六成以上。……上海在19世纪中期以后，已开辟了与欧洲、美洲、澳洲及日本、东南亚的航线。……文化方面最突出的是上海成为全国的西学窗口与文化中心。”① 总述用6000余字，为全文的17%的版面，扼要概述海上丝绸之路的源流与发展脉络，

---

① 上海通志编纂委员会编：《上海通志》，上海：上海人民出版社，2005年，第2~17页，引自其志以下只标页码。

突出上海以港兴商、以商兴市之市情特点。

2. 大事记，以编年体式记载华亭县、青龙镇、上海镇设市舶司（务），上海设江海关，开辟海外至纽约、朝鲜的航线等大事20多条，以及有关经贸、人文交流的大事2000条，为大事记总条数的19%。从纵线上呈现海上丝绸之路的发展轨迹，为总述所记海上丝绸之路的佐证。

3. 分志记载海上丝绸之路的有：建置沿革、政府（上）、外事、经济综述、工业（上）、商业服务、旅游、对外贸易与经济协作、金融、城市建设、房地产、交通（上）、邮电、科学技术、哲学社会科学、教育、卫生、体育、文化艺术（上）、文化艺术（下）、方言、报业通讯出版广播电视、图书馆文博档案、社会生活、人物、特记等26卷，为46卷分志的56.5%。记载文字约80万字，为总版面文字的8%。

（1）第一卷建置沿革·松江府记："唐天宝五年（746），青龙镇由军事据点变为重要对外商港。……宋元丰年间，华亭县为东南第一大县，县城除县衙、两浙市舶提举司外……南宋上海镇设市舶司，逐渐取代青龙镇。"① 呈现唐宋时期上海地区船舶、商贸管理机构的演变脉络。

（2）第五卷政府（上）地方政府·唐宋元政府记："宋代，在重要贸易港口置市舶提举司，上海镇设有上海市舶提举分司，负责管理贸易事务，兼领镇务。上海市舶提举分司使董楷。……因华亭县内外航运贸易兴旺，北宋政和三年（1113）在华亭设市舶司，专管本县船舶贸易。元至元十三年（1276），上海市舶提举分司使、上海镇监费以上海镇归附元，元朝廷授予金牌千户衔，兼领镇守上海总管府总管。"② 从政府层面再现宋元时期上海地区市舶司管理职能与演变情况。

（3）第十二卷外事记："唐宋开始，有外国商人到华亭县经商、贸易。上海开埠到1949年，有50多个国家官方、民间人士到沪活动，1942年，在沪外国人15万人，为历史最高数。"③ 再现海上丝绸之路的主体人外籍人士的数量，呈现上海市全国的商贸与人文交流中心。

（4）第十五卷经济综述记："清前期，上海对亚洲各国出口的商品有腹地以及邻近区域转口的丝、绸缎、茶叶、纸、瓷器及土产等，本地区主要出口各色棉布……输入的商品，有新加坡、马六甲、槟榔屿、爪哇、觉罗、苏门答腊、婆罗洲等地船只运抵的各种欧洲货品……海参、燕窝、珍珠母、贝壳、玳瑁、象牙、糖、甘蔗、槟榔、苏木、乌木……还有染料和药材。……道光二十五年始，英、美、法等国先后在上海辟居留地，同治四年（1865）外商在上海开设洋行11家。……大宗的鸦片和廉价工业品棉纱、棉布、呢绒、玻璃器皿、机器五金等商品进入上海再分销全国各地，中国内地出产的丝绸、茶叶等商品由上海转口，运销国外。年进出口贸易额跃居全国之首，约占全国一半以上。……20世纪30年代，上海已经形成远东中心城市。航运事业发达，国际贸易兴旺。上海港码头岸线长10.48公里，航线通达100多个国家300多

① 第519、520页。
② 第840页。
③ 第1353页。

个港口，吞吐量、集散力均居国内各港之首，居世界港口第十四位。"① 这里呈现的是上海地区海上丝绸之路的进出口贸易繁荣景象，以港兴商的市情凸现。

（5）第十七卷工业（上）分别在纺织、轻工、机电、船舶、钢铁、有色金属、化学、医学等工业门类记载相关外商企业情况。例如"上海开埠后，外商竞相在上海开办船舶修造厂。清道光二十三年（1843）至光绪十八年（1892），开办27家……知名的祥生、耶松、瑞镕等船厂，控制和垄断上海修造船业"②。记载外商工业企业旨在反映海上丝绸之路所带来的外商在上海投资办企业，是西方工业文明在上海结下的硕果，由此使上海工业实现近代化。

（6）第十九卷商业服务业，记载"隋、唐年间，上海地区商业随着本地渔业、盐业、农业、手工业发展而日渐兴起。商业主要集中于市镇。唐天宝年间，青龙镇为上海地区最早的集镇之一，至长庆年间已十分繁盛。宋景祐年间，和国内苏、杭、湖、漳、泉、温等州，国外安南、日本、高丽等国贸易密切，商业繁荣。南宋景定、咸淳年间，上海镇迅速发展，'甿廛贾肆，鳞次栉比'，上海港船舶辐辏，开始替代青龙镇，成为上海地区主要的内外贸中心。元代，上海建县，棉布交易日盛。明代，上海地区成为全国棉纺织品、棉花交易中心。清代，为全国重要的埠际贸易转口地，输入、转口大豆、豆饼、大米、杂粮、食油、食糖、药材、茶叶、桐油、瓷器、竹木、杂物等农产品和手工业品。上海开埠后，传统商业发生巨大变化，兴起以经营进口商品为主的新式商店和批发字号。最早为洋布业和百货业，后出现五金、钢铁、西药、医疗器械、化学试剂、玻璃仪器、颜料、染料、化工原料、电器、交通器材、自行车、卷烟、石油商业。有的商行开始由外商设立，后由华商开设或作特约经销商。上海商业成为全国埠际贸易的中心，连接全国城乡经济、组织商品集散的贸易中心。1936年，上海埠际贸易包括转口贸易总值达8.91亿元，占全国各通商口岸埠际贸易总值的75%。埠际贸易主要有两类：一类与对外贸易相连，向全国各地分销进口商品和从各地采办货物供应出口；一类与生产和生活相关，向全国各地销售上海工业产品和从各地采购农副产品、工业品及生产原材料"③。显现上海商业发展脉络，再现海上丝绸之路带来的以港兴商、以商兴市的市情特点。

（7）第二十卷旅游记有"清宣统三年（1911），英商通济隆旅行公司、美国运通银行在上海开展旅游业务。1915年，上海汇丰银行创办娱乐性、非营利的上海友声旅行团。1923年，上海商业储蓄银行设立旅行部，1927年改建旅行社，为中国人最早开办的旅行社。此后，陆续成立多家中国人办的小旅行社，至20世纪40年代初约有30多家，知名的有友声旅游团、青年旅行团、绿洲旅游团、太平洋旅行团、实惠旅行社、国泰旅行社等，其中少数旅游团仅组织内部员工外出旅游，大多数对外营业"④。显现上海旅游之源与发展情况。

---

① 第1617~1619页。

② 第2134页。

③ 第2478、2479页。

④ 第2842页。

（8）第二十一卷对外贸易与经济合作。对外贸易记“清道光二十三年（1843）上海开埠。此后，各国商船大批涌入上海，收购内地丝、茶。道光二十六年（1846），上海出口生丝相当于广州4.27倍。道光二十五年（1845）起外商在上海比在广州获得更多的特权，上海对外贸易量急剧上升。咸丰三年（1853），对英国进出口货值达1720万美元，超过广州的1050万美元。此后上海进出口货值在全国领先。同治三年（1864）至十二年（1873），累计进出口总值81443万关两，占同期全国进出口总值59.8%。上海开埠至光绪二十年（1894）甲午战争爆发，上海进出口贸易值占全国比重大多在50%以上，同治十一年（1872）最高，达69%。道光二十七年（1847），进口鸦片约1.65万箱，光绪二十年3.64万担，分别占全国进口量49.6%和57.7%。出口以丝、茶为主，次为牛皮、豆类、植物油、烟叶、草帽缏等。清道光二十三年（1843）后，大批外商在租界开办洋行，经营贸易。同时经营航运、保险、金融。至道光二十七年上海有洋行24家。清咸丰四年（1854），江海关监督吴健彰与英、美、法三国领事组成关税管理委员会，由外国人司税。从此，江海关为外国人操纵，强化洋行对外贸的垄断。咸丰九年（1859），洋行增至62家，清同治七年（1868）103家，清光绪二十一年（1895）又增至116家。英、美洋行实力最强，英商占60%以上。70年代日本洋行开设，至光绪十九年（1893）有40家。19世纪60年代后，洋行以贸易为主，不再经营航运、银行、保险等业务。出现办理洋行内部事务的中国雇员买办，后买办兼管洋行交易业务，和洋行间形成以合同形式为主的买办制度。甲午战争以后，外资大量输入上海，上海进出口总值大增。清光绪二十至二十九年（1894—1903）比前10年增长1.1倍，光绪三十年（1904）至1913年为346368万关两，比前10年增长63%。1914—1933年，除第一次世界大战期间（1914—1917）基本维持1913年水平外，仍有较快增长，1931年高达110183万关两，比1913年增长1.69倍。上海沦陷至太平洋战争爆发前，公共租界、法租界成为‘孤岛’，海运畅通，国际贸易继续进行，对外贸易先衰后旺。1937年，进出口总值91323.96万元，1938年49127.34万元，1941年282894.8万元。1937—1941年，入超57885万元。进口商品主要有粮食、棉花、煤炭、石油产品、纸及纸版、烟叶、金属制品、化学品等，出口商品主要有棉纱、棉布、生丝、茶叶、猪鬃、皮革、草帽、蛋品、肠衣、花边、桐油等”①。该卷在外贸企业——洋行、华商进出口行，出口贸易——商品、销售市场、货源，进口贸易——商品、贸易国家地区、货运集散地等节、目详记元至民国时期的上海海上丝绸之路外贸的历史发展脉络。对外经济合作记“上海开埠后，有苦力贩运出口。清道光二十九年（1849），有200名苦力去美国。同治二年（1863），水木作头魏荣昌承建法租界公董局办公大楼，次年孙金昌承建上海大英自来火房（煤气厂）土木工程。光绪年间，作头开办营造厂，参与工程投标，独立承包爱俪园、汇中饭店（今和平饭店南楼）、礼查饭店（今浦江饭店）等大型外资工程。光绪四年（1878），官办江南制造局第一

① 第2908、2909页。

次成批引进美国蒸汽机、机床等外国近代机械设备100多台，并聘用洋匠任技术要职，培训华工。光绪八年（1882），上海发昌机器厂用进口车床生产，为民营企业首次引进外国技术。1912年，上海500名机械工应聘赴法国，参加军需品制造、运输等欧战后勤。民初，上海经营机器进口的外国洋行29家，机器种类包括军用、民用、生产、生活等，遍及各行业。二三十年代，申新纺织厂、福新面粉厂，天厨味精厂，大中华火柴厂，中华书局，大隆机器厂等大型华商企业，均从国外引进设备技术。清末民初，上海建筑商承包建造上海所有10层以上的外商投资的楼宇，有沙逊大厦、百老汇大厦以及华懋（今锦江饭店北楼）、峻岭（今锦江饭店中楼）、毕卡第（今衡山宾馆）三大公寓等，并开始承建境外工程。1931年前后，余洪记营造厂在马来西亚柔佛承建政府大厦”①。另在民间劳务——契约劳工、欧战华工②，本地外资工程③，技术引进④记录清末民国民间劳务和本地外资工程承包情况，显示海上丝绸之路为上海所带来的对外经济协作成果。

（9）第二十五卷金融·清民国时期的外资银行记“清道光二十七年（1847），上海第一家外资银行英商丽如银行成立。到1949年，英、法、德、俄、日、美、比、荷、意、挪等10国61家银行（包括中外合资银行）在上海设立过机构”等概况，再按英资银行、美资银行、法资银行、日资银行、德资银行、俄资银行、其他外资银行、侨资银行等8目作分别简介各银行之简况。⑤ 再现清至民国时期上海金融情况，折射出海上丝绸之路带来上海金融的繁荣盛况。上海在国内贸易，特别是对外贸易方面的支配性作用，是近代上海金融中心得以形成的直接原因。

（10）第二十六卷城市建设，从城市规划、道路、桥梁、公共交通、供水供电供气、房屋建设、园林等方面记载外商参与上海城市建设之状况，再现西方城市文明对上海城市文明之影响，使之中西建筑融汇，成为具有海派特征城市建筑群。

（11）第二十七卷房地产·外商记“清咸丰三年（1853），老沙逊、怡和、仁记等洋行开始投资上海房地产，在英租界建木板房800余幢。……宣统元年（1909）至1918年，公共租界工部局核准建房43025幢，年均4000幢以上”⑥。有“1950年在乎外国房地产商情况表”⑦，并简介英商新沙逊公司、法商万国储蓄会、英商业广地产公司、美商中国营业公司、比商上海义品地产公司、英商泰利有限公司等6家房地产外商情况。由此，突现上海外滩所独特的建筑风貌。

---

① 第2995页。
② 第2296、2297页。
③ 第3001、3002页。
④ 第3009页。
⑤ 第3388～3393页。
⑥ 第3690、3691页。
⑦ 第3687、3688页。

（12）第二十八卷交通运输（上）记“宋代，青龙镇港成为上海地区最主要的外贸港口。迟至北宋嘉祐七年（1062），青龙镇港已与日本、新罗等国通航，与江浙的苏、常、杭、湖等州辟有较固定的内河航线，南方沿海明（宁波）、台、温、福、泉、漳诸州每年有船到港。北宋政和三年（1113），市舶务设立，上海地区港口始有市舶机构。南宋，上海至南方的沿海航线延伸至两广。南宋末期，上海港发展，运输船只通过吴淞江入海，华亭、青龙镇港成为内河港。元代，漕粮海运兴起后，上海成为糟米集疏中心。至元十九年（1282），上海至天津的北方沿海航线辟通。至元二十年（1283）至天历二年（1329），江南数郡船商与日本的贸易船只，大多由上海起航，出口布匹、瓷器、苏杭丝绸等，进口珠宝、香料、药材。布匹和粮食成为埠际水运的大宗货物，布匹经长江、内河输往内地。元末明初，上海港港区开始立基于大黄浦。明永乐二年（1404），黄浦江形成，入海通道始由长江口航道和黄浦江航道组成，黄浦江作为上海港主要港区的位置基本奠定。康熙二十三年（1684），开海禁，水运发展。大批沿海、长江、内河船在沪集散，至日本、朝鲜、南洋的国际航线恢复，上海港成为中国4大外贸口岸之一。上海港迅速成为全国埠际贸易吞吐量最大的港口，嘉庆、道光年间进入鼎盛时期，每年出入上海水域者不下二三万艘。上海开埠后，外国商船纷纷驶抵上海。至清道光三十年（1850），上海已与纽约通航，与香港间有定期班轮，均由外国商船运营。进出口货物的骤增，使上海港吞吐量扶摇直上。咸丰三年（1853），上海港进出口货值超过广州，成为中国第一、东南亚第二的外贸大港，进口货值占全国59.7%。咸丰八年（1858），长江沿岸主要港口开埠，外国商船开始长江营运，两年后，上海轮船运输业勃兴，多家外国轮船公司在沪开设，虹口、浦东沿江一批浮码头和木结构码头建成，上海港港区扩大。海运漕粮最多时一年需用船1600艘，运量达24万吨；国际水路贸易货物以鸦片、棉纺织品、金银、铁器、木材等为主。1948年，上海有华资轮船734艘、90余万总吨。远洋、沿海、长江、内河航线相继恢复，开辟上海至台湾高雄、基隆航线。招商局开辟至美国和东南亚的航线。水路进口货物约有一半转至长江各埠”①。此卷在运输经济、运输结构，行业地位，港口——管理机构、航政机构、货物吞吐量、进出口船舶，沿海运输——外商企业、船舶，航线——客运航线，远洋运输——航运企业、船舶、航线、客运、货运②等章节对沿海与海洋运输的企业、船舶、航线、进出口货运量、客运情况作了系统的记录，为上海地区海上丝绸之路提供翔实的历史资料。

（13）第三十卷邮电记“清咸丰十一年（1861），英国在上海英租界擅设邮局，法、美、日、德、俄相继效尤。清同治二年（1863），上海英租界工部局成立工部局书信馆。同治五年，江海关受总理衙门委托，兼办京沪间邮递，并于同治十三年（1874）成立江海关邮务处。光绪四年（1878），以江海关邮务处为基础，与北京、天津、烟台、牛庄（今营口）同时试办邮政，

---

① 第3726～3728页。

② 第3734～4020页。

并于是年在上海印制发行中国首种邮票大龙邮票。上海海关拨驷达局统一处理公众邮件业务。光绪二十二年（1896），国家邮政开办。次年，在上海成立大清邮政局。宣统三年（1911），上海邮政脱离海关独立经营。清同治十年（1871），丹麦大北电报公司敷设香港—上海、长崎—上海的电报水线，在上海擅自登陆收发国际电报。光绪九年（1883）起，英、美、德、日相继在上海设立电信机构，经营电报业务，并在租界内擅设无线电台。为维护国家通信主权，清廷于光绪七年（1881）建成国内第一条长途电报线路津沪电路，上海电报局对外营业。此后，以上海为起点的苏、浙、闽、粤及长江各线相继开通，上海成为全国电报通信中心。光绪八年（1882），电话通信在上海问世，先后由大北电报公司、上海电话互助协会和英商中国东洋德律风公司经营”①。设置外国邮局、工部局书信馆、海关邮政机构②，外商电报公司③等条目，记载上海近代邮电情况，呈现西方城市文明对上海的影响与融合。

（14）第三十三卷科学技术记有“大批体现西方近代文明的器物大量输入上海。从生产工具到生活用品，不断影响上海市民生活，初经排斥，终为接受，改变上海人对西物、西学的总体看法，产生强烈而广泛的文化效益。同治三年（1864），上海第一家煤气公司大英自来火房开始供气。第二年南京路正式点亮第一盏煤气灯。同治十年（1871），丹麦大北电报公司成立。光绪二年（1876），英商怡和商行修建上海至吴淞的中国第一条铁路。光绪八年（1882），上海出现电话，公共租界电灯公司开始发电。光绪九年，上海的自来水厂开始向居民供水”④。“清同治四年（1865），法国天主教会在上海县董家渡建立气象观测站，进行气象研究。同治十一年（1872），又在徐家汇设立天文台，进行气象、地震、物理等观测、研究”⑤。“清光绪十二年（1886）六月，英、美等教会医师约150人在上海成立中华博医会。次年十一月，英美传教士、外交人员、公共租界工部局官员、社会名流筹建广学会”⑥。“清同治七年（1868），法国神父韩伯禄创立徐家汇博物馆”⑦。清末至民国时期学术交流情况“清宣统元年（1909）6月至1937年中外学者学术交流161次”⑧。呈现科技文明对上海的深远影响，从而产生中西相融的现代科技文明与人文交流。

（15）第三十四卷哲学社会科学记有“上海开埠后，西学渐入，到清同治、光绪年间成为西学在全国的传播中心。……19世纪末至20世纪初，上海继续保持在全国的西学引进的中心地位。19世纪70—80年代，上海学者以西方哲学、社会科学体系为新的学术方向，开拓研究视野，研究涉及经济学、财政学、伦理学、语言学等领域。传统研究领域，广泛出现运用西学

① 第4258页。
② 第4263、4264页。
③ 第4268～4270页。
④ 第4522页。
⑤ 第4525页。
⑥ 第4539页。
⑦ 第4544页。
⑧ 第4560、4561页。

原理对原有理论重新进行阐述，或对旧的学科体系进行改造的趋势”[①]。再现西方哲学社会科学对上海的影响与相融。

（16）第三十五卷教育记有“上海开埠后，受西学东渐影响，新学逐渐代替旧学，在全国首开近代教育。一批外国传教士在沪办学。……光绪五年（1879），圣约翰书院创办，光绪二十二年（1896）设大学部，成为上海第一所高等学校。……光绪三十三年（1907），有各类学校 271 所，其中中国人办 231 所、华洋合办 5 所、外国教会办 35 所。其间，首先在国内发展近代女子教育。道光三十年（1850），美传教士在沪首创裨文女塾”[②]。再现海上丝绸之路带来的西方文明给上海近代教育的深远影响。

（17）第三十六卷卫生记有“上海开埠后，外籍传教士、医生在沪上开设诊所、医院，西方医药传入。清道光二十四年（1844）正月，上海首家西医院中国医院创办。……光绪六年（1880），圣约翰书院增设医科，越两年，同仁医院开办首家护士训练学校，为近代医学校之始”[③]。呈现上海医学的近代化。

（18）第三十七卷体育记有“开埠后，近代体育传入上海，主要在旅居租界的外国人中展开”[④]。同时记载租界建的体育场、体育活动、各类球赛。再现上海体育的近代化。

（19）第三十八卷文化艺术（上）电影记有上海是中国电影发祥地。“光绪三十四年（1908）春，意大利侨民劳罗在沪拍摄纪录片《上海第一辆电车行驶》，为上海制片的开端。宣统元年（1909）美国电影商人宾杰门·布拉斯基在香港路 5 号创办亚细亚影戏公司。……1925 年前后，上海有电影公司 141 家，占全国 80% 以上”[⑤]。设外商影业公司目，记录“亚细亚影戏公司”等 4 家外商影业公司[⑥]。

（20）第三十九卷文化艺术（下）娱乐市场设赛马、赛狗目，记录英商组织的赛马、赛狗活动[⑦]。艺术演出国际交流目，记“1921 年，琵琶演奏家朱瑛赴美国演出。1928 年，中国歌舞团赴南洋演出”[⑧]。美术、书法、摄影国际交流记民国时期远赴外国展览、外国到沪展览[⑨]。文化艺术在电影、娱乐、展览等方面展示中西文化交流。

（21）第四十卷方言为洋泾浜英语立目，“开埠后，在沪外国商人不断增多，外语对上海方言产生广泛影响。19 世纪 40—50 年代，在洋泾浜（西洋泾浜，在今延安西路）地区形成洋泾

---

① 第 4658 页。
② 第 4820、4821 页。
③ 第 4996 页。
④ 第 5102 页。
⑤ 第 5303 页。
⑥ 第 5307、5308 页。
⑦ 第 5528、5529 页。
⑧ 第 5536 页。
⑨ 第 5545 页。

浜英语”[①]。呈现当时租界语言的特点。

（22）第四十一卷报业通讯出版广博电视记有“清末民初，上海成为全国报业、新闻中心。……外文报纸100余种。……上海成为全国最大的外文报出版中心。……上海开埠后，外国教会和商人首先开办出版机构。……1923年1月23日，中国第一座广播电台由华人出资、外国人经营的奥斯邦电台开播。……清咸丰十一年（1861）十月十七日，英商字林洋行创办上海第一种中文周报《上海新报》”[②]。该卷还为外文报纸、外国新闻通讯出版季候设节，记有“上海开埠后，成为西方译本和新式教科书的出版基地”[③]。“清末民初……出版翻译外国小说出版有影响的作品近400种”[④]。“1939年上海有外文杂志50~60种，其中英杂志30多种”[⑤]。广播、无线广播记有“1932年，全市有广播电台40家，其中6家为外国人电台”[⑥]。呈现清末民初西方新闻出版通讯广播在上海之繁荣，上海成为全国融汇中西文化中心的市情特色。

（23）第四十二卷图书馆文博档案记有“道光二十九年（1849），英租界外侨创办上海第一家近代公共图书馆上海书会。”[⑦]“亚洲文会图书馆，清同治十年，英国传教士伟烈亚力创办”[⑧]。“上海开埠后，成为中国文物贸易的主要集散地之一”[⑨]。档案未设租界档案。呈现中西文化交流，融合中西学术成果。

（24）第四十三卷社会生活记“清代中叶，上海已成为中国东南地区繁华城市之一。开埠后，列强在上海建立租界，并通过政治、经济、教育、文化、娱乐、生活习俗等各种渠道将西方文化输入上海。随着上海城市的发展，大量外地移民涌入……中国传统文化与西方文化、外地文化与本地文化在上海交汇，逐渐形成与中国传统城镇市民生活不同的，与都市经济、文化特点相适应的，具有鲜明特色的‘海派’社会生活”[⑩]。海上丝绸之路给上海带来的中西文化融合，产生具有特色的“海派”文化，影响上海民众的社会生活。

（25）第四十四卷人物概述曰：“崇明朱清，开通太仓刘家港（今浏河）海运，琉球（今日本冲绳）、日本、朝鲜等地商船进港贸易。……明代徐光启开风气之先，学贯中西，开国人吸收西学、融化西学的传统。……大批外国人怀着不同的目的和使命到上海，影响上海，又为上海所影响。”[⑪] 人物卷有朱清（1236—1303）、徐光启（1562—1633）等历史名人的传记，亦有维魏林（1811—1896）、耿丽淑（1896—1995）等美、英、法、日不同国籍与上海有密切关

---

① 第5725~5732页。
② 第5736~5742页。
③ 第5972页。
④ 第6033页。
⑤ 第6095页。
⑥ 第6125页。
⑦ 第6190页。
⑧ 第6207页。
⑨ 第6256页。
⑩ 第6292页。
⑪ 第6468页。

系的自古至今外国籍人68名传主，为人物传主总数的5.8%。他们为上海开辟海上丝绸之路通道，进行中西文化交流，突显人是创造历史的主体。

（26）卷四十六专记租界曰："自上海开埠后，英美法等列强开辟外国租界，在上海形成了"国中之国"，对上海乃至全国产生极大的影响。因大量侨民的移入，形成了以国籍为别的外国人社区。大批外国移民在上海定居、经商、办学，为保护其自身群体利益，以原籍地或在沪行业为中心，组织各种会馆公所、同乡会，构筑近代上海多元化社会结构。清道光二十三年（1843），上海开埠，在沪英国侨民聚居处首先建立英租界。道光二十四年、二十八年，美国租界、法国租界相继建立。咸丰三年（1853），英、美、法3个租界合并，同治元年（1862）法国退出三国租界独立。英、美合并的租界通称公共租界。……1945年抗日战争胜利，中国政府通过双边谈判正式收回租界，上海租界从法律意义上消失。……租界成为列强对中国进行侵略和控制的'国中之国'。但在客观上也传播了西方文明，推动了上海社会近代化的历史进程。"[①] 租界既是罪恶的渊薮，又是文明的橱窗。以其示范效应，推进上海华界的城市近代化和全国范围的中外文化交流。示范效应，"国中之国"，相对和平的特殊地位，竟使上海租界在发展交流中外文化方面，充当"历史的不自觉工具"。租界是中西文化的融汇之地，亦是海上丝绸之路所带来的历史佐证。

综上所述，《上海通志》以较为翔实的资料，记载上海地区海上丝绸之路的发展脉络。

（二）《上海通志》所记有关海上丝绸之路资料的价值取向

《上海通志》是部大型的科学的资料性著述，亦是一部记载上海地区自然与社会的历史与现状的资料性文献。笔者上文概说的上海地区海上丝绸之路资料具有文献、学术、服务现实等价值取向。

1. 文献价值。《上海通志》中有关海上丝绸之路的资料散见于总述、大事记和建置沿革等26卷分志之中（见上文），其中交通运输从港口、沿海运输、远洋运输等方面记录自宋代青龙镇港到上海港成为上海地区的内、外贸港口，开辟上海港至日本、朝鲜、南洋、美国、东南亚等海上丝绸之路的通道，为中外开展贸易与经济协作提供平台。对外贸易和经济协作从外贸企业、出口贸易、进口贸易、货运集散地等方面系统记录自元代至民国在海上丝绸之路航道上的贸易情况。港口记录市舶司（务），相关经济、文化、社会部类中的经济综述、商业服务业、金融、城市建设、科技、教育、卫生、文化艺术、人物、租界等卷简录海上丝绸之路所带来的经济、人文交流与中西文化的融汇。笔者认为，如果将上述资料汇集一起，则是一部比较完整、系统的上海地区海上丝绸之路的资料性文献。其文献价值有待学界开发利用。

2. 学术价值。"海上丝绸之路"是今人借用古代的历史符号，是学界研究的课题，上海地

① 第6292页。

区的海上丝绸之路是海上丝绸之路组成部分之一。《上海通志》中所记有关海上丝绸之路的文献资料对于研究上海地区的丝绸之路无论从管理机构、海运货物、航海航线、外贸状况、人文交流等方面均有很高的学术价值。

3. 服务现实价值。“2013 年 9 月、10 月，国家主席习近平先后在访问哈萨克斯坦和印尼时提出共建‘丝绸之路经济带’和‘21 世纪海上丝绸之路’的倡议。‘一带一路’倡议覆盖欧亚非三大洲，沿线人口 44 亿，经济总量 21 万亿美元，分别占全球的 62.5% 和 28.6%。‘一带一路’倡议以政策沟通、设施联通、贸易畅通、资金融通、民心相通为主要内容，是中国向世界提供的最耀眼的公共产品，‘一带’旨在优先发展包括东北亚、中亚、西亚在内的周边地区，以互联互通为发力点，构建基于基础设施、制度规章和人员交流三位一体的全方位链接，构建沿线和平、稳定的发展环境。‘一路’旨在倡导和建设新时代的海洋新秩序，通过推进合作，与海上相关国家共同打造沿海发展经济带，同时打通基于开放安全的航海通道。‘一带一路’陆海兼顾、东西统筹、南北呼应、双翼齐飞，是中国经略欧亚大陆、构建周边战略依托、实现中华民族伟大复兴的中国梦的两只翅膀。”[①] 开发、利用地方志文献中有关“丝绸之路”资料为“一带一路”提供历史资料，为政府、为社会所利用，为发展地区经济、繁荣地区文化是当代方志人的职责所在。《上海通志》中有关上海地区海上丝绸之路的文献资料对于继承与弘扬上海地区海上丝绸之路具有服务现实价值。

综上可见，《上海通志》记录着较为系统翔实的有关上海地区海上丝绸之路和中西经济文化交流相融的资料，具有文献、学术、服务现实等价值，有待学界开掘利用，为新时期的海上丝绸之路提供历史佐证借鉴，并在全球内得到传播和弘扬。

三　地方志记载“一带一路”建设的思考

地方志如何记载“一带一路”是当代地方志人必须认真思考的现实问题，笔者认为目前应做好以下三点：

（一）认真学习党和国家领导人有关“一带一路”建设的论述，提高思想认识。阅读报刊书籍上有关“一带一路”建设的文章论稿，理解“一带一路”建设的丰富内涵，为记载本区域的“一带一路”建设做好思想与理论准备。

（二）在整理阅读旧志时，注意挖掘有关丝绸之路的文献资料，在新方志中开挖有关丝绸之路的文献资料。以此为基础，整理出版一地有关丝绸之路历史文化的文本，进行传播扩大影响，唤起人们的历史记忆。为新方志记载“一带一路”建设打下扎实基础。

（三）发挥地方综合年鉴的作用，记录一地有关“一带一路”建设资料，为第三轮修志作资料储存。例，《上海年鉴 2012》设有专文《上海世博会地区开发建设》，专记《上海虹桥商

① 于军：《“一带一路”倡议与中国外交布局》，《黑龙江史志》2016 年第 3 期。

务区》《上海国际旅游度假区》。《上海年鉴 2013》设有专文《上海国际贸易中心》，专记《上海世博会地区》《上海虹桥商务区》《上海国际旅游度假区》。《上海年鉴 2014》设有特记《中国（上海）自由贸易试验区建设》，专记《上海世博会地区》《上海虹桥商务区》《上海国际旅游度假区》。《上海年鉴 2015》设有特记《中国（上海）自由贸易试验区建设》，专记《上海世博会地区》《上海虹桥商务区》《上海国际旅游度假区》。《上海年鉴》编者设置特记、专记、专文栏目记载上海 21 世纪海上丝绸之路的相关资料，年复一年长期积累为第三轮上海市志记载上海地区 21 世纪海上丝绸之路建设提供年度文献资料。值得方志人效法。

笔者认为，文化的交流与沟通是促进“一带一路”沿线国家民众相通的最有效途径。在这方面，上海 21 世纪海上丝绸之路将为深化我国与丝绸之路沿线国家文化交流与合作的桥梁，可以发挥应有的作用。

河西出土文献与汉魏王朝疆域地理制度研究

赵鹏团（浙江省人民政府地方志办公室）

提要：汉魏时期，历代朝廷都借助上计制度搜集王朝疆域地理资料。依附在计簿里、却不属于上计内容、很少被正式提及的地理文书，是王朝疆域地理资料搜集的途径。通过依附于上计制度而存在的“问计”制度，可以全面或有针对性地询问、了解各地地情。汉魏时期王朝疆域地理制度由于缺乏史料，相关研究一直付之阙如。近些年来西北原丝绸之路河西走廊区域出土了大量简书，为支离破碎的正史记录提供了大量佐证，使汉魏王朝疆域地理制度真相重见天日。

关键词：汉魏时期　出土文献　疆域地理制度

一　问题的提出及解决途径

在封建专制王朝时代，由于信息的闭塞、交通的困难、各地相对独立的自主经济模式，特别是王朝军事管理和战争的需要，决定了中央政府对于王朝疆域地理资料的搜集工作具有异常重要的作用。因此，历代王朝无不把疆域地理资料搜集作为政府的大事要事来抓。但是长期以来，由于史料的严重匮乏，关于王朝地理资料搜集制度的研究主要集中在唐以后。唐前研究，付之阙如，且唐以前王朝疆域地理资料搜集制度的研究仍然只限于地方官吏考课所涉及的钱粮、丁口、赋额、耆老等内容，地方上山川、关隘、建置、民俗、物产、治政得失等方面资料是如何搜集并汇总到中央政府的，学界迄今仍然没有明确的说法。潘晟在他的《宋代图经与九域图志：从资料到系统知识》一文中就说：“关于王朝疆域地理资料的搜集传统，在唐代以前的具体运作方式，并没有留下详细记载。”① 如此重要的事项，唐以前的基本面貌竟然不得而知，笔者深以为憾。于是着手做资料长编，首先尝试从传世文献中寻找当时的草蛇灰线。经过反复梳理，笔者发现，结合史书中关于上计考课的记载和历代地理志的体例成因，我们可以推测汉魏时期王朝疆域地理制度与当时的上计制度有着十分密切的关系。

---

① 潘晟：《宋代图经与九域图志：从资料到系统知识》，《历史研究》2014年第1期，第80页。

《隋书·经籍志》地理类序载：“武帝时，计书既上太史，郡国地志，固亦在焉。”① 就已经明确了上计在地方官吏考课之外，还包括有收集地方军政地理资料的内容。但是长期以来这个观点不受人重视，主要原因可能是除这句话外，缺乏其他的史料作为旁证。其实隋志继踵汉志，统六朝绪余，所见史料既博，距汉代又近，其言必有所据。而统观各方面的记载，隋志这个论断是有充分历史依据的。事实上，不仅汉武帝时上计包含了“郡国地志”，汉魏西晋时期这种模式也一直保持着，基本未曾中断。这里需要说明的是，在笔者看来，所谓“郡国地志”并非隋唐时期的图经乃至后世的方志，而是指地方政府所纂的地理文书，其中包括地图和地方山川、建置、风土物产等文字记述。《隋志》称为“郡国地志”，是因为史官以此前六朝地志这一地理书称谓追称前代之作。也就是说，两汉魏晋时期中央政府一直通过地方官吏上计考课这个相对稳定的程序，保证了地方军政地理资料搜集工作的延续性，兹论述如下。

《史记·萧相国世家》：“沛公至咸阳，诸将皆争走金帛财物之府分之，何独先入收秦丞相御史律令图书藏之……汉王所以具知天下厄塞，户口多少，强弱之处，民所疾苦者，以何具得秦图书也。”② 又《史记·张丞相列传》：“是时萧何为相国，而张苍乃自秦时为柱下史，明习天下图书计籍。苍又善用算律历，故令苍以列侯居相府，领主郡国上计者。”③ 根据这两条记载，我们可以得出三个结论：一是既然《史记》说秦时柱下史的职责是“明习天下图书计籍”，那么可见自秦朝开始，就已经有了一套相对成熟的了解郡县疆域地理信息的工作程序。汉承秦制，因袭未变，这套程序也应当保留了下来。二是以图书与计籍并称，可知图书并非是计籍，应当不属于地方官员上计考核的主题内容；三是图书既与计籍并称，那么就应当与上计工作有较为密切的联系，所以《史记》才强调主管上计的张苍“明习天下图书”。

到了《汉书》当中，上计与疆域地理资料搜集制度之间的关系就变得更为明显。《汉书·匡衡传》中说：“（丞相）衡位三公，辅国政，领计簿，知郡实，正国界。”④ 将这段话当中的“知郡实，正国界”和上文所引张苍事互相印证，我们可以更进一步确定丞相府所主领的上计，不仅仅是地方官员的政绩考核，应当还有汇集地方上“知郡实、正国界”等地理类图书的内容。也就是说，地方官吏上计的主要材料虽然是计簿，但计簿之外，应当附带有呈送地方上的地图等地理资料，或者还应当包括地方治政得失等内容。班固《东都赋》说：“春王三朝，会同汉京。是日也，天子受四海之图籍。”⑤ 也说明了计吏所报，在计簿之外，确实有地方山川郡界方面的地图在内。匡衡本传中也有一段关于计簿与郡图的记述，十分珍贵：

初，衡封僮之乐安乡，乡本田堤封三千一百顷，南以闽佰为界。初元元年，郡图误以

---

① 魏征：《隋书》，北京：中华书局，1973 年，第 987 ~988 页。

② 司马迁：《史记》，北京：中华书局，1963 年，第 2014 页。

③ 同上，第 2676 页。

④ 班固：《汉书》，北京：中华书局，1964 年，第 3346 页。

⑤ 范晔：《后汉书》，北京：中华书局，1965 年，第 1364 页。

闽佰为平陵佰。积十余岁，衡封临淮郡，遂封真平陵佰以为界，多四百顷。至建始元年，郡乃定国界，上计簿，更定图，言丞相府。衡谓所亲吏赵殷曰：“主簿陆赐故居奏曹，习事，晓知国界，署集曹掾。”明年治计时，衡问殷国界事：“曹欲奈何?”殷曰：“赐以为举计，令郡实之。恐郡不肯从实，可令家丞上书。”衡曰：“顾当得不耳，何至上书?”亦不告曹使举也，听曹为之。后赐与属明举计曰：“案故图，乐安乡南以平陵佰为界，不（足）（从）故而以闽佰为界，解何?”郡即复以四百顷付乐安国。[①]

这条记载从侧面说明上计的文书当中包括了各郡详细的舆图，甚至可以推断郡界舆图就是上计时必须要呈送的材料。而从目前已出土上计簿书的残篇断简来看，实际情形也确实如此。连云港出土的尹湾汉墓简牍对郡界作了具体记录，湖南郴州苏仙桥出土晋简中对城池的位置距离、水文山岳、矿产、建置等都作了记录。

此外，周振鹤的《西汉政区地理》在探讨《汉书·地理志》文献来源时发现了一个重要命题，他在书中说：“由此看来，《汉志》事实上乃是两份资料的混合物。一份是平帝元始二年各郡国的户口籍，另一份大抵是成帝元延绥和之际各郡国的版图（即所属县目）。这两种资料生硬地拼凑在一起。”[②] 孔祥军的《从新出土湖南郴州苏仙桥晋简看〈汉书·地理志〉之史源》中也说：

清人王鸣盛曾对《汉志》书法体例不一颇有微词，“以杂官书法论之，大约皆注于其所置之县下，如京兆尹郑县下注‘有铁官’之类，至弘农郡下注‘有铁官，在黾池’，又于宜阳县下注‘在黾池有铁官也’，而黾池县下反不注……以山之书法论之，大约皆注于其所在之县下，而雁门郡下注‘句注山在阴馆’，其属县阴馆下不注……以各郡建置之书法论之，有但云某帝置者，有详述某帝某年置者，又郡国皆注建置沿革，县无之，而亦间或有之，此亦其体例不一者也。”除王氏所列举外，又有一显例，《汉志》于郡国皆具录户口，而于各县下不录，不过却有部分例外，钱大昕概括云：“县邑有户口者，京兆之长安，冯翊之长陵，扶风之茂陵，河南之雒阳，颍川之阳翟、傿陵，南阳之宛，蜀郡之成都，鲁国之鲁，楚国之彭城，凡十县，惟雒阳注于郡名之下。”谭其骧也说：“它有它一定的编撰义例，却又往往为例不纯。”对此，王鸣盛作如许解释：“盖本无一定体例，有因故籍之详略而详之略之者”，王氏所解甚是，但是并未言明此故籍正为天下计书，《汉书》之所以出现上述种种情况，在很大程度上可能与计书本身所记内容有关，班固只是照抄而已，只不

① 班固：《汉书》，北京：中华书局，1964年，第3346页。
② 周振鹤：《西汉政区地理》，北京：人民出版社，1987年，第23页。

过他在抄录的时候未能在统一体例方面做到尽善尽美、一以贯之。”①

周振鹤、孔祥军这里虽然专指汉志，但他们所描述的这种情形却非汉志所独有。《魏书·地形志》就表示自己所用的资料多来自计簿《永熙绾籍》：“永安末年，胡贼入洛，官司文簿，散弃者多，往时编户，全无追访。今录武定之世以为志焉……其沦陷诸州户，据永熙绾籍，无者不录焉。”② 而今我们细读地形志的文字，会发现它是在大量文书资料基础上精简整理而成。魏志虽然主要记述州郡建置沿革及地方的户口山川，却夹杂了大量祠庙、亭台、碑冢的信息。而这些地方建置的信息，有些州郡有，有些则无，显得参差不齐。这种记述情况显然确如魏志自承，是取资于地方上报的地理文书。既然汉志、魏志均取资于各地呈送的计簿图书，考虑到古史编修手法一脉相承的情况，我们有理由推断：《史记·货殖列传》《后汉书·郡国志》等也都应当取资计簿。那么《隋书·经籍志》所说的：“天下计书，先上太史，善恶之事，靡不毕集”③“武帝时，计书既上太史，郡国地志，固亦在焉。而史迁所记，但述河渠而已。其后刘向略言地域，丞相张禹使属朱贡条记风俗，班固因之作《地理志》……是后载笔之士，管窥末学，不能及远，但记州郡之名而已。”④ 等等这些阐述疆域地理资料来源的话，就确实是有所凭据了。也就是说，地方官吏上计之时，除了报送官员钱粮赋税等政绩数据的籍账以外，还要呈送地方上地理资料的文书。

由此我们可以得出结论：两汉魏晋时期，王朝疆域地理资料的搜集制度与上计制度是密不可分的，各地呈送计簿等文书时，同时也呈报地方上军政地理的文书材料。上计制度本身，就是中央政府掌握疆域地理资料的一个重要途径。

至于汉魏时期出土计簿具在却始终未见舆图的疑问，笔者认为应当是由于舆图不便于保存、较早损毁散佚的缘故。根据传世文献的记载和出土文物反映的情况来看，早在汉代就已经有木版、绢帛、纸质等材料制作的地图，除木质材料有可能较长时间保存之外，绢帛、纸张这两种材料都极易腐坏。《三国志》裴松之注所引《晋阳秋》中记载：“浚收其图籍，领州四，郡四十三，县三百一十三，户五十二万三千，吏三万二千，兵二十三万，男女口二百三十万，米谷二百八十万斛，舟船五千余艘，后宫五千余人。”⑤ 地图与籍账并称，与史记中萧何所收秦图书的地图与文书并称一致，可见当时地图与籍账都是上计必须要呈送的资料。地图与地理文书既非官吏考核凭据，应当多与计簿分开呈送，保存时也应当是与计簿这种大件资料分开保存的，所以丢失损毁的程度应该更严重。晋代裴秀慨叹：“周秦地图秘书殆绝，仅有汉氏及《括

① 孔祥军：《从新出土湖南郴州苏仙桥晋简看〈汉书·地理志〉之史源》，《南京晓庄学院学报》2014年第4期，第27页。

② 魏收：《魏书》，北京：中华书局，1974年，第2455页。

③ 魏征：《隋书》，北京：中华书局，1973年，第981页。

④ 同②。

⑤ 陈寿：《三国志》，北京：中华书局，1964年，第1177页。

地》诸杂图，粗具形似，不为精审。（裴秀）于是作《禹贡地域图》，今亦不可得见矣。”① 裴秀之言说明之前确有舆图和官方的地理文书，只是保存不好，到他那个时候就已经见不到了。

二　河西走廊出土简书与推断的印证

如上文所梳证，笔者对汉魏时期上计制度与王朝疆域地理制度之间的关系，作了简略的分析和推论。然而这些推论，虽有传世文献为理论推导的根据，却并没有具体的证词，依然不能算作对唐前王朝疆域地理制度的正式答案。

近年来，原丝绸之路河西走廊区域出土了大量汉魏时期的简书，这些简书是正史当中汉魏时期王朝疆域地理制度支离破碎的记载的补充，为笔者上文的推论提供了丰富的佐证。

近年来，出土计簿数量较多，自两汉以至于隋唐不一而足。从这些出土的计簿籍账来看，大都是地方官吏治政的相关数据，基本没有专门从王朝军政地理角度撰写的地理文书。这就说明，正如上文所述，上计虽然包括了地理文书，但这些文书却应当是与籍账分开呈送的，也不作为地方官吏考核的依据，只是例行报备，作为中央政府掌握各地军政地理资料的一种手段。

而从目前的出土文献，我们又可以看出，上计实际上是上一级政府机构对于所属下一级政府机构官员政绩的考课方式，这种考课主要采用量化管理的方式，用具体的数据对地方官员的行政成绩进行审核。这种量化管理的方式，自秦汉以来，历代王朝政府一直沿用，不仅上计，包括行军作战当中功过的核算，也采用这一方式②。在新、旧居延汉简中，对于这种核算方式有具体的记录：

拘校，与计簿相应。(E・P・T52：576)③

书到，拘校处实，牒别言。(317・6)④

口长丞拘校，必得事实。牒别言，与计偕如律令，敢告卒人。椽定、属云、延寿、书佐德。(E・P・T53：33A、B)⑤

拘檄出入不应法者，举白。(E・P・T51：649)⑥

候长不相与校而令不相应，解何，檄到，驰持事诣官，须言府，会月二十日日中，毋以它为解必坐有。(E・P・T19：454)⑦

卅井言，谨拘校二年十月以来计最。未能会，会日谒言解。(430・1、430・4)⑧

---

① 王应麟：《困学纪闻全校本》，上海：上海古籍出版社，2008 年，第 1157 页。

② 参见《史记・张释之冯唐列传》中冯唐答对文帝的言辞。

③ 甘肃省文物考古研究所等：《居延新简——甲渠候官与第四燧》，北京：文物出版社，1990 年。

④ 谢桂华等：《居延汉简释文合校》，北京：文物出版社，1987 年。

⑤ 同②。

⑥ 同②。

⑦ 同②。

⑧ 同③。

这些记录都是站在郡府角度的陈述。但以理推之，中央政府的受计也是同样方式。也就是说，上计的程序是上计者提供各方面的数据账册，受计者指派相关曹丞将上计者呈报的文书进行互校，辨别数据的真伪；将实物与上报数据进行比对，审订地方账册的准确性（即拘校）。对于审计中发现的不当、不实等问题，上计者要另外提供书面解释材料（即牒别言）。通过各类数据的审计核算，确定地方官吏年度工作的殿最。《睡虎地秦墓竹简·效律》对此程序也作了明确说明：

计用律不审而赢、不备，以效赢、不备之律赀之，而勿令赏（偿）。

计校相缪（谬）（也），自二百廿钱以下，谇官啬夫；过二百廿钱以到二千二百钱，赀一盾；过二千二百钱以上，赀一甲。人户、马牛一，赀一盾；自二以上，赀一甲。

计脱实及出实多于律程，及不当出而出之，直（值）其贾（价），不盈廿二钱，除；廿二钱以到六百六十钱，赀官啬夫一盾；过六百六十钱以上，赀官啬夫一甲，而复责其出（也）。人户、牛马以上为大误。①

由上可见，对于地方民俗、山川、治政、兵略等内容的咨问，与这种量化考核的程序是格格不入的。也就是说，各地方的军政地理文书上报虽然依附于上计程序而施行，却并非上计程序，而是借助于上计制度的稳定施行，确保王朝疆域地理制度的可持续性。《汉书》说：“上计簿具文而已，务为欺谩，以避其课。”②“郡国恐伏其诛，则择便巧史书习于计簿能欺上府者，以为右职。”③ 可见上计的标准程序是以数据核算校对为主，与疆域地理资料搜集无涉。而此前研究当中，一直视作上计程序之一的“问计”，在史料中所在多有。现就正史中所载条目择要具列如下，以重新审视并确定“问计”的实质：

《汉书·王成传》：后诏使丞相御史问郡国上计长吏守丞以政令得失。④

《汉书·循吏传》：窃见丞相请与中二千石博士杂问郡国上计长吏、守丞，为民兴利、除害，成大化，条其对。有耕者让畔、男女异路、道不拾遗及举孝子、弟弟、贞妇者，为一辈，先上殿。举而不知其人数者，次之。不为条教者，在后，叩头谢。丞相虽口不言，而心欲其为之也。”⑤

《后汉书·张堪传》：帝尝召见诸郡计吏，问其风土及前后守令能否。蜀郡计掾樊显进

① 睡虎地秦墓竹简整理小组：《睡虎地秦墓竹简》，北京：文物出版社，1990 年，第 75 ~ 76 页。
② 班固：《汉书》，北京：中华书局，1964 年，第 273 页。
③ 同②，第 3077 页。
④ 同②，第 3627 页。
⑤ 同②，第 3632 页。

曰：“渔阳太守张堪昔在蜀，其仁以惠下，威能讨奸。前公孙述破时，珍宝山积，卷握之物，足富十世，而堪去职之日，乘折辕车、布被囊而已。”帝闻，良久叹息。①

《太平御览》：郭宏为郡上计吏，朝廷问宏颍川风俗所尚，土地所出，先贤、将相、儒林、文学之士，宏援经以对，陈事答问，出言如浮，引义如流。②

根据文献中的这些记载，“问计”基本上都是中央政府向各地计吏的咨问，所问内容包括了地方上的政令得失、孝廉人物、风俗民情、地理物产等各方面信息，依当时具体情形而发，形式相对灵活，内容也不固定。因此，笔者认为，所谓“问计”，实际上是中央政府借上计考课时各地计吏云集的大好时机，顺便了解各地方军政地理情况。这种“问计”既发生于正式上计仪式的前后，便不能与上计截然分开。问计中既有王朝疆域地理情况的咨询，也有地方行政的问答与命令。后者便不免与上计产生联系，加之专制君主意旨的随意性，这些内容有时会影响到地方官吏的考评，有些则会成为地方政府下一次上计所要重视的内容。但整体来讲，“问计”毕竟不是正式上计程序，其所问内容又多与疆域地理有关，不能与上计等同视之。

而从文献记录的“问计”情况来看，问计在不同皇帝在位、不同丞相（御史）在职期间都有发生，据此推想，“问计”应已形成惯例，只要朝廷举行上计考课，在大多数情况下，“问计”都会在考课前后进行。

晋惠帝曾就“问计”之事征求王浑的意见，王浑回答说：“旧三朝元会前计吏诣轩下，侍中读诏，计吏跪受。臣以诏文相承已久，无他新声，非陛下留心方国之意也。”③ 王浑所谓“诏文相承”之事，在《后汉书志·百官志一》司空条注文所引《汉旧仪》中有详细描述：

御史大夫敕上计丞长史曰：“诏书殿下布告郡国：臣下承宣无状，多不究，百姓不蒙恩被化，守长史到郡，与二千石同力为民兴利除害，务有以安之，称诏书。郡国有茂才不显者言（上）。残民贪污烦扰之吏，百姓所苦，务勿任用。方察不称者，刑罚务于得中，恶恶止其身。选举民侈过度，务有以化之。问今岁善恶孰与往年，对上。问今年盗贼孰与往年，得无有群辈大贼，对上。”④

这说明常规的“问计”多是皇帝派使臣例行宣诏劝勉地方，并不能每次都详加咨问。而以常理推度，聚集天下计吏于一堂，逐一讯问，既无必要，亦不可能，所以王浑才说“诏文相承已久，无他新声”。上文所引的各种有具体内容的“问计”记载，应当是挑选部分计吏进行询

① 范晔：《后汉书》，北京：中华书局，1965年，第1100~1101页。
② 李昉：《太平御览》，北京：中华书局，1960年，卷463辩上条。
③ 房玄龄：《晋书》，北京：中华书局，1974年，第1204页。
④ 司马彪：《后汉书志》，北京：中华书局，1965年，第3562页。

问或者因为某事而有针对性地咨询某地计吏。

“问计”除了作为朝廷观风问俗、了解地方治政地情例行仪式之外，有时还会因为朝廷军略等各种临时性的特定因素而发生。如《后汉书·南蛮西南夷传》就记载汉灵帝专门为益州兵事询问益州计吏对征讨之事的意见：

> 灵帝遣御史中丞萧瑗督益州兵讨之，连年不能克。帝欲大发兵，乃问益州计吏，考以征讨方略。汉中上计程包对曰：“板楯七姓，射杀白虎立功，先世复为义人。其人勇猛，善于兵战。昔永初中，羌入汉川，郡县破坏，得板楯救之，羌死败殆尽，故号为神兵。羌人畏忌，传语种辈，勿复南行。至建和二年，羌复大入，实赖板楯连摧破之。前车骑将军冯绲南征武陵，虽受丹阳精兵之锐，亦倚板楯以成其功。近益州郡乱，太守李颙亦以板楯讨而平之。忠功如此，本无恶心。长吏乡亭更赋至重，仆役箠楚，过于奴虏，亦有嫁妻卖子，或乃至自刭割。虽陈冤州郡，而牧守不为通理。阙庭悠远，不能自闻。含怨呼天，叩心穷谷。愁苦赋役，困罹酷刑。故邑落相聚，以致叛戾。非有谋主僭号，以图不轨。今但选明能牧守，自然安集，不烦征伐也。”帝从其言，遣太守曹谦宣诏赦之，即皆降服。①

综上所述，“问计”依附于上计而行，往往发生于正式上计仪式的前或后。其所咨问内容较为广泛，举凡地方军事、治政、地理、风俗、人物、土产等，无不涉及，其主旨并非地方官吏考评，而是以疆域地理资料搜集为重。换句话说，“问计”与地方上计惯例呈送地理文书一样，都属于汉魏时期中央政府搜集王朝疆域地理资料的一种常规手段。

三　结论

总结上文所述，秦汉以后，特别是两汉魏晋时期，历代朝廷一直都稳定推行的上计制度和问计仪式，同时也正是中央政府征集汇总王朝疆域地理资料的两大途径。上计和问计的稳定性，确保了朝廷能够相对全面地掌握各地军政地情并及时进行更新修订。其中上计程序中呈报的地方地理文书，是当时王朝疆域地理资料搜集的主要手段。而问计制度由于常常流于形式化，则只能作为中央政府了解疆域地情的一种附加手段。汉魏时期王朝疆域地理制度的概貌得以呈现，正有赖于丝绸之路原河西走廊简书的出土。

① 范晔：《后汉书》，北京：中华书局，1965 年，第 2843 页。

唐宋期间明州（庆元）港港口地位升格机缘

——以地方志为中心的考察

汪凤娟（江西省方志馆）

提要：唐宋六百多年间，明州（庆元）港从一个县级港发展为一个州府级的国际巨港，其港口地位的升格有五大因素值得考察：一是扬州港在唐后期直到宋初北方的动荡中屡披战祸，漕运系统日渐瘫痪，港口地位随之下降，加之中原王朝经略重点的一再南移，扬州最终失去了南北要冲的战略地功能和南货北运的物资集结地功能，明州（庆元）港在这种大变局中乘势而起；二是安史之乱以后，陆上丝绸之路被阻塞，国家经略重点转向东南沿海地区，明州（庆元）港肩负起海外贸易重任；三是浙东地区人口的增加和粮食的供应不足，明州（庆元）港遂成为浙东周转长三角和珠三角地区粮食的重要港口；四是随着治所的迁移和行政升格，明州（庆元）港形胜地位愈加凸显；五是沿海制置司和市舶司的设置，强化了明州（庆元）港的军事、经济地位。

关键词：唐宋　明州（庆元）港　地位　海外贸易

据志书记载，宁波地区的最高行政级别在唐初为句章县，唐开元二十六年（738）由县升格为明州，南宋时由州升格为庆元府。① 同时，明州（庆元）港②在宋代崛起为长江三角洲地区的第一大港，成为长三角地区外贸业发展的领跑者，取代唐、五代时期扬州国际大港的地位。③ 对于宁波地区行政和港口级别的升格，其内在和外在机缘，值得深究。

---

① 〔元〕袁桷等：〔延祐〕《四明志》卷一《沿革考》，《中国方志丛书》，台北：成文出版社有限公司，1983 年，第 5521 ~ 5522 页。

② 唐宋期间，宁波地区的名称和辖区一直在演变中，明州这一名称改自开元二十六年（738），此后虽有反复，但沿用日久，直到南宋宁宗时才改为庆元府，故文中用明州（庆元）来代指唐宋时期的宁波地区。

③ 学术界关于唐宋时期港口级别和地位问题的研究成果可举两例说明：其一，浙江大学地理学系黄盛璋《中国港市之发展》一文以不同历史时期港口在国家的地位为出发点，指出：唐五代时期为东南部港市发展期，这时的主要港口为交、广、扬和泉州，而浙江流域的明州，黄河流域的登州、莱州则是次一级的港口。宋元明初则为中北部港市发展期。宋初，长江口岸的扬州衰落了，其国内贸易被真州取代，而国外贸易则分别退让与杭州和明州。见《地理学报》1951 年第 1 ~ 2 期，第 25 页。其二，复旦大学史地研究中心吴松弟、王列辉所著《唐朝至近代长江三角洲港口体系的变迁轨迹》一文以港口在长三角局部地区的地位变迁为出发点，指出：长江三角洲最重要的贸易港从唐代的扬州转移到宋元明时期的宁波及外港双屿港。见《复旦学报》（社会科学版）2007 年第 2 期，第 98 页。

一　大漕运系统的逐步崩溃和长江下游港口地位的连环性转变

隋、唐两都长安和洛阳远离长江三角洲，但又离不开该区的物资供应。史念海指出：“唐代有几个比较重要的经济地区，黄河中下游和长江下游都居有影响全局的地位。扬州就在长江下游经济地区的中心。”同时，他概述扬州在江淮经济区中的地理位置道：“当时这个地区虽分为两道六州，靠着运河却把它们从南到北连在一起，而长江又由西向东横贯其间，形成十字交叉，扬州就位于这个十字交叉点上。”① 凭借这种地理位置上的优势，扬州港出现“百万漕艘，浮江而至”“百州贸易迁涉之人，往还其下，日夜灌输”② 的繁荣景象。

扬州港的繁荣有两大因素值得关注：一是长江下游太湖周围地区农业的长足发展是其直接保障，东南八道的经济发展为其间接保障；二是南北一统，运河畅通，南货北运不辍，扬州才能保证其战略物资集结地和中转站的功能。但是，自唐中后期以来，迅速崛起的扬州稍后就遇到了发展的麻烦。

首先，唐中后期以来北方战事频仍，扬州及其所在的江淮经济区受到了严重破坏。扬州位于长江北岸，作为漕运周转地和江淮要冲，其形胜之要和经济的极度繁盛引起拥兵者的觊觎，屡披兵祸已是在所难免。唐大顺二年（891），“朱全忠遣使与杨行密约，共攻孙儒。儒悉焚扬州庐舍，驱丁壮及妇女渡江，杀老弱以充食”；“先是扬州富庶甲天下，时人称‘扬一益二’，及经秦、毕、孙、杨兵火之余，江淮之间，东西千里扫地尽矣”③。唐乾宁四年（897），驻守开封的朱温为抢夺江淮财赋，屡次派兵南侵淮南，以便打通运河直通长江，但以失败告终，导致运河运输线长期被切断。后周显德四年（957），世宗率军大举进攻南唐，攻破数州。在此情况下，“唐人悉焚扬州官府民居，驱其人南渡江。后数日，周兵至城中，余癃病十余人而已”④。战争的破坏和人口的锐减成为经济发展的瓶颈，摧残了扬州港的繁荣。

其次，作为漕运的物资集结地和中转站，扬州港的衰落与唐宋都城区位的变迁有关。唐两都长安和洛阳，相对于北宋都城开封和南宋都城临安，都远离江淮经济区。唐代漕运大致分为三节，“江淮是一节，河南是一节，陕西到长安是一节”“然而三处惟是江淮最切。何故？皆自江淮发足。所以韩滉由漕运致位宰相，李锜因漕运飞扬跋扈，以至作乱。”⑤ 唐代以扬州为中转站的漕运之重要性和关系唐代国运的实质表露无遗。但是，五代割据下的运河被人为地分割了，扬州港口周转地地位每况愈下。北宋定鼎开封，都城的物资供应不单单来源于江淮漕运：

---

① 史念海：《河山集》（三集），北京：人民出版社，1988 年 1 月版，第 286 ~288 页。

② 〔清〕尹会一、程梦星等：雍正《扬州府志》卷四《疆域》，《中国方志丛书》，台北：成文出版社有限公司，1975 年，第 44 页。

③ 〔清〕姚文田：《广陵事略》卷三《唐五代》，中国数字方志库，清嘉庆十七年（1812）归安姚文田开封节院刻本，第 25 页。

④ 〔清〕姚文田：《广陵事略》卷三《唐五代》，中国数字方志库，清嘉庆十七年（1812）归安姚文田开封节院刻本，第 42 页。

⑤ 〔元〕马端临：《文献通考》卷二十五《国用三 · 漕运》，杭州：浙江古籍出版社，1988 年，第 248 页。

“是时漕运之法分为四路：东南之粟，自淮入汴至京师；陕西之粟，便自三门白波转黄河入汴至京师；若是陈蔡一路粟，自惠民河至京师；京东之粟，自广济河至京师。四方之粟，有四路四条河至京师。当时最重者惟是汴河。”① 与唐代中后期相比，北宋的江淮漕运已经不是国家经济命脉的唯一来源。所以，即使北宋从江淮地区输送财赋超于唐代，但唐代从江淮流域运粮到黄河流域中、上游，其漕运线路之长、组织规模之大和朝廷之重视程度都为北宋所无法比拟。大运河的急剧衰落，当在北宋末年和整个南宋与金的冲突中。那时大运河漕运基本不起任何作用，扬州的发展更是糟糕。这时的扬州已经沦落为长江沿岸的一个普通港口。日本学者斯波义信指出：“由于金人的入侵和北中国的陷落，宋朝丧失了运河最北的一段，而中段则遭受了严重破坏，结果，内河运输网络越来越小、越来越单一，而且其主要生命线由人工运河转向航运环境不稳定的江河——长江。”②

二　大航海时代的到来和明州港的崛起

唐代安史之乱后，吐蕃趁机占领陇右、河西，最主要的商贸通道——陆上丝绸之路被阻塞。北宋时，中原王朝北方前有契丹、后有金，先后阻挡了日本、高丽与宋的北方交通线。西北有西夏，阻挡了宋与中亚各国，乃至欧洲交往的陆上丝绸之路。西南有吐蕃和大理，截断了宋与南亚、东南亚各国的陆路交通。至此，陆上丝绸之路长期处于间断状态，远远不能发挥隋唐鼎盛时期东西方交流的作用。两宋只有通过东南地区的海上交通，才能找回隋唐盛世万国来朝的感觉。于是，明州、登州和莱州成为宋和日本、高丽贸易的主要港口；泉州和广州成为宋与阿拉伯贸易的主要港口。所以，北宋的立国预示着大航海时代的即将到来。同时，安史之乱后经济重心开始南移。两宋时期，两浙、福建、广东等沿海地区成为国家经略的重点。苏轼论道：“两浙之富，国用所恃，岁漕都下米百五十万担，其他财赋贡馈不可悉数。”③ 这就为海上丝路的崛起奠定了基础。

唐代中后期，扬州虽屡披兵祸，但明州港并没有一跃成为长三角地区的大港。一方面由于同一地区扬州港的压倒惯性还在，不给明州发展的空间。另一方面明州虽处宁绍平原，但由于距都城长安玄远，物资转输劳资无穷，实为不方便。因此，当时地方官们并不提倡明州向唐中央进贡地方特产等额外奢侈品。例如，元稹为浙东观察使时，“明州旧贡蚶，走驿达于长安，邮卒不胜其疲，稹奏罢之。”④ 另一位唐宪宗时期的大臣孔戣，也认为明州距京师遥远，岁贡应

---

① 〔元〕马端临：《文献通考》卷二十五《国用三·漕运》，杭州：浙江古籍出版社，1988 年，第 248 页。

② 〔日〕斯波义信撰，张天虹译：《商业在唐宋变革中的作用》，《文史哲》2009 年第 3 期，第 14 页。

③ 〔宋〕苏轼：《苏轼文集》卷三十二《进单锷〈吴中水利书〉状》，北京：中华书局，1986 年，第 916～917 页。

④ 〔宋〕张津等：〔乾道〕《四明图经》卷一《贤守事实十二》，《中国方志丛书》，台北：成文出版社有限公司，1983 年，第 4963 页。

该停罢："明州贡蚶蛤淡菜，水陆劳费，特奏罢之。"[①] 在此情况下，明州港的腹地很难广泛开拓，崛起有很大困难。此外，明州没有迅速崛起的原因还跟它的地理位置有关。在唐朝南北一统的前提下，北方的国际贸易主要由登州、莱州，尤其是扬州接管。南方的国际贸易主要由广州、交州、泉州接管。黄盛璋指出："日本南下之道，常为扬州所夺，而外商由广州北上扬州之道，中间已有泉州停顿，所以明州在唐代始终不能成为大港市。"[②] 不过，明州的发展一直在进行中，并且愈到后来，发展机会愈加突出。

两宋之交，尤其是南宋，偏都临安，淮河以北领土基本完全丢失，战火烧到长江沿岸，淮南经济巨区屡受战乱摧残。北方与日本、高丽贸易的主要港口登州、莱州随着国土的沦丧而丢失。这时，南宋更加注重江南经济的发展，尤其是长江以南的港口城市。明州作为一个海港，此时完全肩负起与日本、高丽贸易的重任。乾道《四明图经》指出："明之为州，实越之东部，观舆地图，则辟在一隅，虽非都会，乃海道辐凑之地。故南则闽广，东则倭人，北则高句丽，商舶往来，物货丰衍。"[③] 黄盛璋辨析了明州和杭州的地位和航海条件后，指出："明州去杭州既近，又同位于杭州湾，何以还能有存在的价值呢？这是因为杭州湾沙滩日大，不便碇泊，而明州有余姚小江，可接运河。南宋姚宽《西溪丛话》说得很明白：'故海商泊船，畏避沙滩，不由大江，惟泛余姚小江，易舟而浮运河，达于杭越。'"[④] 这条运河由孟简开于唐代元和年间（806—820）。到宋时，萧山和上虞都已有了运河，"萧山在越州之西，又西通到钱塘江。上虞在越州之东，更东与余姚江相接。余姚江下游流经鄞江，鄞江流经庆元府（今浙江宁波市）城下。"[⑤] 日本学者斯波义信则指出："如此一来，未因宋朝北方领土的丧失而受到较大影响，保持相对的安全免遭更多进攻的唯一一段运河是长江三角洲内部的一段，即江南河。它的支线起于明州（宁波）港，终至杭州。"所以，"在南宋时期，北宋大运河系统中最短的一段不仅容纳了源源不断的驶往杭州的船只，而且构成了一个新的全国水上运输系统的中心一环，将繁荣的长江航运与东南沿海高利润的海外贸易连在一起，在当时便利了南中国内部剩余谷物与其他产品的循环流通。它还使商人们在帝国南部地区以及日本、东南亚的富庶港口获得了贸易机会，从而弥补了他们在北方市场上的损失。"[⑥]

三　人口增加和粮食转输：明州（庆元府）物资集结和转输地的形成

港口及其腹地的人口规模是港口发展的基本要素。从唐中叶到整个宋代，北方地区战乱频

---

① 〔宋〕张津等：〔乾道〕《四明图经》卷一《贤守事实十二》，《中国方志丛书》，台北：成文出版社有限公司，1983 年，第 4963 页。

② 黄盛璋：《中国港市之发展》，《地理学报》1951 年第 1 ~ 2 期，第 27 页。

③ 〔宋〕张津等：〔乾道〕《四明图经》卷一《分野》，《中国方志丛书》，台北：成文出版社有限公司，1983 年，第 4960 页。

④ 黄盛璋：《中国港市之发展》，《地理学报》1951 年第 1 ~ 2 期，第 29 页。

⑤ 史念海：《中国的运河》，西安：陕西人民出版社，1988 年，第 258 页。

⑥ 〔日〕斯波义信撰，张天虹译：《商业在唐宋变革中的作用》，《文史哲》2009 年第 3 期，第 14 页。

仍，大量衣冠贵族南迁。四明地区北有长江、钱塘江之险，东有大海屏障。相比长江北岸的淮南地区，浙东道（宋为浙东路）所受兵祸很少，人口激增。早在安史之乱前，鄮县改为明州的当年，该地区就开始接纳流民，“（齐澣）召集流民五百户，置此以安辑之”①。

在南宋，都城为临安，两浙为京畿重地，“四明重镇，二浙名邦，内以藩屏王畿，外以控制海道”②，明州（庆元）作为临安的藩屏，移民超过了前代。有资料表明：“明州也是建炎年间‘天下贤俊多避地于此’的江南七府州之一”。另外这份资料还充分参考了宝庆《四明志》的记载，指出：“明州历年进士人数及其籍贯，自建炎二年至开庆元年共713名，155人自北方迁入或祖籍北方，约占总数的21.7%。”③ 但人口的激增也使一系列问题接踵而至。明州为“濒海之地，田业既少”，加之“俗不甚事桑蚕纺绩”，人口的增加，以致“歉则上下皇皇，劝分之令不行州郡，至取米于广以救荒”“布帛皆贵于他郡”④。

人多地少所带来的生存压力在南宋不得不通过沿海贸易来调配粮食以补浙东粮食之不足。宋人已经在关注明州的粮食调运问题。如陆游给吏部郎中苏玭写的墓志铭道：“常平使者朱公元晦檄公，属以一郡荒政。客米自海道至者多，公请于朱公，请发积钱广籴，以为候备。朱公为闻于朝，如其请。”⑤ 朱熹接到这个情况后，据实向朝廷奏报：“本州遂于七月十八日具奏，乞支降官会一百万贯下本州，循环充本，雇备人船出海，经潮、广丰熟州军收籴米斛，准备赈粜赈济。”⑥ 到此，我们看到了南宋人口增加对港口的需求力度之大。全汉昇指出：“浙东每岁须从外地输入稻米。这些外来的米，先集中于明州及温州，然后分配于浙东各地。”⑦ 明州和温州成为浙东地区集结和转输稻米的主要港口。

需要指明的是，明州不只是作为粮食输入地，它还是浙东地区重要的粮食中转站。南宋与金人间的走私贸易盛行。全汉昇指出，运河流域分别隶属于两个敌对的政权组织之下，南北不畅通，再加上南宋政府的禁米出口政策，南粮无法北运，北方粮价陡长。南北粮价的差额吸引了不法商人，走私贸易盛行。但运河不通，唯有求于海道。全氏所引《建炎以来系年要录》和《宋会要》有四次朝廷法令禁止福建和江浙沿海不法商人走私粮食，其中三次提到明州。⑧

---

① 〔宋〕张津等：〔乾道〕《四明图经》卷一《贤守事实十二》，《中国方志丛书》，台北：成文出版社有限公司，1983年，第4963页。

② 〔宋〕祝穆撰，祝洙增订，施和金点校：《方舆胜览（上）》卷七《庆元府》，北京：中华书局，2003年6月，第121页。

③ 葛剑雄：《中国移民史》（第四卷），福州：福建人民出版社，1997年，第286～287页。

④ 〔宋〕罗濬等：宝庆《四明志》卷四《叙产》，《中国方志丛书》，台北：成文出版社有限公司，1983年，第5123页。

⑤ 〔宋〕陆游：《渭南文集》，《陆放翁全集》（上册），北京：中国书店，1986年，第242页。

⑥ 〔宋〕朱熹撰，郭齐、尹波点校：《朱熹集2》，成都：四川教育出版社，1996年1，第702页。

⑦ 全汉昇：《南宋稻米的生产和运输》，《历史语言研究所集刊》（第十册），北京：中华书局，1987年，第425～426页。

⑧ 全汉昇：《宋金间的走私贸易》，《历史语言研究所集刊》（第十一册），北京：中华书局，1987年，第425～447页。

四　治所迁移和行政升格：明州（庆元）港港口地位的凸显

“隋平陈，并余姚、鄞、鄮三县，入句章，隶吴州。后改越州，仍隶焉。”① 宁波地区唐初还没有明州之称，该地区沿袭隋代建置为句章县，隶属于越州。但是，当时的句章作为一个县级的港口应是确定无疑。而且唐初已经开始酝酿句章的行政升格。“唐武德四年，析句章县立鄞州。”②但是，《旧唐书》《新唐书》和《太平寰宇记》均不载鄞州的州治所在。《明州系年录》认为，当在三江口。③ 唐代的州必有所领的县。但是，这时鄞州所领的县，由于史文阙略，无从考证。“《一统志》表谓，仍有句章县，为鄞州治，他无证佐。《方舆纪要》则谓鄞州治鄮县，更无稽也。”④ 从以上论断来看，当时的鄞州可能领一个县，或者没有领县。所以，鄞州州治并不稳定，以致武德八年（625）废州，更置鄮县。此后，直到唐玄宗开元、天宝年间，州治还不稳定。“开元二十六年，採访使齐澣奏以鄮县为明州，以其境内四明山为名，领县四，曰鄮、曰奉化、曰慈溪、曰翁山。天宝初，改为余姚郡。肃宗至德二载，复为明州。”⑤如此反复，足见明州在唐代的行政升格中有一定难度。在析越州鄮县置明州之初，明州的治所在小溪（现鄞江桥镇，地处四明山麓地段，设治于山口的光溪边）。但小溪的地理位置不利于明州的发展，水上交通主要靠光溪与鄞江，再由鄞江与奉化江通至三江口鄮县治，腹地狭窄，物资供应有限，文化交流不便，因此建州到迁州的八十余年中发展缓慢。唐大历六年（771），鄮县据江海要冲，为善后之备，移治所到三江口。鄮县在此经营了相当一段时间后，经济发展迅速。它通过浙东运河，连接隋唐大运河，实际上成了运河水运关键的一环。因位置之要，唐穆宗长庆元年（821），浙东观察使薛戎上言，“请移明州置于鄮县”⑥。此次迁移对后世影响深远，考古证明唐、宋代的遗迹在此地大量发现。1997 年，唐宋明州子城在三江口附近发掘，出土文物主要是早期青瓷、越窑青瓷、龙泉窑青瓷，宋代磁州窑与钧窑瓷器、宋代白瓷、波斯陶器、建筑材料和钱币等。⑦ 作为比州府罗城小的附郭城，三江口子城出土文物丰富，令人叹止。

五代时期，吴越政权下的明州受到了钱氏政权的高度重视。这个时期，随着明州地位的加重和人口的增多，钱氏政权更看重了该地的战略地位，设置了望海军。北宋建隆元年（960），升州为奉国军，并授钱亿为节度使。⑧

在宋代，明州的行政级别不断升格。北宋太平兴国二年（977），吴越王纳土，从此开始用文臣做知州。熙宁六年（1073），“析鄞东之海中洲富都等三乡创立昌国县（今舟山），而明之

---

①②⑤⑥〔元〕袁桷等：〔延祐〕《四明志》卷一《沿革考》，《中国方志丛书》，台北：成文出版社有限公司，1983 年，第 5521 页。

③〔清〕董沛：《明州系年录》卷二，北京：当代中国出版社，2001 年，第 24 页。

④〔清〕董沛：《明州系年录》卷二，北京：当代中国出版社，2001 年，第 23 页。

⑦ 林士民：《浙江宁波市唐宋子城遗址》，《考古》2002 年第 3 期，第 46～62 页。

⑧〔清〕钱维乔修，钱大昕纂：〔乾隆〕《鄞县志》卷一《建置沿革》，《续修四库全书》（第 706 册），上海：上海古籍出版社，2002 年，第 26 页。

属县凡六矣。"① 这时，明州的四至地域已经基本确定，元、明以来无所更易。宋元丰时期，明州为上州，所辖六县有两望、两上和两下。② 到宋徽宗大观元年（1107），升为望州。南宋时，国都在临安，明州成为京畿的蕃屏。"州濒于海，波吐吞，渺无津涯，商舶之往来于日本、高丽，虏舟之出没于山东、淮北，撑表拓里，此为重镇。"③ 朝廷重视程度非前代所比，也非后代所能企及。南宋绍熙五年（1194），宁宗即位。"宁宗在藩邸，领明州观察使，即位，改元庆元，升州为府，因以名之。"④ 至此，明州升格为庆元府，行政级别达到前近代的极致。

五 战略形胜地位的凸显与港口功能的多样化：明州（庆元）港港口地位到达巅峰

（一）军事战略形胜与沿海制置司的设置

唐代以来，明州受到的暴乱威胁见诸史册者不绝，且一直来源于海上。唐代曾有台州海贼袁晁攻陷明州的史实⑤，也有获战功而未获衣食俸禄的王郢泛江入海，转略二浙⑥。不过，唐代都城远在关中，关中本位是唐代的核心政策，明州的海防于国家之根本并无大碍，所以唐代明州尚未发现管理海洋事务的军事机构。在五代时期，明州隶属吴越钱氏政权，并升为望海军。北宋初又改为奉国军。明州的军事功能凸显。但这只是割据政权到统一政权的过度，并非历史常态，所以，到北宋太平兴国二年（977），宋廷就改掉奉国军，复为明州，地方官员由文臣充任。但是，随后因朝贡贸易而出现的契丹间谍问题受到朝臣的关注。苏辙指出，宋初不与高丽通好，熙宁时有联高丽抗契丹之意，而情况却适得其反："高丽之人所至游观，伺察虚实，图写形胜，阴为契丹耳目。或契丹常遣亲信隐于高丽三节之中，高丽密分赐予，归为契丹几半之奉。朝廷劳费不赀，而所获如此，深可惜也。"而苏辙所论高丽使臣入贡正是由明州而来。因此，明州也就成了宋廷过滤高丽朝贡使者真伪的第一道防线。他希望朝廷对高丽使臣的赏赐大加裁削，"使无大饶益，则其至必疏，而我得甚便矣。"⑦ 如此，明州管理海洋事务方面的专门机构亟须解决。

两宋之交，东海海域一度成为宋军和金军征战主战场。明州港成为最主要的抗金军港。围

---

① 〔清〕钱维乔修，钱大昕纂：〔乾隆〕《鄞县志》卷一《建置沿革》指出，宋时州有四等，曰节度，曰防御，曰团练，曰刺史，奉国者，节度军额，非改州为军也。见《续修四库全书》（第706册），上海：上海古籍出版社，2002年，第26页。

② 在宋代，州和县按照行政权力的大小和与都城的远近关系可以分为七个级别：赤、畿、紧、望、上、中、下。元丰年间，明州作为一个上州，共领县六个，其中，领望县两个：鄞、奉化；领上县两个：慈溪、定海（后之镇海）；领下县两个：象山、昌国。此据宋人王存撰，王文远等点校：《元丰九域志》，北京：中华书局，1984年，第213~214页。

③ 〔元〕梅应发等：〔开庆〕《四明续志》卷六《三郡隘船》，《中国方志丛书》，台北：成文出版社有限公司，1983年，第5423页。

④ 〔元〕袁桷等：〔延祐〕《四明志》卷一《沿革考》，《中国方志丛书》，台北：成文出版社有限公司，1983年，第5521~5522页。

⑤ 〔清〕董沛：《明州系年录》卷二，北京：当代中国出版社，2001年，第27页。

⑥ 〔清〕董沛：《明州系年录》卷二，北京：当代中国出版社，2001年，第35页。

⑦ 〔宋〕苏辙：《乞裁损待高丽事件札子》，郭预衡、郭英德主编《唐宋八大家散文总集·卷十·苏辙》，石家庄：河北人民出版社，2013年，第7221页。

绕明州港，宋、金冲突表现得极为激烈。现依据地方志与正史材料把宋和金政权围绕明州港口的主要军事冲突列于下表：

事件	出处
丙申(1116)，浙东制置使张俊自越州引兵至明州	宝庆《四明志》卷十一
先是虏分兵犯余姚，知县事李颖士募乡兵数千，列旗帜以捍贼	宝庆《四明志》卷十一
癸卯(1123)，张俊与金人战败之	宝庆《四明志》卷十一
乙巳(1125)，御舟次台州港口。是日午，西风忽起，虏乘之犯明州	宝庆《四明志》卷十一
庚戌(1130)，虏酋兀术引众再犯明州	宝庆《四明志》卷十一
绍兴二年(1132)，制置始置司所统兵驻扎定海，防扼海道	宝庆《四明志》卷七
己未(1139)，金人破明州	宝庆《四明志》卷十一
先是金人自明州引兵攻定海县，破之	宝庆《四明志》卷十一
三十一年(1161)，金虏渝盟寇边明州城下，复屯殿司水军二千人	宝庆《四明志》卷七
金人两犯明州，并于己未陷明州，乘胜破定海，以舟师来袭御舟	《宋史》卷二十六
李宝率舟师三千发江阴，大风，退泊明州	《宋史》卷三十二
以明州定海县水军为御前水军	《宋史》卷三十四
康王入海，阿里富埒珲等自明州行海三百里追之，弗及	《金史》卷七十四

由表可知，明州为金军海上包围并打击南宋朝廷的主要港口，当然也是宋廷藩卫京畿临安的海防重镇。该地区对南宋政权存废意义非同凡响，故在绍兴二年（1132）就设置了沿海制置司，治所在定海县（今宁波镇海）。

沿海制置司作为南宋的海军衙门，其设置在海洋事务管理方面具有里程碑的意义，体现出南宋王朝对海疆的重视。其主要功能是“肃清海道，节制水军”。此外，它还肩负着训练水军、刺探敌情、组织民防、安揖流民、查禁查私和救助海商等港口使命。① 明州制置司初有水军二千人，有战事则立，无战事则罢。隆兴二年（1164），户部侍郎赵子潚奏：“明州密迩行都，水陆控扼，事体非轻，乞存留。”② 自此，明州制置司驻兵额三千，听明州使唤。乾道七年（1171），兵额达到四千人。到南宋末年，沿海制置司驻节明州，其权力可以节制两浙和福建地区，明州港的军事地位达到极致。

（二）口岸经济发力与海外贸易管理机构市舶司的设置

北宋时，北方长期被少数民族政权控制，陆上丝绸之路贸易衰落，朝廷开始重视海外贸

① 熊燕军：《南宋沿海制置司考》，《浙江大学学报（人文社科版）》2007年第1期，第54页。

② 〔宋〕罗濬等：〔宝庆〕《四明志》卷七《叙兵·制置司水军》，《中国方志丛书》，台北：成文出版社有限公司，1983年，第5151页。

易。南宋退居江南，版图不及北宋的三分之二，田赋收入随之减少。南宋朝廷既要与辽、金争战，还要向辽、金贡纳，财政压力空前沉重，海外贸易受到高度重视。宋高宗有言：“市舶之利最厚，若措置合宜，所得动以百万计，岂不胜取之于民！”① 因此，市舶收入在南宋财政收入中占据了重要地位。顾炎武在《天下郡国利病书》中指出：“南渡后，经费困乏，一切倚办海舶，岁入故不少。”

朝廷为经营管理海外贸易，设置市舶司，“掌蕃货海舶征榷贸易之事，以来远人，通远物”②。由于明州港优越的自然条件和海外贸易的发展，北宋时，朝廷在明州设置市舶司。“浙务初置杭州。淳化元年（990），徙明州。逾六年，复故。咸平二年，杭、明二州各置务。”③ 据此，淳化元年，两浙路市舶司由杭州迁往明州，此为明州最早的市舶司，统管两浙地区。咸平二年（999），朝廷在杭州、明州各置市舶司，此时明州市舶司为州级市舶司，统管温州、台州等地。元丰八年（1085），宋神宗敕令，非杭州、明州、广州三市舶司，不准签发南海诸国出口证。此时，杭州、明州、广州三市舶司处于并列地位。

南宋定都临安，两浙路地位凸显，市舶司分设杭州、明州、秀州、温州、江阴军五处，而总管南海国际贸易的闽、广市舶才于泉州、广南各置一司。但是，两浙路的其余四处都先后罢掉：“光宗皇帝嗣服之初，禁贾舶至澉浦，则杭务废。宁宗皇帝更化之后，禁贾舶泊江阴及温、秀州，则三郡之务又废。凡中国之贾，高丽与日本诸蕃之至中国者，惟庆元得受而遣焉。”④ 也就是说，从庆元元年（1195）起，庆元府市舶司成为两浙地区唯一对外贸易的政府管理机构。而且，从乾道二年（1166）起，明州市舶务直属户部管理，可见其地位之重要。

---

① 〔清〕梁廷枏总纂，袁钟仁校注：《粤海关志校注本》，广州：广东人民出版社，2002年，第30页。

② 脱脱：《宋史》卷一百六十七《职官七》，北京：中华书局，2011年，第3971页。

③ 〔宋〕罗濬等：〔宝庆〕《四明志》卷六《叙赋下·市舶》，《中国方志丛书》，台北：成文出版社有限公司，1983年，第5136页。

④ 〔宋〕罗濬等：〔宝庆〕《四明志》卷六《叙赋下·市舶》，《中国方志丛书》，台北：成文出版社有限公司，1983年，第5136页。

宋代市舶政策与海南对外贸易

郭　城（海南省地方志办公室）

提要：唐代中期以后，陆上丝绸之路盛极而衰，海上丝绸之路却方兴未艾。宋代，海上丝绸之路更发展成为对外贸易的主要路径，宋廷设市舶司专职管理国家外贸、外事。海南地理位置特殊，又因土产与诸蕃无异，终宋一代，虽未设市舶机构于琼岛，但实质上海南进入了宋代市舶贸易体系。市舶政策对海南对外贸易的管控，呈现不断加强的趋势，并对琼岛的经济社会发展与少数民族地区开发产生了深远影响。

关键词：海上丝绸之路　海南对外贸易　市舶政策

有宋一代，鉴于唐廷与蕃国互市之成功，对经营海外贸易颇为重视，政策也更加积极。开宝四年（971），平定岭南后不久，便于广州设置市舶司，其后又于两浙路、福建路、京东东路设立市舶机构。市舶司“掌蕃货海舶征榷贸易之事，以来远人，通远物”[①]，为国家外贸、外事管理机构。海南隶广南西路，辖一州三军，且终宋一代，未在海南设立市舶机构，二者似乎不应有关联，但宋代禁榷、博买、公据等政策将海南对外贸易打上了市舶烙印，并对琼岛的经济发展与社会生活产生了深远影响。

一　宋初市舶司与海南香药贸易

市舶司作为国家贸易机构出现，始于唐代，是海外贸易发展的产物，且海外贸易愈发达，其职能亦愈完备。至宋代，市舶司职能包括阅货、抽解、禁榷、博买、运纲、发放公据、接待外商、处理贸易纠纷、剿灭盗贼等十多项，其核心为抽解、公据与禁榷。抽解即对舶船物货征税；公据即进出口海舶贸易许可证明；禁榷即对物货施行国家专卖。《宋史》云“宋之经费，茶、盐、矾之外，惟香之为利博，故以官为市焉”[②]。宋初，政府即开始实行香药禁榷，太平兴国二年（977）诏“自今禁买广南、占城、三佛齐、大食国、交州、泉州、两浙及诸番国所出

① 《宋史》卷一六七，《职官·提举市舶司》。
② 《宋史》卷一八五，《食货·香》。

香药、犀牙”[①]，并设置榷易院，将禁榷品运至京师，实行严格专卖。为维系禁榷制度，又数次下诏申明“非出于管库者，不得私相市易”，并对违禁数额及相应惩处作出详细规定[②]。宋代禁榷物品屡有变化，但名贵香药等货值较高的物品始终未出禁榷之列，其来源大部分由海外蕃国输入，部分则出自海南。海南盛产名香，宋人范成大云“世皆云二广出香，然广东香，乃自舶上来。广右香产海北者，亦凡品。惟海南最胜”[③]，在与舶来香的比较上，“海南笺、沉等香，味清且长，夐出诸蕃之右，虽占城、真腊亦居其次”[④]。另一方面，海南“俗以贸香为业”[⑤]，此外，苏木、吉贝布等海南土产也属禁榷品。正因如此，海南贸易与市舶司出现交集。

元丰年间，琼管体量安抚朱初平奏陈“每年省司下出香四州军买香，而四州军在海外，官吏并不据时估实直，沉香每两只支钱一百三十文。既不可买，即以等料配香户，下至僧道、乐人、画匠之类，无不及者。官中催买既急，香价遂致踊贵。每两多者一贯，下者七八百。受纳者既多取斤重，又加以息耗，及发纲入桂州交纳，赔费率常用倍，而官吏因缘私买者，不在此数，以故民多破产。海南大患，无甚于此。且广州外国香货，及海南客旅所聚，若置场和买，添三二百人，未为过也。”[⑥]

分析此奏章，可以得出以下结论：

首先，海南香药似已进入榷易、运纲体系，且时间距元丰年久矣，否则不会出现每年四州军大量购买香药的惯例，更不致形成“海南大患，无甚于此”的局面。

其次，海南香药输出与市舶司出现关联。一方面，奏章提到海南香药购入系官方强行征购，而购入限期急、收购过程违规牟取私利、运纲路途遥远是导致香价走高，人民受难的因素，并提出解决对策，即改获得海南香药方式为在广州置场博买。另一方面，香药“发纲入桂州交纳”，桂州系广南西路治所。宋时商贾有“自蜀贩锦至钦，自钦易香至蜀”的贸易路径，且资本雄厚“每博易动数千缗”[⑦]，但从未出现贩运海南香药的记录，故海南香药在广西交易的可能性微乎其微，应是经此转运。宋初，朝廷令“广南金银、香药、犀象、百货，陆运至虔州而后水运”进京[⑧]，熙宁四年（1071）下诏“广州市舶司每年抽买到乳香、杂药，依条计纲，申转运司召差广南东、西路得替官往广州交管，押上京送纳”[⑨]，前文提到，香药等物货的禁榷、纲运为市舶司职责。由此我们可以推测海南香药极有可能进入广州市舶司，其买主亦然。

此外，市舶司能够受到统治者的重视，被看中的首先是其财政功能，即获利。两宋君主多

① 《宋会要辑稿·食货》三六之一、二。
② 《宋会要辑稿·职官》四四之一。
③ ［宋］范成大：《桂海虞衡志·志香》。
④ ［宋］赵汝适著、杨博文校释：《诸蕃志》，北京：中华书局，2000 年，第 221 页。
⑤ ［宋］赵汝适著、杨博文校释：《诸蕃志》，北京：中华书局，2000 年，第 216 页。
⑥ 《续资治通鉴长编》卷三百一，宋元丰三年十一月尽是年十二月。
⑦ ［宋］周去非著、杨武权校注：《岭外代答》，北京：中华书局，1999 年，第 196 页。
⑧ 《宋史》卷一七五《食货·漕运》。
⑨ 《宋会要辑稿·职官》四四之五。

有“市舶之利，以备国用”的论断。因此，宋初至元丰年间，市舶司通过行政手段调配贸易资源，其垄断性质不断强化。期间，各市舶司之间，也存在贸易争夺。熙宁年间，广州市舶司处于香药贸易领先地位，其乳香收益占明、杭、广三市舶司总和的98.75%①，给事中程师孟“乞罢杭州、明州市舶司，只就广州市舶一处抽解”②，诏令虽未施行，但广州市舶司欲垄断香药贸易，意图明显。

二　“广州市舶条”的颁布与海南对外贸易

市舶司贸易垄断不断强化，终于在元丰三年（1080）步入巅峰，标志即“广州市舶条”③颁布施行，其实质是以广州市舶司为中心，实施贸易垄断。其中部分内容，直指海南对外贸易。

其一，两广船只前往海南，必须向广州市舶司申领公据。

其二，条法由广南东路、两浙路转运副使推行，广南西路转运使、福建路转运判官负责所管路的监督。

宋初，政府对国内海商即开始监管，端拱二年（989），太宗诏“自今商旅出海外蕃国贩易者，须于两浙市舶司陈牒，请官给券以行，违者没入其宝货”④，但对象限于“出海外蕃国贸易者”，对海商从事国内贸易并无限制，而广州市舶条实质将国内海商与海南间贸易置于广州市舶司管控下。我们知道，汉武帝于琼岛置朱崖、儋耳二郡，海南进入王朝版图以来，其与大陆联系不断紧密，即使在汉元帝罢弃郡县后，两岸民间往来亦未停止。隋唐时，中央政权对海南控制强化，移民增多，岛内资源得以开发，与大陆联系更为紧密，显现经济互补性。至宋代，这种联系与互补表现得更为突出。首先，海南生产、生活用品仰仗大陆供给。虽然海南农业和手工业生产不断发展，但粮食、生产用品，包括日常用品需从大陆输入，苏轼曾论“海南连岁不熟，饮食百物艰难，及泉、广海舶绝不至，药物酱酢等皆无”⑤“北船不到米如珠，醉饱萧条半月无”⑥，海南对大陆的依赖可见一斑。其次，海南亦有丰富物品输出大陆。除香药之外，还有槟榔、吉贝、椰子、翠羽、高良姜、黄蜡等，均是畅销商品，吸引泉、广海舶至此兴贩。再次，两岸贸易已颇具规模。仅从商税角度看，“琼州旧在城一务岁四千二百八十八贯，熙宁十年在城一万九千五百九十二贯”⑦，数十年间，税额增长近四倍，足见两岸往来频繁、贸易兴

---

① 章深：《熙丰变法时期的海外贸易》，《河北学刊》1992年05期。

② 《宋会要辑稿·职官》四四之五。

③ “广州市舶条”具体内容参见黄启臣、章深：《广州海上丝绸之路史》，广州：广东经济出版社，2003年，第273～274页。

④ 《宋会要辑稿·职官》四四之二。

⑤ 〔宋〕苏轼著、孔凡礼点校，《苏轼文集》卷六五《与侄孙元老四首·其一》，北京：中华书局，1986年，第1841页。

⑥ 〔宋〕苏轼著、王文浩辑注、孔凡礼点校，《苏轼诗集》卷四二《纵笔三首·其三》，北京：中华书局，1982年，第2328页。

⑦ 《宋会要辑稿·食货》一七之九至十。

盛。而“广州市舶条”势必干扰两岸贸易，尤对广西、福建舶船不便。元丰五年（1082），广西转运副使吴潜言“雷、化发船之地与琼岛相对，今令倒下广州请引，约五千里，不便。欲乞广西沿海一带州县，如土人、客人以船载米谷、牛酒、黄鱼及非市舶司司抽解之物，并更不下广州请引”，朝廷“诏孙迥（广南东路转运副使）相度，于市舶法有无妨碍”，“继而不行”①。可见，政府对推行、实施条法之坚定。此外，条法的实施者与监督者也具意味。大陆至海南兴贩海商，主要集中在两广及福建，以广南东路、两浙路推行，广南西路、福建路监督，意在分责，强化监管，使广南西路、福建路不能置身条法之外。

分析条法成因，是时，宋立国已百余年，内部，冗官耗于上，冗兵耗于下，财政竭蹶；外部，北方有辽，西方有夏，积弱不振。宋室需借助变法摆脱危机。“广州市舶条”实质系“熙丰变法”在对外贸易领域的体现，其思路自然一脉相承。首先是重视法制，条法条框细致，意在涵盖、规范全部出海贸易行为，故会出现两广舶船赴海南需广州请引的细致规定。但法制仅为手段，核心意图是增加财政收入，实现“国富”。海南香药走私由来已久，朱初平奏章中提到“官吏因缘私买”，《诸蕃志》记述“省民转博，与商贾贸易”②。受限于资料，我们无从知晓香药走私额度，但从前述的琼岛与大陆贸易规模看，应较为可观。因此，条法中指向海南的规定恐怕更多是出于此意。

三　元祐后市舶政策对海南对外贸易的管控

以广州市舶司为中心的贸易垄断遭到官吏及海商的反对，终究难以长久实行，元祐二年（1087）、三年，泉州、密州先后增置市舶司，“广州市舶条”宣告失败。但市舶司牟利的本质未变，南宋时期，疆域减小，政府更加看重市舶之利，市舶政策对海南对外贸易的管控不断调整。

首先，进入市舶司管控体系的海南商品增多。绍兴三年（1133），户部对三路市舶司物货“立定名色”，除香药之外，还包括海南鬛盘布、海南吉贝布、海南青花鬛盘被单被、海南白布、海南白布被单、海南苏木等。绍兴十一年（1141），户部再次裁定市舶物货名色，也提及上述物货。③

其次，继续加强对海商的管理。隆兴元年（1163），两浙市舶司言“商贾由海道兴贩，诸蕃及海南州县近立限回舶，缘其间或有盗贼、风波、逃亡事故，不能如期，难以立定程限。今欲乞召物力户充保，自给公凭日为始，若在五月内回舶，与优饶抽税。如满一年内，不在饶税之限。满一年已上，许从本司根究，责罚施行。若有透漏，元保物力户并当坐罪”，诏令从

---

① 《宋会要辑稿·职官》四四之七。

② 〔宋〕赵汝适著、杨博文校释：《诸蕃志》，北京：中华书局，2000年，第217页。

③ 《宋会要辑稿·职官》四四之十七至十九、二一至二三。

之[①]。可见，诏令不仅保留了元祐五年（1090）登记物货名数、往来地点，物力户充保的海商管理政策，更对往返时间做出限制。嘉定六年（1213），规范海商赴海南兴贩的公据，诏令“应客人日后欲陈乞往海南州军兴贩，止许经庆元府给公凭，申转运司照条施行。自余州军不得出给”[②]。

需要说明的是，“海南”一词由“南海”演变而来，至《梁书》始有“海南”之引述。《梁书》云：“海南诸国，大抵在交州南及西南大洲上，相去近者三五千里，远者二三万里”[③]，词意所指为今中南半岛及以南一带。《北史》云“夫人多所规谏，由是怨隙止息，海南儋耳归附者千于洞”[④]，此处为地理概念，相对于海北而言。入宋以来，使用“海南”之表述渐多，且无固定所指，如“太平兴国中，以先平岭南及交趾，海南诸国连岁入贡”[⑤]，此处“海南”亦多称“南蕃”，泛指海外诸国；又如朱初平奏章言“海南州军，民间科置食盐不易”“海南收税，定舟船之丈尺量纳”“海南多贫阙，举贷于豪富之家”，神宗诏曰“据初平等所奏，措置海南事不少，并不及常平等事，令具析以闻，余皆从之”[⑥]，此几处“海南”必指琼岛。就上文所引“隆兴元年条”之“海南州县”及“嘉定六年条”之“海南州军”而言，应指琼岛。其一，宋代地方行政区划，基本上是两级制，即府、州、军、监为一级，县为一级，军之地位相当于下等州。其二，“嘉定六年条”系两浙转运司提出疑问：临安市舶务对于海商在临安府贩卖泉、广市舶司已抽解物货，是否有检验、追缴漏税的权力。诏令意在规范此类市舶行为，故只涉及海商国内贩运，不应涉及海外，“海南州军”不指“南蕃”；诏令又云“其自泉、广转买到香货等物，许经本路市舶司给引，赴临安府市舶务抽解住卖”，可理解为赴海南州军，只许庆元府出具公凭，赴泉、广等地，各路市舶机构均可出具公凭，故此处“海南州军”亦不指东南沿海地区。

四　余论

海南设置市舶机构的提议，史料有载。乾道九年（1173），广南提举市舶司黄良心申乞于琼州置司，并创置广南路提举市舶司主管官一员，诏令不从，其理由为遣官收市犹不可，况设官以渔利乎[⑦]。虽冠冕堂皇，实质则未能认识海南在整个宋代贸易体系中可发挥的作用。其一，宋代市舶贸易的顽疾，当属走私，且由来已久，至南宋时更为严重，一方面，走私市舶司禁榷物货，致使市舶利益流失；另一方面，走私铜钱至海外，《诸蕃志》云“此蕃胡椒萃聚，商舶

① 《宋会要辑稿·职官》四四之二七、二八。
② 《宋会要辑稿·职官》四四之三四。
③ 《梁书》卷五十四，《诸夷·海南》。
④ 《北史》卷九十一，《烈女·谯国夫人冼氏》。
⑤ 《宋会要辑稿·食货》五五之二二。
⑥ 《续资治通鉴长编》卷三百一，宋元丰三年十一月尽是年十二月。
⑦ 《宋会要辑稿·职官》四四之二九至三〇。

利倍蓰之获，往往冒禁潜载铜钱博换”[①]，加剧钱荒问题。其二，琼岛是舶船赴大陆前最后一个补给地，《诸蕃志》云“昌化有白马井，泉味甘美，商舶回日，汲载以供日用”[②]；宋人楼钥云“琉球大食更天表，舶交海上俱朝宗，势须致此少休息，乘风径集蕃禺东”[③]，琼州、昌化、万安更出现海舶祈风、祝祷之场所，可见琼岛舶船之盛。琼岛可以被看作广州、泉州等外贸大港的门户。因此，如于琼州置司，对于规范贸易行为、减少走私事半功倍。庆元元年（1195），庄方任知琼州，宁宗言“琼管以四州之壤岭立海中，实与蕃禺相为引重，大艑献琛，赖以为归，麾符不轻畀也”，望其“习知南海之俗，往其辑宁蛮蜓，劳抚贾胡”[④]，实质已对此问题有所意识。

海南在宋代进入市舶贸易体系，其最根本的原因是“海南土产，多与诸番同”[⑤]，此外，从赴海南州军兴贩物货的规定看，亦与诸蕃无异，因此，政府看中的只是海南物货的经济价值，海南仅仅是商品输出地。而在宋与诸蕃国的海外贸易体系中，琼岛依然只能发挥避风港和补给地的作用。尽管如此，仍因市舶体系形成了以两广、闽、浙海商为媒介，覆盖全岛，辐射岭南、余杭地区的扇状贸易网络，并对海南产生深刻影响：

其一，加快民族地区开发，加速民族融合进程。海南土产多出黎峒，黎峒位于中部山区，较之环岛沿海地区，十分落后，黎人以土产与商贾博易，改善了其生产、生活条件，间接促进了地区开发和社会稳定。《岭外代答》云“黎人半能汉语，十百为羣，变服入州县墟市，人莫辨焉”[⑥]，《诸蕃志》云“周侯遣熟黎峒首谕之，约定寅、酉二日为墟市，率皆肩担背负，或乘负桴而来，与民贸易，黎人和悦，民获安息”[⑦]，加之宋对黎人施行安抚为主的政策，终宋一代，海南始终未发生大规模暴乱。

其二，推动海南商业发展。“广州市舶条”的施行，是严格大陆海商赴海南兴贩的开始，按照常理，行政干预会对自由贸易产生负面影响，但海南商业却在此后持续发展。以槟榔为例“海商贩之，琼管收其征，岁计居什之五。广州税务收槟榔税，岁计万缗”[⑧]，前文提及，熙宁十年（1077）琼州税收为一万九千余贯，据此分析，可见海南商业并未受到“广州市舶条”的影响。南宋时期，琼岛商业进一步发展，成为支柱产业。苏过云“濒海郡县所以能鸠民置吏、养兵聚财者，恃商人耳。商人轻风涛之虞，涉不测万里之险，而岁岁必集者，贪倍蓰之息尔，若绝黎人之欢，商人不来，我自困矣。关市之征岁入不足，一困也；兵吏禀赐无所从出，二困

① 〔宋〕赵汝适著、杨博文校释：《诸蕃志》，北京：中华书局，2000年，第55页。
② 〔宋〕赵汝适著、杨博文校释：《诸蕃志》，北京：中华书局，2000年，第218页。
③ 〔宋〕楼钥著：《攻媿集》卷三《送万耕道帅琼管》，四部丛刊本。
④ 〔宋〕楼钥著：《攻媿集》卷三十六《知昭州庄方知琼州》，四部丛刊本。
⑤ 〔宋〕赵汝适著、杨博文校释：《诸蕃志》，北京：中华书局，2000年，第221页。
⑥ 〔宋〕周去非著、杨武权校注：《岭外代答》，北京：中华书局，1999年，第71页。
⑦ 〔宋〕赵汝适著、杨博文校释：《诸蕃志》，北京：中华书局，2000年，第219页。
⑧ 〔宋〕周去非著、杨武权校注：《岭外代答》，北京：中华书局，1999年，第293页。

也；衣食不足饥寒从之，三困也”[①]，《诸蕃志》云“舶至（琼州），有经册以格税前，本州官吏兵卒仰此以赡”[②]，《岭外代答》云“四州军征商，以为岁计”[③]，足见商业对琼岛的重要性。

其三，影响海南农业结构。海南粮食不足自给久矣，宋代耕牛、铁质农具等先进生产资料不断由大陆输入，且占城稻已开始在海南种植[④]，但缺粮情况并未好转。究其原因，琼岛地广人稀，土地耕种不足是一方面，更重要的是，价值更高的经济作物挤占粮食生产空间。苏轼云“海南多荒田，俗以贸香为业，所产粳稌不足于食，乃以薯芋杂米作粥糜以取饱。予既哀之，乃和渊明《劝农》诗，以告其有之者”[⑤]，意在劝说农民重视粮食生产。是时，槟榔、荔枝等经济作物在海南种植广泛，诗云“年年炎洲叟，独擅居货奇。小贩纳岁月，巨商守藩篱。庄翁但坐咲，索价高云梯”[⑥]，又云“庄翁代价闭开圃，海贾寻村远问津”[⑦]，谚语言“东路槟榔，西路米粄”，苏轼云“荔子几时熟，花头今已繁。探春先拣树，买夏欲论园。居士常携客，参军许叩门。明年更有味，怀抱闹诸孙”[⑧]，可见，种植经济作物成为海南农业的主导，琼岛种植园雏形的耕作性质，也完全超出传统农耕经济自给自足的范畴。

① 〔宋〕苏过：《斜川集》卷五《论海南黎事书》。
② 〔宋〕赵汝适著、杨博文校释：《诸蕃志》，北京：中华书局，2000年，第217~218页。
③ 〔宋〕周去非著、杨武权校注：《岭外代答》，北京：中华书局，1999年，第71页。
④ 〔明〕唐胄：《正德琼台志》卷七《水利风俗》，上海：上海古籍书店，1964年，第339页。
⑤ 〔宋〕苏轼著、王文浩辑注、孔凡礼点校，《苏轼诗集》卷四十一《和陶劝农六首》，北京：中华书局，1982年，第2255页。
⑥ 〔明〕唐胄：正德《琼台志》卷九《土产下·货之属·槟榔》，上海：上海古籍书店，1964年，第472页。
⑦ 〔明〕唐胄：正德《琼台志》卷九《土产下·货之属·槟榔》，上海：上海古籍书店，1964年，第471页。
⑧ 〔明〕唐胄：正德《琼台志》卷八《土产上·果之属·荔枝》，上海：上海古籍书店，1964年，第407页。

方志文献所见明代闽南“海上丝绸之路”文化交流

邱旺山　柯少强（福建省龙海市地方志编纂委员会）

提要：随着世界迈入“大航海时代”，中国在世界贸易体系中的地位日益凸显，闽南地区也在海上贸易中找到了自己的角色。中外文化交流最直接的方式是海上贸易，货物是其主要载体。而后其影响深入到当地的生产生活方式之中。在文化交流过程中，产生了一些连带效应，较为突出的是中国与日本、中国与西方海上贸易强国的冲突，折射着时代特色。而明代又是地方志书编纂大兴之时，闽南的方志文献中有不少反映了当时的中外文化交流的状况。

关键词：方志文献　明代　闽南　海上丝绸之路

闽南是中国海洋文化的一个窗口，闽南人长期活跃在中外文化交流的舞台。随着世界迈入“大航海时代”，闽南地区得风气之先，积极参与到世界海上贸易之中。而明代正是地方志编纂大兴之际，闽南的方志文献中有不少体现中外文化交流的状况。

哈维兰《文化人类学》认为“文化是比可见的行为更深层次的东西，他是一个社会共享并由社会传播的思想、价值和观念，用以对经验赋以意义，产生行为并被行为所反映”。[①] 文化不是单纯的行为，但它产生行为并被行为所反映。明代闽南“海上丝绸之路”文化交流最基本的形式就是海上贸易往来，我们应该以它为起点，进而讨论背后所包含的“更深层次的东西”。

一　货物的输入和输出——文化交流的主要载体

海上贸易是“海上丝绸之路”文化交流的基本形式，输入和输出的货物成为海上丝绸之路文化交流的主要载体。明代进出口商品最初正是以“新东西”的姿态冲击着人们的感观，实现文化交流。

（一）货物的输入

《明史》记载，永乐中，剌泥国使者来朝，附载胡椒与民互市。胡椒大规模传入中国的时

① 威廉.A. 哈维兰等：《文化人类学》，北京：机械工业出版社，2014 年，第 27 页。

间大致在唐朝，到了明代已经是重要的香料之一。[①] 胡椒不是明代新引入的香料，与此类似，方志中记载的贸易货物很大一部分不是全新引入的。

入明以后，福建合法的海上贸易交流是经由市舶司施行，先在泉州、后在福州，其对象主要是琉球。据《西洋朝贡典录》记载，其贡物有：马、硫黄、苏木、胡椒、螺壳、海巴刀、生红铜、锡、牛皮、折子扇、磨刀石、玛瑙、乌木、降香、木香。[②] 市舶贸易是一种朝贡贸易，双方的经济交流蒙上政治怀柔的色彩。永乐帝的一句话可以看出这种态度“今夷人慕义远来，乃侵其利，所得几何，而亏辱大体多矣”[③]。由于贸易对象、方式、次数的局限性，事实上很难深度地影响百姓的日常生活。

由于这种局限，走私贸易得到大的发展，其代表是月港、安海港。月港的规模更大，且在隆庆元年（1567）实现合法化。经由月港进出口的货物繁多，这些货物的名称带着异域色彩。据崇祯《海澄县志》需征收陆饷的84种进出口货物，按类型可以分为药材与香料、花卉及食品、木料、动物及制品、金属及矿物、日常生活用品等类型，在万历四十三年（1615）商品种类又增加了30种。[④]

在世界贸易链条中，货物的重要性并不等值。以东南亚的贸易为例，胡椒是最有价值的商品，17世纪40年代此项出口的收入达25吨白银。在这个贸易链条中，中国商人扮演了买主和中间人双重角色。在万丹，1600年前后，中国商人已经深入胡椒产地买断产品，17世纪20年代的占碑、巨港亦然。[⑤] 在原有的84种商品中，药材与香料种类较多，新增的商品则日常生活的手工艺品比重增大。而作为特殊商品输入的白银尚不在此列，其数量可观，对彼时中国经济政治格局产生深远影响。

（二）货物的输出

明代出口的货物有64种，其中轻纺与手工产品、农副产品处于优势地位，分别为29种与25种，此外工矿产品有10种。一些种类的货物如茶、柑橘、荔枝干、丝绸、瓷器、漆器、食糖远在明代之前就开始出口。[⑥] 到了明代中后期，据王世懋《闽部疏》：“凡福之绸丝，漳之纱绢，泉之蓝，福延之铁，福漳之橘，福兴之荔枝，泉漳之糖，顺昌之纸，无日不走分水岭，及浦城小关，下吴越如流水。其航大海而去者，尤不可计，皆衣被天下。所仰给它省，独湖丝耳。红不逮京口，闽人货湖丝者，往往染翠红而归，织之”。[⑦] 一个包括整个福建省，甚至远及

---

① 〔清〕张廷玉等：《明史》卷八十一《食货五》，北京：中华书局，1974年，1980页。
② 黄省曾：《西洋朝贡典录校注》，北京：中华书局，2004年，第53页。
③ 张廷玉等：《明史》卷八十一《食货五》，北京：中华书局，1974年，第1980页。
④ 梁兆阳等：《海澄县志》卷五，北京：书目文献出版社，1992年，368~370页。
⑤ 安东尼·瑞德：《东南亚的贸易时代：1450—1680》，北京：商务印书馆，2013年，第412~442页。
⑥ 福建省地方志编纂委员会：《福建省志·对外经贸志》，北京：中国社会科学出版社，1999年，第41~58页。
⑦ 王世懋：《闽部疏》，台北：成文出版社，1975年，第47页。

吴越的供给流通网络已经形成。对于茶叶、丝绸、瓷器等出口货物，地方志文献记载的情况大致如下：

1. 茶叶：早在宋代就有茶叶出口，并且政府明令禁止腊茶出口，但茶叶的出口在清代才较成规模。鉴于《闽大记》有“茶出武夷，其品最佳，宋时制造、充贡。延平半岩次之，福、兴、漳、泉、建、汀，在在有之，然茗奴也”的说法，至少在明代中后期，闽南地区茶叶的风评可能不及武夷。①

2. 丝绸：明代销往日本的丝及其制品就达十七八种。崇祯十四年六月抵达长崎的郑芝龙6艘商船第一艘就有白生丝14000斤、黄生丝1050斤、捻丝50斤和缎子、天鹅绒、花儒珍以及其他丝织品总计89170匹。② 不只是销售，漳州本地的纺织业生产也相当先进。《漳州府志》（万历．罗青霄修纂）记载更为详细：“（绢、纱、罗、丝布）四者皆用湖丝织成者，非土丝。漳人巧善织，故名于天下。然近因和买少价，织者日粗纰”。足见，当时漳州丝织业以代工为主，而且随市场供求变化，生产有所调整，存在一定程度的市场化倾向。综合《闽部疏》记载则可知，漳州存在一个原料外来、并以外销为主的纱绢贸易体系。泉州府也有绢、纱、丝、罗产品，但罗不如苏杭、天鹅绒不如漳州。③

3. 瓷器：明代后期泉州府有安溪县、晋江县磁灶乡、德化县三处产瓷器，漳州府瓷器主要产地在漳平、南靖、平和。闽南本地生产的外销瓷器以德化窑、漳州窑为代表。

（1）德化窑：早在元代，马可·波罗对德化瓷器的生产和销售就有过介绍：“并知此刺桐城附近有一别城，名称迪云州（Tiunguy）制造碗及瓷器，既多且美”。“Tiunguy”可能是泉州的对音，而实指德化，其出产的瓷器便是建窑瓷器。《八闽通志·卷之二十六食货》“白瓷器，出德县”。《重修万历泉州府志》“又有白瓷器，出德化程寺后山中，洁白可爱”，就其措辞而言，显然较“次于饶瓷”的晋江瓷器为高。《天工开物》对其亦有所评价：“德化窑，惟以烧造瓷仙、精巧人物、玩器，不适实用”。从上述记载可知，其流行较早、以白瓷为主且主要做陶瓷工艺品。④

（2）漳州窑：明清时期漳州的制瓷业较为发达，漳州窑址分布于平和、漳浦、南靖、云霄、诏安、华安等县，以平和的南胜、五寨地区窑址为其代表。《大明漳州府志》（正德）记载：“白瓷器出漳平县永福里。黑瓷器出南靖县河头。青瓷器出南靖金山”。上述已有黑、白、青三色瓷器生产地点的记载。而南胜窑的瓷器尤为出色，清代重修的《平和县志》记载：“瓷

① 王应山：《闽大记》卷之十一《食货考》，北京：中国社会科学出版社，2005，第191页。

② 福建省地方志编纂委员会：《福建省志·对外经贸志》，北京：中国社会科学出版社，1999年，第48页。

③ 罗青霄等：《漳州府志》卷之十三《舆地志·物产》，厦门：厦门大学出版社，2010年，第411～412页；阳思谦等：《万历重修泉州府志·卷三》，台北：学生书局，1978年，第266页。

④ ［意］马可·波罗：《马可·波罗行纪》，北京：中华书局，2004年，第609页；黄仲昭：《八闽通志．卷之二十六食货》，福州：福建人民出版社，1999年，第541页；阳思谦等：〔万历〕《重修泉州府志．卷三》，台北：学生书局，1978年，第268页；宋应星著、潘吉星译注：《天工开物译注》卷中，上海：上海古籍出版社，2013年，第147页。

器精者出南胜、官寮，粗者出赤草埔、山格。”①

二 生活方式的新变—“海丝”文化交流的深层效应

单纯的进出口贸易并不必然导致当地人民生产生活方式的变化，只有生产关系与生活方式变化，才能使一个地区的社会风貌发生根本变化。

（一）种植结构变化

据现有闽南地区方志记载，由外国引入的品种主要可以分为两种情况：一是由“陆上丝绸之路”引入的，通过文化传播，远及闽南地区，如葡萄、番石榴、菠菱、胡萝卜、芫荽、菩提等，这些品种丰富了百姓的菜篮子，但对种植结构的改变不大。② 二是明代中后期开始伴随“海上丝绸之路”引入的新品种，主要是番薯、玉蜀黍、落花生、烟草等。值得注意的是，成化时安南稻由漳州人从云南的引入。③ 这说明在海上贸易带动文化交流的同时，通过陆路的中外经济文化交流也在继续。

1. 番薯，据何乔远《闽书》，番薯“万历中，闽人得之外国”，由于其对救荒的贡献，何乔远还写《番薯颂》加以褒扬。从中可知其来源为吕宋，对照当时航线，则应该是由月港引入的。成书于明朝万历年间《农政全书》则对其来源、品种、种植条件、作用等有更为详细的记载。由于甘薯在口味、产量、种植条件上有其优势，可以作为粮食作物，所以“闽广人赖以救饥，其利甚大”。其种于沙土，种植上虽有些许禁忌，但称得上好种易活。此外，万历《重修泉州府志》也提及薯“种出岛夷”。番薯优势在于：一是对种植条件要求不高，既无需肥沃之地，也不用精耕细作；二是用途多样，可以酿酒、磨粉、充饥、止渴。20世纪60年代中期，全省主要番薯品种就有58个，其对福建省种植结构影响可见一斑。④

2. 玉蜀黍，万历时完成的《本草纲目》就有提及，但在明清时期，乃至民国，其种植都是利用山地散种，其在福建省内传播不及番薯迅速，对种植结构的影响也不如番薯大。⑤

3. 落花生，康熙《漳浦县志》称其为明末引入，但未明言其可作为油料作物。乾隆《长泰县志》提到“近又有落花生油”“其根生者一房可三四粒，俗以压油，其利甚薄”。足见在

---

① 陈洪谟等：《漳州府志》卷之十《诸课杂志》，北京：中华书局，2012年，第211页；黄许桂等：《平和县志卷十一·物产》，厦门：厦门大学出版社，2008年，第491页。

② 陈洪谟等：《漳州府志》卷之十《诸课杂志》，北京：中华书局，2012年，第203~204页；阳思谦等：万历《重修泉州府志·卷三》，台北：学生书局，1978年，第256~266页。

③ 黄仲昭：《八闽通志》卷二十六《食货》，福州：福建人民出版社，1999年，第544页。

④ 何乔远：《闽书》卷一百五十《南产志》，福州：福建人民出版社，1995年，第4436~4437页；徐光启：《农政全书》卷之二十七《树艺》，长沙：岳麓书社，2002年，第422~426页；阳思谦等：万历《重修泉州府志·卷三》，台北：学生书局，1978年，第260页；福建省地方志编纂委员会：《福建省志·农业志》，北京：中国社会科学出版社，1999年，第342页。

⑤ 福建省地方志编纂委员会：《福建省志·农业志》，北京：中国社会科学出版社，1999年，第156~159页；朱维幹：《福建史稿》下册，福州：福建教育出版社，1986年，第39~40页。

清代前期，落花生就被作为油料作物，算是较为新进的产品，但产量可能不高。该植物由南至北，对中国经济作物种植结构有着重大影响，是仅次于油菜、大豆的油料作物。福建省内主产区在闽东南，1987 年 11 个主产县有花生 6.973 公顷，其中晋江、惠安、同安、漳浦、福清最多。①

4. 烟草，明万历中由吕宋引入漳州，对闽南乃至福建种植结构产生重大影响。明末清初，永定条丝烟、浦城贡丝、沙县夏茂晒烟。到了乾隆时，全省晒烟种植已有 36 县。20 世纪 60—80 年代闽西、闽南仍作为主产烟区。②

番薯、玉蜀黍、落花生、烟草对种植结构的改变是较为深刻的，是"海上丝绸之路"上文化交流的一个重要体现。番薯、玉蜀黍是粮食作物，落花生、烟草是经济作物，它们由经由漳州传入他处，使生产对象发生改变，进而改变了生产关系，影响不可谓不深远。

（二）货币制度新变

明代中后期主要的货币有白银和铜钱两种，海上贸易对它们影响是显著的。

有学者认为 16—17 世纪中期的世界，存在一个以中国为核心可称为"银本位"的世界贸易体系，白银流向中国，并最终留在那里。③ 最主要的白银航线有两条，一是菲律宾航线，二是日本航线。《东西洋考》中提及的月港—吕宋航线主要货物就是白银，还提及黄币峙、突唇、罗料厘、黄料厘四种佛朗机银币。现在发现流入漳州，且铸造于于明代中后期的"番元"则有"块币"（俗称锄头钱），来自美洲手工打制的西班牙货币。此外，日本航线的白银贸易也十分重要，《天下郡国利病书》说"且日本无货，只有舍银"，可见对日贸易主要进口品与对菲律宾的是相似的。④

《闽大记·食货考》："下府人不用钱，以漳泉盗铸，杂铅锡为他巧也"，月港客税商品清单有钱铜一类，也有黑铅、番锡。虽然不能说这些进口铅锡就是用来制造假币的，但至少为假币的制造提供了一种可能的来源。⑤

可见，输入的货物既可以充当着维护货币体系稳定的角色，也可以产生反作用。

（三）生活方式的改变

地方志资料对明代闽南沿海生活方式的记载同中有异。嘉靖《龙溪县志》"海乡子民多业

---

① 陈汝咸等：《漳浦县志》卷四《风土志》，内刊，2011 年，第 62 页；张懋建等：《长泰县志》卷之十《风土志》，内刊，2008 年，第 171、174 页；福建省地方志编纂委员会：福建省志·农业志》，北京：中国社会科学出版社，1999 年，第 163 ~171 页。

② 福建省地方志编纂委员会：《福建省志·烟草志》，北京：方志出版社，1995 年，第 10、17 页。

③ 贡德·弗兰克：《白银资本——重视经济全球化中的东方》第 3 章，北京：中央编译出版社，2013 年，第 150 ~ 154 页。

④ 张燮：《东西洋考》卷五《东洋列国考》，北京：中华书局，2000 年，第 94 页；林南中：《闽海币缘》，西安：西安地图出版社，2010 年，第 37 页；顾炎武：《天下郡国利弊书·福建》，四部丛刊三编史部，上海：上海书店，1985 年版据 1935 版重印，第 100 页。

⑤ 王应山：《闽大记》卷之十一《食货考》，北京：中国社会科学出版社，2005 年，第 194 页。

渔，往往浮家泛宅”。《惠安政书》云“第半业海，及善畜牧，岁暮贩他郡，以佐田事”；（惠安县十八都）“邴洲而下，农苦矣，惟海产蛏蠔，亦擅贸易之饶，时而无事，山海各食其力”①。明代实施海禁，但近海土地往往贫瘠，百姓只能将近海捕捞当作副业，提供一些生活补助。有些地方并没有完全脱离种植业，有些地方则将种植业视为副业。这为海上贸易种下因子，但直到清代中后期，闽南滨海的晋江，“辖地虽滨海，不立蕃市，盖夷舶不到之区”②，足见并不是所有沿海地区都与外来贸易者有直接联系。

在万历癸酉《漳州府志》中有一条记载值得注意：“诏安县土瘠民劳，俗厌浮丽，商船浮海酿利，著姓耻于服贾”，显然“商船浮海酿利”，不只是沿海百姓讨生活。另据《东西洋考》，在月港兴起之前，“先是发舶在南诏之梅岭，后以盗贼梗阻，改道海澄”，则诏安梅岭一度充当着闽粤海上中转的角色。③ 即使如此，诏安本地“著姓耻于服贾”，海贸并未得到整个社会的普遍认可。

在海贸更为发达的海澄情况则有所不同，崇祯《海澄县志》称：“于是饶心计与健有力者视海波为阡陌，倚帆樯为耒耜，凡捕鱼纬箫之徒咸奔走焉。盖富家以赀，贫人以佣，输中华之产，骋彼远国，易其方物以归，博利可十倍。”④ 富家商人出资，普通百姓出力，各取所需，对这一地区的不同阶层带有普惠性质，动机就是“博利”二字。较之传统社会围绕农业生产形成的生活方式，本地区百姓的生产生活方式已经悄然改变。

另据朱纨《阅视海防事》所说，“泉州之安海、漳州之月港乃闽南之大镇，人货萃聚、出入难辨，且有强众世获窝家之利，凡一乡防御之法，皆不得施。今一方士民徒为此等所累，莫不怨之入髓，每闻上司之至，皆以为大有所更化”⑤，从上述记载可以看出，生活方式的变化不仅限于经济方面，对政策制定和推行也产生了影响。

三　文化交流带来的冲突与融合

随着“海上丝绸之路”上文化交流的加深，文化的冲突和融合进一步加剧。人员的往来比货物的买卖更深刻地体现了这种冲突和融合，较为突出的是中国与日本、中国与西方海上强国接触中的冲突与融合。两者既有共性也有个性。其共性是：无论是中国与日本、还是中国与西方海上强国的冲突，都表现为一种贸易动机的驱动。而与日本的争端，则又体现邻近国家、民族争夺生存空间带来的摩擦；与西方海上强国的冲突则体现了一种“文明的冲突”。

---

① 刘天授等：〔嘉靖〕《龙溪县志》，上海：上海古籍书店，1982年，第26页；叶春及：《惠安政书》，福州：福建人民出版社，1987年，第73页、187页。

② 周学曾等：《晋江县志》卷二十七《蕃市志》，福州：福建人民出版社，1990年，第521页。

③ 罗青霄等：《漳州府志》卷之二十九《诏安县》，厦门：厦门大学出版社，2010年，第1132页；张燮：《东西洋考》卷七《饷税考》，北京：中华书局，2000年，第132页。

④ 梁兆阳等：《海澄县志》卷之五《赋役志二》，北京：书目文献出版社，1992年，第435页。

⑤ 台湾银行经济研究室：《明经世文编选录》（复印本），台北：台湾银行经济研究室，1971年，第13页。

（一）人员的往来

明初，郑和下西洋时，多有启用闽籍水手船工。其代表者王景弘即为闽南人，万历癸酉《漳州府志·宁洋县》“集贤里香寮人，从太宗北征。后有拥立功，授其子宁南京锦衣卫正千户”。此后，明政府虽未再开展这种大规模的海外活动，但对周边国家的政治影响依然存在。闽南人在其中也扮演着一定角色，龙溪人潘荣于天顺六年（1462）册封琉球即为一例。①

在明代的闽南，面向海外的民间文化交流活动同样频繁。东南亚、日本由于与中国交往较早，且去福建较近，一直是闽南人从事海外贸易主要的去处。《明史》记载“吕宋居南海中，去漳州甚近”“闽人以其地近且饶富，商贩者至数万人，往往久居不返，至长子孙”。在日本的闽南人也不少，主要聚居在长崎岛，朱国祯的《涌幢小品》载“有刘风岐者，言自（万历）三十六年到长崎岛，明商不上二十人；今不及十年，且二三千人矣。合诸岛计之，约有二三万人”，数量之多可见一斑。天启元年（1621），海澄人颜思齐等因不满日本德川幕府，密谋起事造反，足见其对日本社会已有一定参与度，事泄逃亡，他们又成为开发台湾的先行者。②

（二）倭寇问题

倭寇问题由来已久，据《明史》说起于明初对方国珍残部围剿带来的遗留问题。明代中后期的闽南，乃至东南沿海，倭寇问题一直是个大麻烦。当时的执政者对倭寇问题有一个基本共识，那就是所谓倭寇问题与沿海既得利益者的接济有很大关系，有时候“倭寇”就是他们假扮的。胡宗宪《广福人同番当禁论》说“倭奴拥众而来，动以千万计，非能自至也，内地奸人接济之也”。朱纨《请明职掌以便遵行事》以为“大抵治海中之寇不难，而难于治窝引接济之寇；治窝引接济之寇不难，而难于治豪强把持之寇”③。

闽南地区倭寇活动频繁，万历《重修泉州府志》“嘉靖戊午浙江舟山寇徙巢梅柯，复驾舟出海，泊于浯屿。负隅莫撄，四出剽掠，兴、泉、潮、广并受其害”。在漳州地区，自嘉靖二十八年（1549），倭寇抵达月港安边馆始，到隆庆三年（1569）倭寇活动才基本停止。闽南地区的倭寇活动变现为典型的内外勾结、相互照应，如嘉靖四十年（1561）五月，“倭入漳浦屿头，张琏亦于是日陷椽”。倭寇活动首先带来的是海防的负担，万历癸酉《漳州府志》称“漳州异时赋役轻省，军兴以来，兵费日重。正赋之外，复有加派，如丁四、米八之类是也”。④ 但

---

① 罗青霄等：《漳州府志》卷之三十一《宁洋县》，厦门：厦门大学出版社，2010 年，第 1261 页；张廷玉等：《明史》卷一百五十，北京：中华书局，1974 年，第 4305～4306 页。

② 张廷玉等：《明史》卷三百二十三《外国四》，北京：中华书局，1974 年，第 8370 页；朱国祯：《涌幢小品卷之三十·倭官倭岛》，上海：上海古籍出版社，2012 年，第 605 页。

③ 台湾银行经济研究室：《明经世文编选录》（复印本），台湾：台湾银行经济研究室，1971 年，第 11、22 页。

④ 阳思谦等：〔万历〕《重修泉州府志》卷十，台北：学生书局，1978 年，第 924 页；黄超云校注：《镇海卫志校注·兵防志附寇乱》，郑州：中州古籍出版社，1993 年，第 52～53 页；罗青霄等：《漳州府志》卷五《赋役志》，厦门：厦门大学出版社，2010 年，第 206 页。

这也加速了月港民间贸易的合法化。对倭寇问题的实质存在着不同认识，笔者倾向认为倭寇活动存在着极大的商业动机，所以才会出现上述内外勾结现象，并且这种勾结不单只是个别人的行为，而是受整个利益集团的驱动。这是文化交流发展到一定程度的产物。

（三）“大航海时代”的文化交流

世界进入“大航海时代”，中国与荷兰、西班牙、葡萄牙等海上贸易强国接触更为频繁。从文化交流的角度看，这产生了一种“文明的冲突”，由于两者交流越来越频繁，而文明的差异不容易弥合，于是产生了这种基于文化而非国家的冲突。冲突的两者是中华文明与西方文明，中华文明讲究“义利之辨”“农为邦本”，未将商业与海洋作为重要领域加以拓展；而大航海时代的西方文明则将海洋、商业、殖民、宗教有机地结合起来。这种接触有时就在中国家门口，“（嘉靖）二十六年（1547），有佛朗机船载货泊浯屿，漳、泉贾人往贸易焉。巡海使者柯乔发兵攻夷船，而贩者不止”。家门口的接触，在国力衰微的时候，也表现得相当激烈，“（崇祯）七年（1634），有红毛番泊铜山及诏安地方五都，焚劫尤惨”①。

这种接触带着入乡随俗的文化融合，表现为西方贸易者颇了解中国政治文化，知道彼时的朝廷贿赂成风，准备利用各种手段打通关系，找到贸易立足点。万历年间，高寀成为月港税使后大肆接受红毛番（荷兰）贿赂，其掮客正是海澄人李锦、潘秀、郭震。②

中西文化交流中产生的冲突甚至延伸到域外。17 世纪 30 年代，欧洲人和华人是有着贸易共生关系，华人积累当地商品换取棉布，支持远途贸易，但欧洲人不甘于扮演一般性的贸易者角色，马尼拉地区率先出现了一种所谓西班牙人与菲律宾人的懒惰和华人的勤奋的论调，将华人与当地人对立起来。经济上的争端进而引发政治上的屠杀，起先只是强制征兵、驱赶出城之类，万历三十一年（1603）以机易山开矿争端为发端，发生了马尼拉大屠杀，2.5 万人一遭罹难。③

无论上述何种冲突，都应该算是正常文化交流到了一定阶段，双方矛盾的表现形式，也是文化交流的一种极端的表现形式。

在“海上丝绸之路”背景下，明代闽南地区对外文化交流是多方面的。其基本面是货物的进出口，进而这些新事物改变了人们的生产生活方式。而在政治、军事领域，一些细微的变化也在持续发生，与日本、荷兰、西班牙、葡萄牙的接触反映着新时代的某些特色，影响深远。

---

① 张燮：《东西洋考》卷七《饷税考》，北京：中华书局，2000 年，第 131 页；黄超云校注：《镇海卫志校注·兵防志附寇乱》，郑州：中州古籍出版社，1993 年，第 53 页。

② 张廷玉等：《明史》列传第二百十三，北京：中华书局，1974 年，第 8434 ~ 8435 页。

③ 安东尼·瑞德：《东南亚的贸易时代：1450—1680》第二卷，北京：商务印书馆，2013，第 431 ~ 442 页；张廷玉等：《明史》列传第二百十三，北京：中华书局，1974 年，第 8371 页。

参考文献

［1］安东尼·瑞德：《东南亚的贸易时代：1450—1680》，北京：商务印书馆，2013年。

［2］陈洪谟等，大明《漳州府志》，北京：中华书局，2012年。

［3］陈汝咸等，《漳浦县志》，内刊，2011年。

［4］福建省地方志编纂委员会：《福建省志·对外经贸志》，北京：中国社会科学出版社，1999年。

［5］福建省地方志编纂委员会：《福建省志·农业志》，北京：中国社会科学出版社，1999年。

［6］福建省地方志编纂委员会：《福建省志·烟草志》，北京：方志出版社，1995年。

［7］福建省地方志编纂委员会：《福建省志·对外经贸志》，北京：中国社会科学出版社，1999年。

［8］贡德·弗兰克：《白银资本——重视经济全球化中的东方》，北京：中央编译出版社，2013年。

［9］顾炎武：《天下郡国利病书》，上海：上海书店，1985年。

［10］何乔远：《闽书》，福州：福建人民出版社，1995年。

［11］黄省曾：《西洋朝贡典录校注》，北京：中华书局，2004年。

［12］黄许桂等：《平和县志》，厦门：厦门大学出版社，2008年。

［13］黄仲昭：《八闽通志》，福州：福建人民出版社，1999年。

［14］梁兆阳等：《海澄县志》，北京：书目文献出版社，1992年。

［15］林南中：《闽海币缘》，西安：西安地图出版社，2010年。

［16］刘天授等：《嘉靖龙溪县志》，上海：上海古籍书店，1982年。

［17］罗青霄等：《漳州府志》，厦门：厦门大学出版社，2010年。

［18］马可波罗：《马可波罗行纪》，北京：中华书局，2004年。

［19］塞缪尔·亨廷顿：《文明的冲突与世界秩序的重建》，北京．新华出版社，2010年。

［20］宋应星著，潘吉星译注：《天工开物译注》，上海：上海古籍出版社，2013年。

［21］台湾银行经济研究室：《明经世文编选录》，台北：台湾银行经济研究室，1971年。

［22］王世懋：《闽部疏》，台北：成文出版社，1975年。

［23］王应山：《闽大记》，北京：中国社会科学出版社，2005年。

［24］威廉·A·哈维兰等：《文化人类学》，北京：机械工业出版社，2014年。

［25］徐光启：《农政全书》，长沙：岳麓书社，2002年。

［26］阳思谦等：《万历重修泉州府志》，台北：学生书局，1978年。

［27］叶春及：《惠安政书》，福州：福建人民出版社，1987年。

[28] 张懋建等：《长泰县志》，内刊，2008 年。
[29] 张廷玉等：《明史》，北京：中华书局，1974 年。
[30] 张燮：《东西洋考》，北京：中华书局，2000 年。
[31] 周学曾等：《晋江县志》，福州：福建人民出版社，1990 年。
[32] 朱国祯：《涌幢小品》，上海：上海古籍出版社，2012 年。
[33] 朱维幹：《福建史稿下册》，福州：福建教育出版社，1986 年。

“海上丝绸之路”视域下的淮安古代对外交流

——以方志文献为核心

罗　志（江苏省淮安市地方志办公室）

提要：古代淮安位于淮河下游入海处，长期是水运便利、沟通东南、联系海外的重要城市。早期海上丝绸之路的发展，为古代淮安带来异域珍宝和佛教的传播。唐宋时期的淮安因运河而联系全国，并成为海上丝绸之路上的国际港口，新罗等国商人云集，僧伽、圆仁等异域僧人长期游历，古淮安灵怪无支祁也同丝绸之路上的另一段传奇玄奘西游糅合而成《西游记》神话。元明清时期，沿着海上丝绸之路进入中国诸多的旅行家、传教士、外国使节等先后游历淮安，留下对于“运河之都”的珍贵记录。

关键词：海上丝绸之路　淮安　对外交流　地方志

“丝绸之路”这个概念源于德国学者李希霍芬1877年开始出版的《中国——亲身旅行和据此所作的研究》，一个多世纪以来，“丝绸之路”逐渐被学界、媒体和政界广泛采纳，作为对数千年以来古代中国和外部世界，尤其是亚欧国家的经济文化交流渠道的概括，并由此衍生出“草原丝绸之路”“海上丝绸之路”“西南丝绸之路”等一系列内涵丰富的历史文化概念。

美丽富饶的东南沿海，是海上丝绸之路扬帆万里的起锚港湾，长安、洛阳等中原古都，是陆上丝绸之路跋涉异域的征途始点。作为大运河孕育出的重要城市和曾经的沿海港口，古代淮安的命运始终跟“水”息息相关。陆上与海上两条沟通亚欧的丝绸之路通过大运河水系连接起来，而淮安正处于运河与黄淮交汇、与茫茫黄海通航的地理区位上。若考察淮安古代对外交流的历程，爬梳相关的方志文献，我们就会发现海上丝绸之路这条时隐时现的主线，它的兴衰沉浮影响着诸多的历史事件和人物，从而构成淮安对外交流史述的新视角。

一　海上丝绸之路重要节点：古代淮安

淮阴县者，江海通津，淮楚巨防，弥越走蜀，会闽驿吴。《七发》枚乘之丘，“三杰”楚王之窟。胜引飞辔，商旅接舻。每至同云冒山，终风振壑，宦子惕息，篙工疚怀。鱼贯迤其万艘，雾集坌于曾渚，莫不膜拜围绕，焚香护持。复悔多尤，回祈景福。于是风水相借，物色同和。挂帆启行，方舳骏4迈。①

这是唐代著名书法家李邕在开元十一年（723）所撰《娑罗树碑记》中的一段文字。李邕时为海州（治今江苏连云港）刺史，因楚州（治今淮安市淮安区）淮阴县（治今淮安市淮阴区码头镇一带）有株娑罗树，不知何时何人所植，传唐初由海路赴古印度求取佛法的义净归国后，曾休宿并顿悟于树下，遂为其道场，楚州及淮阴县官史、佛寺高僧大德和乡绅建碑记其圣迹，遂请其撰文并书。凡论述淮安地区历史地位，这段文字，尤其是开头一句最为脍炙人口。其中，“淮楚巨防”说的是唐代淮安为江淮地区的重镇，“弥越走蜀，会闽驿吴”说的是隋唐大运河在楚州、泗州（治今盱眙县城北泗州城遗址）与淮河交汇，南方闽、吴、越、巴蜀地区人员与物资若想沟通中原，必经此地。而开头“江海通津”，概括的正是作为海上丝绸之路重要节点的古代淮安成为运河、江淮转运港乃至国际商港的繁荣历史。

淮安以东的苏北海岸，历史上经过了沧海桑田的变化。秦汉至宋代，苏北海岸稳定在今云台山—灌云县城—灌南县城—阜宁县城—盐城以西龙冈—东台县城一线，在苏北平原腹地留下由西往东的西岗、中岗、东岗、外岗、新岗五道海岸沙堤，时代也由老至新。北宋天圣三至五年（1025—1027），范仲淹主持修建范公堤，依然是沿着东岗沙堤南北走向。南宋建炎二年（1128）开始，黄河夺淮入海，在淮安以东仅数十里的云梯关入海。据方志记载：“宋元以前，北沙即为海口，自黄河夺淮合流入海，淤沙渐涨，有土套十余，形若云梯，故以名云梯关。”②直到明代中期，淮河入海口依然在云梯关入海，但已开始缓慢向外淤积，明中叶以后，范公堤以东滨海平原淤涨迅速，至清咸丰五年（1855）黄河北归山东入海后，苏北海岸线已和今日走向大体一致。③

古代淮安正处于古淮河下游入海处，是所谓“大淮横涉，到于东海”④。

古淮河由桐柏山迤逦而东近千里，经盱眙折向东北流至龟山，斜穿今洪泽湖凹陷区达淮阴故城（今淮安市淮阴区西南码头镇）附近，在此汇入古泗水，然后东北流经清江浦（今在淮安市区内）与王营镇之间转而东南流，经今淮安市淮安区老城北形成古山阳湾向东北流，经涟水城南又向东北流入海。黄河夺淮入海以前，淮河在淮安地区独流入海，下游河口段河床深阔，黄海潮波可溯流而上直到淮安、盱眙一带。唐人李端有诗云：“孤帆淮上归，商估夜相依。海雾寒将尽，天星晓欲稀。潮头来始歇，浦口喧争发。乡树尚和云，邻船犹带月。”⑤ 南宋使臣楼

① 〔清〕吴昆田、鲁蕡等纂修：光绪丙子《清河县志》卷二十五《古迹·娑罗树碑》，清光绪二年（1876）刻本；《淮安金石录》七《碑碣、刻石及附录·娑罗树碑》，南京：南京大学出版社，2008年，第223页。

② 〔清〕冯观民、阮本焱等纂修：光绪《阜宁县志》，光绪十一年（1884）刻本。

③ 邹逸麟主编：《黄淮海平原历史地理》，合肥：安徽教育出版社：1997年，第194～196页。

④ ［日］圆仁撰，顾承甫、何泉达点校：《入唐求法巡礼行记》卷一，上海：上海古籍出版社，1986年。

⑤ 〔唐〕白居易：《赠楚州郭使君》，〔清〕彭定求等：《全唐诗》卷二八四，北京：中华书局，1979年。

钥在《北行日录》中也记载道：“至洪泽，过渎头，舟胶候潮，潮应，乘风过欧家渡。”[①] 可见唐宋时期淮河下游入海口的淮安，成为面向大海，受到海潮洗礼的“弄潮儿”。

公元前486年，吴王夫差开凿了沟通江淮的邗沟，这是大运河最早的一段河道，其北端入淮处正是淮安古城的末口（今淮安市淮安区北）。隋炀帝开凿大运河，不仅重新疏浚邗沟，更重要的是在大业元年（605）开凿通济渠，以东都洛阳城为起点，经荥阳西北黄河边上的板渚，跨越汴州（今河南开封）折向东南，穿过今河南省东部的商丘、安徽省东北部的淮北、宿州、江苏西北部的宿迁等地，绵延而至泗州，穿城而过，注入淮河。向东南绵延近两千余里，逶迤而入淮水下游的泗州，全程纵横中原沃野，沟通黄河、淮河两大水系。

隋唐大运河以洛阳为中枢，然后向东南经千里汴河在泗州进入淮河。沟通江淮之间的运河为邗沟，自楚州（今淮阴市淮安区）引淮水南下，在扬州南瓜洲连于长江。自中原南下，在泗州入淮水，东下在楚州入邗沟，然后南下扬州，渡江可至江南。这样，淮安往西通过大运河与洛阳、长安交织成整体的交通网络，而汉唐时代的长安和洛阳，是东方国际性的都会，毋庸置疑的陆上丝绸之路的东端起点。而“地当水口，为南北御要”[②] “天下无事，则为南北行商之所必历；天下有事，则为南北兵家之所力争”[③] 的楚、泗之地，又通过邗沟运河联系江淮水运，由此通达东南，成为东部沿海重要的内河通海转运港。

伴随着大运河的开辟、淮盐的兴起和楚州港成为国际海港，唐宋时期淮安境内的楚州、泗州成为沟通东南、联系海外的重镇。明清时期，淮安地处黄、淮、运交汇之处，经济文化繁荣，异域人士络绎不绝，对外交流活跃。正是古代淮安所处独特的地理位置和重要的交通区位，使其作为重要节点，在“海上丝绸之路”的发展历程中扮演了不可替代的角色。

二　早期海上丝绸之路：汉晋淮安的吉光片羽

一般学者均认为，海上丝绸之路时间跨度大，涵盖地域广，在不同历史时期呈现出不同的文化属性。秦汉时代，既是我国古代陆上丝绸之路真正形成的阶段，同样也是海上丝绸之路蓬勃发展，把世界诸多文明古国，如古埃及、古希腊、古罗马、古波斯、古印度等等用航海和贸易串联起来的重要历史时期。在东汉到魏晋南北朝时期，佛教沿着海上丝绸之路这条通道从南方传入中国，使得这条中外经济交流的通道起初就增添上浓厚的文化色彩。

两汉魏晋南北朝时的淮安，因为其南经邗沟通江南，北汇泗水而达中原，东由淮河入海而至齐鲁吴越沿海的区位优势，在早期海上丝绸之路的发展历程中，也扮演过重要的角色。近些年一些地方史料的发现，使得早期淮安地区对外交流中的一些异域元素，得以呈现。

2009—2012年，南京博物院在盱眙县马坝镇东阳古城北的大云山发掘出一座大型的西汉陵

---

① 〔南宋〕楼钥撰：《北行日录》卷上，北京：中华书局，1991年。

② 〔宋〕乐史撰：《太平寰宇记》卷一六《泗州》，北京：中华书局，2008年。

③ 〔清〕莫之翰等纂修：康熙《泗州志》卷五《城池》，台北：成文出版社，影印康熙二十七年（1688）刊本。

墓译注，经研究，现已确认此为西汉景帝之子、汉武帝同父异母哥哥、第一代“江都王”——刘非及其后妃的同冢异穴合葬墓遗址群。大云山汉墓出土了大量的铜器、玉器、漆器、陶器等精美文物上万件，包括编钟、编磬、玉棺、金缕玉衣、水晶带钩等罕见文物。其中，颇为学界关注的是大量的域外文物，包括鎏金铜犀牛及训犀俑、鎏金铜象及训象俑、错银编磬铜虡兽座、动物纹金带板、银盒等。此前考古发现的秦汉时代“海上丝绸之路”的域外遗物，大多集中在广东广州、广西合浦等地的秦汉墓葬中，东部沿岸有关考古发现极为罕见。而在淮安境内大云山汉墓出土的这批海外遗珍，充分说明海上丝绸之路“早在西汉前期已经发展到长江三角洲一带；这些域外文物出土于江都王墓中，说明了江都王国的统治者对这种域外文化与交流的认可。而认可是要有一个过程的，如果那样的话，说明长江三角洲一带与‘西方’‘南亚’的文化交流时间还要更早一些，活动还要更多一些。”① 因此，学者认为：“内地（中原或北方地区）的诸侯王墓，极少像大云山汉墓这样出土如此多的‘舶来品’遗物。如果可以证明这些遗物不是从陆地上传来，而是海上舶来品的话，那么，这对研究汉代中国东南沿海的海上交通历史非常重要。”②

盱眙大云山地处淮安南境，其同“海上丝绸之路”的联系更多的是由于其周边的东阳古城时为江都王国辖境，受到江都（今江苏扬州）这个著名“海上丝绸之路”起始港影响。而在古代淮安北面，古琅琊（今山东胶南、诸城一带）和古东海（今江苏连云港一带）很早以前就是东部沿海的重要对外交通港口。《越绝书》云：“越王勾践徙琅琊”③，越人习之于海，越地居民“水行山处，以船为车，以楫为马，往若飘然”④，自东南沿海浮海往北，称霸江淮，都琅琊，深刻地影响到秦汉时代包括淮安在内的苏北沿海同江南、浙闽、两广等越人故地的海上联系。因此，两汉时期，“海上丝绸之路”对于古代淮安的影响，有更多的文献与考古发现为之佐证。

位于今天连云港市西郊的孔望山摩崖造像，与淮安毗邻，因其地明代归属淮安府，故淮安方志早有记载，如嘉庆《海州直隶州志》卷十一引《淮安府志》云孔望山：“有诸贤摩崖像，冠裳甚古，如读汉画。”⑤ 目前，学界多数认为孔望山摩崖造像为东汉晚期佛教从“海上丝绸之路”初传入汉地的重要文物遗存。⑥ 在早期佛教南传的通道上，古代淮安占有重要角色，除去孔望山摩崖造像悬悬相对，江淮之间的盱眙，也曾在一座西晋太康九年（288）墓葬中出土有集佛像和飞天像为一体的佛像造像砖。此砖一面有上、中、下三幅端坐的佛像，佛背部有佛光，左右手各执有两枝莲花花蕾，双手置胸前，神态恬静、安逸，属于典型的早期佛教造像

① 刘庆柱：《关于江苏盱眙大云山汉墓考古研究的几个问题》，《东南文化》2013 年第 1 期。
② 刘庆柱：《关于江苏盱眙大云山汉墓考古研究的几个问题》，《东南文化》2013 年第 1 期。
③ 〔东汉〕袁康撰：《越绝书》卷二《越绝外传记吴地传》，上海：上海古籍出版社，第 19 页。
④ 〔东汉〕袁康撰：《越绝书》卷八《越绝外传记地传》，上海：上海古籍出版社，第 62 页。
⑤ 〔清〕唐仲冕、孙源潮等纂修：嘉庆《海州直隶州志》卷十一《山川考》，清嘉庆十六年（1811）刻本。
⑥ 俞伟超、信立祥：《孔望山摩崖造像的年代考察》，《文物》1981 年第 7 期。

"项光佛"形象，另一长侧面有飞天图案，上刻绘三个飞天，雁行于空，衣裙飘曳，三个飞天中间用花蕾间隔作为装饰。[①] 此佛像砖收录入南京博物院、南京艺术学院、北京大学、日本龙谷大学等中日专家编纂的《佛教初传南方之路文物图录》[②]，该块佛像画像砖曾受到日本学者的高度关注，于2004年作为国宝在日本展出。

海上丝绸之路的兴起，带给古代淮安的是异域珍宝和南亚佛教的传入。物质的财富成为奢华王族享乐的工具，佛陀教化则成为抚慰万民的一股清风。古代淮安物质的积累和文化的兴盛，与此密不可分。

三　唐宋海上丝绸之路：文献、文物与神话传奇交织的楚州

隋唐大运河的出现，成为沟通起长安、洛阳为代表的中原古都和东南沿海蔚蓝色波涛的通道。隋开皇十二年（592）建置楚州，古代淮安因唐宋时期"楚州"的繁荣而名著史籍。

隋炀帝大业元年（605），始修大运河，《资治通鉴·隋纪四》记载："发河南淮北诸郡男女百余万，开通济渠。"[③] 通济渠（汴河）建成后，从洛阳可以由通济渠在泗州入淮至楚州，而从楚州经邗沟至长江边的江都（治今扬州），再经新凿的江南河沟通苏杭。隋炀帝巡幸江都，正是从陆上丝绸之路东端的隋东都洛阳到长江边的海上丝绸之路重要港口江都，其象征意义不言而喻。

楚州因其沟通中原和海外的交通优势，而成为唐宋时期海上丝绸之路的重要中转港口。据学者研究，唐代中国和日本、朝鲜半岛之间的交通路线可分为南北两路，北路：难波三津浦—濑户内海—下关海峡—筑紫大津浦（博多）—百济沿岸—黄海—登州—莱州—青州—兖州（或济南）—曹州—汴州（开封）—洛阳—函谷关—潼关—渭南—长安（唐都）；南路：难波三津浦—濑户内海—下关海峡—筑紫博多—南岛、值嘉岛—东海—长江口—扬州—高邮—楚州（淮安）—广济渠（通济渠）—徐州—沛（以下与北路同）—长安（唐都）。[④]

经由楚州而行的东亚海上交通南线同北线相比，优势明显：其一，楚州位于淮河入海口，外来船只、人员可以向南不经过长江口而直接由淮河口入淮直达运河，或者由山东半岛东部沿海南下而入淮河，南北路线均较为便利。其二，从楚州沿通济渠（汴河）西行，可以直至洛阳，往来使团、商人、僧侣等，往往带有大量行李、贡品、货物及生活用品、如从登州陆行至长安，其艰巨程度可想而知。其三，大批新罗人在楚州从事海运业，对于与朝鲜半岛国家常有矛盾的日本人来说，乘坐新罗船渡越朝鲜半岛，可以减去不少麻烦。[⑤]

唐开成三年至大中元年（838—847），日本学问僧圆仁随遣唐使团来华游历、学习，前后

① 罗志：《盱眙博物馆馆藏西晋佛像造像砖鉴赏》，《盱眙历史文化研究》2014年总第6期。
② 贺云翱等编：《佛教初传南方之路文物图录》图版5-6，北京：文物出版社，1993年。
③〔宋〕司马光等纂修：《资治通鉴·隋纪四》，《资治通鉴》卷一八〇，北京：中华书局，1956年。
④〔民国〕王辑五撰：《中国日本交通史》，北京：商务印书馆，1998年。
⑤ 陈凤雏：《唐代楚州港》，《江苏地方志》1996年第1期。

近十年，先后于开成三年（838）、会昌五年（845）、大中元年（847）三年居留楚州。在其归国后所著《入唐求法巡礼行记》中，对于楚州对外交流的盛况，多有记述。

在圆仁笔下，楚州是一座相当国际化的贸易城市。朝廷批准楚州作为日本、新罗等国使团出入大唐的口岸，日本历次遣唐使多由楚州登陆，或是登陆后沿运河经过楚州去长安。楚州建有高规格接待各国使团的楚州驿馆，圆仁所在第十三次遣唐使团于开成四年（839）二月十二日由长安至楚州，逗留一个多月才离境，期间就住在楚州馆，唐朝亦派云麾将军等三人在楚州接待。楚州馆总管当州同将军，又称为大使，是楚州专管外国人事务的官员，唐武宗时期薛铨、新罗人刘慎言等相继任此职。①

古代淮安地区还有大量的新罗人居住，楚州末口附近有新罗坊，涟水、泗州等地均有新罗人集中居住处，甚至官府设有"勾当新罗所"管理新罗人事务，其负责人称押衙，通常由新罗人充任。日本朝圣者的事宜就由押衙来安排。新罗人刘慎言不仅为圆仁做译语（翻译），还不辞辛劳与麻烦，给日本使团以支持。圆仁将"沙金大二两、大阪腰带一"送给刘慎言。② 据研究，楚州新罗坊具备一定的海运联合体特征，"有译语、船主、武士和各种专门技能人员。新罗译语是头面人物，接待日朝路过楚州的一般官员，并负责解决食宿、船只，或帮助与地方官联系。新罗译语刘慎言在唐武宗时期还当上楚州的总管当州同将军，成了大唐的一名外交官员"。"新罗坊的船户除从事客运外，还组织船队到密州运煤炭回楚州销售"③。圆仁大中元年（847）归国，正是得到楚州新罗人帮忙，"更雇船主王可昌船，望乳山去"，自运河入淮河，再出海北上，到达山东半岛乳山长淮浦，追上新罗人金珍的海船而返回日本的。④

唐宋时的楚州同海上丝绸之路一荣俱荣，史载："公私商运，充实四远，舳舻往来，恒以千许。"⑤ 韩愈有诗吟咏楚州香火之盛和海内外客商之多："越商胡贾脱身罪，珪璧满船宁计资。清淮无波平如席，栏柱倾扶半天赤。"⑥ 白居易也因楚州阜盛而赞其为"淮水东南第一州"⑦。

海上丝绸之路为汉晋时期的淮安带来异域的佛教，唐宋时期淮安地区佛教步入兴盛。唐代楚州境内的寺庙便达近百座，甚至在楚州的新罗人也建造了自己的佛寺——崔家禅院。⑧ 楚州龙兴寺始于东晋大兴二年（319），初名法华禅寺，后改为龙兴万寿禅寺，见证僧伽国师（泗州大圣）的传奇。⑨

唐高宗年间，有西域何国的异僧僧伽入唐。僧伽游历全国，流连于楚州，后常驻泗州普照

① ［日］圆仁撰，顾承甫，何泉达点校：《入唐求法巡礼行记》卷一，上海：上海古籍出版社，1986 年。
② ［日］圆仁撰，顾承甫，何泉达点校：《入唐求法巡礼行记》卷一，上海：上海古籍出版社，1986 年。
③ 陈凤雏：《唐代楚州港》，《江苏地方志》，1996 年第 1 期。
④ ［日］圆仁撰，顾承甫，何泉达点校：《入唐求法巡礼行记》卷四，上海：上海古籍出版社，1986 年。
⑤ 〔北宋〕乐史撰：《太平寰宇记》卷一二四《楚州・盐城县》引《南兖州记》，北京：中华书局，2008 年。
⑥ 〔唐〕韩愈：《送僧澄观》，《韩愈集》卷七，长沙：岳麓书社，2000 年。
⑦ 〔唐〕白居易：《赠楚州郭使君》，〔清〕彭定求等：《全唐诗》卷四四八，北京：中华书局，1979 年。
⑧ ［日］圆仁撰，顾承甫，何泉达点校：《入唐求法巡礼行记》卷一，上海：上海古籍出版社，1986 年。
⑨ 淮安市历史文化研究会编：《淮安简史》，南京：南京大学出版社，2010 年，第 45、68 页

王寺，多有异行。景龙二年（708），唐中宗派特使迎接大师来京城，奉为国师，皇上远接高迎，百官行礼，颇为隆重。皇上还亲笔题写了佛寺“普光王寺”的匾额。景龙四年（710）三月三日僧伽大师圆寂，归葬泗州，特于城西南辟一城门，以香花供奉迎入，故名香花门，并漆身起塔，是为普照王塔。传说唐中宗曾问万回大师：“僧伽大师何人?”万回答：“观音化身。”从此泗州僧伽大师的圣名广为传扬。[①] 宋太宗雍熙元年（984），加封僧伽大师以“大圣”号，故后世民间习称为“泗州大圣”，东南沿海一带香火不绝。在宋代，普照王寺成为宋代全国五大名刹之一。普照王塔即位于普照禅寺内，宋朝太平兴国七年（982），宋太宗下令重建泗州僧伽大师塔。至元仁宗延祐二年（1315），泗州重修普照禅寺和普照王塔，有赵孟頫撰写《大元敕建泗州普照禅寺灵瑞塔碑》碑文为证。[②]

唐宋文献中的楚州，不乏神话传奇。《太平广记》卷四六七《李汤》记载着一则很出名的灵怪故事，主角便是大名鼎鼎的淮河水怪无支祁（巫支祁）。无支祁为古代流传广泛的淮河水怪神话，其最详细的一段记载，正出于此：

> 永泰中，李汤任楚州刺史时，有渔人，夜钓于龟山之下。其钓因物所制，不复出。渔者健水，疾沉于下五十丈。见大铁锁，盘绕山足，寻不知极。遂告汤，汤命渔人及能水者数十，获其锁，力莫能制。加以牛五十余头，锁乃振动，稍稍就岸。时无风涛，惊浪翻涌，观者大骇。锁之末，见一兽，状有如猿，白首长鬐，雪牙金爪，闯然上岸，高五丈许。蹲踞之状若猿猴，但两目不能开，兀若昏昧。目鼻水流如泉，涎沫腥秽，人不可近。久乃引颈伸欠，双目忽开，光彩若电。顾视人焉，欲发狂怒。观者奔走。兽亦徐徐引锁拽牛，入水去，竟不复出。时楚多知名士，与汤相顾愕悚，不知其由。尔时，乃渔者知锁所，其兽竟不复见。

这段故事《太平广记》注为晚唐韦绚《戎幕闲谈》中所载。此事后传至李公佐的耳中，他在太湖中的包山探得《古岳渎经》一卷，释读乃知无支祁乃是大禹治水时捕获、镇压在楚州淮阴龟山下，保佑“淮水永安流注海”的淮、涡水神。类似的神话还可见《太平寰宇记》卷十六《泗州》条《淮阳记》引“古岳渎经”文字[③]，应源出韦绚《戎幕闲谈》。

无支祁的神话流传了千百年，最后跨越时空，同唐代沿着丝绸之路不远万里去古印度求取佛法的玄奘法师联系到了一起。现当代学者多以为明代淮安府山阳人（今淮安市淮安区）吴承

---

① 〔宋〕李昉等编纂：《太平广记》卷九十六《异僧十·僧伽大师》，北京：中华书局，1961年。

② 孟頫此碑碑身现藏于盱眙县城第一山景区内，碑文残破，2012年南京博物院发掘古泗州城内疑似大圣寺、灵瑞塔遗址时出土此碑碑额，保存完整。

③ 〔北宋〕乐史撰：《太平寰宇记》卷十六《河南道·泗州》，北京：中华书局，2007年。

恩为《西游记》作者，[①] 同时认为淮水无支祁神话与淮安吴承恩《西游记》中的“孙悟空”形象存在渊源关系，其中以鲁迅在《中国小说史略》中的论述最具代表性。[②] 目前，学者们普遍认同，在唐代海上丝绸之路繁荣时期，在东部沿海古淮安地区诞生的猿猴状神怪无支祁，在后世《西游记》故事孙悟空形象形成过程中，扮演重要角色。“这些故事在长期的融合演化的过程中，与猴精的故事越来越密切，与《西游记》的关系越来越密切，以致它的神奇、情节以至于名号，逐渐被《西游记》故事、戏剧所挪移。到了吴承恩的手里便发展到了顶峰，连‘水猿大圣’‘王母娘娘’等名号、情节，无支祈的形状、神变奋迅等，全部被移植到百回本小说《西游记》书中去了。”[③]

丝路的取经史迹和淮安的灵怪故事奇迹般的糅合在一起，形成《西游记》这一系统神话文本，从某种程度上折射出文献、文物和神话传奇交织下丝绸之路的瑰丽与神秘。

四 元、明、清海上丝绸之路：“运河之都”繁华下的异域交流

步入元代，伴随着蒙元帝国的扩张和京杭运河的开辟，海上丝绸之路重新繁荣起来。异域的旅行家们纷纷来到大汗的国度，他们打量的目光也掠过淮安。

威尼斯商人马可·波罗（1254—1324）在元朝初年沿着丝绸之路来到蒙古草原，随后游历中国近二十年，才从海路返回他的家乡。1282 年，马可·波罗自大都（今北京）沿着大运河南下前往扬州赴任，途中，波澜壮阔的黄河、风景独特的里运河和繁荣的淮安城给他留下深刻的印象。

> 淮安州是一甚大城市，在蛮子地界入境之处，居民是偶像教徒，焚死者之尸骸，臣属大汗。其城有船舶甚众，并在黄河之上，前已言之也。此城为府治所在，故有货物甚众，辐辏于此。缘此城位置此河之上，有不少城市运货来此，由此运往不少城市，惟意所欲。应知此城制盐甚多，供给其他四十城市之用，由是大汗收入之额甚巨。[④]

南宋初年黄河夺淮入海，淮安便成为黄河、淮河和运河交汇之处，淮河下游也成为黄河的入海河道，而淮安迤南，便通过里运河沟通扬州和长江。淮安城的繁荣成为出生在商品经济环境中的这位威尼斯年轻人清晰的记忆。黄河、运河的波澜壮阔造就其后明清时代淮河的繁荣，

---

① 《西游记》作者为吴承恩说源自清代淮安学者吴玉搢、阮葵生、丁晏等人，主要依据天启《淮安府志·艺文志》著录吴承恩撰《西游记》及书中多用淮安方言，至民国时期经鲁迅、胡适、郑振铎等学者进一步考证，吴承恩说已为学界普遍接受。

② 鲁迅撰：《中国小说史略》，北京：人民文学出版社，1973 年，第 285 页。

③ 刘怀玉：《淮河水神与西游记》，《明清小说研究》1990 年第 Z1 期。

④ ［意］马可·波罗口述、［意］鲁思梯谦笔录，冯承钧译：《马可·波罗游记》第 139 章，上海：上海书店出版社，2000 年。

而早在元代初年，马可·波罗这位异域的年轻人便敏锐地察觉到淮安的巨大发展潜力。

马可·波罗离开三十多年后，另外一位阿拉伯旅行家伊本·白图泰同样从里运河和淮安城边经过，在他的笔下，“运河两岸有无数村庄、园圃、园田，诚世界壮观也”[①]。

明清时期，海上丝绸之路在郑和下西洋的短暂荣光后进入新的阶段。中央王朝在对外交往上日渐保守和僵化，除去东南的少数地域，东部沿海整体的对外贸易在朝廷长期、反复的禁海令下陷于沉寂。伴随着西方殖民者大航海时代的到来，海上丝绸之路即将拉开新的篇章。而这时的淮安，成为国家河道治理、漕运指挥、漕船制造、漕粮储运和淮盐集散的中心，漕运总督和河道总督两大衙门长期驻跸于此，从而形成“运河之都”的局面。淮安同海上丝绸之路的商贸联系已经若即若离，而文化纽带并没有削弱。在淮安里运河的桨声灯影中，沿着海上丝绸之路遨游到此的异域人士留下记录明清淮安对外交流的真实文字。

明洪武二十六年（1393），高丽王朝权臣李成桂遣使朝贡。八月初二日，使臣权近途中经过清河驿，目睹淮安西北黄、淮、运三河交汇的景象，诗兴大发，赋诗《过清河口驿》：“浩浩三河口，风涛怒拍天。孤樯危自袅，轻缆弱难牵。不欲凌波上，唯思泊岸边。顺流犹未易，注目正茫然。”又夜宿淮阴驿（今淮安市淮安区南里运河东岸），赋诗《发淮阴驿》，描述其对阜盛淮安的赞叹。在南京觐见明太祖归国途中，权近因风云阻于淮安，赋有《淮阴驿阻风雨诗》《宿小金城驿》等诗。[②]

明朝弘治元年（1488）初，朝鲜济州等三邑推刷敬事崔溥一行奔父丧渡海，因风暴漂流至宁波。崔溥获救后，在中国官员押送下经运河前往北京，经过礼部询问并觐见明孝宗后，经东北归国。

据其《漂海录》记载，是年二月二十七日，崔溥一行冒雨路过淮安府，直向西北经过河下、板闸、清江大闸、清江浦，在今天码头镇附近渡过黄河，继续沿着运河北上。崔溥详细记载了淮安府到清口这一线的重要寺庙、建筑、官署衙门、关隘闸口，尤其是运河两岸的驻军卫所名称，数百年之后，运河形胜，依然历历在目：

> 府即旧东楚州，实东南重镇。其旧城内，有府治、山阳县治、淮安卫及都堂府、总兵府、御史府等诸司。旧城之东，又筑新城。新城之中，有大河卫，余司未及设。新旧城间，隔一里许，有一泓湖水襟带于两城之内外，而城与人皆住在平地、小岛之上。从南渡门向北去便到淮河。其间，有金龙四大王庙、浮桥亭、龙兴塔、钟楼殿、雷神店、西湖河嘴、老和尚塔、钞厅、板闸、移风闸、凤翥门、工部厂、清江闸、腾蛟起凤门、清江辐辏

① 刘志平：《马可·波罗们的京杭大运河之旅》，《第二届“运河之都—淮安”全国学术研讨会论文集》，北京：中国书籍出版社，2010年。

② 张德信：《朝鲜使臣眼中的运河与淮安》，《“运河之都——淮安”全国学术研讨会论文集》，北京：中国书籍出版社，2007年。

门、常盈仓门、天妃庙、东岳仁圣宫、灵慈宫、平江恭襄侯庙、漕运府、总厂东街、总厂西街、福兴闸、玄帝祠、佑圣祠、新藏闸。又其间，有凤阳中都、凤阳左卫、龙虎右卫、龙江左卫、豹韬卫、淮安卫、大河卫、镇江卫、高邮卫、扬州卫、仪真卫、水军左卫、水军右卫、府军前卫、泗洲卫、邳州卫、寿州卫、长淮卫、庐州卫等。淮南、江北、江南诸卫会于此，造船俱有厂。①

明代嘉靖年间，日本僧人策彦周良曾两次来到明朝，留下关于淮安的三段文字，反映出淮安城市的繁荣局面。② 明代万历年间，耶稣会传教士利玛窦在中国游历的时候，也多次经过淮安。在其《利玛窦中国札记》中，留下其按欧洲地理学测定的淮安的纬度，“约 34 度”③。

此外，今淮安市淮阴区王营还有琉球国朝京都通事郑公文英之墓。郑文英（1744—1793），祖籍福建长乐，琉球语名字叫大岭亲云上，清乾隆五十八年（1793）随使团来北京觐见乾隆皇帝，途中病殁于淮安府清河县王家营黄河边的清口驿，遂葬于此。郑文英事迹及墓，《光绪丙子清河县志》、民国《王家营志》等均有记载。④

清代前期，由于“闭关锁国”政策的强化和西方殖民者东来，“海上丝绸之路”逐渐为列强的“枪炮之路”所取代。清乾隆五十七年（1792），英国国王乔治三世以向乾隆皇帝庆祝八十大寿的名义派遣乔治·马戛尔尼为正使，乔治·斯当东为副使，率领包括军事、测量、绘图、航海等各方面专家在内的百余人使团访华，以叩开中国这个古老东方帝国的大门，实现其商业利益。

马戛尔尼使团于 9 月 26 日从英国朴次茅斯出发，次年 8 月抵达天津，前往承德避暑山庄觐见乾隆皇帝。在向清政府提出一系列要求被拒绝后，马戛尔尼使团灰溜溜地在 10 月离开北京归国。马戛尔尼使团来时走的海路，回去故意选择走纵贯中国腹地的大运河，以了解中国沿线的风土人情、重要城市、军事设施，为酝酿中的对华战争刺探情报。乾隆皇帝虽然也知道这些英夷心怀叵测，但是为了夸耀天朝的富庶，下令“至于临清、济宁及淮安、镇江、苏、扬一带，人烟辐辏，商旅云集，亦不妨令在船顺道观览，俾知我朝庶富”⑤。

1793 年 11 月 2 日，英国使团的船只沿着大运河一路南下，来到淮安府码头镇附近，在这里他们渡过黄河，进入里运河。英国副使乔治·斯当东回忆道：“11 月 2 日，船只经过运河黄河交汇处。黄河的水带来大量黄泥，这段河与其说是水，还不如称为黄泥汤。这里两岸都是一

---

① ［朝］崔溥、葛振家点校：《漂海录》北京：社会科学文献出版社，1992 年。

② 南炳文：《明代中日朝贡贸易中的策彦周良与淮安》，《“运河之都——淮安”全国学术研讨会论文集》，北京：中国书籍出版社，2007 年。

③ ［意］利玛窦、［比］金尼阁撰，何高济，王遵仲，李申译：《利玛窦中国札记》第四卷第二章《从南京到北京》，北京：中华书局，2010 年。

④ 〔清〕吴昆田、鲁蕡等纂修：光绪丙子《清河县志》卷二十五《古迹·郑文英墓》，清光绪二年（1876）刻本；〔民国〕张煦侯《王家营志》卷十一《古迹·琉球通事郑文英墓》，民国 22 年（1933）铅印本。

⑤ 《清高宗实录》卷一千四百三十六“乾隆五十八年九月辛丑条”，北京：中华书局，1986 年影印本。

些人口众多的大城镇。运河在这里均有四分之三里宽，是一个非常好的停船处所。”这些英国人的回忆录中，详细记载他们经过黄河进入里运河时中国船员的祭祀仪式，以及当时淮安的繁荣。安德逊在回忆录中写道：“我们在一座大城市附近抛锚，并受到鸣炮欢迎，无数条帆船停泊在码头。这是哪座城市？”在英国副使乔治·斯当东的儿子托马斯·斯当东的日记中，他感叹道：“巨大的城市，多得令人难以置信的帆船和百姓！”①

明清的淮安繁华一时，终成幻梦，海上丝绸之路也被近现代全球贸易商路所取代。拾读起方志文献、文物史料，纵览“海上丝绸之路”与古代淮安的对外交流，依然历久弥新。

---

① ［法］佩雷菲特撰，王国卿等译：《停滞的帝国——两个世界的撞击》第四部分第五十八章《用公鸡祭河神的地方》，北京：三联书店，1993年。

"一带一路"视域下明清一口通商时期志书中的河口镇解读

赵 岩（江西省地方志编纂委员会办公室）

提要：河口镇在明清时期，与樟树镇、景德镇、吴城镇并称江西四大名镇。在当前"一带一路"的视域下，通过对明清一口通商时期志书中的河口镇解读，可以探知在广州一口通商时期，因地处闽浙赣皖等省交界处的长江水运网和南部造纸带中，凭借交通和区域制造业的双重优势，河口镇不仅成功融入了"南部地区—长江流域经济带"，还成了这一经济带中重要的商品集散地，外商进驻地、迁入地，朝廷重点管理地。

关键词：一口通商　河口镇　南部地区—长江流域经济带

明末清初在相当长的时间内实行海禁，在《南京条约》签订以前，只广州一口对外通商，河口镇因为地处闽浙赣皖等省交界处的长江水运网中，交通便利，成了天然的转运地和商品集散地。闽浙赣皖等省的货物如果外销必须按照河口—信江—鄱阳湖—赣江—大庾岭—浈水—珠江—广州，或者进入河口镇后入赣江，沿大庾岭商路入广东，再运到广州。而中俄"万里茶路"也是从河口镇开始，顺着河口—信江—鄱阳湖—长江—九江—汉口的路线，运至俄罗斯。河口镇因其得天独厚的地理优势成为明清时的江西四大名镇。

在当前"一带一路"视域下，对明清一口通商时期志书中的河口镇进行解读，可以为今天河口镇融入"一带一路"国家战略提供历史借鉴。

一　铅之重镇——由汭口到河口的演变

河口镇位于铅山县北部，如今是铅山县城所在地。在明清时期与樟树镇、景德镇、吴城镇并称江西四大名镇。其实在河口镇之前，铅山县最重要的镇是汭口镇。

汭口镇建于唐朝，志书中关于汭口镇的记载如下：

明嘉靖《铅山县志》："汭口镇：去县西北三十里，宋淳熙年间设驻泊巡检司于街北，洪武十三年裁革。"①

① 〔嘉靖〕《铅山县志》卷之三图籍。

清乾隆《铅山县志》：“汭口镇县西北三十里，九阳石东岸。先名汭口镇，宋淳熙间设巡检司于街北，通饶州等府。至明洪武十三年（1380）裁革。按永平志名温口市，后因避朱温讳更温口为汭口。今无镇。”①

从这两部志书的记载中，可以得到几个信息：在宋淳熙年间，汭口镇是一个重要的水运通道，通饶州等地，因此设驻泊巡检司于此，便于管理水运事宜。洪武十三年裁革，则是其地位丧失的一个证据，“今无镇”则标志着其经济地位的严重衰退。

明万历《铅书》记载：“铅山初，县在汭口。宋绍定，章公谦亨，因吴峦钤记，迁入焦溪之北下坂。负鹅湖而抱焦溪，盖亦因水数破城而迁之耳。今汭口一望平地，荒芜可垦黍而已。”②

这段记载直接说明汭口镇因洪水破城，彻底丧失了过去的地理优势和经济地位。

与汭口镇衰退相对的是河口镇的兴起。关于河口镇的记载，在明·嘉靖《铅山县志》中记载的二镇是汭口镇和紫溪镇，并且翻阅整部明嘉靖《铅山县志》时，无论是街市、乡、都、坊镇、津梁、还是建坊，均不见河口镇的记载。由此推测在这一时期，河口镇尚未成镇。

然而到了明朝万历年间，《铅书》对河口镇的情况则记载如下：“铅山今为最冲最繁，何者？使道络绎，马瘏仆痡，谁则云吁。稍有忧民者，未尝及议调停，然以全闽之使，而出入是道，是虽尽铅人而任役之，力亦罢矣，财亦竭矣。何以今而后独称繁也，盖余稽国家初制，自建来犹有水去驿，一路以通浦城，分往于衢，则来铅者执杀，今乌得如昔乎？至于河口之税，昔惟一，今税三，故亦不如昔之制也。石塘者还之石塘，则入邵武者，出上饶者，可分也；税瑞洪者，还之瑞洪，则来饶州者，往浦城者，可杀也。今石塘、瑞洪两税皆杀，而入河口矣，又乌得如昔乎，为今铅民者，则莫冲于驿传，莫繁于税课二者。”③ 这段记载从税收的角度向读者展示了河口镇的重要地位。

明嘉靖《铅山县志》的后序出自铅山县本籍的著名人物费采，最后一句话说作序的时间为“嘉靖乙酉夏六月吉旦”④，对照明朝皇帝年表，可知这篇后序作于嘉靖二十八年（1549），其成书应该也在这一年。

《铅书》成书于万历年间，修志人为当时的铅山县令笪继良。在清乾隆《铅山县志》中，也有关于笪继良的记载：“笪继良，句容人。万历四十四年任，修铅山县志。天启元年升虔州知州，仕至道重光之祖。”⑤ 由此可知笪继良修《铅书》的时间为1616—1621年间，再参照《铅书》卷首的笪继良所作的“铅书小序”，该序的最后一句话：“时万历丁巳春三月哉生明铅山令笪继良斋沐谨书”。对照明朝皇帝年表，可见其写该序在万历四十五年（1617），其成书应该也在这一年。

---

① 〔乾隆〕《铅山县志》卷之一 地舆志·疆域。
② 〔万历〕《铅书》五行书·第三。
③ 〔万历〕《铅书》地理书·第二。
④ 〔嘉靖〕《铅山县志》后序。
⑤ 〔乾隆〕《铅山县志》卷之五职官志·秩官。

这两部书的成书时间相差大约68年，可见经过60多年，到了明朝中后期，河口镇的地位鹊起，代替汭口镇，成为新的铅之重镇。

二　河口镇的区位优势——河口镇融入“南部地区—长江流域经济带”的背景

考察河口镇的区位优势之前，我们先来看其所在的铅山县的地理位置：

明嘉靖《广信府志》记载：“铅山县，东倚鹅湖之胜迹，西连铜宝之名山，南阨八闽之喉吭，北據两浙之要会。”①

河口镇在县北三十里，正处于信河与铅山河的交汇之处，在广州一口对外通商时，海运和道路交通都不发达，河口镇因其水、陆交通优势，成了中南部地区重要的商品集散地。可以说广州一口通商是河口镇崛起的先决条件，在这一背景下审视河口镇的地理位置，其区位优势如下：

（一）地处多省交界，交通便利

河口镇的兴起，首先因其地处信江、铅山河的水运网中，关于河口镇水运网络的记载：

在明万历《铅书》记载：“紫溪岭。紫溪水出焉，而北流注于桐木之水，复南流，会葛水、横溪、响水，西合黄柏水，流于县北，达于河口分水。”②

而在明嘉靖《广信府志》记载：“桐源水（即桐木之水），县南五十里，源出邵武界合众流经县三十五里至汭口。”③

从桐木之水的入河处来看，在这两部志书期间，铅山河已经改道，河口镇在水运中的位置开始重要起来。然而到底从哪一年开始改道，笔者无从探知。

到了清乾隆《铅山县志》中，对河口镇的水运网络则有了更清晰的记载：

> 葛水派分为五，逶迤而北，流于桐木之水。
>
> 紫溪水北流，注于桐木之水。复南流会葛水横溪乡水西，合黄柏水辽于县北，达于河口。
>
> 车盘水东北流注。合于桐木之水、唐水，北流注于港口，会于桐木之水。渠水其源自崇安界温林岭，北流注于王村，入下渠桥六十里，会于桐木之水。
>
> 黄敖水，东南流。注于刘墩，至汉阳达于上墟坂，北流注入于河口。
>
> 黄蘗水源自云际，北流注。会于葛水东北，达于桐木之水，汇为双溪而北入于河口。④

---

① 〔嘉靖〕《广信府志》卷一。

② 〔万历〕《铅书》山川书·第四。

③ 〔嘉靖〕《广信府志》卷三。

④ 〔乾隆〕《铅山县志》卷之一地舆志·山川。

有关水运线路的记载也可以在志书中加以窥探：

清乾隆《铅山县志》记载：“由河口镇逆溯上三十里至叶村洲，本府上饶县境交界。又小水路自县水北桥逆溯去八十里至福建建宁府崇安县。”①

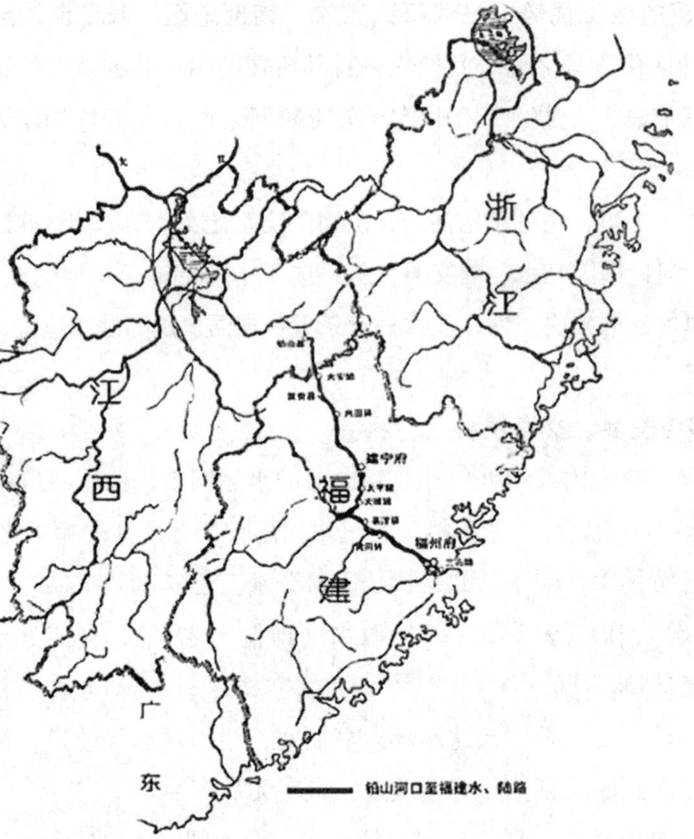

铅山河口至福建水、陆图②

之后的清同治《铅山县志》记载：“信河水源于玉山，绕府治。会灵溪、丰溪水流于古埠，入铅西北境。过河口镇，出黄沙港，下弋阳、贵溪、安仁，注瑞洪，入鄱湖。”③

从这些志书中的记载可以看出，河口镇境内河道纵横，是长江航运网上的一个重要节点。

关于河口镇的陆上交通，明朝黄汴的《一统路程图记》记载：“河口。三十里铅山县。陆路。四十里紫溪。四十里乌石。四十里大安。四十里崇安县”④。

徽州府。二十里严镇铺。十里茆田铺。十里茆岭。十里梅林。二十里至霞富。渡。十里五城。十里山斗。十里新岭脚，二十里至黄茆。住。二十里三保桥。二十里至大阪。二十里大容田。三十里下坞。住。二十里方村。三十里孝塘。二十里升口。二十里堨埠。住。三十里夜溪

① 〔乾隆〕《铅山县志》卷之一地舆志·疆域。
② 王梦恬：《明至民国闽浙赣交界地区商业往来与区域社会变迁》，江西师范大学硕士论文，2014年6月1日。
③ 〔同治〕《铅山县志》卷之三 地理志·山川。
④ 〔明〕黄汴：《一统路程图记》，杨正泰：《明代驿站考》，上海：上海古籍出版社，2006年。

岭。二十里毬里。二十里桥村。三十里玉山县。每人用银二分，搭船至傍罗头或铅山河口。三十里南山塘。二十里沙溪铺。十里黄石。十里劝石潭。十里龙溪。二十里广信府。葛阳驿，十里至龙潭。十里花园滩。十里白沙。十里古埠。十里傍罗头。十里界石潭。十里铅山河口。三十里铅山县。二十里至杨元牌。二十里紫溪。十里竹方篙。十里车盘岭。十里乌石街。十里分水关。三十里大安驿。四十里至崇安县。①

从以上两段可知，河口镇的陆上交通也连通福建、安徽等省。以上记载说明在当时是南部重要的转运地。这也是河口镇在明清时期逐步崛起，融入“南部地区—长江流域经济带”的背景之一。

（二）地处南部造纸经济带

明嘉靖《铅山县志》记载：“食货之属。茶、蜜、纸、砂糖。”②

明陆应阳《广与记》记载：“土产。纸，铅山。”③

清乾隆《铅山县志》：“纸。有黄白表篷纸，毛鹿顶筐诸名。捣竹为之。竹笋三月发生，立夏斫植，置于池中，俟久成丝，浸以石灰浆入楻锅煮烂，经宿漂净。复将槁灰淋湿又漂净去垢。后以黄豆引入大桶楻，一层烂丝一层豆引，越月取为纸，以货商贾，四方多利之。”④

清同治《铅山县志》：“纸。其料皆以末叶嫩竹渍之、捣之、蒸之、曝之而成。粗细不同，名色亦异。细洁而白者，有连四、毛边、贡川、京川、上关。白之次者，有毛六、毛八、大则、中则、黑关。细洁而黄者，有厂黄、南宫。黄之次者，有黄尖、黄表。多出东西南三乡。至于粗而适用，则有大筐、小筐、放西、放帘、九连、帽壳，统谓之毛纸。邑之各乡皆出。细纸难成，毛纸易就。铅山土物，此为第一。”⑤

清光绪《江西通志》有关铅山县出产的纸有如下描述：“纸，玉山东北乡有楮皮纸，广丰东乡亦有之。其楮皮俱出自湖广铅山。贵溪有白鹿纸，煮竹丝为之。今铅山者佳，有高廉纸俗名蓬纸。上饶黄白表纸，亦有连四纸，俱不甚佳。弋阳黄家源、石垅等处杂竹丝荻蒿为纸不可做书。”⑥

这些记载都描述了铅山造纸业的繁盛。同时也说明了当时铅山的造纸业不是孤立的，铅山周围的玉山、广丰、贵溪、上饶、弋阳、石垅等地也是产纸区，铅山连同他周边的产纸区，形成了一个南部造纸经济带，这条造纸带中的产品，也需要通过河口镇来外销，这也是河口镇融入“南部地区—长江流域经济带”的推动力和背景。

---

① 〔明〕黄汴：《一统路程图记》，杨正泰《明代驿站考》，上海：上海古籍出版社，2006 年。

② 〔嘉靖〕《铅山县志》卷之二物产。

③ 〔明〕陆应阳：《广与记》卷之十二 。

④ 〔乾隆〕《铅山县志》卷之四食货志 · 物产。

⑤ 〔同治〕《铅山县志》卷五 地理志 · 物产。

⑥ 〔光绪〕《江西通志》舆地略 · 物产。

三 “八省码头”——河口镇在“南部—长江经济带”中的作用和地位

（一）重要的商品集散地

明万历《铅书》记载：“其货自四方来者。东南：福建则延平之铁，大田之生布，崇安之闽笋，福州黑白砂糖，建宁之扇，漳海之荔枝、龙眼。海外之胡椒、苏木。广东之锡、之红铜、之漆器、铜器。西北：则广信之菜油，浙江之湖丝、绫绸，鄱阳之干鱼、纸钱灰，湖广之罗田布，沙湖鱼，嘉兴西塘布，苏州青、松江青、南京青、瓜州青、芜湖青、连青、红绿布、松江大梭布、小中梭布，湖广孝感布、临江布、信阳布、定陶布、福青生布、安海生布、吉阳布、粗麻布、书坊生布、大刷竟、小刷竟、葛布、金溪生布、棉纱、净花、子花棉，带褐子、花布、被面，黄丝、丝线、纱罗、各色丝布，统绢、绵绸、彭刘缎、衢福绢，此商船往来货物之重者。其他如蛤蜊、酱、土铁、酒、蟹、蛏 、虾、金钩、银鱼、蚌、鳗、白鲞 、海菜、黄瓜、麻油、茶油、红面 、花椒，香菇、木耳、黄花菜、海头、蜂糖、冰糖、冬笋、豆粉、橙丁、莲子、蒲陶、榧子、柿、花瓜子、柿汁、柿饼、核桃、黑枣、红枣、栗子、豆豉、蜜枣、锡川杏、生青果、盐、榄、雪梨、生姜、瓜仁、榄仁、嘉庆子，则货之细者。而皆货至则有税焉，虽然，此贡外之征也。”①

此外，更著名的描述，当出自清乾隆《铅山县志》对河口镇的描述：河口镇，县北三十里，即古沙湾市也。当信河、铅河二水交会之冲，在汭口九阳石之上。商贾往来，货物充牣。乾隆四十年改驻湖坊，移军粮分府驻扎于此。按，河口之盛，由来旧矣。货聚八闽川广，语杂两浙淮扬。舟楫夜泊，绕岸灯辉。市井晨炊，沿江雾布。斯镇盛事，实铅巨观。第操奇赢者多践土，甘败类者或潜形。旌别彰瘅，防范辑安。当必有道以处此。②

以上这两段记载，为明清时期河口镇作为重要的商品集散做了详尽的描述。

在官员的笔下，也对河口镇重要商品集散地的性质做了艺术的描绘。

清乾隆《铅山县志》收录的文章《新建大义桥记》记载：“铅山，故信州岩邑也。其地多山，百川奔凑城北，一河贯群山而绕还阛，实为众壑之经流。其源来自闽峤，紫溪、江东二水入焉，而汇于石塘，北过青山，又西北至河口，会玉饶诸水，以达于彭蠡。盖闽越吴楚间一大要津。故乘轺之士，负担之夫过斯地而问津者股相击趾相错也。”③李根云曾任两淮都转盐运使，把河口镇定位为“闽越吴楚间一大要津”。

---

① 〔万历〕《铅书》食货书·第五。

② 〔乾隆〕《铅山县志》卷之一地舆志·疆域。

③ 〔乾隆〕《铅山县志》卷之十艺文·记：《新建大义桥记》。该文后载作者信息：“赐进士出身大中大夫，分巡江西广饶九南道布政使，司泰政，前两淮都转盐运使，翰林院检讨，加二级南中苍蛙李根云撰。”

（二）重要的外商进驻地、迁入地

经济活力足的地方，往往会吸纳更多的投资和大量的外来人口，由于河口镇在“南部地区—长江流域经济带”中的重要地位，外地客商开始在河口开展商业活动，设立会馆或者来河口定居。

清同治《铅山县志》记载：

全福会馆。在河口一堡，乾隆二十四年（1759）建，道光二十四年（1844）毁于火。戴顺才、郭翔周、邹天顺、童观宸等重建，内祀天后圣母。里人沈知恭捐三十三都陈韩二姓门前田租十三担五斗正。同治十一年（1872）蔡椿龄、王懋兹、陈学震、孔昭濂等募捐重修。一在石塘镇河沿，一在陈坊市去县西八十里。华、雷、李、赖、桑、蔡、高、揭等姓倡率，阖省士商捐赀重建，田亩俱载户册。一在柴溪市去县南四十里。

永春会馆。在河口三堡小河沿，嘉庆九年（1804）重建，内祀天上圣母。

山陕会馆。在河口一堡后街。道光三年（1823）陕客商重修，内祀关圣帝君。一在石塘镇阳坂北，五省公建。

旌德会馆。在河口三堡下河沿，嘉庆七年（1802）阖邑士商倡建。咸丰间被逆焚毁，同治九年（1870）复重建，内祀张英济王。

浙江会馆。在河口三堡，乾隆三十八年（1773）重修，内祀允德海潮王。

南昌会馆。在河口三堡，嘉庆二年熊斌、熊敬等邀集合郡士商鼎新重建，内祀旌阳许真君。

建昌会馆。在河口四堡，乾隆十四年盱江刘广胜等募建，内祀旌阳许真君，嘉庆十二年合郡士商重修。

徽州会馆。郎文公祠，在河口三堡郑家街，新安士商公建。

昭武会馆。在河口三堡，道光三年邹际霖等邀集合郡士商重建。内祀旌阳许真君。一在石塘镇坑背。

赣州会馆。在河口一堡，嘉庆十五年吴荣贵等倡捐鼎建。道光二十四年被火焚毁，合郡士商重建，内祀旌阳许真君。

吉安会馆。在河口一堡，道光二十五年同邑诸人倡募重建，内祀旌阳许真君。

临江会馆。在河口三堡，道光二十六件阖郡士商倡募鼎建。内祀英佑侯。

贵溪会馆。在河口三堡，咸丰十一年（1861）被粤匪焚毁，遗址尚存。

瑞州会馆。在河口三堡小硚衙大街，内祀旌阳许真君。①

---

① 〔同治〕《铅山县志》卷七建置志·寺观。

这部县志中记载的14座会馆，全部集中在河口镇，建昌会馆和山陕会馆则记载出资人为外地客商，虽然明清时期会馆分为几种，但从出资人的角度考量，这些会馆的性质应是外地工商业者的同乡行帮会馆，建馆目的则是便于外地客商在河口本地开展商业活动。

清同治《铅山县志》中收录名士蒋士铨的诗歌《河口》，对河口镇商品汇聚、群商云集的状况进行了艺术描摹：“舟车驰百货，茶楮走群商。扰扰三更梦，嘻嘻一市狂。移官资坐镇，转粟奉神仓，贤相何人继，空寻绿野堂。”①

除了外地客商在这里开展商业活动之外，还有一些商人由外地迁入河口镇经商。

清同治《铅山县志》记载：“官埠头渡。在河口镇，客籍邹隆先捐建义渡。置田三十亩，赡渡修船、立户。轮粮肆以要津，一舟接送维艰，复募增三舟往来，济利焉。”②

清同治《铅山县志》记载：“甘棠。字南树，河口人。祖居宜黄，以贸易来铅，致饶裕遂家焉。生平孝友好施予。祖居祭田若干亩，皆其手置，假贷者或贫不能偿亦听之。年七十余卒。”③

河口镇作为“南部地区—长江流域经济带”中重要的外商进驻地、迁入地，自然呈现了明清时期“货聚八闽川广，语杂两浙淮扬”的盛况。

（三）朝廷在“南部地区—长江流域经济带”中的重点管理之地

河口镇的商业在明清时期日渐兴盛，政府也看到了这一点，开始加强对河口镇的管理。

在税收方面，本文前面引万历《铅书》中有“至于河口之税，昔惟一，今税三，故亦不如昔之制也。石塘者还之石塘，则入邵武者，出上饶者，可分也；税瑞洪者，还之瑞洪，则来饶州者，往浦城者，可杀也。今石塘、瑞洪两税皆杀，而入河口矣，又乌得如昔乎，为今铅民者，则莫冲于驿传，莫繁于税课二者。”④说明当时的政府已经通过提高收税标准来和集中税收权的方式，对河口镇进行经济管理。

而当时的河口镇设置机构的变动，为我们从行政管理的角度提供了解读明清时期河口镇的资料。

明嘉靖《铅山县志》记载：“石佛寨。去县治七十里，山高地峻，洞如峡口，接邵武府界。山涧中有怪石如佛故名，今设巡检司。”⑤

清乾隆八年（1743）《铅山县志》记载：“石佛寨。县治西南五十里，山高地峻，洞如峡口，接邵武府界。山涧中有怪石如佛因名。明洪武七年（1374）设巡司衙门，守镇子兵三十

---

① 〔同治〕《铅山县志》卷二十七艺文志·五律。
② 〔同治〕《铅山县志》卷四 地理志·津梁。
③ 〔同治〕《铅山县志》卷十八人物志·善举。
④ 〔万历〕《铅书》五行书·第三。
⑤ 〔嘉靖〕《铅山县志》卷之六关隘。

名。正德年移置善政乡之湖坊街。今迁立河口。”①

清同治《铅山县志》记载：“石佛寨。县治西南九十里，山高地峻，洞如峡口，接邵武府界光泽界。山洞中有怪石如佛因名。明洪武七年设巡司衙门，守镇弓兵三十名。正德间移置善政乡之湖坊街。万历间迁立河口。乾隆四十年仍迁湖坊。”②

清同治《铅山县志》记载：

> 河口分防府。同知府属也。当志府志也。但驻铅地则志不可不详。虽然班列宰上矣，自宜另立一编志其移署之由及署内所理之事列其名阶已被考览。
>
> 原委。铅山河口镇向系湖坊巡司分理其间。后广信府知府王廷钦因该镇居人稠密，廛肆纵横，商贾云屯雨集，五方杂处。非巡司所能临驭。抚绥禀请将本府同知移驻河口。时总督高巡抚海允准会奏奉。
>
> 上曰：着照所请。③

由这些记载可知，石佛寨在明洪武七年，已经在关隘处设置巡司加以管理。后来的石佛寨巡检司于正德年间移置善政乡湖坊街。随着河口镇在明朝中后期地位的崛起，万历年间又由湖坊街移到河口镇，以便于对铅山地区进行管理。其后巡司衙门已经不能临驭河口，当时的广信府知府王廷钦上书，请求将本府同知移驻河口，来管理交通、商务、税收等。于是在乾隆四十年（1775）巡司衙门再度落户湖坊，河口分防府则落户河口镇。

通过上述资料，可知河口镇是朝廷在“南部地区—长江流域经济带”中的重点管理之地。

在广州一口通商的前提下，以“一带一路”的视域来审视志书中的河口镇可知，河口镇在明清时期不仅实现了自身的繁荣，还辐射带动周边的玉山、弋阳等地区的发展，构建了中、南部各省通往广州的水、陆通道，是“南部地区—长江流域经济带”中当之无愧的经济中心。

从当时的诗歌中也能看出当时河口镇的繁荣，在此摘录清·同治《铅山县志》中的几首诗歌：

吴士恒《偕友游河口古刹》：“市尘飞不到岩阿，载酒同君渡小河。傍寺清潭修竹隐，映山红树晚烟多。良朋喜继今宵烛，静晤何妨隔岸歌。兴未阑时还待月，疏灯点点照流波。”④

吴士恒《河口官仓》：“一身清署又官仓，为念公家处不遑。水陆往来三十里，霜星出入六千粮。民膏粒粒邀天赐，国瑞年年荐饍香。浩荡君恩臣莫补，催料多恐愧循良。”⑤

---

① 〔乾隆〕《铅山县志》卷之一地舆志·疆域。
② 〔同治〕《铅山县志》卷二地理志·疆域。
③ 〔同治〕《铅山县志》卷十一职官志·武职。
④ 〔同治〕《铅山县志》卷之十三艺文志·诗。
⑤ 〔同治〕《铅山县志》卷之十三艺文志·诗。

关于吴士恒，该志记载：“吴士恒，沔阳人。由进士康熙七年任，重建文庙，清文田亩，以傲罢官。”①

程㰛《河口竹枝词》（五首）：

蚕市新开三月三，卖花声度马头篮。唤人相伴湔裙去，春水桃花涨满潭。
五色丝缠约臂环，榴花红衬晓妆殷。倚楼笑看飞蚨艇，争赴龙门第一关。
蟹舍渔庄住隔河，九狮排列石嵯峨。鸣榔晚起渔舟唱，半是吴歌半楚歌。
港过黄沙湾复湾，渔翁隐次石孱颜。叶叶轻帆斜阳外，一阵西风上玉山。
上白沙连下白沙，竹篱茅舍几人家？云鬓翠袖当垆坐，活火工烹活水茶。②

关于程㰛，志书中：“程㰛，字仁山、号尺木，城内人。官灵川、平南二县知县。”③

随着近代九江、上海、福州的通商，安徽、福建的货物改走玉常大道，经钱塘江入上海，浙江货物从宁波至上海。河口“八省码头”的地位渐失。当前的“一带一路”战略构想，已经成为我国经济新的增长点，也是带动中部地区发展，加快改革开放，打造中部地区经济升级的主引擎。

在“一带一路”的视域下，对明清一口通商时期志书中的河口镇进行解读。在肯定河口镇历史地位的同时，更希望河口镇乃至整个赣东北地区以新式的陆上交通和内河航运融入“一带一路”国家战略，促进江西绿色崛起。

---

① 〔同治〕《铅山县志》卷之五职官志·文职。
② 〔同治〕《铅山县志》卷二十七艺文志·七绝。
③ 〔同治〕《铅山县志》卷十二选举志·进士。

清代闽南海上贸易考察

——基于地方志书材料的研究

王　翠（浙江省宁波市史志研究中心）

提要：清代福建海上贸易发达，与江南诸港联系密切。作为江南重要港口所在地的宁波与闽地诸港亦贸易频繁。本文从闽甬两地方志着手，爬梳整理，针对两地海上贸易的主要航线、商品流向与构成等问题进行了阐发。

关键词：旧志　海上贸易　宁波港　福建

福建省（简称闽）海岸线长度居全国第二位，拥有多处良港，海上交通素称发达，极具海洋贸易优势，故其海上贸易向来发达。明清时福建沿海的海上贸易极为活跃，与沿海商埠建立起密切的贸易往来，并在沿海重要城市建立若干贸易据点，宁波便是其中之一。

宁波港有两千多年历史，为全国最古老港口之一。① 清初，政府厉行海禁锁边政策，沿海贸易亦被禁止。康熙二十二年（1683）清军下台湾，次年十月驰“海禁”，颁“展海令”，准500石以下船只出海贸易。两年后，设浙海关于宁波，此后宁波港日渐繁荣，到雍正时期，已经与沿海诸港建立起密切的贸易关系。北至关东、河北、山东，中自江苏，溯长江，走湘、鄂入四川，南至台、温、闽、广。② 光绪《鄞县志》有“鄞之商贾，聚于甬江，嘉道以来云集辐辏，闽人最多，粤人吴人次之”③ 之语，可见闽人在甬之众。

以往相关著述虽繁，但要么以闽地为中心，要么以宁波为切入点，至今未见对两地海上贸易做专门研究的文章，故特作此文。

一　闽甬贸易之航线

明代以前，福建与江浙间的贸易主要依赖陆路运输，从明代后期海道兴起。清代福建船统

① 俞福海主编：《宁波市志》卷九海港口岸，北京：中华书局，1995年，第688页。
② 俞福海主编：《宁波市志》卷九海港口岸，北京：中华书局，1995年，第693页。
③ 〔清〕戴枚修，张恕纂：〔光绪〕《鄞县志》卷二风俗。

称为"福船"，具体又因航线及所载货物不同而各有其名：东到台湾的称"横洋船"；航行于东南沿海的称"贩艚船"，贩艚船又分南艚、北艚：开往温州、宁波、上海、登莱、锦州沿线的称"北艚"，到漳州、南澳、广州等处的称"南艚"；专门从台湾运糖到天津的称"糖船"。[①] 清代福建的良港主要有福州、泉州、漳州、厦门等。这些港口均开辟有到宁波港的航线。

（一）福州到宁波

《马尾区志》说，清代马尾港沿海木帆船运输分"三北"航线、南方航线和台湾航线。"三北"航线有上北、中北、下北之分，上北航线指福州（马尾）至天津、大连、营口等地航线；中北航线是福州（马尾）至青岛、烟台等地航线；下北航线是由福州（马尾）至宁波、上海等地航线。同治四年（1865），马尾港已有4艘轮船定期航行于福州（马尾）至上海、宁波之间。光绪八年至十七年（1882—1891），每年进出马尾港木帆船均超过2000艘次。鸦片战争后，外国轮运势力入侵以及民族轮船业相继兴起，木帆船运输遭到排挤。民国时期，福州（马尾）至宁波、胶州航线，每年1~3个航次。[②]

琯头港位于闽江口，是福州港的出海外港，史称北港。嘉庆元年（1796），琯头港逐渐取代潭头港而兴盛起来。鸦片战争后，随着福州成为五口通商口岸之一，琯头港成为闽海关的监管区和大中商轮的寄锚地。从清末到民国初，国内山东、宁波、上海、天津等商船，以及英国、法国等外国商船频繁往来琯头港，[③] 此为《连江县志》所载，可见不同时期福州有多个港口与宁波港间存在固定往来航线。

（二）泉州到宁波

据《泉州市志》，泉州到宁波间存在两类不同航线。

其一为远洋航线，该航线不以明州（即今宁波）为目的地，只是借路宁波，进而远航出海。主要为北行航线。所谓北行航线是指趁南风季节从泉州港启航北上，北风季节才南归泉州。航线一为泉州至高丽（朝鲜半岛）：从泉州启航沿东海北上，经明州再至高丽。这条航线隋唐时期开通，至宋元时期成为泉州北行的主要航线。据推算，泉州商船经明州后，至少要航行18天才能到高丽南岸，而且要历经礁石、石峡、急水门等险要航道。航线二为泉州至倭国（日本）：宋代泉州至日本航线，是经明州先至高丽，然后由高丽南部海面向东偏北方向续航，到达日本。后来，随着造船、航海技术的发展，泉州至日本就不再经由高丽，而是先到明州以

---

① "商船自厦门贩货，往来内洋及南北通商者，有横洋船、贩艚船。横洋船者，由厦门对渡台湾鹿耳门，涉黑水洋。黑水南北流甚险，船则东西横渡，故谓之'横洋'……横洋船亦有自台湾载糖至天津贸易者，其船较大，谓之'糖船'，统谓之'透北船'…… 贩艚船又分南艚、北艚。南艚者，贩货至漳州、南澳、广东各处贸易之船。北艚者，至温州、宁波、上海、天津、登莱、锦州贸易之船。"厦门市地方志编纂委员会办公室整理：道光《厦门志》卷十五俗尚，厦门：鹭江出版社，1996年。

② 福建省福州市马尾区地方志编纂委员会：《马尾区志》第六篇海上运输，北京：方志出版社，2002年。

③ 连江县地方志编纂委员会：《连江县志》第十一篇交通，北京：方志出版社，2001年。

后就向东北方向横越东海直至日本，可以缩短三分之一的航程。①

其二为近海航线，分为北线与南线。从泉州港出发，向北经福州、温州、宁波至上海、青岛、天津、大连等港，称“北线”。早在唐代，泉州就有船舶航行至浙江。特别是南宋时期，泉州市舶司的部分贡品就是通过船运经明州入杭州湾至临安（今杭州）的。元代，为确保海上“纲运”安全，从泉州至杭州，沿海设置15个“水站”，有兵船和士兵接送“纲运”船舶。明末，郑芝龙、郑成功父子发展海外贸易时，曾在南京、苏州、杭州、天津等地设立商行，促使泉州港与北线主要港口的航运更为繁盛。清初，北线航运曾一度不如南线。鸦片战争后又逐渐恢复，航线发展至青岛、大连等港。清末民初，泉州有些船商购置“洋轮”航行于宁波、上海等港。②

（三）厦门到宁波

雍正初年福建漳浦人蓝鼎元在上奏文书中明言：“臣生长海滨，习见海船之便利，商贾造舟置货，由福建厦门开驾，顺风十余日，即至天津。上而关东，下而胶州、上海、乍浦、宁波，皆闽广商船贸易之地，来来往往，习以为常。”③ 确实，厦门土俗“以贩海为利薮，视汪洋巨浸如衽席，北至宁波、上海、天津、锦州，南至粤东，对渡台湾，一岁往来数次”。④ 黄叔璥在刊刻于乾隆元年（1736）的《台海使槎录》中记载了厦门港到北方的水路，其中多处提及宁波。

“向来在厦商人，将本省漳州府属及同安县土产之棉布等物，由海道运至宁波、乍浦、上海、天津、锦州、盖平、及台湾鹿港一带销售，复在宁波等处，贩买江浙之棉布，以及各种货物，至厦门售卖。其各省商船之来厦者，亦如此，辗转行运”⑤ 道光《夏门志》卷五《商船》条谓：“贩艚又分南艚、北艚。南艚者，贩货至漳州、南澳、广东各处贸易之船；北艚者，至温州、宁波、上海、天津、登莱、锦州贸易之船。”⑥

《厦门市志》记载：清道光年间（1821—1850），厦门的外海航运主要有四大航线：一是往宁波、上海、天津直至东北的北向航线；二是往广东沿海各埠的南向航线；三是与台湾之间的对渡航线，这三条航线每年可往返数次；四是往东南亚各国的航线，每年往返一次。⑦

（四）漳州到宁波

按《漳州市志》：明末清初，漳州几经战乱，清政府强行“迁界”，海运中断。康熙二十三

---

① 泉州市地方志编纂委员会：《泉州市志》卷九交通·航线，北京：中国社会科学出版社，1999年。
② 泉州市地方志编纂委员会：《泉州市志》卷九交通·航线，北京：中国社会科学出版社，1999年。
③ ［清］蓝鼎元：《漕粮兼资海运疏》，《清经世文编》卷四十八 户政二三，中华书局影印本，1992年，第1153页。
④ 厦门市地方志编纂委员会办公室整理：〔道光〕《厦门志》卷十五俗尚，厦门：鹭江出版社，1996年。
⑤ 《朱批奏折·财政类》，中国第一历史档案馆藏，档案号MF21-2229。
⑥ 厦门市地方志编纂委员会办公室整理：道光《厦门志》卷五商船，厦门：鹭江出版社，1996年。
⑦ 厦门市地方志编纂委员会：《厦门市志》卷六水路·客货运输，北京：方志出版社，2004年。

年（1684），漳州海运复苏，但仅限于国内沿海运输。康熙五十六年至雍正五年（1717—1727），清政府第二次实行“迁界”，海上贸易再次被禁止。乾隆、嘉庆年间（1736—1820），漳产的土布、红糖、陶瓷、水果以及漳纱、漳绒经海路运销宁波、上海、乍浦、锦州、盖平及台湾等地。台湾的稻米也靠船运来漳。当时，漳台间横洋船、南北商船往来频繁。道光二十五年（1845），东山航商孙有全营造的大北船（载重百吨以上）经营南北航线货物运输。诏安16家大北船行拥有百艘海船（每艘载重量400吨至500吨），航行营口以及津、沪、宁等地。咸丰九年（1859），东山航商李德义、黄振发等人营造大海船多艘，远航至新加坡等地。同治年间（1862—1874），诏安堂泰行、建昌行、福泰行以及金长发、福裕昌拥有大北船二三十艘，经营海上货物运输。光绪年间（1875—1908），云霄有大北船30余艘，航行上海、乍浦、温州、台湾等地。①

范金民先生曾对康熙至咸丰时期闽商北艚的50件具体事例进行考证，从中可明确获知闽商北艚贸易的航向目的地大致是四个地区：以上海为中心的江南、山东、天津和以锦州为中心的关东。这四个航向大多并非直航贯穿全程，也不以一个地点为目的地，而是看采购商品之需，或应商客要求，又或逐段接力，或者随时改变航向，完成贸易活动。② 但无论哪条航线，都经过宁波。按照当时人的说法，因海底地质构造不同，南洋航线适宜福建鸟船行走，而北洋航线适宜江浙沙船航行，故各地商人往往将货物运至上海、宁波等地，再雇觅沙船转运天津，载运回华北、关东货物。

可知对闽商而言，宁波与其他沿海商埠的不同之处有二：其一，宁波不仅是闽商沿海商埠贸易圈的一个重要城市据点，还是其北艚贸易的必经中转站；其二，宁波不仅是闽商沿海商埠国内贸易的重要据点，还是他们对日本、朝鲜等地国际贸易的必经之地。因此清代闽甬间的贸易路线不仅数量较多，而且极为活跃。

二　闽甬贸易的商品流向与构成

前人关于清代闽商泛海贸易的研究极多。③ 其中不乏涉及宁波之作。如黄忠鑫《清代两浙木商与福州木材市场秩序——基于浙船会馆碑刻的考察》④ 对闽浙间木材贸易与会馆营建等问

---

① 漳州市地方志编纂委员会：《漳州市志》卷五《水运·航线》，北京：中国社会科学出版社，1999年。

② 范金民：《清代前期福建商人的沿海北艚贸易》，《明清论丛》（第十四辑），第228页。

③ 郭松义：《清代国内的海运贸易》，《清史论丛》第4辑，北京：中华书局，1982年；邓亦兵：《清代前期沿海运输业的兴盛》，《中国社会经济史研究》1996年第3期；许檀：《清代前期的沿海贸易与上海的崛起》，《城市史研究》第15~16辑，天津：天津社会科学院出版社，1998年；许檀：《乾隆—道光年间的北洋贸易与上海的崛起》，《学术月刊》2011年第11期；黄国盛：《清代前期台湾与沿海各省的经贸往来》，《福建师范大学学报》2004年第1期；王声岚：《清朝东南沿海商船活动之研究》，台湾师范大学历史学研究所硕士论文，2010年6月；范金民：《清代前期上海的航业船商》，《清代中期上海成为航运业中心之原因探讨》，《安徽史学》2011年第2期、2013年第1期。

④ 黄忠鑫：《清代两浙木商与福州木材市场秩序——基于浙船会馆碑刻的考察》，《福建师范大学学报》2015年第1期，第110~115页。

题进行阐发时便涉及了宁波对木材买卖的参与；范金民《清代前期福建商人的沿海北艚贸易》则对闽商在作为商业据点之一的宁波营造会馆事宜进行了详细论述。但上述研究均非以闽甬贸易为主要研究对象，故尚存探讨空间。

（一）由闽入甬商品

甬闽间海运贸易由来已久，明代时已堪称繁荣。[①] 清代两地间主要贸易商品可分为两个走向，其一是福建各地运往宁波的商品。按《福建省志·历史地图集》之《明清主要商道及商品流通》图所示：运往宁波的商品主要为：白糖、木材、纸张、茶叶、笋干、香菇、烟草和青靛。[②] 但其实远不止这些。在宁波经营南方贸易的称“南号”，或称“南帮”。主要采购福建木材，同时还夹带烟叶、纸扎、白糖、靛青（颜料）、桂圆、荔枝、药材等土产到宁波转口发售。[③] 总体来说就是木材、果品与其他土产。此外，洋货也是由闽入甬商品中的一部分。

1. 木材

木材是闽地输出至宁波的最大宗商品。中国古代建筑以砖木为主，江南风气奢华，不仅日常建设所需木材极多，兼多大型海塘水利设施营建，且木器制造业发达，故木材用量极大。杉木是其中主要木料，但其地不产杉木，所需木材主要从福建输入。[④] 宁波则是福建木材销往江浙的两大中转站之一。

两地间的木材贸易操作流程不晚于明末就已经形成，该操作体系一直延续到民国初年才有较大改变。[⑤]《明季北略》引述崇祯二年（1629）浙江巡抚张延登奏称：“杉木船，福建延、汀、邵、建四府出产杉木，其地木商，将木沿溪放至洪塘、南台（今皆属福州市）、宁波等处发卖，外载杉木，内装丝绵，驾海出洋，每赁兴化府大海船一只，价至八十余两，其取利不赀；”[⑥] 可窥其操作流程为：福建上四府商人先将木材（以下简称建木）[⑦] 顺江运至福州台江两岸的木材输出枢纽，[⑧] 如洪塘、南台。[⑨] 南台位于城南台江北港（又称为闽江）沿岸，是福州最

---

① 徐晓望：《晚明福建与江浙的区域贸易》，《福建师范大学学报》2004 年第 1 期，第 22～30 页。

② 福建省地方志编纂委员会：《福建省志》，福州：福建省地图出版社，2004 年。

③ 洪宸笙：《宁波南号会馆木行外帮的盛衰》，《宁波文史资料》第二十二辑《宁波文史资料存稿选编》。

④ http://blog.sina.com.cn/s/blog_4dade027010183r5.html。

⑤ 洪宸笙：《宁波南号会馆木行外帮的盛衰》，《宁波文史资料第二十二辑·宁波文史资料存稿选编》。

⑥ 〔明〕计六奇：《明季北略》卷五：《张延登请申海禁》，北京：中华书局，1984 年标点本，第 103 页。

⑦ 福建省历史上是南方重要木材产区之一，闽江流域又系省内主要木材产区，东起闽侯、闽清、古田、西迄宁化、建宁，南自德化、大田，北及崇安、浦城，其所产之木统称“建木”，其中杉木称“福杉”。

⑧ 据晚清《闽县乡土志·商务杂述四·输出货》：“八闽物产，以茶、木、纸为大宗，皆非产自福州也。然巨商大贾，其营运所集，必以福州为的。故出南门数里，则转移之众已肩属于道。江潮一涨，其待输运之舰帆樯尤林立焉”。《中国方志丛书》华南地方第 226 号，台北：成文出版社，1974 年，第 689 页。

⑨ “杉木出上府，集于洪塘，可备宫室之资，为利甚薄。”［明］王应山：《闽大记》卷 11，《食货考》，北京：中国社会科学出版社，2005 年，第 191 页。

重要的贸易港口，承担了闽江流域与国内沿海乃至东亚海洋间的物资交流功能。[①] 有实力的木材商人往往在这里“设立字号，专人负责坐庄，办理采运事务，谓之木客，又称南台客人”[②]。从福州南台装运木材前往宁波的运输则由福建大商船承担，“其所经办的建木，由福建字号用帆船装运到宁波三江口卸货，再做木排运往城乡各镇，然后分别投行销售”。即由福建方面派出木帆船，运送至宁波。[③] 到宁波后再由宁波本地南货木行外帮进行销售。

晚清时情况略有变化，清光绪十七年（1891），上海、乍浦、宁波等地多家木号，均在闽采购木植，分运申、乍、宁属各处销售，所需运输船只“或自置，或揽雇兼而有之，惟驾驶之舵水镇（今镇海）民居多”[④]。运输不再由福建木帆船统一承担。

2. 果品

可分为鲜果与干果。鲜果主要是荔枝、龙眼与柑橘。干果则主要是烘焙后的龙眼干。福建输出鲜果中最著名的当属荔枝和龙眼。

顺治时的福建按察使周亮工曾做《闽小纪》，记载江浙商人到闽地收购鲜荔枝的情形：“闽种荔枝、龙眼家，多不自采，吴越贾人，春时即入赀，估计其园，吴越人曰断，闽人曰穙，有穙花者，穙孕者、穙青者，树主与穙者，倩惯估乡老为互人，互人环树指示曰，某树得干几许，某少差，某较胜，虽以见时之多寡言，而后日之风雨之肥瘠，互人皆意而得之，他日摘焙与所估不甚远，估时两家贿互人，树家嘱多，穙家嘱少。”此种情形专称“穙荔”，可知此种买卖形成已久，流传之广。[⑤]

清初王胜时曾赞扬闽地柑橘“闽产为天下最”[⑥]，且“耐搬动，可久藏，乡人远商苏杭、临清、两京，或异域番国，必置此为货，多获厚利。”[⑦] 福州的红橘，因其名“福橘（吉）”谐音寓意美好，是江南一带春节必备迎春果品，销量极大。味美、宜运且畅销，故柑橘是福建向宁波输出量较大的另一种鲜果。

福建输出的干果主要是烘焙后的荔枝和龙眼，其中又以龙眼干为主。早在明代，闽地烘焙产业已盛行，“园有荔枝、龙眼之利，焙而干之，行天下”[⑧]。其中尤以兴化桂圆为最，兴化桂圆行销外省最初就是在浙江，称“行浙江”，随后销至宁波、温州、南京、上海。而兴化桂圆

---

① 黄忠鑫：《清代两浙木商与福州木材市场秩序——基于浙船会馆碑刻的考察》，《福建师范大学学报》2015 年第 1 期，第 110 ~ 115 页。

② 洪宸笙：《宁波南号会馆木行外帮的盛衰》，《宁波文史资料第二十二辑 · 宁波文史资料存稿选编》。

③ 关于船只使用及行规变迁情况详见黄忠鑫《清代两浙木商与福州木材市场秩序》，《福建师范大学学报》2015 年第 1 期，第 110 ~ 115 页。

④ http://blog.sina.com.cn/s/blog_61ebcc380100s6je.html《福州运木船与“花屁股”——兼从造船技术史角度谈阔阔真公主号》。

⑤ 〔清〕周亮工：《闽小纪》卷一，《穙荔》，福州：福建人民出版社，1985 年，第 16 页。

⑥ 〔清〕王胜时：《漫游纪略》卷一，《闽游》，江苏广陵古籍刻印社笔记小说大观本，第 5、6 页。

⑦ 安海修志小组：《新编安海志》，卷 11，自刊 1983 年，第 105 页。

⑧ 〔明〕何乔远：《闽书》卷 38《风俗志》，第 942 页。

每年出口量，宁波一地就占20%[①]，其中莆仙人在宁波设立桂圆行始于明。[②]“清中叶在福建经营龙岩干水果的宁波商人组成兴华帮，商踪遍及闽省。”[③] 甬人入闽经营桂圆亦大多是为了货物入甬之便利。

3. 其他土产

福建土产甚多，明代时候已经大规模输往江浙地区：“即有土利，轻赍贸易，尽入江浙要津。”[④] 浙江巡抚三宝在乾隆四十年（1775）的奏折中称，闽地所来商船“所载进口货物不过糖、靛、果品、杂货”[⑤]，宁波地区亦不例外，“木船进口，不是全装建木，或者搭装纸札、烟叶等等”[⑥]。

福建所来诸多土产中，规模较大者如笋干、香菇、茶叶和药材。尤其糖类、纸张、青靛和烟草为大宗。“凡福之油丝，漳之纱绢，泉之蓝，福、延之铁，福、漳之桔，福、兴之荔枝，泉、漳之糖，顺昌之纸，无日不走分水岭及浦城之小关，下吴越如流水。其航大海而去者，尤不可计。”[⑦] 可见福州土产行销江南并海运外销乃是传统。

具体来说，“糖，产诸郡，泉、潮为盛，有红、白及冰糖。商贩四方货卖”[⑧]。据目前史料来看。元明时代福建人已经掌握了制取优质白砂糖的技术[⑨]，其后闽糖曾一度畅销天下，在极盛时代，从欧美到南洋皆见其踪。[⑩] 在国内更是畅销，但闽糖的主要市场是江南地区，故从闽地贩糖到宁波者甚为常见。松浦章据《历代宝案》整理出的失事船只中便有多例：乾隆五年（1740）五月十二日，泉州府同安县船户王同兴等21人，驾船一只，装载糖货由厦门出发，前往宁波府发卖。[⑪] 但鸦片战争前，食糖集散中心为乍浦，战后为上海，宁波始终没有占据中心地位，只是较为重要的转运地之一。

“纸，有竹纸数色，白出顺昌，黑出建、邵诸邑。以新竹作丝煮石灰为之。其用普于四方。”[⑫] 清代福建是中国当时最大的竹纸产地，顺昌竹纸尤为畅销。江南地区一向文化昌盛，普通文人日常用纸已蔚为大观，加之刻书业、笺纸加工业的需求，数量可观。尤其需要指出的是，闽纸到宁波，虽有转运，但还是以自用为主。一方面是清代宁波确实称得上文人荟萃，人多好读诗书，日常用纸量大，更重要的是，宁波刻书业南宋时已在全国占一席之地，清代是宁

---

① 蔡鑫耀：《兴化桂圆》，《福建工商史料》第3辑，1988年。
② 参见莆田文化网 http：//www. ptwhw. com/? post = 1849。
③ 浙江省鄞县地方志编委会：《鄞县志》第十五编《贸易·商旅》，北京：中华书局，1996年，第792页。
④ 〔明〕王应山：《闽大记》卷十一《食货考》，北京：中国社会科学出版社，2005年，第190页。
⑤ 《宫中档乾隆朝奏折》第39辑《三宝折》，第109页。
⑥ 洪宸笙：《宁波南号会馆木行外帮的盛衰》，《宁波文史资料第二十二辑·宁波文史资料存稿选编》。
⑦ 〔明〕王世懋：《闽部疏》，《丛书集成初编》第3161册，北京：中华书局，1985年，第12页。
⑧ 〔明〕王应山：《闽大记》卷十一《食货考》，北京：中国社会科学出版社，2005年，第194页。
⑨ 余也非：《中国古代经济史》，重庆：重庆出版社，1991年，第732页。
⑩ 《制糖工业报告书》，中国经济档案，卷号04～149。
⑪ 《多良间漂着福建船》，转引自松浦章《清代帆船沿海航运史的研究》，第230页。
⑫ 〔明〕王应山：《闽大记》卷十一《食货考》，北京：中国社会科学出版社，2005年，第194页。

波雕版印刷的鼎盛时期，故清代宁波是当时中国刻书的中心地之一，对纸张的需求量极大。官方刊刻与民间书坊都很多，尤其需要指出的是，当时宁波官方刻书的最主要产品就是地方志。宁波府刻《宁波府志》就分别有雍正九年刻本、乾隆六年补刻本和同治年间刻本；《鄞县志》在康熙、乾隆、道光、咸丰间均有刊刻。

据《湄洲日报》整理的史料，清代前期福建烟草业已形成在闽南以石码为中心的乌厚烟产区以及在闽西以永定、上杭为中心的条丝烟产区。到嘉庆年间，福建烟商的活动范围已达四川、江西、台湾、甘肃、河南、湖北、浙江、上海、江苏、山东、天津等地。道光至光绪年间，闽地从事烟草制作和销售的人员更多，某些知名烟行常年雇工百十人，年产烟丝万担以上，行销各地。宁波知府段光清说咸丰四年时候在宁波的闽商八帮之外，还有一帮家丁专卖烟土，“在宁者盖数千人”，“闽商之载货南下者数百号”①。

“靛，出山谷中，种马蓝草为之。皆上府及温、处流人所作，利布于四方，谓‘福建青’”②。甚至有“福建之蓝甲天下”的说法。同安人林希元曾感慨：“靛，此货甚于吾同安，转贩入浙者获大利，永春只自给。”③ 江南向来纺织印染业发达，所需靛青染料大多来自福建，宁波既是运送的中转站之一。

4. 洋货

凡由南洋贩运而来的胡椒、燕窝、海参、樟脑、檀香、苏木等即所谓洋货。福建向来有出洋的习俗。“俗尚游商，富家挟财本置绵葛等布，胡椒、木香、牙、明珠、翡翠等货，以往两京、苏杭、临清、川陕、江广等处发卖。”④ 且明清时期福建的港口不论官方贸易还是走私贸易都十分繁荣。⑤ 可见当时的福建向全国转输来自海外的商品，堪称中外货物的中转站。

宁波不仅是福建输入洋货的消费之地，同时也是这些洋货转运至其他地区的二次转运中转站。光绪《鄞县志》说“鄞之商贾，聚于甬江，嘉道以来云集辐辏，闽人最多，粤人吴人次之，旧称渔盐码头及西国通商百货咸备。”

（二）由甬入闽商品

按《福建省志·历史地图集》之《明清主要商道及商品流通》，宁波销往福建则多为棉布、丝绸和粮食。⑥

“闽不畜蚕，不植木棉，布帛皆自吴越至”⑦。“闽笋客贩卖江浙、汉广等处，货脱买布回

---

① 〔清〕段光清：《镜湖自撰年谱》，北京：中华书局，1997 年，第 98 页。
② 〔明〕王应山：《闽大记》卷十一《食货考》，北京：中国社会科学出版社，2005 年，第 194 页。
③ 〔明〕林希元：《嘉靖永春县志》，卷一物产，明刊本胶卷，页码不明。
④ 安海修志小组：《新编安海志》，卷十一，自刊 1983 年，第 115 页。
⑤ 龚高健、张燕清：《古代福建港口经济发展探析》，《福建论坛·社科教育版》2007 年专刊，第 241 ~249 页。
⑥ 福建省地方志编纂委员会：《福建省志》，福州：福建省地图出版社，2004 年。
⑦ 〔清〕王胜时：《闽游纪略》，见《小方壶斋舆地丛钞》第九帙。

发”[①]。《闽中记》则说“此地蚕桑差薄，所户者多颣，民间所须织纱帛，皆资于吴航所至”。可见闽地无论是棉花等纺织原料还是各类纺织品均严重依赖外地物资。而宁波的余姚早在明代中叶就已经是浙江重要的产棉区。徐光启《农政全书》有：“浙花出余姚，中纺织，棉稍重，二十而得七，吴下种大多类是”；又“余姚海堧人，种棉极勤”。[②] 清代棉花种植更加普遍，乾隆时期“姚邑北乡沿海百四十余里，皆植木棉。每至秋收。贾集如云，东通闽粤，西达吴楚”[③]，因此宁波的棉纺织品流通也相对繁荣。

福建缺粮可上溯至南宋，清代时境内仍多地缺粮，晚清则是福建历史最缺粮的时候。[④] 漳、泉两州“两府人民，原有三等，上等者以贩洋为事业，下等者以出海采捕驾船、挑脚为生计，惟中等者力农度日，故各属不患米贵，只患无米”[⑤]。所需粮食仰仗外界，洋米、台米均有输入。江南也是福建的粮食采集地之一。据《福宁州志》《福安县志》等记载，台州、温州都曾大量供应粮食，江淮苏松等地亦有供应。

但有两点需要指出，首先大宗商品多是从宁波运入福建，换言之，经宁波到闽地的粮食与纺织品只有部分产自本地，更多来自其他地区，即宁波更多是作为中转地而非原产地。其次，棉布、丝绸和粮食只是从宁波运入福建商品的大宗，而非全部。

据曾亲历者的口述：“木船进口，不是全装建木，或者搭装纸札、烟叶等等，宁波放空回去，又装了明矾、棉花、绍酒、螟鲞等出口。因此，在本业获得利润之外，又可攫取一些意外的收入。”[⑥] “宁波放空回去，又把明矾、绍酒、螟蛹鲞、棉花等宁波土特产销往福建的南台、泉州、厦门等地”[⑦]。可见甬地入闽商品与闽地入甬商品大不同。甬地入闽商品少量是本地所产棉花、茶叶、毛竹、明矾、乳腐、奉化纸以及鱼胶、海蜓、淡菜、黄鱼鲞、海蜇等海产品，更多是江南其他地区甚至北方货物，如粮食、纺织品与其他农产品。

换言之，正如前文所指出的那样，宁波港对闽地而言更多的只是一个贸易中转站，而不是货源地。这种贸易特征注定了宁波港的可替代性。闽地入甬商品则以本地所产为主，极少量是外来商品，即是作为一个产地存在而非中转地，具有不可替代性。

三　结语

综上所述，有清一代，闽甬两地间海上贸易发育已相当成熟，不仅有北艚专门运行于此段航线，且闽地境内主要良港均辟有到宁波的固定航线。如福州的下北线，泉州的近海航线，厦

① 〔清〕孙义修：〔道光〕《永安县续志》卷之九《风俗志》。
② 〔明〕徐光启：《农政全书》卷三五《木棉》注。
③ 〔清〕戴建沐：《助修海侯庙记》，〔光绪〕《余姚县志》卷六《物产》。
④ 徐晓望：《妈祖的子民》，上海：学林出版社，1999 年，第 135 ~ 136 页。
⑤ 〔同治〕《福建通志》卷五二《国朝蠲赈》。
⑥ 洪宸笙：《宁波南号会馆木行外帮的盛衰》，《宁波文史资料》第二十二辑《宁波文史资料存稿选编》。
⑦ 洪宸笙：《宁波南号会馆木行外帮的盛衰》，《宁波文史资料》第二十二辑《宁波文史资料存稿选编》。

门的北向航线。漳州虽未见明确固定的漳甬航线，但从漳州出发的北艚往返均必经宁波。甚至泉州的远洋航线均需借路于宁波方可出海。可见闽甬间海上交通在当时状况而言是便利发达的。这是两地间海上贸易的必须前提。

两地间商品流向与构成亦清晰可见。福建土产丰富，主要以木材、果品、染料、药材等原料性土产输出为主。输入者则以粮食、纺织品等衣食类消费品为主，具有明显的资源输出特征。宁波则凭借优越的地理位置以物资运输中转站角色出现，最主要就是南北货物的交换中转。

此外白银和海外商品也是两地贸易的亮点。福建商人在海外贸易中获得大量白银，万历（1573—1619）以后，仅西班牙银币每年便输入达万元之多，在漳、泉一带可以通用。经过二次贸易，主要是购买粮食、纺织品等消费品，尤其是高级消费品，白银进入宁波以及江南其他地区。到清朝初年，宁波已经普遍使用外国银圆，且随之衍生出钱庄。对当地的商贸体系与货币流通产生较多影响。经过福建商人输入的海外商品，尤其奢侈品对宁波的日常生活与风气也有较多影响。同时宁波不仅是福建输入洋货的消费之地，也是这些洋货转运至其他地区的二次转运中转站。光绪《鄞县志》说“鄞之商贾，聚于甬江……及西国通商，百货咸备，银钱市直之高下”①。《四明谈助》有“滨江庙左，今称大道头（江厦码头），凡番舶商舟停泊俱在来远亭至三江口一带……每遇闽广船初到或初开，邻舟各鸣钲迎送。番货海错，俱聚于此”②。可见宁波码头上海外商品云集。总之，白银与海外商品是宁波与国际世界产生关系的一种方式。

闽甬间海上贸易具有现代意义上区域贸易的完整要素与特征，即地区间以劳动分工为基础的商品交换。但本文对两地间商品交换的研究，其意义却并不局限于此。

闽甬海上贸易肇于明，③ 盛于清，持续数百年。诸港均曾盛极一时，但亦有起伏，以宁波港为例，明末清初，朝廷屡行海禁，宁波港有四十年左右海上贸易几乎完全中断。1685 年成为浙海关总关所在地后才日渐繁荣，雍正时俨然成为江南海上贸易中枢之一。道光十年（1830）后宁波商业船帮进入黄金时期，其中福建帮 15 家、宁波帮南北号共计 19 家。④ 第一次鸦片战争后，宁波作为“五口通商”口岸之一，各种贸易发展迅速。咸丰年间黄河北移，漕运多改道海运，咸丰三年（1853）浙江举办海运，上海沙船供不应求，宁波船帮乘此机会进一步发展壮大。同治七年（1868）宁波水运中心江厦迎来帆船码头的全盛时期。⑤但其后便由于多种原因日趋衰落。

虽然新中国成立以来包括宁波在内的诸港取得了巨大发展，但是就今日情形而言，无论两地间的海上贸易繁盛程度抑或诸港在全国、全世界的商贸地位均不能与昔日比肩。造成此局面

① 〔光绪〕《鄞县志》卷二《风俗》。

② 〔清〕徐兆昺著、周冠明点校：《四明谈助》，宁波：宁波出版社，2000 年。

③ 徐晓望：《晚明福建与江浙的区域贸易》，《福建师范大学学报》2004 年第 1 期，第 22～30 页。

④⑤ 俞福海主编：《宁波市志》卷九《海港口岸》，北京：中华书局，1995 年，第 693 页。

的原因是多方面的,[①] 但重点是要抓住机遇重塑辉煌。“21 世纪海上丝绸之路”的建设便是诸港与所在城市的机遇。

2013 年 9 月 7 日，国家主席习近平在哈萨克斯坦首次提出共同建设“丝绸之路经济带”的战略倡议；同年 10 月 3 日，他在印度尼西亚重申中国愿同东盟国家发展好海洋合作伙伴关系，共同建设“21 世纪海上丝绸之路”。

国家发改委、外交部、商务部联合发布的《推动共建丝绸之路经济带和21 世纪海上丝绸之路的愿景与行动》中提出：利用长三角、珠三角、海峡西岸、环渤海等经济区开放程度高、经济实力强、辐射带动作用大的优势，加快推进中国（上海）自由贸易试验区建设，支持福建建设21 世纪海上丝绸之路核心区。充分发挥深圳前海、广州南沙、珠海横琴、福建平潭等开放合作区作用，深化与港澳台合作，打造粤港澳大湾区。推进浙江海洋经济发展示范区、福建海峡蓝色经济试验区和舟山群岛新区建设，加大海南国际旅游岛开发开放力度。加强上海、天津、宁波—舟山、广州、深圳、湛江、汕头、青岛、烟台、大连、福州、厦门、泉州、海口、三亚等沿海城市港口建设。

无论福州、厦门、泉州、宁波等港口，抑或福建与浙江都被纳入“21 世纪海上丝绸之路”的愿景规划，因此，作为海上丝绸之路重要节点的诸地正迎来有可能东山再起的新契机。而地方志文本作为历史载体见证了它们往日的辉煌，更加难得的是，其中记载的信息能够为它们今日抓住机遇、重现辉煌提供借鉴，以资“21 世纪海上丝绸之路”之建设。

① ［荷］包乐史：《看得见的城市》，杭州：浙江大学出版社，2010 年。

基于方志视域下的清至民国时期河西走廊城镇商业述论

于光建（宁夏大学）

提要：清代至民国时期，随着中央政府对西北边疆的拓展和管控的有效加强，河西走廊各城镇功能的军事色彩减弱，其政治、经济、文化功能增强，商业日渐繁荣、城市市场增多，小型商业市镇渐次兴起，成为这一时期社会变迁重要表现。各府州县编纂的省志、府志、州志、县志和采访录等资料对城市市场、街区、堡寨的记载，为我们探究这一期河西走廊商业发展提供了珍贵的资料。

关键词：方志　清代　民国　河西走廊　城镇　商业

入清以来，随着国力的增强，西北边疆得到进一步的拓展，打破了明代以嘉峪关为西界的边防格局，嘉峪关以西的瓜沙地区再次纳入统一王朝的版籍之中，尤其是平定准格尔叛乱、罗布藏丹津叛乱，西北民族矛盾得到缓和，河西走廊已经由边陲军事重镇演化为腹地。社会的安定，经济逐步恢复，日渐繁盛。加之雍正二年（1724）行政区划上裁撤军事色彩浓厚的卫所制，逐步推行与内地划一的府州县制，使本区城镇的军事功能进一步淡化，其政治功能、经济功能、文化功能随之强化。各府州县城逐渐演化为各自辖区内的政治中心、经济中心、文化中心。政府开发政策的诱导、社会经济的发展、人口的剧增、市场购买能力的增强，凭借较优越的区位优势和交通条件，各级城市在诸因子的驱动下商品经济日趋活跃，城市商业市场增多，市场结构更加合理，其类型也由单一性向多样化方向发展。在本区诸府州县城中，凉州、甘州、肃州三个府州级城镇成为省会城市兰州以西颇为繁盛的城市。

一　府州县城商业市场

凉州府城“山川险阨，土田沃饶，自汉开河西，姑臧尝为都会。魏晋建署州镇，张轨以后，恒以一隅之地，争逐与群雄间……唐之盛时，河西、陇右三十三州，凉州最大，土沃物繁而人富……然则凉州不特为河西之根本，实秦陇之襟要矣”①。“左有古浪之险，右有西山之固，

① 顾祖禹：《读史方舆纪要》卷六十三，上海：上海书店出版社，1998 年。

东控宁夏，南距黄河，西连番部，北际沙漠，一线岩疆，三边重镇”①。整个城市以大什字为中心，形成东西南北四大街和四小街，布局对称规整。镇、府、县各级衙署宏敞，“街道宽二三丈，仿佛京师”②。本省西路的商货以凉州较为繁华，“往者捷买资甘、肃，今更运诸瓜、沙等以利塞外民用，所赖以通泉货者重矣。开张稠密，四街坐卖无隙地”③。城市街市繁荣，商贾如云，晋、陕、京、津、豫、鲁等地商人的进入有力地拉动了凉州城的商品经济，活跃了城市市场。山西帮主要经营布匹、绸缎、百货、食品加工、瓷器、当铺、汇兑等；陕西帮经营绸缎、布匹、药材等；直鲁豫帮大部分以经营山货、土产、笔墨、纸张、砖茶等为大宗；本地商人由于缺乏雄厚的资金多经营土产杂货、粮油等农副产品以及客栈饭店等小本生意 。④ 外地商人还修建了会馆，武威城现在还保留有一条会馆巷，位置就在今凉州区会馆小学。据武威市博物馆所藏的1932年武威城市详图，在会馆巷布局有山西会馆和陕西会馆，沙金巷有晋鲁会馆、北街有忠义会馆。⑤ 沿街店铺林立，商号众多。据移存于凉州大云寺的清乾隆年间创修陕西会馆碑以及捐资碑记载，当时在武威经商的仅陕西商号就多达100多个。四大街“繁盛市肆，在大东街、大北街、东关大街”⑥ 沿街店铺林立，商号众多，较为出名的商号有山西帮同吉庆。东关为进入凉州城的必经要冲，其繁华为四关之最。北关由东西走向的街道相连，有车马店、驼场、铁匠铺等，居民也较多。⑦ 西街什字东北部，大约在今天马宾馆处为骡马交易市场。在1932年武威城市详图中，东大街西段大十字附近成为武威金融中心，中国农业银行、中国银行、甘肃银行、交通银行等诸多金融机构都分布在东大街东段南北两侧。

甘州，地居丝路交通咽喉，河西之中心，历代为文武大员驻地。明为甘肃镇治所，清改卫为府后为提督专城，仍为军事重镇。向南越祁连山扁都口，为自古通往青海之捷径；溯黑河北下，为古居延道，可达绥远；东则直通凉州以至河陇；西向则抵新疆。古甘州所处之地理区位对新疆、蒙古、青海、宁夏、绥远等省均有“四路照应之势”⑧。

清代前期陕西、山西、河南、山东、四川等地商人跟随用兵西北边疆的军队，云集甘州城，以甘州为中心运营贸易。一时甘州府城市廛栉比，四街八巷中商号密布，市场分布井然有序。乾隆四十四年（1779）《甘州府志》卷五营建·街衢记载了当时的市场布局结构。正南街：自镇远楼起至南大什字，为店口发货市，也就是现在的商品批发市场；南大什字至南小什字是炭市；小

① 〔清〕穆彰阿修：〔嘉庆〕《重修一统志》甘肃卷，凉州条。

② 〔清〕裴景福著，杨晓霭 点校：《河海昆仑录》，兰州：甘肃人民出版社，2002年，第201页。

③ 〔清〕张绍美等纂、张克复等校注：《五凉全志·武威县志》风俗志，兰州：甘肃人民出版社，1999年。

④ 武威市志编纂委员会：《武威市志》第十编商业，兰州：兰州大学出版社，1995年，第443页。

⑤ 于光建：《清至民国时期武威城市景观空间结构重构》，《青海民族大学学报》（社科版）2012年第3期，第48~51页。

⑥ 〔民国〕白眉：《甘肃省志》第3章各县邑之概况，《西北稀见方志文献》第33卷，兰州：兰州古籍书店影印出版发行，1990年。

⑦ 武威市志编纂委员会：《武威市志》第十编商业，兰州：兰州大学出版社，1995年，第443页。

⑧ 〔民国〕朱允明：《甘肃省乡土志稿》第23章，甘肃省之重要都市，《西北稀见方志文献》第32卷，兰州：兰州古籍书店影印，1990年。

什字以南到南门为米粮市。正北街：镇远楼以北为油市；再北麻渣市；再北为苇席市；北街上还是日用百货瓜果蔬菜市。正东街：自镇远楼到蛟腾巷口止米粮市；蛟腾巷口止三官楼炭市；东大什字至小什字为柴市。正西街：镇远楼至小巷口菜市；公输楼至成衣市止为木头市；西大什字至小什字房笆市；小什字到西门亦为米粮市。在四街之中“南大街商店林立最为繁盛”。

山西帮、陕西帮等外地商人均建有会馆。山西会馆，建于雍正二年（1724），坐落在南大街，至今保存完好，现为市文化馆，据残存的《山西会馆碑记》记载：仅光绪年间山西帮的商号就有44家。陕西会馆，原址在关帝庙街今青年东街，会馆建筑已毁，其原址现为张掖师范附属小学。清代镇番商人也开始崛起，他们组建大量的骆驼，主要进行长途货运，被称之为“镇番驼帮”。清末民初，镇番商人也在甘州府城修建了会馆，在今张掖二中院内，会馆建筑今仍保存较为完整。外地商人有一部分久驻甘州经营商业，即所谓之“坐商”。另一部分则是利用甘州“四路照应”的优势，以甘州为中心，从事更远的贩运贸易，这部分商人有“行商”之称。他们向西到哈密、巴里坤、古城子、红庙子等新疆各地经商；向北至额济纳旗、阿拉善盟，今蒙古国乌里雅苏台、科布多、库伦等地。

在甘州市场上有归化城的京货、山西的铁锅、河南的土布、汉中的药材、四川的纸张和调料、苏杭的绸缎、两湖的茶叶等。① 在经历晚清西北回民事件的洗礼以及社会的动荡后，至民国前期，甘州城市场还相当活跃，“不让皋兰，与皋兰、秦州、武威并称甘肃四大繁市。蒙古、新疆、青海等处蒙番汉回之牛羊皮、毛、革、药材等均汇集于此交易之，乃西北贸易之一大名市也”②。

肃州，位处走廊西部，为甘肃与新疆往来的西路通衢重镇。为北通蒙古，南达青海之羌戎通驿孔道。明代虽为极边之地，亦是重要的边贸市场，所谓“肃州城为西方商贾荟萃之地”。有清以来，肃州城商品贸易更是兴盛。城市街道宽敞整洁，沿街店铺鳞次栉比，“车马骈阗，胡贾华商云集……货泉繁盛，人烟物殷，富洵边地一大都会也”③。外地商人多为山西帮和陕西帮，还有来自新疆的回商，以及青海蒙古等地的番商。商品有来自陕西等东部的布匹、绸缎、纸张，有来自新疆的葡萄干、杏干、杏仁，敦煌的棉花，还有蒙番的牲畜、皮毛。乾隆初，城内仅当铺就有79处、羊店5处、山货店15处，还出现了类似贸易中介的牙行以及以此为职业的牙人。④ 据《肃州新志·街市》东大街靠近鼓楼南部一条街为当铺街，此街东部为南烧酒巷，东大街以北还有一个北烧酒巷，西大街鼓楼附近为米粮市，南大街北部和北大街西部有马坊车厂。东关有一条长约一里半的南北走向的街市，其余小市在小巷中，肆中贩鬻不拘时辰，朝市暮散，富庶兴城，城内外各种商店多达数百家。光绪七年（1881）中俄条约开辟嘉峪关为商埠以后，其贸易则实在肃州，关税司设在北门外，肃州成为近代甘肃甚至是中国重要的西部通商

---

① 张掖市志编纂委员会：《张掖市志》第十一卷商业，兰州：甘肃人民出版社，1999年，第344页。

② 林鹏侠著，王福成点校：《西北行》，甘肃人民出版社，2002年，第139页。

③〔光绪〕吴人寿，何衍庆修：《肃州新志》街市，《西北稀见方志文献》，第49卷，兰州：兰州古籍书店影印出版发行，1990年。

④ 吴廷祯，郭厚安：《河西开发史研究》，兰州：甘肃教育出版社，1996年，第422页。

口岸，市场上日俄等国洋货开始充斥市场。新疆的缠回也多经营外国的棉布、制鞋、肥皂、蜡烛等工业品。光绪二十七年（1901）即在肃州、敦煌一带开始活动的西方传教士 Mildred Cable 女士，后来在英国皇家地理学会《地理杂志》上撰文描述了她所见过的肃州市场。“肃州是中国西北最重要的市场，离长城口门的嘉峪关仅十五里。它的东部是土耳其斯坦干果商、西藏皮货商和蒙古驼毛商的交易场所。肃州东部是我第一个要介绍的中亚繁荣市场。街市上骈列着土耳其斯坦的商人，陈列着华丽的地毯和土耳其斯坦的布匹。并有高积如山引人馋涎欲滴的瓜果。穿着高装靴子的少年们，戴着吐鲁番或喀什噶尔土风的头饰，赶着驴驮从人丛中经过”①。《肃州新志》肃州八景中就有“市集商贾”一景，足见其城市市场贸易之壮观。

敦煌，明代哈密危机后，弃嘉峪关以西之地不治，敦煌为吐鲁番所居，城市发展衰落。清康熙五十四年（1715）以后，关外之地再次收复。雍正七年（1729）设沙州卫，乾隆二十四年（1759），裁卫置敦煌县隶署于安西直隶州。敦煌故城因被党河水冲毁，雍正二年（1724）又于党河东岸另筑新城。后随移民的入住，修筑了东南北三面郭城。城市商业市场也有所恢复发展。乾嘉时期晋陕豫川等外地商人也涌入敦煌经商，相继设立会馆，道光《敦煌县志》县城图在南郭门附近有山西会馆。实力较为雄厚的商号有增盛号、顺统号，至晚清民国初，敦煌商号增多，有常盛亚、德兴隆、福永生、义兴盛、三义堂、福德隆、复成永、德作本、三顺魁、复兴永等，主要经营百货、杂货、药店、当铺等。市场格局以东大街最为繁盛，北关火祖庙附近为马市，菜市在东门秦州户，小南街为瓜菜市，小北街柴市，火神庙骡马市，三官庙劳务市，秦州户还是日用小商品市场。②

二　河西走廊商业市镇问题

关于清代河西地区市镇研究，是一个很棘手的问题。目前为止笔者还没有检索到专门研究本区市镇的相关论著。在对清代本区县志的查阅中除嘉庆二十一年（1816）《永昌县志》卷二建置志中专列市镇外，其他县志均未有对市镇的专门记载，而且也没有对“镇”这一聚落的记载。直至民国《甘肃通志稿》建置志·县市中有对集市的载录，也仅零星检索到了几个有限的镇。如，张掖县下有古城镇，东乐县下有南古镇，临泽县有沙河镇等。文献的失载，成为讨论清代本区市镇的最大难题。出现这种情况，笔者认为这与刘景纯先生在研究清代黄土高原地区市镇的情况相似，即市镇自身发展、修志者的编纂思想、简单的因袭前志。③ 就以市镇发展来说，宋元明清时期，政治、经济中心的东移，加之科学技术的发展，尤其是造船技术和航海技术的进步，使得海路成为东西方交流的主要交通方式，东南一带成为全国的经济重心区域，本区在经济上趋于边缘化。明清时期，商品经济发展迅速，而本区处于国防一线，军事战略地位的重要，军事防御的功能成为各级城镇聚落的第一要务，影响到了区域商品经济的发展。再

---

① 魏丽英：《论近代西北市场的地理格局与商路》，《甘肃社会科学》1996 年第 4 期。

② 敦煌市志编纂委员会编：《敦煌县志》，北京：新华出版社，1994 年，第 293 页。

③ 刘景纯：《清代黄土高原地区城镇地理研究》，北京：中华书局，2005 年，第 287 页。

者，沙漠、戈壁相间且广布的自然环境也成为一大制约因素，不但限制了交通，而且也是本区地广人稀的重要原因。交通不畅，影响到商品的流通，人口稀少自然市场狭小。所以这一时期介于城乡之间的这一级聚落的商品流通以及繁荣程度自然也就无法与东部市镇的规模相比较。而因袭县志的情况则更为显见，如道光五年（1825）《山丹县志》基本上是对乾隆四十四年（1779）《甘州府志》中有关山丹县资料的辑录。还有道光《镇番县志》对《五凉全志·镇番县志》的因袭等。

市镇作为商品流通网络上的节点，是其周围一定乡村地域范围内的中心地。其主要职能就在于通过商品流通的网络建立起城乡之间的经济联系。市镇的主要功能表现在：一是具有较为固定的商业服务设施，饭店、旅馆以及各类店肆；二为商贾贸易之所，是地方的商品集散中心，第二个功能常依附于第一个功能。① 基于此，本区若干在一定乡村地域范围内具有上述功能的堡寨也就自然属于所谓的市镇。实际上，划分市镇的主要标准应当依据其是否具有上述经济功能，而不必局限于名称上是否带“镇”。河西走廊由于历史和地名习俗称谓的缘由，在习惯上某些地名常以堡寨相称，至今还延续有此地名称谓，一些行政建置镇仍然以堡相称，如凉州区的张义镇称张义堡，永昌镇称永昌堡，永昌县的朱王堡镇和河西堡镇则在习惯称谓上直接将“镇”省去。

通过对市镇概念的解析，考虑到本区地理环境和经济发展水平的地域性，清代河西走廊的商堡、关商堡、驿商堡、军商堡、军驿商堡都可列入市镇考察的范围之内，尤其是一些设有常市的堡寨。例如，镇番县蔡旗堡，处在凉州府城通往镇番的交通要冲，在乾隆时期其商贸已很可观。“有公署，仓场，门楼，有绅士，兵民，工商，镇番之首镇也”②。伴随柳林湖屯田的扩大，镇番县与柳林湖之间的抹山“进城往来要道，车畜人众，烟火殷实，竟成市集”③。永昌县虽“商鲜居积”，但“新城、水泉、宁远有市”④，而且市肆也较繁盛，“六十里清溪堡多逆旅，亦有小贸。新城堡七十里有营讯，贾贩较多，附居回民五十余户。水泉堡六十里，有营讯、有仓、有驿，市肆亦繁。宁远堡七十里，有营多商。”⑤ 张掖仁寿堡街市尚繁盛⑥，本区市镇中当然也不乏规模宏大，商务殷繁者。

古浪县的土门堡，虽然没有处在官道之上，但如前交通之所述，位处土靖商道上，“土沃民饶，商务甲于全县”⑦，大靖堡不但商务繁盛，而且“民户多于县城”⑧，双塔堡“街市颇盛，

---

① 刘景纯：《清代黄土高原地区城镇地理研究》，北京：中华书局，2005 年，第 287 页。

② 〔清〕张绍美：《五凉全志·镇番县志》兵防志·营堡，兰州：甘肃人民出版社，1999 年。

③ 〔清〕黄文伟：《重修肃州新志·肃州》附载柳林湖屯田，甘肃省酒泉县博物馆翻印，1984 年。

④ 〔嘉庆〕黄在中：《永昌县志》卷二建置志·市镇，永昌县人民政府重印，1983 年。

⑤ 〔嘉庆〕黄在中：《永昌县志》卷二建置志·市镇，永昌县人民政府重印，1983 年。

⑥ 袁大化《抚新记程》，《西征续录》，兰州：甘肃人民出版社，2002 年，第 189 页。

⑦ 〔宣统〕《甘肃新通志》卷九舆地志·关梁，《西北稀见方志文献》，第 23 卷，兰州：兰州古籍书店影印出版发行，1990 年。

⑧ 〔宣统〕《甘肃新通志》卷九舆地志·关梁，《西北稀见方志文献》，第 23 卷，兰州：兰州古籍书店影印出版发行，1990 年。

亚于红城”[①]。据民国《甘肃省志》第三章各县邑之概况记载，安西市镇有双塔堡、小湾堡、布隆吉城，在同治回民事件以前，居民达八百余户。三道沟街，在同治前街市亦盛，居民有四五百家，商务可比玉门县城，县东一大市集。

清代本区还有专业性市镇。一类为民族贸易互市，有永昌县之水磨关堡，“为大黄山夷人货马市酒之地”[②]。地处祁连山北麓脚下的甘州府大草滩，自古为少数民族游牧之处，据《秦边纪略》记载明代时“总兵官筹皮马之利，始与海部通市于洪水。”清顺治八年（1651），总兵官张勇又于此地开市洪水。[③]还有一类就是专门的商品贸易市镇。高台县所属的盐池堡，其地名来历就是因为附近有一盐池“长约十余里，广约一里有零，夏秋池水蒸发，结晶成盐，年产万余石，运销各处”[④]。“花墙子堡，城颇大，城楼亦高，系粮食互市之所”[⑤]。高台县双井堡为黄金市，在道咸年间“市产金最旺，役金夫以万数，为绝大市场，同治末互告匮，至今一片荒凉，居人仅寥寥数十家矣。”[⑥]民国《甘肃通志稿》建置志·县市则在每县之下专门列出了乡镇常市，这些常市虽然是民国初期的，但却是在乡村集市的基础上发展而来的，有一定的时代延续性，至少可以反映晚清时期本区市镇发展的基本概况。

《甘肃通志稿》所载本区常市

县	常市	县	常市
武威	丰乐堡、红墙堡、陈春堡、永昌堡、双城堡、下双寨、上双寨、	永昌	东寨、八坝堡、杜家寨、永宁堡、仓堡、水磨关、红庙墩、水泉堡、新城堡、宁远堡、河东堡、河西堡、下什堡
民勤	西湖镇最为繁盛	古浪	泗水堡、大靖堡、土门堡、安远堡、龙沟堡、西川堡、黄羊川
张掖	古城镇、甘浚堡、拒敌堡	东乐	六坝堡、三坝堡、南古镇、大草滩
山丹	东乐堡、新河镇、大马营、黑城镇、卢家堡、永固镇	临泽	沙河镇、平川镇
酒泉	临水镇、清水镇、金佛寺堡	高台	新坝镇、红崖镇、镇夷堡、黑泉镇、六坝镇
安西	柳沟、桥湾堡、百齐堡、双塔堡		

三　结语

综上述之，清代河西走廊各城镇内部商业市场结构主要以城市主干街道布局，如甘州府城，

① 方希孟：《西征续录》，兰州：甘肃人民出版社，2002 年，第 112 页。

② 宣统《甘肃新通志》卷九舆地志·关梁，《西北稀见方志文献》，第二十三卷，兰州：兰州古籍书店影印出版发行，1990 年。

③ 〔清〕钟赓起修：《甘州府志》卷三·国朝辑略（乾隆四十四年），兰州：甘肃文化出版社，1995 年。

④ 林鹏侠：《西北行》，兰州：甘肃人民出版社，2002 年，第 142 页。

⑤ 〔清〕林则徐：《荷戈纪程》，《西征续录》，兰州：甘肃人民出版社，2002 年，第 50 页。

⑥ 方希孟：《西征续录》，兰州：甘肃人民出版社，2002 年，第 123 页。

南大街最为繁盛，为城市中心商务区。有些城市的关厢也是主要的商业区，如凉州之东关，肃州之东关，山丹县之南关都是店铺林立，商贾云集。随着人口的增加，社会经济的繁荣，位处重要商路之处的城市及城市外围也逐渐发展为繁华的商品贸易之所，如镇番县城原无东关，至清中后期，社会经济渐次恢复，东门外自成商品交易之地，逐渐店铺密集，居民也较稠密。

尽管文献对清代本区市镇的记载如晨星落落，但通过爬梳，至少我们可以走出清代河西没有出现市镇的误区。虽然不能完整清晰地构建其市镇网络体系，最起码也可以勾勒出市镇发展的基本轮廓。总体言之，清代本区市镇可分为常市和集市，其中常市一般规模较大，且地居主要交通干道沿线。市镇多是在前明和清前期军堡和驿站的基础上演化而来。此外，因本区为多民族杂居的农牧交错地带，出现了专门的民族贸易互市。伴随社会经济的恢复发展，中后期涌现一批专业性市镇。市镇发展不但与腹地市镇存在差距，而且就区域内部而论，发展也极不平衡，城乡之间市场体系发育也不健全，规模等级不均衡，大者可与县城相差无几，小者仅有百人而已。

此外，清代至民国时期，晋陕直鲁豫等商帮的进入，也驱动了河西走廊城镇商业的发展。商帮是明代兴起的一种以地缘关系为纽带的民间商业组织。地域商帮的崛起，有力地推动了明清以来我国商品经济的发展，在我国经济史上占有举足轻重的地位，在诸多商帮中晋商、徽商、陕西帮的影响力最大。清乾隆时期为了解决西北军需，清政府准许商贩往西北军营进行商业贸易。大批的陕西、山西、直鲁豫等地的商帮随西征军队在本区贸易，他们以本区城镇为中心进行商品物资贸易和长途贩运，有些甚至直接坐驻本区各级城镇开张各种商业经营。一时之间河西各城镇中秦晋燕赵之地的商人云集，商号沿街罗列，城镇商业出现繁华景象。据《张掖市志》第十一卷商业记载，民国初年，张掖倒闭歇业的商号就有数百家之多。在经历了这次打击之后，张掖城内还有9家资本在1万～8万元的晋陕豫籍的商号，12家资本在8万～13万元之间直鲁商帮，10家资本在10万～20万元的京津帮。清代，大到府州城，小到县城，甚至是乡村集镇，到处有外地商帮的身影。他们将东部省份的布匹、绸缎、药材、茶叶、纸张、杂货等运销本区，或经本区转运至新疆，之后再将本地的皮毛，药材等农畜产品运往东部销售，在城市中的外地坐商有些则垄断了本区城镇的商业销售。

河西本地商帮的兴起也促进了本地商业的发展。外地商帮的进入一方面增加了城镇中非农业人口的比例，繁荣了本地萧条的商品经济，同时在外地商帮的刺激下本地也兴起了一股以骆驼为贩运工具的商帮——驼帮，他们也开始参与到长途贩运的商业活动中。最著名的就是镇番马合盛商号，自明末清初创立商号至建国初期50年代，在历次国家平定西北叛乱时为军队筹粮筹饷，提供骆驼数千峰，得到了历届中央政府的褒奖，初以专营茶叶为业，后业务逐渐扩展至各种商业，影响深远。总之，无论是外地商帮还是本地驼帮，他们的商业活动有力地拉动了清代河西走廊城镇商品经济的活跃，成为推动城镇商业发展的重要力量。

充分发掘历史积淀　着力推进当代建设

——学习正史、古代方志和其他文献中有关“丝绸之路”记述的启迪

范洪涛（上海市黄浦区地方志办公室）

提要：文章介绍了历史上形成的“绿洲丝绸之路”“草原丝绸之路”“南方丝绸之路”和“海上丝绸之路”的主要线路和历史作用，并分析了古代“丝绸之路”蕴含的精神和当代“一带一路”精神是中华历史文化遗产在新时期的延伸和发展。本文分五个时期扼要举例介绍了正史、古代方志和其他文献对古丝绸之路相关内容的丰富记述。并从5个方面提出学习古代文献，发掘历史积淀的启迪，指出充分运用历史资源以更高质量的智力成果推动当代建设，任重道远。

关键词：古代丝绸之路　发掘历史积淀　推进当代建设

一　古代“丝绸之路”蕴含的精神和当代“一带一路”精神是中华历史文化遗产在新时期的延伸和发展

从出土文物考证，早在新石器时代，我国已有栽桑、养蚕、缫丝和织绸的技术。闻名于世的“丝绸之路”这一名称的出现虽然只有短短一百多年历史，但从古代文献记载看，这条沟通中西经济文化交流的黄金通道，自出现至今实际上已有近三千年的历史。“丝绸之路”的发展有一个探索、初辟、形成、繁荣、衰弱和在新的历史条件下重新崛起的漫长过程。随着不同历史时期沿途各国各地政治、经济、军事、文化、民族形势的变化，丝绸之路也随之在不断变化之中。因此，在不同时代、不同地域，丝绸之路往往是数道并行、纵横交错的一个网络体系。尽管如此，历史上长期形成的几条主干道及其沿途国家、重要城镇、要隘枢纽还是有相对稳定的线路，大体上有以下4条最重要的“丝绸之路”。

（一）绿洲丝绸之路（又称沙漠丝绸之路）。以东方长安（含西安）和西方罗马为起止目标。从长安出发，过陇右，入河西，进新疆，再经中亚、西亚到达欧洲和北非。由于沿途各地地理、政治诸因素等多方面的差异，这条通道又分为东、中、西三段。东段从长安出发，沿渭河至今宝鸡再沿千河至陇县，翻越六盘山过陇右，进入河西走廊到玉门关、阳关（具体有北、

中、南三条线路）。中段指西域段通道，即玉门关，阳关以西和帕米尔和巴尔喀什湖以东以南的地区（具体有北、中、南三条线路）。西段指西域向西至中亚、南亚、西亚和欧洲的通道（具体有北、中、南三条线路）。[①] 古代文献记载，早在远古时期，作为丝绸之路所经过的新疆地区，已和内地发生紧密的联系，彼此间的交通早就出现了。西域与内地之间的产品交流也早有记载。很早以前，西域的玉石已输入内地，广泛用于祭祀礼仪和装饰。内地铜器、贝币、丝绢等物产已运至西域。公元前 4 世纪时，西方马其顿一跃成为最强大国家后，亚历山大建立了一个横跨欧、亚、非三洲的大帝国。再后，从大帝国中分裂出来的塞琉古王国（又称叙利亚王国，中国史书称它为“条支”）疆域直达印度河西一带，其中都城‘安提克城’是印度、中国与地中海区域商业往来必经之地。可见，西方主要国家和丝绸之路西段的开通也有直接关系。但由于历史条件的限制，最初出现的丝绸之路，因战争、民族纠纷而常常中断，即使有时相通，尚未达繁荣境地。直到西汉张骞二次出使西域，才使这条横贯亚欧的通道获得了大规模的发展。[②]

（二）草原丝绸之路。在绿洲丝绸之路的北面，有一片连接欧亚大陆的草原地带。见诸我国文献记载，獯鬻、戎、狄以及后来的乌孙、月氏、匈奴、柔然、突厥、粟特、回纥、铁勒诸部、鲜卑、契丹、女真和蒙古民族等，都曾生息在这一大片草原上，催生了游牧文明的诞生。在他们迁徙流动过程中，大约在前 7 世纪至前 2 世纪，形成了一条横贯欧亚草原的交通道路。这条通道起自中国蒙古高原，穿越草地，一直向西，越过阿尔泰山，沿今俄罗斯境内额尔齐斯河，穿越南西伯利亚草原，再往西，到达斯基泰人居住的地区和东欧等地。这是一条比绿洲丝绸之路还要早就开通之路。[③]

（三）南方丝绸之路。是一条从我国西南通向南亚和东南亚的陆上交通线路，大约在秦汉时已出现（早于张骞出使西域）。一般从成都出发，南下经严道（荥经）、灵关（甘洛深沟）、邛都（西昌）、会无（会理）、叶榆（大理）、永昌（保山）到腾跃贾人市，由此沿西路到身毒（印度），向南沿今伊洛瓦底江到夫甘都卢国（缅甸卑谬）、谌离（伊洛瓦底江入海口），可与海上丝绸之路联系。南方丝绸之路在唐、宋、元、明、清各代都有发展，特别是元、明、清时期，从四川、湖广等地各路汇聚腾冲，然后分五路到缅甸等国的交通贸易曾非常繁忙。[④]

（四）海上丝绸之路。大约始于春秋末期。到汉代时，中国的丝绸就已经通过海路传到东南亚和南亚，汉武帝曾派使者船队南下贸易，表明当时海路已经开通。一般从徐闻经日南郡

---

① 引自雍际春、李鹏旭：《条条道路通罗马——先秦秦汉时期的丝绸之路》，兰州：甘肃少年儿童出版社，2014 年，第 20 ~ 23 页。

② 杨建新、卢苇：《丝绸之路》，兰州：甘肃人民出版社，1981 年，第 5 ~ 9 页。

③ 雍际春、李鹏旭：《条条道路通罗马——先秦秦汉时期的丝绸之路》，兰州：甘肃少年儿童出版社，2014 年，第 23 ~ 25 页。

④ 雍际春、李鹏旭：《条条道路通罗马——先秦秦汉时期的丝绸之路》，兰州：甘肃少年儿童出版社，2014 年 12 月，第 25 页。

（越南会安附近），由马六甲到都元国（苏门答腊北部）、北上邑没卢国（缅甸萨尔温江口），再至黄支国（印度马德拉斯南），再向西至波斯湾和红海。唐代、宋代、元代随着航海和造船技术的进步，尤其是罗盘针的使用，大大促进了海上航线的发展。尤其是明代郑和七次下西洋，实现国家远航和贸易规模最大的壮举，开辟了印度洋和南洋广大海域和远至阿拉伯、东非一些国家和地区的新航路。① 海上丝绸之路除了丝绸之外，瓷器、茶叶也为输出的大宗商品，西方的香料、药物是主要的输入商品。历代海上丝绸之路可分为三大航线，即：从中国沿海东行日本、朝鲜的东洋航线；从中国沿海至东南亚的南洋航线；由中国沿海至南亚、阿拉伯和东非的西洋航线。扬州、明州、泉州、广州是古代海上丝绸之路的四大出海港口。②

全世界最大的亚欧大陆，是古中国文明、古印度文明、古巴比伦文明、古地中海文明的发源地。早在四大古文明繁盛之时，地处亚欧大陆最东端的古中国，与大陆西端的古希腊、古罗马帝国之间逐步开辟和形成的横贯亚非欧，长达万里以上，连接中亚、南亚、西亚、南欧、北非等数十个国家的陆路和海上的交通要道——丝绸之路，是以沿途国家，主要是古代中国主动走向世界，以民间探索为先导，以探寻对外开放为目标，以体现国家政治、经济、军事、文化需求为主线，在中国秦汉时期正式形成的交通大动脉，是在历史上具有多重功能和蕴含深厚的传统文化精神的重要载体。

古丝绸之路是一条古代历史上最重要的陆路、海上商贸交通干道，传统物流黄金通道，也是连通亚非欧三大洲的大陆桥和海上航路。

古丝绸之路是一条沿途众多国家、民族相互之间加强交流、改善关系，深化联系、互相影响，直至融合融通的重要途径。

古丝绸之路是一条人类不同文明和文化，连接、沟通、扩散、交流的重要传输带。东西方最重要的思想文化成果，发明创造，科学技术和佛教、基督教、伊斯兰教三大宗教在这条传输带上得到交流、传播、扩散和融汇。

用历史的长镜头去看，古丝绸之路在近三千年的发展历程中蕴含着深厚的传统文化精神，主要体现在和平互利、互鉴融合、诚心相待、惠及民生、宽容合作。“万物并肩而不相害，道并行而不相悖”。由于各种历史原因，古丝绸之路时兴时衰、时通时断，虽经多次起伏，但古丝绸之路蕴含的深厚传统文化精神已深深植根于中华民族血脉之中，至今仍具有强大生命力和传承力。

历史进入21世纪，在以和平、发展、合作、共赢为主题的新时代下，面对复杂多变的国际形势，传承和弘扬丝绸之路精神更显重要和珍贵。

2013年9—10月，国家主席习近平先后提出共建“丝绸之路经济带”和“21世纪海上丝

---

① 郑一钧：《论郑和下西洋》，北京：海洋出版社，1985年，第161页。

② 雍际春、李鹏旭：《条条道路通罗马——先秦秦汉时期的丝绸之路》，兰州：甘肃少年儿童出版社，2014年，第25~27页。

绸之路”（以下简称“一带一路”）的重大倡议，得到国际社会高度关注。国家有关部门发布的关于推动共建“一带一路”文件中明确提出，“和平合作、开放包容、互学互鉴、互利共赢”的丝绸之路精神与传统的古丝绸之路精神一脉相承，是中华历史文化遗产在新时期的延伸和发展。

二 正史、古代方志和其他文献对古丝绸之路相关内容有丰富的记述

中国现存的浩瀚古籍中，尽管没有正式使用“丝绸之路”这一专用名称，但对古丝绸之路相关内容的史实材料，在系列的正史和古地方志及其他文献中有丰富的记述。最早使用“丝绸之路”这一专用名称是德国地理学家李希霍芬于19世纪70年代在他的《中国》一书中，把“从公元前114年到公元127年间，中国与河间地区（指中亚的阿姆河与锡尔河之间的地带）以及中国与印度之间，以丝绸贸易为媒介的这条西域交通路线”叫作“丝绸之路”。以后德国的东洋史学家阿尔巴特·赫尔曼在他的《中国与叙利亚之间的古代丝绸之路》一文中主张“把这一名称（指丝绸之路）的含义延长到通向叙利亚的道路上去”。19世纪末到20世纪初，一些西方的“探险家”“游历者”到我国西北边疆进行“考查”“探险”，找到了古代中国与亚非欧交往的许多遗址、遗物。他们在自己的著作中，广泛地使用了“丝绸之路”这一名称，从而为世人公认“丝绸之路”是从中国出发，横贯亚洲，进而联接非洲、欧洲这条通道的总称。①由于受篇幅的限制，本文按历史时期和朝代的先后，将中国正史、古代方志和其他文献中有关古代丝绸之路的内容记述作简要的有选择的举例。

（一）古代神话传说中有关桑蚕丝绸的记述

《夏小正·三月》就有“摄桑委扬……妾子始蚕，执养宫事”的记载。《淮南子》所引《蚕经》记云：“黄帝元妃西陵氏始蚕”。《周易·系辞》记：“黄帝、尧、舜垂衣裳而天下治。”孔颖达注疏说：“以前衣皮，其制短小，今衣丝麻布帛，所作衣裳，其制长大，故云垂衣裳也”。《礼记·礼运》也记：“昔者先王未有宫室……未有麻丝，后圣有作……治麻丝，以为布帛，以养生送死，以事上帝鬼神，皆从其朔。”我国最早文字甲骨文中，就有桑蚕丝帛等字。《尚书·禹贡》记今山东一带“桑土既蚕”。《诗经》中反映西周时期养蚕和丝织业的作品更多。《豳风·七月》写道：“七月流火，八月萑苇，蚕月条桑……为公子裳。”

（二）西周及春秋战国时期有关通西域的记述

《庄子·天地篇》有“黄帝游乎赤水，登乎昆仑之丘”。

贾谊《新书·修政篇》记载传说中的尧曾“身涉流沙地”，过塔克拉玛干沙漠，跨越昆仑

---

① 杨建新、卢苇：《丝绸之路》，兰州：甘肃人民出版社，1981年，第1页。

山到葱岭以西的龟山。成书于战国时的《穆天子传》，更详细记载了周穆王游历西域情景，到达“巨蒐”（今鄯善一带）、“长沙之山”（今焉耆境）。“洋水”“黑水”“群玉之山”（均在今叶尔羌境）、“赤水”（今和田境内）、“昆仑之丘”（今和田南山）、“赤乌”（今帕米尔之塞勒库尔）及“旷原”（即吉尔吉斯大草原）等。①

塞种、月氏、乌孙等游牧部族，从甘肃河西出发，以其全族之众，先后沿着天山以北线路，连续不断向西迁徙，开拓了通西域之道。古籍中也有记载。《汉书·西域传》说：塞种“本允姓之戎，世居敦煌，为月氏追逐，遂往葱岭南奔”。汉代以前，月氏受匈奴支持的乌孙排挤，大部分南迁妫水（今阿姆河）一带，占据了大夏地方，建贵霜王国。乌孙占据了伊犁河流域及以西一带，中心在阗池（今伊塞克湖）。② 西域与内地之间玉石等产品交流在《山海经》《竹书纪年》《尚书》《左传》中多有记述。《吕氏春秋》《淮南子》诸书中，也记有来自西域的“昆山之玉”“钟山之玉”。成为于战国的《逸周书》记有大夏、莎车等地以骆驼、騊駼（野马）、駃騠（骡）等输向内地。考古工作者在今阿尔泰地区的古墓中，发现了战国初期（公元前5世纪）的丝绸织锦和青铜镜等中原地区的产品。③

（三）汉唐时期有关丝绸之路的记述。

西汉时期，最突出的是张骞两次出使西域，对拓展丝绸之路做出重大贡献。其背景与汉武帝抗击匈奴的侵扰分不开，《史记·匈奴列传》有详细记述。张骞在公元前139年和前119年先后二次出使西域，以其亲身实践发现和考察了被匈奴中断和阻塞了的丝绸之路，开拓和沟通了被中断的东、西方经济文化交流的通道，使中国和亚洲、欧洲多国的友好和睦关系进入一个新的阶段，《史记·大宛列传》和《汉书·西域传》就是根据张骞的报告，详细记载了当时丝绸之路的具体路线和行经地点。《汉书》还专门写了《张骞传》。

西汉末期，王莽政权期间，丝绸之路被战争中断。东汉建立政权后，丝绸之路几次通而复绝，史称丝绸的“三通三绝”。班固等人在“三通”中起了巨大作用，《后汉书》对此有详尽记述。魏晋南北朝时期，当曹魏政权统一中国北部后，对丝路的安全和畅通起很大作用，此时敦煌在丝绸之路上占有重要地位。敦煌从汉晋以来不仅是丝路枢纽，是“华戎所交一都会”，在政治上，敦煌驻官还一直代表中央政权行使对西域诸国的领导，成为丝路政治中心。敦煌莫高窟集中展示了包括商业、经济活动在内的丝绸之路的社会生活。尤其值得重视的，凡历史文献中记载通过丝绸之路与中国交往的西域各国，以及丝路地域的各民族形象，例如在《汉书·西域传》《隋书·西域传》以及《旧唐书》的《地理志》《突厥传》《回纥传》《吐蕃传》《西

---

① 参见丁谦：《穆天子传·地理考证》，《浙江图书馆丛书》第二册。又岑仲勉：《“穆天子传西征地理概测”》，《地学杂志》1915年。

② 《汉书·西域传》“大月氏”条、“乌孙”条。

③ C·N·鲁金科著，潘孟陶译：《论中国与阿尔泰部落的古氏关系》，《考古学报》1980年第3期。

域传》等记述的吐蕃、突厥、回纥、党项、吐谷浑、大食、波斯、拂菻、天竺、泥婆罗、罽宾、安息、大月氏、西域诸国，昭式九姓国等，普遍在各窟壁画中出现。①

隋唐时期，中原和西域地区又一次实现大一统局面，加上内地经济进一步发展，丝绸之路出现历史上最繁荣时期。隋炀帝时，特派吏部侍郎裴矩到张掖经营商贸。裴矩一面管理丝路贸易，一面亲自向西域和其他各国商人访问和调查西域和西方各国的山川、风俗、政治、经济等情况，撰写了一部《西域图记》，并附有详细地图。这部文献，在中国古地方志发展史上占有重要地位，隋炀帝对这部书十分重视，亲自召见裴矩，询问西域情况。裴矩特别向炀帝报告：“胡中（指西域及其以西各国）多诸珍宝”②。公元609年，隋炀帝亲自出巡张掖，还在丝路要冲设立鄯善、且末、伊吾等郡，并大量屯田，以保证丝路的供应。此后，西方国家的使臣、商人到中原来得更多了。政府对他们的免费运送和供给，使“西京诸县及西北诸部，皆转输塞外，每岁钜亿万计”③。

斐钜的《西域图记》对丝绸之路几个重要城市也有详细记述，如对处于丝路中道的古鬼兹，斐钜说：“发自高昌，至于西海凡为‘三道’的丝路，中道最为繁忙。”这不单是因为南北两道患于突厥、吐蕃，时常中断，北道苦寒道远，南道沙漠南移、气候恶劣，“行客多走烽火驿站，自然条件较好的中道”。更重要的是“其中道从高昌、焉耆、鬼兹、疏勒、度葱岭又经钹汗，苏对沙那国、康国、何国、大小安国、穆国，至波斯，达于西海”④。

至唐代，丝绸之路发展到一个新的阶段，即对丝路贸易，原由中原地方政府支持、鼓励，改变为由中央政府直接经营、管理。唐政府为保证丝路畅通，从长安经河西到西域各地的交通大道上，都设立了驿站，供给过路商人、官员、食宿和牲畜草料，大大促进了贸易的发展。唐代还实行“过所”制度，即登记、查验人和物的制度，还要征收一定税金。规定：“焉耆、鬼兹、疏勒、于阗征西域贾，各食其征。由北道者轮台征之。”⑤ 唐代还有很多波斯人在朝廷做官。如公元7世纪50年代末，阿罗喊来到长安，唐政府任他为“拂菻国诸蕃招慰大使”，代表唐朝出使东罗马帝国。⑥

（四）五代、宋、元、明时期有关丝绸之路的记述

古代陆上丝绸之路至隋唐时代为全盛时期。此后，陆上丝绸贸易出现由盛转衰的演变，其根本原因在于，经过三国、两晋、南北朝对长江以南地区的开放，我国开始出现经济重心南移的趋势。到隋唐两代，南移格局初步建立，至五代、两宋则是经济重心南移的完成阶段。从以

① 李明伟主编：《丝绸之路贸易史研究》，兰州：甘肃人民出版社，1991年，第112～113页、第122页。
② 见《资治通鉴》第180卷，隋记四，大业三年（607）。
③ 见《资治通鉴》第181卷，隋记五，大业五年（609）。
④ 裴矩：《西域图记》。
⑤ 见《新唐书·西域传》。
⑥ 端方：《陶斋藏石记》第21卷，转引自杨建新、卢苇：《丝绸之路》第30页，兰州：甘肃人民出版社，1981年。

下三个方面可以看出经济重心变动的轨迹：

1. 南北人口布局的南移①

以西汉、唐、北宋三个年代数据对比来看：

朝代 地区、人口	西汉	元始二年 2 年	唐	天宝元年 742 年	北宋	崇宁元年 1102 年 元丰三年 1080 年
南方	12959975		20551532		25348258	
北方	44711426		30424011		14878936	
南方/全国	22.5%		40.3%		63%	
北方/全国	77.5%		59.7%		37%	

说明：表中南方、北方的划限大致以长江、淮河、秦岭一线为分界，各朝代各地方行政辖区——汉代的州、唐代的道、宋代的路均以此为界线分属南方或北方。

2. 手工业生产中心的南移②

至五代、两宋，中国丝织业中心逐步完成了南移。三吴地区（今江、浙一带）已成为中国丝织业的最大中心。北宋末年，国家赋税中的丝绸匹帛数，南方已占据显著优势。

丝绸品种 地区数量	绢 （匹）	绸 （匹）	丝棉 （匹）
北方	1084470	158463	2786533
南方	1809863	257854	6413357
南方/全国	62.5%	62%	69.7%
北方/全国	37.5%	38%	30.3%

3. 贸易中心的南移

秦汉时期，全国最大的贸易中心在关中地区的都城长安，此外还有洛阳、临淄、宛（南阳）、成都等地区性贸易中心。汉代的南方，“楚越之地，地广人稀，饭稻羹鱼，或火耕而水耨，果隋蠃蛤，不待贾而足”③，商品经济还十分落后。经过三国以后数百年间对南方的开发，到隋唐时代，贸易中心南移的格局已经形成。尽管长安、洛阳能保持贸易中心的地位，但南方一大批贸易中心，如扬、益、苏、杭、荆、广州的经济地位大有取代北方长安、洛阳之势。到

① 根据梁方仲：《中国历代户口、田地、田赋统计》第 14、86、169 表各表统计综合而成。

② 根据梁方仲：《中国历代户口、田地、田赋统计》第 300 表统计而成。

③ 《史记·货殖列传》。

了宋代，北方经济更加衰退。[1] 宗室南渡，都城南迁临安，使一度相当繁荣的汴梁（开封）很快萧条，而经济持续发展的江浙一带更徒增繁荣。南宋都城临安（杭州）已成为全国最大贸易中心。“万物所聚，诸行百市”“买卖昼夜不绝”[2]。

人口、手工业生产中心和贸易中心的逐步南移，使基本上是东西经济流向的丝路贸易在唐中叶以后地位逐步下降，南北经济流向的变动实为一个重要原因。

海上丝绸之路，虽然早在春秋末期、秦汉时代已经开通，但陆上丝绸之路始终在中国与西方的交往中占主要地位。隋唐时期，随着航海技术的提高，水路交通有了较大发展。元末明初，由于航海事业和造船技术的进一步发展，更因为全国经济中心已经南移，海上丝绸之路得到极大发展，尤其是郑和七下西洋达到了顶峰，成为具有世界范围重大影响的壮举。郑和30年七次下西洋开辟海上丝绸之路在古代文献中有详细记述：

1. 在明初国内外政治经济形势和郑和下西洋的使命、任务方面：《明史》卷三“太祖本纪”、卷七十六“职官志”、卷七十八“食货志”、卷八十六“河渠志”海运条、卷三〇四“宦官”郑和传、卷三二四“爪哇传”；《明太祖实录》卷一一五，《明成祖实录》卷七十八，《明仁宗实录》卷二，《明宣宗实录》卷六，《明武宗实录》卷六十七等；及其他文献均有记述。郑和下西洋的主要任务是在东南亚和南亚建立国际和平安宁局面，树立明王朝的声威，同时又进行广泛的贸易活动，与海外诸国互通有无。明成祖朱棣说：“今遣郑和赍敕普谕朕意。尔等祇顺天道，恪守朕言，循理安分，勿得违越；不可欺寡，不可凌弱，庶几共享太平之福”。还说：“敷宣教化于海外诸番国，导以礼义，变其夷习”[3]。明宣宗朱瞻基也说：“兹特遣太监郑和、王景弘等赍诏往谕，其各敬顺天道，抚辑人民，以共享太平之福”[4]。

2. 在郑和的家世、宗教信仰、才能和郑和使团人员的组成和船舶、货物准备方向：《明史》卷三，卷七十四“职官志”，卷八十九“兵志”，卷三〇四“郑和传”，《明成祖实录》卷七十八，《明外史》“郑和传”，《郑和家谱》，《明史》列传“宦官”上，茅元仪《武备志》卷二二七，费信《星槎胜览》，《太平御览》卷七六九“舟部”，宋应星《天工开物》卷九“舟事”，《永乐大典》卷一五九四九、“运字”“漕运”，沈启《南船记》，巩珍《西洋番国志》及《嘉兴府志》《凤山县志》《昆新两县续修合志》，嘉靖、弘治《太仓州志》，《龙江船厂志》，康熙《崇明县志》，《江南通志》等及其他文献均有记述。郑和之所以为明成祖朱棣选中，因其“才负经纬，文通孔孟”[5]，“和有智略，知兵习战，帝甚倚信之”[6]。郑和下西洋，组织了庞大的外交使团，随行者总在两万七八千人之间，有行政官员、军事人员、航海技术人员、管理人员、

① 李明伟主编：《丝绸之路贸易史研究》，兰州：甘肃人民出版社，1991年，第144页。
② 《梦粱录》卷十三《团行》《夜市》。
③ 见《郑和家谱·敕谕海外诸番条》。
④ 见《明宣宗实录》卷六十七。
⑤ 见《郑和家谱》。
⑥ 见《明外史》“郑和传”。

医务人员和杂务人员，分工明确，领导成员中多宦官。[①] 还组建了庞大的船队。第一次下西洋乘船 208 艘。[②] 船队中的巨型宝船，主要建造于南京宝船厂。主持龙江船厂的李昭祥说："洪武、永乐中，造船入海取宝" 所造之船称为 "宝船"[③]。宣德五年（1430）明宣宗朱瞻基为郑和出使所需货物专门下敕书给有关官员说："大小舡、钱粮、彩币、紵丝、军火器等物。敕至，尔等即照数放支与太监郑和等，关领前去应用，不许稽缓。"[④]

3. 在郑和下西洋的航海技术、航程、出使诸国的经过和取得的成就影响方面：《明成祖实录》、《明史》、《郑和家谱》、巩珍《西洋番国志》、曹信《星槎胜览》、丘凌《寰宇通志》、张燮《东西洋考》、《松江府志》、乾隆《长乐县志》、《湄洲屿志略》、《福建通志》、同治《上江两县志》等文献中均有记述。郑和船队在航行中把观察天文和导航仪器罗盘结合起来，大大提高了航行的精确度。"经济大海，绵邈弥茫，水天连接。四望迥然，绝无纤翳之隐蔽，惟观日月升坠，以辨东西，星斗高低，度量远近。皆断木为盘，书刻干支文字，浮针于水，指向行舟。"[⑤] 郑和船队远航，在当时是领先世界的。他第三次出航（1409—1411）到达非洲东岸时，比哥伦布到达新大陆要早 80 多年。郑和七次下西洋的航程每次均有所变化。以第五次为例："先历西洋诸国，而后通东南诸番。" "至古里、爪哇、满剌加、占城、锡兰山、木骨都束、溜山、喃渤利、卜剌哇、阿丹、苏门答腊、麻林、剌撒、忽鲁谟斯、柯枝、南巫里、沙里湾泥、彭亨诸国及旧港。再访问了渤泥、苏禄、吕宋等东南诸国。"[⑥] 郑和下西洋的成就主要在于营造亚非国家国际间的和平局势，提高了中国在国际上的威望；经济上发展了亚非诸国间的国际贸易，促进了海上丝绸之路的繁荣发展；文化方面，向亚非各国敷宣了中国的教化，同时也增进了中国人对亚非国家的认识和了解。"海道由是而清宁，番人赖之以安业"[⑦]。

（五）明代后期和清代时期丝绸之路悄然沉寂

在郑和完成远航壮举 80 多年后，西方人拉开了 "地理大发现" 的序幕，而盛极一时的中国远洋航海事业却悄然沉寂，海上丝绸之路的繁荣景象也一去不返，其中原因不得不使人深思。中国人作为一个农业民族，他们所从事的农业自然经济使他们养成了平实、安定的民族心理，这个民族既不同于以军事征服、战争掠夺为荣耀的游牧民族，也不同于以商品交换和海外殖民为致富手段的海洋民族。中华民族崇尚 "兼爱" "非攻" "大同" "和谐" 的教化与理想。即使有了强大的军队也找不到 "扩张" "征服" 的狂想，从不把邻国作为竞争对手。以农业为

① 见《明史》卷七十四 "宦官志"。
② 见〔嘉靖〕《太仓州志》卷二十四。
③ 见《龙江船厂志》卷三。
④ 见巩珍《西洋番国志》卷首。
⑤ 见巩珍《西洋番国志》序。
⑥ 见《明成祖实录》卷一〇三。
⑦ 见《明成祖实录》卷一百。

生存基本手段的家国一体的宗法社会，形成了勤劳质朴、热爱和平、知足守成、崇尚中庸、求稳定、重传统的社会心理基础。明、清二代政治上形成空前的君主高度集权制度，又在半封闭大陆环境下铸成了“天朝帝国”雄踞万邦的世界秩序观念。在经济上，则“重农轻商”，看不到工业、商业和科技对增强国力的作用。明清政府相继在对外贸易方面实施海禁和“朝贡贸易”政策。清代初期更是实行高度严厉的海禁政策，多次宣布“寸板不准下海”。至康熙时，虽然解除海禁，开设海关，但仍实行垄断性对外贸易的公行制度。种种闭关保守政策，使中国与世界长期隔绝，日益落在世界潮流后面。近三千年的丝绸之路的升降起伏历史值得我们深入挖掘总结。

三　学习古代文献，发掘历史积淀的几点启迪

通过学习正史、古代方志和其他文献中有关“丝绸之路”的记述，使笔者深深感到我国浩瀚的古籍中确实蕴藏着无穷的文化宝藏和精神财富。笔者虽然从事修志工作多年，但对古代方志和古代史书及其他有价值的古代文献学习得很少、很浅。这次围绕“丝绸之路”这一主题，查阅和学习了一些古代文献并做了一些札记和梳理，虽然不广、不深，但却受到很大教育和触动，初步有以下几点启迪：

第一，古代方志、历史书、地理书和其他有价值文献都是人文领域的姐妹学科，她们相辅相成、相互补充、各有所长、各有特点。在学习研究全国性的、重大专题性的课题时，必须有目的、有重点地共同查阅学习才能取得收获。笔者是修志工作者，在学习研究“丝绸之路”这一专题时，起先一门心思去图书馆查阅古代方志，尤其是古丝绸之路发源地的《陕西通志》《甘肃通志》《新疆图志》《西宁衛志》等，虽花时不少而有用史料甚少。后将查阅、学习范围扩大到正史，特别是《史记》《汉书》等正史中的“本纪”“货殖列传”“西域传”。相关人员的传和有关帝王的《实录》及“丝绸之路”专门学术著作和相关历史文献，才逐步理出一些头绪。由于明、清旧志保存下来较多，在查阅郑和下西洋史料时，相关旧方志提供了不少有用史料，有些历史工具书也很有用，如梁方仲的《中国历代户口、田地、田赋、统计》，对研究北方经济重心南移的史实提供了确切有用的数据。因此，在研究全国性、跨越多个朝代的重大课题时，必须有计划地广阅博览古地方志、史书和其他各有关文献，加以融会贯通，才能形成系统的观念和研究成果。

第二，由于各种古代文献的体例相异又相通，在阅读和学习时要处理好相互间的关系。

古代方志自图经地记到宋代定型其体例以横分为主，逐渐演变为志、记、传、图、表、录等，近代增加了述体。史书自《春秋》到《史记》，体例由编年系列发展为纪、传、表、志、列传等。地理书的其他文献也各有自身体例。地方志以各类史料翔实见长，也可综合加以运用。史书则在史实基础上有史论直接阐明观点。这些特点在研究特定时期的比较微观的专题时单独查阅相关文献就可以完成，但在研究跨越多个朝代、覆盖广大地域、涉及全国性的重大课

题时，就必须熟练运用多类文献，多种体例的材料，加以综合分析，才能获得较大收获。在学习研究“丝绸之路”这一专题时，笔者体会到要妥善处理好以下几个关系：

1. 把时代背景材料和重大专题事件结合起来研究。例如汉代所以出现张骞通西域，不仅为了经济原因，更重要的是与汉武帝刘彻为抗击北方匈奴不断侵扰，必须尽量联合受匈奴压迫、奴役的西域各民族，尤其是月氏和乌孙，以共同反击匈奴。明代所以出现郑和下西洋壮举，与明王朝要解决当时在东南亚、南亚、安南、满剌加、暹罗、爪哇、锡兰等各国之间存在的矛盾，克服发展海外交通的各种障碍，建立大国威信有关，同时也为了发展海外贸易，互通有无的经济动因。这些背景在正史“本纪”、皇帝“实录”和相关列传中有大量史料。

2. 把重要人物的纪传和重大事件的志记结合起来研究。“丝绸之路”历史发展过程中出现众多关键人物，如汉武帝、张骞；隋炀帝、斐钜；明成祖、宣宗、仁宗、郑和、王景弘等，他们在史书中的本纪、列传、“实录”、家谱中有详细材料，同时“丝绸之路”历史发展过程中也出现过若干重大事件，如张骞两次出使西域，斐钜到张掖经营商贸，郑和七下西洋等。这些事件在正史的“地理志”“货殖列传”“西域传”中有详细材料。用“以人带事”和“以事带人”相结合的方法，可以对史实有比较全面的认识。

3. 把分散的按门类细分的单体材料和综合性的述体材料和专题性相关学术著作结合起来研究。古代地方志一个重要特点是门类分得很细，地方性特点很强，即使是省一级通志也是按州县行政区域分别记述。一个重大事件往往散见于建置、城市、赋役、水利、职官、物产、名宦、方技等门类之中，呈单体状态，缺乏综合性（方志体现综合性的“述体”出现很晚）。但这些具体史料仍很珍贵。明清二代江南地方志有关户口、土地、赋税、丝绸布帛生产、造船业、海运和航海技术、对外贸易有许多记述。郑和下西洋的人员组织、宝船营造、货物供用及在太仓刘家港口入海等与海上丝绸之路有关材料都很具体，只要用心加以综合，并与学术界对丝绸之路专门著作结合起来，就能获得较大研究成果。

4. 把有关丝绸之路发展历程中的起伏、升降、通断、盛衰材料及有关成败、褒贬评述议论加以深入的对比研究。例如对明成祖派郑和下西洋的动因，史书中论述很多，有的认为经“靖难之役”而登基的明成祖朱棣涉及为了保证帝位，稳定新政，寻找亡命的建文帝而派遣郑和出海暗访，意在诏告天下“朕祇奉祖训，廓清内难”①，而自己是“缵承鸿叶，祗迪先猷”②的正统皇帝，希图借此“颁正朔”并“示富耀兵”③引导海外各国的认可与归心，以此作为下西洋的主因。而更多论述不认同这种看法，认为建立国际和平安宁局面和经济上互通有无才是主要原因。对郑和下西洋的积极历史作用和消极历史作用的评价也有许多不同论述。有的认为：下

① 见《明成祖实录》卷二十二。
② 见《明成祖实录》卷三十八。
③ 见《明史》卷三四〇《郑和传》。

西洋这种耗资巨大的“赉赐”航海活动，使国家财政“库藏空匮”，百姓“困于百役，穷愁怨叹”①，激化了阶级矛盾。也有认为下西洋以高价收购引进的大多是上层统治者享用的珍禽异兽与宝石香药，在经济上不但无利益可言，航行规模越大，经济上负担与损失越大。也有以为不能把消极作用估计太多，而应该充分看到下西洋正面的巨大历史推动作用。研究者把正反起伏两方面材料深入对比，对全面认识历史事件的实质和主流，将有很大帮助。

5. 充分运用地图和统计数据，使丝绸之路历次路线变动和沿途经过的国家、部族、城市位置和贸易情况、民生变化显示得更形象、具体、确切。古图经、地记和古地方志中附有很多地图。志记中对户口、田地、赋税（其中实物税反映当地农业、手工业情况）、物产、陆海江河运输也有详尽的数据记述。史书、地理书中也有地图和数据。凡与丝绸之路有关的应充分加以利用。

第三，只有在深入掌握大量历史资料基础上，把感性认识上升到理性观念上来，努力发现历史发展规律，发掘历史智慧才能更好地服务和推动当前建设。

中国古代地方志在古籍中占有十分之一的比例，是中华传统文化极其宝贵的历史资源和极为丰富的宝藏。但是古代地方志及史书、地理书和其他文献不可能对重大历史课题的规律性认识提供现成的答案。即使古代文献中有一些重要论述，也是受当时修志、修史名家的历史观、世界观和占主导地位的封建统治阶级主流意识形态的影响而有一定的局限性，必须加以分析批判才能应用。就绵延三千多年的丝绸之路这一重大历史课题而言，如何探究“草原丝绸之路”“沙漠丝绸之路”“南方丝绸之路”“海上丝绸之路”是在怎样政治、经济、文化的历史条件下逐步形成的？这些丝绸之路的发展过程，经过路线和为什么时断时续，时盛时衰的原因？对“丝绸之路”做出重大贡献的历史人物的功过和历史作用的评价？丝绸之路在中国和沿途各国在政治上、经济上、文化上起了哪些重大推动作用及其局限性？古丝绸之路形成的精神实质有什么内涵？古丝绸之路的历史有哪些经验教训，可以为当代建设“一带一路”作为借鉴？这些重要问题必须由当代人在深入掌握和研究大量历史资料基础上加以深入分析、研究、探索、总结才能获得科学的有指导意义的答案。恩格斯曾经说过：“即使只是在一个单独的历史事例上发展唯物主义的观点，也是一项要求多年冷静钻研的科学工作，因为很明显在这里只说空话是无济于事的，只有靠大量的、批判地审查过的、充分地掌握了的历史资料，才能解决这样的任务”。我国历来有“以史为鉴”的传统。司马迁写《史记》的主要目的就是要“考文行事”“稽其成败兴坏之理。”司马光写《资治通鉴》也是要“鉴前世之兴衰，考当今之得失。”习近平同志最近说：“重视历史、研究历史、借鉴历史、可以给人类带来很多了解昨天，把握今天，开创明天的智慧。所以说，历史是人类最好的教师。”从史料上升到观点，再上升到知识，再上升到智慧和规律，是史志工作质的不断飞越，也是党和国家给予史志工作者的神圣使命。但

① 见《明史·食货志》。

是当前方志界对修志工作要不要承担“总结、经验教训”、探索规律的看法依旧存在重大分歧。最突出的观点是：“地方志的任务只是回答‘是什么’，并不担负回答‘为什么’的任务，更不可能完成‘总结经验教训’‘探索规律’这个力不胜任的任务。”要充分挖掘历代方志的这一丰富的历史资源，从中汲取历史智慧，还必须在方志界统一对地方志的功能作用的全面的、科学的认识。

第四，必须充分利用国外相关的历史研究成果的资源。既要立足本国实际，又要开门搞研究，对外国的有益理论、成果加以吸收借鉴，坚持古为今用，洋为中用，融通各种资源，不断推进理论创新。“丝绸之路”发源于中国，但作为专门名称正式提出来的却是洋人。1877 年开始出版的德国地理学家费迪南·冯·李希霍芬（Ferdinand von Richthofen）著《中国——我的旅行成果》中首先提出“丝绸之路”这一专门名称。该书有丰富的材料和观点。以后，他又发表了五卷《中国：亲身旅行的成果和据此所作的研究》并带有附图两卷。接着 1910 年，德国历史学家阿尔马特·赫尔曼写了名著《中国与叙利亚之间的古代丝绸之路》。在中国翻译出版的洋人有关丝绸之路的著作还有布尔努瓦《丝绸之路》（新疆人民出版社，1982 年）；斯文·赫定《亚洲腹地探险八年 1927—1935》（新疆人民出版社，1992 年）；克林凯特《丝绸古道上的文化》（新疆美术摄影出版社，1994 年）；贝格鲁《新疆考古记》（新疆人民出版社，1997 年）；Jean－Pirre Prege《丝绸之路——东方和西方的交流传奇》（上海书店出版社，1998 年）；奥需尔斯坦因《从罗布沙漠到敦煌》（广西师范大学出版社，2000 年）；让·诺埃尔罗伯特《从罗马到中国——恺撒大帝时代的丝绸之路》（广西师范大学出版社，2005 年）；阿里·玛扎海里《丝绸之路—中国—波斯文化交流史》（新疆人民出版社，2006 年）；勒内·格鲁塞《草原帝国》（北京国际文化出版公司，2010 年）等。这些洋人的著作对我们深入研究丝绸之路有很大参考价值，应该充分加以运用。

当前加快“一带一路”建设，是有利于促进沿线各国经济繁荣与区域经济合作，加强不同文明交流互鉴，促进世界和平发展的一项造福世界各国人民的伟大事业。这项伟大事业是一个系统工程，需要各条战线的共同配合，其中包括哲学社会科学战线中的重要领域，有优秀传统的从事中国地方志事业的广大修志工作者的智力支持。习近平同志最近指出：“一切有理想、有抱负的哲学社会科学工作者都应该立时代之潮头、通古今之变化、发思想之先声、积极为党和人民述学立论、建言献策，担负起历史赋予的光荣使命。”李克强总理也指出：“修志问道，以启未来。”“为了弘扬优秀传统文化，服务经济社会发展做出新的贡献。”

修志战线对“一带一路”建设的研究才刚刚开始。如何加强问题意识，坚持问题导向，紧紧抓住“丝绸之路”这一重大课题，充分运用历史资源，发掘历史积淀，以更高质量的智力成果，推动当代建设还任重道远。

笔者水平粗浅，本文只是作了初步探索，难免有错误和不足之处，请方志界前辈和专家不吝指正。

试论秦皇岛与“海上丝绸之路”

李淑萍（河北省秦皇岛市地方志办公室）

提要：秦皇岛，因秦始皇东巡而得名，因港而生、依港而兴，本文试从古代的碣石海港形成、近现代秦皇岛港的勃兴，探讨秦皇岛与海上丝绸之路的关系，对即将开展的新编三轮志书提出两点启示。

关键词：秦皇岛　海上丝绸之路　启示

2013 年 9 月和 10 月，习近平总书记在出访中亚和东南亚期间，先后提出共同建设“丝绸之路经济带”和“21 世纪海上丝绸之路”（以下简称“一带一路”）的重大倡议。之后，“一带一路”成为中国的重大战略，引起国内外的广泛关注。

探寻历史的印记，形成于秦汉时期的海上丝绸之路，就是古代中国与外国交通贸易和文化交往的海上通道。秦皇岛，因秦始皇东巡而得名，是中国唯一以皇帝名号命名的城市。它因港而生、依港而兴，自古以来就与海上丝绸之路有着千丝万缕的联系，是中原汉族和北方少数民族迁徙的天然通道，以及商旅开展对外贸易、促进区域经济发展的特殊廊道，在民族融合和中外文化交流中发挥了重要的作用。

一　碣石海港开启中国海上丝绸之路

秦皇岛为古碣石地域，其沿海地带狭长，北依燕山，南濒渤海，海岸线东起与辽宁省绥中县交界的金丝河口，西至与河北省唐山市乐亭县交界的滦河口，全长 167 公里，期间分布着东南山、金山嘴等天然基岩岬角和石河、沙河、汤河、戴河、洋河、蒲河、滦河天然等河口港湾。这里拥有不冻不淤、风平浪低、潮差小、港域开阔等得天独厚的自然条件，因此，自古以来，秦皇岛地区的先民利用天然港湾与河口作为渔猎、商贸、军事补给的基地，以“四海咸通”“扬帆直指”成为古代渤海沿岸的重要通商贸易口岸和海防要冲、关防要隘。后人将先民利用这些天然港湾和河口形成的舟楫聚泊之所，统称为碣石海港。

商周时期，今秦皇岛市域地属孤竹国（治所位于今卢龙县境），为中原边防要塞，其先民通过滦河及其支流青龙河进入渤海湾，与古黄河流域的中原地区频繁往来，碣石海港渐成。西周初年，商纣诸父、曾位居父师（太师），与比干、微子一起被孔子称为“殷之三仁”的箕子，在孤竹国君的帮助下“走之朝鲜”，箕子“教以礼义、田蚕，又制八条之教，其人终不相盗，无门户之闭，妇人贞信，饮食以笾豆。”[①] 这说明箕子之行，将中国的养蚕织绸技术传入了朝鲜，促进了朝鲜半岛的文明开化。

春秋战国时期，燕国注重改革，发展经济，特别是燕昭王“循法令顺庶孽者，施其萌隶”[②]，“用人唯贤，不谋于父兄”[③]，使燕国奉法而兴，国势强盛，“南有碣石、雁门之饶，北有枣栗之利，民虽不田作，鱼盐枣栗之实足食于民矣，此谓天府也。”[④] 燕国强盛后，利用碣石水陆交通之便，开疆拓土。疆域的扩大，商品经济的发展，“开辟了碣石至转附（今烟台）、句章（今宁波），远至番禺（今广东）、朝鲜的航线”[⑤]，与齐、越诸侯国的沿海口岸、辽东，以及朝鲜半岛进行海上贸易往来。碣石海港成为燕国的“通海门户”，是中国先秦时期重要的港口之一。它与山东的转附（今烟台）、琅玡（今胶南）、浙江的会稽（今绍兴）、句章（今宁波）被史学界统称为中国古代五大港口。

秦汉时期，中国一统，交通发达，碣石水陆联网。秦始皇嬴政在统一六国后进行5次出巡，“示强威，服海内”。特别是秦始皇三十二年（前215）第四次出巡，以及秦二世胡亥的东巡活动，其对秦皇岛的发展起到了重要作用。《史记·秦始皇本纪》：“三十二年，始皇之碣石，使燕人卢生求羡门、高誓，刻碣石门。坏城郭，决通堤防。”20世纪80年代，在与河北省秦皇岛市相邻的辽宁省绥中县墙子里村石碑地，以及北戴河区金山嘴、横山先后发现了秦代遗址。1986年经河北省考古队发掘，国家考古学会理事长苏秉琦、俞伟超教授现场鉴定，位于北戴河海滨的金山嘴、横山遗址与墙子里村遗址是一个整体，为秦始皇东巡碣石时修建的行宫遗址。[⑥] 1986年9月25日《人民日报》头版发表题为《秦皇岛得名传说有了确凿依据，北戴河发掘出秦始皇父子行宫遗址》的消息。秦始皇“甘心于神仙之道，遣徐福（也作徐市）韩终之属多赍童男女入海，求仙采药，因逃不还”[⑦]。“齐人徐福东渡，从渤海启程，开启了海上丝绸之路的航程”[⑧]。徐福求仙不归，秦始皇又“使燕人卢生求羡门、高誓”[⑨]，“使韩终、侯公、卢生，求仙人不死之药”[⑩]。燕人卢生借助碣石和碣石海港优越的自然地理环境，再次“入海求仙人”。

---

① 《后汉书·东夷传》。
② 《战国策·燕策二》。
③ 《战国策·燕策二》。
④ 《史记·苏秦列传》
⑤ 《秦皇岛港史》（修订本）编审委员会：《秦皇岛港史（修订本）》，北京：人民交通出版社，1993年。
⑥ 王岳辰、齐家璐主编：《秦皇岛市志》第九卷，天津：天津人民出版社，1993年。
⑦ 《汉书·郊祀志》。
⑧ 梁勇等编著：《京津冀挽起“一带一路”》，石家庄：河北美术出版社，2016年。
⑨ 《史记·秦始皇本纪》。
⑩ 《史记·秦始皇本纪》。

虽然卢生被人视为方士，故弄图谶之学，其入海求仙的规模和线路史书也没有明确记载，但当与齐人徐福的航海性质相同，代替徐福继续书写了海上丝绸之路。

西汉元封元年（前110），武帝东巡，“并海上，北至碣石”[①]，筑汉武台。《北戴河海滨志略》“考古附记”论证，汉武帝在位期间曾多次到过碣石和使用碣石海港，曾派遣水陆军攻打卫氏朝鲜，水军从辽西临渝出发，消灭了卫氏朝鲜，新置玄菟、乐浪、真番、临屯四郡，加强了与朝鲜的密切往来。碣石海港，不仅军用，还作商用，成为当地土特产品输出和沟通中原与渤海北岸、东岸、燕北、辽水流域的联系纽带。

魏晋南北朝时期，北燕在“辽西临渝（县治位于今河北省秦皇岛市抚宁区）边海地造船，出通章武郡”[②]，利用碣石海港进行大规模海上移民迁徙活动。隋唐时期，朝廷多次佣兵高丽，碣石海港在转运粮秣军械运输上发挥了重要作用，曾现“帆樯如云，舳舻相接”[③] 的繁忙景象。元代，南粮北运经“黑洋河海道”，即自滦河溯水向东经洋河口、戴河口最后抵达迁民县（今山海关）及关外止锚湾[④]，见证了“终元之世，海运不衰”的盛况。

明代，以永平府（治所位于今卢龙县城）为中心的古平州成为北部边备重镇，卢龙西堤码头，洋河口、戴河口、汤河口等古碣石港湾泊区由盛转衰，传为隋唐时期修筑的滦河内河港卢龙平州西堤泊岸和明初新开辟的潮河马头庄港，在自身发展中逐渐替代了自然形态的碣石海港。这些使元末被中断的秦皇岛沿海与南方的海运复苏并一度兴盛。据《明实录》和《永平府志》《山海关志》等资料，洪武三年到七年（1370—1374）的不完全统计，永平沿海（不含码头庄）每岁接运和转输的粮饷不少于15万石；天启四年到崇祯元年（1624—1628），码头庄港、平州泊岸等秦皇岛地区主要港口接运和转输的粮豆等重要物质达735.11万石。

碣石海港利用沿海港湾和内河河口而建，从天然的聚泊之所、人工内河泊岸、河口人工驳岸，从军民兼用到民用转型，沟通了海内外经贸联系和文化的交流，带动并发展了区域经济。

二　砝批开埠，秦皇岛成为中国对外开放的重要口岸

1840年鸦片战争爆发以后，西方资本主义国家相继入侵，加之清廷腐败，外国资本主义势力攫取了中国的港口贸易和海关的特权，中国的重要口岸被“约开”，使中国的航政和海关主权几乎全部丧失，被称海陆冲要之区、京畿门户密防之地的秦皇岛一带海域也成为外国列强势在必争的地区。特别是中日甲午战争后，清廷为“兴复海军”和支付战后巨额赔款，在秦皇岛建筑大型码头，作为对外开放的通商口岸被清廷列入重要议事日程。经权衡，清廷认为秦皇岛修建商港为利，并许开平矿务局出资建设，以运输煤炭为主，附以运送客旅、杂货，转递国家

---

① 《通鉴纪事本末》卷三。

② 〔清〕光绪四年赵允祜修《临榆县志》卷九《舆地篇》（四）纪事。

③ 《通鉴纪事本末》。

④ 〔清〕光绪五年游智开修《永平府志》。

邮政文件，供北洋水师驻扎、靠泊。光绪二十四年（1898）三月初三日，总理衙门为“振兴商务”，向光绪皇帝奏请添设岳州、三都澳为自开通商口岸，获得批准。三月初五日，总理衙门又补奏“秦皇岛自开口岸折”。当日，光绪皇帝硃批“依议钦此”。三月十三日，总理衙门照会各国驻华使馆，宣布秦皇岛为“自开口岸”。翌年，秦皇岛开始进行大规模的码头建设，到清光绪三十一年（1905），秦皇岛大、小码头初具规模。至新中国成立前，秦皇岛码头吞吐量1940年为最高，达459.4万吨，其中外贸318.8万吨，以煤炭为出口商品的大宗。在北方六港中（指天津、青岛、烟台、龙口、威海）贸易额中，秦皇岛码头的所占比重自1925年开始至1940年是逐年上升的。①

1898年至1952年的半个多世纪，秦皇岛港经历了皇帝硃批、英人攫取、日军抢占、国民政府“接收”与“发还”、人民政府代管等阶段，到1953年人民政府接管，港口权益真正回归祖国。之后，秦皇岛港始终被列为国家建设的重点，特别是1978年党的十一届三中全会之后，改革开放给港口建设注入强大的生命力。经过大规模的开发建设，港口形成以输出能源为主的多功能、全方位、综合性国际贸易大港，年吞吐量已超3亿吨，不仅成为国家北煤南运的主枢纽港，曾分别被李鹏总理、温家宝总理称为“国民经济的一颗重要棋子”“国家经济的晴雨表”，为保障国家能源运输安全和经济社会发展做出了重要贡献，还是世界最大的能源输出港，与100多个国家和地区保持经常性贸易往来。

秦皇岛港催生了一座港口城市。秦皇岛初开口岸之前，其地属临榆县（县治位于今山海关城），“荒凉一片，还是一个渔民泛舟的自然港湾，只有帆船停泊，栈房三二，兼运盐粮，并无住户”②。它的周边只有其县治所在地山海关，以及海阳、柳江、石门寨、驻操营几个集镇有较为发达的作坊手工业和家庭手工业，街面多是铺、行和作坊，主要进行的是集市贸易，经销粮油烟酒、日用百货、医药特产、银饰铁器等日常生活用品。秦皇岛被辟为通商口岸和开展大规模的码头建设，以及津榆铁路的修建，改变了秦皇岛及其周边地区对外封闭状态，刺激了当地工农商贸和城市建设步伐，带动了与铁路、港口相关联的洋行、货站、餐饮等行业的发展，山海关桥梁厂、柳江煤矿、长城煤矿等一批工矿建材企业得到快速发展，北戴河海滨也逐渐被外人所认知并发展成为“远东罕有其匹”的避暑地，吸引了耀华玻璃厂来秦投资办厂，秦皇岛“商民弥集，贸易繁兴，土客洋旅杂居遂增数千户”③，初具城镇化雏形……当地的经济呈现繁荣发展的景象。从此，秦皇岛地区社会经济和近代文明的发展步伐加快，使自明代以来形成的政治、经济、文化中心永平府（治所今卢龙县城）城向秦皇岛沿海转移，秦皇岛逐渐从渔民泛舟、兼运盐粮的自然港湾发展成为中国北方对外贸易的重要口岸、工商业比较繁荣的港口城市、政治经济文化的中心，是中国首批沿海开放城市、中国优秀旅游城市……创造了灿烂的

---

① 王庆普主编：《秦皇岛港口志》，大连：大连海事大学出版社，1996年。

②③ 民国18年（1929）高凌霨纂修《临榆县志》。

辉煌。

三　“21世纪海上丝绸之路”助推秦皇岛新的起点

秦皇岛与河北省一样，不是国家“一带一路”规划的重点区域，但其处环渤海中心区域，有超亿吨吞吐量的秦皇岛港，作为“一带一路”在渤海湾衔接的区域，在京津冀协同发展的框架下，乘势而上，主动融入“一带一路”战略，借助河北，以及毗邻京津的优势，在更高层次更大范围参与环渤海港口城市群分工与协助，深入实施开放强市、产业立市、旅游兴市、文化铸市战略，加快科学发展、绿色崛起步伐，联合打造“一带一路”海上战略支点，努力建设沿海强市、美丽港城。依托秦皇岛港，临港产业已成为致力培育发展的战略支撑产业，临港高端装备制造、临港现代物流等产业形成了一定规模，并拥有了中信戴卡、山船重工、哈电重装、金海食品等一批在国内外具有重要影响力的企业。坚持把扩大开放作为加快发展的关键，不断拓展对外开放领域和层次，已吸引GE公司、德国威乐、韩国LG电子、日本旭硝子、新加坡丰益等50多个国家和地区的客商投资兴业，与十多个国外城市建立友好关系，外贸进出口总额和出口增速均显著高于全国、全省平均水平。深入融入京津冀协同发展，主动对接、积极承接京津产业转移，加快打造秦皇岛经济升级版。重点依托秦皇岛开发区、北戴河新区和西港搬迁改造提升工程，承接首都教育、文化、医疗等功能疏解，以及京津现代服务业、高端制造业、战略性新兴产业转移外溢，加快建设国际滨海休闲度假之都、国家生态文明示范区、京津冀区域融合创新先行区、现代服务业和战略性新兴产业聚集区、北戴河国际健康城，打造绿色发展“国际名片”，成为河北沿海地区率先发展增长极。中关村海淀园秦皇岛分园、北斗卫星数据中心、中兴网信智慧城市北方基地、金光旭薄膜太阳能等一批优势项目相继落户秦皇岛，与华润集团、中信集团、顺鑫集团、首创集团以及北京化工大学、协和医院的合作取得了重要进展。依托丰富的旅游资源，坚持把旅游业作为全市国民经济和社会发展的第一产业和基础产业做大做强，按照“城市即景区”的理念，推进旅游体制改革，全力促进“旅游城市”向“城市旅游”升级，培树秦皇岛四季皆宜的旅游目的地品牌形象。①

四　开展第三轮社会主义新方志编修的启示

（一）把“一带一路”战略作为志书记述的一条主线。2015年8月，国务院办公厅颁布实施了《全国地方志事业发展规划纲要（2015—2020）年》。《纲要》要求，“到2020年，完成第二轮地方志书规划任务，省、市、县三级地方志书全部出版。”2006年5月国务院颁布实施的《地方志工作条例》第十条规定：“地方志书每20年左右编修一次。每一轮地方志书编修工

① 2016年6月15日，中央人民广播电台《政务直通：“一带一路”进行时》系列直播，走进秦皇岛。当晚9时，市委副书记、市长张瑞书做客秦皇岛广播电视台直播间访谈录。

作完成后，负责地方志工作的机构在编纂地方综合年鉴、搜集资料以及向社会提供咨询服务的同时，启动新一轮地方志书的续修工作。”“十四五”期间，全国范围内将启动新一轮志书编修工作，其志书的记述时限当为21世纪初的二三十年。而这一段时间，正是“一带一路”作为全方位对外开放战略，以经济走廊理论、经济带理论、21世纪的国际合作理论等创新经济发展理论、区域合作理论、全球化理论，推动区域经济和社会发展取得重大进步的关键时期，人们的思想、观念、行为、方法等方面会发生重大改变，并深入到政治、经济、社会、文化等各个领域、各个层面。作为全面系统地记述一个行政区域自然、政治、经济、文化和社会的历史与现状的地方志书，要把“一带一路”战略作为志书记述的一条主线，对改革开放的历史进程进行深入总结和思考，对新时期的改革发展具有非常重要的意义。

（二）志书编修坚持继承与创新并重。改革创新是地方志事业发展的灵魂和不竭动力。“一带一路”就是继承与创新的典范，是依靠中国与有关国家既有的双多边机制，借助既有的、行之有效的区域合作平台，旨在借用古代“丝绸之路”的历史符号，高举和平发展的旗帜，主动地发展与沿线国家的经济合作伙伴关系，共同打造政治互信、经济融合、文化包容的利益共同体、命运共同体和责任共同体。在“一带一路”视野下的新一轮地方志编修，要正确处理好继承与创新的辩证关系。“创新应该是在继承基础上的创新，两者不能执其一端有所偏废”①，是“在继承前提下的以时创新，因事创新。”②“‘一带一路’是在通路、通航的基础上通商，会主要影响铁路、航空、航海、农业、商贸流通、油气进口等行业”③。秦皇岛市三轮志书的篇目设计，会沿用二轮修志中继承与创新兼顾的板块类目体，记述地方特色时，如临港产业和康养产业等新型现代服务业方面，会打破行业、产业分类标准进行重点谋篇立目，全面深入记述市委、市政府带领全市人民融入“一带一路”战略中，在经济和社会发展、国内外文化交流中取得的成绩和经验、教训。坚持“专家修志、社会参与、众手成书”的地方志工作体制和运行机制，对新兴现代服务业中的资料收集、志稿撰写等要打破原有工作体制和运行机制，对其进行整体打包或项目分解，通过授权委托、购买服务的方式完成志书编修任务。

---

① 陈泽泓：《关于志书篇目体式的思考》，《中国地方志》2009年第5期。
② 缴世忠：《县级志书篇目的继承与创新》，2015年《第五届中国地方志学术年会论文汇编》。
③ 搜狗百科：“一带一路”。

“一带一路”视野下的东部陆海丝绸之路经济带战略的历史背景

——东北亚丝绸之路考

隋　岩（黑龙江省地方志办公室）

提要：为响应习近平总书记“一带一路”战略构想，根据“一带一路”倡议的提出背景，依托黑龙江省情实际，黑龙江省提出了建设东部陆海丝绸之路经济带的战略，并已纳入国家“一带一路”战略规划。本文就建设东部陆海丝绸之路经济带的历史背景暨东北亚丝绸之路的历史进行了相关考证。

关键词：“一带一路”　东部陆海丝绸之路经济带　东北亚丝绸之路　历史背景

2013年9月、10月，国家主席习近平先后在访问哈萨克斯坦和印尼时提出共建“丝绸之路经济带”和“21世纪海上丝绸之路”的倡议。“一带一路”倡议覆盖欧亚非三大洲，沿线人口44亿，经济总量21万亿美元，分别占全球的62.5%和28.6%。“一带一路”倡议以政策沟通、设施联通、贸易畅通、资金融通、民心相通为主要内容，是中国向世界提供的最耀眼的公共产品。

一　“一带一路”倡议提出的原因背景

“一带一路”战略的提出，是国家在战略层面上解决中西部欠发达地区与东部沿海发达地区差异、构建全方位战略格局、经略地缘战略、拓展维护海外利益的重大举措。“一带一路”战略对于地处中部欠发达地区、比邻俄罗斯的黑龙江省来说是重大的战略机遇。

（一）缓解我国区域发展的不平衡。改革开放以来，我国形成了以东部沿海地区为引领的对外开放格局，东部地区已深度融入全球分工和价值链体系，但中西部地区开放型经济的水平、广度和深度与东部地区相比尚有很大差距。“一带一路”倡议将使中西部地区把贴近内需市场，临近东盟、中亚、南亚、中东欧等贸易伙伴的地缘优势充分发挥出来，释放经济发展的内在潜力。

（二）构建全方位对外开放格局。“一带一路”建设横跨欧亚非，是推进沿线国家经济发展战略和经贸政策相互协调对接、优势互补、资源共享、互利共赢的合作平台。通过“一带一路”建设，将进一步加强我国与沿线国家的合作与交流，有利于加快对国内资源、人才、要素与国外资源、人才、要素的充分整合和利用，实现国内市场与国外市场的全面对接，进而全面提升我国对外开放水平，形成多元开放格局，打造我国全方位对外开放的升级版。

（三）经略大周边地缘战略依托。“一带”旨在优先发展包括东北亚、中亚、西亚在内的周边地区，以互联互通为发力点，构建基于基础设施、制度规章和人员交流三位一体的全方位链接，构建沿线和平、稳定的发展环境。“一路”旨在倡导和建设新时代的海洋新秩序，通过推进合作，与海上相关国家共同打造沿海发展经济带，同时打通基于开放安全的航海通道。[①]“一带一路”陆海兼顾、东西统筹、南北呼应、双翼齐飞，是中国经略欧亚大陆、构建周边战略依托、实现中华民族伟大复兴的中国梦的两只翅膀。

（四）拓展与维护中国的海外利益。近年来，中国海外利益的拓展面临难得的战略机遇，与此同时，中国海外利益的敏感性和脆弱性同步增长，海外利益的维护刻不容缓。“一带一路”沿线地区既是我国重要的海外利益攸关区，同时也是大国地缘政治博弈与非传统安全威胁高发的热点地区，亟须从战略层面加强顶层设计，务实推进，切实保护我国日益增长的海外利益。

二 构建东部陆海丝绸之路经济带战略的诉求和优势

为响应习近平总书记“一带一路”战略构想，根据“一带一路”倡议的提出背景，依托黑龙江省情实际，黑龙江省提出了建设东部陆海丝绸之路经济带的战略，并已纳入国家“一带一路”战略规划。黑龙江省委书记王宪魁指出：东部陆海丝绸之路经济带，是国家丝绸之路经济带的重要组成部分，是对国家“一带一路”的丰富和完善。建设东部陆海丝绸之路经济带，主要是深入贯彻落实习近平总书记关于构建“一带一路”的战略构想，按照“加强政策沟通、道路联通、贸易畅通、货币流通、民心相通”的总体要求和“深化互利合作、谋求互利共赢”的基本原则，以哈尔滨为中心，以铁路为主轴线，以公路、水运、航空、管道、电网为辅助线，以沿线城市进出口产业园区为重要支撑，建设连接亚欧的国际货物运输大通道，用大通道搭建大平台，吸引生产要素向通道沿线集聚，发展境内外对俄产业园区，构建发达的外向型产业体系，打造全国面向以俄罗斯为重点的东北亚经贸合作的服务平台，形成集生产、贸易、流通为一体的经济区域。

（一）具有优越的基础条件

黑龙江省地处东北亚中心腹地，毗邻俄罗斯，是辐射东北亚诸国、连接亚欧两大洲的重要

---

① 张蕴岭：《如何认识“一带一路”的大战略设计》，《中国周边安全形势评估（2015）：“一带一路”与周边战略》，北京：社会科学文献出版社，2015 年。

枢纽地带。明朝时期，南方有郑和七下西洋开辟的“海上丝绸之路”，北方有亦失哈九上北海形成的“东北亚丝绸之路”。晚清时期，“中东铁路”的建成，形成了连接中国与俄罗斯西伯利亚大铁路的东部通道，至今已有百年运营历史。改革开放以来，中俄进出口货物大都经此通道运输，高峰时期铁路货运量达到2200万吨，货运集装箱5.4万标箱，已成为中俄跨境货物运输和中日韩陆海联运的重要贸易通道。目前，我省连续多年保持全国对俄贸易第一大省地位，已成为我国对俄开放的桥头堡和枢纽站。

（二）具有明显的竞争优势

我国东部地区运往欧洲货物，通过我省的东部通道与通过新疆的西部通道相比，运期可缩短25%～30%，运费可节省30%～50%，而且只需经过俄罗斯一国就可达到波罗的海沿岸欧洲多国，更符合现代国际物流要求。

（三）具有强烈的合作共识

习近平总书记高度重视丝绸之路经济带、我省沿边铁路和中俄口岸通道建设，多次指示有关部门加快推进。俄总统普京向习近平主席明确表示，俄方支持丝绸之路经济带建设，希望中方有效利用西伯利亚大铁路和贝阿铁路，促进亚欧之间跨境货物运输和交通基础设施互联互通。

三　构建东部陆海丝绸之路经济带的历史背景

“丝绸之路”起初指西汉张骞、东汉班超出使西域时开辟出来的通道，因为丝绸为商道上的大宗商品而得名。后来，这一概念成为古代中国对外交流通道的统称。“Silk Road”“丝绸之路”或“丝路”，最初出现在德国地理学家费迪南德·冯·李希霍芬（Ferdinand von Richthofen）所著的地理书籍《中国：亲身旅行之成果和据此所作的研究》一书中。该书在第一卷后半部分详细记述了东西方交通的历史，并首次将这条东西干道称为“绢之道”。后经德国人阿尔伯特·赫尔曼（Albert·Herrmann）所著的《中国和叙利亚间的古代丝路》（1910年）定名为“丝绸之路”。

谈及丝绸之路，大家更多会想到的是西北的沙漠丝绸之路、海上丝绸之路、草原丝绸之路和南方丝绸之路。但历史上，黑龙江地区曾经有一条繁荣了几千年的主要用于边疆和中央保持朝贡赏赉往来的驿路，因为东北地区每年有六个月左右的冰封期，而中原的赏赉及商品以丝绸为大宗，这条驿路被称为“东北亚丝绸之路”或“冰雪丝绸之路”。

东北亚丝绸之路的形成绝非一朝一夕的事，它经历了漫长而久远的历史进程，经过了多次的更辄变迁。

（一）早期的东北亚丝绸之路

早在《竹书纪年》《大戴礼记》《史记》等古籍记载，黑龙江地区历史上的少数民族肃慎人为了修好中原，向虞舜进贡，于公元前2249年开辟的以贡赏贸易为主的黑龙江冰雪丝绸之路，至今已有4260多年的历史。《黑龙江省志·大事记》记载：帝舜二十五年（前2249），分布在黑龙江东部地区的肃慎先民派使者前往中原地区，向华夏部落大联盟的首领帝舜贡献弓矢。汉魏时期《三国志·魏志·夫余传》载：“在国衣尚白，白布大袂，袍、裤，履革鞜。出国则尚缯、绣、锦、罽。”夫余国与中原存在商业贸易，已被史学界公认。

（二）渤海国贡道时期的东北亚丝绸之路

唐圣历元年（698），大祚荣在今吉林省敦化市敖东城建立了震国，自称震国王。对此，唐朝采取了灵活的政策，迅速承认其属国地位，并授予大祚荣左骁卫大将军、渤海郡王，以其所统为忽汗州，加授忽汗州都督。大祚荣随即去靺鞨号，以“渤海”为国号和族称。从此，渤海国全面效法大唐文明，开疆拓土，创造了“海东盛国”的辉煌。其疆域东临日本海；西至吉林省乾安、长岭和双辽市；南至朝鲜龙兴江；北抵黑龙江省依兰。最后定都于上京忽汗城（今黑龙江省宁安市东京城），立国长达200余年。

作为属国，渤海有向唐朝贡的义务。黄维翰《渤海国记下篇·朝贡中国》[①] 载：“渤海在唐营州之东二千里，自国都忽汗州西至长安，史言八千里。而遥遣使如中国，有朝贡、谢恩、祈请、贺正、进奉端午诸名。贡道：陆行，渡辽入幽州境；水行，渡海入青州境。”唐朝也非常重视渤海国的殷勤臣服，为渤海等国等东北亚地区的使臣设置了接待官员。开元二十八年（740），以平卢军节度兼渤海黑水等弯府经略处置使，代宗大历初，改以淄青节度使领检押新罗渤海两蕃使，穆宗践祚，又加平卢以检押新罗渤海两蕃使。有朝贡就有恩赏，中国历代皇帝对四方来朝的属国使臣基本采取赏大于贡的政策。据统计，渤海国共向唐朝朝贡140余次。此外，还向后梁、后唐朝贡了10次。在不完全的朝贡记录中，明确赏给丝绸的就有数十条。值得注意的是，除了朝廷的恩赏，还有民间贸易。《渤海国志》[②] 载：高王十六年（唐玄宗开元元年），“遣王子朝唐，十二月至长安，奏请就市交易，入寺礼拜，玄宗许之。”

（三）宋代的东北亚丝绸之路

公元1004年，宋与契丹（后改称辽国）签订了“澶渊之盟”，此后一百多年间，每年向辽交纳岁币银十万两，绢二十万匹（后增至银二十万两，绢三十万匹）；两国还于边境设置榷场，

① 〔清〕黄维翰《渤海国记》，上海：广文书局，1968年。
② 《渤海国志三种》，天津：天津古籍出版社，1992年。

开展互市贸易。《宋史·食货志》[①] 载：“景德初，复通好，请商贾即新城贸易。诏北商赍物货至境上则许之。二年，令雄、霸州、安肃军置三榷场，北商趋他路者，勿与为市。遣都官员外郎孔揆等乘传诣三榷场，与转运使刘综并所在长吏平互市物价，稍优其直予之。又于广信军置场，皆廷臣专掌，通判兼领焉。三年，诏民以书籍赴沿边榷场博易者，非《九经》书疏悉禁之。凡官鬻物如旧，而增缯帛、漆器、粳糯，所入者有银钱、布、羊马、橐驼，岁获四十余万。”于是，东北亚丝绸之路的路线发生了变化：在开封与辽上京（今内蒙古巴林左旗）间，形成了一条以岁币为主要形式的半官半商丝路。

公元1115年，女真人建立的金朝崛起于白山黑水，北宋撕毁“澶渊之盟”，联金灭辽。但是，由于北宋没能按约定攻下燕京，不得不答应将每年输送给辽国的岁币转赠金国，还要答应每年交100万贯作为“代燕税”。这样，东北亚丝绸之路转而指向东北，目的地为黑龙江省阿城市的金上京古城。北宋灭亡后，偏安一隅的南宋，于公元1141年与金国划淮河为界，臣服朝贡。岁贡银、绢二十五万两、匹，每年春季搬送泗州（今安徽省泗县）交纳。到了金世宗大定年间，两国出现了长达40年的和平时期，互市贸易空前繁荣。《金史·食货志五》[②] 载：“四年，以尚书省奏，复置泗、寿、蔡、唐、邓、颍、凤翔、秦、巩、洮诸场。”榷场互市交易中，南宋的主要商品是绢、布、麻、丝绸之类。

（四）明朝时期的东北亚丝绸之路

明朝永乐皇帝朱棣夺取皇位后，锐意进取，积极扩张。为此，他改变祖训禁绝之旨，几乎同时开辟了可与“张骞丝路”媲美的两条丝绸之路：一条是著名的“郑和七下西洋”的海上丝绸之路；另一条就是“亦失哈九上北海”的东北亚丝绸之路。明王朝为了巩固东北领地，设立了奴儿干都指挥使司，管辖黑龙江、精奇哩江（今俄罗斯结雅河）、乌苏里江、松花江流域及库页岛（今俄罗斯萨哈林岛）等地土著居民。亦失哈，又叫亦信，海西女真人，是明廷的宦官。永乐九年（1411）春，他统率千余官兵，乘坐着满载布帛丝绸、粮食器具等物资的巨船，乘着春天的季风，扬帆起航，浮江而下。从松花江驶入黑龙江，不舍昼夜，直下奴儿干。永乐十一年（1413），当亦失哈第三次巡视奴儿干都司时，在奴儿干都司官衙所在地附近原有观音堂的基础上，修建了一座供奉观世音菩萨的佛寺——永宁寺。为了纪念永宁寺的修筑，亦失哈又竖立了一块石碑，上刻《永宁寺记》碑文，记录了建立奴儿干都司的史实及亦失哈前两次巡视的过程。明代史料表明，从永乐九年（1411）到宣德七年（1432）的二十多年间，亦失哈九次奉命巡抚奴儿干，没用武力，便征服了奴儿干及海外苦夷诸民。

由于明朝采取了赏大于贡的政策，使朝贡的队伍日益频繁，不断扩大。女真的纳贡使团来

---

① 《宋史》，北京：中华书局，1985年。
② 《金史》，北京：中华书局，1957年。

到中原，不仅得到丰厚的金银、丝绸、粮食和其他用品的赏赐，还获得了在中原进行贸易的机会。于是，大批的丝绸、绢、苎丝袭衣、金织以衣等物品，源源不断地进入黑龙江流域，那里的人们则与日本进行贸易，中国的丝绸变成了“虾夷锦”，这种交易持续到清朝中叶。明代的东北亚丝绸之路，南起于双城市石家古城，走阿城，经宾县鸟河，沿松花江迤逦北上，于黑瞎子岛入黑龙江，直抵黑龙江入海口。

（五）清朝时期的东北亚丝绸之路

清朝继续了东北亚丝绸之路，管理这一事务的是盛京将军、吉林将军、黑龙江将军。采取的方式主要有贡赏和贸易。乌绫，是满语“财帛”。赏的对象是赫哲、费雅喀、库伦、鄂伦春、绰奇楞、库野、恰喀拉诸部落少数民族的朝贡者。黑龙江中下游的各族人民，定期向清政府贡献貂皮等土产，清政府在三姓副都统衙门设专职赏乌绫官员，定期到黑龙江下游的奇集（俄罗斯奇集湖）、普禄乡（俄罗斯波卡罗夫卡）、莫尔气（俄罗斯共青城）、德楞（俄罗斯利特温采沃）等地，设临时“丝城”接受贡貂、赏乌绫。其中黑龙江将军开通了以齐齐哈尔为中心的南北驿道：北道为齐齐哈尔至瑷珲城；南道为齐齐哈尔至茂兴站。康熙朝，又开通了齐齐哈尔通往呼伦贝尔（海拉尔）的驿道，以及墨尔根（黑龙江省嫩江县）至雅克萨的驿道。中国丝绸的魅力，导致了山丹贸易的出现。山丹，是库页岛、北海道人对黑龙江下游少数民族的称谓。北海道的阿依努人（虾夷人）为了获得中国丝绸，通过换货等方式，开展了山丹交易。中国丝绸从北海道流入日本。日本把库页称作“北虾夷地”，故而把中国丝绸称之为“虾夷锦”。这条丝路一直持续到沙俄入侵前。

古往今来，这条漫漫古道上响起过銮铃声声，目睹过驿马驰骋，见证了旌旗飘舞、商贾穿行。今天在国家“一带一路”战略推动下，在黑龙江省委、省政府构建东部陆海丝绸之路经济带政策的努力下，这条千年古道必将重现荣光，为中华民族的繁荣富强做出新的更大的贡献。

义乌与古代丝绸之路关系初探

傅　健（《义乌市志》编辑部）

提要： 本文试从新旧唐书、大清一统志、义乌县志、本地宗谱、文人文集中勾勒出义乌与陆上、海上丝绸之路的有关历史记录，发现义乌与陆上丝绸之路的关系，主要是文化上的交流，与海上丝绸之路的关系，主要是人、财、物的贸易关系，并且这种交往的速度与水平，几乎与全国同步，这就为义乌是新丝路起点的经济定位，提供了强有力的学术支撑。

关键词： 义乌　蚕神　古丝路　国史　地方志　宗谱　文集

传说时代

中国是丝绸的故乡。据古书记载：丝绸最早是一个叫“马明（鸣）王”的女子发明的。在上古之时，有一位美丽的女子，很想念外出的父亲，于是就对她家的一匹公马说，若能接回父亲，就把终身许配给它。但当公马真的把她父亲接回来后，父女二人反悔，而且还杀死了那匹有功之马。后来这女子的身上被包上了马皮，变成了蠕动着虫一样的动物，慢慢地摆动她那马一样的头，在树枝上吐出白亮亮、细长长的丝来，于是这个女子就变成了蚕神。

旧说太古之时，有大人远征，家无余人，唯有一女，牡马一匹，女亲养之。穷居幽处，思念其父，乃戏马曰：“尔能为我迎得父还，吾将嫁汝。”马既承此言，乃绝缰而云，径至父所。父见马惊喜，因取而乘之。马望所自来，悲鸣不已。父曰：“此马无事如此，我家得无有故乎？”亟乘以归。为畜生有非常之情，故厚加刍养，马不肯食。每见女出入，辄喜怒奋击，如此非一。父怪之，密以问女，女具以告父，必为是故。父曰：“勿言，恐辱家门，且莫出入。”于是伏弩射杀之，暴皮于庭。父行，女与邻女于皮所戏，以足蹙之曰：“汝是畜生，而欲取人为妇耶？招此屠剥，如何自苦？”言未及竟，马皮蹶然而起，卷女以行。邻女忙迫，不敢救之，走告其父。父还，求索，已出失之。后经数日，得于大树枝间，女及马皮，尽化为蚕，而绩于树上。其茧纶理厚大，异于常蚕。邻妇取而养之，其收数倍。因名其树曰：“桑”。桑者：丧也。由斯百姓竞种之，今世所养是也。言桑蚕者，

是古蚕之余类也。

按《天官》：辰为马星。《蚕书》曰："月当大火，则浴其种。"是蚕与马同气也。《周礼·夏官》"马质禁原蚕者"注云："物莫能两大，禁原蚕者，为其伤马也。"汉礼：皇后亲采桑，祀蚕神，曰："菀窳妇人、寓氏公主。"公主者：女之尊称也。菀窳妇人，先蚕者也。故今世或谓蚕为女儿者，是古之遗言也。

——晋·干宝《搜神记》"卷十四""五页"

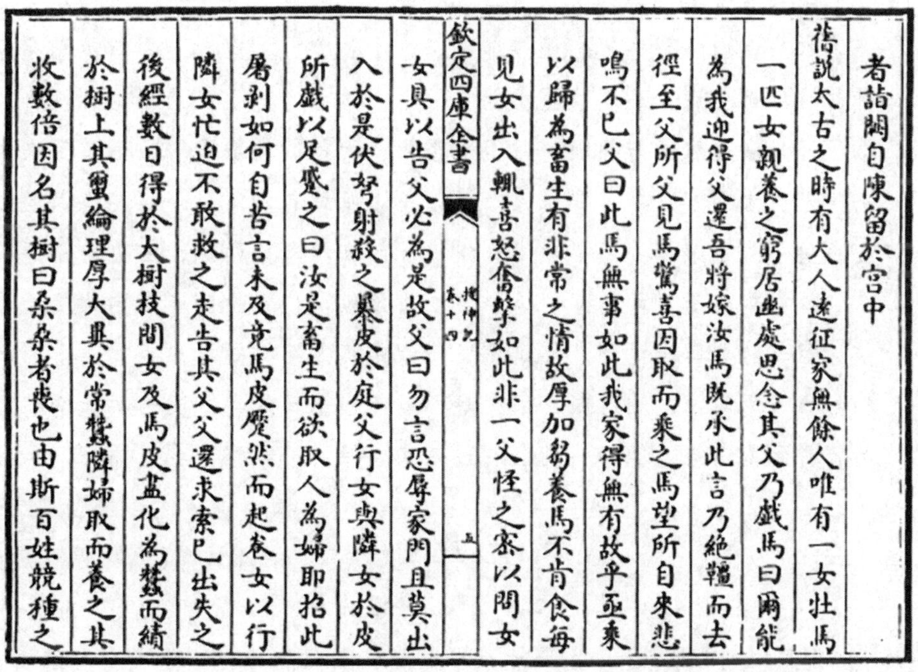

者詰閙自陳留於宫中
舊說太古之時有大人遠征家無餘人唯有一女牡馬
一匹女親養之窮居幽處思念其父乃戲馬曰爾能
為我迎得父還吾將嫁汝馬既承此言乃絶韁而去
徑至父所父見馬驚喜因取而乘之馬望所自來悲
鳴不已父曰此馬無事如此我家得無有故乎亟乘
以歸為畜生有非常之情故厚加芻養馬不肯食每
見女出入輒喜怒奮擊如此非一父怪之密以問女

欽定四庫全書　搜神記 卷十四　五

女具以告父必為是故父曰勿言恐辱家門且莫出
入於是伏弩射殺之暴皮於庭父行女與鄰女於皮
所戲以足蹙之曰汝是畜生而欲取人為婦耶招此
屠剥如何自苦言未及竟馬皮蹷然而起卷女以行
鄰女忙迫不敢救之走告其父父還求索已出失之
後經數日得於大樹枝間女及馬皮盡化為蠶而績
於樹上其蠒綸理厚大異於常蠶鄰婦取而養之其
收數倍因名其樹曰桑桑者喪也由斯百姓競種之

晋·干宝《搜神记》"卷十四""五页"

又据广为流传于杭嘉湖蚕区的一首祈蚕歌———《马明王》里说：“马明王菩萨出身处，出世东阳（郡）义乌县。”

马明王

（祈蚕歌）海宁县

马明王菩萨到府来，到你府上看好蚕；马明王菩萨出身处，出世东阳义乌县。
爹爹名叫王伯万，母亲堂上柳玉莲；马明王菩萨净吃素，要得千张豆腐干。
十二月十二蚕生日，家家打算蚕种腌；有的人家石灰腌，有的人家卤池腌。
正月过去二月来，三月清明在眼前；清明夜里吃杯齐心酒，各自用心看早蚕。
大悲阁里转一转，买朵蚕花糊笪盘；红绿绵绸包蚕种，轻轻放在枕头边。
歇了三日看一看，打开蚕种绿艳艳；快刀切出金丝片，引出乌蚁万万千。
三日三夜困头眠，两日两夜困二眠；梓树花开困出火，楝树花开困大眠。
大眠捉得担头多，一家老小笑呵呵；当家大伯有主意，桑园地里转一转。
旧年老叶勿缺啥，今年老叶缺二千；当家娘娘有主意，连夜开出二只买叶船。
一只开到许村去，一只开到章埠埝；望去一片兴桑园，停脱船来问价钿。
上午贵到三千六，晚上贱脱一大半；难为三捧老酒钿，装得般里满潭潭。
拨起篙子就开船，顺风顺水摇到石坨边；你一担来我一肩，一挑挑到大门前。
当家娘娘有主意，拿枝长头鞭三鞭；连吃三餐树头鲜，个个喉通小脚边。
东山木头西山竹，搭起山棚接连圈；八十公公垛毛柴，七岁倌倌端栲盘。
前厅后埭都上满，还剩几匾小伙蚕；上来落去吒处上，只得上到灶脚边。
歇了三日看一看，好像十二月里落雪天；大茧做得像香橼，细茧做来像汤团。
去年采得千斤茧，今年要采万斤茧；当家娘娘有主意，今年要唤做丝娘。
去年唤得张家娘，今年要唤李家娘；廿四部丝车排两边，中央出路泡茶汤。
东边踏出鹦哥叫，西边踏出凤凰声；敲落丝车称一称，车车要称二斤半。
敲落丝车勿要卖，甭到来年菜花黄；南京客人问得知，北京客人上门来。
粗丝银子用斛斗，细丝银子用斗量；卖丝银子吒处去，买田买地造高厅。
高田买到南山脚，低田买到太湖边；来者保你千年富，去者保你万年兴。

演唱者：沈荣忠　采录者：录，平

1985 年 1 月采录于庆云乡华屋村

——1995 年 12 月中国 ISBN 中心出版北京第 1 版，中国民间文学集成全国编辑委员会、中国民间文学集成浙江卷编辑委员会《中国歌谣集成·浙江卷》151 页

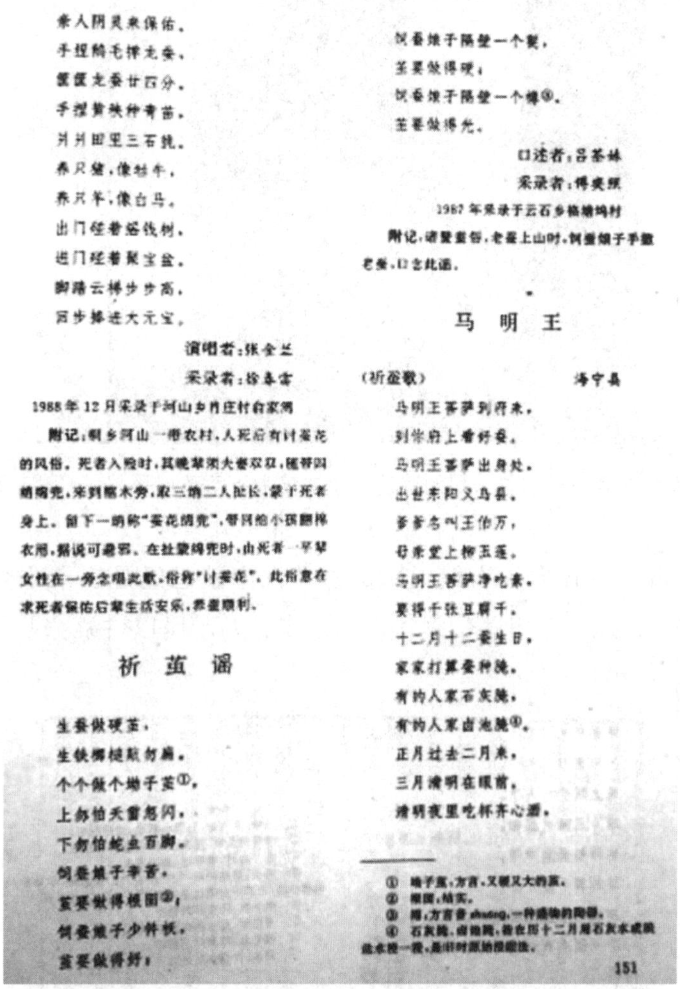

亲人阴灵来保佑，
手捏鹅毛掸龙蚕，
蛋蛋龙蚕廿四分。
手捏黄秧种青苗，
爿爿田里三石栈。
养只猪，像黄牛，
养只羊，像白马。
出门碰着摇钱树，
进门碰着聚宝盆。
脚踏云梯步步高，
百步掺进大元宝。

演唱者：张金兰
采录者：徐春雷
1988年12月采录于河山乡肖庄村俞家湾

附记：桐乡河山一带农村，人死后有讨蚕花的风俗。死者入殓时，其晚辈须夫妻双双，摇着四角绸兜，来到棺木旁，取三绡二人肚长，蒙于死者身上。留下一绡称"蚕花绸兜"，带回给小孩翻棉衣用，据说可避邪。在扯蒙绸兜时，由死者一平辈女性在一旁念唱此歌，俗称"讨蚕花"。此俗意在求死者保佑后辈生活安乐，养蚕顺利。

祈 茧 谣

生蚕做硬茧，
生铁榔槌敲勿扁。
个个做个坳子茧①，
上勿怕天雷忽闪，
下勿怕蛇虫百脚。
饲蚕娘子辛苦，
茧要做得根固②；
饲蚕娘子少休放，
茧要做得好；
饲蚕娘子隔壁一个甏，
茧要做得硬；
饲蚕娘子隔壁一个搪③，
茧要做得光。

口述者：吕茶林
采录者：傅爽照
1987年采录于云石乡畈塘坞村

附记：诸暨蚕俗，老蚕上山时，饲蚕娘子手撒老蚕，口念此谣。

马 明 王

（祈蚕歌）　　海宁县

马明王菩萨到府来，
到你府上看好蚕。
马明王菩萨出身处，
出世东阳义乌县。
爹爹名叫王伯万，
母亲堂上柳玉莲。
马明王菩萨净吃素，
要吃千张豆腐干。
十二月十二蚕生日，
家家打算蚕种腌。
有的人家石灰腌，
有的人家卤池腌④。
正月过去二月来，
三月清明在眼前，
清明夜里吃杯齐心酒。

① 坳子茧：方言，又硬又大的茧。
② 根固：结实。
③ 搪：方言音 shang，一种盛物的陶器。
④ 石灰腌、卤池腌：指在农历十二月用石灰水或卤盐水腌一段，是旧时原始的消毒法。

151

《马明王》书影

海宁市周王庙镇云龙村蚕农在祭祀蚕神——“马明王”时的场景

海宁市周王庙镇星火村村民沈瑞康在演唱祈蚕歌———《马明王》

传说虽起始于上古，但我们认为最迟到战国，江南就已经是蚕桑之乡了。因为“吴既灭越，栖勾践于会稽之上，地方千里。勾践得范蠡之谋，乃示民以耕桑。”①

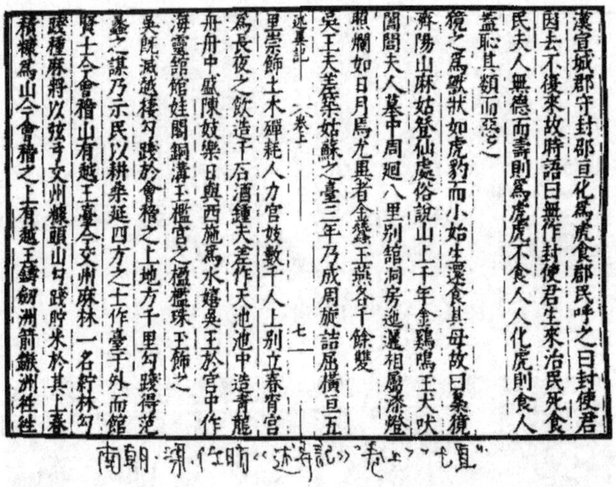

漢宣城郡守封邵亘化爲虎食郡民呼之曰封使君
因去不復來故時語曰無作封使君生來治民死食
民夫人無德而壽則爲虎虎不食人人化虎則食人
蓋恥其類而惡之
獍之爲獸狀如虎豹而小始生還食其母故曰梟獍
濟陽山麻姑登仙處俗說山上千年金鷄鳴玉犬吠
闔閭夫人墓中周迴八里別館洞房迤邐相屬漆燈
照爛如日月焉尤異者金蠶玉燕各千餘雙
吳王夫差築姑蘇之臺三年乃成周旋詰屈橫亘五
述異記 卷上 七
里崇飾土木殫耗人力宮妓數千人上別立春宵宮
爲長夜之飲造千石酒鍾夫差作天池池中造青龍
舟舟中盛陳妓樂日與西施爲水嬉吳王於宮中作
海靈館館娃閣銅溝玉檻宮之楹檻珠玉飾之
吳既滅越棲勾踐於會稽之上地方千里勾踐得范
蠡之謀乃示民以耕桑延四方之士作臺于外而館
賢士今會稽山有越王臺今交州麻林一名紵林勾
踐種麻將以弦弓交州糠頭山勾踐貯米於其上舂
積糠爲山今會稽之上有越王鑄劒洲罰鐵洲往往

南朝·梁·任昉《述异记》“卷上”“七页”

至于著名的西施浣纱故事，那更是家喻户晓、名垂千古。

二　六朝时期

据南朝·宋·无疑《齐谐记》记载：“正月半，有神降陈氏之宅，云：‘我是蚕神，若能见祭，当令蚕桑百倍。’今人正月末作糕縻，为此也。”② 这是义乌本土著作中首次提到的蚕神。

① 〔南朝〕任昉：《述异记》“卷上”“七页”。

② 鲁迅辑本：《古小说钩沈·齐谐记》“349 页”。

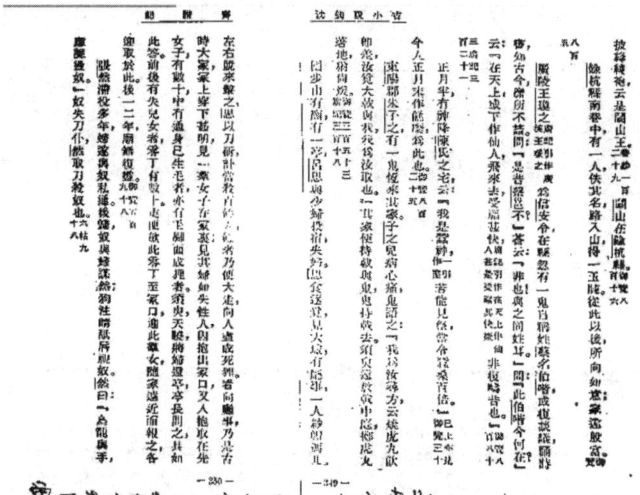

鲁迅先生辑本《齐谐记》全文书影

南朝陈太建五年（573）七月五日，东海徐陵作《善慧大士碑》，其中提到“祈闻两观，冒涉三江，爰降丝纶，克成丰琰。”① 这是义乌本土著作中首次提到的丝绸。

义乌受丝绸之路文化的影响也很早。梁天监十七年（518），嵩头陀“法师：名‘达摩’，西域人。梁天监十七年，自金陵携铁鱼磬来乌伤之香山。寻于龙腋置寺。普通元年（520），南行经余山，江水大溢，法师张盖水中，乱流而济，至稽亭塘发善慧大士神迹，创伽蓝于来山。已而西入金华，建龙盘寺以及今院，后入灭于龙丘。”②

歸千百爲群其來如雲操[illegible]鋤以耕以耘我什其原萬桑沃然俯瞰于隰黍苗芊眠郁多孽塔刹天而飛避不入境絶類有知真儒之效小試則殷誰曰漢吏專美其循太羲薰蒸郁紛輪囷自此而升何澤弗臻天命止斯偈如之何視天方高泱如懸河我又儀嘆數奇則然中心無憾生順死安善人殄瘁斯道之衰顧瞻無依胡寧不哀崔崔者岡渺渺者陂其中有墳千載之悲

金華安化院記

金華安化院在縣東二十里舊號安國宋治平二年更今名嵩頭陀法師所立道場按諸傳記法師名達摩西域人梁天監十七年自金陵携鐵魚磬來烏傷之香山尋於龍腋置寺普通元年南行經余山江水大溢法師張蓋水中亂流而濟至稽亭塘發善慧大士神蹟創伽藍于來山已而西入金華建龍盤寺以及今院後入滅於龍丘資政殿學士洪文安公作郡志時既失於蒐輯不載院之緣起而復謂法師以吳赤烏二年實建龍盤夫赤烏二年係己未歲天監十七年則戊戌也凡歷二百八十年當是時法師之齒又不知其幾矣何其壽耶他不足徵者蓋可知已院既多歷年所其佛菩薩護法天神諸像乃唐貞觀元年所雕宋慶曆三年重加藻繪國朝洪武十年冬十月郡之耆士唐良胡貞及比丘宣政各飾其一悉塗以黃金良又勸衆群力以畢其餘其釋迦寶殿舊構於宋淳熙三年歲久弊壞元至正十七年冬十二月住持元厚新之其潮音堂至正四年冬十二月主僧宗旨作之其七佛殿建於太定三年秋七月三[illegible]門造於至正元年秋九月皆住山祖良成之其兩廡仍宋德祐元年之舊庫院復營於元延祐元年冬十一月則諸僧捐貲之所致也精進沙門彌堅今已甲乙嗣[illegible]其處念院故無碑碣詢謀于衆命其徒求[illegible]齊賢詣青蘿山中徵文以爲記濂聞之西域之僧

明·宋濂《宋学士文集》“卷四七”“芝园集”“卷第七”“七页”

① 〔南朝〕傅翕：《傅大士集》，“卷四”“南朝陈·徐陵《傅大士碑文》”“七页”。
② 〔明〕宋濂：《宋学士文集》，“卷四七”“芝园集”“卷第七”“七页”。

除了嵩头陀，还有一位西域名人也曾来过义乌，他就是宝掌和尚（前414—657）。宝掌和尚世称宝掌千岁和尚、千岁宝掌。因出生时，左手握拳，至七岁剃发始展掌，故取名宝掌。“（唐）宝掌和尚：西域人，生于周末。贞观中，来游东土。至浦江县之宝掌山，诵偈曰：‘行尽支那四百州，此中偏称道人游。’遂结茅为庵，晏坐十七年。一日，屈指已一千七十三岁，谓其徒惠云曰：‘吾将谢世矣’，端坐而化。”①

宝掌和尚是佛教中最长寿的高僧，与道教中的彭祖齐名。

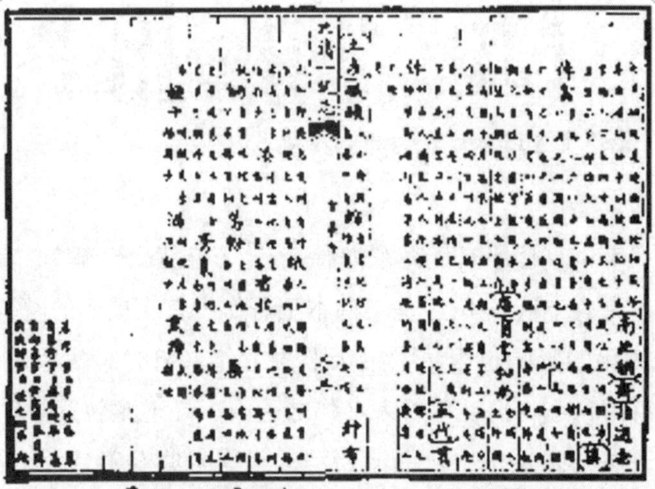

（嘉庆）《大清一统志》“金华府”“三十五页”

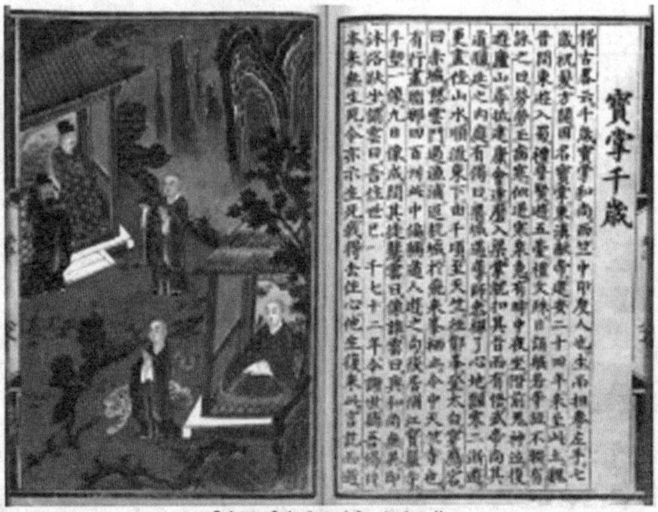

明彩绘“宝掌千岁”传世画像

① 〔嘉庆〕《大清一统志》，“金华府”“三十五页”。

浦江县宝掌禅寺大雄宝殿

清·心圆居士拈别、清·火莲居士集梓《揞黑豆集》“卷八”“五百九上页”

已故中国佛教协会会长赵朴初题“宝掌禅寺”寺匾

宝掌和尚与义乌人傅大士的关系，在清代高僧行森[①]所著的“行森禅师敬述千岁宝掌和尚平生行实”[②] 一文中有记载：千岁和尚听说傅大士住在双林寺弘扬佛法，曾特地前往参访。他问：“如何是佛的正法眼藏?”傅大士把十指交叉恭敬地回答说：“两手空空提着锄头，步行的人骑着水牛，人明明从桥上走过，却只见桥在流动而水不流。”千岁和尚又接着问：“莫不是教外别传?”大士说：“碧水倒映着孤峰，寒潭迎照着明月，你我都不知道它的本源，须弥山就在你的脚底下越过”。千岁和尚与大士居游了数年之后，就前往渔浦，攀越赤符、大岩等许多名山胜地，又回到司空山，隐居于古庙之中。

> 师闻傅大士法化双林，特往而参之。
> 问：“如何是佛正法眼藏?”
> 士叉手曰：“空手把锄头，步行骑水牛；人从桥上过，桥流水不流。”
> 师复诘曰：“莫便是教外别传耶?”

① 行森（1614—1677）：字茆溪，号慈翁，俗姓黎，惠州博罗人，随罗浮华首台道独禅师出家，再往浙江云门寺参学于雪桥圆信，赴湖州报恩寺谒玉琳通琇禅师，成为临济宗（禅宗内五宗派之一）传人。清顺治十七年（1660），行森随师应诏入宫说法，为顺治皇帝剃度出家。顺治不久病逝，行森又为顺治皇帝遗体举行火化。康熙十六年（1677），行森迁化于杭州华严寺，终年64岁。有《明道正觉茆溪森禅师语录》一书行世。

② “行森禅师敬述千岁宝掌和尚平生行实”全文载于清·心圆居士拈别、清·火莲居士集梓《揞黑豆集》“卷八”之中。

士曰：“碧水映孤峰，寒潭迎皎月；你我不知宗，须弥足底越。”

——清·心圆居士拈别、清·火莲居士集梓《揞黑豆集》“卷八”“五百九前上页”

[illegible]以[illegible]士[illegible]因立[illegible]不足之[illegible]為銘詩曰天下名山[illegible]目[illegible]中此[illegible][illegible]山前千嵗白頭[illegible][illegible]道一生[illegible]不是師[illegible]傅大士法化雙林特往而參之問如何是佛正法眼[illegible]士叉手曰空手把鋤頭步行騎水牛人從橋上過橋流水不流師復請曰莫便是教外別傳否士曰碧水映孤峯寒潭迎皎月你我不知宗須彌足底越師從遊數載[illegible][illegible]浦路[illegible][illegible]大[illegible]等諸勝地[illegible][illegible][illegible][illegible]山隱於古[illegible]中爲士說[illegible][illegible][illegible][illegible][illegible]云云風吹破[illegible][illegible]片片梅花落[illegible][illegible][illegible][illegible]云云仍似水[illegible][illegible][illegible][illegible]地[illegible][illegible]師將[illegible][illegible]舒城[illegible][illegible][illegible][illegible][illegible][illegible][illegible][illegible]入於梅花塢之洗耳泉師吟曰[illegible]頭青山一分梅花三分竹行吟往[illegible]只許仙[illegible][illegible][illegible]亦和云[illegible][illegible]來時恰好收[illegible]局[illegible][illegible][illegible]三祖[illegible][illegible]曰[illegible]川[illegible]川[illegible][illegible][illegible][illegible][illegible][illegible][illegible]玉三人大笑[illegible][illegible]石落落石洞今在梅花村[illegible][illegible][illegible][illegible][illegible]復[illegible][illegible][illegible]老[illegible]寺行行[illegible]支那八百洲此山[illegible][illegible][illegible]人[illegible]之句與四祖[illegible]和尚[illegible][illegible][illegible][illegible][illegible]住持老[illegible]寺乃渡河至少林[illegible][illegible][illegible][illegible][illegible][illegible]州[illegible]西山[illegible][illegible][illegible][illegible]

清·心圆居士拈别、清·火莲居士集梓《揞黑豆集》“卷八”“五百九上页”

清·心圆居士拈别、清·火莲居士集梓《揞黑豆集》“卷八”“五百九上页”

因此，随着佛法西传，义乌与丝绸之路上西域人之间的交往，至今已有近1500年的悠久历史。

文明的交流历来是双向的。西域的高僧能来义乌弘扬佛法，那义乌人傅大士的著作，也能回传到丝绸之路上。清光绪三十四年（1908）3月，法国汉学家、探险家保罗·伯希和（Paul Pelliot，1878—1945），往中国敦煌石窟探险，在莫高窟藏经洞内盗走了大批敦煌文物，带回法国巴黎，其中就有傅大士的《梁朝傅大士颂金刚经摘抄》。

此件今藏法国国家图书馆。

法 Pel.chin.2277 梁朝傅大士颂金刚经摘抄 （2-1）

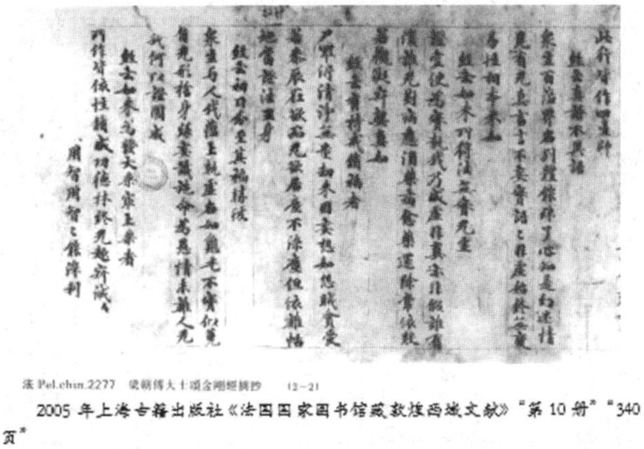

2005 年上海古籍出版社《法国国家图书馆藏敦煌西域文献》“第 10 册”“340 页”

以上的历史记载和出土文物清楚地表明：义乌在丝绸之路上的对外开放程度和交流速度与中原地区相比，几乎同步，毫不逊色。

三 唐时期

大秦是古代中国对罗马帝国及近东地区的称呼。据中国国史记载：“拂菻国：一名大秦，在西海之上，东南与波斯接，地方万余里，列城四百，邑居连属。”①

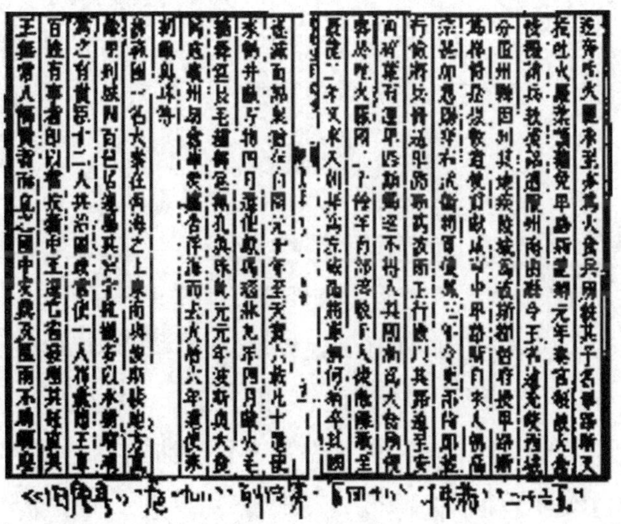

“拂菻：古大秦也，居西海上，一曰海西国。去京师四万里，在苫西，北直突厥可萨部，西濒海，有迟散城，东南接波斯。地方万里，城四百，胜兵百万。”②

① 《旧唐书》，“卷一九八”“列传第一百四十八”“拂菻”“二十六页”。

② 《新唐书》，“卷二二一下”“列传第一百四十六下”“西域·拂菻”“十七页”。

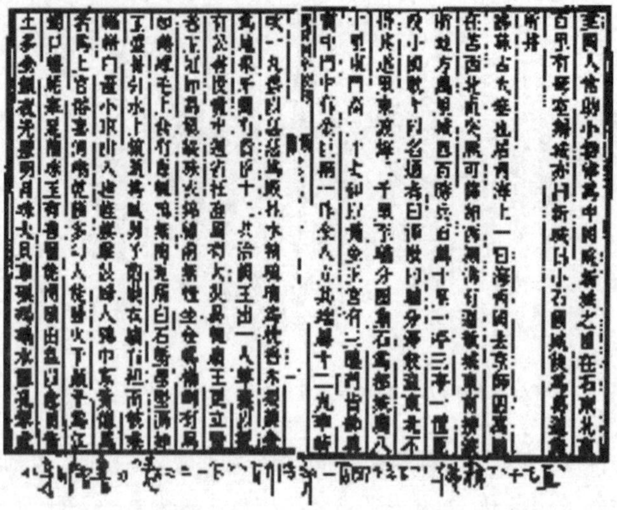

义乌人骆宾王在他的文集里，也提到了“大秦”这个丝绸之路终点的古地名，“西距大秦，杂金茎而孕气；南通交趾，枕铜柱以为邻。”① 这是一个令人振奋和惊喜的发现。

又破设蒙俭露布

臣闻七纬经天，星墟分张翼之野；八纮纪地炎洲限建木之乡。西距大秦，杂金茎而孕气；南通交趾，枕铜柱以为邻。俗带白狼，人习贪残之性；河沦赤虺，川多风雨之妖。水积炎氛，山涵毒雾。竹浮三节，肇兴外域之源；木化九隆，颇为中原之患。年将千祀，代历百王，郑纯之化不追，孟获之风逾煽。彼三年疲众，徒闻定笮之讥；五月出师，未息渡泸之役。然则大人拯物，上圣乘期，法乾坤以握枢，体刚柔而建极。知仁义不能禁暴，设刑网以胜残；知揖让不可济时，用干戈而静乱。………

——唐·骆宾王《骆宾王文集》“卷九”“八页”

左溪（673—754）：法号玄朗，字惠明，俗姓傅，是傅大士的六世孙。先祖居北地郡泥阳，为汉魏大族，随晋室南迁，居东阳郡乌伤县。九岁出家，二十岁敕住清泰寺，于光州岸律师处修学律仪，至会稽妙喜寺随印宗禅师研习禅要。后诣天宫寺，从慧威禅师学《法华》等经；又依恭禅师修习“止观”。玄朗大师喜好山林，曾隐居婺州浦阳县左溪岩三十余年，独坐一龛，麻衣疏食，修头陀苦行，随身仅十八件僧物。“唐·左溪大师玄朗：俗姓傅氏。梁陈间有大比丘曰：北齐惠文，得龙树三观之法，而师承之。居浦江左溪，唐天宝间入灭。”②

① 〔唐〕骆宾王：《骆宾王文集》，“卷九”“八页”。
② 〔崇祯〕《义乌县志》，“卷之十七”“人物传·仙释”“五页”。

左溪大师像

青猿洗钵图

左溪讲寺位于浦江县岩头镇夏泉村荆紫岩下

宝掌和尚与义乌人左溪大师的交往，在清代高僧行森所著的“行森禅师敬述千岁宝掌和尚平生行实”一文中也有记载：当宝掌和尚隐居在浦江的时候，在淀溪有位朗圣僧，也就是左溪大师玄朗。他平静安逸，独居修行。千岁和尚和他十分友善，经常写信叫白狗送给朗禅师，朗禅师养了一只青猿，由青猿把回信带给千岁和尚。所以唐南康郡王韦皋（746—805）就此在墙上题诗说：“白犬驰书至，青猿洗钵回”。不久，朗公圆寂。千岁和尚也就渡过滔滔长江，挂笠在会稽云门寺。这时，已是唐显庆二年（657），宝掌和尚已满千岁。

访五祖忍和尚于东禅，往来莫逆者数十年。蕲黄兵扰，复隐于浦江赤岩之间。时有淀溪朗圣僧者，忍祖之法孙也。独居晏如，师与之善。尝命白犬驰书，朗亦以青猿致讯。韦皋题朗壁曰：“有白犬驰书至，青猿洗钵回。”云云。未几，朗公迁化，师乃泛涛江，挂笠会稽云门。

时唐高宗显庆二年（657），岁在丁巳，师已满千岁。

——清·心圆居士拈别、清·火莲居士集梓《揞黑豆集》“卷八”“五百九前下页”

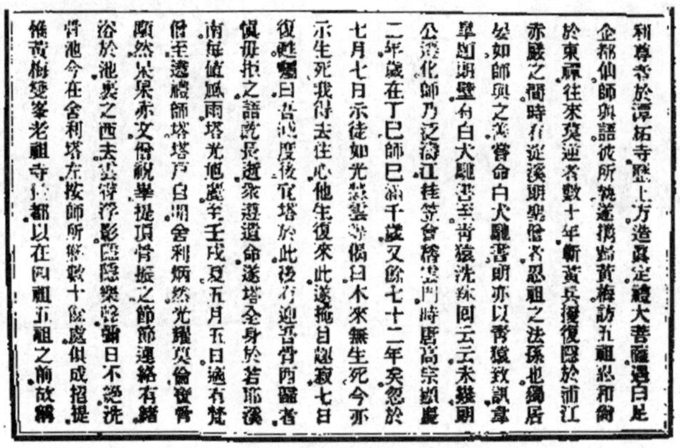
利尊者於潭柘寺懸上方造真定禮大菩薩還白足
企都仙師與語彼所執遂攜錫黃梅訪五祖忍和尚
於東禪往來莫逆者數十年蘄黃兵擾復隱於浦江
赤巖之間時有淀溪朗聖僧者忍祖之法孫也獨居
晏如師與之善嘗命白犬馳書朗亦以青猿致訊韋
皐題朗壁有白犬馳書至青猿洗鉢回云云未幾朗
公遷化師乃泛濤江挂笠會稽雲門時唐高宗顯慶
二年歲在丁巳師已滿千歲又餘七十二年矣忽於
七月七日示徒如光默雲等偈曰本來無生死今亦
示生死我得去住心他生復來此遂拖目趨寂七日
復甦囑曰吾滅度後瘞塔於此後有迎吾骨西歸者
慎毋拒之語訖長逝衆遵遺命遂塔全身於若耶溪
南每値風雨塔光燭天至壬戌夏五月五日適有梵
僧至遶禮師塔塔戶自開舍利炳然光耀莫倫發骨
顙然呆呆赤文僧祝舉提頂骨振之節節連絡有聲
浴於池裏之西去雲停浮影臨隱樂輕蹤日不變洗
骨池今在舍利塔左按師所歷數十處俱成招提
惟黃梅雙峯老祖寺[illegible]都以在四祖五祖之前故稱

清·心圆居士拈别、清·火莲居士集梓《揞黑豆集》“卷八”“五百九前下页”

历史还记录了唐代义乌苏溪和尚———重云所作的一首《牧护歌》。

牧护歌

苏溪和尚　即五泄小师也

听说衲僧牧护，任运逍遥无住；一条百衲瓶盂，便是生涯调度。

为求至理参寻，不惮寒暑辛苦；还曾四海周游，山水风云满肚。

内除戒律精严，不学威仪行步；三乘笑我无能，我笑三乘谩做。

智人权立阶梯，大道本无迷悟；达者不假修治，不在能言能语。

披麻目视云霄，遮莫王侯不顾；道人本体如然，不是知佛去处。

生也犹如著衫，死也还同脱裤；生也无喜无忧，八风岂能惊怖。
外相犹似痴人，肚里非常峭措；活计原无一钱，敢与君王斗富。
愚人摆手憎嫌，智者点头相许；那知傀儡牵抽，歌舞尽由行主。
一言为报诸人，打破画瓶归去。

——宋·释道原《景德传灯录》“卷三十”“十六页”

雲天雨落庭中水水上漂漂見漚起前者已滅
後者生前後相續無窮已本因雨滴水成漚還
緣風激漚歸水不知漚水性無殊隨他轉變將
爲異外明瑩内含虚内外玲瓏若寶珠正在澄
波看似有及乎動著又如無有無動靜事難明
無相之中有相形只知漚向水中出豈知水亦
從漚生權將漚水類余身五蘊虚攢假立人解
達蘊空漚不實方能明見本來真

牧護歌　蘇溪和尚

聽說衲僧牧護任運逍遥無住一條百衲瓶盂
便是生涯調度爲求至理參尋不憚寒暑辛苦
還曾四海周遊山水風雲滿肚内除戒律精嚴
不學威儀行步三乘笑我無能我笑三乘謾做
智人權立階梯大道本無迷悟達者不假修治
不在能言能語披麻目視雲霄遮莫王侯不顧
道人本體如然不是知佛去處生也猶如著衫
死也還同脱褲生也無喜無憂八風豈能驚怖
外相猶似癡人肚裏非常峭措活計雖無一錢
敢與君王鬭富愚人擺手憎嫌智者點頭相許
那知傀儡牽抽歌舞盡由行主一言爲報諸人
打破畫瓶歸去

宋·释道原《景德传灯录》“卷三十”“十六页”（金藏广胜寺本）

牧护歌，即“穆护歌”。“牧护歌”是古波斯祆教神父穆护，在赛神所唱之歌。所谓“祆教”，又称拜火教，为世界最古老宗教之一，基督教诞生之前中东和西亚最具影响力的宗教，是古代波斯帝国的国教，大约在西晋十六国时期传入中国，其传法的牧师或神父号称“穆护”，“祆之教法盖远，而穆护所传，则自唐也。苏溪作歌之意，正谓旁门小道，似是而非者，因以为戏。”①

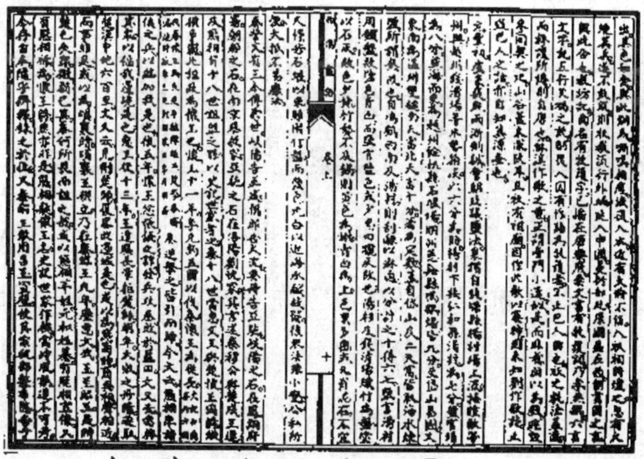

宋·姚宽《西溪丛语》“卷上”“十页”

① 〔宋〕姚宽：《西溪丛语》，“卷上”“十页”。

后世学者赞同姚宽的说法，如明代兰溪人胡震亨认为“穆护子：即《穆护砂》也‘犯角’，姚宽《丛语》云：波斯国奉火祆神，贞观初有传法穆护何录，以其教入长安，作歌祀祆祠，其赛神曲也。《崇文书目》有李燕‘牧护词’，《传灯录》有苏溪和尚‘穆护歌’并六言。”①

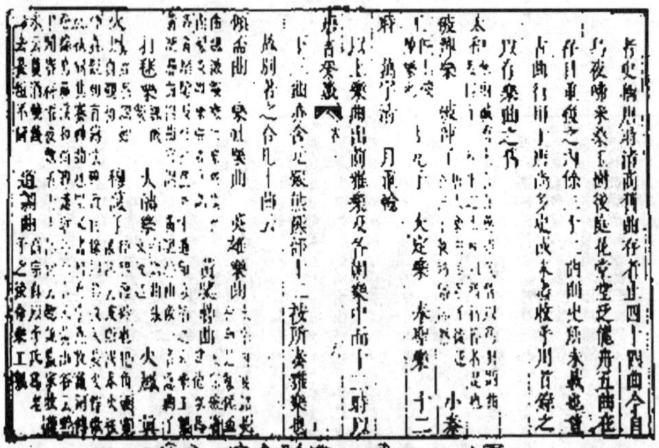

明·胡震亨《唐音癸签》“卷十三”“六页”

明代方以智也认同：“穆护沙，始或以赛火祆之神起名，后入教坊乐府。文人取其名作歌，野人歌以赛神，乐人奏以《水调》，皆可。”②

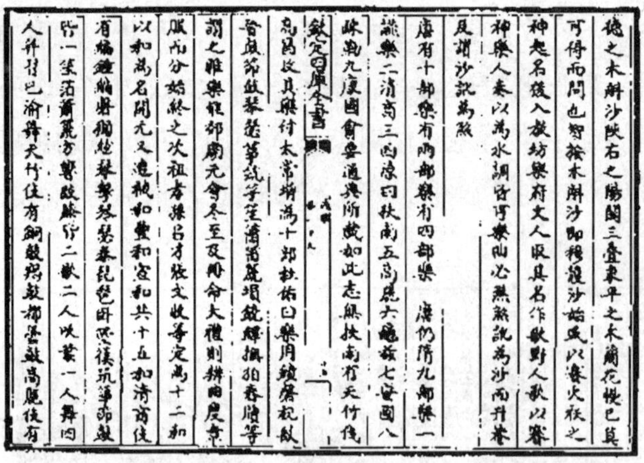

明·方以智《通雅》“卷二十九”“十五页”

“大秦”古国的记载和“牧护歌”在义乌的创作和流传，无可争议地表明：唐时的义乌与古丝绸之路的密切关系，和波斯人的宗教信仰已经融入了义乌社会生活的这一历史事实。

① 〔明〕胡震亨：《唐音癸签》，“卷十三”“六页”。
② 〔明〕方以智：《通雅》，“卷二十九”“十五页”。

四　宋时期

在宋朝，战乱致使陆上的丝绸之路几度中断。这时，造船业开始发达，罗盘针相继使用，故波斯人多经海路来中国闽粤等地经商，有的还安家落户。这就是被后人称之为海上的“丝绸之路”。

当时的情形，北宋名臣苏轼曾向朝廷奏报说：“唯福建一路，多以海商为业。其间凶险之人，犹敢交通引惹，以希厚利。”①

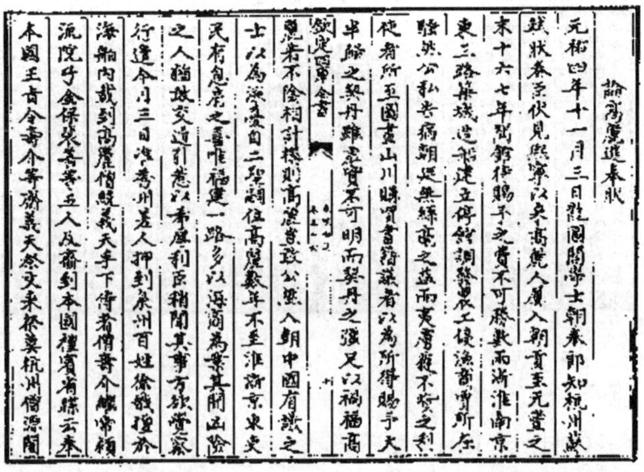
論高麗進奉狀
元祐四年十一月三日龍圖閣學士朝奉郎知杭州蘇
軾狀奏臣伏見熙寧以來高麗人屢入朝貢至元豐之
末十六七年間館待賜予之費不可勝數而兩浙淮南京
東三路築城造船建立亭館調發農工侵漁商賈所在
騷然公私告病朝廷無絲毫之益而夷虜獲不貲之利
使者所至圖畫山川購買書籍議者以為所得賜予大
半歸之契丹雖虛實不可明而契丹之強足以禍福高
欽定四庫全書　卷五十六
麗若不陰相計構則高麗豈敢公然入朝中國有識之
士以為深憂自二聖嗣位高麗數年不至淮浙京東吏
民有息肩之喜惟福建一路多以海商為業其間凶險
之人猶敢交通引惹以希厚利臣稍聞其事方欲覺察
行遣今月三日准秀州差人押到泉州百姓徐戩擅於
海舶內載到高麗僧統義天手下侍者僧壽介繼常頴
流院子金保裴善等五人及齎到本國禮賓省牒云奉
本國王旨令壽介等齎義天祭文來祭奠杭州僧源闍

宋·苏轼《东坡全集》“卷五十六”“论高丽进奉状”“十页”

到了南宋，福建海上丝绸之路的贸易更加繁盛，这可以从义乌人喻良能所写的诗句中，得到清楚的印证：“狂风吹海向来惊，玉帐分弓射怒鲸；千里妖氛都镜净，商船载月夜深行。”②

送师相陈大观文

宋·喻良能

地总全闽控百蛮，政成治最二年间；五千里见耕桑盛，百万人欣日月间。
狂风吹海向来惊，玉帐分弓射怒鲸；千里妖氛都镜净，商船载月夜深行。
频年秋稔谷相因，八郡恩波著处匀；长乐城中家几万，家家生子总名陈。
化国熙熙日自迟，棠阴无讼草含滋；何人剩伐南山石，大刻详书德政碑。
裴令有心吟绿野，赞皇作意向平泉；君王夜半思元老，明日金瓯宝墨鲜。
黄童白叟走踆踆，总向城边拥去轮；愿为此邦聊小驻，公归谁作万家春。
将令四海变虞唐，那得夔龙滞一方；寄语邦人休卧辙，道傍行看舍人装。

---

① 〔宋〕苏轼：《东坡全集》，“卷五十六”“论高丽进奉状”“十页”。
② 〔宋〕喻良能：《香山集》，“卷十五”“一页”。

溶溶曳曳白云闲，救旱濡枯顷刻间；四海苍生望霖雨，谢公早晚起东山。

朱朱白白总精神，共喜今年化笔匀；尚有穷乡寒谷土，政须一气转鸿钧。

——宋·喻良能《香山集》“卷十五”“一页”

又见：明·解缙《永乐大典》“卷一五一三九”“六页”

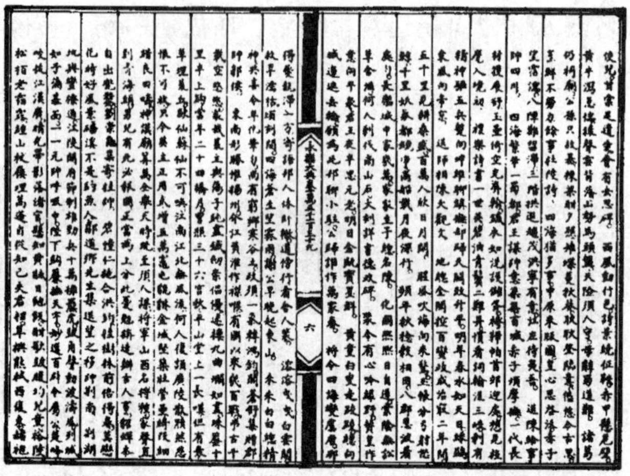

明·解缙《永乐大典》“卷一五一三九”“六页”

原产南洋的胡椒，在这时已成义乌人的普通商品，“水硙多至三十具，胡椒满贮八百斛。”①

四月二十九日坐直庐读山谷效东坡作薄薄酒二章慨然有感追赋一首

宋·喻良能

薄薄酒，胜独醒；丑丑妇，胜鳏茕。

笙歌鼎沸不须羡，松风满耳自足听；

前遮后拥未必乐，邀月对影堪娱情。

晚食有味可当肉，衡宇无灾胜列屋；

鲁东门外听钟鼓，齐宣堂下状觳觫。

何如巢林一枝，饮河满腹；

水硙多至三十具，胡椒满贮八百斛。

何如浊酒一杯，弹琴一曲；

子平为富不如贫，子方称贱能骄人。

高明之家鬼可瞰，网射纳税官不嗔；

中山醇醪醉千日，文君远山致消渴。

① 〔宋〕喻良能：《香山集》，“卷三”“十一页”。

不如茆柴百钱可一斗，荆钗白头长相守。

——宋·喻良能《香山集》“卷三”“十一页”

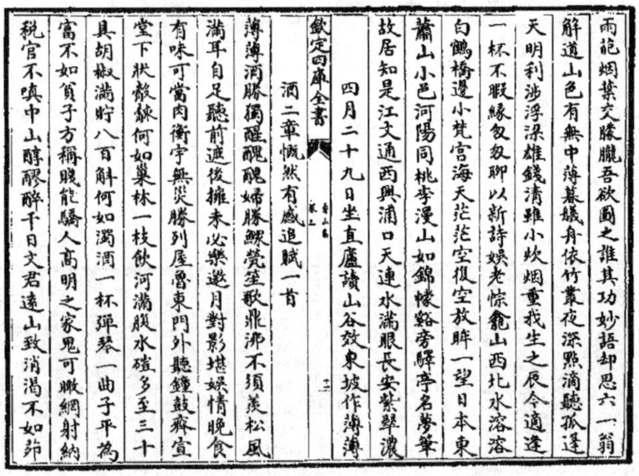
雨葩烟葉交朦朧吾欲圖之誰其功妙語卻思六一翁
觧道山色有無中薄暮艤舟依竹叢夜深點滴聽孤篷
天明利涉浮梁雄錢清雖小炊烟重我生之辰今適逢
一杯不暇緣匆匆聊以新詩娛老悰龜山西北水溶溶
白鶴橋邊小梵宮海天茫茫空復空放眸一望日本東
蕭山小邑河陽同桃李漫山如錦幪路旁驛亭名夢筆
故居知是江文通西興浦口天連水滿眼長安紫翠濃
四月二十九日坐直廬讀山谷效東坡作薄薄
欽定四庫全書 香山集 卷上
酒二章慨然有感追賦一首
薄薄酒勝獨醒醜醜婦勝鰥瑩笙歌鼎沸不須羨松風
滿耳自足聽前遮後擁未必樂邀月對影堪娛情晚食
有味可當肉衡宇無災勝列屋魯東門外聽鐘鼓齊宣
堂下牀觳觫何如巢林一枝飲河滿腹水醱多至三十
具胡椒滿貯八百斛何如濁酒一杯彈琴一曲子平為
富不如貧子方稱賤能驕人高明之家鬼可瞰網射納
稅官不嗔中山醇醪醉千日文君遠山致消渴不如茆

宋·喻良能《香山集》“卷三”“十一页”

张骞出使西域时带回种子——胡麻，即芝麻，在这时已成为中国人民喜爱的大众美食。用胡麻做成的“胡麻饭”，传说常为神仙待客所用，故称为“神仙饭”。胡麻饭又俗称为麻糍，做法是将上好的糯米经水浸透后蒸熟，捣烂后揉成小团，再拌上芝麻、饧糖等，即可食用，味道香甜。“逡巡进脯饭胡麻，琼杯片片斟流霞”①。

天台歌

宋·喻良能

涉海神仙夸蓬莱，登陆胜地称天台；天台枕海连四明，万峰千岭相萦回。
赤城绣出绮霞色，瀑布界破瑶山青；神仙居处寸步有，游人白日迷杳冥。
剡溪昔年有二客，五月此山同采摘；只知采采不盈筐，不觉行行失归陌。
龟肠蝉腹忽鸣饥，倾壶进食欲令谁；山桃一颗垂林畔，共食欻然肌骨换。
下山得水涧石中，以手饮之还濯盥；又见芜菁出山腰，一杯圆转中流漂。
二人相顾却相谓，此地去人应不遥；过溪水深四尺许，又度一山逢二女。
韶颜艳色世所无，南国东邻何足数；笑唤刘晨阮肇名，相识浑如旧有情。
问郎若个来何晚，遂即殷勤相奉迎；入户幔帷殊不恶，错落珍珠与璎珞。
只将左右几青衣，也胜人间夸绰约；逡巡进脯饭胡麻，琼杯片片斟流霞。
不知仙客来何处，各把宫桃庆女家；歌吹嘈嘈张内乐，颜色有欢情有乐。

① 〔宋〕喻良能：《香山集》，“卷四”“八页”。

金鸦飞入向虞渊，客散虚堂掩帘箔；夜深各拥一仙娥，泛泛鸳鸯在绿波。
和鸣乍自秦箫起，行雨初从楚梦过；黯然一留因半载，天气常如三月在。
百鸟哀鸣不可闻，感此茫茫愁似海；俗缘未断身未轻，思归日有求归声。
更招女伴作离乐，共写深衷无限诚；曲终一出山中洞，万里云烟空目送。
归来不见去时人，寂寞惊魂若春梦；子孙虽在不相知，欲寻旧路已多歧。
棋迷柯岭难重见，花失桃源空自悲；风流云散令人惜，至今犹唱阮郎归。

——宋·喻良能《香山集》“卷四”“七页”

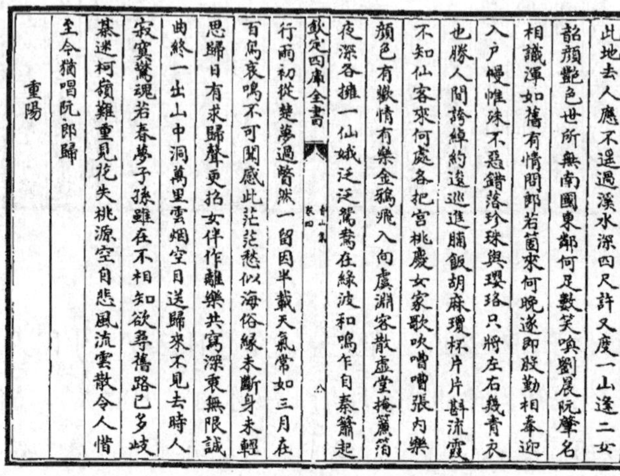
此地去人應不遥過溪水深四尺許又度一山逢二女
韶顔艷色世所無南國東鄰何足數笑唤劉晨阮肇名
相識渾如舊有情問郎若箇來何晚遂即殷勤相奉迎
入户慢帷殊不惡錯落珍珠與瓔珞只將左右幾青衣
也勝人間誇綽約逡巡進膳飯胡麻瓊杯片片斟流霞
不知仙客來何處各把宮桃慶女家歌吹嘈嘈張内樂
顔色有歡情有樂金鴉飛入向虞淵客散虚堂掩簾箔
夜深各擁一仙娥泛泛鴛鴦在緑波和鳴乍自秦簫起
欽定四庫全書　香山集　卷四　八
行雨初從楚夢過黯然一留因半載天氣常如三月在
百鳥哀鳴不可聞感此茫茫愁似海俗緣未斷身未輕
思歸日有求歸聲更招女伴作離樂共寫深衷無限誠
曲終一出山中洞萬里雲烟空目送歸來不見去時人
寂寞驚魂若春夢子孫雖在不相知欲尋舊路已多岐
棊迷柯嶺難重見花失桃源空自悲風流雲散令人惜
至今猶唱阮郎歸
重陽

宋·喻良能《香山集》“卷四”“八页”

五　元时期

色目人（意为各色名目之人）是元朝时对来自中西亚各民族的统称，包括被蒙古人征服并带入中国的阿拉伯人、波斯人、中亚突厥语人、粟特人、吐蕃人、党项人、中亚契丹人等，其中波斯人比例较高。

据元朝名医义乌人朱震亨的自述，他曾用加减四物汤治好了一位年近六旬的色目老妇人的阴虚郁症。

又一色目妇人，年近六十。六月内常觉恶寒战栗，喜啖热，御绵，多汗如雨，其形肥肌厚，已得附子二十余，但浑身痒甚，两手脉沉涩，重取稍大，知其热甚而血虚也。以四物汤去川芎、倍地黄，加白术、黄芪、炒柏、生甘草、人参，每帖二两重，方与一帖，腹大泄，目无视，口无言。予知病热深而药无反佐之过也，仍取前药熟炒与之。盖借火力为响导。一帖利止，四帖精神回，十帖病全安。

——元·朱震亨《局方发挥》“二十五页”

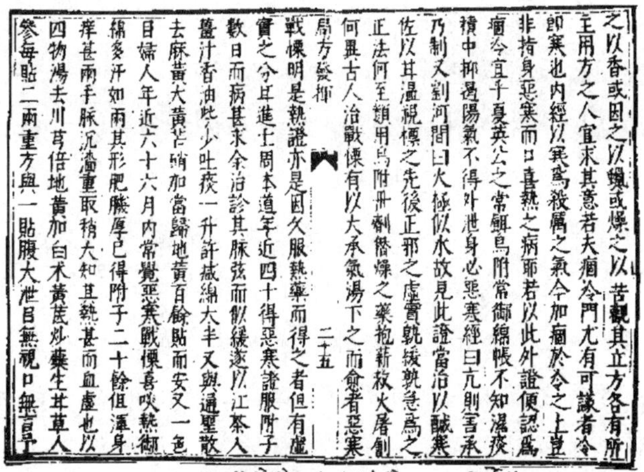
之以香或因之以燥或燥之以苦觀其立方各有所
主用方之人宜求其意若夫痼冷門尤有可議者冷
即寒也內經以寒為殺厲之氣今加痼於冷之上豈
非指身惡寒而口喜熱之病耶若以此外證便認為
痼冷宜乎夏英公之常餌烏附常御綿帳不知濕痰
積中抑遏陽氣不得外泄身必惡寒經曰亢則害承
乃制又劉河間曰火極似水故見此證當治以鹹寒
佐以甘溫視標之先後正邪之虛實孰緩孰急為之
正法何至類用烏附丹劑僭燥之藥抱薪救火屠劊
何異古人治戰慄有以大承氣湯下之而愈者惡寒
局方發揮　二十五
戰慄明是熱證亦是因久服熱藥而得之者但有虛
實之分耳進士周本道年近四十得惡寒證服附子
數日而病甚求余治診其脉弦而似緩遂以江茶入
薑汁香油些少吐痰一升許減綿大半又與通聖散
去麻黃大黃芒硝加當歸地黃百餘貼而安又一色
目婦人年近六十六月內常覺惡寒戰慄喜啖熱御
綿多汗如雨其形肥肌厚已得附子二十餘但渾身
痒甚兩手脉沉澀重取稍大知其熱甚而血虛也以
四物湯去川芎倍地黃加白術黃芪炒蘗生甘草人
參每貼二兩重方與一貼腹大泄目無視口無言予

元·朱震亨《局方发挥》"二十五页"

在成吉思汗及其子孙的带领下，蒙古铁骑横扫欧亚大陆，建立起有史以来幅员最为辽阔的大帝国，把整条丝绸之路都纳入了自己控制范围，于是，全世界的商人能不受阻碍地来往于北京、威尼斯、巴格达、撒马尔汗、克里米亚和广州等商业城市之间。

在这时，中国人勇敢地走了出去。

元朝史臣、义乌人黄溍的文集里就曾记载：元朝时，嘉兴海盐澉浦人——杨枢（1282—1331），不畏艰险，远渡重洋，来回安全护送波斯使者到今天的霍尔木兹港的传奇事迹。

元大德五年（1301），十九岁的杨枢被委任为官本船①的代理人，远赴印度洋经营海外贸易。在波斯湾忽鲁模斯港停泊时，巧遇波斯合赞王所派、出使中国的那怀等人一行，那怀于大德五年到达中国，在大都觐见元成宗后，请求中书省左丞相哈喇哈孙答剌罕同意，再乘杨枢的海船返回波斯。元廷答应了这一请求，并特封杨枢为忠显校尉、海运副千户，授予佩带金符的荣誉，让他以官员的身份护送那怀一行回国。

大德八年（1304）初冬，季风盛吹，杨枢护送那怀一行出发，旅途历经艰险，风暴一再掩滞行程，直到大德十一年（1307）才安全抵达忽鲁模斯港，完成使命。

杨枢此次航海，栉风沐雨，漂泊印度洋五年，才得以返回。其勇气、毅力和艰辛，足称壮举。

松江、嘉定等处海运千户杨君墓志铭

杨氏之先，世有显人。宋之盛时，有自闽而越、而吴，居澉浦者，累世以材武取贵仕。入国朝，仕益显，最号巨族。今以占籍，为嘉兴人。

① 官本船：是由官府建造海船，发给本钱，委托商人经营的模式，“具船给本，选人入番贸易诸货”，赢利朝廷得七成，经手人得三成，“其所获之息，以十分为率，官取其七，所易人得其三”。（引文具见《元史》“卷九十四”“食货志第四十三”“食货二·市船”“二十四页”）

君讳枢，字伯机。赠中宪大夫、松江府知府、上骑都尉、追封弘农郡伯、（杨）春之曾孙；福建道安抚使、赠怀远大将军、池州路总管、轻车都尉、追封弘农郡侯、（杨）发之孙；嘉议大夫、杭州路总管致仕、（杨）梓之第二子。

母陆氏，所生母徐氏，陆以封，徐以赠，并为弘农郡夫人。徐夫人，温之宦家女，生君甫数岁而殁。陆夫人抚君不啻如已出。

君幼警敏，长而喜学一，不以他嗜好接于心目。刮摩豪习，谨厚自将，未尝有纨绔子弟态。其处家，虽米盐细务皆有法，仆隶辈无敢以其年少而易之，诸公贵人，多称其能。

大德五年（1301），君年甫十九，致用院俾以官本船，浮海至西洋。遇亲王合赞所遣使臣那怀等如京师，遂载之以来。那怀等朝贡事毕，请仍以君护送西还。丞相哈喇哈孙答剌罕如其请，奏授君忠显校尉、海运副千户，佩金符，与俱行。

以八年（1304）发京师，十一年（1307）乃至其登陆处，曰：“忽鲁模思”云。是役也，君往来长风巨浪中，历五星霜。凡舟楫、糗粮、物器之须，一出于君，不以烦有司。既又用私钱，市其土物、白马、黑犬、琥珀、葡萄酒、蕃盐之属以进。平章政事察那等，引见宸庆殿而退，方议旌擢，以酬其劳，而君以前在海上感瘴毒，疾作而归，至大二年（1309）也。

阅七寒暑，疾乃间。寻丁陆夫人忧，家食者二十载，益练达于世故，绝圭角，破崖岸，因自号：“默默道人”。

泰定四年（1327），始用荐者，起家为昭信校尉、常熟、江阴等处海运副千户。居官以廉介称，被省檄给庆、绍、温、台漕挽之直，力划宿蠹，掊克之弊，绝无所容。

天历二年（1329），部运抵直沽仓，适疾复作，在告满百日归。就医于杭之私廨，疾愈剧，不可为。俄升松江、嘉定等处海运千户，命下，君已卒。至顺二年（1331）八月十四日，其卒之日也，享年四十有九。

娶刘氏，南渡名将、大师鄜王光世之裔。前四年卒，赠嘉兴县君。初，君有三子，俱未齿而夭。奉父命，以弟之子元德为之子。后乃有子，曰：元诚。君卒时，元诚生二年矣。元德卜以元统二年（1334）正月某日，襄祔事于泊橹山先茔东百步，与嘉兴县君兆合。

君从父兄，朝列大夫、同知集庆路总管府事清孙，实志其圹。而墓道之石，未有所刻。元德以状来谒铭，乃序而铭之。序所不能悉者，志文可互见也。

君平生所赋诗，有遗藁藏于家。

铭曰：

弗私于佚，维时之逢；弗疚于用，维才之通。

有伉其门，堂构则崇；其播其获，乃啬不丰。

尚其嗣人，勿替益隆；琢石以竢，表兹幽宫。

——元·黄溍《金华黄先生文集》“卷三十五”“十六页”

忽鲁模斯港，即今霍尔木兹的异译，地处今伊朗东南米纳布附近，临霍尔木兹海峡，原址

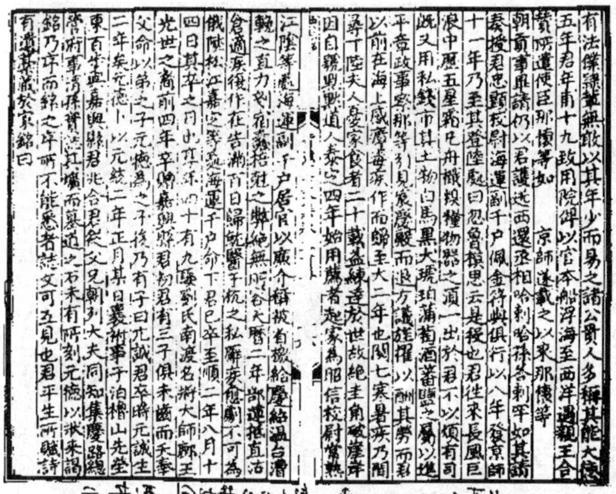
有法僚吏輩無敢以其年少而易之諸公貴人多稱其能大德
五年君年甫十九致用院俾以官本船浮海至西洋遇親王合
贊所遣使臣那懷等如　京師遂載之以來那懷等
朝貢事畢請仍以君護送西還丞相哈剌哈孫答剌罕如其請
奏授君忠顯校尉海運副千户佩金符與俱行以八年發京師
十一年乃至其登陸處曰忽魯模思云是役也君往來長風巨
浪中歷五星霜凡舟楫糗糧物器之須一出於君不以煩有司
既又用私錢市其土物白馬黑犬琥珀蒲萄酒蕃鹽之屬以進
平章政事察那等引見宸慶殿而退方議旌擢以酬其勞而君
以前在海上感瘴毒疾作而歸至大二年也閲七寒暑疾乃間
遂于陸夫人墓家食者二十載益練達於世故絶圭角斂崖岸
因自號默默道人泰定四年始用薦者起家為昭信校尉常熟
江陰等處海運副千户居官以廉介稱被省檄給慶紹温台漕
運之直力剗宿弊絶無所容天曆二年部運抵直沽
倉適疾復作在告滿百日歸就醫于杭之私第疾亟不可為
俄除松江嘉定等處海運千户命下君已卒至順二年八月十
四日其卒之日也享年四十有九娶劉氏南渡名將大師鄜王
光世之裔前四年卒[illegible]君有三子俱未齒而夭季
父命以弟之子元德為之子後乃有子曰元誠君卒時元誠生
二年矣元德卜以元統二年正月某日葬于泊檀山先塋
東百步嘉興縣君兆合君從父兄朝列大夫同知集慶路總
管府事[illegible]而墓道之石未有所刻元德以狀來謁
銘乃序而銘之序所不能悉者志文可互見也君平生所賦詩
有遺稿藏於家銘曰

元·黄溍"金华黄先生文集""卷三十五""十六页"

在霍尔木兹岛北岸，扼波斯湾出口处，为古代交通贸易要道，现为对岸阿巴斯港所取代，是明初郑和下西洋的主要目的地。

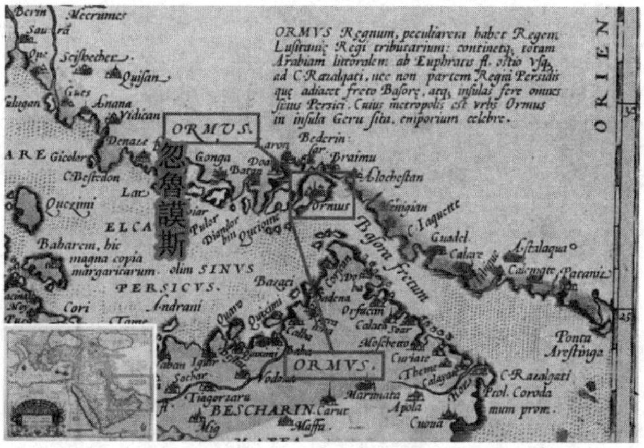

六　明时期

义乌人也不甘其后。赤岸人冯允奇（1600—1680）：“数奇有待，出塞贸迁；波斯珍异，载满归船。”[①] 这是目前已知的从事海外贸易的第一个义乌人。

溢二百六十七次子，澄三百五十九，讳：“允奇”

顾然伟然，德备才全；先意承志，孝友夙娴。

数奇有待，出塞贸迁；波斯珍异，载满归船。

开阡卜筑，游何有天；仁心义质，闾里式贤。

① 民国甲子（1924）重修《赤岸孝冯氏宗谱》，“卷十二”“行传”“三十五页”。

达尊者三，翁有二焉；肆筵序宾，竞看地仙。
斑衣灿若，贻谋焕然；积厚流长，方至如川。
——民国甲子（1924）重修《赤岸孝冯氏宗谱》“卷十二”“行传”“三十五页”

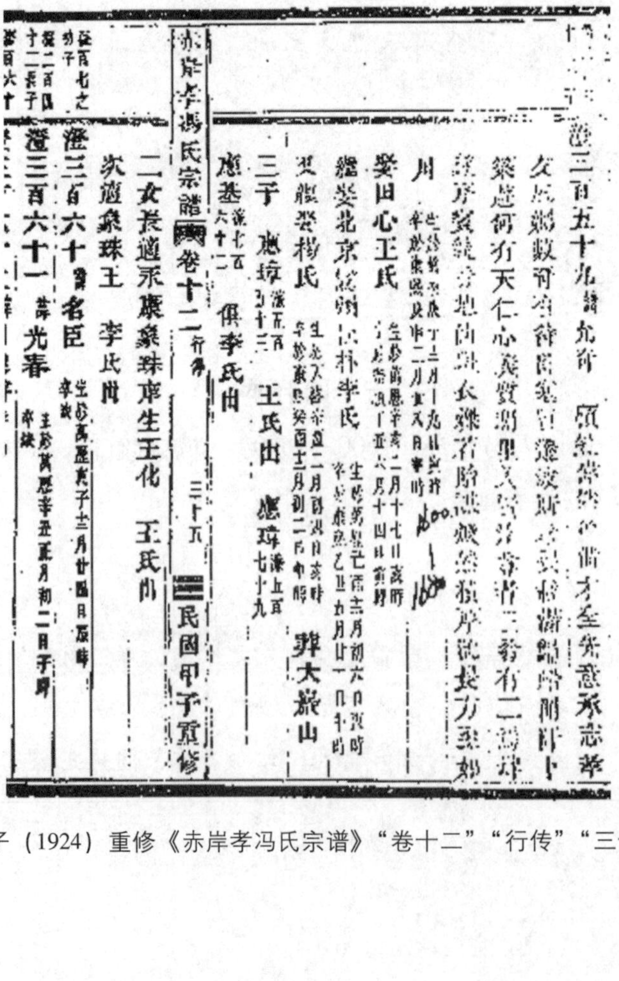
澄三百五十九 允符
娶田心王氏
娶龙溪杨氏 葬大岭山
三子 惠琦 王氏出 惠琏
惠基 俱李氏出
赤岸孝冯氏宗谱 卷十二 行传 三十五 民国甲子重修
二女 长适
次适 李氏出
澄三百六十 名臣
澄三百六十一 光春

民国甲子（1924）重修《赤岸孝冯氏宗谱》“卷十二”“行传”“三十五页”

至于波斯国的情况，据当时明朝人王圻、王思义所辑《三才图会》一书中，是这样描述的，“波斯国：国人身黑，以金花布缦身，无城郭。王以虎皮蒙体，出则乘软兜，或骑象。出异宝等物。”①

明·王圻、王思义辑《三才图会》“卷十四”“人物”“二十八页”

七　清前期

到了清前期，义乌与沿海地区的经济往来，继续得到发展和巩固。乾隆四十三年（1778），福建商人在县前西街创建了天后宫（闽商会馆），就是一个很好的证明。“天后宫：国朝乾隆戊戌，闽人寓邑贸迁者捐资创建，在县前西街，广四丈四尺五寸，前后相符。黄字二百二十四号官地六分七厘五毫；三十号官地一分；六十九号民地二分。”②

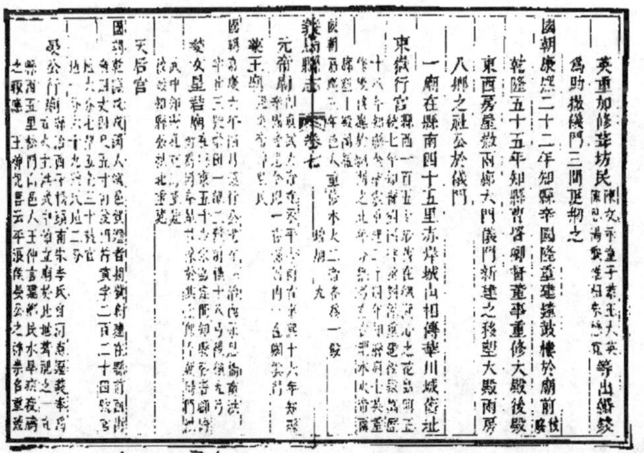
英重加修葺坊民……
爲助撥儀門三間更新之
國朝康熙二十二年知縣辛國隆重建鐘鼓樓於廟前……
乾隆五十五年知縣曾賢卿督董事重修大殿後殿
東西房屋……
八鄉之社公於儀門
東嶽行宮在縣南四十五里赤岸城山相傳華川城舊址
元帝廟
義烏縣志　卷七
天后宮
國朝乾隆戊戌閩人寓邑貿遷者捐資創建在縣前西街……

（嘉庆）《义乌县志》“卷七”“九页”

① 〔明〕王圻、王思义辑：《三才图会》，“卷十四”“人物”“二十八页”。
② 〔嘉庆〕《义乌县志》，“卷七”“坛庙”“九页”。

但是，在鸦片战争以后，中国的沿海口岸被迫开放，沦落为西方列强倾销工业品的市场。从此，海上丝绸之路一蹶不振，走向衰亡。

八 结束语

据媒体报道：2014 年 9 月 26 日，国家主席习近平在会见西班牙首相时，提到了一个和金华义乌紧密相关的货运班列——“义新欧”。当时，习近平说：中欧货运班列发展势头良好，“义新欧”铁路计划从浙江义乌出发，抵达终点马德里，中方欢迎西方积极参与建设和运营，共同提升两国经贸合作水平。

开辟新丝绸之路，现已上升为国家战略。

丝绸之路从远古走来，星星点点，驼铃阵阵，但从来没有像今天这样举世瞩目。它开始只是一条铁路线，以后将会有更多的动车线、甚至高铁线出现，从少到多、从小到大、从简单到复杂，客货联运，顺畅其流。最后，如同春蚕吐丝一般，把整个世界都编织成一张网，把新丝绸之路的文明推向极致。

所以，我们有理由相信：当丝路花香满天下，五洲四海成一家之日，正是伟大民族复兴之时。

挖掘厦门地方历史　提供“海丝”文化资源

刘昌厚（福建省厦门市地方志办公室）

提要：“一带一路”国家战略，厦门定位为海上丝绸之路重要枢纽城市。厦门继泉州港、漳州月港之后，成为中国“海丝”的中心；厦门成为“五口通商”口岸后，仍是“海丝”的重要商埠。挖掘厦门历史，传承和弘扬闽南文化，激发闽南籍的海外华人、华侨积极投资参与国家和家乡的经济建设的热情，厦门地方志为推动厦门的“海丝”建设发挥重要的作用。

关键词：厦门历史　闽南文化　海上丝绸之路　地方志作用

一　厦门“一带一路”的定位及地方志服务“海丝”的作用

2015 年 3 月，国家发改委等部门发布了推动共建“丝绸之路经济带”和“21 世纪海上丝绸之路”的愿景与行动（简称“一带一路”）。“一带一路”的建设是促进沿线经济建设和全球经济繁荣，加强人文交流，维护世界和平，继承历史遗产、开创美好未来的重要举措。在实施“一带一路”国家战略的 18 个省份中，福建被定位为“21 世纪海上丝绸之路核心区”，而厦门则被定位为“一带一路”特别是 21 世纪海上丝绸之路建设的排头兵和主力军，是海上丝绸之路（以下简称“海丝”）重要枢纽城市。众所周知，人文与经贸密不可分，人文交流是“海丝”建设不可或缺的内容。厦门地方志机构从 2011 年开始，先后派人到韩国、瑞典、波兰等国，以及香港、澳门和台湾（含金门）地区，开展搜集流失海外的旧志、族谱、族规及老照片等珍贵的厦门地方志文献资料，通过整理和研究，为厦门的文化建设、两岸关系及鼓浪屿申遗等提供服务，为居住在新加坡、菲律宾、印尼、马来西亚等国家和港澳台地区的闽南人查找家谱、寻根问祖提供帮助，使他们深入了解改革开放建设的成果，激发爱国爱家乡和投资祖国经济建设的热情。事实说明，厦门地方志机构在这方面起到了很好的桥梁纽带作用。

二　厦门“海丝”历史渊源及发展变化

厦门因海而生，因贸而兴。厦门建城于明初，建城的使命是作为海防堡垒。明末清初，厦门继泉州港（时称刺桐港）、漳州月港之后，成为中国“海丝”的中心。其鼎盛时期的标志是郑芝龙和郑成功的海商集团以厦门为基地，成为称雄东亚海上贸易中心。清末民初，厦门港继续保持了自“五口通商”（是指1843年《南京条约》签订附件之《五口通商章程》中的广州、福州、厦门、宁波和上海等五处）以来的“海丝”重要商埠的地位，续写着海上繁华，当时无论是华侨进出大陆口岸的人数，还是侨汇资金的比重，厦门口岸在全国均排在前列。据新编《厦门市志·文物卷》记载：厦门在明代后期已取代漳州月港的对外贸易中心的地位，至清统一台湾后，逐步成为闽南二府一州十余县的政治、经济中心，海防重镇以及华侨出入的重要门户，从而呈现一片“商贾辐辏，帆樯云集”的繁荣景象。据考证1891年英国人许妥玛（时任海关总税务司）说：“在厦门人们最熟悉的景象是‘一些最大最好的轮船在厦门内港拥挤的水面上忙碌地穿行’”。随着西方帝国主义势力的入侵，厦门在鸦片战争后被迫向西方列强开埠，鼓浪屿现存众多的领事馆、教堂、洋行等异国风格的建筑遗存，充分展示着半殖民地半封建时代的特征。辛亥革命推翻清政府后，在广大海外华侨的积极参与下，厦门从20世纪20年代起，进行大规模的市政建设。与此同时，爱国华侨陈嘉庚等先后倾资在这里创办厦门大学和集美学村等一批学校，促使厦门逐步成为中国东南沿海重要的港口城市。1920年，陈嘉庚创办厦门集美学校水产科，培养航海专业人才，在当时是整个东南亚首屈一指的航海培训学校，被誉为“东南亚航海界的哈佛”。据统计，厦门集美航海学院培养的航海人才，占东南亚航运三分之一强，东南亚各国的航海界都有该校毕业的学生。

近些年，随着国家宏观战略的具体实施，厦门与其他沿海港口同步建设的，还有与内陆省份相连的多条铁路大通道，随着这些铁路线相继建成并投入使用，从而改变了厦门仅有一条铁路的历史，形成了对接内地“三纵六横”的便捷交通网，为内陆省份提供了一条新的出海口。现在不仅江西的瓷器，湖南的农产品，浙江义乌的小商品从这里就近出海；就连内蒙古的羊绒制品也通过这条便捷的大动脉，漂洋过海出口到“海丝”沿线国家。如今，厦门与东盟各国往来频繁，在厦门设立总领事馆有新加坡、菲律宾、泰国等国家；厦门分别与马来西亚的槟城、菲律宾的宿务、印度的泗水、泰国的普吉府建立友好城市关系。厦门机场已成为中国东南亚干线机场，每周飞往东盟的航班总计百多班次，全省第一。厦门港已成为国际航运的重要节点和枢纽，位列中国集装箱港口第8位，全球第19位，每周到东南亚班轮有10多个，覆盖东盟10国；并开通厦门—东盟“邮轮经济圈”。厦门陆路于2016年3月开通全国自贸区唯一的中欧班列——厦蓉欧班列，该班列开辟了“一带一路”沿线国家物流新通道，使厦门成为唯一实现“一带”与“一路”无缝对接的陆海枢纽城市。通过从厦门市海沧区出发，途经成都、新疆、中亚，直达欧洲，是一条比海运更便捷、比空运更实惠的新物流通道；该班列线路通过海铁联运方式，对接“海丝”，将文莱、印度尼西亚、马来西亚等东盟国家，与新疆地区及中亚五国、欧洲地区相连接，真正实现“海丝”与陆上丝绸之路的对接。

三　挖掘厦门地方文化及传承发扬

厦门素有“海滨邹鲁”（是指儒风兴盛、文教发达、人才辈出）之美誉，其文化源远流长，积淀深厚；中外兼容，内涵丰富。厦门文化既有鲜明的民族风格、闽南特色，又兼具开放性，富有时代气息。随着西洋文化的传入，中外文化相互融汇，从而形成风格独特的厦门文化，它是以闽南文化为基调，融汇了海洋文化、南洋文化和嘉庚文化等时代元素而形成的一种特点鲜明的地域文化。

闽南文化上承吴越文化，移居闽南的中原汉人和原住民共同创造的先进地域文化，尔后又借鉴了南洋文化、阿拉伯文化、西方文化，使闽南文化更兴盛发达。改革开放后，闽南文化特指福建“厦漳泉”地域性的文化。闽南文化的传播是通过闽南人移居国内外而传播的，闽南籍的华侨、华人先辈不仅带出闽南方言，而且也把闽南的农耕文化、海商文化、建筑文化，还有民俗风情、民间信仰、民间艺术传播到居住国闽南人社区，并一代代传承、演变和发展。迄今侨居世界各地的华侨、华人已多达1400多万人，海内外懂闽南方言的人超过4000万，分布于近百个国家和地区，尤其在新加坡所占的比例最多。

闽南文化具有一体多元特征，即与中华传统文化为同一体又以闽南文化为主体，兼吸纳了南洋文化、阿拉伯文化、西方文化的某些因素等，如建筑文化中除以“宫殿式”古大厝，临街骑楼为主流建筑外，也可见到中国传统建筑、中西合璧建筑、阿拉伯式建筑、侨乡特色建筑等。厦门集美学村的红砖民居和厦门大学的嘉庚建筑，是厦门嘉庚建筑文化特征的代表，被人们亲切地称是“穿西装、戴斗笠”。这种建筑因为创造性地把闽南红砖民居建筑的燕尾脊、马鞍脊和中国传统建筑的歇山顶、重檐歇山顶压在西洋建筑的立体上，以显示中国人的民族自尊，展示中国人扬眉吐气的民族豪情。这种建筑形式在闽南，福建乃至全国，独树一帜，无人超越。正如陈嘉庚曾说：“每个民族都有自己的传统，不必走模仿洋化的道路”。正是由于陈嘉庚先生坚持走自己的创新之路，我们今天才能看到这些将闽南红砖民居与欧式建筑融合起来，把东西方两种古老的文化巧妙地结合在一起的美轮美奂的建筑。

通过对闽南文化的研究，有助于深入了解闽南文化中蕴含的开放性、包容性、思辨性，对家乡的热爱、自强团结的民族精神；弘扬闽南人“爱拼才会赢”的勇于拼搏、敢于冒险的人文精神和树立“海丝”建设的自信心。有助于对闽南文化蕴含的“和合思想”（是指中国传统文化中的一个重要内容，“和”指和谐、和平、祥和；“合”指结合、融合、合作），对构建和谐的闽南社会及增强与台湾同胞和侨胞凝聚力提供保证，为落实厦门市提出的“美丽厦门、共同缔造”，实现厦门海上花园城市的美好愿景目标，打下坚实的基础。

近几年，厦门与东盟10国共同举办南洋文化节，展示东南亚各国文化和特色平台；搭建厦门国际海洋周平台，举办“中国—东盟海洋合作论坛”，并签订厦门是东亚海岸带可持续发展地方政府网络（PNLG）秘书处的永久所在地；举办高规格“嘉庚论坛”，深入挖掘嘉庚精神实质，激发广大归侨侨眷和海外侨胞的爱国主义热情。

四　厦门地方志服务“海丝”及展望

厦门独特区位优势决定了厦门地方志在促进“海丝”文化建设方面有着特殊意义和作用，开展与厦门有关的“海丝”文献史料的收集整理工作，为厦门打造“21世纪海上丝绸之路战略枢纽城市”提供历史佐证和新鲜素材。

在厦门地方志史料记载“海丝”方面，始于清道光年间出版的《厦门志》。在该志的“番市略”“台运略”“关赋略”等卷中，收集、记载了大量的对外贸易、闽台关系等方面材料，同时还征引辑录已经散佚的文献、家谱、族谱，在地方史研究方面有较高的参考价值。现年88岁高龄的厦门市方志办原副主任、文史专家洪卜仁根据大量史料考证，厦门自清朝初年就成为全国重要的对外贸易口岸：康熙五十七年（1718）“议准江浙等五省贸易商船到厦就验。”到了雍正五年（1727），不仅“南洋诸国，准令附近商船前往贸易”，还明文规定，所有“洋船出入，总在厦门、虎门（属广东省）守泊。嗣后别处口岸概行严禁。”这些措施，更促进了厦门对外贸易的发展。这一时期的厦门，商家云集，梯航万里，人烟辐辏，到处呈现一片繁荣景象。

在厦门地方志服务“海丝”方面，深入挖掘厦门历史文化资源和多元文化内涵，编纂厦门“海丝”史料、厦门地情、厦门地方史志读本等精品丛书。如：厦门地方志机构先后编纂《跨越之路——厦门改革开放30年》《厦台关系史料选编》《厦门市情手册》《漫画厦门》《厦门文史》，以及近期编纂的《近代厦门历史资料汇刊》《厦金关系图志》等；对乾隆《鹭江志》、道光《厦门志》、民国《厦门市志》、民国《同安县志》以及乾隆《马巷厅志》等旧志和其他地方历史文献的收集、整理和再版等；与金门方面合作点校光绪《金门志》和民国《金门县志》，开展“金门抗日战争纪念展”“厦门老照片”图片展；每月举办“厦门文史沙龙”活动，开通福建省方志系统首个官方微信平台——“厦门地情”。尤其是2014年9月，中央电视台专题采访时任厦门市常务副市长康涛，围绕“立足历史，面向未来，建设国家海丝战略重要枢纽城市”，畅谈厦门“海丝”建设情况；厦门地方志机构提供了大量的“海丝”历史资料，得到政府领导和专家的认可。坚持修编用并举、传用结合，开展赠送地情书给华侨及海外友人，为“三胞”寻根问祖、姓氏研究提供翔实资料；为旧城改造、影视片拍摄、企业申报老字号、古迹恢复重建提供历史依据。2015年，厦门地方志组织成立全国首家地方性历史影像研究会，举办“厦门记忆”图片展，编纂出版《厦门记忆》，让人们记住乡愁，得到各界高度评价；开展历史影像的收藏、研究和利用工作，传承弘扬厦门优秀历史文化。

在“海丝”学术研讨和交流合作方面，厦门地方志机构遵照服务国家文化“走出去”战略，扩大方志文化学术研讨、交流和合作。发挥地缘优势，与香港、澳门和台湾（含金门）地区相关机构、学术团体的方志文化交流合作，开展四地的志书、年鉴以及其他各类地情书籍的交换、采购；先后邀请了港、澳、台地区地方史专家来厦门讲学和交流，开展了共享史料、共修史志、族谱对接和学术研讨活动。2014 年 10 月，第十届海峡两岸图书交易会在台湾举办期间，厦门地方志机构与台湾相关文化机构和团体探讨如何在方志文化领域开展交流与合作，推动建设厦门台湾地情资料库。2015 年 6 月，福建历史文献收集整理暨中国地方志海外传播学术研讨会在厦门召开，邀请美国加州大学伯克利分校等国内外的专家和学者作主题报告和学术讲座，对厦门海丝历史文献的收集整理工作提出了更高的要求。

厦门作为“一带一路”的“海丝”枢纽重要城市，在经贸往来和社会与经济发展过程中，需要借鉴历史经验和做法，避免走弯路、走错路，方志人提供“海丝”文化历史资源，推动厦门经济更快、更好地发展，我们责无旁贷。

宁夏与丝绸之路经济带的历史机缘研究

贠有强（宁夏回族自治区地方志编审委员会办公室）
叶长青（宁夏社会科学院）

提要：在2014年的全国两会上，把习近平总书记2013年9月7日在哈萨克斯坦纳扎尔巴耶夫大学演讲时提出的建设“丝绸之路经济带”写进了《政府工作报告》，并成为高层视野和民众关注的“热点”。这是社会文明进步和民族复兴进程的必然，也是中华民族对历史与未来的负重感、责任感和忧患意识的沉积与释放。目前，陕西的定位是丝绸之路经济带的新起点和桥头堡，甘肃的定位是丝绸之路经济带的黄金段，新疆的定位是丝绸之路经济带的核心区，宁夏的定位是丝绸之路经济带的战略支点。宁夏关于“战略支点”的界定和描述，相当程度上是在恪守“中阿合作”话语下的生成物。通过对这种“支点”视角做出还原式剖析，有助于深入理解回族形成于丝路、贡献于丝路的演进历程，从而为丝绸之路经济带建设提供一种新的思路。

关键词：丝绸之路经济带　中阿合作　战略支点

在中国历史上空前繁荣昌盛的西汉时期，雄才大略的汉武帝刘彻派遣郎官张骞率领使团出使西域，以寻找共同对付匈奴的战略伙伴，意外的剑走偏锋却开辟了以长安为起点，经中国西北地区，到中亚、西亚，并联结地中海各国的陆上商贸通道。据1世纪的欧洲人记载，中国的蚕丝“织成锦绣文绮”“裁成衣服，光彩夺目”。有一次，罗马帝国的凯撒大帝，穿着中国丝绸缝成的长袍去看戏，大臣们认为那是破天荒的豪华。从此欧洲各国的王公贵族都争抢着购买中国的丝绸，以显示自己的富有和荣耀，中国的丝绸也就成为他们梦寐以求的心中至宝。到了2世纪上半期，有希腊商人马埃斯·蒂蒂安奴斯按捺不住对中国丝绸的望眼欲穿，便派遣了经办人东逾帕米尔贩运丝帛，这是最早见于文献的欧人东来的片断记载。[①] 当时的中国因出产精美的丝织品而闻名遐迩，并因此而得名“丝国”或“绢之古国”，连接东西往来的这条商路也被后人赐予佳名——丝绸之路。当马王堆汉墓打开之时，展现在人们眼前鲜明艳丽的丝织品花

① 参见《文史知识》1987年第1期，第65页。

色，让人目眩。后人这才明白，“丝绸之路”何以如此繁荣？是因为高超的纺织和印染技术让世界为之赞许。盛唐时代，河南、河北以及江南地区成为全国丝织业三大中心。“丝绸之路”一词，最早来自于德国地理学家费迪南·冯·李希霍芬于1877年出版的《中国——亲身旅行和据此所作研究的成果》。广义的丝绸之路还应包括草原丝绸之路、海上丝绸之路和南方丝绸之路（茶马古道）。古代丝绸之路连接着世界四大文明古国（中国、印度、巴比伦、埃及）的文化交流，承载着世界三大宗教（佛教、基督教、伊斯兰教）的东向传播。

今日的丝绸之路经济带，东边牵着亚太经济圈，西边系着欧洲经济圈，被认为是“世界上最长、最具有发展潜力的经济大走廊”。这条大走廊在中国的区域范围目前包括西北五省区（陕西、甘肃、宁夏、青海、新疆）和西南四省区市（四川、云南、广西、重庆），这些省、区、市已经规划各自在丝绸之路经济带中的地位和作用。宁夏在丝绸之带经济带中的定位是要建成丝绸之路经济带的战略支点，其中最主要的是突出中阿（阿拉伯）合作。因为宁夏在产业、经济总量和竞争力都不具备明显优势，但在中阿合作上具备人文、历史等方面的优势。因此，我们研究宁夏在丝绸之路经济带中的地位和作用，首先要突出中阿合作这一得天独厚的优势资源。

一　穿越时空，望断古今，咀嚼历史百味，述说丝绸之路结缘宁夏的千丝万缕

宁夏这片土地，西依贺兰山，东临黄河，面积不大，却是中华母亲河偏心滋润、一派富庶的“塞上江南”。古代丝绸之路的支线孔道在境内穿梭如织，是古来的仁者和智者常常牵挂与深深眷顾的地方。

早在远古时期，虽然人类面对着难以想象的天然艰险的挑战，但是欧亚大陆东西之间并非像许多人想象中那样的隔绝。在古埃及、两河流域、印度河流域和黄河流域之北的草原上，有着一线由许多不连贯的小规模贸易路线大体衔接而成的草原之路。这条路的沿线是广阔的草原和肥沃的山谷，对于游牧民族和商队运输的牲畜而言可以随时随地安定下来，就近补给水、食物和燃料。

西汉时期，人们把玉门关（今甘肃敦煌市西）、阳关（今甘肃敦煌市西南）以西中亚、西亚乃至欧洲，统称为西域。当时这里居住着一些少数民族，一部分从事农业生产，一部分仍过着游牧生活。公元前2世纪初，匈奴贵族势力伸展到这一地区，设官监视，征收苛税，掠夺和奴役当地人民。这时，历经60余年休养生息的西汉王朝逐渐强大，反击匈奴的能力和时机也基本具备，为了增加全胜的把握，欲联合西域的大月氏（ròu zhī 肉支）和乌孙，实施两面夹击的战略。汉武帝于建元三年（前138）派郎官张骞率领一百多人，向西进发。不幸的是他们刚走过狄道（今甘肃临洮县）不远，就被一队匈奴骑兵扣留，不由分说就将他们押送到匈奴单于王庭（今蒙古乌兰巴托西）以西的龙城囚禁了十多年。后来乘匈奴人疏忽，逃脱后历尽艰辛又继续西行，先后到达大宛（今乌兹别克斯坦弗尔干纳）、大月氏（今阿姆河流域）、大夏（今阿

富汗北部)。这时张骞要找寻的大月氏已经强大了起来，占据了大夏的故地，那里土地肥沃，安居乐业，不想和匈奴再打仗了，并认为汉朝离大月氏太远，结成联盟实在困难。张骞见事不成只好回国，途中又被匈奴捉去龙城扣留了一年多。元朔三年（前126），匈奴军臣单于病死后，发生了争夺单于之位的内乱，张骞这才得以逃脱，他从龙城经过宁夏平原属于北地郡所管辖的灵武、廉县、灵州、富平等县，又循马领水（今马莲河上游）经北地郡治所马领县（今甘肃庆阳市庆城区北），回到都城长安。史书上把张骞的首次西行誉为"凿空"，即空前的探险。这是有史以来的中国派往西域的第一个使团。元狩四年（前119），随着大将军卫青、骠骑将军霍去病反击匈奴的胜利，汉武帝再次派张骞出使乌孙（今伊犁河流域），先后到达大宛、康居（今巴尔喀什湖与咸海间）、大月氏、大夏、安息（今伊朗）、身毒（今印度）等国，从此开通了丝绸之路。汉朝为了加强同中亚国家的往来，特在河西走廊设置了武威、酒泉、张掖、敦煌4个郡，派兵防守，保护商路，并设置了专门供汉朝使者和往来旅行者休息、补充生活必需品的处所，使西汉和西域各国来往的使者、商贾相望于道，络绎不绝。到了汉昭帝元凤四年（前77），西域的局势开始动荡，楼兰（今新疆若羌）、龟兹（今新疆库车）等国开始倒向匈奴，相继发生截杀汉朝使节的事件，朝廷以北地灵州（今宁夏吴忠市附近）人傅介子为使，问责楼兰、龟兹。傅介子到达西域后设计刺杀了楼兰王安归，震慑西域诸国，保障了丝绸之路的畅通。汉宣帝神爵二年（前60），设立了汉朝对西域的直接管辖机构——西域都护府①。以汉朝在西域设立官员为标志，丝绸之路这条东西方交流之路开始进入繁荣的时代。

两汉交替之际，又是丝绸之路上的多事之秋。新莽天凤三年（16），西域诸国断绝了与中原政权的联系，丝绸之路中断。东汉明帝永平十六年（73），班超重新打通隔绝58年的丝绸之路。汉和帝永元九年（97），西域都护定远侯班超派甘英出使大秦（罗马帝国）、条支（今伊拉克境内）至安息（今伊朗境内），临大海（波斯湾）而还。汉桓帝延熹九年（166），大秦王（罗马皇帝）安敦遣使到洛阳觐见了大汉皇帝，进献象牙、犀角、玳瑁等珍稀物品，这是中国与欧洲国家直接往来之始。② 两汉时期中原与西域的经济联系相当密切，使西域地区的人们物质生活大有进步。西域也是中亚和南亚商人荟萃的地方，塔里木盆地出土有汉文、佉卢文的大量"汉佉二体钱"，年代约为东汉晚期，即为证明。西域商人及中亚、南亚商人沿着丝绸之路向内运来毛皮、毛织物、香料、珠玑等商品，交换内地盛产的丝织物和铜铁器物。内地商人也经常远到西域从事贸易。

随着中国进入繁荣的唐代，西北丝绸之路再度引起了中国封建统治者的关注。为了重开这条商业贸易之路，唐王朝借击破突厥的时机，一举控制西域各国。唐太宗贞观十四年（640）九月，唐朝置安西都护府于西州交河城（今新疆吐鲁番西交河故城遗址），管理西域地区军政

---

① 《汉书·西域传》：设置年代为神爵三年，但从所叙日逐王等事来看，应为本年，汉朝以郑吉为西域都护，治乌垒城（今新疆轮台东小野云沟附近）。

② 《后汉书》卷一百十八，西域传第七十八，郑州：中州古籍出版社，1996年10月第1版，第847页。

事务。贞观二十二年（648），唐军进驻龟兹国以后，便将安西都护府移至龟兹国都城（今新疆库车），同时在龟兹、于阗（今新疆和田西南）、疏勒（今新疆喀什）、碎叶（今吉尔吉斯斯坦托克马克）四城修筑城堡，建置军镇，由安西都护兼统，故称安西四镇。唐王朝彻底控制西域之后，修筑玉门关，再度开放沿途各关隘。并打通了天山北路的丝路支线，将西线延伸到中亚地区。这样一来丝绸之路的东段再度开放，新的商路支线被不断开辟，根据在宁夏南部固原市发现的波斯银币，这证明宁夏境内也随着丝路的发展成为与河西走廊同等重要的地区，加上这一时期东罗马帝国、波斯（7 世纪中叶后阿拉伯帝国取代了波斯的中亚霸权）保持了相对的稳定，令这条商路再度迎来了繁荣时期。

丝绸之路上的商贸活动可谓奇货可居，令人眼花缭乱，从外奴、艺人、歌舞伎到家畜、野兽，从皮毛、植物、香料、颜料到金银、珠宝、矿石、金属，从器具、牙角到武器、书籍、乐器，几乎应有尽有。而外来工艺、宗教、风俗等的随商进入更是不胜枚举。这一切都成了唐人尤其是唐时豪门贵族的消费对象与消费时尚。相对而言，唐人的财力、物力要比其他一些朝代强得多，因此他们本身就有足够的能力去追求超级消费，而丝路商贸活动的发达无非是为他们提供了更多的机遇而已。理所当然地就有许许多多的人竭力囤奇居异，有钱人不仅购置奇珍异宝而且还尽可能在家里蓄养宠物、奴伎。帝王皇族带头，豪绅阔户效之，庶民百姓也以把玩异域奇物为能。

在丝绸之路这条充满诱惑的长路上，丝绸与同样原产中国的瓷器一样，成为当时一个东亚强盛文明的象征。各国元首及贵族曾一度以穿着用腓尼基红染过的中国丝绸，家中使用瓷器为富有荣耀的象征。此外，阿富汗的青金石也随着商队的行进不断流入欧亚各地。这种远早于丝绸的贸易品在欧亚大陆的广泛传播为带动欧亚贸易交流做出了贡献。这种珍贵的商品曾是两河流域各国财富的象征。当青金石流传到印度后，被那里的佛教徒供奉为佛教七宝之一，令青金石增添了悠远的宗教色彩。而葡萄、核桃、胡萝卜、胡椒、胡豆、菠菜（又称为波斯菜）、黄瓜（汉时称胡瓜）、石榴等的传播，为东亚人的日常饮食增添了更多的选择。西域特产的葡萄酒经过历史的发展融入中国的传统酒文化当中。商队从中国主要运出铁器、金器、银器、镜子和其他豪华制品。

随着丝绸之路的开辟，古代中国的指南针、造纸术、印刷术、凿井技术等向西传播，而宗教则向东传播。

指南针的前身是我国春秋时代发明的司南，其形如汤勺，仿佛揭示“民以食为天”这个社会永恒的主题。有了指南针，才有了张骞通西域，才有了驼铃叮当的丝绸之路。

造纸术的全面西传来自一场战争，唐玄宗天宝初年（约 750 年前后），唐与阿拉伯信奉伊斯兰教的阿拔斯王朝（阿拉伯帝国，唐人称黑衣大食）在中亚的势力摩擦不断。于是，当时世界东西方最强盛的两大帝国在怛逻斯城（今哈萨克斯坦江布尔）展开大战，结果是唐朝大将高仙芝率领的 3 万军队因内部成分复杂，行动不一，加之刚刚灭了石国（今乌兹别克首都塔什干）不久，骄傲轻敌，导致惨败，几乎全军覆没。阿拉伯人便将唐朝战俘沿着丝绸之路带回国都报达城（今伊拉克首都巴格达）和大马士革（今叙利亚首都），而这些战俘中就有长于造纸术的中国工匠，最终造纸术就这样传播到世界各地。

火药的发明，我们至今不知发明人和具体年代，但发明者认为，火药就是能够着火的药、治病救人的药、延续生命的药和载着长生不老希望的药。到了唐朝末年，火药的使用走向了延续生命的反面。北宋中后期，已经在战争中普遍使用的火药，成为冷兵器时代即将结束的尾光，也是血与火时代即将来临的先兆。之后，火药也随着新航路的开辟传到了世界各地。

中国古代印刷术也是沿着丝绸之路逐渐西传的技术之一。在敦煌、吐鲁番等地，已经发现了用于雕版印刷的木刻板和部分纸制品。其中唐代的《金刚经》就是精雕细琢的印刷瑰宝，其雕版残本如今仍保存于大英博物馆。这说明印刷术在唐代至少已传播至中西亚和欧洲。

西域地区沙漠密布，点缀于沙海之中的各个绿洲小国，他们的繁荣与水往往是脱不开关系的。天山与昆仑山脉溶化的雪水是西域的主要补给水源之一。然而收集这些雪水并不是容易的事情，溶化后积聚在山脚的水很短时间就会被蒸发或渗入地下。自汉朝派遣军队囤积在西域发展农业时，流传于山区的坎儿井和井渠技术被同样需要水源的军人使用在西域，并逐步流传至更远的国家。据《史记》中记载，贰师将军李广利率兵攻打大宛，利用断绝水源的方式围困城池。然“宛城中新得汉人知穿井”，使大宛人得以固守城池，坚持了很长时间。

自唐末五代西北丝绸之路错失了它发展的二百多年，使中亚和新疆地区的荒漠草原、绿洲被连年的战火所摧毁。这对以一个绿洲国家的农业生产而言毫无疑问是致命的，而以农业为主的自然经济，正是古代国家立国的根本。唐代安史之乱后中国各地战火纷飞，为丝绸之路直接服务的北方地区人烟稀少，经济破败不堪，几乎到了崩溃的边缘，据史料记载当时黄河流域的丝绸生产几乎陷于停顿。自北宋初期，党项人建立了以宁夏平原为中心的西夏政权，控制了丝绸之路东段的咽喉要道——河西走廊，开始经营丝绸之路，他们把同西域各国交换来的商品，通过榷场（边贸互市）又与宋朝交易获取巨额利润，凭此富国强兵，与宋、金、蒙古等强势政权相抗衡。当成吉思汗及他的子孙们孜孜不倦地开辟着广阔的疆土时，丝绸之路已经不再是国际通道了，包括南方丝绸之路、海上丝绸之路——都已经在相当程度上成为蒙古帝国内部成吉思汗子孙们走亲访故的私家便道了。虽然蒙古帝国的统治者们并没有建立统一的、完善的中央集权体系，地方上更没有像样的基层行政体系。但蒙古帝国也摧毁了以往在丝绸之路上大量关卡和腐朽的统治，令丝绸之路的通行比以往各个朝代都要方便一些。蒙古帝国和它在中国的权力继承者，对这些从西方前来的旅行者抱以非常欢迎的态度，元朝统治者甚至任命一些外国人——主要是基督教徒，担任地方的行政长官。不过沿着丝路前进的人们，大多是以宗教信仰及其他文化交流为使命的人们，而不再是以商人为主导的丝绸之路了。诸如马可·波罗和长春真人的游记就体现了这一点，这从侧面反映了西北丝绸之路已转化成以宗教传播为主要功能。此外，这个时期的整个亚欧大陆经济贸易与文化交流进入了逐渐衰落的阶段。明代由于西北残元势力的阻隔，西北丝绸之路基本断绝，明代的对外开放主要在海上。自郑和七次下西洋开辟了海上丝绸之路后，昔日繁忙的陆上丝绸之路渐渐被荒漠和蒿草所掩蔽。到了清末民初，这条丝绸之路又成为西方探险家的乐园，时有丝路文物被盗的事情发生，使丝路文明千疮百孔，百无遗一。除了人为因素外，当丝路的历史步入14世纪，这条路上的生态环境也变得十分恶劣，西域这块神奇土地的脊背上已不再适合当时的人类居住，西域各古国大多已不复存在，成为流沙之中见证丝路辉煌的遗迹。

古代丝绸之路促进了中西方的经济文化交流，对促成汉唐盛世产生了积极作用，数千年来一直是中西交往的重要通道。在中国当今的对外经济交流中，仍然发挥着重大作用。历尽劫难的西北丝绸之路虽然失去了很多有价值的文物，但留下了丰厚的精神财富，让中国这头慈善、和平的东方睡狮再次梦醒，重振雄风。时至今日，陕西、宁夏、甘肃、青海和新疆5个西北省区将打破行政区划分限制，共同打造陆上古丝绸之路旅游线路，以向国内外推广陆上古丝绸之路旅游品牌。丝绸之路是沟通古代中西方政治、经济、文化和思想的一条大动脉，也是原始的、遍布神秘与传奇的国际旅游“原生带”。沿途有兵马俑、法门寺、须弥山石窟、敦煌莫高窟等历史文化古迹以及青海湖、罗布泊雅丹地貌、天池等壮丽多样的自然景观，吸引着大批来自海内外的游客到这里探险猎奇。

世界三大宗教就是沿着丝绸之路这条商业贸易路线传播到东方的，况且贸易之路上来往的商人正是最初的宗教传播者。据史书记载，佛教在西汉哀帝元寿元年（前2），博士弟子景庐（一作秦景宪）受大月氏使者伊存口传的浮屠经，是佛教传入中国内地的最早记载。东汉明帝曾派人去印度求法，佛教刚传入中国被当作神仙道术，中原的汉族人很少有出家为僧者。到了东汉末年以后，外国和中国西部地区去内地的僧人增多，也译出了不少佛教经典，印度的小乘佛教和大乘佛教同时被介绍到中国。北魏是佛教传播的鼎盛期，在东段北线上的须弥山石窟、百里石窟长廊和陇东双明珠——北、南二石窟寺就是铁的佐证。佛教经魏晋南北朝的发展，已在中国扎下根来，成为中国封建社会上层建筑和民族文化的一个组成部分。基督教传入中国最早的确切纪年是唐太宗贞观九年（635），叙利亚僧人阿罗本到达长安。阿罗本带来的是基督教的一个当时被认为是异端的派别，传播到中国后被称为景教（聂思脱里派）。唐武宗会昌五年（845），禁止佛教，史称“会昌灭佛”。除中国传统的道教以外，其他外来宗教均受到了毁灭性打击，至此基督教在中国终止了传播。伊斯兰教传入中国的具体时间应为唐高宗永徽二年（651），据《旧唐书·大食传》记载：“永徽二年始遣使来贡。自云有国已三十四年，历三代矣。”即这一年的八月二十五日，前来中国的第一个阿拉伯使者到达长安，他是奉穆罕默德第三任哈里发欧斯曼之命，来朝见唐高宗李治，并详细介绍了大食帝国的情况和伊斯兰教的教义。到了唐玄宗天宝元年（742），伊斯兰教正式传入中国。

二　地缘相近，踪迹尚存，倾听历史回声，商榷丝绸之路经过宁夏的东西南北

2013年9月7日，习近平总书记在哈萨克斯坦纳扎尔巴耶夫大学演讲时说：“我的家乡中

国陕西省，就位于古丝绸之路的起点。站在这里回顾历史，我仿佛听到了山间回荡的声声驼铃，看到了大漠飘飞的袅袅孤烟。这一切，让我感到十分的亲切。”宁夏在56年前还属于甘肃省的一部分，上溯350年宁夏也是陕西省的一部分。相对两千多年的丝绸之路而言，总书记的家国情怀与丝路畅想也道出了生于斯、长于斯的丝绸之路万千赤子的心声。在宁夏这块土地上，每一缕微风都蕴藏着一曲千古绝唱，每一把泥土都能攥出一段温湿的历史，随手捡起的陶片都可映射出昔日的辉煌。无论是远古时期的草原丝绸之路，还是中古时期的西北丝绸之路，都可在宁夏南北找寻到丰厚的文化积淀。在丝绸之路沿线，保存最完整、最多的遗迹就是壁画和岩画，驰名中外的贺兰山岩画就是远古草原丝绸之路留下的文图信息。

在张骞未开辟丝绸之路的西汉初期，就有通过当时七河地区①的乌孙至蒙古高原的记载，也就是远古时期的草原之路（又称作草原丝绸之路）。当时处于这条道上的北地郡灵州县（今宁夏吴忠市附近）设立“河奇苑”和“号非苑”②，是朝廷直接经营的畜牧业基地。唐时称回纥道或回鹘路，从中原正北走越过阴山以南的朔方郡、五原郡、云中郡、定襄郡、雁门郡，进入蒙古高原、中西亚北部、南俄草原，西去欧洲的陆路商道。欧亚大陆北部的游牧民族都曾先后活跃在草原丝绸之路上。这条道在秦汉时期沿秦直道，由关内咸阳到九原郡（今内蒙古包头市附近），再通往草原各部；唐代时主要沿参天可汗道③，即由朔方节度使驻地灵州通往突厥、回鹘牙帐（今蒙古国哈尔和林附近），往西经阿尔泰山、南俄草原等地，横跨欧亚大陆。这条道在后来特别是在唐代安史之乱后，陇右道诸州陆续沦陷于吐蕃，传统丝路受吐蕃阻绝，唐朝与西域城邦不得不选择草原丝绸之路相互交流。

随着丝绸之路的开通，商贾的财产与人身安全又引起了汉武帝的高度重视，为了保障丝路安全，于元鼎三年（前114）从北地郡析置安定郡，郡治在高平县（今宁夏固原市驻地）成为丝绸之路东段的军事和商贸重镇。丝路东段也就是由汉唐长安到阳关、玉门关的路线，有丝绸之路东段北线（以下简称北线）、丝绸之路东段中线（以下简称中线）和丝绸之路东段南线（以下简称南线）之分。但是到了甘肃河西地区以后，因为河西走廊的缘故，几条线又合而为一。

经过宁夏境内的即为丝绸之路东段的北线，也就是古代所称的乌兰路。据《史记·匈奴列

---

① 七河地区：指流向巴尔喀什湖的7条河流，包括巴尔喀什湖以南、中亚河中以东，以伊塞克湖及楚河为中心的周边地区，大致包含了今天哈萨克斯坦阿拉木图州、江布尔州和吉尔吉斯斯坦以及新疆伊犁一带。在古代七河地区前后历经了七次由东向西的民族大迁徙，包括古月氏、古乌孙、北匈奴、葛逻禄、回鹘、契丹及瓦剌蒙古人。1864年的《中俄勘分西北界约记》后，除开伊犁以外的七河地区被割让给俄罗斯，成为沙俄土耳其斯坦总督区七河州的一部分。1991年苏联解体以后苏联所属的七河地区属哈萨克斯坦。

② 《汉书》，卷二十八下，地理志第八下，郑州：中州古籍出版社，1996年10月第1版，第570页。

③ 参天可汗道：是唐太宗平定突厥后，少数民族首领为方便向大唐皇帝汇报辖境情况而向唐太宗申请开设的，使唐王朝中央集权更加稳固，同时方便了商旅往来，促进各民族相互交流，促进了统一多民族国家的发展。后来漠北地区各部又相继归附，在大漠南北专门开辟了一条途经灵州通往长安的通衢大道，称为“参天可汗道”。沿途设置驿站68处，备有马匹与食物供应往来使者。太宗表示：“自古皆贵中华，贱夷、狄，朕独爱之如一，故其种落皆依朕如父母。”各少数民族也把太宗当成了自己爱戴的可汗。

传》记载："汉文帝十四年，匈奴单于十四万骑入朝那萧关，杀北地都尉卬，虏人民畜产甚多，遂至彭阳，使骑兵入烧回中宫，候骑至雍、甘泉。"这一段记载正是后来丝绸之路所经过的路线。经匈奴入侵的劫难之后，这条线因祸得福，赢得了西汉朝廷的高度重视，进一步加强了军事、通讯和服务设施，也为以后丝绸之路的商旅往来提供了方便。

西汉末年关中大乱，班彪欲到凉州治所陇县（今甘肃张家川回族自治县）避乱，陇县属于割据者隗嚣的势力范围。班彪从京城长安出发到安定郡治所高平县，在这段路途上写下脍炙人口的《北征赋》，详细记叙了从长安到安定郡的一番路途经历与见闻，也为后人研究这段丝绸之路记下了具体走向和地址。根据这篇赋的次序，顺蔓摸瓜就会清晰地勾勒出这段线路，今日看来也只不过是三五个小时的车程，但沿途民风淳朴、风景瑰奇，是民情民俗旅游的绝佳路线。如若我们置身于《北征赋》，即可见班彪坐着马车大清早从"山雨欲来风满楼"的长安城出发，走开远门，过中渭桥，到咸阳后走西北方向，夜宿瓠谷甘泉宫（今陕西淳化县南）。经过云阳县的云门时（今淳化县南），回首还可望见甘泉宫那高高的通天台，过云阳县城（今淳化县北），就进入了道路更加难行的郇邑县（今陕西旬邑县北）境内，出郇邑爬上董志塬南边的高坡，就到了义渠城（今甘肃宁县焦村乡西沟村），再经泥阳（今宁县东）往西到彭阳县（今甘肃镇原县东南茹河北岸），由此沿茹河北塬的战国秦长城到达朝那县（今宁夏彭阳县古城镇）。在朝那县班彪吊唁了曾抗击匈奴为国捐躯的北地郡都尉孙卬之后，即到了安定郡治所高平县。这里顺便说一下孙卬其人，他是西汉第一个奋起抗击匈奴的边将，也是今宁夏境内由正史记载的第一位历史名人。孙卬最大的贡献就是以生命迎合了汉文帝对匈奴和亲政策不满的心理，也为后来汉武帝激励将士痛击匈奴树立了榜样。

隋朝初年的一起商人被盗案就发生在这条道上的原州城。当时有个西域商人在旅店里丢了货物，疑是同宿者所为，就告到了原州总管元褒的大堂上，元褒明知此案有冤情，但一时间又难以破获，只好暂时放了被告的住店者。可是这个商人却扭住不放，又诬告元褒是受贿放了被告，一直把官司打到了隋文帝杨坚跟前，杨坚也深知元褒的为人和案件的蹊跷，可碍于外交政策只得免了元褒的官职，赔了商人的损失。由此事件可以看出，隋朝对丝绸之路贸易的重视程度。

据唐人李吉甫《元和郡县图志》凉州条下记载："东北至上都取秦州路二千里，取皋兰（应作乌兰）一千六十里（应作一千六百里）。"这是一条十分重要的记载，它记载了唐代凉州（今甘肃武威市）到上都即长安的途经重镇和距离。前一句特指由凉州经秦州（今甘肃天水市）到长安的距离是两千里（古人称之为秦州路，即中线）。后一句是说经由乌兰县（今甘肃景泰县五佛乡沿河村）到长安的距离是一千六百里（即北线）。

从唐代的行政区划来看，取道北线由长安到凉州，中间经过的州（郡）有邠州（今陕西彬县）、泾州（今甘肃泾川县城泾河北岸水泉寺古城）、原州（今宁夏固原市）和会州（今甘肃白银市平川区水泉乡陡城）。从地图上就可以看出，在西安市和武威市之间连一条线，中间所有经过的州（郡）治所都紧紧地依附在这条线的两侧，两市之间的直线距离约为650公里，因此在丝路东段的三条线路中，北线是最为繁忙的，距离也是最短的，比中线要短150公里左右。唐代出长安西行或北行的人一般走的是开远门，是长安城西面三门靠北的一个。自开远门西行约10公里就到了渭水边的中渭桥（还有东渭桥和西渭桥），这里是西北向行人的必经之地，它和东面的灞桥一样，也是亲朋好友为远行者折柳相送的伤心之地。过了中渭桥再西行10公里就到了咸阳，从此北行与西行的人会分道扬镳，西行者会沿着渭河北岸直向西去，而北行者则由此折向西北，经醴泉（今陕西礼泉县北）、奉天（今陕西乾县）、永寿（今陕西永寿县）到邠州（今陕西彬县），自邠州开始，北线就进入了泾水河谷地带，行至蒲水与泾水交汇处，又可分为两条孔道到达原州（平凉郡，今宁夏固原市），一条继续沿泾水河谷向西，经泾州（今甘肃泾川县城泾河北岸水泉寺古城）、阴盘（今甘肃平凉市崆峒区四十里铺镇曹湾古城）、古塞城（今崆峒区安国镇颉河南），然后折向北经那城（今宁夏彭阳县古城镇）到原州。另一条路沿蒲水河谷行进，到北石窟寺又沿茹水河道西行经汉代彭阳县（今甘肃镇原县东）、临泾（今甘肃镇原县）、百泉（今宁夏彭阳县）到达原州。唐代安史之乱时，太子李亨北走灵武也大致走的是上述这条北线。

丝绸之路东段中线，就是在《元和郡县志》中所说的“秦州路”。从长安到咸阳的这段路程与北线相同，向西经岐州（今陕西凤翔县）、陇州（今陕西陇县）、秦州（今甘肃天水市）、渭州（今甘肃陇西县巩昌镇）和兰州（今甘肃兰州市），到凉州（今甘肃武威市）后与北线合而为一。丝绸之路东段南线就是由中线到达临洮后分出的一条支线，也就是古代所说的“河州路”。按照现在的行政区划来说：北线的重点路段在今宁夏南部，其沿途的重镇和交通枢纽就在今天的固原市。中线与北线是联系紧密或相通的，两者之间的某些路段也可以相互替代。而南线几乎与宁夏境内没有多大关系，只是在一些事件上有些关联。

三　人缘相亲，宗教相同，究诘历史肯綮，追溯丝绸之路留给宁夏的血脉根基

宁夏深居中国西北内陆，位于绵延数千里的“丝绸之路”上，历史上曾是贯通东西部交通贸易的缓冲地带和重要枢纽。现为全国回族最大的聚居地和唯一省级建制的回族自治区，回族人口有220万人，约占自治区总人口的35%，约占全国回族人口的20%。人口总数在全国少数民族中居第三位，且分布最为广泛。早在汉唐时期，回族的祖先就踏上丝绸之路从西域而来，他们虔诚地信奉着伊斯兰教，语言中至今仍保留着一些阿拉伯语和波斯语。回族跟阿拉伯国家血脉相亲、信仰相同、习俗相近，在生活习惯和经贸方面便于沟通、便于交流，形成了宁夏的人文优势。

回族是中国古代境外的穆斯林移民群体，包括阿拉伯人、波斯人、突厥人，与中国境内的汉族、蒙古族、维吾尔族等民族成分融合而成的一个稳定的民族共同体。回族及其先民与中国的国际贸易紧密联系，他们对中国中古时期封建社会的发展做出了重要贡献，也对回族的萌

芽、形成、发展以及对伊斯兰教在中国的早期传播提供了条件。① 回族的祖先最早使用“回回”作为自称的证据是明神宗万历四十一年（1613）的牛街礼拜寺“敕赐礼拜寺记”碑，已有400年的历史。但“回回”一词见于汉文文献的时间则可以上溯到11世纪的北宋时期。② 在“回回”这个词出现相当长的时段中，并非是作为一种特定人群的自称而存在，而系一个汉人对当时汉族以外的部分其他人群的客位性称语。

“回回”一词在汉文文献中最早见于北宋科学家、政治家沈括所著的《梦溪笔谈》，该书卷五中引录了北宋边军吟唱的凯歌，其中有一首歌词为：“旗队浑如锦绣堆，银装背嵬打回回。先教净扫安西路，待向河源饮马来。”此处的回回一般被解释为当时活动于西州一带的回纥（维吾尔族的祖先，唐德宗贞元四年将“纥”改成“鹘”），因为歌词中的安西、河源，明显是指唐代后期西迁进入西域的回鹘人所据之地。以后一直到蒙古兴起之际，汉人仍然把“回回”“回纥”“回鹘”视为同义词。较为典型的是南宋鄱阳（今江西鄱阳县）人彭大雅在出使蒙古国回来后，将亲身见闻写了一本书叫《黑鞑事略》，叙述了蒙古立国、地理、物产、语言、风俗、赋敛、贾贩、官制、法令、骑射等事，详备简要，是研究蒙古开创历史的珍贵资料。书中提到当时蒙古国由镇海所主的行于回回的文字时说：“只有二十一个字母，其余只就偏旁上凑成。”曾经有人将这种文字解释为阿拉伯文或波斯文，但字母数量远不相符。直到20世纪90年代，日本学者森安孝夫运用敦煌和新疆等地出土的回鹘文字证实这里提到的回回文字实为回鹘字母无疑，缘于二者字母数量完全相合。可同样在这本书中，有的地方使用“回回”又不是专指回鹘（畏兀儿），如书中说察合台的兵在“回回”，这里的“回回”明显不是指回鹘，因为察合台的封地应在比回鹘更西的今新疆西部至中亚一带，故对于同期文献中出现的“回回”一词和指代，应具体分析，不能一而概之的去理解。

蒙古人建立元朝以后，“回回”一词的包含范围又有新的变化。我们可从《元史》中注意到其含义有广义和狭义之分，狭义是指当时从中亚西亚进入中国境内的伊斯兰教徒（穆斯林），广义则可在一定程度上视作“西域”的代名词，因为元代汉文文献不时会把一些不信伊斯兰教的犹太人、阿速人等也说成是回回。③《蒙古秘史》第152节有这样一段话，王罕的兄弟诉说他年幼时，“后惧乃蛮攻杀他，又走去回回地面垂河行。”意思是后来他为了躲避乃蛮人的攻杀，就到垂河（楚河）流域回回居住的地方，当时属于西辽统治的中心地带。这里的“回回”作为地名，狭义指当时蒙古西征的对象花剌子模国，广义指整个突厥斯坦地区。作为族名，狭义上用于指代花剌子模人，广义上则指代所有中亚和西亚的穆斯林。元朝时将国内民族分成四个等级（蒙古人、色目人、汉人、南人），色目人被列为全国四等人中的第二等人，包括唐兀、乃

---

① 参见杨怀忠：《中国回商文化》（第一辑），银川：宁夏人民出版社，2009年7月第1版，第1页。

② 参见姚大力《“回回祖国”与回族认同的历史变迁》，《中国学术》，2004年第一辑，北京：商务印书馆，2004年，第94～95页。

③ 参见杨志玖：《回回一词的起源和演变》，《回族研究》1992年第4期。

蛮、汪古、回回、畏兀儿、康里、钦察、阿速、哈剌鲁、吐蕃等，他们作为蒙古人征服中亚和西域的归附者受到元朝的重视，待遇仅次于蒙古人。在种类繁多、名目不一的色目人中，以回族人为最多，因而有时也用回族人代称色目人。

回族人赛典赤·赡思丁，就是元初朝中地位显赫的色目籍大臣、著名政治家。是伊斯兰教创始人穆罕默德的后裔，也是明代著名航海家郑和的六世祖。蒙古成吉思汗西征时，赛典赤·赡思丁率领塔吉克千骑迎降，太祖以“赛典赤”称呼（阿拉伯语指贵族）。元世祖忽必烈至元十一年（1274）以赛典赤·赡思丁为平章政事，行省云南，后来他卒于任上，被追封为咸阳王。长子纳速拉丁，历任云南、陕西省平章政事。纳速拉丁的子孙以其名纳、速（苏）、喇（拉）、丁为姓。据《陕西通志》记载，元朝初年，贵族纳速拉丁“子孙甚多，分为纳、苏、喇、丁四姓，居留各省”。今宁夏永宁县纳家户村就是其纳姓子孙的聚居地，其他苏、喇、丁也为宁夏回族中的大姓。

实际上在宋元时期的汉文文献中把回鹘人、突厥人统称“回回”，还把印度人称“黑回回”、把原居南俄草原的阿速人（阿兰）称“绿睛回回”。[①] 汉族人这种宽泛的回回概念一直延续到元末明初甚至更晚的时期。

明朝建国伊始，为加强对蒙古人和色目人的同化，曾专门立律限制其内部通婚。《大明律·蒙古色目人婚姻条例》规定：“凡蒙古色目人听与中国人（汉族）为婚姻（务要两相情愿），不许本类自相嫁娶。其违者杖八十，男女入官为奴。其中国人不愿与回回钦察为婚姻者，听从本类自相嫁娶。”律条下的纂注作：“蒙古即鞑子，色目即回回。钦察又回回中之别种……然回回钦察在色目中为最丑陋，中国人有不愿与之为婚姻者，则听其本类自相嫁娶。”以上将色目与回族等同，并以钦察为回回一种的观点应反映了明代不少汉人的共识。从明律的规定看，明朝统治者意在使回族人全部被同化为汉人，只是考虑到其中的钦察回回有与汉人联姻的现实困难，所以才特许这些人族内通婚，这就是说“回回”一词，随着时间的推移，其内含也发生着变代，曾经作为所有色目人的代称，甚至把很多不为了解、特别生疏的族群，也囊括在“回回”词下，原因不在于其自身，而是被他人所命名的。“回回”含义到专指穆斯林的演进中，体现了不同的族属意识和文化特征。自明朝末年以后，随着在华穆斯林对回回名称的全面接受，回回这一名称才在汉回双方的文献中都成了伊斯兰教徒的同义语。以“回回”一词的演变及宽泛程度而言，回族与阿拉伯国家和伊斯兰地区有着天然的亲近感。

蒙古攻灭西夏以后，来了一个民族大换血，把大批信奉伊斯兰教的军队派往西夏故地，进行屯垦牧养。也就产生了“宁夏”之名，也容纳了宁夏回族的先民。元朝建立后，给予这些外来人比较高的社会地位（色目人），这样就吸引了更多的具有经商天赋的西方商人，在巨大利益的驱动下，前赴后继地踏上了丝绸之路这条用黄金铺成的大通道，这时在宁夏境内出现了人

---

① 任崇岳：《庚申外史笺证》，郑州：中州古籍出版社，1991年，第63页。

口繁夥、商贾云集的繁荣景象。

宁夏境内的回族形成与居落集中，还有一个原因就是和安西王阿难答及其所统帅的15万蒙古军队大部分成为伊斯兰教徒有关。阿难答是一位笃信伊斯兰教的蒙古贵族，元世祖忽必烈之孙，安西王忙哥剌之子。于世祖至元十七年（1280）袭封为安西王，统辖唐兀之地（今宁夏、甘肃、陕西、四川等地）。阿难答自幼就在一个穆斯林家庭长大，耳濡目染的启蒙教育当然与伊斯兰教关系密切。他不仅尊重伊斯兰教，更是一位虔诚的伊斯兰教徒，在其辖境内建立清真寺，广泛传播伊斯兰教义。经阿难答的执着和抗争，终于赢得了伊斯兰教在宁夏等地传播的合法地位，为宁夏境内伊斯兰教的传播发展和回族的形成起了很大作用。

回族来源于丝绸之路、产生于丝绸之路、服务于丝绸之路、崛起于丝绸之路。是随着丝绸之路的兴衰荣枯形成于中国境内，且吸收和融合多种民族成分而逐渐形成的。回族的族源在种族、国别、民族等方面都有所不同，但有一个共同点，就是他们都信仰伊斯兰教。

20世纪80年代，宁夏固原出土了波斯珊萨王朝的鎏金银壶和古罗马金币，成为轰动一时的考古新发现。这些文物充分证明古老的“丝绸之路”在宁夏这块土地上早就播下西方文明的种子。尤其是蒙古的兴起及三次西征，促进了中西交流，实现了民族大融合。随着蒙古大军一次次的凯旋东归，总是把大批的阿拉伯人、波斯人、突厥人等作为战利品带回中国境内，封赏给出征有功的将士，发挥其聪明才智，继续创造财富。这些中亚、西亚信仰伊斯兰教的军人、工匠、商人官吏及他们的家属，与“土生蕃客”回族先民一起，在“回回”这个充满凝聚力和亲和力的名号之下，逐渐形成了一个新的群体。然而，在这个新组成的群体中以穆斯林为主体，为原来的被称作“老回回”的群体注入了新鲜血液，促进了回回民族群体的壮大。这个新的民族群体历经元明两代宽松的民族政策和一系列激励措施，是这个新民族充分体现出了其聪明才智，以及较其他民族更为丰富的社会阅历，在政治、经济、文化、外交等诸多方面做出了巨大贡献。特别是回回商人以他们精明娴熟的商贸技艺促进了中外经济共同发展，同时也充当了文明使者，传播了中西方的先进文化，促进了当地社会的文明进步。具有多元成分的回回民族，有其百折不挠、凝聚力极强的民族精神。多种语言素质使得回回民族与西方阿拉伯民族及穆斯林的交往便利了许多，有着极强的亲和力。

宁夏属于回族自治区域，居住在当地回族的风俗习惯在全国具有代表性。回族信仰伊斯兰教，其风俗习惯受伊斯兰教的影响很深，除教义上规定的条款以及念经、礼拜、静修等宗教仪式外，伊斯兰教的许多礼仪都已转化成回族的风俗习惯。同时，由于回族散居各地，与各兄弟民族交叉居住，在历史上不断有其他民族的成员加入回族行列，这些民族的某些风俗习惯也很自然地被带进回族之中，年长日久，逐渐演变为回族风俗习惯的一部分。

在宁夏，凡是有一定规模的村镇都有清真寺，有些小村子甚至有2~3个清真寺。拥有220万穆斯林的宁夏境内有4200多座清真寺，这种密集程度在伊斯兰国家也不多见。宁夏回族保留着所有穆斯林的风俗习惯，同全世界57个信仰伊斯兰教的国家（其中22个是阿拉伯国家）风俗习惯相近，宗教信仰相同，有较强的民族认同感。宁夏在丝绸之路经济带建设中，充分利用中阿博览会这个平台及人缘、地缘关系，具有得天独厚的发展前景。

四 回归传统，改革创新，绾住历史情结，夯实丝绸之路支点宁夏的战略高地

历览五千年华夏文明史，自古丝路畅通，国家强盛；丝路断绝，国家衰败。这是理通千古、理通万国的不争事实，只不过古代是以商品交易带来了文化交流，而现代是以文化自觉性促进经济发展。

丝绸之路经济带是在“古丝绸之路”概念基础上，建设一个约8000公里的商贸走廊，让近30亿人口从中受益。面对如此广阔的市场前景和千载难逢的战略机遇，宁夏提出建设丝绸之路经济带上的战略支点，这种“吃饭、穿衣、量家底”的务实提法，目光高远，定位准确。“支点”不仅仅是物理学的名词，其潜在意义为事物的关键和中心。中国向西开放，宁夏首先西进阿拉伯世界，成为无可替代的向导，具备族源亲近的天然优势，这就是关键；丝路骄子穆斯林东来贸易，宁夏有他们宾至如归的理想驿站和宗教场所。这样西去问向导，东来找驿站，宁夏既成人流物流中心，又成信息咨询中心。宁夏具有参与丝绸之路经济带建设的先导性合作平台——中阿博览会，在政治对话、经贸合作、文化交流上已经得到了包括阿拉伯国家及穆斯林地区在内的丝绸之路经济带主要国家的广泛认同。宁夏的回族与阿拉伯国家的人民拥有相同的信仰和文化，彼此之间有着浓厚的兴趣。借助中阿博览会，宁夏可以逐步建立面向阿拉伯国家、穆斯林地区重要的清真食品、穆斯林用品生产服务基地和中阿优势特色产业对接基地，从而完成率先参与“丝绸之路经济带”建设的民族基础和现实社会条件。

建设“丝绸之路经济带”并非顺风顺水，沿线地区地缘政治形势复杂多变，存在各种各样的矛盾。宁夏要在这样曲径通幽的商贸长廊里推进经济合作，务必要选准一条适合自己发展的路子。宁夏具有战略高地、桥梁纽带、交通枢纽和能源基地等方面的优越条件。如若借助宁夏为全国内陆开放型经济试验区的特殊优势，进一步拓展中阿博览会平台空间，在建设丝绸之路经济带中先行一步，将为国家构筑全方位对外开放格局做出积极贡献。在中共宁夏区委十一届三次全体（扩大）会议上提出建设“开放宁夏、富裕宁夏、和谐宁夏、美丽宁夏”的科学发展思路，正是宁夏主动参与丝绸之路经济带建设的务实之举。建设“四个宁夏”符合世情、国情、区情，也符合中国儒家思想“修身、齐家、治国、平天下”的人生哲学。一言以蔽之就是不想让一个羸弱无力的宁夏走上丝绸之路，更不想让一个举止邋遢的宁夏走近丝绸之路，充分体现出宁夏对事业敢担当、对世界负责任的旷世情怀。因此，宁夏在丝绸之路经济带建设中，要以“四个宁夏”建设为行动纲领，努力走出一条合作、共赢、和平、文明的发展之路。

结合开放宁夏建设，走好合作之路。在着力推进开放宁夏建设中，要充分认识到宁夏目前正在成为全方位对内对外开放的热土。国家西部大开发战略的实施，尤其是宁夏内陆开放型经济试验区和银川综合保税区的设立，重点是将宁夏打造为国家向西开放的战略高地，在财税、

金融、土地等方面，实行灵活的对外开放政策。宁夏处于新欧亚大陆桥国内段的中间位置，是联系西北与华北、蒙西与西南的交通要道，已建成集铁路、高速公路、航运为一体的综合交通网络，形成了东部、中部地区进入河西走廊、新疆，进而通往中亚、欧洲等国的便捷通道，在国内承东启西交通枢纽的地位进一步凸显。每年一届的中阿博览会都会成为宁夏面向世界开放发展的重大机遇和平台，以极其强大的作用力已向世界表明，宁夏是丝绸之路经济带的重要战略支点。宁夏素有“塞上江南”之称，是全国唯一省级回族自治区和全国最大的回族聚居区，地处东亚大陆和中国北部几何中心、新欧亚大陆桥中国段的重要位置，是中国与沿途各国物流的低成本通道，并与沿途各国和地区的穆斯林风俗习惯相近，合作交流源远流长，有着深厚的传统友谊。目前，已经同阿拉伯国家在清真产业、机械制造、专业服务、人才交流、观光旅游等方面都取得了骄人的业绩。中国与哈萨克斯坦天然气管道（西气东输二线起点）建成使用，中国与土库曼斯坦、乌兹别克斯坦、哈萨克斯坦的天然气管道（西气东输三线起点）正在建设之中。西气东输四线、五线也正在规划之中。加快建设丝绸之路经济带，可以发挥宁夏地处国内资源富集区域和主要消费市场中间地带的区位优势和能源加工、储备、中转优势，布局承接中东、中亚油气加工转化和储备，为我国能源安全提供保障。当此之下，丝绸之路沿线国家都处于发展经济、改善民生的关键阶段，宁夏背靠东部发达地区乃至亚太经济圈，面向西方阿拉伯世界广阔的贸易市场，具有很大的回旋余地和发展潜力。

结合富裕宁夏建设，走好共赢之路。宁夏在丝绸之路经济带建设中最大的利益是：能够让经济实力相对薄弱的宁夏走向开放前沿；能够营造良好的周边政治、国防、民族环境，促进中阿博览会深度合作；能够推进区域之间包括基础设施在内的各种互联互通，有利于推进区域合作水平；能够为宁夏的能源、农副产品、清真食品开辟广阔的市场。在着力推进富裕宁夏建设中，继续坚持以经济建设为中心和发展是硬道理的思想不动摇，高起点建设内陆开放型经济试验区，进一步完善银川综合保税区功能，健全中阿博览会办会机制，打造向西开放桥头堡。宁夏的工业应大力发展生态纺织、羊绒加工、清真食品及穆斯林用品加工等轻工业，打造国家级生态纺织示范基地、清真食品及穆斯林用品产业基地。限制电解铝、钢铁、水泥等行业过剩产能，淘汰铁合金、电石、焦炭、化肥等行业落后产能，为其他优势产业发展腾出空间。宁夏的农业发展要以现代农业为方向，推进农业生产经营体制改革创新，提高农业物质技术装备水平，走特色产业、高品质、高端市场、高效益的“一特三高”发展路子，打造出若干个在全国乃至世界上叫得响的农产品。突出发展在全国同类产品中具有品质优势的枸杞、酿酒葡萄、马铃薯、冷凉蔬菜、清真牛羊肉、中药材等产业带，进一步打响品牌战略。宁夏旅游业发展要充分利用开放平台，引进国内外大型旅游企业集团开发、建设一批核心景区，着力打造沙湖、沙坡头等全国王牌景点，深度开发六盘山地区旅游业。重点发展红色文化、回族文化、丝路文化等文化因素逐步融入旅游景点之中，探索“文化+旅游+商业”的模式，推进文化旅游产业融合发展。

丝绸之路自古是由众人共同走出来的一条路，当今时代仍然需要众多智慧的凝聚。宁夏率先尝试中阿合作，以及把富裕宁夏建设与丝绸之路经济带建设有机结合，也是一项前所未有的伟大工程，没有任何先例可循。在丝绸之路经济带这个大家庭中，各国及国内各省（区）的发展水平、发展方向、资源禀赋差异很大，只有加强政策沟通、彼此了解，才能找到利益契合点，才能最大限度地实现经济发展战略的有效对接，才能共同制定出切实可行的合作规划。交通基础设施互联互通水平、货物流通便利化程度以及金融服务水平是衡量经济发展整体环境优劣的主要因素。若要实现相互间的利益融合，打造利益共同体，就要大力推动交通、贸易、金融领域合作，在这三个领域的合作上取得进展，就会带动其他领域的合作，最终实现整体合作水平提升、利益共赢。

结合和谐宁夏建设，走好和平之路。国之交在于民相亲，民相亲在于心相通。走和平发展之路关键在人，人与人之间的文化交流、人文交流，无疑是丝绸之路建设的社会基础和长久保障。在着力推进和谐宁夏建设中，切实创新扶贫开发模式，努力完成百万贫困人口特别是35万生态移民的转移安置和生活发展问题，不断探索由输血型向造血型转变发展的新路子，就是为宁夏更好地参与丝绸之路建设夯实人文基础。建设和谐宁夏是改革发展的目标和基础，要坚持以百姓之心为心，维护各民族团结，维护人民群众的根本利益，在改革中加强社会治理，及时妥善化解各种矛盾纠纷，充分调动各方面的积极因素，努力提升老百姓的安全感、公平感和幸福感。建设和谐宁夏，保障和改善民生、增进人民福祉是根本，维护民族团结、宗教和顺是基础，化解社会矛盾、促进社会公平正义是保障。

民族团结、宗教和顺是宁夏参与丝绸之路经济带建设最好的名片，既要坚持多年来行之有效的好做法、好经验，也要根据新形势、新任务探索新办法、新路子，使全区回汉各族人民更加和睦相处、和衷共济、和谐发展。要争创全国民族团结进步模范自治区，坚持民族区域自治制度，尊重少数民族风俗习惯，加大对少数民族聚居地区政策倾斜和投入力度，坚持不懈地开展民族团结宣传教育，深入开展民族团结进步创建和“民族团结月”活动，使“两个共同”（共同奋斗、共同繁荣）“三个离不开”（汉族离不开少数民族，少数民族也离不开汉族，各少数民族之间互相离不开）的思想更加深入人心。要贯彻宗教信仰自由政策，依法加强宗教事务管理，打击非法宗教渗透活动，维护现有宗教格局。不断创新宗教工作理念，积极发挥宗教界人士在化解矛盾纠纷、帮助信教群众解决实际问题等方面的作用，引导信教群众既念“教义经”、又念“致富经”。

古丝绸之路建在驼背上，建在经贸文化交流上，建在人们的和平友善上。它既是交流通道（商品贸易、技术交流、文化交流），又是交往通道（宗教、亲情、友情）。宁夏参与建设丝绸之路经济带，就是通过拓展发展空间、促进经济繁荣，以改革发展的成果惠及宁夏回汉群众，推动西部地区社会稳定和谐、民族团结进步、边疆长治久安，为实现中华民族伟大复兴的中国梦创造良好的发展环境。

结合美丽宁夏建设，走好文明之路。在2014年的全国人代会上，中共中央政治局常委、国务院副总理张高丽参加宁夏代表团审议时指出："宁夏要推进重大生态工程建设，严守生态保护红线，走绿色循环低碳发展之路。要大力保障和改善民生，帮助困难群众加强脱贫致富。"让人民过上幸福美好的生活，代表广大人民群众的根本利益，是新形势下党的使命和宗旨的新要求。美丽宁夏建设就是牢固树立"让优美的生态环境成为宁夏最大优势"的理念，宁可发展的速度慢一些，也不能以牺牲环境为代价换取一时的经济增长，换取所谓的政绩。建设美丽宁夏，就是要保护天蓝、地绿、水净的生态环境，建设美丽城市、美丽乡村，塑造美丽心灵，共创美好生活。建设美丽宁夏，必须以规划为引领，一手抓节能降耗、污染治理，一手抓生态建设，既注重生态环境之美，也注重塑造人的心灵之美，努力建设绿色家园、宜居家园、精神家园。

宁夏与丝绸之路沿线国家地缘相近、人文相通，在经济、贸易等方面具有很强的互补性。特别是通过中阿博览会的合作交流，阿拉伯诸国与宁夏在经贸、文化等方面互补性明显，已成为宁夏向西开放最重要的贸易伙伴。建设丝绸之路经济带，有助于宁夏高起点、高标准培育壮大特色优势产业，在承接产业转移中提质增效，形成新的增长点，重构现代丝绸之路新优势。

地方志与区域文化协调发展研究

叶长青（宁夏社会科学院）

提要：习近平总书记系列重要讲话、李克强总理重要批示和刘延东副总理重要讲话及批示，都明确提出地方志是传承中华文明、发掘历史智慧的重要载体，希望地方志事业为弘扬优秀传统文化、服务经济社会发展做出更大贡献，为激发民族自豪感和自信心发挥更大作用。因此，研究地方志与区域文化协调发展问题，对于破解方志编纂新难题、提升区域文化软实力、厚植发展新优势具有重要的指导意义和现实作用。

关键词：地方志区域文化　协调发展

地方志是全面系统记述本行政区域自然、政治、经济、文化和社会历史与现状的资料性文献。地方志唯中国独有，源远流长，其存史、资治、教育功能则被社会各个阶层，大到宏观决策科学研究，小至微观指导具体操作，无处不有，无处不惠。区域文化是在一定的行政区域范围内经过历史沉淀形成的根深蒂固、独具特色的历史遗存、文化形态和相对稳定的社会习俗、生产生活方式，它能反映出一个地方文化底蕴沉积的程度。因此地方志从形成、发展直至现在，都把区域文化作为主要内容来记述，具有浓厚地方特色的区域文化也是志书中最能体现特色的部类之一。本课题以协调发展的理念，重点探讨区域文化入志的主要类型，以及志书突出反映区域文化的方式方法，为新一轮修志提供新思路、新途径。

一　区域文化入志的主要类型

区域文化首先具有明显的地域性，一个地区与另一个地区在文化形态上的不同，才使得中华民族的文化呈现多样化，由于古代交通不便和行政区域的相对独立性，使各地的文化形态也具有了各自不同的风格，一地有一地的特点，比如宁夏区域内的移民文化、回族文化、边塞文化、丝路文化、西夏文化等。其次，区域文化具有相互渗透和包容性。任何形态的事物都不可能孤立存在，尤其在我国古代，大多数时期是统一政权，各地人群的相互流动，自然使文化习俗互相渗透，互相影响，作为宗主区域的文化，自然就包容了外来的文化。尤其在几个文化区域的交汇地带，更形成了兼具几种区域文化特点的特色文化，如宁夏南部的固原地区，就兼有北部戎狄文化、西部氐羌文化、南部关陇文化、东部中原文化的特点，从而形成独具特色的区域文化。

区域文化是一种以地域为空间范围，以文化为主体的社会现象，其构成要素主要包括物态要素、制度要素、行为要素、认知要素、心态要素等。物态要素是指以物质实体形式存在并具有一定文化内涵的事物，如文物、遗址遗迹等。制度要素是指人们在社会活动和生产活动过程中所结成的各种社会关系的总和，如经济制度、法律制度、军事制度，以及人与人之间的关系准则等。行为要素是指人们在交往中约定俗成的各种行为规范，如礼仪、风俗等。认知要素是指人们认识世界、感受世界、解释世界、传递信息的方式，如语言、文字、图腾等。心态要素是指人们在社会意识活动中孕育出来的价值观念、思维方式、心理特征、道德标准、宗教信仰等。笔者从入志的角度综合分析、归纳特点，认为区域文化应体现在乡邦文化、流寓文化、现代科技文化、历史名人文化、民风民俗及民性文化等方面。

（一）本土乡邦文化

地方志是记载一定区域自然、人和社会的历史与现状的资料性著述，如果离开翔实丰富的资料，志书将成为无源之水、无本之木。首先要注重乡邦文献的发掘整理。我国著名古典文学专家袁行霈指出：“研究地域文化，必须重视文献资料，特别是乡邦文献，包括各地的方志、族谱、舆图等。”乡邦文化就是根植于本乡本土的区域文化，乡邦文献就是地方文化人关于本地历史、文化、文物古迹、名人轶事、风土人情等方面的各种著述。其次是要充分利用现有乡邦文化研究成果。一种有影响的区域文化势必引起学术界的关注和研究，而学术研究成果中又必然会蕴藏着丰富的志书资料，比如宁夏学术界对西夏文化、回族文化、萧关文化、陇山文化、寺庙文化的研究成果。利用这些成果，一方面可充实志书中乡邦文化的内容，既有利于继承和弘扬本地优秀的文化传统，又为系统认识和深入研究乡邦文化提供了依据；另一方面还可以提高志书的学术含量，进而实现资料性、客观性、学术性、可读性的有机融合。近些年来，各地产生的“非物质文化遗产”申报热，正是乡邦文化日益得到重视的表现。在地方志编纂中，一定要努力挖掘出乡邦文化的精品和特色，并完整记述下来。地方志突出乡邦文化，主要是突出本地带有独特性和影响较大的区域文化。

（二）本地流寓文化

区域文化的丰富和发展是本地人和寓居本地的外籍人共同创造的，尤其是外籍人带来的先进文化为区域文化输入了新鲜血液。流寓文化，就是离开本土寓居他乡的文化人通过自身的文化素养和职业素养，影响寓居地乡土文化发生变化的一种交融文化。宁夏社会科学院历史研究所研究员薛正昌认为，历史上的流寓现象，并非只是因罪或其他原因而被贬谪的人群，还包括因重大历史背景而迁徙的人群——政治性移民、军事性移民等。“无论对于个人还是群体，这种生存空间的转换和人生经历的变化，就与流寓文化发生了密切的关系”。流寓与空间直接相关，流寓文化与区域文化相融，文人流寓的经历所记载反映的文化思想和民族精神不只是自身的经历和体悟，也记载着区域文化的沿袭传承与升华。宁夏师范学院历史研究中心副教授安正发认为，流寓人士对当地区域文化的影响是表现文化交融的重要方面。流寓人士或利用行政资源，或利用个人影响，在当地精神文化、物质文化与制度文化等方面做出了突出贡献，集中表现在提升行政建制、修筑加固城池；重视文教，兴建儒学或书院；纂修方志，存文考献，为治理提供鉴戒；顺应民间信仰，兴修增修庙宇等方面。探讨当地区域文化的特征或受到的影响，不能不考虑上述因素，因为这已经成为当下宁夏区域文化的重要组成部分。因此，笔者认为地方志在记述区域文化时，应该打破以往的籍贯限制，将流寓文化纳入区域文化的范畴突出记载。

（三）现代科技文化

现代科技文化发展迅猛，不断形成各种独具地方特色的文化现象。比如宁夏回族自治区，是全国五大平原灌区之一，素有“塞上江南，鱼米之乡”的美誉，也是国家13个商品粮生产基地，宁夏大米是全国唯一以省区冠名的地理标志认证产品。还有宁夏是国内最佳粳稻生产区、最佳马铃薯生态区、西北春小麦优势产区和黄金玉米带、国内重要的优质牛奶和牛羊肉生产基地等，这些由现代科技创造出的区域性品牌，都是宁夏区域文化的精华宝典，所以《宁夏通志》以相当大的篇幅记述宁夏农业科研成果和科研机构。类似这样的现象很多，但不少志书忽略了科技文化给地方带来的变化。现代科技与本地经济、社会、文化活动相结合后，产生了本地的现代科技文化特色，这是区域文化特色的重要内容，在志书中必须突出记述。这种特色的现实载体包括科研院所、科研基地、现代企业文化等，包含广泛。

（四）地方名人文化

各地对本地历史名人及其产生的文化现象的挖掘可谓是热情高涨。其实，方志自兴起之初，就承担着重要的教化功能，通过记载当地名人，树立学习榜样，彰显当地文化。在二轮修志中，也出现了许多当地的名人志，如《固原市志》中的“乌氏梁氏家族文化”、《彭阳县志》中的“朝那皇甫家族文化”、《灵武市志》中的“灵州傅氏家族文化”等。当然，地志书在记载当地历史名人及其产生的文化现象时，一定要严加考证，实事求是，以免引起争议或者以说传说，要经得起历史的检验，不能牵强附会、无中生有。特别是对在学术界有争议的、不能形成定论的，务必按照修志惯例，多说并存，述而不论，切不可武断，妄下定论。

（五）民风民俗及民性文化

区域文化的重要组成部分是当地的民风民俗，地方志要突出区域文化，就必须加强对本地人们的生活习俗和民风民俗的记载。当然，有些风俗是长期形成，并非某一时期出现新的风俗，但传统习俗复兴、外来节日、流行语言和新风新俗等，也会随着经济社会的发展产生变化，这本身就能充分反映时代变迁。

所谓传统风俗，主要有两个方面内容：首先是“宗教习俗”。改革开放后，随着宗教政策的落实、公民享有完全的宗教信仰自由，宗教场所和信徒都得到很大发展，圣诞节、复活节、佛诞节、庙会等宗教节日时兴起来。这些节日既是公民信仰自由的直接体现，有的还是中西文化交流的产物，地方志必须予以客观反映。值得注意的是，记述宗教活动一定要与封建迷信活动、邪教的非法活动严格区分，把握好政策界限，对利用宗教从事非法活动的要旗帜鲜明地反对。其次是“宗族习俗”，例如联宗祭祖、续修家谱、修葺祠堂等。血缘宗族观念就目前来说，在人们的心目中，特别是在农村有深厚的历史背景，有深刻的民族文化烙印。比如说编修家谱最近一段时间发展迅速，有的还建立了网站。2000 年 3 月，上海图书馆与新加坡合作开通寻根网站，利用中国家谱资源为世界华人和同宗之人寻根问祖提供方便。宗族习俗作为中华民族文化习性的一种表现形式，在各地都有不同的表现，有的已经开展了家谱的搜集与整理工作，有些地方建立了谱牒研究会。上海图书馆编纂《中华家谱联合总目》，已被列为国家社会科学科研项目。宁夏社科院启动编纂《家谱编纂通论》，就是为了让千家万户能够规范地将这些宗族习俗系统、完整记录下来，对深入反映当地民风民俗有着重要作用。当然，在记述宗教习俗时必须掌握好分寸，要客观反映继承传统文化遗产、保护古建筑和尊敬祖先的美德，不能去张扬宗派观念。

语言习俗具有鲜明的区域特色，流行语言是一种地方文化现象，反映着当地的社会生活和当地人的观念心态，体现了一地文化特点及其发展变化，具有浓郁的区域民风民俗特色，编修地方志时要适当研究和收录。另外，随着现代文明对日常生活的渗透，互联网、电脑术语、股市术语、青年另类辞藻等层出不穷。这些流行语很多都折射了当代的民风民俗，有些还折射了一些社会问题、社会现象，如果不记录下来，就会随着时间的推移而消失。

民性也是一种文化现象，是指某一特定区域的人们在相同或相近的自然环境、社会环境下，通过长期的反复的生产、生活实践，逐步形成的一种特有的社会现象。千古中国，万种民性，拥有五千年华夏文明史的中国人，既有共性，又有个性。比如久居宁夏区域的人以砚为田、耕读传家的生活情趣，同舟共济、诚信友善的社会观念，尊师重教、崇尚文化的价值取向，开放务实的处事原则，胸怀天下的主人翁精神等。民性其实是某一特定区域人们的共同生活习俗、共同的偏好和文化习性。地方志如能把当地的民性如实反映出来，对于促进区域文化协调发展大有裨益。

二　地方志反映区域文化的方式方法

国务院颁布的《地方志工作条例》明确指出：“编纂地方志应当做到存真求实，确保质量，全面、客观地记述本行政区域自然、政治、经济、文化和社会的历史与现状。”这是对编修地方志工作及修志人员提出的具体要求。区域文化是中国传统文化的组成部分，地方志有责任在传承和弘扬这一中华传统优秀文化中发挥自身独特的作用。准确理解区域文化的含义和价值，全面系统地把握区域文化的主要内容，确定记载区域文化的原则和方法，是地方志记载区域文化的关键。

（一）拓展志书编纂种类

地方志一般分区域志和专志两大类，其中区域志有省志、市志、县志、乡镇志、村志，专志有专业志（如农业志、工业志等）、部门志（如人大志、厂矿志等）、事物志（如名山志、河流志等）、专题志（如风土志、土地改革志等）、人物志等。就反映区域特色文化而言，区域志主要在相关专志或在前置图片、附录等部分反映区域特色文化，专志则以事物志、专题志等种类反映区域特色文化。

宁夏首轮修志反映区域文化主要集中在区域志中的文化部类或附录中收录的相关艺文部分，但也尝试编纂一些集中反映区域特色文化的专志。如设有《文化志》《文物志》《民族志》《宗教志》《民俗志》《人物志》等专志反映区域文化。第二轮修志在总结首轮修志经验的基础上，更加注重扩展志书编纂领域，突出反映区域特色文化。如已经启动的《贺兰山志》和正在酝酿之中的《唐徕渠志》《须弥山志》《东岳山志》《六盘山志》《方言志》《生态移民志》等。

宁夏人杰地灵，文化资源荟萃。近年来，全区各级方志部门，依托西夏文化、丝路文化、红色文化、回族文化、历史文化（边塞文化、屯垦文化）、山水景观文化等独特文化资源，竭力做好山水志、寺庙志、企业志、学校志等特色专志和名镇名村志等区域志的编纂与规划。以突出反映区域特色文化，从而逐渐实现从编纂单一志书向出版多种类志书的转变。如《固原百科》《固原辞典》《固原方言辞典》《丝路固原》《丝路吴忠》《当代石嘴山图史》等。

（二）创新志书体例格式

宁夏第二轮修志在区域志中除在专志相关部类反映区域文化外，还充分利用专记、传、图、表、录、考等体裁反映区域特色文化。专题记述是第二轮修志运用得较多的一种体例，可以充分地、完整地、深入地记述志体中不便记述的一地重要的或有代表性的、典型的事件和事物，可以更好地凸显地情特色和时代特色。如《固原市志》充分利用专记这一体式，系统反映“六盘山文化圈”“西海固文学”等固原独一无二的区域特色文化。《彭阳县志》专题记述中央领导人视察生态文明建设，《原州区志》用专题记述这一体裁反映“中国民间艺术之乡”，《隆德县志》亦利用专题记述了“中国书画之乡”等。

在新方志各类体裁中，附录这一体裁亦被充分利用来反映区域特色文化。仅以部分宁夏第二轮已出版市县级志书为例，如《固原市志》附录记载“古代地名”“固原历史上的第一”，

《彭阳县志》中的“地域辩文录”“灾变祥眚录”，《固原地区志》中的“西海固采访纪事”记载了很多民间故事，都从不同角度反映了固原的区域文化特色。再如《海原县志》附录的“1920 年海原大地震史料摘录”和“菜园遗存资料转录”，是极其珍贵的区域文化史料。还有《吴忠市志》附录中的“富平县、古灵州考文选”和“古今诗文选”等反映吴忠区域特色文化。总之，这方面的事例不胜枚举，足见宁夏第二轮修志对附录这一体裁反映区域特色文化的充分运用。

此外，志书中的前置图片亦是反映区域特色文化的重要载体。前置图片在宁夏两轮志书中都有较多运用。相比首轮而言，第二轮修志对前置图片的运用更加充分。在此仅以第二轮《彭阳县志》为例。该志的前置图片将生态文明建设、设施农业、煤炭和石油开采、风景名胜（皇甫谧广场、朝那湫、栖凤山、茹河瀑布）、红色记忆（小岔沟毛泽东长征宿营地、任山河烈士陵园）、文物古迹（岭儿旧石器遗址、瓔珞宝塔、战国秦长城、无量山石窟、玉器、陶器、铜器）、文化艺术（草编、刺绣、根雕、书法）等跃然纸上，更加直观、形象、生动地展现了彭阳县区域文化特色，体现了古长城脚下多元文化的历史内涵和黄土高原丘陵沟壑区独特的景观，以及浓厚的红色文化。

（三）科学设置志书篇目

地方志的篇目是志书的骨架，是整部志书的窗口，第二轮志书在首轮志书的基础上，更加注重从篇目设置上突出区域文化特点，体现风格，彰显个性。作为区域文化内容的名胜古迹、文化遗产、民风民俗、方言艺文、革命传统等，都要突出重点升格设置篇目，并给予浓墨重彩的记述。如《固原市志》设专志《县（区）概况》，篇目第一层次按县（区）进行横分，共设 5 章。每章专设相应节目记述各县（区）的文化特色。又如《固原市志》为彰显固原区域红色文化，升格设置《革命史迹》专志，详细记述了党和红军在固原境内的早期革命活动。《彭阳县志》专门设立“皇甫谧文化研究”章节，从研究机构、研究成果、著述考辨等方面详细叙述了这项“久违”的区域文化。

（四）协调古今内容比例

区域文化既然是历史积淀，就得在志书中占有一定的篇幅。我国不少郡县建于秦汉，距今已有 2000 多年甚至还要久远，而新时期只是历史一瞬。这就是说，先人创造了两千多年的文明史，今人创造的辉煌成就也只是其中的一小段。古代历史、社会、经济、文化的累累硕果，为区域文化保存了大量珍贵资料，显示着古代历史文化巨大的价值意义。而新编志书大多古今内容之比严重失调，基本上形成“古一今九”或“古二今八”的潜规则，“厚今薄古”到如此地步，不仅反映不了区域文化的特色，倒显得本地历史干瘪、文化萧条。笔者认为，除极少数新建市县之外，大多数市县地方志应当大大增加古代历史文化的篇幅。既要批判糟粕，也要彰显精华；既要表现历史的是与非，也要反映今世的得与失。新编方志要能让人读后增长见识，明辨是非，吸取经验，避免失误，激励人们创造更加美好的明天。对当代的记述，决不能事无巨细、悉数罗列，要选择那些值得传之将来的业绩以流芳后世、激励后人。否则，就会将大事要事淹没在小事琐事的汪洋中，反而挤兑得区域文化彰显不足，也造成志书膨胀臃肿。

当然，要真正把一地的区域文化写实、写透、写到位，还应当遵循横排门类、纵述史实、述而不论、全面系统、完整准确等编纂志书的基本要求和基本规范。同时，还需要修志者秉持精益求精、一丝不苟的严谨治学态度。

三　促进地方志与区域文化协调发展的对策建议

党的十八届五中全会提出创新、协调、绿色、开放、共享的发展理念，为地方志工作贯彻落实《地方志工作条例》和全面推进地方志与区域文化协调发展指明了方向。为此，宁夏社会科学院院长张廉就地方志如何贯彻十八届五中全会精神，与修志人员进行了座谈交流，他在座谈中指出：“志书的质量是志书的价值所在，要把精品意识贯穿到修志工作的全过程和每个环节，一定要按照方志体例编纂出经得起历史检验的佳志、名志。”他还强调：“没有创新就没有发展，要深入贯彻落实十八届五中全会精神，不断创新工作思路，发挥‘以史为鉴’的作用，创作出更加接地气的地方历史文化新作。”笔者认为，地方志与区域文化协调发展，关键就在于“接地气”。

（一）转变思想观念，主动适应新常态

地方志工作上升到国家层面，成为各级政府工作的组成部分，使方志人长期追求的梦想已经实现。我们必须抓住机遇，从理论和实践上加强依法修志、依法管志、依法用志，自我理疗“官修志书”的惯性痼疾。首先，要以《地方志工作条例》为准绳，把过去散漫无羁的思想和行动统一到法规的要求上来，将法治理念融入具体工作中，以法治思维和法治方法完善改进修志中存在的不足和缺陷，依靠法治手段破解工作中的难题，注重营造依法修志的良好社会环境。其次，要把修志的组织形式转向法治化管理。过去的修志工作关键在于领导的重视程度，重视则多修志、修好志，否则不修志、难修志，缺少法律法规的刚性约束。在具体操作中，以往修志最大的弊端就是缺乏实地调查和考证，大多是闭门造车、成书于案牍，把地方志书修成了官样文书或资料汇编，甚至有的主观臆断、造词生事，往往把志书编纂成“志非志、史非史”的别样书籍，既断了“官气”又绝了“地气”，致使志书的质量和区域特色大打折扣。在新常态下，应该尽快扭转这种被动局面，注重整合修志的人才资源，以形成全员参与的修志格局。在外部人才利用上，可聘用某一领域的专家学者承担部分内容的编写，以弥补内部人员或业务方面的不足。必须树立科学发展观，突出志书的区域文化特色，努力把志书修出新的风格、新的水平，具有科学性和现代性。

（二）坚持实事求是，维护历史真面目

从地方志发展的历史来看，古代由于交通和文化的相对封闭，县一级修志，资料缺乏，一些修志者不具备考证条件和功力，或者故意抬高家乡声望，所以把一些未经严格考核、不大准确的“史料”写进了当时的地方志书中，这已经为我们今日研究历史造成了混乱，旧志中的错讹往往使一些严肃的历史学家望而却步，不敢援引其中史料。现阶段，在利用区域文化发展旅游业、搞产品宣传等方面，也出现了一些值得研究的现象：一些地方在发展旅游和开发产品、宣传产品方面，不顾历史真实，根据道听途说而推断猜测，制造虚假的“历史遗迹”和“人文资源”。其实，在有五千年华夏文明的这块土地上，无论在任何区域，只要认真发掘，都能够挖掘出不少值得发扬光大、引人入胜的区域文化，因为区域文化的范畴是十分宽广的领域，如发生在特定区域的历史事件、历史遗迹、历史人物、传统生产工具、生产方式、风情民俗、民居风格、文化艺术、宗教信仰，甚至自然景观、自然资源等，都是很好的可供开发利用的区域文化资源，如此丰富的资源，我们完全没有必要无中生有地去搞那些并不真实的假“文化”以扰乱视听，遗患后世。地方志就是区域文化的集大成者，必须真实地反映好当地各方面的大文化状况，记述好本地区域文化与其他区域不同之处、特色之点。

（三）借助方志载体，彰显区域文化新内涵

地方志是中国传统文化的形式之一，是中华民族悠久厚重历史积淀的结晶。比如《宁夏通志》是关于宁夏区域历史和现状的科学记述，保存有极其丰富的科学资料，是宁夏地情的重要载体，具有明显的地方性、时代性、广泛性、延续性的特色。比如宁夏文化渊源于传统的黄河文化，是地域文化，相对于属于文化大传统的中国文化而言，它属于文化的子系统范畴，具有其独特性，地方志必须突出记载。又如宁夏历史上处于各民族、各区域文化的交融地带，北部河套平原与南部山区在地理、历史、文化等方面具有一定的差异，其历史传统，民情风俗具有异彩纷呈的文化特色，这就是区域文化的特色，它是人类文化的重要特征，地方志应注重反映。另外，文化的形成脱离不了人类所处的自然环境，以及它所经历的历史过程。自然环境影响着人类的生产方式和生活方式，处于交通要地的人们与处于闭塞区的人们的生产方式和生活方式大不一样，其文化必定有所不同。像这样影响区域文化形成的自然环境，历史、传统都必须在地方志中详细、全面地记载下来。尤其在全面建成小康社会的新形势下，编修地方志要对地情进行空前规模的调查研究，通过各地新编的志书，把百科各业历史与现状的基本面貌，把各地的民情、地力、信息、资源等准确而又充分地反映出来。这样，我们对地情的认识就会全面、深刻得多，因此才会产生切合实际的、更大的资政价值。新方志更要注重记载不同历史时期人民群众创造历史的过程，记载可歌可泣的历史人物和英雄业绩，记载在平凡的劳动中做出不平凡贡献的各类模范人物，以便对青少年进行爱国主义、社会主义和革命传统教育，提供活

生生的史料和典型。

（四）激活方志功能，提升区域文化软实力

习近平总书记强调：“提高中国文化软实力，要努力展示中华文化独特魅力……要系统梳理传统文化资源，让收藏在禁宫里的文物、陈列在广阔大地上的遗产、书写在古籍里的文字都活起来。”区域文化是中华文化中的一朵奇葩，将其培植好、养育好，必然会使中华文化更加根深叶茂。因此，要发挥地方志在区域文化建设中的作用，必须树立精品意识，提高志书的品位，突出区域文化特色，编纂出更多的佳志、名志，才能丰富地方文化建设的宝库。要把新一轮修志工作做好，必须注意总结上一届修志工作的经验，这是我们在新常态下将地方志工作提高到一个新水平的关键所在。凡是成功的经验都要坚持，“志乃信史”，真实、准确是志书的根本，质量是志书的生命和价值所系。现代社会发展速度快，对信息需求程度高，信息本身已被公认为是一项资源财富，已发展为一项重要的产业，我们要解放思想、转变观念，加大对志书广度和深度的开发，不断拓宽服务渠道，扩大服务的覆盖面，提高服务的效率和效果。首先，要想方设法扩大读志用志的社会面，使更多的人群从志书中受益，以整个社会为读志用志的大课堂，以广大群众为读志用志的主力军。按照马克思的说法，一个产品要成为商品，首先要有使用价值，要对别人有用处，还要拿出去交换，没有用处，卖不出去，就不可能成为商品，因而也就无法实现其价值。把新一轮修志前的准备工作放在用志上，是为了更好地修志，是我们方志工作者责无旁贷的责任。其次，要主动围绕政府中心工作出谋划策，为社会各项事业的发展提供地情服务。特别要注意跟踪领导思路，跟踪改革开放、经济发展、社会稳定等热点问题，强化为现实服务的力度，提供方志信息、方志分析、方志预测、方志决策咨询。还要利用各种途径开展地情教育，帮助群众更好地认识家乡，激发群众热爱家乡、建设家乡、奉献社会的热情。再次，要突破只注重志书一种模式的旧观点，充分发挥方志的多形式、多载体的优势，拓宽方志工作领域。利用方志所具有的记、传、图、表、录、谱、鉴等多种载体的作用，联合报纸、电台、电视、互联网等媒体，开展地情宣传，这对于提高整个社会的道德修养具有熏陶、感召和引领作用。同时，创造良好的区域文化氛围，对于经济建设具有潜在带动作用，因为市场经济是规则经济，好的文化氛围，可以为经济发展营造公平、诚信、和谐的发展环境。

参考文献

[1]《习近平谈治国理政》，北京：外文出版社，2014年，第160页。

[2]仓修良：《方志学通论》，济南：齐鲁书社，1990年。

[3]傅振伦：《中国方志学通论》，北京：商务印书馆，1935年。

[4]中国地方志指导小组办公室：《当代志书编纂教程》，北京：方志出版社，2010年。

[5]王鹤鸣:《中国家谱通论》，上海：上海古籍出版社，2011年。

[6]杨继国，胡迅雷:《中国地域文化通览·宁夏卷》，北京：中华书局，2014年。

[7]袁行霈:《关于中国地域文化的理论思考》，《北京大学学报》（哲学社会科学版）2012年第1期。

[8]雍际春:《地域文化研究及其时代价值》，《宁夏大学学报》（人文社会科学版）2008年第3期。

[9]《2013年宁夏回族历史学会年会暨固原历史文化学术研讨会论文集》。

地方志与“丝绸之路”区域姓氏文化发展研究

——以天水、甘肃、关中—天水经济区及其辐射区为例

马新建（甘肃省天水市地方志办公室）

提要：区域姓氏文化是地方志记述的内容，也是可供区域文化建设开发利用的资源。天水是华夏姓氏的文化源头之一，伏羲是华夏万姓之根，天水姜姓人旺文盛，苻氏建立前秦，学界称赵姓宋朝为“天水一朝”。陇上及天水郡望姓氏较多。比较关中—天水，古老文化相承而姓氏集中且关联交叉，关中—天水是中华民族的姓氏寻根祭祖地，新志续编应创新篇目，记述姓氏文化，以权威性方志证明区域历史文化的厚重；地方志应将姓氏文化研究纳入工作整体布局，全盘规划，编写姓氏文化丛书；把握关联、背景与节点，整合关中—天水经济区地方志工作力量，联合开发姓氏文化资源，为重振“丝绸之路”，加快“一带一路”战略的实施发挥应有的作用。

关键词：地方志　丝绸之路　区域姓氏文化　研究开发思路

地方志的主要特点是地域性，是有着地方行政区域特色的客观性著述。区域文化自身便是志书内容的有机组成部分，需要在志书编修过程中全面系统地搜集整理记述。区域姓氏文化，作为区域文化的一部分，自然也是方志搜集整理记述的内容。方志记述的姓氏文化，是民族的记忆，也是民族的子孙尊祖报本的依凭，对传承民族文化有现实意义。历史上的旧志记述姓氏文化，为后人寻根溯源、寻姓找人提供依据与线索。在一、二轮新方志编纂中，对姓氏文化，有的记述，有的不记述；有记述者，多列入人口篇，多见的是人口数字；记述的各种姓氏人物多、姓氏及其文化来龙去脉少，似只见树木，不见森林；也有些志书干脆就忽略了相关内容。因此，笔者一直主张二、三轮续志应对此有所弥补。特别是在中央提出“一带一路”建设战略之后，加强对“丝绸之路”（以下简称丝路）沿线姓氏文化的研究整理，对促进区域文化研究的深入，增强丝路沿线区域的文化软实力，构建丝路文化纽带，推动“一带一路”战略的实施都具有十分重要的意义。为此，笔者拟就天水、甘肃、关中—天水经济区及其辐射区姓氏文化的起源、郡望、新志续编姓氏文化的篇目设置、姓氏文化的开发略陈浅见，以期抛砖引玉，唤起地方志同仁对这一问题的重视，不妥之处，祈请指正。

一　姓氏文化的内涵及其演变

姓氏文化，是指与姓氏有关的物质和非物质文化。内容包括姓氏起源、流变，家族播迁、世系、郡望等，以及由此形成的尊祖敬宗、报本反始、寻根问祖等族姓与民族文化认同理念等。中华姓氏文化以一种血缘文化的特殊形式记录了中华民族的形成和繁衍轨迹，它在民族认同和促进国家统一方面起到重要的凝聚作用，具有稳定性、民族性、宗族性和多元性等特质。

郡望是中华姓氏文化中的一个重要现象，当某一姓氏相对集中、固定于某一特定区域时，就形成了郡望。从我国历史上看，郡望形成于魏晋至隋唐时期，是中国姓氏文化中的特有范畴。郡望说明中国姓氏文化具有区域性的特点，是在特定地域环境中，依靠血缘纽带和家族繁衍所形成的，是世代相传的独具特色的文化现象。同时，郡望的出现标志着区域姓氏文化的形成和发展受其所处地理环境的影响，有地域性。所以，从郡望研究入手是研究梳理姓氏文化发展线索，了解其区域性特点的有效途径之一。

古丝路东段1600多千米。南线从西安（长安）、咸阳、凤翔、天水、陇西、临夏、乐都、西宁至张掖，北线从西安、咸阳、乾县、彬县、泾川、固原、靖远至武威，中线从泾川、平凉、会宁、兰州至武威；从陕西由东向西，大多历今甘肃区域，经河西走廊的武威或张掖，历酒泉、敦煌，西出玉门关、阳关。天水是古丝路东段西出咸阳的第一重镇，其与西安、咸阳、陇西、兰州、武威、张掖、酒泉、敦煌，是中外经济文化传播交流的必经站，此其中的大多城市是欧亚大陆桥的重点城市。在历史长河中，丝路陕甘地域间的人们相互迁徙、贸易、战争、通婚，在此过程中，通过不同文化形态的碰撞、冲突、吸纳、融合，以至于兼收并蓄，逐渐形成新的文化价值认同，由此在定居后的陕甘区域内诞生了具有一定区域文化内涵和文化精神的区域姓氏文化。特别是形成了相当数量的姓氏郡望，在全部中华姓氏中占有举足轻重的地位，有非常重要的研究价值。

我国历史上对姓氏的研究起源于先秦，盛于唐代，发展于宋明之际。历代朝廷都设有撰写、考定、收藏氏族图谱的专门机构，有关于姓氏渊源的文献和辑录；历代学人亦有姓氏文化研究著述。清代，甘肃学者撰写的姓氏文化研究著作，有武威张澍于道光十八年（1838）完成的《姓氏五书》，伏羌（今甘谷）王化兴于咸丰元年（1851）完成的《辑姓录》。朝野撰写的姓氏文化文献图谱，为地方志的姓氏文化研究奠定了基础。民国以来，姓氏文化和传统的中国姓氏谱牒学传承不绝，不但在社会科学中得到了发展，而且在生命科学中也得到了重视和应用，且已经形成了一个跨学科的研究领域——中国姓氏群体遗传学。由于姓氏文化及姓氏是世代遗传的，姓氏宗族的迁徙演变反映自然和社会变革状况，通过对不同区域的各种姓氏、姓氏人口资料、姓氏谱牒的搜集整理，可以为地方志研究开辟一个新的领域，使地方志研究的地域特色得到更加鲜明突出的体现。

二　关中—天水经济区姓氏文化的比较研究

姓是标志家族系统的称号。秦汉以前，男子称氏，女子称姓。氏以别贵贱，姓以别婚姻。现在的姓，与秦汉以前的姓并非同一概念，而是包含了古代的姓与氏两方面的内容。今人多以氏为姓。《左传》中鲁众仲曰：“天子建德，因生以赐姓，胙之土而命之氏。”① 即天子立有德者为诸侯，因其所由生以赐姓；因其所封之地为氏。“姓者，统其祖考之所自出；氏者，别其子孙之所自分。”②

（一）丝路重镇天水是华夏姓氏文化的重要源头之一

中国姓氏始自伏羲，“伏羲生于成纪”③。古成纪中心在黄河流域丝路东段渭水上游的今天水市境内。《史纲评要·伏羲氏》载：“上古男女无别，帝始制嫁娶。以俪皮为礼，正姓氏，通媒妁，以重人伦之本，而民始不渎。”④《帝王世纪》曰：“太昊帝庖牺氏，风姓也。”⑤“因风而生，故为风姓。”⑥ 今甘肃秦安大地湾文化遗址附近的五营乡、陇城镇仍有以风姓命名的风沟、风谷、风茔等地名。伏羲正姓氏，即正人的天性，废群婚乱婚，实行一夫一妻，明确氏族源流，确定各人的血缘关系，从而开始了中国姓氏以父传子的方式。风姓是目前所知的中国最早的姓氏，伏羲“制嫁娶”“正姓氏”的文化贡献是开创性的，他使男子的社会地位提升，致使母系氏族社会最终过渡到父系氏族社会。生于天水的风姓伏羲氏开创了中国父传子的姓氏制度，因而被尊为人文始祖。

春秋国别史《国语·晋语四》载：“昔少典娶有蟜氏，生黄帝、炎帝。”⑦ 少典为伏羲后裔，炎黄二帝或为伏羲后裔。《国语·晋语四》又载：“黄帝以姬水成，炎帝以姜水成。成而异德，故黄帝为姬，炎帝为姜。”⑧ 姜姓古国较多，衍生出240多个古今姓氏。“黄帝二十五子，其得姓十四人。”⑨ 子孙衍生华夏蛮夷姓氏最多，有600多个。伏羲为炎黄之祖，夏商周之宗。司马迁说：“自黄帝至舜、禹，皆同姓而异其国号。”⑩

---

① 《史记》卷一《五帝本纪第一·集解》，北京：中华书局，1959年标点本，第46页。

② 袁了凡、王凤洲：《纲鉴合编》卷一《三皇纪·太昊伏羲氏》，北京：中国书店，1985年据世界书局1936年版影印本，第8页。

③ 民国《甘肃人物志》卷一《帝纪第一·伏羲氏》，兰州：西北师范大学学报编辑部，1988年校点本，第1页。

④ 李贽：《史纲评要·三皇五帝纪》卷一，北京：中华书局，1974年断句本，第4页。袁了凡、王凤洲：《纲鉴合编》卷一《三皇纪·太昊伏羲氏》，北京：中国书店，1985年据世界书局1936年版影印本，第8页。

⑤ 皇甫谧：《帝王世纪》，《新世纪万有文库》第一辑，沈阳：辽宁教育出版社，1997年，第2页。

⑥ 民国《甘肃人物志》卷一《帝纪第一》，兰州：西北师范大学学报编辑部，1988年校点本，第1页。

⑦ 参见何光岳：《炎黄源流史》，南昌：江西教育出版社，1992年版。

⑧ 参见何光岳：《炎黄源流史》，南昌：江西教育出版社，1992年版。

⑨ 《史记》卷一《五帝本纪第一》，北京：中华书局，1959年标点本，第9页。

⑩ 《史记》卷一《五帝本纪第一》，北京：中华书局，1959年标点本，第45页。

甘肃方志记述的姓氏中，直接从伏羲传承过来或追认其为始祖的姓氏有任、薛、须[①]、颛、郝[②]、宿、伏、宓、东方、蹇、汝等。其中任、薛、郝三姓，在2008年公安部治安管理局公布的三百大姓（以下简称当代三百大姓）排序和人口中，分别排第59位420万人、第76位310万人、第82位270万人。伏、宿、蹇、汝、宓五姓，亦在当代五百大姓中。清费廷珍乾隆《直隶秦州新志》、民国张维《甘肃人物志》等方志记述的上述姓氏人物很多。曹魏时，“天水旧有姜、阎、任、赵四姓，常推於郡中。”[③] 东汉汉阳（今甘肃天水）任棠，有奇节，隐居教授；西晋上邽（今甘肃天水）任臧，以郡豪族任上邽令，后秦姚苌时，天水任谦为从事中郎[④]；明有徽州（今甘肃徽县）举人任旒、贡生任继贤，清水贡生任尧佐、任尧传、任俨、任湛然、任宠、任宰、任司视、任道远、任道大；清西和任尚蕙，武威任国桢、任于正[⑤]，天水任其昌[⑥]、任承允，伏羌（今甘肃甘谷）任廷飏[⑦]，皆中进士；民国时期，伏羌任丹山为国民会议代表[⑧]，宁县任鼎昌是甘肃早期共产党员[⑨]；共和国以来，渭源任谦为陕西省副省长[⑩]。天水薛姓人物最早见于记载的有薛夏，系曹魏儒宗[⑪]，后裔居邺城（今河北临漳县境）。唐敦煌薛万钧、万淑、万彻、万备兄弟分别为大将军、营州都督、驸马都尉、右卫将军；明有徽州举人伏升、礼县贡生薛启，华亭薛正、薛珣、薛治，分别任知州、知县、州判，清皋兰薛大烈任陕西提督，静宁薛宗州、薛绳武，分别是文武举人；当代则有灵台薛国栋，日本拓殖大学教授。伏姓明有伏羌贡生伏友礼、伏志能。其他如清武威郝永泉，举人，秦安伏衍义，进士；民国，临洮籍团长宿之杰、天水籍营长汝鑫，均为国捐躯抗日战场。汝氏望出天水，清有举人汝恒年，贡生汝槐年。

魏晋至隋唐时每郡显贵的世族，称郡望，意即世居某郡为当地所仰望。封建时代显贵的氏姓成为郡中大姓望族，于一地久住，人们不仅仰慕其人，而且仰慕其住地，最终形成郡望。郡望即地望。炎帝姜姓及其26氏中的纪、强氏，均望出天水。在当代三百大姓中，分别排第50位460万人、第136位110万人、第205位46万人。此外，以天水为郡望而在中国历史上产生重要影响的还有苻姓和赵姓。下面重点说一下这五大姓氏在天水流衍的情况。

姜姓，系出神农氏，神农生于姜水（今陕西岐山西），因此姓姜。尧遇洪水，共工的裔孙

① 胡三省音注《资治通鉴》卷五《周纪五》：“须姓，密须氏之后。《风俗通》：须姓，太昊之后。”北京：中华书局，1956年标点本，第157页。

② 参见年葆东：《袁义达教授谈中华姓氏与伏羲的渊源关系》，《天水日报》，2007年5月29日，第4版。

③ 乾隆《直隶秦州新志》卷十二中《杂记·丛谈》，第37页b。

④ 乾隆《直隶秦州新志》卷十二中《杂记·丛谈》，第52页b，第51页b。

⑤ 武威市志编委会编：《武威市志》，兰州：兰州大学出版社，1998年，第830页。

⑥ 民国《甘肃人物志》卷十二《列传第十》，兰州：西北师范大学学报编辑部，1988年，第328页。

⑦ 天水市地方志编委会编：《天水市志》下卷，北京：方志出版社2004年，第2695页、第2774页。

⑧ 甘谷县志编委会编：《甘谷县志》，北京：中国社会出版社，1999年，第635页。

⑨ 郭方忠、张克复、吕靖华编：《甘肃大辞典》，兰州：甘肃文化出版社，2000年，第1207页。

⑩ 郭方忠、张克复、吕靖华编：《甘肃大辞典》，兰州：甘肃文化出版社，2000年，第1217页。

⑪ 民国《甘肃人物志》卷十《列传第八》，兰州：西北师范大学学报编辑部，1988年，第263～264页。

辅佐禹治水，为四岳之官，主持四岳祭祀，赐祖姓姜，绍续炎帝之后。

裔孙太公望封齐，为田和所灭，子孙分散。乾隆《直隶秦州新志》载：“汉初，姜氏以关东大族徙关中，遂居天水。”① 东汉曹魏时成为望族大姓，形成天水郡望。汉阳上邽（今甘肃天水）姜岐，治诸经，守道隐居授生徒，是中国首位养蜂人②；姜叙，抚夷将军。天水冀（今甘肃甘谷）人姜维，北伐曹魏的蜀汉大将军、平襄侯③，“其裔孙明世居天水”，为魏兖州刺史、天水郡公④。甘谷县六峰镇姜家庄有姜维衣冠冢，立杨成武题写“姜维故里碑”，浙江兰溪、海外的姜氏后裔时来祭奠祖先。前秦苻健时，略阳（今甘肃秦安东）姜伯周为尚书令⑤；苻坚时，天水姜平子为秦州别驾、姜衡为陇西太守，姜宇以屯骑校尉为凉州刺史、前将军，姜协为参军⑥；苻丕时，天水姜让为侍郎⑦，姜延承檄起兵，有众数万，被封列侯。⑧ 后秦姚苌时，天水姜训为掾属、从事中郎；姚兴时，上邽姜乳为秦州牧，姜纪为将军，姜楞为兰台侍御史，天水姜虬为抚军东曹属，姜龛，经明行修，门徒数百，教授长安，为耆儒硕德；姜岌，致力于天文历法研究，当东晋太元九年（384），造出《三纪甲子元历》，有历法著作多种。⑨ 后凉吕光初起时，以姜飞为将军。⑩ 北魏，天水姜昭任兖州安东长史兼高平太守，子俭为雍州开府从事中郎兼长安令；俭弟素，任东魏中散大夫。北周，秦州上邽姜远为荆、秦州刺史、朝邑县公，姜景为梁州总管、建平郡公；远子宝谊，唐右武卫大将军、永安县公；景子谟，为秦州刺史、长道县公⑪，都是从唐高祖的开国功臣；宝谊子恪、协。恪为高宗总章年间（668—670）宰相；协善篆籀文，官至夏州都督、成纪威公。谟长子确，从太宗，受封为左屯卫大将军、金城郡公；子简，永徽中，官至安北都护；子柔远，左鹰扬威将军。柔远子皎、晦。皎封楚国公、任秘书监，善画鹰，子庆初尚新平公主，授驸马都尉。晦为吏部侍郎，主选。姜维在蜀后裔中，落籍爱州日南的姜公辅为唐德宗时宰相，后被贬为

---

① 《新唐书》卷七十三下《表第十三下》，北京：中华书局，1975 年，第 2963 页。乾隆《直隶秦州新志》卷十二中《杂记 · 丛谈》，第 26 页 b。

② 民国《甘肃人物志》卷十六《列传第十四》，兰州：西北师范大学学报编辑部，1988 年，第 383 页。1993 年 9 月 21 日邮电部发行《蜜蜂》特种邮票，同日，天水市邮电局发行“我国第一位养蜂人姜岐”的纪念封。

③ 民国《甘肃人物志》卷四《列传第二》，兰州：西北师范大学学报编辑部，1988 年，第 35 页。

④ 《新唐书》卷七十三下《表第十三下》，北京：中华书局，1975 年，第 2963 页。乾隆《直隶秦州新志》卷十二中《杂记 · 丛谈》，第 39 页 a。

⑤ 胡三省音注《资治通鉴》卷九十九《晋纪二十一》，北京：中华书局，1956 年标点本，第 3112 页。

⑥ 胡三省音注《资治通鉴》卷一百零一《晋纪二十三》、卷一百零三《晋纪二十五》、卷一百零五《晋纪二十七》，北京：中华书局，1956 年标点本，第 3203 页、第 3243 页、第 3327 页、第 3331 页。

⑦ 胡三省音注《资治通鉴》卷一百零五《晋纪二十七》，北京：中华书局，1956 年标点本，第 3317 页。

⑧ 《晋书》卷一百一十五《载记第十五 · 苻丕》，北京：中华书局，1974 年，第 2946 页。胡三省音注《资治通鉴》卷一百零六《晋纪二十八》，北京：中华书局，1956 年标点本，第 3366 页。乾隆《直隶秦州新志》卷十二中《杂记 · 丛谈》，第 50 页 b。

⑨ 《晋书》卷一百一十七《载记第十七 · 姚兴上》，北京：中华书局，1974 年，第 2977 ~ 2980 页、第 2992 ~ 2993 页、第 3000 页。乾隆《直隶秦州新志》卷十二中《杂记 · 丛谈》，第 43 页 b ~ 46 页 a。

⑩ 胡三省音注《资治通鉴》卷一百零六《晋纪二十八》，北京：中华书局，1956 年标点本，第 3353 页。

⑪ 《旧唐书》卷五十九《列传第九》，北京：中华书局，1975 年，第 2332 页、第 2333 页。民国《甘肃人物志》卷六《列传第四》，兰州：西北师范大学学报编辑部，1988 年，第 108 页。

泉州别驾，是入闽最早的姜氏，后来发展成九真（今越南清化省）姜氏，“九真姜氏，本出天水”[①]。明有秦安举人姜汝奇[②]、伏羌贡生姜学，清有伏羌贡生姜宪望[③]，清末，原陇西统领、秦安姜国盛[④]，支持响应辛亥革命的伊犁起义。姜维的忠烈勇武之风及姜氏拳流传至今，甘谷、武山县仅在清一代考中武进士、举人130名，武山、甘谷县分别于1992年、1996年被国家体委命名为全国“武术之乡”，甘谷有姜维武术研究会。江西宁都、湖北谷城姜氏，先祖出自天水。今姜姓广布朝鲜、韩国、泰国、菲律宾、印度尼西亚等国。

纪氏系出姜姓。西周初，炎帝后裔受封于纪（今山东寿光南），建立纪国，后被齐国所灭，子孙以国为氏。“隋有司农少卿（纪）和整，世居天水上邽，生士腾。”[⑤] 士腾，隋翼州刺史。唐代，士腾子俨，雍州司仓参军；子及，鄜州刺史。俨子先知，御史中丞；子全经为户部朗中；及子处讷为中宗神龙、景龙年间（707—710）宰相。“纪氏宰相一人，处讷。”[⑥]纪氏由此成为天水望族。先知有子黄中，全经有子谦、咸。从唐朝起，纪氏向沿海迁徙，南宋淮安（江苏省淮安市淮安区）纪协泰，生六子，三子元龙（宠）为宋度宗时潮州通判，是潮汕纪氏之祖，明清时，有的迁移台湾，是当今岛上一百位之内的大姓。

强氏系出姜姓。齐国大夫公孙彊之后裔。彊是古强字，子孙因以为氏。天水强氏，出自东汉末、三国初时氐人。汉献帝“建安二十四年（219）夏五月，曹操徙武都氐於天水界。”[⑦] 魏明帝青龙三年（235），武都氐王强端等率其部属6000余人归附曹魏，端及其后人世居略阳[⑧]。东晋十六国，后秦的奠基者之一、南安赤亭（今甘肃陇西、武山一带）姚襄初起时，以略阳强白为后部帅。[⑨] 略阳强氏多投奔祖籍天水的苻氏前秦、杨氏仇池等建功立业，形成强氏以天水为郡望。苻健立妻强氏为天王皇后，强氏弟德为特进，强平为太傅[⑩]；苻生以舅平为左光禄大夫、以强怀为将军；有王佐之才的特进、光禄大夫强汪辅佐苻坚，坚以强永为将军[⑪]；苻丕以强益耳为侍中。强京为姚苌的镇远将军[⑫]；晋太元十九年（394），反对

---

① 《新唐书》卷七十三下《表第十三下》，北京：中华书局，1975年，第2964页。乾隆《直隶秦州新志》卷十二下《杂记·丛谈》，第25页a。

② 乾隆《直隶秦州新志》卷八《选举》，第14页a。

③ 甘谷县志编委会编：《甘谷县志》，北京：中国社会出版社，1999年，第696页。

④ 秦安县志编委会编：《秦安县志》，兰州：甘肃人民出版社，2001年，第1174页。

⑤ 《新唐书》卷八十七《表第十五上·宰相世系五上》，北京：中华书局，1975年，第3258页。乾隆《直隶秦州新志》卷十二中《杂记·丛谈》，第26页a。

⑥ 《新唐书》卷八十七《表第十五上·宰相世系五上》，北京：中华书局，1975年，第3258页。

⑦ 乾隆《直隶秦州新志》卷十二中《杂记·丛谈》，第37页b。沈起炜编：《中国历史大事年表》，上海：上海辞书出版社，1983年，第150页。

⑧ 参见《晋书》卷一《帝纪第一·宣帝》，北京：中华书局，1974年，第9页。

⑨ 《晋书》卷116《载记第十六·姚襄》，北京：中华书局，1974年，第2962页。乾隆《直隶秦州新志》卷十二中《杂记·丛谈》，第51页a。

⑩ 胡三省音注《资治通鉴》卷九十九《晋纪二十一》，北京：中华书局，1956年标点本，第3111~3112页。

⑪ 胡三省音注《资治通鉴》卷一百《晋纪二十二》、卷105《晋纪二十七》，北京：中华书局，1956年，第3164页、第3326页。

⑫ 《晋书》卷一百一十五《载记第十五·苻丕》，北京：中华书局，1974年，第2942页。

姚兴的后秦将军、武都氐强熙，率户2000人投奔秦州；强超为后秦扶风太守、关内侯。[①] 南北朝，强玄明为刘宋将军，强鹿皮为仇池大帅杨玄的将军，强大黑为仇池杨氏武都王杨文度的将军。唐代，天水强琼，元和元年（806）刻“唐故招圣寺大德慧坚禅师碑”、长庆二年（822）刻“梁守谦功德铭”。

略阳临渭（今甘肃天水东）氐人苻洪，初姓蒲，先人为有扈氏之苗裔，世为部落酋长。父怀归，部落小帅。晋穆帝永和六年（350），以洪为征北大将军，都督河北诸军事、冀州刺史、广川郡公。洪以谶文“草付应王”，其孙坚生后背有“付草”字，改姓“苻”氏，自称大将军、大单于、三秦王[②]。苻氏源于天水，由此成为望族。永和七年（351），洪三子健自称天王、大单于，都长安，建元皇始，建立前秦，次年称帝，立子苌为太子。健以弟雄为丞相[③]、族侄敞为太尉司马、族内后代雅为右卫将军。苌战死，立子生为太子，健兄子菁欲自立，兵败被杀。永和十年（354），生继位，改元寿光，以同族安领太尉、柳为征东大将军、黄眉为卫将军、飞为前将军、眉为将军、产为平阳太守。生荒耽淫虐，杀戮无道。雄子坚与庶兄法除暴君，弟兄互让皇位，坚于升平元年（357）继位，称大秦天王，改元永兴，立子宏为太子。坚以法为丞相[④]，弟融为侍中、中书监、左仆射，融著有世人以为珍品的《浮图赋》；以子河间公琳为中军大将军，从兄子朗为镇东将军、青州刺史，朗著有《苻子》三十卷行于世；以同族晖为车骑大将军、纂为尚书令、冲为平州刺史；以敞长子同成嗣父位、次子登为殿上将军。苻坚建元十六年（380），平息唐公苻洛的叛乱[⑤]。淝水之败后，慕容泓起兵叛坚，坚遣子安东将军睿讨伐，睿被泓所杀；坚被姚苌缢杀[⑥]。坚庶长子丕于太元十年（385）在晋阳继位，改元太安，立子宁为太子，再建前秦政权。丕以同族定为征东将军、绍为镇东将军、谟为征西将军、亮为镇北将军、飞龙为将军；封登为征南大将军、南安王，鉴为固安侯。丕与后燕慕容永会战失败，携子渤海王懿、济北王昶投奔登，丕被东晋扬威将军冯该击杀。[⑦] 登于太元十一年（386）继位，改元太初，立子崇为太子，子弁为南安王、尚为北海王、宗为汝阴王。以弟广为司徒、纂弟师奴为抚远大将军，同族硕原为前禁将军。太元十九年（394），崇于湟中继位，改元延初，为西秦乞伏乾归所逐而死。苻氏自洪起兵，健建立前秦至登为五世，立国43年。健统关陇锐师，敢登大宝。坚雅量瑰姿，变夷众夏，阐先贤儒风，抚育百姓，忧勤政事，俊贤呈才，文武兼施，德刑并举，平燕定蜀，擒代吞凉，版图纳入西域30余国[⑧]，基本上统一北中

① 《晋书》卷一百一十七《载记第十七·姚兴上》，北京：中华书局，1974年，第2980页、第2981页。乾隆《直隶秦州新志》卷十二中《杂记·丛谈》，第53页b。

② 胡三省音注《资治通鉴》卷九十八《晋纪二十》，北京：中华书局，1956年标点本，第3012页。

③ 胡三省音注《资治通鉴》卷九十九《晋纪二十一》，北京：中华书局，1956年标点本，第3111~3112页、第3122页。

④ 胡三省音注《资治通鉴》卷一百《晋纪二十二》，北京：中华书局，1956年标点本，第3164~3165页。

⑤ 胡三省音注《资治通鉴》卷一百零四《晋纪二十六》，北京：中华书局，1956年标点本，第3294页。

⑥ 胡三省音注《资治通鉴》卷一百零六《晋纪二十八》，北京：中华书局，1956年标点本，第3348页。

⑦ 胡三省音注《资治通鉴》卷一百零六《晋纪二十八》，北京：中华书局，1956年标点本，第3369页。

⑧ 胡三省音注《资治通鉴》卷一百零四《晋纪二十七》，北京：中华书局，1956年标点本，第3332页。

国。丕承败重建国家，登集散厉志，虽众寡不敌，犹慷慨义烈。第三次人口普查，苻姓居第388位。

据《史记·五帝本纪第一·正义》：“益、伯翳也，秦、赵之祖。”①伯益的后裔造父为周穆王御马，因功封赐赵城（今山西洪洞北），子孙因以为氏，是为赵姓起源。造父的后裔叔带仕晋，下传五世至赵夙，世为晋国公卿。周威烈王二十三年（前403）赵籍受封为列侯，建立赵国。秦王嬴政十九年（前228），秦军破赵军，虏赵王迁。赵公子嘉出奔代（今河北蔚县东北），自立为代王。秦王嬴政二十五年（前222），秦灭代，虏代王嘉，遣嘉之子公辅出主西戎，世居天水。赵氏由此逐渐成为天水的望族。汉代封侯的赵氏，出自天水宗族的有新畤侯赵弟、营平侯赵充国等，尤以赵充国平诸羌、设屯田、固边防，最著名，其墓在天水市属清水县。充国长子卬，为右曹中郎将，早亡不受封；次子弘受封为质侯、孙考侯赵钦、曾孙赵岑嗣爵。西汉时，天水赵氏的一支迁至南阳；燕相赵禹落籍扶风。东汉时，太常赵岐落籍京兆。公辅的12世孙、充国后裔赵融为汉助军校尉、大鸿胪。天水赵壹为辞赋家，有名篇《刺世疾邪赋》传世。魏晋南北朝时，魏国“天水白石县（今甘肃成县）人赵令安，四世同居，行著州里，诏并标榜门闾”②。赵昂为凉州从事。赵融的七世孙赵瑶为魏河北太守，九世孙赵迁、赵昌，迁为后秦姚苌时尚书右仆射。昌子赵逸、赵温。逸为北魏宁朔将军，能赋诗、通经史，著《夏国书》，温为仇池杨难当司马。温子赵琰为淮南王府长史，琰子赵煦（宾育）为秦州刺史，煦子琨冲为广州长史、顺阳郡守。天水赵俱，三秦王苻洪从事中郎；略阳清水（今甘肃清水）赵整，著前秦国史《秦书》。南安（郡治今甘肃武山）赵韶为前秦苻生右仆射，赵襄任北魏中山郡守，将家族迁于代，子弘任广武令，孙琛任上洛郡守，曾孙昶，官至北周宾部中大夫；同邑赵达任北魏库部尚书，子仁以良家子出镇武川，此赵氏一支迁往武川。仁孙贵位至西魏大冢宰、楚国公；贵的从兄善，为西魏左仆射兼侍中，位居宰相。天水赵孝穆任南朝梁侯官令，子知礼为陈右将军，史载军国事，垂问频，封伯爵，知礼子允恭嗣爵。琨冲子赵佺，北周秦郡守，刻于北周天和六年（571）的赵佺墓志出土于天水市秦州区，现藏天水市博物馆。北周大将军、公爵赵文表，先人是天水赵氏，后徙居南郑，累世为二千石，父珏为骠骑大将军，至隋朝，赵瑶后裔乾赞为幽州刺史、阳武公，乾赞子玄极为忻州刺史；文表子仁海袭封公爵。赵迁的后裔有赵冀，冀子赵超宗、赵遐（令胜）、赵叔隆等。超宗为北魏河东太守，子仲懿为尚书左丞，孙煚为隋尚书右仆射，造铜斗铁尺方便百姓，曾孙义臣官太子洗马；遐为北魏征虏将军，子爵，叔隆为北魏中山太守。天水赵演任北周秦州刺史，子芬任隋尚书左仆射，与王谊同修隋律令，芬长子元恪任杨州总管司马，少子元楷为江都郡丞。释智俨、释端甫，均天水赵氏，智俨是唐代佛教华严宗的创始人，所撰《华严搜云记》等义疏及解诸经论20余部，弟子

① 《史记》卷一《五帝本纪第一》，北京：中华书局，1959年标点本，第39页。

② 《北史》卷八十五《列传第七十三·节义》，北京：中华书局，1974年，第2843页。

义湘是新罗国人，为海东华严宗初祖。端甫谥号“大达”法师，由时任宰相裴休撰文、书法家柳公权书丹的“大达”灵塔《玄秘塔碑》，在中国书法史上具有极为重要的地位。原碑现存西安碑林博物馆。甘州张掖赵武孟，任唐右台侍御史，著《河西人物志》，先人是天水赵氏，父子迁，隋鹰扬郎将；子彦昭为神龙、景龙年间（707—710）宰相。天水陇西赵憬，唐贞元年间（792—796）宰相，曾祖仁本，吏部侍郎、高宗宰相，撰《法例》两卷；祖湋，左司郎中、司仆少卿；父道先，洪州录事参军[①]；子元亮、全亮均为侍御史。五代时，赵温珪事前蜀为司天监，子延义承父业，历仕蜀、后唐、后晋、北周，官至太府卿。宋朝的国姓是赵姓，“天水，国之姓望也”[②]。学界称赵宋王朝为“天水一朝”，王国维在《宋代之金石学》中提出：“天水一朝人智之活动与文化之多方面，前之汉唐，后之元明，皆所不逮也。近世学术多发端于宋人。”[③] 原载于1943年3月《读书通讯》第62期的陈寅恪《邓广铭〈宋史职官志考证〉序》称：“华夏民族之文化，历数千载之演进，造极于趙宋之世。”以理学为核心的新儒学形成，指南针、火药和印刷术取得重大进步，词成为文学的主流形式，文化普及而文人字画、民间风俗画成就突出；虽后来山河破碎、民众重气节，苦难使人们的感情更加丰富。其又在《赠蒋炳南序》中说：“贬斥势利，尊崇气节，遂一匡五代之浇漓，返之淳正。故天水一朝之文化，竟为我民族遗留之瑰宝。”[④] 其缘故在于尚气节而羞势利。纵览宋朝，文化昌明、经济繁荣、科技发达，社会风习清雅多姿、百姓生活富庶精致，人的精神心灵从容宽和博爱。所以，“天水一朝”代表着一个经济科技高度发达、崇尚气节、人文蔚起的时代。为何把宋朝称作“天水一朝”，因为天水是赵氏郡望。有宋一代，天水的尊崇地位达到顶峰，其余蕴绵延于今。元代书法家赵孟頫系宋朝皇室宗亲，有“天水郡图书印”，为秦州西南的礼店军民元帅府雍古氏书《赵世延家庙碑》，碑现存于天水市西南礼县县城南郊新建碑亭内，1962年公布为省级保护文物。位于天水市城北天靖山麓的玉泉观，还有明嘉靖二十九年（1550）镌成的赵孟頫草书诗碑4幢。宋代所修《天水堂·赵氏族谱》，自西汉赵充国世系发展到宋代时世，依次反映出从天水迁长安、襄樊、洪州，直至移居江南的整个历程。清同治十年（1871）天水赵氏族人重修《天水堂·赵氏祖谱》。改革开放以来，多位加拿大、马来西亚华人和港台同胞来天水寻访“天水堂”遗址。2002年，天水市第一批公布的国家历史文化名城保护院落——赵氏宗祠天水堂，位于秦州区西关三星巷口以西。2010年11月，天水华夏赵姓文化研究会成立，2011年11月，该会在赵姓郡望天水堂、天水伏羲广场承办了由世界赵姓文史联研总会主办的第三届世界赵姓人寻根祭祖活动，新加坡南洋赵氏总会、韩国白川赵氏大宗会、河北邯郸市赵文化研究所、广东省世界赵姓文史联研总会南粤支会、河南省全球赵氏巩义宋陵拜祖垦亲会，江苏、山东、江西、贵州、四

---

① 《新唐书》卷七十三下《表第十三下·宰相世系三下》，北京：中华书局，1975年，第2980页、第2981页。

② 《宋史》卷六十五《志第十八·五行三》，北京：中华书局，1974年，第1429页。

③ 林文光选编：《王国维文选》，成都：四川文艺出版社，2009年，第91页。

④ 陈寅恪：《寒柳堂集·赠蒋秉南序》，北京：三联书店，2001年，第182页。

川、福建、安徽、天津、重庆等省市区22支代表队向伏羲行礼、祭祀祖宗，给天水华夏赵姓文化研究会授世界赵姓文史联研总会天水办事处牌。[①] 当代三百大姓，赵姓以2600万人口位列第八位，占全国总人口的2%以上。

如果我们把目光从天水扩展至整个陇右地区，其在中国姓氏文化中的地位就会凸现。古代陇上及天水以9个郡望而言，约望出姓氏74个。九郡是陇西（战国秦置，三国魏移郡治今陇西县东南）、天水（西汉置，东汉移郡治今甘谷县、后移治今天水市秦州区）、敦煌（西汉置，郡治今敦煌市）、张掖（西汉置，郡治今张掖市甘州区）、武威（西汉置，郡治今武威市凉州区）、南安（东汉置、郡治豲道在今武山县境内）、晋昌（西晋置、郡治今瓜州县东南锁阳城）、安定（西汉置、东汉移郡治今泾川县北）、陇东（北魏置、郡治泾阳在今平凉市崆峒区西北）。其中，只有安定、陇东2个郡望不在传统上所谓陇右范围内。陇西郡约望出12个姓氏：李（当代三百大姓第二位9000万人，下同，以下简述排名人口）、彭（第35位640万人）、时（第189位54万人）、禹、董（第39位590万人）、闵（第193位52万人）、牛（第98位200万人）、边（第234位34万人）、辛（第145位90万人）、关（第131位117万人）、第五（宋《百家姓》无，见清代504姓《增广百家姓》）、连（宋《百家姓》无，见清《姓氏考略》）。安定郡约望出8个姓氏：伍（第128位130万人）、梁（第20位1100万人）、席（第201位47万人）、胡（第15位1400万人）、程（第33位660万人）、蒙（第200位47万人）、张（郡望之一，张氏郡望清河、安定等；清河，西汉置，郡治今河北清河县东南；第三位8500万人）、毂梁（宋《百家姓》无，见《增广百家姓》）。敦煌郡望出5个姓氏：慕、容、慕容、洪（郡望之一，洪氏郡望豫章、敦煌；豫章，西汉置，郡治今江西南昌市；第99位200万人）、宋（郡望之一，宋氏郡望京兆、敦煌等；第23位900万人）。张掖郡约望出2个姓氏：乌（郡望之一，乌氏郡望颍川、张掖等；颍川，秦置，郡治今河南禹州市）、昂（宋《百家姓》无，见陈文宫《中华千家姓》[②]）。武威郡望出3个姓氏：贾（第69位370万人）、石（第71位360万人）、索。晋昌郡望出3个姓氏：唐（第25位780万人）、管（第143位95万人）、乜。陇东郡望出阳氏（第197位49万人）。天水郡望出35个姓氏：赵（第8位2600万人）、王（郡望之一，王氏郡望太原、京兆、天水等；第一位9200万人，加上海外过亿）、杨（郡望之一，杨氏郡望弘农、天水等；弘农，西汉置，郡治今河南灵宝市东北故函谷关城；第6位4000万人）、秦（第74位320万人）、严（第94位220万人）、姜、皮、尹（第94位220万人）、狄、纪、强、秋、甘（郡望之一，甘氏郡望渤海、天水；渤海，西汉置，郡治今河北沧县；第155位84万人）、苻、龙（郡望之一，《姓氏考略》载龙氏郡望武陵[③]、天水；武陵，西汉置，郡治今湖南溆浦县南；第80位280万人）、双、莘、桂（第218位39万人）、别（郡望之一，别氏郡望

① 胡晓宜：《绿叶对根的情义》，《天水日报》，2011年11月11日，第3版。

② 陈文宫：《中华千家姓》，广州：花城出版社，2009年，第229页。

③ 陈廷炜：《姓氏考略》，道光十一年（1831）六安晁氏出版，现存版本为陶越增删影印本。

京兆、天水)、庄(第113位160万人)、艾(第215位40万人)、慎、阚、那、曾(第32位680万人)、权、上官、贠(宋《百家姓》无,见陈廷炜《姓氏考略》等)、忻(宋《百家姓》无,见宋《古今姓氏书辨证》[①] 等)、亓(亓官,宋《百家姓》无,见《增广百家姓》,下同)、子车、乐正、闫、汝、琴。南安郡望出5个姓氏:单(第177位68万人)、家(郡望之一,家氏郡望京兆、南安)、姚(郡望之一,姚氏郡望吴兴、南安;吴兴,三国吴置,郡治今浙江湖州市吴兴区;第62位410万人)、鲜(宋《百家姓》无,见《姓氏考略》)、秘(郡望之一,秘氏郡望南安、天水,宋《百家姓》无,见《姓氏考略》)。陇上郡望约望出74个姓氏中,当代排序234位以前的大姓40个;南安郡治貆道在今武山县境内,南安郡系从天水郡的继承者汉阳郡析出,今天水境内望出姓氏40个、占陇上古郡望出姓氏的54.1%,望出的当代排序218位以前的大姓17个;其他7个郡望望出姓氏约34个、望出的当代大姓23个。李学勤先生在《天水通史》序中说:“天水这一地区,在中国悠久的历史中一直都很重要。它扼处今甘肃、陕西、四川三省交界,背靠西北,面向中原,又能遥通西南,恰位于全国版图中央,而横跨欧亚大陆的‘丝绸之路’即在天水横亘穿过。地理形势的优越冲要,决定了天水于古今历史上长期据有特殊的位置,起着显著的影响。”[②] 今甘肃境内望出当代排序第一、二、三、六、八位的大姓5个,排序第二的李姓望出陇西,其他均望出天水,天水是郡望大郡。

(二)关中—天水郡望望出姓氏比较

关中地区是华夏郡望姓氏文化的重要传承区域,有古郡京兆(郡治今西安市西北)、冯翊(郡治今大荔县)、郃阳县(治今合阳县)、扶风(郡治今兴平市东南)、郃阳县(治今武功县西南)、武功(郡治今武功县西北)6个郡望,约望出姓氏54个。京兆郡望出34个姓氏:王(郡望之一,王氏郡望太原、京兆、天水等;第一位9200万人)、韦(第68位370万人)、酆、史(第85位250万人)、康(第92位220万人)、米(第210位43万人)、计、宋(亦有望出敦煌者)、舒(第169位72万人)、杜(第47位520万人)、宗(第268位22万人)、羊、於、家(亦有望出南安者)、段(第81位270万人)、车(第191位54万人)、全(第228位36万人)、郜(第289位17万人)、黎(第103位200万人)、扶、雍(第284位18万人)、寿、扈、浦、别(亦有望出天水者)、夔、师(第254位28万人)、晁、冷(第246位30万人)、皇甫、申屠、归(宋《百家姓》无,见《增广百家姓》,下同)、羊舌、谯。冯翊望出6个姓氏:雷(第78位300万人)、吉(第195位49万人)、印、党(第196位49万人)、益、梁丘(宋《百家姓》无,见《增广百家姓》)。郃阳望出支氏。扶风郡望出9个姓氏:窦(第219位38万人)、鲁(第115位150万人)、马(第14位1500万人)、万(第88位240万人)、惠、

---

① 〔宋〕邓名世著,王力平点校:《古今姓氏书辨证》,南昌:江西人民出版社,2006年。

② 王光庆总主编:《天水通史》序一(李学勤),北京:中华书局,2014年,第5页。

井（第278位19万人）、班、禄、法（宋《百家姓》无，见《增广百家姓》）氏。郃阳望出2个姓氏：凤、轩辕氏。武功郡望出2个姓氏：苏（第41位580万人）、殳氏。关中望出54个姓氏中，当代排序289位以前的大姓25个，其中的王姓排第一、马姓排十四、宋姓二十三、苏姓四十一、杜姓四十七、韦姓六十八、雷姓七十八、段姓八十一、史姓八十五、万姓八十八，人口在9200万人至240万人之间。

在《百家姓》列出的100多个郡望中，京兆郡望出姓氏数量第一、太原郡第二、天水郡第三。这是中华姓氏文化的三大郡望。京兆的继承者古都西安是关中核心、古丝路起点，西北最大城市；太原郡是秦三十六郡之一①，太原今仍为山西省会；天水自西汉置郡，曾为州郡治所，今为地级市。

关中辐射陕南汉中、安康市，陕北延安、榆林市，几乎涵盖陕西全省。经济区中的天水，辐射陇东南平凉、庆阳市及陇南市。如此看来，关中—天水经济区及辐射区域内10个古郡望望出姓氏102个（包括望出京兆、南安的家姓，望出京兆、天水的王、别姓）。陇东南占经济区及辐射区内郡望姓氏的47%。以今天水、平凉与关中5市1区又1市的3县1区相比，面积小、人口少；但面小人少的地域却望出姓氏占关中—天水经济区地域郡望姓氏的47%，其中有当代排序第一的王、第三的张、第六的杨、第八的赵4个大姓，人口在9200万人至2600万人之间，这说明其历史文化积淀的厚重。

李学勤先生指出：“天水地区的大地湾文化，与陕西一带的老官台文化类似，是仰韶文化的先驱之一，对于上述文明标志因素的考察有非常重要的意义。例如文字被认为是这种标志中最要紧的一项，而仰韶文化的陶器刻画符号与文字的产生密切相关。现在看到大地湾文化已经有许多陶器刻画符号，且同仰韶文化符号相像，只是更早了上千年。由此可见，天水地区是寻觅中华文明发祥地的重要地点——伏羲代表着相当长的一段上古时期。前些年北京大学李伯谦先生提出‘考古学重建中国古史体系’，就以伏羲氏对应的社会形态为氏族，其历史时代的主要经济生活方式为渔猎采集。”② 天水与关中的古老文化，同为仰韶文化的先驱。清康熙初年以前天水与关中同属一域，同语秦音，历史上的关陇集团创造辉煌，自古以来历史文化渊源深厚、联系密切。天水的伏羲文化、宝鸡的炎帝文化、经济辐射区延安的黄帝文化，序列一脉相承，节点自西向东。伏羲起源中国姓氏，天水的炎帝姜姓人旺文盛，黄帝姓氏多望出关中—天水周边地区。黄帝子得姬、姞等姓，颛顼是黄帝后裔，姬姓所出酆、郜、寿、晁氏，姞姓所出雍、阚氏，郡望分别为京兆、天水；姬姓所出吉、印氏，郡望冯翊；姬姓所出鲁、惠氏，郡望扶风；颛顼之后的梁、程氏，均郡望安定；同为姬姓所出的狄氏、杨氏，郡望天水；姬姓所出单氏，郡望南安；姬姓所出家氏，郡望京兆、天水。京兆、天水郡均望出王、别氏等。“西周

① 《史记》卷一《秦始皇本纪第六·集解》，北京：中华书局，1959年标点本，第239页。
② 王光庆总主编：《天水通史》序一（李学勤），北京：中华书局，2014年，第6页。

覆亡，周室东迁以后，秦人雄起西方，先是称霸西戎，随之逐步东进，终于兼并列国，建立秦朝，成就统一大业。秦朝存在的时间虽然短促，对后世的影响却相当深远。特别是秦人的文化，有其独具的特点，伴随着秦人的扩张发展，广被于全国各地。”① 秦人在以天水为中心的甘肃历经十四世，后挺进关中。天水不仅是伏羲正姓氏的姓氏文化源头，而且是缘起陕西之“秦”的秦早期文化和秦姓的源头。② 天水与关中，古代同域同音、同为秦人，京兆、天水，又在中华姓氏文化三大郡望中占其二，三皇姓氏、郡望姓氏较集中，郡望姓氏相互关联交叉，是关中—天水姓氏文化的特点，关中—天水经济区姓氏文化可作为相对独立的研究对象。

三　姓氏文化应成为关中—天水经济区地方志研究记述开发的重要内容

修志问道，以启未来。地方志记述姓氏文化，蕴涵着相应族群的历史记忆和文化特征，对于传承展示民族传统文化、增强民族凝聚力、提升国家文化软实力，为民修志，解决“我是谁，从哪里来”的问题，意义重大。寻根问祖，海内外华人对祖先和祖地的根亲心念从未间断。天水是中华人文始祖伏羲的生地及伏羲正姓氏的源头，京兆的继承者古都西安是中华姓氏文化的郡望数量之首，此均在全国具有唯一性、独特性，牵动着中华万姓慎终追远、认祖归根的众望。2009 年以来，福州仓山区白湖亭官（《百家姓》无、上官姓衍出）氏、明初“江西填湖广”时迁居湖南的艾氏后裔，陕西、四川杨氏等都曾先后来信来人到天水寻根探祖，反映出社会上对开展姓氏文化研究有强烈的需求。笔者认为：地方志工作应当在姓氏文化研究中，“树立地方志编纂的话语权——树立学术研究、开发利用的话语权”③。姓氏文化的族群认同是对地方志所蕴含的特定文化的认同，地方志应“结合工作实际，主动而为，力争有所作为，充分发挥好地方志的资政功能”④。以有为促有位，就华夏姓氏文化研究、保护传承展示、开发利用做出创新示范。尤其西安、天水等市要发挥国家历史文化名城的文化资源优势，抢救文化遗产，挖掘、整理、记述、传承、保护利用区域姓氏文化。

（一）创新续志篇目，记述区域姓氏文化，以内容充实的权威性方志证明区域历史文化的根源和深厚根基

读一、二轮甘肃的市州地区志 9 种、县（市）区志 27 种，二轮县（市）志篇目 5 种。其中：记述区域姓氏文化的有地区志 2 种（陇东）、县（市）区志 20 种，二轮县志篇目设有姓氏文化内容的 2 种；有 39% 的一、二轮志书未记述地方姓氏文化，67% 的二轮县（市）区志篇目未设姓氏文化内容。记述的，以列入中小编体人口编为多，其次列入纲目、小编体人口民族

① 王光庆总主编：《天水通史》序一（李学勤），北京：中华书局，2014 年，第 7 页。

② 天水市地方志编委会编《天水市志》下卷：“秦人又以封地‘秦’为族姓，秦人、秦族、秦国的称谓都源渊于此。”北京：方志出版社，2004 年，第 2388 页。

③ 王伟光：《在中国地方志指导小组五届二次会议上的讲话》，《中国方志通讯》2015 年第 9 期，第 7 页。

④ 王伟光：《在中国地方志指导小组五届二次会议上的讲话》，《中国方志通讯》2015 年第 9 期，第 6 页。

篇，再次列入大中编体社会编，还有列入章节体社会民俗章、大编体地理编的；篇目设内容的，列入中编体历史文化编、纲目体专记文录卷。一、二轮志书未记述姓氏文化者，尤以市州志为多。有鉴于此，续志，要坚持两条原则：一是在继承传统的基础上，有所突破、创新；二是在不削弱经济部类记述的基础上，以人为本、突出人文。市州续志，尤其是国家历史文化名城、古姓氏郡望地，须设历史文化编、列姓氏文化专章；其他的，也应有姓氏文化的记述。县（市）区续志，据区域姓氏文化积淀的轻重厚薄，区别对待，创新篇目，突破姓氏文化记述空白。市县两级续志，据本区域姓氏文化特点，设计体例篇目，或大、中、小编体，或纲目、章节体，或列入人口、民族篇，或列入地理、社会编，或记入专记类均可。篇幅上：市州续志、姓氏文化积淀厚重的县（市）区的续志可按编分章记述，其他县（市）区续志按章分节记述，或按节记述，节下可设目、子目。内容上：包括姓氏起源、源流、郡望姓氏或古代大姓、封建割据政权姓氏（如《仇池国志》中的杨、苻、吕、李、刘、赵、王、雷、毛、苟、窦、强、张、郝、杜、姜等）①、姓氏分布、区域全部姓氏录、族谱家谱简介。其中的源流应交代清楚姓氏源头、流变，家族播迁之谪戍、大族迁徙、移民实边、从军、职官任满留居、经商、游慕定居、世系等，均应交代清楚。记述应采取文表图结合的方式，以表图辅文。对大宗族可编源流录，有宗谱者，辅以谱系。对姓氏分布情况，市州可以包括姓氏、县区名、人口、主要分布乡镇等项的千户或千人以上姓氏一览表述，县（市）区可以包括姓氏、居住区、来历等项的姓氏分布区表述。甘肃省人口较多的市州一级行政区域内姓氏不会超过800个，县（市）区一级行政区域内姓氏在200个以上、400个以内，县（市）区内千户以上的大姓在10个左右，有的7个大姓就占全县人口的52%。② 姓氏录，可按姓氏、人口由多到少为序，市州可编排本行政区域姓氏一百大姓、县（市）区可编排十大姓，也可以笔画为序编排区域全部姓氏，市州亦可以分县区记录姓氏，市县两级续志还可以包括姓氏、人口、人口所占百分数项为内容的表述。有族谱家谱传世的，应设族谱家谱简介，族谱家谱可信度较高，有的可填补志书缺乏明初移民事的记述；对其中有代表性、典型的序、诰命、世系等内容可录入志书。姓氏著名人物应在人物编记载，并在姓氏文化记述中提示详见人物编。记表述中即要突出区域姓氏的独特性，又要表现出姓氏文化全貌。顺便说一句，族谱家谱具有重要的资料价值，对其进行抢救收集，并整理出版，是二、三轮修志应该承担的工作，应给予足够重视。

（二）将区域姓氏文化研究纳入工作的整体布局，统筹考虑，全盘规划

目前看到的天水等地研究、记述姓氏文化的书籍，系热爱家乡历史文化、宗姓的民间人士所为，在姓氏及人物籍贯、流变、家族播迁、世系考证、宗姓在历史上的文化贡献及其意义研

---

① 民国张维纂《仇池国志》，兰州：甘肃省银行印刷厂民国38年（1949）铅印本。

② 静宁县志编委会编：《静宁县志》，兰州：甘肃人民出版社，1993年，第91页。

究方面都有一定的成果，但也存在研究不深入，文字质量不高，史实考证不精，甚至有误等情况。民间力量分散，研究的深度、广度不够，客观上存在很多限制。地方志是有着地方行政区域特色的客观性著述，客观存史，严谨纪实，具有权威性，开展姓氏文化研究应是其工作的有机组成部分。因此，地方志机构应主动出击，将区域姓氏文化研究纳入工作范围，发挥好顶层设计和统筹规划的职能作用，把专业团队与民间力量整合起来，组织专业人员和社会力量编写地情姓氏文化资料书籍，作为地情文献资料之一，以资志书编纂采摘。关中—天水经济区，天水作为中国姓氏的源头流播地、古姓氏郡望大郡、陇东南文化历史的核心城市，西安作为关陇文化的中心、古姓氏郡望大郡、关中—天水经济区的核心城市，均宜以古姓氏郡望大郡的历史文化优势，辐射联合周边城市，把区域姓氏文化列入地方文化研究的整体规划来布局，促进地方志工作与地方特色文化构建发展项目的深度融合，配合寻根祭祖的华夏始祖文化园建设，促进姓氏文化、祭祖与旅游业的深度融合，有组织地进行姓氏文化整理研究，让姓氏文化资源焕发活力，增强志书、地情书的可读性，扩大方志文化的受众面。

（三）关中—天水经济区地方志工作应联合开发姓氏文化资源

关中和天水，应以丝绸之路经济带、国家提供的经济区平台，依托厚重的文化资源，联合开发姓氏文化资源。自经济区设立以来，《西安年鉴》《咸阳年鉴》《天水年鉴》均有关中—天水经济区专版，地方志工作已有合作。宜将天水的伏羲文化、宝鸡的炎帝文化、经济辐射区延安的黄帝文化相互结合，把此一脉相承、节点自西向东的序列文化统一在中华文化链上整体托出，在关中—天水经济区华夏始祖文化园建设中，争取本区域中华文明之源的核心地位与主体形象，使之成为华夏文明历史文化和寻根基地。经济区及辐射区区域内地方志工作机构应依托三皇姓氏、郡望姓氏的文化资源，重视发挥其精神纽带作用，创新优势，共同开发。为此，笔者特提出四点建议：一是规范姓氏文化研究活动，联合成立关中—天水姓氏文化研究会。把分散盲目、无组织的研究活动，纳入、引导为有组织的事业去干，建立合法的社团组织，完善规章制度、规范研究和交流活动，促使姓氏文化研究活动健康有序开展。二是拓宽姓氏文化研究联谊渠道。姓氏文化研究社团以“根在关中—天水”为主题，发掘姓氏文化资源，整理族谱家谱，创办会刊，并联合文化广电部门，利用网站、广播、电视等媒体向外宣传，增强根在关中—天水的海内外同胞的认同感和寻亲意识，促进对外开放；同时，鼓励姓氏文化研究社团开展全方位的恳亲活动，增强海内外姓氏宗亲共识，吸引他们旅游观光，考察投资，促进关中—天水经济区的经济社会全面发展。三是全面掌握姓氏文化资源，出版研究丛书。对三皇姓氏、发源姓氏、郡望姓氏进行深入发掘和研究，整理编写关中—天水姓氏、姓氏文化历史名人系列书籍，宣传介绍姓氏文化历史名人在中国历史上为维护国家统一，振兴民族经济，推动社会进步的贡献与作用，出版关中—天水姓氏文化研究丛书；在对姓氏历史文化、历史名人及故里的研究过程中，要遵循实事求是原则，工作作风认真踏实，切忌浮躁，避免经济利益与人为因素干扰，本着对姓氏历史名人负责，对海内外寻根宗亲负责，对子孙后代负责的科学严谨态度开展工作，促使姓氏文化研究与开发始终如一地理性发展。四是对全区域所有姓氏的分布现状、源头、流变，播迁、移民实边历程、发展概况等进行梳理、归纳，为姓氏文化的进一步研究与开发创造条件。并以此作为争取本区域中华文明之源核心地位与主体形象的一个有力楔入点，促进地方志工作为增强关中—天水华夏文明历史文化的影响力、把海内外华人与关中—天水紧密连接起来做出应有贡献。

“一带一路”视野下的姓氏文化开发

罗生福（广西百色市地方志办公室）

提要：“一带一路”发展战略绝非经济发展专利，也应成为文化大发展的战略契机。而作为联系历史与现实的重要桥梁之一，姓氏是公民生来就被赋予的一种标志。如果一个人在异国他乡遇到同姓的人，不管彼此之间的关系有多么远，可能都会显得特别亲切。像这种小小的感情牵系，却是中华民族大家庭之间互相团结的力量表现之一应成为“一带一路”信史文化重器，成为文化软实力的硬基础，成为继往开来中华文化乃至华夏文明传承、传播的权威工程、精品工程、传世工程。在今天“一带一路”的视野下，姓氏当中蕴含着祖先丰富的宗族文化，只要充分的利用姓氏资源，将姓氏提升到一种文化产业的高度，那么，将可能创造出一笔宝贵的文化财富，为“一带一路”下的文化传承与创新打开另一扇门。

关键词：姓氏起源　文化产业

丝绸之路古已有之，体现了人类跨越阻隔、交流互鉴的胆识和毅力，在古代东西方文明交流交往历史中写下重要篇章。2100多年前，雄才大略的汉武帝遣臣子相继开辟了陆上丝绸之路和海上丝绸之路，将中国与亚、欧、非三大洲的众多国家联系起来，丝绸、瓷器、香料络绎于途。正是在丝绸之路的引领推动下，世界开始了解中国，中国开始影响世界。丝绸之路在推动东西方思想交流、文化交融，全球经济一体化、人类文明多样化方面发挥了十分重要的作用，为古代东西方之间经济、文化交流做出了重要贡献。今天，世界和中国又站在一个崭新的战略关口。顺应求和平、谋发展、促合作的共同追求，“一带一路”新倡议也被赋予新的丰富内涵和深远意义，传统文化的传承与现代文化的创新迎来难得的发展机遇。充分发挥“一带一路”连接不同文明的纽带作用，就能把地区间的经济、社会、文化交流提高到新的水平。“一带一路”发展战略绝非经济发展专利，也应成为文化大发展的战略契机。而作为联系历史与现实的重要桥梁之一，姓氏在中国有悠久的历史渊源，推本溯源，我认为姓氏谱牒可以说是一族或一家之全史。无论是第一轮还是第二轮出版的志书，多多少少都记有姓氏谱牒的内容，内容比较多的有云南省《楚雄县志》和贵州省《毕节县志》，前者在“社会卷”设“姓氏”章，分“姓氏源流”“姓氏分布”“称谓、家规、会馆”三节，介绍了在楚雄县境内1982年人口普查345个姓的情况；后者在“民俗”篇设“姓氏”“宗祠”“寺庙”“同乡会”章，其中“姓氏”章6802字，介绍了毕节姓氏的发展演变。河南省《信阳地区志》更加详细，虽然仅设一节，节下分“源于本区的姓氏”和“姓氏分布”两目，但能把已知起源于信阳境内的21个姓氏的来源一一介绍。为研究历史学、社会学、人口学、人才学、伦理学、人类学、经济学、方志学、民族学等积累一些资料；对研究中国家族制度的形成、发展、基本特点、家庭管理、社会进步、经济发展提供了历史依据，成为现实的资料库。由于姓氏谱牒具有其他地方文献的不可代替性。中国是家谱和地方志文化的发源地，林林总总的志书、家谱不胜其数，然至当下为止，不但方志、族谱学没有成为一个专门的学科，而且大学中关于家谱和地方志方面的专门教育和人才培养更是阙如。就是出版的志书有关姓氏谱学，也是无人问津，因此本文侧重从“一带一路”视野下姓氏的发展和姓氏文化对地方志事业的价值、姓氏文化产业等方面做粗浅的探讨。在探讨前，有必要对本文姓氏谱牒做一下说明，由于姓氏、谱牒关系密切且互为影响，因此本文在写作上视为一个名词处理。

一 姓氏的起源和姓氏文化对地方志事业的价值

（一）姓氏的起源

姓氏的发展是源远流长的，姓氏文化蕴藉也特别厚重。在距今5000年前，中国人就有了姓，每个人都有自己的姓氏，姓氏是代表和识别社会成员的人群血缘系统的主要标志及遗传符号，醒目地表示了一个人的家族系统和血缘关系。[①] “姓”开始的产生的时代是在原始氏族社会，“氏”最早的出现则是在原始社会的晚期。秦代以前，“姓”与“氏”拥有不同的含义，它们是各有所指的两个单独的字。在夏、商、周三个朝代中，“姓”具有表示相同血缘关系的种族代称的社会职能，而“氏”是“姓”中派生出来的分流，总的来说，“姓”是“氏”的根本，“氏”是从“姓”而衍生。到西汉以后，“姓”和“氏”的区别就已经非常接近，微乎其微了。中国姓氏的历史演变，历过千年历史的沉积，变化很大，由于各家有各家的所见，所以说法也不相统一，但是要归纳起来，则可以基本有如下几个观点：1. 在母系氏族社会，以母亲为姓。传说上古时代神农氏的母亲叫女登，所以那时许多姓都是女字旁，如：钱、姬、姜、妫、姒等。2. 以出生地、居住地为姓。传说上古代虞舜出生于姚墟，便以姚为姓。春秋时代齐国公族大夫分别住在东郭、南郭、西郭、北郭，便以东郭、南郭等为姓；关大夫住在西门，便以西门为姓。3. 以古国名为姓。虞、夏、商三朝都有个汪芒国，汪芒的后代乃姓汪。商朝在泾渭之间有个阮国，其后代便姓阮。4. 以封地为姓。造你被周武王封到赵城，他的后代便姓赵；

① 崔景明：《华夏民族的姓氏及其现代价值——兼论河洛文化为主的姓氏寻根》，《胜利油田党校学报》2009年11月第22卷第6期。

周昭王的庶子被封于翁地，因而姓翁；周公旦的儿子被封到邢国为邢侯，他的后代便姓邢。5. 以官职为姓。古代有五官，即司徒、司马、司空、司士、司寇，他们的后代便以这些官职为姓。6. 子赐氏，以谥号为姓。如周穆王死了一个宠姬，为了表示哀痛，赐她的后代姓痛；周惠王死后追谥为惠，他的后代便姓惠。7. 以祖辈的字为姓。如郑国公子偃，字子游，其子孙便姓游；鲁孝公的儿子子驱，字子臧，其后代便姓臧。8. 以神话中的传说为姓。传说舜时有纳言是天上龙的后代，其子孙便以龙为姓；传说神仙中有个青鸟公，后人便有姓青鸟的。9. 因避讳或某种原因改姓。比如战国时代田齐襄王法章的后代本姓田，齐国被秦灭了，其子孙不敢姓田而改为姓法。汉明帝讳“庄”字，凡姓庄的都改姓“严”。10. 随着历史的发展，民族复杂化，有些姓则是民族语言的译音。如匈奴首领单于的子孙就有不少姓单于①。

（二）姓氏文化对地方志事业的价值

宗谱中常说的：家之有谱，犹国之有史、地方之有志。史、志、谱构成中国历史的一个完整体系，三者各有特点，又互相兼容，互补短长。地方志处于中间环节，上以国史为参照和审核，下从宗谱和图书档案、报章杂志、民间口碑中吸纳精华。就古代资料来说，后者较之于前者，却是分散的，唯一的是家谱集中和完备，家谱的完备表现在：1. 覆盖的完全性。宗谱是记载家族繁衍的历史，一个姓氏几个宗族若干宗支，都有自己的宗谱。这个网络几乎覆盖着一市一县一地的每一个角落，这是其他任何载体都无法达到的。2. 内容的广泛性。姓氏谱牒的内容，一般有：（1）谱序（或称谱论），叙述修谱牒的缘由、历次修谱牒情况。有的序言叙及家族得姓经过、迁徙、历代英贤。除新序、明序外，有的望族还请名人学者撰写客序，内容涉及谱学理论。（2）谱例，阐述姓氏谱牒的纂修原则、方法、体例。（3）世系，详细记载始祖至修谱时本族各代成员的姓氏字号、生卒年月、科第、妻室、子女、葬地。（4）传记（又称行状、行述等），记载家谱中重要人物如忠臣、孝子、义夫、节妇的主要事迹。（5）仕官记，记载入仕族人的履历、科第、政绩、著作、学说。（6）姓氏源流（又称先氏考），考述本族姓氏来源、始祖、始迁祖、家族迁徙经过。（7）家规家法，名称很多，是约束、教化族人的家政法规，内容涉及财产继承、婚姻纠纷、买卖租赁、祭祀祖宗、忠君孝亲、禁赌禁盗、家庭教育、族长的权力、族产的管理等。（8）恩荣录，登载朝廷对族中官员、亲属、烈女的敕书、诰命、赐匾及地方官府的赠谕文字。（9）像赞，祖先及族中重要人物的图像、赞语。（10）派语（又称字辈、行第），登载族人的排行用语。（11）艺文，收录族人的奏疏、殿试文、诗词、著述。（12）名绩录，记载族人有关的山水桥梁、亭台堂舍、庵寺书院等。（13）祠堂，介绍祠堂的建筑规模、图案、地理位置、修建经过及祖先牌位排序、有关祠堂的诗文、碑文等。（14）族产，记录家族集体财产如坟地、祀田、义庄、学田、义墅、山林、房屋的数量、位置及管理办法。

① 刘林：《中国姓氏的由来》，《农村实用技术与信息》2003 年第 2 期。

（15）坟墓，记载祖坟的位置、朝向、墓地图和祭祀规定，便于后人祭奠。（16）契约，登载与族产有关的契据文约及宗族内部关于承嗣、分家、买卖田地房屋、邻里纠纷的文据。（17）领谱字号，便于各房领谱、查收。所以，一部宗谱，就是一个家族全体成员的档案馆。3. 世代承传性。20世纪50年代前，各姓氏都规定宗谱20年左右编修一次，这就在制度上保证了宗谱内容的世代延续。当然，单有这个规定是不够的，若遇逃荒、兵燹、火灾等灾祸，谁又能保证宗谱不被毁坏。姓氏大多数宗谱之所以能够保存至今，除收藏者精心保管，如每年翻晒一次，以防止霉变和虫蛀外，更重要的是族人中普遍的保护意识。荒乱年间，许多族人为保护宗谱不受损失，宁肯舍弃家财，甚至甘冒生命危险。《中华姓氏通书·总序》开宗明义道：“一个中国人，不管他在什么地方，不管他漂泊多远，编入宗谱，列入门墙，祭先祭祖，托庇于列祖列宗的福荫之下，总是他最大的心愿。”正是这种生生不息的寻根意识植根于每个家族成员的生命中、血液里，宗谱便有了打不垮、烧不绝的世代承传的最可靠保证。

虽然宗谱记载家族历史、保存地方文化如此完备，然而限于族人的文化素质等多方面原因，其使用率却一直很低，其中不少收藏者甚至看不懂宗谱，除清明节翻翻祖先坟图、老者离世看看年庚八字，长年被尘封着，因而这座宝库仿佛就是专门为地方志工作者预备的，开发这座宝库对地方志事业具有特殊的价值。

二　开发姓氏文化产业的成功事例

（一）中华姓氏礼品竹简专卖店——“姓铭堂”

俗话说得好，三百六十行，行行出状元，每一个行业都能出人才，每个人的名字整天被呼来喝去，但是其中蕴藏着的巨大商机却没有被注视到。湖北省孝感人士王光杰则凭借敏锐的目光捕捉到了这一潜在的市场，经过他数年的策划与筹备，现在他已经建立起了名为“姓铭堂”的中华姓氏礼品百家姓竹简专卖店。他聘请了当时十分权威的姓氏研究专家，专门对各种姓氏的起源进行细致具体的了解，除了了解，他特请有关行家分别把百家姓的起源用激光刻在竹简上，刻在竹简上的诗句都是以24句仿唐七律古诗的形式，这样一来，这些普通的竹简形成了别具风格的姓氏礼品，不仅刻上诗句，行文采取从上至下，从右往左的古文排列方式，竹简还有简洁大方的图文布局，竹简上的内容包括例如各个姓氏始祖的图像和简介、历史上的名人轶事等，这样的竹简完全结合了现代人的审美眼光。王光杰为了开拓更广大的市场，随后推出了具有不同特点的各种姓氏竹简礼品，产品或以圆筒礼盒包装，或者搭配上精致美丽的礼品袋，图文并茂的包装，典雅古朴，极富有感染力，让人看见就有购买的欲望。各种产品配合不同的价位，也满足了不同人群的消费能力，让不同收入者都能买得舒心。除了应对国内市场，这些具有特色的竹简也满足了海内外华人寻根问祖的心理，这些竹简一到市场就卖得红红火火，十分受欢迎，姓铭堂每月盈利也十分可观，十余万已经不成问题。目前，姓铭堂已在多个大城市都设立了经销点，北京、西安、成都、重庆、沈阳、珠海、桂林等地都有姓铭堂的身影。北京工艺美术大厦，代表着中国工艺美术最高殿堂，也主动要求代销王光杰开发的姓氏产品，连香港、台湾这两个市场也在试销当中。

（二）姓氏礼品专卖店——“百姓坊”

凭借姓氏文化的头衔，王光杰已经打了漂亮的头仗，如此丰润的商机，也让另一位具有开阔视野的人士发掘了。“百姓坊”是斯哲在台北创立的一家姓氏礼品专卖店，为了让“百姓坊”正常运行，斯哲创立了三个工作团队，一是文化专家顾问组，二是产品开发组，三是市场策划组，主要经营姓氏产品，采用传统工艺，结合姓氏文化，设计出时尚精致的姓氏产品，包括陶瓷餐具、木梳套装、真皮制品等。“百姓坊”凭借独特的卖点，卓越的品质，科学的经营模式，严格地考察加盟者团队，统一地策划，并聘请了当地的行销专家，制定出合理的市场策略，产品一经面市，也非常受大众欢迎。“百姓坊”还设立了售后服务系统，搭建了网络咨询平台，针对不同地区的特点，开发了团购产品。现在，“百姓坊”在华人区拥有数十家连锁店，其中包括内地的南京、青岛。①

三　开发姓氏文化产业的设想

（一）姓氏文化产业化的可行性

国家对文化产业的支持，将对文化产业的发展产生重大的影响，这也是文化产业发展与繁荣的关键条件之一。在中国，进入21世纪后，文化产业的开发与发展已经逐渐被提升到了国家高度重视的战略性高度，中国部分发达地区的文化产业发展格局也初步成型。十八大报告指出：要坚持把社会效益放在首位，社会效益和经济效益相统一，推动文化事业全面繁荣，文化产业快速发展。中国共产党十七届六中全会对推进文化大发展和繁荣做出了部署，会议上提出了在这一个特殊的阶段要全面加快文化这一新兴产业的发展，并且把文化产业发展成为新的国民经济支柱性产业之一。经济文化化，文化经济化，经济和文化适当融合为一体，这是当今社会发展的大势所趋。文化是经济发展的内在动力，更是经济的灵魂，文化产业是衡量一个国家或地区经济发展程度的重要标志之一。在市场经济的发展中，在各种主观与客观条件的满足下，姓氏文化也应运而生，姓氏文化的出现逐渐发展与繁荣，属于情之所系，根之相连，因为姓氏蕴藏着历史悠久的丰富文化。以姓氏文化为核心的产业，今后将可能成为中国特色行业当中的一个，这是权威专家的预言。中国第一次把文化作为国民经济支柱产业来发展，这是有史以来开创的新河，2010年，中国在《文化产业振兴规划》章程里已经明确做出了将文化产业作

① 范之岭：《深挖姓氏文化特色礼品缔造“百姓坊”》，《现代营销》2005年第8期。

为国民经济的支柱产业来打造的战略性决议，为此，中国允许民营企业参与相关的文化产业。同时出台了不少相关的优惠政策来鼓励文化产业的发展，这是千载难逢从来没有过的历史机遇。因此我们不能不把姓氏文化产业放在首要的位置，在研究了解中国传统姓氏文化的同时，把它当作是一种文化产业去开拓创新。把源远流长的姓氏文化以及研究成果转化为生产力，形成一个文化产业，更好地服务社会。

（二）近年来姓氏文化产业概要

近年来，许多海外华人，特别是客家人寻根中原，并希望在姓氏文化的发源地——洛阳建立中华姓氏总祠，了却魂系中原、根在河洛的心愿。洛阳属于中华文化的发祥地和客家人的祖籍地之一，也是处于河洛文化腹心地带的九朝古都。为了吸引更多的人到洛阳寻根祭祖，经各方努力，当地政府在邙山筹建寻根祭祖圣地——中华姓氏文化园（百家姓祠）①。该姓氏文化园的内容包括历史展览馆、百家姓忠孝祠、书法艺术展览馆、九层碑塔以及功德馆。由姓氏衍生出的相关产业有姓氏活动、寻根旅游、姓氏传媒、项目招商、姓氏产品、形式节目、姓氏文化研究等，在姓氏文化产业的统领下，这些行业将发展成为一个产业链。目前来说，有不少专家对姓氏文化进行精心的研究，其实这种研究的本身也是一种产业，因为这种研究也带动了很多消费，比如为了研究某些姓氏的起源，要购买一些特殊的文献资料，要花费资金到各地考察，要和相关人士沟通交流等。2004 年，河南政府在周口淮阳举办了第一届中华姓氏文化节，节后就出现了 200 多个中文姓氏网站，多达上百种与姓氏相关的书籍，除此之外，更是掀起了一股空前的姓氏文化寻根旅游热潮。现代社会，随着全球经济一体化的趋势，人口流动非常广泛，越来越多的由于各种原因定居在异国他乡的中国成功青年，随着时间的推移，这种现象必将使他们出现回乡拜祖的寻根心理，寻找中国文化的大根等活动，通过对先祖文化的新认识来培养民族的自豪感。寻根旅游能为姓氏基因检测文化寻根旅游，姓氏文化创造等产业催生更多的商机，令人遗憾的是只有极少数的商机被个人及单位对姓氏文化寻根进行开拓。在姓氏文化产业这一新颖的行业里具有大胆创新意识人才的短缺也一直是困扰该产业起步发展的瓶颈，目前的寻根旅游在国内市场里基本是空白，大多数的寻根旅游都还只是针对海外的华人而开设，其实寻根旅游在国内同样可以拥有市场，百家姓的各个姓氏都有它的发源地，而且百家姓氏产品在市场上也为数不多。在族谱和家谱中，也蕴含了丰富的商机，如祖先的奋斗故事，这可以为电影行业，电视剧行业，文学创作提供素材，提供类似《乔家大院》的创作源泉。有一部电视剧——《闯关东》，掀起了整个东北的寻根热潮。孔府家酒则开创了一个姓氏文化营销的新奇迹。在国外，有许多姓氏文化的产物，如卡迪拉克、爱立信、福特、飞利浦、百威等，足见以姓氏

① 李一曼：《古都洛阳拟建中华姓氏文化园》，第 68 页。

文化为立足点的产业可以辐射到很多领域。风景优美的富阳市渔山乡墅溪村凭借“活金死刘”① 这一姓氏文化品牌，受到广泛的关注，访问考察、访问亲友、观赏游览等络绎不绝，小山村也热闹起来，特别是2002年日本亚洲NHK电视台采访，还拍摄了长达70分钟的电视专题片，引来了很多国际友人的来访。2002年，村里还根据当地老人回忆讲述的历史文化和传说故事，编辑印刷了渔山曙星——《汉室刘氏“活金死刘”隐居地》这一“乡土教材”，此奇异的风俗一经挖掘，使这个小山村的未来发展有了明确方向。

（三）姓氏文化产业方式

中国是龙国龙族，民族统一，一根一祖。万种姓氏都是龙族的延续，龙子龙孙，是祖先血脉的延续，文化的延续，是人类文明的体现。2009年11月9日下午在北京举行的“郑氏企业家国际联谊会”上，上海华东电器集团董事长郑荣德被推选为世界郑氏企业家总商会筹备委员会临时会长，正筹备中的世界郑氏企业家总商会是全球首家以姓氏为界的商会组织。② 包涵中国姓氏特点的中国姓氏，有一条龙的系统性，根的唯一性，传承历史的悠久性，生生不息的传递性，结构的稳定性。围绕这些，我们可以考虑一下这样几个方式。

第一，根亲招商。国家对姓氏文化产业的支持是姓氏文化产业发展的基础，那么研究姓氏文化与地方经济相结合，取得当地政府的理解和支持将对发展姓氏文化产业极其有利。有实力的企业可以通过政府的帮助，进行有目的和有范围的姓氏文化产业的招商，编印一套精美的有关招商对象家族的姓氏文化小册子，并且送给他们，以拉动感情与亲情，也为姓氏文化产业做宣传，送礼送个好兆头，姓氏手册上丰富的知识一定会让受礼者爱不释手，招商的成功率也能提高不少。

第二，姓氏栏目。湖南卫视在2011年新年伊始，鼎力推出了《好奇大调查》《喜剧之王》《非常靠谱》《给力星期天》等一系列精彩的新栏目，其中引起社会各界的广泛关注有这一节目。为何这一节目会引起广泛的关注？除去它的新颖，更多的是它具有的姓氏文化魅力。《非常靠谱》是湖南卫视精心为观众打造的中国第一档以姓氏文化为主题的节目。栏目从一开播，就以其有趣的姓氏解说和独特的文化韵味得到了广大观众的芳心和好评。一位从事慈善传媒工作的学者说：“观《非常靠谱》，让人进入历史时空的最深处，思接千载而视通万里。”③《非常靠谱》这一栏目，是湖南卫视精心推出的姓氏文化娱乐，在社会，本姓本族的互动沟通交流上，引起了强大的轰动，如此具有文化韵味的节目，也获得了相当高的收视率。归根结底，最主要的是他们运用趣味娱乐的方式把抽象的中国传统文化加以宣传广播，抓住了80后、90后的青年人的眼球，所以其收视率非常高，相关产业也得到了可观的发展，比如有一期《春节民

① 吕世年：《姓氏文化成为小山村大品牌》，《生活品质》2011年第2期。
② 南若然：《全球首家以姓氏为界的商会组织即将成立商会专线》。
③ 何森林：《姓氏文化的传承与韵味——湖南卫视〈非常靠谱〉观后感》，《CONTEMPORARY TV》2001年第3期。

间祭祀与姓氏》一经播出，春节祭祀与姓氏文化就得到了广泛的发展。中国无疑是一个姓氏文化资源的大国，但是在姓氏文化产业的开发与发展上却只有湖南对于姓氏文化开发与研究比较积极主动与热情，其他的省还比较缺乏对姓氏文化进行深入的研究。总而言之，在姓氏文化产业这一方面，我们并不缺乏文化资源，而是缺乏市场意识以及经济意识和创新意识，另外高端的创意人才短缺也是一个棘手的问题。近几年来，南阳召开过几届张仲景中医药文化节，在节庆结束后，南阳迅速抓住时机打造张仲景姓氏文化产品，建立张仲景大药房连锁经营店，其产业规模迅速扩大，也收到很好的产业经济效益，这是产业跟进的效益。而其他的一些像姓氏文化节、黄帝拜祖、颛顼文化节、华商文化节，以及个宗亲会的寻根节，节庆过后都没有相关的产业跟进，据此，可以对节会过后的产业发展进行一番思考。

第三，姓氏产品。“神”和“形”两个方面共同组成了姓氏文化，两者缺少任何一方面姓氏文化都会变得苍白。只有“形神合一”的文化商品才能真正成为有魅力和竞争力的姓氏文化商品。要是没有“形”做适当的文化载体，会很难形成文化商品，反之没有“神”，所谓的姓氏文化产品就缺乏内涵，同样也价值不高，只有将姓氏文化知识赋予厚重的内涵，灵动的生命力、深深的感染力和强烈的凝聚力，加以智慧的创造，通过人类对根亲文化的需求去设计、生产，才能成功。中国姓氏文化概念产品现在已经面世，这些产品包括高档陶瓷器具、梳艺产品、个性手工制品、布艺车饰礼品及中国姓氏文化名笔等各类品种，质量与信誉均有保证，能满足绝大部分消费者的需求。张府、李府、徐府，这可不是哪家的大院，而是山东一家特色筷子店的产品。[①] 这家筷子店乍看普通，仔细看就能发现它的独特之处。普普通通的筷子印上了各家的姓氏，有喜庆的喜字，筷子用不同的包装装饰起来，不同的感官，筷子的身价也倍增，连最便宜的那一副筷子都得二十多块钱。店主胡立玲介绍，一年到头，吃年夜饭的时候，一家人聚集在一块，比如说徐府，过年的时候这一家用的盘子、碗、勺子、筷子，都带有自家姓氏的，祖孙几代一起用这样的餐具，意义非凡，有种欢聚一堂、幸福自豪的感觉。这样的筷子在胡立玲的小店里，日销量可以达到一千元。除此外，胡立玲还打算在喜烟喜糖、请柬纸上都印上姓氏，让这“姓氏”更进一步，这样的姓氏文化商品才有市场、有价值、有生命力。

第四，姓氏文化旅游。姓氏文化旅游姓氏寻根旅游，姓氏风俗旅游，姓氏文化遗存游。姓氏起源地的旅游发展能够促进当地的农副产品，手工业及交通的发展，促进异域游客文化交流和沟通。华人寻根游近几年来十分火热，全国多家旅行社已经相继推出这一项目，在河南，仅2012年一年，海外入境游就达到了197.77万人次。随着经济的发展，全球华人及闽南人寻根游也越来越多，河南已经成为寻根游的首选之地，姓氏文化寻根游为河南提供了巨大的商机。由此可见，为打造出姓氏文化的品牌与基地，应该建立起系统的寻根文化资源的保护体系，完善的寻根文化资源开发性的研究体系，特点鲜明的寻根文化对外宣传体系，网络化的海内外华

---

① 引自《姓氏生意特别文摘》2008年10期。

裔联谊体系，紧密配套的寻根文化资源开发的产业体系。还可以收罗全国现有的姓氏，将其整理后印制成各种姓氏的“姓氏渊源小手册”，在游客购买礼品的时候，便依据客户姓氏将小手册送给他，帮其释疑解惑，无形之中，海外的华人通过这些小册子，在海外为姓氏文化寻根旅游做了宣传。

姓氏文化的觉醒，姓氏文化的发展，丰富了中华文化宝库，使民族更具有凝聚力，使社会更加趋于和谐安定，使每个人更能找回原本属于自己的自尊、自信，从而提高社会的总体道德水平。姓氏文化上升到产业化的高度将为社会创造出可观的经济效益，姓氏文化产业，是一个有待开发的具有广阔开发空间和高度开发价值的产业，对于姓氏文化产业的开发，希望引起各人士的关注，特别是有实力进行开发的相关人士。

论地名在历史研究中的价值和作用

——以兰州市军事地名为例

尚季芳　张庆祎（西北师范大学）

提要：兰州为西陲重镇，中原之屏障，进可经略河西，退可扼守陇右。在兰州市内，有许多地名富含军事色彩，如关、城、堡、墩。通过对这些地名的考据研究，可以从侧面反映彼时的社会风貌及国力的盛衰。因此历史地名可以称得上是研究地方历史的钥匙，具有很高的史料价值，应当受到研究者的注意。

关键词：历史地名　城市发展　军事重镇　研究启示

地名不仅是标示地点的语言符号，更是一个地区发展过程中的文化沉淀，是世代居民在生产生活实践中根据历史沿革、环境特征以及传说轶事对该地区的定义诠释。故而地名作为文化的镜像和载体，所承载的文化底蕴相较其现实的标示作用，时常具有更为重要的社会意义。然而，或许是因为常被人们挂于嘴边，耳熟能详，反而往往被人所忽视。殊不知，每天途经一条小巷，看到的一幢建筑，听到的一句俚语，或许就记载了一段鲜为人知的历史。抑有进者，这些地名还是历史进步的见证，社会现象的缩影，居民日常生活状态的表征。探究这些地名背后的历史渊源，透析彼时的时代特征，或许将成为研究地区历史一个可资尝试的路径。

“地名的命名总是有一定的依据，或反映自然特征，或反映社会历史背景，这种命名从历史的发展看，经历了从当地少数人使用到逐渐为众人所知，直至被社会大众广泛使用的过程。”① 本文以甘肃省省会兰州市为研究对象，通过对兰州市区内及其周边的一些地名从军事边防角度进行考据辨析，以图用此种方式对古城兰州的社会历史进行探讨。

一　沿革概述

先秦，兰州地区为羌戎之地。秦始皇三十三年（前214），在今兰州市城关区东置榆中县，属陇西郡，确立了秦朝在兰州地区的统治，此是为兰州最早的建置。

① 蓝维：《公民教育》，《理论、历史与实践探索》，北京：人民出版社，2007年。

兰州又称金城，金城一名最早见于《史记·大宛列传》：“其明年（笔者注：汉武帝元狩二年）浑邪王率其民降汉，而金城河西西并南山至盐泽空无匈奴。”① 而《史记·卫将军骠骑列传》记载：“是时大行李息将城河上，得浑邪王使，即驰传以闻。”② 此处之城，或曰即金城县城。从此，金城作为开拓西域的前哨站，登上了历史舞台。汉昭帝始元六年（前81）增设金城郡③，属凉州刺史部所辖。《水经注》载：“允吾县，金城郡治也。”④

至隋开皇元年（581）立为兰州，置总管府，取皋兰山以为名，府治子城（位于今兰州市城关区），“兰州”之名，即于此始。后唐代隋，改郡为州，仍沿兰州名。唐末，兰州被吐蕃所占据，后曾为回鹘、党项、羌族所有。北宋初年，最终归于西夏。

北宋元丰四年（1081），宋熙河路经制使李宪收复兰州，于黄河北岸筑金城关。后来金攻灭北宋，占据兰州之地，并于金熙宗皇统二年（1142）置熙秦总管府，后改临洮府，兰州属之。

元统一后，实行行省制度。至元十八年（1281），以甘州、肃州两地得名，建成甘肃等处行中书省，兰州归于甘肃行省。

明袭元行省制度，洪武二年（1369）陕甘合并，设陕西等处行中书省。因连年战乱，人口锐减，洪武二年降兰州为兰县，归陕西布政使司临洮府辖。建文元年（1399），肃王朱楧由甘州（今张掖）移其藩属驻兰县，大兴土木，兴建肃王府以及兰州内外城郭，奠定了兰州城的规模。成化十三年（1477）九月复从兰县复升为兰州。

清顺治五年（1648），甘肃巡抚自宁夏迁至兰州。康熙五年（1666），陕甘分治，清廷遂设立甘肃行省。乾隆二十九年（1764），清廷将陕甘总督府自西安移驻兰州原明肃王府，裁撤甘肃巡抚，由总督兼管巡抚事，兰州遂成为总督、布政使、府、县驻地，形成西北重镇及大西北经济、文化、政治、军事中心。

1941年7月1日，国民政府将皋兰县城区和部分郊区划出，正式成立了兰州市，任命蔡孟坚为首任市长。1949年8月26日解放。至此，兰州进入了崭新的发展时期。新中国建立后，兰州市由县级市升格为地级市，为甘肃省省会，兰州军区驻地。⑤

综上所述，兰州地区历史地名的演变过程，实际上反映了自秦建制至今2200多年以来古城兰州的发展简史。兰州城市发展若是一条长河，现今的兰州即是这条河的下游，而历史地名则代表了上游和支流。追溯历史上不同时期的名称和建制，从而获得对兰州整体全面的真知。透过对不同历史时期的政治区划的辨析，可以得出兰州城地位的演变轨迹，基本呈边境哨站—县

① 〔汉〕司马迁：《史记·大宛列传》，北京：中华书局，1959年，第3167页。

② 〔汉〕司马迁：《史记·卫将军骠骑列传》，北京：中华书局，1959年，第2933页。

③ 〔汉〕班固：《汉书·地理志》，北京：中华书局，1962年，第1610页。

④ 〔北魏〕郦道元著，陈桥驿校：《水经注校证·河水》，北京：中华书局，2007年，第47页。

⑤ 兰州市地方志编纂委员会、兰州市建置区划志编纂委员会编：《兰州市志》第一卷，《建置区划志》，兰州：兰州大学出版社，1999年，第7页。

级治所—郡级治所—府级治所—省级治所这一上升趋势。而其职能也经历了从单一的军事哨所向多元的政治、经济、文化中心的转变。

自秦时始，兰州地区即是与匈奴作战的战场。史记中有“秦昭王时，义渠戎王与宣太后乱，有二子。宣太后诈杀义渠戎王于甘泉，遂起兵伐残义渠。于是秦有陇西、北地、上郡，筑长城以拒胡”① 的记载。汉朝更是将兰州作为经略西域的桥头堡和补给中转站，以至打败匈奴，设立了河西四郡。直至清朝，统一的多民族国家形成，兰州成为中国版图的内陆地区。

今天，兰州市位于北纬35°34′~37°07′，东经103°36′~104°34′，北与白银市毗邻，西靠青海省，西南接临夏回族自治州，东南和东部同定西地区相连。② 兰州地处黄河上游，属中温带大陆性气候。市区南北群山环抱，东西黄河穿流而过，平均海拔1500米，具有盆地城市的特征。虽然现今人们都将兰州划分在祖国的西北，然而这种划分方法亦是有待商榷。因为在比例尺为1∶2600000的地图上，以兰州为圆心画一个半径为90毫米的圆，就可以一目了然的发现，从兰州到中国最北端的漠河、最东端的黑龙江与乌苏里江主航道中心线相交处、最南端的南沙群岛立地暗沙③、最西端的帕米尔高原乌孜别里山口，其直线距离相差不大，大致都在2300公里左右，恰好处于祖国的地理中心。我国著名新闻家、社会活动家范长江先生曾说过：“如果拿中国全国来说，兰州是中国的中心。”④ 兰州城市规划的开拓者和奠基人、国家城市规划设计大师任振英也说：“从地理学的意义上来讲，兰州实为祖国的‘心脏’。”⑤ 他们的话的确很有道理。

两山夹一河是兰州最基本的地理特征，故而兰州市区的主要地貌为河谷川盆地。市区内有黄河及其支流湟水形成的多个峡谷和盆地，其中以兰州盆地面积最大，东西长约35公里，南北最宽处约5公里，最窄处只有1公里，大有山逼河来，河劈山去之势。兰州地处黄土高原西端，是与游牧民族驰骋的青藏高原、内蒙古高原的交汇之处。这种特殊的地理环境加上被历代统治者看作中原政权开拓经营西北的军事重镇，使得古城兰州成为战事多发之地，尤其是民族之间的战争更是成为了历史的主旋律。展开兰州的地图，不难发现大量这样的地名：土门墩、拱星墩、费家营、夏官营、盐场堡、刘家堡、安宁堡、满城、西古城、将军山、营盘岭……这些富有军事色彩的地名，便是兰州历史上战事频发的真实记录，下文仅举最有代表性的例证进行说明。

---

① 〔汉〕司马迁：《史记·匈奴列传》，北京：中华书局，1959年，第2885页。

② 兰州市计划委员会编：《兰州市国土资源》，1988年，甘肃省图书馆藏。

③ 对立地暗沙的所有权问题，中国政府表示对此拥有无可争议的主权。但是本着“搁置争议，共同开发”的原则，中国政府在国务院〔1982〕国函字280号文《国务院关于南海诸岛地名命名、更名方案的复函》中指出：“……上报方案中的八仙暗沙、立地暗沙、管事滩三个地名暂不公布，也不公开引用和对外提供……”

④ 范长江：《中国的西北角》，天津：天津大公报馆出版部，1936年，第100页。

⑤ 任震英：《关于兰州市总体规划的情况和做法》，《城市规划》1978年第12期。

二　古城烽烟

（一）金城雄关

兰州又称金城，以金城关而得名。这个称谓本身就诠释了古时兰州作为战略要地的重要性。清代著名文献学家张澍《金城关》诗云：

倚岩百尺峙雄关，西域咽喉在此间。
白马涛声喧日夜，青鸳幢影出冈峦。
轮蹄不断氛烟靖，风雨常愆草木瘝。
回忆五泉泉味好，为寻旧日漱云湾。[①]

《读史方舆纪要》则曰：“自汉以来河西雄郡，金城为最。岂非以介戎、夏之间，居噤喉之地，河西、陇右安危之机，常以金城为消息哉?”[②] 说明了金城自汉朝以来，就是边境军事重镇，进可经略河西，退可拱卫陇右。而自汉至唐，长安多为都城，《资治通鉴》记载：“是时中国强盛，自安远门西尽唐境二千里，闾阎相望，桑麻翳野，天下称富庶者无如陇右。”[③] 陇右泛指陇山以西之地，大约现今甘肃东南部和青海东北部，自古就是农业发达的产粮区。建立都城，有充足的粮食供应实为必不可少的条件。因此，以长安为都城的朝代，陇右产粮区的稳定对于维持其统治的重要性是不言而喻的。而金城介于戎夏之间，为陇右之屏障，更是直接关乎王朝的兴衰。北宋穆衍有言：“兰（笔者注：即兰州）弃则熙（笔者注：即熙和路）危，熙弃则关中震。唐自失河、湟，西边一有不顺，则警及京都。”[④] 此言确实一针见血。

至于金城关建于何时，根据《重修皋兰县志》所述：“金城关在县西北河外二里汉置隋有关官唐因之宋绍圣四年重筑。”[⑤] 北魏地理学家阚骃的《十三州记》也有“金城郡有金城关，是也”的记载。由此基本可以证明，金城关至少在汉代即已存在。“应劭曰：‘初筑成得金，故曰金城。’臣瓒曰：‘称金，取其坚固也。’师古曰：‘瓒说是也。’”[⑥] 可见，取其坚固之意称为金城，自唐初的颜师古起，基本得到了大家的认可。初筑成得金之说则缺乏史料证明，至于另有以郡在京师之西，五行西方属金而曰金城更是缺乏事实根据，况且并无在京师东、南、北的郡县以木城、火城、水城命名。金城郡是于汉昭帝始元六年（前81）设置，经过武帝朝对匈奴

---

① 〔清〕张澍：《养素堂诗集》（卷十），《中国西北文献丛书》（167），兰州：兰州古籍书店，1990年，第635页。
② 〔汉〕顾祖禹：《读史方舆纪要》，北京：中华书局，2005年，第2871页。
③ 〔汉〕司马光：《资治通鉴》，北京：中华书局，1956年，第7038页。
④ 〔汉〕脱脱、阿鲁图：《宋史·滕元发李师中陆诜赵禼孙路游师雄穆衍列传》，北京：中华书局，1977年，第10691页。
⑤ 张国常：《重修皋兰县志·第四册》，兰州：甘肃政报局石印，光绪辛卯年，6. 甘肃省图书馆藏。
⑥ 〔汉〕班固《汉书·地理志》，北京：中华书局，1962年，第1611页。

的作战，昭帝朝匈奴势力相较秦及汉初时已经衰微，不可能再深入今兰州地区。故若设置金城郡后再营建金城关就显得多余。据此，很有可能先有金城关，经过数十年的移民屯驻，人口增多，再设立郡县以便管理。总之，古城兰州自建城之初，命名金城，便伴随着铁马金戈，以边防哨站的职能登上了历史的舞台。

（二）西固往事

现今位于兰州市西的西固区，一度为汉金城郡郡治允吾故址。彭泽《西古城记》有云："兰州治西五十里许有古城，焉郡志以为汉故允吾，周环三里有奇，废为古迹久矣。"① 可见，西古城的历史可以追溯到西汉时期。据《重修皋兰县志》记载："西古城在县西南四十里，明弘治十二年重修，国朝（笔者注：清朝）同治二年堡民廖登选等再筑。"② 清同治年间回乱波及甘肃，人民深受其害。而西古城临近各村居民入城中避难得以保全，称赞此城固若磐石，遂改名西固城。通过对史料的探究并且联系时代背景可知古城之兴废与时局有莫大之联系。

明朝建立之初，元顺帝北遁，仍意图反攻中原，兰州即是与蒙古作战的前哨。当时，元末名将扩廓帖木儿（又名王保保）曾与明朝在兰州地区长时间对抗。据《明实录》记载："（洪武二年四月）都督副使顾时等兵克兰州，以指挥韩温守之。"③ "（洪武二年十二月庚寅）元将王保保侦知大将军南还，以兵袭兰州，奄至城下。"④ "（洪武三年三月）戊午，大将军徐达师至定西，王保保退屯车道岘。既而达进兵沈儿峪，遣左副将军邓愈直抵保保垒，立栅以逼之。"⑤ 为抵抗明军，王保保在兰州建筑堡垒，称之为"王保保城"，其位置"在兰州市城关区黄河中山铁桥东北，朝阳山东侧台地上。踞山临河，东西为沟壑，地势险要，为兰州通往宁夏、内蒙古等地之要隘"⑥。高一涵有"凄凉末世一奇男，隔代犹传保保营"的诗句便是咏此人此城。最终，王保保与明军"战于沈儿峪，大败，尽亡其众，独与妻子数人北走，至黄河，得流木以渡，遂奔和林"⑦。而王保保城，也失去了原有的作用，六百多年的风沙侵蚀和人为破坏，使其湮灭在历史中，至今唯在故址处立一石碑以记之。抚碑远眺，市区景色尽收眼底，面对奔腾东去的黄河，不禁感叹，民族分裂、内战频繁的局面，正如同这河水一般"东流到海不复回"了。

及至永乐皇帝即位，更是五次御驾亲征，连克蒙古瓦剌、鞑靼、兀良哈诸部。明史成祖纪曰："六师屡出，漠北尘清。及至季年，恩德遐被，四方宾服，受朝命而入贡者殆三十国。幅

---

① 张国常：《重修皋兰县志·第四册》，兰州：甘肃政报局石印，光绪辛卯年，9. 甘肃省图书馆藏。
② 张国常：《重修皋兰县志·第四册》，兰州：甘肃政报局石印，光绪辛卯年，9. 甘肃省图书馆藏。
③ 《明实录·太祖实录二》，中央研究院历史语言研究所校印，影印本，0826. 甘肃省图书馆藏。
④ 《明实录·太祖实录二》，中央研究院历史语言研究所校印，影印本，0943. 甘肃省图书馆藏。
⑤ 《明实录·太祖实录二》，中央研究院历史语言研究所校印，影印本，0986. 甘肃省图书馆藏。
⑥ 西北师范大学古籍整理研究所编：《甘肃古迹名胜辞典》，兰州：甘肃教育出版社，1992 年，第 6 页。
⑦ 〔清〕张廷玉等：《明史》，北京：中华书局，1974 年，第 3712 页。

陨之广，远迈汉唐。成功骏烈，卓乎盛矣。”[①] 永宣盛世下的明朝，国力强盛，在永乐皇帝的连续打击下，蒙古诸部直到明英宗正统十四年（1449）“土木堡之变”以前都无法再对明朝边境构成威胁。然而经土木堡一役，英宗北狩，瓦剌部首领也先兵临北京城。虽然在于谦、石亨等人的指挥下，明朝取得了北京保卫战的胜利，但攻守之势业已扭转，从此明朝在对蒙古作战上，处于被动防御的地位，终明一代，未有改变。

也先死后，瓦剌部势微，而鞑靼部则快速崛起。“鞑靼之来也，或在辽东、宣府、大同，或在宁夏、庄浪、甘肃，来去无常，为患不久。”[②] 明弘治皇帝在位的十八年间，鞑靼部在首领小王子的率领下，有记录的入侵有十四次之多，于是在明史中留下了诸如“其年（笔者注：弘治八年），三入辽东，多杀掠。明年，宣、大、延绥诸境俱被残”“敌拥众入大同、宁夏境……”“十三年冬，小王子复居河套”“小王子以十万骑从花马池、盐池入，散掠固原、宁夏境，三辅震动，戕杀残酷”等记载。

而位于今天兰州西固区的西古城，即是在这种背景下修筑起来。

（三）安宁乐土

位于兰州市西，黄河以北的安宁区，以安宁堡而得名。

安宁堡，建于明弘治年间（1488—1505）。据明嘉靖年间（1522—1566）所立的“大明安宁堡神庙记”碑载：“弘治乙丑，石淙杨公（笔者注：即大学士杨一清，时任三边总制）总制军务，以兰为西北要冲，去郡逾河西三十里，置安宁堡，城高二丈，池深一丈二尺，周围六百四十步，东南有门。设官□□□员名，兰州卫马步官军八百五十员名，郡牧所旗军百五十二名，以备店子沟、黑石沟、青道沟、红道沟、沙井沟、□□□、庙儿沟、庄浪河口、大通河口遏虏，不使为居人行旅之害。”[③] 安宁堡为杨一清所督建，其目的在于防御蒙古，是为兰州城西部前哨，从规模上看，能驻扎上千兵士，属于比较大的堡垒。至于实际效果，“至是始，遂播获往来，杨公之为利居多……”[④] 可知的确对遏制蒙古侵扰起到了作用，由于该堡的营造，从此以后居民便播种收获，行旅往来，杨一清的政策使得百姓获益良多。而此碑乃后世嘉靖朝所立，故而基本可以排除仅为当政者歌功颂德，其言可信度较高。

当时，鞑靼对兰州的侵扰，非常频繁，形势十分严峻。杨一清上陈《为存留守城官军以防虏患事》有言道：“……且本州内有宗室（笔者注：即明代就藩于兰州的肃王），外多商贩，人烟辏集，畜产蕃盛，比之他处不同。相离虏人蹂躏之地，止隔黄河一水。去年虏骑在于盐场堡、大岔沟等处抢掠，直薄东金城关，离州城不数百步。”[⑤] 由此可知，兰州虽为边城，但自建

① 〔清〕张廷玉等：《明史》，北京：中华书局，1974 年，第 105 页。
② 〔清〕张廷玉等：《明史》，北京：中华书局，1974 年，第 8472 页。
③ 《大明安宁堡神庙记》，碑文，该碑现立于兰州市安宁区仁寿山公园。
④ 《大明安宁堡神庙记》，碑文，该碑现立于兰州市安宁区仁寿山公园。
⑤ 杨一清：《杨一清集》，北京：中华书局，2001 年，第 131 页。

文元年肃王迁移其藩属驻兰以后，发展较快。至明中期，已经成为人口稠密、商旅云集之地。但是，蒙古鞑靼部的侵扰，就如同达摩克利斯之剑，时刻威胁着兰州的安宁。当时兰州城的规模远不如现今这般，明朝与蒙古基本以黄河为分界线，是故黄河一线不仅是兰州的北端，更可谓是明朝的边防线。杨一清任三边总制期间，对兰州沿河的北部边防做了整体性的规划。以金城关为中心，向东至盐场堡（在今兰州市城关区黄河北徐家山下，堡北十里石门沟产盐，故名，堡今已不存）、定火城（一名铁古城。在今兰州市皋兰县水阜乡水阜村。筑于明初，后因平定蒙古火落赤部，遂更名定火城，城今已不存，为村民耕地）。杨一清曰："看得河北盐场堡离河桥（笔者注：指明代镇远浮桥）五里，定火城去河七十余里，俱系贼人出没紧关去处。若得官军在彼按伏，以逸待劳，庶可遏其深入。"[①] 向西则经安宁堡，延伸至沙井堡。

沙井堡，建于何时无考。明万历时编纂的《庄浪汇纪》载："明洪武间设驿站。"即列有沙井堡，故而又称沙井驿。"堡城周围共长二百八十八丈，高连女墙三丈五尺，底阔三丈，收顶一丈。东西城楼两座，腰楼两座，东、西、南城门五合，角楼四座，敌台两座，吊桥二座，城壕一道，拦马墙一道……设有公署：□□察院一处，递运所衙一处，防守公署一处，驿丞公署一处……置防守官一员，驿丞一员，驿吏一名，□□所吏一名……有户 48 户，口 660 名。"[②] 此堡为明代兵部所辖驿站驻地，是从兰州出发西去的第一站，为河西五郡之咽喉，负责办理邮递传达官府军政文书和接待来往官员，因此人口较多，堡城也比较繁华。直至 20 世纪 60 年代，沙井驿砖瓦厂设于堡内，原有衙署及庙宇逐渐被全部拆除。如今，此地仅存一段土墙，或曰为当年沙井堡墙遗址。

总之，兰州城北岸防御体系，即是以沙井堡、安宁堡、金城关、盐场堡、定火城等要塞为支点连线而构成，拱卫北疆，保一方之安宁。

（四）众墩拱城

在兰州城中，还有些地方以"墩"为名，如兰州市城关区五里铺以东称为拱星墩，七里河区西津西路兰州通用机械厂附近称为土门墩，今天南山路龙尾山一带还有头墩、二墩、三墩、四墩之称。何乐夫先生于 1947 年 8 月在今西北师大东北角也曾出土"深沟儿墩碑"一通，可知此地亦曾为明代墩台遗址。

明代边防由关、城、堡、墩等组成一个完整的防御体系。"方今沿边之守，有营、有堡、有墩……"[③]。墩即是烽火台，又称烟墩、烽燧、狼烟台等，为传递紧急军情所设，是一个独立的高台建筑，常建于山冈险要之地，便于相互观望从而传递情报。关于墩的营造，明朝有专门的规定："各处烟墩，务增筑高厚，上贮五月粮及柴薪药弩，墩旁开井，井外围墙与墩平，外

---

① 杨一清：《杨一清集》，北京：中华书局，2001 年，第 131 页。
② 〔明〕王之采：《庄浪汇纪》，手抄本，甘肃省图书馆藏。
③ 魏焕：《皇明九边考·镇戎通考》（卷一），《中国西北文献丛书》（79），兰州：兰州古籍书店，1990 年，第 65 页。

望如一。”①

以“深沟儿墩碑”为例，对“墩”这一级防御工事小做探讨，抄录如下：

深沟儿墩

墩军伍名口：丁□，妻王氏；丁海，妻刘氏；李良，妻陶氏；刘通，妻董氏；马名，妻石氏。

火器：钩头炮一杆，线枪一杆，火药火线全。

器械：军每名弓一张，刀一把，箭三十枝。黄旗一面，梆、铃各一付。软梯一架，柴堆五座。灶五座，擂石二十堆。

家俱：锅伍口，缸伍只，碗十个，箸十双。鸡犬狼粪全。

万历十年二月日立②

从规模上看，兵丁加上家属不过十人。但是，麻雀虽小而五脏俱全，此墩符合标准的明军规制。据戚继光《练兵实纪杂集》所言：“大约相去一二里梆鼓相闻为一墩，每墩设军五名。”③ 与此碑载兵丁人数相合。从武器装备上看，也是一应俱全，甚至配备有火器。明史记载“神铳，国家所重，在边墩堡，量给以示军威，勿轻给。”④ 可知，在冷兵器时代，火器为国家所重视，深沟儿墩仅兵丁五名，便配发火器，可知其重要性。

而该墩碑载，墩内不仅驻有兵丁，甚至家属也与兵丁同住，而且生活用具也一应俱全，故而此墩更是戍卒生活之居所。

墩是烽火台，有传递军情的作用。在“深沟儿墩碑”上也载“鸡犬狼粪全”可证明这一点，而由“大约相去一二里梆鼓相闻”可知，明朝在今兰州市内，墩台应该为数不少，众星拱月般的守卫州城。这些墩台是为明代边防体系中最基础的一级，然因规模较小，加之清朝以后兰州成为内陆腹地，作为边防哨站的墩台也失去了原有的存在价值，故已湮没于历史长河中，今天也唯有少数仅名称得以保存。

三　研究启示

上述这些城堡营墩的建造，反映了明朝自中后期以来边患的严峻和国力的孱弱。自秦时起，中原农耕民族与北方游牧民族的对抗纵贯整个古代史。秦始皇即“使蒙恬北筑长城而守藩

① 〔清〕张廷玉等：《明史·兵志》，北京：中华书局，1974 年，第 2236 页。

② 《深沟儿墩》，碑文，该碑现藏于西北师范大学博物馆二层。

③ 〔明〕戚继光：《练兵实纪杂集·车步骑解》（卷六），《中国兵书集成》（19），北京：解放军出版社，沈阳：辽沈书社，1994 年，第 692 页。

④ 〔清〕张廷玉等：《明史·兵志》，北京：中华书局，1974 年，第 2264 页。

篱，却匈奴七百余里。胡人不敢南下而牧马……”[①]，应当明确的是，秦时修筑长城的初衷是主动进攻。美国汉学家狄宇宙认为“华夏诸侯国是怀着军事进攻和领土扩张的意图修筑长城的”[②]。譬如河套地区，匈奴人自周以前便居住于斯，秦先击退匈奴，再建筑长城移民屯驻并设立云中、九原两郡，和明朝中后期在本已建制的地区，因蒙古侵扰而修筑堡垒进行的被动防御，实有天壤之别，不可同日而语。包括汉武帝、明成祖，都是奉行以攻代守，主动出击的策略，对游牧民族发动主动的进攻，这样也使得战火远离本土，生产不被破坏。至于国力的消耗，国内矛盾的激化，实为事物两面性的表现，当超过人民能够承受的底线，就由保境安民变成了穷兵黩武，对政权稳定反而起到了负面作用。主动进攻，唯雄才大略之英主方可为也。否则，极有可能造成丧师辱国的下场，明英宗北狩即是最好的例证。因此，在多数情况下，对抗游牧民族采取修筑堡垒凭城固守的策略实为最切实可行之方案。上文提到的那些军事要塞，亦是在这种背景下应运而生。

可见，从地名入手，探究其形成原因及时代背景，实可为研究城市历史另辟蹊径。在兰州市内及周边地区，以军事据点为名的地方还有很多。如兰州市榆中县的夏官营镇，即是传说西夏国主李元昊曾于此驻军与北宋对峙；华林山南的满城，即是源于清乾隆年间苏四十三之乱后，清廷为了拱卫兰州城而修筑，“因驻扎过庄浪满营，故曰满城”[③]；而位于兰州市城关区的箭道巷，则因明清两代官兵在此比武射箭而得名……

本文所举的例子，在古城兰州的历史地名中，如沧海一粟，还有很多地名值得学者探究考证。除去上述的军事因素，还可以从社会政治、经济发展、民族融合等多角度进行研究。由于地名的形成具有特定的时代背景、命名原因及历史含义，是故地名可以称得上研究地方历史的钥匙。因此，我们对地名的认识应该超越其本身的标示作用，从而产生更深刻的理解和价值定位，从这个意义上说，历史地名具有极其珍贵的史料价值。

基于地名珍贵的史料价值，保存老地名，保留其历史延续性，有助于凸显城市发展的文化内涵。因此，作为城市地名管理和命名部门的民政局，在为新建的道路、广场等地取名时，应有意识地多使用一些有纪念意义的老地名，使后人可以更直观地了解城市的历史沿革与文化内涵，在人们的耳濡目染中，将城市的文化延续传承。使得地名成为城市文化资源开发的切入点，营造城市特色文化氛围的有效途径。而随意改变旧有地名则可能造成文化传承和历史沿革方面的缺失，使之淹没于时间的长河之中，成为永久难以挽回的遗憾。

若从更广泛的层次来说，地名还具有不可忽视的自然科学价值。以兰州为例，遍布全市的各种“滩”和“坪”实际上就是对两山夹一河这一特殊地形的佐证，是为研究历史上人类活动及环境变迁的重要证据。因此，无论社会科学工作者或者自然科学工作者，都应当注意对地名研究。

---

① 〔汉〕贾谊《过秦论上》，收于吴楚才：《古文观止》，北京：中华书局，1993 年，第 214 页。

② ［美］狄宇宙：《古代中国与其强邻·东亚历史上游牧力量的兴起》，北京：中国社会科学出版社，2010 年，第 172 页。

③ 西北师范大学古籍整理研究所：《甘肃古迹名胜辞典》，兰州：甘肃教育出版社，1992 年，第 24 页。

明清时期张掖关公信仰研究

——以地方志为中心的考察

路其首（陕西师范大学）

提要：关公信仰是我国民间信仰的重要组成部分。张掖关公信仰分布广泛。本文对明清以来张掖的地方志进行研究，并调查相关碑刻，分析张掖关公信仰产生的主要原因：关公信仰是当地人好武尚忠的表现，体现了民众在恶劣生活条件下的心理诉求，政府对祭祀关公的重视程度有增无减，而且关羽职能广泛。在探讨民间信仰的同时，我们也要发现张掖关公信仰联结官方和民众的纽带作用。

关键词：明清　张掖　关公信仰　地方志　忠义

关公信仰是我国重要的民间信仰，研究其起源发展的论著较多。其中具有代表性的著作有三，一为蔡东洲、文廷海的《关公崇拜研究》①，该书以关羽为出发点，梳理了关羽信仰演变历程，从社会史的角度着重对明清时期的关羽信仰进行阐述，是一部较为详尽的著作。二为胡小伟的《关公崇拜溯源》②，该书运用大量历史文献，对关公崇拜产生的根源和发展做了研究，并探讨了诸多问题。三为刘海燕的《从民间到经典——关羽形象与关羽崇拜的生成演变史论》③，该书全面梳理了关公信仰的演变历程及其符号化的过程，并运用文学与社会、宗教、民俗等学科交叉的方法进行考察，是研究范式转变的一部代表作。

梳理不同时期研究关公信仰的论文，可看出我国的关公信仰研究从传统单一学科向多学科交叉转变。早期的如周倩的《关公信仰浅论》④ 指出关公信仰具有广泛性、深刻性、多层性、久远性的特点，这是研究关公信仰的传统模式。近几年来，关公信仰的研究逐渐脱离了传统的史学研究模式，开始向多学科方向发展。如刘志军的《关于关公信仰研究的人类学分析》⑤ 从

① 本文所指张掖，即今张掖市范围，包括甘州区、山丹县、高台县、临泽县、民乐县、肃南裕固族自治县。蔡东洲、文廷海：《关羽崇拜研究》，成都：巴蜀书社，2001 年。

② 胡小伟：《关公崇拜溯源》，太原：北岳文艺出版社，2009 年。

③ 刘海燕：《从民间到经典——关羽形象与关羽崇拜的生成演变史论》，上海：上海三联书店，2004 年。

④ 周倩：《关公信仰浅论》，《民俗研究》1994 年第 3 期。

⑤ 刘志军：《关羽关公信仰的人类学分析》，《民族研究》2003 年第 4 期。

人类学的角度分析了关公信仰的民族文化背景与历史文化功能。刘福燕的《关公传说视域下的关公信仰研究》① 以关公显圣的传说为出发点，总结了自然生态环境、社会历史背景、文学艺术形式、宗教文化对其产生的影响，已经运用了多学科研究方法。在梳理关羽信仰研究演变以及研究方法变化方面，闫爱萍的《关公信仰问题研究的回顾与展望》② 可谓一篇经典之作。该文全面回顾了20世纪集中对关公信仰生成、演化、传播、影响、功能等问题的研究进入到历史学、民俗学、社会学等学科交叉研究的时期，揭示了关公信仰问题研究在观念、角度、方法上值得关注和进一步拓展的领域。当然还有许多研究关公信仰及其在西藏、台湾和海外传播的成果，此不赘述。

关于张掖地区的民间信仰研究成果较少。孟凡港的《从碑刻看明清时期张掖的民间信仰》③ 通过整理调查地方志及相关文献中的碑刻，阐述了张掖民间信仰的种类及其出现的原因，并对张掖民间信仰的数量做了较全面的调查。其余则为单个信仰的研究成果。谢继忠的《明清以来张掖龙王信仰研究——河西走廊水利社会史研究之四》④ 探讨了张掖龙王信仰产生的根源以及龙王信仰发展所体现的生态和谐思想。崔云胜的《张掖平天仙姑信仰考》⑤《西夏黑河桥碑与黑河流域的平天仙姑信仰》⑥ 认为张掖的平天仙姑信仰兴盛于明万历之后，并探讨了平天仙姑信仰与石碑的联系及平天仙姑信仰在黑河流域的传播。此外，杨会萍的《明清时期河西地区的道教与民间信仰》⑦ 以河西走廊地区道教为出发点，着重研究了道教与民间信仰的关系。

以笔者目力所及，目前尚无专门研究张掖地区关公信仰的文章。关公信仰在张掖流传广泛，孟凡港在《从碑刻看明清时期张掖的民间信仰》一文中统计张掖关公信仰祠庙为7座，碑刻数量为9通，在其所调查的24种民间信仰中最多。本文以地方志为中心，试对明清以来张掖出现的关公信仰加以调查并探究其出现的原因。

一 关公庙数量调查

张掖关公庙数量众多，多出现在明清所修地方志中，不妨以表格形式将其列出：

---

① 刘福燕：《关公传说视域下的关公信仰研究》，《宁夏大学学报》（人文社会科学版）2012年第4期。
② 闫爱萍：《关公信仰问题研究的回顾与展望》，《民俗研究》2013年第4期。
③ 孟凡港：《从碑刻看明清时期张掖的民间信仰》，《世界宗教文化》2012年第2期。
④ 谢继忠：《明清以来张掖龙王信仰研究——河西走廊水利社会史研究之四》，《河西学院学报》2013年第6期。
⑤ 崔云胜：《张掖平天仙姑信仰考》，《河西学院学报》2003年第1期。
⑥ 崔云胜：《西夏黑河桥碑与黑河流域的平天仙姑信仰》，《宁夏社会科学》2006年第4期。
⑦ 杨会萍：《明清时期河西地区的道教与民间信仰》，硕士学位论文，兰州：兰州大学，2011年。

地方志所载张掖关公庙

地区	数量	位置	文献来源
甘州府	3	一在“城东南隅，元至元年间，丞相脱脱建。明永乐年，西宁侯宋晟修。嘉靖四十年巡抚胡汝霖、天启五年总兵官董继舒俱重修，川东道胡大年碑记。我朝乾隆三十四年，知甘州府瑺泰、知张掖县王廷赞重葺。后改为关岳庙”。一在“城南门大街坐西向东，雍正八年，山西客民赵世贵、赵继禹、张朝枢筹建”。一在“南关三城门侧，康熙中建。乾隆二十九年，署张掖县富斌移修二城门侧，有碑记”①	《甘州府志》卷五“坛庙”
山丹县	原有4个，后增至12个	一在“城南郭，明洪武年建。永乐十二年，指挥吕均修。我朝乾隆四十四年，署知县舒玉龙重修。（《甘州府志》载其有碑记）道光十三年，知县黄璟捐廉创修三公祠于正殿后”。一在“城南四十里暖泉堡外。元至正元年承事郎山丹州达鲁花赤上间美建，明永乐十一年修”。一在“城西南一百一十里永固城南关，康熙十三年，僧海珉募建，副将升任提督王进宝悬匾。乾隆三十一年，僧广裕募修，副将绍涵等献额”。另有定羌关帝庙一座，“始建无所考。明隆庆五年重修。万历三十八年，平羌将军、总官兵、太子太保、都督同知榆阳张臣重修匾额。我朝康熙二十五年，镇守甘肃总官兵、平羌将军、左都督、加一脱沙哈喇番、世袭精奇尼哈、固原王用予重修，碑记一道”②。宣统时山丹县共有关公庙12座，分别在城内、刘福寨、新河驿、峡口驿、暖泉堡、曹家庄、大马营、任家寨、黄家闸、洪水镇、乃独闸、清泉堡③	《山丹县志》卷四“营建”《宣统时山丹地理调查表》
民乐县	12	一名曰“关岳庙”，在“县城东关外，民国七年，赵聚庆改修，高登科有记”；一名曰“小关帝庙”，在“县城西关，清同治四年，焚毁无存”。其余名曰“关帝庙”，一“在景会堡。明天顺元年建，嘉靖年重修，赵锦有记”；一“在洪水堡。明嘉靖二十七年建”；一“在河东顺化堡，始建未详”；一“在甘家店。清康熙三十六年重修”④。除以上记载的几座庙宇外，又有七座关帝庙。一为永固城之祠庙，“在永固南关，建年无考”；一为沐化乡之祠庙，“在新添堡，创建于嘉庆二十四年”；一为洪海乡之祠庙，“在下天乐，建始无考”；一为六东乡之祠庙，“在四坝堡内，前有戏楼一座”。洪水镇有关帝庙两座，一“在张明寨。明万历十三年修建，后有三佛殿，清乾隆三十七年建。清岁贡生朵昶有《三佛殿序》”，一“在四家堡。康熙初建，嘉庆十二年重建”⑤	《东乐县志》卷二“建置”《创修民乐县志》卷八“建设志”
高台县	5	乾隆时有一座，在“城南门左，成化年建。万历二十年，游击汪承宣移建城内西北隅，有碑记”⑥。民国时有关帝庙四座，“（一在）城东内大街，嘉靖年修建。一在镇夷城西北隅。一在香山。一在梧桐泉”⑦	《重修肃州新志·高台县》《新纂高台县志》卷三“祀事”
临泽县	2	一“在县城东北隅。明建。清乾隆二十年通判吴国柱率邑士乔大臣等重修，幕宾班爵碑记”；一“在县城东关。清乾隆己酉建。道光九年，商民乔进惠增修，有碑记。光绪三年，邑人魏延成等补修，内设商务会”⑧	《创修临泽县志》卷二“建置志”

① 〔清〕钟赓起纂，张志纯等校点：《甘州府志》，兰州：甘肃文化出版社，1995年，第181页。
② 〔清〕黄璟主纂，郭兴圣校注：《山丹县志》，兰州：甘肃文化出版社，2012年，第81页。
③ 〔清〕张瀛学：《宣统时山丹地理调查表》，载〔清〕黄璟主纂，郭兴圣校注：《山丹县志》，第397~408页。
④ 〔民国〕张著常，樊得春纂，刘汶等校注：《东乐县志·创修民乐县志》，兰州：兰州大学出版社，2009年，第75~77页。
⑤ 〔民国〕张著常，樊得春纂，刘汶等校注：《东乐县志·创修民乐县志》，第496~499页。
⑥ 〔清〕黄文炜纂，吴生贵、王世雄等校注：《重修肃州新志校注》，北京：中华书局，2008年，第343页。
⑦ 〔清〕徐家瑞：《新纂高台县志》，张志纯等校点：《高台县志辑校》，兰州：甘肃人民出版社，1998年，第229页。
⑧ 〔民国〕高季良总纂，张志纯等校点：《创修临泽县志》，兰州：甘肃文化出版社，2001年，第98页。

通过上表可知，除始建年无考的关公庙外，始建于元代的有2座，始建于明代的有7座，始建于清代的为16座[①]。明代的关公庙在清代多有重建和扩大，致清代修建的数量多于明代，且分布较广。

至清后期，方志中的关公庙多记在何地，且地点多在乡村（如山丹县、民乐县、高台县），可见规模不大。到了清代，信仰越来越普遍，乡村堡寨也有其分布，规模小而数量多。关公庙的分布呈现由上至下的趋势，即由多分布于州县向多分布于乡村发展。这与明清时期统治者的推行不无关系，尤其是清朝，凡有府州县卫所衙门者，必建立关庙。以至于关庙数量“与孔子等”。

一些关公庙也有其他的特点，临泽县的关帝庙道光年间由当地商民乔进惠修缮，光绪三年（1877），该县商务会设于其中，呈现出与商业紧密结合的特征。高台县有两座关公庙分别位于香山和梧桐泉，这两处为当地佛教寺庙所在，可见关公的形象也和佛教有着一定的联系。

二　张掖关公信仰产生的原因

关公信仰的产生与发展必然跟一地之社会风俗、地理环境等方面有密切关系，张掖的关公信仰产生的原因大致有三点：

（一）当地人好勇尚武，重视忠义的表现

张掖地处西北，地理上远离中原，“风土淳厚，气息刚勇”。加之少数民族众多，各族之间相互融合、相互影响，“民俗强悍，率同夷狄”，形成了当地好勇尚武、重视忠义的特征。张掖很早就有“勤力畎亩，尚武之地”之说。《甘州府志》记载张掖地处西北“厥风刚劲，杀身成仁，浩凌霄汉，代不分人，惜久沦回夏，堙没良多，讫明大著”[②]。这种“好勇尚武、重视忠义”主要表现为以下方面：

当地培养出的名仕多以武将为主，忠节孝义之人不绝于志。笔者从地方志中发现，《甘州府志》“乡贤”甘州有45人，武将出身达25人。《新修张掖县志》“乡贤”比《甘州府志》增加11人，均为武将。《东乐县志》“名宦”19人，其中武将11人。“仕宦”19人，其中武将13人。“乡贤”7人，均为武将。《创修民乐县志》又增加8人，其中5人为武将。《甘州府志》载山丹县有“乡贤”4人，3人为武将。《新纂高台县志》“仕进”40人中，30人为武将。《甘州府志》“材武”张掖有8人，《新修张掖县志》“材武”增加了18人。《甘州府志》“材武”山丹有1人。

忠节忠烈：在《甘州府志》“忠节”中，甘州有92人。《山丹县志》中除《甘州府志》的

---

① 《宣统时山丹地理调查表》中除《山丹县志》原载的4座外，增加至12座。原有4座最迟记载为道光十三年（1833），增加的8座应为道光至宣统年间（1821—1911）所建。

② 〔清〕钟庚起纂，张志纯等校点：《甘州府志》，第397页。

记载的2人外，又增加2人。《创修临泽县志》中“忠节”有204人。

《东乐县志》卷三“人物”中“忠烈”24人。《创修民乐县志》有“忠烈”66人。《创修临泽县志》卷十二“耆旧志”中“勇略”8人，“列士”4人。

孝义：《甘州府志》载甘州有“孝义”20人。《山丹县志》中“孝义”除《甘州府志》1人外，增加1人，“义行”有7人。《创修临泽县志》“孝友”23人。《东乐县志》“孝义”31人，《创修民乐县志》中增至60人。较《东乐县志》增加29人。

“忠”与“孝”一直是中国传统伦理道德中必不可少的精神，二者互为表里、相辅相成。山丹教谕崔恒泰所撰《重修忠义节孝祠》云：“孝以节而弥纯，节以孝而愈坚”“忠臣孝子，靖人义士，后失接踵，足为矜式。”①二者相互融合渗透，以至“凡为孝子者，无不为义士”，忠勇孝节的人大量涌现。

当地民众在抵抗外敌中多有慷慨就义之人。“每经一次战争，必有忠烈之士拼命周旋于乡邦”②。《创修临泽县志》记载同治五年（1866），“陕回来攻，宋家大寨陷”殉难27人。同治七年（1868），“贼匪攻德安渠堡寨，堡陷”，殉难24人。此次抗击中，“殉节官民，概多莫考，将可知者录之，亦千百之十一耳”③。高台县河西堡在此次抗击回乱中，民众“勇往迎敌，大肆叫骂”，“被戮男妇共五百余人，记姓氏者百六十三人，所存者仅残废老幼七人而已”④。

当地涌现出了大量关于忠武重义的祠庙。如张掖有忠孝祠、节义祠、西夏忠武王庙、武勇祠、悯忠祠、忠节祠、振武将军祠等，山丹有忠孝节义祠、忠节祠、义士祠等。高台有忠节祠、忠烈祠、忠勇祠等。同时相关文章也较为繁多。《甘州府志》卷十三“艺文上”收录了诸多有关忠武重义祠庙的文章，如马里《悯忠祠记》、吴铠《忠节祠碑记》、张升《武勇祠碑记》、郭登《忠武王庙碑记》、黎暹的《忠义赋》《武勇祠》。“艺文下”则收录了聂玠《镇远楼靖逆张公碑记》、宋琬《一门三烈记》、孙思克《重修武庙碑记》、宋可进《重修武庙碑记》、法灵阿《重修武庙碑记》、田敏《武烈庙旧迹记》、曹德元《清建旌忠庙呈词稿》等。《山丹县志》卷十“艺文”载黎建三《重修忠义节孝祠》、崔恒泰《重修忠义节孝祠》。《新纂高台县志》“艺文”载徐嘉瑞《重建名宦乡贤祠碑志》《创建忠义节孝祠碑志》。

除方志记载有关关公信仰的祠庙以外，地方志或其他资料中也有关于关公信仰的碑刻。张掖有关关公信仰的碑刻数量为11通，甘州有6通，为《关帝庙碑记》《重修关帝庙碑记》《建关帝庙及修城碑记》、《建立关圣庙碑记》（已佚）、《关庙碑》（已佚）、《关公圣德碑记》（已佚）；山丹县有2通，为《南郭关庙碑》（已佚）、《定羌关帝庙碑》（已佚）；临泽县有2通，

---

① 〔清〕黄璟主纂，郭兴圣校注：《山丹县志》，第269页。
② 〔民国〕张著常，樊得春纂，刘汶等校注：《东乐县志·创修民乐县志》，第564页。
③ 〔民国〕高季良总纂，张志纯等校点：《创修临泽县志》，第403页。
④ 〔民国〕徐家瑞：《新纂高台县志》，张志纯等校点：《高台县志辑校》，第337页。

为《重修关帝庙碑记》（已佚）、《增修关帝庙碑记》（已佚）；民乐县有 1 通，为《改修关岳庙记》。[①] 这些碑刻的记载让对关公信仰的研究更加深入。

（二）民众祈求安定的心理诉求

这种心理诉求，方志所载碑刻资料中多有记载。当地民众多是在受到外界威胁或处于恶劣的情况下祈求关公保佑。

一是当地官民祈求关羽显灵，对攘乱平叛起到一定作用。明代甘肃巡抚胡汝霖所撰《关帝庙碑记》云："义勇武安王祠遍海内，其灵威感应，赫赫在人耳目，不可胜记。嘉靖己未三月，汝霖具大理左少卿员，被命巡抚甘肃，以六月入金城。时，俺答自北拥众，屯据西海数年矣，控弦十万，马牛橐驼，裘十万，毒腥密而虐焰方炽。河西之调兵四集，刍饷不继，所在告匮；加之天时为灾，城堡之内，十室九空，嗷嗷皇皇，人莫自保。……自己未秋迄今，虽丑虏之势，若火燎原，不可响迩，然止劫番，无犯我圉。庚申九月，俺答忽拔众转东首而过，不敢有掠，此天夺之魄，非人力也。两岁以来，耕牧渐宽，雨旸时若，四境相庆，以为有年。夫人厄忧危险虞之中，而获室家保全之幸，当师旅饥馑之日，而庶几苏息安饱之休。王之灵威感应，已赫赫于平时，而属庙貌更新之日。然则神功之不可掩，而人心之不容已，岂诬也哉?"[②] 可见，民众希望关公能在政府无力抵抗外来侵扰的情况下发挥超自然的力量，官员希望借修建关帝庙来凝聚人心，共抵外辱。

天启年间（1621—1627），川东道道台胡大年所撰《重修关帝庙碑记》云："张掖之有关帝庙也，在元至正间，创始脱脱丞相。而我明朝镇守西宁侯宋公，复加修缮云。……张掖虽固有庙乎，然岁久倾圮，基残料敝。总镇董公守甘者已三稔，而奏捷者无算，前后斩馘几千余级，阴山雪岭，素所盘踞，世为子孙巢窠者，虚无人矣。公思我武维扬，固人力哉，不仗元休，讵易殄灭。偶睹旧宇，概为葺修，诹吉日以鸠工，遴能吏以董役，以陶以瓦，以栋以提，炼臒丹青，敲拸藻缋，谓非挽近一盛事哉。……如今夏杪之捷，逆哈已据上游，排鸟铳，视三军为几上肉耳。而公亲提六师，擐甲跃马，运神臂，设伏兵，哈酋儿入吾组络中。其阴风之所蔼映，又若恍惚指麾而布列者，则公之一月三捷，与帝王气弥漫万古如新者呼吸通矣。谓非天人相因，而以相成也，乌能如桴鼓之应若此哉? 予以征蔺回里下，久不闻他事，然震怜之恐，惨骨绾心，闻公之举，因颂公之伐，而以述帝庙之创修始末也。"[③] 可见，军事上的胜利也多被归功于关公之威灵，进一步促进了关公信仰的发展。

高台县从事钱昌绪所撰《扑灭悄悄会记》一文记载黑泉永丰堡一老者叙述的故事：光绪十

---

① 孟凡港调查有 9 通，《陇右金石录》卷九载："关庙碑，万历四十一年，叶锦文。在张掖，今存。"碑文无载，今佚。《张掖地区志》载有光绪九年（1883）《关公圣德碑记》，赵起文父子立，碑文模糊难认。实则 11 通。张维：《陇右金石录》卷九，甘肃省图书馆藏。张掖地区志编纂委员会：《张掖地区志》（下），兰州：甘肃人民出版社，2010 年，第 2696 页。

② 〔清〕钟庚起纂，张志纯等校点：《甘州府志》，第 552 ~ 554 页。

③ 〔清〕钟庚起纂，张志纯等校点：《甘州府志》，第 554 ~ 555 页。

年（1884），肃州九家窑兴起了名叫“悄悄会”的组织，“疑即白莲教之遗孳焉”，十二月十四日，“悄悄会”千余人攻进永丰堡，“堡中男女，闻声均逃避，仅留绅约十数人守城”，当地文生杨艳春佯降，承诺为匪首招丁五百为向导，趁机派人去县城求援。贼匪约定“二更造反”，“四更起身赴高台攻城”，杨艳春“伺匪酣睡，暗易长香”，“堡有关帝庙并默祝焉”。四更时，堡民千余人围城攻之，“天将曙矣，城内外会匪已一律肃清矣”。钱昌绪最后说到记载此事的三个目的：一是为了说明贼匪自作孽不可活，二是赞叹杨艳春“应变有方”，三是“记武圣帝君之默佑灵应，昭然在人耳目间，亦吾国神社道教之一斑也”①。

二是民众希望在恶劣的自然条件下，关公能起到减轻灾害的作用，并发展农业生产。乾隆三十年（1765），张掖县知县富斌所撰《建关帝庙及修城碑记》云：“关帝庙旧址在南瓮城内，城既坍塌，庙亦倾颓。乾隆癸未冬，余承乏兹土，值黎民阻饥，乃有以工代赈之举，明年三月，率作兴事，九月告成。随择地建庙，规模一新，爰握笔以志之。……然城长十有余里，计费数倍于他所，是以列于急工，而畏葸迁延，久无成议。”虽然修缮关帝庙的目的不同，但是官员只要计划修缮关帝庙，当地绅士和民众就不遗余力地襄助。“余躬膺斯任，不敢告劳，二三绅士，鸠工庀材，若木若土若石若砖分途而治，接踵而至。聚远近枵腹群黎谋食于所事，丁丁然，冯冯然。缺者补之，废者举之，凡越六月，而雉堞参列，楼橹交辉，堂哉皇哉，诚边陲之一大都会也。……今忽起此大工，似因实创，意非星霜屡易，难以奏功，不期数月之间，遽尔完固，是岂鼛鼓之验欤？良由皇仁之普遍，民力之奋兴，及二三绅士同心协力，遂相与以有成，余又何敢矜言况瘁哉？”② 当地士绅多参与到兴修关帝庙的行列中，官民群策群力，也可侧面看出官方通过塑造信仰庙宇来缓解饥民对政府的压力。

不管是平定战乱，还是保护农业，当地人都表达出关公的“威灵感应，已赫赫于平时”“默佑灵应，昭然在人耳目间”“王之威灵……助我于冥冥之中”，这明显是当地民众的一种心理渴求，将自己的愿望寄托在关羽身上，以求外界力量进行帮助。

（三）政府重视关公祭祀

关公信仰自唐形成，各代统治者对其不断加封，“由侯而王，由王而帝”，宋时便有忠惠公、崇宁真君、昭烈武安王、义勇武安王等称号。明清以来，更达到了国祀地步。明时封其为“三界伏魔大帝神威远震天尊关圣帝君”。顺治九年（1652），敕封关羽为“忠义神武关圣大帝”。康熙五年（1666），又加谥“灵佑、仁勇、威显”，将其列到与孔子共同祭祀的地位。“关帝在清一代尊崇备至，各省、县皆有庙，其祀典与文庙同”③，《重修武庙碑记》云：“武庙之建……其规俨然文庙焉。”民间“武圣人”之说流传深广。雍正三年（1725），“诏令天下各

---

① 〔民国〕徐嘉瑞：《新纂高台县志》，张志纯等校点：《高台县志辑校》，第424～427页。
② 〔清〕钟庚起纂，张志纯等校点：《甘州府志》，第602页。
③ 〔民国〕白册侯、余炳元著，施生民校点：《新修张掖县志》，张掖：张掖市市志办公室，1998年，第168页。

郡县祀以太牢礼”，加封关帝“灵佑仁勇威显护国保民精诚绥靖”。“明统治者认为祭祀关于可以‘暗助王化’，‘赞乾元之化’，以及清统治者认为崇祀关羽‘所以为人道扶植纲常，助宣风教，即制祀之原胥不外是’”，明清统治者还要求“各省直府州县建祀设像，守土官吏时展谒典礼”，使关帝庙信仰和崇拜推广到所有建立了行政机构的地方。①

通过方志中所载修建关庙碑文可知，关庙多由高官或士绅主持修建。尤其是甘州府和山丹县，始建于元朝至元年间的甘州府城东南的关帝庙，为丞相脱脱所建。明永乐、嘉靖、天启三次修缮，巡抚、总兵等官员主持。乾隆三十四年（1769）也进行了一次重修，由知府、知县主持。山丹县的两座关帝庙也由提督、总兵等高官参与。甘肃巡抚胡汝霖《关帝庙碑记》云：“汝霖默祷于神，以虏暴逆，必干天诛，神其相之，俾保乂兹土，无辱天子之宠命。”于是集资修庙，“人闻竞助工者”，关帝庙增加殿宇数座，规模宏大。“五月十三，王诞日也。时岁城中为王设像，会赛先一月，金鼓之声彻早暮。至日，骏奔陈飨，骈肩累足，衢为之隘，盖视往为盛”。汝霖窃闻诸祭法，“有功于民则祀之，能御大灾，捍大患则祀之”②。张掖县知县富斌《建关帝庙及修城碑记》云：“辛巳癸未，甘凉诸郡连被秋灾，大宪俯念民瘼，奏请寓赈于工。荷蒙天子俞允，克期经始。……民力之奋兴，及二三绅士同心协力，遂相与以有成。”③

统治者为巩固自己的统治地位，把关羽当作忠义的化身，地位也愈抬愈高，得到官方的大力恩赐。“上有所好，下必甚焉”，地方上的崇奉必然会更加隆重。在此过程中，关公进一步神化，具有了各种神灵的职能，其中最主要的原因是关公所体现的“忠义”精神，最高统治者需要人民忠于政府，地方官员需要义士维护稳定，民间交往也需要义气相待，这种共同的精神造就了关公至高无上的地位。民国 21 年（1932）二月二十四日，林鹏侠行至临泽威狄堡时，见有关帝庙一座，云：“沿途所经祠宇，多祠关帝。西北人之尊敬壮缪，已可概见。一念忠诚，于秋俎豆，人何不乐为世之模范，而必尔虞我诈乎？”④ 张掖的关公信仰兴盛局面可见一斑。

金朝始有五月十三日为关公诞日说，民间的崇拜更是到了无以复加的地步，直至民国，从未消减。现代的祭祀虽然减少，但关公祭祀仍有保留。张掖多地在五月十三日举行关庙庙会，民间亦有相应的祭祀活动。《东乐县志》卷三“民族志”载：“五月十三日，祭关圣，唱戏赛会。县城以纸塔五座，牛一、猪五、羊五、鸡、鸽之属各五对，祭之。乡村则用猪、羊，不作纸塔。自元成宗迄今，未尝稍懈。”⑤《张掖地区志》第八编“社会”记载了张掖的道教庙会，其中张掖、民乐、高台在五月十三日关羽诞辰时举办庙会，张掖为“关帝庙庙会”，民乐为“洪水城庙会”，高台为“关帝庙庙会”⑥。

---

① 蔡东洲、文廷海：《关羽崇拜研究》，成都：巴蜀书社，2001 年，第 203～204 页。
② ［清］钟庚起纂，张志纯等校点：《甘州府志》，第 552～554 页。
③ ［清］钟庚起纂，张志纯等校点：《甘州府志》，第 602 页。
④ ［民国］林鹏侠：《西北行》，甘肃人民出版社，2002 年，第 140 页。
⑤ ［民国］张著常，樊得春纂，刘汶等校注：《东乐县志·创修民乐县志》，第 304 页。
⑥ 张掖地区志编纂委员会：《张掖地区志》（下），第 2058～2059 页。

（四）关公职能广泛

随着历史的发展，关羽变成了“神中之神”“万能之神”，出现了一神多职的情况，身兼战神、财神、会馆神、农业神等，不仅如此，关羽的庙宇也分布在城市各个空间，成为最广泛的民间信仰。

从碑刻资料可看出，关羽作为军队神的形象多次出现。明代军队常有“显神助阵”的神话，在发生的大大小小的战争中，关圣显灵助其灭敌常有出现，不管是在对回乱中，还是对“悄悄会”的抵抗中，关公显灵之事不可胜记。

关羽不仅能够在特殊时期抗击外来侵扰，在日常生活中更是以维护乡里生活秩序的形象而存在。庙会是我国乡里社会维持秩序的一种重要形式，一般在日常生活中起着多方面的作用，如裁决、审判，甚至求雨。明代中期以后，晋商活动遍布全国，为方便进行商业活动及乡党联系，以晋商为主的会馆雨后春笋般建立起来。雍正八年（1730），张掖山西客商赵世贵等人将雍正二年（1724）修建的关帝庙改建为山西会馆。其关羽读《春秋》的塑像保存至今。临泽县东关之关帝庙在道光九年（1829）由商人乔进惠增修，光绪年间（1875—1908），该县商务会设于其中。当时我国出现的会馆中，大多数将关羽作为当地客商祭拜之神。之所以这样，是因为“会馆的兴建是传统社会结构中难得的公共场所，而关公精神中的‘信义’又是中国传统道德中‘亲亲’之外难得的公共伦理”①。

在张掖地区，关公有“武财神”之说，商铺多供奉关羽以求财源广进，商业发达。关羽是忠义的化身，在其化为财神的过程中，一方面具有保护商铺安定的职能，一方面具有督使商家不赚不义之财的责任。人以此制造出一种诚实信用的品质，来壮大其发展规模。

值得一提的是，关羽不仅是道教神灵体系中的一员，佛教也将他纳入到自己的神灵体系中，并神化其身份，称“伽蓝菩萨”。笔者调查了张掖部分寺庙，均供奉关羽像。可见该信仰已经深入人心。

三　结语

综上所述，张掖关公信仰繁盛，寺庙众多，主要受文化的浸染、民众的诉求、政府的行为三方面的影响。任何一种民间信仰，都与当地的地理环境和文化内涵密不可分。各地关公信仰也呈现出信仰内容及崇拜方式的多样化等特点。我国民间信仰的研究模式已经发生重大转变，从单纯研究信仰的表面现象开始向信仰模式以及背后所体现的权力制衡发展，通过研究民间信仰来探讨其背后所体现的现象，尤其是政府权力及基层社会关系，政府与民众乃至与士绅的复

① 胡小伟：《关公信仰与大中华文化》，载酒井忠夫、胡小伟等著：《民间信仰与社会生活》，上海：上海人民出版社，2011年，第277页。

杂关系，因为“在宗教信仰与民间信仰诸类信仰关系中，首先值得考虑的是民间信仰与国家权利之间的互动关系”①。关公信仰是民众希望自身与国家稳定发展的一种载体，也是官员联系民众的一种媒介。通过碑刻我们不难发现，官员掌握着关帝庙修缮的权力。它的主导者不是民众而是官员，只要官员振臂一呼，民众就会尽力而为。关公信仰可以增加官民之间的联结：对官员来说，这种活动可以凝聚人心，利用民力，进一步加强统治，树立权威。对民众而言，通过对神的祭祀一方面满足求得保佑的心理，一方面是对当地官员政策失当的警戒。正是这种契合，从上至下，从官至民，关公信仰以不同形式起着维护秩序的作用。

笔者认为，历史上地方官员要维持本地统治秩序，就不得不依赖于地方势力，地方势力必须借助地方神来扩大它的影响力，而地方神的发展完全依靠当地民众，所以一地的民间信仰往往成为维系整个社区秩序的纽带，是抵御外部力量的象征，所以民间信仰只能加强，不能弱化。关公信仰是“一个非常重要的文化资源，尤其是它何以具有深厚坚实的民间根基，包容四裔的融会能力，绵延不绝的历史积淀和跨越时空的现实影响，值得认真研究总结，并重新做出现代性的诠释”②。以关公信仰为代表的一系列民间信仰，对社会和国家的发展起着重要的作用，应当为今人所重视。

参考文献

1. 地方志及近代文献

［1］〔清〕钟庚起纂，张志纯等校点：《甘州府志》，兰州：甘肃文化出版社，1995 年。

［2］〔清〕黄文炜纂，吴生贵、王世雄等校注：《重修肃州新志校注》，北京：中华书局，2008 年。

［3］〔清〕黄璟主纂，郭兴圣校注：《山丹县志》，兰州：甘肃文化出版社，2012 年。

［4］〔民国〕白册侯、余炳元著，施生民校点：《新修张掖县志》，张掖：张掖市市志办公室，1998 年。

［5］〔民国〕徐嘉瑞：《新纂高台县志》，张志纯等校点：《高台县志辑校》，兰州：甘肃人民出版社，1998 年。

［6］〔民国〕高季良总纂，张志纯等校点：《创修临泽县志》，兰州：甘肃文化出版社，2001 年。

［7］〔民国〕张著常，樊得春纂，刘汶等校注：《东乐县志 · 创修民乐县志》，兰州：兰州大学出版社，2009 年。

［8］张掖地区志编纂委员会：《张掖地区志》，兰州：甘肃人民出版社，2010 年。

① 李思明：《中国信仰研究综述》，载李向平等主编：《中国信仰研究》（第一辑），上海：上海人民出版社，2011 年，第 48 页。

② 胡小伟：《关公信仰与大中华文化》，载［日］酒井忠夫、胡小伟等著：《民间信仰与社会生活》，第 322 页。

[9]〔民国〕张维:《陇右金石录》,甘肃省图书馆藏。

[10]〔民国〕林鹏侠:《西北行》,兰州:甘肃人民出版社,2002年。

[11]〔民国〕明驼:《河西见闻记》,兰州:甘肃人民出版社,2000年。

2. 今人著作

[1] 乌丙安:《中国民间信仰》,上海:上海人民出版社,1996年。

[2] 蔡东洲、文廷海:《关羽崇拜研究》,成都:巴蜀书社,2001年。

[3] 赵世瑜:《狂欢与日常——明清以来的庙会与民间社会》,北京:生活·读书·新知三联书店,2002年。

[4] 刘海燕:《从民间到经典——关羽形象与关羽崇拜的生成演变史论》,上海:上海三联书店,2004年。

[5] 胡小伟:《关公崇拜溯源》,太原:北岳文艺出版社,2009年。

[6] 樊光春:《西北道教史》,北京:商务印书馆,2010年。

[7] [日] 酒井忠夫、胡小伟等著:《民间信仰与社会生活》,上海:上海人民出版社,2011年。

[8] 李向平等主编:《中国信仰研究》(第一辑),上海:上海人民出版社,2011年。

3. 论文

[1] 周倩:《关公信仰浅论》,《民俗研究》1994年第3期。

[2] 纪玲妹:《论中国传统文化中"关公信仰"形成原因》,《西北工业大学学报》(社会科学版)2001年第4期。

[3] 崔云胜:《张掖平天仙姑信仰考》,《河西学院学报》2003年第1期。

[4] 刘志军:《关羽关公信仰的人类学分析》,《民族研究》2003年第4期。

[5] 崔云胜:《西夏黑河桥碑与黑河流域的平天仙姑信仰》,《宁夏社会科学》2006年第4期。

[6] 孟凡港:《从碑刻看明清时期张掖的民间信仰》,《世界宗教文化》2012年第2期。

[7] 刘福燕:《关公传说视域下的关公信仰研究》,《宁夏大学学报》(人文社会科学版)2012年第4期。

[8] 谢继忠:《明清以来张掖龙王信仰研究——河西走廊水利社会史研究之四》,《河西学院学报》2013年第6期。

[9] 闫爱萍:《关公信仰问题研究的回顾与展望》,《民俗研究》2013年第4期。

[10] 杨会萍:《明清时期河西地区的道教与民间信仰》,硕士学位论文,兰州:兰州大学,2011年。

张澍方志学特色论略

张晓彭（西北大学）

提要：清代西北学人张澍是著名的方志学家，一生编纂整理20余种方志，为多部志书撰写序言，既是方志编纂的中坚力量，又是杰出的方志理论家。张澍把修志工作视为学术研究和文化传承的重要载体，一改当时因陈相袭之风，根据时代发展和内容需要，科学编排志书体例。他兼容并蓄，既注重材料的收集和文献的考订，又不轻视地理考据，构建了以志存史、史地并重、考证科学这一独特的方志理论体系。他所修志书，考古征今并重，文献征实丰富，讲究经世致用，具有很高的社会价值。

关键词：张澍　修书编纂　修志理论　学术文化价值

乾嘉盛世是清代方志发展的鼎盛期，大家辈出，编纂了大批志书，形成了地理学派和历史学派两大主流派。西北学人张澍，既是方志编纂的中坚力量，又是杰出的方志理论学家。他以开阔广博的学术视野，采纳众长，兼容并蓄，根据时代发展和内容需求，科学编排方志体例，既重视资料的收集和文献的考订，又不轻视地理考据，构建了以志存史、史地并重、考证科学这一独特的修志理论体系。张澍在方志学领域取得了很大成就，他将理论与实践相结合起来，编纂整理20余种方志，为多部志书撰写序言，撰写大量论述方志的文章。张澍将史实、地理、人物、艺文四部分结合，把地理志、编年史、人物传、艺文志综合进行考察研究，他所修志书，考古征今并重，文献征实丰富，讲究经世致用，具有很高的学术文化价值。

一　采纳众长，考古征今并重

有清一代，是我国地方志发展的鼎盛时期，据《中国地方志联合目录》统计，清人编纂的方志有6000多种，是宋、元、明三朝流传下来方志总数的5倍。至乾嘉时期，形成了地理学派和历史学派。地理学派以戴震、洪亮吉、孙星衍等为代表，该派所修志书内容以自然现象之疆域、建置、山川、物产为主，属于人文政治、经济、文化为辅，其最注重考证地理沿革，亦称考据派、考古派。历史学派视方志为历史，认为方志即一方之史，主张以撰史之法写志，他们主张重文献而轻沿革，编纂方志的目的是保存文献，故亦称重例派。历史派以章学诚、全祖望、鲁一同等为代表。张澍虽然没有专门著述来探讨修志理论，但他具有十分丰富的修志实践经验，他尊重学术，视域宽阔广博，兼容并蓄，采纳众长，构建了独特系统的方志理论体系。他不固守成法的革新意识形成了一家之言，把修志工作视为学术研究和文化传承的重要载体，对方志的性质作用、体例编排、编纂原则和方法要求，乃至志书资料的搜集考证，都进行了深入讨论，建立了一套完整的理论体系，开拓了方志学的研究理论。一方面，他重视历史事实、典章制度和人物、职官等政治人文资料，使方志叙述的内容趋向完整实用。另一方面，他又注重地理沿革、民族物产、风土人情的考证收录。张澍将史实、地理、人物、艺文四部分结合，把地理志、编年史、人物传、艺文志综合进行考察研究，所编志《续黔书》《蜀典》《凉州府志备考》等书体大虑周，文献征实丰富，历史地理并重，具有很高的社会价值。张澍辑佚的《二酉堂丛书》《十三州志》《三秦记》《沙州记》等地理志和方志占很大比例，具有重要的历史地理价值。

张澍十分注重文献资料的搜集，对史料的真实性进行了严格考证，具有传统史家写实的风格。《续黔书》是张澍编修的第一部方志。在贵州任上，他亲自实地考察，进行文献资料搜集考证。《续黔书》卷二收录的《庄豪》《马王辩》《李白至夜郎辩》等文章，都是对有关贵州历史文化著名人物相关事迹的考辨。在《庄豪》一文中，通过考证，他认为古籍当中的“庄豪”即“庄蹻”，“豪”与“蹻”古音相通，字亦相借，而《云南志》认为庄豪为庄蹻之后，是没有根据的说法。《马王辩》通过考证认为玉屏县西北的马王遗迹，所谓马王并非是西汉伏波将军马援，而应当是五代时期曾称楚王的马殷、马希范父子。《李白至夜郎辩》一文考证认为，李白确曾因贬到达过贵州。在《蜀典》中，张澍专门对古代巴蜀作家的著述进行了考证辑佚研究，考证文献流传、收藏、存佚状况，反应学术发展渊源流变。《蜀典》卷十一分上、下两篇，辑录了一批不为一般人所知晓和了解的四川地区古代作家的作品。他考证辨析了《幽梦曲》《东平歌》《龙归曲》《臾邪歌》《伊鸣曲》的传说，考据了《李冰碑》《杨终赋雷电》《杨终晨风诗》等，辑佚了《怨家益法言》《扬雄益州颂》《凡将篇》佚文以及《郭璞岷山赞》《犍为舍人尔雅注》《蜀才易注》《谯周五经然否论》等，还考述了四川历代所刻《石经》的情况。《犍为舍人尔雅注》《蜀才易注》《谯周五经然否论》是其中学术分量最重的三部典籍，在《二酉堂丛书》中被列为嗣刻图书。张澍的这些考证辑佚，阐幽发微，辨章学术、考证源流，揭示了丰富多彩、灿烂辉煌的四川古代文化，提高了《蜀典》的学术文化价值，扩大了方志的社会影响力，为后人研究四川古代文化和社会发展提供了文献资料。张澍编纂史志时，十分重视文献的出处，对每一条资料的来源都进行了精心考证，使得许多散佚的古籍在这些志书中得以保存。《凉州府志备考》征引文献十分广博，有纪传体的《史记》《汉书》《隋书》《旧唐书》《新唐书》《金史》《元史》《明史》等；有编年体的《献帝起居注》《明实录》等；有地理方志类的《元和郡县志》《太平寰宇记》《明一通志》《清一统志》《水经注》《读史方舆纪要》《十六国春秋》《西域记》等；有典制体的《唐六典》《唐会要》等；有史学评论专注《史通》；

有类书《北堂书钞》《初学记》《太平御览》等；有姓氏书《姓苑》《元和姓纂》等；有文集类《李德裕集》《杜工部集》《汤潜庵集》等；有图书目录类的《直斋书录解题》《郡斋读书志》等；有金石类的《金石萃编》《关中金石记》《金实录》《雍州金石记》《咸阳金石遗文》等；有科技类的《齐民要术》《梦溪笔谈》等；有笔记类的《芥隐笔记》《仁恕堂笔记》《十驾斋养心录》等；还有《高僧传》《神僧传》等传记，《楞严经》等佛经，《太真外传》《霍小玉传》等小说，以及《全唐文》《世说新语》《傅子》《刀剑录》《竹林诗话》等其他典籍，征引文献高达189部之多，涵盖了经、史、子、集多个领域。这些文献充分利用，不但使志书具有很高的学术价值，而这些文献本身也具有重要的史料价值。

在注重文献资料的考证和编订的同时，张澍亦重视地理沿革、山川河流、民俗风情、物产风土等方面内容的考证收录，扩大了志书的内容，使志书具有社会实用价值。《续黔书》卷三收录的《黔中》《夜郎》《龙标》《废牂牁郡》《牂牁江》《罗甸》等文章，是对黔中郡、古夜郎国、龙标县、牂牁郡、牂牁江、罗甸国等郡县、古国的地理位置以及建制沿革的考辨，依时间先后顺序，对这些郡县的最初设置、历代区划的变动讲得清清楚楚，并指正其他学者的错误。《黔中》一文，张澍先详考黔中郡最初的设置及历代区划的沿革，然后指出："是则秦之黔中，即汉之武陵，兼今湖南、常德、辰州、沅州、宝靖诸府也，唐之黔中，亦兼今黎平、镇远、遵义、思南、同仁之地也，若宋之黔中，并及四川重庆、彭水诸县地也。而胡渭生以黔中、宁夷、涪州、播州、夜郎、义泉、溱溪七部皆梁南徼外蛮夷，非古黔中地，而以杜佑说为误，不考之过也。"①《蜀典・堪舆类》若水条："《世本》：'若水，允姓，国昌意降，居为侯'。《水经注》：'若水出蜀郡旄牛徼外，东南至故关，为若水也。注：若水之生，非一所也。黑水之间，厥木斯植，故水受其称焉'。《九州岛要》记越：'巂之登台，有双诺川，鹦鹉山，黑水之间，若水出其下。即黄帝昌意降居于此。杜予以昌意所封在都，都乃襄州乐乡，非是'。按：若水即泸水也。泸为若水之下流。《欧阳志》曰：'马湖之上流即若水也。'"汶江即岷江条："王伯厚《困学纪闻》云：'《考工记》貉踰汶则死，先儒皆以汶为鲁之汶水，非也'。《列子释文》云：'按《史记》汶与？同一作岷，谓汶江也。今江边人云：'不渡江，貉狐也，踰越大水则失本性。'按《说文》，《史记冉駹为汶山郡篇》云：'汶音岷'，又《史记》引《禹贡》岷嶓既艺及岷山之阳、岷山导江，皆作汶。盖古字通用，史照释文，以汶为运切音问。今人遂相沿读为问，谬矣。杨正衡《晋书》注：'汶山亦作？山'。《广韵十真韵》有汶字，武巾切音旻。"张澍综合运用了考据学、音韵学，从多个角度考证了汶江即岷江一说。蜀井条："《扬州职方志》云：'广陵蜀冈上有蜀井，曰蜀井，言水与西蜀相通，茶品天下水有二十种，而蜀冈水为第七。"玉女房条："李膺《益州记》：'青衣神号雷塠庙，班固以为离堆下有石室名玉女房，盖此神也。'按：玉女房即今大佛崖洞也。而常璩《华阳国志》云：'李冰西于玉女

① 〔清〕张澍：《续黔书》卷三，《丛书集成初编》，北京：中华书局，1985年。

房下白沙邮作三石人，立水中。’是以玉女房在灌县也。《太平寰宇记》：‘玉女房在导江县，其房凿山为穴，深数丈，中有廊庑堂室屈曲，似若神功，非人力矣。今毁。’是以玉女房在彭县也。任豫《益州记》：‘阆州盘龙山有石长三十丈（李膺作四十丈）高五尺，当中有户及扉（李膺作有户及扇），若人掩闭，古老以为玉女房在阆中也。’常璩、李膺、乐史、任豫皆不知离堆之所在，故说玉女房不审，当以孟坚之说为准确。《梁州记》：‘肥城东南有女玉山，山上有一石穴若房，有玉女八人，不出穴，前修竹下有石坛。’《述异记》：‘利州义城郡葭萌县有玉女房，盖是一大石穴也，昔有玉女入此石穴，前有竹数茎，下有青石坛，每因风自扫此坛，玉女每每遇明月夜即出于坛上，闲步徘徊，复入此房。’是以玉女房在昭化也。又按《水经注》：‘芒水出南山芒谷，经玉女房’则在陕西盩厔，此又有一玉女房也。《郡国志》：‘张陵于此得盐井，祠玉女于井内。’”① 这对我们了解和认识位于川西北高原和成都平原之间汉代崖墓，提供了重要资料。在《凉州府志备考》中，张澍充分发挥考据专长，对地理沿革、风土人情进行了详细考证。《凉州府志备考》地理类卷一为总序，先考证凉州府的地理位置及其名称的由来：“《史记·匈奴列传》正义引《括地志》云：凉、甘、肃、延沙等州地，本月氏国。”“《地理风俗记》：汉武帝元朔三年，改雍州曰凉州，以其金行，土地寒凉故也。”接着依据《汉书·地理志》《旧唐书·地理志》《十道志》《明史·地理志》等对凉州府的政区沿革以时间先后为序，详加考证，最后又抄录《大清一统志》的凉州府及所属各县的政区沿革表，对凉州府的政区沿革讲得清清楚楚。然后引用《禹贡锥指》考证凉州府的潴野泽，又引用了《读史方舆纪要》对凉州府的政区沿革的考证，最后指出了凉州府重要的地理位置，《方舆纪要》：“山川险阻，土地沃饶。自汉开河西，姑臧尝为都会。魏晋建制州镇……西夏得凉州，故能以其物力侵扰关中，大为宋患，然则凉州不特河西之根本，实秦陇之襟要矣。”②《山水》卷天梯山条：“《方舆纪要》天梯山，在武威县南八十里，山路崎岖，层折而上，因名。晋大兴二年，京兆人刘宏客居凉州天梯山，以妖术惑众处也。宋元嘉十六年，魏主焘议伐凉州，李顺等言，姑臧城南有天梯山，上冬有积雪，深至丈余，春夏消腋，下流成川，居民引以灌溉，后以虚妄获罪，是也。”焉支山条：“《史记正义》曰：‘焉音煙。’《扩地志》曰：‘焉支山亦名删丹山，在甘州山丹县东南五十里。’《西河旧事》曰：‘匈奴《失二山歌》云：失我焉支山，令我妇女无颜色；失我祁连山，使我六畜不蕃息。又曰：白山冬夏有雪，故曰白山。匈奴过之，皆下马拜焉。’《凉州记》云：‘焉支山在武威郡西界，东西百余里，南北二十里。有松柏五木，其水草茂美，宜畜牧，与祁连山同。’”按：“匈奴谓天为祁连，祁连山者天山也。天山亦曰白山，焉支非白山也，今合为一，误矣。”③ 张澍不仅考证了焉支山的历史渊源，指出焉支山非白山，后人误将其合二为一。还用生动细腻的文笔，为我们描写了水草茂美、冬夏有雪的西北奇特的自然山水，令人

---

① 〔清〕张澍：《蜀典》卷一，《续修四库全书》，上海：上海古籍出版社，2002 年。
② 〔清〕张澍纂，周鹏飞、段宪文点校：《凉州府志备考》卷一，西安：三秦出版社，1988 年。
③ 〔清〕张澍纂，周鹏飞、段宪文点校：《凉州府志备考》卷四，西安：三秦出版社，1988 年。

心神向往。

二 内容征实，科学编排体例

方志体例是否规范决定了其价值。张澍深明方志编纂原理，又广见博识，所编方志借古鉴今，博采众家，据实而定，体例规范。他一改当时因陈相袭之风，根据时代的发展要求和志书的内容，或陈或因，或继承或发展，科学编排志书体例。张澍根据内容创建了新的方志体例，所编志书既包括传统史志所编纂的内容，又收录金石文献、方言、姓氏、民间文艺、古迹古物、轶事传说等，篇目特色突出，体例与时俱进，在内容和形式上都具有十分重要的价值。

《续黔书》打破传统志书体例的束缚，因事命篇，不拘常例。志书汇集了张澍在贵州期间的政绩、游记、诗歌、碑记，对历史、人物、古迹、政区沿革的考证，对独特手工产品和物产的记载，对珍奇动植物资源的考述，对贵州风土人情、奇闻逸事的记叙，这是他编修的一部私家著述，具有很高的文学及史学价值。《续黔书》对于现在贵州有关县市考证沿革、编修方志、研究民情风俗、社会文化和旅游资源开发，都具有十分重要的价值。卷四收录了《万卷书岩》《游紫气山记》《游东山记》《游黔灵山记》等十五篇游记，张澍用生动的文学笔法，向世人展示了瑰丽多姿的贵州美景。卷五所收之文主要记载异闻奇事、石刻古碑、俗字方音。如“人痾”“风鬼”“马化石”“雷击六人”“咒尸为鱼”等极具西南民俗文化特色，所收碑刻是弥足珍贵的文献资料。《蜀典》体例编排科学、史料翔实可靠，考证精确，风俗、方言、器物、姓氏等条目为《四川通志》所不备，这是研究巴蜀文明和西南文化重要史料。“器物类”收录介绍八十余种有史记载和传说中产于蜀地的器物，在对这些器物的记载中，张澍充分发挥了古文献在方志中的作用，自始至终把突出重点、体现特色作为志书编纂的思想，收录了独具地域文化特色的风物。如“蜀筏”“蜀锦”“蜀汉文”“四望蜀车”等，这些反映了巴蜀社会生活的各个方面。万人冷艳锯条：“《刀剑录》：‘关云长为先主所重，不惜性命，自采武都山铁为二刀，曰万人，及败，惜刀投于水。’《庶物异名疏》：‘关壮缪青龙偃月刀，一名冷艳锯。’”① “风俗类”则体现了古老而多元的巴蜀文化融合了四川各地各民族的民间通俗文化内容，凝聚着巴蜀文化的精神风格。《蜀典》特别注重展示地方科学技术发展。四川盐井和煮盐业自汉以来驰名全国，但古文献中对于盐井的形制、开采方法、盐场环境、煮盐的情况等均缺乏翔实的著录。卷五“故事类”对四川井盐生产这一特色产业的记载，弥补其缺失，具有浓郁的地方特色。“故事类”收录“李冰杀江神”的故事，张澍指出由于都江堰水利工程的益处，千百年来，都江堰地区的人民还有春秋两季作“斗牛戏”的风俗，以纪念李冰对江神的胜利。卷十一、卷十二“姓氏类”，是张澍对四川地区姓氏的考证。绪氏条：“《统谱》：‘明永乐举人绪珊，成都人。’今《通志》无。”邵氏条：“按《邵思姓解》：宋嘉定间进士埛夫，汉州人。今《通志》

---

① 〔清〕张澍：《蜀典》卷四，《续修四库全书》，上海：上海古籍出版社，2002 年。

选举内嘉定元年戊辰科郑自诚榜进士，有王垌夫，汉州人。即邵氏所言垌夫也。不知今《通志》何据以为王姓。邵思，宋人，不应误去姓以垌为姓也。”屈突氏条：“《十国春秋·后蜀本传》：‘屈突无，为成都人。有神仙之术，自号神和子，越百年尚着灵异云’。《一统志》：‘张咏尝游京师，于封丘门逆旅遇一道人，与饮至醉。咏曰：不知姓名，异日何以相识。道人曰：我神和子也，异日见子于成都。后咏守益州，始思其言，尝物色之弗得，后于天庆观壁上画一道人，肖逆旅所见，视其题曰神和子。’”[①] 卷七“方言类”收录词汇丰富，形象生动，风趣幽默，极富表现力，具有很高的语言学价值。如瞿塘条，张澍根据“《夔州府志》：瞿，大也，塘水所聚也。又秋冬水落为瞿，春夏水涨为塘”，指出“《乐府解题》云：瞿，盛也，塘陂池水也。言盛水其中可以行舟，又云夏则为塘，冬则为塘。府志说又不同”。四川方言称水口为洪。唐李吉甫《元和郡县志》卷三十四“射洪县”：“本汉郪县地，后周分置射洪县。县有梓潼水，与涪江合流，急如箭，奔射涪江口。蜀人谓水口曰洪，因名射洪。”明陆容《菽园杂记》卷五：“蜀人谓水口为洪，梓潼水与涪江，合流如箭，故有射洪县。”“按《益州记》：‘娄偻滩东六里有身江，西魏因置县，土人讹江为洪，后周从信改县为射洪云。’《寰宇记》引李膺《蜀记》云：‘郪江滩东六里有射江，土人语讹，以江为洪。’又李宏宪说异。盖古人为石梁绝水，水激而洪大，如吕梁洪、鸡翘洪、落马洪、百丈洪皆是也。”[②] 在《凉州府志备考·物产》中，张澍收录了大量的具有西北地域特色的物产：木周儿、一角兽、赤鹿、日及牛、红白稻、白麦、女臂瓜、青木香、葡萄酒等。如红白稻条：“《甘镇旧志》：‘稻有红白两种，惟高台镇番有之。’明太仆郭绅诗曰：‘边方浑似江南景，每至秋深一望黄。岁老练畴多秀色。稻繁隔垅有余香。始勤东作同千耦，终获西成汉满箱。怪见田家频鼓腹，年丰又遇世平康。’”按：“今镇番不种稻，想自国初兵祸后废之。留心民生者，尚其复诸。”张澍不仅对红白稻进行了考证，还站在民本主义的高度，希望关心民生的官员能够恢复此类水稻的种植，以造福百姓。他关心民生疾苦之心也油然可见，令人钦佩。葡萄酒：“《剧谈录》：‘凉州富人好酿葡萄酒，多至千余斛，积至十年不败。’”[③]张澍在《养素堂文集》中对武威一些人物、姓氏、山脉进行深入的考究，撰写《金日磾为武威人考》《贾思伯为武威人考》《祁连山考》等数十篇考证文章，他将这些研究成果用于编纂《凉州府志备考》，从而进一步凸现了其考证精准、内容丰富、体例科学的特点。

三　艺文金石，极具学术价值

艺文是一定时期一地的社会政治、经济、文化的综合再现，是志书中的精彩部分，可读性强，是读者喜爱的内容，通常被称为志书的“志眼”。方志艺文志具有很高的文学艺术价值，

---

① 〔清〕张澍：《蜀典》卷十一，《续修四库全书》，上海：上海古籍出版社，2002 年。
② 〔清〕张澍：《蜀典》卷七，《续修四库全书》，上海：上海古籍出版社，2002 年。
③ 〔清〕张澍纂，周鹏飞、段宪文点校：《凉州府志备考·物产》卷一，西安：三秦出版社，1988 年。

保存了大量的文学史料和数量较多的墓志碑铭，具有较高的文学艺术价值。张澍认为，艺文志可补正史艺文志之不足，其学术和文化功能，同样具有揭示文献、考辨学术源流的作用。在当时所编的志书中，部分志书艺文志对收录的作品内容不加辨别，致使内容十分芜杂，滥收一些附庸风雅、闲情恩怨、咏景探花、无病呻吟之作，对于富有地方特色的文献、民间文献收录甚少，且对于有些科技方面的文献未予以重视。结果，遗漏了许多重要文献，却捡些破碎之诗文，以迎合封建士大夫的情趣，影响了艺文志的价值和志书的价值。部分艺文志罗列杂碎诗文，篇幅较大，与方志中其他各志极不相称。艺文志还存在着不加考证、虚而未核，误收虚假文献的毛病。因此，张澍反对志书广分门类，妄摭杂事，指陈当时编修方志，分类细碎，妄采无聊，忽略掌故，人物不记行谊以教化，而专取显贵以邀宠，艺文滥收风花雪月之作。“世之为治者，率详今而略古，广分门类，妄摭杂事，于本邑掌故，反多遗漏。如天文分野，本主省郡，乃至小邑，指一星为属，此陈卓、张璲未有之说也。且地理不记四至八到，山川不言险要攻守之略，纪人物不详行宜，专取他邑尊显者入之，以为荣。滥收风云月露之诗文，以侈卷帙，此通弊也。”① 张澍是一位经学家、史学家、方志学家、考据学家和文学家，熟悉历史的同时，又精于考据，其评论艺文志，渗透着丰富的文化内涵，在字里行间包蕴着版本学、校勘学、学人生平考订、作品辨伪、史料检索、目录整理等丰富的知识，且多是边评边校，以言证史，以志存史，提供给后人广阔的研究视角和重要的文献资料。在《蜀典》中，张澍专门对古代巴蜀地区的作家著述进行了考证辑佚，对巴蜀地区的学术流变进行了考辨。

张澍在《凉州府志备考·艺文序》说：“艺文有志，始于班固《汉书》，凡经史诸子百家皆在，不专文集也。《隋书》改为《经籍志》，唐宋仍曰《艺文》，此史例也。后世郡县志亦辑艺文，往往摭拾不尽，遗其鸿篇，仅采风云月露之辞，无关体要，嗔矣。”② 《凉州府志备考·艺文志》共有十一卷，是书中卷数最多的一目，“吾凉《旧志》颇简陋，予政事之暇，搜罗群书暨金石文字，自汉魏至元、明、本朝，得一百三十余篇，比注出原书，以朝代为序，不以文体次比。昔杨用修编全蜀艺文，不过五百余篇，今一郡所得如此，不为少矣。”③ 张澍搜集了东汉至清代乾隆年间，有关凉州府的“议”“论”“诏”“表”“谣”“歌”“令”“书”“疏”“诗”“墓志铭”“碑”“序”“制”“克捷状”等文献，搜罗广泛，内容十分丰富，共有130多篇。既有叙述先贤的著述，又记载金石碑刻，载录精华，泾渭分明。向人们展示了作为丝绸之路上的重镇凉州，文学发展的整体面貌，体现了文化史价值。透过这些文字的远古记载，帮助我们认识当时凉州的自然景色、社会风貌、民情民俗和人们的思想感情，并从中获得历史知识、思想启发和艺术享受。这为今天文化领域的研究提供了资料，弥补了历史文化断层。各地人物见于正史列传的毕竟有限，大量学术界人士则见于艺文志。张澍收录了杨雄《凉州箴》、

① 〔清〕张澍：《养素堂文集》卷五，《中国西北文献丛书》第167册，兰州：兰州古籍书店影印本，1990年。
② 〔清〕张澍纂，周鹏飞、段宪文点校：《凉州府志备考·艺文》卷一，西安：三秦出版社，1988年。
③ 〔清〕张澍纂，周鹏飞、段宪文点校：《凉州府志备考·艺文》卷一，西安：三秦出版社，1988年。

范晔《西羌传论》、温子昇《凉州歌》、高适《送窦侍御知河西耀还京序》、王维《送高判官从军赴河西序》、李颀《听安万善吹觱篥歌》、李贺《凉州歌》三首、元稹《凉州伎》一首、杜甫《送高三十五书记十五韵》、杜甫《送长孙九侍御赴武威判官》、杜甫《送从弟亚赴河西判官》《敕黑河神文》、汤斌《伏羌候毛忠传》等诗文。张澍还收录了《永嘉长安谣》《大兴中民谣》《姑臧谣》《永嘉时歌》《凉州谣》等民歌民谣，这些民歌语言生动活泼，通俗易懂，真实地反映了当时的社会现实。在艺文志中，张澍十分重视有关凉州历史上的政治、经济等记载的文章，这些奏、议、表、疏、论、制等反映了当时社会的方方面面，具有很高的史料价值。如虞诩《不弃凉州议》、傅燮《不弃凉州议》《太宗赐凉州都督李大亮诏》、张说《为朝臣贺凉州瑞石表》《文宗太尉段秀实祔庙诏》、张九龄《敕西州都督张待宾书》《再奉观察孙公帖》等，反映了自汉至明代，凉州历史上的政治经济发展状况。这些文章蕴藏着丰富的政治史料宝库，它所包含的说、论、策、辨一类的政治文章，以及宸瀚、上谕、告示等官方文牍，反映了当政者的政治主张和施政方针，记录了一些政治情况。此外，艺文志收录的当地经济、文化、商业等方面史料。关于祠堂、庙宇、桥梁、学舍的记录，记录了建筑物坐落的地点、始建年月、重建情况，是一部典型的建筑史。尤其关于庙宇的记载，内容十分丰富，反映中西文化交流之盛况及佛教发展的鼎盛。艺文志记载的有关府学、庙学、县学的资料，多采用疏、记等文体，这些数量较多的记载，关于儒学、文庙及书院的文篇，集中记载了古代教育的概况，反映了当时的教育风气和尊儒重教理念。这些史料价值十分重大，为目前学界研究丝绸之路上的交通、文化、政治、经济等，提供了重要的文献资料。

张澍认为金石文献具有很高的史料价值，可以阐幽表微、补缺正误。因此，他修志书无论是金石题记还是摩崖造像，更或是奇风异俗、名物杂谈均予收录，以此对正史进行补缺，具有很高的学术价值。在编纂《大足县志》时，张澍根据内容，不专列艺文类，有关诗文分附各门类之中，增录金石之文，广泛收录自己撰写的30多篇碑记和考证文字，提高了志书的学术文化价值和实用价值。他以大足县新发现的碑刻资料与史书相印证，纠正了前代学者的一些错误，提高了志书的质量。“夫金石之文，往往于史传相证据，且足以补史传之缺。如昌州刺史韦君靖，宋王象之《舆地碑目考》以为韦靖，本朝康熙时《四川通志》、乾隆时洪编修亮吉《府厅州县志》均沿其误。盖君靖其名，非以君为称，犹唐王君廖、李君羡之取名尔。然新、旧唐书皆无君靖名。今介乎搜得其碑，乃知平黄巢、韩秀生、高仁厚之乱，勋伐卓烁，不独筑永昌寨为功于昌州也。而范淳夫先生古文孝经刻亦出于人间，笔纵雄伟，胜于黄山谷，殊可宝贵。其他多有关志乘，择优雅者，著录于篇。”[①] 在编纂《凉州府志备考》时，张澍利用当地金石碑刻，从中辑录了不少曾仕宦凉州和出自凉州府的历史人物收录“职官”和“人物”卷中，具有补《旧志》之缺的重要价值。张澍说：“唐李吉甫云：‘凡作志，宜详地势险要，战守攻取，毋

① 〔清〕张澍：《养素堂文集》卷五，《中国西北文献丛书》第167册，兰州：兰州古籍书店影印本，1990年。

庸叙人物而征鬼神。’本朝阎若璩守其说，以为征文考献，点缀郡县志，则可抑固矣。夫正史所载，人物尚遗，若稗官野史、古碣断碑，往往有伟人硕士，足补正史之阙者，此蒐采不可不广也。《凉州旧志》漏略实多，予辑二百三十余人以补其缺。”张澍从《东观汉记》、《英雄记》考录出东汉武威人周慎、周珌父子二人的事迹，对补录了《后汉书》之不足。南朝宋凉州人宝云，是当地著名的高僧，曾翻译佛经《新无量寿》，张澍从《高僧传》中辑录出了宝云的事迹。宋高僧释智严与宝云一起翻译了《普曜》《广博严净》《四大天王》等佛经，张澍将他的生平事迹进行考证，并从《高僧传》中辑录出来。张澍从《唐景云二年凉州大云寺古刹碑》辑佚出僧人雪献法师，考证其为无为人，俗名姓安，骠骑大将军安公子孙。他还从《元和姓纂》中考证出汉代武威太守段贞，子孙遂居武威，九世至颎。考证了段氏的渊源和历史名人。从《华阳国志》中考证出东汉凉州刺史赵宏，其祖籍是四川阆中人。方志艺文志具有重要的文献学价值，揭示一地的具体学术文化现象，挖掘可贵的第一手资料，既收录了纸质文献，又收录了金石文献，一旦实物不存，其内容则无从观览，只有从方志收录的这些艺文志来进行稽考。张澍《凉州府志备考》收录了《凉州卫大云寺古刹功德碑》《修凉州城记》《勅赐清应禅寺碑记》《成化御赐修海藏寺碑记》《钱琎张太监重修海藏寺碑记》《增修大云寺碑记》《罗什寺碑》等石刻碑文，目前这些碑刻有的已被毁坏，但是通过张澍考证收集编入艺文志中的这些碑文，我们可以了解当日河西走廊一代佛教发展的盛况，也为考察凉州的历史文化提供了第一手资料。《西夏天祐民安碑》记载了发现西夏碑的过程。《贾思伯碑》《周骠骑将军右光禄大夫云阳县开国男巩君墓志铭》、元稹《唐左千牛韦佩母段氏墓志铭》、李至远《唐维州刺史安候神道碑》、危素《西宁王忻都碑》、虞集《高昌王世勋碑》、胡天游《赵开府碑》、全祖望《署湖北承宣布政司使武威孙公诔》、达通《重纂达氏家谱序》等大量石刻碑文和墓志铭，为保存碑刻内容起到了重要作用。许多正史记载不细、野史考订不实，好多古籍中找不到的东西，有赖于在碑文中完整地保存下来，可以补遗正史、辨析谬误，具有很高的学术文献价值。张澍自觉地将金石资料与历史研究以及方志编纂结合起来，形成一股新的学术潮流，推动了有清一代方志学的发展，取得了很大成就。

四　经世致用，资政教化存史

张澍编纂方志考古征今，并非单纯地为考据而考据，为保存文献而保存文献，其目的在于经世致用，资政教化存史，他将地方志提到了与史书同等重要的位置，将修志工作视为学术研究和文化传承的重要载体。他认为，志书是资政、教化、存史的重要手段，具有为地方官员提供治理本地经验的功能，在劝勉百姓倾心向善、移风易俗具有很大的作用，“夫为政有脉枋焉，其精神贯注乎弼教明刑而外，无弛张变更之迹，则其志为治鱼筌乎？然为政有模范焉，其措施在于摩玩利钝，而动合阿产卓鲁之风，则志其为之龟鉴乎”①。

张澍重视方志的史书作用，认为方志乃一方全史，认为方志属于史书类，史书与方志名称、体裁虽异，但作用是相同的。收入《凉州府志备考》中的《西夏纪年》共二卷，是张澍依据《宏简录》《金史》等典籍编纂的关于西夏历史的编年史。以志存史、补史之略，编纂这部史书，体现了张澍的广阔的学术视野和超前的史学观念。《凉州府志备考》中颇有与西夏事相涉者。《人物志》卷八中对西夏仕元的余阙的生平介绍甚详，涉及其父沙刺臧卜、子德生、女福童、妻耶律氏。《艺文志》卷八收录《西夏天祐民安碑》汉文碑文全文和《勅黑河神文》全文。在《西夏纪年序》中，张澍陈述了他之所以要编写《西夏纪年》的理由。张澍认为，西夏立国时间悠久，统治地域辽阔，财力雄厚，人马精强，虽崇释教而亦尚儒学。在西夏历史中，凉州曾是西夏国重镇。历史上在凉州实行统治的人史书皆有传，如前凉张轨、后凉吕光至吕隆、北凉沮渠蒙逊至冒虔、南梁秃发乌孤至傉檀、西凉李暠至李恂等。五凉统治者史皆有载，如果对西夏各国主之事摈弃而不录，“若《凉志》不书其事与年历，是辽、金、宋世天壤之间无凉州也”②。在张澍看来，辽、金、宋时期，凉州是西夏的领地，如果不把夏主统治凉州的历史写入凉州方志之中，这等于把这几百年的凉州历史给抹去了，而这段历史，恰恰又是凉州史中最应该编写的，是凉州史中最重要的时期，因此，张澍在编写凉州史时，用两卷的篇幅，介绍西夏历史，以此体现自己对历史的尊重。清代有部分学者曾撰写过西夏国史书，但西北地区唯有张澍一人。张澍的编史方法是非常科学的。他选择宋人王偁《东都事略·西夏传》作为编写西夏史的底本是很正确的，宋与夏并存，宋人编西夏史，所用材料一定比后人的更可靠、更丰富，因而也能更真实地反映西夏历史。另外，宋、元人文集中保存的一些文献多是宋人、元人亲历之事，而笔记之类的说部也多为宋人亲历或亲闻，这些文献的可信度也很高。张澍取材能注意从宋元人文献中采录，这种编纂西夏史的取材原则无疑是正确的。他在编辑《凉州府志备考》时，“姑据《宏简录》《金史》内附载有西夏事迹，次为《西夏纪年》两卷，以补前志之阙”③。明代邵经邦编修的《宏简录》卷二百五十四附载有“西夏”专题，另外《金史》卷一百三十四有《西夏传》，据张澍所言，《西夏纪年》的编修主要参考的就是这两种文献。《西夏纪年》记西夏国史从拓跋赤归唐述起，卷一记拓跋思恭至李继捧、李继迁、李德明、李元昊、李谅祚事，卷二记李秉常、李乾顺、李仁孝、纯佑、安全、李遵顼、德旺、睍等国主事。通过人 物的生平事迹来反映西夏国的兴亡历史，这就为辑录、编纂西夏史籍提供了新的思维方式和编写模式。卷二最后集中介绍西夏国疆域、物产、州郡设置、军事制度以及民风民俗等内容。从所记内容来看，主要围绕宋夏关系来写。记事未有新史料填充，但记叙方法主干突出，不枝不蔓，文笔非常流畅。叙述重点介绍了历史上有重要的人物事迹，特别是元昊立国以后，

① 〔清〕张澍：《养素堂文集》卷五，《中国西北文献丛书》第167册，兰州：兰州古籍书店影印本，1990年。
② 〔清〕张澍纂，周鹏飞、段宪文点校：《凉州府志备考·艺文》卷一，西安：三秦出版社，1988年。
③ 〔清〕张澍纂，周鹏飞、段宪文点校：《凉州府志备考·艺文》卷一，西安：三秦出版社，1988年。

西夏各代国主的生平都进行了较为详细的概括介绍。张澍是西北学者中唯一撰写西夏专史的人，西夏姓氏学研究，是他在史学领域内对西夏研究做出的最突出贡献。

张澍在方志学领域取得了巨大成就，他所编志书涉及学科极广，地理、天文、历算、水利、民俗、史学、目录、金石、姓氏等无不包含，张澍精通多门学科，在史学、姓氏学、辑佚学、考据学、经学、目录学、金石学等领域均足以名家，其他各门都有不同程度的涉猎，为他编好方志奠定了基础。张澍是文献学家，博通古籍，这使他所编方志均以文献丰富见称。他精通考据之学，故其所编方志皆注重考辨，讲究征实。金石、艺文、姓氏三门更是亮点。《方志学》著录了张澍编著的《续黔书》《蜀典》《凉州府志备考》《南昌县志》《鄱阳县志》《三辅决录》《三秦记》《十三州志》《沙州记》等20余种志书[①]。顾颉刚在“近百年中方志之佳者”中举凡34种，其中就有张澍的《大足县志》《泸溪县志》《兴文县志》《屏山县志》4种[②]。张澍在修志方面的理论和实践，是我国方志学史上的重要遗产，对于我们今天的修志工作具有重要的指导意义，值得好好总结。

---

① 黄苇等:《方志学》，上海：复旦大学出版社，1993年，第85页。

② 顾颉刚:《当代中国史学》，上海：上海古籍出版社，2002年，第13页。

历史的嬗变

——从丝绸发祥地到丝路新起点

吴潮海（《义乌史志》编辑部）

提要：古丝绸之路的驼铃声虽在岁月流逝中渐行渐远，然而，经考证，全球最大的小商品市场、“一带一路”新起点的义乌，是丝绸文化的源头之一。义乌是蚕神马鸣王的出生地、也是古代盛产丝织品的原产地之一。

关键词：丝绸发祥地　丝路新起点　义乌

在远古时代，我们的祖先在密密桑林中发现了一群蠕蠕而动的“天虫”，经过不断驯化，将这种野蚕变成家蚕，从此，栽桑、养蚕技术一直传承至今，造福人类。

蚕桑丝织是中国的伟大发明，是中华民族认同的文化标识。在上下五千年铺就的文明之路上，丝绸以一袭柔美的力量折服世界。四年前，“中国蚕桑技艺”又被联合国教科文组织列入人类非物质文化遗产保护名录。

“养天虫以吐经纶，始衣裳而福万民”。难怪人们要对它顶礼膜拜。然而，意想不到的是，几千年来，最草根的、来自坊间最美的丝绸之歌，竟源自义乌。

一　蚕神故乡，丝绸发祥

《义乌市志》转载了《中国丝绸文化》(《中国丝绸文化》第377页，浙江摄影出版社，1995年12月版）记载的一首民歌，这首《马明王》流传在盛产蚕桑的杭嘉湖一带。歌词唱道：“马明王菩萨到府来，到你府上看好蚕。马明王菩萨出身处，出世东阳义乌县。爹爹名叫王伯万，母亲堂上王玉莲。马明王菩萨净吃素，要得千张豆腐干。十二月十二蚕生日……”

一首民歌决定一种文化，一种底蕴。有道是“山歌无假戏无真”，这些桑蚕歌谣作为地域文化不可磨灭的胎记，经千百年来口碑相传，积淀了丰富的民俗文化内涵与历史价值。那么，作为如今桑蚕业最为兴盛的湖州与嘉兴一带的蚕农称蚕神马明王（马鸣王）菩萨出生地在义乌，必定有其深厚的历史文化背景。而作为蚕神的故乡义乌会是丝绸的发祥地吗？

有关蚕神，甲骨文中就有“蚕示三牢”的记载，即殷商时期需要用三鼎盛牛、羊、猪三牲来祭祀蚕神。民间的蚕神有蚕女、马头娘、马明王、马明菩萨等多种称呼。

蚕神马明王年画

在物质世界中踉跄蹒跚的人类，一直在寻求精神的华殿。《山海经·海外北经》记有“欧（欧同呕，吐也）丝之野在大踵东，一女子跪据树欧丝”。这是蚕神的雏形。《荀子·赋蚕》云：“此夫身女好而头马首者与?”言蚕身柔婉而头似马。干宝《搜神记》记载一女言嫁马而反悔，后弑马揭皮，暴皮于庭，马皮卷女，尽化为蚕的故事。至宋朝戴埴《鼠璞》云：“俗谓蚕神为马明菩萨。”南朝宋东阳无疑（古东阳郡乌伤人）的《齐谐记》就出现过蚕神，云：“正月半，有神降陈氏之宅，云是蚕室（疑为‘神’字），若能见祭，当令蚕桑百倍。”后来南朝梁的吴均在《续齐谐记》中记载，正月半作白粥泛膏于上祭蚕神，这种习俗蚕神马明王年画延续至今。金华为婺女星分野，婺女也为须女、织女。崇祯《义乌县志》（卷二）称本地“民间专祠婺女（织女），彼或有取尔也，以事验之”，还列举大量事例来证明婺女的灵验，并引晋书和正义等书说明婺女“主泉布裁制嫁娶”“果蔬丝布珍宝”。旧时义乌祭祀婺女祠庙在朝阳门附近。

蚕神马明王菩萨的原型是否跟婺女有关不可考证，其原型到底是谁也已无从追询，但肯定有一位心灵手巧的织女，马明王菩萨出世东阳义乌县，至少说明杭嘉湖一带的蚕神是从义乌请去的，也就是说，海宁湖州一带的丝绸业技术极有可能从义乌传入，虽没有文字依据确认义乌是桑蚕业的起源地，但作为桑蚕业的发祥地之一是可以肯定的。

《中国丝绸通史》著者赵丰认为，原始先民崇拜桑蚕这一文化背景，才是我国丝绸起源的主要原因。现有资料表明，我国在新石器时代出现了人工养蚕，崇拜桑蚕的文化土壤滋养了丝绸的兴起与繁盛。

1958 年，浙江吴兴良渚文化钱山漾遗址出土的竹筐中发现一块平纹残绢。经鉴定，这是迄今所见最早的家蚕丝织品，它证明我国丝绸业至少有 4700 年的历史。1977 年，浙江余姚河姆渡出土的一件绘有几条蠕动着的蚕的象牙杖饰，表明我国饲养家蚕的历史至少有七千年。

河姆渡出土蚕纹杖饰

专家认为，浙江一带气候温暖湿润，有着家蚕生长的良好生态环境，而且出土了大量有关蚕桑业的实物，最有可能是中国丝绸业的发祥地。位在浙江中部的义乌无疑是桑蚕业的发祥地之一。

作为耕织社会，人们居然把丝织的源头追踪到这里，义乌的文化分量仅此就显得有些超重。

二　罗被天下，鸣机万家

“夹岸桑树数十里，果然蚕事此邦多”。作为蚕神的故乡义乌，蚕桑业的历史非常悠久，《述异记》称春秋时期，“勾践得范蠡之谋，乃示民以耕桑”。魏晋时期就已广泛植桑养蚕，以至有“縠巾取于邱岭”之说。在唐朝杜佑的《通典》第六卷里已有婺州纤、纩、锦等列为贡品的记载。锦是指用联合组织或复杂组织织造的重经或重纬的多彩提花丝织物。“锦”字由“金”

和“帛”组合而成，《释名》中说“锦，金也。作之用功重，其价如金，故惟尊者得服之”。要织锦，就必须有相当高的技术。义乌在唐武德年分置为绸州（后改稠州）和绣川（又称华川），其命名都与丝绸相关，恐非偶然，极有可能当时义乌已是著名的丝绸之乡。

五代时中原战乱频繁，而义乌处于吴越王国相对安定的腹地，再加上南宋王室南迁造成大批工匠南下，带来了先进的生产技术，丝绸业重心南移，又因西北丝绸之路受阻，海上丝绸之路得到迅速发展。同时，唐朝桑蚕业发展已有较好基础，这都使得义乌桑蚕业得到极大的发展。另外，作为木雕之乡的东阳木雕工匠雕造精美细致的花板，供给染工印染斑缬，印染技术比前代有所提高，使得东阳义乌一带丝绸印染技术列入全国先进行列。

北宋中叶社会改革家李觏曾介绍：东南之郡“桑柘甚盛，蚕女勤苦……茧簇山立，操

宋花罗的纹饰

（缫）车之声，连户相闻，非贵非骄，靡不务此”。“罗縠之衣，名状百出，弗可胜穷。工女机纤，交臂营作，争为纤巧，以渔倍息”。

在这种背景下，义乌东阳一带蚕桑业生产已相当发达。丝织业生产规模日益扩大。当时民间丝织业“万室鸣机杼，千艘隘舳舻”。金华“城中民以织作为生，号称衣被天下，故尤富”。欧阳修在景祐元年《送祝熙载之东阳主簿》一诗中描绘东阳县“千室夜鸣机”的景象，当时刘子翚的《过东阳》诗描绘的更是“小箔鸣机几万家”，说明当时缫丝和织绢已分为二业（见余也非的《中国古代经济史》重庆出版社 1991 年 3 月第 592 页），在颇有商业意识的义乌县“有山 宋花罗的纹饰谷之民，织罗为生”，产品由城中的“柜户”收购兴贩，已是产销一条龙式的经营方式了。这一切都反映了当时这一带丝织业的盛况。

上苍造就了浙中这片风土吉壤，这里曾是华夏先民的洞天福地。崇祯《义乌县志》（卷七）记载了宋太宗淳化年间（990—994）义乌向朝廷进贡及朝廷向义乌和预买丝绸的品种与数量，“岁贡含春罗三十匹，花罗一百匹”，以及大量丝绵等。宋淳化中，朝廷向义乌每年和预买婺罗四千匹，花罗五百匹，平罗两千零七十五匹，绢六百七十八匹及绵、丝等。之所以能成为贡品，表明义乌在宋初就已经有相当好的质量，而和预买的情况则直接反映本地区丝织品生产情况。据《中国丝绸文化史》（山东美术出版社 2009 年 4 月）一书称：“婺罗闻名全国，区区一地每年交纳婺罗数万匹，占全国总数的九成以上。”义乌一县的和预买的丝绸量就已将近一万匹，足见当时义乌丝绸产量之多、规模之大，义乌已是全国丝绸的重要产地是不可置疑的。比较明清时丝绸业最为兴盛的桐乡县，在南宋夏税征收时仅有三千一百九十六匹（光绪《桐乡县志》），而义乌县达一万一千五百四十四匹（康熙《金华府志》），远远超过桐乡丝绸的纳税数。

《挥麈后录馀话》（宋·王明清著）记载了南宋时金华百姓不堪重负，婺州知府苏迟向朝廷请求减少上供罗的年额一事，提出土的宋代罗到当时婺州交纳平罗、婺罗、花罗等共五万八千七百九十七匹之巨。高宗曰：“访闻婺州上供罗，旧数不过一万匹。崇宁以后，积渐增添，几至五倍。近岁无本钱，皆出科配，久为民病，深可矜恤。今后可每年与减二万八千匹并零数者，为永法。仍令本州及转运司每年那融应副本钱足备。”则婺州交纳罗三万余匹，义乌约占三分之一，当时义乌可称得上是“罗被天下”了。

三　海上丝路，义乌起步

宋代丝绸之乡义乌丝绸生产的数量多，质量上乘，无疑也兴起了以丝绸为核心的商业文化。日本学者斯波义信提到婺州出产婺罗、清水罗、细花罗、暗花婺罗、红边贡罗、东阳花罗，而明州（宁波）出产的恰是平罗、婺罗、花罗（见斯波义信《宋代商业史研究》，台湾稻禾出版社）。明州出产的婺罗，自然要么来自婺州，要么冒名婺州，这恰恰说明了婺州罗是通过明州港出口海外的。当时的丝绸之路，陆路从义乌东阳出发，经嵊州、奉化到明州，水路从东阳义乌出发，经兰溪、桐庐，到杭州或经浙东运河到明州，过市舶司通关，北行朝鲜，东行日本，南下南洋及大食阿拉伯。

中国是丝绸的故乡，自从张骞通西域以后，中国的丝、绸、绫、缎、绢等丝织品，源源不断地输向中亚和欧洲，因此，希腊、罗马人称中国为“赛里斯”国，称中国人为“赛里斯”人。所谓“赛里斯”即“丝绸”之意。19 世纪末，德国地质学家李希霍芬将张骞开辟的这条东西大道誉为“丝绸之路”。海上丝路起于秦汉，兴于隋唐，盛于宋元，海上丝路的重要起点有番禺（广州）、明州（今宁波）、泉州等。丝绸之路，是自古以来，从东亚开始，经中亚，西亚进而联结欧洲及北非的东西方交通线路的总称。丝绸之路，是亚欧大陆的交通动脉，是中国、印度、希腊三种主要文化交汇的桥梁。丝路的开辟大大促进了东西方经济、文化、宗教、语言的交流和融汇，对推动科学技术进步、文化传播、物种引进，各民族的思想、感情和政治交流以及创造人类新文明，均做出了重大贡献。据《中日文化交流史》统计，日宋间商船往来几乎年年不绝，淳熙十二年（1185），便有绫、绢、罗百十端运往日本，献给白河法皇。《宣和奉使高丽图经》也提到朝鲜“不善蚕桑……皆仰贾人自山东、闽、浙来”，宋人赵汝适则记载宋丝绸输出东南亚各国情况。

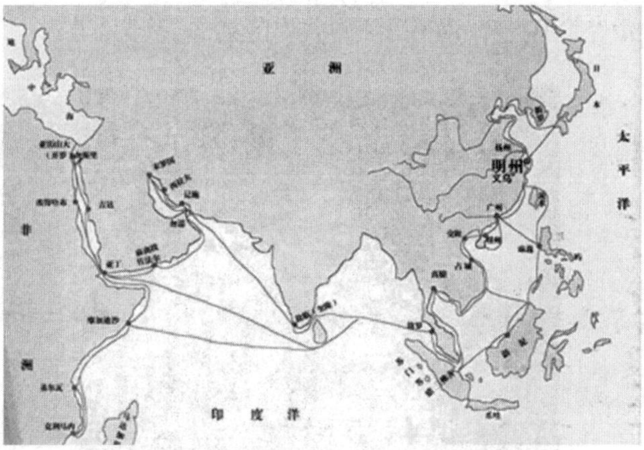

海上丝绸之路线路图

婺州罗质量精美，反映出当时婺州丝织品在销量上的大增和市场的扩大。因丰厚利润的刺激，大量农民脱离农业，纷纷从事丝织品买卖，“往往负贩佣工，以谋朝夕之赢”，因而也导致了“南方之剧郡，泉山，婺女（指婺州）并为称首，其民机巧取利，故多富室，而讼牒示繁”的场面。吕祖谦在淳熙元年（1174）从婺州经义乌到会稽，就描绘了沿途地主小农乃至乡村小户都经营丝织，把包括布帛在内的商品投入市场交易的见闻。

南宋时，义乌县有山谷之民，以织罗为生，在小作坊主柜户的组织下，统一生产收购，再经由中介商牙人收购买卖给彩帛铺，或售给客商，由客商运销外地乃至出口海外。当时县衙认为这种任由民间自由贸易的方式，会导致偷税漏税情况发生，为此，一度采用强制手段，把八个乡的柜户全部抓来，登录姓名，还将他们所织的绫罗绸缎尽数搬来，强制缴税。结果影响了自由交易，山民柜户苦不堪言。这种不问是否已进行买卖，一律收税的办法，必然打击织户的积极性，导致产量降低，反而减少商税收入。以至于宋孝宗下诏，要求义乌县“放散柜户、牙人，任其买卖，依条收税”，不允许在离县城五里以外的地方巡逻拦截、勒索村民，并令其他州县，“不得私置税场，邀阻客旅”。宋代牙人在丝绸交易中所起的纽带作用，可见一斑。

金华唐仲友开彩帛铺，往来义乌金华间，一次交易暗花罗、瓜子罗等丝织品达三四百匹。处州商人王七六“每以布帛贩货于衢婺间”，渐至巨富。天圣元年（1023）“富阳民蒋法等捉到客人沈赞，罗一百八十二匹没纳入官”，而且明文规定，“婺州罗帛客旅沿路偷税尽纳官”。罗是一种价格昂贵的丝织品，沈赞能一次性经营罗一百八十二匹，足见当时经营丝织品的一些商人手中已握有相当数量的资金。

义乌水陆交通便利，水路船帆如织，陆路长枪（挑担）如流，对婺州丝织品的贸易和销售极为有利。来义乌收购丝绸的客商云集，崇祯《义乌县志》称：“宋兴，以主客分户，至详细矣，然转徙无常，反恣影射。”意谓宋朝时，义乌因许多流动人口脱离农业生产，在城市或市场经商，蒙混户口，致使编户困难。

明代义乌仍继承宋元经商风气，这在万历《义乌县志》上有载：“男子服耕稼，妇女勤织

黄山八面厅木雕下南洋图

纺，商贾鬻鱼盐，工习器械以利民用。”可见明代义乌的商人应有一定比例，如下骆宅骆氏第四十四世骆得源家甚富，次子骆征信做粮食生意，经营南粮北运，于洪武十五年（1382）运粮北上亡于南京。又骆崇辉亦是行商，嘉靖二十七年（1548）经商亡于广东。（注：新编《下骆宅村志》，下骆宅村志编纂委员会编印，1997 年，第 56 页）又《康熙新修东阳县志》卷四“风俗”解释“东亲戚不如乌相识”时说：“乌人世经商他处，远至京师，著籍不啻千家，他乡故知视同骨肉。”“每当冬春之交，来者熙熙，往者攘攘，不啻数千人，其迁居著籍者，又不胜数也。”说明在明朝义乌商黄山八面厅木雕下南洋图人世居他乡者比比皆是。

在这些经商的义乌人中，有多少曾经顺着丝绸之路，去过海外，已经难以考证，只有赤岸有名冯允奇的，曾至西洋贸易，“波斯珍异，载满归船”。黄山八面厅有一块木雕正是按照义乌商人下南洋经商生活为蓝本所雕刻。唐宋义乌有多少丝绸经宁波运往东洋、南洋、西洋各国，也无法考证了，但多少年后，义乌敲糖帮走的也是海上丝绸之路的初始线路，然后逐步扩展。“敲糖帮”贸易的路线主要有 3 条：南路、中路和北路。南路从义乌东乡的廿三里镇出发，到达衢州后继续进入江西和湖南；中路是到达衢州后往北进入皖南，再取道建德和兰溪回来；北路则从义乌北乡的苏溪镇出发，达到杭州后继续往北过嘉兴、上海、南京一直到徐州为终点站，或从杭州转向绍兴、宁波方向，再从嵊州市、东阳折回。（胡琦：《义乌的“敲糖帮”》，载《浙江文史资料选辑》第 21 辑）义乌丝绸之路和后来的鸡毛换糖路线之间不无渊源。

货郎担图

海上丝路和“敲糖帮”在历史上形成的 3 条路线，就很清楚地勾勒出了由义乌独特的交通区位形成的一个巨大商业网络。而义乌的市场规模迅速兴盛，一个很重要的因素在于义乌是沿海与东南内陆地区的陆上交通枢纽，随着沿海商业的发展，通过行担组织而建立起来的贸易网络，也在很大程度上推动义乌商业的发展。这些行担组织随着现代陆上交通技术的改进，其规模迅速扩大，最终为现代化的转型奠定了基础，成为一种独特的现代化发展道路。

从蚕神出生地，到丝绸之路新起点，颇有穿越时空的感觉。文明就这样以其偶然而又必然的方式露出笑脸。

四　丝路新启，再绣华章

采桑陌上的风情，最是农耕时代妖娆景致，沧海桑田的历史，那是一段曾经华丽而优雅的古典；古老的花罗已渐渐飘舞成一段华美的背影。义乌，蚕神的出生地、丝绸的发祥地、海上丝路的启程处、鸡毛换糖的策源地，曾因丝绸而繁华。曾用丝绸命名的义乌，以其丰厚的历史文化积淀成为古代海上丝路举足轻重的一站，如今，义乌将如何定位？又将走向何方？

中央电视台纪录片《丝路，重新开始的旅程》里是这样界定义乌的：“历史上的丝绸之路起点在西安；今天，义乌有着全世界最大的小商品批发市场，通达于东西方的丝绸之路再度崛起，义乌已当之无愧地成为现代丝路新起点。”

改革开放以来，义乌人凭着自强不息、甘于吃苦的精神，继承义利并举、以义取利的文化传统，勇敢地跳出计划经济的窠臼，自谋生路，走南闯北，寻找商机，开拓市场，以高质量、多品种、低价位的小商品，创造了市场经济的奇迹，使义乌成为全球最大的“超市”和“小商品海洋、购物者天堂”，引起世界瞩目。如今，义乌已成为世界小商品贸易中心，在这里经商的国内外客商人数众多，他们形成了较多的合作群体，这种情况与宋元时期丝绸之路的主题极为相似。昔日，由于中亚、欧洲人对来自中国丝绸的挚爱，东西方文明的交流找到了最好的切合点；今天，购物者的天堂，让世界地理大发现由此才得以开启。显然，历史已在重现，义乌是丝绸之路的新起点当之无愧。这里，有被联合国和世界银行誉为全球最大的小商品批发市场，被称作“世界超市”；这里，义乌发展经验曾为浙江省委、省政府总结、推广，义乌国际贸易综合改革试点的桂冠闪耀着奇迹的光芒；这里，有来自100多个国家和地区的13000余名外商，常驻义乌采购商品，年出口65万标箱；这里，常驻义乌的外商机构达到了2800多家，占浙江省总数的二分之一；这里，为全球供应170多万种的小商品，辐射200多个国家和地区；这里，有100多万的外来经商者和外来建设者，不同阶层、不同民族、不同国籍、不同宗教信仰、不同文化的人们和谐共处……

站在历史的纵深回望，挖掘历史人文积淀，梳理文化发展脉络，义乌丝绸文化孕育了勤劳、务实的义乌品格，形成了具有地区特质的“鸡毛换糖”敢闯敢创商贸精神，为义乌的创业创新和改革发展提供了强大的文化张力和精神动力。义乌要充分发掘区域内的工商文化传统，以商贸业作为推动区域发展的引擎，拓宽市场发展空间，扩大市场的辐射功能，寻找城市发展新动力；站在世界的高度远眺，瞄准现代化国际都市建设，义乌要扎根长三角，接轨上海自贸区，契合中共十八大确定的我国国内发展和对外开放战略，找准自己的发展定位、角色，全市上下统一思想，重燃创业激情，敢于打破框架和思想束缚，破除旧的体制、机制，开拓新的领域，寻找新的奶酪，追求新的高度，发动新的超越，转型发展，建立符合义乌发展的新机制。为地区经济可持续增长注入新动力，不断探索促进经济社会更好更快发展的新思路、新途径。

万众瞩目的十八届三中全会审议通过的《中共中央关于全面深化改革若干重大问题的决定》中提出“建立开发性金融机构，加快同周边国家和区域基础设施互联互通建设，推进丝绸之路经济带、海上丝绸之路建设，形成全方位开放新格局”，使我们振奋鼓舞，这条新的丝绸之路，必将以更纵深的指向性、更有力的辐射性，为义乌、中国乃至世界人民谋福祉。而作为丝绸之路新起点的义乌，海陆对接，汇通天下，又将迎来经济发展的战略节点，瞻望未来，义乌必将成为全球国际贸易领域的高势能港口，不仅以“买全球，卖全球”的商品对世界物质文明的贡献，还将对世界精神文明进步做出自己的贡献。

千百年来，义乌人的勤劳智慧抒写了丝绸之路的传奇鸿篇，如今，站在新丝路的起点，义乌必将会有更多的期盼，更多的追求，一定会有更多的传奇，更多的精彩，更多的锦绣，更多的辉煌。

重温人生历史发展的曾有之路，旨在重现曾有的辉煌和荣光。数千年的文化积淀和数十年市场发展经验，已使我们形成了超越以往、不可替代的优势，如今充分利用丝绸之路新起点，打造经济升级版，其势已成，其时已至！响应中央号召，抢占新丝绸之路的桥头堡，要敢于亮剑，勇于担当！

浅谈海上丝路及深港地区的地位和作用

莫金鸣　刘　耀（广东省深圳市史志办公室）

提要：“一带一路”，是21世纪国家发展的大战略。本文试图从海上丝绸之路历史上的发展与变迁，前人在丝绸之路研究中所忽视的“海盗集团”在维护海上丝绸之路的贸易繁荣和维护国家海权中的作用；海上丝绸之路在人类文明交流和华侨移民中的重要作用，以及海上丝绸之路的重要节点——深圳、香港地区从历史到现实的地位和作用，在落实国家战略“一带一路”中，深港地区建设的重要性等，进行一些粗浅的探讨。

关键词：海上丝路　深港地区　地位作用

本文简要探讨海上丝绸之路的发展、变迁，深圳、香港地区（简称“深港地区”，下同）历史上在海上丝绸之路中的地位、作用，以及在当前国家“一带一路”的战略布局中，深港地区的机遇、建设、现状和应起到的作用和地位进行简单的探讨。之所以把深港地区作为一个战略整体进行研究，盖因为：一、历史上，香港是深圳市的前身——原宝安县（东莞县、新安县）的一部分，一百余年前，经中英《南京条约》《北京条约》《展拓香港界址专条》，才先后从当时的新安县领地划出，成为英属殖民地，并建设成为远东地区最大的自由港、东西方商业贸易和文明碰撞的中心，这种地位一直维持到深圳经济特区建立；二、深圳建市、建经济特区以后，经过短短三十多年的发展，深圳对外贸易、人口规模、海陆空立体交通网络等优势已与香港并立，某些方面已超越香港，并与香港形成互补关系。深港一体化或成为未来的大趋势。

一　海上丝绸之路的发展、变迁、功能和作用

《中国大百科全书》对“丝绸之路”解释是：“中国古代经中亚通往南亚、西亚以及欧洲、北非的陆上贸易通道。因大量中国丝和丝织品多经此路西运，故称丝绸之路，简称丝路。”

19世纪德国地理学家李希霍芬在《中国旅行记》（第一卷）中，描写了中国经西域到希腊、罗马的交通路线，首次使用了“丝绸之路”，并在一张地图中提到了“海上丝绸之路”。其后法国汉学家沙畹在《西突厥史料》中具体提到：“丝路有陆、海二道，北道出康居，南道为通印度诸港之海道。”

事实上，丝绸之路具有数条干线和许多支线，大略可以分为四条：横跨欧亚大陆及北方草原的干线；经中亚沙漠地带绿洲之处的道路，称为绿洲之路或沙漠之路；西南丝绸之路，即经过四川、贵州、云南、广西、西藏抵达印度或东南亚一带的道路；经过东南亚、印度到达波斯湾、红海的南海丝绸之路，通常称“海上丝绸之路”。其中西南丝绸之路与南海丝绸之路或时海时陆①。本文只论及南海丝绸之路相关问题。

与陆上丝绸之路一样，海上丝绸之路也是中外贸易通道，但后者自西汉初期形成一直沿用整个中国古代社会，在这两千多年的中外贸易历史中，中国的主要输出品有时是丝绸，有时是瓷器，或其他；而外国的贸易商品更是五花八门，因此有的学者也称之为瓷器之路，或皮货之路，或丝香之路，等等。既然丝绸之路已约定俗成，也就径称海上丝绸之路。

（一）海上丝绸之路的发展与变迁

海上丝绸之路，一般定义为：古代的船队经太平洋、南洋、印度洋，并连接地中海各国的海上贸易通道，是陆上丝绸之路的延伸。但也有人提出不同意见，认为海上丝绸之路到底存不存在还有问题，《汉书·地理志》记载中国人所乘之船为当时的“所至国皆禀食为耦，蛮夷贾船，转送致之”。利用这些停留在广西、广东港口的外国船只进行转送到南海和印度。唐宋时的广州港很繁荣，港口大船云集，最多的时候，每年有四千多艘大食船，当时还发生了千名大食、波斯穆斯林劫掠广州的事件。最早利用海上丝绸之路的则是罗马商队与使者，于166年抵达中国；而迄今东南亚出土的最早沉船和中国瓷器也属于西亚的阿拉伯帆船，年代为830年的晚唐②。当然，对于这个质疑，不足为训。海上贸易通道自汉即已形成。而命名则又是另一回事。

一般公认为，汉代，海路已北通朝鲜、日本。西汉时期，中国与印度半岛之间海路已经开通。南从日南郡、徐闻郡、合浦郡通都元国、夫甘都卢国、黄支国、皮宗国、已程不国（今斯里兰卡）。③

东汉时期，“至桓帝延熹九年（166），大秦王安敦（161—180）遣使自日南徼外献象牙、犀角、玳瑁，始乃通焉”④。这是历史记载的中国与罗马帝国第一次往来。同一时期，印度商人已由海路经苏门答腊、马六甲来中国，运丝绸往印度、罗马。此后历经三国、两晋、南朝，至唐代，南海丝绸之路正式形成。

唐高宗龙朔元年（661），广州设立第一个市舶司以管理海上贸易，作用即同今之海关。与中国通商的国家有赤土、丹丹（今马来西亚吉兰丹）、盘盘、真腊、婆利等国。中唐之后，西

---

① 王炳华著：《丝绸之路考古研究》，乌鲁木齐：新疆人民出版社，第1页。

② 《中国伊斯兰教门宦与西北穆斯林》，《西北民族研究》1989年第1期。

③ 《汉书·地理志》。

④ 《后汉书·西域传》。

北丝绸之路阻塞，华南地区经济开始全面超越华北地区，海上交通开始兴盛。[①] 与中国通商的国家有拂菻、大食、波斯、天竺、狮子国、丹丹、盘盘、三佛齐等国。航路由广州启航，经海南岛、环王国（今越南境内）、门毒国、古笪国、龙牙门、罗越国、室利佛逝、诃陵国、固罗国、哥谷罗国、胜邓国、婆露国、狮子国、南天竺、婆罗门国、新渡河、提罗卢和国、乌拉国、大食国、末罗国、三兰国。也正是在这一时期，深港地区在南海丝绸之路中的重要位置和作用开始显现，这在后文再具体论述。也正是在此时，唐人开始移民海外。

唐人杜佑对历代南海交通做了个总结：“元鼎（前116—前111）中遣伏波将军路博德开百越，置日南郡，其徼外诸国自武帝以来皆献见。后汉桓帝时，大秦、天竺皆由此道遣使贡献。及吴孙权，遣宣化从事朱应、中郎康泰奉使诸国，其所经及传闻，则有百数十国，因立记传。晋代通中国者盖鲜。及宋、齐，至者有十余国。自梁武、隋炀，诸国使至逾于前代。大唐贞观以后，声教远被，自古未通者重译而至，又多于梁、隋焉。”[②]

北宋时期，海上丝绸之路进入最发达时期。据宋吴自牧《梦粱录》，朝廷先后在广州等13处设立市舶司管理海外贸易，其中以广州、泉州和明州最大；与海外通商的国家也达到最多：占城（今越南中部）、真腊（今柬埔寨一带）、三佛齐（今马来西亚、新加坡、印尼苏门答腊爪哇）、吉兰丹（今马来西亚）、渤泥（今文莱一带）、巴林冯（今印尼巨港）、兰无里（今印尼苏门答腊）、底切、三屿（今菲律宾北部）、大食（今沙特阿拉伯麦地那一带）、大秦（东罗马帝国或拜占庭帝国）、波斯（今伊朗法尔斯一带）、白达（今伊拉克巴格达）、麻嘉（今沙特阿拉伯麦加）、伊禄（今伊拉克）、故临（今印度一带）、细兰（今斯里兰卡）、登流眉（今泰国那空是贪玛叻）、中理（今索马里）、蒲哩鲁（今菲律宾马尼拉）、遏根陀国（今埃及亚历山大港）、斯伽里野（今意大利西西里）、木兰皮（今伊比利亚半岛南部的摩尔人穆拉比特王朝）等总计五十八国。而福建泉州港也成为第二大港，或谓已超越广州。同时也出现了《岭外代答》《诸蕃志》等记载与中国通商国家情况的专著。

元代，据曾远航至埃及的南昌人汪大渊的《岛夷志略》，与中国通商的国家达到200个。

明、清，中国进入禁海时代。

明代，从明太祖洪武三年（1370）发布第一个禁海令，到明穆宗隆庆元年（1567）废止海禁时止，接近两百年之久。而这段时期，正是葡萄牙、西班牙、荷兰、英国等西方列强开始大航海的时候。明正德十六年（1521）、朝嘉靖元年（1522），葡萄牙人的武装船队与明王朝军队先后爆发屯门海战（今香港屯门海域）、茜草湾之战。明嘉靖三十二年（1553），葡萄牙人终于得到明朝批准，建立了澳门殖民地。荷兰人则先后两次侵占澎湖，爆发澎湖海战，最后于崇祯明荷海战后全面退出中国，改为攻占福尔摩沙。西班牙人亦攻占台湾北部基隆，作为与中国通

---

① 参阅郭应德著，张甲民译：《中国阿拉伯关系史》，北京：北京大学出版社，2015年。
② 杜佑：《通典》卷一八八《边防》。

商贸易的港口。英国商船于明崇祯十年（1637）抵达广州，并与明朝守军发生冲突，最后被迫退出。整个明代，虽然有郑和的七下西洋，然而那多半是朝廷宣扬国威之举。

清代，清军入关之后，为了禁止和截断东南沿海的抗清势力与据守台湾的郑氏王朝的联系，以巩固新朝的统治，于顺治十二年（1655）、十三年（1656）、康熙元年（1662）、五年（1666）、十四年（1675）五次颁布禁海令；并于顺治十七年（1660）、康熙元年（1662）、十七年（1678）三次颁布“迁海令”，禁止臣民出海贸易。其中，深港地区的前身——新安县迁海，给民众带来了极大的灾难，并曾一度撤销新安县建制。

康熙二十二年（1683）清军攻占台湾后，康熙接受东南沿海的官员请求，停止了海禁政策。但是康熙的开海禁是有限制的，其中最大的限制就是不许与西方贸易。康熙曾口谕大臣“除东洋外不许与他国贸易”，并说：“海外如西洋等国，千百年后中国恐受其累，此朕逆料之言。”而且此时日本的德川幕府为了防止中国产品对日本的冲击，对与清朝的贸易也采取严格的限制。因此，此时的海外贸易与明末相比，已经大为衰落。

乾隆二十二年（1757），清朝开始实行全面的闭关锁国政策，由四口通商，到后来只留广州开放对外通商，且由十三行垄断其进出口贸易。清朝的闭关锁国政策阻碍了中国与西方世界的接触，使中国丧失了与世界同步发展的最佳时期，为后来中国百年积弱落后埋下伏笔，而清朝则有不可推卸的责任。当时西洋的科技发展蓬勃，渐渐地超越了以土耳其（奥斯曼帝国）为首的伊斯兰世界和以中国（清朝）为首的东方世界。

虽然，明清王朝实行严格的海禁，但海上贸易并没有停止。东南沿海靠海吃海的民众，为了生存，不得不违反朝廷禁令，从事海上贸易走私。而为了保护自己、对抗朝廷，又不得不成立具有武装的海上走私集团。这些集团，在明嘉靖以前，是倭寇的一部分；明嘉靖以后，就是通常称的海盗。郑成功的父亲郑芝龙，就是明末有名的海盗集团的首领。因此，海上丝绸之路的贸易和交流并没有中断甚至相对比较活跃。海盗集团，对于当时进入近海的西方贸易船队，大部分都是采取敌视态度或直接给予打击的，间接地维护了明清王朝的海权。举其要者：从明嘉靖至天启年间（1522—1627）中国海盗首领东渡日本的就有：嘉靖二十二年（1543），王直与叶宗满等人载运硝磺、丝绵等货物，前往日本，受到平户松浦藩主的礼遇；嘉靖二十三年（1544），许二东渡日本，招引日本人到浙江双屿港贸易；嘉靖三十年（1551），徐海随其叔父徐铨东渡日本，得日本人资助，从事造船、航海贸易；嘉靖年间（1522—1566），陈东、叶明、毛烈、谢和，以及郑文俊、林碧川、沈南山、李崇山、林国显、沈门等人聚众分别到达日本，不但从事商业和贸易，并参与海盗活动；万历年间（1573—1620），海盗的船只运载中国生丝和其他货物来往于日本、中国台湾、厦门、澳门与柬埔寨、交趾等地；万历末年颜思齐居住日本平户，初以裁缝维生，积累财富，其党羽杨天生、陈衷纪与郑芝龙等人皆贾贩日本，尤其郑芝龙在万历与天启年间更是在中、日、台海域从事“亦商亦盗”的海上贸易活动等。明清时期中国航海到南洋的“亦商亦盗”活动的主要有：明洪武初年（1368），张汝厚、林福驾船载货往占城；永乐年间（1403—1424），陈祖义从广东南海前往旧港，贩运木材；嘉靖初年（1522），许折桂、郑宗兴等人从东莞驾船往南洋经商，郑宗兴等人“潜往大泥国”；徽州许二等人下海通番，入 居大宜满剌加，林剪驾商船往彭亨贸易；嘉靖十九年（1540），王直、叶宗满等人从徽州经广东海滨，到逻罗、西洋诸国贸易；隆庆二年（1568），吴平率船队往安南；嘉靖、万历年间（1522—1620），张琏从潮州航海到旧港；林道干兄妹从台湾航海到北大年，在渤大泥边地辟“大干港”，其妹林姑娘死后，当地人尊为女神；明万历二年至万历三年（1574—1575），林凤从台湾澎湖率船队远征菲律宾，与殖民者西班牙交战，后返航潮州；清顺治年间（1644—1661），郑耀据龙门抗清，兵败交趾；康熙二十二年（1683），杨彦迪从台湾率船队往广南、柬埔寨；康熙二十九年（1690），方云龙从广东到安南；乾隆、嘉庆年间（1736—1820），陈天保等人介入安南国政权之争，据安南港；嘉庆十二年（1807），杨就富等人入越南；嘉庆十三年（1808），蔡牵率船队至交趾；嘉庆十五年（1810），粤洋青旗帮主李尚青遭官兵追讨，走往吕宋，等等①。

清乾隆以后，海盗由闽、浙、台湾海峡转到华南一带。最有名的是“七色帮”，即七个海盗集团组成的联盟。其中最大的红旗帮郑文显（郑一）集团有船千艘，人员约4万人。根据华南沿海各地方志记述，郑氏集团虽也有骚扰地方之时，但未见各地民众有大规模财产损失记录，可见其主要收入来源是以贸易为主而非劫掠民众。因而，在明清王朝禁海的条件下，倭寇和海盗对于活跃海上丝绸之路的贸易，起到了重要的作用。

（二）海上丝绸之路的主要功能、作用

海上丝绸之路最主要的功能和作用就是贸易。根据《新唐书·地理志》：唐代，东南沿海有一条通往东南亚、印度洋北部诸国、红海沿岸、东北非和波斯湾诸国的海上航路，当时叫作“广州通海夷道”，这是海上丝绸之路的最早叫法。当时通过这条通道往外输出的商品主要有丝绸、瓷器、茶叶和铜铁器四大宗；往回输入的主要是香料、花草等一些供宫廷赏玩的奇珍异宝。到了宋元时期，瓷器的出口渐渐成为主要货物，因此，人们也把它叫作“海上陶瓷之路”。同时，还由于输入的商品历来主要是香料，因此也把它称作“海上香料之路”。对于此，有关论述较多，从略。

而另一个很重要功能是移民。唐代，已有民众移民海外，各地对汉民族移民集中居住区称作唐人街即由此而来。自此以后，各朝各地民众沿海上丝绸之路移居海外，尤其是东南亚即南洋一代的，络绎不绝。据李长传著《南洋华侨史》，温雄飞著《南洋华侨通史》，姚枬著《中南半岛华侨史纲要》《马来亚华侨史纲要》等专著考证②，秦汉时期，即有经由海上丝绸之路

① 参阅郑广南：《中国海盗史》，上海：华东理工大学，1999年，第386~387页；曹永和：《台湾早期历史研究》，台北：联经，2002年，第140页；松浦章，卞凤奎译：《东亚海域与台湾的海盗》，台北：博扬，2008年。

② 《民国丛书》第三编第22期，广州：暨南大学南洋文化事业部据1929年版影印本。

移居交趾（今越南北圻）、菲律宾者。魏晋年间，已有中国船只至槟榔屿。隋代，有公主下嫁暹罗（今泰国）。唐代移居三佛齐者（苏门答腊之巨港），中文典籍中已有确切记录。元灭宋，宋遗臣多有外逃至南洋者，如陈宜中、郑思肖等，都曾窜身爪哇。其中郑思肖曾在当地建屋26间。至明代，南洋的华侨已成为重要势力，李长传称之为“中国时代”。明万历三十年（1602），吕宋（菲律宾）发生排华惨剧，华侨被杀者24000人；明崇祯十年（1637），菲律宾又发生排华惨剧，华侨死亡2万人，可见当时华侨人口在菲律宾已绝对不是小数目。

16世纪，荷兰人侵入爪哇时（印度尼西亚），华侨已在爪哇的经济中占有重要位置。明万历年间（1573—1620），移民张琏占据旧港，福建某移民占据婆罗洲称王。清乾隆年间（1736—1795），罗芳伯占据坤甸建立兰芳国。华人在暹罗、真腊（今柬埔寨）等地备受当地人尊敬。其中，由广东嘉应府（今梅州）客家人于乾隆四十二年（1777）在西婆罗洲（今印度尼西亚的西加里曼丹省）建立了一个国中之国“兰芳国”并一直存在了100多年。

嘉庆时，海盗张保仔降清。其中有10000多人不愿降者，乘船集体出逃南洋，是为深圳地区规模最大的一次集体移民。同治、光绪年间（1862—1908），华侨叶阿来征服占领吉隆坡。据光绪三十一年（1905）统计，华侨在东印度群岛者，有563000余人；在爪哇及马都拉者，有295000余人；在外岛者，有268000余人，并掌控了当地的经济。[①]

在新加坡，据颜斯综《南洋蠡测》，有唐人坟墓及有坟墓记有梁朝年号及宋代咸淳年号的。1904—1913年，每年移居新加坡华侨人数最少年份为13万多人，最多年份为29万多人。

可以说，海上丝绸之路，是一条华人移民之路。其意义和深远影响超过商业贸易。

二 深港地区在海上丝绸之路中的特殊地位和作用

本文把深圳、香港地区合起来作为一个地区研究，盖因为两地的历史渊源。

（一）深港两地沿革述略

深圳地区的前身为宝安县（东莞县、新安县），东晋成帝咸和六年（331）建县，辖地约含今东莞市、深圳市、珠海市、澳门和香港特别行政区。隋开皇十年（590），废东官郡，宝安县改属南海郡，县治仍设南头。唐至德二年（757），宝安县更名为东莞县，县治从南头迁往东莞。明万历元年（1573），取“革故鼎新，去危为安”之义，从东莞县分出设立新安县，建县治于南头，其辖境为除龙岗区部分地区外的今深圳市、香港特别行政区。清道光二十二年（1842），中英签订《南京条约》，新安县的香港岛成为英国殖民地。清咸丰十年（1860），中英签订《北京条约》，再割新安县九龙半岛为英国殖民地。清光绪二十四年（1898），清政府与英国签订《展拓香港界址专条》，又将新界租借给英国，为期99年。自此，新安县原有的3076

---

① 《南洋华侨史》第39页。

平方公里土地中，有1055.61平方公里脱离其管辖，成为英国殖民地（今香港全境）。民国3年（1914），因新安县与河南省新安县同名，复称宝安县，县治仍在南头。1979年1月，宝安县改为深圳市。同年11月，深圳市改为地区一级的省辖市。1980年8月，在深圳设置经济特区。1981年8月，深圳经济特区的政治待遇与广州相同，领导干部按广州市规格配备。1981年10月在经济特区外恢复宝安县。1988年10月，国务院批准深圳市为计划单列市，并赋予其相当于省一级的经济管理权限。2004年深圳市成为无农村的城市。2010年7月1日，经国务院批准深圳经济特区范围扩大至深圳全市。而香港全境，在1898年之前属于新安县地域，1997年回归，成为特别行政区。因此，研究海上丝绸之路，深港两地本为一体，无法分开来讨论问题。

（二）两地在海上丝绸之路中的特殊地位

深港地区历史上在海上丝绸之路的特殊地位，是由独特的地理环境决定的。

华南重要城市广州，是中国第一个设立市舶司的城市，也是中国最早对外开放的城市。而进入广州，最通常的航路是从南海经由珠江进入广州。而深港地区的伶仃洋、南头外海，是进出入珠江的咽喉。“……南头为全广门户，控制蛮倭，……盖番船直达澳门，而澳门至省则水浅不能行，必须由大屿山经南头直入虎（头）门，以抵于珠江，此南头所以为全广门户也”①。因其地扼珠江口外交通要冲，外地船只会先经南头海，然后北上广州进行贸易。船只一般会在每年5月至8月乘西南季候风抵达南头海面，等候通知后方可进入广州；交易完成后则在南头海面等待10月之后的东北季候风才离开。这种状况，一直持续到香港开埠。所以，自海上丝绸之路形成，深港地区就成为华南商业贸易中货物囤积、周转之地。故此，自唐代广州市舶司成立，朝廷旋即在当时的南头——今香港屯门建立了兼有边防防御、治安管理和外交职能的机构：屯门军镇。屯门军镇的设立，是深港地区成为海上丝绸之路重要节点的标志。

唐代，常于边防军区“道”之下，于边防线或水陆交通要冲设置军镇等军事与边防单位，均属于外交使节或各类蕃客首先接触和必经之处，故军镇均具有一定的外交管理职能，构成唐代庞大周密的外交体系中的一环。军镇在人员设置上，专设主理外交的使一人、副使一人②。在外交职能上，首先是具有迎送使臣的功能：外国使团到达所在地区之后，先向军镇“报到”，兼送文条（牒），再由军镇上报朝廷。其次是具有接转文书、授受贡赐、转致请求、宣达朝旨、上报蕃情、勘验过所等功能，有时还成为互市场所③。

《新唐书》卷四十三地理志上·岭南道广州南海郡条下注：“有府二，曰绥南、番禺；有经

---

① 〔嘉庆〕《新安县志·海防略》。
② 《新唐书》卷四十九下百官志下。
③ 黎虎：《唐代军镇关津的涉外事务管理职能》，《北方论丛》2000年第2期。

略军，屯门镇兵。”这是古代典籍中最早有关屯门军镇设置的记录。而《唐会要》卷七十三安南都护府部分，则记载有屯门镇建镇的日期，“开元二十四年（736）正月，广州宝安县新置屯门镇。领兵二千人，以防海口”。其军事隶属则属于岭南道广州府。

军镇内除有邮驿等用于接待外国使团的设施外，还驻有2000名士兵，以保护海上贸易。天宝二年（743），浙江海贼吴令光于温州作乱，当时南海郡守刘巨麟便从屯门军镇调兵平乱。而当时在岭南地区，军镇的设立仅此一处，可见朝廷对于深港地区的重视和对于维护海上丝绸之路的重视。

历经宋元，直到明清厉行海禁、民间“片帆不许入海”时期，深港地区南海一带仍然呈现出一片繁荣景象，与明清王朝有着藩属或朝贡式经济关系的外国船只在南海海面络绎不绝。虽然没有具体可考的航行记录，但从当时一些文字片断大略可推知。如明代新安县贡生王士龙游览赤湾（今深圳赤湾港）有诗句云“诸彝贡篚南溟阔”，彝，通夷，泛指外国各民族，这句诗的意思就是：在辽阔的南海海面上，到处都是外国前来进献贡品（通商）的船只。另一本地士人袁嘉言《赤湾谒天后庙》诗亦有句云“即今万国柔怀日，重译都来奠酒椒”。重译，辗转翻译，经过好几重翻译才能够互通的语言信息，代指遥远的海外国家。这两首诗均属写实作品，必有所本。此处的诸彝、重译诸国，或多为东南亚一带国家①。

台湾学者张存武说：“葡萄牙人之东来，才是中国数千年来未有之变局。”② 世界进入大航海时代，海上丝绸之路的咽喉深港地区成为西方列强率先进入中国海域并成为争夺的中心地带。明弘治六年（1493），最早一批“红毛夷”进入深港地区并遇当地守军发生冲突。明正德九年（1514），葡萄牙人阿尔瓦雷斯率领的商船队到达南海及珠江口一带，因未获朝廷批准，后在南海水面进行交易。同年，塞克拉的商船队直接侵占了“屯门海澳”（约为今深圳后海湾、伶仃岛及香港青山一带）。嗣后，葡人船队络绎来到南海，并于正德十六年（1521）爆发了中葡“屯门海战”，最终以占据澳门成为葡人殖民地结束。

荷兰人的商船队约稍晚于葡人进入南海，因规模稍小，加上葡人的排斥和当地居民的抵制乃至于海盗集团的打击，最终立脚不住转向福建沿海。

英国人的商船队于明崇祯十年（1637）到达南海并进入广州，要求与中国开展贸易，不果而退出。其后主要通过东印度公司与中国进行贸易，并于康熙五十年（1711）在广州建立了第一家商馆。

在鸦片战争、香港成为英国殖民地之前，深港地区的南海水域及岛屿成为列强各国商品的集散地。其中运送大宗商品的船舶并非直接运抵黄浦，而是常泊于伶仃岛附近及南海海面，再用小型船只分装运送广州，后来的鸦片贸易更是如此。

---

① 〔嘉庆〕《新安县志·艺文》。

② 《宝安历史纪事·中国与西方入侵者首胜之战·屯门之战》，郑州：中州古籍出版社，第93~102页。

香港成为英国殖民地之后，至20世纪初叶，香港成为远东地区最大的自由贸易港。清同治、光绪年间（1862—1908），诗人、外交家黄遵宪在其《香港感怀》诗中，描述当时香港的繁盛：“帆樯通万国”“飞轮齐鼓浪，祝炮日鸣雷；中外通喉舌，纵横积货财”①。嗣后直至新中国成立、改革开放之前，香港一直是中国对外贸易无可替代的重要交通孔道，急需的国外商品和物资大多通过香港进入中国内地。

改革开放、深圳经济特区建立之后，深圳在短短的三十多年时间，迅速建成为国际化大都市，深圳机场、赤湾港成为华南地区货物和人员吞吐量最大的航空港和远洋运输港口，深港地区成为海上丝绸之路当之无愧的枢纽。

三 深圳在“一带一路”建设中的现状和布局

2013年9月7日，习近平主席在哈萨克斯坦首次提出了加强政策沟通、道路联通、贸易畅通、货币流通、民心相通，共同建设“丝绸之路经济带”的战略倡议；2013年10月3日，习近平总书记在印度尼西亚国会发表重要演讲时明确提出，中国致力于加强同东盟国家的互联互通建设，愿同东盟国家发展好海洋合作伙伴关系，共同建设“21世纪海上丝绸之路”。

（一）深圳在“一带一路”中的角色及优势

深圳在国家“一带一路”战略中扮演的角色是：加快将深圳打造成为“一带一路”的战略枢纽；推进前海开发开放，力争“一年一个样”，成为中国自由贸易试验区建设的新标杆②。作为“一带一路”规划的15个海上合作战略支点城市，深圳在区位、外向型经济、产业与创新等方面拥有其他城市难以比拟的优势，具有深度参与国家“一带一路”建设的诸多有利条件。2014年，深圳市在货物贸易方面，与64个“一带一路”国家进出口总额827.3亿美元，占全市进出口总额17%；其中出口461.4亿美元，进口365.9亿美元，同比分别增长19.7%、21.7%、17.3%。进出口超1亿美元的企业有116家，其中超10亿美元的有华为、昱科环球、捷递物流和中兴通讯等4家。在技术贸易方面，与22个“一带一路”沿线国家有技术贸易往来，全年技术进出口金额6.1亿美元，占全市技术贸易合同金额比重11.8%。在服务外包方面，承接22个“一带一路”沿线国家的国际服务外包业务，全年月离岸执行金额达2.9亿美元，占比10.4%。在投资合作方面，截至2014年年底，累计从64个“一带一路”国家引资26.84亿美元，主要涉及批发和零售业、制造业、租赁和商务服务业等行业领域。华为、中兴、长城开发等重点企业在境外投资项目30个，投资总额3.16亿美元；深圳在“一带一路”国家

① 黄遵宪：《人境庐诗草》。

② 《深圳特区报》2015年6月3日《深圳描绘“一带一路”建设战略图》。

中的37个国家有对外承包工程项目，新签对外工程承包合同额和完成营业额分别为53.16亿美元和42.83亿美元，占全市总额的比例均超过40%①。

深圳作为海上丝绸之路的重要城市具有两大优势：一是先天优势。深圳与“一带一路”沿线国家有着良好的经贸往来，进出口贸易量非常可观，产业结构与“一带一路”沿线国家具有较强互补性。2014年，深圳进出口总额4878亿美元，连续3年居内地城市首位，其中外贸出口总额2844.03亿美元，连续22年居全国大中城市首位（其中深圳与“一带一路”沿线国家进出口总额827.3亿美元，占全市进出口总额17%，占国内与“一带一路”沿线国家进出口总额7.4%）；全年对东盟出口同比增长11.7%。二是比较优势。前海与蛇口融合而成的广东自贸试验区前海蛇口片区，集深港合作、“一带一路”、自贸区三大国家战略使命于一身，成为国内开放度最高、比较优势最突出的国家战略新区之一，既是“一带一路”的重要战略支点，也是国家批准的深港现代服务业合作平台，具有独特的政策优势和改革开放战略优势。前海合作区成立4年多来，前海战略平台效应得到加速释放，国务院批复的前海总体发展规划和22条先行先试政策加快落地，基础设施建设、重点单元开发全面推进，注册企业超过3万家、注册资本超过1.8万亿元，要素交易平台达19家。此外，前海紧紧抓住发展的窗口期机遇，不断推出新举措，首家民营互联网银行前海微众银行开业，跨境人民币贷款率先破冰，国际仲裁院、廉政监督局、前海法院挂牌成立，出台前海促进深港合作工作方案，深港青年梦工场建成运营，港资企业对前海GDP贡献率超过1/5等。2015年，深圳市大力发展海上丝绸之路文化旅游，发掘、整理民间工艺、节日民俗，介绍民族风情。积极开展丰富多彩的文化节庆活动，配合饮食文化、岭南音乐戏曲，展销民间工艺制作，营造浓郁的文化氛围。集中力量办好若干系列具有地方特色、标志性意义强烈，有明显国际竞争力的文化节庆活动，不断提高艺术活动的文化层次和质量，形成不同门类的演出季节，展现深圳文化魅力，增强深圳地域文化的凝聚力和穿透力。南山区政府启动文博圈系列开发保护工程，拟将天后宫建设成海上丝绸之路博物馆，将宋少帝陵扩建为主题公园，将左炮台确定为青少年爱国主义教育新基地②。

深圳国际化的表现是外向度非常高，内中有外，外中有内，经济上内外渗透。目前，深圳在国际航运“棋局”中的地位日益重要。深圳港集装箱吞吐量位居全球第三，是国内拥有国际航线最多的港口，也是对东南亚航线最密集的港口。深圳在海上丝绸之路上四通八达，从深圳港前往东亚、东南亚、南亚、西亚、非洲等国家非常便利，与东盟、南亚、南太平洋国家之间的海上距离最短，在“一带一路”战略中有着难以比拟的独特优势，深圳作为“创新之都”，是人才聚集之地，有着良好的人才聚集优势；深圳企业市场敏感性强，产业与资本融合速度

---

① 《深圳特区报》2015年10月9日《深圳跨国公司集群初步形成“一带一路”成为新增长》。

② 《南方日报》2016年4月11日《深圳南山区拟建赤湾海上丝绸之路博物馆》。

快，有着良好的商缘优势；深圳毗邻香港，有着良好的地缘优势；深圳依托粤港澳大湾区，在“一带一路”战略中积极拓展“新丝路”①。

深圳在“一带一路”战略中超前规划，聚焦发展湾区经济，围绕增强21世纪海上丝绸之路桥头堡开放引领、创新辐射、要素集聚、互联互通、基础支撑五大功能，打造湾区合作交流新优势、创新驱动新引擎、高端产业新形态、多港联动新格局、城市环境新品质，构建海上丝绸之路经贸合作枢纽。努力将前海合作论坛建成与21世纪海上丝绸之路沿线国家和地区重要的金融商贸交易平台，支持沿线各地金融机构落户，开展离岸和跨境业务。在前海探索建设跨境人民币业务创新试验区，争取引进亚洲基础设施投资银行功能总部，探索设立中国—东盟跨境人民币结算中心，积极推进与沿线国家“货币流通”。创新引领，是深圳建设湾区经济的重要优势。引导中小企业以产业链专业分工方式进行模块化创新，发挥深圳科技金融发达的优势，努力打造亚洲最大创投中心，鼓励有实力的创投企业到沿线国家和地区设立创投机构和创投基金。打造海上丝绸之路大宗商品交易中心，探索构建深圳与沿线各地资本市场的互联互通机制。强化世界级海港枢纽地位，拓展海上丝绸之路班轮航线，建设区域性国际航空枢纽，开通更多的东盟、南亚航班航线，构建海上丝绸之路主要城市“4小时航空圈”。加快跨市、跨区域轨道交通建设，打通对外战略通道，为更广范围的区域协同发展提供更强有力的支持。打造经贸合作重要平台，推动本土企业赴“一带一路”沿线国家投资合作，共建产业园区，力争5年“一带一路”区域贸易总额实现翻番。优化外贸结构，全面完成来料加工贸易企业不停产转型，实现一般贸易、技术贸易额分别是五年前的2倍和5倍，服务贸易规模突破1000亿美元，合同利用外资、对外直接投资额分别增长2.1倍和12.6倍。至2014年年底，深圳市国际友好城市和友好交流城市达65个，5年增加了一倍②。未来，深圳市将构建全方位“走出去”支撑服务体系，谋划推进一批重大合作项目，推动与沿线国家和地区交通基础设施互联互通，积极参与信息丝绸之路建设，拓展与喀什等丝绸之路经济带重要节点城市的合作，打通新时期对外开放的战略“双通道”。

（二）深港合作在“一带一路”战略的独特作用

香港是中国内地与南亚海上航运的重要枢纽。2015年8月13日，香港特区行政长官梁振英重申，香港在国家建设“一带一路”中发挥独特作用，同时也可为本港社会、经济持续发展提供新动力，而香港拥有“一国”和“两制”的双重优势，是中国内地与世界之间的“超级联系人”，并有世界先进水平的基础建设、高质素服务业、稳健金融体系和蓬勃金融市场，信息、资金开放流通，人才云集，税制简单且税率低③。随着“一带一路”经济体贸易和经济发

① 《深圳商报》2015年5月23日A05版《“一带一路”：深圳如何打造战略枢纽》。
② 《深圳晚报》2015年5月17日《深圳和43个国家65个城市（地区）建立友好关系》。
③ 新华网（新华港澳）2015年8月14日《梁振英再谈香港在“一带一路”作用》。

展，对高端专业服务的需求会日益增加，而香港在会计、法律等多个领域都有优越人才，在营运和管理铁路、机场、港口、供电、供气等基础设施方面有输出服务的丰富经验，也可成为项目支持基地，为“一带一路”沿线提供顾问服务、参与营运管理基础建设。香港是规模最大的人民币离岸中心，至2014年年底，离岸人民币存款余额累计超过2万亿元，其中香港人民币存款资金1.16万亿元。2014年，香港与内地的跨境人民币收付量占所有境外地区的52.7%，在SWIFT国际支付货币中的占比69%[①]。未来10年内，香港仍将占人民币离岸业务绝对主导地位。香港证券市场规模位居世界前列，2014年，香港股票交易所市值3.23万亿美元，在世界股票市场中排名第七位，证券市场的规范运作为香港证券市场的稳定发展奠定了基础。香港是世界最大的贸易转口港，转口的国家和地区达150个，香港也是世界第三大集装箱码头，世界第四大船东所在和十大国际航运中心之一，同时又是世界金融中心。香港作为金融中心、贸易中心和航运枢纽，在国家推动“一带一路”建设中可以发挥独特优势，并由此获得更大的发展机遇。

共同落实国家战略，全面深化深港合作。2016年2月28日，深港合作会议在香港特区政府总部举行。深港双方签署了创意产业、检验检疫等3份合作协议，就推进下一阶段双方合作交换意见，达成广泛共识，并表示将按照中央政府的要求，在“一国两制”方针和粤港合作框架下，围绕落实和服务国家重大战略，围绕提升区域整体竞争力，积极践行“创新、协调、绿色、开放、共享”五大发展理念，不断深化两地全方位合作，推动两座城市共同繁荣发展[②]。2015年，深港两地交流密切、合作务实，在前海蛇口自贸片区开发开放、跨境基础设施建设、经贸投资、科技教育、医疗卫生、文化创意以及青年交流等领域合作，取得积极成效。双方将着眼两地“十三五”发展需求，加强沟通衔接，明确未来五年合作方向、重点和举措；落实和服务国家“一带一路”战略，联手周边地区，共同将粤港澳大湾区打造成为“一带一路”重要战略枢纽；进一步发挥前海“自贸试验区+现代服务业合作区”叠加优势，推动更多港资港企入驻自贸片区，推进粤港澳服务贸易自由化，共同将前海打造成为内地服务业走向国际、香港服务业辐射内地的“双跳板”；加强城市管理治理领域务实合作，深化教育、医疗卫生、环境保护、公共安全等民生领域合作，努力为两地市民创造更多民生福祉。推动粤港澳大湾区成为“一带一路”重要战略枢纽。深港两地从地理位置、经济总量、产业基础、信息资源等多个维度来看，两座城市所在的粤港澳大湾区，完全有条件、有基础成为世界经济版图上的亮点。目前，粤港澳大湾区建设已经纳入广东省“十三五”规划纲要，下一步两地将围绕落实国家“一带一路”战略和CEPA协议，积极发挥香港作为国际金融、贸易、航运中心的优势，更好地对接两地创新、人才、产业、金融等要素资源，紧密合作、联手周边，加快发展世界一流的湾区

① 《经济日报》2015年8月22日《“一带一路”建设中的香港机遇》。
② 《深圳特区报》2016年3月1日A02版《共同落实国家战略 全面深化深港合作》。

经济，把粤港澳大湾区建设成为“一带一路”重要战略枢纽。

四 结论

综上所述，深港地区在海上丝绸之路中，从历史到现实都具有无可替代的枢纽地位。因此，要落实好国家“一带一路”的战略，建设好深圳、香港是国家战略成功与否的关键因素。深圳、香港，任重道远。

河北省新编方志关于“一带一路”文化交流的记载

任丽英（河北省地方志办公室）

提要：河北虽然不是“一带一路”规划的重点区域，但无论从区位上看，还是从文化渊源上看，河北省都与“一带一路”有着千丝万缕的关系。本文试从河北地方志文献的角度谈新编地方志书中所记载的“一带一路”的文化交流。

关键词：河北　方志　“一带一路”

河北省地处环渤海中心区域，是“一带”和“一路”在渤海湾衔接的节点地区。河北省拥有秦皇岛港、唐山港、黄骅港3个亿吨大港，而近在咫尺的天津港处于京津城市带和环渤海经济圈的交汇点上，是新亚欧大陆桥最短的东端起点，也是连接东北亚与中西亚的纽带。“一带一路”也是河北省对外投资合作的重点领域，河北省对“一带一路”的投资合作项目，已占到全省对外投资合作项目的70%以上。其中制造业生产基地10个，占全部境外制造业生产基地总数的66%，资源开发基地10个，占境外资源开发基地总数的66%，境外工业园区3个，占全部境外园区项目的60%。“一带一路”还是河北省外贸出口的重要市场。“一带一路”沿线地区大多是新兴经济体和发展中国家，普遍处于经济上升期，基础设施建设尚不完善，经济社会发展对钢铁、建材等基础原材料产品需求大。这些恰恰是河北省的优势产业，因此主动融入“一带一路”，有利于拉动河北省这些领域的出口。

从文化上看，“丝绸之路”历经两千年早已成为一个文化概念，它很好地浓缩了中国早期与周边国家的交往，是对世界各民族优秀文化的吸纳和融合。在河北省的许多志书中记载了大量与丝绸之路经济文化相关的史实，证实河北与丝绸之路有着千丝万缕的关系。

《正定县志（1986—2005）》① 第二章历史文化名城概览第三节敦煌壁画与正定，就记载了敦煌第61窟的《五台山图》见证丝绸之路。

这幅绘制于五代时期的《五台山图》是莫高窟最大的壁画，长13.45米，高3.42米，画中是山西五台山方圆八百里的山川城池，描绘了从山西太原经五台山到河北镇州（今河北省正

① 雍玉申主编：《正定县志（1986—2005）》，北京：新华出版社，2009年。

定县）周围八百里以内的山川景色。其中寺庵兰若及城池房宇等建筑 199 处、桥梁 13 座、佛菩萨画像 20 身、僧俗人物 428 位、乘骑驼马 48 匹、运驼 13 峰，是世界上罕见的古老而巨大的形象地图，再现了 1500 年前五代时期五台山佛国圣境的宗教氛围和世俗风情画卷。

那么这幅图为何会出现在千里之外的丝绸之路上，又为什么会绘制在石窟之中？

作为世界三大宗教之一的佛教，早在西汉末年就传入中国，到了隋唐时期，佛教已经得到发展，深入民心，并且由中国的高僧创立了中国化的宗派。今天随处可见的佛寺石窟和名刹寺庙等，都是佛教直接或间接留下的影响和延续。特别是沿着丝绸之路留存下来的佛教石窟，著名的如敦煌莫高窟、安西榆林窟、天水麦积山、大同云冈、洛阳龙门等大多融会了东西方的艺术风格和佛教精神，是丝绸之路上中西文化交流的见证。唐时，五台山成为全国佛教的“首府”，与印度的灵鹫山媲美，因此，作为佛教圣物的《五台山图》，为满足广大信众的需要，便应运而生。

唐朝中后期，吐蕃王朝多次向唐帝国来求《五台山图》，该图由此传入丝绸之路上的敦煌。到五代时期敦煌一带的统治者是曹氏政权，他利用佛教安定社会，在丝绸之路这个东西方交融的古道上，建造寺庙和石窟，《五台山图》便成为敦煌石窟中最大的壁画，昭示佛法。

众多信众在五台山朝拜后，就求得《五台山图》作为朝圣纪念带回收藏，使得《五台山图》传入西域、韩国、日本等地。而在丝绸之路上的敦煌莫高窟里的《五台山图》，千百年来见证了源远流长的儒释道交融发展与中华文明的形成过程。

《正定县志（1986—2005）》① 第二章历史文化名城概览第二节历史瞬间第一目马可·波罗过正定，记述了马可波罗（约 1254—1324），13 世纪著名的意大利旅行家，在元朝至元年间（1271—1294）游历中国，曾途经真定。在其《马可波罗行记》中，留下的关于真定府的精彩记录。

马可波罗约于元至元八年（1271）十一月从威尼斯起程，随其父、叔东游，跋涉西亚地区，跨越帕米尔高原，于至元十二年（1275）五月到达元朝的上都（今内蒙古自治区多伦县西北），得到元世祖忽必烈的信任，待遇优厚，出使各地，在元朝任职 17 年。通晓中国文化礼仪，熟谙汉语和蒙古语。游历几乎遍及中国大好河山，足迹到达今新疆、甘肃、内蒙古、山西、陕西、河北、四川、云南、山东、江苏、浙江、福建、北京等地。中间一度去过缅甸，后返回仕元。至元二十九年（1292）护送元朝公主出嫁伊儿汗国，辗转回国。

在《马可波罗行记》第五十九章中，他以精美的语言描述了从汗八里（元大都，今北京）南行的见闻。他写道，从涿州南行 4 天，到达哈寒府（即恒山府，今正定）。“哈寒府是一贵城，居民多是偶像教徒（信仰佛教、道教），人死焚其尸。他们是大汗之臣民，使用大汗的纸币（至元宝钞）。持工商为生。盛产丝织品，能织金锦丝罗，其额甚巨。此城领治一广大地域，

① 雍玉申主编：《正定县志（1986—2005）》，北京：新华出版社，2009 年。

所辖环墙之城及村镇甚多。其南有一大河绕城而过，大量商品由此沿水路运往汗八里。因开掘众多运河，此城和汗八里河川相连，交通便利。有甚多道路分向各省，路名即以所趋向之省为名。此诚为极聪明之计划。”“城内尚有若干基督教徒，置有教堂一所。”对于沿途道路植树的情况他有这样的描述：“大汗命于道旁植树，每树相距数步。树长成甚高。自远处可以眺望，昼夜不致失路。无人居之地，路旁也植林，为旅行者之便利，所有可行道路，两旁皆植树。”对于沿途驿站馆舍，他记载：“每一房舍，宏大华丽，内备床铺，皆以绸缎制成。所有必需之品无不俱全。即使国王寓此，也必觉其安适。上述馆舍供帐、饮食等，自需大量员工执役”。

《正定县志（1986—2005）》第二章历史文化名城概览第二节历史瞬间第二目乃贤和《河朔访古记》十则，《河朔访古记》的作者葛逻禄乃贤是元朝色目人，元朝对除蒙古以外的西北各族、西域以至欧洲各族人的概称。色目人进出汉族居住区，对促进汉族与西北各族之间以及中国与西方各国之间的经济、文化交流起了很大作用。这部《河朔访古记》是中国元代记录和考订古代遗迹、碑刻的著作。至正二十三年（1363）成书。为入仕中国的色目人葛逻禄乃贤所撰。共16卷。惜此书久已散佚，散见于《永乐大典》，仅存134条，所记皆在真定、河南境内，而其余不存。今本由《永乐大典》辑出，重编为常山郡（治今河北正定）、魏郡（治今河北大名）、河南郡（治今河南洛阳）3卷。从中可以窥见正定昔日的辉煌。这部著作为传播汉族传统文化的发展做出了贡献。

《乐亭县志（1987—2005）》[①] 附录·前志补遗·乐亭人东北经商。

> 乐亭县地处滦河冲积平原。历史上滦河洪水常常泛滥，风灾、虫灾、震灾等自然灾害不断，沿海大面积盐碱土地，农业十年九减产或失收，县民难以糊口，不得已通过山海关去逃荒。清顺治十年（1653）之后，东北陆续招民拓垦，粮豆丰盈，对粮食产量不足半年之用的乐亭农民来说，无疑有着极大的吸引力，由此便把由东北贩运粮食看作解决温饱的上策。在贩运粮食过程中开始经商做买卖，时称“闯关东”。起初靠肩挑、手推车，沿街叫卖，支摊、打场设点。逐步发展到车拉、船载长途贩运，乃至开店铺、作坊、粮栈、钱庄。闯出了一条昌（黎）滦（县）乐（亭）老呔经商之路，形成了以乐亭商人为主的“老呔帮”。闯关东的乐亭人，凭着自己的聪明才智，艰苦奋斗，不断积累资本，买卖越做越大，不仅在东北三省站稳了脚跟，还延伸到内蒙古、俄罗斯，与日本、欧洲等地建立了业务关系。

从当今中国经济战略格局来看，河北省地处京津冀板块，全世界所有的人流、物流进入北京，都要经过河北省属地，河北省张家口是明清时期著名商旅大道张库大道的起点，是沟通北

① 徐兴信、周锦儒主编：《乐亭县志（1987—2005）》，北京：中国财富出版社，2014年。

京城与西域和俄罗斯的交通要道。许多迹象表明，恢复中蒙在张家口的直接贸易往来的条件逐渐成熟，张库大道在新的历史条件下，将会重新发挥它的运销作用，历史上张家口的“内陆商埠”也将会再现于世人面前。《张北县志（1989—2006）》① 第六编基础设施建设与环境保护第二章交通工程建设附主编郑铭写的“张库大道”文章，记述了张库大道这个北方“北方丝绸之路”的历史。张库大道是张家口通往库伦（今蒙古首都乌兰巴托）的贸易运销线路，全长2800里，为明清及民国间汉蒙俄民间商贸活动之重要信道，素有“北方丝绸之路”之称。雍正五年(1727)，清政府与俄签订恰克图互市界约十一条，贸易往来日趋繁荣，蒙古王公亲王进京觐见也走此道，民间通商也日繁一日。乾隆二年（1737），清政府下令以张家口、归化（呼和浩特）为货物集散地，而张北的元宝山却首当其冲，大兴土木，建立铺栈，开张经营，先后建起了烧锅（酒作坊）、粉坊、油坊、铁匠炉、瓦窑以及制革、制毡等作坊。市区还建起“库伦货栈”数十家，即经营张库贸易的店铺。待运外蒙的绸缎、布帛、砖茶、纸张、硫黄、火药以及瓷、铜、铁制日用品和外蒙运来的各种皮张、毡毛、蘑菇以及香脐子、羚羊角、鹿角等名贵药材应有尽有。张北组成的旱板车队和骆驼队帮，一般从张家口进货，运往库伦，回来时再带蒙货卖到张家口。这些旅蒙商一般于每年二月二日出发，直至中秋节前返回张北。在漫漫的张库商道上，每年都有数以万计的骆驼和老倌车在日夜不停地行走。其中有皇封御赐的八大皇商“山西帮”，有联手经营的束鹿、深州、饶阳、辛集“直隶帮”，有拿着国家俸禄的旗人组成的“京帮”，有小本经营的蔚县、阳原、怀安、涿鹿“本地帮”。这些商人初时统称“通事行”，清末改称旅蒙商。旅蒙商从内地采购绸缎、布匹、米面、纸张、砖茶、生烟、红糖、瓷器、铁器、蒙靴、鞍具、小百货等，与牧民交换回马、牛、羊、皮张、绒毛、药材等，与俄国人交换回毛呢、毛毯、天鹅绒、银器等。蒙古独立后，中蒙贸易和张库大道运输急骤下降。民国18年(1929）中俄断交，华商运输汽车百余辆被扣，张库贸易中断。至此，张库大道结束了它兴盛的历史。

《盐山县志》稿中记述了县里的千童镇，在商、周、战国时期称“饶安邑”，意为“其地丰饶，可以安人”。秦时称“千童城”，“始皇遣徐福将童男女千人入海求蓬莱，置此城以居之，故名。”汉高祖五年（前202）于此置县称“千童县”。北魏熙平二年（517）于此始置沧州治。千童镇在历史上州治县治长达841年，由于在前209年，徐福奉秦始皇之命勇率数千童男童女及百工巧匠从这里启航，求长生不老之药，漂洋过海，东渡成功，移民侨居日本，日本佐贺地区的金立神社员神为徐福，每五年一祭的习俗延续到今。盐山县成为千童城故里，在中日关系史上有着独特的地位，开创了中日两国友好交往之先河，成为中国历史第一侨乡。

在《盐山县志》稿中有“千童文化”一章，记载了民间源于汉代的“千童信子节”，即在农历三月廿八日徐福千童出海日举行隆重的祭祀活动，逢甲子年举办一次，每60年一个轮回。

① 郑铭主编：《张北县志（1989—2006）》，石家庄：河北人民出版社，2010年。

从1993年开始，在农历三月廿八日，由盐山县在千童镇举办“千童文化节”，每5年一次。千童信子节是两千年来流传在千童镇一带盼亲人归来的祭礼形式，日本佐贺金立山一带以徐福当成氏神的氏子们，每50年的阳历4月27—29日，举办声势浩大的“氏子节”。把金立山上供奉的徐福像抬到约50里的有明海边，让其遥望西方大海、以解思乡之情。千童信子节和日本佐贺的氏子节是中日两国人民对徐福东渡事件异曲同工的纪念，是两千多年前的徐福东渡事件留存在中日民俗中的活化石。

沧州黄骅市的海丰镇遗址位于黄骅市羊二庄乡海丰镇南至杨庄村之间，1986年，黄骅市博物馆在进行全市文物普查时首次发现，在2000年、2003年、2004年三次进行了抢救性发掘，揭露面积超过2500平方米。遗址内出土器物以瓷器为大宗，荟萃定窑、井陉窑、磁州窑、耀州窑、钧窑、龙泉窑、景德镇窑等窑。海丰镇遗址是河北省继北戴河秦行宫遗址之后发现和发掘的又一处重要滨海遗址，是我国金元时期重要的考古发掘项目。通过此次发掘，一些专家认定今海丰镇遗址即为金代海丰镇遗址。海丰镇之名，在《金史·地理志》、《盐山县志》同治版（海丰时为盐山管辖）、《盐山新志》《海兴县志》等文献中多有记载。《金史·地理志》记为盐山四镇之首。《盐山新志》① 更从西汉之柳县到魏晋南北朝时的漂榆邑，再从唐宋时期的通商镇到辽金的海丰镇都做了比较详尽的记述和考证。《盐山新志》认为“海丰镇在天津未兴之前为海口第一繁荣之区，至元盐业不振，渐为废墟，海丰镇为繁盛之区皆以行盐故也……”。海丰镇遗址的发现与发掘见证了黄骅滨海繁盛之区的兴衰历史。2014年6月，河北黄骅博物馆与吉林大学边疆考古研究中心合作，开展海丰镇遗址出土文物资料整理修复工作。整理修复工作收获很大。古代海丰镇以盐而兴盛，因瓷器贸易而繁荣。通过海丰镇遗址表现出的特点，结合海丰镇的地理位置和历史记载，海丰镇遗址应为宋金时期“海上丝绸之路”的北方起始点，瓷器从这里远销东北亚、韩国、日本及更远的一些地方。

河北自古以来便与丝绸之路有着千丝万缕的联系。河北人文学者梁勇编著的《京津冀挽起“一带一路”》② 中提出，藁城台西商代遗址出土的平纹皱丝织物——縠，是世界上最古老的泡泡纱丝织品实物，代表了3500年前中国这个丝绸大国最高的丝纺织技艺；西汉时期，丝绸之路上最精美的丝纺织品散花绫就产自河北巨鹿；到了盛唐时期的河北道，丝纺织技术和产量都远远超过江南，成为全国丝纺织业技术最发达、丝纺织品产量最多的地区；11世纪，丝绸之路上世界最富丽的丝纺织品是河北定州的缂丝，如今，在定州孟家庄村路边竖立着显赫的路标——“北宋缂丝大师沈子蕃故里”。

正如前文所述，丝绸之路不仅与丝绸有关，它还是一个历史文化符号，是一个象征，凡是沟通中西方的商路都可以统称丝绸之路。从这个角度出发，河北有三个地域可以纳入丝绸之路

① 贾思绂纂：《盐山新志》，民国5年（1916）版。

② 梁勇编著：《京津冀挽起“一带一路”》，石家庄：河北美术出版社，2016年。

的重点研究范畴：张家口的张库大道、沧州黄骅市海丰镇遗址、邯郸邺城。张库大道、黄骅市海丰镇前面已做简要记述，这里不再赘述，只介绍一下邯郸邺城。

邯郸邺城在魏晋南北朝时期曾经是六朝古都。据史料记载，来自朝鲜、西域各国的使节和商旅频繁，首都邺城有专门供各国使节居住的会馆，后赵时期邺城华林苑还有仿龟兹国寺院的建筑。邺城附近的魏晋南北朝墓群，出土了不少来自西域、西亚的文物，磁县湾漳北齐墓中出土的骆驼俑背负帐具等丝绸辎重，茹茹公主墓出土的骆驼俑不仅有帐具和货袋，旁边还挂着水瓶、大雁和兽腿，这些都是丝绸之路标志性的符号。尤其值得一提的是，赞皇县发掘的北齐李希宗墓出土了三枚东罗马帝国金币，茹茹公主墓中出土了两枚拜占庭金币，它们是中国古代丝绸之路商旅交易的最佳物证。

"一带一路"视野下的"张库商道"

闫雪卿（河北省张家口市地方志办公室）

提要：张库商道历史上是我国北方连接蒙俄的一条国际贸易商品运输线，它为欧亚和中东互通了有无，促进了交流，传播了文化，更给沿途地区的经济发展创造了条件，促进了繁荣。诞生了传奇的晋商，成就了塞外的"皮都"，形成了草原城市乌兰巴托，留下了和平合作、开放包容、互学互鉴、互利共赢的精神。

关键词："一带一路"　"张库商道"　现实意义

2013年9月和10月，国家主席习近平提出用创新合作模式，共同构建21世纪"一带一路"的战略构想，成为国内外媒体高度关注的焦点。在寻找丝绸之路的历史记忆时，我们就需要去审视和关注与其齐名的"草原茶叶之路"，即张库商道。张库商道南起张家口，一路向北，通往蒙古的乌兰巴托（古时称库伦），并延伸到俄罗斯恰克图，历史上是我国北方连接蒙俄的一条国际贸易商品运输线，它为欧亚和中东互通了有无，促进了交流，传播了文化，更给沿途地区的经济发展创造了条件，促进了繁荣。

一　张家口互市的兴起

互市是我国历史上中原王朝与周边各族间贸易往来的通称。北方少数民族一直以来过着游牧生活，居无定所，生活必需品主要通过互市用马牛羊来交换，故互市也称马市。"公元前78年，武帝击破匈奴左地，迁徙乌桓族于上谷、渔阳、右北平塞外，为汉族侦察匈奴动静，置乌桓校尉监领"[①]，当时上谷郡包括今张家口市区、万全县、宣化县、赤城县、怀来县、涿鹿县等地，设置护乌桓校尉管理边防和互市事宜，定期开"互市"进行交易，开创了边境地区安定友好局面。后由于战乱，互市时断时续，到了明代，明蒙间的经济联系发展为两种形式，一种是"朝贡"，一种是"互市"。但由于明蒙之间连年征战，朝贡、互市关系基本中断，致使广大蒙古牧民"炊无釜，衣无帛"。蒙古土默特部首领俺答汗认识到"必资内地以为用"，蒙汉和平互

① 张家口市地方志编纂委员会：《张家口市志》，北京：中国对外翻译出版公司，1998年8月，第9页。

市才是解燃眉之急唯一的途径。于是在嘉靖十三年（1534）四月，俺答协众欲入贡①，这是文献记载俺达汗最早提出通互的要求，在之后的七八年时间里，俺答汗向明朝提出互市请求数十余次，均遭明朝拒绝，于是对明朝进行报复，率兵大举攻掠明边诸郡，在嘉靖二十九年（1550）引发俺答汗率十万精师攻明的“庚戌之变”。第二年三月，明蒙双方达成协议，明于“宣（府）大（同）延（绥）宁（夏）分头开市，以我之布帛米粮易彼之牛羊羸马，一年为准开两次为宜”②。宣府镇在万全右卫西路张家口、新开口堡开设马市，张家口的马市就设在今大境门外的正西沟，开市不到半年就易马2000余匹。然而，当俺答汗京师撤兵威胁解除，一贯坚持狭隘民族统治政策的明世宗，背信弃义，不久便关闭了边境互市，双方的和平贸易断绝，开始了长达20余年的战争。

隆庆四年（1570）九月，俺答汗的孙子把汉那吉因家庭纠纷投奔明朝，俺答汗乘把汉那吉入关之机，与明朝再次商定通贡事宜。此时，明穆宗继位，改元隆庆。明朝也想进一步促进明蒙和议，于是不仅给把汉那吉加授官职，还将把汉那吉送还蒙古，俺答汗借机向明请求“封贡”。隆庆五年（1571）三月下诏：“封尔为顺义王”③，相继开放宣府、大同、延绥、宁夏、甘肃等十一处马市，除每年官市外，又“得塞下民互市”④，这就是化干戈为玉帛的“隆庆和议”。张家口的第一次马市“自六月十三日至二十六日，官易马一千九百九十三匹，贾万五千二百七十七两五钱”⑤，牧民骑马牵牛纷至沓来，内地商贩也把绸缎、布匹、茶叶、米面等货物带来贩卖，出现两族民众“醉饱讴歌，婆娑忘返”的情景，封贡互市为张库商道及张家口陆路商埠的形成和发展打下了基础。到明万历年间（1573—1620），张家口的互市贸易已成规模，“宣府来远堡（张家口）贡市，拓中为城，规方阮（原）地，千货坌集，车马驼羊毳布曾瓶罂之居”⑥。

二　张库商道兴盛

张库商道的前身，是元朝时建立的以大都为中心的通往吐谢图汗部落的一条驿道，“通达边情，宣布号令”。到了明代，经过蒙汉之间的通贡、互市和民间贸易，走出一条战时办军需，平时做贸易官马大道，这就是张库大道，后来又发展成远及俄罗斯和欧洲的茶叶之路。

顺治元年（1644）清军入关进入宣府，即刻控制张家口的互市来远堡，并修筑大境门。

---

① 薄音湖：《明代蒙古汉籍史料汇编》瞿九思·万历武功录（第4辑），呼和浩特：内蒙古大学出版社，2007年4月，第38页，卷七，俺答列传上。

② 《明世宗实录》，中央研究院历史语言研究所校印本，第四十六册，卷三百七十一，第6623页。

③ 《明穆宗实录》，中央研究院历史语言研究所校印本，第五十册，卷五十五，第1372页。

④ 薄音湖：《明代蒙古汉籍史料汇编》瞿九思·万历武功录（第4辑）卷八，俺答列传下，呼和浩特：内蒙古大学出版社，2007年4月，第84页。

⑤ 薄音湖：《明代蒙古汉籍史料汇编》瞿九思·万历武功录（第4辑）卷八，俺答列传下，呼和浩特：内蒙古大学出版社，2007年4月，第94页。

⑥ 〔民国〕宋哲元等修《察哈尔省通志》卷二十三，执业编之二商业，民国24年（1935）铅印本。

“顺治元年，于堡西添设大境门，拨满洲兵驻防。凡京城奉差人员及外藩蒙古扎萨克、军营种地、坐台人等进出，俱照验兵部、理藩院及各该管大员勘合火牌印文，验明记档，由大境门放行。凡八家商人及民商人等前往喀尔喀、库伦、俄罗斯、恰克图及各蒙占地方贸易，出入俱验明理藩院印票并查验有无违禁货物，记档放行”①。修筑大境门主观是防御外敌入侵，但是在客观上促进了内地与蒙俄贸易的正常化，为中俄贸易打开方便之门。随着清政府对蒙俄贸易的开放，张家口出现了更多的“跑草地”做买卖的商人。他们沿着古驿站，由近及远，从南至北，横穿蒙古高原，直抵中俄边界恰克图。旅蒙商最初除了八大“皇商”外，大多只是一些驴驮、肩挑，历经艰辛的小商贩。他们与蒙民以物易物，用茶叶、布匹、瓷器、绸缎等生活用品换回皮张、绒毛和药材等。顺治和康熙年间（1644—1722），张家口大境门内外，店铺林立，商贾如云，骆驼成阵，骡马成群，迅速成为我国北方地区对外贸易的陆路商埠、旱码头，在蒙古人、俄国人眼里大境门已经成为张家口的象征，把张家口称为“KALGAN”（卡拉根），意思就是“大门”。雍正五年（1727）《中俄恰克图界约》签订，确定“中国允许不超过200人的俄国商队每三年到北京一次，免税进行贸易，两国以尼布楚和恰克图为常设边境贸易点，允许边民免税进行零星贸易”。乾隆十七年（1752）规定，恰克图、库伦等地商贩贩牛羊驼马，令由张家口进关纳税。乾隆二十年（1755），清政府禁止了俄罗斯商人直抵北京的通商贸易。光绪七年（1881）签订的中俄《改订陆路通商章程》进一步明文规定：“俄商在中国内地贩运土货回国，必须由三条制定路线行走，即张家口—恰克图，张家口—尼布楚，张家口—科布多—俄国。”一条从张家口出发，经库伦前往恰克图的国际商道正式形成了。张库（张家口至库伦）商道长约1400公里，延伸到恰克图达2150公里，这条穿越亚欧和中东的国际贸易运输线，每年都有数十万峰骆驼和牛羊日夜不停地行走，首尾相接，浩浩荡荡，从顺治元年（1644）修筑大境门，到民国初期蒙古独立，绵绵延延走过了近300年的历史。

当时，“跑草地”的商人们来自各地，有皇封御赐的八大皇商“山西帮”，有“直隶帮”，有旗人组成的“京帮”，有小本经营的“本地帮”等。他们采购了茶叶、绸缎、布匹、米面、纸张等，在春天时踏上漫漫商道。经过整个夏秋的行走奔波，在目的地与当地人交换回马、牛、羊、皮张、绒毛、药材等，或与俄国人交换回毛呢、毛毯、天鹅绒、银器等，直到秋冬季节才返回张家口。运回张家口的银制品被打铸成银元宝流通于市面，这就是中国历史上“口平银”的来历。商人们把不同的经营理念和文化习俗带进张家口，形成了“口商”商帮。“清初，张家口仅有10家从事蒙古贸易，雍正时增至90余家，乾隆后期约有190家，至嘉庆时（1820）达到230家，最繁荣时，年交易额达一万五千万两白银（口平银）”②，一些外国人也加入其中，张库大道的金融活动也呈现出多元化、国际化的特点，“民国12年（1923），张家口有钱庄和

① 〔清〕王者辅等修《宣化府志》卷十六《兵志下》，张家口市宣化区档案馆馆藏乾隆二十二年（1757）刻本，2012年5月重印本。

② 〔民国〕宋哲元等修《察哈尔省通志》卷二十三，执业编之二商业，民国24年（1935）铅印本。

票号42家，同时，英国、德国、意大利、美国、俄国、日本、荷兰等国洋行纷纷进入张家口，各国在张家口买卖的洋行有44家”①。这里人声鼎沸、肤色不同、语言各异，商铺鳞次栉比，张家口俨然成为一个国际大都市。

三 张库商道衰落

进入20世纪，由于工业革命的成功和科学技术的运用，使铁路和汽车在世界运输业中迅速发展。俄国西伯利亚铁路、中东铁路的修建和通车，对华贸易的中心逐渐由张库商道转移到东北一线。原来俄国从我国汉口购买的茶叶，一直依靠经张家口到恰克图的商路运输，而修建了中东铁路后，茶叶出口改为先从内地运往天津，然后经大连通过铁路运到俄国更为便捷。恰克图贸易路线受到威胁，北洋政府决定将张库商道升级改造为汽运公路。“民国7年（1918）4月，大成张库汽车有限公司（后被西北汽车转运局收购）在张库大道开始营业，张库公路成为中国第一条国际公路。民国8年（1919）初，张家口一带汽车运输行业已达20家，有汽车120多辆，当时载重汽车一般4天就可到库伦。皮毛、茶叶、绸缎等大量商品经张库大道进入蒙俄及东欧市场，蒙俄的木材、畜产品和其他商品也经张库大道进入中国内地市场。民国16年（1927），张家口的汽车商行发展到30家，汽车50余辆，张家口去库伦每位乘客票价（银圆）由开办时的150元猛涨到500元”②。一时间，蒙古高原呈现出汽车与畜力车并行，骆驼队和骡马帮杂处、喇叭声同铃铛声共鸣的景观。民国17年（1928）7月，蒙古不准中国汽车入境，并把驻乌兰巴托汽车站的中国人员全部遣返，中断汽车往来，张家口的汽车行纷纷倒闭。民国18年（1929），国民政府与苏联断交，蒙古也关闭中国的所有商号，“中国商业完全为外蒙政府没收，总计商务损失在一万万两以上，自是张库隔绝，张垣商务一落千丈”③，繁荣近3个世纪的张库大道终于走到了终点。

四 “张库商道”的现实意义

在国家深入推进“一带一路”发展战略和北京携手张家口举办2022年冬奥会背景下，揭开张家口的历史文化辉煌与价值，探讨张库大道对中华文明与世界文明的价值，深入发掘其历史底蕴和文化内涵具有多重意义与价值。一是能充分发挥地域历史文化资源优势，紧紧围绕国家发展战略谋发展。张库大道源于民间需求，以历史上的互市和贡市为基础，在明、清、民国政府的支持下，不同国家、不同民族共同筑成了一条国际贸易商品运输线，中国人自己设计和修建的第一条铁路，第一条国有（国际）公路都出现在张家口，这里成为东亚、中东、欧洲与中国腹地经济文化交流的重要口岸城市，在欧亚大陆丝绸之路上扮演了非常重要的角色。二是

① 〔民国〕宋哲元等修《察哈尔省通志》卷二十五，政事编之一财政，民国24年（1935）铅印本。

② 张家口市桥西区地方志编纂委员会：《张家口市桥西区志》，北京：九州出版社，2015年，第253页。

③ 〔民国〕宋哲元等修《察哈尔省通志》卷二十三，执业编之二，民国24年（1935）铅印本。

让丝绸之路精神成为世界合作共赢的精神财富，助推国家“一带一路”发展战略深化发展。回顾历史，看到先人们靠着坚忍不拔的意志，赶着牛羊骆驼，穿过戈壁沙漠，把中国的“上至丝绸茶叶，下至米面葱蒜”输往沿途各国，带去了文明和友好，赢得了各国人民的赞誉和喜爱。蹚出了我国北方连接中蒙俄的一条国际贸易商品运输线——张库商道，在这里诞生了传奇的晋商，成就了塞外的“皮都”，留下了和平合作、开放包容、互学互鉴、互利共赢的精神，见证了中国从陆路融入世界、参与全球化潮流的历史变迁。三是在国家“一带一路”发展战略中寻求最佳切入点，使张家口再次成为世界瞩目的国际城市。张库大道全盛时，张家口不仅被称为中国北方的上海、广州，还促进了乌兰巴托这座草原城市的形成，促进了沿线城市的经济发展。当时通过张库大道进行的中俄贸易甚至引起了马克思的注意，他的社论《俄国的对华贸易》中提到了以恰克图为中心的内地陆路贸易。今天，张家口面临三大历史机遇——京津冀协同发展、筹办承办冬奥会、建设国家可再生能源示范区，作为北方丝绸之路的必经之处，依托张库大道的历史传承，通过举办2022年冬奥会的机会，加快发展第三产业，让更多的人认识张家口、了解张家口，来这里休闲、养老、度假，重现繁华商业中心的辉煌，推进构建北京—莫斯科欧亚高速运输走廊，建设向北开放的重要窗口。

哈尔滨地方志文献所见对俄“一带一路”文化交流

李　龙（黑龙江省哈尔滨市地方志办公室）

提要：自习近平总书记提出建设“一带一路”战略构想以来，黑龙江积极跟进，打造“中蒙俄经济走廊”“龙江丝绸之路经济带”。尤其是国务院批复哈尔滨国家级新区以后，哈尔滨作为对俄合作的中心城市，在“一带一路”建设中担负着重要的使命，迎来了重要的发展机遇。哈尔滨地方志文献，记录着城市的方方面面，是哈尔滨“一带一路”发展的重要参考。从方志文献中，梳理出哈尔滨对俄罗斯文化交流的点点滴滴，有利于总结经验，挖掘城市内涵，促进更大规模的文化交流和经济合作，推动“一带一路”更好的向前发展。

关键词：“一带一路”　方志文献　对俄文化交流

丝绸之路和海上丝绸之路的发现与拓展，历史悠久、影响深远，在经济、文化等方面的交流，促进了沿线各国家更大的繁荣和发展。2013 年下半年，习近平总书记在出访有关国家先后提出建设“新丝绸之路经济带”和“21 世纪海上丝绸之路”的重大战略构想。是党中央应对全球形势深刻变化和我国发展面临的新形势、新任务、新要求，统筹国内、国际两个大局，在平等、互利的基础上，促进沿线各国经济合作，加强文明间的交流借鉴。

中央提出“一带一路”战略以来，黑龙江省委、省政府积极响应、主动跟进。2014 年 4 月，正式提出了构建“黑龙江陆海丝绸之路经济带”的总体设想。同年 12 月，制定了《“中蒙俄经济走廊”黑龙江陆海丝绸之路经济带建设规划》。而哈尔滨这座与俄交往历史悠久，区位、资源优势明显的对俄合作的中心城市，在黑龙江打造“中蒙俄经济走廊”“龙江丝绸之路经济带”的“一带一路”战略中，具有不可替代的作用。

从历史上看，哈尔滨是中东铁路的节点和枢纽城市，与俄在经济和文化上具有很深的渊源。1896 年，中俄两国签署《中俄密约》，沙俄攫取了在中国东北修筑铁路的权利。哈尔滨处在绥芬河、满洲里、大连三个战略城市的中心位置，又有松花江便于从水路运送资源，而且当时哈尔滨的开发并不充分，现有的村庄又可以为铁路建设提供一定保障，哈尔滨顺理成章地成为中东铁路节点和枢纽城市。随着中东铁路的修建，大批俄侨来到了哈尔滨，他们规划这座城市，在这座城市开办商业、文化、娱乐、宗教等设施，促进了经济发展，增进了文化交流，客观上为哈尔滨这座城市的发展带来了机遇。

从现实上看，哈尔滨是对俄合作的中心城市。哈尔滨是距俄罗斯远东地区最近的省会城市。2015 年 12 月 16 日，国务院批复同意设立哈尔滨新区，要求把哈尔滨新区建设成为中俄全面合作的重要承载区，哈尔滨新区成为我国唯一的以对俄合作为主题的国家级新区。从 2015 年起，哈尔滨加快了运输通道和旅游通道的建设，陆续开通哈欧国际货运班列和哈俄班列，开通了 12 条对俄客运和货运包机航线。哈长城市群和哈尔滨综合保税区的批复，都为对俄合作打下良好的基础。

经贸往来是文化交流的基础，而文化交流必将促进两国经贸更好的发展。回顾中俄两国“一带一路”的文化交流，就是寻找两国的文化渊源，用文化这根纽带，牵起两国美好的未来。韩士明[①]认为，哈尔滨与俄罗斯之间的关系可以分为三个阶段，第一阶段（1898—1926）为殖民关系；第二阶段（1945—1960）为支援关系；第三阶段（1989 年至今）为合作关系。文化交流受经济、政治、军事等的影响，也呈现了类似的规律。在殖民关系阶段，沙俄以扩张领土为目的，俄罗斯文化原原本本地来到了哈尔滨，文化交流上主要体现俄罗斯文化为对哈尔滨文化的影响。而在支援和合作关系阶段，中国自身获得了一定发展，逐渐体现为在平等合作基础上，文化的交流和相互渗透。

哈尔滨地方志文献，记录了哈尔滨这座城市的每一个侧面，内容丰富，客观简明。从中我们可以梳理一条中俄文化交流的主线，进而为“一带一路”战略服务。据《哈尔滨市志》[②]记载：“1898 年，中东铁路开工建设，大批修建铁路的俄国工程技术人员、管理人员和工人来到哈尔滨。同时，工商业从业人员、教员、医生、律师陆续到哈尔滨。1903 年 7 月 14 日，中东铁路全线通车时，到哈尔滨的俄国侨民已超过 2.3 万人。虽然由于战争、政治等原因，人数呈现波动，但至 1922 年，俄国（苏联）侨民最多达 15.5 万人。”随着中东铁路基础设施的建设和俄侨的大量涌入，哈尔滨与俄罗斯的文化交流日益频繁，进而影响了哈尔滨的文化进程。

一　建筑艺术文化交流

随着中东铁路的修建，俄侨将建筑艺术带到了哈尔滨，使哈尔滨的建筑样式多种多样，独具特色。这些建筑风格主要包括俄罗斯式建筑、新艺术式建筑、浪漫主义式建筑等。[③]

俄罗斯式建筑，造型别致，色彩明快，布局合理对称，装饰豪华典雅。搭配形态多样的庭院、凉亭、花厅、门斗、栏栅、雕花的门窗和檐板。巧妙利用砖块造型，形成凸凹丰富的墙体，别具一格，情调浪漫。南岗区马家沟河沿岸及道里区松花江畔、江北太阳岛等处多有分布，建于 1903 年的哈铁文化宫、1904 年的哈铁卫生学校、1928 年的车辆厂文化宫等都是俄罗

① 韩士明：《俄罗斯与哈尔滨的前世今生》，《哈尔滨市情活页》2016 年第 5 期。

② 《哈尔滨市志·外事志》第二篇外国侨民事务第一章外国侨民第一节外国侨民人口。

③ 《哈尔滨市志·建筑业志》第一篇建筑工程第六章建筑艺术。

斯式建筑。

新艺术式建筑，是19世纪末至20世纪初兴起于欧洲的建筑形式。1896年，新艺术式建筑从欧洲传入俄罗斯，并随中东铁路的修建传播到哈尔滨。这些建筑的特点是，形式上适应工业化的时代精神，摆脱了古典传统形式的束缚，手法简练，布局灵活，不强调对称，简化了外形和装饰，运用几何线模拟植物形态，给人一种生动、新颖、亲切的感受。俄罗斯建筑师在设计建造过程中，往往保留了一些俄罗斯建筑的特点。其中较典型的建筑有建于1904年的莫斯科商场（现省博物馆）、哈尔滨铁路局办公大楼、哈尔滨铁路局旅社等。

浪漫主义式建筑，20世纪初，许多建筑师受欧美浪漫主义思潮影响，开始在哈尔滨建筑具有俄罗斯特点的浪漫主义式建筑，并延续近30年的时间。其特点是：追求中世纪田园生活情趣或非凡趣味和异国情调，模仿中世纪的古堡建筑或哥特式建筑，给人以神秘、浪漫的气氛。特别是在建筑物利用风塔加上屋顶，使人易发奇想或思古幽情。其中较典型的建筑有建于1900年的铁路医院门诊部、1902年的红霞幼儿园、1910年的和平□宾馆一号楼、1922年的省社科联办公楼、1927年的铁路官邸等。

巴洛克式建筑，起源于17世纪文艺复兴后期的意大利罗马。其特征是在文艺复兴建筑艺术的基础上，追求新奇变幻，强调动态造型。其中较典型的建筑有建于1909年的现教育书店、1924年的现哈尔滨铁路公安局、1926年的现哈尔滨音乐厅等。

折中主义建筑，最典型的新古典主义建筑是犹太商人建于1909年的私人住宅（南岗区颐园街1号革命领袖活动纪念馆）。建于1928年原东省特区图书馆（东北烈士纪念馆）。这种建筑在哈尔滨延续时间较长，甚至在20世纪50年代仍被继续采用。建于1953年的哈尔滨建筑工程学院主楼、哈尔滨市工人文化宫等都是新古典主义的建筑。

二　饮食文化交流

俄侨的大量涌入使俄式的餐饮文化也随之来到了哈尔滨，本地饮食习惯发生了改变，也使哈尔滨饮食文化在全国独具特色。啤酒、俄式西餐、香肠、大列巴等深受哈尔滨人的喜爱，也成为哈尔滨的旅游名片。

哈尔滨是世界上著名的啤酒之都，啤酒消费量居世界第三位，仅次于德国的慕尼黑和法国的巴黎。哈尔滨啤酒厂，这个始建于1900年2月4日的中国第一家啤酒厂，前身是“乌卢布列夫斯基啤酒厂”，由俄商乌卢布列夫斯基在今南岗区花园街开办。1932年，由捷克人加夫列克和中国人李竹尘共营，改厂名为“哈尔滨啤酒厂”。从1988年，哈尔滨举办了首届国际啤酒博览会。近年，哈尔滨每年夏季都举办啤酒节，成为哈尔滨啤酒文化传播的有效载体。

中东铁路的修建，独具特色西餐馆也兴旺起来，仅中央大街两侧就有37家。现在，当我们漫步在繁华的中央大街，依然能看到华梅西餐厅、马迭尔餐厅、塔道斯等昔日著名的西餐馆。马迭儿餐厅是当时档次颇高的西餐厅，创办于1913年，厨师大都来自彼得堡和莫斯科王宫的家厨。除经营俄式大餐外，还经营法国、波兰等菜系，经常接待一些政经要员和社会名流。华梅西餐厅始建于1925年，初期称马尔斯西餐茶食店。经理为犹太人初基尔曼，专门经营西式的糖果、点心、冷饮等。1958年10月1日，公私合营华梅饭店和公私合营新明饭店合并，定名为华梅西餐厅。华梅西餐厅集哈尔滨俄式大菜之大成，品种繁多。现在，俄式西餐馆不光是本地人餐饮宴请的选择，也是外地游客到哈尔滨必尝的美味。

“大列巴”大面包是哈尔滨人的俗称，为典型的俄式主食，其中尤以直径25厘米、重2.5公斤的大圆面包最常见，故称“哈尔滨一大怪，面包像个大锅盖”。哈尔滨市的大面包以秋林公司生产的最为有名，它用啤酒花发酵，用桦木或椴木烘烤，有地道的高加索风味。因水分少，易于保存，可存放一周以上，一向被视为理想的旅游食品。

秋林红肠原名里道斯肠，系20世纪初由欧洲传入哈尔滨，在哈尔滨市场上已有近百年的历史。制作红肠，不仅选料精良，工艺尤需考究，严格遵守传统的操作规程，因而产品的色香味形始终保持欧式风格。红肠还有易于携带，口味绝佳，已成为旅游者的必备食品。

三　音乐文化交流

伴随着中东铁路的修筑，也将音乐艺术带到了哈尔滨。1898年，中东铁路开始修建，第一台竖式钢琴运到香坊区的“铁路俱乐部”，手风琴、口琴等也由中东铁路工程技术人员和工人带到了哈尔滨。1903年中东铁路的建成，哈尔滨的音乐活动日趋频繁。1908年，中东铁路管理局交响乐团成立，并在露天举行了首场交响音乐会。随着俄侨的不断增多，露天音乐会等形式已经很难满足俄侨的音乐文化需要，便开始建设剧场，商务俱乐部、中东铁路俱乐部、马迭尔剧场等10处剧场先后落成。1921年5月，在南岗大直街哈尔滨商务学堂内成立了第一高等音乐学校，1925年开办格拉祖诺夫高等音乐学校，先后开办了五六所规模较大的音乐学校。同时，歌剧、芭蕾舞等艺术形式也相继进入哈尔滨。许多苏俄著名的音乐艺术家到哈尔滨演出，如夏利亚宾、卢金等。使得哈尔滨成为远东地区音乐活动最为频繁的地区。虽然早期的音乐演出和教育只面对俄侨开放，但无疑使音乐这颗种子在哈市落地开花。1908年成立的中东铁路管理局交响乐团，是现在哈尔滨交响音乐团的前身，并且是中国最早的交响乐团。从1961年开始，至今共在哈尔滨举办了32届“哈尔滨之夏音乐会”，来自20多个国家的音乐团体，纷纷在这个舞台上进行演出。2010年6月22日，联合国授予哈尔滨“音乐之城”的称号。

四　教育文化交流

为了能使俄侨在哈尔滨也能接受俄国本土式的教育，也为中东铁路的修建积累人才，俄侨相继开办了中小学和高等教育学校①。这些学校的建立，也为日后哈尔滨的教育事业发展打下

---

① 《哈尔滨市志·教育志》第一篇基础教育第七章外侨教育。

了一定的基础。

1898年9月，在今哈尔滨香坊区开办第一所俄人铁路小学。1903年12月，又在道里河梁街43号开办一所俄国侨民小学。至1906年，俄国侨民共办25所俄侨小学、3所俄侨中学、5所职业学校。至1925年年末，俄国侨民办的学校共有69所。1946年哈尔滨市政府成立后，在哈尔滨市教育局内设有外侨教育科，接管了部分苏侨学校。中华人民共和国成立时，哈尔滨市共有外侨学校15所，其中中学6所、小学9所。

哈尔滨工业大学是一所历史悠久，享誉中外的理工科大学。它的前身是中俄工业专科学校，创办于1920年8月，是为中东铁路修建培养工程技术人才而开办的高等技术学校。学校开设“铁路建筑”“电气机械”两个科，本科学制5年，中国学生预科每班定额40名。首届3个班共招收103名学生，其中中国学生只有7名。1922年改校名为哈尔滨中俄工业大学。1928年10月改为“哈尔滨工业大学”。离开哈尔滨的俄籍校友，纷纷在世界各地成立校友会，如新西伯利亚哈尔滨协会，悉尼原哈尔滨工业大学校友会等，纪念和缅怀那段在哈尔滨的时光。

五　语言文化交流

现在哈尔滨还保留着很多俄语的痕迹。不少街道以沙俄人物和驻军种类命名，例如霍尔瓦特大街（今中山路和红军街）、果戈理街（奋斗路）、希尔科夫王爵街（今地段街）、炮队街（今通江街）、工兵路（今公滨路）、莫斯科兵营（今新民街）等。在日常用语上，哈尔滨依俄人习惯，称妇女穿的连衣裙为“布拉吉”，好称为“赫拉少”，市场称为“八杂市儿”等。企业名称上，如塔头斯（塔道斯餐厅）、马尔斯西（华梅西餐厅）、秋林、马迭儿宾馆等。在饮食上，面包饮料称为格瓦斯，香肠称为里道斯，大面包称为大列巴等。同时，许多汉语词也被纳入俄语中，糖葫芦、豆腐、粉条、麻将等，在俄语中都有相对应的俄语词汇。

当俄罗斯文化与哈尔滨文化不期而遇的时候，哈尔滨成为一个极具包容性的城市，交流的结果是俄罗斯文化深深地插入了哈尔滨的文化基因，在吸收俄罗斯文化养分知识的同时，又创造性地将其拓展和发扬，形成具有自有的文化品牌。

俄罗斯有句谚语：“是上帝让我们成为了邻居”。作为友好的邻邦，两国在经济上具有很强的互补性，在文化上又有很深的渊源，易于合作和相互认同。在“一带一路”倡导下，合作发展，对于两国都是一个难得的发展机遇。

在我国大力推动“一带一路”建设的背景下，应充分发挥地方志文献的作用。总结历史经验教训，为“一带一路”战略的实施提供有效的凭借和参考，起到资政的作用。发掘和塑造城市的文化内涵，为经济交往和文化交流提供“软实力”。积极收集、整理、研究“一带一路”发展资料，出版地情书籍，让两国人民可以系统地了解发展的状况，增进了解，促进交流。从而在“一带一路”的发展进程中，扬长避短，扬长克短，扬长补短，推动中俄“一带一路”顺利发展。

从方志文献看景德镇与“一带一路”文化交流

冯云龙（江西省景德镇市浮梁县史志档案局）

提要：历史上景德镇与“一带一路”文化交流是通过陶瓷贸易这一特殊平台进行的。本文以方志文献为依据，以地方文献和历史典籍为佐证，勾勒出景德镇陶瓷历史发展脉络，阐述景德镇与“一带一路”文化交流。

关键词：方志文献　景德镇　“一带一路”文化交流

引　言

（一）景德镇历史沿革

景德镇市位于江西省东北部，辖一县、一市（县级市）、两区，人口170余万。境域与安徽省接壤。春秋时因处吴楚之交，故有“吴头楚尾”之称。

道光《浮梁县志》载：“东晋立新平镇于昌南”，又称“陶侃擒江东寇于昌南，遂改昌南为新平镇”，距今约1600余年。由此可知，景德镇旧称昌南镇、新平镇。

北宋时期，昌南镇的瓷器得到宋真宗的赏识，便将昌南镇改名为景德镇，此名一直沿用至今。

景德镇自有史以来至中华人民共和国成立前夕均属浮梁县管辖。康熙《浮梁县志》“疆域”载：“景德镇属浮梁县兴西乡镇市都，至县里程二十一里。”1949年5月，人民政权建立后成立景德镇市人民政府，从浮梁县析出单独设立县级市，直隶赣东北行署。1953年6月，景德镇市升格为省辖市。1960年，浮梁县制撤销，县域成立两个工作区，直辖于景德镇市。

（二）景德镇方志文献种类

景德镇是举世闻名的瓷都。古往今来，研究景德镇陶瓷文化代不乏人，典藏于国内外图书馆、博物馆的景德镇方志文献与陶瓷文物更是随处可见。

景德镇地方文献

景德镇古代方志文献可分为两大部分。一是历代编修的《浮梁县志》。从宋代咸淳到清代同治600年间，浮梁县共有过14次县（州）志编修。现存康熙、乾隆、道光年间编的三个版本。据传，十多年前，有人在民间发现同治（1862—1874）版《浮梁县志》残本。二是含有浮梁内容的《江西省大志》《饶州府志》及毗邻地区的县志。此外，景德镇还拥有大量散见于各种史籍中的著述。代表性的有《宋会要辑稿》《明会典》《明实录》《清实录》《天工开物·陶埏》《陶记》《陶说》《陶冶图说》《景德镇陶录》等。这些文献形成的时间包括唐、宋、元、明、清、民国各个时期。它们记载和反映的是各个时期景德镇陶瓷历史、工艺、艺术成就和贸易等诸多信息，是景德镇陶瓷文化研究的重要文献，是我国珍贵的文化遗产和丰富的资料宝库。

（三）景德镇方志文献价值

笔者在整理、编研中发现，清代三个版本《浮梁县志》，既从宏观上把握，又从细微处入手，紧紧抓住了浮梁（景德镇）瓷、茶地域经济与文化特征，真实记录了景德镇陶瓷文化与“一带一路”文化的交流，对我们今天研究景德镇乃至于中国陶瓷文化以及“一带一路”文化都具有极其重要的文献价值。仔细研读这些方志文献，对实现习近平总书记提出建设“一带一路”的战略构想，对促进了景德镇陶瓷文化走向世界，提升景德镇陶瓷在国际上的吸引力和竞争力有着积极而深远的意义。

一　“新平治陶，始于汉世”：“新平陶路”与“丝绸之路”共生共荣

“‘丝绸之路’，亦称‘丝路’。古代以中国为始发点向亚洲中部、西部及非洲、欧洲等地

运送丝绸等物的交通道之总称”①。有的史书上则曰：“‘丝绸之路’就是由张骞通西域而开辟的由西汉长安通往中亚的运输线。这是世界上最古老的伟大公路之一。”②

无独有偶，位于中国汉代长江中下游的番郡，有一个名叫新平的偏远小镇，也在悄然开辟着另一条商道，那就是“新平陶路”。

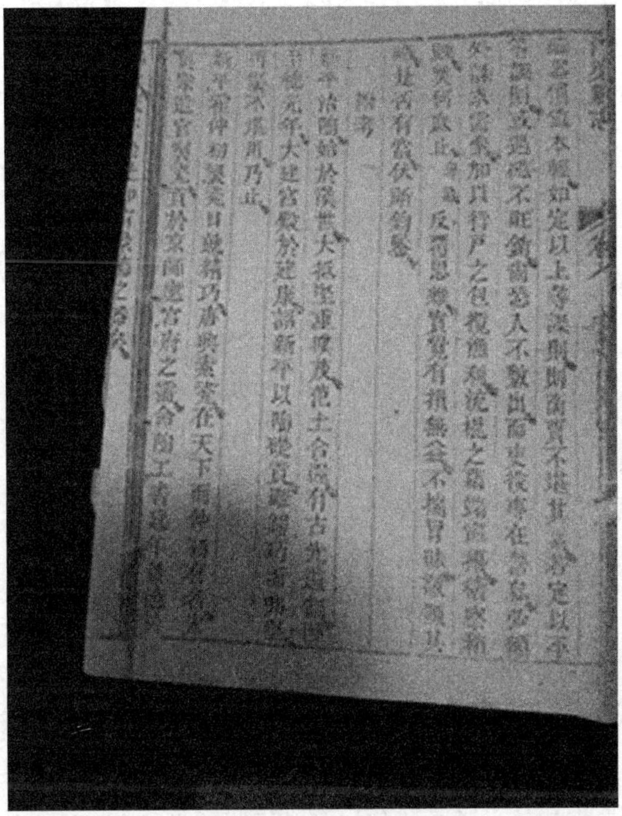
附考
新平治陶始於漢世大抵堅重樸茂

导光版《浮梁县志》关于“新平治陶，始于汉世”的记载

清乾隆《浮梁县志》卷十二“述旧”载：“新平治陶，始于汉世。”这是关于景德镇（新平）最早烧制瓷器时间的记载。它明白无误地告诉我们，景德镇制瓷开始于汉代。

成书于清乾隆年间的《南窑笔记》③ 则说：“其冶陶始于季汉。”这里，时间指向就更加具体了，就是说早在1世纪至2世纪时，景德镇就已烧制陶器。近年发现，离市区30公里的蛟潭有商周文化遗址，并有红褐色夹砂陶、软质和硬质泥质陶器。虽未考证出是何处造，但也说明市境内有陶历史之早。

---

① 《辞海》，上海：上海辞书出版社2010年，第3685页。

② 朱学勤主编：《中国通史》，上海：上海辞书出版社，2006年，第182页。

③ 《南窑笔记》，作者佚名，约成书于乾隆年间（1736—1795）。是清代有关景德镇窑瓷器业的札记著作。现仅存抄本，1911年被黄宾虹收入《美术丛书》。

对于景德镇在东汉晚期就开始制造陶瓷这样一种说法，陶瓷学术界也有不同的看法。有人认为景德镇在东汉没有生产瓷器，“新平冶陶”中的“陶”是指陶器，而非瓷器。提出这种观点的依据是目前景德镇还没有这方面的窑物，也没有遗迹遗址予以佐证。

然笔者认为，“新平冶陶”中的“陶”就是指瓷器。主要依据是：从考古发掘资料来看，在汉以前的新石器时代，景德镇境内已有人类活动。20世纪80年代，在浮梁江村乡沽演村发现古石器遗物，经进一步鉴定为新石器时代遗物。另据新编《浮梁县志》[①]载：“水家车文化遗址位于今王港乡水家村。该遗址发现的遗物有磨制石锛、陶器、残片等，还发现瓮罐葬及骸骨。”因此，东汉时期，景德镇具备了生产瓷器的条件。

对此，《中国陶瓷史》[②]有基本结论。书中指出：“瓷器是我国劳动人民的重大发之一，它出现于东汉时期，距今已有1800多年的历史。把瓷器出现的时间定在东汉，是有大量考古资料作为依据的，其中包括东汉晚期出土的瓷制品，而尤以江西为多。”这里所指江西并未指明江西的具体地方，笔者认为应该就是景德镇或“新平”。

笔者查阅景德镇有关陶瓷方面的史志类通书，发现大凡都把“陶瓷”或“瓷器”简称“陶”。比如《景德镇陶录》而不是“瓷录”，《陶记》而不是“瓷记”，《陶埏》而不是“瓷埏”，《陶冶图说》而不是“瓷冶图说”，“督陶官”而不是“督瓷官”等。因此，笔者以为“新平冶陶”的记述是可信的。景德镇陶瓷之路与“丝绸之路”是孪生兄弟。它们共生共荣，共同发展，共同把中华民族优秀文化传播到世界各地，是偶然，也是必然。

二 “陶玉载瓷入关”：“新平陶路”与“丝绸之路”大交汇

唐代，景德镇制瓷技巧相当精进，关于它的史料记载，方志文献就多了起来。

清乾隆四十八年（1783）《浮梁县志》卷十二“述旧”载：“武德四年，有民陶玉者载瓷入关中，称为假玉器，献于朝廷。于是诏仲初等暨玉制器进御。”

清道光《浮梁县志》卷八“食货·陶政·陶厂”载：“武德四年，里人陶玉献假玉器，由是置务。”该部分“附考”中又载：“新平霍仲初制瓷日就精巧，唐兴素瓷，在天下而仲初有名。”

清人蓝浦在其撰写的《景德镇陶录》卷五“历代窑考”中记载：“陶窑，唐初器也，土惟白壤，体稍薄，色素润。镇钟秀里人陶氏所烧造。”

“上述记载表明，景德镇唐初的陶瓷与霍窑产品，‘质薄、色素、莹缜如玉，有假玉器’之称。但窑址在什么地方，尚有待于将来的发现”[③]。

陶玉、霍仲初是景德镇唐代两位杰出陶艺家。

---

① 冯云龙主编：《浮梁县志》，北京：方志出版社，1999年。

② 冯先铭等主编：《中国陶瓷史》，上海：上海古籍出版社，2001年，第358页。

③ 冯先铭等主编：《中国陶瓷史》，上海：上海古籍出版社，2001年，第358页。

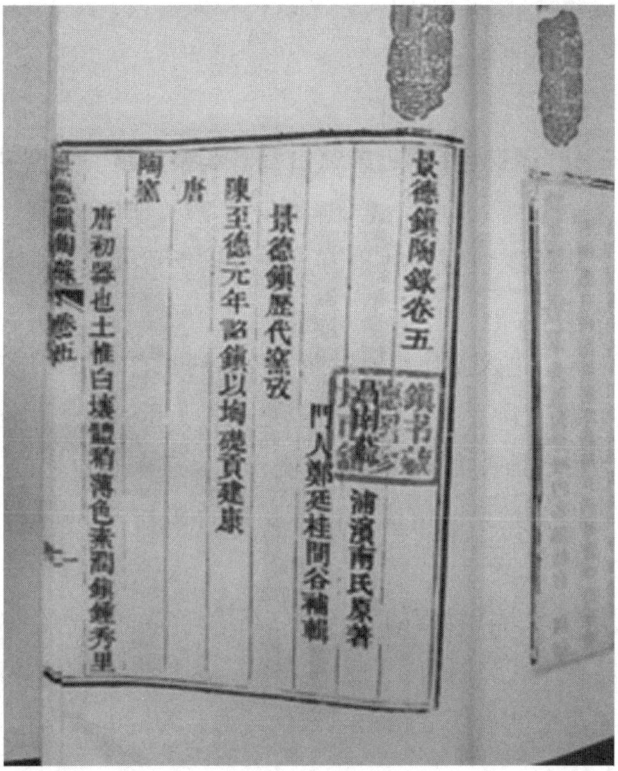
景德鎮陶錄卷五

浦濱南氏原著
門人鄭廷桂問谷補輯

景德鎮歷代窯攷

陳至德元年詔鎮以埏埴貢建康

唐

陶窯　唐初器也土惟白壤體稍薄色素潤鎮鍾秀里

《景德镇陶录》关于陶窑的记载

陶玉，新平镇钟秀里人。相传，陶家历来烧制陶瓷，陶玉从小就受到熏陶，对烧造陶瓷器特别感兴趣。加之他聪明伶俐，善于钻研，又不怕吃苦，也就学得一手好技术。同时他很谦逊，从不满足已有成绩，常常在配料、制造、烧炼方面针对缺点加以改进，因此造出来的瓷器颇是精巧。后人描绘他的瓷器是“土惟白壤，体稍薄，色素润”。陶玉造的瓷器得到人们的赞赏，远销关中平原。那时长安城是全国政治、经济、文化活动中心。陶玉到了长安，将自己烧造的瓷器寄在邸店代僻，并就地询问行情，借以等候结果。果然，有人来查看陶玉所造瓷器的成色，仔细一看就说：“这瓷器好，颜色素润，简直就是‘假玉器’。”随即购买一批而去。当时只说是饶州昌江之南的新平镇所产的瓷。久而久之，人们用昌南代替了新平。后来将其贡献给皇朝，也获得好评。这样，昌南的瓷器就出了名。因为瓷器是陶氏所造，人们就把陶氏所烧造瓷器的窑叫作“陶窑”。

霍仲初，也是新平镇人，住东山里。他为人朴实，家中也比较富裕，是烧、做两行都很精通的制瓷能手，在镇中颇有声望。他烧制的瓷器有独特之处，后人的评价是：“霍窑，瓷色亦素，土增腻，质薄，佳者莹缜如玉。”自从陶玉瓷器成功闯进关中后，朝廷对昌南镇瓷颇为喜欢，在得知来源后，武德四年（621），也是新平县置县那一年，朝廷便下诏令霍仲初等人专为宫廷烧造御瓷，同样获得好评，“霍窑”从此名闻天下。

随着陶玉、霍仲初运瓷直京，景德镇陶瓷又以长安为起点，踏上了新的征程。景德镇陶瓷之路从此与“丝绸之路”结下不解之缘。

三　“景德巨镇”：宋青白瓷“丝绸之路”占鳌头

道光《浮梁县志》卷首“序一”：“浮梁居饶之上游，地广土沃，景淑气清，景德屹然一巨镇。陶器之利遍天下，聚而工贾者常数十万人，故浮梁称望邑。”从昌南小镇到江南巨镇，它的每一步都与陶瓷发展有关。

中国的陶瓷业到了宋代，进入蓬勃发展时期。汝、钧、官、哥、定五大名窑形成了一个百花争艳的局面。也就在此时，景德镇在林立名窑之中，另辟蹊径，独创青白瓷。这种瓷以灵巧、典雅、秀丽而著称。青白釉青中显白，白中泛青，介乎于青白之间，有冰肌玉骨之誉，艺术价值极高。可以说，青白瓷是景德镇成为世界瓷都的起点，并在群窑竞争中日显优势，在“丝绸之路”上独占鳌头。

2007 年，笔者在兰州甘肃省博物馆的“丝绸之路”馆中，有幸欣赏到了一幅在敦煌附近出土的瓷器照片。它是景德镇宋代烧制的青白瓷葵口碗。这种瓷器质地甚薄，釉色如玉，是宋代景德镇青白瓷的代表作，也是“丝绸之路”上宋代景德镇陶瓷的杰出代表。

宋景德镇影青蔡口碗

关于景德镇得名时间，道光《浮梁县志》卷八“食货·陶政”是这样记载的：“宋景德中始置镇，因名。置监镇一员，以奉御董造。”这条资料透出两条信息：一是景德镇始建于宋景德年间。二是朝廷将其作为特殊机构，继续派驻行政官员。只是将唐代所置之“务”改为“监镇”而已。宋景德年号有四年，即1004—1008年。那么，景德置镇究竟是哪一年呢？原景德镇地方志办公室主任林景梧查《宋会要辑稿·方域》后才找到答案。该书载：“江南东路饶州浮梁县景德镇，景德元年置。”景德元年即1004年。这条重要的史料，成为景德镇市政府2004年举办千年庆典时的重要依据。

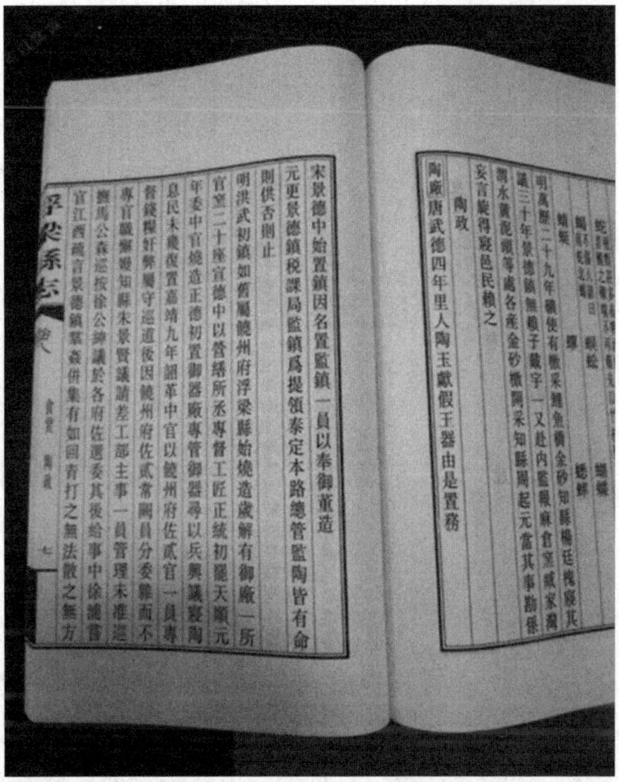

《景德镇陶录》关于“景德年制”的记载

关于得名的缘由，学界有两种说法：一是底款说。乾隆四十八年（1783）刻本《浮梁县志》云：宋真宗遣官制瓷贡于京，即应官府之需命陶工书“建年景德于器底”。又见嘉庆年间《景德镇陶录》在“历代窑考·景德窑”中说：“真宗命进御瓷器，底书‘景德镇制’四字，其器尤光致茂美”，故名之。二是诏谕说，即由皇帝下诏而定名，但至今未发现有可靠文字记载。这可能是后人据《陶录》所载而推论的，因此我们不宜妄从。不过景德镇能以皇帝的年号命名，这在全国也是凤毛麟角之事，应该说这也算是一种殊荣。

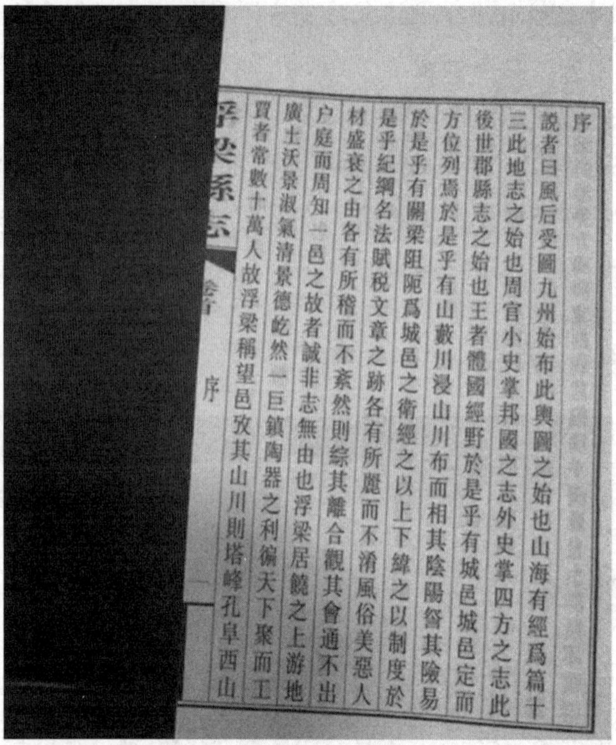
序
說者曰風后受圖九州始布此輿圖之始也山海有經爲篇十
三此地志之始也周官小史掌邦國之志外史掌四方之志此
後世郡縣志之始也王者體國經野於是乎有城邑城邑定而
方位列焉於是乎有山藪川浸山川布而相其陰陽審其險易
於是乎有關梁阻阨爲城邑之衛經之以上下緯之以制度於
是乎紀綱名法賦稅文章之跡各有所麗而不淆風俗美惡人
材盛衰之由各有所稽而不紊然則綜其離合觀其會通不出
户庭而周知一邑之故者誠非志無由也浮梁居饒之上游地
廣土沃景淑氣清景德屹然一巨鎮陶器之利徧天下聚而工
賈者常數十萬人故浮梁稱望邑攷其山川則塔峰孔阜西山

《浮梁县志》关于江南拒镇的记载

四 “岁无定样”：元青花开启“丝绸之路”订单模式

景德镇瓷业发展到元代，工艺上出现划时代的变革。继宋代创烧青白瓷后，在短短的一个世纪里，又成功创烧具有高侣氧成分的白瓷、青花瓷、釉里红、青花釉里红等新品种，从而把景德镇推向遥遥领先的地位。然而这些成就的取得，与朝廷的一大举措密不可分。

元代朝廷在景德镇第一次设立了行政管理机构——瓷局。“浮梁瓷局，秩正九品，至元十五年（1278）立。掌烧造瓷器，并漆造马尾、棕藤、笠帽等事。大使、副使各一员”①。从名称上看，它是以浮梁地方命名，又名为瓷局，可见它是以瓷为主的。这是自古代至元全国唯一的瓷局，对景德镇的瓷业发展起了很大的促进作用。

浮梁瓷局建立后，建有专烧御器的枢府窑。枢府瓷又称卵白釉——釉呈失透状，色白微青，好似鹅卵色泽，故名，这是专门为元代朝廷和军事机关枢密院订烧的高档瓷器。在此带动下，景德镇民窑也增多，产量剧增，其时，突出的成就是采用“二元配方”和生产青花、釉里红瓷器，加上印花、画花、雕花等技巧，出现了陶瓷呈色丰富多彩的局面。

元代海外贸易比较发达，青花瓷器沿着“丝绸之路”大量销往西域伊斯兰教区，其青花瓷器具有典型的伊斯兰器形和图案风格。青花瓷器呈色鲜艳，制作工整，画工精细。瓶、罐有作

① 见《元史·百官四·将作院》。

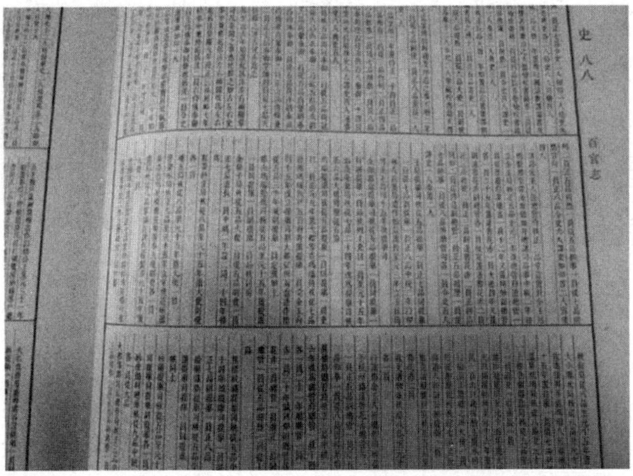

《元史》关于设立浮梁瓷局的记载

八棱、六棱，有的器型带盖，盘子出现菱花口、圆口、折沿。装饰风格层次多、器画满，主次分明，浑为一体。纹饰分主纹和辅纹两类，瓶、罐的腹部和盘心为主要纹饰，有动植物题材和杂宝、人物故事等。其他为辅助纹饰，有火焰、回纹、八宝、吉祥等，具有蒙藏藏传佛教鲜明的文化艺术风格。元青花深受藏传佛教的影响，它的装饰艺术有着其所处的社会历史背景的深深印痕，并逐步形成了中华民族特有的艺术风韵。

元代，景德镇的青花瓷已较多地销往阿拉伯地区。历代瓷商皆视瓷器如珍宝。将沉重易损的瓷器，从内地运至边境，再经新疆进入中亚细亚的沙漠和草原，然后翻山越岭到波斯，再到地中海实在不易。相传，古人包装运瓷有一套妙法：购买瓷器以后，即先将每一器物纳入沙土及少许豆麦，重叠数十个扎牢缚成一片，置于湿地，然后往上洒水，使豆麦生芽缠绕胶固。装载时，还要从车上试扔数番，坚韧如故者才载运。因而，虽陆行万里，却安然无恙，其价也比平常加十倍。这些生动的纪实，使我们的眼前似乎浮现一幅西域交通图，耳边仿佛响起从沙漠中传来的驼铃声，与山道上发出的车吱声，合奏出丝路运瓷的艰辛曲。

在印度尼西亚、菲律宾等东南亚地区出土的元青花，则以水注、水滴、小罐、小碗等小件器为常见，小件器的高度多数在 5～7 厘米左右，小罐有洋桃果实的式样，还有枢府式折腰碗、军持及小船模型等，而这类小件器在其他地方则极为罕见，这是由于不同地域不同生活习惯的需要。这说明“元代景德镇则根据销售地区风俗需求制作出不同类型的外销瓷”[①]。

“明崇祯八年（1635），荷兰商人第一次将欧洲人在日常生活中所使用的宽边午餐碟、水罐、芥末罐、洗脸盆等，做成木制的模型，为的是避免海运途中损坏，带到广州，让中国的瓷器匠师们模仿生产。四年后试制出首批样品运往荷兰。耗时如此之长，一定是在景德镇试制完成的。以后，景德镇从广州辗转接到大量外商的订单……这些精美的外销瓷，在景德镇打好包

① 冯先铭主编：《中国陶瓷》，上海：上海古籍出版社，2001 年，第 467 页。

装船，过鄱阳湖，溯赣江而上。水路后再翻越江西、广东交界处大庾岭上的梅岭古道，挑夫们在崎岖的山路上艰辛地跋涉，经南雄后再上水路，顺北江而下，到达广州。”①

清代外销瓷有相当一部分是按照订货合同，根据国内外市场的需要而特地生产的，特别是欧洲市场，《景德镇陶录》云：“洋器，专售外洋者，商多粤东人，贩去与洋鬼子载市，式多奇巧，岁无定样。”所谓“岁无定样”，也就是每生产的种类、造型、装饰都要根据欧洲市场的不同需要而特制。

由此看来，景德镇陶瓷对外销售模式乃起于元，盛于清了。

五　“业陶都会”：明代“丝路”陶瓷精品迭出

“中华向号瓷之国，瓷业高峰是此都。”1965 年 6 月 6 日，郭沫若访景德镇时欣然题下了这样的诗句。

那么，景德镇作为“瓷都”一说始于何时，这是人们比较关心的问题。

饶州通判、署浮梁知县陈淯在康熙《浮梁县志》卷一“序”中云：“景德一镇，则又县南大都会也，业陶者在焉，贸陶者在焉，海内受陶之用，殖陶之利，舟车云屯，商贾电骛，五方杂处，百货俱陈，熙熙乎称盛观矣！”这是笔者所见县志中最早的关于景德镇“都会”的记载。

浮梁縣志　卷首

興建沿革之由以及高賢名宦忠孝節義嘉言懿行逸士方技
之類俗有異尚化雖不閒太史采之以登於王王拜受之藏諸
秘閣以備選擇若夫郡邑之志固方輿所記載里閈所編輯網
大周詳非史匹也然志之所傳述則皆史之所權輿也志顧不
重乎哉我
皇上御極之十有一年誕敷文治纂修天下通志維時諸憲臺
恪遵
功令檄下屬邑延緡紳耆彥校讎纂輯固已燦然具舉矣獨是
饒爲江右巨郡郡轄七邑而浮處萬山之中提封百里人物
厚禮教聿興景德一鎮則又縣南大都會也業陶者在焉貿
者在焉海內受陶之用殖陶之利舟車雲屯商賈電鶩五方雜
處百貨俱陳熙熙乎稱盛觀矣任斯地者取成憲而寓目焉無
不瞭若指掌東郡王公以石渠之才掞蘭臺之筆詳搜博采考
證成帙綱舉目張燦如列眉已告竣於癸丑之秋厥功偉已無
何

道光版《浮梁县志》关于瓷都的记载

---

① 胡平著：《瓷上中国》，北京：二十一世纪出版社，2014 年。

雍正六年（1728），督陶官唐英在回顾景德镇的盛况时，也曾说：“其人居之稠密，商贾之喧阗，市井之错综，物类之荟萃，几与通都大邑。”① 陈育、唐英二人，都在当地为官，他二人对景德镇的描述，应是可信的。

关于景德镇作为都会的说法，除了上述官人、官书上有所反映外，民间宗谱也有所记载。《唐原李氏家谱》载，李德远，在绍兴年间因“有志于景德镇陶业”，以“景德镇为业陶都会”，遂“迁于镇市之老关帝庙下而居焉”②。

在中国陶瓷发展史上，如果说，两宋时期名窑遍布全国，品种繁多，且都有各自的市场，形成了一个百花争艳的态势，那么，经由元代的过渡，明代变成了几乎由景德镇一花独放的局面。虽然还有一些产地在制造各类不同的瓷器，然而在质和量上都无法和景德镇的制品抗衡。到明代中期以后，景德镇得的瓷器几乎占据了全国的主要市场，而高质量瓷器的独占者——所用的瓷制品，也几乎主要由景德镇供应。真正代表了时代特征的是景德镇瓷器。

“景德镇在明代成为中国的瓷都，除了有其特殊的历史条件和有利的地理环境外，明朝宫廷在当地设立御器厂，承担了为宫廷、皇室提供最优质瓷器的任务，也具有重要的作用，御器厂设置以后，为了满足宫廷需要，便不惜代价，向高精度发展，促使景德镇的制瓷业不断扩大新品种，提高产品质量，从而也带动了民窑的进一步发展”③。

明代，景德镇已成为全国产瓷中心。宋应星《天工开物》载：“若夫中华四裔，驰名猎取者，皆饶郡浮梁景德镇之产也。”明王世懋说，“有明一代，至精至美之瓷，莫不出于景德镇”。当时，景德镇的瓷业生产分官窑、民窑两种，并在景德镇设立御器厂，烧造御器，每年解京供用。御器厂有窑 20 座，以后逐年增加，最多达 80 座。所产御瓷十分精美，并冠以帝王年号，如“大明成化年制”或“成化年制”，其中明成化官窑被誉为历代官窑之冠，所产瓷器被视为拱璧。民窑生产的产品有粗瓷、细瓷。粗瓷供应广大群众；细瓷除供宫廷和中上层地主用瓷外，还大量运销国外。制瓷人员人数已达 10 万人。据考古发现，现在的湖田、观音阁一带是当时民窑集中的地区，瓷业生产出现“官民竞争”的繁荣局面。

六　“行于九域，施及外洋”：清代景瓷耀“丝路”

“清前期康熙、雍正、乾隆三朝堪称盛世，瓷器生产在工艺技术和产量上都达到了历史的高峰，这有四方面的因素：清代外销欧洲瓷器的数量是十分巨大的，当时的外销瓷都是按照国外指定的器形、图案装饰及釉色、彩色进行制作的，这对民窑制瓷技术的提高无疑有着很大的促进作用”④。

---

① 见道光《浮梁县志》卷一“旧序”。

② 林景梧等编著：《中国历史文化名城景德镇》，北京：中国建筑工业出版社，1989 年，第 9 页。

③ 冯先铭主编：《中国陶瓷》，上海：上海古籍出版社，2001 年。

④ 冯先铭主编：《中国陶瓷》，上海：上海古籍出版社，2001 年，第 540 页。

道光《浮梁县志》卷一“旧序”载：“景德镇陶器行九域，施及外洋，利济天下。”作者是时任知县的沈嘉征。这条信息告诉我们，其时景德镇瓷器贸易已经达到了立足全国、遍布世界、惠及天下的地步。

景德镇方志文献中对历代景德镇陶瓷国内贸易的记载很多。如：康熙《浮梁县志》“风俗”录有宋邑人汪肩吾的《昌江风土记》，其中有这样的记载：“自行就荆湘吴越间，为国家利。”蒋祈《陶记》[①] 也载：“浙之东西，器尚青白。”“盘之马蹄、槟榔；盂之莲花，耍角；碗、碟之绣花、银绣、蒲唇、弄弦之类，此江、浙、福建之所利。……两淮所宜，大率皆江广闽浙澄泽之余。”这些记载，说明宋元时期，景德镇瓷器已在华东华中、华南地区广为销售。景德镇销往西南各地瓷器中，主要品种有宋代影青瓷和元代的青花、枢府瓷。

由于景德镇瓷器具有雅俗共赏的特色，因而销售范围很广。明布政使王宗沐在《江西大志·陶书》中，记载明末景德镇瓷器销售的情景是：“他如花草、人物、禽兽、山川、屏瓶盆盎之观，不可胜计。其所被自燕云而北，南交趾，东际海，西被蜀，无所不至，皆取于景德镇，而商贾往往以是牟大利。”

“中华四裔驰名猎取者，皆饶郡浮梁景德镇之产也。合并数郡，不敌江西饶郡产”[②]。古代景德镇之瓷器，同苏杭之丝绸、温州之漆器相媲美，成为丝绸之路所聚之重要商品。

景德镇方志文献中对历代景德镇陶瓷国际贸易的记载也不少。如：

唐代，中国瓷器通过民间贸易，在东南亚市场广为出现。宋王朝建立后，注重对外贸易，实施“来远人、通远物”的商业政策，并专门设立管理弱外贸易的机构。太祖开宝四年（971）在广州设立市舶司，稍后又在杭州、明州设立市舶司，哲宗元祐二年（1087）再在泉州设立市舶司。此外，还设立不少港口，遣派使臣开拓海外至易，奖励海外贸易，开辟海航，海外贸易大为扩展，促使制瓷业蓬勃发展。特别是景德镇独创青白瓷（影青瓷）器之后，地位空前提高，销路愈来愈广。据南宋赵汝适在《诸蕃志》中介绍，中国瓷器已销往30多个国家和地区，并特别记述番商不惜重价作“青白瓷交易”。宋代，景德镇瓷器出口的国家有日本、朝鲜、菲律宾、马来西亚、巴勒斯坦等，尤其是日本青白瓷出土地点，就有40个县以上，朝鲜则遍及南北各地。

海外市场近年在印度托古拉古宫殿也出土了一批大件器。此外，菲律宾、印度尼西亚和日本等国也都有元青花瓷出土。说明这类青花瓷应是元代输出的外销瓷。成书于元至正九年（1349）的汪大渊《岛胰志略》，记载了作者自1330年起至1339年止数度远航南洋诸国的实况，其中记述的很多国家贸易品中有青花瓷器（青白花瓷）[③]。

《江西通志》曾有“南至交趾，所需器皆取于景德镇”的记载。

---

① 蒋祈：《陶记》，见道光《浮梁县志》“食货·陶政”。

② 见宋应星在《天工开物·陶埏》。

③ 冯先铭主编：《中国陶瓷》，上海：上海古籍出版社，2001年，第540页。

民国8年（1919）出版的《景德镇陶业纪事》一书曾记道：“粤省与洋商接近，所销瓷器均须上品。”

以上史料说明，无论是陆上“丝绸之路”，还是海上“丝绸之路”，到处都留下了景德镇陶瓷的倩影。

七 景德镇：海上“丝绸之路”之起点

（一）海上丝绸之路缘起

“通常认为，丝绸之路可以分为两类（陆上丝绸之路、海上丝绸之路）。……海上丝路开辟的时间晚于陆路，繁荣于中世纪以降，始于中国沿海地区”①。它和陆上丝绸之路一样，也是我国对外贸易的重要通道。

（二）“海上丝绸之路”的瓷器贸易

两宋时期，朝廷实行“来远人，通远物”的商业政策，奖励外贸，不遗余力。广州、泉州均设置市舶司。景德镇瓷器，主要经过这两大商港，通达海外大小五十余国。据说荷兰、葡萄牙商人最早贩运瓷器到欧洲时，卖价几乎与黄金重量相等，由此可见当时景德镇瓷器的珍贵程度。广州、泉州向被以为是海上丝绸之路的起点，其实，景德镇才是海上“丝绸之路”真正的源头。

《景德镇陶录》“镇器原起”载：“洋器，专售外洋者，商多粤东人，贩去与洋鬼子载市，式多奇巧，岁无定样。”

有资料记录了当时船运情形。宋代朱彧《萍洲可谈》记停泊广州的外国商船：“海舶大者数百人，小者百余人，以巨商为纲首。……舶船深阔各数十丈，商人分占贮货，人得数尺许，下以贮货，夜卧其上。货多陶器，大小相套，无少隙地……”

元朝统一中国后，向海外传谕：“往来互市市，各从所欲。”并在上海浦口设立市舶司，景德镇瓷器可以沿昌江、鄱阳湖，转长江，达上海，比宋代转泉州、广州方便，对景德镇发展外贸极为有利。据《中国伟大的发明——陶瓷》一书介绍：意大利人马可·波罗在《马可·波罗行纪》中记载：“元朝远销瓷器以景德镇瓷器为主。”根据元代汪大渊《夷岛志略》的记载，景德镇生产的青白釉瓷器，以贸易方式输出，所到地区有：琉球、三岛、古城、彭坑、古艺丹、罗罩、东津、爪哇、日港、班率、天竺、文老古、班丈里、甘理里等。上述地区，分别属于今日的日本、菲律宾、印度、越南、印度尼西亚、泰国等东南亚国家。另一方面，从打捞出中国沉船中的瓷器和出土器物证明，元代瓷器出口数最多，贸易多达1976～1977件，在韩国新

① 《辞海》，上海：上海辞书出版社，2010年，第3685页。

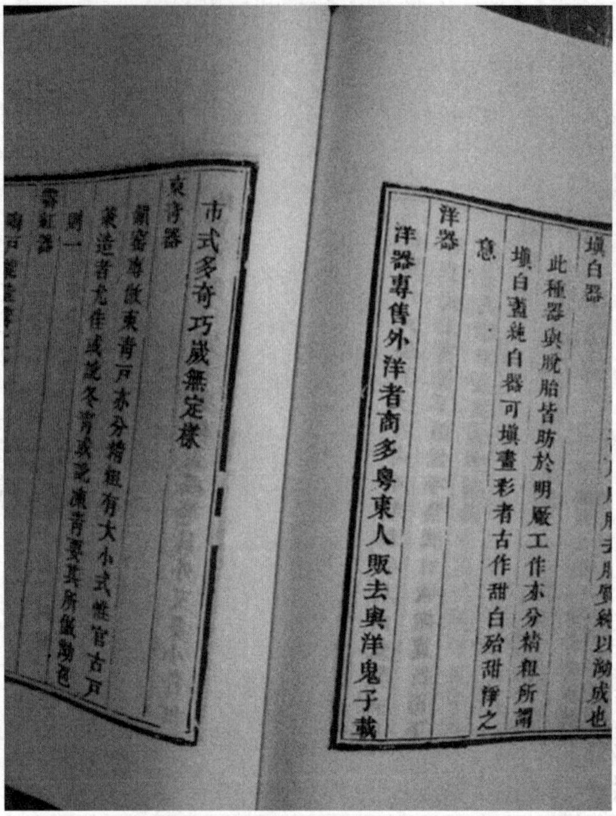

填白器
此種器與脫胎皆昉於明厰工作亦分精粗所謂填白盖純白器可塡畫彩者古作甜白殆甜淨之意
洋器
洋器專售外洋者商多粤東人販去與洋鬼子載

市式多奇巧歲無定樣
東青器
鎮窑專倣東青戶亦分精粗有大小式惟官古戶兼造者尤佳或號冬青或號湊青要其所倣勒色則一
霽紅器

《景德镇陶录》关于“洋器”的记载

安海底打捞出中国沉船，经专家考证，这艘沉船是由中国往日本的贸易商船，时间约在元代至元（1264—1294）、泰定年间（1324—1328），共打捞出瓷器646件，其中景德镇生产的影青瓷和卵白釉瓷（枢府瓷）有2283件。同时，从东南亚菲律宾、马来西亚和印度尼西亚等地出土器物中，大量发现元代景德镇输出的青白瓷和卵白釉瓷其中还有菲律宾在景德镇定做的瓷器。

清代早期，因战乱关系，景德镇瓷器外销贸易曾一度受到影响。康熙二十三年（1684）海禁开放之后，浙江、福建、广东一带沿海地区船只纷纷出海贸易，瓷器便大规模地外销。东南亚的爪哇、苏门答腊等地，皆是景德镇瓷器的重要市场。清代末期，从《江西通志稿》所载数字亦可看出景瓷出口量多。咸丰十一年（1861）输出量9848担，同治三年（1864）输出量46178担，这些江西瓷器中主要就是景德镇瓷器，出口市场，主要就是东南亚。民国时期出口量也较大，最高年有789000担，最低年63587担，销往地区大多是东南亚市场。

史籍记载：“自清初至鸦片战争，中国瓷器不仅保持了明代在东南亚的市场。北方沙俄帝国也曾在我国定烧各种瓷器，美洲、非洲、澳洲各国都通过各种渠道购买中国瓷器。”① 清末和民国时期，大洋洲国家和地区所需瓷器，皆系通过美洲、南亚和欧洲等地转销。

① 中国硅酸盐学会主编：《中国陶瓷史》，北京：文物出版社，1982年。

明代航海家郑和七下西洋时，带去大批中国丝绸和瓷器，赏赐海外诸国，发展了外交关系和贸易往来，为海上丝绸之路涂上了浓墨重彩的一笔。

无数史料表明，在中国的陶瓷贸易史上，无论是出口的数量、品种，还是出口国家、地区，景德镇都可以说是起点和源头。

八　从“高岭”到“kaolin”：景德镇与“一带一路”文化的直接对话

高岭原是个山名。它位于浮梁县东北，距县城40余公里。

清乾隆《浮梁县志》卷三“山川”载：“高岭在县东七十里仁寿都，地连婺源石城山，险峻特甚。”后来，由于在这里发现了一种能烧造瓷器的上等土，于是人们就把这种土称之为高岭土。

望奇绝
高嶺在縣東七十里仁壽都地連婺源石城山險峻特甚黃巢
之亂鄉民保之有黃梅寨走馬臺雙井泉元末于光將李昌立
寨守此通志謂之高嶺洞
桂榜山在縣南五里郭家洲對岸舊占每大比年以是山崩之
多寡驗得隼之數云
秀嶺山在縣南二十五里下義合都中有玉女祠旱禱多應
雙尖山在下義合都兩峯對峙爲東南屏障高百丈綜周圍十
五里

道光《浮梁县志》关于“高岭”的记载

“高岭土，亦称‘高岭石黏土’，俗称‘瓷土’，是一种以高岭石为主要矿物成分的黏土。因发现于中国江西景德镇附近的高岭村而得名，具可塑性和粘结性、高耐火度、良好的绝缘性和化学稳定性，是湿热气候条件下，由富含铝硅酸盐矿物（主要是长石）的岩石风化而成，也可由热液蚀变或表生沉积作用形成。是陶瓷工业的重要原料，也作为塑料、橡胶、造纸等工业的填料和建筑涂料”①。

① 见《辞海》第1179页。

（一）高岭土引进瓷胎的意义

“高岭土引进瓷胎的意义主要有以下四点：扩大了瓷石的使用面：高岭土引进瓷胎之后，提高了瓷胎的耐火度，使过去无法利用的蕴藏量巨大的中下层瓷石得以使用。减少制品变形：高岭土由于含三氧化二铝约35%，掺进瓷石制胎，能提高瓷胎中的铝氧，使制品的烧成范围增宽，减少变形，从而提高了成品率。降低了瓷器的成本：瓷石为石质原料，采掘困难且需经长时间的粉碎才能使用；而高岭土为土质原料，仅需淘洗即可使用。改善了瓷器的物理性能：在瓷石中掺以高岭土制胎，景德镇瓷器从此开始由低火度的软质瓷逐渐变成高火度的硬质瓷”①。由于高岭土的引进，化解了景德镇南宋瓷业上层原料枯竭的危机，并开始了再度繁荣。

（二）最早介绍高岭土特性的人

最早介绍高岭土特性的人是明代宋应星。他的《天工开物·陶埏·白瓷》在记述景德镇瓷胎原料及配方时谓：“土出婺源、祁门两山。一名高粱山，出粳米土，其性坚硬；一名开化山，出糯米土，其性粢软。两土和合，瓷器方成。”应当指出的是，这部享誉世界的科普名著，在这短短的记述中却出现了两处错误。一是高岭山错写成“高粱山”，系景德镇方言所误。另一处则是该土不是出自婺源地界，而是出自浮梁与婺源交界浮梁一侧。随着《天工开物》这部科学巨著在国外的传播，作为制瓷重要原料的高岭土自然也就传遍欧亚各国。

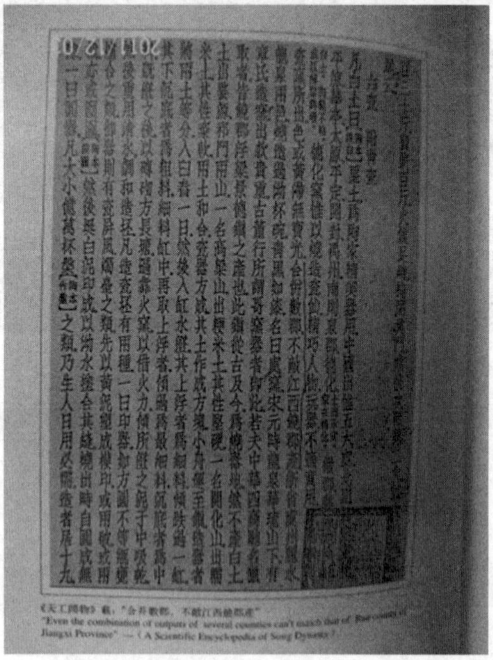

《天工开物》中关于“高岭”的记载

① 刘新园、白昆：《高岭土史考》，《中国陶瓷》1982年第7期。

（三）第一位向欧洲介绍高岭土的人

第一位向欧洲介绍高岭土的人是法国传教士殷弘绪。

殷弘绪（1664—1741），这位神父来自法国西部小城利摩日的一户贵族家庭。康熙三十七年（1698）七月，受耶稣会派遣抵广州，又到饶州府所在地鄱阳，传教侨居多年。他就是法国传教士 d'Entrecolles，汉名殷弘绪，他先后在景德镇逗留七年，从信徒那里逐渐了解熟悉制造瓷器的各项工序与技术。他是第一个向法国也是第一个向欧洲介绍高岭的人。他于 1712 年 9 月和 1722 年 1 月两次通过写长信，向法国介绍景德镇制瓷方法和高岭土的性能。后来这两封信录入由他本人写成的《中国陶瓷见闻录》一书，让高岭成为名闻五洲的陶瓷圣地。

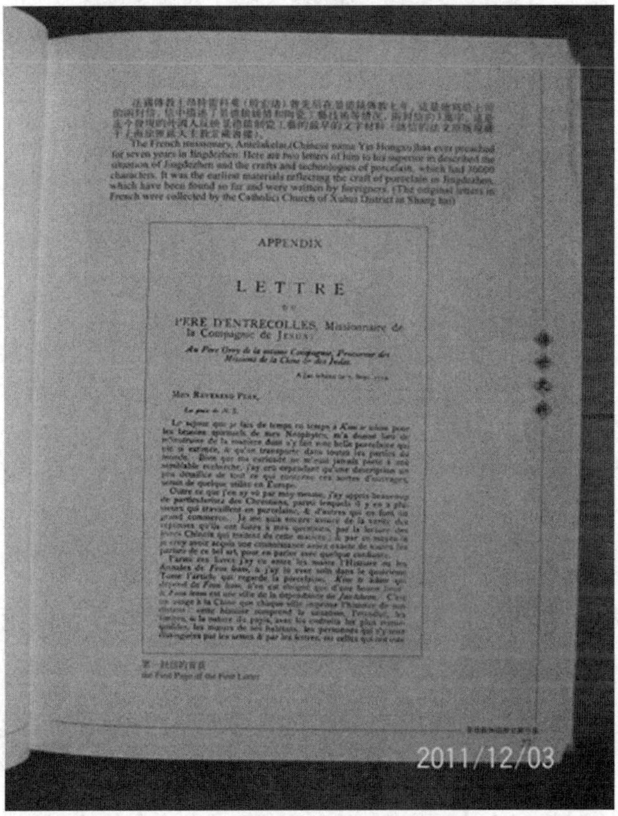

殷弘绪的第一封信

（四）国际通用术语“kaolin”的首创者

国际通用术语“kaolin”的首创者是德国的地质学家李希霍芬（1833—1905）。他是德国地理学家、地质学家。

“陶土之种类极多，最纯粹者，西人称为高岭土。高岭本华语，以出于江西饶州府之高岭山故名。瓷器始出中国，在欧洲，则美国为瓷业先进。在 1755 年以前，英国所用之高岭土，乃由中国及日本输入。西文献记述，‘高岭土’这一概念早在1712年就传往法国，法国、英国成为瓷用黏土的命名地。1896年10月，李希霍芬访问景德镇和安徽祁门，并著文介绍瓷石和高岭，还根据汉语高岭一词的读音译成今天通用的英文‘kaolin’一词。由于作者是地质学者，该文又是西方地质界以岩石学角度介绍中国高岭的第一篇论文，所以以后欧美地质学者们使用的‘kaolin’，都来源于李希霍芬。”

德国地质学家李希霍芬

从“高岭”到“kaolin”，从山名到国际通用陶瓷专业术语，它反映的是瓷都景德镇与“一带一路”文化的直接对话。

九　“宋元之辨”：《陶记》引起国际学界大讨论

清康熙以后的历届《浮梁县志》及《饶州府志》《江西通志》中所收录的题为“元·蒋祈《陶记》”，被公认是中国乃至世界陶瓷史上最早的窑业专论，涉及景德镇的窑业制度、窑业分工、制瓷技术、制瓷品类及社会风俗等诸多方面，文笔简约而内涵丰富，是迄今所见关于景德镇窑业最为全面和深刻的记载。全文虽然不到1000字，内容却十分丰富。

2014年10月20—22日，中国·景德镇蒋祁《陶记》暨景德镇宋元窑业国际学术研讨会在景德镇陶瓷学院召开。中国国家博物馆、中国社科院考古所、上海博物馆、北京大学考古文博学院及英国V&A博物馆、日本出光美术馆、大阪市立东洋陶瓷美术馆、台北故宫博物院、香港中文大学文物馆等30多家机构的100多位学者与会。该会由景德镇陶瓷馆、北京大学中国考古学研究中心、景德镇陶瓷考古研究所等单位主办或协办。

与会专家根据自己研究成果，就相关内容展开了深入研讨。内容主要有：《陶记》成书年代研究，记载内容解读，蒋祈生平资料研究，宋元时期景德镇瓷器状况综合研究，宋元时期景

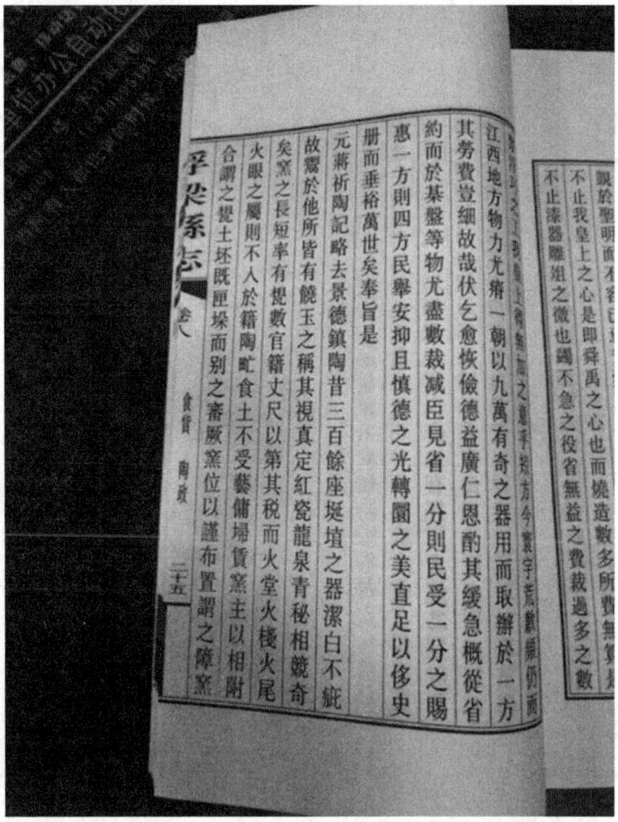

道光版《浮梁县志》载蒋祈《陶记》

德镇瓷器的科技与工艺研究，宋元时期以景德镇为中心的经济史、税制研究，宋元时期官制研究，宋元时期方志与版本文献学研究，宋元时期赣南地区、福建地区窑业与景德镇窑业的比较研究等。

从有关的记载来看，《陶记》远在18世纪就得到了瓷器研究者的高度重视。清康熙间，法国耶稣会来华传教的神甫——绪（LeperedEntecolles），在他著名的书简中首先引用了文中所述的史实。乾隆初唐英撰写《陶成示谕稿》，乾隆、嘉庆间兰浦著述《景德镇陶录》也都曾大量征引。1856年，法国巴黎出版的儒莲（M. S. Julien）《中国瓷器制造术》和1910年英国牛津大学出版的巴沙尔（S. M. Bushell）的《中国的陶瓷》两书，都分别对它做过法文与英文的节译。1937年日本《陶瓷》杂志第九号发表了尾崎洵盛的日文译注本，1979年日本学者佐久间重男先生又对该文做了重译和新注，直到今天，它已不限于研究元代瓷器，而且也是研究元代科技与元代经济史的中外学者们所熟悉的著作了。①

其实，关于《陶记》著作年代的讨论早就开始。1981年《景德镇陶瓷》出版《陶记》研究专刊，其中，刘新园说曾写有一篇《蒋祁〈陶记〉著作时代考辨》。本文以文献史料和考古

① 刘新园：《蒋祁〈陶记〉著作时代考辨》，《景德镇陶瓷》1981年《陶记研究专刊》。

资料为依据，否定了学术界认为《陶记》写于元代的传统说法，论证了这一重要文献是南宋嘉定七年至端平元年（1214—1234）之间的作品。由于作者在探求《陶记》的著作时代时，对景德镇宋元两代瓷器的制造工艺、市场、赋税以及并存竞争的瓷窑和有关制度进行了考察，因此它对于研究中国陶瓷史、科技史经挺济史以及宋元两代专史的同志和朋友们都不乏参考价值。《景德镇陶瓷》1983年第四期刊出熊寥的一篇《蒋祈〈陶记〉著于元代辨——新园同志商榷》一文，认为蒋祈《陶记》非作于南宋，而是著于元至治壬戌到泰定乙丑（1322—1325）这三年之间。从此掀起了《陶记》著作年代新一轮论辩。也引起了国内外学术界的重视与关注。

笔者认为，通过充分的学术探讨和不同观点的争鸣，有助于将《陶记》的研究引向深入；同时，这对于更好地推动景德镇陶瓷史、中国古陶瓷史和“一带一路”文化交流史的学术研究是非常有益的。

十 “一里窑，十里焦”：坊间俚语为新“丝路”建设者敲响警钟

“腐败”与“环境保护”是当今世界两大话题。作为新一代“丝绸之路”建设者，应该以史为鉴，警钟长鸣。关于这一点，景德镇方志文献中有明确记载。

道光《浮梁县志》卷八“陶政·陶记”载有这样两条坊间俚语：

其一：

“尝记《容斋随笔》载：‘昔之守令不市陶器，父老所传仅二人焉。呜呼！何辽绝耶?’。《容斋》所记可以尽信否耶？何今未有继也!”

其大意是：我曾经记得《容斋随笔》一书中说：“过去在这里当州官和县官的人不利用权势搞瓷器买卖的，据当地父老所传，只有两个人。啊！怎么那样稀少呢?!《容斋》的记述可靠吗？为什么今天不再有这种清官了呢?”

那么，这个许彭年是谁呢？道光《浮梁县志》卷十“官师·县令”载：“许彭年，皇祐四年任。彭汝砺送诗云：浮梁巧烧瓷，颜色如琼玖。因官射利疾，众喜君独否。父老争叹息，此事古未有。”①

许彭年，生活在北宋前期，仁宗皇祐年间（1049—1054）任浮梁县令。当时，浮梁的东河、南河各大窑场，均能造出精致茂美的优质瓷器。这些瓷器又集中到景德镇，形成斑斓多姿的市场。全国各地的商人亦云集瓷都，购买他们喜爱的物品。然后通过昌江河运，行销到大漠南北和西南边陲，有的则通过福建泉州海口，沿着“海上丝绸之路”，到达世界各大城市。许彭年在任内，到各产瓷区巡视，到景德镇商埠巡察，见到产销有序，心中甚喜。但他品德十分高尚，从不接受窑户老板们的馈赠；为了表达一个父母官的良心，也凭借自己的威望不买最好的瓷器，以表明廉洁的操行。由于他多年如此，因此受到老百姓的尊重，受到上级的赞赏。

① 见南宋洪迈《容斋随笔》。

许彭年不爱财、不爱物的高尚情操，也得了状元尚书彭器资的赏识，于是写诗赞美他。南宋洪迈还将彭器资这首诗收入他的《容斋随笔》，原文如下：

“彭器资尚书文集有《送许屯田诗》，曰：‘浮梁巧烧瓷，颜色比琼玖。因官射利疾，众喜君独不。父老争叹息，此事古未有。’注云：‘浮梁父老言，自来做知县不买瓷器者一人，君是也。作饶州不买者一个，今程少卿①嗣宗是也。惜乎不载许君之名。’”

尽管洪迈在作此文时还不知许彭年之名，但许彭年清白廉洁的事迹还是留了下来，它将永远受到世人的尊敬。

其二：

“山川脉络不能静於焚毁之余，而土风日以荡耶。‘一里窯，五里焦’之谚语其龟鉴矣！”

其意为：自然资源的滥肆破坏，幼小的树木不能生长，使河山都得不到安宁了。过去民间保护自然资源的良好风气已经败坏了！人们应该从“一里窑，五里焦”的谚语中吸取教训啊！

“土风”，即本地的某种良好风气。作者虽未详述这风气的内容，若联系上文“山川脉络不能静于焚毁之余”与下文“一里窑，五里焦”推测，当指北宋时景德镇靠烧造瓷器为生的人们为了自身长远的利益，对于柴山的利用与保护似有某种自动的契约。所谓“不能静於焚毁之余”者，当指过去自动护林、合理利用柴山的良好社会风气败坏了，被砍伐殆尽的柴山，连连小树小草也不能幸免，当时的景德镇大有竭泽而渔之势。

浮梁，作为景德镇窑柴的主要供应地，千百年来它需要多少山林、多少窑柴来维系？历代浮梁人又是如何来源源不断加以提供？近年来，笔者从近年来发现的浮梁县兴田乡锦里村“奉宪严禁杉松碑”、瑶里镇瑶里村“养生碑”和瑶里镇高岭内村一纸合约上似乎找到了答案。

浮梁县兴田乡锦里村存有一块奉宪严禁杉松碑。高 1.62 米，宽 0.81 米。初立于嘉庆二十三年（1818）四月二十九日，同治七年（1868）三月二十六日重修。碑上刻的是一张关于严禁乱砍滥伐杉松的告示。告示称：“远近村落，绿竹苍松，山光树影，秀色可餐。太平盛世，乐其乐而利其利，能使山有其美材，家无惫民，上以供国课，下以利民生。”村民认为，良好的生态，是一举两得的好事。因此，这是“有志、有力（财力）者所当行者也”。鉴于其时，有一些不法之人有乱砍滥伐杉松的行为，在村中陈、李、周等三姓氏九人联名禀请情况下，县署发布告示，村人也签订合约，规定：“该都境内，居民人等，所有山业务各守约，尽采萅者，急宜栽种。养者勿许任意残害。倘敢违背合约，首士即行赴县呈禀，以凭究治。”这是一个极为珍贵的历史资料，它让我们懂得，正是由于历代浮梁人的呵护、抚育，这方水土才得以永世不竭，这也是景德镇千窑火不熄的缘由。

如果说，兴田锦里的奉宪碑是以政府公文形式发布的话，那么高岭内村合约则是由村民自发形成的协议。该合约是笔者近年在高岭内村村民家中发现的，它是一张定于清乾隆间的禁伐

① 程少卿，字嗣宗，宋代饶州知府，是一个被百姓视为品德高尚、清白廉洁的好官。

兴田禁衫松碑

高岭禁伐协约

木竹协约。它长 27 厘米，宽 19 厘米，用宣纸写成。其内容大致如下：“事吾族山多田少，村内前后左右四水各有己业，山场种插茶桐松杉以□以及承有祖遗山场蓄养……近来，有一伙无知之徒，不务正业，惯行砍伐竹木，挖掘苗竹，并失火烧山，以致山荒无存，国课供难，痛恨。为此，合族公议，凡有山业之家，照契派费，立约演戏……倘再如前锄挖、肆行盗砍、失火烧山之人，凡在约内者，罚银四两。……嘉庆贰拾肆年伍月贰拾日合议驳约。”

据人推算，嘉庆二十二年（1817），一两银子官价兑换制钱，一文标准的方孔铜钱1000文，市价1300文，一两黄金兑换银子15两。罚银四两，即罚款4000文。那么4000文又是什么概念呢？

有资料报道，清康熙初年，有一名出生在比利时的耶稣会传教士叫鲁日满的，在常熟、苏州、松江、上海等地布道。他是一个极细心的人，留下了一本从康熙十三年至康熙十五年的账本。其中有一次，传教士买了5斗优质大米，作为一份救济品，共花了他0.45两银子。这一年，一两银子高的能兑1771文，低的也能兑1637文。一般能兑1680文。按1680文计算，这位传教士买了5斗优质大米，也就是50升，相当于花了756文钱。一般说来，一升大米约等于2斤。即1文钱能买大米0.132斤，1两银子能买大米221.76斤。

按议约，发现乱砍滥伐者，每次罚银4两，那就等于罚了887.04斤大米。若按时下大米价格每斤市价2元计算，则罚去1774.08元钱，这对于一人普通村民来说，可谓是一个不小的数目。所罚之款用来请戏班子演戏，以达到娱乐和警示作用。

贪腐、环保，是两大世界性难题。在当前建设“一带一路”建设中，两句坊间俚语应成为我们的警钟。

十一　“浮梁歙州，万国来求”：唐诗为浮梁茶“丝路”奏响进军的号角

浮梁不仅孕育了千年瓷都景德镇，而且，还是亘古千年的茶乡。

浮梁茶始于晋、盛于唐。唐代，浮梁“每岁出茶七百万驮，税十五余万贯”①。诗人白居易《琵琶行》中有“商人重利轻别离，前月浮梁买茶去”之句，充分说明浮梁早在唐代就是著名的产叶茶区和集散地。

宋代以后，浮梁朝朝出珍品、岁岁进贡茶，因而赢得了“浮梁之茗，闻于天下”② 的美誉。浮梁自古就是一个茶叶集散地，周边祁门、婺源所产之茶皆“聚于景德镇”③。

资料显示，浮梁茶自古通过“丝绸之路”销往海外。“乾隆间，多取道五岭运至奥省精制加工，销往国外。光绪末年至民国元年之间，祁浮之产额共达十三万余箱，推销即在汉口承受，半为俄商。余则英、美、德、法、丹麦等国合为市场”④。

近代，浮梁茶发展进一步加强。1915年，浮梁功夫红茶荣获巴拿马万国博览会金奖；1950年，周恩来总理把浮梁茶作为国家礼品送给外国领导人；1997年，拥有10万亩茶园、干茶10

① 〔唐〕李吉甫《元和郡县图志》卷第二十八，北京：中华书局，1983年，第672页。
② 出自汤显祖《浮梁新作讲堂赋》，见道光《浮梁县志》“文录”。
③ 见乾隆《浮梁县志》卷五“食货”。
④ 江西省社科院历史研究所、江西省图书馆编：《江西近代贸易史资料》，南昌：江西人民出版社，1998年。

万吨的浮梁县被农业部命名为“中国红茶之乡”；2003 年“浮瑶仙芝”荣获上海国际茶文化节中国精品博览会金奖，并被国务院新闻办选定为礼品茶。浮梁无愧为“世界瓷都之源，中国名茶之乡”之称号。

唐诗为中华民族最珍贵的文化遗产，是汉文化宝库中的一颗明珠，对国家的文化发展产生了很大影响。人们每谈起浮梁茶的历史，总要谈起唐诗。那是因为唐诗与浮梁茶有着千丝万缕的联系。可以说，唐诗是浮梁这个千年茶乡的奠基石，是“丝路”珍品的历史见证。让我们来看看下面这三首唐诗是如何反映浮梁茶状况的。

（一）白居易与《琵琶行》

道光《浮梁县志》“食货·茶”载：“唐白居易琵琶行云：前月浮梁买茶去。诸邑聚于景德镇者皆徽之休宁、祁门、婺源贾客所鬻也。”

唐代诗人白居易的长诗《琵琶行》是一首流传千古、脍炙人口的名篇。诗中有“商人重利轻别离，前月浮梁买茶去”诗句。那么，诗人白居易为什么要写浮梁买茶去？难道他和浮梁有什么关联吗？

白居易写此诗的时候是谪居江州的第二年，穿青衫的江州司马，属于八九品官员。当时隶属于洪州的武宁、修水（唐时称分宁）也盛产茶叶。白居易身为江州领导，为什么不写武宁、分宁呢？难道浮梁和他有什么关系吗？经过多方考证，笔者才明白，这是因为白居易与浮梁有一段很深的情缘。

唐贞元十三年（797），白居易的父亲白季庚病逝于襄州别驾的任上，他的母亲和弟弟住在洛阳，他的大哥白幼文在浮梁县任主簿。父亲去世后，白居易一家人的生活主要依靠在浮梁任主簿的大哥白幼文。《唐诗三百首》的《望月有感》就是佐证。

此诗前有小序云：“自河南经乱，关内阻饥，兄弟离散，各在一处。因望月有感，聊书所怀，寄上浮梁大兄……”

时难年荒世业空，弟兄羁旅各西东。
田园寥落干戈后，骨肉流离道路中。
吊影分为千里雁，辞根散作九秋蓬。
共看明月应垂泪，一夜乡心五处同。

主簿为主管文书之类的小官，年薪 30 担。白幼文每年必须从这些“微禄”中拿出一部分，让弟弟白居易带回家乡赡养母亲。关于这段经历，白居易在《伤远行赋》[①] 中写道：“吾兄吏于浮梁，分微禄以归养，命余负米而还乡。”

从浮梁到洛阳，地隔千里，路远人稀，年纪轻轻的白居易在山路上挑着米，该是多么辛苦

---

① 丁如明、聂世美点校：《白居易全集》，上海：上海古籍出版社，1995 年。

啊。他在《伤远行赋》中这样描述道：

出郊野兮愁予，

夫何道路之茫茫。

茫茫兮二千五百，

自鄱阳而归洛阳。

当时浮梁归属鄱阳郡，白居易从浮梁返归故里走水路必须经过鄱阳。白居易不仅吃着浮梁的米，而且是踏着浮梁的路步入仕途的。按照唐朝的制度，举子入长安应考，应由各地掌管贡举的地方官选送。有点像现在考大学一样，户口在哪里，就在哪里报考。白居易本是陕西渭南人，家居洛阳，那就应该由洛阳地方官选送考试。可白居易却是由宣州宣歙观察使崔衍选送入京。这是因为有在宣州任溧水县令的叔父白季康的引荐，更有大哥白幼文的极力推举。由此可见，白居易当时是以浮梁人的身份进京赶考的。贞元十六年（800），白居易考中了第七名进士，金榜题名，终于苦尽甘来。由于父亲去世较早，白居易是在大哥的培养和帮助下成长起来的，因此他对大哥充满着深深的情意和敬重，浮梁这个县名也在他的脑海里留下了深深的烙印。他被贬江州时，大哥还健在，江州与浮梁相隔仅百余公里，说不定白居易还去浮梁县看望过大哥呢。他谪居江州的第三年，即元和十三年（818），白幼文病逝，白居易深情地写下了《祭浮梁大兄文》，抒发了失去兄长的哀痛，颂扬了兄长的品德情操。

浮梁是白居易大哥为官的地方，也是白居易曾经生活过的地方。浔阳江头偶遇歌女，她的丈夫又在浮梁卖茶。浮梁与诗人有着很深的情缘。

从这两句诗，我们不难看出，像歌女丈夫这样的北方商人都到这里来进茶，可见唐代浮梁是一个远近闻名的茶市，且经营浮梁茶利润高，有利可图。

（二）颜真卿等名士与《五言月夜啜茶联句》

道光《浮梁县志》卷二十一“艺文·诗录”载：“静夜王修咏素瓷，鲁公唱和至今疑；残阳古木荒凉甚，待向云门访断碑。按：马鞍山唐有云门教院，颜鲁公作郡，尝来遊览，与陆士修唱和。陆有‘素瓷传静夜’句，事载云门碑记。”

颜真卿（709—785），唐代大书法家，陕西西安人，开元间进士。曾任殿中侍御史，官至吏部尚书，太子大师，封鲁郡公。他的书法，正楷端庄雄伟，气势开张，行书遒劲郁勃，开创一代新风。人称“颜体”，与柳公权并称“颜柳”。唐德宗建中年间，以饶州刺史身份多次视察浮梁，其间，还举行了一次“啜茶诗会”。参会的六人都是当朝名士、诗人。

泛花邀坐客，代饮引情言。（陆士修）

醒酒思华席，留僧想独园。（张荐）

不须攀月桂，何假树庭萱。（李崿）

御史秋风劲，尚书北斗尊。（崔万）

流华净肌骨，疏瀹涤心原。（颜真卿）

不似春醪醉，何辞绿菽繁。（僧皎然）

素瓷传静夜，芳气满闲轩。（陆士修）

联句是旧时作诗的一种方式，几个人共作一首诗，但需意思连贯，相连成章。《五言月夜啜茶联句》是一首茶诗，是由六位作者共同完成的，这在茶诗中是很少见的。他们是：颜真卿，著名书画家，京兆万年（陕西西安）人，官居吏部尚书，封为鲁国公，人称“颜鲁公”；陆士修，嘉兴（今属浙江省）县尉；张荐，深州陆泽（今河北省深州市）人，工文辞，任吏官修撰；李崿，赵人，官居庐州刺史；崔万，生平不详；僧皎然，唐代著名诗僧。

这首啜茶联句，六人共作，其中陆士修作首尾两句，这样总共七联。作者为了别出心裁，用了许多与啜茶有关的代名词。如陆士修用“代饮”比喻以饮茶代饮酒；张荐用“华席”借指茶宴；颜真卿用“流华”借指饮茶。因为诗中说的是月夜啜茶，所以还用了“月桂”这个词。在众多的茶诗词里，这是一首很少见却很值得回味的佳作。作者从多个角度把浮梁茶品质描写得淋漓尽致。

这次啜茶诗会，可称唐代大诗人一次兰亭诗会，诗句中有“素瓷传静夜，芳气满闲轩”（陆士修）二句，也说明当时浮梁的瓷器、茶叶就颇具盛名。同时也是第一首同时将浮梁瓷与茶放在一起加以描绘的佳作。试想，在静静的月夜，在浮梁产的白瓷杯里沏上浮梁茶，所散发出的缕缕清香，弥漫了整个轩阁，其情其景该是多么美妙。

（三）王敷与《茶酒论》

敦煌莫高窟位于甘肃省河西走廊有名的千佛洞，一直以精美的壁画和逼真的塑像闻名于世，与龙门石窟、云冈石窟和麦积山石窟合称为中国四大石窟，于1987年被列为世界文化遗产。然而，它引起世人关注的远不止这些。1900年5月26日，在敦煌莫高窟有个名叫王圆箓的道士在清理积沙时，无意中发现了一个藏经洞，并挖出了4世纪至11世纪的佛教经卷、社会文书、刺绣、绢画、法器等文物5万余件。这一发现为研究中国及中亚古代历史、地理、宗教、经济、政治、民族、语言、文学、艺术、科技提供了数量极其巨大、内容极为丰富的珍贵资料。后经英、法、日、美、俄等国探险家的盗窃掠夺，藏经洞绝大部分文物不幸流散到世界各地，仅剩下少部分留存于国内，造成中国文化史上的空前浩劫。

新中国成立后，许多国内知名专家在广泛拍摄、抄录流散到英、法两国及国内公、私收藏的敦煌资料的基础上，收录了变文等说唱文学作品187种写本，做了细致的整理与校勘，从中选出78种，重加校核，做出校记，并于1957年由人民文学出版社出版《敦煌变文集》。其中收录了一篇王敷写的《茶酒论》。《茶酒论》是唐代秀才王敷写的一篇诗作，原文出自敦煌莫高窟藏经洞，收录于《敦煌变文集》。诗中有“浮梁歙州，万国来求”之句，为唐代浮梁茶史研究提供了珍贵的佐证。

该诗以拟人手法，围绕“茶与酒，两个何有功勋”的问题展开辩论。

茶曰：百草之首，万木之花。贵之取蕊，重之取芽，呼之茗草，号之作茶。

酒乃夸其力：自古至今，茶贱酒贵，单醪（láo 醇酒）投河，三军告醉。君王饮之，叫呼万岁。群臣饮之，赐卿无畏。

最后，茶在夸奖自己影响面广时说道：“浮梁歙州，万国来求。”这是非同寻常的八个字，它对于浮梁茶来说意义极为深远。

诗句表明，在古老的丝绸之路上，在丝绸、茶叶和瓷器这三大传统出口产品中，浮梁占有其二。

结　语

景德镇是举世闻名的千年瓷都，景德镇陶瓷之路与“丝绸之路”紧密相连，休戚相关。景德镇方志文献的历史价值在景德镇陶瓷文化与“丝绸之路”文化的交流中得到充分体现。

试论“一带一路”视野下如何利用方志资源推动区域文化交流

郑桂槟（广东省汕头市地方志办公室）
丁佩桂（广东省汕头市峡晖中学）

提要：“一带一路”视野是超越中国视野的对世界的认识和感知方式，在“一带一路”视野下，区域文化交流的重要价值日益显现，一切的经济交流、物质交流归根结底都是文化的交流。人类历史发展的过程，就是各种文明不断交流、融合、创新的过程。地方志作为区域文化的重要组成部分，具有比较明显的地域特征，在区域文化交流过程中，能集中展现自身丰富的历史人文面貌，发挥独特作用。在“一带一路”视野下，本文试图论述如何利用方志资源推动区域文化交流。

关键词：方志资源　区域文化　“一带一路”　交流

区域文化是一个地区因地理环境和自然条件不同导致历史文化背景差异而形成的明显与其地理位置有关的文化。区域文化的发展形成经历了较长时间的历史积淀，自带异于其他地方的独特文化“基因”。在“一带一路”视野下，区域文化交流是“一带一路”建设中的一个重要内容，一切的经济交流、物质交流归根结底都是文化的交流，人类历史发展的过程，就是各种文明不断交流、融合、创新的过程。地方志作为区域文化的重要组成部分，具有比较明显的地域特征，在区域文化交流过程中，能集中展现自身丰富的历史人文面貌，发挥独特作用。在“一带一路”视野下，本文试图论述如何利用方志资源推动区域文化交流。

一　“一带一路”视野下的区域文化

区域文化，是指在一定区域范围内人们行为模式的总和，由此形成和发展起来的具有自己明显特征的一种文化形态和价值取向，也是一个国家或者一个民族传统文化中的主体文化的组成部分。这里所说的主体文化，是指一个国家或一个民族共有的文化，对于中国来说，秦始皇统一中国后，基本形成了中华民族的主体文化，这种主体文化便是中华文化，中国各地的区域文化如齐鲁文化、燕赵文化、三秦文化、岭南文化等，是繁荣灿烂的中华文化的组成部分。当然，所有的文化并非一开始就是自成一体的，中华文化便是在长期的历史时期里不断兼容、融合其他文化形成的，由此也体现了中华文化海纳百川、兼收并蓄的特点。

区域文化是随着时代发展而不断进步发展的。2013年，以习近平为总书记的党中央、国务院统筹国内国际两个大局，提出了“共建丝绸之路经济带和21世纪海上丝绸之路”（简称“一带一路”）的战略构想，构想提出“一带一路”沿线国家合力打造平等互利、合作共赢的“利益共同体”和“命运共同体”的新理念；描绘出一幅从波罗的海到太平洋、从中亚到印度洋和波斯湾的交通运输经济大走廊，其东西贯穿欧亚大陆，南北与中巴经济走廊、中印孟缅经济走廊相连接的新蓝图。“一带一路”战略构想横跨亚、欧、非三大洲，涉及沿线几十个国家近40亿人口，本着遵循和平合作、开放包容、互学互鉴、互利共赢的丝路精神，中国与沿线各国在交通基础设施、贸易与投资、能源合作、区域一体化、人民币国际化等领域深度合作，标志着中国对外开放达到新高度。

“一带一路”，理念先行。“一带一路”为中国重新认识世界提供了一个最新的契机。古代“丝绸之路”和“海上丝绸之路”，是中国与世界在经济、文化等方面交往、交流的重要纽带。从清代开始，由于当时的闭关锁国政策，中国与世界成为对立的两个维度，但中国人从未放弃过对世界的认识和探索，魏源是当时“开眼看世界的第一人”，由此揭开了以后翻天覆地的历史变化。改革开放以来，中国与世界的联系日益紧密，政治、经济、文化往来频仍，中国人从中国的眼光看中国，从中国的眼光看世界，发现了世界的多元和广阔。“一带一路”战略的提出，为中国人认识世界提供了一个全新的维度，那就是从“一带一路”的眼光看中国，从“一带一路”的眼光看世界。在“一带一路”视野下，中国人将重新审视自己的政治、经济和文化，主导“一带一路”建设，但是以世界为中心，而不是以中国为中心。

“一带一路”，文化先行。“在建设‘一带一路’的进程中，我们应当坚持文化先行，树立文化引领经济的高度自觉，推动传统文化的传承与现代文化的创新，通过进一步深化与沿线国家的文化交流与合作，促进区域合作，实现共同发展。”① 在“一带一路”视野下，区域文化交流摆在日益重要和突出位置。虽然区域文化具有明显的地域特征，但它不是一成不变的，在“一带一路”视野下，随着中国的对外交往，区域文化交流将发生显著变化，它将以“走进去”和“引进来”为双引擎，不断深入发展，擦出闪亮的火花。

二 地方志对“一带一路”区域文化交流的重要价值

在区域文化中，地方志无疑是最重要的组成部分。地方志作为中华优秀传统文化，至今已有2000多年的历史，是全面系统记述一地自然、政治、经济、文化和社会发展历史和现状的资料性文献。地方志对区域文化建设的影响是显而易见的，地方志是对一地自然、政治、经济、文化、社会等历史与现状的深刻记述，而这些要素正是区域文化形成的关键要素，因为区域文

① 北京市中国特色社会主义理论体系研究中心：《“一带一路”下的文化传承与创新》，《经济日报》，2015年1月29日。

化离不开特定的区域，它的形成也受到特定区域自然、政治、经济、历史等方方面面的深刻影响。首先，作为文化地理性存在和文化历史性存在兼备的地方志，记述的是特定区域内的特定历史面貌，是区域文化的重要内涵之一；其次，地方志作为“一方之全史”，全方位展现了一地的区域文化，使一地区域文化具有鲜明的特色；最后，在区域文化的因袭发展过程中，地方志又留下了区域文化不断变化发展的历史印迹。

因此，地方志不仅是区域文化的重要组成部分，而且与区域文化建设联系紧密，地方志能够发挥独特的“百科全书”作用，加强区域文化建设，推动“一带一路”文化交往。地方志具有珍贵的史料价值，能够深入挖掘历史资源，丰富和补充区域文化的内涵，进而推动“一带一路”文化交往。古代“丝绸之路”的开辟，史料中可以追溯到汉武帝派遣张骞出使西域，从而形成东方与西方之间经济、政治、文化交流的基本干道。早在2000多年前，《史记》中的《大宛列传》最早记载了西汉的边疆和域外地理情况，反映了当时西汉人对世界地理的视野和认识。《汉书·地理志》最早记载了一条从今徐闻西出发到印度南部和斯里兰卡的航海线，对沿途各地的地理现象做了记录。这些例子都充分体现了地方志对“一带一路”文化交往的重要史料价值。现今，我国“一带一路”沿线城市，与古代“丝绸之路”“海上丝绸之路”都有比较深厚的历史渊源，我们可以通过当时的史料，为当前“一带一路”沿线城市建设提供历史和经验借鉴。

在“一带一路”视野下，作为区域文化重要组成部分的地方志，其丰富资源对加强当前“一带一路”区域文化交流，推动“一带一路”建设具有重要的参考价值和践行意义。

一是地方志发掘整理的大量方志史料，尤其是濒危历史资料，进一步丰富和补充了区域文化的内涵。历史资料是承载一地文化的具体载体，也是区域文化体系的重要组成部分。众所周知，徽文化是我国重要的区域文化之一。在徽文化里有一种非常特殊的资料，就是大量存世的徽州文书，它是徽州商人的契据、契约等经济文件，是研究徽州商人及其活动的重要史料，也是徽州学的重要组成内容。在“一带一路”文化交往中，我们同样不能忽视“侨批”的存在。“侨批”作为海外华侨通过海内外民间机构汇寄至国内的汇款暨家书，是一种信汇合一的特殊邮传载体，侨批档案于2013年6月入选联合国教科文组织《世界记忆遗产名录》，在当时是我国入选《世界记忆遗产名录》的第九个项目。侨批档案由广东和福建两省联合申报国家记忆遗产名录，是我国广东、福建沿海地区华侨支援家乡、接济亲人的物质见证，也是我国移民拓殖东南亚等海外地区的重要历史资料，具有较高的历史价值和文化内涵，是研究古代和近代“海上丝绸之路”的重要史料，对当前相关地区加强区域文化建设，推动“一带一路”文化交往具有重要作用。所以，地方志通过发掘整理大量的方志资料，能够加强区域文化建设，推动“一带一路”文化交往。

二是地方志理清了区域文化因袭传承和发展变化的历史过程。区域文化不是一成不变的，作为区域文化组成的民族、民俗、宗教、方言、饮食等要素都是不断变化发展的，由此也使得区域文化不断变化发展。尤其是随着现今各地区、各国交往日益密切，区域文化也免不了要受到外来文化的影响，产生新的变化。因此，理清区域文化因袭传承和发展变化的历史过程，是地方志加强区域文化建设的重要内容。利用旧志资源，地方志发掘出了历史上发生过但尚未被重视的区域文化要素，如广东省汕头市澄海区樟林古港，是红头船的故乡，古代“海上丝绸之路”主要港口之一，清康熙二十三年（1684）撤销海禁后，樟林古港以得天独厚的地理位置，日趋兴旺，成为汕头开埠之前粤东一个重要的海运港口和海防军事要冲，并繁荣达两百年之久。该港航线北通福建、台湾等地，南达广州、雷州及东南亚各国等，史称“粤东通洋总汇”。它既是南北货物的集散地，又是潮汕贸易和转运枢纽。光绪元年（1875），英国出版的世界地图已标上“樟林”的名字。乾隆《澄海县志》卷二“埠市”这一章对樟林古港的繁荣贸易记载到：“商、渔船只停泊之处，米谷聚积之所。”樟林古港的存在，充分说明潮汕地区是“海上丝绸之路”的一个重要港口，填补了全国“海上丝绸之路”研究的一个空白。通过社会调查，地方志对一地的民情风俗、社会现象、社会事件等进行深入分析，从而分析当地区域文化的发展变迁。通过文物考古，地方志发掘新的历史遗迹，搜集新的历史史实，为区域文化注入新鲜活力。1987 年在广东阳江海域发现、2007 年打捞出水的“南海 1 号”古沉船，是国内发现的第一个沉船遗址，该遗址位于古代“海上丝绸之路”主航道，据考证为南宋时期的商船，满载瓷器、金银铜铁器从中国驶往新加坡、印度等东南亚地区或中东地区进行海外贸易。2007 年，考古专家在广东南澳海域发现的“南澳 1 号”古沉船，经考证为明代嘉靖、万历年间的商贸船，满载陶瓷、铜器、铁器驶向东南亚一带。“南海 1 号”“南澳 1 号”是我国最新发现的古代“海上丝绸之路”文物遗迹。这些文物遗迹的考证，同样也要结合历史文献资料记载进行，从而确定确切的历史年代和特点。

三是地方志发掘整理与及时记录了区域文化交流交往的历史。文化是不断流动、相互渗透的，一地的区域文化总会与域外文化产生辐射与交融，通过发掘整理与及时记录区域文化交流的历史，不仅能展现一地区域文化开放、包容的特点，也能为今后的区域文化交往，包括“一带一路”文化交往提供历史依据和经验借鉴。作为岭南文化分支的潮汕文化，是秦汉以后，由于战乱、戍边、远谪和民族大迁移形成的，大批中原汉人南来，带来先进的中原文化，和潮汕本土文化长期融合，逐渐形成以中原文化为主、富有地方特色的潮汕文化。之后，潮汕文化不仅随着东南亚华侨的足迹漂洋过海，深入东南亚扎根，也从东南亚吸收了外来文化，在思想、语言、饮食、建筑、宗教等方面烙上了东南亚的文化印记，从而形成潮汕文化“中西结合”“亦土亦洋”的区域文化特色。随着全球化步伐加快以及“一带一路”建设的推进，不同区域间的文化交流日益频繁，地方志能够充分发挥存史的独特优势，及时记录区域文化交流交往过程，从而成为“一带一路”的推动者和建设者。地方志发掘整理与及时记录区域文化交流交往的历史，有利于加强区域文化的特质建设，推动“一带一路”文化交往。

三 “一带一路”视野下利用方志资源推动区域文化交流的主要做法

方志资源，从广义上讲可以包括一地一切的自然资源和人文资源，是一地自然、经济、文化和社会各个方面情况的总和，内容涵盖政治、经济、科技、文化、教育、社会生活、自然地理等。狭义上的方志资源，则专指地方志书、年鉴、地方文献、地情资料等。“开发利用地方志资源，应包括地方志书、年鉴、谱牒、地方文献、地情资料及相关研究成果”①。“一带一路”视野下，区域文化交流相比较以往具有很大的不同，它更多体现出的是域外不同文化之间的交流，是在多样性的差异中谋求和谐统一。在此过程中，利用中国特有的方志及其资源，加强区域文化建设，提升区域文化内涵，深化区域文化交往，从而推动“一带一路”文化交流深入发展，相互交融，是一种积极而有益的尝试。

（一）利用方志资源提升区域文化内涵，宣传推介“一带一路”沿线节点城市

区域文化内容丰富、博大精深。在“一带一路”建设过程中，我国“一带一路”沿线节点城市，便是一个个区域文化的物质载体。利用方志资源提升区域文化内涵，宣传推介“一带一路”沿线节点城市，从而推动“一带一路”文化交往，是摆在当前的一个重要建设内容。虽然我国当前的开放程度较以往有很大的提高，但长期以来，外国人对中国的印象可能集中在北上广深等大城市，对其他的城市存在不认识或认识模糊的情况。“2005 年我们在日本举办活动，日本 NHK 有好多电视人对广东的基本情况都不够了解，我们自认为广东经济这么发达，在国外的影响力应该也很大，他们中却有人提出‘广东在哪’的问题，令我们从事外宣的人在吃惊的同时，也感到了打入国外主流社会的不易。还有就是今年 7 月，我去英国 BBC 访问，BBC 的高层工作人员听了我们介绍广东经济社会发展的状况，对广东的发展速度很是赞叹，对广东这片热土产生了很大的兴趣，这时突然有一位工作人员问：‘上海在广东吗?’这个问题让我们一行哭笑不得，它促使我进一步认识到离真正让世界了解广东还很远。”②“一带一路”涵盖全国 18 个省、自治区、直辖市，范围非常大，“丝绸之路经济带”圈定新疆、重庆、陕西、甘肃、宁夏、青海、内蒙古、黑龙江、吉林、辽宁、广西、云南、西藏 13 省（直辖市）。“21 世纪海上丝绸之路”圈定上海、福建、广东、浙江、海南 5 省（直辖市），而且党中央、国务院对各地的定位各有不同，因此，要根据各区域文化的特色，不断提升区域文化内涵，把“一带一路”区域文化交流“引进来”，宣传推介“一带一路”沿线城市。

一是依托方志资源，找准“一带一路”沿线节点城市的坐标和定位。党中央、国务院对“一带一路”沿线节点城市的定位离不开地理区位、历史背景、发展现状等方面的考量。国家

① 陈强：《地方志资源开发利用的探索和思考》，《中国地方志》2014 年第 11 期。

② 《外宣的力量——广东省委宣传部副部长、外宣办主任李守进谈对外传播》，《对外大传播》2006 年第 11 期，第 33 页。

发展改革委、外交部、商务部联合发布的《推动共建丝绸之路经济带和21世纪海上丝绸之路的愿景与行动》对各省份在“一带一路”规划中的定位予以明确。其中，新疆被定位为“丝绸之路经济带核心区”，福建则被定位为“21世纪海上丝绸之路核心区”。广西的定位是21世纪海上丝绸之路与丝绸之路经济带有机衔接的重要门户，云南的定位是面向南亚、东南亚的辐射中心。对沿海诸市的定位是，加强上海、天津、宁波、舟山、广州、深圳、湛江、汕头、青岛、烟台、大连、福州、厦门、泉州、海口、三亚等沿海城市港口建设，强化上海、广州等国际枢纽机场功能。对陕西、甘肃、宁夏、青海四地的定位是：形成面向中亚、南亚、西亚国家的通道、商贸物流枢纽、重要产业和人文交流基地。对内蒙古、黑龙江、吉林、辽宁、北京的定位是，建设向北开放的重要窗口。在对接“一带一路”建设时，我国沿线省市、节点城市要充分利用自身的方志资源进一步提升区域文化内涵，提升区域文化竞争力。作为一地百科全书，地方志涵盖了经济社会发展资料、与其他地方自古以来的交往交流资料等，这些都为“一带一路”建设的策划者、组织者、参与者甚至关注者了解当地经济文化发展、展现区域文化特色和城市形象提供了有益的参考和借鉴。因此，在制定建设规划时，要充分利用方志资源提升区域文化内涵，努力展现区域文化特色，使“一带一路”沿线节点城市建设符合历史人文和现实发展定位。

二是要凝练区域文化精神，充实区域文化内涵，宣传推介“一带一路”沿线城市。区域文化精神是指居住在同一区域的人们，在一系列共同的历史条件下，特别是经济社会生活的影响而形成的心理素质、价值体系和思维方式，也就是一个区域特有的文化品格和精神风貌。与物质层面的区域文化相比较，精神层面上的区域文化生命力更强，在一地积淀长久的精神诉求、风俗习惯、价值观念等会历经长年而不断因袭传承。而区域文化精神的凝练，离不开地方志对一地历史与现状的深刻记述。地方志积淀下来的包括史料文献在内的方志资源，就是区域文化精神凝练的重要依据。目前我国一些省市结合自身的发展实践已经提炼出了本地精神。例如“北京精神”“湖南精神”“广东精神”“武汉精神”“深圳精神”等。“北京精神”是“爱国、创新、包容、厚德”；“湖南精神”是“忠诚、担当、求实、图强”；“广东精神”是“敢为人先、务实进取、开放兼容、敬业奉献”；“武汉精神”是“敢为人先，追求卓越”；“深圳精神”是“开拓创新、诚信守法、务实高效、团结奉献”。提升区域文化的内涵，首先就是要重视对当地区域性特征的反映，充分依赖并有效利用区域文化精神的特质，这就要求我们在对本地地情客观全面分析的基础上，找出本地最为显著的文化特色，不断提升区域文化内涵，宣传推介“一带一路”沿线城市。

三是要精炼区域文化元素，使“一带一路”沿线城市成为各种区域文化的代表。在凝练区域文化精神后，努力发掘在此精神统摄下的区域文化元素，通过这种直观的文化感知来实现一地的文化自觉，使“一带一路”沿线城市富有区域文化内涵，从而推动“一带一路”文化交流。中国与法国建交于1964年，建交52年来，两国经济、文化交往密切。近年来，两国曾互办过文化年，举办过中法文化节、中法文化之春等文化交流活动。2015 年，在湖南长沙举办“中法文化之春 2015”活动，在中法文化之春 10 周年之际，主办方贴出了这样一幅海报：一个穿着传统服饰的法国男子，脸上却画上了京剧的脸谱。这张海报的京剧元素代表的就是中国特有的文化元素，从而使中法文化交流的主题生动地表现出来。对于“一带一路”沿线城市而言，要利用丰富的地方志资源，努力提炼特色鲜明的区域文化元素，从而对自身起到宣传推介的作用。比如，在“一带一路”沿线城市中，泉州和广州都是千年古港，泉州是联合国唯一认定“海上丝绸之路”的起点，唐朝时为世界四大口岸之一，宋元时期为东方第一大港。广州是海上丝绸之路的主港，唐宋时期成为中国第一大港，明清两代，广州成为中国唯一的对外贸易大港，是中国海上丝绸之路历史上最重要的港口。但两者具有不同的区域元素，泉州的区域文化元素是“东亚文化之都”“世界多元文化展示中心”“泉南佛国”，而广州的区域文化元素是“广府文化”“北上广”“千年商都”。两个城市同为“一带一路”沿线城市，也都具有古代“海上丝绸之路”重要港口这一共同点，但区域文化元素却是各不相同的。地方志的地方属性，使得一地具有与众不同的区域文化元素可供发掘，而通过不同区域文化元素的对比感知，就能使“一带一路”沿线城市在区域文化交流中脱颖而出，成为独特的文化风景。

（二）利用方志资源深化区域文化交往，推动“一带一路”文化深度融合

地方志是我国独有的一种记述历史与现状的资料文献，距今已有 2000 多年的历史，从 2000 多年前绵延至今，地方志在我国从未中断过，显示出地方志在中华文化土壤中的长久活力。地方志作为一种优秀的中华传统文化，是区域文化的一个丰富载体。2014 年 12 月，习近平总书记在澳门大学考察时，专门向学校赠送了《北京大学图书馆藏稀见方志丛刊》等方志书籍，这充分说明地方志在文化交流交往中起到了重要作用。在新的历史时期，利用地方志深化区域文化交往，推动“一带一路”文化深度融合，是地方志事业新的神圣使命。

一是加强方志资源建设，深化“一带一路”区域文化交流。在“一带一路”视野下，要进一步加强方志资源建设，与“一带一路”建设对接。“地方志、地方史、年鉴、地情应成为‘一带一路’信史文化重器”①。地方志书虽然为我国独有，却在国际上享有蜚声。方志学家陈桥驿在国外做学术访问时指出：“在交流之中，不少外国汉学家把中国历史上积累的丰富方志称为‘资源’，认为中国自古以来修纂而成的大量方志，是一种价值连城的文化资源和汉学资源，是外国汉学家从事汉学研究的一种重要工具。”② 近年来，中外学者依据地方志书研究撰写了一系列有关“一带一路”的新论著。法国学者伯希和根据《瀛涯胜览》《星槎胜览》《西洋番国志》《西洋朝贡典录》等古籍，撰写了《郑和下西洋考交广印度两道考》，对我国明代航

① 邓敏杰：《“一带一路”推陈出新与方志文化“双传”导向》，《广西地方志》2015 年第 6 期。
② 陈桥驿：《中国方志资源国际普查刍议》，《中国地方志》1996 年第 2 期。

海家郑和七次下西洋的史实、路线、所经地区名称、地理、风土人情、参加航海人员、历次航行的功业、所得朝贡等诸项详加考证。我国学者周运中所著的《郑和下西洋新考》，从明代的文集、地方志等类别的文献中发现了很多前人从未提出的下西洋史料。上述例子充分说明了地方志书在文化、学术交流中的重要作用，也体现了国外专家学者对我国方志资源的认可。因此，我们要在地方志、地方史的编纂中更加精益求精，积极实施地方志精品文化工程，多出版更多优秀的地方志书和地方史，并在“一带一路”区域文化交流中进行对外传播。综合年鉴作为反映一地经济社会发展现状的年度性资料工具书，是了解一地现状的信息窗口。在“一带一路”视野下，各地年鉴英文版的发行势在必行。据统计，截至2015年10月底，全国共出版综合年鉴2350种17394部，但只有少部分省市发行了年鉴英文版，如《上海年鉴》《广东年鉴》《天津年鉴》《广州年鉴》等。在“一带一路”视野下，我国参与“一带一路”建设的省市、沿线节点城市必须加快综合年鉴英文版出版发行步伐，真正对接“一带一路”。在地情方面，整理地方志中有关“一带一路”文化交流的资料，编写“一带一路”重大历史事件题材的文化精品丛书，加大“一带一路”重要历史文化遗迹的保护和开发利用力度，能切实推动“一带一路”区域文化交流。

二是创新方志资源利用模式，注重方志资源的艺术表现形式、网络传播形式，促进区域文化交流深入开展。要丰富方志资源利用的载体，在区域文化交流中，人们对艺术的共鸣要远远高于其他的表现形式。因此，要推动方志资源与文化艺术相结合，深化“一带一路”区域文化交流。广东以色列理工学院是以色列理工学院在全球建立的第三个分校。2015年，在广东以色列理工学院奠基活动中，主办方汕头市政府赠予以色列外宾的礼物煞费苦心。礼物将汕头地情，如汕头埠、小公园、红头船等元素用剪纸这一民间艺术生动地展现出来，剪纸制作精美，给以色列宾客留下了深刻印象。利用方志资源将汕头区域文化浓缩在一页页精美绝伦的剪纸上，并附上中英文双语介绍，成功达到了区域文化交流的目的。邮集、画册、摄影等艺术表现形式都是方志资源利用过程中可以采用的创新方式。“一带一路”视野下，方志资源与互联网相结合，对区域文化交流来说同样重要。通过建设互联网站、新媒体、数据库，开发完善信息发布和搜索查询系统，将能在最大程度增进外国友人对我国地情的认识和了解，使“一带一路”区域文化交流进一步流畅、深化。

三是利用方志资源制作区域文化产品，推动区域文化交流常态化。文化影响力往往能够超越时空，跨越国界。国之交在于民相亲，民相亲在于心相通。据文化部资料，这些年来，我国与“一带一路”沿线国家的文化交往形式越来越新、内容越来越多、规模越来越大、影响越来越广。我们与沿线大部分国家都签署了政府间文化交流合作协定及执行计划，民间交流频繁，合作内容丰富，与不少沿线国家都互办过文化年、艺术节、电影周和旅游推介活动等，近几年在不同国家还多次举办了以“丝绸之路”为主题的文化交流与合作项目。如2016年5月25日至27日，举行第一届以“‘一带一路’：文明的对话与融合”为主题的中法文化论坛。这些情况说明，“一带一路”区域文化交流日益常态化，在此契机下，利用方志资源制作包括地情展览、专题宣传在内的区域文化产品，通过我国各个自贸区、试验区，“一带一路”沿线国家、友好城市等平台，我国驻外使领馆、孔子学院、海外华人华侨社团、会馆、商会等组织，国际论坛、经贸会展、民间往来等活动积极“走出去”，进行传播和交流，能大大丰富区域文化交流的渠道和手段，使“一带一路”区域文化交流常态化，增进“一带一路”文化互信和人文交流，推动“一带一路”区域文化深度融合。

四 结束语

文化交流的根本目的是文化创新。创新是推动发展的永不枯竭的动力和源泉。习近平总书记说过：“不创新就要落后，创新慢了也要落后。”在“一带一路”视野下，我们要创新性地利用方志资源深化区域文化交往，推动“一带一路”文化深度融合，使我国主导的“一带一路”建设深度契合“一带一路”沿线国家人民的根本利益，达到合作共赢，使“一带一路”精神和理念深入人心，永续发展。

从地方文献看明代新疆与内地的联系暨地域文化的发展

刘　星（新疆维吾尔自治区地方志编纂委员会）

提要：明代是新疆发展极其特殊的时期，也是新疆政治、民族、文化、宗教发展极其重要的时期：地方政权割据、民族格局基本形成、伊斯兰教占据统治地位、维吾尔文化得到极大发展。明代新疆的这些变化与发展，至今仍是研究新疆民族和民族心理、宗教信仰和民族传统文化等不可或缺的重要因素。

关键词：地方文献　新疆与内地的联系　文化发展

特殊的地理位置，决定了在长期的历史发展中，新疆一直是“丝绸之路”的重要通道，从而也成为东西方文明交汇之地，更成为民族、文化和宗教交流、交融的大舞台。从各种地方文献上我们可以看出，明代是新疆地域文化发展的重要时期，这一时期新疆发生的变化与发展，不但左右了当时新疆的政治格局，还长期影响了此后新疆的政治发展走向，也极大地决定了新疆地区的民族形成与发展、文化形态、宗教信仰等方面的发展方向。明代新疆的这些变化与发展，至今仍是研究新疆民族和民族心理、宗教信仰和民族传统文化等不可或缺的重要因素。

一　明代新疆的政治格局及其与中央王朝的关系

明朝（1368—1644）是中国历史上最后一个由汉族建立的中原王朝。历经十二世十六位皇帝，国祚276年。

明朝疆域囊括内地十八省之范围，初年东北抵日本海、外兴安岭、黑龙江流域诸部落有宗主权，后缩为辽河流域；初年北达戈壁沙漠一带，后撤今长城；西北至新疆哈密，后改为嘉峪关；并曾在今满洲、新疆东部、西藏等地设有羁縻机构。明成祖时期曾短暂收复安南，永乐二十三年（1424），明朝领土面积达到1100万平方公里。也就是说，有明一代，中央王朝对新疆的广大地区并没有实行过有效的行政管辖，新疆地区这一时期主要受各地方政权的统治。这些地方政权主要有明代初年的东察合台汗国，明朝中叶后的叶尔羌汗国。这两个地方政权，都与明王朝保持了积极的联系，开展了以商贸为主要内容的经济往来。这一时期新疆的各族人民为保卫和开拓祖国边疆、繁荣新疆经济、发展科学文化技术，也做出了卓越的贡献。

（一）东察合台汗国的基本情况

东察合台汗国是蒙古四大汗国之一的察合台汗国分裂后，由其后裔在其东部地区建立的（1348—1514）政权。

元至正八年（1348），秃黑鲁帖木儿在今阿克苏被拥立为汗。历史上把秃黑鲁帖木儿统治的地区称为东察合台汗国。一度与西察合台汗国并存。明洪武二十二年（1389），秃黑鲁帖木儿的幼子黑的儿火者即汗位，建都于别失八里；永乐十六年（1418），黑的儿火者之孙歪思汗，又把国都迁到亦力把里（今伊宁），所以在《明史》中东察合台汗国也称为“别失八里国”和“亦力把里国”。疆域东起哈密与明朝相接，西抵巴尔喀什至费尔干纳，北自额尔齐斯河，南到喀喇昆仑山。境内主要居民为维吾尔、哈萨克、柯尔克孜、蒙兀儿等部族。天山以南为维吾尔聚居区，生产以农业为主；天山北部诸游牧部族从事畜牧业。奉伊斯兰教为国教。

东察合台汗国从1348年建立，历经八代十五位汗主政，到1514年被叶尔羌汗国取代，立国166年①。

（二）叶尔羌汗国的基本情况

叶尔羌汗国是由已经畏兀儿化的蒙古人建立的（1514—1680）政权。

叶尔羌汗国的奠基者是已经畏兀儿化的赛依德，他是东察合台汗国的满速尔汗三弟，为争夺权力，联合另一兄长赫力烈在伊犁河谷和七河流域发动暴乱反对满速尔汗，明正德九年（1514）率兵攻下喀什噶尔，并颠覆了亦力把里政权。不久，暴乱被满速尔汗平定，赫力烈被杀，赛依德逃亡到帕米尔高原，并控制了费尔干盆地。由于在塔里木盆地以南扩张的屡次受挫，他逃往阿富汗的喀布尔城，投奔远亲帖木兰的后裔巴布尔。

明正德七年（1512），赛依德在巴布尔的支持下率兵攻占阿图什，切断了阿克苏与喀什的联系，围困了杜格拉部的统治者阿巴拜克。正德八年（1513），喀什、阿克苏、叶尔羌相继被赛依德的军队攻陷。正德九年（1514）九月，赛依德正式称汗，定都叶尔羌，建立了叶尔羌汗国。欧洲的学者因其早期统治中心在喀什噶尔，因此称为喀什噶尔汗国，中亚各国则因其国是由成吉思汗后裔建立的，也称其为蒙古国。

叶尔羌汗国疆域初时包括吐鲁番、哈密、塔里木盆地。汗国版图的东方是嘉峪关、南方是西藏、西南是克什米尔、西方与蒙兀儿帝国为邻，与乌兹别克以费尔干纳谷地为界，北方以天山为界，与哈萨克相邻。鼎盛时期疆域包括天山南部、巴尔喀什湖以东、以南地区费尔干盆巴达克山、和瓦罕地区。

热西德死后，其子之间互相攻伐，汗国汗位不断易人，导致叶尔羌汗国开始分裂。明天启

① 苗普生、田卫疆主编：《新疆史纲》，乌鲁木齐：新疆人民出版社，2004年3月第1版。

七年（1627），吐鲁番统治者阿不杜热依木之子阿不杜拉继位。乘其兄弟争夺吐鲁番统治权之机，阿不杜拉带领叶尔羌汗国军队出兵吐鲁番，再次统一了叶尔羌汗国，并使哈密地区臣服。他任命胞弟苏里唐为吐鲁番阿奇木，直接行政管辖吐鲁番地区。接着，他出兵伊犁河谷，在巩乃斯草原击败了准噶尔汗国军队，重新控制伊犁河谷和巴尔喀什湖一带。经过一系列战争，叶尔羌汗国再次统一塔什干和费尔干。叶尔羌汗国大体恢复到赛依德时期的疆域。

清顺治十二年（1655），阿不杜拉与清朝建立联系。第二年，阿不杜拉向清朝称臣，并遣使入贡。叶尔羌汗国后期，陷入严重的教派斗争之中，最后甚至导致准噶尔入侵而亡国。亡国后，阿帕克和卓充当噶尔丹的傀儡政权继续在叶尔羌的统治。①

二　明代哈密卫的建立及西域各地与中原地区的经贸往来

1368年，朱元璋于建康（今南京市）称帝，明朝建立。西域各地纷纷遣使朝贡，希望同明建立正常的交往联系。此时哈密一带是蒙古宗室后裔兀纳失里的属地，包括吐鲁番在内的以东各地并不归东察合台汗国所辖。明为开辟向西的陆路贸易通道，曾派军西行。在进入哈密之前，明朝已先后在哈密以东的撒里畏兀儿居地建立赤斤蒙古、安定、曲先、阿端、罕东、罕东左等7个卫所。明洪武二十四年（1391），因哈密蒙古宗王时常阻止西域使臣商旅往还明朝，甚至“有从他道来者，又遣人邀杀之，夺其贡物”，企图垄断贡利，与明朝作对。明太祖视其为蒙古元朝统治余孽，下令左军都督佥事刘真、宋晟率军征伐之。明军攻破哈密城。哈密蒙古宗王兀纳失里率残众逃匿。次年，“遣使贡马骡请罪”。由此，哈密各地被置于明势力控制之下，两地经济贸易交往日益扩大，明永乐二年（1404），明朝封哈密王安克帖木儿为忠顺王。永乐四年（1406），明朝设哈密卫，给印章，封其地头目马哈麻火者等为指挥、千户、百户、镇抚，辜思城、哈只马哈麻为经历，又以汉人周安为忠顺王长史，刘行为纪善，以辅助忠顺王。卫所是明朝驻兵的地方，哈密卫不同于明朝在全国其他地区所设的卫所，而是一种专为治理边疆事务而特设的一种军政合一的地方行政机构。明朝不派专门官员统辖，而靠当地世族首领治理，此所谓“镇边疆当率旧章，服夷狄者当用世族”之略。明朝政府仅委派、任命卫所各级官员，包括忠顺王的正式任命。再就是保卫哈密卫的安全，一旦有难，即发兵救援。饥荒时亦给仓粟赈灾。哈密卫的职责一是奉明朝政府指令，代表中央政府管理当地日常具体事务；二是“把守西陲后门，缉探外夷声息”；三是护送、保护东西交往的使节、商旅、僧侣们的来往安全。

哈密卫的建立，有利于明朝西北边境的安全和中原地区政治、经济、文化的稳定发展。“由是，诸番唇齿之势成，华夷内外之合力，边境守谧余八十年”。

15世纪后期，随着占据吐鲁番地区的东察合台汗国军事实力的进一步增强，他们开始向东

① 贺继宏著：《西域论稿续编》，郑州：中州古籍出版社，2013年3月第1版。

扩展，力图占据哈密，以霸占贡路控制权。最初，他们先乞请明朝允其“代（哈密）王领西域职贡”，明朝不允，于是便以武力相见。从1473年东察合台汗国与明朝争夺哈密并占据之，后至1529年明朝决定最后放弃哈密，为时长达半个多世纪。

此后，明朝对西域各地采用了一种较为松散、灵活的羁縻统治方式，东察合台汗国诸首领仍视明朝为其主，遣使朝贡，乞请册封，甚至其汗国之委命亦常报请明朝裁定。明朝中央政府顺应地实行了来者不拒的策略，凡来朝觐贡献，俱予以赐赉，乞请册官者，细经查询，也予以委命。双方政治上倚赖于这种密切往来，基本上也维持了一种较为平和的关系。

与此同时，双方之间的经济交往十分活跃频繁，规模也较大。“丝绸之路”西域段交通曾被西域及以西诸地人们誉为“金路”，其中吐鲁番城地当交通要道，“诸夷欲入贡做买卖者，必假道于此，别无道路”，哈密城更因是“西北诸胡往来要路”而备受青睐。护送和保卫东往西来的使节、商旅、僧徒是明哈密卫的最主要的职责，“凡外夷来朝贡者必护送之。毋令所失，其有狡黠之徒，诈绣良为非者悉拒绝之”。哈密卫官员在这方面做了许多工作，天顺三年（1459），明朝晋升哈密指挥佥事苦苦帖木儿为指挥同知，正千户阿都剌为指挥佥事，百户哈只为副千户，授失儿哈等六人俱为百户，就是因为“忠顺王卜列革迎送朝廷使臣有劳故也”。正德十一年（1516），东察合台汗国满速儿汗将兵侵明肃州，明朝绝贡路，西域某地一来函即云，“各地面王子说把金路断了，都要仇杀，速檀满速儿害怕，差了马黑麻火者等来朝贡”。据史籍所记，大体上从黑的儿火者汗开始，迄明万历朝，东察合台汗国诸汗一直“奉贡不绝”。哈密卫在组织和保护商业活动方面起了重要作用。《明实录》所谓“每岁各处回回进贡者至此，必会少憩，以馆款之，或遇番寇劫掠，则人马可以接护”。因为当时“西域诸夷者凡三十八国”，朝贡皆经过哈密，正是通过哈密卫，“四方异域……之使辐辏阙廷”，“四方奇珍异宝、名禽殊兽进献上方者，亦日增月益”。探索这一时期中原地区同西域各地的经济往来关系，其主要表现形式有下列两种：

（一）“朝贡”和“封赐”这种经济往来形式古已有之，它既是西域诸地与中原王朝政治隶属关系的表现，又是经济联系的一种特殊形式。从某种意义上讲，这种松散的政治隶属关系保障了两地间的经济联系。朝贡多属官方统一组织，时常是使臣与商人同往。在汉文史书中，明代西域各地至中原朝贡者，多以别失八里或亦力把里的名义出现，这些都是指东察合台汗国。到了羽奴思汗、也先不花汗以后，因为东察合台汗国攻下了吐鲁番地区，前往明朝的贡使便时常打着吐鲁番王的名义。后来，随着哈密地区归属东察合台汗国，其使臣则又常以哈密王的称号出现在史籍中。当时，东察合台汗国前往明朝进贡的人数之多，来往之频，都是极为空前的。明代汉籍常以“累求通贡”这样的词句形容其渴望获准朝贡的迫切性。宣德二年（1427）五月，东察合台汗国歪思汗遣使臣马黑迭力迷失等189人朝贡，同年十二月又遣满法黑儿者等259人前往朝贡。不仅进贡的人数多，次数也很频繁。也先不花“后亦频入贡”，有时一年达数次之多，迄明嘉靖年间，满速儿汗一次遣使人数多达294名，奏本135纸。朝贡使臣的频繁，使明朝穷于应付，不得不于成化和嘉靖年间规定朝贡次数以及赴京人数。

东察合台汗国向明朝进贡的物品中，以马匹为其大宗，因为当时汗国最有名的物品就是马。陈诚出使途经其地，曾记道，该地“六畜马最广”[②]。除马之外，朝贡的物品还有羊、骆驼等畜产品以及玛瑙、铁刀、回回青、玉石等其他物品。而明朝的“回赐”物品，除了钞币，还有绢、彩缎、丝绸诸物。明朝中央政府这种带有政治色彩的回赐是很丰厚的，其实际价值远超过所贡物品。据《大明会典》记载，明嘉靖年间回赐东察合台汗国的标准是：“玛瑙数珠一串与绢四疋，红绢道布一疋，绢六疋；鞍子一面，绢四疋；撒袋一副，绢二疋。……回回青……每斤与银二两”。“阿剌骨上等马每匹彩缎六表里，中等每匹彩缎三表里，下等每匹彩缎一表里，达马中等每匹苎丝一疋、绢八疋、折钞绢二疋，下等每匹苎丝一疋、绢七疋、折钞绢一疋”。“狮子每只彩缎八表里”。“每小刀一把止于绢一疋，锉十把内五把赏绢二疋，五把折钞八十贯，各色浆水玉每一斤八两与绢一疋”。

当时明王朝对于周邻各地进京献贡的使团有许多优惠政策，“既名贡使，得给驿传，所贡之物劳人运至。自甘肃抵京师，每驿所给酒食刍豆，费之不少。比至京师，又给赏及予物，直其获利数倍。以此胡人慕利，往来道路，贡无虚月”。另外，西域各地诸汗王室宗族每凡遇到婚丧嫁娶等特殊情况，一经通报，明中央政府即赐其钱物若干。

（二）“互市”，或称“市易”，即利用进贡的机会，携带当地土特产到中原内地贸易，换取各种生活必需品。这种形式实际上是第一种形式的衍变发展。明朝当时规定，朝贡使臣可以“量带方物来京贸易”。进贡之后，于会同馆（使节居住之所）开市五日，“许官民各色铺行人等持货入馆，两平贸易”。除此，14—15 世纪，明朝还先后在兰州、凉州、甘州、宁夏、大同等地置设“马市”，以便利西域诸地游牧民族与内地农业定居民族进行贸易。东察合台汗国与中原地区的互市贸易肇始于 1413 年，是年，明朝皇帝敕甘肃总兵官丰城侯李彬曰：“别失把里王马哈麻敬事朝廷，遣使来贡，如至，可善待之，其市易者听其便。”自此，两地间互市贸易便有了很大进展。据《明实录》记载，当时东察合台汗国卖给明朝马匹的价格是“中马每匹钞三千贯，下马每匹二千五百贯，下下马每匹二千贯，骒驹一千贯”。除了马匹，西域各地与中原内地贸易的还有回回青（染料）、刀、兽皮等，而换来的物品则诚如明朝大臣桂萼奏折中言：当时西域诸地需要的内地物品，“曰茶、曰大黄、曰麝香”，“而吐鲁番借此，欲转货各国，以取重利”。另外，还有缎、瓷器、茶叶、铁器、药材等。

纵览明一代东察合台汗国与中原地区的往来联系，无论是前期双方频繁的政治、经济往来，还是后期对于“丝绸之路”要冲哈密的激烈争夺，经济因素无疑在中间起着十分重要的作用。统治西域各地的蒙古贵族将前往明朝进贡之道谓作“金路”，由此可见这种频繁的往来联系在他们日常经济生活中占有重要地位。当然，中原地区也需要西域诸地经济上的支援和帮助，“边关立互市，所以资国用，来远人，其听之”。明朝皇帝这段话足以说明这点。另外，明王朝更希冀通过这种不间断的经济往来建立一个和睦安静的边邻环境，他们也时常以这种经济联系作为抚绥西域诸地政权的强有力的手段，不时以闭关绝贡相胁，惩罚那些桀骜不驯的王公贵族。所以，这一时期亦即东察合台汗国统治天山南北大部分地区的历史时期，除哈密卫外，尽管明朝再没有在其境内设置过什么行政管理机构，但是双方之间的政治、经济、文化交往和联系却很密切，一直未曾间断。①

三 明代新疆地区的文化发展

有学者认为维吾尔文化发展的第一个黄金时代是喀拉汗王朝的文化，那是西迁的回鹘与塔里木河流域土著在融合中形成维吾尔族这一民族形成过程中文化发展的黄金时代。其显著特点是漠北游牧文化与塔里木定居农耕文化在碰撞中相融合形成了新的民族文化，更是塔里木佛教文化、回鹘佛教文化与伊斯兰文化在碰撞之中形成的新的民族文化。这是维吾尔民族在形成过程中的一次文化大升华。而明代新疆叶尔羌汗国时期的文化发展是维吾尔文化的第二个黄金时代，其显著的特色是维吾尔农耕民族与游牧的蒙古察合台民族在融合发展过程中形成更高、更宽阔的维吾尔民族文化。第一个黄金时代主要表现在语言、文字上的巨大成就和辉煌，而第二个黄金时代已经从语言文字上的成就上升为文学、艺术、历史等多学科的发展与辉煌。叶尔羌文化的发展奠定了维吾尔文化的发展基础，以后几百年来维吾尔文化的发展，一直沿着这一轨迹向前不断发展。叶尔羌文化对于维吾尔文化发展具有里程碑的重大意义。

（一）维吾尔语言文字的成型期

在喀拉汗王朝时期，维吾尔文化逐步进入了突厥化，其中最典型的就是西迁回鹘语言的突厥化，成为异姓突厥（或者称作突厥语民族）中突厥化进程迈出程度最快、社会影响最大的一步。到了叶尔羌汗国时期，由于叶尔羌汗国疆域的扩展，整个塔里木盆地、吐鲁番盆地都并入了叶尔羌汗国的版图，因而塔里木盆地和吐鲁番盆地原来使用回鹘语、龟兹语、焉耆语、吐火罗语等多种语言的居民，在突厥化—伊斯兰化的过程中，逐步统一使用了突厥语，同时又形成了以喀什噶尔方言——维吾尔“哈喀尼亚语”为主，吸收了阿拉伯语、波斯语、蒙古语等语言词汇的突厥书面语言——察合台语。维吾尔族语言不仅最终得到统一，而且还得到了丰富和发展，这是维吾尔语言一次重大的变革和升华，这种语言一直使用至今。维吾尔语言在叶尔羌文化黄金时期的这一里程碑式的发展，是维吾尔语言文化的一次重大的革命。

在统一语言的基础上，维吾尔文字也得到了逐步统一。在察合台—叶尔羌汗国之前，维吾尔虽然逐步统一使用突厥语，但在文字上仍然使用多种文字，如波斯文、阿拉伯文、回鹘文。到了察合台—叶尔羌汗国时期统一使用察合台文，察合台文由于其表达内容的丰富性，以及更

① 苗普生、田卫疆主编：《新疆史纲》，乌鲁木齐：新疆人民出版社，2004年3月第1版。

具群众性，很快为社会所接受。现代维吾尔文也是以此为基础形成的。[①]

（二）维吾尔文学的大发展期

随着语言文字的进一步统一和进步，维吾尔文学这一时期出现了空前的发展和繁荣。察合台文学的形成和发展，成为叶尔羌汗国时期文化艺术的一个标志。

察合台文学滥觞于察合台汗国的帖木儿王朝时期，到了叶尔羌汗国时期已经发展到了一个新的高峰，帖木儿本人虽然是蒙古族，但他和他的部下早已突厥化，他认为突厥文化就是自己的文化，要发扬自己的文化，提倡突出文学。由帖木儿著作的《帖木儿自传》开创了以察合台语、察合台文进行维吾尔文学创作的新纪元。此后更是出现了一大批用察合台文创作的文化精英，其中代表人物为巴布尔大帝。日人羽田亨著的《西域文化史》称："在这方面特别有名的是巴布尔，他的自传《巴布尔回忆录》实为察合台文学的范例。"到了叶尔羌汗国时期，由于汗国初期的赛依德汗和拉失德汗都是才华横溢的诗人和擅长音律的艺术大师，特别重视和提倡文学艺术创作，使维吾尔察合台文学得到了空前发展，开创了以叶尔羌一喀什噶尔为中心的文学创作的繁荣时期。这一时期文学创作是以颂扬和赞美爱情、道德、知识及一切美好事物为主要内容的诗歌为主。这些充满了唯美主义思潮和美学意识极其丰富的流畅、优美、清新、华丽的诗篇以宫廷文学为代表，由于汗国自由、宽松、活跃的思想和倡导的态度，平民文学也较发达。

这一时期，文学创作的标志性作品是为木卡姆配唱的诗歌。如汗王阿不都·拉失德就曾经用自己的名义披露了王后阿曼尼莎罕创作的《依西莱提安库孜》木卡姆。阿曼尼莎罕在十三岁时为尚不认识的汗王拉失德弹奏了《潘吉尕》木卡姆，同时唱了她自己以乃菲斯为笔名填写的格则勒诗。

阿曼尼莎罕是一名思想家、音乐家，还是一位诗人，她著有关于妇女和品德的训诫诗集《美德》和关于诗歌、音乐、书法的美学作品集《心灵的协商》以及抒情诗集《精美的诗篇》《美丽的情操》《乃菲斯诗集》等作品。

这一时期最具影响的文学作品还有拉失德汗的《拉失德诗集》《拉失德格则勒选》。拉失德的诗是宫廷文学的代表，也是察合台文学的代表。喀迪尔罕，是当时名噪一时的诗人、木卡姆演唱家、音乐大师，其代表作《喀迪尔罕格则勒诗集》也是叶尔差汗国时期宫廷文学的代表作。另一位著名达斯坦（叙事长诗）《世事记》的作者是阿亚孜·西凯斯。他是平民诗人跻身于宫廷诗人行列的代表人物，叙事诗《世事记》便是以民间故事为素材的爱情长诗。此外，赫尔克提以拟人手法创作的玫瑰与夜莺的爱情故事《爱苦相依》，以及鲁特菲的抒情小诗及长诗

---

① 《新疆少数民族古籍论文选编》，艾尔肯·伊明尼牙孜·库吐鲁克：《浅谈新疆出土的古籍文献》。

《花儿与春天》等都是这一时期颇有影响的作品①。

（三）十二木卡姆艺术的整理规范期

叶尔羌汗国时期文化事业的成就主要还表现在将流传在民间的诗歌、音乐、舞蹈三位一体的木卡姆引入宫廷，进行加工整理，使之成为千古不朽的维吾尔音乐舞蹈史诗。

“木卡姆”原为阿拉伯语，意思是“地点”“地位”“法律”作为音乐术语，意为成套的民伺古典音乐。木卡姆也称“马卡姆”“玛卡玛”，都是阿拉伯文的不同音译，是伊斯兰音乐中的一个特有名称，有“曲”“调”“古典音乐”等含意，作为伊斯兰音乐的共同财富，木卡姆分布地区很广，种类繁多。阿拉伯、波斯、土耳其、印度以及中亚等地区均有木卡姆，但就种类来说，目前在世界上，新疆的木卡姆种类最多，结构形式也最完整。木卡姆历史渊源流长，背景广阔而深远，与维吾尔族的历史时代同步发展。

十二木卡姆的源流，从时代和地域因素上讲主要有两点，一是由古代流传下来的传统音乐的基础上发展成的套曲和歌曲；二是地方音乐，即库车、喀什、吐鲁番、哈密和和田音乐以及刀郎音乐。这种时代和地域因素相互交织渗透，浑然一体，形成产生于维吾尔族人民的生活方式、民族特征、道德观念及其心理素质的民族调式特点。这种特点则是通过独特的音乐形式、演奏方法以及独特的演奏乐器加以体现的。

2007年10月24日18时05分成功发射升空的“嫦娥一号”搭载了31首歌曲，《十二木卡姆》选曲名列其中。

相传叶尔羌汗国的国王在一次微服出访中偶遇阿曼尼莎罕，为她的音乐演奏才能与所写诗歌的优美所折服，迎娶其为自己的王妃。阿曼尼莎罕进宫之后，汗王命令她与宫廷首席乐师喀迪尔罕一起组织搜集整理流传在民间的木卡姆。

经过阿曼尼莎罕与喀迪尔罕整理规范的十二套木卡姆是：1. 拉克木卡姆；2. 且比亚特木卡姆；3. 木夏乌热克木卡姆；4. 恰尔尕木卡姆；5. 潘吉尕木卡姆；6. 乌扎勒木卡姆；7. 伊拉克戈壁木卡姆；8. 纳瓦木卡姆；9. 乌夏克木卡姆；10. 巴亚特木卡姆；11. 艾介克木卡姆；12. 西尕木卡姆。除十二套大曲外，曲末还有一套终结性大曲阿胡且西姆，每一套大曲又由三部分组成：第一部分为琼拉克曼（大曲），由四至十一首歌曲和二至六首间奏曲构成；第二部分为达斯坦（叙事诗），由三四首歌曲和三四首乐曲构成；第三部分为麦西热甫（民间集体歌舞），由三至七首歌曲组成的歌舞组曲构成；最后一套终结性大曲阿胡且西姆（心灵美丽的姑娘），由十八段歌曲和一首乐曲组成。除终结曲阿胡且西姆外，十二套大曲共167首歌曲和75首乐曲，演唱一遍大约需20多个小时。十二木卡姆的歌词主要取自15世纪的维吾尔族著名诗人艾里西尔·纳瓦依、裴祖里的诗和大量民歌。木卡姆中的达斯坦主要是流传在民间的叙

① 贺继宏著：《西域论稿续编》，郑州：中州古籍出版社，2013年3月第1版。

事爱情长诗。

木卡姆演奏的乐器主要有手鼓、铁鼓、沙塔尔、唢呐、纳格拉、弹拨尔、热瓦甫、艾捷克等。这里评介的只是叶尔羌汗国时期规范整理的木卡姆的基本情况，近几百年来木卡姆的内容、所演唱的歌曲、达斯坦以及演奏的乐器都不断增加和变化，同时也由十二木卡姆增加到更多的木卡姆，更有不同地域产生不同的木卡姆，如国外的中亚木卡姆、伊朗木卡姆、塔吉克木卡姆等及国内的伊犁木卡姆、哈密木卡姆、刀郎木卡姆等。

木卡姆作为维吾尔古老的传统文化艺术和音乐舞蹈史诗，具有悠久的历史。首先是它和隋唐以来西域的龟兹乐、疏勒乐、于阗乐、高昌乐、伊州乐、凉州乐等西域乐舞是有着传承关系的。其次它与中原的汉族乐舞是相互影响的，同时它也受中亚、西亚特别是阿拉伯文化及伊斯兰文化的影响，应该说是集古今不同民族、不同文化之大成而形成的维吾尔文化之精华。

（四）历史学研究精彩纷呈

叶尔羌文化的一个重大成果，便是史学方面的著作更加引人注目。这一时期的历史著作主要有《中亚蒙兀儿史——拉失德史》《编年史》等。其中《拉失德史》是维吾尔最具价值、影响最大、评价最高的一部历史作品。

《拉失德史》是一部关于东察合台汗国时期西域历史的重要史书。作者米儿咱·马黑麻·海达儿（1499—1551），出生于统治喀什噶尔地区的蒙古都格拉特部异密之家，其祖上为察合台汗国的重臣。14 世纪后，都格拉特部异密在天山南部政治舞台上扮演重要角色。米儿咱·马黑麻·海达儿本人曾也身居高位，随其家族受命治理喀什噶尔等地。赛德汗在位期间，倍受重用，多次率兵出征。赛德汗之子拉失德汗登基后，为了巩固汗权，打击都格拉特部异密势力，米咱尔·马黑麻·海达儿被迫出逃到今克什米尔地区，并成为当地的统治者。此间，他鉴于蒙古人没有自己编写的历史，由是发愤，四处寻找资料，并加上个人的所见所闻，撰写是书。题名《拉失德史》，即表示献给当时在位的拉失德汗。

《拉失德史》全书用波斯文写成，分两编：即正史部分和自己亲身经历部分。前者事实上是关于察合台汗国以及后王统治西域地区的历史；后者则是 1499 年他本人出生后至 1541 年出走克什米尔期间，喀什噶尔一带地区的史实记录。作者先完成第二编，以为第一编作资料准备，因而篇幅很大，1547 年完成第一编。由于作者具有较高的文化素养，又出身蒙古显贵，且是当事人之一，书中十分详细地记述了当时的民族、政治、经济和文化情况。所以，该书刊布后，在学术界一直享有很高声誉。

《编年史》用波斯语写成，约成书于 1672—1676 年。沙·马合木·楚剌思出生于南疆地区，其先祖是追随赛依德汗进军喀什噶尔的楚剌思部异密，是叶尔羌汗国的开国功臣，其家族以及本人参与了当时诸多政治活动。该书记述了叶尔羌汗国时期西域境内各族的历史文化以及社会情况，作者生活的年代是叶尔羌汗国的衰落和灭亡时期，亲见了 7 个汗王的更替、准噶尔军队的入侵及汗国的灭亡。史实叙述接续在《拉失德史》之后，是一部记述17世纪前后天山南北地区历史的重要著作。

特别需要指出的是，由于相对的和平环境和长期的历史积淀，这一时期新疆的地域文化，特别是以维吾尔族文化为主的新疆少数民族文化有了较为宽松的发展条件，也取得了相当辉煌的成就，这些成就都极大地丰富了中华民族文化的宝库。

参考书目

[1] 新疆社会科学院民族研究所：《新疆简史》，乌鲁木齐：新疆人民出版社，1980年。

[2]《新疆艺术》编辑部：《丝绸之路的乐舞艺术》，乌鲁木齐：新疆人民出版社，1985年。

[3] 苗普生、田卫疆：《新疆史纲》，乌鲁木齐：新疆人民出版社，2004年。

[4] 贺继宏：《西域论稿续编》，郑州：中州古籍出版社，2013年。

[5] 新疆少数民族古籍办公室：《新疆少数民族古籍论文选编》，乌鲁木齐：新疆人民出版社，2005年。

"一带一路"视野下甘肃方志编纂与文化传播构想

陈郑云（西北民族大学）

提要：中国方志文化在记录当代、保存历史、传承文明、发展文化、激发民族自豪感和自信心、推动海内外文化交流合作、提供促进经济社会发展的历史借鉴和智力支持等方面，成绩日益突出、作用日益显著。在崭新的"一带一路"战略背景下，为使文化交流更好地服务政治经济交流的大局，甘肃应加强方志编纂与方志文化传播，创新方志文化对外传播的路径，拓展方志文化内涵，提升甘肃方志文化的学术影响力。

关键词："一带一路"战略　甘肃方志文化　对外传播

自"一带一路"战略提出后，全国各地都在以不同方式主动融入这一战略，为各省区的发展争取资源、拓宽路径，甘肃也不例外。甘肃省政府对于甘肃在"一带一路"建设中的定位是：打造"丝绸之路经济带"黄金段，构建我国向西开放的重要门户和次区域合作战略基地。

"一带一路"，既是历史概念，也是现实战略。方志文化在记录当代、保存历史、传承文明、发展文化、激发民族自豪感和自信心、推动海内外文化交流合作、提供促进经济社会发展的历史借鉴和智力支持等方面，成绩日益突出、作用日益显著。然而，作为联系历史与现实的重要桥梁与纽带，地方史、地方志、年鉴应成为"一带一路"史志文化的重要载体，成为文化软实力的史料基础，成为继往开来中华文化乃至华夏文明传承、传播的权威工程、精品工程、传世工程。地方史、地方志、年鉴等多层次、多维度、全方位、百科式的文化传承，能让人充分感受到"一带一路"厚重的历史文化底蕴。地方史、地方志、年鉴等进一步开发利用，发挥文化传播的导向，既能促进"一带一路"文明传播的推陈出新，又能够助推文化产业的繁荣发展，为传递文化正能量提供源源不断的原始资料和信史精品。①

因此，本文在论述甘肃独特的地方志文化资源的基础上，分析甘肃如何在"一带一路"视野下依法编修史志，利用方志文化资源，拓展方志文化内涵，发挥其文化传播作用，提升甘肃方志文化的学术影响力。

---

① 据邓敏杰：《"一带一路"推陈出新与方志文化"双传"导向》，《广西地方志》2015年第6期。

一　甘肃方志文献是“一带一路”文化交流的重要载体

根据《“丝绸之路经济带”甘肃段建设总体方案》中所提出的建设“丝绸之路经济带”甘肃黄金段的总体思路，甘肃对黄金段的建设重点在于推进道路互联互通、经贸技术交流、产业对接合作、经济新增长极、人文交流合作、战略平台建设等六大工程。从这六大工程来看，都离不开“合作”“交流”“互通”等“连接”功能，这表明甘肃打造在“一带一路”建设中的“黄金段”作用，就是发挥好甘肃作为“一带一路”黄金段的地理和人文连接作用。

甘肃打造“丝绸之路经济带”黄金段，发挥地理连接的重要节点城市有兰州、白银、酒泉、嘉峪关、敦煌等。而地方志正是这些重要节点城市人文链接、文化传承和彰显文明的重要载体。正如习近平总书记强调：“要马上了解一个地方的重要情况，就要了解它的历史。了解历史的可靠的方法就是看志，这是我的一个习惯。过去，我无论走到哪里，第一件事就是要看地方志。”这种以志为信、以志为鉴的认知方法，则是源于地方志特有的“存史”功能。

甘肃修志历史悠久，有着鲜明的区域特色。如“丝绸之路经济带”黄金段的重要节点城市敦煌，敦煌石室中发现的《沙州都督府图经》《西州图经》等作为早期方志，弥足珍贵。以后历代编修，至今甘肃境内可考的各类方志约500余部，包括省志3部、府志32部、州志85部、县志210部、厅志1部、关镇卫所志23部、山水寺庙志8部、人物志11部、乡土志17部、地记32部、图经23部、调查记17部、采访录4部、杂记31部、要览7部、星图1部。[①] 这些方志，全方位记载了甘肃的历史文化、地理风貌、社会风俗、物产资源等，这是一笔宝贵的财富，更是“一带一路”文化交流、文明传承的重要文献载体。

二　“一带一路”与甘肃方志编纂与文化传播构想

甘肃省政府之所以将甘肃定位为“丝绸之路经济带”黄金段，主要源于东西长度约1600公里的甘肃，不仅是内地连接边疆的交通要道，也是内地与边疆进行经贸合作、文化交流的必经之地，更是连接中亚、中东、欧洲的次区域合作地段。可见，“丝绸之路”因其自古至今横穿甘肃，体现了甘肃多元融合的文化特色，也成为甘肃在“一带一路”战略中可以唱响的发展主题。不仅如此，甘肃东北部与长城沿线、西南部与藏彝走廊沿线密切的地理和人文关系，更使得甘肃在“一带一路”战略中能发挥好其得天独厚的地理、经济、文化的连接作用。2015年国务院颁布的《全国地方志事业发展规划纲要（2015—2020年）》（以下简称《规划纲要》）首次将“史志不分家”上升到国家顶层设计层面，强调“将地方史编写纳入地方志工作范畴，统一规范管理”[②]。这种“史志合一”的统管编修机制创新，无疑是对传统史志学术文化的又

① 据车安宁：《甘肃历史上的方志编修》，《甘肃日报》，2013年6月24日第13版。

② 《全国地方志事业发展规划纲要（2015—2020年）》，《中国社会科学报》，2015年9月11日第9版。

一重大突破，必将对史志文化"承前启后、开创未来"产生重大影响，开启中国史志文化的新纪元。

因此，甘肃在"一带一路"战略中打造"丝绸之路经济带"黄金段，就要及时学习好、贯彻好、落实好《规划纲要》，修志问道、直笔著史，强化地方史、地方志、年鉴的编纂工作，勇于担当史志文化传承、传播责任。

（一）强化顶层设计，积极推进依法治志

在建设"一带一路"的进程中，我们应当坚持文化先行，通过进一步深化与沿线国家的文化交流与合作，促进区域合作，实现共同发展，让命运共同体意识在沿线国家落地生根。①

"一邑之典章文物，皆系于志"。回顾延续两千多年的方志发展史，持续不断的地方志编修活动，与官方行政推动是分不开的，与"官修史书"的传统是分不开。自隋初，"大业中，普诏天下诸郡，条其风俗、物产、地图，上于尚书"，汇编《诸州图经集》，我国有组织地大规模编修地方志之始，后基本确立史志官修制度后，历代不断颁布政令对修志进行统一规范，通过行政命令推动修志工作。据不完全统计，新中国成立前，历代共发布修志命令46份，包括清以前35份、民国时期11份。这些政令确立了编修地方志是"官职""官责"，并不间断地从编纂方法、内容要求等方面进行统一规范，为我们留下了8000多种旧志典籍。②《规划纲要》指出，要以修志编鉴为主业，统筹兼顾理论研究、开发利用、信息化建设、方志馆建设、旧志整理等工作，实现地方志事业全面协调可持续发展。在《规划纲要》的指引下，甘肃致力于全面发展，进一步树立和强化依法治志、科学治志、开放治志意识。2016年5月开始施行的《甘肃省地方志事业"十三五"发展规划》（以下简称《发展规划》），标志着全省地方志工作迈入了全面依法治志的新轨道。在"一带一路"战略背景下，要自觉运用《发展规划》来审视和检验地方志工作，对照《发展规划》检查工作中存在的不足和需要努力的方向，综合运用执法检查、行政督察等手段，切实提高运用法治思维和法治方式解决地方志工作发展中存在的矛盾和问题的能力。与此同时，要坚持科学治志，遵循规律、突出重点、协调推进；正确认识和妥善处理好治志过程中的若干重大关系，比如，修志与编鉴的关系，提高志鉴质量与加快工作进度的关系，修志编鉴与地方志资源开发利用的关系，发挥地方志工作机构主动作用与调动社会各界积极参与的关系，等等。要坚持有所为有所不为，既善于弹钢琴，又善于抓牛鼻子，力争在有关领域做出自己的特色、自己的成绩。要坚持开门修志，善借外力，充分调动社会各界和方方面面的积极性，不断充实和壮大地方志工作队伍，扩大地方志事业发展的社会根基和社会影响力。社会各界人士应提高对地方志重要性的认识，积极参与地方志的开发利用工作，以地方志

---

① 蔡武：《坚持文化先行 建设"一带一路"》，《求是》2014年第9期。

② 据李培林：《坚持依法治志，推进地方志事业全面发展——在纪念国务院〈地方志工作条例〉颁布实施10周年座谈会上的讲话》，2016年5月13日。

为基础创造更多的优秀文化成果，努力营造全社会共同关心、支持、参与地方志事业的良好氛围。

（二）纂修精品志鉴，拓展方志文化内涵

甘肃是承东启西、连接欧亚的重要通道，是中国向西开放的重要门户和次区域合作战略基地。“一带一路”给整个中国经济发展提出了一个新概念，构建了向西开放的新格局。后队变前队，甘肃从过去相对落后的后方，变成了向西方开放的前沿。面对机遇，甘肃的战略定位：向西开放的纵深支撑和战略平台、丝绸之路的综合交通枢纽和黄金通道、经贸物流合作的区域中心、产业集聚和合作示范基地、人文交流合作的桥梁和纽带。用一句话概括，就是要打造“丝绸之路经济带”甘肃黄金段。

对接“一带一路”发展战略下甘肃要打造丝绸之路经济带甘肃黄金段，地方志事业应站在更新的文化高度，进一步做好精品志书纂修，拓展方志文化内涵。首要任务是志史兼修，立体纵深。一要实施志书精品工程。《规划纲要》要求，要坚持存真求实，确保地方志质量，严把政治关、史实关、体例关、文字关、出版关，编纂出版经得起历史检验、具有鲜明时代特征和地域特色的地方志成果，为打造“丝绸之路经济带”甘肃黄金段提供资鉴史料。二要实施年鉴精品工程。《规划纲要》要求，大力推进地方综合年鉴工作，到2020年，做到地方综合年鉴由地方志工作机构组织编纂，一年一鉴，公开出版，实现省、市、县三级地方综合年鉴全覆盖；要制定质量管理与质量监督规定，完善质量评议与审查验收制度，设立年鉴评比奖励项目，为打造“丝绸之路经济带”甘肃黄金段提供可信的年鉴资料。三要实施名镇志文化工程。“在全面深化改革新时期，地方志也要改革，也要创新，编纂名镇志就是地方志工作的创新，也是留住乡镇记忆的文化工程”。即在体例、篇目结构、记述方法等方面创新，在保持“志性”的前提下记述出名镇的“特性”，增强志书的可读性与功用性；通过名镇志的编纂，记载“一带一路”丝绸之路甘肃段沿线的乡镇历史文化，记住乡愁，留住乡音，传承乡风。这一项项工程，既是一个地方志创新工程，又是一个国家的信史文化工程。只有这样做好精品志书纂修，拓展方志文化内涵，志史兼修，立体纵深，才能全面、系统地传承方志文化，让“一带一路”国家和地区在从甘肃地方史志中汲取智慧的同时，更宏观、更全面地了解、借鉴积淀深厚的甘肃文化资源。

（三）依托“一带一路”，提升学术影响力度

中国方志文化在世界传播甚广，尤其受“中华文化圈”的外国学者的“青睐”。甘肃省是“一带一路”上的黄金段，是一颗耀眼的明珠，这是不争的事实。甘肃不仅是连接亚欧大陆桥的战略通道和沟通西南、西北的交通枢纽，西北乃至全国的重要生态安全屏障，全国重要的新能源基地、有色冶金新材料基地和特色农产品生产与加工基地，中华民族重要的文化资源宝库，促进各民族共同团结奋斗、共同繁荣发展示范区，还是构建我国向西开放的重要门户和次区域合作战略基地。这也是甘肃省融入“一带一路”战略框架，打造丝绸之路经济带甘肃黄金段的重要优势。要搞好黄金段的发展，就要充分利用自身的重要优势，要坚持共享发展，共享是黄金段人民参与黄金段发展与实践的内在驱动力。只有让黄金段人民不断有获得感，他们才会把发展与自己的利益紧密结合起来，才会有投身于建设黄金段的激情和干劲。

对接“丝绸之路经济带”甘肃黄金段建设，方志文化是公共文化的重要内容，在甘肃方志文化发展中，要发挥地方志资源在地方公共文化服务中的重要作用，利用广泛宣传地方志成果，推动方志文化进农村、进社区等活动，推动城乡方志文化建设，培育地方历史记忆。正如《规划纲要》强调，要健全地方志工作机构主导、社会各界有序参与修志编鉴的途径和方式。因此，甘肃省的地方志工作不能单打独斗，要学会合作，达到共赢、共享，与高等院校、科研院所、档案机构、图书馆等单位加强交流，引导社会各界更广泛地参与地方志工作，在更大范围、更宽领域、更深层次上提升事业发展水平。同时，推进甘肃方志文化走向世界工程，服务国家文化“走出去”战略，推介一批高质量地方志成果，充分展示地方志的当代价值及永恒魅力，增强方志文化的学术影响力。

（四）彰显民族特色，重视民族地区修志

整个甘肃河西走廊南部分布的众多少数民族如蒙古族、藏族、裕固族、哈萨克族，与甘南、临夏两州的藏族、回族、保安族、撒拉族、东乡族一起，创造了绚丽多彩的甘肃少数民族文化。这些文化既具有悠久的历史传统，又是内地汉族农业文化与边疆牧业文化的连接带文化，因此甘肃文化自然就成为连接古代与今天、内地与边疆不同民众多元文化的桥梁。这座桥梁，不是独木桥，而是纵横交错、穿越古今的文化理解与尊重的桥梁。内地人到甘肃来，通过了解甘肃的多元文化，为其接近和了解边疆不同时代、不同族群的文化奠定人文基础，而边疆人从甘肃进入内地，通过对甘肃多元文化的了解和认识，又拉近了其与内地文化的距离。通过这种内地人与边疆人之间持续不断的了解与认识，久而久之，内地与边疆的文化以甘肃多元文化作为桥梁，从而形成多元共存、百花齐放的中国文化，这是甘肃作为“一带一路”“黄金带”所发挥的文化连接作用。①

作为中华文化重要组成部分的瑰宝，最具民族特色和地方文化的地方志，同样肩负着服务国家“走出去”战略。因此，对于甘肃民族地区史志来说，《规划纲要》中明确提出要重视“民族地方志”的编纂工作和“支持民族地区做好地方志编纂工作”“加大对民族地区、贫困地区地方志工作的支持力度”，不仅体现党中央、国务院对民族地区地方志工作的关心和支持，更重要的是彰显民族地区地方志在“一带一路”发展战略中具有的独特文化作用。民族地区编

① 据徐黎丽、王悦：《“一带一路”建设中甘肃“黄金段”作用的发挥》，《西师大学学报》（社科版）2015 年第 6 期。

修的地方志书，必须旗帜鲜明地坚持以马列主义、毛泽东思想和中国特色社会主义理论体系、习近平总书记系列重要讲话精神为指导，运用辩证唯物主义和历史唯物主义的方法，坚持实事求是的原则，客观、全面、系统地记述民族地区自然、政治、经济、文化和社会的历史与现状，传承和传播尊重差异、多元一体的文化观，引导和帮助民族地区各族人民群众树立正确的国家观、民族观、宗教观、文化观和历史观具有十分重要的作用。① “一带一路”在文化多样性的重构中，涉及宗教民族方面政策时，有待地方史志提供历史经验和智慧，方志文化有利于构建“一带一路”联系历史与未来的桥梁。因此，甘肃要凭借丝绸之路经济带的黄金带位置，通过方志文化交流与传播，架起各族民众互相尊重、包容、共享、信任的桥梁，促进中华民族凝聚力和向心力的提升。

（五）利用媒体推介，创新方志传播路径

在美国、欧洲、日本的许多国家图书馆和大学图书馆收藏的中国古籍中，有着大量丰富的地方志史料，为确立汉学研究、推进中国研究发挥了极大作用。鉴于方志文化的国际知名度和认可度，在“一带一路”视野下，甘肃打造丝绸之路经济带甘肃黄金段，地方志工作部门应与甘肃卫视文化频道等传统媒体合作，精心打造方志文化对外宣传名牌，可以拍摄制作方志文化纪录片《方志甘肃》，纪录片展示了两千多年来甘肃方志的起源、发展历程和累累硕果，凸显甘肃从清代、民国到中华人民共和国时期的修志史上所取得的重要成果。剧情可用以事系人的方志笔法展开，用文字、选配甘肃方志历史图片为支撑，讲述了甘肃方志史上传承至今的往事，全方位、多角度、多层次、立体式地展示甘肃地方志中记载的丝绸之路经济带沿线重镇的风土人情、文化历史。这可以对人们认识地方志，深入了解地方志具有广泛而深刻的宣传教育意义，对发展地方志事业、对广大地方志工作者都将有巨大的鼓舞和激励作用。

在新兴传播媒体快速发展的今天，正如《发展规划》强调，要加强地方志信息化建设，按照分级建设、资源共享、安全高效的原则，加快省、市、县三级地方志网站建设进度。要按照全国地方志事业信息化发展意见的有关要求，不断升级完善地情网站和地情资料库软硬件设施，广泛应用“互联网+”、微信平台等现代信息技术手段，逐步实现修志编鉴的数字化、网络化，构建多界面、多渠道、多元化、全方位的信息化综合服务体系。因此，要最大化地利用互联网技术和信息资源，实现“甘肃志库” +互联网，开设微信平台、APP终端等现代媒介技术，打造网络史志“一带一路”软实力，扩大甘肃方志文化对外传播的受众，提高甘肃方志文化对外传播的信息流通效率，促进甘肃方志文化在“一带一路”沿线得到更广泛的传播，为“一带一路”提供实时信史文化资源、文化品牌支撑。在传承的同时进行实时有效传播，更好地贴近经济社会发展实际，贴近人民群众需要，充分发挥地方志资源在“一带一路”公共文化

---

① 据邓敏杰：《“一带一路”推陈出新与方志文化“双传”导向》，《广西地方志》2015年第6期。

服务中的“资政”“商鉴”“教化”等重要作用。

结 语

在当前我国大力实施“一带一路”的战略指引下，在甘肃建设华夏文明传承创新区和文化强省的引领下，如何抓住国家宏观政策给地方志文化带来的巨大机遇，努力开展地方志文化与“一带一路”战略对接的相关研究，对我省地方志文化“走出去”，扩大我省地方志文化的影响力具有重大的学术价值。甘肃地方志文化能得到更好的传播，反过来必将推动经济社会发展，助推甘肃建设“丝绸之路经济带”黄金段的宏伟蓝图早日实现。

参考文献

[1] 邓敏杰：《“一带一路”推陈出新与方志文化“双传”导向》，《广西地方志》2015 年第 6 期。

[2] 徐黎丽、王悦：《“一带一路”建设中甘肃“黄金段”作用的发挥》，《西师大学学报》（社科版）2015 年第 6 期。

[3] 车安宁：《甘肃历史上的方志编修》，《甘肃日报》，2013 年 6 月 24 日，第 13 版。

[4] 郝玉屏主编：《甘肃方志通览》，兰州：兰州大学出版社，2007 年。

[5] 刘伟平：《着力打造丝绸之路经济带甘肃黄金段》，《求是》2014 年第 18 期。

[6]《20 省份全面布局“一带一路”甘肃定位打造“丝绸之路经济带”黄金段》，《西部商报》，2015 年 1 月 29 日第 16 期 A。

[7] 蔡武：《坚持文化先行 建设“一带一路”》，《求是》2014 年第 9 期。

[8] 邱新立：《全国地方志事业发展规划纲要（2015—2020 年）解读》，《中国地方志》2015 年第 11 期。

[9]《全国地方志事业发展规划纲要（2015—2020 年）》，《中国社会科学报》，2015 年 9 月 11 日第 9 版。

[10] 李培林：《坚持依法治志，推进地方志事业全面发展——在纪念国务院〈地方志工作条例〉颁布实施 10 周年座谈会上的讲话》，2016 年 5 月 13 日。

“一带一路”视野下的史志网站数字化方志资源建设

赵 峰（上海市青浦区史志办公室）

提要：史志网站及其数字化资源能够让“一带一路”沿线国家了解中国，有助于解决沿线各国、各地文化差异，有助于促进沿线各国、各地经济发展。分析各地全国史志网站现状，比较16家典型史志网站方志文献数据库的内容和功能。为了在“一带一路”建设过程中发挥作用，方志系统要树立正确数字化观念，网站与数据库同步规划、同步建设，图像数字化、文本数字化同步实现；开放方志文献数字资源，向社会公众开放数据库，开放检索、复制功能；丰富数字化方志资源，建立方志文献数据库以及特色数据库、专题数据库、历史地理信息系统；规范史志网站数字化方志资源建设，确立方志行业数字化标准体系。

关键词：“一带一路” 史志网 数据库 数字化 复制 检索

共建丝绸之路经济带和21世纪海上丝绸之路（简称“一带一路”），是以习近平为总书记的党中央作出的战略决策，是连接中外、造福沿途各国人民的伟大事业，得到国际社会的广泛关注和积极支持。在“一带一路”建设过程中，我们应当坚持文化先行，自觉以文化引领经济，深化与沿线国家的文化交流与合作，从而促进区域合作，实现共同发展。在文化先行、文化引领经济、促进“一带一路”沿线国家共同发展过程中，史志网站数字化方志资源应该能够在起到重要的作用。

一 史志网站数字化方志资源在“一带一路”建设中的作用

（一）有助于让“一带一路”沿线国家了解中国

在“一带一路”所要经过的国家和地区，那里的政府、企业家和普通民众缺乏对中国了解，不了解中国的地理、政治、经济、文化、风俗等，或多或少都有疑虑。我们一定要让对方很深入地了解我们。建设史志网站，实现方志文献资源数字化，通过互联网输出方志到世界的每一个角落，让世界各地用户便捷获取地情信息，有助于让世界了解我们。因此，我们要通过史志网站、数字化方志资源可以输出方志，史志网站可以成为“一带一路”沿线国家乃至全世界了解我们各地地情的一个重要窗口。

（二）有助于解决在“一带一路”建设过程中遇到的文化差异

各地政府、企业在“一带一路”建设过程中，不可避免地会遇到与沿线不同国家、不同地区、不同民族风俗、文化等差异问题，只有多沟通、多交流、相互理解，才能解决风俗、文化差异带来的问题。各地史志网站拥有很好的资源，数字化方志资源（包括方志文献数据库和网站特色栏目）提供各地风俗、文化方面资料，能够在这方面问题的解决中发挥重要作用。建设好史志网站可以有条件、也有能力为消除“一带一路”建设过程中的文化差异，促进不同国家间的共同发展做出贡献。

（三）有助于促进“一带一路”沿线各地经济发展

“一带一路”沿途沿线大多是新兴经济体和发展中国家，普遍处于经济发展上升期，通过深挖各国之间合作潜力，推进区域基础设施、基础产业和基础市场的形成，推进贸易投资自由化和便利化，必然需要了解沿线各地区的地方资源、物产、经济情况，地方志办公室、史志网站拥有很好的资源，拥有志书、年鉴、其他地情文献，提供各地经济、资源各方面信息，有助于帮助用户通过获取相关信息，从中寻找商机、合作机会。因此建设好史志网站可以有条件、也有能力为促进“一带一路”沿线各地经济发展做出贡献。

二　全国史志网站及其数字化方志资源现状

（一）全国史志网站总体情况

根据中国方志网“全国地方志系统网站、网页建设和方志馆建设情况统计表（2015 年度）”（截至2015 年10 月31 日）[①] 分析，全国省级、地市级、区县级网站分别有27 个、230 个和816 个，分别占省、地市、区县数的84.38%、58.82%和26.50%[②]。表明全国还有相当多的地区史志网站没有建成，省级尚可，地市级一般，区县级极不乐观。

多数史志网站没有方志文献数据库。史志网数字化方志资源核心是方志文献数据库。多数地方志机构建立了史志网站，设置网页，但是没有建立方志文献数据库；有些可能方志文献数据库建立了，但是没有上互联网。5 月末，笔者利用百度网站搜索关键词“史志网”，在前列的有赤壁史志网、中国方志网、海南史志网、连云港史志网、无锡史志网、温州史志网、定海

① “全国地方志系统网站、网页建设和方志馆建设情况统计表（2015 年度）”（截至 2015 年 10 月 31 日），http://www.difangzhi.cn/zgdfz/zxtj/201602/25ecf973f0314c569692b3609f05a82d.shtml。

② 根据“全国地方志系统工作机构情况统计表（2015 年度）”（http://www.difangzhi.cn/zgdfz/zxtj/201602/fc4fd97a71234708a4c138e1981ac776.shtml）分析，全国省级行政单位32 个，地市级行政单位391 个，区县级行政单位3079 个。

史志网、湖北方志网、江苏省地方志网、九江史志网、余姚史志网、徐州史志网、新昌县史志网、嘉善史志网、东海史志网、从化史志网、盐城史志网、曲靖史志网、嘉兴市档案史志网、甘肃地方史志网、大名纵横网—大名史志网、余杭史志网、平湖史志网、煤炭史志网、舟山档案史志网、鹰潭史志网、泸州史志网、抚州史志网28家史志网站。其中，中国方志网、赤壁史志网、无锡史志网、徐州史志网、嘉善史志网、东海史志网、大名纵横网—大名史志网、平湖史志网、煤炭史志网、舟山档案史志网、鹰潭史志网、泸州史志网、抚州史志网13家没有建立方志文献数据库①，没有将方志文献数字化并收藏入数据库，用户不可能通过互联网浏览、利用当地方志文献；新昌县史志网、温州史志网、甘肃地方史志网、余杭史志网4家网站提供了整本或者分卷文本（pdf或者word格式）下载，它们一定程度上实现了方志文献数字化，但是没有将数字化资源组织、构建成为文献数据库，严格意义上，还不能说是建立了方志文献数据库。

显然，这些史志网站没有方志文献数据，不能在让“一带一路”沿线国家了解中国，在解决沿线各国、各地文化差异，在促进沿线各国、各地经济发展中发挥应该能够起到的作用。

全国地方志系统网站、网页建设情况表

序号		网站建设情况（个）			行政区划数量（个）			占比（%）		
	行政区划	省级	市级	县级	省级	市级	县级	省级	市级	县级
1	北京	1	—	6	1	0	12	100.00	—	50.00
2	天津	1	—	—	1	0	15	100.00	—	0
3	河北	—	5	7	1	11	193	0	45.45	3.63
4	山西	1	5	13	1	11	140	100.00	45.45	9.29
5	内蒙古	1	12	7	1	20	93	100.00	60.00	7.53
6	辽宁	1	10	5	1	14	104	100.00	71.43	4.81
7	吉林	1	6	12	1	9	60	100.00	66.67	20.00
8	黑龙江	1	13	14	1	13	141	100.00	100.00	9.93
9	上海	1	—	11	1	0	17	100.00	—	64.71
10	江苏	1	13	51	1	13	95	100.00	100.00	53.68
11	浙江	1	11	36	1	11	82	100.00	100.00	43.90

① 1—2月，笔者曾经多次用同样方法搜索百度，居前列的史志网站中，没有方志文献数据库的比5月多得多。2016年起，越来越多的史志网站建立方志文献数据，访问者多了起来，它们在百度搜索中位置逐渐前移。

续表

序号		网站建设情况(个)			行政区划数量(个)			占比(%)		
	行政区划	省级	市级	县级	省级	市级	县级	省级	市级	县级
12	安徽	1	12	8	1	16	105	100.00	75.00	8.57
13	福建	1	6	24	1	9	86	100.00	66.67	27.91
14	江西	1	8	7	1	14	120	100.00	57.14	5.83
15	山东	1	17	140	1	20	152	100.00	85.00	92.11
16	河南	1	11	9	1	18	162	100.00	61.11	5.56
17	湖北	1	14	57	1	17	102	100.00	82.35	55.88
18	湖南	1	10	29	1	24	143	100.00	41.67	20.28
19	广东	1	21	123	1	21	114	100.00	100.00	107.89
20	广西	1	14	77	1	14	110	100.00	100.00	70.00
21	海南	1	—	—	1	3	20	100.00	0	0
22	重庆		—	18	1	0	39	0	—	46.15
23	四川	1	13	25	1	21	183	100.00	61.90	13.66
24	贵州	1	6	18	1	9	88	100.00	66.67	20.45
25	云南	1	3	1	1	16	129	100.00	18.75	0.78
26	西藏	—	—	—	1	7	73	0	0	0
27	陕西	1	10	93	1	10	107	100.00	100.00	86.92
28	甘肃	1	6	23	1	14	86	100.00	42.86	26.74
29	青海	—	—	—	1	8	46	0	0	0
30	宁夏	—	3	1	1	5	22	0	60.00	4.55
31	新疆	1	1	—	1	15	94	100.00	6.67	0
32	新疆生产建设兵团	1	—	—	1	28	146	100.00	0	0
	合计	27	23	816	32	391	3079	84.38	58.82	26

注:①行政区划数量根据"全国地方志系统工作机构情况统计表(2015 年度)"(http://www.difangzhi.cn/zgdfz/zxtj/201602/fc4fd97a71234708a4c138e1981ac776.shtml)分析

16 种地方志网站基本情况

网名	网站方志文献数据库	数量(部)[1]	种类	网页检索	网站检索	百度检索	文本复制
金山地情网	方志年鉴成果库：金山年鉴 13 部、志书（金山县志 1 部、金山续志 1 部、金山地名志 1 部）、其他文献 3 部	16	志书、年鉴本政区志新志	不能	不能	不能	不能
青浦史志	党史 18 部、县志（旧志 5 种、青浦县志 1 部、青浦续志 1 部）、青浦年鉴 16 部、乡镇 24 部、专业志 26 部、其他出版物（青浦史志 15 期）	91	党史、志书、年鉴本政区志、专业志、下级政区志新志、旧志	能	不能	不能	能（页文本）
长宁档案信息网	区志年鉴栏目：长宁区志 1993—2005、长宁区志、长宁年鉴 13 部	15	志书、年鉴本政区志新志	能	不能	不能	能（节文本）
潼关县地情网	地情资料库（位于陵西地情资料库内）：潼关县志 1 部、潼关年鉴 3 卷	4	志书、年鉴本政区志新志	能	能	不能	能（节文本）
中国杭州	走进杭州栏目：杭州市志 1 部、杭州年鉴 15 部	16	志书、年鉴本政区志新志	能	能。有高级搜索功能	能	能（节文本）
太原方志网	太原市志 1 部[2]	1	志书本政区志新志	能	不能	能	能（节文本）
宁波史志网	历史文献数据库（党史文献 4 部）、地方志全文数据 库（宁波市志 3 部、区县志 4 部、专业地方志 1 部）、年鉴全文数据库（宁波年鉴 17 部、宁波统计年鉴 7 部）、地方历史文献数据库（旧志 10 部）	46	党史、志书、年鉴本政区志、专业志、下级政区志新志、旧志	能	能	不能	能（页文本）
苏州地方志	志书博览：苏州市志 1 部、市（县）区志 11 部、苏州旧志 9 部、专业志 57 部、乡镇村志 125 部、地情书 6 部、史志资料选辑 33 部	209	党史、志书、年鉴本政区志、专业志、下级政区志新志、旧志	不能	不能	不能	不能

续表

网名	网站方志文献数据库	数量(部)[1]	种类	网页检索	网站检索	百度检索	文本复制
广州地情网	市情数据库:志书库(广州市志(1840—1990)21卷、广州市志(1991—2000)10册、区县志(1840—1990)12部、区县志(第二轮)12部、其他志书(1840—1990)1部、年鉴库(广州年鉴33部)、古籍库1部、地情文献21部、刊物库(28年全部羊城今古)	111	志书、年鉴本政区志、专业志、下级政区志新志、旧志	能	能	不能	能(页文本)
上海通	地情资料:上海通志46卷、区志17部、县志14部、专业志100部、上海年鉴19部、区县年鉴链接19个、特色志4部、专志12部	212	志书、年鉴本政区志、专业志、下级政区志新志	能	能	能	能(节文本)
广西地情网	广西通志(第一轮88部、第二轮15部)、市志(第一轮24部、第二轮3部)、县志(第一轮88部、第二轮19部)、地情书(10部)、方志论著(4部)、方志期刊(1982—2015全部)、广西年鉴(21部)、市县年鉴(市年鉴7部、县年鉴16部),部分为pdf格式	294,其中部分为pdf格式	志书、年鉴本政区志、专业志、下级政区志新志	能	能(旧网络①、新网络②)	能(旧网络)不能(新网络)	能(节文本)
四川地方志	省志数据库:《四川省志》(1840—1985)40部	40	志书本政区志、专业志新志	不能	不能	不能	能(页文本)
安徽地方志	省情数据库:安徽省志18部、省辖市志17部、县(市、区)志9部、山湖志7部	51	志书本政区志、专业志、下级政区志新志	能	不能	不能	能(节文本)
北京地情网	志书检索:志书(市志122部、区县志18部);年鉴检索:年鉴库(北京年鉴26部)	166	志书、年鉴本政区志、专业志、下级政区志新志	不能	能	不能	能(页文本)
新疆地情网	新疆通志(一轮)82部、地县志(一轮)90部、新疆年鉴29部	201	志书、年鉴本政区志、专业志、下级政区志新志	能	能	网站能。数据库不能	能(节文本)

① 广西地情网检索入口(旧):http://www.gxdqw.com/bin/mse.exe? seachword=&K=a&A=1&run=12。

② 广西地情网检索入口(新):http://lib.gxdqw.com/index.html。

续表

网名	网站方志文献数据库	数量(部)[1]	种类	网页检索	网站检索	百度检索	文本复制
陕西省地情网	地情资料库:陕西省志92部、陕西年鉴28部、市县志132部、市县综合年鉴103部、市县地情书109部	464	志书、年鉴本政区志、专业志、下级政区志本政区年鉴、下级政区年鉴新志	能	能	不能	能(节文本)

注:〔1〕文献合计,不包括链接文献、方志论著和期刊

〔2〕太原方志网另有县区志9部、乡镇村志9部、部门志21部,特色志、方志古籍、地情丛书、年鉴均为简介,没有文献内容

(二)典型史志网站方志文献数据库收藏内容比较

史志网数字化方志资源上网,是将方志文献数字化,设置网络页面或者建立文献数据库,通过互联网供广大用户浏览、检索、复制。方志文献数据库是史志网数字化方志资源核心。笔者重点考查方志文献数据库。2—5月,笔者调查40多家史志网站,选取其中建立方志文献数据库的网站16家,分析比较这些史志网站方志文献数据库特点。

1. 史志网站方志文献数据库收藏文献数量比较

16个史志网方志文献数据库收藏文献较为丰富。11家网站收藏文献40部以上,5家不足39部。

省级史志网站收藏方志文献相当丰富。7家省级史志网站中,除了四川地方志收藏40部、安徽地方志收藏51部,其余4家收藏文献161部以上。

地市级史志网站收藏方志文献比较丰富,5家地市级史志网站中,苏州地方志209部、广州地情网111部、宁波史志网46部,中国杭州、太原方志网2家不足16部。

县级史志网站收藏方志文献数量偏低。4家县级史志网站中,除了青浦史志收藏91部外,其余3家收藏文献不足16部。

显然,县级方志网站数据库实力相对薄弱,在让世界了解中国,在解决“一带一路”沿线各国、各地文化差异,在促进沿线各国、各地经济发展中所起到的作用非常有限。

2. 史志网站方志文献数据库品种比较

16个史志网方志文献数据库收藏文献品种多样,但也有部分网站品种单一。

16家史志网站,收藏党史、志书、年鉴3种文献的有青浦史志、宁波史志网、苏州地方志3家;收藏志书、年鉴2种文献的有金山地情网、长宁档案信息网、长宁档案信息网、潼关县地情网、中国杭州、广州地情网、上海通广西地情网、北京地情网、新疆地情网、陕西省地情网10家;只收藏志书的有太原方志网、四川地方志、安徽地方志3家。志书、年鉴收藏齐全的有13家,占81.25%。

志书中,收藏本政区志、专业志、下级政区志三类文献的有青浦史志、宁波史志网、苏州

地方志、广州地情网、上海通、广西地情网、安徽地方志、北京地情网、新疆地情网、陕西省地情网10家，占全部网站62.5%，品种丰富；其余6家收藏二类文献，占37.5%，在传统志书方面较为薄弱。

志书中，收藏新志、旧志二类文献的有青浦史志、宁波史志网、苏州地方志、广州地情网4家，品种丰富，其余12家只收藏新志，有所欠缺。

显然，部分网站品种单一，如太原方志网，只收藏本级行政区的新志书，品种最为单一，在让世界了解中国，在解决"一带一路"沿线各国、各地文化差异，在促进沿线各国、各地经济发展中所起到的作用非常有限。

（二）典型史志网站方志文献数据库功能比较

方志文献数据库上网并不是数字化的终结，而是数字化的起点。方志文献数据库能否为广大网络用户利用、能否被浏览、检索、复制才是数字化的目的。实现文献数字化，建立数据库，如果不能让用户通过互联网浏览、检索、复制文献内容，这样的数字化、数据库内容再丰富、品种再多样，也是没有多大用处的，更是不可能在让世界了解中国，在解决"一带一路"沿线各国、各地文化差异，在促进沿线各国、各地经济发展中起到什么作用。

1. 浏览功能

16家史志网站数据库都能够向用户提供互联网浏览功能，各有特点。其中，金山地情网只能显示方志图书图像，显示的是方志图书页面。

长宁档案信息网、潼关县地情网、中国杭州网、太原方志网、上海通、苏州地方志、广西地情网、安徽地方志网、新疆地情网和陕西地情网10家网站，以志书节为单位显示志书文本内容。

青浦史志网、宁波史志网、广州地情网、四川地方志、北京地情网5家，显示志书页面图像，也能以志书页面为单位显示志书文本内容。

2. 检索功能比较

网站检索功能有网站外搜索、网站内搜索和网页内搜索3种形式。网站外搜索，就是通过百度等搜索引擎搜索到指定史志网站方志文献数据库内的文本信息。① 16家网站中，通过百度网能够检索数据库文本信息的有中国杭州、太原方志网、广西地情网（约2016年5月前的旧数据库）、上海通3家、其他13家以及广西地情网（新数据库）不能实现检索功能，多数网站不能提供广大用户最喜爱的检索方式，方志文献数据库利用率低下。

网站内搜索，就是站内检索，由史志网站检索入口帮助用户找到所需文本信息，检索入口

① 在百度搜索网中，输入特定检索语句（"关键词 site：网络地址"），例如输入"风俗 site：www. shtong. gov. cn/"（注意要略去"http：//"）。

有全网检索入口和志书检索数据库入口两种。中国杭州网、上海通和新疆地情网3家能够通过全网站统一入口搜索网站全部内容，包括志书数据库内文本信息。潼关县地情网、宁波史志网、广州地情网、广西地情网、北京地情网、陕西省地情网以及新疆地情网7家有网站内检索入口和志书数据库检索入口，通过志书数据库检索入口能够检索到数据库内文本信息。9家网站能够通过网站检索入口检索数据库内文本信息，占56.25%。

网页内搜索，是利用IE浏览器、谷歌浏览器等浏览软件的网页内查找功能。查找网页内特定文本信息。16家网站中，能够在网页内搜索特定文本内容的有青浦史志网、长宁档案信息网、中国杭州、太原方志网、宁波史志网、广州地情网、上海通、广西地情网和安徽地方志9家。其余4家不能实现网页内检索功能。

16种网站中，3种检索方式齐备的，有中国杭州网、上海通和广西地情网（旧数据库）3家，数字化资源利用效率高。而金山地情网、苏州地方志、四川地方志3家网站是3种检索功能都没有，用户不能通过任何方式检索到数据库内文本信息，数字化资源利用率极低，数据库没有多大用处，是不可能在“一带一路”建设过程中发挥什么作用的。

2. 文本复制功能比较

复制功能，是在网页中选取所需要的内容复制保存到计算机中，是志书数字化的基本功能之一。16家网站中，金山地情网、苏州地方志网两家网站不提供任何文本复制功能，用户无法通过网络复制文本内容，志书数字资源利用率极低。其余14家网站可复制文本，数字库利用效率高，能够在“一带一路”建设过程中发挥一定作用。

三 规范史志网站数字化方志资源建设

各级方志机构要努力推动史志网站建设，特别是要推动数字化方志资源建设。努力实现方志数字化，建立史志网站和志文献数据库。目前，县级史志网站普遍落后，需要国家、省有关部门加大投入，向县级方志机构倾斜。

（一）树立正确数字化观念

数字化是指纸质图书经图像扫描、文字识别、数据著录、版式还原等步骤形成数字化资源，通过计算机、互联网，向用户提供浏览、检索、复制等功能。数字化是一个过程，涉及文献数字化、数据库建立和网络浏览、检索、复制等功能的实现。

图像数字化、文本数字化同步实现（即图文结合）是方志文献数字化的较好方式。文献数字化包括图像化、文本化和图像文本结合3种方式。[①] 图像数字化和文本数字化是志书数据库建立前提，没有图像数字化和文本数字化，志书数字化不可能实现。图像数字化是通过图像扫

① 顾磊、赵阳：《古籍全文文本化中存在的若干问题》，《图书馆学研究》2013年第20期。

描手段将纸质图书转化成图像文档，它保存了图书原貌，但是不能进行检索和内容复制。文本数字化是通过光学文字识别、人工录入等手段将纸质图书转化成文本文档，它是志书检索、复制以及数据分析与挖掘等应用的基础，没有文本数字化，检索、复制等功能不可能实现，然而文本化不能展示图书原貌信息。理想状态下，图像数字化与文本数字化要同步进行。单纯图像数字化与单纯文本数字化存在局限性。例如，金山地情网单纯实现图像数字化，向网络用户展示了图书每页页面原貌，但是由于没有数字化文本，不能实现与文本有关的检索和复制、编辑等功能，资源利用度低下。这种模式数字化程度不高。长宁档案信息网、潼关地情网、中国杭州网、太原方志网、上海通、苏州地方志、广西地情网、安徽地方志网、新疆地情网和陕西地情网 10 家网站，单纯实现文本数字化，向网络用户显示了文本内容（以志书节为单位），为实现文本检索和复制、编辑等应用提供了基础，但是不能展示图书页面原貌。这种模式数字化程度尚可，能够满足基本需要。青浦史志网、宁波史志网、广州地情网、四川地方志、北京地情网 5 家网站，实现图文数字化结合，向用户显示图书每页页面原貌，又显示了文本内容（以页面为单位），其数字化文本为实现文本检索和复制、编辑等应用提供基础。显然图文结合可以取长补短，数字化程度最高，能够满足各种需求。

方志文献数据库的建设是方志数字化的核心和关键环节。数字化不仅仅是指建设史志网站，设置几个网页、几个栏目，还包括方志文献数字化、方志文献数据库（为数字化方志资源的核心）构建。史志网站建设与方志文献数据库建设是数字化的不同阶段，其中方志文献数据库建设是方志数字化的核心和关键环节。可以说入库文献的容量丰厚与否，直接影响到网站质量与访问率的高下。只有网站没有数据库的史志网站是没有多大价值的，是不能在让世界了解中国，在解决“一带一路”沿线各国、各地文化差异，在促进“一带一路”沿线各国、各地经济发展中起到什么作用。方志机构建设史志网站时，要好好规划，网站与数据库要同步规划、同步建设。

通过互联网实现浏览、检索、复制等功能是数字化的目的。浏览功能包括志书图像页面显示和文本显示（以页或者节为单位）。检索功能包括网站内检索、互联网检索（站外检索）和网页内检索，目前是指文本检索。复制功能可以按志书页面复制，也可以按志书节为单位进行复制。浏览、检索、复制功能可以提高数字化资源（包括数据库）的利用效率和利用质量。没有浏览、检索、复制的实现，数字化资源包括数据库将是没有价值的，利用效率和质量也是低下的。

为了在“一带一路”建设过程中发挥作用，还要丰富检索功能。检索功能是文本复制、数据挖掘的基础，相当重要，是网站提高访问率，提高数据库利用率和质量的基础。为了让广大用户使用志书数字化资源，扩大数字资源开发程度，史志网站要全面开发检索系统，开发多种检索入口和功能。要求网站提供实现网站外搜索、网站内搜索和网页内搜索 3 种检索方式。要求网站能够实现简单检索功能和高级检索功能，高级检索能够提供基于文章标题、内容、作者、关键词等的多种检索途径。要开发出各类人性化、智能化的检索系统。

（二）开放方志文献数字资源

史志网站数字化方志资源（核心是方志文献数据库）是用国家财政建立，属于公共产品，具有公益属性，追求的是社会效益，应该向社会公众免费开放。然而不少史志机构观念保守，把本单位数字资源视作本单位产业，不太愿意向社会公众完全开放，甚至人为限止数字资源的开放功能。人为限止有三种表现。其一，限止用户访问。例如上海奉贤史志网，需要用户注册，登录后了才能访问方志文献数据库。甚至有学者还认为“根据读者所需资料的多寡、访问次数的多少、访问时间的长短和访问内容的层次等，分别有偿授予不同的资格和相应的访问与下载权限，实行网上会员制管理”①。广大用户不能直接访问、浏览、检索、复制这些网站的文献数据库，方志数字资源利用率有限。其二，限止文本检索功能。例如苏州地方志、四川地方志两家网站通过浏览器或者专用阅读工具（如四川地方志网的快威电子文献阅读器 IBook）向用户显示志书内容，但是不能提供文本检索功能。两家网站已经实现了文本数字化，但是它们人为要求数字化服务公司限制、封闭此功能，也可能是数字化服务公司技术能力有限，没有能力实现此功能。如此，广大互联网用户不能通过任何方式检索史志网站方志文献数据，网页内检索、数据库检索、百度检索都不能实现，结果是志书数字资源利用率低下。其三，限止文本复制功能。例如苏州地方志网站出于同样原因，在网页中加一段代码限制了文本复制功能，从而互联网用户不能复制网站志书数据库资源，数据库资源利用率低下。

因此，为了在“一带一路”建设过程中发挥作用，史志网站要向社会公众完全开放数据库，让广大用户无限制访问数据库，能够正常浏览志书内容。要向社会公众开放检索功能，方便用户利用浏览器在网页内检索文献数据库文本；方便用户在站内检索文献数据库文本；进一步向互联网、社会公众开放搜索接口，让用户能够通过百度检索方志文献数据库的内容。要向社会公众开放文本复制功能，允许用户通过互联网检索、复制文本。

（三）丰富数字化方志资源

丰富数字化方志资源，核心是方志文献数据库的建立和完善。要努力充实和扩大方志文献数据库，建立海量数据库。方志文献数据库要收藏全部地方方志文献，地方文献至少包括以下多个层次、多个方面内容：志书、年鉴、其他地方文献；志书包括本政区志、下级政区志和专业志（部门志、行业志）；志书又包括新志和旧志；新志包括首轮志书和二轮志书。“志书、年鉴及相关地情书资源信息是地方志网站最重要的内容信息”，“是用户访问地方志网站的根本原

① 冯洪刚：《关于方志文献资料数字化、网络化的思考》，《新疆地方志》2007 年第 2 期。

因和直接动力”①。史志网站数据库要尽可能将上述内容收藏齐全，加快文献数字化，加强数据库建设的力度，从而更好地在“一带一路”建设过程中发挥作用。

在方志文献数据库的基础上，史志网站还要筹划建立其他数据库，短期内建立特色数据库，长期内建立若干个专题数据库，远期建立历史地理信息系统。特色地情信息数据库（与网站特色栏目相结合），系统地整理、利用新旧方志、年鉴和地方文献资料以及新闻信息，吸收地区内外各行各业的重要信息，形成一整套系统的特色地情信息数字化资源，可以包括物产、风俗、人物、文化、风景，还可以以“一带一路”为主题，选择本地与丝绸之路经济带或者21世纪海上丝绸之路相关的材料，组织特色栏目或者特色数据库。它在网站内部为数据库，在网站界面上可以是若干个特色栏目，也可以是网站检索入口中的检索数据库，它从不同的层次和角度反映社会的宏观和微观结构，为各行各业提供全面地情信息服务，从而提高数据库资源综合利用率，为“一带一路”建设做出贡献。特色数据库建设比较简便可靠，是可以短期内完成的。

建立若干个专题数据库。以方志文献为基础，按照元数据标准进行规范化处理，多角度丰富、补充、扩展相关内容，集合相关、相近方志信息，形成多个专题地方志知识信息体系。可以包括地名信息库、人物信息库、事件信息库、艺文信息库、景观信息库、物产信息库等。专题数据库利用图书馆行业、信息行业元数据标准组织相关信息，所建立的数据库质量高，但是专业性强，建立难道较高，是史志网站长期目标，可以考虑与图书馆行业合作，委托建立，实现资源共享。

建立与丝绸之路有关的专题数据库。如上海市青浦区有古青龙港，有文献证明，古青龙港是海上丝绸之路重要港口。“上海地区远在唐宋时期便有国际商港——青龙镇（遗址位于今青浦区白鹤镇），它也是海上丝绸之路重要港口”。“青龙镇临江濒海，是宋代长江三角洲著名的对外贸易大港”②。应该收集相关文献资料，包括散落民间的文集、手稿、碑刻、文物、宗谱、照片等，用元数据标准组织信息，构建专题数据库，方便广大网络用户浏览、检索。

建立历史地理信息系统。综合运用历史地理学、地图学计算机科学以及地理信息系统技术与方法，建立一套反映本地区全部历史时期连续变化的基础地理信息库。每一个随时间变化的独立地理要素记录都拥有一个唯一的ID号，在每个特定历史时期的特定地理位置上，添加相关的地方文献内容，再现历史地理过去的时空相关信息，这个系统可以方便用户直观看到某个地区随着时间推移发生的某方面变化情况，拓展思路，方便学者研究历史，用户了解历史，获取更多信息，能够更好地在建设“一带一路”过程中发挥作用。历史地理信息系统专业性强，需要投入财力、人力较大，可以由政府出资委托学术机构和专业公司进行。

---

① 翟明、祝洁：《对省级方志网站内容建设的分析与思考》，《广西地方志》2009年第6期。

② 张修桂：《青龙江演变的历史过程》，《历史地理》2007年第22辑。

（四）规范史志网站数字化方志资源建设

中国地方志指导小组办公室要强化全国性方志系统数字化协调机构职能，“注重统筹规划，建立集约开放的数据共享机制”①，协调各省、市、区的方志文献数字化资源建设工作，建立统一的数字化标准和规范体系。

要根据国际上有关组织、全国信息和文献标准化技术委员会制定的国家标准，参考公共图书馆行业数字化标准②，确立方志行业数字化标准体系。方志文献数字化标准的建设中，涉及“存储格式、数字化程度、数据库软件、全文检索平台等几个要素”，“几个要素之间，即相互支持，又相互制约”③。目的是要解决各地网站各自为政、自我封闭，数据库不能相互兼容、共享的弊端。

规范数据库软件标准。选择通用数据库软件，使方志文献数据库能够相互兼容、共享。规范数字化程度。提倡图像数字化、文本数字化同步实现，最低要求是实现文本数字化。规范数据格式。图像数字化方面包括图像分辨率、尺寸、压缩率、文件格式类型等（分保存格式、浏览格式两种），文本数字化方面包括文字编码、文件格式等。要完善史志网站和方志文献数据库功能，包括志书图像显示、文本显示、文本检索、文本复制等功能。规范史志网和方志文献数据库的检索功能。完善网站外百度搜索、网站内搜索和网页内搜索功能；完善高级检索功能，要求能够提供丰富、规范的检索功能，方便用户快捷检索信息，从而更好为“一带一路”建设做出贡献。

---

① 刘玉宏：《加强顶层设计 推动集约发展 奋力开创地方志信息化工作新局面——刘玉宏在全国地方志系统信息化工作会议上的讲话》http：//www. difangzhi. cn/zgdfz/gzhdt/201605/cd7f0575732c493db66733cf484e2586. shtml。

② 在图书馆文献数字化与档案馆文献数字化之间，志书数字化与图书馆文献数字更相似。档案数字化追求的是文献原貌展示，而图书馆追求的是文本与文献原貌二者都有。

③ 赵海良：《浅议地方志文献数字化标准建设》，《广西地方志》2015 年第 4 期。

“一带一路”视野下促进“互联网+地方志”发展创新研究

陈 忠 廖运建（新疆维吾尔自治区地方志编纂委员会）

提要：“一带一路”战略是我国在新的历史条件下实施全方位对外开放的重大举措、推行互利共赢的重要平台。被定位“丝绸之路经济带核心区”① 的新疆，有着独特的区位优势和向西开放的重要窗口作用。在新疆，地方志是现代文化为引领的重要组成部分，是丝绸之路经济带核心区建设的重要文化支点，借助“互联网+”转变发展模式，构建“地方志大数据”共享平台，充分体现地方志在“一带一路”战略中，文化先行、文化支撑的重要价值。

关键词：“一带一路”　“互联网+”　地方志　创新研究

地方志是记载一定地区（或行政区划）自然和社会各个方面的历史与现状的综合著述。地方志内容涉及广泛，举凡一地的建置、沿革、疆域、山川、津梁、关隘、名胜、资源、物产、气候、天文、灾异、人物、艺文、文化、教育、民族、风俗等情况，它反映我国各族人民在不同历史时期的社会生活状况，记载各时期思想文化、开发自然、科学技术等方面的成就，是我国优秀文化遗产中的重要组成部分。② 伴随着“互联网+”时代的到来，中华民族固有的优秀传统文化正受到前所未有的冲击和挑战，作为中华优秀传统文化的地方志只有顺应互联网潮流，才能赶超时代发展步伐。“互联网+”行动计划③ 的实施，重点促进以云计算、物联网、大数据为代表的新一代信息技术与现代制造业、生产性服务业等的融合创新，发展壮大新兴业态，为产业智能化提供支撑。“互联网+地方志”就是基于“互联网+”而建立起来的集志鉴数字化、地情资源信息化、志鉴编纂管理网络化等于一体的“大数据”平台，打破了时空界限，使得在建设丝绸之路经济带核心区的新疆，发展“互联网+地方志”成为可能。

---

① 2015 年 3 月，国家发展改革委、外交部等三部委联合发布《推动共建丝绸之路经济带和 21 世纪海上丝绸之路的愿景与行动》，明确新疆为丝绸之路经济带核心区。

② 来新夏：《方志学概论》，福州：福建人民出版社，1983 年，第 1 页。

③ 十二届全国人大三次会议上，李克强总理在政府工作报告中首次提出“互联网+”行动计划。

一　发展“互联网＋地方志”的条件优势

从“互联网＋”的发展条件来看，“一带一路”战略在新疆的加快落地实施，以新亚欧大陆桥经济走廊和中国—中亚—西亚经济走廊为纽带，把区域性文化科教中心建设作为五大中心建设之一，在文化教育、网络发展、资金政策等方面给予大力扶持，为“互联网＋地方志”提供保障。

（一）地缘文化教育优势。新疆地处亚洲大陆腹地，陆地边境线5600多公里，周边与俄罗斯、哈萨克斯坦、吉尔吉斯斯坦、塔吉克斯坦、巴基斯坦、蒙古、印度、阿富汗八国接壤，是比邻国家最多、连接中欧内陆和亚洲最边界的省区。在历史上是古丝绸之路的重要通道，是第二座“亚欧大陆桥”的必经之地，是东西方经济文化交汇地和中国向中亚、南亚各国开放的重要门户，更是中国通向中亚、南亚、西亚乃至欧洲大陆最主要也是距离最近的新亚欧大陆大通道的咽喉。新疆从旧石器时代起就有人类生活，从先秦起就有文字记载，从汉代起就设有都护府，到南北朝、隋、唐、宋、元、明、清、民国，历史是连续的、清晰的，有大量文物、史籍等丰富的文化积淀。新疆经过几十年的发展，已形成在中亚区域有较高教育水平的高等教育体系。近年来，新疆高校一直承担着推进丝绸之路经济带核心区沿线地区教育文化交流。同时，新疆在中亚地区建立8所海外孔子学院。[①] 高等教育领域的国际学术研究、文化艺术交流和科研合作项目逐渐增多，领域不断拓展，为发展“互联网＋地方志”提供智力支持。

（二）互联网发展优势。1993年，X.25网络（第一个面向连接的网络，也是第一个公共数据网络）的建设标志着新疆互联网的起源。2013年，新疆互联网宽带接入用户达到293万户，同比增长15%；互联网宽带总时长达到4377.6亿万分钟，同比增长40.3%；移动电话用户达到2199.3万户，同比增长6.3%，其中移动手机上网用户数量达1270.8万户，同比增长7.1%；移动手机上网流量达到1915万GB。2014年新疆网民达1139万人，网民普及率50.3%，超过全国平均水平47.9%。[②] 经过近23年的发展，新疆互联网网络规模迅速扩大、基础网络高标准建设、网络技术不断推陈出新，偏远农牧区信息设施持续改善、互联网信息资源日趋丰富、政府网站公共服务能力不断加强，网络快速普及，深入渗透到经济社会的方方面面。电子政务、远程教育、电子商务、移动信息等各类网上业务，在促进新疆经济社会发展、推动社会进步和提高人民生活质量等方面，发挥了不可替代的作用，成为重要的网络战略资源。

新疆建设丝绸之路经济带核心区云计算数据中心，实现基础数据资源的共储共享，推进云计算、大数据应用在电子政务、电子商务、公共安全等领域的应用，促进信息技术向市场、设计、生产服务等环节渗透。新疆正加快电子商务、物联网、云计算等战略性新兴产业的发展，

① 新疆文化厅：《文化引领结硕果 凝心聚力铸辉煌》，《新疆社科论坛》2015年第4期，第25页。
② 新疆商务厅：《2014新疆电子商务发展报告》。

推动多民族文化与科技的紧密融合。积极推进“互联网+”新型智慧城市建设，加强民生领域信息化建设。通过简化审批手续，提高办事效率，改善各项服务等系列举措，努力为各族群众提供用得上、用得起、用得好的信息服务，为发展“互联网+地方志”提供物质支持奠定坚实基础。

2009—2013年新疆和全国网民规模、普及率变化表 单位:万人次

年份	2009	2010	2011	2012	2013
新疆网民数量	634	819	882	962	1094
新疆互联网普及率(%)	27.50	37.90	40.40	43.60	49.00
全国网民数量	38400	45700	51300	56400	61800
全国互联网普及率(%)	28.90	34.30	38.30	42.10	45.80

数据来源:《2014新疆电子商务发展报告》《2014中国互联网发展报告》

（三）政策资金支持优势。当前国家高度重视新疆文化事业发展，在政策、资金、项目和人才等方面给予特殊支持。投入资金超过15亿元，先后实施了“文化信息资源共享工程”“边疆文化长廊建设工程”等一大批文化民生工程。目前，新疆依托中国国家数字图书馆数据资源，投资近千万建设了覆盖全疆的“全民文化信息资源共享工程”。2016年继续实施“宽带新疆”战略，打通网络基础设施“最后一公里”，通过互联网等新型传播载体向广大群众共享中华优秀文化，不断增强现代文化引领作用。2015年新疆生产总值9200亿元，增长10%，增幅高于全国平均水平2.6个百分点。[①] 经济的快速发展为“互联网+地方志”提供了资金保障。

二 “互联网+地方志”是彰显文化大发展大繁荣战略的重要途径

地方志体现现代文明和历史文明的一脉相承。坚持以现代文化为引领，利用“互联网+”发展有利时机，扩大交流传播渠道，加强思想阵地建设，创新传承文化载体，提升思想教育水平，推动文化大发展大繁荣。

（一）“互联网+地方志”是扩大文化交流的重要途径。新疆是四大文明的交汇地，与“一带一路”沿线国家、地区语言相通、风俗相近，传统友谊源远流长，具备了深厚历史渊源和人文基础。据预计，2030年前后新疆拥有周边中亚、南亚八国这两地区巨大的消费市场共有人口约16亿人，这其中也蕴藏着巨大的文化消费群体，“一带一路”战略首先是互联互通，这顺应了时代要求和各国加快发展的愿望，通过坚持经济合作和人文交流共同推进，真正在“一带一路”沿线国家民众中形成一个相互欣赏、相互理解、相互尊重的人文格局，为“一带一

① 《2015—2016年度新疆维吾尔自治区人民政府工作报告全文》。

路”战略打下社会基础。① 弗朗西斯·培根指出：知识的力量不仅取决于其本身的价值的大小，更取决于它是否被传播，以及传播的深度和广度。他强调的是知识的力量在于被传播以及传播的广度和深度，体现了文化只有被人民群众掌握，才可以转化为物质力量。② 在历史上，地方志传到国外，影响世界，为海外了解中国文化提供了可靠途径，成为研究和沟通东西方文化的桥梁。我国著名天体物理学家徐振韬、蒋窈窕夫妇利用地方志中有关太阳黑子活动的记载和变化，查出二三十条关于17世纪太阳黑子的记录，其中六条是在“蒙德极小期”（太阳活动的衰落期）内，从而澄清国际天文学界由于资料不足而造成的假象的论断。1980年2月4日，英国《泰晤士报》介绍了他们的研究成果，引起国际天文学界的注意。③ 像中国早期的《图经》《地记》被亚洲一些国家借鉴和学习，无不留下中国文化的印记，并影响着这些国家的过去和现在，也必将影响着这些国家的未来。

“一带一路”沿线部分国家和地区网络普及率（2013年）

国家和地区	网络普及率(%)
新疆	49.0
欧盟	76.5
俄罗斯	70.5
哈萨克斯坦	54.9
中东	48.3
乌兹别克斯坦	41.2
吉尔吉斯斯坦	39.2
塔吉克斯坦	16.9
土库曼斯坦	9.6

数据来源:《2014新疆电子商务发展报告》中文互联网数据咨询中心《全球互联网普及率报告》

从相关数据来看，新疆在“一带一路”沿线国家和地区网络普及率较高，具备了利用“互联网+”的客观条件。新疆的少数民族人口中信仰伊斯兰教的众多，而“一带一路”沿线国家中有30个多数人口信仰伊斯兰教的国家，这些国家的人口占沿线国家人口总数的30%，新疆与沿线国家有着广泛的文化认同，扩大文化交流的潜力巨大。④ 在实施方志文化“走出去”战略中，充分利用“互联网+”，打造形成上下贯通的自治区、地（州、市）、县（市、区）三级地情网站，实现资源共享，向社会提供优质服务。依托新疆电子政务外网，更好地和新疆地

① 4月29日，习近平在中共中央政治局就历史上的丝绸之路和海上丝绸之路进行第三十一次集体学习时的讲话。

② 邵培仁：《传播学》，北京：高等教育出版社，2000年，第251页。

③ 来新夏：《方志学概论》，福州：福建人民出版社，1983年，第142页。

④ 赵奕杨、朱佳慧：《基于产业创新系统的“互联网+丝绸之路经济带”建设策略研究》，《新疆社科论坛》2015年第6期。

情网对接起来，构建地方志文化对外传播平台，展示地方志的当代价值及独特的文化魅力，推动方志文化走向世界，实现建设造福新疆与周边各国的“网上丝绸之路”。

（二）“互联网+地方志”是维护社会稳定和长治久安的重要途径。新疆作为丝绸之路经济带的核心区，战略地位十分重要。建元二年（前139），汉武帝派遣张骞出使西域，目的是“断匈奴右臂”联络被匈奴击破、驱逐的月氐王国，共同打击处于扩张态势中的匈奴。可以说，这条被后人命名的丝绸之路，最初的缘起就是为了解决国家安全问题。① 推进“一带一路”建设，在抓好丝绸之路经济带核心区建设的同时，要处理好对外开放和维护国家安全的关系，特别是进入新世纪、新阶段，新疆面临的国际环境错综复杂和问题相互交织，境内外“三股势力”一刻也没有停止分裂破坏活动，当前，新疆正处于暴力恐怖活动的活跃期、反分裂斗争的激烈期、干预治疗阵痛期“三期叠加”的特殊历史阶段，维护新疆稳定形势依然严峻。互联网是一把“双刃剑”，一方面方便了与外界的交流，另一方面也为暴恐分子实施分裂新疆的计划提供了便利条件。我国暴力恐怖活动有着深刻的国际国内背景和社会历史原因，境外有“种子”，境内有“土壤”，网上有“市场”。境外恐怖组织通过互联网向境内发布恐怖威胁视频信息，传授策划恐怖活动的方法和手段。

作为民族文化的地方志更要在确保意识形态安全、筑牢思想文化阵地等方面发挥重要作用。民族文化是民族生命的一部分，对内，它是整合民族感情的黏合剂；对外，它是抵御外来文化侵略的一道屏障。极端化的宗教思想在很大程度上就是否定少数民族的传统文化，要加大网络的正信宣传，占领舆论主阵地，使网络更好地服务群众。针对影响中心工作稳步推进和制约全局发展的新情况、新矛盾和关键性问题，要开发地方志资源中有关历朝历代维护社会稳定等方面的史料，利用好“互联网+地方志”，为打击“三股势力”提供思想保障和智力支持。

（三）“互联网+地方志”是传承文脉以志育人的重要途径。地方志作为为党、为国、为民立言的重要历史传承，一个国家、一个民族不仅要有经济实力，而且还要有文化魅力。② 孔子说：“诗，可以兴，可以观，可以群，可以怨。”（《论语·阳货》），可见他早期就看到了传播具有启发鼓舞的感情功能，考察社会的认识功能，受者互相感化、提高的教育功能，批评不良风气的讽喻功能。③ 古人甚至认为，文字传播可以经夫妇、成教敬，就人伦美教化，移风俗。地方志是爱国主义教育、社会主义教育和革命传统教育的现实的、生动的、具体的、富有说服力的“活教材”。利用志书资料进行二次开发，编写地情资料丛书或乡土教材，挖掘志书功能，开拓用志途径。研究人员通过研究《拜城县志》记载“桃花石”一词，发现了早在两千多年前汉人的足迹已遍及新疆各地，有力证明了在新疆民族演变史中，和睦与友好是主流。

《大数据时代》的作者维克托·迈尔·舍恩伯格曾指出，它（谷歌）试图把所有版权条例

---

① 王湘穗：《发展与安全：一带一路的两翼》，《中国投资》2015年第4期。

② 刘延东：《在第四次全国地方志工作会议的讲话》。

③ 邵培仁：《传播学》，北京：高等教育出版社，2000年，第57页。

允许的书本内容进行数字化，让全世界所有人都能通过网络免费阅读书籍，可见，网络为传播文化、教育民众提供了更加便捷的条件。新疆网民的普及率在全国属于较高水平，利用好新兴媒体、广播电视、网络等现代传媒手段，开发利用地方志资源，实现地方志工作数字化、网络化、智能化，打造“智慧方志”服务体系，拓宽爱国主义教育、社会主义教育和革命传统教育的渠道，弘扬各民族优秀传统文化，鼓励和倡导全社会“读志”“传志”“用志”，增强各民族的自豪感、荣誉感，激发各族群众“爱国爱疆、团结奉献、勤劳互助、开放进取”的新疆精神，提供不竭思想动力和智慧源泉。

三　发展“互联网+地方志”的创新研究

“互联网+”，以其跨界融合、创新驱动、重塑结构、连接一切的特征，正影响着经济社会发展。“一带一路”战略为新疆发展带来了历史性机遇，如何利用好机遇，就得放眼全球，把握事物发展规律，助力推进地方志与“互联网+”的深度融合。

（一）推进地方志资源开发利用与“互联网+”的深度融合。人类正从信息技术时代走向大数据时代。在大数据时代，数据会成为最为核心的生产资料，以数据为重要驱动力的数据革命正在到来。早在一百多年前，马克思就曾预言：“在当代世界范围内，科学研究正呈现出高度综合的趋势，自然科学与社会科学冲破了传统的学科界限，以前所未有的生机活力交叉渗透，分化组合，携手联姻。”[①] 应用现代信息技术，加强对不同载体的地方文献收（征）集、保护、整合、开发利用，建立地方志全文数据库，使地方志在宣传教育、规划制定、资源开发、招商引资、文化遗产申报等领域深度融合发挥更大作用。

目前，新疆少数民族网民数量已超过500万人，占新疆网民的44.05%。[②]“一带一路”的沿线发展核心内容为“政策沟通、设施沟通、贸易沟通、资金沟通、民心沟通”。这“五通”都离不开不同民族、不同语种之间语言文字的沟通，各民族语言文字是做好这”五通”的基础。要发挥地方志编译工作作用，加大少数民族文字版志鉴翻译出版工作，实现少数民族文字版志鉴的数字化、网络化，通过微信公众平台、移动客户端、影视动漫等手段，立体式、多维度、全视角传播地方志文化，实现经济发展与文化互信。

开发志鉴编纂管理平台是实现“互联网+地方志”的基础环节。要结合大数据、云计算时代特征，加快地方志信息化建设、实现资源共享，构建开创公共文化服务的数字化平台。利用云服务器作为部署平台，把投稿单位、编辑和主审编联结起来，形成投稿—编辑—审核—管理于一体的信息化志鉴编纂管理平台。志鉴编纂管理平台由志鉴编纂系统、文档资料整理系统和网上办公管理系统组成。志鉴编纂管理平台对操作系统、数据库、应用系统多级安全管理实施

① 邵培仁：《传播学》，北京：高等教育出版社，2000年，第63页。
② 新疆商务厅：《2014新疆电子商务发展报告》。

分级别权限管理，提供对系统用户在线状态的监控等。志鉴编纂系统由资料采集（仅限于投稿单位和编辑）、志鉴稿件初审、志鉴编纂（具有编纂年代和篇目结构功能）、志鉴复审和终审，以及自动校对、文字纠错、综合查询等模板组成，具有统稿、编排等全过程修改痕迹跟踪和操作记录保留功能。志鉴编纂管理平台的主要特点是志鉴篇目设置、条目整理、编辑修改、主编审核全部实现网络化。系统自行生成索引，操作便捷。具有统计与检索功能。具备志鉴文法规范检查功能。具有网上办公自动化功能，实现网上分级批转文件，发布通知、即时提醒等功能。从而将志鉴资料采集、编纂、编审、文档整理、办公管理提升到互联网平台，最终达到信息共享、实时流转储存和管理目的，形成完整的信息化平台，实现互联网与地方志的深度融合，创造地方志新的发展生态。

（二）“互联网+地方志”为治国理政提供智慧经验和决策参考。所谓治天下者，以史为鉴，治郡国者以志为鉴。地方志在政治制度文化方面的贡献更多地体现在“资政”中。史学家顾颉刚在《中国地方志综录》中指出，每地修志，主要目的是在于备行政官吏之鉴览，以定发施政令之方针。[①] 清代《怀远县志》的编纂者李兆洛形象地说：“志者，心之所志也。志民生之休戚，志天下之命脉，志前世之盛衰以为法鉴也，志异日之因革以为呼吁也。”之所以说是“心之所志”，就是因为它可以帮助治民治天下，鉴前世之盛衰，知异日之变革。可见志书在历史上被当作“辅治之书”“致用之书”。[②] 方志流传绵延千载，贵在史识，重在致用，为当代提供资政辅治之参考，为后世留下堪存堪鉴之记述。[③] 1958 年 8 月 9 日，周恩来总理同北京大学图书馆系邓衍林的谈话中，对整理方志中有关科学技术资料的问题做了专门指示。他说：我国是一个文化悠久的大国，各县都编有县志，县志中就保留不少关于各地经济建设有用资料，要有系统第整理县志中及其他书籍中的有关科学技术资料，做到古为今用。中央曾在推动农村税费改革时，曾反复强调要避免“黄宗羲定律”，防止改革走入历史的误区。[④] 习近平同志在担任上海市委书记期间，还专门要求报送《上海通志》，以备查阅。2006 年，时任浙江省委书记的习近平在温州市苍南县考察台风“桑美”灾后重建工作时，调阅了《苍南县志》，并查找书中关于台风的记载，告诫地方干部要以史为戒，认清台风活动以及影响浙江的规律，科学决策，不断提高防台风抗台风和处置各类自然灾害的能力。[⑤]

在“互联网+”背景下，地方志在治国理政和决策参考方面要创新方式方法和手段，强化互联网思维和创新思维，建立地方志全文数据库，通过为党委、政府决策提供历史经验、历史教训、历史警示等方面数据资源，发挥新型智库作用。围绕党委、政府“正在做的”和“将要做的”开展工作，善于从党代会、政府工作报告中，挖掘具有鲜明时代特征、年度特点的大事

① 来新夏：《方志学概论》，福州：福建人民出版社，1983 年，第 154 页。
② 2015 年 12 月 24 日，中国社会科学网《方志的三大功能：存史 咨政 育人》。
③ 中共中央政治局常委、国务院总理李克强在 2015 年全国地方志系统先进模范座谈会上作出重要批示。
④ 《山东史志》2016 年第 1 期，第 12 页。
⑤ 王伟光：《盛世修志助力中国梦》，《光明日报》，2015 年 9 月 10 日。

要事，工作的重点，领导机关关注的难点作为选材重点。围绕经济建设、民生建设、文化建设、生态文明建设、维护稳定、民族团结等重点工作，有针对性地运用地方志资源，开展理论调研，撰写资政报告和区情年度报告等，为党委、政府解决热点、难点问题提供参考和借鉴。近年来，一些省、市借鉴利用地方志资料，指导帮助开展建设项目，在矿源探查、发展农业、建设水利工程、防旱防涝等方面已初见成效。

（三）大力推动“互联网+地方志”服务公共文化体系建设。公共文化是相对经营文化而言，是为满足社会的共同需要而形成的文化形态。公共文化服务体系，是面向大众的公益性的文化服务体系。公共文化服务体系建设作为经济社会发展事业中一个重要方面，无论是建设公共文化服务网络，建设公共文化服务的各项工程等方面，还是其共享性、仪式性等特性中，方志文化始终发挥着存史、育人、资政内在的核心作用，彰显了地方志作用的不可替代性。① 把地方志成果数字化、网络化，融入前沿科技，是顺应“互联网+”时代发展潮流，通过大数据、云计算满足公众对多元的文化需求，实现方志文化的有效供给，打造全域化公共文化服务网络，实现方志文化服务触角无限延伸。

地方志被誉为“一方之全史”“地方之百科全书”，是社会主义先进文化的重要组成部分，是一项功在当代、利在千秋的基础性文化工程。新中国成立后特别是改革开放以来，地方志工作取得巨大成就，为提升国家文化软实力发挥了独特作用。国务院《全国地方志事业发展规划纲要（2015—2020年）》指出，拓宽用志领域，发挥地方志资源在公共文化服务中的重要作用，推动方志文化进机关、进农村、进社区、进校园、进企业、进军营等，提高全社会读志用志水平。

（1）推动志书数字化。志书数字化是实现“互联网+地方志”的关键环节。目前，新疆首轮修志工作全面完成，全疆已出版地方志书209部，少数民族文字版志书42部及大量地情类书刊。已出版地方综合年鉴72种700多部。新疆地方志数字化一期工程对第一轮志书全部数字化，实现了新疆地方志工作历史性跨越。进一步扩大对古籍旧志、年鉴及其他地情书等所有资料的数字化，实现志书网络化新格局和方志文化传播新途径。

（2）开发建设数字方志馆。数字方志馆是利用计算机技术、互联网技术，把各种数据、文字、图像、声音等地情信息资料进行加工、处理，实现地方志信息资源数字化、信息传播网络化、资源利用共享化的现代化方志馆。在大数据时代，建立数字方志馆有助于消除方志资源“信息孤岛”，有利于方志文化的广泛传播。互联网、数据库、大数据、云计算等信息技术在地方志系统的广泛应用，可提供稳定可靠的软硬件支撑，是数字方志馆建设的技术保障。在数字方志馆建设上，要抓住大数据、“互联网+”时代带来机遇，注重与科技前沿接轨，在馆藏资源的收藏、整理、开发利用及服务社会等各方面，积极引进计算机技术、网络技术和通信技术

① 崔荣霞：《运用“互联网+”提升地方志资源利用水平读物公共文化建设》，《天津史志》2015年第6期。

等先进技术和新兴传播媒介，提高数字方志馆资源的开发能力和传播效率，为全社会提供方便的、快捷的地情检索与数据分析服务，更好地发挥地方志资源在公共文化服务体系建设中的作用，为建设特色新型智库提供强大数据支撑。

（3）发挥新媒体平台作用，传播方志文化。方志新疆微信公众平台是利用新媒体创新传播手段的有效尝试，实现了包括视频、图片和文字组合式传播。从传播内容来看，方志新疆微信公众号重点传播新疆历史、名人古迹、风土人情、民族宗教和时事新闻等，全方位展示新疆地域风情、历史人文、发展变化、重大成就及政治、经济等各方面情况。从传播效果来看，方志新疆微信公众平台以其传播便捷、受众面广、互动性等特点，受到手机用户青睐。2016 年 4 月 26 日、28 日，中共中央政治局委员、自治区党委书记、自治区地方志编委会名誉主任张春贤和自治区党委副书记、自治区主席、自治区地方志编委会主任雪克来提·扎克尔先后对地方志工作作重要批示后，新疆方志微信平台第一时间发布消息，新疆地方志系统的微信用户积极在朋友圈转发，并通过“好友推荐”“微信群转发”等“二次传播”，在全疆乃至全国引起广泛关注。乌鲁木齐市地方志系统在微信群里转发此消息，并在微信群中开展讨论，形式灵活，效果明显，进一步印证了微信公众平台强大的互动性特点、惊人的传播速度和传播效果。因此，借助微信平台开展方志文化宣传，扩大地区知名度、提升地区影响力、开展对外交流的重要窗口势在必行。

综上所述，“互联网＋地方志”是对地方志传统模式的创新，志书数字化、地情资源信息化、志鉴编纂网络化、办公管理自动化这四者构成了“互联网＋地方志”的最核心要素，地方志工作要想紧跟互联网发展，这几个要素就得同步发展。特别是在“一带一路”战略中，抢抓丝绸之路经济带核心区建设新机遇，结合大数据、云计算的时代特征，吸收借鉴“互联网＋”发展经验，加快实现互联网与地方志发展的深度融合。

地方志服务“一带一路”的路径和方法

王铁鹏（北京市地方志编纂委员会办公室）

提要：“一带一路”既是经济战略，也是文化战略。地方志服务“一带一路”战略，有利于促进中华文化的传播，有利于推动沿线国家的文化交流和信息交换。要发挥地方志的优势，深入挖掘历史文化资源，促进沿线国家的人文交流，增强相互了解和战略互信。地方志服务“一带一路”，要纳入国家“一带一路”和文化“走出去”战略的大盘子中，整合各方面的资源，建立协调、联络的长效机制，通过进一步深化与沿线国家的文化交流与合作，促进区域合作，实现共同发展。

关键词：“一带一路”　地方志　文化交流与合作

共建丝绸之路经济带和21世纪海上丝绸之路（简称“一带一路”），是以习近平同志为总书记的党中央统揽全局、顺应大势作出的战略决策，是着眼实现“两个一百年”奋斗目标和中华民族伟大复兴的中国梦，为进一步提高我国对外开放水平而提出的重大战略构想，得到国际社会的广泛关注和积极支持。

2015年3月28日，国家发展改革委、外交部、商务部联合发布了《推动共建丝绸之路经济带和21世纪海上丝绸之路的愿景与行动》（以下简称《愿景与行动》）。《愿景与行动》从时代背景、共建原则、框架思路、合作重点、合作机制等方面阐述了“一带一路”的主张与内涵，提出了共建“一带一路”的方向和任务。《愿景与行动》特别强调，民心相通是“一带一路”建设的社会根基。传承和弘扬丝绸之路友好合作精神，广泛开展文化交流、学术往来、人才交流合作、媒体合作、青年和妇女交往、志愿者服务等，为深化双多边合作奠定坚实的民意基础。在建设“一带一路”的进程中，地方志系统应当坚持文化先行，树立文化引领经济的高度自觉，推动传统文化的传承与现代文化的创新，增强相互之间的交流与互信，通过进一步深化与沿线国家的文化交流与合作，促进区域合作，实现共同发展。

一　地方志服务“一带一路”的重大意义

“一带一路”既是经济战略，也是文化战略，而文化战略的实施，对于经济战略的实施具有重要的意义和作用。地方志是文化建设的基础性工程，在实施“文化战略”，服务“一带一路”战略方面，应当有所作为，而且大有作为。

（一）有利于促进中华文化的传播

“一带一路”战略是我国传播中国优秀传统文化、塑造良好国家形象的重要举措。丝绸之路上的驼队，郑和下西洋的宝船，带出去的不仅有精美的丝绸和瓷器，更有灿烂的中华文化。作为中华文化宝藏的地方志，已有2000多年的历史，历代编修，经久不息。据统计，我国目前保留下来的旧志有8000多种，10余万卷，约占现存全部古籍的十分之一。① 新方志编纂方兴未艾，截至2015年10月底，全国编纂完成省、市、县志书8000多种，编修部门志、行业志、专业志、乡镇村志27000多种，编纂地方综合年鉴2300多种，累计整理旧志2500多种，还编纂出版了大量地情书，字数以百亿计，形成了以反映国情、地情为主要内容，全面系统、持续不断、卷帙浩繁的社会科学成果群。② 这些成果成为国家重要的文化资源，是国家文化软实力和公共文化服务体系的重要组成部分。

地方志记载了中国人民向往幸福、和平生活的美好追求，蕴含着中华民族崇和向善的传统文化，体现了中国人民改革开放和现代化建设的伟大成就。而“一带一路”本身就是中国优秀传统文化在当代的唤醒和延续，它所承载的历史使命、所蕴含的理想追求与中华传统文化是一脉相承的。在实施“一带一路”战略时，认真挖掘方志资源，向世界推介方志文化，将使世界感受到更加立体、鲜活，充满历史底蕴又与时代同步的中国传统文化。这些战略理念将内化为中国的软实力，对提升中国国家形象具有重要作用。

（二）有利于推动沿线国家的文化交流

2000多年前，丝绸之路将中国与亚、欧、非三大洲的众多国家联系起来，丝绸、瓷器、香料络绎于途。正是在丝绸之路的引领推动下，世界开始了解中国，中国开始影响世界。丝绸之路在推动东西方思想交流、文化交融等方面发挥了十分重要的作用。今天，世界和中国又站在一个崭新的战略关口。顺应求和平、谋发展、促合作的共同追求，“一带一路”新倡议也被赋予新的丰富内涵和深远意义，传统文化的传承与现代文化的创新迎来难得的发展机遇。

地方志作为地域文化的重要载体，承担着重要的交流功能。正如英国著名学者李约瑟博士所说，希腊的古代文化乃至近代英国，都没有留下与中国地方志相似的文献，要了解中国文化，就必须了解中国的地方志。③ 正是因为地方志具有独特的文化交流功能，因此海外的重要图书馆和档案馆，如美国国会图书馆、哈佛燕京图书馆等，都保留了大量的中国地方志，不仅

---

① 朱佳木：在全国政协十届三次会议上的大会书面发言，《地方志工作文稿》，第1页。

② 王伟光：《志书古今，启迪未来》，中国方志网。

③ 朱佳木：在全国政协十届三次会议上的大会书面发言，《地方志工作文稿》，第1页。

有历史上的旧志，也包括大量的新编地方志，以至于有的专家把交流列为地方志的第四个功能。①

在文化交流的过程中，地方志可以发挥不可替代的作用。地方志作为中国传统文化的重要载体，不同于一般性的宣传作品，它寓观点于资料之中，潜移默化，润物无声，比较便于被不同意识形态的国家所接受，有利于沿线国家了解中国的文化。从这个意义上说，推广方志文化，使地方志“走出去”，是文化交流最好的选择之一。

（三）有利于沿线国家之间信息的交换

《愿景与行动》明确提出，沿线国家宜加强信息互换、监管互认、执法互助的海关合作，以及检验检疫、认证认可、标准计量、统计信息等方面的双多边合作，推动世界贸易组织《贸易便利化协定》生效和实施。《愿景与行动》把信息互换作为各项措施之首，充分说明信息的重要性。比如说企业“走出去”，必须事先对国际商务的各种通行惯例和规则了然于胸，对目标国家或者地区的政局状况、法律规章、风俗人情等充分熟悉，同时，为提高属地化水平，有必要尽可能多地了解当地的社会风气、人际关系、环境意识等特点特色，这方面的了解越透彻，越有利于在当地长期扎根发展。同样，“请进来”也需要了解对方的需求，并向对方推介、宣传自身的优势。

地方志在信息交流与互换方面有着自己的优势。地方志作为地情资料书，既包括全面、系统地记述本地区、本部门、本行业历史与现状，十几年、二十年一编的地方志书，也包括从一年一编、公开出版的综合年鉴和专业年鉴，这里边拥有庞大的信息量。沿线国家也应该有类似的介绍当地风土人情、法律法规、资源环境方面的资料书，也会有各类统计资料、信息资料，部分国家也会编纂出版年鉴。② 在了解沿线国家的信息资源状况的基础上，形成信息资源相互交流、交换的良性机制，有利于提高相互合作的精准性，降低风险成本。

二　地方志服务“一带一路”的路径

地方志在服务“一带一路”方面，要针对了解沿线各国国情特点，发挥自身优势，以实施“文化战略”为基础，深入挖掘丝绸之路的历史文化内涵，促进与沿线国家的人文交流，促进不同文明的和谐相处，共同发展。

（一）整理古籍档案，挖掘历史文化

丝绸之路不仅是中国与欧亚非各国之间商业贸易的通道，更是沟通东西方文明的桥梁。古

① 赵庚奇志鉴论稿，1991年5月29日在北京市地方志主编会议上所作的报告。

② 肖东发编纂的《年鉴学》认为，年鉴最早发起源于古希腊、罗马时期。

老的丝绸之路不仅留下了驼队和船舶的踪迹，同时也留下了文化交流的印迹，这里边既有物质形态的文化遗产，也有非物质形态的文化遗产。地方志的产生和发展也有2000多年的历史[①]，对于丝绸之路必然留下文字记载。同时，沿线国家官方和民间，也必然留下相关的文化遗产。2014年6月，中国与吉尔吉斯斯坦、哈萨克斯坦联合申请的“丝绸之路：长安—天山廊道路网”入选《世界遗产名录》就是一个很好的例证。地方志系统应该发挥自身优势，开展对沿线国家和地区非物质文化遗产特别是古籍资料和历史档案的整理，挖掘丝绸之路的历史文化。

第一，对国内沿线地区的古籍资料和历史档案进行整理。丝绸之路涉及我国西北、西南和东南沿海地区，在当地的志书和历史档案中应当存有记述。地方志系统应当组织力量，对国内沿线地区的旧志资料和历史档案进行挖掘、整理，理清历史上商业贸易和文化交流的概况和特点，重点对丝绸之路在推动东西方思想交流、文化交融产生的作用进行梳理、归纳和研究，为在新形势下推进“一带一路”对外文化交流注入新的活力。

第二，联合沿线国家，共同开展非物质形态文化遗产的挖掘和整理，进行包括历史档案、文献、著述以及各地风俗、宗教、文化等方面资料的收集，并在此基础上进行整理和研究，重点是搞清沿线国家在人文方面的相互影响和融合，以及丝绸之路为当地经济发展和文化建设所起到的推动作用，为“一带一路”成为新的国际纽带做了铺垫。

（二）编纂志书年鉴，促进人文交流

“一带一路”战略提出之后，各有关部门与沿线国家互办文物展览、举办高规格的学术研讨会、开展文化节庆活动，联合申请世界文化遗产，取得了比较好的效果。地方志系统应当发挥自身优势，编纂志书和年鉴，记载这一战略的实施过程，供相关方面借鉴和参考，并以此为平台，开展沿线国家之间的人文交流。

年鉴是资料性工具书，逐年编纂，既可以全面系统收集“一带一路”战略实施的年度资料，又为“一带一路”战略的实施提供借鉴与参考。本着“先内后外、分步实施”的原则，先将国内沿线省份的年鉴编纂力量整合起来，共同编纂出版“一带一路”年鉴（国内版）。然后，通过中国驻沿线国家使领馆，收集沿线国家参与“一带一路”战略的资料，补充充实到“一带一路”年鉴（过渡版）中去。条件成熟时，可以与沿线国家或主要国家共同合作编纂“一带一路”年鉴（国际版）。在逐年编纂年鉴，系统收集资料的基础上，选择适当时机，可以编纂“一带一路”志书，形成覆盖“一带一路”的志鉴走廊。

以年鉴编纂为平台，促进沿线国家的文化交流。吸引沿线国家参与到“一带一路”志书、年鉴的编纂过程中，可以把志书、年鉴编纂作为“一带一路”文化交流的平台，定期组织不同主题的文化交流学术研讨活动，并逐步做强做大，吸引沿线更多的国家参与进来，打造东西方

---

① 中国地方志指导小组办公室编：《当代志书编纂教程》，北京：方志出版社，2010年，第5页。

文化交流的超级航母。

（三）加强文化研究，增强交流互信

在推进“一带一路”战略实施过程中，中国倡导和谐包容、文明宽容的理念，尊重各国发展道路和模式选择，主张求同存异、兼容并蓄、和平共处、共生共荣，这是一种高尚的文明观、包容的文化观、和谐的社会观。将其付诸实践，既需要实体经济的支撑，也需要科学阐释人文精神、推动文化传承、提供智力支持，更需要植根民间社会的文化和承载这些文化的人们去精耕细作。在这方面，地方志有着独特的魅力和优势。我们要发挥方志文化的影响作用，做好与“一带一路”沿线国家的文化交流与合作，讲好中国故事，传播好中国声音，把“中国梦”同周边各国人民过上美好生活的愿望、同地区发展的前景对接起来，促进中华文化“走出去”，提升中国的国际话语权和影响力。

地方志系统在掌握大量历史文献和档案的基础上，开展对“一带一路”的深入研究，挖掘“一带一路”的深刻内涵和文化理念，使沿线国家对我们更认同、更亲近、更支持。通过对“一带一路”的深入研究，突出“一带一路”和平、包容、共赢的发展理念；强调政治上相互信任尊重，经济上平等互利共赢；“一带一路”不是“中国经济扩张”，也不是“中国一家独大”，更不是谋求海洋霸权、谋求地区事务主导权和势力范围。从历史上看，丝绸之路的核心是共同发展，共同繁荣，其性质是和平的。中国不搞单边主义，不把自己的意志强加于人。这在历史上已经得到证明，在实践中也正在被证明。

同时，我们还应加强对沿线国家历史文化的研究。目前，这还是一个较为薄弱的环节。我们对沿线大部分国家的了解，远不如对美国、英国、日本等发达国家的了解。因此地方志系统有责任也有义务通过文化交流等到形式，收集整理沿线国家自然、地理、文化、习俗和经济社会发展状况等方面的资料，供国内有关方面实施“一带一路”战略时参考。

三　地方志服务“一带一路”的机制构建

地方志服务“一带一路”，要纳入国家“一带一路”和文化“走出去”战略的大盘子中，搞好顶层设计和规划，整合各方面的资源，发挥地方志系统自身的作用，加强与沿线国家有关方面的沟通与联系，推进文化和信息的交流与合作。

（一）加强顶层设计，搞好战略规划

国务院办公厅关于印发的《全国地方志事业发展规划纲要（2015—2020 年）》明确要求，地方志要服务国家文化“走出去”战略，推动方志文化走向世界，增强方志文化影响力。因此，地方志系统要积极参加到“一带一路”战略中去，并且将中国文化推向世界。首先，建立以中国地方志指导小组及办公室为牵头单位，各相关省市参与的“一带一路”工作机制。该机制负责地方志系统参与“一带一路”战略的顶层设计；制定中长期的战略规划，明确战略目标、原则和实施步骤；定期研究地方志系统参与“一带一路”战略面临的形势与问题，提出对策和办法。其次，建立与沿线国家及有关部门的会晤和沟通机制，推动政府、部门、地区间的文化交流与合作深入发展。建立与“一带一路”沿线国家及相关部门稳定和牢固的官方文化交流平台，制定文化交流的中长期战略规划，建立人文合作机制。第三，成立带有民间性质的“一带一路”研究会或促进会，对文化“走出去”战略和地方志参与“一带一路”战略提供课题研究和智力支持；同时以民间身份与沿线国家非政府组织、智库、研究单位进行战略合作，为与沿线国家进行民间文化交流奠定基础。

（二）整合各方面资源，形成服务“一带一路”战略的合力

由于特殊的地缘地位，我国西部省区在建设“一带一路”进程中有着特殊的历史、人文优势。要积极发挥西部省区的独特作用，在国家总体外交政策的指引下，支持西部省区地方志机构制定有关规划，加强对历史文化资源的挖掘，加大与周边国家的文化交流与合作，向沿线国家传播和推介中国文化。西部各省区也应当以积极有为的姿态，发挥文化桥头堡作用，主动融入国家“一带一路”战略构想。要充分挖掘“一带一路”的历史文化遗产，引导和动员民间力量开展丰富多样的文化交流活动，支持沿线有关国家联合申请世界文化遗产，挖掘历史文化内涵。要整合全国的地方志资源，联合各方面的研究力量，充分发挥专家学者和智库的作用，群策群力，通过定期召开研讨会、分专题开展调研等形式，为“一带一路”建设中的文化交流与合作提供智力支持。要发挥我驻外使领馆文化处（组）和海外中国文化中心的作用，联合进行志书、年鉴编纂和其他文化工程的实施工作。夯实我国同这些国家合作的民意基础和社会基础，共同促进不同文明的共同发展。

（三）建立沿线国家的长效文化交流合作机制

这些年来，我国与沿线沿途国家的文化交流形式越来越新、内容越来越多、规模越来越大、影响越来越广。比如，我国与沿线大部分国家签署了政府间文化交流合作协定及执行计划，民间交流频繁，合作内容丰富，与不少沿线国家都互办过文化年、艺术节、电影周和旅游推介活动等，近几年在不同国家还多次举办了以“丝绸之路”为主题的文化交流与合作项目。[①]这些是基础，也是我们走向未来的开始。我们要立足现有基础，借船出海，借力发展，逐步建立与沿线国家的长效文化交流机制。地方志系统要积极参与形式多样、丰富多彩的文化论坛、展览、出版活动。要继续挖掘古丝绸之路的文化内涵和人文精神，并赋予其新的时代意义，围绕“文化新丝路”的主题，联合译介、出版相关书籍，包括推出一批精品志书和年鉴，宣传中

① 蔡武：《坚持文化先行，建设“一带一路”》，2014年5月5日。

国的方志文化，展示中国精神，讲好中国故事。同时，引进一批有价值的介绍沿线国家情况的资料书，供有关方面参考。拍摄、播放有关影视片。利用网络平台和新媒体手段，通过方志、年鉴和资料图书等文化产品，传承古丝绸之路精神，提升中华文化影响力。

助力“一带一路”方志大有可为

——关于方志工作“资政佐策 服务社会”的思考

孟学武（山西省阳泉市地方志办公室）

提要：作为联系历史与现实的重要桥梁之一，方志应成为“一带一路”建设的文化载体，成为文化软实力的硬基础。山西地方志浓墨重彩其深厚的历史渊源、可贵的晋商精神、优越的区位形势、丰富的旅游资源、独特的经贸产品，在资政佐策、服务社会中，推动了山西走向世界，也必将为“一带一路”国家重要战略提供更有效的智力支撑。

关键词：“一带一路”　地方志　资政　服务

“一带一路”的概念是习近平总书记2013年秋在访问哈萨克斯坦和印尼时提出的，分别指的是丝绸之路经济带和21世纪海上丝绸之路。作为中国首倡、高层推动的国家战略，“一带一路”对我国现代化建设和屹立于世界的引领地位具有深远的战略意义。

地处中部的山西，虽未列入国家“一带一路”规划，但综观山西方志，我们可以从中探究到与“一带一路”千丝万缕的联系，汲取更多的精神动力。其绵延不绝的深厚历史渊源、诚信进取的可贵晋商精神、表里山河的优越区域形势、浑然天成的丰富旅游资源、扛鼎“智造”的独特经贸产品，曾广泛参与、几度引领、数次撬动中国政治、经济、社会、文化发展进程；在促进东西方经贸、文化、旅游、艺术交流融合中，在助力“一带一路”建设中仍将发挥重要的枢纽作用。

一　深厚的历史渊源

翻阅山西方志，可以清晰地看到山西与“一带一路”绵延不绝的深厚历史渊源。

从发展脉络看，由于山西处于中原农耕文明与草原游牧文明的连接地带，早在3000年前的先秦时期就是“玉石之路”的中转基地。新石器晚期出土的玉石证实，先秦时期于阗（今新疆和田）制作的玉器就曾沿和田到吐鲁番，北上经新疆北部，到今甘肃、内蒙古，再南至宁夏，向东过山西雁门关、河北南部至安阳。“山西战国秦汉古墓出土中，就有大批或南方风格或西域特色的兵器、铜镜、装饰品、漆器、琉璃器等”[1]。

汉唐以降，河东经济文化发达，对外交往频繁，山西成为丝绸之路的发源地。历史上，中国丝绸的重点产区有三个，分别是江南、四川和山西南部；可以说，丝绸之路上的相当一部分商品，源自于山西。特别是汉唐之间的魏晋南北朝时期，山西堪称丝绸之路的重心所在；北魏定都平城（今大同）近一个世纪（97 年），东西方丝绸之路经济带上有两座中心城市，西有罗马，东有平城；西域、中亚各国的商旅、使团，络绎不绝涌向大同，“北魏在大同建都长达97年，历经六帝七世，平城一直成为北方政治、经济、文化中心”[2]。繁盛了一个世纪，影响数百年。到元朝，山西仍是丝绸之路的重地。“都城甚壮丽，与国同名，工商颇盛……其地种植不少葡萄园，酿葡萄酒甚饶。契丹全境只有此地出产葡萄酒，亦种丝养蚕，产丝甚多。”[3] 斯时，太原繁华盛景已可见一斑：“省恒民居栉比，店铺鳞排，需用繁多，百工之事终岁无休息时。”[4]

此外，山西不仅养蚕织丝，其发达的潞绸业、棉布业、颜料业对丝绸之路的繁盛也起了重要作用。明朝中叶，潞安府成为与苏杭齐名的北方丝织制造业中心，潞绸不仅畅销国内，且出口欧洲多个国家。明清时期，中国的政治中心移至北京，西域各国使节、商团、僧侣沿丝绸之路至敦煌、武威一带，进入长安，继续东行，过黄河，北上，经今天的山西临汾、太原，再向东，越过太行山，经河北定州至北京。丝绸之路的东延段沿途形成了许多进行国际贸易的城市、市关，至今有迹可循。清代山西人“走西口”也与丝绸之路有关。忻州流传有“东口到西口，喇嘛庙到包头”的民谣。在新疆白玉河畔巨石上，至今留有“大清道光二十二年山西忻州王有德在此苦难”的遗迹。在河西走廊，由于忻帮、代帮商人众多，还建造了1.2 万平方米的山西会馆。从考古发掘和文献不难看出玉石之路—丝绸之路—茶叶之路的演变轨迹。

据《大同市志》载，山西还是晋商开拓的万里国际“茶叶之路”的重要基地，可与丝绸之路比美，即通往库伦（今乌兰巴托）、俄罗斯的茶马互市之路；而大同正是这条道路上的中转站和集散地，是一个颇具知名度的商埠。[5] 明末至清，陆上丝路渐趋沉寂，海上丝绸之路时断时续，代之而兴的是以晋商为主体开辟出的“万里茶道”，成为继丝绸之路后中华民族历史上又一辉煌壮举。这是一条随茶叶贸易而开通、始于中国南方、经蒙古至俄国西部心腹地带乃至更遥远地区的国际黄金贸易通道，曾经在东西方贸易中扮演着至关重要的角色，引发了欧亚大陆腹地全面、深刻的文化了解与交流，成为东西方文明交汇的桥梁。“万里茶道”发展于明后期，兴盛于清中期，以山西商人为主力，贯通蒙古、俄罗斯、欧洲和中亚各国，途经235 个城镇，总长1.3 万余公里，繁荣200 多年。2013 年3 月，国家主席习近平首次出访俄罗斯，在莫斯科国际关系学院的演讲中指出：“中俄两国的能源合作不断深化。继17 世纪的‘万里茶道’

---

① 侯文正：《山西通志·总述》，北京：中华书局，1999 年，第86 页。
② 要子瑾、姚斌：《大同市志》，北京：中华书局，2000 年，第27 页。
③ 冯承钧译：《马可波罗行纪》第二册，北京：中华书局，1955 年，第424 页。
④ 张国宁、张升：《太原市志》第一册，太原：山西古籍出版社，第3 页。
⑤ 要子瑾、姚斌：《大同市志》，北京：中华书局，2000 年，第5 页。

之后，中俄油气管道成为联通两国新的世纪动脉。”

历史上，山西地区与“一带一路”沿线的中亚各民族之间有着紧密的关联，深厚的历史渊源又将山西与沿线国家紧密地融合在一起，山西方志在实现文化产业链接，拓展与中亚国家文化认同，推动地区间文化交流，夯实丝绸之路经济带的社会文化基础上大有文章可做。

二　可贵的晋商精神

2016年1月4日，国务院总理李克强在山西太原考察晋商博物馆时说：“山西有两座富‘矿’：有形的是得天独厚的地下煤层，无形的是行走天下的晋商精神。山西当前尤其要从过度依赖自然资源，转向更多依赖人力资源，既要开掘煤炭资源，又要挖掘好晋商精神这座取之不竭、用之不尽的富矿。”

在山西方志的记述中，晋商精神的核心是诚信进取。经营理念上的诚信守义，管理上的睿智进取，都表现出中华民族特有的重名节、守义气、天下为公的文化传统，其敢为天下先的大无畏的英雄气概，先天下之忧而忧的家国意识成为中华民族的生命品格和传世精神。晋商在一两一钱的些微商业中谨奉倍守“诚信”，秤杆上的每个秤星都是一个小小的“寿”字，他们用生命之重来时刻提醒自己诚心经营。梁启超评曰“晋商笃守信用”。英国汇丰银行在上海的经理回国前，对晋商曾有过这样一段评论，“汇丰银行与上海的中国人晋商做了大宗交易，数目达几亿两之巨，但我们从没有遇到过一个骗人的中国人”。晋商相信“有国才有家”，在民族大义面前敢于“进取”，当国家民族遇到危难时候，他们义不容辞、慷慨解囊为家国民族奉献自己。据史料载，明清山西商民捐银之频，数额之大，为全国各省之首。

有人讲过，“凡是麻雀能飞到的地方都有山西人”。晋商曾经独领风骚、叱咤于中国的大地上。“清朝定鼎初期，晋商中部分从绥远城向包头、银川、兰州、敦煌至叶尔羌（今新疆叶城县）……北上抵恰克图、伊尔库茨克经西伯利亚到莫斯科一带……”[①] 他们经营的盐、铁、棉、布、皮毛、丝绸、茶叶、金融等商号，遍及全国各地并远涉欧洲、日本、东南亚和阿拉伯国家，称雄国内商界长达300年之久。晋商富甲天下，誉满全球，荣膺明清时代十大商帮之首，与威尼斯商人、犹太商人并称世界三大商帮。晋商“四通天下”——德通天下、货通天下、汇通天下、利通天下，创造了海内最富奇迹，是中国的华尔街，古代的金融中心。山西票号被公认为“中国现代银行的鼻祖”，平遥、太谷、祁县“金三角”使晋商走上了历史巅峰。“到清代道光年间，票号勃兴，分号遍设全国各地，形成了票、当、印、钱、银、账六行并举全面称雄的局面，全国其他商帮难望其项背”[②]。“山西票庄执中国金融界之牛耳，约三百余年”[③]。晋商辉煌的历史，给我们后人留下了极其宝贵的文化遗产。“特别是随着社会商品货币经济的发

① 孙庚午、刘树岗：《晋中地区志》，太原：山西人民出版社，1993年，第315页。
② 阎爱英：《晋商史料全览·金融卷》，太原：山西人民出版社，2007年，第7页。
③ 曲殿元：《中国金融与汇兑》，上海：上海大东书局，1930年。

展，山西的金融资本从商业资本中分离出来，于清道光初年产生了‘西帮’票号，且发展迅速，很快便汇通天下，得赖九州，基本垄断了全国的汇兑业务，成为近代中国银行之发轫。”①

今天，伴随着“一带一路”的蓬勃崛起与晋商文化的日渐复兴，任何一个有使命感的三晋儿女都有个挥之不去的“晋商梦”，追寻晋商足迹，体验晋商艰辛，传承晋商精神，继续发扬亚欧人民的传统友谊，加强经贸互动和文化交流，拓展“一带一路”黄金商道，促进沿途城市、产业、企业家之间的交流与合作。在助力“一带一路”建设中，凝聚晋商向心合力，再创晋商昔日辉煌，才能在转型发展和赶超跨越中取得胜利。

三 优越的区位形势

山西是亚欧大陆桥的重要陆路枢纽，融入“一带一路”具有独特的区位形势和便利条件。山西自古就是民族交融和中外交流的重要地区，它东倚苍莽太行，西傍奔腾黄河，南靠连绵诸峰，北临广袤大漠，以得天独厚的“表里山河”在漫长的历史进程中扮演过重要角色，今天仍发挥着中国承东启西的物流枢纽职能。

翻阅山西方志，我们可以清晰地看到这样一条路径，晋城、长治、侯马至西安的铁路线，在地图上，和陇海线呈平行走向。作为“新亚欧大陆桥经济走廊”的重要区域，山西完全可以担当起中国北方沿海地区融入“丝绸之路经济带”的陆路枢纽功能。从“一带一路”的战略层面审视，山西“不东不西”的地理区位劣势，反倒会成为一种天然区位优势。东起连云港，经徐州、商丘、郑州、洛阳、西安、宝鸡、天水，到达兰州的陇海铁路，目前运力已经处于饱和状态。京广线、京沪线日益运力紧张，而纳入“丝绸之路经济带”的北方沿海诸省市，不可能仅借此道南下并入陇海兰新线后西行。而途经山西境内的京包线、神黄线、青银线、新菏兖日线和侯月线、中南部铁路通道线，使山西成为连接天津港、黄骅港、青岛港、在建中的董家口港、日照港等五条铁路南下“丝绸之路经济带”的大通道。大秦铁路、山西中南部铁路大通道等重载铁路的投入运营，已使山西成为中国重载铁路最密集最发达的省域。通行能力大、通行效率高的铁路运输能力，加上得天独厚的地理区位，使山西具备成为中国北方沿海地区融入“丝绸之路经济带”的陆路枢纽的条件和实力；山西境内连接五条铁路的众多物流节点，也必然会促使山西成为建设“丝绸之路经济带”基础设施互联互通的重要投资领域。

山西自古以来就是中原农耕文明与草原游牧文明的连接带，也是东西方文化、艺术、中外物资交流的战略通道。在古代中外经贸文化交往中，有两条十分重要的通道：一是兴盛于汉唐的海陆丝绸之路，二是晋商开拓于明清的万里国际茶路。这两条通道前后辉映双向流动：一方面是中国官方使节和内地盛产的丝绸、瓷器、茶叶、药材、名酒源源西去；另一方面是西域的“胡”字品牌物产胡萝卜、葡萄、苜蓿、胡服、胡芹、胡麻、胡椒，中亚和罗马的商旅、使团、

① 侯文正：《山西通志·总述》，北京：中华书局，1999年，第268页。

僧人及象牙、香料、自鸣钟等奇珍异宝从海陆两路不断地东来。而山西恰是这两条通路的陆路发源地。至近代，山西地处中部，紧靠大西北，西面、东南、东南面和陕西、山东、河南相连，可以说是通秦联鲁接豫。承东启西的独特地理区位，使山西成为北方沿海地区进入“丝绸之路经济带”的桥梁和纽带。据《中国城市流通竞争力报告（2014—2015 年)》，太原地处能源大省山西中轴，全国能源运输要依托太原较为先进的基础设施，独特的产业结构促使太原物流辐射力不断提升，其货运量区位商居中部地区省会城市第二位、全国第十位。由于具有独特的地理区位优势，太原商流辐射力在中国 33 个城市中排名第一。①

当前，山西省委、省政府响应中央号召，抢抓机遇，高度重视并积极参与到“一带一路”建设中，努力把山西打造成连接“丝绸之路经济带”与“京津冀协同发展”两大国家战略的重要枢纽。山西以开放合作为主线，以重大项目为载体，坚持“走出去”和“引进来”相结合，逐步发展成为高端装备制造业基地、人文旅游休闲地、全国清洁能源生产与技术创新示范引领地，而这一切都将依托于山西优越的区位形势。

四　丰富的旅游资源

五千年文明看山西：山西是中国古人类文明的重要源头，是中华民族文化孕育形成的核心地带，被誉为华夏文明的“主题公园”、中国社会变革和进步的“思想库”、古代东方艺术的“博物馆”。山西有着源远流长、浑然天成的旅游资源：古人类文化遗址、帝都古城、宝刹禅院、石窟碑碣、雕塑壁画、古塔古墓、佛道圣地、险堡关隘以及革命文物、史迹等，从北到南、珠串全省，构成了山西古今兼备，丰富多彩的人文景观。古人类遗址数以千计，古建筑几近两万，唐宋、金辽的木构建筑占全国的 70%；延续千年的古城镇数以百计，其中有 5 个国家级历史文化名城；此外，雕塑壁画融汇中西，贯绝古今；名人故里纵横三晋，星罗棋布；古村古居特色鲜明，风情浓郁。“国务院公布的七批全国重点文物保护单位中，山西共有 452 处，总量居全国之首。全国四大佛教圣地之一的五台山、全国三大佛教石窟之一的云冈石窟、全国唯一连续举办多届摄影节的平遥古城被列入世界文化遗产名录。”② 还有被誉为海内外古槐后裔“根”的洪洞大槐树，被传为文明始祖的商尧陶唐氏诞生、建都之地的尧都；展现一二九师抗战辉煌历史、发轫游击战的太行山区；奔腾汹涌气势有中华民族精神象征的壶口瀑布，曾是对蒙古、俄罗斯贸易主要口岸的碛口古镇等，均是中外瞩目的旅游胜地。

山西的自然旅游资源得天独厚、雄奇壮美、别具特色，人文旅游资源分布广、储量大、文化底蕴深厚、特色鲜明。归纳起来，自然旅游资源主要有七大类型：奇特雄伟、峻峭浑厚的山岳景观；瑰丽多姿、丰富多样的生物森林景观；表现各异、姿态万千的河湖泉瀑景观；广袤无

① 李中元：《山西与“一带一路”》，《山西日报》，2016 年 2 月 2 日。

② 孟宏儒：《山西文化名片丛书·阳泉文化名片》，太原：山西人民出版社，2013 年 12 月，第 1 页。

垠、连绵起伏的黄土高原景观；造型奇特、丰富集中的北方喀斯特地貌景观；特色鲜明、分布较多的地质公园景观；季节分明、气象万千的自然气象景观。人文旅游资源主要有九大类型：遗存丰富、自成系列的古文化遗址景观；时跨千年、名冠全国的古建筑群景观；融汇中西、艺术精湛的石窟造像、彩塑壁画、石刻碑碣景观；底蕴深厚、异彩纷呈的历史文化名城、名镇、名村景观；纵贯古今、星罗棋布的名人故里景观；特色鲜明、风情浓郁的民居民俗景观；丰富多彩、地域文化显著的非物质文化遗产景观；名垂史册、光照千秋的红色革命遗迹遗址景观；日新月异、壮丽多姿的现代建筑景观。

特别需要指出的是，“山西的人文景观与自然景观绝大多数都是紧密结合、融为一体的，它们不但与那些专以自然风光称奇或专以人文景观取胜的风景旅游区截然不同，而且与那些山水风光中点缀几处亭台楼阁，或在建筑群体中配置一片人工园林的旅游区也显然不同。其中一种类型是以名山为依托，山岳风光同古代建筑和谐结合而形成风景名胜区。山水是建筑的天然环境和天然园林，建筑是山水的锦上之花和点睛之笔，二者并存并重，使人流连忘返。另一种类型是人文景观与自然景观相邻相傍，在较大的空间范围内形成一种互补型的结合。这两种类型的结合，体现在全省大范围内，从南到北，从东到西，连绵不断，成片成带，形成一种网状结构，具有广泛性、区域性、组合性的特点。”①

山西省委、省政府积极对接和努力融入“一带一路”建设，在着力推进经济转型发展的布局中，把发展文化旅游产业列为做好七大非煤产业的文章之首。而早在世纪之交的2000年，山西省方志部门立足于发挥志书编纂的比较优势，着眼于为全省旅游产业的发展和各景区旅游资源的发掘提供文化支撑，为全国旅游景区树立样板服务于全国旅游大局，与旅游部门合作酝酿筹划编纂出版“山西旅游景区志丛书”，并于2001年启动了编纂工作。先后布局30多个景区景点课题的研究和志书的编纂，涉及全省11个市和大多数县（市、区），基本涵盖了全省已经或正在开发的具有较强代表性、较高知名度和特色较为突出的风景名胜区，也涵盖了一些范围更大的以区域为单元的旅游地和范围虽小但却具有名、古、奇、绝品格的旅游景点。经过三年多的艰辛努力，2003年9月“山西旅游景区志丛书”首部志书《五台山志》出版发行，此后，“丛书”编纂出版工作持续推进，十余年来又先后出版了《管涔山志》《太原风景名胜志》《壶口志》《小西天志》《王莽岭志》《晋商文化旅游志》《上党风景名胜志》《永乐宫志》《关公文化旅游志》《绵山志》《珏山志》《大寨风物志》《阳泉风景名胜志》《太行大峡谷志》《北岳恒山志》《晋祠志》《灵空山志》《朔州风景名胜志》《雁门关志》，累计编纂出版志书20部，字数总计达1500万，景观照总计3000多幅，可谓鸿篇巨制。

如今，“一带一路”建设如火如荼，山西浑然天成的丰富旅游资源、底蕴深厚的“山西旅游景区志丛书”正可助力其中，在促进区域旅游资源开发、展示景区对外形象、提升旅游景区

① 任佟苏：《阳泉风景名胜志》，太原：三晋出版社，2008年，第4页。

内涵、推进景区综合建设等方面发挥积极作用。

五 独特的经贸产品

山西境内铁路装备制造业，在全国范围内具有毋庸置疑的优势。从电力机车，到牵引系统，再到轮、轴，山西已形成原材料、关键部件、整车组装等比较完整的轨道交通装备制造产业链。此外，在高等级钢铁制品制造领域，太钢成功开发的用于时速大于200公里车辆的EA1N高速轴坯在国际上具有领先水平；太原重工还是国内唯一能自主配套生产高速列车轮轴和轮对集成产品的企业，形成了时速200公里以上动车车轮、车轴和轮对的完整产业链；其控股子公司智奇铁路设备有限公司，是目前中国唯一一家高速动车组轮对生产和检修基地，为高铁列车、动车组列车、城轨车辆和其他铁路车辆生产轮对、轮轴零部件及其关联件。牵引机和电传动控制系统相当于列车的“心脏”，目前，中国北车集团永济新时速机电电器有限责任公司的产品，占据了中国铁路大功率机车70%的市场份额。而中国北车大同电力机车有限责任公司生产的电力机车，已具备国际一流水平，2013年，该公司拿到中国铁路总公司和白俄罗斯近百亿元的采购订单；2014年9月，中白货运Ⅱ型电力机车，通过了独联体国家机车车辆认证，获得了独联体铁路市场的“通行证”。领衔“智造”在山西经贸产品系列中体现得淋漓尽致、竞相奔涌。

在积极参与“丝绸之路经济带”建设中，山西具有重要的经贸产品优势；在中国改革开放如火如荼的建设中，山西具有独特的能源优势；在产业基础、交通设施、装备制造和能源材料方面，山西又拥有良好的后发优势。山西与“丝绸之路经济带”沿线国家的经贸交流与合作有一定的基础，对外贸易增长不断加快，截至2014年12月，山西省实际对外投资总额存量为16.85亿美元，投资“一带一路”沿线国家1.88亿美元，占比11.16%；投资领域主要集中在制造业和采矿业，分别占比64.66%和19.08%。2015年，山西省紧紧围绕“一带一路”战略，选取沿线国家开展“山西品牌丝路行”活动，以毛里求斯晋非合作区、印度尼西亚山西工业园、哈萨克斯坦资源加工基地为重点，打造山西省企业对外投资的桥头堡和海外家园。“‘山西品牌丝路行’是品牌行的延伸，主动融入‘一带一路’国家战略，借势而为，让山西的品牌产品沿丝绸之路经济带，走向中亚、南亚、欧洲、东南亚，从而使山西的产品融入国家发展战略。”[①] 截至2015年年底，有30多个国家与山西有贸易往来，其中“一带一路”沿线国家贸易总额近30亿美元，占全省贸易总额的18.2%。特别是近两年开展的“丝路品牌行”，作为山西开放的新名片，已在俄罗斯、蒙古、匈牙利、意大利等国产生了重大影响。

中部崛起战略、转型综改区、晋陕豫黄河金三角承接产业转移示范区为山西省经济实现跨越发展提供了难得的机遇。高速公路、铁路、航空立体交通网络为山西省承接东部产业转移、

① 郝薇、李若男：《孙跃进眼中的“山西品牌中华行”》，《山西经济日报》，2015年7月9日。

发展对外贸易提供了便捷的物流环境。工业新型化有利于培育山西的外贸新优势，为外贸发展提供新的产业支撑和产品支撑；农业现代化和县域工业化有利于发挥山西的农业比较优势，扩大特色农产品和深加工农产品出口；市域城镇化有利于推动城镇经济发展，培育新的外贸经营主体，优化省内外贸区域发展布局；城乡生态化有利于催生山西省节能环保产业及新能源、新材料产业发展，为山西省外贸在高端产业和产品出口上提供支撑。以晋中、大同、运城、晋城、临汾为中心的汽车及零部件出口基地，以长治、运城、晋城、大同为中心的太阳能光伏产业和LED光电产业出口基地，以临汾、晋城、交城为中心的铸件出口基地，以东西两山、临汾、运城为中心的特色农产品出口基地，以晋北、晋东南、吕梁为中心的煤化工出口基地，以太原为中心的不锈钢出口基地，以铝镁合金、钕铁硼、玻璃、陶瓷、陶粒砂、耐火材料为代表的18个新材料出口基地，以太原、大同、运城、晋中、晋东南医药工业园为中心的医药产品出口基地建设，共同形成了国家级、省级、市县级示范基地梯次推进格局，把山西的新兴产业优势变成经贸出口的竞争优势。而这些元素都将汇聚成山西领衔“智造”的经贸产品组合拳，打到“一带一路”的建设中去。

“一带一路”是中国今后对外开放和对外经济合作的总纲领，在丝绸之路2000多年的形成演进史上，山西与之不仅有着密切的关联，而且将继续在“一带一路”的国家战略中扮演重要角色。大势当前，需要我们勠力同心、忍辱负重，以一种“等不起”的紧迫感、“慢不得”的危机感、“坐不住”的使命感，抢抓机遇，乘势而上。在山西方志中重温厚重历史、重塑崛起信心、重现“晋商”风采；从山西方志里汲取更多精神动力，传承历史、资政佐策、服务社会。

深为可喜的是，古往今来，中国的方志事业繁荣兴盛、经久不衰，与历代政府高度重视密不可分。自隋朝起，地方志的“官书”特征逐步显现并最终得以确立。中华人民共和国成立后，党和政府采取一系列措施推动方志工作。1956年9月在国务院科学规划委员会下设立“地方志小组”；1985年正式将地方志编纂职责划归各级政府；2006年5月，温家宝总理签发《地方志工作条例》标志着中国地方志事业开始走上法治化建设轨道。十八大以来，习近平、李克强、刘延东等党和国家领导人高度重视方志工作，多次做出重要批示。经过第二轮修志实践，全国各地大量的地方志成果已不再是束之高阁的存史文献和单调刻板的教化工具，而是通过方志馆、地情网等形式越来越大地发挥其资政功能，直接为经济社会发展服务。这种变化无形中强化了地方志的行政效用和现实价值，客观上也提升了方志的“官书”地位。

尤其需要指出的是，1985年，中华书局出版的《中国地方志联合目录》所列8200多种方志中，山西方志就占了全国总数的1/20。由此可见山西在我国方志发展史上所做的特殊贡献。山西素有“文化名邦”“方志之乡”美誉，不仅拥有悠久的修志传统，也是方志理论研究的重要阵地和方志运用的成功典范。特别是近年来，我们依托省志办和各市、县志办这个体制优势，大力开展地方志学术研究和学科建设，出台《山西省地方志工作条例》，依托省地方志开展各种学术研讨和志鉴培训活动；成立省地方志专家委员会，对全省各市、各试点县（市、区）的修志业务进行一对一挂钩全程指导，同时在全省方志界的人才培养、项目指导、志书编审等方面发挥重要作用；借助《沧桑》杂志、“山西方志网”等平台，积极致力于为资政佐策、服务经济社会提供智力支撑。中国社会科学院副院长、中国地方志指导小组常务副组长李培林对山西省地方志工作寄予厚望：“山西是一个文化大省，近年来，地方志工作发展进步快，成效明显。在全国地方志系统全面贯彻落实《全国地方志事业发展规划纲要（2015—2020 年）》的进程中，山西要走在全国前列，率先全面完成省、市、县三级二轮修志任务和省、市、县三级综合年鉴编纂全覆盖。”①

承继数代人接续奋斗的传统，感悟各级领导的亲切关怀，回首洋洋亿言的山西方志集群，再现了深厚的历史渊源、聚焦了可贵的晋商精神、彰显了优越的区位形势、展示了丰富的旅游资源、凸现了独特的经贸产品，从中领略到的不仅是先辈给予我们曾经引以为傲的物源自信，重塑了山西方志在传承历史中的不可替代的“档案库”作用，更指引了我们融入“一带一路”的前进方向，坚定了我们以方志为媒介，服务好“一带一路”战略的信心。

助力“一带一路”，方志大有可为。

① 2016 年 7 月 15 日，李培林利用出席在太原召开的第一次全国年鉴工作会议时机，对山西省地方志工作调研时的讲话。

地方志服务“一带一路”建设的路径与方法

郝文强（内蒙古自治区地方志编纂委员会办公室）

提要：“一带一路”建设与地方志是有紧密联系的。充分发挥地方志的功能与作用，更好地服务于“一带一路”建设，是时代发展的要求。地方志服务“一带一路”建设的路径与方法是多种多样的，可以建立专门的方志馆，在经济、文化、政治等方面发挥地方志的重要作用。这是值得探讨并研究的重要议题。

关键词：地方志　“一带一路”　服务　路径　方法

2013年9月和10月，中国国家主席习近平在出访中亚和东南亚国家期间，先后提出共建“丝绸之路经济带”和“21世纪海上丝绸之路”（以下简称“一带一路”）的重大倡议，得到国际社会高度关注。

2015年3月28日，国家主席习近平在博鳌论坛发表“迈向命运共同体 开创亚洲新未来”的主旨演讲。同日，国家发展改革委、外交部、商务部联合发布了《推动共建丝绸之路经济带和21世纪海上丝绸之路的愿景与行动》，这是“一带一路”建设的路线图。

2000多年前，亚欧大陆上勤劳勇敢的人民，探索出多条连接亚欧非几大文明的贸易和人文交流通路，后人将其统称为“丝绸之路”。千百年来，“和平合作、开放包容、互学互鉴、互利共赢”的丝绸之路精神薪火相传。“丝绸之路”成为促进沿线各国繁荣发展的重要纽带，是东西方交流合作的象征，推进了人类文明进步，成为世界各国共有的历史文化遗产。

进入21世纪，在以“和平发展、合作共赢”为主题的新时代下，面对复苏乏力的全球经济形势，纷繁复杂的国际和地区局面，传承和弘扬丝绸之路精神更显重要和珍贵。

“一带一路”建设是习近平主席在新形势、新阶段提出的高屋建瓴的经济发展战略构想，是古为今用、以史治国的大胆实践。这就和地方志工作密切相关了。如何使地方志更好地服务于“一带一路”建设，这里就服务的路径与方法做一探讨。

地方志的服务功能越大，服务的对象越多，服务的范围越广，方志的社会效益就越大，存在的价值也就越大。这就是地方志保有强大生命力之所在。

2015年，国务院办公厅发布了《全国地方志事业发展规划纲要（2015—2020年）》，把建立地方志资源开发利用体系作为总体目标之一，为地方志工作充分发挥其资源优势，主动融入中心工作，服务经济社会发展指明了方向。

地方志工作的最大优势是拥有丰富的地情资源。充分利用地情资源，为政府、为社会、为人民大众提供资源服务，是地方志的重要功能。

在“一带一路”建设中，是离不开地方志这一重要地情信息资源的服务的。而地方志服务于“一带一路”建设的路径和方法，是多种多样的，主要可以从以下几方面入手。

一 可以联合建立“一带一路”方志馆

地方志可以以强化服务为抓手构建信息公共平台。传播丰富的地方志资源，必须构建合理的传播服务平台。当前，地方志工作的服务平台，主要是利用信息技术作为方志文化传播的新载体。为此，地方志工作要实现新的转变，需要更加注重地方志工作与经济建设和社会服务的有机结合。在“一带一路”建设中，可以建立一个“一带一路”方志馆，可以是专业的方志馆，由中国地方志指导小组与地方省区政府合作，开发利用方志馆，服务于“一带一路”建设。方志馆是集收藏、展示、开发和服务于一体的地方志资源收藏和展示的场所，同时要布置展览。通过为社会各界提供地方资源学习和查询服务来实现工作目标。还可在方志馆局域网中建立全国旧方志数据库，收藏旧志、上传周边地区志书和家谱等电子图书。这样的话，在丰富馆藏、科学管理的基础上，方志馆充分利用各类社会资源扩大地方志工作的影响，开辟地方志资源服务“一带一路”周边国家社会大众的新路子。同时，加快信息化建设步伐。当前是信息化时代，地方志系统必须重视信息化建设。可建立服务经济社会发展的地方志网络系统，传播地方志资源，为经济社会发展服务。读者可以在线查阅一个地方的各类地方信息资料。

中国经济的持续增长取决于中国经济与中亚、中东乃至整个亚欧陆地的经济一体化。“一带一路”通过消除中东、西亚、中亚和东亚间的人为划分，重建跨越中亚通往欧洲和海湾国家的古老丝绸之路的宏伟计划，不仅提供和保障能源和资源的供应，更是中国资本投资的新目的地。

新丝绸之路的现实意义在于，中国现在需要一个新的全球经济带和一个新的全球经济体，从而引导全球经济进入一个新的经济时代，即从“跨太平洋时代”“跨大西洋时代”到“亚欧时代”，从“跨太平洋经济体”和“跨大西洋经济体”到“亚欧经济体”。

在这种大背景下，建立一个专业的、服务于“一带一路”建设的方志馆，是一个长远之举，是一种可以尝试的办法。这样，不仅可以服务于现在，还可以服务于长远。

二 地方志资源服务于“一带一路”经济建设的功能

地方志承载着全面、科学、权威的资料信息，“每到一地，先看志书”，已经成为各级领导和广大开发商的共识。

“和平发展、互利共赢”是时代的主题。中国在“一带一路”建设中，经济上的对策就是成立亚投行。

一带一路国家大多数为新兴经济体和发展中国家，普遍处于经济发展的上升期。今天，以中国为中心的东亚区域已成为世界经济的新中心，“一带一路”将联通东亚、中亚、西亚与欧洲成为全球经济新的增长动力，全球经济合作将进入“亚欧时代”；“一带一路”将欧洲经济圈、亚太经济圈这两个当今世界最具活力的经济圈连接起来，成为未来世界最具发展潜力的世界经济走廊，极大地改变世界经济地理布局，成为世界最大的经济体。

“一带一路”倡导的合作原则是“和平合作、开放包容、互学互鉴、互利共赢”的丝绸之路精神，倡导文明宽容，尊重各国发展道路和模式的选择，加强不同文明之间的对话。

自从中国提出“一带一路”战略以来，短短的两年时间里，中国已创立了亚投行和丝路基金，同时中国正在和东盟进行自贸区2.0版的谈判，中国用“太极拳”突破了美国的包围。

地方志书可以作为“一带一路”经济发展的参谋。无论投资方还是招商者，面临一个经济项目的开发推动，都会有一系列疑问，要快速准确地解决这些疑问，地方志当仁不让成为首选的“活辞典”“大罗盘”“工具书”。当地政府可以积极为客商提供地方志等地情资料。中国愿与沿线国家一道，稳步推进示范项目建设，共同确定一批能够照顾双多边利益的项目，对各方认可、条件成熟的项目抓紧启动实施，争取早日开花结果。

地方志要服务好经济建设，成为推动区域经济发展的工具书。地方志工作的中心任务，概括地说，就是进行地情研究，服务经济建设。方志的编纂工作，实际上是一次广泛深入地对地情的调查研究，是对这些调查研究的概括和总结，所以讲地方志是一个地方经过浓缩了的信息库、资料库、情报库和数据库。在当今信息社会中，经济建设不仅需要现时的最新信息，还必须与志书中贮存的大量的昔时信息相结合。因此，在志书编纂过程中，通过全面、系统地记述当地经济建设的发展历程，不仅揭示出当地经济社会发展的基本规律，而且对促进当地深化改革和扩大开放，保持经济持续、快速、健康发展具有指导作用。翔实的地情资料，是做出投资决定、政府决策的重要依据。

在“一带一路”建设中，地方志的开发利用，可以让文化资源为经济发展插上翅膀。

三　地方志资源服务于“一带一路”多元文化的功能

地方志是一方之全史，中华之国粹，文明之根脉。今天，地方志又被融入了更多的时代元素和核心价值，这座文化富矿在更深地挖掘、开发、利用之中，服务人民、服务社会、服务发展，这是地方志工作的神圣使命，今天，地方志资源在焕发着新的生命力，释放着更为强大的正能量。修志为用，地方志只有在推进“四个全面”、服务经济建设中有所作为，才能体现出其真正的价值。

地方志文化本身是社会主义先进文化的重要组成部分，是中华民族繁衍生息、文明进步的结晶。

中国在“一带一路”建设中，文化上的对策是建设“一带一路”文明圈。“一带一路”倡议的提出和实施，标志着中国与周边国家和更远的国家建立一种新型的关系，从辛亥革命以来被动性地融入世界秩序，转入今天主动地布局，将自身发展与塑造一个新的世界秩序结合到一起；“一带一路”应该是中国和伊斯兰国家的地缘政治和经济合作体，也将成为中国与伊斯兰国家的命运共同体、安全共同体、利益共同体和价值共同体。中国应与“一带一路”有共同文化基础的国家联手打造“大丝绸之路文明圈”，为实现命运共同体和价值共同体服务；中国需要通过“一带一路”文化圈的建设，形成一个与“一带一路”基础设施规划和贸易大道规划相适应的“一带一路”文化共同体；在这个文明圈内，最大限度地激发不同文化、不同国家、不同民族和部落的认同感、凝聚力、自尊心和创造力，整合“丝绸之路文明圈”内的无限资源，让“一带一路”的建设成果惠及“丝绸之路文明圈”的全体人民。

丝绸之路不仅是商业通道，而且是人类社会交往的平台，多民族、多种族、多宗教、多文化在此交汇融合，丝绸之路不仅是一条“经济带”，也是一条“文化带”。新丝绸之路大国博弈的赢家，不仅应该是“一带一路”的经济领导者，也必须是“一带一路”的文化领导者。

建设“一带一路”价值共同体。“一带一路”文明圈是多样、共存、包容、共赢的。2500多年来，贯通亚欧大陆的丝绸之路文化是基于沙漠、绿洲、草原、游牧、高原为生活基础的特色文化，丝绸之路上的那些古老民族、文化、宗教，今天还健在。丝绸之路文化崇尚自然、天人合一、热爱生活。

中华文化是世界上唯一没有中断的文化，这是因为其核心是中正平和、崇尚自然、追求和谐、不走极端、不搞民族斗争和宗教战争，这是一个唯一能够团结丝绸之路不同文明、民族和宗教信仰的文化。这其中，地方志发挥着重要而不可替代的作用。

“一带一路”发展战略绝非经济发展专利，也是文化大发展的战略契机。但面对“一带一路”战略布局，借助“一带一路”走出去、请进来的文化发展战略，是非常必要的。从文化产业发展角度透析地方志在“一带一路”格局中的定位、路径，结合“一带一路”格局，实施哲学社会科学创新工程，建设中国特色新型智库。构建中华优秀传统文化传承体系，加强文化遗产保护，振兴传统工艺，实施中华典籍整理工程，应成为研究制定“一带一路”文化发展战略的当务之急。仅就以传统信史文化——方志而言，“一带一路”既是历史的概念，更是现实的战略。而作为联系历史与现实的重要桥梁之一，地方志、地方史、年鉴等地情资料应成为“一带一路”信史文化的重器，成为文化软实力的硬基础，成为继往开来中华文化乃至华夏文明传承、传播的权威。

在“一带一路”建设中，加强文化交流与合作是其中重要的内容，对于增进沿线各国人民的友情，推动沿线各国文化融合发展，把“一带一路”建设不断引向深入，都具有重要的现实意义和深远的历史意义。文化交流与合作具有不可替代的战略性作用。打造政治互信、经济融合、文化包容的利益共同体、责任共同体和命运共同体，是“一带一路”建设的重要目标。在推进“一带一路”建设中，必须坚持文化兴路，充分发挥文化的引领和促进作用。

各地政府可以与沿线国家、地区互换或赠送地方志书，增进相互了解。在这方面，地方志可以发挥其独特的作用，发挥其文化底蕴深厚、凝心聚力的作用，为构建“一带一路”多元文化共同体做出积极的贡献。

四　地方志资源服务于“一带一路”政治发展的功能

地方志要服务好政治，成为各地党政领导管理一方的施政参考书。“资治”是社会主义新方志的一大传统功能。新方志所记述的丰富而翔实的资料，有助于政治建设。

地方志在治国理政方面，不仅可以服务于国内，而且可以服务于“一带一路”建设周边国家，相互交流治国理政经验，提升各自国家的管理水平。在总结、提升治国理政方面，地方志也发挥着重要的作用。

地方志书有着重要的教化功能。地方志要服务好社会，成为提高全民素质的教科书。类似以文丛形式并经过精心编纂的历史文化书籍，贴近生活，走进千家万户是完全可能的。这些地方志书不仅能成为人们不可或缺的精神食粮，也有较大的收藏价值，同时，还能成为对外交往中互相馈赠的佳品。

地方志要服务好学术研究，成为研究一方社会经济发展、人文变化的最宝贵的信息资料库。尽管地方志在中国有着悠久的历史，在二轮修志全面展开之时，加强方志学科建设的研究，加强方志理论、方志为地方社会及经济发展服务的研究是一项首要任务。

《地方志工作条例》第16条明确指出：“地方志工作应当为地方经济社会的全面发展服务”，“县级以上的地方人民政府负责地方志工作的机构应当积极开拓社会用志途径”。因此，作为编纂地方志的工作机构同样肩负着服务改革发展的历史责任。地方志服务改革与发展的实践证明：与其说地方志书服务于改革发展，还不如说方志部门利用自身的人才优势和地方志的资源优势服务于改革发展更为贴切。

改革发展，不仅指经济的发展，也包括治国理政的发展，这是一个大的范畴。2015年，国务院办公厅发布了《全国地方志事业发展规划纲要（2015—2020年）》，这是新的时期地方志工作的开展指南，必将推动地方志事业的深入发展。地方志事业的发展，也必将推动其服务于经济、文化、政治方面的发展。其“资政”功能也会越来越突出，这也是社会发展的必然。“一带一路”建设中，周边国家的治国理政经验在交流、总结中提升，有利于国家治理水平的提升。

总的来说，“一带一路”是一条互尊互信之路，是一条合作共赢之路，是一条文明互鉴之路。只要沿线各国和衷共济、相向而行，就一定能够谱写建设丝绸之路经济带和21世纪海上丝绸之路的新篇章，让沿线各国人民共享“一带一路”共建的成果。

发掘历史智慧　助力“一带一路”战略

——地方志工作服务区域经济发展研究

丁丽君　乔玮晏（吉林省长春市地方志编纂委员会）

提要：从鉴古知今的角度，阐述吉林省长春市历史上与“古丝绸之路”的关联和落实“一带一路”战略的重要举措。从搭建三个平台的实践（即：发挥志鉴功能，搭建公共文化平台；增强服务意识，打造资政平台；强化宣传力度，搭建惠民平台），研究地方志服务区域经济的路径。从加大对地方志工作薄弱环节的工作力度，加强人才队伍建设，完善奖惩机制，强化地方志资料保障机制建设，完善信息化建设和信息共享机制，实施走出去战略，扩大学术交流与合作六个方面，形成地方志未来服务区域经济发展的总体思路。

关键词：鉴古　知今　搭建平台　服务区域经济发展　总体思路

我国的“一带一路”战略丝绸之路经济带最终版规划包括18个省，其中包括黑龙江、吉林、辽宁东北三省。吉林省地处东北地区中部，与俄罗斯和朝鲜接壤，是我国参与东北亚区域合作和大图们江地区开发的主要省份，地理位置十分重要，具有天然的区位优势。吉林省省会长春位于“一带一路”北线A：北美洲（美国、加拿大）—北太平洋—日本、韩国—东海（日本海）—海参崴（扎鲁比诺港、斯拉夫扬卡等）—珲春—延吉—吉林—长春—蒙古—俄罗斯—欧洲（北欧、中欧、东欧、西欧、南欧）。

修志问道是地方志工作的价值所在，那么，“一带一路”国家战略古今与吉林省长春市又有怎样的关联，长春市地方志机构又将如何助力“一带一路”战略，服务区域经济发展，是摆在我们面前的课题。

一　鉴古——长春历史上的古丝绸之路与“一带一路”战略的关联

东北虽然从地理上看偏居一隅，与“一带一路”主线无直接关联，但吉林历史上曾有很长的海岸线，晚清东北丧失领土后变成内陆省。

在古代丝绸之路中还另有一条重要的丝绸之路，即东北亚丝绸之路。它是一条西连西土长安，并直接影响着东北地区民族、经济、文化的主要之路，史书称之“北丝绸之路”，或东北亚丝绸之路，也称朝贡道。东北亚丝绸之路的朝贡道共有5条，其中抚松、农安、桦甸、珲春、敦化都在这些贡道上。唐代渤海国时期是东北亚丝绸之路首度繁盛时期。唐宝应元年（762），渤海国王大钦茂以唐为模式，设置渤海五京。五京之一的东京龙原府，在现名的吉林省珲春市八连城。龙原日本道，是渤海与日本进行政治、经济、文化交流的一条要道。渤海国赴日本的交通线路，分陆、海两路。都要由龙原府，即今珲春八连城，到达毛口崴（今俄罗斯克拉斯基诺南面波谢特海湾）、渤海国盐州（今俄哈桑区克拉斯基诺村东南2000～3000米古城）。东京龙原府（珲春）是日本道陆路段的中枢。自明朝开始，东北亚丝绸之路进入顶峰时期。

这些史料都表明，吉林是东北亚丝绸之路的源头和起点，也必然成为“一带一路”战略的重要支点，而且多个城市沿边近海，对中蒙俄经济走廊的构成和发展将起到有效的支撑作用。

二　知今——长春落实“一带一路”国家战略重要举措

地方志是综合记述一定地域的“实体、实物、实情、实况”而形成的一定地域内的“百科全书”“一方之全史”，成为“地方国情的载体”或“国情的地方载体”。全面、系统、准确、完整地认识地情，载述地情。地方志助力“一带一路”战略，服务区域经济建设，首先，要依托所掌握的志鉴载体，研究域内的“一带一路”历史脉络。存史以资政，鉴往以知来。世界上万事万物都有其本源和发展过程，通过方志认识历史，借鉴历史的经验、教训，探寻历史的发展趋势。

目前，推进长吉图建设已经成为吉林省融入“一带一路”战略的最佳切入点。长吉图经济区包括吉林省长春、吉林、延边、松原的部分地区。该区域的功能定位是：全国重要的交通运输设备制造、石化、生物、光电子和农产品加工基地，区域性高新技术产业基地。我国是参与图们江区域国际合作开发的先导区，面向东北亚开放的重要门户，东北地区新的重要增长极。长春市委确立要把长春市建设成东北亚区域性中心城市。长吉图建设就是要构建以长春为中心，以长春、吉林为主体，以延龙图（延吉、龙井、图们）为对外开放前沿，以珲春为对外开放窗口，以交通走廊为轴线的空间开发格局。强化长春科技创新和综合服务功能，建设全国重要的光电子、生物、医药、汽车、轨道客车、新材料、农产品加工基地和国际影视文化名城。推进长吉经济一体化，建设吉林石化产业基地和宜居城市。长春将围绕新型城镇化、长吉图、东北振兴等重大国家战略，推进创新型吉林建设，对老工业基地振兴的引领和拉动作用日益显现。

据《长春年鉴》记载，2013年长春市围绕长远发展和长吉图战略启动城乡规划项目76项，2014年12项，按《长吉一体化规划》组织省级城镇化试点镇申报工作。莲花山生态旅游度假区、双阳区奢岭镇、绿园区合心镇、宽城区兰家镇、农安县合隆镇和九台市卡伦镇6个镇入选全省示范镇建设试点。按照《国家新型城镇化规划（2014—2020）》的要求着手《长春市城市总体规划（2011—2020）修改》工作。组织实施长吉图开发开放先导区建设方案，为国家级兴隆综合保税区、空港经济区、东北亚总部经济园区、东北亚金融总部基地等重要平台争取资金支持 。筹办信息经济促进净月创新型生态城市建设，开展与微软中国、软通动力、IBM 等知名企业战略合作。会同韩国软件园在净月举办“韩吉合作创新高层论坛”，建立韩吉政府间交流平台。2016 年是“十三五”的开局年，中国政府网发布《国务院关于深入推进新型城镇化建设的若干意见》《国务院关于同意设立长春新区的批复》。国务院批复称，建设好长春新区作为推进“一带一路”建设、加快新一轮东北地区等老工业基地振兴的重要举措，为促进吉林省经济发展和东北地区全面振兴发挥重要支撑作用。

三　助力“一带一路”战略，长春市地方志服务区域经济发展平台建设实践

地方志是大型的资料性文献，一部志书实际上也就是一部比较详尽的地情，而编修志书的过程，也是对一个地区的情况，从历史到现实全面地、系统地调查研究的过程；也就是对记述历史和现实的各种资料进行全面、系统地搜集整理的过程。地方志所承载的资料是经过筛选、整理、加工，具有系统化、条理化的特点，体现出一定的规律，具有其他著述和出版物无法比拟的系统性、完整性、准确性、权威性，展现纵横古今的宏观概况。这种知情作用，是一地域内任何一个部门，任何一部文献都不可比拟的。方志人曾骄傲地称：“方志是一座博大的资料信息库。”笔者认为，知情作用、信息作用和以此为前提的决策基础作用，是方志工作的本质功能。地方志无疑是助力“一带一路”战略，服务区域经济提供依据的最佳文献。

长春市地方志紧紧围绕全市中心工作，确定了“解放思想、开拓创新、提质增效、转型升级、存史鉴今、服务发展”的总体工作思路。按照志、鉴、用、馆、网、研“六位一体”的格局来布局谋篇，服务中心工作，搭建服务平台，为“兴一方事业”提升自身价值。

（一）发挥志鉴功能，搭建公共文化平台

志鉴的生命力即在于它的真实性、秉笔直书，不虚美、不隐恶。完整地反映客观事物的本来，以求得事物的内在规律和发展趋势，如实地反映客观事物的现状和变化，不夸大、缩小或臆断和歪曲，作为一种迅速、便捷、全面、正确地展示当地地情的特殊工具，其功能越大越广泛，提供的服务也就越周全，保存资料首先是为进行历史研究提供史料，还有利用资料展示地情、传播信息、体现规律等功效。长春市地方志在工作中强化资政和服务意识，发挥志鉴载体功能，主动搭建公共文化服务的平台，开辟服务窗口和渠道，提供独具特色和魅力的方志文化服务。

1. 志、鉴成果丰硕。长春市地方志编委会成立于 1984 年，出版各类志书 115 部，年鉴 27 部，志鉴承载了长春历史和发展的文化成果，这些成果为各行各业的发展提供了翔实的地情资料，曾多次获得省、市多项奖项，在服务幸福长春和区域经济建设中发挥了积极的作用。

2. 加强地情资源开发。先后编纂出版了纪念中华人民共和国成立 60 周年的献礼作品《长

春，以共和国的名义》；反映2010年抗洪救灾情况的专志《长春力量——2010年全市抗洪救灾实录》，获得第五届长春市社会科学优秀成果咨询成果类三等奖；纪念抗日战争胜利60周年出版《伟大的胜利》；开展了纪念长春建城210周年宣传教育活动，并与有关单位共同编纂出版了《长春记忆》图片集。

3. 开通地情网站。2013年，为了更好地发挥网站的服务功能，我们对“长春市情网”进行了改版，将名称改为“长春地情网”，网站更加突出地情特点，设有长春概览、志鉴书库、印象长春等15个一级栏目，内容涵盖政治、经济、文化、社会等各个方面。改版三年来，共扫描志书30部，更新动态信息1000余条，服务功能初步显现。

（二）增强服务意识，打造资政平台

1. 创办资政地情刊物。2011年，以“深度梳理长春记忆，实时扫描长春变迁”为主题创办了《长春地情活页》刊物，开设地方名片、百业溯源、深读老长春等栏目。目前，为服务中心工作，充分发挥资政作用，新增设了“民族民俗”和“资政建言”两个栏目，加大了反映长春历史文化和资政当代的篇幅，提升影响力，打造方志品牌。《活页》出版后，赠阅量从500册增加到了1200册，还被评为全市宣传思想文化工作创新奖（提名奖）。在此基础上，编纂出版了年度地情研究丛书《志说长春》，并获得了吉林省社会科学界联合会第五次社会科学优秀成果奖。

2. 编纂资政数据册。按照“立足吉林看长春，放眼全国看长春，走向世界看长春”的要求，为党委、政府在“十三五”期间的相关政策提供咨询服务，我们利用“十二五”期间《长春年鉴》等资料，积极搜寻整理“十二五”期间，国家15个副省级城市、吉林省9个市（州）以及长春市所辖县（市）区、开发区的经济社会主要指标，编纂了《“十二五”时期主要经济指标比较》数据册，为市领导决策提供依据。

3. 整理专项历史资料。为市领导决策服务，组织相关人员，专门对长春市主要历史遗址，特别是伪满时期遗址的历史资料进行搜集整理。在查阅长春市文物、水利、园林、宗教、建筑等相关志书和书籍的基础上，选取伪满主要遗址及长春市内历史悠久、记载翔实的主要古城、衙署、宗教场所和老字号等100处遗址进行介绍，并提出相关建议，供领导参阅。

（三）强化宣传力度，搭建惠民平台

长春地方志发挥部门特长，主动服务中心工作从闭门修志转变到开门办志，打破专业和区域界限，鼓励和吸纳社会各界人员，以各种方式和渠道参与地方志工作，并积极开展方志惠民活动，在社会掀起了解历史、参与地方志的热潮。

1. 与县（市）区方志机构共同开展方志成果“六进”活动。为了更好地宣传、普及城市历史和地情知识，满足社会各界日益增长的历史文化需求，组织开展了方志成果进机关、进院校、进企业、进军营、进社区、进乡村“六进”活动。先后到市委党校、宽城区图书馆、榆树市新立屯和长春建筑大学举办了城市历史讲座，受到了社会各界的广泛欢迎和好评。

2. 开展了2013年长春年度人物评选活动。为弘扬社会主义核心价值观，记录长春市民用自己的实际行动助力幸福长春建设的精神，与长春晚报社联合在全市范围内开展了“长春不会忘记—— 2013 年长春年度人物”评选活动。最终 10 人当选为“2013 年长春年度人物”，其中 1 人被中宣部评为时代楷模。

3. 推进方志馆（道台衙门博物馆）建设。争取明年下半年，这座独具东北特色的展示官衙文化和地情资源的旅游地标将向全民开放。并以方志馆为平台，成立长春市地方志学会，开展“长春历史大讲堂”系列活动，实现文化惠民，创新工作，为方志工作服务中心工作开拓实现自身价值的新路。

四　地方志未来服务区域经济发展的总体思路和任务

“十三五”期间，地方志应充分发挥存史、资政和育人的工作职责，以传承历史、服务惠民为宗旨，着力推进“五个转变”（方志功能由重修轻用向修用并举转变、方志成果由数量增长型向质量效益型转变、工作范围由业内运行向面向社会开放转变、工作职能由志鉴编纂单位向方志工作机构转变、工作格局由“一本书主义”向“兴一方事业”转变），全面完成二轮修志任务，启动三轮修志资料长编编纂和搜集工作，实现综合年鉴的全覆盖和连续出版，建成方志馆等平台，加快信息化建设，强化地情资源开发利用和方志理论研究，加强基层社会修志的指导和管理，努力提升干部队伍素质，促进地区地方志工作健康发展。

（一）加大对地方志工作薄弱环节的工作力度

一方面，鼓励地方政府进行地情资源开发和利用、加强旧址整理、方志学科建设，特别是服务“一带一路”区域经济发展方面的理论研究等。在地情资源开发与利用方面，应加大人力、物力和财力投入力度，鼓励出成果、出精品，同时充分发挥媒体作用，增强服务意识，推动方志文化“六进”工作，传承和宣传历史文化。另一方面，加强对行业志和专志的管理，可采取评比等方式，努力推出一批特色志书。

（二）加强人才队伍建设

这是地方志各项工作的基础和前提。一是培育和引进高端人才，建设一支敬业爱岗、高素质的地方志编修和研究队伍；二是建立经常性的培训机制，制订培训计划，可以从志书、年鉴编纂、地情资源开发、学科建设、方志馆管理等多个领域，开展不同方式的培训活动；三是组织域外调研，学习借鉴兄弟省市地方志工作经验，拓展视野；四是开展经验交流座谈会，搭建学习平台，逐步提升地方志工作质量。

（三）完善奖惩机制

加大对地方志工作业绩突出的市、县、区的表彰力度，建议与人事部门合作开展全省先进地方志工作者表彰活动，并作为每次全省地方志工作会议的内容之一固定下来。加大督查和执法力度，并争取在“十三五”期间将地方志工作纳入地方政府绩效考核内容，确保地方志工作落到实处。

（四）强化地方志资料保障机制建设

结合条例的修订，加大依法收集地方志资料力度，建立和完善地方志资料收集、保存和管理制度，特别对于三轮修志的资料长编工作和年鉴资料收集给予全力的保障。

（五）完善信息化建设和信息共享机制

结合各地信息化建设实际，逐步建立健全数据库，并推动服务功能的开发，在用上多下功夫。同时，促进省、市、县地方志信息共享，方志馆资料共享，面向社会提供优质服务。

（六）实施走出去战略，扩大学术交流与合作

实施对外交流与合作工程，由省方志委牵头，结合“一带一路”建设，组织各市（州）相关人员走出国门，特别是与俄罗斯、日本和韩国等国的高校、图书馆、档案机构进行交流与合作，开发和推介方志成果，增强中国东北方志文化影响力。

历史是最好的教科书。和平合作、开放包容、互学互鉴、互利共赢的丝路精神，不仅是中华民族千百年来一脉相承、绵延不绝的优秀文化传统，而且是实现中华民族伟大复兴的不竭精神动力，还是建立未来新型世界格局的东方智慧结晶。积极推进“一带一路”建设，应不忘本来、以史为鉴，弘扬丝路精神、开辟美好未来。

参考文献

［1］《为“一带一路”建设提供历史镜鉴（新知新觉）》，《人民日报》，2016 年 4 月 6 日。

［2］《解读“一带一路”吉林等 9 省份有强调且定位清晰》，每日经济新闻网，2015 年 4 月 6 日。

［3］闫勋才：《主动融入“一带一路”战略实现吉林快速发展》。

［4］《长春年鉴（2014）》，《长春年鉴（2015）》。

服务“一带一路”建设 方志人要有所作为

滕 坤 李彦强（吉林省白城市地方志办公室）

提要：2013 年 9 月和 10 月，习近平主席在出访中亚和东南亚时分别提出了“丝绸之路经济带”和“21 世纪海上丝绸之路”的重大倡议，强调相关各国要打造互利共赢的“利益共同体”和共同发展繁荣的“命运共同体”。这一跨越时空的战略构想，融通古今、连接中外，承载着丝绸之路沿途各国发展繁荣的梦想，古老的丝绸之路在新的语境下重新焕发新的生机。服务“一带一路”建设，地方志人要有所作为且大有可为。弘扬丝路精神，从历史维度阐释“计利当计天下利”的中国思维；挖掘整理丝路文化，在世界舞台上把中华文化讲清楚；精心打造大方志格局，创新“一带一路”视野下方志服务新思维；着眼未来，做好当代丝路建设伟大进程的整理留存。

关键词：“一带一路” 丝路精神 丝路文化 大方志格局 整理留存

2013 年 9 月和 10 月，习近平主席在出访中亚和东南亚时分别提出了“丝绸之路经济带”和“21 世纪海上丝绸之路”的重大倡议，强调相关各国要打造互利共赢的“利益共同体”和共同发展繁荣的“命运共同体”。这一跨越时空的战略构想，融通古今、连接中外，承载着丝绸之路沿途各国发展繁荣的梦想，古老的丝绸之路在新的语境下重新焕发新的生机。

这一宏伟构想，从历史深处走来，承载着厚重的历史印记，也为地方志工作者提出了新的课题。如何站在更高的视角，以更加宽阔的视野，阐释丝路精神，挖掘丝路文化，创新服务举措，拓宽资政思维，是当代地方志工作者亟待思考的问题。服务“一带一路”建设，地方志人要有所作为且大有可为。

一 弘扬丝路精神，从历史维度阐释“计利当计天下利”的中国思维

习近平在中阿合作论坛第六届部长级会议开幕式上的讲话中说：“千百年来，丝绸之路承载的和平合作、开放包容、互学互鉴、互利共赢精神薪火相传。”这是对两千年来丝路精神的高度总结和提炼。地方志工作者要把握其精神实质，从历史维度和现实角度深度阐释和弘扬丝路精神，这有助于回复不同声音，凝聚力量和共识，宣扬古老的大国情怀，为丝路精神助力

“一带一路”建设提供历史支持，让“互学互鉴、互利共赢的精神，传承千年不息；和平合作、开放包容的信念，绵延万里不绝”①。

从历史维度阐释丝路精神，可以释疑解惑达成合作共识。“一带一路”的倡导提出后，出现了把“一带一路”类比于马歇尔计划，称之为“中国版马歇尔计划”的声音。这种理解和认识不仅不科学、有违事实，而且会对“一带一路”的价值认同及实施效果带来消极影响。1947年7月，美国实施马歇尔计划，对被战争破坏的西欧各国进行经济援助、协助重建，这种援助建立在不对等的关系上，附带了很多政治条件，受援国处于被动接受与附属地位，不能自主决定经济政策。马歇尔计划影响了这个世界上不少人的思维方式：大国发起的经济援助或者战略合作都是单向推行其全球意志和价值的工具。习近平主席提出的“一带一路”战略构想，是推动和平发展的大国方略，是一条合作共赢之路。从历史看，古丝绸之路是古代中国与亚、非、欧国家开展经贸往来、文化交流的通道，对东西方文明发展做出过重要贡献。“仁者，已欲立而立人，已欲达而达人”②，古丝路精神历经2000余年的锤炼，在同丝绸之路各国交往的过程中，始终不改初衷、不忘初心，而平等交流，合作共赢的故事和理念在历史的长河上灿若星辰，我们要把这些散落在各个历史角落的史实整理串联出来，系统总结，以无可辩驳的事实阐释古老的“计利当计天下利”的中国思维，从而使“一带一路”沿线各国释疑解惑，达成共识。

从现实角度阐释丝路精神，可以凝聚力量彰显大国情怀。从现实看，就是要弘扬古丝绸之路和平友好、开放包容的精神，探索新形势下国际经济合作与发展的新模式。“‘一带一路’建设不应仅仅着眼于我国自身发展，而是要以我国发展为契机，让更多国家搭上我国的发展快车，帮助他们实现发展目标。我们要在发展自身利益的同时，更多考虑和照顾其他国家利益”③，这是中国一贯奉行的大国情怀。英国科学家李约瑟说：“事实上，世界上其他各国都需要满怀虚心地向中国学习，不仅向现代的中国学习，也要向历史上的中国学习。”④ 作为崛起的东方大国，我们正在为世界的和平与发展发挥着文化传播、文化交流的重要责任。“把弘扬爱国主义精神与扩大对外开放结合进来……善于从不同文明中寻求智慧、汲取营养，增强中华文明生机活力”，习近平总书记的论述告诉我们，“大国心态既是捍卫自身利益和尊严的坚定和果敢，也是微笑着拥抱世界的从容和自信；既是弘扬民族文化和价值观的矢志不渝，也是兼收并蓄各国文化的海纳百川”⑤。“一带一路”倡议发出以来，中国用实际行动阐释着“和平合作、开放包容、互学互鉴、互利共赢”的丝路精神。这些精神，体现在习近平在各类论坛、国际研讨会发表的演讲及海外署名文章中，体现在同“一带一路”各国签署的战略合作协议中，更体

① 习近平出席丝路国际论坛暨中波地方与经贸合作论坛开幕式发表的题为“携手同心 共创未来”的讲话。
② 出自《论语·雍也》。
③ 习近平在波兰发表的“携手同心 共创未来”的讲话。
④ 杨宗华：《敢于负责》，北京：石油工业出版社，2012年5月。
⑤ 《人民日报》谈抵制肯德基：爱国不是“糊涂的爱”。

现在基础建设、文化交流等方方面面的合作共建，互鉴互学的的伟大实践中。笔者认为，我们地方志工作者可以在全面搜集整理有关“一带一路”建设相关文献和资料的同时，从中专门挖掘出体现丝路精神的观点、事件等，形成《丝路精神重要观点辑录》《丝路精神重要事件备忘》等专项文献，让丝路精神在更多的国家形成一种文化认同、精神动力和巨大合力，引领沿线各国人民凝聚力量、投身建设，达到共同发展的目的。

二 挖掘整理丝路文化，在世界舞台上把中华文化讲清楚

二千多年前，亚欧大陆上勤劳勇敢的人民，探索出多条连接亚欧非几大文明的贸易和人文交流通路，铸成了千古传颂的丝绸之路。丝绸之路以其连接的文明形态之多、跨越历史时期之长而光耀人类文明的史册。我们的祖先在丝绸之路上“驰命走驿，不绝于日月”，东西方文明交融激荡，为我们留下了光辉灿烂，宏博丰富的丝路文化。“一个真正的大国，靠的不是卖衬衫给世界贡献了多少GDP，还必须在文化、在人类的价值观上，拥有影响和引导这个世界的文化力量。”① 《人民日报》评论员卢新宁说：“中国经济已经很强大了，但是除了商业和生意，除了利益和利润，还应该在文化上，存有影响和引导这个世界的理想和责任感。”“习近平主席多次强调，要讲好中国故事，传播好中国声音，要更加响亮地提出中国主张。‘一带一路’作为中央提出的重大理念，要加大传播力度。”② 作为方志工作者，要深入挖掘丝路千年印记，将散落在各个文化典籍，文物古迹中的有关丝绸之路的记载和展现，以资料长编或志书的体例形式分门别类整理出来，统筹规划，先进行专项整理，再汇成总卷，形成系列丛书。在此基础上，或可编修《丝绸之路通志》《丝绸之路资料长编》等，为“讲好中国故事，传播中国声音”提供详尽坚实的资料基础。笔者试从几个方面加以说明：

整理丝路人物。人创造了社会历史。全面系统研究创造丝路历史的人物及其背后丰满的时代，能更好地“为读者展现丝路的艰辛开辟、盛世年华、曲折前行，展现贯穿其中绵延至今的丝路精神”③，张骞出使西域打开丝绸之路大门，东晋僧侣法显横穿塔克拉玛干，翻越帕米尔高原，到达中印度，抄写佛教《律藏》。唐代僧人玄奘从长安启程，经凉州、过流沙河、哈密、穿越天山山脉，来到撒马尔罕，最后到达印度，播下了大量的佛教文化的种子。意大利旅行家马可·波罗从霍腊散出发，经伊朗的乃沙不耳，翻越帕米尔高原，经阿尔金山北麓，过叶尔羌等绿洲，著《马可波罗行纪》。郑和、甘英、伊本·白图泰……无数丝路人用执着和智慧在文明交流互鉴史上写下重要篇章。2016年3月，中国社会科学院中国边疆研究所副研究员吕文利《丝路记忆：“一带一路”历史人物》，为整理挖掘“一带一路”历史人物开了先河，但从方志角度审视，这本书收录的人物虽然都很有代表性，却没有全面系统的梳理，我们方志工作者要

---

① 杨宗华：《敢于负责》，北京：石油工业出版社，2012年5月。

② 《方志中国》2016年第2期，第38页。

③ 《方志中国》2016年第2期，第38页。

主动放宽视野，广泛搜集“一带一路”历史人物，并形成《“一带一路”历史人物志》，必将为丝路研究写下浓重一笔。

挖掘文化交流。闻名世界的丝绸之路从汉唐时期的长安出发，呈扇形朝着毗邻国家不断延伸，形成覆盖中国历代政治、经济、军事、宗教、民族、文学、艺术等的巨大文化学术体系。汉初以来，西来的不仅仅有植物，还有罗马的玻璃器、西域的乐舞、杂技，到了东汉末年，史书记载：“灵帝好胡服、胡帐、胡床、胡坐、胡饭、胡空侯、胡笛、胡舞，京都贵戚皆竞为之。”[①] 从魏晋到隋唐，随着属于伊朗文化系统的粟特人的大批迁入中国，西亚、中亚的音乐、舞蹈、饮食、服饰等大量传入中国。“中国的造纸术、印刷术、指南针经阿拉伯地区传播到欧洲，又把阿拉伯的天文、历法、医药介绍到中国”[②]。“67 年，天竺高僧迦叶摩腾、竺法兰来到中国洛阳，译经著说，译出的《四十二章经》成为中国佛教史上最早的佛经翻译。白马驮经，玄奘西行，将印度文化带回中国。中国大航海家郑和七次远航、六抵印度，带去了中国的友邦之谊。印度歌舞、天文、历算、文学、建筑、制糖技术等传入中国，中国造纸、蚕丝、瓷器、茶叶、音乐等传入印度，成为两国人民自古以来互联互通、互学互鉴的历史佐证。”[③] 丝绸之路留存下来的佛教石窟，著名的如龟兹的克孜尔、吐鲁番柏孜克里克、敦煌莫高窟、大同云冈、洛阳龙门等，这些石窟大多融会了东西方的艺术风格，是丝绸之路上中西文化交流的见证，它们连成一串宝珠，成为丝绸之路上的重要文化遗产。吕文利博士认为：“丝绸之路是物质资源互通有无的交换之路、先进技术的传播推广之路、东西艺术的交汇之路和不同民族思想碰撞、宗教共生之路。”对此进行全面、系统、深入的挖掘与整理，可为建设中国边疆万里文化长廊，提供丰富多样的依据与佐证。

梳理文学著作。我们的祖先行走在丝绸之路上，用文学形式描绘和记载了丝路见闻，不仅具有极大的文学价值，更有深厚的历史底蕴。《史记·大宛传》记载了张骞通西域过程中各国风土人情，政治经济发展现状，玄奘《大唐西域记》记述了沿途见闻。明代著名西域使者陈诚著《西域番国志》《西域行程记》，尤其是留下了西域往回记行诗 92 首，可视为明代西域的一幅历史画卷。既描述了“远塞深春无过雁，古台落日有栖鸦”的荒漠孤寂，也描述了“绿野草铺茵，空山积雪银”交相辉映的动人景色。搜罗这些文学经典，并加以简单介绍，整理形成《丝路文学经典要略》，可以为学术研究、古为今用提供翔实的线索和思路。

此外，“一带一路”沿线自然地理，气候水文、交通设施、历代相关高层决策等，都可作为我们整理研究的对象，或可成为《丝绸之路通志》的收录内容。

① 《续汉书·五行志》。

② 习近平：《弘扬丝路精神 深化中阿合作》。

③ 《携手追寻民族复兴之梦——习近平在印度世界事务委员会的演讲》。

三 精心打造大方志格局，创新“一带一路”视野下方志服务新思维

“一带一路”建设提出以来，得到沿线各国的积极响应和参与，发展之势十分迅速，地方志机构必须保持高度的敏锐性，要创新服务思维，主动融入，积极作为，加快研究步伐，让方志工作跟上时代发展。在体制机制上，适应信息社会的新变化、承担新任务，解决新问题。对地方志如何服务“一带一路”的理论研究也要秉承“合作共赢、开放包容”的丝路精神，建设大方志格局。

打破地域界限，推动“一带一路”视野下方志“共同体”。“地方志书，是指全面系统地记述本行政区域自然、政治、经济、文化和社会的历史与现状的资料性文献”。（《地方志工作条例》）这一定义，从法律上划定了地方志的记述范围。但从“一带一路”视野看，显然这一定义有局限性，从某些程度上不适应时代变革和发展。当前，“世界经济融合加速发展，区域合作方兴示艾”[①]，经济发展早已打破地域界限，“一带一路”建设更是旨在“打造政治互信、经济融合、文化包容的利益共同体，命运共同体和责任共同体”[②]。经济基础决定上层建筑，“社会演变决定方志内容”[③]，地方志作为社会大文化记录和传播的载体，也应该顺应经济形势，打破地域壁垒，大胆创新，以事为鉴，以事修志，编纂《“一带一路”鉴》《“一带一路”志》等，对积极参与的“一带一路”建设的各国与“一带一路”相关的政治决策、文化风俗、民族宗教、自然地理、建设基础等内容都收录进来，为这一历史性伟大倡议留下全面系统的记忆。

整合人才资源，谋划“头脑风暴式”集体研究。古往今来，史学工作者习惯于单打独斗，刘知几著《史通》、章学诚著《文史通义》、金玉黻纂《渤海国志长编》，都是个人著作。在当代，尽管已形成众手修志的工作体制，但在方志理论研究方面集体研究、集体讨论、集体著作的理论成果微乎其微，各地学者习惯研究一域历史，成“一家之言”，得出的理论成果也是分散的，不成体系的。

积极整合人才队伍，组织邀请有识之士，共同就地方志如何服务“一带一路”等相关理论问题采用头脑风暴法等方式开展讨论，“梳理、规范方志学有关理论与实践问题，不要让其旷日持久地、无休止地纷争下去，造成志坛内耗”[④]，头脑风暴法通过无限制的自由联想和讨论，其目的在于产生新观念或激发创新设想。在不受任何限制的情况下，集体讨论问题能激发人的热情。人人自由发言、相互影响、相互感染，能形成热潮，突破固有观念的束缚，最大限度地发挥创造性地思维能力。集体思想的碰撞可以产生意想不到的火花，产生 $1+1>2$ 的聚集作用。

---

① “弘扬人民友谊共创美好未来”，2013 年 9 月 7 日习近平在纳扎尔巴耶夫大学的演讲。

② 《推动共建丝绸之路经济带和 21 世纪海上丝绸之路的愿景与行动》。

③ 梅森：《方志性质之争抑或编纂方法之论》，《中国地方志》2014 年第 9 期。

④ 骆伟：《关于地方志定义的再思考》，《中国地方志》2014 年第 9 期。

这种讨论方法还可以“避免把自己的思想束缚在一小块自留地上，产生井底之蛙，鼠目寸光、自我束缚、只在业内循环的现象”[①]。所以，方志理论研究也要借鉴“一带一路”的“开放包容，互学互鉴”的精神，摒弃个人英雄主义、个人荣誉，在某一研究领域迅速形成统一的集体意见，避免更多的“志坛内耗”。

四 着眼未来，做好当代丝路建设伟大进程的整理留存

在浩瀚的历史长河中，我们的先辈青灯照壁，为我们留下了浩如烟海的历史典籍，正是有了这些历史的痕迹，我们今人才能够不断汲取古人智慧，让古老的丝绸之路重新在新的形势下焕发勃勃生机。作为当代的修志工作者，更要着眼当代，面向未来，记录好当代“一带一路”建设的基本情况和伟大壮举。记录中要做到几个注重：

注重丝路故事的整理。“杭州市有一位老人，自身家境并不富裕，老伴患病长期住院，他本人也刚做完手术，但为了让印尼灾区孩子继续读书，他捐出了辛苦积攒下来的1000元人民币。钱虽不多，但充分体现了中国人民对印尼人民的一片深情厚谊。”[②] RH阴性血型在中国属于十分稀有的血型，被称为“熊猫血”。这种血型的病人很难找到血源。哈萨克斯坦留学生鲁斯兰正是这种血型。在海南大学读书期间，鲁斯兰自2009年起参加无偿献血，每年两次，为一些中国病人解除病痛做出了贡献。当中国朋友称赞鲁斯兰时，鲁斯兰说：“我觉得应该帮助别人，献血是我应该做的。”[③] 2012年提出“一带一路”倡议以来，习近平在多次论坛、讲话中引用了中国与各个丝路国家人民交往中的小故事，这些故事都是以平民的视角去讲述，都不是什么惊天动地的大事，但就是这些温馨、感人的小故事，折射出中国与丝路经济带各国人民心心相印，亲如手足的友好关系，印证了“患难与共”的深厚情谊，读来特别打动人心。在未来与各国人民的合作与交往中，也一定会有更多这样温暖人心的故事发生，因此，要注意搜集留存两国人民相交相知的故事，为“民心相通”提供感情记忆。

注重丝路人物的搜集。注重各个层面的当代丝路人物的搜集。既要包括决策制定者，也要把视角投向默默奉献的普通工作者，既要记录建设者，也要记录在文化交流等方面做出突出贡献的学者和知识分子等，还要用心搜集致力于民间往来的普通民众。总之，采取多种方式，多角度、多视角广泛搜集与丝路建设相关的各类人物，以人系事，鲜活体现这段生动历史。

注重丝路文献的辑录。从“一带一路”提出以来，包括中国在内的各国对“一带一路”发表各类声音，中国与沿线各国制定了各级各类合作协议、备忘录等。地方志工作者要跟踪搜集，筛选其中有重大历史价值的文献，辑录成册，并辅以适当背景资料，为未来丝路发展提供

---

① 段炳仁：《地方志是历史文化永续利用的基础性载体》，《中国地方志》2014年第9期。

② 习近平在印度尼西亚国会的演讲“携手建设中国—东盟命运共同体”，2013年10月3日，雅加达。

③ “弘扬人民友谊共创美好未来”，2013年9月7日习近平在纳扎尔巴耶夫大学的演讲。

智力支持和历史借鉴。

最后，要强力推动方志理论的应用。无论是哪一种主题的研讨，最后都要应用到实践上，方显出理论研讨的终极价值，理论研究的成果不在于收录纂辑的论文数量。方志理论研究和方志实践是方志工作的两个翅膀，只有共同振动，才能促进方志事业的腾飞。

上海地方志服务“一带一路”建设的路径与方法

洪民荣　唐长国（上海市地方志办公室）

提要：上海是“一带一路”战略的中心枢纽城市，上海地方志工作可以搜集“一带一路”国家、地区的地情，挖掘对上海和与上海交往的记载；整理“一带一路”国家、地区和上海的投资政策，发挥双方智库作用；因地制宜、加强文化和人员交流等方面主动探索服务“一带一路”建设的路径与方法，为“一带一路”建设做出地方志工作特有的贡献。

关键词：“一带一路”　地方志　地情　投资　交流

2015年3月24日，中共中央政治局会议在研究自由贸易试验区建设时，明确提出要贯彻“一带一路”建设、京津冀协同发展、长江经济带发展等国家战略。2015年3月28日，“一带一路”建设的顶层设计规划正式亮相，这份《推动共建丝绸之路经济带和21世纪海上丝绸之路的愿景与行动》共圈定了18个重点省及20余个节点城市。提出加快推进中国（上海）自由贸易试验区建设，加强上海等沿海城市港口建设，强化上海、广州等国际枢纽机场功能。以扩大开放倒逼深层次改革，创新开放型经济体制机制，加大科技创新力度，形成参与和引领国际合作竞争新优势，上海成为“一带一路”特别是21世纪海上丝绸之路建设的排头兵和主力军。

上海是“一带一路”的中心枢纽城市，上海积极参与“一带一路”建设，并结合上海建设全球城市的目标，依托上海的经济、社会、文化等基础和贸易、航运、金融等比较优势，打造与中国在世界的地位相适应、参与引领全球化的重要窗口。在服务路径上，聚焦自贸区国家试验、人民币国际化进程、海内外企业服务、海陆空枢纽能级及文化软实力等重点环节，致力改革、开放与创新突破，打造全球资源配置、国际金融治理及资本控制中心功能，实施国际航空大都市战略和发挥全球文化融汇引领作用。①

上海地方志工作在做好修志编鉴写史的基本工作基础上，要主动围绕中心，服务大局，探索服务“一带一路”战略的路径与方法。

① 刘乃全、李鲁、刘学华：《上海服务“一带一路”国家战略的定位和路径探析》，《经济与管理评论》2015年第5期。

一　搜集地情，发挥存史作用

上海市地方志办公室承担编修上海地方志书、地方综合年鉴的职能，要完成全面系统地记述本行政区域自然、政治、经济、文化和社会的历史与现状的资料性文献和系统记述本行政区域自然、政治、经济、文化、社会等方面情况的年度资料性文献工作，不仅要广泛搜集本地的资料，包括记载上海服务“一带一路”建设的重大举措、主要成绩等，也要搜集国外对上海的历史与现状记载的资料，从而更加全面、准确、客观地记载上海的历史和现状。

（一）搜集“一带一路”国家、地区对上海地情、历史的记录

上海历史上就是中国对外开放的窗口，自 1843 年被迫开放门户后，到 19 世纪末，上海确立了全国贸易中心的地位，新中国成立以后，尤其是改革开放以来，上海在全国勇做改革开放的排头兵和创新发展的先行者，上海一直是中国生产力发展、内外贸易、进出口双向辐射的经济增长点，“一带一路”国家、地区在历史上和现在都和上海有较多的交往，“一带一路”国家、地区企业、机构和人员到上海投资、经商和居住、旅游，从他们自身的角度记录上海的历史，从旁观者的角度记录上海，他们的记录对上海地方志或年鉴都是宝贵的资料。另外，中国近代百年，战乱不断，资料散失较多。有些材料虽有记载但国内已不见原书，国外反而有保留；有些材料本国人记载有所缺失，外国人的记载却可以找到。如上海市地方志办公室最近发现并重印北华捷报社编的《上海年鉴（1854）》（英文版），是中国内地现存最早的年鉴。该书为目前境内所存最早的年鉴，该系列中最早的 1852 年版，是已知境内最早的年鉴。因此，即使把 1864 年《海关中外贸易年刊》视作年鉴，中国内地的年鉴编纂历史也因此推前十余年。《北华捷报》创始人是奚安门（Henry Shearman）、监工卡瓦略（António J. H. de Carvalho）与排字工罗萨里奥（Cypriano. E. do Rozario）。1853 年 12 月 10 日《北华捷报》刊登《上海年鉴（1854）》即将出版的广告，其中编者说明所署日期为 1853 年 12 月 26 日，应该为该书编定的日期。全书分为“历书”和“文献汇编”两部分，1854 年年历（维克多利亚女王十七至十八年，咸丰三至四年）为读者提供了 1854 年上海的日食时间、1854 年日历以及读者每天的记事页，反映出 19 世纪西方年鉴的典型编纂体例。《上海年鉴》编纂的用意，是为在沪上海英美侨民和商人提供一本有关上海的“百科全书”和实用手册。该年鉴阐释 Kalendar（Calendar，历书）和 Miscellany（文献汇编）的内容特色和阅读难点，并选译若干部分具有史料价值而中文失载的文告、作者亲历亲闻记录，如《1845 年香港总督取缔三合会令》《1853 年 9 月上海小刀会起义的发动》等，有助于太平天国运动与上海小刀会起义的研究。[①]《上海年鉴（1854）》在存史之真、补史之缺、纠史之偏等方面，都有着重要的价值。1852 年、1853 年《上海年鉴》

① 《〈上海年鉴（1854）〉研究》，上海：上海书店出版社，2016 年。

(英文版) 尚未在世界大公共图书馆见藏，但 2015 年 7 月 Alexander Historical Auctions 拍卖图录中曾出现并成交。因此，利用“一带一路”建设的契机，上海地方志工作中要主动走出去搜集散失在国外的上海地情资料和国外对上海的记载，补充、完善上海地情资料。

(二) 加强对“一带一路”国家、地区地情的搜集

“一带一路”建设的目标是要做到政策沟通、设施联通、贸易畅通、资金融通和民心相通，这五个方面构成“一带一路”的整体框架，这也意味着“一带一路”国家、地区之间的资金、技术、商品、人员会加快流动，在流动过程中不可避免地带来交流、碰撞和融合，彼此了解对方的地情十分必要。从经济角度来说，“一带一路”将实现三个转变：从商品输出转变到资本输出，从引进要素转变到输出要素，从过去向发达国家对外开放转变到面向“一带一路”的第二世界、第三世界国家开放。在这个过程中，上海应该建设对外投资的融资中心，探索对外投资的体制机制创新；加强国际科技创新中心建设，做技术创新的先锋；鼓励企业特别是大企业去做境外的经贸区、工业园区、科技园区；探索建立“一带一路”跨区域合作区。

作为上海市地方志工作机构，加强与“一带一路”国家、地区相关机构和组织的合作，顺理成章，了解对方的地情，帮助上海人民及对外投资企业对“一带一路”国家、地区的了解，有助于双方的合作共赢。对地情的了解可以分为几个方面：一是“一带一路”国家、地区基本概况，包括地理气候、自然资源、人口结构、民族组成、宗教信仰、政治体制、经济发展、基础设施、社会形态、文化艺术等内容。二是“一带一路”国家、地区的进出口情况。进出口情况能够反映该国及地区的优势资源，可以在满足本国及本地区需求的基础上对外出口，同时，出口的产品为其他国家及地区所需要，进口情况反映该国及地区的稀缺资源，该国及地区不能生产，或数量、质量不能满足需求。三是“一带一路”国家、地区对外合作的情况。对外合作情况比较重要，反映该国及地区对外开放的程度，包括对外合作的领域、合作的内容、合作的方式、合作成功及失败的案例及其原因等。

(三) 搜集、记录上海与“一带一路”国家、地区的交往资料

有针对性地搜集历史上上海与“一带一路”国家、地区交往资料，从中发现成功的经验和失败的教训，发现矛盾的解决方式、方法，发现促进互惠互利的路径和渠道，为今天的“一带一路”建设提供借鉴和参考。同时，注意积累和记载上海与“一带一路”国家、地区当前正在发生的交往资料，在《上海年鉴》中加强记载，为以后的修志积累资料，为上海与“一带一路”专题志或研究报告的撰写打好基础。如上海汽灯厂是一家有九十多年历史，专业生产燃油燃气照明、加热器具的国有企业，铁锚牌系列气灯、喷灯、气化炉、石油气灯、石油气炉等产品在国内外具有较高的知名度。国内随着电力的普及，气灯的使用已经很少，但非洲、亚洲部分国家对此仍然有较大的需求，上海气灯厂的产品远销 90 多个国家和地区。这也说明“一带

一路”国家所处的发展阶段不同，对产品、技术等需求不同，国内一些比较成熟的技术和产品如白色家电、纺织品、铁路、高速公路、桥梁建设在一些国家具有相当的市场竞争力和需求，了解“一带一路”国家、地区的地情和需求，对促进上海及全国相关企业走出去具有重要意义。

当然，与“一带一路”国家、地区合作交往不仅仅局限在产品的销售，上海对“一带一路”国家、地区合作交往已扩大到对外投资、对外承包工程、对外劳务合作等领域。据《上海年鉴（2015）》记载，2014 年，上海对外投资新增非金融类企业 594 家，核准或备案对外直接投资 122.9 亿美元。上海电气集团在意大利热那亚市与意大利战略基金公司签署协议，出资 4 亿欧元向其收购意大利安萨尔多能源公司 40% 股权。全年上海企业对外承包工程新签合同额 108.9 亿美元，完成营业额 74 亿美元，主要集中在技术含量较高的港口设施建设、电力工程等方面。上海振华重工（集团）股份有限公司与新加坡国际港务集团（PSA）签订 72 台自动化轨道吊和 20 台岸桥销售合同，合同总金额约 4.71 亿新加坡元（约合人民币 22 亿元），为该公司有史以来最大的单体港机设备订单。对外劳务合作新签劳务人员合同工资总额 14.17 亿美元，劳务人员实际收入总额 2.98 亿美元。派出各类劳务人员 26695 人次，期末在外人数 35728 人。上海政法学院成为国家援外培训基地，定点为“一带一路”国家培训司法人才。[①]

二　沟通政策，发挥资政作用

“一带一路”建设是以经济建设、基础设施建设为先导，带动货物贸易、技术贸易和投融资。上海居于吸纳国际要素与输出中国要素的交会点，一方面，全球包括“一带一路”国家、地区的资本、人才、技术等要素通过上海的扩大开放更加方便地进入中国，分享中国崛起的开放红利；另一方面，以长江经济带为代表的中国要素通过上海这个桥头堡走向国际、辐射全球，特别是为“一带一路”提供金融资本、人才技术、高端装备等方面的重要支撑。合作的主体是双方的企业和机构、组织。在合作过程中碰到的最大问题就是对双方投资政策的了解、适应和推进双方投资政策的相应调整，地方志工作可以在这个方面有所作为。

（一）整理上海投资环境方面的政策

上海市地方志工作可以发挥与市相关修志单位联系密切的优势，开展与市政府相关职能部门的合作，搜集、整理相关政策信息；可以发挥地方志地情资料丰富优势，促进“一带一路”国家、地区对上海的了解。上海地方志办公室每年编纂英文版《上海年鉴》，重点介绍上海的经济、社会、文化、城市建设等内容，向驻上海各国领事馆赠送、发放，帮助外国人了解上海当年的大事、要事、新事。下一步还准备在对外宾馆、机场、火车站等公共区域投放，在

① 《上海年鉴》编辑部：《上海年鉴（2015）》，2015 年。

《Shanghai Daily》等上海当地英文报刊上介绍英文版《上海年鉴》，进一步扩大英文版《上海年鉴》的影响，发挥地方志的作用。上海市地方志办公室还准备编写英文版上海简况。以上海地方志文献资料为基础，以上海历史演进和发展为脉络，通过图文并茂的方式、通俗易读的语言和体裁多样的结构，编写一部具有权威性、科学性和系统性，又兼顾可读性、资料性、启发性的上海简况。充分体现时代性，既不简单地就历史叙述上海历史，而是从上海服务“一带一路”国家战略、建设成为社会主义现代化国际大都市的定位出发，以此为切入点展开上海历史的发展脉络和发展过程。还可以利用主办的“上海通”网站向外国人介绍上海的投资环境与政策，帮助外国企业了解上海、熟悉上海、投资上海，以上海作为投资中国的窗口和试验田。

（二）加强对“一带一路”国家、地区投资政策的搜集、整理

知己知彼，才能百战不殆，上海的企业要走出去，到“一带一路”国家、地区去投资、合作、发展，迫切需要了解所加入国家的投资政策。上海市地方志办公室探索以下属的《上海滩》杂志，开展对“一带一路”国家、地区投资政策的搜集、整理，并在杂志上进行介绍，通过召开研讨会、举办沙龙等形式，促进上海企业对“一带一路”国家、地区的了解，架起上海与“一带一路”国家、地区城市沟通的桥梁。如2016年5月12日，举办了第一期《上海滩》杂志沙龙活动。邀请来自南非的David Barritt作了“我追随曼德拉的十年政治生涯”的演讲。David Barritt毕业于南非约翰内斯堡大学，曾担任曼德拉总统十年的政治顾问，并任南非多家大公司顾问。David Barritt在演讲中回忆了他与曼德拉的相识、曼德拉在狱中的生活以及作为顾问兼朋友的他在协助曼德拉处理南非种族问题、教育等问题上的经历。David Barritt还讲解了到南非贸易和投资的问题，并欢迎中国企业家到南非投资。

（三）发挥上海及“一带一路”国家、地区智库作用

资政是地方志工作的重要职能，地方志机构掌握大量的地情资料，从中可以梳理出历史经验和借鉴。同时可以加强对上海及“一带一路”国家、地区政策的研究，比较政策的异同，找出沟通衔接的方式、方法，提出沟通政策的建议，发挥资政作用。如上海市地方志办公室在2016年5月18日举办的“上海地方志论坛”上，邀请了国际知名中国问题专家古斯塔夫·格拉茨作主旨报告。古斯塔夫·格拉茨的报告主题是“欧中互联互通与经济安全：一带一路”，主要从欧洲视野论述对“一带一路”的看法，并给出分析建议。这位专家指出，对于中国的“一带一路”倡议，欧洲的回应开始加温；在全球经济体中，中国的投资话语权越来越重，欧盟非常欢迎中国的投资进入欧洲，并鼓励中国和欧洲银行有更深层次的合作。但他同时表示，中欧双方未来也会面临很多的挑战，从对话到行动双方仍然需要时间，投入大量的精力。中欧互联互通平台及其面临的挑战。另外，2016年5月11日上海市地方志办公室和位于加拿大的NETWORK FOR ANIMALS组织举行“地方志与‘一带一路’国际合作座谈会”，双方沟通、交流中国在“一带一路”建设过程中遇到的不同国家、地区间的文化差异等问题，进一步研讨有关问题的解决方案，交流上海地方志在其中怎样发挥重要作用。

三　加强交流，发挥育人作用

（一）加强人员交流，促进相互了解

发挥方志馆、地方志期刊的平台作用，以学术研讨会、论文交流会、组团出访等多种形式，促进与“一带一路”国家、地区的人员交流，针对双方在法律、宗教、风俗习惯等容易产生分歧和摩擦等方面，确定主题，开展研究，培养一批可以为“一带一路”建设提供服务的地方志专家。同时，利用地方志机构接触面广，掌握地情资料丰富的优势，加强与“一带一路”国家、地区及上海对外经济合作部门的联系，获取双方处置合作过程中的突发事件、矛盾纠纷等信息，研究最佳实践及案例等，提出到“一带一路”国家、地区经营的原则和建议，为企业提供实用可操作的建议。

（二）组织文化交流，促进民心互通

2015 年 3 月 28 日发布《推动共建丝绸之路经济带和 21 世纪海上丝绸之路的愿景与行动》，提出共建“一带一路”的“政治互信、经济融合、文化包容的一个利益共同体、责任共同体和命运共同体”的基本框架。文化的包容是建立在相互了解、求同存异上的，文化的交流是文化包容的基础。改革开放近 40 年的过程中，中国的对外文化交流的主体从单纯的政府和国家，到各类所有制形式的主体及公民个人，呈现出全社会的广泛参与。交流的内容，也从侧重宣传中国文化的历史悠久、博大精深，到分享中国文化发展的继承创新与时俱进，呈现出中国文化的兼容并蓄。交流的手段，从人员往来、演示和展览等传统形式，到多媒体高科技和互联网相结合的现代化方式，呈现出文化传媒科技的突飞猛进。[①] 上海地方志办公室可以主动寻求与“一带一路”国家、地区历史、文化机构合作，以互赠地方志、历史书籍；在当地媒体撰写文章，对当地名人、学者进行访谈；举办征文比赛、开展结对通信；利用互联网等多媒体手段传播当地文化等多种形式开展文化交流活动，互相介绍当地风土人情，加强相互了解，促进民心互通。

（三）做到因地制宜，避免事倍功半

开展地方志文化交流，讲好上海故事，要做到因地制宜，认真研究“一带一路”国家、地区政府、企业、人民对上海的哪些内容感兴趣，容易接受什么样的宣传形式，希望通过什么样

① 余建：《“一带一路”背景下的文化交流与展望》，《文化产业月刊》2015 年 9 月。

的渠道了解上海等问题。在具体操作过程中，要注意“一带一路”不同国家、地区的语言和表示习惯，更要注意意识形态、宗教风俗禁忌，避免“触雷”。同时，要注意针对投资企业家、民间组织人士和普通民众等不同受众群体宣传有所侧重的内容，不同的宣传媒介需要配套不同的宣传形式。发挥地方志客观、真实、全面的优势，突破地方志体例的限制，大胆改编，创新形式，争取让国外受众看得懂，能听明白，能理解。

“一带一路”建设是一项长期的国家战略，地方志工作服务“一带一路”建设也是一项长期的任务，上海地方志工作要以全球化的视野，国际化的合作，多样化的路径和方法，积极探索，开展与“一带一路”国家、地区城市的交流、合作，发挥地方志特有的资源和优势，为“一带一路”建设做出贡献。

"一带一路"视野下的地方志资源开发利用

贾栋钰（江苏省连云港市地方志办公室）

提要：当前，"一带一路"战略上升为我国现阶段最重要的发展战略。结合"一带一路"视野，对地方志资源开发利用工作进行考量，有助于转变思路、创新路径。地方志资源开发利用在"一带一路"视野下具有极强的可操作性，同时，"一带一路"视野也对今后更好地开展地方志资源开发利用工作具有诸多现实启迪。

关键词："一带一路"视野　地方志资源开发利用　思考建议

"修志问道，以启未来"，是地方志工作的传统。围绕中心、服务大局是地方志工作的重要职能。当前，"一带一路"战略成为我国现阶段最重要的发展战略。地方志资源开发利用置于"一带一路"视野下进行思考，有助于转变思路，创新路径，最大化提升地方志资源的价值。

一　地方志资源开发利用的历史阶段及其变化特点

早期的地方志资源开发利用主要是作为官修正史的角色出现，20 世纪 80—90 年代的论文显示，被列入首轮志书的地区经济情况和传统的老字号企业，在开展招商引资和对外推介方面有一定的优势。在信息透明度相对较低的年代，"官书"的权威身份，其作用十分明显。

2000 年前后，随着首轮志书的陆续完成，地方志编纂者开始对地方志书本身的资源进行发掘，如利用旧志资源，服务当地旅游经济；如编纂地域特色专志，发掘地域文化；再如梳理地域大姓历史，联络海外同胞等。

随着地方志基础资源的日益完善，对地方志资源认识深度和开发水平的不断提升，地方志资源开发利用呈现出新的特点。一是内容丰富。除了传统意义上的志书外，各地抓住契机，编纂了一大批地情资料。如山东、北京、天津、河北、陕西、辽宁、上海、江苏等省（市）借助纪念抗战胜利70 周年契机，编写抗战题材丛书。二是形式多样。传统意义上的志书多以纸质图书形式存在。现在的地情资料不仅有纸质图书、有可检索查阅的数据库，还包括影像资料、口述历史、家风家训等。如北京市启动"北京城市居住建设开发"口述史项目；福建省编纂的

《福建家训》被评为“全国优秀社会科学普及作品”等。[①] 三是路径创新。随着“互联网+”思路的融入，地方志资源开发路径正逐渐向信息化、大数据、云计算等科技应用前沿靠拢。

之所以呈现上述所提到的种种新特点，与信息资源发展所带来的变化息息相关。而地方志资源本质上是信息资源供给方，因此也随之有所变化。一是信息获取程度的变化。和过去相比，信息获取的广度和深度都有所扩大，在一定程度上由过去的信息不透明转变为信息过载。二是信息传播方式的变化。移动互联网的广泛应用，深刻改变了受众群体的阅读习惯和信息提取方式，进而带来信息传播方式的转变。新媒体的兴起，方志资源在“两微一博”（微信、微博、博客）中的具体应用，即是此类变化的重要表现。三是信息内容形式的变化。随着人们对信息获取的立体化、互动性等要求的提升，地方志资源在经由微信、微博等载体传播时，必须根据载体特点（如篇幅限制、功能限制等）对信息内容形式加以处理，才能适应信息受众的需求。

二 “一带一路”视野下地方志资源开发利用的可操作性

国家发展改革委、外交部、商务部联合发布的《推动共建丝绸之路经济带和21世纪海上丝绸之路的愿景与行动》在框架思路中强调“一带一路”战略旨在“打造政治互信、经济融合、文化包容的利益共同体、命运共同体和责任共同体”，并在合作重点中指出“一带一路”战略“以政策沟通、设施联通、贸易畅通、资金融通、民心相通为主要内容”[②]。

作为地情知识的百科宝库，地方志资源开发利用在服务“一带一路”战略方面具有很强的可操作性。

一是追溯历史，以史鉴今。发掘城市在历史上与古代陆海丝绸之路的联系和定位，为城市抢抓机遇提供历史依据和思路借鉴。围绕“一带一路”战略开展的系列活动，结合“一带一路”战略进行的资源开发等，都可以作为地方志资源开发利用的切入点。更重要的是，古代陆海丝绸之路发展中所蕴含的历史智慧和经验教训，可以为今人提供更深层次的思考。

二是沿线联动，增进互信。《推动共建丝绸之路经济带和21世纪海上丝绸之路的愿景与行动》中指出：“民心相通是‘一带一路’建设的社会根基。传承和弘扬丝绸之路友好合作精神，广泛开展文化交流、学术往来、人才交流合作、媒体合作、青年和妇女交往、志愿者服务等，为深化双多边合作奠定坚实的民意基础……充分发挥政党、议会交往的桥梁作用，加强沿线国家之间立法机构、主要党派和政治组织的友好往来。开展城市交流合作，欢迎沿线国家重要城市之间互结友好城市，以人文交流为重点，突出务实合作，形成更多鲜活的合作范例。欢迎沿

---

① 王伟光：《全面落实〈全国地方志事业发展规划纲要（2015—2020年）〉，大力推进地方志事业科学发展——在全国地方志机构主任工作会议上的报告》，《中国地方志》2016年第2期，第6页。

② 《推动共建丝绸之路经济带和21世纪海上丝绸之路的愿景与行动》，人民网，2015年3月28日。

线国家智库之间开展联合研究、合作举办论坛等。"[①] 作为政府工作部门、智库类机构、地情知识的集大成者，地方志部门在推动沿线城市开展地情文化交流方面有着得天独厚的优势，进而可以增强城市间友好交流、增进区域间民众互信。

三是区域合作，提升价值。对于本地区而言，地方志资源是百科全书式的综合性资料。但在"一带一路"框架下看，地方志资源则是单一的、孤立的。只有在区域合作的基础上深度挖掘区域性地情资源，从中找出城市间、区域间经济联系、贸易往来、文化沟通等互联互通的历史渊源，才能最大化提升地情资源的价值，探索历史发展的规律。

三 "一带一路"视野下地方志资源开发利用的若干思考

"一带一路"视野具有广阔的时空观念。围绕"一带一路"战略进行思考，对地方志资源开发利用有着诸多现实启迪。

首先是积极抢抓热点。"围绕中心、服务大局"是地方志资源开发利用的重要原则。"一带一路"战略作为现阶段中国国家战略，是当下党委政府最为关心的中心热点。地方志资源开发利用围绕这一热点展开工作的重要性毋庸置疑。此外，围绕中心热点进行开发利用，有助于获得相应的政策资源扶持，以便于更好地开展地情研究普及工作。

其次是善于把握热点。一是立足自身，整合资源。地方志部门在促进城市间友好交流、发掘地情文化方面具有天然优势。同时还拥有历史资源和现实资源两大优质资源。

历史资源包括历史地情资源、基础资料资源、人才储备资源。历史地情资源来源于对旧志的整理、修志过程中对历史地情知识的掌握。基础资料资源来源于修志过程中对原始资料的收集和编研，和各地在建设地情馆的过程中对地情资料的广泛征集和利用。人才储备资源来源于修志过程中培养和建立起的熟悉地情知识、从事修志工作的人才网络。

现实资源包括职能优势和地情编研传统。根据《地方志工作条例》赋予的法定职能，地方志部门具有依法修志、依法对地方志资源进行开发利用的先天优势。此外，由于长期开展地情编研工作，编史修志、教化育人这一地方志部门的优良传统，一直受到社会各界的广泛认可。

二是要抱团取暖，顺势而为。为深入发掘地方志资源，打通区域间历史发展脉络联系，可以通过搭建区域间地方志编研合作平台的形式，加强不同城市地方志工作者的交流合作。2016年6月，来自中国社会科学院、北京大学和全国32个城市社联的80多名代表齐聚连云港，共建全国"一带一路"沿线城市智库联盟，为"一带一路"沿线城市发挥搭建平台、解读政策、咨政建言、推动交流起到积极的作用。[②] 在竞争日趋激烈的今天，抱团取暖、团队协作正在成为社科研究中的趋势。中国地方志指导小组与中国社会科学院具有天然的紧密联系，地方志部

① 《推动共建丝绸之路经济带和21世纪海上丝绸之路的愿景与行动》，人民网，2015年3月28日。

② 《社联共建智库联盟书写城市合作新篇——全国"一带一路"沿线城市智库联盟成立大会暨"城市治理现代化与新型智库建设"高层论坛侧记》，连云港社科网，2016年6月27日。

门可以主动加强与社科院、党政研究机构、高校、党校等部门的联系，深化编研合作。

三是冷静看待热点。地方志资源开发利用应主动围绕热点，但不能盲目追逐热点。编史修志工作本身是一项要求持之以恒，甘于奉献，极具使命感和责任感的工作。对地方志资源的挖掘提炼，必须建立在对地情知识深刻把握的基础上。同样，只有夯实地方志编研的基础框架，未来才能在各个专项专题研究中游刃有余，才能在热点出现时精准切入。

四　“一带一路”视野下地方志资源开发利用的一些建议

基于上述分析，结合“一带一路”视野下的深入思考，对当下地方志资源开发利用有如下思考和建议：

一是进行供给侧改革，建立以需求为导向的开发利用体系。通过供给侧改革，对地方志资源提质扩量。编史修志的辛苦无须赘述，但如果志书编修完成后就被束之高阁，那将尤为令人痛惜。而志书囿于自身的专业性和厚重程度，难为专业研究学者之外的大众所习惯阅读，因此，将志书的资源价值最大化、着力开发地方志资源衍生品就成为地方志资源开发利用的重要途径。要根据受众需求，对地方志资源适时进行创新、翻新，不断加强地情知识的普及与推广力度。

二是搭建三大平台体系，提升地方志事业的品牌效应。搭建地方志系统的信息交流平台、资源共享平台、成果转化平台。建立完善地方志编研课题选定、成果发布、应用转化等环节的规范流程。建立区域间地方志工作者常态化的联系和沟通。鼓励、打造一批地方志精品编研成果，并逐步扩大地方志部门在社科研究领域的影响力和知名度。

三是研究与普及相结合，做有效信息的提供者。根据受众需求，将地方志资源研究与普及工作紧密结合，一方面努力推出服务党委、政府中心决策的重量级研究成果；另一方面灵活开发地情知识普及产品，做好地情文化的普及宣传。此外，当前信息爆炸所带来的信息过载问题日益突出，大量无用、无序的信息干扰着人们的注意力，人们对有效信息的需求度日渐提升。地方志自身具备的权威性、准确度，可以为人们提供足够的有效信息，并起到一定的正本清源效果。

关于地方志服务“一带一路”建设的思考

唐剑平　许锦光（浙江省临安市地方志办公室）

提要：服务国家“一带一路”建设是新时期地方志工作的一个重大课题。“一带一路”建设贯穿于中国各个历史时期，各地都有“一带一路”建设的内容。但是，在已编地方志中关于“一带一路”建设内容多有记述不够或缺漏，其主要原因是对该内容缺乏认识，未应起足够的重视。提高对“一带一路”建设认识是做好地方志工作的前提。笔者从地方综合年鉴编纂工作实际出发，深入学习和思考，提出地方志主动服务国家“一带一路”建设具体思路和方法。

关键词：地方志　“一带一路”　建设　思考

什么是“一带一路”？“一带一路”，即建设欧亚大陆丝绸之路和海上丝绸之路经济带，缘起于古代中国的丝绸之路。古代中国丝绸之路是指以古代中国为起点，连接亚洲、非洲和欧洲的古代商业贸易路线，分为陆上丝绸之路和海上丝绸之路。它的最初作用是运输中国古代出产的丝绸、瓷器等产品，但最终演变为一条东方与西方交流的经济和文化纽带。“一带一路”的倡议是新形势下中国政府立足于国内外提出的一个重大战略构想。它是我国在传承古代丝绸之路和平友好、兼容并包的思想基础上，为世界政治、经济、文化的全面发展而承担的国际责任，旨在打造与沿线国家互利共赢和共同发展的“命运共同体”①。“一带一路”是在后金融危机时代，作为世界经济增长火车头的中国，将自身的产能优势、技术与资金优势、经验与模式优势转化为市场与合作优势，实行全方位开放的一大新举措。通过“一带一路”建设共同分享中国改革发展红利、中国发展的经验和教训。

地方志担负记载中国实施“一带一路”建设的重要历史使命，也为“一带一路”建设提供决策依据和信息服务，地方志在国家“一带一路”建设中发挥独特而不可替代的重要作用。“一带一路”建设是国际社会参与的，全开放性的，直接参与国家和地区有60余个，涉及亚洲、欧洲、非洲、澳洲等，辐射全球所有国家和地区，涉及地域广，内容丰富，不是哪一本志

① 唐孟生：《政治互信是“一带一路”基础》，http：//news. sina. com. cn。

书或哪一本年鉴能够承担得起的，需要全国各级各类志书和年鉴共同承担这一伟大的历史重任。那么，地方志如何更好地为国家“一带一路”建设服务呢？笔者从认识、问题、思路三个方面谈点体会和想法。本文所指“地方志”包括地方志书和地方综合年鉴。[1]

一　提高认识是地方志服务“一带一路”建设是重要前提

国家“一带一路”建设主要分布在两大区域，一是连接亚欧大陆的中国西部陆路大走廊，二是中国东部沿海城市南下东南亚、中东、非洲、澳洲等海上大通道。其直接涉及的省市清晰可见，未能囊括全国所有的省市；就同一省市而言，有的县、市、区、州直接处在“一带一路”上，有的则相距较远。可见，全国不是所有的县、市、区、州都与“一带一路”有直接的关系，但是，就国家而言，“一带一路”两大通道建设辐射全国所有地区，给全国各地带来无限的发展商机，全国各地与国家“一带一路”建设都有直接或间接的关系。但事实上，“一带一路”建设作为国家的战略构想，显得特别的“高大上”，感到有些虚无缥缈，似乎与自己的工作和生活不太相干。这种想法必然导致在具体的地方志工作中缺乏国家“一带一路”建设的概念和认识，缺乏对国家“一带一路”建设的服务意识；也势必会影响地方志对国家“一带一路”建设的资料收集和内容记载，在地方志书和地方综合年鉴中忽略国家“一带一路”建设的重要内容，更不能做到把国家“一带一路”建设的内容具体化、深入化和系统化。因此，地方志工作者要加强对国家“一带一路”建设构想的学习和思考，高度关注国家“一带一路”建设和当地有关“一带一路”建设的重要内容，在地方志框架设计、资料收集、内容组织等方面先入为主，强化服务意识。

另一方面，国家“一带一路”建设的宏伟战略构想是习近平总书记于2013年提出来的，但“一带一路”建设的思路和内容古已有之，中国古代陆上丝绸之路和海上丝绸之路就是当今国家“一带一路”建设的重要历史依据和内涵，两条丝绸之路繁忙之时，正是经济繁荣、国家强大、外国朝觐、人民富裕之际；两条丝绸之路萧条之时，正是国家遭受内患、经济衰败、外族入侵、民不聊生之时。可见，“一带一路”早已存在，并贯穿于中国的每一个历史发展时期。新中国成立之初，百废待兴，加上外国列强的封锁和制裁，“一带一路”两条经济大动脉十分冷清。改革开放之后，中国经济逐步活跃，“一带一路”得到复苏。经过30余年的高速发展，中国经济实现了现代化、信息化和全球化，“一带一路”进入异常的活跃时期。但是，国际形势错综复杂，美国主导的全球霸权主义盛行，企图扼杀中国经济；日本军国主义死灰复燃，妄想称霸世界，中国周边遭到围追堵击，“一带一路”受到严重危险。基于这种严峻的国际形势和环境，中国政府提出了构建“一带一路”的战略构想。可见，“一带一路”是历史的和发展的，每一个历史发展时期都与“一带一路”有关。因此，地方志要为历史和现实服务，更好地

[1] 国务院《地方志工作条例》第二条，2006年。

发挥“资政、教化、存史”的作用就要强化意识，注重记载“一带一路”建设的有关内容。

有想法才有做法。“一带一路”建设是我国在新时期历史条件下的一个重大课题，也是一个重大的系统工程。地方志工作者应加强学习，不断增强地方志主动服务“一带一路”建设的认识，积极有为，发挥地方志更大的作用。

二　地方志服务“一带一路”存在的问题

“一带一路”的内容涉及政治、经济、文化、社会等方方面面，尤其是经济贸易和文化交流活动，也涉及不同的历史时期，凡与“一带一路”有关的内容都是重要的，但又往往未被重视，容易被忽视或被轻描淡写，不是被遗漏，就是面不够，或深度不够。

笔者所在的临安市是杭州市的一个辖县，属浙江省内陆县。新中国成立以来，临安对外贸易经历从无到有，从少到多的一个发展历程。“解放后，外贸由国家统一经营。初期由县供销社、采购局、商业局组织货源，提供出口”。“1973 年 11 月成立对外贸易公司，负责组织出口货源”。“1974 年，全县出口商品收购额 863 万元”，进口额未涉及。1988 年，全县“出口商品总额达到 11719 万元，创汇 3141 万美元，进口额为 1429 万元”①。1989—2005 年，临安出口交货值从 1. 33 亿元提升到 66. 3 亿元，其中企业自营出口 2. 91 亿美元，出口国家和地区扩大。境外投资从无到有，2005 年达到 8 家。② 以上是临安两部新编志书记述“对外贸易”的基本情况，明显过于简单，出口多少国家和地区、主要有哪些国家和地区等都未记。前一部志书可能是囿于资料贫乏，但后一部志书记述比前一部更简单，16 年的外贸出口交货值只有前后两个数字，也未记及出口国家和地区，境外投资有 8 家，仅仅记了一个统计数据。寥寥几个数字概括了改革开放后临安市的外贸经济情况，这是远远不够的。

相比而言，《开化县志》记得比较具体，有效信息比较多。其中，记到 1998—2005 年自营出口的主要产品名称和主要出口国家和地区。境外投资企业从首家增至 40 家，其中，中外合资企业 36 家、外商独资企业 2 家、分支机构 2 家。记到累计协议利用外资数和实际利用外资数及外商国家和地区、经营产品等，还重点记到最大利用外资项目。其主要信息通过“主要外贸企业进出口情况”“外贸交货值情况”“出口企业一览表”“招商项目数量及到位资金情况”4 张表格反映，③ 表格内容设计比较到位，信息密集，资料性强。

旅游内容记述往往顾此失彼，缺失重要内容。《开化县志》“休闲旅游”记一章，分“旅游资源”“旅游开发”“相关产业”三节④，没有“概述”，没有旅游接待、收入等情况，更没有接待重要外宾及境外旅游者的数据和情况，只有在第三节“相关产业”中设“管理与服务”

① 新编《临安县志》（下限至 1988 年）第七章对外贸易，1992 年。
② 《临安市志（1989—2005）》第八章对外经济贸易，2010 年。
③ 《开化县志（1986—2005）》第二十九章商贸第八节对外贸易与经济合作，2010 年。
④ 《开化县志（1986—2005）》第二十四章休闲旅游，2010 年。

条目，涉及旅游机构及编制人员等情况。不仅重要内容缺失，而且记述内容主次不分。新编《临安县志》“旅游”单设一章，分“名胜”“设施”两节，也无“概述”，旅游机构沿革比较简单，置于“设施”节开头一段，未记编制人员，更无旅游接待、收入等情况。《临安市志》（同上）单设一编，分“旅游景区”“旅游规划与建设”“旅游市场”“旅游服务”四章，但其中也没有关于全市旅游接待的总数据和重要年份的对比数据，更没有接待境外旅游者的资料。据了解，至2015年年底，临安市旅游局和临安市统计局尚无关于境外旅游者的统计项目和数据，两部志书均无到临安旅游的境外游客数据和重要情况。

而杭州作为国际化开放城市，境外旅游者早已纳入重要统计信息范畴，值得肯定。2015年卷《杭州年鉴》有“接待入境旅游者326.13万人次”条目，并设“2014年杭州市入境旅游人数和外汇收入情况表”，其中，涉及临安接待入境旅游者0.85万人次，比上年增长3.7%；旅游外汇收入558.84万美元，增长4.5%。资料显示，杭州除主城区外，萧山区、余杭区、富阳区、淳安县入境旅游者和旅游外汇收入均为下降，只有临安市和桐庐县是增长的。

从“外事”情况记述分析，新编《临安县志》与《临安市志》均有记述不足，前志设“外事”节，分“接待”与“出访、援外与考察”两块内容，无概述，故未记述“接待”到访者的批次及人次数据，而比较详细列出接待外宾的主要情况，有14批次；列出“出访、援外与考察”6批次。后志同设“外事”一节，分“外宾访问考察”“对外出访交流”“外商投资”“境外投资”4块内容。开首有两句话概述，即“1989—2005年，全市（县）共接待30多个国家和台港澳地区人士4135批20439人次。因公出国出境人员675批2126人次，分别赴30多个国家和地区参观考察、洽谈业务、文化交流和探亲访友”。值得肯定的是有一个总的统计数据，但对于“外宾访问考察”只记了7批，比前志少一半内容，显然不够；“对外出访交流”记了7批，其中，对于出访交流人员记得比较模糊，比如，只记“市领导”“派员”“由市长率领的代表团”等，未涉及主要人员姓名及人数，信息过简。

工业经济是外向度最高的，但在志书和年鉴中对于工业行业和企业在国外的产品市场、机器设备引进、技术人才引进和输出、合资生产等重要情况的记述往往过简，蜻蜓点水式的，或漏记，说明修志编鉴人员的头脑中对于涉外资料重视程度不够。

以上可见，在一、二轮修志及年鉴编撰中，由于缺乏对“一带一路”的认识等原因，对涉外内容的记述存在简单化、缺漏、系统性和深度不够等问题，需要在以后的工作中加以克服和改进。

三　地方志服务“一带一路”的思路

地方志以服务社会发展为宗旨，它忠实地记录一定地域内社会进程中方方面面的发展变化和存在的问题，服务当代，利在千秋，具有其他文化产品不可替代的作用。地方志编纂要与时俱进，做到常编常新，不断提高编纂出版质量，积极服务于社会发展。在国家“一带一路”的大背景下，地方志如何有效服务于“一带一路”建设，笔者结合自己的工作实践和思考，谈以下几点思路：

（一）切实提高对国家“一带一路”建设的认识。地方志工作人员要加强学习新时期“一带一路”建设这一重大国策，把当地有关“一带一路”建设内容列入地方志记载的一个重要内容。地方志对于政治、经济、文化、社会生活的主要内容固然要不惜笔墨，在充分的文字表述下，还要运用图、表等多种表现形式，详细记述，其信息资料做到纵横可比。但对于其中的涉外内容，比如，境外产品销售市场、境外贸易、吸引外资、对外投资、对外文化交流、接待外宾和境外旅游者、对外教育等涉外信息资料，更应列入记述的重要内容，重点对待，强化认识。

（二）宏观上，把握当地“一带一路”建设的内容。涉外内容往往是零碎的，分散在政治、经济、文化、社会生活等各个方面，难以集中记述，又容易被漏记或略记。想得到就做得到，就怕想不到。在调查研究的基础上，做好地方志书或地方综合年鉴的框架设计，通盘考虑，在框架结构的层面上体现当地“一带一路”建设的内容，并进行系统地梳理，理清哪些方面有涉外内容，哪些行业或单位多，哪些行业或单位少，做到胸中有数；并在布置落实撰稿任务时做到分工明确，要求具体。

（三）微观上，加强对当地“一带一路”建设工作的指导。形式上可以组织有关部门和单位的撰稿人进行座谈，也可以一对一地进行沟通指导，商议确定需要记述的有关涉外内容及具体对策。比如，关于如何强化工业经济中对涉外内容的记述，在工业经济概述中，外资企业情况是重点内容；在工业行业分述中，其产品的国外市场情况等应作为一个重要内容；工业开发区或功能区建设中，外资企业情况及主要产品的国外销售市场等情况应作为一个重点；在工业企业选介中，各家企业境外设立机构、产品国外市场、技术交流等应重点记述；对于重要的外宾经济考察学习活动，应专门列条目进行记述，并配图。对于一些重要涉外大数据，应专门设计表格，系统反映，提供对比，以增强所记内容的资料性和实用性。

关于招引外资内容的记述，在概况条目之后可以附列两个表，一个表是5年或10年的招引外资情况对比表，另一个表是当年招引外资情况明细表。对于重要的外资公司投资或招引外资等活动可以专门列条目记述。

关于旅游业的记述，如果之前没有关于境外旅游人数、收入、主要旅游客源国等情况的统计，则应与当地旅游局和统计局等有关单位沟通，建议尽快列入统计范围。对于重要的境外旅游者或团队可以列条目详细记述。

关于外事工作的记述，除了记清外事工作的基本情况外，应对重要外宾活动进行较为详细的记述，特别重要的可单列条目，比较重要的可以通过筛选，列表集中记述。

关于涉外文化交流活动、涉外教育活动、涉外体育活动、涉外宗教活动等资料都要进行深入挖掘，精心设计，耐心指导，确保这些资料全面而具体，具有新颖性和可读性。

（四）操作上，应确立一套正确的年鉴编撰思路，才能更好地记述“一带一路”建设的内容。年鉴的编撰思路非常重要，它是保证并提升年鉴编纂质量的关键。中国年鉴发展速度很快，但编纂整体质量不高，大家有目共睹，究其原因是年鉴编撰思路不到位，呈现出五花八门的态势，有志书化、总结式、报告式、新闻通讯式、简讯式、流水账式、资料汇编式等，有不少是大杂烩式的，这些五花八门编撰方式都难以记好“一带一路”建设内容，只有真正符合年鉴体例的编撰思路，才能把“一带一路”建设的内容记全面，记深入，年鉴才有新颖性和可读性。长期以来，中国年鉴界忽视对年鉴编撰思路的研究，理论上未能确定一套行之有效的年鉴编撰思路，而一味主张年鉴“创新”，导致年鉴编撰失去规范，不少年鉴标新立异，多数年鉴东施效颦。正确的年鉴编撰思路有其鲜明的特点，简言之，即“点面结合”，此不详述。

《临安年鉴》经历20余年的编纂实践，确立了一套正确的年鉴编撰思路，有效提升《临安年鉴》的编纂出版质量，成为全国许多年鉴同人学习的样本，并带动全国一批年鉴同人走年鉴编纂质量之路。《临安年鉴》对于“一带一路”建设内容有较翔实的记述。比如，“工业”栏目中，每年选录10家特色企业，其中，每家企业都涉及国外市场情况及其海外办事处设立等信息；“文化”栏目中，立条目记述“临安水龙”“五凤朝阳”“猪八戒背媳妇”等民间艺术表演队应邀到欧洲一些国家表演交流的情况；浙江农林大学立条目记述在塞尔维亚开办孔子学院的情况；高虹镇立条目记述非洲访华团考察高虹镇绿色照明产业的情况，等等。随着临安市开放度的不断提高，临安与世界的距离越来越近，临安与“一带一路”沿线国家和地区的贸易和交流越来越多，如何更好地记述“一带一路”建设内容，也是摆在《临安年鉴》编撰者面前的一项崭新的课题，需要认真地加以总结和研究。

国家“一带一路”建设是大局，全国各地或多或少都在参与“一带一路”建设，作为记录历史的地方志有责任和义务把各自区域范围内的“一带一路”建设内容记载好。笔者通过学习和思考，进一步增强了国家“一带一路”建设内涵与外延的认识，增强了作为地方志工作的深入记好国家“一带一路”建设的责任意识和使命感，通过深入思考，把形成的思路和想法及时贯彻到《临安年鉴》的编纂实践和对地方志的指导工作中去，这是学习、领会国家“一带一路”建设最佳收获和具体成效。

整合地方志资源　助力“一带一路”建设

毛珏珺（江西省方志馆）

提要：“一带一路”国家战略是中华民族伟大复兴之路，具有深刻的历史内涵和现实意义。地方志工作者要深入挖掘整合地方志资源中蕴藏的丰富历史信息和现实资料，系统整合全国地方志机构力量与人才优势，通过编纂《“一带一路”建设志》《“一带一路”人物志》《“一带一路”线路志》等志书和建设报刊、网络、方志馆、微信、微博等多个平台积极投身“一带一路”建设实践，努力提高地方志资源开发利用水平，不负时代赋予地方志工作者的使命。

关键词：“一带一路”　地方志　整合资源

2013 年 9 月 7 日，在哈萨克斯坦纳扎尔巴耶夫大学发表演讲时，习近平主席提出了用创新的合作模式共同建设“丝绸之路经济带”的战略倡议①；同年 10 月 3 日，习近平主席在印度尼西亚国会发表重要演讲，又明确提出了中国与东盟国家共同建设“21 世纪海上丝绸之路”的战略构想②。由此吹响了“一带一路”建设的伟大号角，引起国内、国际社会的强烈反响。“一带一路”是改革开放以来国家层面的顶层设计，他志存高远，气魄恢宏，运作睿智，既立足于深厚的中华民族传统文化理念，又在当前西方社会从政治经济文化全方位对中国进行包围的不利形势下，开拓出一条中华民族复兴的创新之路。“一带一路”建设将是今后几十年中国发展的关键词之一，不仅仅是经济、外交部门要服务“一带一路”建设，政治、文化、社会等各个部门各个方面都要携手并进，共同投身于“一带一路”这个大局的研究、规划、实践中，才有可能实现成功。作为中华民族独有的优秀传统文化之一——地方志，时代赋予地方志事业“修志问道，以启未来”的伟大使命，地方志工作怎样更好地为“一带一路”建设服务，使地方志工作在中华民族伟大复兴的征程中发挥不可替代的作用，焕发新的活力，是每位地方志工作者都应该积极思考的问题。

① 参见《习近平谈治国理政》，北京：外文出版社，2014 年，第 289 页。

② 参见《习近平谈治国理政》，北京：外文出版社，2014 年，第 293 页。

一 “一带一路”的历史内涵和现实意义

“一带一路”是“丝绸之路经济带”和“21世纪海上丝绸之路”的简称。传统的“丝绸之路”指始于汉代，连接中国内地与亚洲、非洲和欧洲的古代陆上商业贸易路线。西汉武帝时，“丝绸之路”以都城长安（今西安）为起点，东汉时则以都城洛阳为起点，经陇山山脉、河西走廊—玉门关和阳关—帕米尔高原而行，通过现在陕西、甘肃、新疆等省区。由于丝绸是商路上最具代表性的货物，20世纪70年代，德国地理学家希物霍芬首次把这条道路命名为“丝绸之路”，随后“丝绸之路”这一名词被学术界和大众广泛接受，成了古代中西方商业往来和文化交流之路的代名词。“丝绸之路”还被分为陆上丝绸之路和海上丝绸之路两大类。陆上丝绸之路除传统“丝绸之路”外，还包括“草原之路”和“绿洲之路”。海上丝绸之路一般认为发端于中国东南沿海地区，穿过南中国海，进入印度洋、波斯湾，远及东非、欧洲。而根据不同历史时期海陆丝路上主要商品的不同，丝绸之路又有“茶叶之路”“瓷器之路”“香料之路”的别称。所以“丝绸之路”虽然起点在中国，但不仅与丝绸有关，丝路本身是“东西方交流合作的象征，是世界各国共有的历史文化遗产”①。

2015年3月28日，国家发改委、外交部、商务部联合发布《推动共建丝绸之路经济带和21世纪海上丝绸之路的愿景和行动》，“一带一路”战略进入正式实施阶段。在这份重要文件的“框架思路”部分，给“一带一路”划定范围：“‘一带一路’贯穿亚欧非大陆，一头是活跃的东亚经济圈，一头是发达的欧洲经济圈，中间广大腹地国家经济发展潜力巨大。丝绸之路经济带重点畅通中国经中亚、俄罗斯至欧洲（波罗的海）；中国经中亚、西亚至波斯湾、地中海；中国至东南亚、南亚、印度洋。21世纪海上丝绸之路重点方向是从中国沿海港口过南海到印度洋，延伸至欧洲；从中国沿海港口过南海到南太平洋。”在国内“一带一路”版图重点圈定18个省，“打造重庆西部开发开放重要支撑和成都、郑州、武汉、长沙、南昌、合肥等内陆开放型经济高地”，涉及大半个中国国土面积。因此，推动“一带一路”建设，不仅沿线各国要坚持“共商、共建、共享”原则，全国地方志系统如果想在“一带一路”伟大战略实践中实现更大作为，发挥“智力支持、精神动力、文化氛围”的独特作用，在更深层次、更广泛层面上开发利用地方志资源，融入时代发展大潮，也必须贯彻“共商、共建、共享”原则，整合“一带一路”沿线地方志资源，把突出地域文化特色与挖掘宣传“和平合作、开放包容、互学互鉴、互利共赢”的丝绸之路精神结合起来，实现1+1>2的叠加效应，努力提高我国文化软实力，增进“一带一路”沿线国家对中国的了解与共识，助力中国文化繁荣和经济建设。

二 地方志与“一带一路”建设

“一带一路”虽然以经济发展为主轴，强调沿线各国的互利共赢、共同发展，同时也重视

---

① 《推动共建丝绸之路经济带和21世纪海上丝绸之路的愿景与行动》。

各国之间平等的文化交流，以互通有无，加强相互间的开放与包容、互信与合作，共同推动世界的和平与发展。地方志被称为“一方之全史”，它与国史、家谱一起共同传承着中华民族的悠久而珍贵的历史文化财富，地方志更是中华民族独特的“文化瑰宝”。丝绸之路绵延大半个中国，丝路上许多重要历史文化信息因中国历代重农抑商的国策，关于丝路商品情况、商人信息和丝路沿线的风土人情大多不见载于国史，或只略呈梗概，而仅在地方志中才有较详细的记载，是研究丝绸之路发展历史和文化，重构丝绸之路现实意义的宝贵资料。同时，地域文化也是生产力，地方志作为地域文化的重要载体，其丰富的历史文化内容可以为地域经济发展提供精神动力、智力支持和文化氛围，形成文化经济，直接推动社会生产力的发展，就如美国学者亨廷顿在冷战结束后向世界宣告的一样，“21 世纪的竞争不再是经济的竞争、军事的竞争，而是文化的竞争”。古今各地大量的地方志共同构成了既统一又丰富多样的中华传统文化，仅以远离传统丝绸之路核心地区的江西为例，地方志在“一带一路”建设中可以发挥以下重要作用：

（一）地方志蕴藏着丰富的丝绸之路商品信息

古代丝绸之路的成功开辟，源于东西方人民对精品商品的渴望，对美好生活的追求。文化交流是伴随着贸易往来而产生，商品流通也成为文化交流的重要组成部分。不论是陆上丝绸之路还是海上丝绸之路，除丝绸之外，陶瓷也是丝绸之路上的重要商品。由于陶瓷不同于丝绸的易碎性质，更宜海路运输，使陶瓷逐渐成为发端于唐代中后期的海上丝绸之路的最大宗商品。这条中世纪中外交往的海上大动脉也就又称为“陶瓷之路”，一直延续到清朝末年。为中国赢得“丝之国”和“瓷之国”的美名，以至英语单词“瓷器”（china）也成了中国的代名词。

江西景德镇是著名的瓷都，古时有“器行九域”之说，唐代开始，景德镇瓷器就开始销往中国南方、北方和西南各地。宋时行销全国，乃至海外地区。1987 年 8 月，在海上丝绸之路上的广东省阳江海域，发现南海一号沉船。这艘南宋古船装载了近万件福建和景德镇生产的瓷器，其中景德镇出产的影青瓷、青白瓷格外引人注目。据传，如果当时荷兰、葡萄牙商人将这些瓷器贩运到欧洲，瓷器的卖价几乎与黄金相等。在东南亚的日本、朝鲜、菲律宾，北非的埃及、苏丹，中南亚的马达加斯加，东非的肯尼亚、坦桑尼亚等地考古发现了许多宋代景德镇青白瓷标本，说明宋代景德镇已开辟了一条水上或陆上的瓷器之路。[①] 关于景德镇瓷器的发展历史、制作技术、销售经营、著名陶工等情况，中国正统文化中都视为“小道”，正史不屑记载，这些珍贵资料只有在地方志中才能找到。乾隆《浮梁县志》卷十二称：“新平冶陶，始于汉世。”新平就是景德镇最初的名称。宋元之际蒋祈的《陶记》是中国最早记载景德镇陶瓷发展史的专著，是研究景德镇地区陶瓷业史的珍贵资料，也是研究中国造瓷科学技术和海上陶瓷之

---

① 虞文霞、王河著：《宋代江西文化史》，南昌：江西人民出版社，2012 年，第 511 页。

路发展史的重要文献。本没有单行本流传，赖以被历代《浮梁县志》相沿收录而得以流传至今。志书中不仅保存景德镇陶瓷生产、发展、形态特征等景瓷商品资料，对于销售情况也有详细记载。明布政使王宗沐在《江西大志·陶书》中明确记载景德镇瓷器销售盛况：“自燕云而北，南交趾，东际海，西极蜀，无所不至，皆取于景德镇。”关于景德镇陶瓷的交易方式，清《景德镇陶录》记载主要是通过“商行买瓷，牙纪引之，议单批单，交易成功，定期批货”等方式实现。在宋代赵汝适的《诸蕃志》和元代汪大渊的《岛夷志略》等地理志中都著录了中国陶瓷销往印度的情况，其中就有景德镇瓷器。

除丝绸与陶瓷，丝绸之路上传播的重要商品还有茶叶、香料、金银器等。中国是世界上最早开始饮茶的国度之一，唐代陆羽在《茶经》中写道：“茶之为饮，发乎神农氏”。丝绸之路传播出去的不仅仅是茶叶这种商品，还有饮茶的习惯、茶叶种植的技术，乃至茶道这种文化现象。有证据显示，世界上许多国家的饮茶习惯都是从中国传播出去的。茶文化的形成与茶的品种、产量息息相关。志书有大量茶叶种植、制作、特点、销售等情况的记载，饶州的浮梁茶在唐代就已名世，丝绸之路上著名的敦煌藏经洞里有篇唐代变文《茶酒论》，记载景德镇茶叶销售盛况：“浮梁歙州，万国来求”。《元和郡县志》用具体数字记载了唐元和八年（813）前景德镇茶叶销售盛景：“每岁出茶七百万驮，税十五余万贯”“饶州之茗，其利最多”。至宋代，江西全境有三分之二的地区产茶，产茶数量居全国第一，并且出现许多名茶绝品。这些名茶有的湮没在历史的长河中，赖志书记载才为人了解。四库本《江西通志》卷十四记载：“密溪水出鹅公嶂西流入之，水甘洌可瀹茗。”十八滩中惶恐滩最险，上有神潭，潭傍种茶甚美，故谚云：“密溪水，神潭茶”。神潭茶产于吉州万安县，宋代赵蕃称赞它如文坛屈宋，可见此茶的甘美。中国第一历史名茶、清朝中期就已失传岕茶，在雍正十年（1732），《江西通志》卷二十七中尚有记载：“岕茶，出宁都紫云峰，香味第一，不可多得。”从清康熙年间开始，江西茶叶更是从铅山县河口镇出发，行程13000多公里，远销至俄国圣彼得堡，开辟了一条堪与古丝绸之路相媲美的茶叶之路，史称中俄万里茶道。在《江西通志》《广信府志》《铅山县志》《湖口县志》《崇安县志》等地方志中都关于中俄万里茶道的详细记载。

“一带一路”建设立足经济共同发展，全国地方志中保存了大量丝绸之路上曾经盛行的商品生产、流通、销售信息，这些传统商品曾经给丝路上的各族人民带来美好的回忆，深入挖掘这些传统商品信息，吸取古人的智慧和经验，结合当代需求并凭借现代科技进行重新开发、包装、利用，可以比新产品更加容易地打开丝路沿线各国市场，建立经济共同体，对推动经济发展起到事半功倍的作用。

（二）地方志是文化交流的重要媒介

地方志在我国赓续2000多年，编修不断，记载了一地历史掌故和文化风貌，它本身也是中国独特的文化现象。经过长时期的发展，地方志种类繁多，有总志、通志（省志）、府州县志等行政区域志，也有山水志、寺院志、名胜志、人物志等专志。新中国成立后，地方志工作逐渐由单纯的编一本书到以修志编鉴为主的地方志事业，截至2014年，“已出版7000多部省、市、县三级地方志书，2万多部行业志、部门志、军事志、武警志、专题志、乡镇（街道）志、村（社区）志等，1900多种1.5万多部地方综合年鉴，1000多种7000多部专业年鉴，大量地情文献。这些与现存的8000多种、10万多卷旧志及其整理成果，共同构成了一座以国情地情为主要内容并不断丰富的地方志资源宝库”①。“一带一路”不仅是中西方陆上和海上的经济贸易通道，在历史上也是中外文化交流的康庄大道。没有文化交流的经济发展是不能持久的，文化的交流产生互相理解与信任，是经济交往的润滑剂。中国丰富的地方志资源宝库虽然记载了各地特色鲜明的地域文化，但贯穿其中的是共同热爱和平、追求真理、维护统一、爱国爱家的民族精神。“一带一路”沿线50余个国家千差万别，有些国家与中国还有各种历史遗留问题、利益纠葛，客观全面又公正权威地记载一地综合情况的地方志是对外交流的恰当媒介，正如李克强总理所说：“你们应该把过去的历史资料、成都志，特别是有关宽窄巷子的历史脉络梳理清楚。……只有守住历史传统的根脉，才能打开面向世界的门窗。”英国科学家李约瑟也曾经说过：“要研究人类文明，就必须要研究中国的地方志；要研究中国文化，就必须要研究中国的地方志。”他就利用中国地方志编撰了《中国科技史》巨著。志书中也记载了大量丝绸之路文化交流的事迹，甚至一些志书本身是文化交流的成果，见证了中西方人民友好往来，互通有无，共同促进人类文明发展的历史过程。《大唐西域记》就是这样一部地理志书，它是唐代高僧玄奘沿丝绸之路取经回来后，奉唐太宗之命口述，由弟子辩机撰写。记载了玄奘亲身经历和传闻得知的138个国家和地区、城邦，包括今中国新疆维吾尔自治区和中亚地区、阿富汗、伊朗、巴基斯坦、印度、尼泊尔、孟加拉国、斯里兰卡等地的情况，也是研究佛教史学、佛教遗迹的重要文献。近代以来，一些印度本土久已失传的佛教经典和消失的著名佛寺，如那烂陀寺的废墟、王舍城的旧址、鹿野苑古刹、阿旃陀石窟，借此书得以再现其光辉。另有《岛夷志略》，是元代民间航海家汪大渊所著，记述海上丝绸之路诸国风土人情、物产、贸易等情况的地理志。汪大渊号称“东方的马可·波罗”。《岛夷志略》涉及国家和地区达220个，其中有两节详细记载了澳大利亚的风土、物产，是见著于世的最早关于澳大利亚的记述。该书是后世学者研究古代东西两洋历史地理交通的必读书籍，对研究元代中西交通和海道诸国历史、地理有重要参考价值，引起世界重视。他的成书与地方志也有不可分割的关系。汪大渊乘商船两次出海，沿海上丝绸之路游历诸国后回到泉州，恰逢泉州吴鉴奉命修《清源续志》（清源，泉州旧郡名）。因为泉州是市舶司所在地，海外各国人物聚集，应对各国风土人情有所记录，吴鉴遂请大渊著《岛夷志》，附于《清源续志》之后，《岛夷志》得以成书。次年，汪大渊携《岛夷志》归南昌，节选其中部分内容，单独刊印《岛夷志略》，才使《岛夷志略》广为流传。

① 《全国地方志事业发展规划纲要（2015—2020年）》。

历史证明地方志以其悠久的历史、富赡的内容、多样的形式具有强大的生命力。地方志不断与时俱进，不仅可以向全世界准确地介绍中国，传播中华文化，提升我国文化软实力，也可以用来记载外国地情，用中华文化的眼光记录世界、解释世界，增强我国在世界舞台上的话语权，作为“官书”的地方志在“一带一路”文化建设方面应该发挥举足轻重的作用。

（三）地方志是记载“一带一路”建设历程的最佳载体

地方志书，是指全面系统地记述本行政区域自然、政治、经济、文化和社会的历史与现状的资料性文献。[①] 地方志与地方史不同。历史需要时间沉淀，地方史要纪录历史事实，更要发现历史规律，总结历史经验和教训。许多历史事件需要时间检验才能真实体现他在整个历史时间的价值。“一带一路”伟大战略全部意义的实现同样需要时间证明。地方志则不同，他既记载历史，也关注现实，甚至更擅长现状的客观详细记叙，所以有“当代写志，隔代修史”的说法。古代丝绸之路的历史多赖志书的记载得以留传，今天在全国普遍建立修志机构，地方志工作体制机制日益健全的背景下，“盛世修志”，客观、准确、真实地记载“一带一路”建设的伟大实践，是时代赋予地方志工作者的光荣使命。地方志书的资料性文献性质，“官书”特征，客观、全面、系统的内容特点也决定着地方志是保存“一带一路”真实建设历史的最佳载体，是权威而客观解读“一带一路”国家战略的最佳媒介，具体而言，全国地方志系统可以通过组织连续编纂《“一带一路”建设志》，直接为“一带一路”建设服务，做到像李克强总理要求的那样“直笔著信史，彰善引风气，为当代提供资政辅治之参考，为后世留下堪存堪鉴之记述”。

三　整合地方志资源，服务“一带一路”建设

“‘一带一路’是在经济全球化时代，东西方文明为扩大互利发展的一种自觉意识和有计划的区域合作，是在新的历史条件下对古丝绸之路的继承、创新和发展”[②]。“一带一路”回答了中国不走传统大国争霸、称霸的老路坚持和平崛起应该怎么发展的问题，古代丝绸之路留下的人文遗产大大增厚了“一带一路”建设的文化底蕴，对宣传和平、交流、理解、合作、共赢的理念，加强各国文化认同感，促进经贸往来和世界发展，具有重要现实意义。江西虽然是古代丝绸之路大宗商品如茶叶、陶瓷、纸的重要生产地，赣江水系也曾经是丝绸之路商品转运的重要通道，铅山县河口镇还是明清“万里茶道第一镇”，比起陕西、甘肃、新疆等传统丝绸之路上的重要省份，和海上丝绸之路的出海主港如泉州、广州、宁波等城市（泉州还是联合国教科文组织所认定的海上丝绸之路起点），江西丝路考古遗址和古建筑遗存较少，但在江西地方志

① 《地方志工作条例》第三条第一款。
② 韩文宁：《“一带一路”历史文化遗产及其当下意义》，《唯实》2015 年第 4 期。

文献中仍有大量关于丝绸之路资料记载，如前文所述，等待人们去挖掘整理、开发利用。在中国古代大一统的政治格局下，尤其是从唐代开始地方志由官方设局主持编纂，全国地方志文献必定保存大量丝绸之路的相关信息，需要进行科学整理，系统开发，以服务于“一带一路”的国家战略。

中国地方志指导小组作为领导全国地方志事业发展的最高机构，应设立超越各省、市之间的协调组织，统一协调开发利用地方志文献服务“一带一路”工作。首先，“一带一路”建设涉及的问题很多，有国外也有国内的障碍，有情感的、文化的、沟通的问题，也有物质的、制度的、人为的问题。地方志是文化产品，主要从文化、情感、宣传沟通方面着手为“一带一路”建设服务。目前全国各地为要中央扶持政策、抢商机，要国家相关投资，沿海 14 个开放城市都争相宣称自己是海上丝绸之路的起点。至少有20 个省、自治区自认为是陆上丝绸之路的起点。各地地方志部门也都各自为战，在丝绸之路研究、宣传中只引用对己有利的资料，片面强调本地在丝绸之路上的重要地位，没有整合地方志资源，形成合力，造成认识上、对外宣传上的混乱。其次，利用地方志资源服务“一带一路”建设可以做的事情很多，可以利用地方志资源重新讲述丝绸之路历史，以事实证明“一带一路”是和平发展之路，消除丝路沿线各国的疑虑；可以编写《丝绸之路人物志》发掘古代丝绸之路上商人、僧侣、军人、诗人学者事迹精神，宣传勇于探索、追求真理、团结互助的“丝路精神”；可以汇编《丝绸之路线路志》，图文并茂地以古丝绸之路、茶马古道、茶叶之路、海上丝绸之路等不同历史时期的不同丝路线路为经，一线串珠地介绍沿线上的丝路商品、丝路文化遗址、与丝路有关的民俗风情……这些项目牵涉面广，都只有集全国地方志系统之力才能做到全面系统，要项不漏，才能做好。再次，编纂《“一带一路”建设志》，也需要由中国地方志指导小组统一协调组织。“一带一路”建设不仅涉及全国，还涉及65 个国家和地区，贯通中亚、东南亚、南亚、西亚乃至欧洲部分区域，东牵亚太经济圈，西系欧洲经济圈。发生在如此宽广地域范围内且长期发展的事件，势必需要强有力的组织协调，才能做到细大不捐、科学系统的记录。

各省市应制定服务“一带一路”建设计划，指定专人负责“一带一路”建设研究、宣传、服务、资料收集、志稿撰写相关事宜。“一带一路”建设是长期的国家发展战略，地方志工作服务“一带一路”建设也是个长期的过程。省、市等地方的地方志部门，不仅要在中国地方志指导小组的统一领导为全国范围的《“一带一路”建设志》积累资料、撰写志稿，或是为“一带一路”各项专题研究提供资料，同时也要为当地“一带一路”建设鼓与呼，促进当地分享“一带一路”建设成果，为本地经济、社会、文化发展服务。因此，省、市地方志机构也要结合地域特色，有计划地整合地方志资源，更好地为当地乃至全国的“一带一路”建设服务。

在整合地方志资源，为“一带一路”建设服务的方式上，除了传统的编纂志书、地情资料等形式外，全国地方志系统可以通过在地方志期刊、网站上开辟专栏介绍，微信公众号、手机报上进行专题报道，方志馆开辟“一带一路”主题展览、“一带一路”图书专区等多种形式整合丰富的地方志资源，主动作为，投身“一带一路”建设的伟大实践。

结　语

清华大学经济外交研究中心主任何茂春教授曾经说过：“‘一带一路’将使我国经济保持中高速的增长。只有‘一带一路’才能使中国成为世界经济强国；只有‘一带一路’才有可能防范竞争对手在经济和贸易上的围堵；只有‘一带一路’才能够真正提高我国的国际化程度和全球影响力。”“一带一路”战略的伟大意义怎么说都不过分，地方志工作只有积极整合地方志历史的、现实的、体制的、人才的各种资源，主动为“一带一路”建设服务，才能实现《全国地方志事业发展规划纲要（2015—2020 年）》提出的“提高地方志资源开发利用水平”任务，不负于伟大的时代赋予地方志事业的机遇与使命。

高度重视国家战略意义，明晰节点城市发展机遇，积极为“一带一路”建设提供智力支持

李世恩（山东省日照市地方史志办公室）

提要：“一带一路”战略和建设是党中央在准确分析国际形势，精准把握我国重要战略机遇期，推动对外开放和经济发展的重大举措，也是基于新安全观的周边外交大战略，表明中国在处理新型国际关系中的统筹兼顾与创新发展理念。山东省日照市东与日本、韩国隔海相望，向西通过铁路连接中国中西部地区及蒙古、中亚和欧洲，连接南北、沟通东西，在“一带一路”中的地位日益突显。作为“一带一路”新亚欧大陆桥经济走廊主要节点，日照市委、市政府借助优势，积极融入“一带一路”战略和建设，打造“五通”示范区。地方史志部门责无旁贷，必须要为经济社会发展提供智力支持。

关键词：“一带一路”　重要国家战略　节点城市　机遇　智力支持

2013 年 9 月 7 日，习近平主席访问哈萨克斯坦时首次提出了共同建设“丝绸之路经济带”的战略倡议；同年 10 月，习近平主席在印度尼西亚国会发表演讲时提出，中国愿同东盟国家发展好海洋合作伙伴关系，共同建设“21 世纪海上丝绸之路”。2014 年 3 月，习近平主席在访问欧洲时表示，要把中欧合作和“丝绸之路经济带”等重大洲际合作倡议结合起来，以构建亚欧大市场为目标，加强基础设施互联互通。2014 年 5 月 21 日，习近平在亚信峰会上做主旨发言时指出：中国将同各国一道，加快推进“丝绸之路经济带”和“21 世纪海上丝绸之路”建设，尽早启动亚洲基础设施投资银行，更加深入参与区域合作进程，推动亚洲发展和安全相互促进、相得益彰。在 2014 年 11 月 8 日举行的加强互联互通伙伴关系对话会上，习近平主席强调，共同建设“丝绸之路经济带”和“21 世纪海上丝绸之路”与互联互通相融相近、相辅相成。如果将“一带一路”比喻为亚洲腾飞的两只翅膀，那么互联互通就是两只翅膀的血脉经络。

山东省日照市东与日本、韩国隔海相望，向西通过铁路连接中国中西部地区及蒙古、中亚和欧洲，连接南北、沟通东西，在“一带一路”中的地位日益突显。作为“一带一路”新亚欧大陆桥经济走廊主要节点，日照市委、市政府借助优势，积极融入“一带一路”建设，打造

“五通”示范区。作为地方史志职能部门，日照市地方史志办公室更是责无旁贷，必须要为经济社会发展提供智力支持。

一　高度重视国家“一带一路”重要战略和建设的重大意义

“一带一路”战略和建设是党中央在准确分析国际形势，精准把握我国重要战略机遇期，推动对外开放和经济发展的重大举措，也是基于新安全观的周边外交大战略，表明中国在处理新型国际关系中的统筹兼顾与创新发展理念。而从国内看，目前社会各界和很多群众对“一带一路”战略和建设的意义认识仍然不足，尤其是地方史志系统更是存有模糊认识，认为“一带一路”战略和建设和自己的工作没有关系，甚至是风马牛不相及，事不关己，高高挂起，漠不关心，不闻不问，这种思想是极其荒谬和错误的，这就需要我们必须进一步统一思想，提高认识，让全国地方史志系统干部职工都要熟悉和了解国家战略的极端重要性、必要性和可行性，从本职工作做起，使“一带一路”建设能够稳步推进，形成全方位对外开放新格局。从以下几个方面澄清模糊思想，提高认识能力和水平。

首先，“一带一路”战略和建设是重视和发掘中国历史文化的借力之举和进一步提升在世界影响力的智慧之措。众所周知，“丝绸之路”是中国最早实行对外开放的标志，历史悠久，它开启了古老中国与西方文明的经济和文化交流的大通道，彰显了中华民族的海纳百川的包容意识和接受外来思想的开放精神，有着极其深刻的历史文化底蕴。而以此作为我国推动与亚欧区域合作的“倡议”，真正体现了习近平总书记高瞻远瞩、运筹帷幄，实现“中国梦”的博大胸怀和超大智慧，给世界一个惊喜和惊叹：原来，对外开放可以有如此大思路、大手笔！所以说，“一带一路”战略和建设既可以向国际社会宣示中国“和谐包容、互利共赢、合作诚信”的开放理念，也能够淡化谋求区域合作主导权的意图，从而降低西方国家不断叫嚣的所谓“中国威胁论”的负面效应，依照古“丝绸之路”的方向，“名正言顺”拓展我国与中亚、南亚及中东欧的合作，逐步提升我国在区域经济合作中的影响力，也进一步提升中国在世界的知名度和美誉度。

其次，“一带一路”战略和建设是适应国内国际形势下的主动出击和面对各种困难下的积极应对。十八大以后，我国的对内改革和对外开放都进入了一个全新的历史发展阶段，经济体制改革，反腐败风暴，都彰显了党中央、国务院加快改革开放和经济建设的决心与力度。与此同时，欧美等国却加强了对中国崛起的限制，美国推动的 TPP 和 TTIP 谈判，以高端开放为契机，企图掌控和影响下一轮国际贸易规则主导权，已对我国构成新的挑战和威胁。“一带一路”战略和建设是主动出击和积极应对并突破这一压力的重大战略设计，通过拓展与亚欧市场的合作，推动市场多元化战略，降低对欧美日市场的依赖，不仅为我国新一轮对外开放赋予了新的内容，也为沿海、内陆、沿边新一轮对外开放指明了方向和着力点，也必将迎来新一轮大发展的机遇。

最后，“一带一路”战略和建设是新一轮对外开放和经济建设的重大战略，也是中国经济升级的强大推动力。大家知道，由于地域和历史的原因，我国中西部地区改革开放起步较晚，仍处于发展的初级阶段，而中国经济的全面振兴及“中国梦”的实现离不开中西部整体发展水平和竞争力的提升，“一带一路”建设，将形成中西部地区与中亚、东欧、西亚的新商贸通道和经贸合作网络，带动内陆沿边扩大向西开放，既有助于拓展中国经济发展的腹地，也可以激活内陆和沿边地区的经济发展活力，推进中西部的开放型经济发展进程，形成中国经济发展的新的增长极，其作用和意义都是巨大的、不可限量的。

二 明确认识日照的区位优势和在“一带一路”战略中的发展机遇

（一）日照的区位优势和资源优势突出

日照是一座新兴的沿海港口城市，地处我国大陆沿海中部、山东半岛南翼，东临黄海，西靠沂蒙，北连青岛、潍坊，南接江苏连云港。全市总面积5310平方公里，其中山区、丘陵、平原各占三分之一，海岸线100公里。现辖东港区、岚山区、莒县、五莲县和日照经济开发区、山海天旅游度假区。有54个乡镇、街道，2981个村居，总人口290万人。

历史源远流长。日照拥有悠久的历史，牛津大学出版的《世界史便览》称，前3500年到前2000年的日照两城，是亚洲最早的城市。夏商时期属东夷，西周到战国前期属莒国。宋元祐二年（1087）设日照镇，属莒县，取“日出初光先照”之意，始有“日照”之名。金大定二十四年（1184）设日照县，属益都府莒州，明代属青州，清代属沂州。民国时期，先后属胶州道和琅琊道；民国17年（1928）撤道，直属山东省政府。1940年3月，中共领导的日照县抗日民主政府成立，次年8月隶属滨海专员公署。新中国成立后先后划归沂水行署、胶州行署、临沂行署。1985年3月撤县建市，1989年6月建地级市，1992年12月设区带县。

文化底蕴深厚。日照拥有灿烂的文化，是“龙山文化”的重要发祥地。现已发现两城遗址、陵阳河遗址、丹土遗址、东海峪遗址等“龙山文化”遗址近百处，其中1934年发现的两城遗址是龙山文化的典型代表。莒文化历史悠久，底蕴丰富，陵阳河遗址发掘的原始陶文早于甲骨文1000多年，为我国文字始祖；莒文化曾与齐文化、鲁文化并称山东三大文化。日照黑陶已有五千年历史，是华夏文明之瑰宝。1988年，日照被文化部首批命名为“中国现代民间绘画之乡”，与上海金山、陕西户县并称中国三大农民画乡。

名人志士辈出。日照人杰地灵，英才辈出，西周时期伟大的军事家姜尚，南北朝时期杰出的文学评论家、我国第一部文学批评著作《文心雕龙》的作者刘勰，中共一大代表王烬美，中共中央原政治局常委宋平，当代著名物理学家、诺贝尔物理学奖获得者丁肇中等，故乡都是日照。日照作为沂蒙老区，抗日战争和解放战争期间先后有3.8万人参军，并有44万人次民工支前，陈毅、徐向前、罗荣桓、谷牧等老一辈革命家都曾在此战斗和工作过。

生态环境宜人。日照拥有独具魅力的生态环境优势。这里地处我国南北气候过渡地带，属暖温带半湿润季风区大陆性气候，冬无严寒，夏无酷暑，降水丰沛，光照充足，既有南方空气湿润的特点，又有北方四季分明的特征，被誉为“南方的北方，北方的南方”，是长江以北最大的绿茶产区和毛竹生长带。境内百公里海岸线上，有绵延64公里的优质沙滩，“蓝天、碧海、金沙滩”的优美风光令人陶醉。日照空气质量符合国家一级标准，近岸海域水质达到国家一类海水标准，饮用水源水质合格率达100%。被确定为国家可持续发展实验区、中国优秀旅游城市、国家环保重点城市、国家生态示范区建设试点市和国家循环经济试点市。

自然资源丰富。日照是山东省粮食、花生、水产品、蚕茧、烤烟、果品、畜牧、中药材等重要产地，是我国北方最大的绿茶生产基地。是我国北方沿海富水区，年降水量874毫米，境内淡水资源近20亿立方米。海洋-10米等深线以内的浅海2万多公顷，沿海滩涂5060公顷，近海有鱼类近百种，海水可养殖面积6.67万公顷，是我国四大水产品苗种繁育中心之一。林木资源种类较多，森林覆盖率达30.8%，南方的毛竹、北方的落叶松等都能在这里生长。非金属矿产资源量大质优，已探明储量的主要有石棉15万吨、花岗岩3亿吨、片麻岩5.5亿吨、钾长石24万吨。

旅游景观多样。沿海64公里金沙滩，水清浪稳，滩平沙细，为中国北方沿海所少见，是避暑、度假、疗养的理想胜地，发展旅游潜力巨大。五莲山主峰海拔515.7米，宋代苏轼在密州做知州时，曾以“奇秀不减雁荡”赞誉此山；九仙山主峰海拔697米，方圆55平方公里，为日照境内最大的山群，苏轼曾诗赞“九仙今已压京东”，山上有著名的“孙膑书院”；莒县浮来山银杏树为“天下第一银杏树”，树高27.4米，树围15.7米，树龄3500多年。

区位优势明显。日照拥有得天独厚的区位优势和港路优势。历史上日照沿海曾商旅云集，石臼、涛雒等为著名商埠，1885年《日照县志》描述的“江淮红粟达神京，转运都由石臼行”，表明当时的石臼所已是黄淮地区重要的商贸口岸。作为鲁南地区的直接出海口，国家重点开发建设的沿海主轴线和日（照）西（安）沿桥经济带主线在此相接，素有“两港通四海，一线系亚欧”之美誉。日照交通发达，运输便利，集港口、铁路、公路运输于一身，是重要的海陆交通枢纽。日照拥有日照、岚山两个国家一类对外开放港口，日照港是中国第二大煤炭输出港，岚山港拥有中国北方最大的液体化工码头。两港不冻不淤，陆域开阔，地质条件良好，可建设泊位166个，吞吐能力可达到5.8亿吨，特别适宜建设十万吨级以上深水泊位。日照境内高速公路、铁路呈“两横两纵”格局，与全国交通干线相连。日（照）东（明）高速公路横穿鲁南，跨越京沪、京福高速公路、直达中原腹地，贯穿日照的同（江）三（亚）高速公路北起中俄边境，南至海南省，纵贯中国南部沿海主要城市。菏日铁路东与日照港、岚山港相接，西与陇海、兰新铁路相汇，经新疆阿拉山口出境，可直达荷兰鹿特丹和比利时的安特卫普等欧洲口岸；胶（州）新（沂）铁路纵贯日照，是中国东部沿海铁路大动脉。

（二）在“一带一路”国家战略规划，日照市面临诸多发展机遇

习近平总书记“一带一路”战略构想提出之后，日照市积极汇报争取，得到了国家有关部委和省委、省政府的大力支持，确定将日照列为丝绸之路经济带和海上丝绸之路的重要节点城市。从国家层面，也已被纳入国家“一带一路”战略规划范围，并成为丝绸之路经济带和海上丝绸之路的重要节点城市。这是继2011年日照市迎来山东半岛蓝色经济区开发、莒县和五莲作为沂蒙革命老区享受中西部地区发展政策、日照钢铁精品基地建设“蓝红金”三大国家战略机遇后，迎来的又一重大历史机遇。主要表现在四个方面：

一是全面提升日照对外开放水平的重大机遇。“一带一路”横贯我国东西和东部沿海一线，贯穿中亚、西亚、欧洲以及东南亚、南亚，东牵亚太经济圈，西系欧洲经济圈，是中央着眼于世界发展的新格局，推进我国新一轮对外开放的重大战略部署。日照作为新亚欧大陆桥东方桥头堡和中国东部沿海重要港口城市，在对外开放和交流合作方面有着得天独厚的优势，“一带一路”重要节点城市的战略定位将进一步促进日照与沿路沿带城市和地区的开放合作，推动日照对外开放进一步西延、东扩、南进、北拓，加快构建全方位对外开放的新格局。

二是加快构建日照开放型经济新体制的重大机遇。“一带一路”战略中，经贸合作是基石。近年来，日照市依托独特的港口优势，积极融入经济全球化发展，加快转变对外贸易增长方式，开放型经济发展的质量效益不断提升。随着“一带一路”战略的深入实施，沿线国家、地区和城市相互之间的经贸活动将更加密切、更加频繁，将对日照市开放型经济发展带来极大的推动作用。同时，繁荣的经贸活动，对货物的存储、运输、加工、周转，以及港口的承载能力、服务水平等都提出更高的要求，进而促进日照港口便利化水平的提升。“一带一路”战略的实施，将有力推动上海自贸区模式的复制推广，在体制创新上使日照占得先机。

三是加快推进日照海陆空立体综合交通体系建设的重大机遇。“一带一路”呈带状分布，实现沿带沿路城市、地区的交流合作，需要有畅通便利的交通为支撑。从交通条件来看，日照以港口为中心，由铁路、高速公路、机场、管道等共同组成集疏运体系日益完善。日照机场已经建成并于2015年12月22日通航，目前直通航班有北京、上海、广州、重庆、厦门、大连等。高铁、动车也在建设当中。“一带一路”战略在推动经贸合作的同时，必将带来物流、人流、信息流的大量增加，对我们节点城市的交通提出更高的要求，同时也为我们开拓新的港口航线，加快铁路客货运发展，争取增加向西的航线、航班、铁路专线，建设更加畅通高效的海陆空立体交通体系，带来了千载难逢的机遇。

四是增强日照城市核心竞争力的重大机遇。在“一带一路”的规划布局中，日照作为重要节点城市的战略定位，需要在港口、产业、城市环境等方面都要有较强的竞争力和综合实力，具备较高的综合承载能力和服务水平。我们要融入“一带一路”建设，充分发挥节点城市的作用，必须在加快临港产业转型升级，加强基础设施配套、搞好园区开发建设、增强城市承载能力和服务功能等方面有全面的提升。“一带一路”战略会极大地促进海内外沿线城市之间的交流合作，这些交流合作将为日照带来先进的发展理念、高端的科技信息、成功的管理经验和一流的专家人才，为日照的建设发展注入新的活力。

三 地方史志工作要积极为“一带一路”建设提供智力支持

近些年来，从国家层面，对地方史志工作的重视上升到从来没有过的一个高度，史志工作迎来了前所未有的好形势，进入了一个快速发展的新时代。习近平总书记强调“要高度重视修史修志”，李克强总理两次对地方史志工作作出重要批示，提出“修志问道，以启未来”“志存高远，力学笃行，直笔著信史，彰善引风气”，对史志工作提出了新的更高的要求。中国地方志指导领导小组也适时制定出台了《全国地方志事业发展规划纲要（2015—2020 年）》，为地方史志工作指出了方向。从日照市看，史志工作同样迎来了大发展的春天。特别是《日照市国民经济和社会发展第十三个五年规划纲要》已正式发布实施。《规划纲要》以创新、协调、绿色、开放、共享五大发展理念为指导，明确了“十三五”时期全市经济和社会发展的指导思想和发展目标，从生态立市、工业强市、旅游富市、开放活市、人才兴市、城市发展、城乡统筹、深化改革、改善民生九个方面，明确了“十三五”时期经济社会发展的重点任务。史志工作也因此进入了一个全新的发展时期，今后日照市史志工作根据市委、市政府对地方史志工作提出的新任务、新要求，主动适应地方经济社会发展新常态，高度重视修史修志，明确在发展改革发展大局中的目标任务，解放思想，实事求是，科学规划，改革创新，攻坚克难，依法全面推动日照市地方史志事业发展繁荣。

总体目标是：“十三五”时期，全面完成第二轮修志任务，启动第三轮修志工作准备，实现市、县综合年鉴全覆盖，提升信息化建设水平，市县两级方志馆全面建成，加强对社会修志的指导和管理，初步形成志鉴编修、理论研究、质量保障、开发利用、工作保障“五位一体”的史志事业发展综合体系；全市地方史志机构进一步健全，队伍精干高效，工作手段现代化，志鉴成果信息化，史志管理法制化、科学化、规范化，基础设施建设有明显改善，努力开创日照市地方史志事业发展新局面，为节点城市日照在“一带一路”建设和发展中提供智力支持。

（一）全面完成二轮志书编修

《日照市志》二轮编修曾于2002 年启动，由于种种原因，此项工作进展缓慢，2012 年前基本处于停滞状态。2013 年，日照市重新启动《日照市志》二轮编修工作。12 月 26 日，市政府召开了全市地方史志暨《日照市志》二轮编修工作会议，安排部署《日照市志》二轮编修工作任务。修志工作于2013 年、2014 年两次写进《政府工作报告》。三年多来，修志人员兢兢业业，默默奉献，修志工作顺利往前推进。到目前，初稿征集工作已全部完成，正在形成《日照市志》总纂稿（草稿）。在确保质量的前提下，2016 年年底完成《日照市志（1989—2013）》

征求意见稿，2017 年在不断修改完善的基础上形成评议稿，组织好专家评审，认真修改完善，力争编纂出一部精品志书，2018 年出版发行。

（二）推进地方综合年鉴编修

《日照年鉴》1994 年创刊，之后保持一年一鉴，公开发行。2013 年以来，市史志办围绕市委、市政府的重点工作，针对社会上的热点难点问题，全方位、全角度去贴近全市工作重点和经济发展情况，及时捕捉亮点和特色，对年鉴的版式、内容进行了大胆改版和创新，版面设计庄重、大气，内容丰富、充实，进一步增加了年鉴的可读性、资料性和时效性。从 2014 年起，还编辑出版了《日照年鉴》袖珍本并在市两会上发放，取得了很好的社会效果。《日照年鉴》2014 卷、2015 卷分获 2014 年度、2015 年度“山东省优秀史志成果”之“优秀年鉴奖”。计划到 2018 年，实现市、区县综合年鉴全覆盖，一年一鉴，年内公开出版。突出年鉴地方特色，完善年鉴内容及装帧设计；完善区县年鉴审查、出版规定，全面提升区县年鉴编修质量。

（三）重视专业志鉴、部门志和村镇志编修

加强对已开展和准备开展志鉴编修的行业、部门、单位等业务指导，指导有条件的乡镇（街道）、村（社区）做好村镇志编修。

（四）深入开展旧志整理

市史志办于 2013 年 7 月启动了清光绪十二年（1886）《续修日照县志》的点校、注释工作。在编辑过程中，大胆创新，独辟新径，创造性地采用原文缩影重现、字迹深浅处理、简体重排、点校注释的方式，将古文繁体和简体点注在同一页对照呈现，忠实还原了清光绪《日照县志》的原文原貌，别开生面，让人耳目一新。《清・光绪〈日照县志〉点注本》出版后，以其首创性、专业性、可读性的特点，广受社会各界赞誉以及争相阅读和收藏。该书获得由山东省人民政府办公厅颁发的 2015 年度“山东省优秀史志成果奖”之“优秀旧志整理成果奖”。今后，我们继续编制日照市旧志整理规划，编辑旧志联合目录；加强与市内外高等院校、科研院所、公共图书馆、档案馆等交流与合作，开展旧志点校、提要、考录、辑佚等工作。

（五）加强人才队伍建设

重视史志人才选拔、培养和使用，加强专兼职结合、结构合理的人才队伍建设，培养和引进一批高端人才，尤其是熟悉和热心国家“一带一路”建设的专业人才，建设一支高素质的史志编修、研究工作队伍，弘扬修志问道、直笔著史的方志人精神。

（六）加强史志资料建设

建立和完善史志资料年报制度，依法加大收（征）集史志资料力度，制定《日照市地方史志资料年报工作办法》，2018 年全面推行地方史志资料年报制度并形成常态机制；运用社会调查、口述史等方法，拓展资料收（征）集范围和渠道，建立全方位适应史志编纂、史志事业发展和史志文化建设需要的史志资料保障机制。

（七）加快信息化建设

按照统一规划、统一标准、分级建设、资源共享、安全保密的原则，制定日照市地方史志事业信息化发展意见，充分利用已有信息基础设施和数据资源，逐步建立地方史志全文数据库；制定县级地情网站管理办法，不断丰富完善县级地情网资料，应用现代信息技术，加强对不同载体的地方文献收（征）集、保护和开发利用。

（八）加强方志馆建设

2015 年，市政府在新建的市图书馆 4 楼划出 2200 多平方米作为方志馆馆舍。目前，正在按照“高起点规划，高标准建设，努力建成日照的地情馆、市情馆，打造成日照的一张‘文化名片’”的要求，认真研究、设计、规划方志馆建设方案，争取 2016 年完成日照市方志馆内部装修、布展，2017 年上半年全面建成并向社会开馆，使方志馆成为史志文化、地情展示、资料保管、地情研究、爱国主义教育场所，实现市、区县史志资源共享。

（九）提高资源开发利用水平

编纂富于地方特色的地情书，增强时效性、可读性；加强地方史志资源深加工，拓宽服务渠道，增强服务功能，创新服务手段，推动史志文化进机关、进农村、进社区、进校园、进企业、进军营，更好地为市委、市政府中心工作、为地方经济社会发展、为人民群众提供优质服务，为“一带一路”重要战略和建设做出地方史志部门应有的贡献。

地方史志服务“一带一路”建设的路径与方法

管仁富（河南省地方史志办公室）

提要：构建“丝绸之路经济带”和“21世纪海上丝绸之路”，是以习近平为总书记的党中央深刻把握全球发展大势，统筹国内、国际两个大局，着眼开创我国全方位对外开放新格局做出的重大战略决策。全国上下都在积极行动、抓紧落实，从中寻求转型发展的新契机。我们认为，地方史志工作机构围绕中心服务大局，服务“一带一路”建设的基本路径是要紧贴“一带一路”建设发展理念，紧贴史志工作中心任务，紧贴地方自身文化特点，推出高水准的权威专著、通俗读物，编精品志鉴，铸河南名片，淋漓尽致彰显厚重区域文化，服务经济社会发展，服务文化软实力提升，为“一带一路”建设提供智力支持、智慧借鉴和智能服务。其具体方法可以概括为“五个加强”，主要包括：加强史志研究、加强旧志开发、加强读志用志、加强工作创新和加强人才培养。

关键词：地方史志　“一带一路”　建设　路径方法

构建“丝绸之路经济带”和“21世纪海上丝绸之路”，是以习近平为总书记的党中央深刻把握全球发展大势，统筹国内国际两个大局，着眼开创我国全方位对外开放新格局做出的重大战略决策。“一带一路”贯穿欧亚大陆，东边连接亚太经济圈，西边进入欧洲经济圈。推进“一带一路”建设，既是中国扩大和深化对外开放的需要，也是加强和亚欧非及世界各国互利合作的需要。三年来，“一带一路”已经从倡议变成了实实在在的行动。在国内，各地区、各部门都在积极行动、抓紧落实，各行各业也都从中找到了转型发展的新契机，“一带一路”建设得到了全国人民的一致认同和衷心拥护；在国外，沿线60多个国家主动响应参与，并与他们各自的发展战略对接，实现共享双赢，“一带一路”建设得到国际社会的广泛关注和积极支持。在当前全球经济复苏乏力的大背景下，“一带一路”建设正在促进着沿线国家和地区的共同发展，为世界经济注入新的活力。在历史上，河南长期是我国政治、经济、文化中心，在古丝绸之路发展繁荣过程中发挥了重要的支撑作用。“一带一路”战略提出后，河南省贯彻落实党中央、国务院部署，出台《河南省参与建设丝绸之路经济带和21世纪海上丝绸之路实施方案》，积极参与“一带一路”建设，不断加强与沿线国家以政策沟通、设施联通、贸易畅通、资金融通、民心相通为主要内容的交流与互动，产业合作、经贸往来、人文交流日益密切。作为地方史志工作机构，围绕中心服务大局，积极主动参与到“一带一路”建设之中，我们已经站在了新的起点上。

一 “一带一路”建设给地方史志工作发展带来的新气象

“一带一路”倡议提出以来，得到沿线各国、各地区的广泛认同与热烈响应。我国通过“一带一路”建设也为亚非欧提供了重要的公共产品，与沿线国家正由责任共同体、利益共同体向命运共同体迈进。相关各国都从“一带一路”建设实践中获得了实实在在的好处。据商务部统计，2015 年，我国企业共对“一带一路”相关的 49 个国家进行了直接投资，投资额合计 148. 2 亿美元，同比增长 18. 2%；共对“一带一路”相关的 60 个国家新签对外承包工程项目合同 3987 份，新签合同金额 926. 4 亿美元，占同期我国对外承包工程新签合同总额的 44. 1%；完成营业额 692. 6 亿美元，占同期总额的 45%。国内各相关省、市也立足比较优势，找准自身定位，抢抓机遇、主动融入“一带一路”建设。融入和建设丝绸之路经济带，河南具有得天独厚的条件和优势：首先，河南区位交通优势突出，拥有互联互通的天然条件。郑州、洛阳被列入国家丝绸之路经济带规划重要节点城市。其次，河南经济优势明显，与沿线国家的经济共振点越来越多。再次，河南是华夏文明的重要发祥地，与沿线国家开展文化旅游交流具有坚实的基础。最后，河南开放条件日趋完备。河南拥有航空、铁路两个国家一类口岸，综合保税区、跨境贸易电子商务等开放平台健全完备，通关便利化程度不断提高。

2015 年，河南的宇通客车拿到法国大订单，中铁盾构全球最大的矩形掘进机走出国门，智能手机生产和维修量突破 2 亿部。河南的中原现代农业科技示范区获得国家批准，粮食连续 12 年增产增收，是全国第一农业大省、第一粮食生产大省、第一粮食转化加工大省。河南的科技成果获得 28 项国家科技奖励，培育 6 家国家级众创空间。发于河南覆盖欧美亚的货运航线网络初步形成，郑州机场货邮吞吐量突破 40 万吨，郑州—卢森堡双枢纽建设初显成效，郑欧班列运营综合指标居中欧班列首位，郑州跨境贸易电子商务服务试点领跑试点城市，中国（郑州）跨境电子商务综合试验区获批。河南的路网“米”字形高铁网络粗具规模，落实“一带一路”战略，与国内 9 个关区、11 个检区实现通关一体化，与沿线国家达成一系列合作成果。2016 年，河南省还将深化与卢森堡货航公司战略合作，推动与波兰国铁公司、卢森堡国铁公司战略合作取得实质性进展，打造空铁国际国内双枢纽。支持郑欧班列开辟新线路，打造境外集货分拨多枢纽。支持有条件的企业“走出去”，鼓励优势企业开展国际产能、装备制造合作和跨境并购，引进先进技术、知名品牌、专业人才和管理经验。深化与沿线国家资源开发、农业、旅游等合作。鼓励对外工程承包与劳务合作。支持有条件的企业建设“海外仓”。河南“一带一路”建设实践为地方史志工作提供了更加便捷的沟通渠道，更加广阔的国际视野，更加鲜活的志鉴题材，更加灵活的交流形式，更加有利的发展机遇。河南地方史志工作应围绕“一带一路”建设，找准定位，积极跟进，主动作为，勇于担当，把地方史志工作打造成为服务“一带一路”建设不可或缺的重要力量。

二　地方史志服务“一带一路”建设的基本路径

2015 年 3 月，《推动共建丝绸之路经济带和 21 世纪海上丝绸之路的愿景与行动》作为国家“一带一路”战略实施的纲领性文件正式发布。文件对“一带一路”战略进行深度阐述，字里行间贯穿着和平合作、开放包容、互学互鉴、互利共赢的时代理念，谋篇立意透射着让沿线各国人民相逢相知、互信互敬，共享和谐、安宁、富裕生活的美好夙愿。文件指出，民心相通是“一带一路”建设的社会根基。“一带一路”沿线各国历史文化宗教不同，只有通过文化交流与合作，才能让各国人民产生共同语言、增强相互信任、加深彼此感情。中华文化源远流长，“丝绸之路上的驼队，郑和下西洋的宝船，带出去的不仅有精美的丝绸和瓷器，更有灿烂的中华文化”。实施“一带一路”战略与弘扬传统文化无法分割。地方史志是知识宝库、资料宝库、文化宝库。它记载了本地区党和国家在政治、军事、经济、社会、文化、历史、人物等方面的各种资讯，是一本地方社会的百科全书，是地方信息资讯的重要组成部分，是文化传承的重要载体。党的十八大以来，全国地方史志事业大事不断、喜事不断，发展势头蒸蒸日上。党和国家领导人多次对史志工作做出重要批示，《全国地方志事业发展规划纲要（2015—2020 年）》高规格印发，国家“十三五”规划将“加强修史修志”写入其中。在党中央、国务院的亲切关怀下，全国地方志事业实现了跨越式发展，形成了以修志编鉴为主业、各项工作协调开展的格局，在提升国家文化软实力、建设社会主义文化强国进程中发挥了独特而不可替代的重要作用。

我们感到，“一带一路”战略是我国传播优秀传统文化、塑造良好国家形象的重要举措。借助“一带一路”建设的东风，优秀传统文化将在当代得到唤醒和延续。“一带一路”建设所承载的历史使命、所蕴含的精神理想与融合中西文化、广纳八方精华的汉唐风度一脉相承。通过“一带一路”，世界将感受到更加立体、鲜活、充满历史底蕴又与时代同步的中国传统文化。同时，“一带一路”战略体现了我国崇和向善的传统战略文化。从“同舟共济”到“亲、诚、惠、容”，中国道路越走越明晰，传统文化作为我们的战略底色随着国家的发展也不断得到彰显。这些战略理念将内化为中国的软实力，对提升中国国家形象具有重要作用。作为文化大省、方志大省的河南，历代方志详尽记述了河南区域内的气象物候、地貌山川、城镇聚落、生物矿产等分布情况，反映了河南政治、经济、社会、文化的历史状况，较好地保存了中原历史文化的鲜活样本，为传承文明与进步发挥了重要作用。近年来，在中国地方志指导小组的悉心指导下，在河南省委、省政府的正确领导下，在河南省地方史志办公室党组的科学决策下，河南省二轮省、市、县三级综合志书克难攻坚，成效显著；乡镇志编纂工作全面铺开，稳步推进；年鉴、月报工作持续发展，成就斐然；方志馆功能定位进一步明晰，史志信息化建设大力推进；旧志整理出版工作取得新进展，修志用志工作领域进一步拓宽；服务大局能力明显提高。特别是在过去的2015年，为纪念抗战胜利70周年，省史志办会同省政协文史委、省党史办联合编纂出版了《民族记忆——中原抗战实录》；承担了省政府《河南省人民政府历届领导简历》《家谱家训》的编纂出版工作；评审修改了《省志资料系列丛书》中的《河南省烟草志》《河南水利志》《河南省测绘志》《河南九三学社志》《郑州铁路局志》等。各市县也积极组织开展全省骨干用志项目，如：《河洛文化文献丛书》《开封地方文化全书》《安阳历史文化丛书》《漯河名片》《驻马店历史文献丛刊》《古今济源》《郑州微型地情书》《郑州地情活页（季刊）》《濮阳杂技志》《中国信阳茶志》《淇河志》《济水志》《图说商丘名胜》《古今人物志（焦作）》等志鉴成果在全省遍地开花。这些特色地情服务项目，在河南“一带一路”建设中，较好发挥史志工作优势，对于展示河南风采、宣传中原文化，增强中原文化辐射影响起到了至关重要的作用。

我们认为，文化交流是民心工程、未来工程，潜移默化、润物无声。地方史志服务“一带一路”建设，就是要应肩负起史志人的历史使命和责任担当，注重在人文领域精耕细作，积极发挥地方史志的文化桥梁作用和引领作用，认真落实《河南省参与建设丝绸之路经济带和21世纪海上丝绸之路实施方案》，积极参与“丝绸之路文化之旅”，与沿线国家联合举办丝绸之路艺术节、河南文化年；大力宣传推广历史文化、民俗文化，加强禅武文化、太极文化海外交流，扩大宋文化等影响力；依托各地特色文化资源，打造文化精品，培育中原文化海外传播平台；推动少林文化“走出去”纳入国家文化软实力建设重点工程；围绕文化新丝路主题，展示中原文化风采，讲好河南故事、传播好河南声音，传承古丝绸之路精神，提升中原文化影响力，推动中原文化走向世界。简而言之，地方史志服务“一带一路”建设的基本路径就是地方史志部门要紧贴“一带一路”建设发展理念，紧贴史志工作中心任务，紧贴地方自身文化特点，推出高水准的权威专著、通俗读物，编精品志鉴，铸河南名片，淋漓尽致彰显厚重区域文化，服务经济社会发展，服务文化软实力提升，为“一带一路”建设提供智力支持、智慧借鉴和智能服务。

三　地方史志服务“一带一路”建设的具体方法

习近平总书记在调研河南工作时指出，河南要建成连通境内外、辐射东中西的物流通道枢纽，为丝绸之路经济带建设多做贡献。这为河南省参与建设“一带一路”指明了方向。积极参与“一带一路”建设，有利于河南抓住国家战略机遇，提升河南在全国发展大局中的地位；有利于河南融入全球分工体系，提升对内对外开放层次；有利于河南发挥自身优势，建设内陆开放高地。作为地方史志工作机构，围绕中心服务大局，在当前来看就是要通过多种有效方法积极主动参与到“一带一路”建设之中，发挥地方史志工作优势为本地“一带一路”建设提供特色服务。具体方法可以概括为“五个加强”。

一是加强史志研究。通过研究中原文化传播发展的历史规律，为传播中原文化提供历史借鉴，提升中原文化软实力。我国历史上的“丝绸之路”和唐文化传播就是人类文明史上最生动的文化传播典范。从公元前2世纪后，丝绸之路成了连接世界古代文明发祥地中国、印度、两河流域、埃及以及古希腊、罗马的重要纽带。唐朝建立后，唐朝以其先进的政治制度和繁荣的社会经济，使边地民族慕风向化，西域各国国王都主动归顺唐王朝，唐朝恢复了丝路的交通和贸易。各民族文化相互交融，使唐朝逐渐成为亚洲经济、文化、政治的中心，进而形成了庞大而完整的文化体系，造就了博大胸襟，海纳百川，影响深远的唐朝文化。唐朝的文学、宗教、哲学、史学、艺术、天文、历法、地理、数学、医学、百工技艺覆盖了当时世界上社会科学和自然科学的众多领域，成为7世纪、8世纪、9世纪世界上最先进的文化。中原的脚踏纺车、印染技术、纺织技术、造纸术、铸铁、凿井术等先进的文化成果随着丝织品、茶叶、纸张、药材等商品，通过丝绸之路传播到了全世界。唐朝文化不仅影响到亚洲文明的发展，而且促进了西方乃至世界文明的进步。海外的“唐人”“唐人街”等词汇就是那段辉煌岁月的最好见证。当前，河南“一带一路”建设如火如荼，各项经济社会发展的重大成就为中原文化和河南地方史志工作注入了新的内容。包括史志文化在内的新中原文化传播相比唐朝可谓是占尽天时、地利、人和。因此，我们史志工作者要认真研究文化传播规律，借鉴、运用好唐朝文化传播经验，大胆跳出窠臼、放宽眼量、激活思维，在把握好主旋律思想的基调上，在创新中灵活吸纳各种流行文化元素，大胆阐发，把更多的中原“好故事”包装出彩、打扮漂亮，通过“一带一路”的中欧班列，通过郑州国家级航空港经济综合实验区的航空网络传播到全世界。

二是加强旧志开发。通过挖掘本地本区域已经被淡忘的历史掌故、文化遗迹、风俗习惯，彰显史料价值，增进社会文化内涵和对外影响力。河南从夏代到北宋，先后有20个朝代建都或迁都于此，长期是全国政治、经济、文化中心。中国八大古都河南有4个，即九朝古都洛阳、七朝古都开封、殷商古都安阳、商都郑州。文物古迹众多，地下文物和馆藏文物均居全国首位。洛阳龙门石窟和安阳殷墟分别被列入世界文化遗产名录。河南还是中国姓氏的重要发源地。依人口数量多少而排列的100个大姓中有78个姓氏的源头或部分源头在河南。另外，河南人杰地灵，孕育的风流人物灿若群星。这些人文闪光点犹如珍珠，散落在历史长河之中，记载于史志典籍之间。然而，随着世易时移，沧桑变迁，条件限制，有很多好的历史掌故、文化遗迹、风俗习惯在传承中遗失。为唤醒沉睡的历史记忆，增进中原文化的厚重内涵，河南省于2012年启动了《河南历代方志集成》工作。通过缜密有效的工作，基本摸清了河南省历代方志的情况。这些旧志携带着丰富的文化信息，承载着厚重深邃的中原文明，彰显着民族所特有的气质和审美意趣，是了解中原文明的金钥匙。通过对河南旧志的开发，我们可以利用现代化手段把河南农业、城市、文字、礼乐、习俗、服饰、饮食和科技等丰富的旧志记载以更加通俗的方式再现到世人面前，服务“一带一路”建设文化交流方面的需要，提升河南社会文化内涵和对外影响力。

三是加强读志用志。通过利用互联网思维和大数据的方法，广泛传播中原文化，提供精准省情资讯服务，为“一带一路”建设积极贡献力量。“方志流传绵延千载，贵在史识，重在致用”。在信息化社会，各种志鉴成果所载的地情信息囊括了本地区党和国家在政治、军事、经济、社会、文化、历史、人物等方面的各种资讯，在制定规划、开发资源、基础建设、招商引资、减灾防灾、申报文化遗产等方面可以提供大量精准地情资讯服务。因此，地方史志工作者要积极主动地将史志工作放在服务“一带一路”建设全局中考量，围绕中心服务大局，关切志鉴成果在文化交流的运用领域和拓展途径。同时，要适应信息化社会发展趋势，要自觉贯彻互联网思维、主动借鉴大数据方法，运用信息化的眼光、互联网的思维来思考谋划工作。要使史志工作适应信息化的要求，适应互联网的特点，把互联网当作史志事业发展的基础设施和创新要素，把互联网发展创新成果与史志工作深度融合，用互联网来推动放大史志工作和史志工作为“一带一路”建设服务的成效，强化让历史服务现实、现实服务发展的能力。如果我们将地方志书、综合年鉴所记载的各个历史时期经济社会发展成就、家乡面貌的变化、模范人物事迹等资讯，通过网络、移动客户端推送到千家万户，再现各时期各族人民创造的光辉业绩和精神风貌，用真实的资料、生动的事实和翔实的数据说话，为国内大众创业、国外文化交流提供精神动力和务实指引。同时，也只有将地方史志成果信息化，使传统手段与互联网新媒体相结合，为地情资料的获取提供了更为广阔的资料来源和更为便捷的获取手段，史志工作成果才能真正做到让人民共享，地方史志工作价值才能充分体现。

四是加强工作创新。通过史志工作理论创新、实践创新、制度创新、管理创新、方法创新，积极和各领域相关部门对接，放大中原文化软实力辐射带动作用。习近平总书记告诫我们，“不创新就要落后，创新慢了也要落后”。创新始终是推动一个国家、一个民族向前发展的重要力量。抓创新就是抓发展，谋创新就是谋未来。经验表明，创新不是喊出来的，而是干出来的。河南史志工作服务“一带一路”战略布局，提升中原文化软实力，必须面向时代、面向社会、面向群众，坚持开放性、走出“故纸堆”、跟上时代步伐，必须依靠创新驱动发展理念推动史志事业向前发展。要通过思想理论创新，不断加深对地方史志工作性质、地位、任务的认识，正确把握地方史志工作与经济社会发展全局的关系，进一步找准地方史志工作的社会定位，为地方史志事业发展提供理论政策和法规制度依据。要通过机制体制创新，进一步强化党委、政府对地方史志工作的领导，优化地方史志工作资源配置，促进地方史志工作部门有效履行职能，充分发挥地方史志工作的社会效能。要通过体例方法创新，进一步提高志书、年鉴的质量，使新编志书更好地反映历史真实，更好地反映历史发展规律，实现资料性、思想性与科学性的完美统一。要通过形式创新，运用好“史志＋”这个平台。在“互联网＋史志”的前提下，提出“史志＋”，扩大与部门合作，从“史志＋旅游”“史志＋招商”到“史志＋各个行业”，以开放合作的胸襟，主动融入“一带一路”建设之中，积极参与到特色节会、景点开发、街区命名、项目论证、招商引资等重大活动之中。要通过服务内容创新，加强地方文献服务。

加大对志书、年鉴、家谱族谱等地方历史文献资料的搜集，分类整理保存，科学设置目录，方便群众查阅，为广大群众提供全面丰富的历史文献服务。要通过理论研究创新，加强地情研究和教育，深入挖掘中原文化内涵，弘扬优秀传统文化，提升方志文化的影响力，拓宽服务现实的新领域，提升史志工作服务经济社会发展的能力。

五是加强人才培养。通过建立完善人才培育的科学机制，加强教育培训和学习交流，努力打造一支服务“一带一路”建设的过硬队伍。国以才立，政以才治，业以才兴。任何事业的成功都围绕着人这一关键因素。“一带一路”建设中，无论是政策沟通、设施联通，还是贸易畅通、资金融通，都需要高素质的人才给予保障。地方史志工作参与“一带一路”建设面临的最大瓶颈是缺乏相应的人才支持。首先，对外交往经验欠缺。史志工作者主要是同文字打交道，活动空间大多在办公室，对外交往能力培养受到制约，对国际交往经验几乎空白。然而，“一带一路”沿线国家普遍国情复杂，政局动荡很难预期，官方外交不可能全面了解民间需求与广泛民意，因而需要通过非政府志愿者、学术研究、文化交流等方式进入到整个社会的肌理中。这就要求必须培养出既具有史志专业能力，又具有实地获取信息、分析信息能力，符合“一带一路”战略需要的、知行合一的新型地方史志人才。其次，信息化能力不足。从专业类型看，史志工作者出自文科专业的居多，没有系统学习过计算机应用相关知识，缺乏相应技能。新引进的计算机专业人员能力虽然能达到信息化建设技术层面的要求，但对史志工作往往理解不深。从年龄构成看，史志队伍中老年人员居多是普遍现象，这些人员是地方史志工作的业务骨干，但是受到年龄和生理影响，他们对信息化技术的学习应用比较困难，特别是50岁以上人员，矛盾更加突出。现有人才队伍中，缺少既掌握计算机技术，又熟悉地方史志工作的复合型人才。最后，人才培养渠道不畅。当前，方志学科尚未纳入国民教育体系，从事地方史志工作的人员大多从相近专业中产生。分析解决“一带一路”建设中产生的新问题时，容易受到人员知识结构、经历阅历和思维层次的影响，出现“盲人摸象”的情况，致使史志工作实际作用与“一带一路”建设的需求还有较大差距。史志部门必须因地制宜、因时制宜，不断加大人才培养工作力度，建立完善人才培育的科学机制，加强教育培训和学习交流，打造一支政治素质过硬、业务技能精湛、善于对外交流、热爱史志工作的史志队伍，为服务“一带一路”建设提供充足的人才保障。

讲述丝路故事，在“一带一路”中转型升级

——以广东肇庆方志为视角

黄　涛　郭达祥（广东省肇庆市地方志办公室）

提要：地方志是中华优秀传统文化的重要组成部分，也是最深厚的国家文化软实力之一，为中华文明的延续和传播发挥了极其重要的作用。西江历来就是南中国海、东海联结中国大西南和中原的走廊，是衔接海陆丝绸之路经济带的重要通道。肇庆是西江流域的军事、政治、经济中心，是珠三角连接大西南的枢纽门户城市，其方志保留了大量的丝路史料。挖掘方志中的丝路文化遗存，讲述丝路故事，为“一带一路”建设提供历史的智慧。抓住“一带一路”的战略机遇，实现地方志事业的转型升级，让中国方志走向世界。

关键词：“一带一路”　方志　西江　肇庆　转型

故事可以穿越文化价值、思维方式的巨大差异，既能引起对方的共鸣，又能在倾听和交流中重新发现自己。地方志是中华优秀传统文化的重要组成部分，也是最深厚的国家文化软实力之一，为中华文明的延续和传播发挥了极其重要的作用。用方志讲述丝绸之路上的感人故事，传播好中国声音，让古老的丝绸之路重新焕发生机与活力，进而使中国方志在“丝绸之路经济带”和“21世纪海上丝绸之路”（以下简称“一带一路”）建设中转型升级，走向世界。西江历来就是南中国海、东海连接中国大西南和中原的走廊，是衔接海陆丝绸之路经济带的重要通道。肇庆地处广东省中西部，是西江流域的军事、政治、经济中心，是珠三角连接大西南的枢纽门户城市，其方志保留了大量的丝路史料。挖掘方志中的丝路文化遗存，讲述丝路故事，为“一带一路”建设提供历史的智慧。

一　西江是衔接海陆丝绸之路经济带的重要通道，肇庆是西江走廊上的枢纽门户城市

西江是珠江流域内最大的水系（古称郁水、浪水和牂牁江），水量丰沛，在全国各大河流之中仅次于长江。西江发源于云南省曲靖市马雄山，干流上中游分别称南盘江、红水河、黔江、浔江，至广西梧州汇合桂江流入广东肇庆，始称西江，经三水县思贤滘南流入海。

西江干流横贯肇庆市中部，与其一级支流贺江、罗定江、新兴江和北江的一级支流绥江相

接，流经肇庆市现辖区的封开县、德庆县、高要区、端州区、鼎湖区。肇庆段全长218公里，江面宽800～1000米，最宽2000米。[①] 在肇庆市上下游有三榕峡、大鼎峡和羚羊峡收束河床，三榕峡及羚羊峡宽度分别为370米和340米，峡长分别为5.5公里和7.5公里，其中，羚羊峡[②]是西江下游最后一道峡口，水流湍急，地势险要，历来为兵家必争之地。历史上西江出三榕峡后在肇庆市桂林头有河汊分水，经一连串的洼地由后沥水再入干流，此外还有肇庆、广利至四会县大沙的古河道，及南岸宋隆以南可通往金利水和高明河的古河道等。宋以后，由于河道淤塞和堤坝的修建，上述河汊消失。

远眺肇庆羚羊峡（图片来源 http://www.toutiao.com/i5275669856/）

羚羊峡纤痕

① 《肇庆市志》，广州：广东人民出版社，1999年，第444页。

② 关于羚羊峡的险要，文献多有记载，民国27年（1938）《高要县志》收入的《峡路碑记》记载：“羚羊峡居端城下流，迺一郡之关键，而二广接壤之通津也。第南北两岸，悉皆崇峦叠嶂，而盘踞水浒，尤多峭壁巉崖为之阑隔。苦无一线可以通行，其在南岸率由者罕姑置勿论，惟北岸连臂郡城，制台重镇在焉。微值商贾往还不绝，而官僚士庶军兵与凡游宦行旅，无时而不乏楫经过。偶遭水涨，狂澜激石湍急，非假登山系缆毋图力挽而前，奈无容足地步，称险阻者其来旧矣。”至今，在羚羊峡岩壁还留有古人曳船上行时，摩擦崖面而刻下的纤痕，多达数十条，深达10～15毫米，宽5毫米。而最高的一条，下距路面有2米。在纤痕下方的石磡、水中大石上，散见有不规则分布的篙穴，穴口圆形，单个直径约10厘米，深浅不一。

羚羊峡篙穴遗迹（图片来源 http：//www. toutiao. com/i5275669856/）

西江是南中国海、东海联结中国大西南和中原的走廊，是衔接海陆丝绸之路经济带的重要通道。西江在梧州以下、思贤滘以上有集水面积100平方公里以上的支流河道51条，其中大于1000平方公里以上的一级支流有贺江、罗定江及新兴江3条。另北江的一级支流绥江下游也经青岐涌与西江相通，将西江和北江连在一起。[1] 因此，地扼西江总口的肇庆，水运条件优越，水上交通发达。广西绝大部分、广东西部和云贵部分的货物均可通过郁江、柳江、桂江、贺江、新兴江等支流，经肇庆到达佛山和广州，再通海外。同时，经新兴江转漠阳江，又可到达湛江和海南岛。独特的地理位置和水运交通优势，使肇庆在历史上长期成为西江流域的军事、政治和经济中心，是南北和中外经济、文化的重要交汇点，是海陆丝绸之路有机衔接的重要通道和枢纽门户城市。

早在秦汉时，肇庆就是西江走廊上的枢纽门户。秦建立后，秦始皇发五路大军进攻岭南，但随后战争陷入僵局。为尽快改变岭南秦军的困境，尤其是解决粮草、装备等供给问题，完成对岭南的统一，秦始皇任命史禄开凿了秦代最著名的人工运河灵渠，将长江的主要支流湘江和珠江水系的漓江连在一起，最后汇入西江。在此基础上形成的这条运输通道，历史上称为“潇贺古道”。它是秦始皇在南方修建的“新道”的重要组成部分。潇贺古道由于对接了潇水、贺江，汇入西江，具有运输量大、成本低、范围广等优势，不仅成为南北沟通的主干道，还把海陆两条丝绸之路连接起来，成为中国古代丝绸、茶叶、瓷器、玉器等物品与亚非欧国家进行商贸活动的重要连接通道。[2] 西汉建立后，陆贾两次出使南越，走的也是西江。第二次出使时，因西汉王朝“禁南越关市铁器”，越王赵佗奋起反抗，“号为南越武帝”。陆贾深感任务艰巨，在途经端溪（今肇庆市德庆县）时，见一石山灵异独特，于是步锦登山，许下重愿，“默祷山灵，能下佗者，当以锦裹石，为山灵报”[3]。等陆贾成功北还时，便以锦裹石，锦不足，遍植花卉以代锦。该山因名锦石山，山下之水，也名陆水。东汉建安十六年（211），孙权派步骘为交

---

① 《广东省志·水利志》，广州：广东人民出版社，1995年，第56页。

② 黄伟宗 司徒尚纪主编：《中国珠江文化史》，广州：广东教育出版社，2010年，第440页。

③ 〔清〕屠英等修：道光《肇庆府志》卷十六宦绩一，光绪二年（1876）重刻本。

州刺史、征南中郎将，把交州刺史治从广信迁移到番禺，走的也是西江水路，并在肇庆的高要峡打败苍梧郡将领衡毅、钱博军。①

德庆锦石山

（该图片来自德庆县地情网：http：//www. gd - info. gov. cn/shtml/dqx/lanmu09/index. shtml）

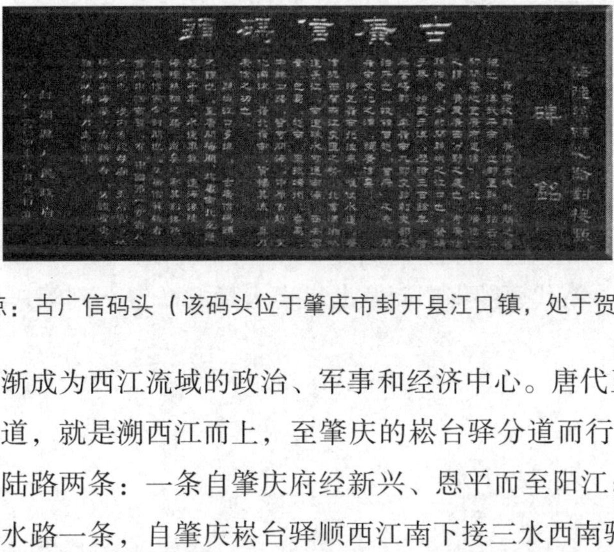

海陆丝绸之路对接点：古广信码头（该码头位于肇庆市封开县江口镇，处于贺江与西江的交汇点）

唐宋以后，肇庆逐渐成为西江流域的政治、军事和经济中心。唐代至明代时期，广州到西南和粤西、海南的主驿道，就是溯西江而上，至肇庆的崧台驿分道而行。“明代，肇庆境内驿道，开通陆路和水路。陆路两条：一条自肇庆府经新兴、恩平而至阳江；一条自肇庆府城经罗定州、钦州而至安南。水路一条，自肇庆崧台驿顺西江南下接三水西南驿，长60公里；溯西江西上连梧州虎门驿，长195公里。此水路驿道为两广主要驿传通道。清代，基本沿明制设驿道。清末设邮驿，自梧州至广州的两广官驿邮路穿经肇庆，并在肇庆分两支路：一条自封川经广西

① 《肇庆军事志》，肇庆：肇庆市端州报社印刷厂，2009年8月，第233~234页。

贺县出湖南江华；一条自德庆、高要西南向经高州府而达雷州府。”[①] 据历代《广东通志》和《肇庆府志》统计，肇庆市境内设的驿站主要有崧台驿、新村驿、寿康驿、麟山驿4个，驿铺历代有所增设、裁并，明万历《广东通志》记载有驿铺89个。其中，位于肇庆城区始建于宋的崧台驿[②] 被称为西江西行路上的中转枢纽驿站。至元朝建立后，第一任广东道宣慰使塔剌海哈新辟的粤西驿道，仍然是在肇庆的崧台驿中转折南，经南恩州，直插高雷琼诸地。[③]

二　挖掘方志中的丝路文化遗存，为“一带一路”建设提供历史的智慧

“一切历史都是当代史”。当今世界正进入地缘政治大变动时代，所带来的危机超乎人们的预期甚至想象。中国在向海洋强国迈进的同时，向西开放，实施“一带一路”国家战略。用历史的智慧推进治国理政，让古老的丝绸之路重新焕发生机与活力，传承和弘扬丝绸之路精神具有了新的时代内涵和历史意义。对于方志工作者来说，首先就是用方志资料再现丝路文化的遗存，为其赋予新的内涵，增添新的魅力，助力“一带一路”建设。

西江穿境而过的肇庆，是一座国家级历史文化名城，作为西江流域的政治、经济、军事中心，海陆丝绸之路的重要连接枢纽，保留了大量的丝路文化遗存。早在西汉时期，肇庆的高要就已经是西江流域的盐运中心，珠江口所产的盐，通过高要运销至西江流域及其附近地区。因此，元丰元年（前110），汉朝廷就在高要设置盐官，隶属大司农，属全国36处盐官之一。[④] 而西汉元始年间（1—5），交趾（现越南北部）刺史何敞在高要处置的鹄奔亭事件中的鹄奔亭[⑤]更是丝路文化的重要遗存。该亭原名鹊巢亭，因何敞在亭里发尸时有双鹄奔亭，乃改名鹄奔亭。鹄奔亭位置，旧志记载不一，但多记载在石头岗，即今阅江楼所在地。现广东省重点文物保护单位阅江楼内修有鹄奔亭。

至明代嘉靖四十三年（1564），两广提督吴桂芳将提督府从梧州迁至肇庆，直至清乾隆十一年（1746），两广总督署移至广州，两广总督署驻肇庆长达182年。两广总督署虽早已不存，依然留下不少历史的遗迹，如总督府大门的明代红砂石石狮、明崇祯十年（1637）两广总督张镜如修建的阅江楼、清代康熙御书碑及七星岩大量的摩崖石刻等，是肇庆丝路文化的极其宝贵的文化遗存。

---

① 《肇庆市志》，广州：广东人民出版社，1999年，第455页。

② 〔清〕屠英等修道光《肇庆府志》卷八载：“崧台驿，在城西，包拯建。”光绪二年（1876）重刻本。

③ 颜广文：《元代粤西驿道驿站考略》，《中国边疆史地研究》1996年第1期。

④ 《肇庆市志》（上），广州：广东人民出版社，1999年，第8页。

⑤ 鹄奔亭事件讲的是西汉元始中，交趾刺史何敞夜宿高要县鹄奔亭，替广信女商人苏娥申冤昭雪，严惩高要亭长龚寿谋财害命的故事。对鹄奔亭事件不仅历代《肇庆府志》都有记载，《元和郡县志》《水经注》《搜神记》《后汉书》（谢承著）等正史也多有记载。参见道光《肇庆府志》卷八古迹·鹄奔亭。

鹄奔亭

明清时期肇庆两广总督府存留石狮

此外，肇庆大量的宗教文化遗迹也是丝路文化遗存的重要组成部分。如奠定肇庆在岭南佛教史上重要地位的鼎湖山庆云寺，它与广州光孝寺、曹溪南华寺、潮州开元寺合称岭南四大丛林。位于鼎湖山的荣睿碑亭，则是为了纪念日本留唐僧人荣睿。唐天宝七年（748），鉴真与日本留唐僧荣睿东渡日本，遭遇飓风，漂流至海南岛，鉴真一行经雷州、梧州过肇庆端州时，荣睿染病，圆寂于端州龙兴寺。1963 年 10 月，鉴真逝世 1200 周年纪念委员会在肇庆鼎湖山建起荣睿碑，纪念这位中日友好的先驱者。1980 年，加建碑亭。荣睿碑亭现为广东省重点文物保护单位。仙花寺，它是由“沟通中西文化第一人”的意大利传教士利玛窦于明万历十三年（1585）所建，也是中国大陆第一座天主教耶稣会堂。利玛窦在肇庆传教 6 年，其间，还绘制出版了第一幅中文世界地图——《山海舆地全图》，将四书翻译成拉丁文传到意大利，开启了世界认识中国文明的神秘大门，架起了东西方文明交流的桥梁。① 现在其故址立有“利玛窦仙花寺遗址碑”，并建有利玛窦展览馆。

荣睿碑亭

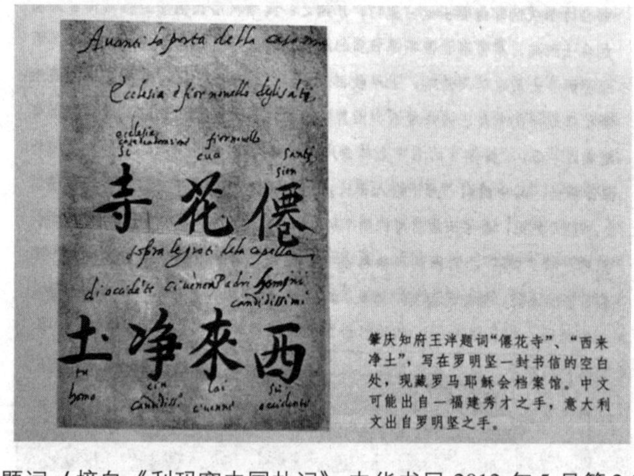

仙花寺题词（摘自《利玛窦中国札记》中华书局 2012 年 5 月第 2 次印刷）

伴随丝绸之路传入肇庆的还有许多产于国外的物产，它们成为肇庆丝路文化遗存的活化石。如原产于印度的无花果，被引入肇庆时，称优昙钵②。最具有活化石意义的当属鸡蛋花。鸡蛋花有“南国佳人”的美称，现为肇庆市花之一，又名贝多罗花，原产于印度、缅甸、斯里

① 利玛窦在肇庆的详细事迹参见利玛窦、金尼阁著：《利玛窦中国札记》，北京：中华书局，第 127 ~ 220 页。
② 〔清〕史树駿修：康熙《肇庆府志》卷二十二物产，康熙十二年（1673）刻本。

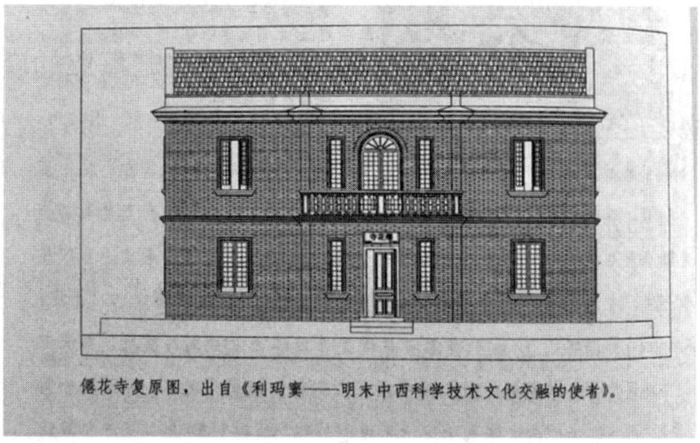

偲花寺复原图，出自《利玛窦——明末中西科学技术文化交融的使者》。

仙花寺复原图（摘自《利玛窦中国札记》中华书局 2012 年 5 月第 2 次印刷）

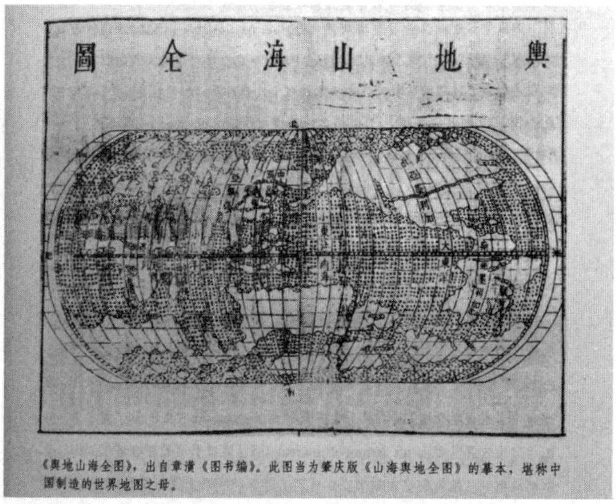

《舆地山海全图》，出自章潢《图书编》。此图当为肇庆版《山海舆地全图》的摹本，堪称中国制造的世界地图之母。

舆地山海全图（摘自《利玛窦中国札记》中华书局 2012 年 5 月第 2 次印刷）

兰卡、马来群岛等地。早在明清时期，肇庆就广为种植，其中尤其是七星岩。“贝多罗，来自西洋，叶大而厚，梵僧尝以写经。花大，如小酒杯，六瓣，瓣皆左纽，白色，近蕊则黄，香甚缛。落地数日，犹鲜。今高要七星岩最多，实五瓣，根与石令，多不附土。”[①] 肇庆现有鸡蛋花老树已有两百多年龄，肇庆栽种鸡蛋花有两百年以上历史。其中肇庆七星岩的鸡蛋花树在百年以上的有 27 株，其中 200 年龄以上的有 6 株。[②]

历代的志书中留下的大量丝路文化珍贵史料，不仅再现了丝路文化，更为“一带一路”建设提供历史的智慧。

① 〔清〕屠英等修：道光《肇庆府志》卷三舆地·物产，光绪二年（1876）重刻本。

② 《肇庆市志》，广州：广东人民出版社，1996 年，第 950 页。

三　抓住“一带一路”战略机遇，实现地方志事业的转型升级

“一带一路”战略既是经济发展的大战略，也是中国文化发展的大战略。地方志是中华民族特有的文化基因，最具有民族特征的标志性文化。中国地方志讲的就是中国故事，是向全世界展示中国魅力的有力话语体系，有助于塑造我国的国家形象。[①] 地方志应主动融入国家战略，为提升国家文化软实力发挥重要作用。服务国家文化“走出去”战略，推介一批高质量地方志成果，充分展示地方志的当代价值及永恒魅力，推动方志文化走向世界，增强中华文化的凝聚力、影响力和国际竞争力。

肇庆地方志的编修具有悠久的历史，编修的志书种类和数量非常丰富，其中不乏在全国具有较大影响力的佳志名作。仅就旧志而言，在肇庆编修的《广东通志》就有5部，分别是明戴璟修的嘉靖《广东通志初稿》、明黄佐纂修的嘉靖《广东通志》、明郭棐纂修的万历《广东通志》、清金光祖修的康熙《广东通志》、清郝玉麟修的雍正《广东通志》。《肇庆府志》编修则可追溯至宋代，有《信安志》16卷、《端州旧经》《肇庆府图经》《高要郡谱》《嵩台志》《肇庆路志》等，但都已佚。明清时期是《肇庆府志》编修的全盛时期，明代修有5部，清代修有4部，存世的《肇庆府志》有6部，分别是明万历《肇庆府志》、明崇祯《肇庆府志》、清康熙十二年（1673）《肇庆府志》、清康熙五十八年（1719）《肇庆府志》、清乾隆《肇庆府志》、清道光《肇庆府志》。由于历史上肇庆府属的辖境多次变化，最大时有12个县和1个州，包括高要、四会、广宁、开平、恩平、阳春、阳江、新兴、高明、鹤山、德庆、封开等地，因此，其辖境内县志的编修则更是种类丰富，数量繁多。

“明者因时而变，知者随事而制”。地方志要实现转型升级，打造方志精品，就是要抓住“一带一路”的战略机遇，创新发展。当前和今后一个时期地方志工作要实现理念创新、理论创新、体制机制创新、制度创新、人才创新、服务创新。[②] 在理念上实现由依法修志到依法治志的转型升级，推动地方志从依法修志到依法识志、依法修志、依法研志、依法用志、依法管志、依法存志和依法传志的转型发展，用法治思维破解发展难题，用法治手段解决问题，保障《地方志工作条例》《全国地方志事业发展规划纲要（2015—2020年）》的贯彻落实。[③] 在工作体制机制上实现转型升级，形成党委领导、政府主持、负责地方志工作的机构组织实施、社会各界广泛参与的工作体制；形成将地方志工作纳入各地国民经济和社会发展规划、地方各级政府工作任务，“认识、领导、机构、编制、经费、设施、规划、工作”到位的工作机制。在工作格局上实现转型升级，坚持全面发展，以修志编鉴为主业，统筹兼顾理论研究、开发利用、

---

① 王伟光：《盛世修志助力中国梦》，《人民日报》，2015年9月10日，第10版。

② 王伟光：《以创新驱动地方志事业发展转型升级——在首届全国名镇论坛暨中国名镇志丛书出版座谈会上的讲话》，中国方志网 http://www.difangzhi.cn。

③ 李培林：《坚持依法治志，推进地方志事业全面发展——在纪念国务院〈地方志工作条例〉颁布实施10周年座谈会上的讲话》，中国方志网 http://www.difangzhi.cn。

信息化建设、方志馆建设、旧志整理等工作，建立志、鉴、库、馆、网、刊、会、研、用“大方志”格局，基本形成“五位一体”的地方志事业发展综合体系。充分利用互联网技术，依托地情网站和方志馆，加快地方志的信息化、数字化建设，打造地方志的“互联网+”时代，为“一带一路”建设服务，让中国方志走向世界。在产品质量上实现转型升级，将精品意识贯穿于地方志编纂出版工作全过程，编纂出版经得起历史检验，具有鲜明的时代特征和地域特色的地方志成果，打造和传播方志“品牌”。在服务社会功能上实现转型升级，围绕“存史、资治、育人”的基本功能，始终坚持修志为用，适应大数据时代和信息化社会的需求，加快信息化和数字化建设，更好地贴近经济社会发展实际，贴近人民群众需要，全面提升服务水平，把地方志打造成为一项惠及人民群众并走向世界的宏大文化工程。

地方志服务“一带一路”建设路径与方法初探

——以成都市地志办工作为例

高志刚（四川省成都市地方志办公室）

提要：“一带一路”发展战略的实施，为地方志充分利用资源优势，资政辅治、服务社会提供了广阔空间。如何在服务中做到科学作为、有效作为，本文以成都市地方志工作为例，从抢救整理特色史志文献、编纂特色专志、开展专题调研活动、构建信息化服务平台和编纂简明地情读物等五方面，就地方志服务“一带一路”建设的方法与路径进行了理性探索与思考。

关键词：地方志　服务　“一带一路”　路径与方法

“一带一路”，是一部文化内涵丰富、形态多元又交互传播、相互影响的大历史，实施“一带一路”战略，是一个融通古今、跨越时空、创造性开发和利用历史资源的新典范。对于地方志来说，“一带一路”建设不仅为志、鉴编纂提供了极富时代特色、地域特色的内容和题材，也为“资政辅治”、服务社会提供了广阔的“用武”空间。近年，各地各级地方志机构在关注思考，并积极探索如何主动作为、科学作为、有效作为，融入大局，服务“一带一路”建设。以成都市地方志为例，紧紧围绕成都作为世界丝绸原产地、蜀锦故乡，古代丝绸之路的起点，在“一带一路”中所处的独特历史文化地位与现实定位，充分发挥资源优势，因地制宜地开展汇刊史志文献、编纂特色专志、组织主题调研、建设数字方志馆、编纂地情读物等，为地方志服务“一带一路”建设提供了可资借鉴的路径与方法。

一　抢救资源，整理汇刊“一带一路”特色文献，由小切入展示大背景

“一带一路”所辐射地区，历史悠久，除了中华文明，还是古印度文明、古埃及文明和古巴比伦文明诞生地，而且自古至今，都是十分重要的中西文化交流走廊。从中亚、南亚，到西亚、北亚入欧，沿线都有十分丰富的本土历史典籍和中西文化交流文献记述，由于战争、民族、宗教及自然灾害等原因，这一带的历史文献散佚非常严重，大多散乱分布，抑或有个别零

星整理出版，但大规模的系统收集整理仍有缺失，因而不能发挥其应有的学术价值。原始文献是志鉴编纂、历史研究不可或缺的前提，对“一带一路”地域而言，其丰富多彩、相互交替的历史演变，不仅是世界历史、世界文明重要的有机构成，甚至直接影响到当今地缘政治。这都需要从大量丰富的历史文献中耙梳出系统的、完整的、有力的“证据链”来加以还原。因此，抢救性保护“一带一路”历史文献资料，既是地方志义不容辞的责任、当下急务，也是地方志服务好“一带一路”建设的基础路径。

以成都为例，她是我国历史文化名城，长江上游文明中心，西南、西北丝绸之路起点，同时，又是巴蜀文献渊薮，我国著名的文献之邦。文献资料丰富，但缺乏系统收集与整理，长期处于自然状态，不利于研究。近年市地志办先后开展了大型巴蜀历史文献——《蜀藏》整理项目，将具有代表性的巴蜀历代珍稀文献按经学、史学、文学、舆地、名胜等进行分类整理编排，共22编（类）、800册、总计2亿字。今年1月18日举行《蜀藏》首发，新华网、人民网、《光明日报》等国内37家主流媒体做了及时报道，称该丛书的出版，不仅为研究成都、四川历史文化奠定了坚实资料基础，甚至研究西部历史文化，从此也绕不开《蜀藏》。同时，还完成了《巴蜀珍稀乡土志汇刊》《华阳国志珍本汇刊》整理出版，并抢救性地将原藏美国国会图书馆的海内外唯一孤本明天启《成都府志》，利用电子挖填技术完整再造出版。今年又相继启动了《巴蜀古旧地图集释》项目，将通过历史地图实物和释读，展示各历史时期成都及巴蜀风貌，和沿“一带一路”对外通道变迁历史、经济文化交流情况；《日本藏巴蜀珍稀文献汇刊》项目，将全面集成沿海上丝绸之路东传的巴蜀珍稀文献和日本学者整理、记录、研究巴蜀的文献；还有《大唐西域记珍本汇刊》整理项目，将这部反映西域人文地理、中西文化交流的历史名著现存版本汇刊出版。上述文献整理项目和成果，不仅通过“一带一路”这个历史大背景，展示了成都走向世界的历程与开放成就，而且重现了成都的历史人文深厚积淀，有益于提升成都在“一带一路”的文化软实力。

“一带一路”历史文献整理，是一个庞大的方志文化工程，应该上升到全国地方志工作全局高度，制定专项总体规划，并通过加强分工协作，整合“一带一路”沿线方志资源优势，加强与“一带一路”国家和地区合作交流，有计划、有步骤并因地制宜地开展各地及对外交流历史文献整理汇编，使最终集成的史志文献巨构，成为一座支撑“一带一路”研究和建设取之不尽、用之不竭的文献智库。

二　古为今用，编纂“一带一路”特色专志，从宽视角发掘深内涵

志书编纂，是地方志最“本职”的作为。面向“一带一路”，选择特定地域甚至地理点位（如古镇、名胜古迹等）、特定历史时段，特定行业、领域甚至文化元素，不拘一格编纂特色专志，是地方志服务“一带一路”建设从自身优势出发的重要方法与路径。

以成都的实践为例，如近年编纂出版的《成都丝绸志》，即是一部极富地方和“一带一路”

建设时代特色的专志。蜀锦，是“一带一路”历史上最为醒目的“成都”元素，它见证了古代丝绸之路的兴衰变迁，同时也见证了作为一座内陆城市的成都走向世界的开放历程。通过对丝绸和蜀锦的史源性考证，不仅展示了成都丝绸3000多年的悠久历史，而且以翔实的史料，论述了蜀锦与成都在古代丝绸之路的崇高历史文化地位，包括在唐宋以前，蜀锦工艺、品质的一枝独秀，生产规模与产量的一骑绝尘，在古代“丝绸之路”上辗转运销量的独步天下，以及早在汉代其运销路线图即已实现对今“一带一路”范围的完全覆盖等。关于“丝绸之路”的起点，今有说是长安（今西安），有说洛阳，且各执一端。而《成都丝绸志》以大量不争的史实、广阔的历史视角和严谨的历史逻辑论证表明：以蜀锦为代表的成都丝绸产品，不仅仅是历史上西南、西北、海上三条对外通道上大量流转、活力四射的商品元素，同时还具有政府“锦官”专办、宣汉唐声威的政治元素，更是具有深厚积淀丰富内涵的特色文化元素，作为中华文明成就的代表、中外文化交流的“使者”，它不仅成就了“丝绸之路”的美名，同时也赋予了“丝绸之路”核心历史文化内涵。因此，作为丝绸的原产地、蜀锦的织造地和运销出发地，成都，是古代“丝绸之路”名副其实的起点。

除了丝绸，还有蜀布、蜀茶、蜀漆器、邛杖等蜀产名品，早在汉代即沿着丝绸之路走向世界，与此同时，成都与外界的文化交流也日益频繁，最有影响的交流即是东汉以来佛教东传入蜀，和唐代中期起成都雕版印刷术的西传亚欧，以及在宗教、文学、音舞、刻绘艺术等领域的交流，使成都文化内涵得以大大丰富。为此，成都市地志办拟在古代成都对外交通、对外贸易、对外文化交流等领域，在丝绸之路沿线的成都历史文化名镇、历史人文景区景点等，选取恰当的点位和角度，因事、因地、不拘一格编纂特色专志，充分发掘“一带一路”上的成都文化元素，充分展示成都走向世界历程和对外经济文化交流盛况与成就。

因各地自然和人文资源禀赋有别，与“一带一路”的地理交通及历史关联程度有别，“一带一路”发展战略大局中的现实定位有别，因此，专志门类、题材、内容需因地制宜，根据需要灵活设定，记述体例也可不拘一格。但有一点是共同的，即通过对专门的领域、专门的对象做深入细致的专门记述，充分发掘文化内涵，梳理文脉演变，从而体现其资料“专而全”、记述“专而详”、功用“专而实”，体现普通志书所不能替代的优势与价值。由专志、特色志、行业志的编纂，挖掘“一带一路”沿线重要历史事件、文化遗存、重点历史名城与重点地区在“一带一路”发展演变过程中所扮演的角色、体现的战略地位，对今天充分发掘这些优势与特色，是十分重要的。

三　资政辅治，开展“一带一路”主题调研，由点突破提供面借鉴

“一带一路”战略的实施，为地方志充分运用史料的丰富性，从中有针对性地为“对靶”研究提供了极为广阔的舞台。因此，地方志系统可以整合两轮修志聚集和造就的跨行业、跨领域、跨学科结构的专家队伍，因地制宜地组织开展“一带一路”建设主题调研，集方志专家之

“智”来资政辅治。成都市地志办近年组织开展的“成都与丝路”主题调研活动与成果证明，这是一条方志直接服务“一带一路”建设的有效途径。

成都实施旧城改造过程中，与所有的历史文化名城一样，遇到了如何保护既有的历史文化遗存，又在建设新城中体现传统文化之魂的问题，解决这一难题义不容辞地落到了方志工作者头上。比如“成都城区北部旧城改造工程”（简称“北改”工程）范围内，留存有大量联结西北丝绸之路的古蜀道遗址遗迹，如与古蜀“金牛道”有关的五丁桥、武担山、驷马桥，唐代“玄宗幸蜀”后班师回朝的天回镇等，市地志办先后组织三次开展实地调研和专家座谈会，撰写出《“北改”区域历史文化元素调查报告》《成都“北改”工程如何注入文化之魂》等10篇系列调研报告和研究文章，分别对20余个独具特色的文化元素和文化品牌提出保护、开发意见，引起较大社会反响，受到市委、市政府高度肯定，并要求规划、城建部门和有关建设单位要在“北改”中切实承接好历史记忆和人文信息，注重“保护和发挥历史文化血脉”。相关调研成果分别及时转化应用到驷马桥商圈等北部区域的文化街区、文化廊道和文化景观打造中。又如在成都市天府新区建设范围内，有诸多与西南丝绸之路有关的遗迹记载，如簇桥丝市、华阳古镇等，组织开展“天府新区文态建设”实地调研活动。提出发掘“秦皇寺”史源，加强重要遗址遗迹文物抢救性保护；深耕“码头文化”，塑造沿江人文景观；梳理“华阳”文脉，建设成都国学基地；保存建筑“标本”，拓建川西特色民居等。最终形成《天府新区文态建设四大方略》的调研报告，被规划、城建等部门吸纳，并落实到新区有关功能区建设之中。围绕“生态成都”建设，组织开展“水润成都”主题调研活动，所形成的《水旱从人话天府》调研成果，通过对成都平原水源、水系水网、水质及水利设施历史变迁与现状的系统梳理，提出了保护水资源、水生态若干对策建议，先后得到市级主要领导7人次批示，并要求有关部门“在水利规划建设中要注意吸纳文中思路建议”，要“借鉴古人智慧，提升新时期水务建设管理水平”。与此相应，成都市各区（市）县也结合本地实际，开展形式多样的主题调研活动，形成调研著述1部，调研报告和研究文章15篇，锦江区地志办“关于春熙路商圈的文化业态提升”研究成果，成为区政府决策参考；金牛区地志办的《古柏调查》一书，总结探索当代城郊接合部新村建设路径，获成都市哲学社会科学二等奖。

开展主题调研，是地方志服务“一带一路”建设最直接的方式，也可以开阔地方志工作者的理论与学术视野。如“成都与丝路”主题调研既直接服务了现实，又有力促进了成都自身在“一带一路”建设中的文化建设与城市文化性格的塑造，并有益于推动研究从面上向历史纵深发展。将来可从“一带一路”的广阔视野，审视以三星堆、金沙、十二桥为代表的古蜀文明外来因素和外向传播；从“一带一路”纵深，结合舆图、文物古迹、档案和文献，研究成都对外开放历程、走向世界的路线轨迹和经济文化交流的历史成就；通过“一带一路”（主要是西北丝绸之路、西南丝绸之路即茶马古道及长江水道沿线）过境遗迹、遗存，如古道、古渡及天回、平乐、洛带、黄龙溪等古镇及名胜古迹考察和系统梳理，深入发掘其文化内涵，服务地方经济文化建设；通过“成都与一带一路”商业文化研究，包括以蜀锦为代表的古代“成都造”名品工艺与生产运销、特色市场（如锦市、丝市、花市等）、商贸交通及以交子为代表的历史货币变迁等，进一步凸显“一带一路”中的“成都元素”与“成都活力”。

四　互通互联，依托数字方志馆建“一带一路”信息化服务平台，从高起点显现长效益

“一带一路”战略是在全球化背景下提出的，在信息化互联网时代实施的，因此必然要求地方志也要与之相适应，建立起服务“一带一路”的信息化平台。自成都首个基于云计算平台的数字方志馆开建以来，全国各地数字方志馆建设方兴未艾，并在如下几个方面逐渐引导着地方志工作三大变革：一是按海量信息储存、定向信息搜集抓取、非结构化信息处理、信息加工分析、信息全文检索以及安全防护功能建设数据库，实现资料信息储存与利用方式变革；二是变过去单一呈现向多媒体呈现，变静态呈现为动态、静态结合呈现，变平面呈现为立体呈现，从而实现阅读方式变革；三是通过音像数据播放、网站和移动互联等，实现传播展示方式变革。

以成都为例，充分利用成都云平台建设全国领先的优势，统筹规划、分期建设“数字方志馆”。已建成的“数字方志馆”一期拥有6台成都市云计算中心服务器，网络环境1GB光纤接入方式提供电子政务外网接入访问服务，提供使用的IP地址空间3×255个；电信和网通双外网接入，带宽100MB，为所有电子政务系统提供20TB的存储空间。初步构建了“文档整理入库、资料收集、方志编纂子系统、非结构化信息资源处理、地方志数据库”等核心功能。以资料信息采集、移动互联（手机APP）、数据库建设为重点的“数字方志馆”二期建设正在进行。全面建成后的数字方志馆，可互动体验感知、图文并茂声光电结合动态演示“一带一路”中的“成都”元素和成都沿“一带一路”走出盆地、走向世界的开放轨迹。通过移动互联，可为公众提供更加高效、便捷的移动服务，受众打开通过手机终端即可随时随地在线浏览查阅成都有关“一带一路”最全、最新、最权威的史志文献、影像、影音资料。特别是按照“记录历史、感知现实、预测未来”建设的数据库，全面建成后不仅可以实现“一带一路”建设中的各种文献数据的及时抓取、收储，结构化、非结构化信息的检索查询，同时还可通过数据综合分析、逻辑推演出未来发展趋势。

信息化服务平台的建立，为“一带一路”建设提供了海量数据支撑与建设模型模拟的可能性，但前提是需要整合全国有关方面的技术参数，形成数据库互联互通与共享，从而实现云计算所展示的宏大深远的研究愿景。

五　助力宣传，编纂“一带一路”地情读物，从小册子感知大文化

加强宣传，也是地方志服务“一带一路”建设应有的题中之意。地方志宣传要加强“外宣”，让外界充分认识本地区、了解本地区的自然历史与现状，同时要加强“内宣”，让本地公

众充分了解“一带一路”的自然地理、历史文化知识和当代发展战略要点。要充分发挥地方志结点和信息沟通功能，编纂便携、便览、便用的地情读物和有关“一带一路”自然、历史与现状的知识读物，是地方志服务“一带一路”建设不可忽视的方法与路径。

以成都为例，市地志办编纂出版《成都精览》《书香成都》《成都年鉴》简本和英文本、《成都大事记》年刊等地情读物系列。其中，《书香成都》图文并茂简明生动，被美国国会图书馆及哈佛等多所大学收藏。按照“唯一性、首创性、影响力大、地方特色明显”的标准，精心编纂出版的《成都精览》口袋书，并同步发行繁体版与英文版，将成都历史上重要人物、事件、文物、遗存等进行较为全面地介绍，现已发放40000余册，不仅进入到机关、社区、学校、军营，并且通过市级相关部门配合，进入市域内星级宾馆饭店、主要会展场馆，通过蓉欧快铁、亚欧航班发行至沿线各国家和城市，并发送给到访外宾和成都友好城市。成都市各区（市）县志办也积极编纂新型地情读物，锦江区出版的《锦江记忆》《锦江街巷》《百年锦江光影》等“地情文献丛书”成为畅销书，被中国现代文学馆收藏；金牛区出版了《金牛印象》《金牛风物》《金牛掌故》《亲历》等，从不同角度对历史、地情、人文、风俗、区域特征和发展进程进行了较为全面的反映；彭州编纂的《美丽彭州图文志》《彭州典藏》成为干部必读书目，同时针对彭州是中国历史上仅次于洛阳的牡丹产地，编纂《彭州牡丹志》，对彭州牡丹种植史、文化史进行了全面的梳理；崇州市编纂的《崇州文化史》被列为该市干部培训读本，主编的《朱利文化研究》出版后，光明日报社做了专题报道，称其为具有不菲学术价值和现实转化应用价值的研究成果。2016年4月25日，国务院总理李克强视察成都宽窄巷子时提出：“要把过去的历史资料、成都志，特别是有关宽窄巷子的历史脉络梳理清楚。”为贯彻落实总理“守住历史传统的根脉，打开面向世界的门窗”的指示，成都市地志办及时开展了《成都风土人文丛书》（以下简称《丛书》）第一辑的编纂工作。

编纂地情读物，不仅仅是简单的“变厚书为薄书”，对大部头历史、方志、年鉴做内容浓缩、规模精简。出自地方志机构的地情读物，应当体现地方史志的行业特点、资源优势和职业水准，要厚积薄发，要有包括已有史志成果在内的进一步的历史资料积累和消化，特别是要用好新发现、新发掘的资料；要深入浅出，站在学术研究前沿及时吸纳有关最新的研究成果，特点是新的观点，做细致的文脉梳理，并以脉变为主线，呈现历史变迁和文化的丰富内涵。此外，要充分研究当代受众需求和现代传播方式，使编纂的地情读物不仅内容要图文并茂、直观生动，而且中英文版、繁简体版兼备，还要微规模、极简本，可成便携式“口袋书”或小册子，让读者“一册在手，尽览一地千百年人文精华”。通过集成系列“小册子”，可感知“一带一路”大文化。

“只有守住历史传统的根脉，才能打开面向世界的门窗”，克强总理针对历史文化名城成都所做的这一重要指示，不仅为当下地方志服务好“一带一路”建设甚至地方志工作全局、地方志事业未来提供了指向，而且赋予了方志工作深厚的文化内涵与强烈的时代气息。地方志，是联系过去、现实与未来的文化脉络结点，是沟通地方与“一带一路”全局乃至全世界重要的文化交流结点，在地方“大文化”建设格局里，它具有从地方文献资料整理、地方史志鉴编纂、地情研究到地情知识普及、成果转化运用的完整“业务链”，是理想的资源整合平台。“守住历史传统根脉”，面向世界传播展示自己的历史与文化，是地方志职责所系、使命所在。在“一带一路”建设服务中，需进一步深刻领会李克强总理指示的逻辑与文化内涵，将抢救保护文化资源、梳理地方历史文脉，作为方志服务“一带一路”建设的首位工作。以此为基础，一方面加强史志鉴编纂，特别是特色鲜明、针对性强的专志编纂；另一方面，促进方志编纂成果、文脉梳理成果和历史文化研究成果及时转化，资政辅治、服务社会。进而以此为基础，积极开展面向“一带一路”、全世界的地情宣传，为“打开世界的门窗”提供文化软实力支撑。只有建立在高度文化自信基础上的历史文化宣传，才能充分显现自身文化的底蕴，充分展示本土文化的魅力，才能达到浸润无声、绵延恒久的宣传效果。

地方志服务“一带一路”建设的路径与方法

蒙永红　刘　刚（四川省自贡市地方志办公室）

提要：“一带一路”建设是我国在新的历史条件下实行全方位对外开放的重大举措，将在“十三五”时期进入全面实施阶段。地方志作为古代丝绸之路的重要记述载体，有藏量丰富且独一无二的文献资料，不仅可为新形势下推进“一带一路”建设提供历史借鉴，还可为“一带一路”建设提供现实服务。

关键词：地方志　“一带一路”　建设　路径　方法

“一带一路”是“丝绸之路经济带”和“21 世纪海上丝绸之路”的简称。推进“一带一路”建设，是以习近平为总书记的党中央统筹国内、国际两个大局，顺应区域和全球发展格局而提出的重要战略。“一带一路”建设倡导区域合作发展的理念，将为我国升级国际合作机制、重构国际规则提供机遇，并对拓展发展空间、推动经济转型升级、保障能源安全等具有重要意义，有助于促进沿线经济建设和全球经济繁荣，有利于加强人文交流，维护世界和平。

一　地方志服务“一带一路”建设的必要性

习近平总书记在谈到实施“一带一路”战略时，特别强调政策沟通、设施联通、贸易畅通、资金融通、民心相通。有语云：国之交在于民相亲，民相亲在于心相通。在实现“五通”的过程中，首先需要在不同的经济体之间形成相互了解、相互理解、相互包容的人文环境。而“民心相通”是“一带一路”建设的重要内容之一，也是“一带一路”建设的人文基础，自然应该放在第一位，这是推动“一带一路”建设实现政治互信、经贸合作的前提和基础。

要做好“民心相通”，需要我们发掘历史智慧，唤起沿线国家和地区的历史记忆，以文化作桥梁和纽带，从文化交流、文化融合角度携手“一带一路”沿线人民心灵相通、广泛共鸣、同舟共济，从而实现和平发展、共同发展，推动“一带一路”建设。从这个层面讲，实施“一带一路”战略需要首先传播好“一带一路”历史文化，讲述好“一带一路”历史故事，在秉承“和平合作、开放包容、互学互鉴、互利共赢”的丝路精神中形成建设“一带一路”的最大合力。

而地方志是中华历史文化的重要载体，其连续性、完整性和资料性在全球历史中独树一帜，是世界上独一无二的文化遗产。正因为这样，地方志可为“一带一路”建设提供宝贵的文化资源和独特的历史信息，可以在历史与现实之间架设一道沟通交流的桥梁，其优势和作用是其他任何文献资料无法比拟的，服务“一带一路”建设不仅必要而且可行。

二　地方志服务“一带一路”建设的优势

中国是全世界四大文明古国之一，有着悠久璀璨的历史和文化。早在先秦时期，就有各种地方志类著述出现。秦统一中国后，续有纂辑。两汉时期，郡国地志已成为中央政府的征录之书，如班固完成的《汉书·地理志》就是以当时行政区划为纲的全国区域志。作为中国独有的历史文化著述方式，地方志具有鲜明的民族个性，是中华民族特有的文化基因，在中华文明代代相继、血脉相承中优势明显。

一是资源优势。自隋唐开始，中国大一统局面形成，经济繁荣，文化昌盛，加上历朝历代高度重视史志编修事业，为地方志的发展创造了良好的条件，形成品种和数量丰富的新旧志资源。据《中国地方志联合目录》统计，自南朝宋至1949年的历代地方志有8264种，包括通志、府志、州志、厅志、县志、乡土志、里镇志等，尤以明清和民国时期的地方志居多。以清代为例，按现行区划考其分布，四川477种、江西404种、山东385种、河北374种、河南370种、浙江367种、江苏337种、广东332种、山西332种、湖南327种、陕西288种、湖北270种、安徽258种、云南203种、福建168种、广西133种、甘肃130种、新疆96种、上海89种、贵州76种、辽宁69种、台湾42种、北京33种、吉林32种、天津19种、宁夏19种、西藏17种、内蒙古16种、黑龙江12种、青海7种，总计5682种，约占旧志的70%。新中国成立特别是改革开放30多年以来，地方志发展又有了新的成绩。根据《全国地方志事业发展规划纲要（2015—2020年）》发布的数据，社会主义新方志“已出版7000多部省、市、县三级地方志书，2万多部行业志、部门志、军事志、武警志、专题志、乡镇（街道）志、村（社区）志等，1900多种、1.5万多部地方综合年鉴，1000多种、7000多部专业年鉴，大量地情文献”。这些与前述8000多种旧志及其整理成果，共同构成了一座以国情、地情为主要内容并不断丰富的地方志资源宝库，可为“一带一路”建设提供取之不竭的历史借鉴和智力支持。

二是信息优势。地方志是以一定地域为记述对象的资料性文献，是一个地方的“百科全书”，它全面系统地记述一个地区自然、政治、经济、文化和社会的历史与现状，纵贯古今，横陈百科，蕴藏着丰富的历史文化和地情信息，这是“一带一路”沿线国家不具有的优势。这正如著名学者顾颉刚在《中国地方志综录》的序言中所言：“纪地理则有沿革、疆域、面积、分野，纪政治则有建置、职官、兵备、大事记，纪经济则有户口、田赋、物产、关税，纪社会则有风俗、方言、寺观、祥异，纪文献则有人物、艺文、金石、古迹。”可见，地方志确实是一个内容极为广泛的史料宝库，是一座取之不尽用之不竭的信息宝藏。如今，随着首轮修志和第二轮修志相继结束，一大批记录我国改革开放和社会主义现代化建设进程和成就的新方志又进一步扩大了地方志信息库的容量，为国家交往和民间往来提供更全面的信息咨询服务准备了条件。这些信息，既包含有古“丝绸之路”的渊源，两汉时期张骞、班超出使西域和唐玄奘沿丝绸之路到印度求取真经的古代背景，以及明朝郑和下西洋的历史条件及戚继光抗倭等历史信息，也包括社会主义时期的现代信息，均可直接为“一带一路”建设服务。发挥好信息优势，可以帮助沿线国家和地区在比较中全面了解中西文明的发展史，从而增加中华文化的魅力和吸引力。

三是纽带优势。中国是个历史源远流长的大国，其经济发展水平早在秦汉时期就达到了很高的水平。也就是从那个时代开始，中原的丝绸、瓷器等极具代表性的产品通过古丝绸之路源源不断地输送至西域国家，成为非常受欢迎的贵重稀缺品。但匈奴的出现，让汉朝的商队屡遭劫杀，严重地威胁到汉王朝的政治经济安全，才有了汉朝以强大的军事实力对匈奴全面作战，涌现出卫青、霍去病等一批能征善战的名将，古丝绸之路才得以畅通。这些承载中西历史文化的地方志资源信息直至如今依然保存完整，比较典型的有《史记·大宛传》《汉书·西域传》《后汉书·西域传》《大唐西域记》《海国图志》等，均反映出亚欧关系的历史渊源。“一带一路”建设本身就是一个源自历史概念的战略构想，需要借用古丝绸之路的历史文化资源与沿线各国发展合作伙伴关系，共同打造政治互信、经济融合、文化包容的利益共同体、责任共同体和命运共同体，最终实现共同复兴。但“一带一路”沿线跨度大，涉及60多个国家，分布有中华文明、印度文明、两河文明、埃及文明、希腊文明等不同的文明系统，民族与宗教迥异，再加上地缘政治复杂敏感、国家政局不稳等因素，给“一带一路”建设增加了不少不确定因素。同时，伴随“一带一路”建设不断推进，国际上也开始炒作中国输出过剩产能制造环境污染的言论，更有甚者在中国周边制造事端，挑拨相关国家反对中国实施的基础设施建设，给“一带一路”建设设置各种障碍。解决好这些问题，需要发挥好地方志传承文明的纽带优势，让“一带一路”回归概念本源，诠释好中原文明与海洋文明、农耕文化与商业文化、儒释道与其他宗教交流融合的历史渊源及演进过程，把同属东方的“近东”“中东”“远东”的不同文明连在一起，增强国与国之间的文化认同，夯实“一带一路”利益共同体的社会和历史根基，促进消除偏见、化解分歧，实现汇聚共识、积聚力量，不断推进“一带一路”项目建设。

三　地方志服务“一带一路”建设的路径与方法

回顾历史，早在两千多年前，古丝绸之路已经形成并逐步发展，到隋唐时进入繁荣阶段。唐宋时期，我们的祖先又凭借先进的航海技术，成功开辟了通往西方的海上丝绸之路，亚欧大陆全面开启了文明对话。如今，新的“一带一路”构想和实践已迈开步伐，地方志作为传承中华文明的载体，应在服务和促进“一带一路”建设中发挥应有的作用。

一是充分开发利用地方志资源和信息，为“一带一路”建设提供决策参考。习近平总书记曾指出，“修志是一项很有意义的工作。其意义，说通俗一点，就是使我们做一个明白人，‘以古为鉴，可知兴替’，对于我们，只有加深对历史的掌握和理解，才能‘以古鉴今，鉴古知今’，不重复历史上的错误”。“一带一路”建设既要进行经贸往来，也要开展人文交流，无论“一带一路”的策划者、组织者、参与者甚至是关注者，都应该熟悉“一带一路”的前世今生，并在历史经验和教训的基础上去继承和弘扬古丝绸之路精神，在政策制定、贸易投资和人文交流中实现借鉴参考和正确决策。“方志乃一方之信史”，地方志书、年鉴及各种地情资料不仅全面翔实地记录了中华民族自强不息、绵延辉煌的悠久历史，还展示了中华文化的博大精深和无穷魅力，既是历史与现实的桥梁，也是信史文化的依托，在决策参考中承担“知古鉴今”的重任非地方志莫属，为“一带一路”建设提供历史借鉴和智力支持责无旁贷。

二是扩大地方志的承载能力，编纂出版《“一带一路”年鉴》。“一带一路”这一战略构想，不仅是中国实现和平发展、全面复兴宏图大略的重要组成部分，同时也成为亚欧乃至世界各国广泛参与、牵动国际关系走势的全球行动，对创新区域合作模式、引领时代发展潮流、促进人类文明进程具有重要的现实意义和历史价值。以2015年3月国家发改委等部门发布的《推动共建丝绸之路经济带和21世纪海上丝绸之路的愿景与行动》为标志，“一带一路”建设已顺利起步。政治方面，中国与沿线国家高层互访频繁，政府、议会、党派、地方友好往来持续升温；经济方面，签署了30多个共建“一带一路”合作协议，中巴经济走廊启动一揽子重大项目建设，中蒙俄等经济走廊正抓紧开展规划编制，推动合作项目对接；基础设施建设方面，装备制造、汽车、电子等十多个重点领域国际产能合作有序推进，中国至中亚、欧洲的集装箱班列开行超过千列，往返亚欧大陆两端的常态化国际运输机制已经形成；金融方面，亚洲基础设施投资银行顺利开业，丝路基金和一系列多双边合作基金为“一带一路”建设持续提供资金支持，人民币跨境交易规模不断扩大。另外，中国—中亚丝绸之路联合申遗取得成功，海上丝绸之路申遗业已启动，文化、教育、科技、旅游、商务等民间往来日益密切。这些进展，让人看到“一带一路”建设的前景十分广阔，地方志应该紧跟时代步伐，主动提前介入，以地方志的特殊体裁进行记述，不仅对当代人、对国际社会是一个交代，也是体现一种对历史负责的态度。在修志条件不成熟的情况下，建议国家层面做好顶层设计，带动地方一起编纂《“一带一路”年鉴》，充分利用年鉴的时效性，及时地将“一带一路”建设进程中的大事、要事和亮点、业绩载入史册，为后世留下堪存堪鉴之记述。并可用中文和多种外文出版发行，让沿线人民更深切地了解“一带一路”建设的历史、现状及取得的巨大成就，让地方志在“一带一路”建设中发挥更直接的作用。

三是整合古今中外地方志资源，为“一带一路”建设提供软实力支撑。党的十七大报告首次明确把文化作为“国家软实力”提出来，强调加强对外文化交流，吸收人类优秀文化成果，提高中华文化影响力。习近平总书记指出，“提高国家文化软实力，要努力展示中华文化独特魅力。在五千多年人类文明发展进程中，中华民族创造了博大精深的灿烂文化，要使中华民族最基本的文化基因与当代文化相适应、与现代社会相协调，以人们喜闻乐见、具有广泛参与性的方式推广开来，把跨越时空、超越国度、富有永恒魅力、具有当代价值的文化精神弘扬起来，把继承传统优秀文化又弘扬时代精神、立足本国又面向世界的当代中国文化创新成果传播出去”，“提高国家文化软实力，关系‘两个一百年’奋斗目标和中华民族伟大复兴中国梦的实现”。李克强总理也对第五次全国地方志工作会议批示，“地方志是传承中华文明、发掘历史智慧的重要载体”。尽管流传至今的历代地方志有不少流散海外，但其作为中华传统文化代表和一种世界文化遗产是其他任何国家所不能比拟的。地方志可以抓住“一带一路”建设契机，统筹整合国内外资源，从国家层面主动出击，建设亚欧国家地情文化中心，利用“互联网 +”的平台优势和传播优势，在“一带一路”沿线国家之间实现史志资源、信息共享。也可以在文化遗产保护、旅游产业发展、名城名镇名村开发等方面发挥作用，把一些仅见旧志记载的非物质文化遗产、文物古迹等，通过提供历史依据进行传承和恢复性开发，将地方志资源优势转化为文化旅游发展优势。还可以举办一些海外成果展示、丝绸之路地方志论坛等活动，形成地方志软实力品牌，以独特方式发挥文化影响力，促进“一带一路”建设中的人文交流与合作，努力夯实国家文化软实力的根基。

四是创新思路，借“一带一路”修“地方志丝绸之路”。在古丝绸之路上，中国用丝绸、茶叶、瓷器及金银器皿、青铜铁器及土特产等商品，换回了葡萄、胡萝卜、汗血宝马等商品，为中西方在早期实现发展成果共享留下浓墨重彩的一笔。殊不知，地方志也在这一过程中实现了包容互鉴和提升发展。如前所述，有相当一部分旧志至今流落海外的图书馆和博物馆等，无论主动还是被动，客观地看，这是一种必然的结果，也算是地方志在古丝绸之路上对外交流的明证。而年鉴的编纂始于欧洲，后来传入我国，成为地方志的年度性出版物，也是东方文化向西方文化学习的一个典型范例。如今，地方志工作已发展形成“志、鉴、库、馆、网、刊、会、研、用”等多业并举的新格局，为地方志的创新发展增加了手段和方法。在“一带一路”建设中，相信沿线国家有全方位了解我国文化历史的需求，地方志可根据这种需求挖掘潜力，充分考虑当地文化习惯进行地方志产品策划与推广，从而延伸、扩大受众范围，提升我国在对外交往中的地位。如通过创立多种语种的期刊、网站、微信、微博等新形式，开发中国与沿线国家的友好交往历史等有关“一带一路”题材的地方志产品，发出中国声音，提高文化传播力，展示中国作为世界第二大经济体的良好形象。方志出版社可以发挥国家级出版机构的优势，建立海外分支机构，转变观念，把大部头地方志书变成口袋书，通过大数据建设在更大范围内建立读者群，服务政用、商用和民用，完全有可能引发新一轮“汉语热”，建设一条属于地方志的“丝绸之路”。

综上所述，地方志是中华传统文化和社会主义先进文化的重要组成部分，在建设“一带一路”的过程中有着不可或缺、不可代替的重要作用，只要主动作为，就一定会在“一带一路”建设中开创新局面，为实现“两个一百年”奋斗目标和中华民族伟大复兴中国梦做出新贡献。

编修好兵团史志 服务于“一带一路”发展战略

苏国萍（新疆生产建设兵团志办公室）

提要：“一带一路”发展战略是新疆生产建设兵团文化大发展的战略契机，而作为联系历史与现实的重要桥梁——史志，将成为“一带一路”的信史文化重器，成为文化软实力的硬基础。笔者提出如何对接“一带一路”发展战略，探究史志事业站在更新的文化高度，进一步做大做强编修、服务的基本思路和主要方略。强调史志工作要推陈出新，与时俱进。

关键词：“一带一路” 编史修志 服务

习近平总书记在中亚和东南亚之行中，提出了建设“丝绸之路经济带”和“21 世纪海上丝绸之路”（简称“一带一路”）的战略构想。“一带一路”发展战略，从密切欧亚各国经济联系、带动区域经济发展、构建地区和谐繁荣的战略高度出发，着眼于打造一个政策沟通、道路联通、贸易畅通、货币流通、民心相通的经济带。“一带一路”的建成，将促进双边合作与多边机制，形成地缘新结构，是中国走向世界的一条康庄大道。

新疆生产建设兵团（以下简称兵团）在国家发展战略中具有十分重要的地位。“一带一路”发展战略，也是兵团文化大发展的战略契机。作为联系历史与现实的重要桥梁——史志，将成为“一带一路”信史文化重器，成为文化软实力的硬基础。兵团对接“一带一路”发展战略，兵团史志事业要站在更新的文化高度。要把史志文化交流、融入“一带一路”国家发展战略，取得新突破，其任务是志史兼修，推陈出新，与时俱进。如何发挥史志工作在国家发展中的战略作用，用史志文化的视角挖掘服务手段和路径，是兵团史志工作的重要命题。笔者认为主要有以下做法：

一 要加大对二轮志书经济部类和政治部类的编写力度

兵团规划内修志工作，分为兵团级、师市级、团场三级。首轮志书框架结构和编写内容已经不能适应“一带一路”发展战略新形势新要求，必须给予突破。与首轮志书相比，二轮修志要加大经济部类和政治部类的分量。为此，兵团史志界进行了广泛探讨，发表论文多篇；由兵团志办公室编制出台了《兵团三级志书篇目大纲》模板，下发至各师市及各团场参照执行。

（一）关于经济部类的编写

二轮志书时限内是兵团处于改革开放大发展时期，如何把兵团这段重要的发展时期记述下来？一是在框架结构上增设经济事项，二是在层次上增补经济内容，三是对经济事项设专志编章节，四是对经济事项升格处理，五是对经济部类浓墨重彩突出重点。主要抓好以下两方面：

一是增设经济综述编章。兵团首轮志书经济部类是由多个专业编、章、节构成，这些横分门类从一定意义上割裂了事物的整体性。为了弥补这一缺陷，经济部类要增加设置独立的综合编或章，排列在经济部类之首，要以保持其基本内容相对完整、能反映经济发展的总貌为原则。一般师市可设编，团场可设章，主要记经济发展的阶段、规律、特色及其状况、水平等，分为：（1）经济发展战略。主要记述党委的战略性决策，包括一定时期内经济发展的目标、重点、政策、措施、重大项目等。（2）经济总量。一般只记国内生产总值、财政收入增长率以及主要产业增长速度，主要用来反映经济增长情况。（3）经济结构。包括产业结构、行业结构、投资结构、所有制结构、布局结构等。

二是增设经济体制改革编章。首轮志书中，各单位部门的改革都体现在行业具体工作中。在二轮修志中，要反映兵团经济体制改革的成套性和大势大略、大局大要，就必须单独设置经济体制改革编章。兵团经济体制改革有很多内容是不能分开记述的，必须作总体记述。要突出经济体制改革，就采取集中与分散相结合的办法，或大集中与小集中相结合的方式。经济体制改革相对集中记述，其他领域的改革分散记述。要记述时处理好经济部类相关内容交叉重复的问题。

（二）关于政治部类的编写

兵团首轮三级志书，除少数志书在政治部类中设置施政纪略外，大多数没有设置党委重大决策和行政、施政这两部分内容。在编修二轮志书中，集中记述了党委和行政制定政策和实施政策的行为，以展示兵团党委和行政的执政之德、为政之绩、为政之失，并从中吸取执政、为政的经验和教训。为此，作为重要内容花大力气写好，在党委编章设置重大决策章节，在行政编章设置重要施政章节；筛选准确的事实资料，采用合适的标题立意，选择恰当的记述角度，对重大决策和施政进行真实记述。主要抓好以下两方面：

一是编写好重大决策。所谓决策，即党委对一地经济和社会发展的思路、涉及一地建设发展的战略思想和重大举措，特别是重大转折时期、关键时期本地党委决策。内容选择事项：（1）依据地情提出的发展思路，结合历届党委确定的经济发展总目标（长期决策）和各个“五年计划”的目标（中期决策），按时序记其演变、完善。（2）经济空间布局调整决策，如本地经济活动的空间分布与匹配状况调整，是经济结构变化的重要方面。（3）志书时限内可选取几个本师、本团特有的、具有重大影响的典型决策事例，按时间排列记述。这些决策有重大则记，无则不记，求精而不求全。

二是编写好重要施政。所谓施政，就是施行政治措施。要有重点地选取对本地各项事业起重大作用并取得良好效果的行政行为。内容选择事项：（1）表现为与党委决策的对接，要设置实施党委决策章、节、目，集中记述实施党委决策采取了哪些措施，实施的成效和结果。（2）选择的内容应超出党委决策内容，因为行政所实施的政务不仅有本级党委的决策，还有上级行政的部署。（3）选择内容概括为本行政区域内历史发展的中心工作，突出时代特点和地域特色。（4）可以按历史阶段选择事项，也可以按行政历届选择。注意针对施政过程的主要环节、重点内容择要记述。

二　利用史志资源深化记述内容，扩大史志成果，形成一树多果

要始终把“一带一路”的思想理念贯穿到编史修志过程的每一个环节。兵团为编修史志三十年多来花费了大量的人力、物力、财力，挖掘搜集、分类整理出的史料堆积如山，已经形成了一座座丰富的宝藏。但是，待到综合史志书籍编纂印刷出版后，大多原始资料闲置，没有得到充分利用。在编史修志过程中，不同阶段随之产生了大量副产品、成品和半成品。如何尽快地把这些副产品转化为正产品、正产品转化为精品，扩大史志成果，主要做好以下方面：

（一）要把编史修志过程中形成的资料、产生的系列产品，及时转化为可提供利用的多项多种成果

各单位在编史修志过程中产生了三项成果：一是原始资料。各单位全体总动员，通过多种途径、多种渠道，搜集了行业内存文件、工作人员保存资料、档案材料等，包括纸质版、电子版。二是资料长编。编者在占有以上资料的基础上，按照制定好的编、章、节对其进行分类整理、加工编辑，“各就各位，对号入座”，形成一整套资料汇编。三是史志书稿。编者对资料长编梳理研读、分析归纳、提炼精华，加工编写成一部本单位系统完整的书稿，报送史志部门评审通过。有些单位完成以上工作后，往往会认为大功告成，对于修志过程中形成的、不能正式出版的其他三项产品——原始资料、资料长编、史志书稿等系列产品，并没有引起高度重视，也没有采取妥善保管、合理利用，更没有再度精加工。随着时间的推移和工作人员的变动，将成为故纸堆被淘汰，造成了人力、物力、财力上的浪费，更重要的是丢失了许多不可逆的抢救性史料。

这些编史修志形成的第一手资料，其史料价值不可估量。要对以上工作过程中形成的资料、产生的一系列产品给予重视，不但要永久保存、方便利用，还要不失时机地转化为多项、多种成果。各单位要把编史修志过程中形成的原始资料、资料长编和书稿等，要加一分类、整理、编辑，及时转化为成果。比如，在《兵团志（1986—2010）》编纂过程中，要求兵团机关各部委局办为单位部门留存各历史时期系统完整的原始资料、资料长编、分志，形成电子版和

纸质版简装本，分发到各业务处室，交给档案部门保管，有条件的单位正式印刷出版。

（二）要把单一重视编修综合史志正本，转向对行业史志、专业史志、特色史志的全面重视，不断拓展史志新成果

编修综合史志正本，是按照国家和本地统一要求和规定，对承编单位上报史志书稿进行合成汇编、统稿总纂，完成编史修志任务。为编纂一部地方综合史志，所搜集资料无以计数，资料长编是它的几百倍，形成初稿是它的几十倍。最后留存在志书中的内容都是浓缩精华，每一个字、词、句都是经过反复推敲、千锤百炼，每一项内容都经过多次研究、精心筛选，确保以最少的文字涵盖最大的信息量、最高的史料价值。

单一的综合史志在为“一带一路”发展战略服务方面还是有一定缺憾的。首先，综合史志能够全面系统反映一个行政区域的基本地情和发展规律，是一地的百科全书。但是由于受到体例的限制，许多发展情况不能具体展开记述和议论。作为地情研究和参考，则需要在综合史志的基础上有更为翔实的信息。其次，综合史志20年左右编修一次，年限跨度较大，编纂周期较长，动用系统文化工程量较大，这与“一带一路”发展战略很不相适宜。所以不仅要抓一部综合史志，还需要编修它的延伸物——行业史志、专业史志、特色史志来加一弥补、完善，扩大史志成果。

兵团综合史志编修完成后，各承编单位不能一蹴而就，而是利用占有资料，开始编纂行业史志、专业志、特色志，这样做省力、省时，不用重新收集资料，做重复劳动。还可以根据实际需要和单位特点，不断做大做强，多出成果，多出精品。比如，兵团旅游业在300万字的《兵团志（1986—2010）》中记述分量很少，如果编纂独立的《兵团旅游志》，就可以突破篇幅的限制，记述会更加全面系统，资料更加翔实丰富，实用性更强。同时，编纂一部行业史志、专业史志、特色史志的周期相应缩短，用途更广。目前，已经完成承编《兵团志（1986—2010）》分志任务的兵团财务局、兵团国土管理局等单位部门，着手编纂《兵团财政财务志》《兵团国土资源管理志》等。

三　要把史志成果及时转化为地情资料、地情文献，服务于“一带一路”发展战略

如何把兵团史志成果转化为“一带一路”发展战略服务的地情文献资料，形势要求已经变得更加迫切。作为史志工作者，更要从“一带一路”发展战略高度和全局出发，挖掘、研究史志成果，顺应、跟上时代发展的步伐。

（一）兵团史志成果作为“官书”，不能束之高阁，要多渠道多方位地推广宣传，为“一带一路”发展战略真正发挥其应有作用

新疆屯垦事业已经有两千多年的历史，尚未发现有关新疆屯垦的史志书籍，并且反映历史

上屯垦戍边事业的史料既少又散。20世纪80年代初，兵团开创了编史修志工作的先河。据统计，兵团史志系统共出版计划内史志书籍正本900余部。兵团史志全面、系统、真实地反映了本地经济发展的历史轨迹，昭示经济运行的内在规律，使人们从中受到启示，得到借鉴。兵团各级志书向世人展示了兵团丰富的资源、发达的农业、门类齐全的工业体系，以及实力雄厚的商业、建筑业和交通运输业，为制定规划、基本建设、开发资源、招商引资、减灾防灾等社会经济发展等提供服务。要多渠道多方位地推广宣传，为“一带一路”发展战略真正发挥其应有作用，让更多的人通过阅读兵团史志书籍，认识兵团、了解兵团、研究兵团。

（二）要多出“短平快准”（出书周期短、保险系数大、编写速度快、切入点准确）的地情文献资料

如果编修出版一部综合性史志书籍正本，一般需要三五年的功夫。记述时限跨度较长，编修周期较长；书体部头较大，少则十几万字，多则几十万、几百万字，携带、使用都不方便。针对现实需要，可在提供服务、方便利用方面做一些大胆尝试和探索。熟悉、研读兵团史志丛书，向国家和对口部门提供专项史料；进行实地考察，撰写调查研究报告，形成领导机关的参谋部和信息资料库，为兵团发展有关重大课题提供翔实、准确的文献资料。比如，几年来由兵团志办公室主办期刊《资政参考》，受到兵团领导的关注。兵团、师市组织编纂年鉴，除了一年一度的综合年鉴，还可编纂应用性较强的专业年鉴。此项工作还在不断探讨、改进、完善、提高、推广之中，但前景十分广阔，大有作为。

（三）积极主动参与多项工作，营造史志工作大格局，不断拓展史志工作新领域

紧密结合兵团党政工作大局，不失时机地与组织、宣传、党校、政策研究等部门联合，参与编写电视宣传片、读志用史活动、举办地情展览等。结合本土文化，编纂出充满正能量的教科书籍。兵团及各师市、团场利用史志资料作为乡土教材，写兵团的事、写身边的人。利用史料文物资料，建立爱国主义教育基地、军垦纪念馆、历史博物馆、红色旅游景区等。目前，兵团各级公共文化服务设施有图书馆、博物馆、阅览室等，但是还存在不完善、不均衡、不协调、不可持续等问题。要解决这些问题，就必须建设现代公共文化服务体系，不断完善文化运行的基本规则，加强政策引导、搭建平台、制定规划、提供服务。

此外，史志成果要依靠信息化手段，借助于现代网络技术，如微信、微博、微视、地情网站等，不断扩大社会影响。我们必须打开各种渠道，借助各种平台，不断改进工作方法，开拓思想境界，不仅编书，还要做栏目、搞调研、出专题等，充分研究地源优势，扬长避短，体现兵团特色。

总之，习近平总书记提出的“一带一路”的发展战略，这一跨越时空的宏伟构想，从历史深处走来，融通古今、连接中外，顺应和平、发展、合作、共赢的时代潮流，承载着丝绸之路

沿途各国发展繁荣的梦想，赋予古老丝绸之路以崭新的时代内涵。兵团史志工作者不能等闲视之，要勇于跻身于时代潮流，发动全社会的史志人才都来参与这项工作，把史志事业做大做强，贯穿于“一带一路”发展战略的始终。

浅谈地方志服务“一带一路”建设的途径

曾庆硕（新疆生产建设兵团第十三师史志办公室）

提要：地方志以其资料蕴含“厚重”的特点，在承载“一带一路”建设的人文历史内涵上，能够充分发挥地情书和资料库的作用。通过对历史、地域文化的挖掘、宣传、交流，实现促进对外合作发展经济的作用，找到了地方志在服务“一带一路”建设上的重要支点和切入点。文化交流与经济合作如同合作发展的两翼，有了两翼的平衡，发展才会稳定、可持续。而文化兴路，就必须从历史中找依据，从文化中找共通之处。地方志在这个层次上，具有举足轻重作用。

关键词：“一带一路”　地方志　服务现实　途径

“一带一路”是“丝绸之路经济带”和“21 世纪海上丝绸之路”的简称。这是一个充分发挥中国与有关国家既有的双多边机制，借助既有的、行之有效的区域发展合作平台。“一带一路”的战略构想不是凭空臆造的，而是具有悠久的历史渊源和深刻的现实意义的。抛开当今世界的经济发展变化和中国经济发展的现实需要这个时代背景不谈，地方志以其资料蕴含“厚重”的特点，在承载“一带一路”建设的人文历史内涵上，能够充分发挥地情书和资料库的作用。

形成于两千多年前的丝绸之路，是两汉时期中国古人开创的以洛阳、长安为起点，连接东西方文明的陆上通道，也是东西方在经济、政治、文化上进行交流的纽带。

2015 年 4 月，国家主席习近平访问巴基斯坦，其间，中巴双方签署了一系列合作协议，全面推动中巴经济走廊建设。这是新时期中国政府实施“一带一路”战略的示范之作。

结合这个历史背景，兵团第十三师所在的区域——哈密，就成为这条走廊建设的重要节点。位于新疆东部的哈密地区，自古就是联系西域与中原的交通要冲，两千多年前就是汉朝与匈奴激烈争夺以制西域的战略要地，被视为“西域襟喉、阳关锁钥”。据《哈密地方史》记载：东汉永平十六年（73），汉朝中央政府在此设置宜禾都尉，开始了哈密历史上最早的屯垦。此后，隋设伊吾郡，唐置伊州，明设哈密卫。清康熙皇帝封维吾尔人头领额贝都拉管辖哈密，赐印编旗。光绪年间，哈密是新疆的政治、军事中心。民国时期，哈密是苏联抗战援华物资的重

2016 年 6 月 8 日，兵团十三师主办丝绸之路国际物流产业发展论坛

1950 年 3 月，十六师在哈密修建红星渠，从天山引水开荒

要转运站。

新中国成立初，中国人民解放军第六军十六师进驻哈密屯垦戍边。这支曾被毛泽东主席授予“红星”称号的部队，从此就承担起建设边疆、保卫边疆的重要使命。1953 年，部队集体就地转业，以建设国营现代化农场为己任，继续在这片土地上开发建设。六十多年过去，这支有着优良革命传统的部队“在瀚海戈壁兴修水利，开渠引水，垦荒造田，植树造林，架桥修路，在荒无人烟的戈壁大漠上建成了一个阡陌成片、渠系纵横、林带成网、道路畅通、规模经营的现代化绿洲生态经济网络”①。这就是新疆生产建设兵团第十三师的历史。国家启动“一带一路”发展战略后，兵团十三师从历史文化中寻找切入点，在地缘优势上发现商机，2015 年启动了与巴基斯坦的物流发展战略框架合作。兵团第十三师充分利用地方志资料中哈密在历朝历代连接西域、沟通欧亚大陆的地理位置优势，通过对历史、地域文化的挖掘、宣传、交流，实现促进对外合作、发展经济的作用，找到了地方志服务“一带一路”建设中的重要支点和切入点。

---

① 《农十三师简史总序》，乌鲁木齐：新疆人民出版社，2008 年，第 2 页。

以历史文化为先导，发挥促进和引领作用。“一带一路”建设中，文化的交流与合作是不可或缺的重要内容，这对于增进交往双方的信任和了解，推动各国文化融合，把“一带一路”建设引向更深层阶段，具有重要的现实意义和历史意义。文化交流与经济合作如同合作发展的两翼，有了两翼的平衡，发展才会稳定、可持续。而文化兴路，就必须从历史中找依据，从文化中找共通之处。地方志在这个层次上，具有举足轻重的作用。

哈密的地理位置的特殊性，决定了在其历史文化遗存中有据可查。据记载：“哈密境内有古遗址200多处，发掘的三处古遗址和600余座古墓葬中，出土了大量的青铜时代、战国、西汉等时期的陶制品、青铜制品以及织物等。”“伊州和蒲类为西域交通要地，汉和唐代丝绸之路新北道经过这里，战略地位十分重要，自汉至清两千多年来，先后在哈密盆地和巴里坤草原有过多次激战。留在哈密南北路上的大小台墩就是在这段历史长河中设置的。”“关于哈密烽燧的记载，最早见于唐代，迄今哈密天山北残存的烽燧共有51处”①。这些资料从历史考古学的角度，证实了东亚、中亚及欧洲大陆的交流自古就有，且联系紧密。不过，如今这种交流已经从古时候的贸易、迁徙等内容，转变为今天的经济合作、科技交流等新形式。兵团十三师与巴基斯坦联手打造的哈密—伊斯兰堡—瓜达尔港口的物流大通道建设项目，就是充分利用哈密区域北临俄蒙、东接内陆、西达欧洲、南至南亚的区位优势，以国际视野和创新理念整合各种有利条件和资源，深化与“丝绸之路经济带”沿线国家和城市的交流合作。通过这条通道，可以将我国内地的商贸物流直接延伸到中亚、欧洲等地区，带动沿途城镇、商业、加工服务业和文化交流。

哈密丝绸之路边关烽燧

试想一下，两千多年前，各色人种的驼队商旅操着不同语言，信仰着不同宗教，承载着不同文化，共同推动了这条商路的繁荣。如今，在高速公路、铁路、信息化的联动下，物资、科技、文化源源不竭，互通互联，联系着不同国家、民族、宗教、文化共同带动发展。这是历史

① 《哈密地区志》，乌鲁木齐：新疆大学出版社，1997年，第1040页、第1300页。

留给中国人民的文化遗产，是有利于“中巴经济走廊”建设的人文资源。

从历史文化遗产的层次推进国家间的合作发展，是一种新的历史文化观，也是开创新历史，发展新文化，造就新繁荣的重要立足点。20世纪60年代，中国援助巴基斯坦修建喀喇昆仑公路工程。“在这项宏伟艰巨的建设任务中，新疆兵团先后派出9000余人参加施工。兵团十三师前身兵团哈密农场管理处先后派遣两批119人参加援建工程，有4人牺牲，长眠在异域他乡”①。兵团十三师在与巴基斯坦合作洽谈中，多次提到这些真实、生动的历史合作往事，翔实的历史资料、真实的图片和实物资料等，为增进双方合作，融合情感，起到了积极的促进作用。

20世纪中国援建巴基斯坦的喀喇昆仑公路工程施工现场

以地域文化为基础，促进经济交流合作。地方志服务经济社会的途径之一就是历史挖掘和文化传承。志书作为记述本区域自然、政治、经济、文化、社会的资料型文献，具有存史、资治、教化功能。当今社会，信息传播渠道广泛，但是，通过查阅志书了解当地情况，从中汲取历史智慧，开展地方治理，依然是执政者的一种习惯。而直接利用志书教育大众并不普遍，只能开展一些地情人文教育。教化功能理论意义大于实际作用。所以，从志书的功能角度来说，存史，是最实际、最现实、最深远的功能，能够有效地记录地方历史，反映地方变迁，发掘历史智慧，集成地域文化，传承中华文明。

正如此，当代方志工作力求创新，在传承弘扬志书编修的同时，追求服务现实的实际目标。中央领导曾提出过“把方志工作与现实的经济社会发展紧密联系在一起”的系列要求。这一方面反映出方志工作在服务现实方面存在的差距，另一方面又说明中央领导对方志工作寄予

① 《新疆生产建设兵团史料选辑（25）》，乌鲁木齐：新疆人民出版社，2015年，第301~302页。

厚望。

方志工作对现实经济社会发挥作用的渠道之一，是“其中作用于经济社会发展最直接、最有效的是地域文化”①。建设“一带一路”，同时也是重塑中国地缘政治与地缘文明圈的机遇。丝绸之路不仅是经济通道，而且是人类社会交往的平台，多种族、多宗教、多元文化在此交汇融合，注定了丝绸之路不仅是一条“经济带”，也是一条“文化带”。

哈密的地理位置特殊性自古至今都得到了有力的映证。从西汉张骞通西域开始，到东汉永平十六年（73）在伊吾（哈密古称谓）设置宜禾都尉，开始军事屯垦。两汉时期通过哈密这个节点经营西域，联系中亚和欧洲，其关键性的地理位置得到了证实。

地方志以其百科全书式的内容涵盖，囊括了区域内的地理概况、经济发展、古籍文献、风俗民族等，为“一带一路”组织实施者借鉴历代经验、展示地域特色、发挥地缘优势，提供了可靠的参考与借鉴。了解这些资料，才能在“一带一路”的交流合作中高瞻远瞩、运筹帷幄。中巴物流通道建设的思路，就是在地情资料和地缘历史充分考量下的决策。兵团第十三师与巴基斯坦在2015年6月签订了《中巴物流合作战略框架协议》，并于2016年6月组织举办“丝绸之路国际物流产业发展论坛”，启动了亚欧国际智慧物流园建设项目，将其规划设计成“丝绸之路经济带”重要的物流枢纽和商贸中心。这一系列决策，都依赖于方志机构掌握的地域资料和历史资料，实现了与经济社会发展的有效融合。

2016年6月8日，兵团十三师亚欧国际智慧物流园开工奠基

以丰富的载体，拓宽方志服务渠道。方志资源的开发利用需要各方力量参与，需要最大限度地整合方志资源。必须将其作为一个系统工程来建设，坚持在开发中利用，在利用中开发。一是借助第二轮修志的阶段性成果，通过编校旧志，编修简志、专志等，开发出更多的方志资源为“一带一路”发展提供更翔实的信息服务。方志部门可根据地情实际和本区域“一带一路”中心工作，对一些事关全局的重点项目，组织联合开发。如对辖区地情资料和人文历史的重大课题，要发挥各部门联动，各行业共参与，实现方志资源的提质、扩张和最佳配置，形成

① 钟敬文：《谈谈风俗志》，《文史知识》1998年第7期。

具有可资价值的专志和地情资料供执政者决策参考。二是以编好地方年鉴资料为重点，建立资讯平台，记录年度大事、要事，同时利用手机 APP 软件等信息化手段，拓宽公众知悉渠道。三是建设方志资料库。开发方志网络资源，将方志成果信息化，通过互联网向社会公开史志成果，使沉寂的史料得以走出封闭的库房，进入全新的网络世界。同时，建立方志信息网站网页，并实现联网互动、资源共享。实现方志库“互联网 +”，为各行各业和社会各界提供资料和信息服务。

地方志是联系历史与现实的通道，是对外交流合作的参考依据。如果说“一带一路”是联系沿线国家经济交流、文化互通的桥梁，那么地方志则可定位是这座桥梁的一组坚实的桥墩。

就对俄合作谈地方志工作新领域的拓展

高永生（黑龙江省逊克县地方志办公室）

提要：本文介绍了地方志开展对俄合作中必然遇到的对国外地方志资料翻译中的地理名称的考证问题以及考证的方法，用实际事例进行了陈述说明；进而以对俄地方志合作的切身体会，就地方志对外合作的愿景及策略进行了初步阐述。

关键词：对俄合作　地方志　领域　拓展

逊克县是国家一类口岸，是“一带一路”的重要节点，位于祖国东北边陲，黑龙江中游南岸，与俄罗斯阿穆尔州的“三市五区”隔江相望。逊克县面积17344平方千米，相当于半个海南省，人口10.5万人，地广人稀，开发比较晚，处于原生态的状态下，是全国生态第一县。土著民族鄂伦春族人口占全国鄂伦春族人口的八分之一，还是全国第一个俄罗斯民族村、边疆村的所在地。

近十年来，逊克县志办依托地缘优势、人员优势，颇有成效地开展了对俄合作，取得了阶

2007年，本文作者与俄历史学家尼·安·申佳洛夫在布拉戈维申斯克国立师范大学

段性成果，受到了地方政府和省、市业务部门的表扬，得到了中国社会科学院、省社会科学院及有关大学相关学科研究所的专家和教授的一致称赞。

一　合作肇始与深入

2006 年是中国的“俄罗斯年”，笔者与俄罗斯阿穆尔国立大学职业继续教育学院通过互联网开始接触，经过反复探讨协商，达成意向，计划合作编写《黑龙江省—阿穆尔州地情志》，采用汉俄两种文字排版印刷，在两国公开发行。内容包括黑龙江省与阿穆尔州两地的历史沿革、自然地理、经济状况、社会事业等几个方面。2007 年 8 月，合作协议正式在布拉戈维申斯克市（海兰泡，下同）签订。合作编写的《黑龙江省—阿穆尔州地情志》将成为两地、两国招商引资、各领域开展合作的指导手册，双方学习对方语言的通俗教科书，作为中俄两国互办“国家年”活动的一项重要成果，不仅开拓地方志工作的一个新领域，也为俄罗斯读者了解黑龙江省、中国读者了解阿穆尔州打开一个窗口。这个消息在 2007 年的《黑龙江省方志信息》和《中国地方志》杂志以及其他省份的地方志网站都进行了报道。虽然该项目受到主客观因素影响只运行了一年就无疾而终，却成为逊克县地方志办公室深入进行对俄合作和域外地方史志资料翻译的开端。

在开展合作的交往中，笔者把目光集中在了收集与外东北相关的中俄关系史的书籍上了。并通过各种渠道与书籍的编著者建立联系、沟通，取得著作权和版权，可以把相关书籍在中国翻译出版。

在紧锣密鼓的第二轮续志的总纂工作中，笔者充分利用业余时间完成了《跨世纪的布拉戈维申斯克》丛书的《布拉戈维申斯克历史》《布拉戈维申斯克创建者》《阿穆尔的神像》《布拉戈维申斯克建筑艺术遗存》等书的翻译，平均半年完成一部专著的翻译。这套丛书的体例设置与我们的地方志有多方面的暗合之处。比如《布拉戈维申斯克历史》可以视为布拉格维申斯克市志的沿革篇，记述的是《瑷珲条约》签订前到十月革命前布拉格维申斯克市的概况。《布拉戈维申斯克创建者》可以视为人物篇，《阿穆尔的神像》可以视作是宗教篇，《布拉格维申斯克建筑艺术遗产》可以视为建筑篇，记述了有上百年历史的多数已经确定为国家级文物的建筑物的形制、特点、使用情况以及所处的地理位置。这一套丛书还有《凯旋门》《阿穆尔州的总督》《阿穆尔地区人类的命运与生活》《阿穆尔的戏剧》《阿穆尔的体育运动》等，各个分册就类似于我们地方志书中大的篇目，合在一起就可以成为完整的布拉戈维申斯克志或者阿穆尔州志。这些专著图文并茂，文字简洁朴素，是了解俄罗斯历史学家、方志学家对待中俄关系认识及价值取向的第一手最新的资料。此外，笔者应黑河市劳动人事和社会保障局特邀编译了《俄罗斯知识普及读本》（11 万字）作为黑河市公务员培训教材，还译述了《东正教会在中国》（2014 年在香港出版发行）、《在满洲群山里》（刊发在《逊克年鉴》2013 年版上）等书籍资料。

二　综合译述与考证

语言的转换是一个系统的工程，大到全书的整体内容，小到每一个词语、标点符号，都要精心转述。要完整地传达原著的内容，必然会遇到许许多多的难题，是对人文综合素养的考验。地理名词绝对可以算作其一的，还需要曲折地进行一下考证。

在译介回忆苏联出兵中国东北的《在满洲群山里》（НА СОПКАХ МАНЬЧЖУРИИ）时，就遇到了几个音译的中国地名。一是苏军渡过黑龙江作战的第一个中国地名 Хамаленцзы，按照俄文语音拼写汉语的习惯，这个词似乎是“蛤蟆岭子”。按照原文描述的地理位置，就在孙吴县境内黑龙江沿江一带，但地图上没有查到。在百度地图查到了一个似曾相识的地名——嘎巴亮子，经过再次仔细核对原文的描写以及后文的表述，确定就是“嘎巴亮子”。原来俄国人在音译这个地名时，没有用经常虚读的“Г”做首音，而是用“Х”代替的，而且后面的音节差距也不小，这种情况属于语音拼读发生了音变。类似的还有对流经孙吴县境在逊克县汇入黑龙江的重要河流逊毕拉河的称说，《在满洲群山里》记述为 Сулблаха（苏尔布拉哈），依据前后文的描述，可以确定所指就是逊毕拉河，而 Сулблаха（苏尔布拉哈）就是逊毕拉河的不准确的直接音译。

前述资料中，有一张苏联红军在 Сяохаоцзы（小蒿子）车站的合影，这个地名在作战地图上也有标注，就在齐齐哈尔附近的铁路线上。但在中国现今的地图上查不到，几经比对，那个位置在现在的杜尔伯特县，该县治的驻地是泰康镇，查阅泰康镇的百度百科，没有找到泰康镇与小蒿子有关联的资料。但黑龙江省龙志网站提供了答案，查阅到大庆市的杜尔伯特自治县县志的“建置沿革”一节时，有这样的记载：“民国 16 年（1927）5 月，泰康设治局成立，暂驻小蒿子（今泰康镇），隶属黑龙江省龙江道。”由此可以确定，“小蒿子”就是现今的杜尔伯特自治县的驻地泰康镇。因此不能把这个地名翻译成“小耗子”或“小貉子”。

俄罗斯网站发布的中东铁路地图上有本文涉及的小蒿子和二层甸子

当然，翻译并不是全都那么充满着意外的成就感。在翻译《ПРАВОСЛАВИЕ В КИТАЕ》（《东正教会在中国》）书后的附表“东正教教堂在中国的建设和分布统计表”时，里面的地名多是清末民初时的音译名称，翻译是颇费周折的，以至于该表未能与正文同时刊出。该表中的地名译述最后攻克的堡垒是Эрцендяньцзы，按音直译是“二城尖子”，起初联想会不会是现在双城的别称，由两个“城尖子”得名，但双城的全部资料中没有这个名称。在俄罗斯搜索网站mail. ru查到三个结果，两个是讲述东正教在中国的，一个是介绍在中国的俄罗斯人生活状况的，把Эрцендяньцзы仅仅作为一个地名使用，是中东铁路上的一个车站，没有更多的介绍。笔者再一次“曲线救国”，在mail. ru搜索输入Карта КВЖД（中东铁路地图），下载了三幅清晰详尽的地图，在哈尔滨通往绥芬河的铁路线上，找到了Эрцендяньцзы，有一张图上标注的是Эрцендянцзы（少一个字母“ь”），再向东依次是小岭、帽儿山、乌吉密……按照这个顺序，依次在百度地图上排查，在标注Эрцендяньцзы的位置现在是玉泉镇，随后直接百度“黑龙江省玉泉镇”，在历史沿革一栏里记载道：“玉泉，原名二层甸子。中东铁路通车后……”，这里曾经是中东铁路当局的度假村，建有著名的喀山圣母教堂。

从俄罗斯网站发布的照片上可以看出二层甸子（今玉泉镇）当年的气派

对俄合作及书籍资料翻译顺利进行也得到了合作伙伴的鼎力支持，在遇到难以解决的其他类型的疑难词句、缩略语等问题时，俄方伙伴总会耐心地给予详细的解释，或者请相关的教授学者给予解答，阿穆尔国立大学的汉学家、道学研究的博士费洛诺夫就不止一次地给予帮助，基本化解了全部疑难问题。

需要说明的是，俄方出于需要有时也提出了有关的翻译要求，如《阿穆尔的神像》一书，就是俄方提出了请求。那本书并没有在翻译计划之内，据说该书大部分带到了莫斯科等地发行。另外就是《东正教会在中国》这本书，原本是布拉戈维申斯克出版的俄文简要读本，俄方想印汉文本的，请求我帮忙翻译。在答应俄方请求的同时，笔者也请俄方帮助，与原著作者洽谈《布拉戈维申斯克建筑艺术遗存》的著作权和版权，打算译介到国内，这是部记述布拉戈维申斯克著名的建筑物的专业性较强的著作，类似中国地方志里的建筑篇。书中还确实有几处具有史料价值的。比如在现在已经成为布拉格维申斯克市内河流的齐吉里河畔曾经有座中国人村庄（俄国人称为满洲人村庄）——齐吉里乌拉（乌拉，满族语，河），还有就是圣母报喜大教堂是在烧毁的中国人（俄国人称为满洲人）庙宇原址上建设起来的，这些记载是值得留意的，实质性研究也需要“从无字句处读书”。

三　对俄合作的体会

对俄合作及译述的过程没有罗曼蒂克的鲜花和掌声，有的只是千淘万漉，虽辛苦，但终究会吹尽狂沙始到金的。近十年一路走来，辛勤与汗水自不必说，也收获了值得欣慰的成果，内心的感受与体会也是满满的。

第一，要有一颗炽热的爱国心。在对俄合作中，必须把民族国家利益放在第一位，不仅要有精忠爱国之心，还要思维敏捷，头脑灵活，力求维护国格和尊严。尽力绕开敏感问题、政治问题，严守做学问的人格底线，决不能为金钱和私欲所惑，能够在关键时刻，大声地说不，拒绝有损于国家民族利益的事情。要注意广交朋友，培养人脉，寻找可靠的代理人，笔者译述的几本书著作权、版权的会谈都说由合作方代办的，及时前往签订正式协议。

第二，要不断提高个人的整体素养和品位。参与对外合作的人员思想境界要高，淡泊明志。地方志的行业很特殊，如果不甘于寂寞，追名逐利，或者怀有苟且心里，注定是无所作为的。地方志合作还需要参与者永远不能停下勤奋进取的脚步。即使不是那么专业，只要坚信勤能补拙，勇敢开拓，有些成果是意想不到的，是出乎自己意料的。也许起初仅仅是为了好奇的选择，最终会收获到累累果实。2016 年 5 月 23 日，笔者的地方志译述著作在俄罗斯阿穆尔州图书博览会上获得金奖，俄方组织了足够规模的圆桌会议，专题推介这些译著大约20 分钟，制作了 PPT 演示文件，图文并茂，到会的专家学者交口称赞。

俄罗斯网站发布的笔者译著在阿穆尔州图书博览会上的推介会

（来自 http：//www. libamur. ru/new/4167. html）

第三，积极主动去收集各类书籍资料。中俄政治关系对文化的影响很大，当代俄罗斯的著作翻译到中国的为数甚少，同样，中国著作译介到俄罗斯的就更是廖若晨星了，相互的认知十分陈旧，甚至滞后很多年。我们在收集各类书籍资料时，尽量选择最新的，注意图书简介，国内已经出版的可以先放一放。如果力所能及，也可以广种薄收，也许在不起眼的书籍资料里会有重要的线索。在《布拉戈维申斯克历史》中，从一个侧面就可以了解到“海兰泡惨案”的另一面以及中国人在海兰泡经济建设中占据的分量。又比如，像《布拉戈维申斯克建筑艺术遗存》中的只言片语，却记录了中国人村庄齐吉里乌拉的存在、中国庙宇被焚毁的事件。

四　合作愿景与策略

开展对外合作，是一种新的尝试，还没有现成的经验和思路可以遵循，也会遇到许多新问题、新困难，但前景是广阔美好的。我们要做的就是以下几个方面：

第一，需要壮大工作队伍，对外合作需要综合实力。随着实质性工作的开展尤其是相关史志资料的收集和挖掘的深入，需要更多的人力投入到译述和整理当中。仅仅依靠地方志单位现有人员难以实现合作的拓展和深入，应该善于网罗人才，挖掘社会人力资源的潜力，聘用专家学者和广大爱好者、志愿者为我所用，形成一个有规模、上档次的人才队伍，对于顺利完成合作的各种项目，以及进一步更好地完成地方志工作都是不可或缺的智力保障。

第二，要树立大文化观念，努力构建资源共享的格局。地方志工作者个人可能没有力量对域外书籍资料开展深入的理论性研究，或不属于个人专业范畴，可以列出书籍资料的目录，分享到有关的空间里，让需要的同行和爱好者们发现它、采用它，进一步深入挖掘研究，这也是一种奉献，而且是及时的、崇高的。经过诸多的努力和艰辛收集到的图书资料，虽然其中有一些不能在此时此地深入开发，但对于相关的专家学者或爱好者们或许是急需的。笔者译述的史志资料发行面很窄，但却被国家、省社科院及一些大学的研究所采用，就充分证明了这一点。辛勤的劳动是有益的，即使眼前未必辉煌，甚至显得落寞和萧瑟。2016 年年初，有位福建省的年轻学者给我发了一个邮件，自称是我的粉丝，通过网络上交流，知道他在收集整理中国土匪抗俄的资料，打算集结成书，为了得到第一手资料，在网上联系到了某省某印刷厂，花了两百元钱的高价，买到了对俄合作翻译的第一本书《布拉戈维申斯克历史》（这本书定价只有 45 元）。笔者认为应该找一个相关的空间，公布出来，留存一个目录，让需要的人能够通过搜索，查到它的存在，进而在实际研究中发挥其自身的价值。

第三，努力扩大合作领域。在对外合作中，我们必须克服担心被抢客户的狭隘心理。在文化层面上的合作是百花齐放的，合作项目各不相同，即使偶尔有重合，交集面积都是很小的。因此，笔者认为对外合作在深入拓展本专业、本部门项目的同时，还要克服小家小户观念，应该开阔视野，提升高度，把自己成形的合作项目当作桥梁和纽带，给其他领域的合作与交流创造条件，提供平台，摒弃本位主义思想，不仅要实现史志书籍资料文献的共享，完全可以在经济、文化、艺术、教育等多个领域实现人才、资源、经验、原则、立场诸多方面的共享。在参加俄图书博览会期间，笔者会见了俄阿穆尔州作家联盟主席，代表逊克县作家协会与之签订了两地作家协会合作交流意向书，开启了两地作家协会合作交流的格局。

“一带一路”视野下地方志发展规划纲要的重要意义及地方志工作的创新浅析

许立峰（福建省宁德市地方志编纂委员会）

提要：地方志工作者应当学习《全国地方志事业发展规划纲要（2015—2020年）》出台的勇气与胆略，站在制高点俯瞰当前我国方志年鉴工作形势，抛开本位主义，直面现状、冲破教条，坦陈直言，不因位卑而不言，不因梗阻而气馁，只有鼓励沧海中每一粟的推动作用，全国地方志事业才能以更加包容的胸怀进取的勇气不断前行。

关键词：“一带一路”　视野　地方志　纲要　工作创新

“风声、雨声、读书声，国事、家事，天下事”，在当前国家“四个全面”建设及“一带一路”的大战略下，科学的规划对于任何一项事业的顺利发展都显得更加重要，地方志也不例外。自从国务院全国地方志规划纲要出台后，笔者反复研读思考，切实感受到参与制定这份规划的顶层设计思想与国家层面的“一带一路”设计思路之间有着千丝万缕的联系，结合七年地方志工作实践，就《规划纲要》思想与“一带一路”思想的设计关联、《规划纲要》的历史意义及地方志模式创新略作分析。

一　“一带一路”成为国家战略的背景及包含的战略思维

凡事预则立，不预则废，谈到“一带一路”战略规划，既有中国自身经济建设内需向“外向”发展的因素，也有美国霸权的因素影响，谈及美国称霸过程就离不开海权论的深刻影响，美国著名的军事理论家马汉（1840—1914）认为，国家的繁荣、发展和安全都与海权具有密切的关系，要控制海洋，就要有强大的海军和足够的海军基地以确保对世界重要战略海道的控制，海权论深刻影响了20世纪的世界历史。作为海洋大国的中国，历史上多次错过成为海洋强国的机遇，中国历史上大规模建造战船，组建水军，组织庞大舰队始于元代。元朝海上行动，最大规模可组织水军7万人、战船500艘。明朝初期，明成祖朱棣曾派“三保太监”郑和七下西洋远航，通好亚非诸国，标志着中国的造船业和航海技术发展到高峰。两次鸦片战争中，西方列强用坚船利炮轰开了中国的大门，催使国人认识到海权的意义，“洋务运动”中创办军工、筹备船政、培养海军人才，组建北洋、南洋、广东、福建4支舰队，甲午一战因消极防御致使北洋水师全军覆没，海军强国梦破灭了。近年，随着亚太地区尤其是中国飞跃式发展成为世界第二大经济体后，美国对于这一区域的影响逐渐降低，于是，针对中国实施了重返亚洲与亚太再平衡战略，在南海越来越多的“巡航”、军方狠话连连、怂恿日本、菲律宾、越南等国对中国领土提出挑衅，意图以“岛链封锁+指挥小国与中国消耗+太平洋舰机趟东海、南海浑水”迫使中国让步或者引发局部战争中止、巨龙崛起的进程，这种状况下，国内学者提出了“西进”与“南下”战略，这些观点也对“一带一路”的提出提供了理论支持。中国是想借“丝绸之路”这个文化符号向世界传递“和平、合作、发展、共赢”的理念，亚洲基础设施投资银行、高铁技术都是关键词。海外能源交通及海上利益保护布局方面，由中国援建的、巴基斯坦第三大港口瓜达尔港目前已竣工，如果计划中的中巴铁路（喀什至瓜港）一旦贯通，波斯湾的石油等重要货物可直接从就近的瓜达尔港运达中国而无须经过第三国，石油运输路程也将缩短85%。这样将极大解决漫长的马六甲运输线上被人“扼喉”的危险，加上中俄之间修建的能源管路及准备修建的亚欧高速铁路，无论和平建设还是战时被封锁，对中国能源供应安全起着至关重要的作用。个人认为，“一带一路”的战略构想体现了中国古代的“天下大同”思想，又贯彻了古代兵法“趋利避害”的精髓，我们只能让自己立于不败之地，而不能主动地寻求对方（尤其是势力强大者）失败的条件，防止两败俱伤，毛主席的“保存自己、战胜敌人”就是这个意思。

二　《全国地方志事业发展规划纲要（2015—2020年）》的背景及重要意义

《全国地方志事业发展规划纲要（2015—2020年）》公开发布是对全国地方志事业发展的顶层设计，是国家实施“四个全面”战略布局在文化领域的一项重大举措。回想中国方志事业，在党的十八大后，方志事业“久旱适甘霖”，2014年2月，习近平总书记在北京首都博物馆考察时强调“高度重视修史修志”“把历史智慧告诉人们，激发我们的民族自豪感和自信心，坚定全体人民振兴中华、实现中国梦的信心和决心”。2014年4月，李克强总理就第五次全国地方志工作会议召开作出“修志问道，以启未来”的重要批示，2015年年底又对全国地方志先进表彰会批示“直笔著信史，彰善引风气，为当代提供资政辅治之参考，为后世留下堪存堪鉴之记述”。《规划纲要》凝聚着的全国地方志系统的最大共识，以落实“一纳入、八到位”为主线，提出了全国地方志事业发展的总体目标和主要任务。“到2020年，要全面完成第二轮修志规划任务，实现省、市、县三级综合年鉴全覆盖，加快信息化和方志馆建设，做好第三轮修志工作准备，加强对社会修志的指导和管理，基本形成地方志编修体系、理论研究和学科建设体系、质量保障体系、资源开发利用体系、工作保障体系五位一体的地方志事业发展综合体系，努力开创地方志事业发展新局面”。《规划纲要》对有计划、有重点地推动解决全国地方志事业发展面临的突出矛盾和主要问题有着重要的意义。在国务院严格规范发文的情况下，《规划纲要》作为国务院2016年印发的第一个规划出台，再次充分证明党中央国务院对地方志工作的亲切关怀和高度重视，也浸透着中国地方志指导小组领导王伟光、李培林等人的心血，一年多时间连续走访20多个省（区、市）深入基层调查研究，了解实情、问计一线、致信高层、亲自推动，这种抢抓机遇、谋划长远、以身作则、亲历亲为的敬业精神才是地方志人员不甘弱势、主动出击、赢得先机的宝贵动力。如同谋划组织一场战役一样，站位高、看得清、望得远，能够清楚地了解地方志的过去、现在和矛盾，全力而为，而不是“平平淡淡为一任、无所事事保平安”，有这样的班子，才可能有地方志的春天。

三　“一带一路”视野下地方志工作的困境及模式创新浅议

什么是“一带一路”视野？我认为就是“平台搭建、标准制定、话语主导”，这一战略中，“突出重围与建立新秩序”是内因，“合作共赢”是目的，“搭台设标”是关键，“话语权”是核心，不搭台让人唱戏，怎么可能成功？针对当前地方志事业存在的被边缘化、缺乏社会地位、留人难、组织力弱、方式刻板、效率低下等问题，不能够止步于“规划”，需要出台更为直截了当、统一规范的真招实举，不能够泛泛而谈，将难题留给省、市、县，无论是体制改革还是机制盘活、人才使用等方面，存在的大量问题不直接解决掉，将对规划的效果大打折扣。

（一）当前体制下地方志工作面临的困境

集中起来可以归纳为“三乱、两低、两难、一僵”。

1. “三乱”

体制架构乱：当代中国地方志机构历经变迁，从无到有，从政府办下设的科室发展为独立的一个事业部门，然后参公管理，接着又在事业单位改革划类问题上遭遇“暂缓”搁置，各地合并的合并，改制的改制，部门五花八门，很不统一，有地方志机构，有党史方志机构，有党史方志档案机构，有政府办机构，年鉴社、编辑部、学会的成立也未统一。有的称为地方志编纂委员会，有的称为地方志编纂委员会办公室，有的是政府地方志办公室，有的是史志办，机构领导有的由县市长担任（下设一个常务副主任主管），更多的是单独任命，按照县科级、市处级、单列市副厅级、省厅级进行设置，体制架构上的乱象导致令出多门，遇到重大改革调整时就形不成有力量的声音，难以受人尊重，影响自信心，优秀干部普遍不想到方志部门工作，不改变这种现状则年鉴事业必然长期受阻，不是空喊“冷门单位热心干”口号能够扭转乾坤的。

编制配备乱：全国范围内的市县级方志机构编制不规范，相邻两个城市，在人口接近的情况下，方志部门人员编制有的可达三十人，有的八九个，最少的只有两三个，编制没有一个统一标准，如何能够承担每年一鉴的重任？个别编制甚至还被当地编制部门收回作为机动。在编制少的许多单位往往存在骨干被上面抽调到各种“征迁办”“清违办”，或者党委口、组织口、宣传口等单位导致一个单位就剩“光杆司令。

职责角色乱：《地方志工作条例》规定“县级以上地方人民政府负责地方志工作的机构主管本行政区域的地方志工作”，说明机构不再是自己动笔编写，而是组织各部门人员和科研院校学者编写，动员、分配、培训、督导、审查、验收，替代不了、也不能够取代高校文史专家及退休学者的角色，但是方志人员中有不少人也没理解条例的意思，于是“既当裁判又当运动员”。

2. “两低”

社会地位低：许多年鉴工作者被人问及单位时常常尴尬不已，一回答“方志委”时，提问者一头雾水。当到一些单位登门指导交流时，听说是方志委的，冷落半天。有时候主办会议的人排座位时把正处级的方志委排在更低级别单位之后，而且往往是最后一排，两会最多也是“列席”，党政重要的决策会议基本不会通知方志委参加。

财政投入低：当前年鉴经费虽然大都实现了“纳入财政”，但起点很低且逐年增加很少，场所局促、设备老旧，有的办公室都紧张，就不用提资料库了，请不起高层次人才，很少有购买配备高端办公自动化设备，如高速打印、复印、排版、高像素长短焦摄录等设备，方式刻板、效率低下、方法落后（与报社相比）。

3. “两难”

组稿工作难：方志机构既不是政府组成部门，也无执法监督权，更无一票否决权，每年年鉴要重复请示政府办代拟征稿通知文件，一两百个单位逐个投递送件，逐个电话询问催促来稿，几年召开一个年鉴撰稿人大会，要提前很久报请上级代发文，结果还是有一两成人员不来。

拴心留人难：地方志是一项事业，但是事业单位可以有激励，参公了则什么奖励都不复存在，经济待遇低无激励，由于拴不住心留不下人才，优秀的进来一个就会想方设法调走。

4. “一僵”

创新思路僵：许多地方志工作者不会对创新进行思考，现成模式就一直沿用，以年鉴为例，多年前的框架、栏目，现在还在用，部门给什么录入什么，从来不会去想要不要自己下去到现场采集图片、照片、文字资料，从来不会想想有无可能创办一种新的载体，或者地情鉴政样式，或者与其他部门联合进行改革创造，从来不会主动协调安排人员走出去到各省、市兄弟单位进行交流学习，也没想过要借鉴一些高效管理经验来重建地方志工作新格局，年复一年“闭门造车”，出一本年鉴就万事大吉。

（二）创新改革地方志工作模式的几点思考

笔者认为，可以在“一纳入、八到位”的基础以及“高效提质、扩大影响”的原则下，按照“打破部门利益，坚持管办分离，大幅激励留才，打造多样平台，占领文化阵地，真正树立影响”改革方向，聚集顶层设计，革故鼎新除弊，具体归纳为“修规立法九个明确”：

1. 修规立法。“两岸猿声啼不住，轻舟已过万重山”，《地方志工作条例》颁布已经十年，时势与理念均发生了巨大变化，且业内广大人士普遍反映此条例过于原则宽泛，使得省、市、县层面只能依葫芦画瓢出台一些泛泛的“意见”，缺乏“真招”与约束性指标，操作性很不强，因此必须设法认真重修，最好集中力量出台国家级地方志法，提升层次，就是要对机构设置、人员归类、管办原则、监督机制、奖惩实施、队伍激励等重大方面进行清晰的明确，当然，这是一个很艰巨的过程，争取中央和国务院、全国人大的全力支持是前提，因为许多举措需要人大、组织、编制等方面共同出台，方能在全国实施。

2. 九个明确

（1）地方志单设部，现有中指组人员为基本框架，在国务院下设地方志部（办），省里方志统称厅，市县方志统称局（含单列市）。

（2）各级副职分管（副总理、副省长、副市长、副县长）担任各级方志主要领导，配备一个常务副职负责日常工作。

（3）各级方志管理机构正式纳入行政类编制，志鉴社（编辑部）列入公益事业一类，实行管办分离，志鉴主管机构只负责经费筹集申请使用、志鉴组织筹划、发现聘请专家、协调检查指导，编纂任务交给下属的志鉴社与学会等事业单位，需要管理人员中的专家骨干协助编纂时，由志鉴社（编辑部）聘请并付费。

（4）志鉴资料报送工作纳入各地机关绩效考核项目及人大执法检查中，形成问责机制。

（5）志鉴机构管理人员定期交流使用与提升使用纳入组织部门的干部政策中，形成人才进出良好通道，促使资源在方志部门与其他单位之间的流动。

（6）明确方志人员统一的编制配备标准及外聘专家名额标准。

（7）明确方志工作者（行政管理类及外聘类）在采集、收购、编纂过程中应当取得的报酬标准，与国家新闻出版总署等相关部门共同发文执行。

（8）明确每年方志经费与办公条件标准，且就高不就低。

（9）革新载体，创办年鉴报或地情报，参与占据文化市场，使年鉴业话语权实现从无到有的突破。

地方志工作者应当学习《规划》出台的勇气与胆略，站在制高点俯瞰当前我国方志年鉴工作形势，抛开本位主义，直面现状、冲破教条，坦陈直言，全国地方志事业才能以更加包容的胸怀、进取的勇气不断前行。

“一带一路”视野下的地方志创新路径探索

孙善英（山东省聊城市史志办公室）

提要：地方志是一种综合性记载地方地情的资料性文献，已有两千多年的传承历史，也是中国特有的一种文化。地方志在文化交流中具有独特的自身优势，这也契合了“一带一路”大背景下民心相通、文明互鉴的交流需要。然而，要真正对接“一带一路”框架下的人文交流、经贸交流，提供必要的智力支持，无论是地方志本身还是地方志工作者都需要进一步转变观念、找准切入点，才能创新性地开展好工作。

关键词：“一带一路”　地方志　民心相通　创新

一　地方志本身契合了“一带一路”民心相通、文化交流的需要

2013年9月，习近平主席访问哈萨克斯坦时提出共同建设“丝绸之路经济带”的倡议，10月在访问东盟国家时，提出共同建设“21世纪海上丝绸之路”的构想。由此，“一带一路”作为中国一个伟大倡议正式提出。

互联互通是“一带一路”的支撑基础，实现互联互通就是要构建基于基础设施、制度规章、人员交流三位一体的全方位的密切联系，真正实现“政策沟通、设施联通、贸易畅通、资金融通、民心相通”。“国之交在于民相亲，民相亲在于心相通”，其中，民心相通是“一带一路”建设的社会根基。“传承和弘扬丝绸之路友好合作精神，广泛开展文化交流、学术往来、人才交流合作、媒体合作、青年和妇女交往、志愿者服务等，为深化双多边合作奠定坚实的民意基础”①。习近平主席在会见俄罗斯汉学家、学习汉语的学生和媒体代表时曾说，“文化就像一个绵延不断的河流，源头来自远古，又由许多支流、干流汇合而成。文化交流是民心工程、未来工程，潜移默化、润物无声”。为此，“一带一路”沿线国家深厚的文化底蕴，灿烂的文化文明要彼此碰撞、交流，才能进一步拉近国家、民众之间的距离，为“一带一路”的实施“软助力”，奠定广泛而深厚的民情民意基础。

① 国家发改委、外交部、商务部：《推动共建丝绸之路经济带和21世纪海上丝绸之路的愿景与行动》。

民心相通，民意交流包含着双重的含义，一方面是“走出去”，即将中国的文化、符号、理念传播出去；另一方面是“请进来”，即沿线国家、地区、民族的历史文化、风俗习惯、发展理念等传播进来。无论是文化上的“走出去”还是“请进来”都贯穿着同一个概念，即“双向交流”，文化交流具有促进民族和文化相互了解、促进宗教间相互尊重的独特作用。只有打通双向交流的通道，才能将中国的故事讲出去，沿线国家的声音听进来，才能提升我国的话语权和国际影响力。

地方志，是全面系统记述一定区域经济、政治、文化、社会和自然的历史与现状的资料性文献，历来被视为中华传统文化的瑰宝，地方志与国史、家谱一起，共同传承着中华民族丰富而宝贵的历史文化财富。

地方志源远流长，自汉代的“图经”算起，至今已有2000余年的历史。自隋、唐确立史志官修制度以来，历朝历代均将修志作为一种官职、官责，并颁布政令统一规范修志，至宋代基本定型，至清代达到极盛。千百年来，地方志编修工作代代延续，至今尚存的府志、县志、乡土志、卫所志等各类志书约8500余种、11万余卷，占我国现存古籍的十分之一。

作为传承中华文明重要纽带的地方志是全方位记述国家、地方历史、地理、政治、经济、文化、社会综合情况，体现中国风范的独特载体，所记内容具有广泛性、多样性、独有性、传承性、广博性、地域性、海量性。同时，地方志承载了作为个体中国人的一种情怀，无论是对山川风物的描述，还是对疆域管辖的记载，都沉淀了每个中国人心中的千秋家国梦，方志既是中国人回望从前的记录，也是每个人心中对故乡前世今生的脉络缘起。又因其历史悠久，沿袭发展至今日，作为一种独特的文化积累方式，在文化的交流、传播中也自然具有无可替代的独特性。

二 “一带一路”对新时期地方志创新提出新的挑战

“一带一路”沿线国家是世界上典型的多类型国家，多民族、多宗教聚居区域，古代的“四大文明古国”诞生于此，佛教、伊斯兰教、基督教、犹太教等也发源于此并流传至世界各个角落。实现我国与“一带一路”沿途国家在不同种族、不同信仰、不同历史文化背景下的和平发展、共同进步，本身就是对人文交流提出的一个重要课题，也是必须攻克的一项课题，交流畅通，自然达到相互理解、互相尊重，消除彼此的隔阂、误解，增强尊重互信的目的；交流不畅，理解不够，认识不足，这种多民族、多宗教的大背景反而会增加隔阂，给整个“一带一路”的推进带来难以想象的阻碍。

地方志就本身性质和内容而言，是外界了解某一地区、区域的权威百科全书，涵盖政治、经济、社会、历史、民族、物产、宗教、风俗各个方面。然而，在“一带一路”的背景下，地方志作为传统文化的重要载体，发挥其在沿线沿途国家、民族间的人文交流、人文沟通作用，以达到互通互信的目的，当前地方志理论研究仅仅局限于地方志编纂本身是远远不够的，也是不能适应当前“一带一路”对地方志的新要求的。

（一）“一带一路”倡议的落实与实施，对传统的地方志工作者提出新的挑战。奋斗在地方志工作岗位上的方志人长期以来习惯于坚守岗位、默默付出，肩负着修史存史的重要历史责任，客观地说，在资政、教化方面的功能亟待挖掘。“一带一路”构想的落实需要多元化的参与主体，“由于‘一带一路’情况极其复杂，除了政府官员外，应该搭建平台，建立机制，选拔一批各行各业的代表来讲中国故事，甚至鼓励社会大众以现身说法的方式，用行动来讲故事。其中，智库、媒体、商界、非政府组织、宗教人士等在一些具体领域上讲故事的能力和效果上可能要比政府官员讲要好得多”①。“一带一路”需要发挥多种交流主体的作用，形成合力机制。固然，官方的交流是必不可少的，但是，缺少了必要的社会力量、学术界甚至民间团体的交流参与，“一带一路”的民心相通就缺少了应有的活力构成和生机体现，因此，作为记载和传承一地一域范围内的地方史（或者换句话说能讲一方水土故事的人）的地方志力量诚然是不可或缺的一个重要组成部分。古代丝绸之路就是对中国与沿线国家、民族间经济互通、人文互通、和平相处的见证。作为地方志力量能否讲好历史的故事，能否主动融入“一带一路”，能否对接“一带一路”、服务“一带一路”，都是一个艰巨的挑战。

（二）在“一带一路”背景下，对地方志人如何“选好教材，讲好中国的故事”提出新的挑战。打铁还需自身硬，地方志融入“一带一路”的大背景下，首先要讲好我们自己的故事，各地方志机构既有古代版本的志书，也有第一轮、第二轮修志的成果。这些厚重的历史资料，内容包罗万象，都是其他部门所不具有的，是掌握在方志工作者手中的宝藏。与“一带一路”相关的志书、文献、地情研究丛书也是地方志机构掌握的重要资料。如何让这些旧志、资料发挥其应有的作用考验着每位方志人。2014 年 7 月 4 日，习近平主席在首尔大学发表演讲时指出，“加强人文交流，不断增进人民感情。以利相交，利尽则散；以势相交，势去则倾；唯以心相交，方能成其久远”。国家关系发展，说到底要靠人民心通意合。“一带一路”真正应该重视的问题是如何跨越沿线国家民众间的心理隔阂（民族恩怨、利益冲突、文化和宗教壁垒），真正实现民心相通。“一带一路”是双向交流的，我们要向沿线沿途国家传播什么理念，讲出来的“故事”能否收到预期的效果，是否存在理解上的偏差与误解，这些问题都值得下一番功夫，这种人文交流绝不是送出部分志书或地情资料就能解决的。讲历史上的丝绸之路，沿线沿途民众是否就联想到当时的朝贡体系，从而对当前的“一带一路”存在误读与误解？这无疑对“一带一路”背景下的地方志工作提出严峻挑战，亟需地方志机构和人员创新地情成果形式，找到讲好故事的切入点，选好题材。选取“一带一路”政府和民众共同关心的互利共赢、共同发展的故事，为双向交流奠定互信基础，而不是毫无底线地挖掘历史。习近平访问斯里兰卡的时候说，“中国游客是中国文化的载体，游客承载着自己国家的文化文明，你的行为就反映文

---

① 赵可金：《“一带一路”应重视人文为本》，中国网，2015 年 6 月 9 日。

明，所以这方面我们就要特别注意，不要把我们劣根坏的方面去影响别人，这个是非常重要的。所以，需要谨防出现的负面文化形象给'一带一路'带来不利影响"①。

（三）"一带一路"大背景对地方志研究视野和研究领域提出新的挑战。"一带一路"大背景下，民心相通就要做到对沿线国家、民族的了解尊重，当前，存在信息交流不对称的现状，国内知识储备不足，不能适应"一带一路"民心相通的新要求。自1978年实行改革开放以来，中国更多的是向欧美西方经济发达国家开放、学习，无论是经济发展重点，还是人才流向，也均以发达国家为主要对象。每年有几十万大学生赴欧美发达国家留学，包括财政金融政策、经济发展思路、政治文化思潮、社会舆论倾向等受西方国家影响更大。

"中国对西方世界的了解大大超过了对世界其他地方的了解，甚至在一定程度上把西方国家误以为是整个世界，对亚非拉等广大发展中国家和'一带一路'沿线国家的历史、社会、文化、宗教等基本情况都所知甚少"②。"丝绸之路是非常复杂的一件事情，我们的知识储备远远不足。例如中国研究土耳其的文章只搜到两篇，还是写19世纪土耳其现代化构成的文章"③。沿线所涉及的六七十个国家所使用的官方或通用语言就多达50余种，民族差异、宗教禁忌、制度差异和文化差异都是客观存在的，沿路沿线国家的民众、宗教、社会团体对"一带一路"构想都会有不同的反应与想法，如何跨越民族、信仰、语言障碍，真正了解这些诉求，客观上给国内的官方、非官方的交流提出了挑战，地方志力量融入"一带一路"的大背景下，也要接受这个挑战。当前地方志事业的发展应该说涵盖了志书编纂、年鉴编纂、地情研究、旧志整理等方面，但是对内的多，对外的少，缺少对其他国家、民族、地区的地情资料的搜集整理和研究。"'一带一路'不能自娱自乐，要深入了解每一个丝路国家：中国人往往把22个阿拉伯国家看作一个整体、把54个非洲国家看作一个整体，据此制定整齐划一的政策"④。因此，地方志要以此为突破口，在研究内容上力求创新，创新性地开展工作，探索沿路沿线国家、地区、民族的"地方志"、地情资料，为"一带一路"伟大倡议的推进献计献策。

三　地方志服务"一带一路"的具体路径选择

"通过古代陆上、海上丝绸之路，中国的丝织品、瓷器、茶叶、农产品加工技术、建筑工艺、度量衡工具等源源不断地输往世界各地，番薯、玉米、南瓜、番茄、苦瓜、香料、棉花等农作物与天文历法、阿拉伯数字、地理学和机械工程学等科学技术也被引进中国。"⑤ 由此可以看出，古代丝绸之路是一条通商合作之路，在当时交通极为不便的历史情况下，各国商人排除

① 郑永年：《保护传统文化应成为百姓意识》，中国经济网（北京），2015年11月10日。

② 赵可金：《"民心相通"进展慢，"一带一路"瓶颈不是资金，是人才》，澎湃新闻网，2015年4月28日。

③ 郑永年：《中国的"一带一路"战略》，中国青年网，2015年3月24日。

④ 赵磊：《"一带一路"建设的十大认识错误》，《读懂"一带一路"》，北京：中信出版集团，2015年，第289页。

⑤ 肖金成、申现杰：《开放、合作、和平、发展是"一带一路"战略的主题》，《读懂"一带一路"》，北京：中信出版集团，2015年，第29页。

艰难险阻，跨越千山万水，形成商品贸易走廊；同时，古丝绸之路也是一条文明互鉴交流之路，沿线沿途各国人民增进了了解与共识，彰显的是求同存异、和平交流、共同发展的理念。新时期，虽然“一带一路”建设的重点和核心是经济合作与贸易往来，但仍然要重视人文交流与文明对话，增强沿线国家、地区和人民间的相互了解、求同存异。作为地方志工作者，我们更要继承和弘扬“丝绸之路”这一具有广泛亲和力和深刻感召力的文化符号，传播和交流沿路沿线国家共同关注的发展理念，为“一带一路”伟大构想的实现奠定良好的人文基础。

（一）在“一带一路”背景下，地方志工作者要积极作为。地方志工作者要积极融入“一带一路”中，充分发挥自身优势，为“一带一路”的实施提供必要的智力支持。“欧洲国家比如法国、德国、英国等国家更重视非官方的民间交流和文化交流，并且提出了新公共外交的新思路。新公共外交在行为体上更重视动员包括商界、非政府组织、媒体、大学、智库甚至普通公众参与，更多强调协调不同国家的制度、规范、文化等不同话语体系，以寻求在国家层面创造和加强一种新的国家认同和团结，在国际社会界定新的国际规范，推动形成一种跨国家、跨领域和跨阶层的社会网络，是一种着眼于社会公益的公共外交而非仅仅着眼于国家利益的公共外交”①。新公共外交更重视非官方的人文交流，作为地方志工作者，尤其是中西部省区的地方志工作者，要充分认识中西部省区在“一带一路”进程中的特殊的历史、人文优势，将地方志资源的开发利用、“一带一路”历史文化遗存、历史资料的收集与整理工作与“一带一路”的推进密切结合，巩固中西部省区与“一带一路”沿线国家的民意基础，巩固好人文交流这个互利互信的前提和基石，这也是建设好、发展好“一带一路”的持续动力。中西部省区地方志机构完全可以制定服务于“一带一路”的具体规划和实施细则，分阶段、分步骤地融入其中，与政府部门搞好相关交流活动的对接事宜，积极作为才能大有可为。

（二）创新地方志理论研究的对象，扩大地方志服务经济社会的范围与途径。当前方志理论研究以地方志编纂作为主要对象，这在一定程度上反映了地方志工作还处于以完成修志编鉴任务为主的现实阶段，读志用志不仅限于读志书、用志书，修志工作更要主动适应经济社会发展的要求，自觉进行观念更新，对地方志成果的表现形式进行创新，为读志用志提供新的载体和手段，地方志才能焕发生机与活力，真正接地气。结合经济社会发展的新需要，调整方志理论研究的对象，突出地方志特色、运用地方志的方法，加强地情资料的研究与开发。在“一带一路”背景下，就是要充分挖掘古丝绸之路的相关地方志资料，围绕沿线沿路国家、地区人民共同关心的和平与发展，挖掘“一带一路”的历史文化遗产，支持沿路沿线国家做好丝绸之路文化遗产、文化遗存的申遗工作，并为其提供必要的理论支持与资料支撑。地方志服务对象越多，范围越广，其社会效益就越大，存在的价值也就越大。搞好地情资料的研究与开发、旧志整理与解读工作，如《肃镇华夷志》《西域土地人物略》《蒙古山水地图》等都是历史上记述

① 赵可金：《“民心相通”进展慢，“一带一路”瓶颈不是资金，是人才》，澎湃新闻网，2015年4月28日。

古丝绸之路的历史文献，"《肃镇华夷志》所载西域疆里记录了嘉峪关至鲁迷城等地情况，内容包括道里、城池、山川、种族、宗教信仰、风俗习惯、物产等诸多方面，保存了明代丝绸之路的完整资料，其价值当在《明史·西域传》《西域土地人物略》和《边政考》的西域诸国之上"①。这项工作就是志书以全新的方式进入社会、大众视野、寻常百姓，最终走向世界、走进国际市场，在弘扬中华文明的过程中，加强了彼此的文化交流。同时，这项工作也对地方志工作者提出了挑战，那就是避免负面影响的产生，"'一带一路'的开拓过程，不仅仅是逢山开路、遇水搭桥的系列工程，更是妥善回应来自各方面可以预见和难以预见的质疑、批评、指责甚至冲突的艰难历程。不论一些域外国家的百般刁难，仅沿线国家政府官员、社会精英和广大民众就有无数的解释工作去做"②。因此，在整理与古丝绸之路相关的旧志、资料在挖掘利用的过程中，要竭力避免沿路沿线国家、地区、人民对此产生负面解读，这样非但不利于交流反而自身制造了障碍和争端。

（三）地方志工作者要开阔研究视野，加强对"一带一路"沿线国家、地区的地情地况研究，切实服务于"一带一路"框架下的经贸交流与人文交流。在"一带一路"的大背景下，中国企业要到海外进行投资，但是许多企业对海外市场了解不够，尤其是商业环境，比如不懂得如何跟当地社区甚至工会打交道，也不了解当地的法律、具体的风俗习惯、经济环境等。同时，"一带一路"沿线国家存在很大的民族差异、文化差异、制度差异、宗教禁忌，这些因素都是制约"一带一路"实施的不可忽视的因素。作为地方志工作者具备地情研究和地方志思维，沿路沿线国家的历史、地理、民族、经贸、风俗、宗教、文化等情况，就是一部部鲜活的"地方志"，地方志工作者和工作机构完全可以以此作为突破口，真正"走出去"，突破既有的研究范围，将视野投向沿路国家和地区，主动出击，主动对接，对"一带一路"沿线沿途的地区甚或一个小范围内的风土人情、宗教习俗、历史发展等资料进行搜集和整理，形成书本或册子，为对外贸易和人文交流奠定历史和现实的认知基础，从而减少因为不了解、不知情造成沟通上的不便，进一步加深对沿路沿线国家、地区的了解。

总而言之，"一带一路"进程的推进需要文化先行，人文交流要贯穿其中，政府与民间齐发力，作为地方志工作者，服务对接"一带一路"建设，我们责无旁贷。要充分利用自身的优势，找准切入点，主动出击，既要讲好丝绸之路上的老故事，也要讲好丝绸之路相关的新故事；既要搞好修志工作，也要深入地情研究；既要讲好中国的故事，也要倾听、收集外面的声音，扎实做好各项工作，真正服务好经济社会对我们提出的新要求。

---

① 张晓东：《〈肃镇华夷志〉之"西域疆里"考》，《中国地方志》2016年第2期，第54页。

② 赵可金：《"一带一路"引发中国外交"哥白尼式革命"》，《读懂"一带一路"》，北京：中信出版社，2015年，第107页。

以香山为例 探“一带一路”视野下的方志创新

赵艳珍（广东省珠海市地方志办公室）

提要：香山是由古代县级行政区域衍生而来的文化区域，范围包括今天澳门、珠海、中山广大地区。作为古代海上丝绸之路的通道和要津，香山在传承、发展古今海上丝绸之路方面具有不可替代的地位和作用。旧志、新方志、专业志、年鉴等对香山自古至今在海上丝绸之路、对外贸易和中西文化交流中的地位作用等有诸多记载，为香山海上丝绸之路研究搭建了文献基础。本文以香山这一特殊区域为例，在总结陈述香山在古今海上丝绸之路上的地位和作用以及历代方志为香山海上丝绸之路研究和建设提供重要文献支撑的基础上，对“一带一路”视野下香山地方志创新作初步探讨，抛砖引玉，洞悉全局。

关键词：香山 “一带一路” 方志 创新

香山建县于南宋绍兴二十二年（1152），范围包括今天珠海、中山及澳门的广大地区。位于香山县一隅的澳门，明代中叶即被葡萄牙人租居，光绪十三年（1887）按《中葡和好通商条约》被葡人永居管理。香山又是伟人孙中山的故乡，民国14年（1925）为纪念中山先生，香山县改名为中山县。1953年，今珠海地域从中山县划出，设立珠海县，1979年撤县建市，1980年设立珠海经济特区。近年来学术界对这一区域统筹研究，提出香山文化概念。本文亦从这一角度，在总结陈述香山在古今海上丝绸之路上的地位和作用以及历代方志为香山海上丝绸之路研究和建设提供重要文献支撑的基础上，对“一带一路”视野下香山地方志创新作初步探讨，抛砖引玉，洞悉全局。

一 香山在古今海上丝绸之路上的地位和作用

香山滨海在汉代起就已成为古代海上丝绸之路的重要通道。在今珠海市的担杆、桂山、万山、南水等镇的海岛海湾发现不少汉代陶器残片，其中在外伶仃岛石涌湾发现一件陶罐的肩部竖刻隶书“朱师所治”4个字，为研究汉代海上丝绸之路提供了实物资料。

唐代广州市舶使的设置，使中国对外贸易的重心由北方河西走廊逐步地转移到南方及东南沿海，香山正处在从广州到大食国（阿拉伯国家）的外贸航线上。考古显示香山濒海现已发现的与海上丝绸之路直接相关的遗迹遗址有多处，如香山故镇濠潭遗址、外伶仃岛石涌湾遗址和大万山岛推船湾遗址、蚊尾洲灯塔遗址等，尤其是平沙棠下环遗址的唐代地层中、南水蚊洲岛沙滩上曾发现数量可观的唐宋及元代以后的外销瓷器。这些瓷器或大小相套，或整齐叠埋，尚依稀可辨草绳捆扎痕迹，据推断，实为当年海上贸易商船装船需要。多件打捞出水的四系罐、青瓷釉碗等文物和各种历史文献资料证明，唐宋元时期，香山在海上丝绸之路上通道和驿站的地位和作用更为显著。

明清时期的香山进一步成为中外商贸往来的枢纽区域。明初，香山浪白（今南水）、濠镜（今澳门）、十字门（今横琴岛附近的内外十字门海域）为往来夷船到占城、暹罗、西洋诸国贸易的许泊之地，外国商船在此贸易和取得补给。16 世纪中叶，葡萄牙人租占了澳门，澳门成为中国境内最早被外国人租居并开展对贸易的重要港口。澳门开埠后，虽然“诸澳俱废，濠镜独为舶薮”，但十字门作为水道仍然在对外贸易中发挥着重要作用。清初屈大均《广州竹枝词》“洋船争出是官商，十字门开向二洋，五丝八丝广缎好，银钱堆满十三行”描写的是康熙二十四年（1685）粤海设关，海禁初开，中国商船争相通过十字门水道，前往东西二洋贸易的场面。

乾隆年间（1736—1795），中国对外贸易进入广州一口通商时期。当时香山的澳门不仅是广州的外港，还是各国商人在非贸易季节住冬和十三行行商往来贸易的汇聚之地；香山十字门、磨刀门、金星门等水道，亦成为各国商船往来澳门、进出广州进行贸易的必经通道；而香山滨海地域更成为为往来商船提供物资补给和人员帮助的补给地。当时清政府在香山“建城设官”，从行政、经济、司法等方面对居澳葡人加强管治，其中在贸易方面的管理包括征收地租、限定商船额数、严格引水通事的派遣等；粤海关亦在澳门设置妈阁、关闸等 4 个税口，对各国往来商船征收关税。香山在中国对外贸易中的地位和作用更加重要，一直延续到鸦片战争后一口通商结束。

香山还在中西文化交流中发挥了重要作用。澳门是天主教在华的传播中心，大批传教士随商船东来，活动在澳门及沿海地区，或者取道香山进入中国内地，通过传教、编辑出版书籍、行医等方式，将域外史地知识、某些西方科技进展以及宗教等介绍到中国，香山由此成为中西文化碰撞交流的桥梁和通道，影响深远。

海上丝绸之路的通道和要津作用，影响了香山人的精神面貌，形成了开放进取、兼容并包、勤劳笃实、敢于冒险的人文特质。近现代以来，香山涌现出一大批放眼看世界的人，伴随着留学、买办、侨居、贸易等中外交流活动的热潮，使开放兼容的人文特质得到进一步彰显。晚清民国时期，香山曾有过两次依海而兴的尝试。第一次是 1909 年至 1912 年的“香洲开埠”，在清政府支持下，香山华侨和商绅在香洲开始了轰动一时的无税自由港的建设；第二次是 1929 年至 1934 年的中山模范县建设，在县长唐绍仪的主持下，在唐家湾筹划开辟一个可停靠 5000 吨至 2 万吨轮船的南方巨大良港——“中山港”。两次开发尝试虽然均以失败告终，但海上丝绸之路传承而来的开放进取精神矢志不渝。

改革开放后，香山之珠海成为中国最早的经济特区之一，作为对外开放的窗口和桥梁，在引进外资、对外贸易、人员往来等方面有了前所未有的重大突破，为中国的对外开放做出了卓越的贡献。原属香山的中国澳门地区加大了与内地的经贸往来和合作，以内地为依托，扩大了在国际领域中的活动力量，在推动内地经济发展的同时，自身经济社会也得到了长足的发展。中山市作为沿海开放城市之一，在改革开放中同样占据了举足轻重的地位和作用。昔日的大香山，以其在经济社会等方面取得的举世瞩目的成就，成为南中国沿海粤澳合作交流下最具活力的经济区域之一，在中国改革开放大局中地位独特，作用显著。

面向海洋，搏击海浪，历史铸就了香山人走向世界、勇于开拓的豪迈情怀，作为珠江口西岸粤澳合作的重要区域，香山在21世纪海上丝绸之路建设上具有得天独厚的区位优势、文脉相承的人文优势和开放合作的先发优势，有望打造广东省建设21世纪海上丝绸之路的桥头堡、重要平台，成为架构海上丝绸之路整体走廊的关键节点，为21世纪海上丝绸之路建设做出更大的贡献。

二　地方志为香山海上丝绸之路研究提供了重要文献支撑

地方志书作为全面反映一个地域政治、经济、文化等方方面面传世文献，对香山在海上丝绸之路和对外贸易中的历史变迁及地位作用作了较为全面的展示，这些记载分散或集中在旧志、新方志、专业志、年鉴等地方志书中，为香山海上丝绸之路、对外贸易乃至“一带一路”研究提供了重要文献支撑。

香山建县于南宋，汉唐时期的地方志已对该地域有所记载，如《汉书·地理志》[①] 载，粤地“处近海，多犀、象、毒冒、珠玑、银、铜、果布之凑，中国往商贾者多取富焉。番禺，其一都会也”；《新唐书·地理志》记载：广州通海夷道从“广州南海行二百里至屯门山乃帆风西行……其西岸之西皆大食国”[②]。这些记载见证了汉唐时期处于岭南边荒的香山从广州通往中东各国的海上丝绸之路经过香山地域海面，香山是航海船只补给要地的历史。

明清时期的《广东通志》存留了许多有关香山海上丝绸之路和海外贸易的文献遗存。如嘉靖《广东通志·外志》对葡人入据澳门前，香山浪白，濠镜、十字门等地曾作为对外贸易港口的历史作了记载：“布政司案查得递年暹罗国并该国管下甘薄氵石，六神州与满剌加、顺搭、占城各国夷船，或湾泊新宁广海、望峒，或新会奇潭，香山浪白、濠镜、十字门，或东莞鸡栖、屯门、虎头门等澳，湾泊不一。”[③] 除此之外，应该还有许多有关香山海上丝绸之路的记载散落于《一统志》《广州府志》及香山邻县的方志文献中，值得进一步搜集和整理。

① 班固：《汉书·地理志》。
② 欧阳修：《新唐书·地理志》。
③ 黄佐：嘉靖《广东通志》“外志”。

现存的六部明清《香山县志》及《香山乡土志》更是存留了大量史料反映香山海上丝绸之路通道和要津的变迁和发展。香山旧志在“舆地”等篇中收录了有关浪白、濠镜、十字门曾为外国商船停泊地的详细资料，特别是对澳门自16世纪中叶开埠到鸦片战争300多年间，作为中国对外贸易的开放港口和东西方国际贸易的中继港，在当时世界贸易发展中扮演的举足轻重的角色作了浓墨重彩的记载。散落在旧志中的资料对中西贸易的方式、种类、税收等情况有所反映，记录了香山与广州及外洋的水路、陆路贸易等具体情况，同治《香山县志》还详细录入了英国人金约翰所辑、傅兰雅口译、怀远王德均笔述的澳门附近的海道情况，此为地方志书所罕见。《香山县志》还对大批天主教耶稣会士随商舶来澳门进而进入中国内地传教，西方国家天文学、历法、水利、地理等近代科学文化也随之传入澳门和中国内地等作了记载；对天主教在广东特别是香山的传播情况以及康熙、雍正、乾隆三朝禁教，查封唐人庙等进行了详述。另外，在《香山旧志》中还引述了大量《澳门记略》中所载的有关西方国家情况的介绍，收录了一些明清两代官员、学者、诗人谈及外商到香山经商及海上丝绸之路上中外贸易情况的诗文，还有一些零散的有关海上丝绸之路上对外经贸往来和民间交流的资料散落其中，所有这些，都是香山海上丝绸之路经济、文化交流的翔实见证。

特别需要提到的是古代澳门唯一一部地方文献《澳门记略》，该书由清代中期印光任、张汝霖两位驻香山的广州府军民海防同知合撰，记载了澳门16世纪至18世纪的政治、军事、贸易、关税、宗教、社会以及西方人物风情及物产等方面的情况。特别是下卷《澳蕃篇（诸蕃附）》，主要记载西方人（以葡萄牙人为主）的体态服饰、生活习俗、物产器具、船炮技艺、语言文字等；同时对来华进贡、贸易的东亚、西亚以及欧洲部分国家和地区的情况亦作了简介。该书不仅是古代海上丝绸之路文化交流的见证，而且为研究“一带一路”及中西文化交流提供了重要的参考资料。

改革开放后，珠海、中山两市新修的综合志书、行业志、地情书、年鉴等，挖掘整理出了许多明清时期的新史料，记载了改革开放后香山地域作为经济特区和南中国经济发展先行区的内容，进一步完整而系统地反映了香山这一海上丝绸之路要津的变迁和发展，为古今海上丝绸之路研究提供了文献支撑。

香山地域的珠海、中山已完成了两轮《珠海市志》《中山市志》编修，这些综合性志书均设“经济综述”“对外经济贸易”“口岸海关”等编，对该地区2000年前对外贸易发展的情况进行汇总和详述，部分内容上溯到了有史以来，一定程度上弥补了明清旧志详政治、轻经济的不足；两志均设“外事·侨务”“文化”等编，从中可以整理出不少有关古今海上丝绸之路经贸和人员往来的文献史料。两市还编纂出版了《拱北海关志》《珠海文物志》《对外经贸志》《侨务志》等部门志、专业志，较之于综合志书，这些志书的叙述更为详细，如《珠海文物志》完整地展示了珠海建市、建特区以来文博事业不断发展的新成就，记载了近30年来挖掘和发现的史前时期至近现代的文物、遗址、石刻、墓葬等内容，其中大量的记载还原了古今海上丝绸之路的历史原貌；《拱北海关志》则对拱北关成立之前的历史沿革予以追述，同时收录了晚清、民国、改革开放前香山地域对外贸易、人员往来等内容，这些同样为古今海上丝绸之路的研究提供了文献支撑。除此之外，两市所辖行政区也完成了一轮至两轮的综合志书的编修，不少镇村也启动或编纂出了镇志、村志，这些志书对历史的记载往往更加详细，如珠海的《香洲区志》《唐家湾镇志》，对各自区域内曾发生的“香洲开埠”“中山港开发”等事件所作的记载，汇集了近些年来挖掘出的新观点、新史料，无论是在内容和文献价值方面都实现了新突破。

香山地域的澳门虽然尚未编修出版澳门地方志，但伴随着澳门的回归，一大批高质量的关于澳门历史文化的文献书籍问世，如《澳门问题明清档案文献汇编》《澳门编年史》《澳门诗词笺注》等，这些书籍，挖掘整理了明清以来澳门政治、经济、文化等方面的史料，其中许多涉及海上丝绸之路上中外贸易和中外文化交流等情况，为研究海上丝绸之路及“一带一路”提供了借鉴和参考。

三 “一带一路”视野下的香山地方志创新

“一带一路”国家战略的提出对方志事业来说是机遇也是挑战。一方面，浩瀚的地方志资源在反映一个地域“一带一路”历史变迁和发展方面具有独特的优势，服务“一带一路”研究和建设是地方志事业迎来新的春天的又一个难得机遇。另一方面，地方志如何推陈出新，在记录当代、保存历史、传承文明、发展文化以及为经济社会发展与治国理政提供历史借鉴、智力支持方面，发挥更加突出的作用，做出更大的贡献，无疑是“一带一路”视野下，地方志事业必须应对的重大挑战。鉴于此，笔者以香山为例，对“一带一路”视野下，香山地方志事业如何创新作进一步探讨。

（一）全面系统地搜集、整理、研究方志资源，夯实香山海上丝绸之路文献基础

香山地方志资源虽然为海上丝绸之路研究提供了文献支撑，但是，由于地方志自身具有的广泛性、地域性、滞后性等特点，使得地方志对“一带一路”的记载，或湮没于浩瀚的文献史料中，或局限于一地一隅，或受“隔代修志”之限制，难以系统、完整、全面地加以展示。全面系统地搜集、整理、研究有关香山海上丝绸之路方志文献，一是要把旧志、新方志、专业志、年鉴等地方志资源中与海上丝绸之路相关的方志文献资料，分类汇编、整理、研究和开发利用，推出一些专题性的学术成果，为海上丝绸之路核心区建设提供历史借鉴和智力支持。二是搜集、整理散佚的文献典籍，把它纳入海上丝绸之路方志文献的汇编之中。近年香山文化研究挖掘整理出了大量档案、文物、诗词歌赋，其中不少形成于海上丝绸之路发展过程中，这些未被历代方志所记载文献，同样是丝绸之路历史的承载和真实反映，应纳入海上丝绸之路方志文献的汇编、整理、研究和开发利用之中。三是在年鉴中添加有关“一带一路”内容的新条目，利用年鉴时效性较强的优势，及时反映香山所属各地在21世纪海上丝绸之路中的定位、规

划及本地区为“一带一路”国家方略所做的新贡献，使地方志不仅能够承载过去，而且能在一定程度上反映现在和未来。通过以上工作，可以使方志资源多层次、多角度、全面完整地反映香山海上丝绸之路的变迁发展状况，传承历史、对接现实，为海上丝绸之路研究和建设夯实文献基础。

（二）加强交流与合作，打造区域品牌，集合力服务“一带一路”大局

香山作为由古行政区域衍生而成的文化区域，地域相连，人脉相系，在政治、经济、文化等方面本来就有千丝万缕的联系。“一带一路”作为一个开放包容的理念，对香山地方志事业提出更高的要求，进一步拓宽交流与合作层次和领域，打造区域特色品牌，集合力服务于21世纪海上丝绸之路建设，无疑是“一带一路”视野下香山地方志创新的又一重要举措。

一是拓宽交流与合作的层次和领域，共同打造区域品牌。近些年来，香山地域的澳门、珠海、中山三地共同打造香山文化更是展开了多层次的交流合作。三地的地方志部门除了相互走访进行工作交流外，还共同举办了《香山设县850年》、郑观应研究等研讨会等，开展了学术交流合作。香山在古代海上丝绸之路和中西文化交流方面的地位和作用独特，三地应围绕这一主题，不仅在学术领域，而且要在方志的利用和资源开发等方面，加强交流与合作，如联合相关部门，通过筹划组建21世纪海上丝路海洋会展中心，筹办海上丝绸之路旅游文化节等形式，全方位展示海上丝绸之路文化风情，打造具有特色的香山海上丝绸之路区域品牌。二是“引进来”，通过交流合作，拓宽方志资源建设和开发利用的渠道。采用多种形式，加强与海上丝绸之路沿线国家及国内高等院校、科研机构、档案与图书馆等部门、单位的学术交流、合作，充分挖掘散佚于各地的有关香山古代海上丝绸的史料，包括存留在国外的葡文资料；积极促进人才的交流合作，共享资源，整合力量，高度重视中西文化对比研究，出一批反映香山海上丝绸之路主题的高质量成果并加以开发利用等。三是“走出去”，集合力搭建对外交流平台。利用香山海外华侨、华人和港澳台胞众多，澳门素有的国际化背景以及珠海经济特区作为改革开放窗口所积累的人脉等优势，推动方志文化走向世界，让海上丝绸之路沿线国家和地区从地方志中了解香山、认识香山，增强中华文化凝聚力、影响力和国际竞争力；推动香山与海上丝绸之路沿线城市和地区开展联系发展旅游，结成友好城市，签订旅游合作框架协议、旅游合作备忘录等整体性协议，促使更多的香山旅客到沿线国家旅游观光；消除“一带一路”建设过程中不同国家、民族等风俗习惯、文化法律等差异，促进不同国家间的共同发展和世界和平，为21世纪海上丝绸之路乃至“一带一路”建设做出贡献。

（三）拓宽渠道，增强功能，创新手段，提升服务海上丝绸之路水平

修志是为了用志，“一带一路”视野下的香山地方志创新，就要充分发挥地方志资源优势，拓展服务渠道，增强服务功能，创新服务手段，努力提升服务“一带一路”发展大局的能力。

一是加强信息化建设。应用现代信息技术，将收集、整理到的不同载体有关香山海上丝绸之路的资料和文献进行精加工、数字化、网络化，通过地情信息网络平台，面向社会提供优质服务；努力打破三地地域限制，建设跨市、跨地区的区域资源共享平台，并且争取将此平台进一步延伸至全省、全国乃至海上丝绸之路沿线国家，为经济“一带一路”提供实时文化资源、文化品牌支撑。二是围绕海上丝绸之路做好资政服务。利用方志资源优势，建立热点问题信息库以供随时备查，以应急需；主动、自觉地向领导和相关部门提供方志信息、方志分析、方志预测、方志决策咨询；积极关注和参与海上丝绸之路有关的文物古迹保护和修复以及海上丝绸之路申遗工作，力争使香山相关海上丝绸之路文化遗存列入海上丝绸之路项目。三是发挥地方志资源在地方公共文化服务中的教化育人作用。除了信息化建设外，还要利用报纸、杂志、广播电视等传统媒体，广泛宣传海上丝绸之路的新成果；通过多种形式展示香山海上丝绸之路研究和建设的情况，如在方志馆建设中，浓墨重彩地对香山海上丝绸之路的变迁发展情况予以展示等；编纂历史文化名城、名镇、名村系列丛书，尽可能将香山古今海上丝绸之路的内容反映出来；推动方志文化进机关、进农村、进社区、进校园、进企业、进军营，在传承方志文化的同时进行实时有效传播，更好地贴近经济社会发展需要，贴近人民群众需要，提升方志资源服务“一带一路”的水平。

综上所述，“一带一路”视野下的香山地方志创新，归根到底就是要充分挖掘和利用地方志资源，引进来、走出去，创新渠道、功能、手段，全方位、宽领域、多层次地服务于海上丝绸之路建设，使地方志更好地发挥“存史、资政、育人”的作用。香山本是由古行政区域衍生而来的文化区域，对这一区域的方志创新进行探讨和实践，本身具有创新意义；作为一种有益的试验，可以抛砖引玉，在一定程度上为全国其他地区提供借鉴和参考，这也是本文以香山为例探讨“一带一路”视野下方志创新的出发点和最终目的。

“一带一路”视野下地方志工作的供给侧改革

罗伟伟（广东省汕头市地方志办公室）

提要：“一带一路”建设是我国一项具有全局性和决定性的重大发展战略，各行业都应围绕中心，服务大局，找准定位，以期发挥自身应有的作用。地方志工作向来具有“存史、资政、育人”的重要作用，应主动将自身发展融入“一带一路”建设，抢抓发展新机遇。并不断破解地方志工作发展难题，突破原有的需求侧改革，着眼于地方志工作的供给侧改革，真正实现有效供给，解决地方志在服务“一带一路”建设中的供需结构不匹配问题。

关键词：“一带一路”　方志　供给侧改革

“一带一路”即“丝绸之路经济带”和“21世纪海上丝绸之路”，他是服务中国发展大局，实现中华民族伟大复兴之路的重大发展战略，各行各业都应围绕这个中心，服务这个大局，找准自己的定位，以期发挥各自的作用。①

地方志是历史文化永续利用的基础性载体，在历史文化永续利用中起的是基础作用、积聚作用和传承作用。② 习近平总书记也多次强调“要高度重视修史修志”，李克强总理也对地方志工作提出了“修志问道，以启未来”的期望。在对接“一带一路”战略中，地方志要充分发挥自己应有的优势，从历史人文、文化交流、友谊传承、地情资政等层面上为国家“一带一路”战略服务。并以补齐短板，扩大有效供给为己任，落实国务院颁布的《全国地方志事业发展规划纲要（2015—2020年）》（以下称《规划纲要》）要求，推动地方志自身的“供给侧改革”，实现地方志“创新、协调、绿色、开放、共享”发展。

一　“一带一路”视野下地方志的发展新机遇

2013年，习近平主席在出访中亚和东南亚国家期间，先后提出了共建“海上丝绸之路经济

① 刘开娥：《谈“一带一路”战略下的高校图书馆建设》，《传播与版权》2016年第4期。

② 段柄仁：《地方志是历史文化永续利用的基础性载体——学习习近平同志关于历史文化的论述》，《中国地方志》2014年第9期。

带”与“21世纪海上丝绸之路”的重大倡议，这个战略构想目前已经步入全面务实阶段，并将成为今后相当长时期的发展决策。这也被外界普遍认为是中国在新时期扩大对外开放的战略构思。[①]

“一带一路”发展战略并非经济专利，他也是促进文化发展的重要载体。在新的战略背景下，地方志发展也迎来了一个难得的新空间。作为一个自然、政治、经济、文化等方面的综合性文献资料，它包括的范围十分广泛，上至天文地理，下至风土人情。[②] 用好用活地方志资源，充分挖掘地方志、地方史、年鉴、地方志资源开发及地情文化等方面的服务资政与文化交流的信史功能，盘活沿线国家的文化交流与友好往来，充分体现“修志为用”的发展思维。

（一）让地方志成为传承“一带一路”文明的重要载体

常言道：家有家谱，县有县志，国有国史。国之有史，县之有志，家之有谱，是家、是县、是国之文明进步发展的承载，是历史的客观再现。[③] 在促进与“一带一路”沿线国家的文化与文明交流中，地方志要为传承中华文明与促进中华传统文化传播搭建一个重要平台，为先进文化的传承创新提供不竭动力。地方志是彰显和传承中华文明的重要载体，是中华民族优秀文化的瑰宝。[④]

地方志向来有“地情百科全书”之美誉，作为“官史”，他以其真实性、客观性、全面性和实用性为文化交流与文明传承提供了可靠的信息资源。可以这么讲，文化对接、文化交流是“一带一路”顺利推进的前提保障，是经济合作的基础。[⑤] 在对接“一带一路”战略上，地方志首先要发挥出文化纽带作用，因为新形势下的地方志工作早已告别传统的“一本书”时代，尤其是《规划纲要》的颁布，极大丰富了地方志的内涵，成为地方志发展红利。新的地方志工作囊括了志书编纂、地方史编修、年鉴出版、年报资料与地情信息收集、方志馆建设、地方志资源开发等，使他成为承载人类文明的重要载体和集大成者，是其他任何一种载体都难以企及的。

习近平指出，两千多年的交往历史证明，只要坚持团结互信、平等互利、包容互鉴、合作共赢，不同种族、不同信仰、不同文化背景的国家完全可以共享和平，共同发展。[⑥] 要达到这种共享和平与共同发展，就必须要对彼此间的文化有深入的认识与正确的理解。地方志作为文化文明的科学有效承载，传承了博大精深的中华文化，假如没有了地方志与地方史，我们对自

---

① 王寅娜：《“海上丝绸之路”的广东思考》，《中国水运》2014年第2期。

② 俞慧军：《开发方志资源，建设美丽中国——地方志助推实现“中国梦”的思考》，《巴蜀史志》2013年第3期。

③ 王占元：《深入学习领会总理重要批示精神 在地方志事业发展新机遇期全面贯彻》，《黑龙江史志》2014年第10期。

④ 邓敏杰：《“一带一路”推陈出新与方志文化“双传”导向》，《广西地方志》2015年第5期。

⑤ 王晨佳：《“一带一路”概念下的文化传播与译介》，《人文杂志》2016年第1期。

⑥《习近平发表重要演讲 吁共建“丝绸之路经济带”》，新华网，http://news.xinhuanet.com/world/2013-09/07/c_117272280.htm。

己传统历史文化的理解与文明的传承就将缺失，那么维系"一带一路"和平发展的文化纽带就会出现残缺甚至是断裂，也不利于中华文明进入全球视野。

"一带一路"战略是基于历史发展的脉络，是建立在文化共识的基础之上。中国要在"一带一路"战略中抢占先机，实现与沿线各国的互惠互利与共同发展，这需要我们有充分的竞争力和吸引力，这种作用力是支持我们可持续发展的坚强保障。它不仅需要物质经济的硬实力做支撑，更需要精神文化的软实力做动力。硬实力的实现离不开软实力，作为软实力建设中的重要一环，地方志是发展民族传统文化，传承民族传统文化，创新民族文化最有效的载体，他将文明有效保留并薪火相传，是一种不可或缺与不可替代的竞争保证。读志、用志、传志之风的有效形成，就是保证我们文明延续的有效途径。习近平总书记在比利时布鲁日欧洲学院发表重要演讲时讲到："脱离了中国的历史，脱离了中国的文化，脱离了中国人的精神世界，脱离了当代中国的深刻变革，是难以正确认识中国的。"① 这段话充分揭示了在"一带一路"视野下的中国历史与文化传承的生态背景，更成为地方志怎样成为文明传承载体，如何服务"一带一路"建设指明了方向。

（二）让地方志成为服务"一带一路"发展的资政重器

"一带一路"是一个历史概念，它是用文化将历史、现实和未来连接在一起，成为中国面向全球化的一个战略架构。② 这种构架中，作为联系历史与现实的重要桥梁之一，地方志、地方史、年鉴等在这里是对接发展的信史重器。正如李克强总理在对地方志工作作出重要批示时指出："地方志是传承中华文明、发掘历史智慧的重要载体，存史、育人、资政，做好编修工作十分重要。修志问道，以启未来。"

习近平总书记在福建任职期间曾说："要马上了解一个地方的重要情况，就要了解它的历史。了解历史的可靠的方法就是看志，这是我的一个习惯。"这种以志为信、以志为鉴的认知方法，说到底源于中国特有的方志文化的三大功用，即存史、资政、教化。③ 让地方志成为服务"一带一路"发展的资政重器，我们就需要赋予这三大传统功用以新内涵，最大的落脚点在于为"一带一路"战略决策提供历史教材与为"一带一路"投资兴业提供信息资源。

地方志要为"一带一路"战略决策提供历史教材。明朝年间，山西巡抚杨宗气在嘉靖《山西通志·序》说："治天下者以史为鉴，治郡国者以志为鉴。"④ 地方志的资治功能，是指地方志是地情全面、系统的反映，为领导和决策机关认识地情、把握地情，从当地实际出发，吸取历史上的成败得失的经验教训，进行科学决策提供依据。作为"一带一路"视野下的资政服

① 《独特文化历史国情注定中国必然走适合自己的发展道路》，《南方日报》，2014年4月2日。

② 西沐：《"一带一路"格局中文化产业发展的取向与维度》，《中外文化交流》2015年第5期。

③ 邓敏杰：《"一带一路"推陈出新与方志文化"双传"导向》，《广西地方志》2015年第5期。

④ 刘珂：《履存史之职，行资治教化之能——关于地方志服务社会的思考》，《广东省地方志理论研究优秀论文集（2012）》，广州：岭南美术出版社，2013年。

务，更为集中地是体现在对沿线国家的深度把握与对我们传统丝绸之路的重新认识定位，基于这个维度去思考斟酌新的发展谋略，抢夺新的发展先机。

地方志要为“一带一路”投资兴业提供信息资源。志书作为“资治之书、辅政之书”，除了资料性这一基础功能外，更为关键在于能为社会发展提供服务。①《地方志工作条例》也明确了志书的价值“在于提供科学的资料”，修志目的就是为了用志。对接“一带一路”下的地方志，我们需要从地方志中获取更多的地情资信，比如说志书通过记载历史、地理、资源等资料，最大化地为投资兴业的作出准确性和可行性论断分析。

二 “一带一路”视野下地方志的供给侧改革

综上所述，“一带一路”视野下地方志工作的开展迎来全新的机遇，他为地方志最大限度发挥自身作用提供了一个高端舞台。同时辅于《规划纲要》的颁布，地方志迎来了新的发展红利。但是由于地方志发展先天不足，后天又困难不断，在此基点上难免暴露出自身存在的问题，短板现象日益明显，在对接“一带一路”发展上缺乏足够的底气与力气。这就需要我们找准问题导向，打好地方志工作供给侧改革这场硬仗，全面服务“一带一路”的建设发展。

（一）地方志在“一带一路”与“供给侧改革”中的内在逻辑

2015 年 11 月，习近平总书记在主持召开中央财经领导小组第十一次会议时首次提出了“供给侧改革”这一理念，强调在适度扩大总需求的同时，着力加强供给侧结构性改革，着力提高供给体系质量和效率。这一改革理念的提出是对经济新常态概念的延续与巩固。但从广义上的“新常态”与“供给侧改革”来看，他又绝非是经济学上专有或者特有的概念，其实在文化领域甚至细化到方志领域，我们也有属于自己的“方志新常态”与“方志工作的供给侧改革”。

通过比较，我们不难发现，方志新常态与经济新常态也有着诸多的同构性。首先是与经济发展增速放缓一样，方志工作在经历了自 2006 年《地方志工作条例》颁布以来十年的快速发展期后，开始出现一些发展瓶颈，速度开始放缓；其次是与经济面临转型升级一样，方志工作也从追求规模向追求质量转变，从“一本书”走天下向多样化发展；最后是与经济发展的供需一样，方志工作也面临着从需求驱动向供给驱动转变的问题。与此同时，党和国家对于方志工作的重视程度也越来越高，《规划纲要》的颁布更是倒逼着方志工作的改革，因此改革是大势所趋，也是势在必行的。

当我们重新审视“一带一路”视野下的方志工作，不难发现方志工作在经历了一段高速发展中取得了可喜的成绩，但是长期的需求侧改革思维导致了我们自身在结构、质量、效益上还

---

① 姚泽建、罗伟伟：《发挥志鉴优势，提升服务能力》，《汕头日报》，2014 年 7 月 14 日。

存在很多问题。因为供给侧和需求侧是相互影响、相互制约的。①

当前，无论是传统意义上的地方志书、地情资料、综合年鉴，还是新媒体手段上的地情网站、移动服务终端，在数量上取得了可喜的进步，就以笔者所在的广东为例，截至2014年年底就率先在全国完成第二轮修志，编纂省志1部，市县区志118部；并于2013年实现全省各市县区综合年鉴编纂工作，全省出版年鉴140种，还全面铺开省、市、县三级的地情网络平台。从数量上看成绩喜人，但是真正达到"修志问道、以启未来"的要求还是有所差距，能为党委、政府中心工作提供决策服务的还不够明显。此外，在服务大众与方志创新上还有很多短板，比如方志馆建设，这一能直接服务群众文化服务需求的供给上相对滞后，难于发挥文化设施服务功能；又比如在地方志理论创新、体制创新、人才创新、制度创新、方法创新、人才创新、服务创新、效能创新上，有效供给力不足。可以这么说，我们虽然着眼于需求侧改革，但是更多时候只是偏向于数量求得满足，往往忽视了"供应端"提供的产品和服务是不是"需求端"眼下最为需要的，所以进行"供给侧改革"就是要补齐短板，扩大有效供给。②

地方志主动对接"一带一路"建设，一个关键点就是如何整合利用自身的资源，为"一带一路"建设提供有效供给。地方志研究作为理论性实践，难以直接转化为生产力，但却可以是一种无形的推动力，也就是文化软实力。地方志需要理顺自身在"一带一路"与"供给侧改革"中的内在逻辑关系，不仅要为发展的需求端提供供给，更重要的是提供"精准"供给，减少无效供给，扩大有效供给，提高供给的适应性和灵活性。③

（二）地方志如何在"一带一路"战略下推动"供给侧改革"

习近平总书记指出："创新是一个民族进步的灵魂，是一个国家兴旺发达的不竭动力，也是中华民族最深沉的民族禀赋。在激烈的国际竞争中，唯创新者进，唯创新者强，唯创新者胜。"供给侧改革的核心是创新，以创新驱动发展。④ 这种创新我们要做到放松管制、释放活力，让市场发挥更大作用，从而降低成本，提高供给体系质量和效率，提高供给有效性。地方志"供给侧改革"要以服务大局、服务社会、服务民众为出发点，强化队伍建设，狠抓主业发展、补齐行业短板、推动创新驱动，以实实在在的服务"供给"去推动"一带一路"建设，最大限度集约方志资源，提高方志水平，减少"供给错配"造成的资源浪费，实现方志事业创新、协调、绿色、开放、共享发展。

首先要创新供给内容。《规划纲要》对"修志为用"有着这样的要求："发挥地方志资源优势，全面提升开发利用水平；拓宽用志领域，提升服务大局能力，为党政机关、社会各界和

---

① 赵文义：《略论学术期刊数字出版需求侧与供给侧的结构性改革》，《出版发行研究》2016年第5期。
② 何华征、盛德荣：《论出版"供给侧改革"的愿景及其进路》，《出版发行研究》2016年第5期。
③ 冯维红：《理顺自身在"一带一路"与"供给侧改革"中的内在逻辑关系》，《中国外汇》2016年第3期。
④ 刘宁、刘建峰、胡卫勋：《准确把握"供给侧改革"的科学内涵》，《法制与社会》2016年第1期。

人民群众服务；加大宣传力度，提高全社会读志用志水平。”① 这一要求意味着“一带一路”视野下地方志的“供给侧改革”首先就要从供给内容创新出发，让内容有新的优势，有新的作用。当然，这一内容创新并不意味着对原有方志内容体例的否定，因为方志的创新不是摆脱传统的基本体例另行创造一个新形式，而是要不断地实现自我更新，丰富和完善记述地情的表现方法和手段，以适应不断发展变化的地情。② 简单而言，就是要供给适应“一带一路”发展战略需要的地情文化。比如为“一带一路”提供信息咨询、地情研究反馈、投资指南等。在“一带一路”视野下，“广义虚拟经济”是一个全新趋势，他指的是实体经济的文化化和虚拟化倾向，他更加关怀人们的心理需求。③ 在这一趋势与新媒体的双重作用力下，大众对文化以及地情的需求也处于一个“经济文化广义虚拟化”，社会上地情资料和志书、年鉴、地情书籍等都不再匮乏，匮乏的是精准化的有效方志资源供给，匮乏的是能真正为“一带一路”带来思维影响的方志资源。如果地方志仍然以“一本书”的固有思维为己任，既是对时代的误读，也将受时代所淘汰。因此，新时期的地方志研究要顾及受众群体需求的“基本面”和“纵深处”，地方志提供的信息资源应朝一个立体化发展，坚持多元化的信息挖掘。这样才能最终达到《规划纲要》所提出的“修志为用”要求。

其次要创新供给思维。创新供给思维，就要求我们要有通达精准的方志思维，比方说，在“一带一路”视野下，我们如何用历史观去审视我们的地方志、地方史以及年鉴等地情资源。长期以来，唯物史观一直在地方志工作中处于指导性地位。唯物史观（历史唯物主义）是运用唯物主义和辩证法，探讨社会历史的本质和一般规律的科学。④ 在“一带一路”战略思维下，如果固执坚持仅以“唯物史观”统治天下，显然就难于为供给提供精准服务。笔者大胆地认为，在服务“一带一路”战略下的地方志“供给侧改革”，可以尝试以“多元史观”的角度来思考资源的选材，这一思索并不是否定唯物史观，而是以新的视野去强化唯物史观在志书编纂中以及地情资料推送中的作用。所谓“多元史观”，是近年来历史学界兴起的一场史观思辨，包括现代化史观、全球（整体）史观、文明史观、社会史观、生态史观等，他以更多的视角去指导我们看待历史与文化。无论是志书还是年鉴，我们的编纂坚持的是“记而不论”，因此笔者提出将“多元史观”引入地方志改革中，并不是简单用新的史观去作为写作依据，而是要用“多元史观”的视野去为资料选材。就如《规划纲要》中的指导思想提到要解放思想与改革创新，也就意味着地方志改革要适用新时代、新形势的发展。就拿文明史观而言，他将我们传统只偏重于政治的思维习惯改变为在政治视野下注重文明的多元性，将思想文化和社会生活的内容视为文明演进的重要内容，这一史观有助于我们服务“一带一路”战略中文化交流，让地方

① 《国务院办公厅关于印发全国地方志事业发展规划纲要（2015—2020 年）的通知》，《广东史志》2015 年 5 期。

② 周慧：《从方志发展看方志创新》，《中国地方志》2014 年第 12 期。

③ 何华征：《论新媒体时代经济的广义虚拟化及其实现路径》，《现代经济探讨》2015 年第 2 期。

④ 潘捷军：《从唯物史观看方志的政治意识——兼论通志编纂中的阶级分析方法》，《中国地方志》2014 年第 9 期。

志的改革更能贴近地方实用性，更充分地展现出一种人文精神，才能起到传播丝路文明的纽带，增进沿线各国的交流发展。再比方讲全球化史观，他将人类社会的历史作为一个整体来看待，也就是要求我们要以开放的姿态去融入世界，尤其是在经济全球化进程中如何更好地去参与到世界经济大潮中。

最后要创新供给形式。既要注重对传统媒介的设计供给创新，也要拓展在新媒介的发展空间，两大抓手共同进行改革创新，服务“一带一路”发展战略。在传统媒介的设计供给创新上，注重设计观的转变，所谓“供给设计观”就是注重“为谁设计”，具体来说一个定位观。就拿地方志综合年鉴而言，作为一种“快文化”，他的供给设计观需要以考虑读者能否得到有效的社会信息与公共资源为设计原则，尽量为读者提供更为详细的地情资讯。作为年鉴编纂者，尤其是在注重服务“一带一路”战略下的年鉴编纂，就不再是单纯的收集资料和整理编辑，而是站在全局的角度“设计”年鉴，以方便读者思考出发设计，提高使用的实用价值，让年鉴富有生命力，才能真正体现《规划纲要》中提倡的“全面协调可持续发展”，这样的供给才能为地方政府参与“一带一路”建设提供精准的资政资源。在新媒介的设计供给创新上，相比传统的纸质储存，信息化数据库的储存方式具有容量超大、存储介质不易损坏、容易复制等特点。[①] 所以要借力“互联网＋地方志”这一战略平台，以数字方志馆、地情网站、“一带一路”数据库、微信公众号、手机报、微博、电子方志、数字年鉴等为载体，加快地方志信息化建设步伐。并通过大数据技术、云计算对公众多元化的文化需求进行动态化分析，针对公众需求提供丰富而充满个性的公共文化产品，实现地方志资源的有效供给。[②] 通过服务手段的创新发展，构建和开创一个史志文化服务资源的新平台和新模式。就拿数字方志馆而言，在目前具体条件下，全面铺开实体的方志馆建设苦难重重，那么数字方志馆的建设就是我们突破这种供给矛盾的有效手段，我们甚至可以整合多地资源，以“互联网”思维突破原有“地方志”的地域限制，筹建“一带一路”数字方志馆，整合“一带一路”沿线史志资源，设立“国别资源库”“省域资源库”“丝路文史库”“地情资政库”“年鉴共享库”“地情数据库”“各地文献书目数据库”“地图集数据库”（包括自然地图集、普通地图集、历史地图集、旅游地图集、交通地图集和经济地图集等）、“历史资料和历史研究资源库”等，将“一带一路”的信息资源数字化、系统化，从而实现有效供给，丰富供给形式，用活方志资源。

三　结语

党的十八大以来，党和国家领导人高度重视地方志事业发展，习近平总书记多次强调“要高度重视修史修志”，李克强总理也提出“修志问道，以启未来”，对地方志工作提出了新的更

---

① 付波涛：《浅谈地方志信息化的必要性和做法》，《决策探索》2015 年第 7 期。

② 崔荣霞：《运用“互联网＋”提升地方志资源利用水平服务公共文化建设》，《天津史志》2015 年第 6 期。

高的要求。在2016年举行的第十二届全国人民代表大会第四次会议上，全国人大通过了关于国民经济和社会发展第十三个五年规划纲要的决议草案，其中将“加强修史编志”写入国家“十三五”规划中，这也是对《规划纲要》精神的进一步深化，是新常态下党和国家将方志事业提到一个全新的高度。《规划纲要》作为国家协调推进“四个全面”战略布局在文化领域上的一项重要举措，为地方志发展描绘了蓝图，指明了方向。对照《规划纲要》，领会《规划纲要》，我们要解放思想，把创新摆在发展大局的核心位置，以创新驱动地方志事业的转型升级。全面理清地方志事业存在的短板，并通过地方志创新驱动战略，全力提高地方志资源的实用性，扩大地方志资源的有效供给水平，提高服务地方经济社会发展与“一带一路”战略实施，打好地方志事业的“供给侧改革”，真正走出一个“个性、特色、实用、创新”的有效供给之路，做出最“接地气”、最“微观化”的实用方志，为地方推进“四个全面”战略布局、全面融入“一带一路”建设贡献力量。

从编纂出版模式到研究开发模式

——“一带一路”视野下地方志工作模式创新

朱正国（广东省云浮市地方志办公室）

提要：“一带一路”国家战略与以往的国家战略相比有一个重要特点，就是这种战略承载着厚重的历史内涵，而且涉及许多省、区、市、县，这就为地方志发挥其独特作用提供了有利条件，同时，也对地方志工作模式创新提出了新的挑战——地方志如何利用其独特的历史资源在国家新一轮改革开放发展中有效发挥其不可替代的现实作用。这就是记载历史，目的在于资政资社，必须更好地服务当代经济社会建设，要“修志问道，以启未来”。因此，现代地方志将从编纂出版模式转向研究开发模式，地方志学科发展也将由“记载的地方史”转向“一方之全史”。在“一带一路”视野下地方志工作模式创新和转型的方向是“地情研究为重心的综合发展模式”。

关键词：“一带一路”　地方志　模式　研究

“一带一路”是指“丝绸之路经济带”和“21 世纪海上丝绸之路”的简称。它作为一种合作发展的理念和倡议，是依靠中国与有关国家既有的双多边机制，借助既有的、行之有效的区域合作平台，旨在借用古代“丝绸之路”的历史符号，高举和平发展的旗帜，主动地发展与沿线国家的经济合作伙伴关系，共同打造政治互信、经济融合、文化包容的利益共同体、命运共同体和责任共同体。虽然直接来看“一带一路”是国际经贸合作，但历史文化则是“后台”；虽然对参与国家是开放的，但又是以历史上的“丝绸之路”沿线国家和地方为基础的。如果不能深入挖掘这个“后台”丰富的有价值的历史文化因素，甚至进一步寻找和发现“丝绸之路”合作的历史经验与智慧作为今天的借鉴，那么，这场新时代的国际经贸大合作戏恐怕也是很难唱下去和唱得精彩的。丰富的历史内涵正是“一带一路”战略区别于以往国家战略的显著不同之处。正是这个特点，为丝绸之路沿线众多省、区、市、县的地方志工作者提出新的课题。这个课题，不仅需要将丰富的有关历史材料找出来，进行系统整理，而且要进行分析研究，出新成果，为“一带一路”国际合作提供战略咨询和多方面的应用服务。地方志为适应这种新的需要，必须创新自己的工作模式，发展自己的学科理论。

然而，地方志的应用方向正是现代地方志的一种重要发展趋向，因此，地方志工作模式的创新和转型问题多年来就已得到很多人的关注，“一带一路”战略的提出从更高地层面上大大强化了这个问题。为此，本文首先力图疏理近年来人们对于地方志工作模式创新和转型的一些探讨和不同认识。

一　有关地方志创新和转型的由来、观点和四种模式

尽管有人提出20世纪五六十年代兴起的新方志编修，应当作为我国社会主义时期的第一轮修志。但地方志界多将我国20世纪80年代开始全面兴起的新方志编修，称之为我国社会主义时期的“第一轮修志”①。据查询，还在第一轮修志期间，地方志界就已经注意到创新和转型问题。如2001年8月在长春召开的“全国地方志网络建设研讨会”提出②，信息网络化的迅速发展，对政治、经济、军事、科技、文化、社会等领域产生了深刻的影响，并成为当今信息传播的一个重要手段。地情资料是一笔宝贵的财富。对这些地情资料进行有效的整理、存贮并充分地开发利用，是地方志工作者的共同责任。因此，我们必须顺应时代潮流，增强紧迫感，迅速建立多功能、多门类、综合性的信息资料库并上网发布，以适应信息时代的挑战，焕发地方志新的生机与活力，更好地为两个文明建设服务。显然，这里所关注的是信息化手段引起的变化，提到的是对地情资料进行“有效的整理、存贮并充分地开发利用”，要求建立“多功能、多门类、综合性的信息资料库”，尚未直接将理念和业务内容的变化作为考虑的对象，可看作是一种技术转型思路。

此后，不少地区与时俱进，在修纂传统志书的同时，开发利用地方志资源，创建方志网站，编写地情丛书，地方志工作模式由只编一部志书逐步向着“传统志书+数字方志+地情丛书”转型。③ 陈肇胜认为④：“地方志既要垂鉴后世，又要服务当代。”“志书具有‘资治、教化、存史’三大功用，‘存史’主要用于垂鉴后世，而‘资治’与‘教化’则主要体现于服务当代。”“修志工作服务当代的关键，在于组织开发利用地方志资源”。他还认为⑤：“转型的标志，就是突破‘一本书’的模式，推出多种志鉴类产品，以及方志网站的兴起；专项的推动力，就是基于修志为用、积极为中心工作服务的理念。”从中国地方志指导小组关于“地方志编纂工作”的规定，到制定《地方志工作条例》，“正好为地方志工作转型提供了法规依据。实现地方志工作转型，应是地方志工作贯彻落实《条例》的关键所在”。

文坤斗从一个更广泛的角度谈论转型问题⑥，他说：“以第一轮社会主义新方志编修基本结

---

① 许卫平：《略论我国社会主义时期第一轮修志的时间》，《中国地方志》2007年第1期。

② 《全国地方志网络建设研讨会纪要》，《中国地方志》2001年第6期。

③ 陈肇胜：《“传统志书+数字方志+地情丛书”转型初探》，郑州市情网/理论研究，http：//szb. zhengzhou. gov. cn/html/2012/llyt-1224/221. html，2012年12月24日。

④ 陈肇胜：《“传统志书+数字方志+地情丛书”转型初探》，郑州市情网/理论研究，http：//szb. zhengzhou. gov. cn/html/2012/llyt-1224/221. html，2012年12月24日。

⑤ 陈肇胜：《谈“修志为用”——浅议修志为中心工作服务》，《福建史志》2008年第4期。

⑥ 文坤斗：《关于社会主义地方志事业可持续发展的几点思考》，《中国地方志》2012年第1期。

束为标志，近年来全国地方志工作进入了新的历史阶段，在工作理念思路、内容布局、方式方法、体制机制、人才队伍诸多领域都已发生或正在发生重大变化，处于转型升级的关键时期。”他将这一变化概括为五个转型升级：“由“一本书主义”向“兴一方事业”转变，实现方志工作总体布局的转型升级”；“由重修轻用向修用并举，既能垂鉴后世更要服务当代转变，实现方志社会功用的转型升级 ”；“由数量型增长向质量效益型发展转变，实现方志文化产品生产方式的转型升级”；“由业内封闭运行向面向社会开放整合转变，实现方志工作力量建设的转型升级”；“由志鉴编纂单位向方志工作机构转变，实现方志工作方式方法和体制机制的转型升级”。朱克雄[①]也提出了几乎完全类同的这样五个“转型升级”，并强调：“要实现地方志工作社会功用的转型升级，就必须树立‘地方志为民’‘地方志惠民’的新观念，主动登上公共文化服务的平台，开辟服务窗口和渠道，提供独具特色和魅力的地方志文化服务；必须放下居高临下的‘教化’姿态，在满足群众不断增长的对地方志文化和地方历史文化的需求中发挥好提高人、塑造人的作用；必须改变‘官书官看’的旧观念，注重增强地方志工作的大众性和志书编纂的社会性，编纂出版更多的‘公民书’。”

与此同时，从实践方面看，广东省在2012年就已部署推动地方志转型的工作。广东省地方志办主任陈强在2012年全省地方志工作总结表彰大会的工作报告中就明确要求[②]，从2013年开始，全省地方志工作要逐步实现从以修志编鉴为主向以修志编鉴为基础、地方志资源开发利用为重点转移。为推动这项工作全面深入开展，2013年，广东实现了地方志资源开发利用项目申报制度，建立项目评议、奖励机制，推广优秀成果，促进成果转化，整合开发成果，充分发挥其对经济社会发展和挖掘传承优秀历史文化的积极作用。资源开发的主要内容是三项，重点是地情研究，另两项是地方志信息化建设和方志馆建设。严格地说，地情研究才是真正的科学开发，后两者只能算是一种载体的开发。同时，形成每两年开展一次全省地方志理论研讨活动的制度。其实，广东省在2013年除了部署地方志资源开发之外，还在全省推动地方志资料年报工作，使修志工作转为日常化、经常化。

以上观点和做法，为我们探讨地方志转型提供了很好的思想材料和实践基础。如果对此作一点比较分析，实际上可概括出四种转型目标模式。长春会议提出的是“现代化的地情资料信息库模式”；陈肇胜提出的是以“传统志书 + 数字方志 + 地情丛书”为主要内容的“多媒体方志模式”；文坤斗、朱克雄等主张的是一种“编纂为中心的方志事业模式”，这种模式又可概括为“六位一体”（志书、年鉴、资料库、方志馆、地情网和开发利用）或“九位一体”（再加方志刊物、方志学（协）会、方志理论研究）；最后，广东省在实践中推行的是一种“地情研

① 朱克雄：《推动地方志事业转型升级之管见》，人民网－理论频道，http://theory.people.com.cn/n/2013/1009/c40537－23138723.html，2013年10月9日。

② 陈强：《贯彻落实党的十八大精神，推进地方志事业科学发展上新台阶》，全省地方志工作总结表彰大会材料之三，2012年12月28日。

究为重心的综合发展模式”。其中，第二种模式关注到“修志为用、积极为中心工作服务的理念”，这关键又在于“组织开发利用地方志资源”，但实际上还是体现在“传统志书＋数字方志＋地情丛书”的“地情丛书”上，关注点仍然是编纂工作，思路上是第一种模式的延伸和拓展，并具体化了。第三种模式理解的内容最广泛，也是很多人认可的一种模式。但其业务中心仍然是编纂工作，如“六位一体”中“资源开发利用”仅占一项，其余五项都是编纂或相关工作，因此，思路上与第一种、第二种模式仍比较接近。第四种模式思路上有很大不同，在这一模式中，主体业务实际上就两大块，一块是编鉴修志，是基础，一块是资源开发利用，并将重点放到这一块上。

二　四种模式的分析与评价

上述四种转型的目标模式都是从各自不同的认识和实践中提出来的，应该说都有其合理性。因此，不能简单地说哪一种最科学最好。从目前的发展阶段来看，地方志创新和转型目标、方向和途径还在探索中，四种模式是可以并存的，可以继续探索中完善。各种模式之间会有互相竞争，最后只能让实践说了算。当然，这并不影响我们对其进行分析和评价。相反，分析评价越充分，对于我们的从实际出发来选择一定模式就越方便，选择的理由也会更充分。

（一）从《地方志工作条例》来分析

国务院《地方志工作条例》是目前地方志的最早依据和规范，而且它与地方志工作的转型要求正好是相契合的，甚至“编纂为中心的方志事业模式”可以看作是直接从中提出来的。他们认为，由于《地方志工作条例》的颁布，标志着地方志由临时性的组织编纂志书转向为一种部门的文化事业。《地方志工作条例》明确规定地方志工作机构要履行5个职责：第一，组织、指导、督促和检查地方志工作；第二，拟定地方志工作规划和编纂方案；第三，组织编纂地方志书、地方综合年鉴；第四，搜集、保存地方志文献和资料，组织整理旧志，推动方志理论研究；第五，组织开发利用地方志资源。第三种模式实际上将上述五种职能全部包括进来，甚至将条例中提到的一些事物如资料库、网站等也作为转型的内容包括进来。能不能因此就认为它最恰当呢？这还需要作一点具体分析。上述五项职责中，第一项是行政管理工作，第二项、第三项是编纂业务工作，最后两项是研究开发工作。显然，第一项是为后面四项服务的，应该适应后面四项的要求。也就是说，后面四项是对地方志转型模式起决定作用的，只有抓住后面四项，才有利于把握地方志转型的要求。至于资料库、网站，几乎是一切工作都需要做的，对地方志工作同样没有代表性或标示性。所以，第三种转型目标模式（无论是分解为“六位一体”还是“九位一体”）体现的内容过于宽泛，将不同层次的内容相加，易失于对地方志转型本质的把握。实际上，这种模式中提出的5个“转型升级”，相互之间是否有联系，以及是如何联系的，是不是能整合成一种转型的要求，并不是很明确。这样，用这种模式来指导实践，可能既抓不住重点，又很难统筹。另外，后面四项职责中，实际上是编纂工作和研究开发工作两大块各两项，一定程度上说明这两个方面同等重要，但第三种模式仍然是以编纂为中心，相对来说弱化了开发研究方面（六位一体中资源开发仅为一项）。这是第三种模式的不足之处。再看第一种、第二种模式，这两种模式的共同点是将问题的重心放在收集、整理和编纂业务上。不过，第一种模式是从引发的技术力量的角度进行统一分析，其结果是开放的，统称为“现代化的地情资料信息库”建设；第二种模式是从结果来描述的，明确了若干编纂的成果形式，如概括为“传统志书+数字方志+地情丛书”。这两种模式的不足显然是没有将研究开发直接纳入转型模式中，只是另行说明还有一个“研究开发的内容”，因此，缺乏对两大方面业务内容的整合。第四种模式相对说来没有上述不足，但它强调以“开发研究为重点”是否合适则是需要研究和说明的。

（二）从地方志的传统功能来分析

从传统来讲，志书具有“资治、教化、存史”三大功用。陈肇胜认为①，“存史”主要用于垂鉴后世，而“资治”与“教化”则主要体现于服务当代。这种划分大体不错，“资治”与“教化”的实际含义却需要注意。传统意义上，“资治”实际上国家管理者阅读志书后受启发产生的效应，而“教化”是老百姓读志后有感产生的作用，说来说去实际上还是一本书。所以，朱敏彦认为②，编纂志书还只是体现“存史”这一功能，另两项“资治”与“教化”的功能，则需通过开发利用地方志资源，通俗的说法是“读志用志”来实现。但是，他这里对地方志资源开发利用的现代含义或特定含义仍然注意不够。地方志资源开发利用并不能通俗地说成是“读志用志”，因为通常意义上的“读志用志”就是上述不同人群阅读志书有启有感后学以致用产生的效果，即传统意义上的“资治”与“教化”。现代意义上的资源开发利用与此是完全不同的，它是一种学术研究和应用研究，它不仅可以“资治”，还可以为企业、为社会各界、为各种需要者提供咨询，这是其一；其二，它是更严密、更规范的科学研究，其成果往往是发现了某种规律性的东西，是非常明确的，即使是“资治”也是非常清楚的具有更强客观性的提供“决策参考”，而不是泛泛意义上和体现主观意见的启发、启示等；其三，“资治”与“教化”基本上限于政治作用，其中，“资治”是对国家管理者而言，“教化”是对老百姓而言，但资源开发利用则广泛得多，几乎涉及为经济政治文化社会各个领域提供“发展参考”和“科学参考”，并且也需要社会各界来共同开发利用。总的来看，仅仅从传统意义上的“资治、教化、存史”上来解释资源开发利用是非常表面的，表明人们对资源开发利用存在极大的误区。

第一种、第二种转型模式，由于限于编纂工作，其功能基本上仍停留在传统意义上的“资治、教化、存史”范围内。这样，它对于发挥地方志的“服务好当代”的功能，包括服务好中

①② 陈肇胜：《“传统志书+数字方志+地情丛书”转型初探》，郑州市情网/理论研究，http://szb.zhengzhou.gov.cn/html/2012/llyt_1224/221.html，2012年12月24日。

心，服务好社会，进一步发展地方志事业，提升地方志工作的地位，是远远不够的。第三种转型模式，仍未充分注意到地方志资源开发利用的现代意义，因此对“资治”与“教化”的功能解读也是不合理的，它无助于正确的把握资源开发利用这一发展方向，无助于发挥其巨大的“发展参考”和“科学参考”价值。相较而言，广东推行的“地情研究为重心的综合发展模式”，由于它对资源开发利用采用项目管理这一现代科学研究管理模式，直接昭示了资源开发利用深刻的科学涵义，有利于发挥地方志的“发展参考”和“科学参考”价值，推动地方志向科学事业方向的现代转型。

（三）从地方志理论来分析

对方志学最自然的一个简单定义就是“分类记述的地方史”①。它表明，第一，方志学属于历史学范畴；第二，与地理学有紧密联系；第三，它的两个基本方法是分类和记述。也就是说，传统地方志的本体不是学术研究或理论研究，但这种分类记述是地方史研究的基础，正如观察和实验是自然是科学的基础一样。特别是实验报告，已形成固定的格式和规范化的写法。然而，现代自然科学不会停留在实验报告的层面，还必须在实验和实验报告的基础上进一步探索自自然规律。与此相似，地方志“服务当代”的要求必然要求地方志功能的进一步发挥，这就要进一步研究地方史，探索其中的规律性和趋势性的东西，并为地方经济社会文化建设提出对策、建议，这就是资源开发利用方向，并进一步延伸为地方史学方向。

2013年的东莞会议中有几篇理论文，直接讲的都是方志编纂理论，仅有一篇理论文章《方志学的基本理论与方法论纲》②，标题是方志理论，但其内容仍然是编纂理论，而不包括探索地方历史发展规律的史学研究内容。这说明，在方志的传统观念中，方志理论基本上就是志书的编纂理论。正如《中国地方志辞典》解释：方志学是“以地方志为研究对象的一门独立学科，专门研究地方志领域中特有的运动形态，即研究方志产生和发展规律的学科”③。这种方志学概念显得有些狭窄，因此，有人扩展它而提出“方志文化论”：“方志学是研究方志与方志文化产生、变化及发展规律的一门科学。”④ 更有人立足提高方志的学科地位，从建设现代科学的角度来探索所谓方志学的研究对象、性质等问题，并提出了所谓“方志现象论”，如李建平认为“方志学的研究对象是地方志现象及其规律”⑤，姜万成认为“方志主体、方志客体、方志运动过程、方志运动环境等一切方志现象，都成为方志学的研究对象”⑥。这里涉及地方志所记述的

---

① 朱正国：《方志学是分类记述的地方史——对方志学性质及学科建设的一点思考》，《广东省地方志理论研究优秀论文集》，广州：岭南美术出版社，2012年，第255页。

② 韩锴：《方志学基本理论与方法论纲》，《第三届中国地方志学术年会论文选编（上）》，2013年10月，第73页。

③ 《中国地方志辞典》，合肥：黄山书社，1986年，第373页。

④ 刘柏修：《深化理论研究构建学科体系——关于编写〈当代方志学概论〉的若干设想》，《黑龙江史志》1995年第6期，第12页。

⑤ 李建平：《浅议方志学理论与实践》，《方志研究》1991年第5期，第13页。

⑥ 姜万成：《关于方志学研究对象的哲学思考》，《方志研究》1993年第2期，第13页。

对象，实现上就包括区域或地情研究，也包括方志编纂。由于学者希望将这两个方面都包括到方志中来，往往也容易混在一起说不太清楚。其实，所有的学科都包括它的研究对象及关于对象的描述，只不过，在传统方志学中，对象的描述非常重要，甚至是主要的，成为传统方志学的主要研究内容。同时，由于它是系统地收集和整理地情历史资料，所以，它实际上又是地方史研究的基础。但从现实看，地方史一般由历史学家附带进行研究的，在地方一般没有专门的研究机构和组织研究机构进行系统研究，所以由地方志机构接过来，专门开展地方史研究，至少是全面对地方史、地情的研究进行组织指导是比较合理的，也是非常必要的，而且符合地方志作为一方之全史的学科建设和发展要求，符合方志为现实服务的应用开发方向。地方志的这种发展，实际上就是地方志的转型。从学科建设和发展来看，这种转型也就是由传统的“分类记述”转向“一方之全史”。

李克强总理提出“修志问道，以启未来”。实际上，在地方史学的研究中，方志学通过开发应用才有了真正的“问道”，真正产生“以启未来”的功能。现代方志学重在“服务当代”这一定位，“垂鉴后世”由于属于阅读后的个人效应或主观效应，实际上可看作最简单初级的“服务当代”。“以史为鉴，启迪未来”，重心在后一句。服务当代在更高层次上必须开展科学意义上的资源开发利用研究。

如果将地方志资源研究开发作为现代方志学的重心，这就意味着我们要从研究开发的要求和角度来重新审视整个地方志工作，重新改造我们的地方志工作，从而推动传统地方志工作创新与转型。我们讨论的地方志转型的四种模式都提到“资源开发利用”。但是，第一种、第二种模式仍然停留在编纂工作层面上；第三种模式只是将各种业务简单相加，而未能很好地概括核心业务的变化和转型；只有第四种模式提出“以修志编鉴为基础、地方志资源开发利用为重点”，这个提法是合适的，它集中体现了地方志核心业务在科学时代的变化方向和转型要求。

三 “一带一路”视野下的研究开发模式

综合以上三方面的分析，可以认为，《地方志工作条例》规定的地方志核心业务有两大块，一是以修志编鉴为代表的编纂工作，第二块是以资源开发区利用为代表的研究工作。前一块既是传统方志学的重心，也是现代方志学的基础，形成“编辑出版模式”；后一块代表着现代方志学现代化转型发展的方向，形成“研究开发模式”。“资治、教化、存史”是地方志传统的三大功能，它不包括现代科学研究意义上的内涵和规范，因此，从以资源开发利用推动的现代方志转型来看，必须拓展现代方志的“科学参考”功能。从方志学理论发展来看，它也正在由“分类记述的”历史科学转变为“以分类记述为基础，应用研究为重点的”并延伸到地方史研究的历史科学。一句话，现代方志学存在着一种从编纂出版模式转向研究开发模式的新趋向。由于在本文概括的四种方志转型模式中，只有“地情研究为重心的综合发展模式”很好地体现了以上各方面的变化和要求，是从编纂出版模式到研究开发模式转型的代表，所以，个人认为，这种转型模式是最值得我们来研究和实践的一种模式。

在“一带一路”视野下，地方志必然强调历史文化资源开发利用方向、为经济社会重大发展问题服务的方向，而这个方面是与“地情研究为重心的综合发展模式”的创新和转型是完全相符合的。在这一框架下，我们发现现代地方志的业务内容、工作方式及组织与学科建设将产生如下变化：

第一，方志的编纂应该根据历史研究和科学研究的要求来设计框架与内容。其中最重要的是，不仅能提供“官用”，而且必须满足多方面的“民用”。

第二，方志工作必须走向开放，在政府主持下，需更多地吸纳社会力量参与，更多地反映家庭、社会组织和社区等社会内容，要加强社会部类的研究；相关的一个重要点则是方志工作队伍建设的开放化。

第三，资料收集和提供的科学化和信息化，这主要是现代方志馆和地情网站的建设，还有资料年报工作，数字化是一个方向。这方面还需要大量投资和建设。

第四，科学研究的组织，这就是方志学会建设和方志理论研究，目前仍然是相对薄弱的环节。

第五，方志人才队伍建设，如何适应资源开发的需要，确实是一个紧密而重要的问题。传统的方志人才，长于文字编辑，适于研究和调查实践，是不适应的。

第六，地方史理论、编纂理论等方面的学术探讨。由此我们看到，方志转型完全是由资源开发研究来统领的，必须由资源开发研究的要求来理清方志事业发展的思路，进而考虑需要改进和改革的主题。实际上，2015 年的地方志工作会议，已将地方史的任务交给了地方志系统。

在这种转型形态中，地方志的主体业务——真正代表性和标示地方志事业特殊本质的——实际上就是《地方志工作条例》中规定的编纂工作和开发研究两大块，前者是传统也是基础，后者是拓展也是现代地方志的核心。如果进一步延伸，则包括地方史研究，现在已正式划入地方志部门的业务。其他两个层面的业务，即资料收集和展示，以及提升层面，都是地方志的外围业务，应该围绕主体业务并根据主体业务的需要来发展，即形成具有内在联系的“地情研究为重心的综合发展模式”。

“一带一路”视野下的方志改革探索

钱　堃（海南省地方志办公室）

提要：“一带一路”战略对方志工作提出了新的、更高的要求，在当今世界经济、科技快速发展的历史背景下，面对新任务的挑战，方志工作唯有迈开改革的步伐，以改革求发展、以改革求突破。本文以服务“一带一路”战略为背景，对方志改革的必要性、方法论、方向与重点难点等问题进行了初步的探索。

关键词：“一带一路”　方志　改革

一　现实倒逼改革

（一）志书就是地方志？

地方志，古称地志、地记、图经、方志等，是指全面、系统地记述本行政区域自然、政治、经济、文化、社会的历史与现状的资料性文献。现当代地方志工作者提到方志工作，首先想到的往往是“修志书”。志书是记述一定时段国家、地区的山川、地理、疆域、气候、人文以及各项经济社会事业情况的重要载体。

从本质上来看，志书所承载的信息，是经官方认可的、客观的、高度可靠的权威信息，是人们了解研究一段时间内志书所记载的国家、地区情况的重要信息。因此，“书”只是载体，“志”才是根本。

世界步入信息时代后，信息呈现爆发式增长趋势，信息的数量、更新速率、传播速度、传播途径以及信息的应用程度都以几何级数增长，给世界带来了深刻的改变，人类社会的生产、生活模式发生了巨大改变，社会节奏整体加快。

在此历史条件下，纸媒作为一种传统的信息载体，已经越来越难以满足信息时代人们的基本要求。在信息化、网络化、大数据化的时代浪潮面前，信息的传播速度、传播广度、利用深度、更新速率已经百倍千倍于传统模式。事实上，数据已经成为一种重要的资源，是政治决策、经济增长、文化交流的重要助力，受到各界的高度重视。

在工作实践中，面对高速发展、变革的客观实际，许多方志工作者已经意识到，如今的方志工作已经越来越难以满足社会的新需求，现实呼唤着方志改革。

（二）服务“一带一路”建设，方志大有可为

“一带一路”既是中国的国家战略，也是对世界的美好倡议。

“一带一路”对中国和世界都具有极其重要的战略意义，如何在这项世纪战略中努力发挥好方志的作用，为中国进一步扩大国际影响力、推动区域内政治、经济、民间友好交流合作尽一份力是方志人需要关注的焦点。

“一带一路”战略启动以来，受到沿线诸国的普遍响应和支持。但是，“一带一路”本身是一个没有明确战略步骤和路线图的倡议，有待于沿线国家按照共商、共建、共享的原则在实践中逐步推进。如何理解、参与和推动“一带一路”，各国政治、经济和文化界都有各自的理解。“一带一路”战略的具体实施方案也有待于沿线国家的磋商与博弈。在此过程中，不同的国家及其政府、企业、团体、个人都在信息不对等的情况下寻找着自我定位，以及合作、竞争的方式方法。

可以预见，像“一带一路”这样宏大的战略，将会带来海量的、复杂的文明、制度、宗教、习俗、历史、语言、知识、法律等方面的碰撞和交流。沿线国家情况复杂，存在着突出的地缘政治矛盾，受到恐怖主义、分离主义、极端主义等威胁，在许多事关重大的根本性问题上，各国很容易产生误解和误判。“一带一路”战略，横贯了东方文明、伊斯兰文明、西方文明几个主要文明区域，各区域中的次级文明更如百花齐放；涵盖了海洋文化、大陆文化、岛屿文化等诸多风格迥异的文化地带；跨越了海洋法系、大陆法系等不同的法律体系；坐落着社会主义制度、资本主义制度、君主立宪制度等不同国体的国家。因此，这有可能是人类历史以来在短时间之内规模最大、最复杂、最深刻的碰撞与交流。

这种碰撞和交流是来自多方面、多层次的，各方利益、矛盾交织，必将导致极端复杂的局面。因此，如何促进区域内合作，促成“双赢”乃至“多赢”，进而推进“一带一路”战略深入发展，是摆在所有人面前的难题。

在此基础上，由于部分域外强国对“一带一路”战略抱抵触态度，各国都需对可能遇到的困难有客观的预计，作为倡议发起国的中国，更要对危机处理有充分的准备。例如，近期赞比亚就出现了中国人在非洲卖“人肉罐头”的流言①。这样的流言虽然是无稽之谈，但是不可否认会造成当地人对中国人的误解，在某些别有用心的组织煽动下，可能发生更加难以预料的后果。这样的流言看似个别事件，但反映出的是当地社会对远在万里之外中国的不了解和缺乏信

① 2016年5月17日，赞比亚一家当地小报KACHEPA刊登题为《中国用人肉来毒害非洲人民》的文章，造谣诬蔑中国企业“用人肉制成罐头牛肉”销往赞比亚、津巴布韦、南非、尼日利亚等非洲国家。中国外交部表示，中方对有关不负责任的报道表示不满。中国驻赞比亚大使馆发表声明强烈谴责“这种毫无根据的恶意中伤”，并向赞比亚有关部门提出严正交涉。

任。我们观察到，“一带一路”倡议提出后，得到了沿线60多个国家的积极响应，但是响应多来自政治层面，在公共舆论和社会大众中的反应则复杂得多，大量不理解、有误解甚至有偏见的问题被显现出来。中国是一个迅速崛起的大国，自然面临着多方面的掣肘，某些域外强国利用沿线国家普通民众的恐惧感做文章，以离间计将误解转化为战略误判，不但会破坏和平合作的基础，更可能会激化矛盾、制造冲突。

从另一个方面看，中国企业在对外投资、转移产能等过程中，因不了解、不熟悉当地法规、风俗、势力分布等地情信息而造成损失乃至投资失败的案例屡见不鲜，反映出中国人对国外重要地情信息有着迫切的现实需求。

当前，中国除了在政府层面推动沿线各国的政治合作外，在经济层面上，金融、互联网、基建、能源等行业作为“一带一路”战略的先锋率先走出国门，为推进人民币国际化、区域经济一体化以及制定行业标准而努力，为更多行业“走出去”打下基础、打开局面；在民间交流方面，各国的专家、学者、民间组织已经开始有目的地研究和推动跨国家、跨民族交流活动。显然，在各国智囊看来，加强交流、增进理解、建立互信、创建合作机制，是开展实际合作、取得共赢的前提。

在这样的历史背景下，方志工作面临着广阔的发展空间——成长为架设区域内合作桥梁的重要支柱之一，发挥独特而重要的作用；同时，方志工作也面临着前所未有的巨大挑战。

（三）三方面不适应

当前的方志工作体系，并不能很好地适应服务“一带一路”战略工作的需求。具体来说有“三方面不适应”：自身定位不适应；方式方法不适应；信息载体不适应。

1. 自身定位不适应

首先是职能定位不适应。当前的方志工作以“资政、存史、教育”为己任，实际工作中主要是起到为政府行政行为提供智力支撑、记载官方工作的作用。而在服务市场经济、社会文化方面，则相对投入较少，工作目标也仅仅是起到“教育”作用。

以服务“一带一路”战略的角度来看，这样的职能定位略显不足：首先，在中国特色社会主义体系的框架下，政治、经济、社会文化都是中国特色社会主义事业的组成部分，都处于中国共产党的领导之下，因此，这三方面都可以认为是广义上的“政”。也就是说，以“资政”这个工作目标来说，方志工作不但应当服务于党和政府的政务工作，也要将服务于党和政府领导下的社会主义市场经济和社会主义社会文化建设放在同等重要的高度上。在推动“一带一路”战略过程中，政治方面的力量将仅仅作为倡议、助推、护航的基础性力量，而经济合作、民间交流才是推动战略合作的中坚力量。如果方志工作仅仅将自身定位禁锢于一角，而非乘势而上、顺势而为，则难逃被边缘化的局面。

其次是时间范畴不适应。当前的方志工作，重“向后看”、轻“向前看”，也就是将工作的主要方向放在了收集整理已经过去的信息方面，对当下和未来关注较少。而“一带一路”战略所需要的信息要复杂得多，不仅需要关于过去的，也同样需要关注当下的，甚至需要将目光投向未来。本文所探讨的“未来”，并非是要求方志记载未来尚未发生的事情，而是在搜集过去、现在的海量地情信息数据后，通过大数据综合分析，建立比较科学的数据模型，进而发现和记载原则性的、规律性的，甚至是定律性的抽象信息，作为各方研究未来趋势的依据。以金融、互联网行业为例，各国的法律、法规、政策、行业发展态势永远处于变化过程中，中国企业要在“一带一路”战略中“走出去”，除了需要了解相关行业历史，还需要对当前信息、未来趋势有较强的把握；以社会交流层面为例，在全球化大潮的影响下，各国社会除坚持传统习俗外，或多或少受到来自国外的多元文化的影响，如果方志工作仅将目光放在过去，而不关注当下与未来，则难免落入“刻舟求剑”的被动局面，仅能够作为众多参考信息中的一个方面。

再次是空间范畴不适应。中国人在历史上长期矗立于世界的巅峰，我们理应用全球视野看世界：中国方志是“中国人做的方志”，而不仅仅是“中国人做的关于中国的方志”——中国人也可以做其他国家的方志来服务中国人；中国人可以将中国方志介绍给其他国家以利于增进了解、开展合作。方志工作需要随着“一带一路”的脚步“走出去”“引进来”。例如，中国在某国建设了石油输送管道、大型深水港等设施，可以预见，在不远的将来，这些设施周边将吸引越来越多的企业进驻，区域内各国、各民族等团体间的文化交流和碰撞也将显著增加。但是，该国的地情信息方面是一项空白，参与区域内合作的各方都没有现成的可靠信息来源，除当地的基本自然地理基建情况外，其政府的发展战略、政策法规信息，其市场方面的工农业概况、投资热点、经济增长点等信息，其社会文化方面的社会保障、教育、医疗、文化体育、风俗习惯等信息都具有很高的实际价值。中国作为“一带一路”倡议的主导方，有理由也有能力担负起这项责任，及时推出相关的“方志信息”产品，为推动区域内合作打好基础。

2. 方式方法不适应

首先是工作节奏不适应。20 年一轮的修志节奏过于漫长，谁能想象“一带一路”战略启动后 20 年，相关方志著作才陆续推出的被动局面？年鉴编制周期相对较短，但仍不够及时。要服务于“一带一路”战略，方志工作迫切需要建立快速反应能力。以互联网行业为例，20 年前的互联网经济还在萌芽状态，而今已经是改变世界大势的重要力量之一，按照 IT 界的“摩尔定律”①，每 18 ~ 24 个月便有一代新产品问世，20 年前的行业状态，在今天看来无异于“上古时代”，参考价值很低，即便是每年更新一次的“年鉴”，也往往落后了近一代。

其次是工作方法不适应。以当前“自编、自导、自演”为主的工作模式，项目的计划、实施、验收、发布都亲自操刀，对“志书”“年鉴”这样比较单一的“产品”还能够应付，但

① 摩尔定律由英特尔（Intel）创始人之一戈登·摩尔（Gordon Moore）提出。其内容为：当价格不变时，集成电路上可容纳的元器件的数目，约每隔 18 ~ 24 个月便会增加一倍，性能也将提升一倍。

是，如果加上信息数据库、影视、APP 等新载体，加上“实时编辑发布”的快节奏，现在的工作模式还能够适应吗？人力资源、智力资源、工作机制能够适应工作需求吗？显然是不行的。在社会化大分工的历史条件下，方志工作要取得突破，就不能再搞“家族企业”，而应当将目光投向全社会，充分利用各行各业的专业力量为方志事业服务，吸引各类尖端人才为我所用，在科学设计方志项目的前提下，将具体制作工作推向社会，构建“方志”工作的社会产业链，争取实现“工业化”“流水线”生产“方志信息”。

再次是工作重心不适应。修志为用，服务是方志工作的生命线。但当前的实际情况是“重修轻用”，多数志书、年鉴出版后，便躺在书库中，静待有缘人，加上方志长期占据“官书”的定位，经济、社会文化界较少考虑主动使用方志，造成“待在深闺无人识”的局面，着实可惜！信息时代，每天都有海量的信息被生产出来，如果我们继续抱定“等人上门”的传统思维，那么就难以将工作成果融入社会主流。我们应当充分认识传播方志成果的重要意义，将之作为工作的重要组成部分。方志信息的传播方式、传播时间节点、传播载体，应当于项目设计时便纳入考虑范畴，传播过程中，应做到明确受众、主动推送、及时更新、客观权威，展示方志信息的特殊价值。

3. 信息载体不适应

以往，受科技的限制，人类普遍以纸作为信息的载体。进入信息化时代后，纸媒相对于新的信息载体暴露出了越来越多的缺点，如发行周期长、传播速度慢、传播范围相对小、承载信息种类单一、查阅查询速度慢、消耗资源量大等，因此其应用范围也在日益缩小。随着科技的进步，新的信息载体层出不穷、日益普及，作为方志信息的创造者，方志工作者应当与时俱进，引入互联网、大数据思维，而非将自己禁锢于志“书”的编修者。在服务“一带一路”战略中，方志工作者应以地情数据的官方收集、整理、推送者的身份，充分利用网络数据库、影像、APP 等新信息载体开展工作。

二 改革势在必行

（一）改革的必然性

方志理论创新古已有之，从未停止。中国旧方志萌芽于先秦，成熟于宋，大成于清，至民国时期，仍有不少志家学者在前人基础上进行探索。新方志工作酝酿于新中国成立后不久，由中国地方志指导小组所开启。时至今日，在生产力迅速发展、客观实际发生巨大变革的背景下，“改与不改”应当没有争论——唯改革一途尔。

从宏观来看，改革开放是党在新的时代条件下，带领人民进行新的伟大革命，是坚持和发展中国特色社会主义的必由之路。改革开放只有进行时没有完成时，方志工作作为中国特色社会主义事业的一个组成部分，只有主动投身于改革开放的历史洪流之中。

从需求角度来看，在服务“一带一路”建设方面，无论是政府、企业还是社会，都对方志“产品”有客观潜在的需求，有大量空白需填补，唯有推动改革，才能满足事业发展的需求。

改革是一道考题，考验我们是否有决心、有信心、有能力给出完美的答案。

（二）改革的方法论

改革开放以来，在不断的探索实践中，党和政府摸索出了一套科学实用、行之有效的方法论——顶层设计与摸着石头过河。《中共中央关于全面深化改革若干重大问题的决定》指出：“坚持正确处理改革发展稳定关系，胆子要大、步子要稳，加强顶层设计和摸着石头过河相结合，整体推进和重点突破相促进，提高改革决策科学性，广泛凝聚共识，形成改革合力。”顶层设计和摸着石头过河是整体谋划与重点突破、理论创新与实践探索、理性建构与经验汲取、集体领导与人民参与的辩证统一，具体来看：

1. 整体谋划与重点突破

顶层设计意味着对改革的系统思考、整体谋划、宏观布局。方志改革的顶层设计，就是在充分调研的基础上，理性地思考方志工作应当在改革全局中、在中国特色社会主义建设中立足于什么位置、发挥什么样的作用、采用何种切合实际需求的工作方法。

摸着石头过河意味着对一定时期改革关键问题的把握、核心牵动力的探索和重点部位的突破。具体到服务“一带一路”战略来说，就应当聚焦于“自身定位”“方式方法”“信息载体”三方面的不适应进行改革，实现重点突破。需要注意的是，重点突破是建立在以往工作的基础上的，是在继承和发扬优秀传统和经验的基础上的，而非对以往工作的全盘否定。在实现重点突破后，可以利用突破过程中所掌握的成功经验，实现重点带动全面。

2. 理论创新与实践探索

顶层设计意味着改革需要理论思维作为指导。理论思维在认识世界方面具有科学性、合理性、全面性、整体性、前瞻性，对改革实践具有重要的纠偏、矫正、指导作用。认识的科学性，意味着从现象中发现本质、揭示规律，并充分利用规律进行改革，具体到方志改革，就是要客观认识生产力进步、时代变迁后的实际情况，在尊重和利用客观规律的基础上，对工作理论进行创新；认识的合理性，意味着遵循社会发展的价值性、人文性，确保改革符合人民的利益，具体到方志理论创新，就是要确立为“一带一路”战略服务、为“中国特色社会主义事业”服务，乃至为“中华民族伟大复兴”民族利益服务的工作目标；认识的整体性，意味着用系统的观点把握事物复杂的固有联系，保证改革全面、整体、协同推进，具体到方志理论创新，就是在全面、系统地把握方志工作全局的基础上，有目的、有计划、协调稳妥地推进改革；认识的前瞻性，意味着对改革的历史、现状和未来联系起来进行考察，及时预判社会的发展变化及趋势，不断完善改革的手段与方式，具体到方志理论创新，就是要以理性、客观态度面对当前存在的问题，以镇定、泰然的态度积极总结经验教训，解决改革中出现的新问题，以敏感、警觉的态度对可能出现的问题加以预判、规避和调整，保证改革始终按照既定方向前进。正如习近平所指出的：“在认识世界和改造世界的过程中，旧的问题解决了，新的问题又会产生，制度总是需要不断完善，因而改革既不可能一蹴而就，也不可能一劳永逸。”①

摸着石头过河意味着改革需要有实践探索。摸着石头过河，是通过实践寻求认识，并利用认识不断推动实践创新的过程；是在实事求是原则基础上，根据客观实际的变化及时调整的过程；是在实践和认识中不断推进和完善改革的轮回过程。方志改革应当抓住服务“一带一路”战略的机遇，将其作为以实践推动再认识，进而实现方志理论创新的重要契机。一方面，以方志改革服务“一带一路”战略，另一方面，以改革成就方志工作再上新台阶。

3. 理性建构与经验汲取

顶层设计意味着理性建构工作制度。通过理性的制度设计，推进探索和创新，实现制度化和规范化。在服务“一带一路”战略过程中，方志改革首先要建立“试验田”，或者称之为“特区”，以鼓励探索创新的特殊政策来保证实现制度创新。

摸着石头过河意味着在渐进改革中汲取经验教训，逐步完善工作制度。在改革过程中，尤其是创新改革中，往往需要反复“试错”，以试点获得的经验，再由点到面将之上升为制度。在方志改革服务“一带一路”战略的“试验田”中，在遵守党纪国法的前提下，应当鼓励创新工作方式方法，并对失败有一定的容忍度，以总结经验教训，摸索出一套行之有效的新制度、新程序。

4. 集体领导与人民参与

顶层设计意味着集体领导推进改革，意味着自上而下的推动。顶层设计要明确改革的根本方向，明确制度构建的模式。具体到方志改革服务“一带一路”战略，则必须明确方志改革项目在“一带一路”战略中的地位，如应当争取国家科研立项等；明确参与方志项目的力量组成，如包含方志工作机构、党委政府机构、科研智库机构、传媒机构、民间组织机构等；明确各种力量在方志项目中所承担的角色和任务，如项目的计划、实施、验收、发布等。

摸着石头过河意味着人民参与改革，意味着自下而上的基层推进。改革离不开人民群众的智慧和基层创新经验，方志改革同样不例外，除了基层方志工作机构外，参与方志项目的各种力量均实际参与了改革创新的实践，各方力量站在各自的角度上，为改革提供着独特的经验，只有充分发挥基层创新的能动性，才能够保证改革取得良好的效果。

三　改革的重点和难点

（一）重点突破的方向

上文已经谈到了改革的方向，这里做一下简要的综述。

---

① 习近平：关于《〈中共中央关于全面深化改革若干重大问题的决定〉的说明》。

1. 将服务“一带一路”战略作为方志改革的重要契机和突破口，建立改革“试验田”，逐步探索和推进方志改革。成立方志改革专门领导机构，在人、财、物、政策等方面予以倾斜。服务“一带一路”战略的方志项目应争取国家科研立项，立项应具备一定的前瞻性。

2. 调整自身定位：明确职能定位为官方地情信息、大数据的收集者和提供者。将服务“中国特色社会主义事业”作为方志工作最高目标，扩展方志工作的时间、空间范畴，放开手脚。

3. 调整服务对象：针对“一带一路”建设主体，党政机关方面，瞄准外事、文化、科技等部门；经济方面，聚焦金融、对外贸易、基建、互联网等主要方向；社会方面，针对国内外高校、民间团体、非官方组织等，策划一批针对性强、时效性强的方志项目，为各方提供其迫切需要的地情信息。

4. 调整工作方式方法：充分利用社会化大分工优势，培育方志产业链，集中精力当好规划师和监理师，推出具体设计和实际操作流程。加快工作节奏，务必取得快速反应能力。

5. 调整信息载体：建立“一带一路”方志数据库，以此为基础，将文字、影像信息纳入数据库，作为大数据分析的基础，推出 APP 程序，为主动推送方志信息打下物质基础。

6. 调整工作重心：修志为用，以“一带一路”战略的需求为导向策划方志项目，以项目成果得到实际运用为工作目标，真正实现“修用并重”。

（二）可能面临的困难

改革与困难总是交织在一起，因此必须对可能遇到的困难有充分的估计和认识。只有冲破旧观念的障碍，突破利益固化的藩篱，敢于啃硬骨头，勇于涉险滩，协调推进各领域各环节的改革，才能将改革推向前进。

首先是来自于自身的困难。改革的决心够不够坚定，改革的政策是否到位，能否及时发现和解决在改革过程中出现的新问题等。其次是来自于外部的困难。如何调动、主导和协调好政治、经济、社会三方面力量，使之有序参与到方志工作改革和建设中来；如何配合好“一带一路”战略的前进步伐；如何令“方志产业链”越做越强等。这些工作中可能遇到的困难，考验着当代方志人的政治勇气与智慧。

地方志是中国的传统文化瑰宝，也是中国特色社会主义建设的一个重要组成部分，我们相信，在中华民族伟大复兴的历史进程中，在中国特色社会主义理论体系的武装下，方志必将发展成为弘扬中国精神、凝聚中国力量、增强中国特色社会主义事业理论自信、道路自信、制度自信的重要智力支撑。

参考文献

［1］毛志华：《深化方志理论研究开创海南地方志事业发展新局面》。

［2］陈惠苗：《浅议方志工作的与时俱进》。

[3] 王丽萍:《加强地方志工作推动地方文化软实力建设》。
[4] 赵可金:《“一带一路”应重视人文为本》。
[5] 邱新立:《近代方志学者对章学诚方志思想的扬弃》。
[6] 罗健:《顶层设计与摸着石头过河:改革方法论的辩证意蕴及启示》。
[7] 学习时报:《“一带一路”:大谋略与大智慧——〈习近平时代〉选载》。

“一带一路”视野下民族地区地方志工作研究
——以普洱市为例

龙　麟（云南省普洱市地方志办公室）

提要：2016 年，“修史修志”的内容写入《中华人民共和国国民经济和社会发展第十三个五年规划纲要》，体现了党中央、国务院对地方志工作的高度重视和殷切期望。这也是在“一带一路”发展战略中地方志将得以大发展的战略契机。而作为联系历史与现实的重要桥梁之一，地方志应成为“一带一路”历史文献保障重器，成为地方文化软实力的硬基础，成为继往开来中华文化重要工程。根据国家提出重视“民族地方志”的编纂工作要求，结合“一带一路”发展战略，探究民族地区地方志事业发展规律，进一步做好民族地区地方志工作。过程中特别强调如何对政府职能，依法修志，服务大众，培养人才等多方面进行优化管理。

关键词：“一带一路”　民族　普洱　地方志

“一带一路”是合作发展的理念和倡议，是依靠中国与有关国家既有的双多边机制，借助既有的、行之有效的区域合作平台，旨在借用古代“丝绸之路”的历史符号，高举和平发展的旗帜，主动发展与沿线国家的经济合作伙伴关系，共同打造政治互信、经济融合、文化包容的利益共同体、命运共同体和责任共同体。相关地区经济和社会的发展无疑会因此受益，文化产业的发展自然也会同时受益于“一带一路”战略，从而迎来历史性机遇。普洱，地处祖国边疆，边境线 418 公里，10 县（区）中有 9 个少数民族自治县，有 26 个少数民族，13 个世居少数民族，少数民族人口占总人口数的 60% 以上，普洱曾是享有“南方丝绸之路”美誉的“茶马古道”起点，被公认为是世界茶树原产地中心地带和普洱茶文化的源头，是世界茶文化的亮点、辐射点、聚焦点。“一带一路”战略提出后，普洱市适时制定发展战略，普洱市主动融入“一带一路”，积极参与构建区域互动合作机制，普洱地区文化产业的发展会稳步提升云南地区乃至西部地区的文化软实力，有利于促进“一带一路”沿线地区文化共识和文化认同感形成，从而更好地服务和推进“一带一路”建设。《全国地方志事业发展规划纲要（2015—2020 年）》明确提出要重视“民族地方志”的编纂工作和“支持民族地区做好地方志编纂工作”“加大对民族地区地方志工作的支持力度”。普洱由于地域等历史原因长期以来经济社会文化发展落后，地方志工作在全省、全州、全市相比也较为滞后，面对“一带一路”发展战略的大好机遇，地方志工作如何在民族地区更好地开展，普洱地区情况是较为典型的，是值得民族地区地方志工作者探讨的。

一　研究“一带一路”与普洱地方志发展的意义

“一带一路”是一个涉及地域政治、经济、文化等领域的广泛概念，如何将地方志工作，特别是具有民族地区代表性普洱地方志工作与之结合起来，能用“一带一路”思维方式和内容来解读其中的原理，这对我们民族地区地方志工作开展有着诸多利处。

（一）有利于普洱地区地方志发展的需要

借“一带一路”之机推进普洱地方志工作发展。进入21世纪，人们的物质生活有了较大的发展，必然会追求更高、更丰富的精神文化生活，地方志这一中国独有的文化传统逐渐被各级政府和广大民众重视，迫使政府管理加大对地方志工作的投入，并列入各级政府的工作日程，过程中还强调用中国传统文化来维系和传承中国人民特有的凝聚力和向心力。爱祖国、爱普洱，从普洱地方志记载中寻求体现中华民族优良传统文化的人和事，教育和引导人们积极向上，不断进取的精神追求。读地方志书不仅是决策者必备，也成为更多的人对地域历史文化了解和认知的重要途径。普洱地区的地方志是普洱地区独特的文化，一直担负着传承普洱文化、弘扬普洱历史传统的重任，这是任何其他的文化都无法比拟的。普洱地方志书是普洱优良历史传统文化得以传承和发扬的优势，具有普洱独具特色的历史文化价值，也有着推动普洱各项事业不断发展的经世致用的价值。普洱地方志书不仅记载了经济社会发展的历史与现状，更是民族精神的寄托之所，对普洱文化内涵进行了拓展，为我们提升普洱文化软实力发挥积极作用。

（二）有利于开发和利用普洱地区地域文化资源

借“一带一路”之机，推荐和宣传普洱。普洱已有的地方志书也与全国地方志书一样，一直谓为“官书”，在普洱历史上服务对象的主体是政府，随着社会发展，除了政府以外的科研、基础建设等部门和个人也对地情资料的需求越来越迫切，地方志服务逐步形成为公共文化的一个重要的部分，地方志的存史、资治、教化功能如何更好地体现也成为今后地方志工作需要考虑的。优化管理模式才能促进地方志对地域文化资源的开发和利用，在科学管理的最优配置下的地方志工作才能编纂出优秀的地方志书，志书记述的内容是地域文化资源的重要载体，地方志管理职能之一就是要建立一个“地情资料信息中心”，其职能就是要收集、整理和规范管理地方文献资料信息，对外提供服务，并依靠现代先进技术手段，制作出适应社会需求的地情信息资料，为服务对象提供更为迅捷、方便、准确而全面的地情信息资料，更好地为经济社会提供资料文献的保障，提供地情信息查询的同时也是宣传和推荐地方特色文化的重要手段和方式。

（三）有利于实现普洱地区地方志管理的整体目标

借“一带一路”之机，促进普洱地方志管理目标。研究普洱地区地方志工作，其目的就是要制定一个可持续发展的工作规划，并将其以工作制度的形式付诸实施。在市场经济的今天，原有的普洱地方志管理模式已经不能满足地方志工作发展的需要，更大程度上要求地方志工作提高到在法律保障下开展，具体到普洱地方志工作中就是要建立健全和完善普洱地方志工作管理机构，使地方志工作列入政府日常工作的制度化，并能依据相应的法律法规行使工作职责，确保普洱地区地方志工作健康持续发展，进而提高普洱地区地方志书、年鉴编纂质量，加强资料库建设，推进旧志整理，强化地方志“资政、存史、教化”的公共服务功能，更好地为普洱实现“一带一路”发展战略做出贡献。

二 “一带一路”视野下普洱地方志工作现状及存在问题分析

（一）普洱地区基本情况

普洱，处于“一带一路”区域中的一个重要位置。位于云南省西南部，地处北纬22°02′~24°50′，东经99°09′~102°19′。与越南、老挝、缅甸三国毗邻。国土总面积45385平方千米。全市国境线总长486千米。普洱市从历史上到现在就一直是中国重要的西南门户，普洱市陆上边境通道共有18个，经过普洱的澜沧江、红河和南亢河三条水道直通中国境外，普洱是南方丝绸之路必经的重要城市。普洱市辖1区9县，思茅区和宁洱哈尼族彝族自治县、墨江哈尼族自治县、景东彝族自治县、镇沅彝族哈尼族拉祜族自治县、景谷傣族彝族自治县、江城哈尼族彝族自治县、孟连傣族拉祜族佤族自治县、澜沧拉祜族自治县、西盟佤族自治县。2010年，普洱市总人口254万人，其中，少数民族人口155万人，占总人口数的61%。普洱市有千姿百态的人文古迹和古老的历史文化，是少数民族传统文化的聚宝盆。全市共有包括汉族在内的26个民族，世居着汉族、哈尼族、彝族、拉祜族、佤族、傣族、布朗族、回族、瑶族、白族、傈僳族、苗族、蒙古族、景颇族14个民族，有11个少数民族乡。

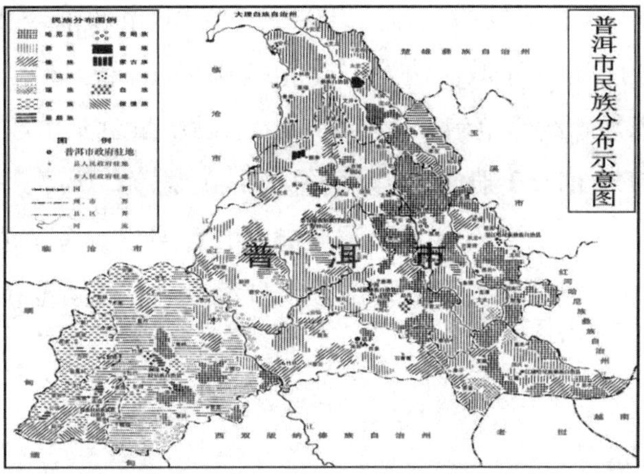

普洱市民族分布示意图

普洱市的各类人文古迹共500多项，以少数民族文物居多。这些少数民族文物包括见证古代商贸繁荣的茶马古道、澜沧江畔的“整控江摩崖”、盐马古道、景谷迁糯佛寺、勐卧佛寺等，其中，孟连娜允古镇保留的中国最完整傣族古建筑群和土司府，是傣族传统文化的见证。在这些文物古迹中最能说明普洱民族文化的是宁洱民族团结誓词碑。普洱民族团结誓词碑是普洱各民族团结的标识，更是中国共产党领导全国各族人民在新时期取得的民族团结进步，事业不断发展的历史见证，它象征着在党的民族政策之下，各民族万众一心，亲密团结，携手共进，共同取得民族进步发展的心声。

普洱各民族有着不同的生活地域划分，在长期的生产生活过程中形成了不同民族间的不同语言，每个民族有着属于自己的本民族语言，在这些语言中有本民族文字的民族为数不多，在日常的交流中，各族群众更多的时候是以口传的方式传播本民族的思想。在历史上，普洱相对于中原地区的一些地方来说，地方志编修较为晚些，直到清代才开始编修地方志，普洱市清朝时期编修府志及各厅、州、县志10部，计140卷，这些旧志，与首轮社会主义新编地方志，成为普洱地方民族文化宝库的瑰宝。从很大程度上来说，普洱地方志是普洱文化传承的重要载体，担当文脉传承的主要角色。

（二）普洱地区地方志编纂的基本情况

20世纪80年代初，普洱掀起了编修市、县（区）二级社会主义新方志的热潮。首轮修志工作经过20多年的努力全面完成，全市共编纂出版市、县（区）志11部，部门（单位）志、专业（行业）志和地方综合年鉴共70余部，总字数约4000余万字，形成了普洱历史文化重要载体的宏大的普洱方志成果体系。首轮修志工作的编纂任务，建立起了具有普洱地域特色、民族特色和边境特色的，将普洱历史传承文化和时代前进特征相结合的普洱地方志书编纂体例，为在边疆少数民族地区编修地方志积累了比较丰富的经验，为普洱市正在开展的第二轮地方志续修工作提供了借鉴和奠定了良好的基础。2004 年，普洱市政府下发《普洱市开展市、县（区）地方志编修工作的通知》，市政府决定在全市范围内全面开展地方志市、县（区）续修工作，对续修工作指导思想、续修范围、原则要求、志书质量、队伍建设提出要求。普洱市续修志书规划市志 450 万字 1 部（3 册），涉及的县（区）志为 10 部，每部约 150 万字。截至 2015 年年末，编修出版县（区）志《江城哈尼族彝族自治县志》《宁洱哈尼族彝族自治县志》《景谷傣族彝族自治县志》《镇沅彝族哈尼族拉祜族自治县志》《澜沧拉祜族自治县志》《墨江哈尼族自治县志》共 6 部。

（三）地方志成果及运用

普洱已经出版的县（区）志书成果丰硕，特点鲜明，亮点突出，对普洱经济项目建设发挥了积极的文字资料的保障和促进作用，先后为世界茶叶源产地，普洱茶商标注册，普洱茶品牌打造，澜沧江湄公河国际航运，普洱水能资源开发利用，糯扎渡水电站建设，地震灾后重建，市、县（区）城市建设规划，为普洱市生态旅游项目资源调查、论证规划提供了大量的第一手文献资料。《普洱县志》为普洱民族团结誓词碑的重新竖立及民族团结园建设、磨墨爱国主义教育基地建设奠定了良好的资料基础，《孟连县志》为娜允古镇申报省级历史文化名城提供了重要的资料，《西盟县志》为打造阿佤文化提供了历史依据。地方志编纂及年鉴编辑促进了对口帮扶及招商引资工作的进展。志书成为普洱地区青少年身心健康成长过程中加强爱国主义教育，了解家乡、热爱家乡必不可少的乡情教材。地方志书成为普洱对外交流的重要窗口，也为振兴普洱地区民族经济、加强民族团结不断巩固边防提供了历史依据。普洱已经出版的地方志书还将继续为普洱“一带一路”发展战略实施提供强有力的文献资料保障。

（四）普洱地方志管理现状

普洱市地方志队伍组成有以下几个方面。一是市县（区）地方志编纂委员会，一般由市、县（区）长，党委、人大、政府、政协一名副职，各职能部门主要领导和地方志办公室主任组成。二是地方志办公室工作人员，一般称为地方志专职人员。首轮修志中专职人员基本从政府各部门、学校等抽调组成专职修志人员；二轮修志工作启动后，随着《地方志工作条例》的颁布，新增地方志专职人员都以参加地方组织的公务员考试，公开招考，择优录取。三是各承编单位撰写地方志人员，在地方志编纂过程中各承编单位均成立编写小组，单位主要领导担任编写小组的组长，编写工作大多由单位办公室文职人员或单位负责档案管理的人员担任。四是专家学者，这部分人员为数不多，大多由编委会外聘政府离退休人员、大中专学校历史教师、地方历史文化研究人员组成。在以上四支队伍中，第二支队伍是修志工作的中坚骨干，也是论文需要分析的重点。2015 年年末，普洱市、县（区）地方志办公室编制 50 人，在编 50 人，处级 3 人，科级 19 人，其他 28 人。

三　普洱地方志管理存在的问题及分析

为更好地使地方志工作顺应"一带一路"发展战略，就应当从原有的工作中分析不足之处。随着经济社会的迅速发展，普洱的地方志事业发展面临新的形势，其管理中机构统属不顺，领导体制不完善，依法修志在地方志事业中运用不足，地方志服务功能不强，人才队伍建设滞后都显现出存在的问题。对这些问题的认真总结和分析其原因，是为优化普洱地方志管理工作关键所在。

（一）地方志机构统属关系不顺

首先，普洱市、县（区）机构不独立、不常设，没有固定的人员编制、经费和办公地点是存在的普遍现象，地方志工作开展之初均有地方志编纂委员会，但编委会的办公会没有形成制度，没有一个确实可行的管理制度，很多编委会从未开过，编委也没有一个职责可依，编委自己也不知道自己需要做些什么工作，在其中起到一个什么样的作用，编委委员均是以政府文件的方式下发，作为委员更多的只是以签阅文件的形式知道有这样一回事，时间一长，或许也就淡忘了。这样一来，很多领导都已经不记得自己还是地方志编委会的成员，不但削弱了编委会的领导协调职能，还把编委会的应当承担的工作推给了地方志办公室或者志书编辑人员。其次，由于没有一个从中央到地方引领地方志事业发展长远的规划，也没有一个适应不同时期的地方志管理机构。对于边疆少数民族地区的普洱来说，经济效益对贫穷落后面貌的改变似乎更加能见成效，所以从决策者到参与地方志工作的人员来看，更多的理解地方志工作就是一本书，没有将其当作一项事业，也就不会将其列为政府工作中长期规划。普洱市、县（区）地方志机构在一轮修志后没有很好的保留下来，决策部门的出发点是地方志就是一本书，是一项单一的工作，志书编纂完成之后，这个部门也就没有事情了，没有今天所讲的"地方志工作"这种大概念，更没有地方志工作包括"志、库、馆、鉴、用、刊、网、会、研"全面地方志工作意识。把地方志机构当作临时机构，认为修志完成后机构应当撤销，没有撤销的虽有机构存在，人员也被抽调另作他用，部分地区还将地方志工作归并到其他机构。再次，由于地方志机构设置不够合理，地方志机构隶属关系不明晰，普洱地方志专职人员管理的身份性质存在许多的问题。普洱第二轮修志启动之初，参加一轮修志的人员基本退休，坚守岗位的又是长年应付或抽调政府中心工作，更多的人员没有加强地方志专业知识的学习与更新，很多地方志部门成为安排富余人员的场所，专职人员过少，从人员的角度已经难以适应新形势下的地方志工作的需要。

（二）依法修志在地方志事业中运用不足

首轮修志中普洱地方志管理与全国大部分地区一样基本是依赖于行政手段，以落实文件或领导重视来进行管理地方志工作，管理中最大的困难是人才和资金两个方面。解决的办法是行政推动，依靠争取领导支持帮助，协调部门解决人力、物力和财力，这样做的好处是解决得快、效果明显，不足之处是过多的依赖人的因素，随意性大，具有不肯定的因素。虽然在修志实践中形成“各级党委领导，各级人民政府主持，地方志部门组织实施的工作模式”，但这没有一个法律效力，只不过是工作方式而已。二轮修志启动后，国务院《地方志工作条例》颁布，随后《云南省地方志工作规定》《普洱市地方志工作实施意见》相继出台，这为依法修志和保障地方志事业的健康发展起到积极的推动和保障作用。但从近年来普洱地方志工作开展的实践和从成果的多少与质量来看，效果并不理想，政府行为的行政手段仍旧是普洱地区地方志工作组织管理的主要运行方式，随着社会发展和市场经济变革的不断深入，行政手段在实际工作中的作用和约束力的范围将会变得越来越窄，所涉及的力量也将越来越小。首先，正常工作开展没有形成制度。普洱的地方志工作更多的弱化法律法规的运用，而强调了领导工作的作用，领导个人意识在工作中起到主导作用，工作的开展不是按相应规定进行，而是以领导个人意志为工作开展的导向。其次，行政约束不到的地方容易造成组稿的难点。《地方志工作条例》中明确规定地方志资料收集可由有关单位提供支持。但在实际操作的过程中依据还是以工作目标所下的政府文件为主。再次，随着财政预算的规范管理，修志工作的很多项目经费没有列入年度预算，总还停留在先编再找钱的旧方式上，导致项目推动的积极性与参与性不高。

（三）地方志公共服务功能不强

从地方志性质来看，地方志具有“存史、资治、教化”三大服务功能。具体的体现在提供决策依据，提供社会科学研究，基础设施建设参考，了解和宣传地域特点等方面。在功能服务中地方志功能不同于自然科学，不会在短期内取得明显的经济和社会效益，其价值具有长期性和隐藏性的特点。近年来，信息来源多元化，网络发展迅速，给地方志信息传播带来新的挑战。普洱首轮修志资料信息均以纸质存储和传播，二轮修志中出版的志书、年鉴、地情资料虽然也顺应需要增加电子光盘的随书出版，但信息没有网络平台的支撑，使用不便捷，记载内容滞后，编纂质量不高，导致地方志书功能不但没有被加强，反而有被弱化的趋势。所以，地方志功能发挥还存在诸多方面的不足之处。首先，地方志本身的问题。普洱地区地方志资料内容丰富，在普洱市地方志资料库存放着记载普洱历史文化、经济社会发展资料近1000册，从数量和内容来看也较为完备，但是历年编写出版，年代较久的也只是些纸质版的书籍，没有电子文档资料，也为提供资料查阅与咨询带来诸多不便。其次，服务意识淡薄。地方志工作者往往只重视如何编纂出一部高质量的志书，而没有花更多的精力去发掘和利用地方志，认为地方志工作就是编写地方志书，地方志功能的发挥成了可有可无的事情，很多时候是被动的提供给所需的人群，这样就更不可能做到主动的宣传和推荐了。再次，信息库建设滞后。普洱从清代到现在，地方综合志书、专业志、地情资料据不完全统计已越万册，这些资料没有一个统一妥当的存放地，均散落于市、县（区）图书馆、档案馆和个人收藏。这些资料的收集归并和分类整理是为建设地方志信息化建设的基础工作，收集到的资料也不能随便存放，网络时代的今天，只有将信息进行电子化处理，放到网络上，在网络上得以安全传播，才是最方便快捷的传播方式，如何将普洱地方志资料以现代化方式提供优质服务，就是地方志管理者需要思考的问题。

（四）地方志人才队伍缺乏稳定性

地方志人才队伍可分为专职人员和兼职人员，专职就是地方志办公室从事地方志编纂工作的工作人员，兼职就是各部门撰稿人和地方志办公室外聘的参与地方志工作的人员。普洱地方志人才队伍经过多年的修志实践整体素质有了很大提升，但仍然有诸多不尽合理现象。首先，普洱地方志专职人才结构配置不合理，地方志专职人员总量太小，1984 年到 2010 年间，普洱市地方志编制人数基本没有增加，多年来一直保持在 50 人左右。其次，普洱市地方专职人员管理体制机制不尽科学。人才引进与流动受体制限制，专业技术人才在岗位设置上不相匹配，严重影响人才工作的积极性。2008 年后，普洱市地方志办公室全体在职人员实行公务管理，从表面上看似乎解决了行政领导与专业技术人员的身份区别，但在实际工作也带来新的问题，以前的专业技术人员要以写论文作为评聘职称的重要标准，现在改为公务员身份，就不用再写论文，对业务知识的学习和研究也就显得与自己的待遇没有多大关系。在实际工作中，地方志工作处于经济发展的边沿部门，更多的则成为政府安排富余人员的地方，业务工作以行政命令推进，没有专业人员的话语权，这无疑对专业人员提高工作积极性带来了一定的伤害。再次，普洱市地方志兼职人员重视不够，调整过于频繁。在这里所指兼职人员主要是各部门的撰稿人，地方志撰稿均来自不同部门，普洱市政府每年年初下文要求各部门明确一位撰稿人，主要工作就是提供撰写的涉及本单位的地方志相关材料。因地方志不属于本单位的主要具体业务工作，撰稿人员虽然明确工作任务，但还是应付了事的居多。

四 “一带一路”视野下优化普洱地方志管理的建议

（一）体现政府在地方志管理中的主导作用

政府在制定“一带一路”各项目标的时候，也应当将政府职能范围的地方志工作列入其中。首先，制定地方志工作发展规划。2015 年 9 月，国务院颁布《全国地方志事业发展规划纲要（2015—2020 年）》，《规划纲要》把地方志事业的发展纳入国家“全面建成小康社会、全面深化改革、全面依法治国、全面从严治党”的总体战略要求，与实现“两个一百年”奋斗目标和中华民族伟大复兴的中国梦紧密联系在一起，地方志事业成为国家战略在文化领域不可或缺的重要组成部分。这就把地方志这项文化基础建设真正放在了国家层面的应有位置来考虑，把地方志事业不断发展作为大文化中的传承弘扬中华优秀传统文明，建设具有中国特色的社会主义先进文化的国家重大系统文化发展工程来对待。为贯彻和落实好《规划纲要》，省、市、县也要相应地做好地方志事业可持续发展的规划，这是地方志事业得以长足发展，如何不断发展的先决条件。其次，地方志组织机构的建设。组织是依据其目标和职责建立的。修志机构有着自己的工作职能，地方志书编纂、年鉴编纂、旧志整理、资料馆建设等都是职责范围所在，临时机构或者不是独立核算的机构已经不能适应新形势下地方志工作需要，也不可能完成以上工作的，因此，必须坚持机构常设的原则。政府在地方志机构设置中如何起到主导作用，根据《地方志工作条例》的要求，就是要做到“一纳入、八到位”，其中，最为要强调政府在其中必须起主导作用，明确作为地方志编纂委员会主任、副主任、成员的工作职责，从主要行政领导开始重视地方志工作，并形成例会制度，由地方志办公室领导定期向编委会汇报工作，从源头上制定一个在政府主持下开展地方志工作的管理机构。再次，合理设置内部机构并制定相应的工作职责。设立普洱市地方志编纂委员会，编纂委员会下设办公室（配备1名主任、2名副主任），在以上3人中至少有一人是地方志业务专家，办公室下设综合科、方志科、年鉴科、资料科，各科配备3~4人，配备人员必须具备地方志业务知识和能力。地方志编纂委员会主要职责是督促、检查、指导和协调地方志办公室工作，使地方志工作顺利开展，加强对全市地方志工作的领导，统筹、协调辖区内各单位的修志工作。政府常务会议或办公会议定期听取地方志工作汇报，研究解决修志过程中出现的问题。将地方志编修工作和地方志事业发展工作列入政府工作报告。第四，强化行政管理。政府在行政管理中取主动作用，这是一轮修志中的成功经验，行政方法具有权威性、强制性、垂直性、无偿性等特点。地方志管理中的编纂委员会组建、修志机构班子选定、修志人员配备、编纂文件下达、承编单位责任、撰稿人要求、审稿规范、工作协调等，均要以行政管理的方法进行。

（二）落实依法修志在地方志管理中的主体作用

地方志工作管理法治化是地方志事业发展的必然趋势，地方志事业持续发展离不开法律法规的保障。首先，地方志工作提供法规依据。国务院《地方志工作条例》颁布后，全面贯彻实施国务院《地方志工作条例》《云南省地方志工作规定》和《普洱市地方志工作实施意见》。各级地方志机构应当持续开展对《条例》《规定》和《实施意见》的普及宣传教育活动，浓厚修志法治氛围，提高修志单位依法履行修志职责的自觉性，把依法修志落到实处，制定条例实施办法，促进和保证条例的各项规定落实到位。地方志管理法治化，才能体现法治的权威性、稳定性、持久性和规范性的特点，《条例》中对各级政府、地方志机构、各部门和个人在地方志工作中应当负有的任务和责任均作了明确规定，在这些规定之下，我们应当制定地方志管理细则和实施规则，最终实现地方志工作的规范化管理。具体内容包括地方志书编纂、年鉴编纂、旧志整理、机关事务管理等规范化。其次，落实“一纳入、八到位”要求。市、县（区）要成立地方志工作编纂委员会，各级政府要确定一位领导分管修志工作。部门志（或专志）的编修单位要成立以主要领导为主任的编纂委员会，遴选主编，组织编写班子，落实编纂任务。参照全省地方志工作机构人员配备情况，根据工作需要配备人员编制，建议市级不少于15人，县（区）级不少于5~8人。修志人才的培养、引进要纳入组织人事部门工作计划，实行与其他高级人才培养、引进的同等优惠政策，用地方志职责的事业留人，用地方志奉献的感情留人，用适当提高待遇的政策留人。再次，加强对修志工作开展情况进行有效的督促和检查。地方志工作必须纳入经济社会年度考核目标责任制管理。各级政府、各级部门均要按照全市的规划和部署统一开展修志的各项工作，工作要稳步推进，扎实有效，过程中，严格按照地方志书质量标准和规定时间内完成各自负责编纂的工作任务。按《地方志工作条例》《云南省地方志工作规定》和《普洱市地方志工作实施意见》的有关规定给予奖励或惩处。

（三）完善公共服务功能

地方志工作如何更好地为“一带一路”提供服务是问题的关键。提高地方志工作者素质，地方志公共服务功能的原动力是地方志工作者，地方志工作者自身素质的关系到地方志能否更好地服务于社会。因此地方志工作者应当转变之前的“重修志，轻利用”的思想和观念，就如何转变工作作风，加强学习上多下功夫，清醒地认识到地方志以服务地方公共文化为理念，我们不但要编纂出质量高的地方志书，更要重视如何将地方志成果为当地经济社会发展服务，为广大研究普洱和有望了解普洱的读者服务。一是在地方志队伍人员配备中要除了需要文史专业的人才外，还要有针对性地配备具有网络技术的专业人才。二是在编修地方志的过程中，地方志工作者应当具有“走出去”，采用研讨会、评审会、读者见面会等不同的形式广泛听取来自不同方面的意见和建议，一来可以打开地方志工作的视野，二来可以了解到社会各界对地方志有些什么需要。三是地方志工作者要具备服务中心工作的主动意识。地方志工作者要时刻关注党委、政府的中心工作，为其提供地情资料的保障。完善地方志公共服务平台的建设。地方志公共服务平台是地方志成果面向社会各界提供服务的主要渠道。加强方志馆的建设，方志馆作为地方志书主要收藏机构，向社会提供借阅服务是最直接的服务形式，有固定场所，有专人负责。丰富馆藏图书，图书的内容包括地方志书、年鉴，部门和个人不同形式文体撰写普洱的书籍等，为不断丰富馆藏资料，要加大在普洱市范围内，甚至是云南省、全国范围内收（征）集有关普洱地方志文献资料的力度，不断建立健全和完善普洱地方志资料收（征）集、整理、保管的各项工作制度，推行地方志资料年报制度并形成常态机制。创新服务的途径和方法。随着信息化、网络化的不断发展，地方志服务观念要改变，不能仅仅停留在一本书的上面。

（四）培养一支稳定的修志队伍

人才是地方志工作的“第一资源”，地方志工作做得好不好关键在人，培养一支稳定的普洱地区修志队伍是建立健全普洱地区地方志工作组织机构的重要工作。首先，明确工作职责，增加人员编制，注重专业修志人才管理。地方志专职人员，主要的工作就是编修地方志，明确地方志工作包括地方志书编纂，地方综合年鉴编纂，地方历史期刊编辑，旧志整理和地情信息资料库建设等工作，作为专职修志工作人员就是要从事和研究以上各项工作，制定相应的工作职责，并在工作中不断创新工作方式，在各项工作中起到成效。在工作中明确行政领导与业务领导的工作职责，行政领导对业务工作进行指导监督作用，争取地方志工作的更宽领域的发展，业务领导负责业务工作的执行标准的制定，业务工作决定权在业务领导，业务领导必须具有地方志成果，地方志的成果是通过政府组织的专家学者进行鉴定。在配备专职工作人员的时候，要考虑到工作的特殊性，适当增加专职修志人员编制，招录地方志专业或历史专业的应届本科及以上毕业生，注重培养乐于奉献，淡泊名利的传统修志精神，引导专职人员潜心研究地方志，以出地方志成果进行考核的目标，成果可以通过政府组织的专家学者进行认定，并给予相应的经济和政治待遇，提高地方志专职人员工作的积极性。其次，健全地方志人才培训与评价机制，高效发挥地方志专业人员的才能。地方志工作需要专业人员不断学习和知识的更新，地方志学科具有不同于其他行政工作的地方，学习的内容也是丰富多彩，在相应编纂、出版、校对等针对性的培训外，还要对地方机构改革、新闻大事、民族工作等知识进行了解认知，培训还要对提高职业素质与敬业精神进行熏陶，地方志机构对培训知识进行设计，按年度计划或更长远的计划进行规划，培训后要对其学习情况进行考核，把培训学习内容进行工作中的运用。对于地方志人才评价，地方志人才在工作中除了相应的组织部门的考核外，应当还要有一个评价体系，评价的实施主体是政府组织的专家学者或者第三方评估中介，被评价的主体是地方志专职人员，对于专职人员的评价主要的是地方志成果，以及地方志成果转化的效益等，在评价的过程中也可以采用笔试与面试、情景模拟等方式进行，这样的考核可以对地方志队伍更为科学地配置人员，更加合理地使用和培养人才，对不适合从事地方志工作的专职人员进行岗位调配，营造出良好的人才成长环境、干事环境和创业环境，最大限度地激发地方志专职人员的主观能动性和创造性。再次，培养相对稳定的地方志兼职人员队伍。地方志兼职人员来自不同的单位，各单位执笔人是这支队伍的主要力量，各单位在统筹部门工作的同时，也应当将地方志撰写工作列入日常工作之中，在选人、用人上还是得认真考虑，要选择责任心强，具有一定写作能力的人担任单位地方志执笔人，并积极组织地方志业务培训，没有特殊情况不随意更换撰稿人，保持工作的稳定性与连续性。兼职人员在工作中要不断注重自身素质的提高，最好是能为普洱地方志事业建设提出一些建议和意见。在撰写的过程中，培养自己对地方历史文化热爱也是很重要的，自己虽然不是专职的地方志工作者，但也是生活在普洱的一员，作为工作人员，应当承担起宣传和推荐普洱的义务，在不同的场合和地点都可以对普洱历史文化进行说道，让更多的人了解和认识普洱。另外，对兼职的地方志工作人员，相应部门应当提供工作环境，解决工作中出现的没有电脑、科室资料难收等困难和问题。在年度考核中也要把地方志工作列入单位内部考核内容，以便发现能写会写的人才，也为其发展提供一定的空间，让兼职工作者愿为普洱地方志工作尽一份力。

参考文献

[1] 中国地方志指导办公室编：《中国方志文献辑存》，北京：方志出版社，2012 年。

[2] 王晖：《方志论》，黄山：黄山书社，2010 年。

[3] 刘秋增：《山东史志事业发展规律探索》，山东：山东新闻出版局，2009 年。

[4] 陈旭：《地方志数字化、网络化建设和公共文化服务》，《中国地方志》2009 年第 10 期。

[5] 剑平：《论地方志公共文化服务体系建设》，《中国地方志》2009 年第 8 期。

[6] 李秋洪：《地方志的困境与创新》，《中国地方志》2012 年第 1 期。

[7] 史天社：《方志是反映客观存在的镜子——认知方志学初论》，《黑龙江史志》2013 年第 6 期。

[8] 石恒林，蒋三军：《方志馆馆藏建设思考》，《黑龙江史志》2013 年第 4 期。

[9] 陈广辉：《依法修志推进地方志事业迈上新台阶》，《黑龙江史志》2014 年第 4 期。

“一带一路”的历史超越对地方史志事业的客观要求

张占社（甘肃省地方史志办公室）

提要：历史上的丝绸之路不仅是一条沙漠之路、绿洲之路，它也是一条延绵数千里的商业贸易之路、文化交流之路、信息传播之路。依托这条友谊与财富之路、交流与共荣之路，不同文明得以再次碰撞交融，兼容并包的理念伴随着丝绸之路的兴盛，绵延至今并被赋予新的时代内涵。什么原因让丝绸之路在今天得以复活？今天的“一带一路”与历史上的丝绸之路又有何区别与联系？地方史志工作者如何利用资源优势发挥作用？作为联系历史与现实的重要桥梁之一，地方志、地方史、年鉴、地情资料应成为“一带一路”信史文化重器，成为文化软实力的硬基础。对接“一带一路”发展战略，地方志事业应站在更新的文化高度，推陈出新，与时俱进，主动担当，积极作为。

关键词：“一带一路”　地方志　主动担当　积极作为

“无数铃声遥过碛，应驮白练到安西”，在唐代诗人张籍①的笔下，千年之前古丝绸之路的盛况可见一斑。一条丝绸之路，撑起了汉唐的盛世荣耀，丝绸、茶叶、陶瓷不断出口，世界为之陶醉。历史上的丝绸之路是友谊与财富之路，交流与共荣之路，商贾络绎不绝，不同文明得以再次碰撞交融，兼容并包的理念伴随着丝绸之路的兴盛，绵延至今并被赋予新的时代内涵。什么原因让丝绸之路在今天得以复活？今天的丝绸之路与历史上的又有何区别与联系？地方史志工作者如何利用资源优势，顺势而上，主动担当，积极作为？德国地理学家李希霍芬②大概没有想到，他1877年命名的“丝绸之路”会在21世纪复活，在“一带一路”发展战略中被赋予新的内涵，为重塑世界政治经济文化新格局发挥新的作用。

一　丝绸之路的形成与发展

西汉时的中西交通，不应局限于张骞所走过的道路。第一，张骞通西域之前很早，中亚各

---

① 张籍（约767—约830）中国唐代诗人，与韩愈、白居易、孟郊、王建交厚。《凉州词》：“边城暮雨雁飞低，芦笋初生渐欲齐。无数铃声遥过碛，应驮白练到安西。凤林关里水东流，白草黄榆六十秋。边将皆承主恩泽，无人解道取凉州。”

② 1868—1872年的五年间，德国地理学家李希霍芬（1833—1905）七次来到中国；又一个五年后，他出版了三卷本的专著《中国》，从此，一个色彩斑斓的名字：“SilkRoad”——丝绸之路为世人所知。

国与中国内地之间就有了交往；第二，张骞去西域的道路，是中西交通史上的重要道路，但不是全部；第三，张骞的行程虽仅及中亚，但他却了解到了一些中亚以西国家的情况，扩大了汉朝对西部的认识。在张骞出使西域以前，西方世界就早已有中国向其出口丝绸的记载。前3世纪左右，古罗马地理学家已经称中国为“赛里斯国”，“赛里斯”在希腊语中同“蚕”“蚕丝”的意思密切相关。在西方世界看来，中国乃以丝立国，以丝强国。在汉武帝真正将丝绸之路官方化的百年前，中国的丝绸早已传至西方，成为当时诸国了解中国的重要媒介，这为张骞的“凿空之旅”奠定了基础。

在西汉张骞开辟丝绸之路后，与张骞同时的史学家司马迁称张骞通西域是“凿空”，就是指张骞开通了“险厄，本无道路”的中西交通。史学家司马迁形容在这条通道上为致富而拥挤奔波的民情世态是：“天下熙熙，皆为利来；天下攘攘，皆为利往。”这些，虽然在古籍文献中有一定的记载，但依据考古资料对丝绸之路早在前2000年左右就已存在了的推断，及其官方正式“凿空”后的史实，都充分证明丝绸之路在人类历史上承载的商贸流通、文化浸润、民族融合的桥梁作用。《史记·大宛列传》记载：张骞第二次出使西域带了三百人，每人有两匹马，“牛羊以万数，赍金币帛值数千巨万”。显然，这是一个有着商业贸易性质的使团。在这之后，丝绸之路出现了空前的繁荣，“使者相望于道，诸使外国一辈大者数百，少者百余人，人所赍持大放博望侯时……汉率一岁中使多者十余，少者五六辈”。我们仅以“少者”每年有五六批使团计算，所持财物与张骞时相仿推测，如此规模，如此频繁的出使，政治、经济、文化交流的特性更是显而易见。

西汉时期，北方匈奴力量强大，张骞于前139年奉命出行“大月氏”①，以求联合共压匈奴之威。西行途中，张骞被匈奴扣押达数十年之久，最终达到“大月氏”所在领地，在其地传播汉族文化，汲取西域诸国营养，成功架起东西方沟通之路。新莽政权时期，丝绸之路由于政权更迭、国内矛盾突出未能获得发展，趋于停滞。东汉政权建立之后，班超重走故人之路，再开西域，并将其范围延伸到了地中海附近，二次凿空，进一步促进了东西方之间的物质文化交流。

隋唐期间，丝绸之路真正地发挥了其独特的作用，为中西方带来了空前的繁荣。中国的茶业、丝绸、陶瓷不断出口，西方香料、科技也不断涌入，在唐都城长安，胡商络绎不绝，唐太宗被尊称为“天可汗”，受各国拥戴。唐“安史之乱”后，陆上丝绸之路逐渐受限，海上丝绸之路渐趋兴盛。两宋时期，由于北方陆上丝绸之路通道长期为辽、金、西夏王朝控制，因此北宋时陆上丝绸之路开展受阻。南宋时期，偏安一隅，借助临安有利形势，发展海运事业，海上丝绸之路不断兴盛，逐渐地取代了传统陆上丝绸之路的主导地位，成为沟通东西方的主要通

---

① 大月氏（读成 dà ròu zhī）前5—前2世纪初，月氏人游牧于河西走廊西部张掖至敦煌一带，势力强大，为匈奴劲敌。约在武帝元朔元年（前128）汉使张骞至其国，以后往来渐密。

道。明朝初年，海上丝绸之路的发展达到鼎盛，广州、泉州、杭州等成为重要港口，但因朱元璋的“海禁政策”[①] 而渐趋衰弱。

纵观历史上丝绸之路的发展轨迹，在其千年的演变之间，尽管沉浮多变，但绵延不衰，对中西方交流做出了巨大的历史贡献。首先，繁荣了中西方的贸易和商业往来。千余里的丝绸之路上，商贾来往不断，驼铃阵阵，繁华相望于道。在贸易过程中，各类奇货数见不鲜，在相互交换的过程中极大地推动了中西方物质的繁荣，加速了财富、资源以及人力的流动。其次，促进了沿线各民族之间的稳定。由于各民族之间经贸往来频繁，同时伴随着文化交流所带来的相互理解，丝绸之路上各民族之间也呈现出融合的趋势，各民族获得了不同程度的发展进步。丝绸之路不仅仅是一条经贸之路，更是一条文化之路，各类文明汇聚此道，以其包容开放的精神，发展了世界文化的多样性，搭建了世界文化沟通交流的平台。

二 “一带一路”对丝绸之路的超越

2013 年 9 月，习近平总书记访问哈萨克斯坦时发表了题为“弘扬人民友谊共创美好未来”重要演讲。在演讲中，习近平总书记指出：“为了使我们欧亚各国经济联系更加紧密、相互合作更加深入、发展空间更加广阔，我们可以用创新的合作模式，共同建设‘丝绸之路经济带’。这是一项造福沿途各国人民的大事业。”由此，中国建设“丝绸之路经济带”的战略构想首次被提出。丝绸之路经济带是在“古丝绸之路”概念基础上形成的一个新的经济发展区域。丝绸之路经济带首先是一个“经济带”概念，体现的是经济带上各城市集中协调发展的思路。丝绸之路沿线大部分国家处在两个引擎之间的“塌陷地带”，整个区域存在“两边高，中间低”的现象，发展经济与追求美好生活是本地区国家和民众的普遍诉求。这方面的需求与两大经济引擎通联的需求叠加在一起，共同构筑了丝绸之路经济带的战略基础。

2013 年 10 月，在出席亚太经合组织（APEC）领导人非正式会议期间，习近平总书记提出，东南亚地区自古以来就是海上丝绸之路的重要枢纽，中国愿同东盟国家加强海上合作，发展好海洋合作伙伴关系，共同建设 21 世纪海上丝绸之路。而 21 世纪海上丝绸之路重点方向是从中国沿海港口过南海到印度洋，延伸至欧洲；从中国沿海港口过南海到南太平洋。以点带线，以线带面，以重点港口为节点，共同建设通畅安全高效的运输大通道，交流大通道，增进同沿边国家和地区的交往，这些战略目标，极大地超越了古丝绸之路的历史局限，描绘出 21 世纪海上丝绸之路的新蓝图。

“丝绸之路经济带”与“21 世纪海上丝绸之路”（简称“一带一路”）成为 21 世纪联系亚非欧的政策、贸易、设施、资金、人心通畅的跨地区合作模式，超越了古代丝绸之路的基本内

---

① 明朝海禁是 14 世纪时明朝政府对海事进行的一系列限制政策的统称。洪武年间（1368—1398），朱元璋为防沿海军阀余党与海盗滋扰，下令实施海禁。

涵，具有21世纪融通中国梦与世界梦的战略担当。2015年3月28日，国家发改委、外交部、商务部联合发布《推动共建丝绸之路经济带和21世纪海上丝绸之路的愿景与行动》中说：“共建‘一带一路’旨在促进经济要素有序自由流动、资源高效配置和市场深度融合，推动沿线各国实现经济政策协调，开展更大范围、更高水平、更深层次的区域合作，共同打造开放、包容、均衡、普惠的区域经济合作架构。”

三 “一带一路”对丝绸之路的传承与发展

“一带一路”的提出基于丝绸之路开放包容、兼收并蓄的精神，但“一带一路”战略在新的时代背景之下，被赋予了新的内涵，在“空间”“内涵”两大方面实现了新的超越。

（一）“一带一路”的历史传承

历史上丝绸之路在经贸合作、文化交流、民族稳定三个方面发挥了积极作用，而当今“一带一路”建设，也同样会发挥古丝绸之路这三大独特作用。正如习近平总书记所提到的，“一带一路”建设有利于欧亚各国经济联系更加紧密，相互合作更加深入，发展模式更加广阔，这是一项造福沿途各国人民的大事业。放眼古今丝绸之路，两者同为“亲善之路”“繁荣之路”“交流之路”。

“亲善之路”指的是当今“一带一路”建设立足于古丝绸之路对民族稳定、和谐共处的贡献，在和平发展日益成为时代主题的当下，将“一带一路”打造成一条福泽各国民众的发展之路，促进沿线不同国家、不同民族之间的友好往来，和睦共处，平等发展，互利共赢。“繁荣之路”是指当今“一带一路”建设在经贸交流的过程中推动东西方两大市场的繁荣，为沿线国家提供巨大的发展机遇和潜力。从而建立起高效运行的“财富流通网”“物资运输网”与“货币交换网”。“交流之路”是指当今“一带一路”不仅仅是一条经贸之路，也是一条文化交流、民众交往之路。伴随着各国基础设施的不断完善以及经贸合作的不断深化，建立在其基础之上的文化交流也同样会大放异彩。

“一带一路”的建设，立足发展大局，在继承传统“亲善”“繁荣”“交流”的古丝绸之路基础上，将会打造成一条互尊互信之路、合作共赢之路、文明互鉴之路。“一带一路”建设涵盖30亿人口，在建设的过程中，如能发扬传统“和平合作、开放包容、互学互鉴、互利共赢”的“丝路精神”，以开放包容的态度推动沿线各国民众之间的交流，不仅能够推动“民心相通”的早日实现，而且能够极大地推动文化多样性的发展，在文化沟通交流的基础上实现物质同精神的双重结合，从经济和人文两个层面真正实现“共商”“共建”“共享”的合作理念。

（二）“一带一路”建设的时代发展

“一带一路”建设是21世纪中国对外开放的重大举措，是在传承传统丝绸之路精神的基础上，实现了两大超越。一方面，在空间上超越了传统的丝绸之路的限制，所辖区域空间进一步扩大，合作空间也得以深化；另一方面，在内涵上赋予了丝绸之路新的内容，超越了传统丝绸之路的思维模式，以其“时代性”“先进胜”“开拓性”支撑着“一带一路”建设的大发展。

1. 空间上的超越

古代丝绸之路，正式开通了从中国通往欧非大陆的陆路通道。这条道路，由西汉都城长安出发，经过河西走廊，然后分为两条路线：一条由阳关，经鄯善，沿昆仑山北麓西行，过莎车，西逾葱岭，出大月氏，至安西，西通犁轩，或由大月氏南入身毒①；另一条出玉门关，经车师前国，沿天山南麓西行，出疏勒，西逾葱岭，过大宛，至康居、奄蔡（西汉时游牧于康居西北即成海、里海北部草原，东汉时属康居）。可见，古代陆上丝绸之路主要是从东亚开始，经由中亚和西亚地区，从而同欧洲诸国相联络。在此过程中，东南亚、南亚等地区虽然在一定程度上受到丝绸之路的影响，但和西亚、中亚等地相比，影响力还是有限的。

当今“一带一路”的建设，依托现存的亚欧大陆桥，通过中亚、西亚等重要区域，连接欧洲，实现沿线各区域之间的互联互通。但是，我国在“一带一路”的建设过程中，开展了与其相配套的“经济走廊”建设，通过经济走廊，将历史上并非陆上丝绸之路主体的区域也纳入到了“一带一路”建设的过程中。“一带一路”建设在空间上的扩展，不仅大大激发了我国各省份的积极性，同时也将南亚、东南亚、东北亚、东亚、西亚、中亚乃至欧洲紧密地联系在一起，大大扩展了古代丝绸之路的地理空间概念，赋予了其新的时代生命。历史上，丝绸之路“海陆同盛”的局面南寻踪影，而当今“一带一路”建设就是致力于创造海陆并举、协同发展的盛况。海陆空间的结合，其空间覆盖范围是古代丝绸之路难以比拟的。

习近平总书记在讲话中提出要以点带面、从线到片，从而逐步形成区域的大合作，同时实现五通，即“政策沟通”“道路联通”“贸易畅通”“货币流通”以及“民心相通”。不难看出，当前“一带一路”的建设，在“合作空间”上极大地超越了传统丝绸之路以经贸为主的合作方式。新时代“一带一路”的建设，“贸易通”仅仅是一方面，重要的是在贸易通的基础上实现政策、基础设施建设、科技文化乃至民心的全方位互联互通，真正为新形势下各区域之间的合作奠定坚实的基础。

2. 内涵上的超越

“一带一路”建设丰富了传统丝绸之路的内涵，在“时代性”“先进性”“开拓性”三个方面对丝绸之路做出了创新性发展。

第一，时代性。古代丝绸之路虽然促进了陆上的大繁荣，但海上优势却迟迟得不到展现。今天“海洋”已经成为重要的战略资源，从“大河”走向“大海”，从“内陆”走向“海洋”，将“丝绸之路经济带”和“21世纪海上丝绸之路”结合起来，海陆统筹兼顾，协调并

① 身毒即天竺国，现今之印度，其情况班固叙述于《张骞传》中。

举。同时，将我国西北、西南地区纳入开放的前沿，有利于缩小同东部沿海省份的差距，推动实现国内各省份的共同富裕，这同样符合深化改革开放、打造对外开放新局面这一典型的时代要求。

第二，先进性。今天的“一带一路”建设，在预期目标和建设理念两个方面，具有高度的先进性。预期目标主要是“五通”，将政治、经贸、交通、货币、民心创新性地结合在一起，能够充分发挥我国的战略优势，同世界各国分享自身发展红利，这本就是平等协作的典型创举；建设理念主要是坚持古丝绸之路开放包容的精神，并在此基础上将世界看作统一的命运共同体，谋求“共同富裕”，这一点超越了历史上各国的“谋利”心理。

第三，开拓性。“一带一路”建设的过程中，将世界看作一个统一的整体，号召沿线国家共同参与，通过相互之间的平等协作，沟通了解，共建繁荣世界，分享发展成果。中国这一创新，以互利共赢的形式，超越了传统的区域合作方式，为世界各国的发展提供了新的发展思路。同古代丝绸之路相比，“一带一路”以其开拓性，给予了框架中沿线各国远超古时的发展生机和活力。这一传承之下而出现的“一带一路”创举，必将促进沿线各国的友好协作，互惠共赢，共谱丝绸之路新华章。

四　地方史志工作在“一带一路”建设中的主动担当

“一带一路”发展战略绝非经济发展专利，也应成为文化大发展的战略契机。但面对“一带一路”发展机遇，借助“一带一路”走出去、请进来的文化发展战略，地方史志工作如何主动担当，这是每一位地方史志工作者面临的难得机遇和严峻挑战。中共十八届五中全会提出“扶持优秀文化产品创作生产，加强文化人才培养，繁荣发展文学艺术、新闻出版、广播影视事业。实施哲学社会科学创新工程，建设中国特色新型智库。构建中华优秀传统文化传承体系，加强文化遗产保护，振兴传统工艺，实施中华典籍整理工程”的意见，也应成为“一带一路”史志文化乘势而上、主动担当的重要依据。

地方志是传承和彰显中华文明的重要载体，是中华民族优秀文化的瑰宝。据统计，我国历代编修的地方志现存达8500多种，10万多卷，约占我国现存古籍的1/10。仓修良著《方志学通论》中载，自汉魏至民国全国完成的通志122部，府志875部，县志5728部，志略333部。仅甘肃境内有史可考的方志约380多种（部），加上各类图经、地记、乡土志、调查记、采访录、杂志、要览等，约500余种，近5000卷。这些丰富的史料，在不同的时代都是帮助顶层设计和地方长官“察国情”“别疆域”“记风土”“量治情”“裨教化”的古今通鉴。特别是新中国成立后，我国编纂出版7000多部省、市、县三级地方志书，2万多部行业志、部门志等，古今如此浩繁的地方史志成果，正在“一带一路”的建设中发挥和正在发挥着重要作用。

在地方史志记载的范畴里，“一带一路”既是历史的概念，更是现实的战略。作为联系历史与现实的重要桥梁之一，地方志、地方史、年鉴、地情资料应成为“一带一路”文化软实力的硬基础，成为华夏文明传承、传播的权威工程、精品工程、传世工程。特别是在多层次、多角度、全方位、百科式的传承中，地方史志在助推文化产业的大发展、大繁荣，为文化正能量的弘扬提供源源不断的原始材料和信史精品。

习近平总书记曾说：“要马上了解一个地方的重要情况，就要了解它的历史。了解历史的可靠的方法就是看志，这是我的一个习惯。过去，我无论走到哪里，第一件事就是要看地方志。”这种以志为信、以志为鉴的认知方法，说到底是源于中国特有的方志文化的三大功用，即存史、资治、教化。

更令人鼓舞的是，国务院颁布的《全国地方志事业发展规划纲要（2015—2020年）》（以下简称《规划纲要》）首次将“史志不分家”上升到国家顶层设计层面。它不仅“量化”了2006年颁布的《地方志工作条例》（以下简称《条例》）涵盖的传统地方志领域和范围，而且“将地方史编写纳入地方志工作范畴，统一规范管理”。这一“史志合一”统管编修机制创新，无疑是对传统史志学术的又一重大突破，必将对史志文化“承前启后、开创未来”产生划时代影响，打开中国史志文化新纪元。主要体现在：一是官修新志从20世纪前到2006年《条例》规定省、市、县三级综合志“一志独秀”的单一传承，向民族志、部门志、专业志、乡村志的全方位拓展。二是各级政府及其地方志工作机构从原承担编修志鉴“双责”向志、鉴、史、馆、库、网的“六位一体”拓展（地方史首次纳入地方志编修主业）。三是各级政府主修统管的省、市、县“三级志书”向省、市、县、乡镇甚至于村（社区）等四五级志书拓展（立体化史志编修体系）。这“三个拓展”，本质上是新形势、新常态下各级政府和有关部门“依法治志”、履职担责的行动指南和权责清单。在学习好、贯彻好、落实好《规划纲要》的同时，对接“一带一路”发展战略，地方史志工作者应站在更新的文化高度，做好做强传承、传播工作。

一方面，传承的首要任务是史志兼修，立体纵深。主要路径有二：一是从今往后，各级地方志部门在全力推进省、市、县三级志书编修的同时，启动地方史编修，将以往多由个人、团体主修的地方史转型为类同志书的“官书官修”，传承传播史志正能量。与此同时，史志兼修横向扩展到行业、部门、单位，纵向延伸到乡镇、街道、村社。必要时，应适时启动国家《一统志》等总志编修，类如《大明一统志》《大清一统志》，以期全面、系统地传承国家信史，让“一带一路”国家和地区在从地方史志了解、吸取地方史志智慧、地方文化的同时，更宏观、更全面了解、借鉴中国智慧和中华文化。二是在“实施中华典籍整理工程”中，全面、系统地开展旧志古籍整理，在各地编纂《历代方志集成》的基础上，启动前所未有的《中国方志集成》系统工程，将中国特有的方志信史文化历史与现实有序对接聚集，打造成真正的中华文化精品，进一步扩大其在国内外的影响。

另一方面，传播的要旨在推陈出新，与时俱进。关键要三管齐下。一是将既有的史志成果精加工、数字化、网络化，通过地情信息网络平台向社会、公众公开史志成果，共享史志文化。二是编修综合年鉴、专业年鉴、行业年鉴，及时传播“年度百科”等最新地情、资讯，与时俱进助力于经济发展，即以史志传承历史，以年鉴地情对接现状。同时，弥补“隔代修志”的时效差，并为史志编修积聚新资料。三是全力打造以国情地情为主要内容的“百科全书式”资源宝库——“中国志库”和地情信息平台。即利用互联网技术和信息资源，实现“中国志库”+互联网，打造网络史志“一带一路”软实力，为“一带一路”建设提供实时信史文化资源、文化品牌支撑，推动地方史志文化进机关、进农村、进社区、进校园、进企业、进军营，推动城乡方志文化建设，培养地方历史记忆，在传承的同时进行实时有效传播，更好地贴近经济社会发展实际，贴近人民群众需要，充分发挥地方志资源在“一带一路”公共文化服务中的“资政”“商鉴”“教化”等重要作用。

五 地方史志工作在“一带一路”建设中应积极作为

地方史志作为一个地方百科全书，涵盖了经济社会发展资料、与其他地方自古以来交往的资料、历年气象灾害发生的资料、诗词歌赋等方面的资料，这些都为“一带一路”策划者、组织者、参与者甚至关注者了解当地经济文化发展、展示地域特色和形象、做好应对突发事件与灾害的准备，提供了有益资信和借鉴。特别是“一带一路”主要经过的民族地区，是我国的资源富集区、水系源头区、生态屏障区、文化特色区、边疆地区、贫困地区。这些“家底”的历史和现状，经由古今志书一代代记录传承并传播着。从中既可洞见国情，又可见证民性，是中华文化不可或缺的重要组成部分。只有了解了这些“家底”，才能真正了解我国文化多样性中的基本国情、省情、市情、县情、地情甚至于商情，才能在一带一路大战略中知己知彼，决胜千里。

风起扬帆正当时，四海同心逐新梦。“一带一路”战略构想的宏伟蓝图已经绘就，古丝绸之路曾经的荣耀与辉煌将再呈现，新时期地方史志工作者应积极作为，为铸就团结、发展、繁荣、文明的希望之梦献策献力。

（一）传播丝绸之路文化。传播丝绸之路文化，关键挑战是将对传统丝绸之路文化的兴趣与热爱转化为对当代丝绸之路文化的兴趣与热爱，将对当代丝绸之路文化的兴趣与热爱转化为对现实“一带一路”的兴趣与热爱。正如习近平总书记指出的，“要使中华民族最基本的文化基因与当代文化相适应、与现代社会相协调，以人们喜闻乐见、具有广泛参与性的方式推广开来，把跨越时空、超越国度、富有永恒魅力、具有当代价值的文化精神弘扬起来，把继承传统优秀文化又弘扬时代精神、立足本国又面向世界的当代中国文化创新成果传播出去。要系统梳理传统文化资源，让收藏在禁宫里的文物、陈列在广阔大地上的遗产、书写在古籍里的文字都活起来。要以理服人，以文服人，以德服人，提高对外文化交流水平，完善人文交流机制，创新人文交流方式，综合运用大众传播、群体传播、人际传播等多种方式展示中华文化魅力”。习近平总书记关于中华文化的论述完全适用于丝路文化，要以丝绸之路文化的魅力，将丝绸之路文化与其他文化的共通性挖掘出来，通过丝路文化的复兴而推动地方史志事业的发展和人类文化的共同繁荣。

（二）阐明丝绸之路精神。阐明丝绸之路精神，讲清楚丝绸之路成功故事背后的价值根源及其普适性，向国际社会广为传播丝绸之路承载的和平合作、开放包容、互学互鉴、互利共赢精神，和平合作，就是通过坦诚对话、深入沟通进行平等交流，不断深化不同国家和地区之间的交流合作，形成命运共同体、责任共同体，将政治关系优势、地缘毗邻优势、经济互补优势转化为务实合作优势、持续增长优势。开放包容，就是以世界眼光和战略思维兼收并蓄、博采众长。这是丝绸之路精神最显著的特征。在深化丝绸之路沿线国家间的交流合作中，应坚持相互包容、求同存异，充分尊重各国自主选择社会制度和发展道路的权利，互学互鉴，就是在尊重文明多样性、道路多样化和发展水平不平衡等差异的基础上相互学习、相互借鉴，取长补短、共同提高。互利共赢，就是不同种族、不同信仰、不同文化背景的国家和地区通过互惠合作，共同应对威胁和挑战，共同谋划利益和福祉，进而实现互惠互利的共赢发展。丝绸之路精神中，和平合作是前提，开放包容是根本，互学互鉴是手段，互利共赢是目的，丝绸之路精神是人类精神的宝贵财富，并且与时俱进地推动全球化新时代人类共同精神的形成。

（三）讲好丝路故事。讲好丝路故事，就要借鉴人类丝绸之路文明研究成果，讲清楚丝绸之路故事背后的制度根源与文化基因，将其转化为“一带一路”所开创的新型治理体系与发展模式，开发利用地方史志资源，以宏大叙事讲清丝绸之路所推动的文明转型——五千年来首次实现从内陆文明向海洋文明、从农耕文明向工业（信息）文明、从地区性文明向全球性文明转型，以及这三种转型对人类文明转型的伟大贡献，积极与国内外主流媒体、出版社合作，全方位、多角度普及丝绸之路知识，宣传丝绸之路精神。

地方史志的特有功用之于“一带一路”推陈出新，可以说是历史必然，现实必须。这不仅因为地方史志是联结大发展、大繁荣不可或缺的重要桥梁，也是作为中华文化重要组成部分的瑰宝，最具民族特色和地域特色。让地方史志来真实地告知世界，只有民族的，才是世界的。这种新形势下的历史与现实的对接，传承与传播的衔接，主动担当积极作为的时代风范，不正是地方史志工作者肩负的神圣使命吗？

浅谈口述史方法与自然村落历史人文普查

——以深圳市普查实践为例

周　华（广东省深圳市史志办公室）

提要：2015 年，广东省开始进行首次自然村落历史人文普查。由于深圳 2004 年已完成城市化，许多村落已变成城市街区，现存资料不足，亟待引入口述史方法开展普查工作。论文结合深圳实际，主要探讨在自然村落历史人文普查中如何运用口述史方法采集资料，挖掘和抢救隐藏的历史，呈现原生态的村落面貌，记录民生百态，传承耕读文明。

关键词：口述史方法　自然村落　历史人文普查

2015 年，广东省开始进行全省自然村落历史人文普查，抢救与保护岭南历史文化遗产，这是广东省历史上的首次，也是全国首创。深圳作为全国最早建立的经济特区之一，伴随着大规模的城建开发，自然村落变为城市街区，其中许多先人的印记渐渐消逝，留存下来的文献资料也相当薄弱，自然村落普查难度较大。2015 年 12 月，深圳市启动自然村落历史人文普查工作，并选取宝安区福永街道、龙岗区龙岗街道开展普查试点。福永、龙岗街道的普查人员结合本地实际，尝试运用口述访谈的方法采集资料。2016 年 4 月，深圳普查工作全面铺开，全市约 1000 多个自然村落开始进行普查，面对自然村落史料的匮乏，亟待引入并推广现代口述史方法采集资料。本文拟结合深圳实践，探讨在自然村落历史人文普查中如何运用口述史方法以弥补文献资料不足，挖掘和抢救隐藏的历史，呈现“接地气”的原生态村落面貌，记录民生百态，传承耕读文明。

一　村落普查亟待引入口述史方法

深圳是座移民城市。千百年来，中原及各地人士迁入这块土地聚居、繁衍生息，形成了各具特色的自然村落，创造了绚丽多彩、特色浓郁的历史文化。随着农村城市化的快速发展，村落历史文化的保护与抢救尤为迫切。目前深圳已不存在行政村，社区自然村落逐渐消失，自然村落中先人留下的印记也随之消逝。因而开展自然村落历史人文普查正当其时，十分必要。但是，在已经完成城市化的深圳，许多村落面目全非，原居民早已迁居，相关资料严重匮乏，村落普查工作面临诸多难题。因而，在村落普查中，亟待引入口述史方法收集资料。

首先，现存自然村落历史资料欠缺，基层社会研究较为薄弱，需要挖掘口述史料作补充。时至今日，仍有许多宣传报道把深圳说成是“一夜城”，是从一个小渔村或是边陲小镇发展成为一座现代化都市。这是不符合历史事实的片面观点。该观点的盛行也从一个侧面反映了民众对深圳建市前历史文化不甚了解。深圳市的前身是宝安县，不是一个小镇，更非小渔村。深圳地区有史料可查的建置区划历史可以追溯到东晋咸和六年（331）宝安置县。明清以前的乡村管理机构无史料可查。而明代以后，特别是清朝以来的乡村则地方志有所记载。民国时期行政区划变动频繁，但不少乡（镇）和村的设置基本稳定。新中国成立至深圳建市，深圳地区行政管理体制的形式主要为县—区—乡（人民公社）—村（生产大队），其中区一级设置多有变动，另外部分乡（人民公社）、村（生产大队）亦有调整。建市后，随着经济社会的飞速发展，行政区划多次调整，变化较大。1992 年，深圳开始农村城市化改革。2004 年，深圳全面完成农村城市化，所有镇均已撤销建立街道办，行政村均已改为社区居委会，村民全部转为城市居民。

根据 2016 年 5 月深圳市史志办公室的初步统计，全市 10 个区（新区）、59 个街道（办事处）列入普查范围的自然村为 1013 个，其中包括现存的自然村、“城中村”和虽已改为居委会或社区但普查内容仍基本清晰的原自然村。普查内容主要有四个方面：一是历史沿革，包括自然地理、村落演变、姓氏源流、民族民系、方言；二是特色传承，含主要非物质文化遗产、民居、宗祠、传统建筑、文物遗迹、碑刻、楹联、匾额、乡规民约、族规、家训、家谱族谱、重要文献、宗族活动、宗教（民间）信仰、掌故、民间传说、特色民俗、技艺；三是基本现状，含人口状况、侨务、生产经营、公共设施、文体设施、村落荣誉等；四是主要历史事件及人物。关于深圳市、区两级的建置沿革等方面内容在现已出版的《宝安县志》《深圳市志》及各区区志有所记述，其中也提到了小部分有特色的村镇。此外，深圳还有的单位编纂有专业志、街道志、村志、村史以及族谱家谱等，新闻媒体也有一些相关宣传报道，为村落普查提供了历史背景和资料线索。但总体而言，关于基层社会组织特别是自然村落的资料却不多。深圳有许多村历史悠久，但建置、人事更迭频繁，村级档案资料几乎空白，现存资料奇缺，普查内容中诸如村名由来、姓氏源流、传统经营、物产资源、私塾情况、民间信仰、民间传说、历史人物等问题尤其需要挖掘口述史料进行弥补。

深圳市自然村落统计表

区(新区)名称	街道(办事处)数量(个)	自然村落数量(个)
福田区	10	45
罗湖区	10	38
南山区	8	39
盐田区	4	35
宝安区	6	125
龙岗区	8	281
光明新区	2	66
坪山新区	2	166
龙华新区	6	97
大鹏新区	3	121
合计	59	1013

注:1. 城镇中原有自然村数量,仅统计 1978 年年底前为农村的自然村
2. 此表统计时间为 2016 年 5 月

其次，村落普查中经济社会生活方面的难点问题，需要口述采访来解决。社会在经历从传统到现代的转型过程同时也是传统的农业文明和村落文化逐渐走向衰落的过程。就深圳而言，在工业化和城市化进程中，自然生态环境发生了变化，人们传统的生产生活方式也随之改变，传统农业和养殖业深受冲击。北宋时期，深圳就有人工养蚝的历史。建市初期，海产养殖业发展迅速，沙井蚝和南山蚝闻名于世。然而 20 世纪 90 年代以来，受城市建设和陆域污染物排放的影响，海水严重污染，沿海天然滩涂环境遭到破坏，危及蚝的生长繁殖。深圳蚝养殖业开始大转移，蚝民日渐减少。现代化城市的崛起同时也意味着传统村落的逐步消失，村落经济社会生活方面普查难度较大。20 世纪 90 年代初期，全市有 19 个镇、26 个街道、437 个居委会和 217 个行政村。居委会和村委会以下，城市为各类住宅区、工业区，农村为居民新村和旧的自然村，是最基层的居民点。随着农村城市化进程，大量乡镇变成城市街道，农民、渔民及蚝民等都变为城市居民。许多居民又从随业分散居住，向大中型住宅区集中，其居住环境与工作生产环境相分离的趋势明显；农村分散的院落逐步变成居民新村。自然村落经济结构和村民生产生活发生了巨大变化。村落经济社会生活方面基本数据缺乏，是普查中深圳各村落普遍存在的问题。2016 年年初，龙岗街道的普查人员采访了 74 个自然村约 150 人，主要采访对象为 70 岁以上的懂村落历史或家族历史的老干部和老教师，采集到了各村落传统经营、物产资源等方面的基本数据，解决了一些难点问题，基本完成了普查表填报工作。

第三，村民口耳相传的民间传说故事亟须记录传承。2004 年 9 月，深圳全面完成城市化，成为全国首个无农村城市，但是在历史文化传统的层面上，原来一些自然村落的一些传统文化

与习俗，仍然在后来成立的社区居委会、股份公司等现代组织形式的外壳包裹下有所留存。例如，在深圳宝安区福永街道凤凰社区，有一座700多年历史的古老村落凤凰村，是民族英雄文天祥后人所建，包含有大量明清建筑文化艺术，是广东综合性古建筑文化艺术的天然宝库和艺术殿堂。凤凰村在普查中收录了当地流传的民间故事“望烟楼传说”。相传文天祥侄孙文应麟尚气节，怀大义，为人乐善好施，每到青黄不接或灾年，每天傍晚时分就爬上凤凰山顶，趁着夕阳看看山脚附近村落各家各户烟囱是否冒烟，以此来判断其是否断粮。如果望见有些家里烟囱没有冒烟，则说明无米下锅，于是就派族人送粮到户，接济贫民。他为了瞭望方便，干脆在凤凰山巅搭建了一座临时的瞭望楼，傍晚就在瞭望楼上瞭望四周村落，了解民情，邻里乡人都称赞他为“义士”、活菩萨。后人为纪念其义举，便在其曾经搭建瞭望楼的地方，建了一座望烟楼。文氏后人以“望烟楼传说”作为自己的楷模，现凤凰村文氏宗祠两侧的对联“烟楼世泽，正气家风”正是这样的写照。类似的民间传说和家族故事还有很多。改革开放以来，深圳发生着沧海桑田的巨变，古老的历史和城市脉络渐渐被人们淡忘。迁徙而来的新深圳人对此知之甚少，因为自身与周围地理文化缺乏联系而难以产生归属感。相对新深圳人而言，深圳“原住民”经过一代代人的传承，知晓原乡文化的同样不多。社区里的老人是村里许多大事要事的见证者，但他们文字水平不高，对有记载意义的事件记在心中却不能写。调查人员应当通过召开座谈会、家访等形式让老人们把村里的老故事讲出来，并记录整理。要创造条件，争取为年逾八旬的老人作口述，抢救宝贵的资料。做好口述历史，需要口述访谈技巧，更需要奉献精神，需要对历史负责和对后人负责的担当。

二　借助口述史方法，呈现“接地气”的村落历史

中国有悠久的史学传统，也有长久的口述历史传统，例如官府采风和史迹实考，采集民间传说、歌谣与民俗故事等。现代口述历史产生于美国，1948年哥伦比亚大学口述历史研究室的创建标志着美国现代口述史学的诞生。从20世纪80年代开始，西方口述史学介绍到中国来，中国现代口述历史正式起步。到了21世纪，口述历史发展迅速，新理论、新方法、新成果不断涌现。作为历史学的一门分支学科，口述历史关注被传统历史研究忽视的人和事，对小区生活中的“弱势社群”“平民”和“琐事”抱有浓厚的兴趣和深切的关怀；作为一种研究方法，口述历史已被广泛地应用在历史学、社会学、民族学、人类学、新闻学、小区研究、妇女研究等领域。近年来，各地在地方史志编纂实践中也对口述史方法进行了一些探索。① 2015年以来，

① 参见杨祥银：《中国口述史学现状》，《当代中国史研究》，2002年第4期，摘自《中国社会科学院院报》2002年7月9日《中外口述史学概述》；徐国利、王志龙：《当代中国的口述史学理论研究》，《史学理论研究》2005年第1期；陈华：《口述历史对志书编修的启发》，《中国地方志》2007年第1期；黄玲：《关于在新编志书中运用口述历史的探讨》，《中国地方志》2007年第7期；刘善泳：《口述史在地方志领域的地位与价值》，《中国地方志》2007年第9期；王熹：《论口述历史资料与二轮方志纂修》，《当代中国史研究》2013年第6期；张英聘：《口述史与方志编纂》，《史学史研究》2014年第2期；深圳市史志办公室：《老宝安不是文化沙漠——1949—1979年宝安县老文化人口述实录》，深圳：深圳报业集团出版社，2014年8月。

在深圳市首次自然村落历史人文普查中，亦需借助现代口述史方法，弥补文献缺漏，挖掘和抢救隐藏的历史，呈现“接地气”的原生态村落面貌。

首先，口述史方法可以弥补文献资料的缺漏，理清历史事件的发展脉络。口述史研究通常采用跨学科的方法，例如人类学的深入访谈，社会学的抽样调查等。在自然村落历史人文普查中，需要依据普查内容尽可能收集和掌握相关的文献资料，在此基础上，确定调查项目和线索，深入实地向有关当事人、亲历者或知情者展开调查访谈工作，以此获取真实可靠的口述史料，弥补文献资料的缺漏，理清历史事件的发展脉络。例如，宝安区福永街道的普查人员根据实地调查采访，掌握了第一手资料，更正了原有村志记述的某些谬误。对于原基围的村落，基围人的传统习俗与本地广府人的差别等问题做了一些更正和补充，弥补了现有文献的疏漏。

在自然村落历史人文普查中，运用口述史方法还有助于理清村落源流与历史发展脉络，有着重要的学术价值。深圳历史上约有过六次较大规模的移民活动，本地居民多是各个时期从中原及各地辗转迁移而来。但具体到现存的村落中，不同历史时期的迁移情况，移民的原籍及迁移路线等，则没有确切的量化数据。而通过口述访谈采集史料，有助于了解各自然村落的由来、隶属关系的演变、原籍居民姓氏及迁移路线等，探究其发展源流。2015 年 3 月笔者曾参与对深圳自然村落的调研，实地走访了两个自然村落，一个是福田区的下沙村，是中心城区“城中村”的典型代表；另一个是宝安区的凤凰村，是深圳二线关外保存相对完整的古老村落。通过村中长者的讲述，对村落的历史脉络有了初步的了解。下沙村黄氏，是在南宋比较和平的时期迁移到深圳地区的，这个家族秉承的祖训是“骏马堂堂出异方”，是一种主动的迁移。而凤凰村文氏，则是经过宋元鼎革战乱后避隐到深圳地区，是一种被动的迁移，但是作为民族英雄文天祥的后代，仍然秉承了先祖对国家、对人民深沉的爱，因此留下了“烟楼世泽，正气家风”的祖训。全市还有 1000 多个自然村落，几乎每个村落每个家族都有一段迁移的故事，不见于文献典籍，需要人们通过口述访谈收集整理出来，理清历史脉络，从而形成有关深圳地区移民历史的大数据，为开展移民历史研究奠定扎实的资料基础。

其次，口述史方法提供了挖掘和抢救隐藏的历史的途径。“众所周知，农业是弱势产业，农民是弱势群体，农村是落后社区”①。建市前的深圳地区是边防前线，经济落后，农民生活困苦，偷渡逃港屡禁不止，惊动高层，穷则思变，催生了改革开放的决策。1980 年经济特区建立后，特区内的大多数自然村落在城建开发的浪潮中迅速消失，少数变身为闹市区中的“城中村”，面貌大变，面积锐减。2016 年 4 月，笔者探访的福田区水围社区（原水围村）原来面积有 200 多公顷，绝大部分由政府征地开发，现存村落面积约 20 公顷。该村始建于明洪武年间，因广东敬德庄氏四世祖蒙斋公携庄氏族人从东莞迁至深圳河北岸，捕鱼晒盐，砌围立村，取名

① 李津逵：《中国城市化的反思与未来方向》，载樊纲、武良成主编：《城市化：一系列公共政策的集合》，北京：中国经济出版社，2009 年，第 6 页。

水围村。如今的水围社区已由当年的小渔村变为热闹繁荣的现代化城区，留存的明代“龙秋古井”、清代古榕树以及重建的立村围门依稀还有当年的风貌。在实地走访中，通过老村民的讲述，挖掘出不少隐藏的历史资料。该村原村民全部姓庄，相传为庄子后裔，由河南迁移到福建，后迁居广东。抗日战争时期水围村有多名青年加入东江纵队，水围村不仅成为东江纵队实施的“文化名人大营救”的首站，也是重要的交通和物资转运站，在这场大营救中发挥着重要作用，成功营救出滞留在香港的茅盾、邹韬奋等数百名文化精英、爱国民主人士和国际友人。解放战争期间，香港许多进步学生经由水围交通站去往延安参加革命。20 世纪五六十年代，这里地势低洼，时常遭水浸，民间流传“好女不嫁水围村”。至 1979 年建市前，约一半的村民偷渡到香港。改革开放后，水围村于 1981 年引进第一家来料加工企业，发动村民集资办厂。1992 年后，集体经济转变为股份制经济，重点开发房地产，兴建商住楼等项目，外来人员大量涌入。社区注重发展文化事业，现已建成集金融、商务、文化、教育、办公、民居生活为一体，具有岭南特色与都市风情的文明社区。水围村的历史变迁是深圳城市发展的一个缩影，其中还隐含着许许多多的故事有待进一步挖掘。

最后，借助现代口述史方法，呈现具体鲜活的村落面貌。在很大程度上，口述史学的发展得益于技术的发展与创新，录音机、转录器、摄影机和计算机的出现与应用都是至关重要的。而 20 世纪 90 年代以来以互联网、电子邮件、网络摄影机等技术为代表的数字化信息革命给口述史学的发展带来了前所未有的机遇与挑战。随着新技术的不断应用，口述历史不仅能够保存传统的文字资料，而且能够提供更加生动和鲜活的音频与视频资料，使它真正成为声音和影像的历史。相对于文献资料，口述历史资料可以留下更具体、更生动的历史场景，呈现出更为接近真实性的多维度历史背景。

一般而言，口述的历史是鲜活的，而鲜活的历史贴近社会、接近真实，更具故事性、感染力和生命力。口述史的方法拉近了历史与现实的距离，使每个人都可以说出自己感知的历史，由此勾勒出丰富多彩的历史场景，因而不仅获得了口述者的音像资料，往往还能获得以他们为中心或背景的文字、文物、图照、影像等更为丰富的动态资料，有助于还原真实的历史。宝安是深圳市的文物大区之一，不可移动文物点占了全市的一半以上。2005 年，宝安区文管办工作人员对全区文物保护单位进行普查时，宝安区当时还有 38 处古村落（民国以前建村）。其中有 18 个为“宝安区重点古村落群”，观澜古墟镇、石岩浪心村、福永凤凰村最具代表性。宝安古村落可称之为“原生态的建筑文化博物馆”，它集中反映了岭南地区广府、客家民居建筑风格，具有鲜明的地区与民系特色。它集建筑艺术、雕塑艺术、绘画艺术以及哲学、伦理、风水、书法于一体，深港文化大都根源于此。随着城市化进程的加快，宝安区的古村落面临着生活方式、土地利用、社会经济、居民就业等多方面的转变与调整，不少村落在城市化和城镇化的大潮中很快消失。到 2011 年年底，宝安区保存较完整的古村落只剩下不到 10 个了，因而必须及时抢救这些珍贵的历史文化资料。2016 年 6 月，深圳市坪山新区坪山办事处在自然村落历史人文普查中请专业机构协助，走村入户收集口述史料，并且动用了高科技手段，利用无人机航拍古村落，立体地展现大万世居、金龟古村落等村落格局。近期，深圳市在自然村落历史人文普查中计划同步进行摄影摄像，并筹划与电视台等媒体合作拍摄纪录片，借助现代口述史方法，尽可能还原真实的历史，呈现具体鲜活的村落面貌。

三　记录民生百态，传承耕读文明

现代口述史学具有其内在的跨学科特征，主要表现在：口述历史访谈需要新闻学的采访技巧、受访者的选择需要社会学的社会调查和统计方法、口述资料的转录和编辑需要语言学和文学的表达方式、口述历史的收藏需要图书馆学和档案学的编目和保存知识、口述历史的传播需要掌握现代各种媒体的操作方法、口述历史的著作权和名誉权则涉及复杂的法律问题等。2015年以来，深圳部分街道（主要是两个试点街道）在自然村落历史人文普查中运用了一些口述访谈的方法采集资料，但严格说来还很不规范，口述史方法的效用尚未充分显现。2016年4月，自然村落历史人文普查工作已由点到面，在全市57个街道约1000余个自然村全面铺开，时间紧、任务重，尤其需要借助口述史方法，进行科学规范的口述访谈与资料整理考证工作，方能取得实效。

首先，转变理念与方法，开展实地调研，采集口述资料。口述历史的理念，使历史不再是上层社会和尊贵人物的话语专利，而是无论身份尊卑贵贱，社会地位高下，都享有述说自己“亲历、亲见、亲闻”历史的权利。作为当事人，口述者的口述史料还“承载了其对历史的认知、理解和分析，这对于探究人们的深层感情和观念的转换，理解人的历史意识形成的原因和过程，有着其他历史研究所不具备的研究优势”①。可见，口述史料具有重要价值。开展自然村落历史人文普查需要采取多种方式搜集材料，特别是需要脱离“文本解读传统”，改变传统的资料收集方法，摆脱对文献资料的依赖，走出书斋，开展社会调查，深入乡野或走街串巷采集口述史料。村落里的老人还健在，为运用口述史方法采集资料提供了条件。因而，要充分利用各家各户保存的各种历史资料，开展口述访谈，形成口述史料以弥补缺漏。

其次，加强对普查人员的专业培训，使访谈者具备基本的口述访谈技巧和历史常识。口述史工作对采访者的要求很高，需要选定受访目标、受访内容，需要事前做大量的准备工作。在采访时要有意识地引导受访者讲出史料价值高的东西，而不必纠缠于细枝末节，需要多了解受访者的情况，当时的历史背景和事件，在采访时提示受访者，使其回忆更加准确。这实际上是双方共同回忆那段历史，重现历史的场景，再现历史的真实，采访者要让受访者充分信任自己，愿意讲出真实的东西。同时，采访者要时刻保持理性的判断，及时纠正受访者回忆的偏差。因此，一方面需要加强对自然村落普查人员的业务培训，另一方面也要加强口述史工作的

---

① 姚力：《再论国史研究与口述历史》，《中国科技史杂志》2009年第3期，第283页。

规范性和科学性，制定口述访谈的操作规程，从而使采访者具备必要的口述访谈技巧，按照基本的操作规程，脚踏实地地投入到口述历史的采集、整理与研究中去。

再次，结合本地实际，不拘一格地选择访谈对象，多角度、多层面展现民生百态。口述史方法可以兼顾来自官方和民间的多方面多层次的不同声音，针对同一历史时空的某一事件，展开集体回忆和描述。因而，口述访谈的对象也应由上层社会的知名人物转向基层社会的普罗大众，关注底层百姓生活，开展“自下而上看历史”的具体实践。在自然村落普查中，需要结合深圳实际选择不同年龄、不同职业、不同社会阶层的访谈对象，既要有代表性，又要不拘一格。深圳的人口结构很特殊，外来人口比例很高。1979 年深圳建市时，深圳总人口 31.41 万人，其中常住人口 31.26 万人。[①]特区建立后，经济快速发展，吸引数百万移民南下务工，移民人口大大超过了原居民。截至 2014 年年底，深圳市常住人口 1077.89 万人。其中户籍人口 332.21 万人，非户籍人口 745.68 万人。全市实际管理人口规模则有 1808.57 万人。[②] 2015 年年底，福永街道凤凰村在普查中统计有常住人口约 13 万人，户籍居民仅 2122 人，其余都是非户籍人口，多为外来务工人员。他们服务于村落的集体企业或股份制公司，常年“蜗居”于“城中村”。这些被称为“打工仔”“打工妹”的年轻人，用汗水、热血和青春铸造自己的未来，也为深圳现代化建设做出了贡献。这一群体也应成为口述史的访谈对象，由此形成的口述历史资料，可以把当事人及普通民众的认知与官方的纪录进行比较，不仅为探索历史真相提供了资料根据和历史的见证者，而且扩充了信息资料的来源，有助于多角度、多层面展现民生百态。

最后，口述史料需鉴别考证，以确保其真实性。由于口述历史是建立在回忆的基础之上，而回忆是难以确保准确的，既包含着事实，也可能包含着想象。正如梁启超所言，“凡史迹之传于今者，大率皆经过若干年、若干人之口碑或笔述，而识其概者也。各时代人心理不同，观察点亦随之而异，各种史迹，每一度从某新时代之人之脑中滤过，则不知不觉间辄微变其质，如一长河之水，自发源以至入海，中间所经之地所受之水，含有种种杂异之矿质，则河水色味，随之而变。故心理上的史迹，脱化原始史迹而丧失其本形者往往而有。”[③]因而对于口述史料必须进行鉴别和考证。其方法主要有：一是通过收集、查阅大量文字数据加以核实；二是通过实物数据互证，如通过纪念亭、碑文和图片等实物来验证；三是通过不同口述史料进行相互印证或前后印证；四是依靠逻辑推理或常识情理等进行判断。如果与上述各方面有矛盾，或对其真实性没有把握，这样的口述史料就不能使用。

党的十八大召开后，党中央进一步高度重视历史文化传承，习近平总书记发表了一系列重要讲话，指出乡村文明是中华民族文明史的主体，村庄是这种文明的载体，耕读文明是我们的软实力。自然村落由人类聚居而形成，积淀着人类发展演变的历史与文明，是珍贵的历史文化

---

① 深圳市地方志编纂委员会：《深圳市志·基础建设卷》，北京：方志出版社，2014 年 9 月，第 452 页。

② 深圳市史志办公室：《深圳年鉴（2015）》，第 13 页 。

③ 梁启超：《中国历史研究法》，北京：中国人民大学出版社，2012 年，第 78 ~ 79 页。

遗产。深圳地区自古以来就是移民大后方，其文化始终具有中原文化与岭南文化、海洋文化相融合的特质，这些特质体现在千百年来形成的，各具特色的自然村落里。“五里不同风，十里不同俗”，每一个传统村落都有着独特的风土民情。随着时间的推移，城市建设的日新月异，城市化的逐步加深，这些原本属于农业社会自然村落的历史遗迹与传统文化习俗，正在快速地逐步消失。乡村历史与耕读文明是支撑起中华悠久历史文化传统的根基，其中的一些价值是无可估量的。因而在自然村落历史人文普查中广泛运用现代口述史方法，挖掘和抢救隐藏的历史，传承耕读文明，具有重要的历史文化价值和现实意义。

浅议新形势下县级方志人才的培养

孙晓东（江西省高安市史志办公室）

提要：县级方志人才现状不容乐观，加强人才的培养是地方志工作繁荣发展的应有之义。培训、实践、私授等方法是比较切合县级培养方志人才的有效办法。

关键词：地方志　人才培养　县级

2013 年，国家主席习近平提出“一带一路”的战略构想，提出主动地发展与沿线国家的经济合作伙伴关系，共同打造政治互信、经济融合、文化包容的利益共同体、命运共同体和责任共同体，是我国政治经济社会的顶层发展战略。2015 年 8 月，国务院办公厅印发《全国地方志事业发展规划纲要（2015—2020 年）》（以下简称《规划纲要》），这是我国地方志事业近期未来发展的顶层设计，是继 2006 年国务院颁布《地方志工作条例》后，再度专门就地方志工作出台政策性文件，也是第一次出台关于地方志事业发展的规划性文件，凸显了党中央、国务院对地方志事业的高度重视和关怀，对确保地方志事业持续健康发展具有重要而深远的历史意义。在“一带一路”的战略构想下，地方志工作如何在《规划纲要》的指导下实事求是地、高质量地记述其历史发展进程，是方志人题中应有之义。在中国地方志指导小组要求各级地方志工作做到“一纳入，八到位”九大条件中，编制到位或者说人才到位是修志的内在先决条件，人才不能到位，地方志工作便是镜中月，水中花。县级地方志处于全国方志工作最基层，具有广泛性和基础性的特点。因此，新形势下必须更为重视县级方志工作，重视那些亲自查找资料、执笔撰志的基础修志人才，必须全方位地培养县级方志人才。

一　县级方志工作的现状

县级方志机构从方志业务上来讲，受省、市方志机构指导，同时又要指导乡镇部门修志，且无相应机构承托，凡涉及方志业务，事事都要亲力亲为，人员少但是工作量大。从人员的来源上来讲，大多是半路出家，从乡镇或是学校调入，罕有方志专业的人才。同时，县级方志机构人员取得专业知识的途径少，接受专业培训的机会不多。

（一）县级方志机构难以积聚人才

造成这种现象的原因，一是政府在培养方志部门人员上没有一个规划，很少有人意识到，由于地方志专业知识的复杂性和广泛性，决定了方志人才是需要时间去培养的，地方政府鲜有有计划地从方志单位自身来逐步培养方志人才的做法。二是方志部门的待遇或是前途不尽人意，这也是不争的事实，有条件的人都想方设法调到待遇好的单位去。三是方志部门属清苦、辛苦、艰苦的“三苦”单位，一些人把方志部门当作是养老的场所，不作为，甚至把方志部门作为官员贬官的场所。方志部门边缘化的现实也使人消极、颓丧。四是县级方志部门既是一个苦单位，又是一个累单位。所有人都要动手工作，省、市年鉴资料每年都需要提供；本级年鉴在一年一鉴的要求下，催稿写稿，一年到头基本上都有事做。此外，地情资料的征集撰写、中心工作、史志合一部门还有党史编研等都要完成，几个人的方志部门在人手方面捉襟见肘。五是中心工作中，当地党政最多是在编志修鉴时能够想到方志部门，其他重要的文化活动有时连挂名的机会都没有。事实上很多地域性文化活动因为没有方志部门的参与，在活动涉及当地地方史的时候往往不严格按事实执行，出现史实的错、讹、误、漏。实际上只要到方志部门稍做咨询便能解决。这种边缘化的环境使县级方志人工作积极性不强，方志人无法成长或者不愿成长，人才难以有效地积聚起来。

（二）志书编纂方式难以成熟人才

作为全国最庞大的修志队伍，县级方志人才对全国方志事业发展有着举足轻重的作用。当前，部分县级志书的编纂方式值得商榷。翻开一些志书的《编纂机构》和《编后说明》，笔者发现，相当一部分县志的编纂主要是聘请社会上的退休老同志来完成的，这本是国家提倡的，也是有效的编纂方式，但是作为修志的发起机构，有的方志部门由于各种原因，对此并不热心，甚至该承担而没有承担组织编志的任务，由党校或是政府办等单位去牵头编纂地方志，方志机构的干部不参加编志或是部分参与，工作中也只是从事协调工作，这不是地方志健康发展的应有现象。在修志结束后，编辑部解散了，聘用的老同志离开了，方志机构人员没有得到修志的经验，却要承担指导乡镇部门修志的任务，结果可想而知。一方面，很多地方形成了固定的思维模式，一想到修志，就是请一些老同志来修。这样，方志机构的年轻同志没法得到锻炼；另一方面，老同志离开后，经验没有传承下来，下一轮修志，又需要重新学习。修志本是方志机构年轻人熟悉业务的大好时机，而在这种只是倚重老同志修编的形式下（年轻同志出于尊重，很少主动要求挑起修志担子），负有对下业务指导义务的方志机构人员，难以迅速成长起来。

（三）乡镇部门修志难以得到人才

随着社会经济快速的发展，乡镇部门甚至村级对修志的要求越来越多，这一层级的志书也最能反映一个地方行业发展，民众生活，风俗习惯，社会变迁，文化嬗变的历史与现状。但是，乡镇一级由于没有修志机构，除提供县级年鉴资料外，平时对方志工作几乎不会涉及。即便有修志的意愿，苦于没有能够修志的人才，工作也无法开展。即使是修志工作鸣锣开张了，编辑人员也多是从退休干部、乡村教师中选取，他们大多是初次接触地方志，要想编出一部中规中矩的志书，用一个老编辑的话来说，必须“手把手地教”，其难度不言自明。人才是这一层次最缺的短板。最近中国地方志指导小组实施的中国名镇志文化工程建设是对有意愿修志的乡镇、村级的一个极大的鼓励，必将掀起一轮编纂乡镇志的热潮。

二　县级方志人才培养方法

根据多年从事地方志工作的实际，笔者认为，县级地方志人才的培养，由于局限于学科建设等原因，从学校引进方志人才成为奢望，但是可以通过培训、实践、私授等办法来提高人员素质水平。

（一）培训强化法

《规划纲要》中提出方志人才的培养除了加强学科建设外，加强培训是其大力提倡的一种方法。新中国地方志工作发展至今，取得了巨大的成绩，也凸显出了一些问题。《规划纲要》指出全国地方志工作队伍有“人才队伍青黄不接，人员素质亟待提升”的较为普遍性的问题。针对这些问题，《规划纲要》提出“培养和引进一批高端人才”的解决办法。同时，在加强地方志工作的队伍保障方面，“从制度层面考虑，完善教育培训制度，分级实施对地方志工作机构新任负责人、志鉴主编（总纂）的专项培训，实现修志编鉴人员岗前培训全覆盖、培训工作常态化”。县级方志人才是基础性人才，加强培训使县级方志人能力迅速得到提升是一条有效的途径。从全国方志事业的实际情况出发，《规划纲要》对方志人才的培养奠定了正确的方向。

（二）实践成长法

目前，县级方志人才断档是不争的事实，一方面，随着地方志工作的广泛深入地开展，需要专业的方志人才越来越多；另一方面，方志人才的成长还停留在临时培训的方式上，从正规大学毕业到县级从事方志的人才数量极少。在方志学科建设止步不前、方志专业人员难以为继的情况下，笔者以为，强调在编修实践中培育创新方志人才，既能确保修志工作顺利进行，又能为三轮、四轮的修志工作储备人才，正是符合方志工作现状的一举多得的做法。

实践是认识发展的动力，推动着认识由低级到高级、由浅入深、由片面到多方面的发展。初入志坛的新人往往对方志一无所知，作为一门实践性很强的专业，在先天条件不足的情况下，通过修志实践来获得认知，是最直接的获得修志经验的途径。因此，对县级地方志机构来说，亲自参与修志，以修代培，总结经验，是自身迅速成长的一条捷径。同时，修志的实践过程，是编纂者从准确认识地情到表述地情的一个过程，也是一个方志人从初学者到熟手的一个涅槃的过程。熟练地将方志资料形成志稿，深刻认识方志的规律，方志编纂的旨趣，在编纂与研究的领域同时进行探索，在掌握资料的同时，通过研究地情、研究时代、研究篇目、研究表述、研究理论，使自己的动手水平、理论水平更上一个台阶。在编纂的实践中，边编写边思索，才能对篇目设计、地情研究、背景研究、资料研究提高到一个新的层次，比单纯依靠方志编纂规范、志书质量规定之类更能使方志人才较快地成长。

（三）师徒传承法

培训可以弥补学科建设的不足，但举办的次数有限，培训的人员有限，涉及的内容有限，获得的知识有限，未必能全方位地培养人才。而在修志实践中，笔者感觉到，在编纂一部志的平台下，以师徒传授的方式，一对一地讲解，代代相传，以老带新、以熟带生，效果更为明显。修志时不可能所有人都是熟手，但一定要有熟悉方志的人参与其中，作为师傅、引领者，在修志的实际业务中指点、启发后来者，使新手迅速成长为修志的熟手。《高安市志》启动时，聘请了有20年修志经验的首轮县志主编任市志主编，主编又指定了一名方志办的副主任担任常务副主编，在编撰中两人不仅仅是写稿改稿的关系，而是在志书篇目设计，内容宏观把控、微观调整等全方位进行讲解、传授，迫使其参与处理、解决全志性的事务，使该副主任迅速成长起来，达到了成熟一个，带动一片的效果。其他编纂人员在这种环境下都受益匪浅。

三　夯实方志人才成长的环境

如前所述，县级方志人才成长的环境不容乐观，要形成良好的地方志发展状态，促进方志人才的发展，必须要加强方志发展的内外环境。

首先，要打造良好的外部环境。《规划纲要》提出了地方志工作的机制是：基本形成党委领导、政府主持、负责地方志工作的机构组织实施、社会各界广泛参与的工作体制；逐步形成将地方志工作纳入各地国民经济和社会发展规划、地方各级政府工作任务，“认识、领导、机构、编制、经费、设施、规划、工作”到位的工作机制。在这个机制中，党委、政府分管及从事地方志的同志对地方志工作认识到位了，那么机构、编制、经费等也就顺理成章地会得到重视，就会形成良好的修志环境和氛围。当地党委、政府上层领导达成重视地方志的共识，完善地方志发展的外部环境，启动对方志机构的激励机制，鼓励方志人坐热冷板凳，弘扬修志问道、直笔著史的方志人精神，使他们以极高的事业心，把“冷部门”热火起来。

其次，要加强发展的内部环境。近年来，中国地方志指导小组在全国地方志理论研讨上加强了力度，但还是处于对方志理论的探索阶段，没有形成学科性的方志理论知识。笔者认为，应当加强县级方志理论的研究，形成系统的全面的县级方志编纂特色。省一级地方志书，由部门志组成，各志之间是独立而分散的状态，编纂人员知识架构各不相同，更需要微观的专业知识。而县一级志书，是真正的综合性志书，断限内一地全社会信息全部汇集于此，编纂人员的知识点和行业逻辑水平要求更高，更复杂，更广泛，需要宏观大略视野。因此，加强县级方志理论与实践的探讨机制，形成县级方志在编修方法和编修模式上的理论，并用于修志的实践指导，对落实“一带一路”下政治经济文化发展的历史进程的记述是有益的。

四　县级方志人才培养的意义

《规划纲要》提出了地方志工作至2020年要达到的总体目标和主要任务，毫无疑问，不管是修志编鉴还是旧志整理，离不开地方政府行政管理方面的重视，更离不开执笔撰志的方志人的辛劳。

（一）得人才者得精品佳志

新方志编修从20世纪50年代始至2015年10月，共编纂出版省、市、县三级志书8000余部，行业、部门、军事、武警、专题、乡镇村志20000余部，地方综合年鉴17000余部，专业年鉴7000余部，这其中有精品佳志，也有平庸凡品，庸品志书形成的原因很多，但不得其人是主要的原因。江西某县修二轮志时聘请了当地一位写作能力很强的同志担任主编，对其他编辑的选择也是侧重于文学写作能力方面，因此志书初稿出来后，审稿单位发现初稿宏观、微观材料混乱、篇目无章法、内文不规范、私货较多，编委会只得另外请人担任主编和编辑，聘请专业人士培训辅导，从头再来，费时、费财、费人。《高安市志》聘请了首轮志的主编任二轮主编，并且在政治、经济、工业、农业、商业、教育等版块聘请本行业曾参与首轮修志的退休人员担任副主编、编辑，该志不久就受到中国地方志指导小组办公室的关注，并列入了试点单位，出书后质量也受到业内专家的认可。以上二例并非孤证，而是有一定的普遍性。因此，但凡是方志专业人才编志，所编出的精品佳志的概率必定也高，志书的可信度也高。

（二）得人才者得修志经验

《规划纲要》的“主要任务”提出：在抓紧完成第二轮修志任务的同时，全面总结第一轮、第二轮修志工作的经验教训，认真研究第三轮修志的组织管理、运作模式、续修方式等，为启动第三轮修志做好资料收（征）集、队伍培训及理论准备等工作。修志经验是编纂志书重要的衍生产品，是传承修志编纂的重要留存。很多地方在志书编纂完成后，解散修志班子，方志管理机构转而编纂年鉴，形成修志与编鉴工作的脱节，这种一本书主义不是修志正确的状态。有的地方编纂人员根据对修志过程中的经验和做法进行总结，回顾筹备、争取经费、设计篇目、收集资料、召开会议、讨论编次、试写审稿甚至协调关系等经历，编纂成书，给下一轮修志或是未修志单位提供很好的修志经验。如《高安市志》编纂完成后，市志主编戴佳臻就根据自己在五年编纂过程中的心得体会以及做法出版了《回顾与思考——主编工作手记》，上海奉贤县在续志编纂完成后出版了《奉贤县续志文论集》，重庆长寿区在志书完成后由刘志安出版了《编纂地方志理论与实践》《方志纂修》，江西省丰城市在志书出版后由金达迈编纂了《方志探微文选》，河北省井陉县在志书结束后由梁建楼主编了《井陉两轮修志琐谈》……这些由参编修志人员在志后总结出来的书籍的出版，很好地呼应了《规划纲要》中提出的总结经验教训的要求，是亲身修志人实践的总结，具有很强的指导作用。

（三）得人才者得跟随效应

邱新立在对《规划纲要》解读时指出：随着社会经济发展和文化繁荣，在规划志书编纂的带动影响下，各类专业志鉴及乡镇村志编纂日渐普遍，地方史编写活动也日益增多……人们对历史、对自己的工作过往的认识也逐渐重视起来。很多地方在综合志的编修结束后，部门、乡镇甚至有地方经济文化发展特色的村组都积极要求修志，使当地产生浓厚的修志氛围。《高安市志》编修完成后，两年内便有 7 个乡镇、12 个单位和 1 个村委会到史志部门，要求协助编修部门乡镇村志。原市志编辑部不但没有解散，而且自市志编纂结束后，一直参与编纂各种志书以及地情资料书，至今已经出版了 3 部镇志，2 部在编，出版了 10 部部门志，1 部村志在编，出版了《高安辞典》《文化高安》等十余种地情书，取得不错的社会效应。宜丰县在县志编修完成后，根据乡镇意愿，随即规划各乡镇修志，并由原县志编纂班子分工合作，分别指导全县 12 个乡镇都编纂出版了乡镇志书。

从编纂业务上来说，县级地方志工作需要以下几种人才：一是能够统揽全局、把住方向、经验丰富的主编人选。地方志编纂的一个特点就是主编一支笔统稿制度。一部志书，只有在主编的一种思想、一个方向下才能形成风格一致的作品，不至于在众手写志的情况下出现多种写作风格。二是有懂体例，明规范，掌握多种方志知识层面的地方志专业人才。作为专门机构的专业人士，担负着指导部门专业志编纂的任务，而这些知识，需要积累，也需要时间的积淀。三是要有懂行业知识的专业或业余修志人才。社会分工越来越细，方志机构的人员无法掌握全部的知识点，要有能够懂本行业、本系统知识的人参加方志编纂，才不至于说外行话。政治、农业、工业、商贸、科教文卫、社会、自然都要有相关懂行的人才参与修志，才能使修出来的志书既真又实。主编、方志专业人才和行业专业人才都具备了，精品佳志的编纂也就不远了，方志事业的繁荣也指日可待。

培育方志人才 精彩中国故事

程汝明（云南省普洱市地方志办公室）

提要：地方志记载的是一方水土之上的人和事，是一方人的精神家园。人才成就事业，人才促进发展，地方志要讲好中国故事，向全世界展示中国魅力，必须培养、造就一大批方志人才，只有人才济济，才能文化繁荣。本文通过对云南省地方志系统人才现状的调研、了解和对州（市）、县（市）区的方志人才状况的对比、分析、研究，提出了创新工作方式、培育方志人才、提高工作水平，让地方志工作在“一带一路”国家战略中发挥方志文化优势，增强方志文化影响力、软实力的措施与思考。

关键词：方志人才 对策 作用

习近平总书记指出“要高度重视修史修志”，“中华优秀传统文化是中华民族的突出优势，是中华民族自强不息、团结奋进的重要精神支撑，是我们最深厚的文化软实力”。一部地方志就是记载一方水土之上的人和事，就是一方人的精神家园。

盛世修志，志载盛世。李克强总理提出“修志问道，以启未来”。在中华传统文化中，地方志自成一脉，独树一帜，是最具有民族特征的标志性传统文化形式之一。地方志所记载的内容纵贯古今，横陈百科，讲的就是中国故事，是向全世界展示中国魅力的话语体系。

根据党中央、国务院“一纳入，八到位”的要求，各级政府将地方志工作纳入国民经济和社会发展规划和政府工作任务，党委、政府对地方志工作认识到位、领导到位、工作到位，有机构、有规划、有人员编制，经费纳入财政预算，工作列入年度任务。

编修地方志是中华民族优秀文化传统，历史悠久，连绵不断。各级地方志工作者坚持正确方向、履职尽责、默默奉献，为党立言、为国存史、为民修志，在做好修志编鉴工作的同时，圆满完成各项工作任务，为地方志事业全面可持续发展做出了积极的努力，取得了丰硕的成果。

地方志工作就是要讲好地方故事，把故事讲生动形象，使人们爱看、爱听，从而让人得到启迪，对经济社会发展起到指导帮助作用。国以才立，业以才兴，人才不足一直在困扰和制约着地方志事业的发展。地方志事业要走入发展的快车道，就必须培养大批优秀的方志人才，只有人才才能让地方志文化灿烂辉煌，没有人才，没有优秀的地方志成果，再怎么宣传学志、用志及方志文化的重要性，效果也不会明显，正如讲不好的故事，怎么维持纪律也不会有人听你的故事。

人才资源是第一资源，也是发展文化软实力的第一要素。地方志文化要跨越发展，一定要畅通成才之路，敞开用才之门，凝聚人才之心，汇聚人才之力。地方志办公室要牢固树立“人才资源是第一资源、人才工作是第一工作”理念，珍惜、爱护、培育、使用好人才，创造宽松包容的良好工作环境，用待遇、事业、感情留住人才，增强地方志人才集聚力。要积极为地方志人才施展才华、创造业绩提供舞台，让他们在事业上有奔头，有成就；要建立激励机制，让人才价值在劳动分配中得到体现，激发方志人才干事创业的积极性；要在政治上引导，工作上重用，生活上关心，感情上融合，使人才真切地感受到单位的温暖，从而更加自觉地投入工作。

一　方志人才的现状

（一）人才总量不足

地方志办公室成立时间不短，但是长期以来都属于业务性的部门，工作比较单纯，单位影响力不大，没有宽裕的经费，也没有主动寻找载体、实施项目人力，方志工作者不强势、不高调，有任务时任劳任怨，默默辛苦；任务不具体时静静看书、收集资料，能够主动找事做，搞宣传，造声势的不多。从地方志办公室成立以后，几乎没有主动想办法要求增加过编制，对项目经费也没有过多要求。从云南省来看，16 个州市里（有 3 个州市的党史和地方志合一），在岗人员少则 10 人，多则 20 多人；127 个县（市）区，每个县（市）区的人员 3 ~ 8 个不等，虽然实现了有人员、有机构，工作正常开展，但是，因为人员的增加速度远远跟不上工作的递增速度，所以，人才缺乏的状况依然非常突出。以普洱市为例，自从党委、政府对编制进行管理以后，市、县（区）两级人员的编制数从来没有增加过，按照普洱市委编制办公室 2015 年调研机构编制状况时的总结就是：“市地方志办公室是全市唯一一个从成立开始就没有增加过编制的单位”。多年来，工作任务的增加，工作标准的提高，工作量成倍增长，志书、年鉴的标准越来越高，党建、党风廉政等进行目标管理考核，单位体系全部独立，行政后勤一应俱全，扶贫攻坚和中心工作是硬任务，人员必须到位……地方志工作者都得身兼几职，既是撰稿人，又是编辑，还是财务人员，或者是党务工作者、村第一书记。很多人希望能够静下心来钻研地方志文化，做一些专项研究，但能做事、会做事的人基本是分身无术、有心无力。

（二）人才结构不够合理

现在地方志办公室的人员状况是，编制满员、超员，而专业人才严重不足。州（市）、县

（市）区的地方志工作者中照顾比例不小，不少人文化程度偏低，基础水平不高，又缺乏学习培训和锻炼，做行政后勤工作可以，要他们写稿改稿真是勉为其难。受人事体制和编制所限，需要的人才进不来，非专业人员出不去。笔者分析对比了云南省的5个州市26个县（市）区的人员结构，领导的比例大约占了30%（个别特殊的占到50%），工勤人员占20%，照顾的大约占30%，真正能够承担业务工作的只有20%。即使把担任领导了还照样承担业务的人员算上，真正的地方志专业人才也很难达到40%。仍然以普洱市为例，市地方志办公室总共有编制8人，实有10人，其中：工勤人员2人，处级领导2人，长期下乡驻村扶贫1人，行政财务2人，党群、工、青、妇、老干工作1人，从事地方志业务工作2人。每个人都很“忙”，会议、中心工作、各种杂务，但是，真正用于研究地方志，编修方志、年鉴的精力、时间和人才是严重不足的，人员也是不专业的。县（市）区的状况更不容乐观，县里多数就4~5人，领导2人，工勤人员1~2人，近十年来，每年驻村参加中心工作的必须有1人，能够静心从事地方志业务的，除了主任，保证有一个人已经是不容易了。

（三）人才缺乏培训

地方志工作是一项专业性的工作，并不是只要受过教育的就能够做好地方志工作，要让一个有文化的年轻人较快适应地方志工作，必须不断地进行在职学习和培训。但是，现在的状况是国家级的培训极少，省级层面的培训也不多。州（市）、县（市）区地方志办公室的人员大部分是靠自己“以会代训”“边修志边培训”“发现问题进行讨论”的方式得到一定的培训提高。很多方志人才靠的是自学和实践结合，摸索着提高，有的同志到县志办工作30年，从来就没有过到省里参加学习培训的机会。

普洱市地方志办公室有3个科长，大学毕业就到市志办工作，工作时间最短的是15年，长的两个工作20年，每个人只参加过省里的两次短期培训，其中两人有过一次到省外培训的机会，还是上海方面组织的扶贫工作培训。笔者交流到市志办任主任一年半，除去年“以文与会”，参加了中国地方志学会的《厦门市志》评审会以外，没有接到过任何到省城、省外参加会议或者培训的通知，也没有参加过任何业务培训。倒是我市地方志办公室组织市级及全市10个县（区）地方志工作者全员培训一次，业务骨干培训一次，工作总结、部署会议一次。市、县（区）地方志办公室的人员希望得到学习机会，也愿意参加培训，就现在的工作要求和任务来看，在云南省，只要是上级通知的会议和学习培训，分管领导没有不支持的，经费也不是问题。但是，缺乏培训的组织和统筹，致使对方志人才的专业培训几乎为零。因为重工作、轻学习，重任务的部署分配、轻人才的扶持培养，一线的地方志人才渐渐地对学习培训提高失去希望、失去信心，没有上进的氛围，就不想上进了；从来没有学习培训的鞭策，也就不太习惯学习提高了。

（四）人才基本没有出口

因为没有培养锻炼机会，大学毕业或者中专（高中）毕业到地方志办公室工作以后，基本上就是在看资料、收材料、改稿子，一干多年，时光流逝，年龄增大。与社会接触不广，和外界交流不多，协调能力、服务能力、管理能力没有得到什么锻炼，综合能力提高不大，出门办事、下乡调研水平也不够高。所以，人才到地方志办公室工作基本也就没有了变化和上升的空间了。

普洱市地方志办公室成立三十多年，从来没有人员被调到省地方志办公室工作，也从来没有人调动、提拔到市级其他单位工作，到地方志办公室工作以后，只有到年龄退休，或者是提前退休。和省内其他州（市）地方志办公室的主任交流，人才流动的情况也差不多，基本上也是只流进不流出，进了就只能到退休时才能出去。普洱市 10 个县（区），近十年以来，只有 3 个同志调出，有 1 个还是自愿申请从县城调到乡镇去工作的。社会的看法和志办人员的共识是，地方志办公室是个小单位、业务单位，大学毕业到地方志办公室工作就是图个轻松、清静；基层同志调整到志办工作，就是照顾，就是养老。前途没有了希望，工作也没有了热情和激情，做事的动作慢了，效率低了，甚至不做事了。

二 创新方志人才队伍建设的思考

（一）要创新观念健全机制

要把“人才资源是第一资源”的理念贯穿在地方志工作的始终，只有优秀人才聚集，方志文化的水平和重要性才能得到彰显，传统文化光芒才能弘扬辉煌。要树立“能够到地方志办公室工作的都是人才”的信心，营造珍惜人才、爱护人才、用好人才的环境，吸引、培养、建设一支能创作、会编辑、善协调、懂管理的方志人才队伍。

要营造用心钻研、默默奉献的修志氛围，形成民主团结、宽松和谐的工作局面，让每一个人才在地方志工作中都能够得到尊重，快乐工作；要鼓励探索，支持创新，包容失败，引导人才在地方志领域进行探索实践，寻求取得成绩和突破，不能局限地认为在地方志办公室只有戴着眼镜、按时上班、静心改稿的人才是人才，要鼓励方志人才多方突破，多路成才。能安心修志的做方志专家，能够静心研究地方史的做学者，能够进行文学创作的做作家，擅长管理协调的做领导，没有特长也出不去的，就在办公室做好服务工作。只要把人放对了位置，人尽其才，最大限度地调动方志人才的积极性、主动性、创造性，地方志办公室就是最优秀的团队，就会人才辈出。

要健全服务机制，坚持以人为本，采取有力、有效措施为方志人才发挥作用创造良好的工作环境；要健全激励机制，坚持公平公正，在志、鉴编撰，期刊编辑、撰稿中体现多贡献多获得，让方志人才愿意在岗位上努力工作、积极贡献，对那些工作表现出色，在本地区地方志工作中做出贡献的人才，应给予奖励，让他们有自豪感、成就感、荣誉感；要打破人才流动的体制性障碍，使人才在公平、合理、有序的环境下流动，让本地人才参与帮助地方志工作，也要让地方志人才参与党委、政府的各方面工作，甚至是民间组织的工作，最大限度地发挥人才的价值和优势。

要加强管理，不断提升人才自身的素养，不论是专业知识和敬业精神，还是品德修养和职业情操都需要引导、教育提升。中国儒家说“修身齐家治国平天下”，现在，不少的方志人才，有一种自怨自艾的情绪，认为社会不重视自己，自己也不用认真学习、扎实做事，得过且过，水平不高、责任心不强、工作不认真。殊不知，无为便无威，无威就更加无位。

（二）要送出去培训，提高业务工作水平

“治天下者以史为鉴，治郡国者以志为鉴”。习近平总书记曾多次强调，历史是最好的教科书，是最好的老师，历史可以启迪后人。他指出：“不忘历史才能开辟未来，善于继承才能善于创新。”他还说：“历史记述了前人积累的各种科学文化知识，记述了他们治理国家和社会的思想与智慧，记述了他们经历的成功和失败的经验与教训。”“在中国的史籍书林之中，蕴涵着十分丰富的治国理政的历史经验。”

方志人才如果知识欠缺，提炼归纳能力不足，怎么可能让经手的东西成“鉴”，成为“治国理政的经验”。要科学记述历史，需要不断学习，不断拓宽视野、提高水平，学校的学习是基本功，必不可少，在职的培训提高更具有实战性和针对性，更是必不可少。要通过在职培训，不断提高方志人才的编纂水平、总揽能力，使之成为县（区）、州（市）、省（市）直至全国的骨干、专家。

要完善和规范地方志人才的培训机制，让地方志人才分层次、分类别得到培训，优秀人才由中指办组织到中国社科院，到院校培训学习；骨干人才由省级地方志办公室组织在省里或者夸省联合培训；初步的、基层基础人才由州（市）组织培训。笔者认为，应该通过培训和考评，设立各级“地方志专家”队伍，“国家级地方志专家”为100人左右，“省级地方志专家”为100人左右，“州（市）级地方志专家”50人左右，并对这些专家级的人才进行动态管理，让每一类人才每年都有一次的培训机会，逐步形成系统统筹、分类管理、分级培训的人才培训、成长机制。在系统内形成上下联动，上级指导下级，下级支持上级，专家带动骨干，骨干帮助年轻同志的人才成长良性循环机制，营造人人渴望成才、努力成才、竞相成才；骨干人才、优秀人才得到培养、得到表彰、得到机会的良好环境。优秀人才“走出去”培训提高层次、扩大影响，一般人才“走出去”培训提高水平、增强能力。要把短期培训与脱产进修结合起来，让方志人才通过岗位学习、培训学习不断进步、不断成长。

（三）要派下去锻炼，增强总揽全局能力

地方志就是一地的全史，涵盖工作生活的方方面面，如果地方志人才不了解、不关心、不参与经济社会发展的工作，对社会现实问题没有研究思考，只是通过办公室查记录、看书、翻材料修志，不清楚党委、政府的分工，不知道民政、社保的职责，不了解基层如何开展工作。那就是属于方志人才联系面狭窄、知识不全面，讲修志、编鉴也就是滥竽充数、闭门造车，最多也不过是在部门、单位交来的材料上看看句子通不通顺，标点符号准不准确，不具备修改的水平，也没有编辑的技术，更没有审核的能力，不要说是人才、专家，就是作为“匠人”也只能算是初级的。经手编纂的志书、年鉴可读性、指导性、资料性不强，对工作、生活毫无用处，干部群众不满意，党委、政府也肯定不会重视。

“有威才有位”，地方志工作者没有得到应有的重视，原因是多方面的，但是，很多地方志工作者经历单一、岗位锻炼不够，工作经验不足、知识面不宽，综合能力、服务能力不强是一个重要因素。

地方志要为党委、政府和领导服务，更要为社会和民众服务。方志人才要改变书斋式的、闭门造车的工作方式，只有贴近社会生活，能够指导发展的志书、年鉴才会得到受到欢迎。人才必须走出去，走到现实生活当中，了解基层情况、了解基础工作，丰富经历，提升能力，才能修编出来源于生活又高于生活的地方志。中国面临的农业农村问题、教育卫生的问题、城镇化面临的挑战机遇，“一带一路”面临的诸多挑战和风险，我们应该在书籍、材料中分析思考，也需要到基层实践中调查研究、掌握一线资料，才能提出解决问题的对策。很多解决问题的思路、方式，不是在办公室想象出来的，而是要通过艰苦的实际工作干出来的。只有走到基层、走到一线，才能更好地锻炼能力，研究出破解经济、社会发展难题的方式、方法，这就是为什么领导经常说基层更能锻炼人、培养人，地方志人才要成熟，也离不开基层的培养锻炼。

要让地方志人才通过挂职锻炼、基层扶贫等方式提高能力，展现才能，从而搭建成长的梯子，疏通成才的路子。通过基层锻炼，进一步明晰方志人才的成长目标，让方志人才快乐成长，快速成才。让热心研究工作的人才通过锻炼，熟悉情况、掌握社情民意、补充知识后回单位专心修志，成为骨干、成为专家；让善于协调、管理的人才通过基层工作服务基层、服务群众，让组织发现其能力和长处，成长为文秘人员、管理者、基层领导。让每一个方志人才都能够有广泛的选择，找到适合自己的方向，在内部吸取知识、智慧，能够稳步成才、成长；走出去吸收阳光、经历风雨，变得更加坚韧强大，能够多方面成长、成才。

（四）要请进来带动拓宽视野心胸

“一邑之典章文物，皆系于志”。地方志不仅反映了各个时代、各个地区、各个民族的社会实际情况，还记载了各个地区的气候、地貌、山川、城镇、矿产、动植物等分布情况，成为我国自然、政治、经济、社会、文化的历史和现实记载的重要资料宝库、文化宝库、知识宝库，记载前人和当代人的实践活动和智慧经验。要记述好政治、经济、文化，方志人才就必须拥有广博的知识、开阔的视野、宽广的心胸。

地方志办公室不可能把人才都调进来工作，但一定要把本地区高层次人才都调动起来，关心、参与地方志工作。要树立“不求所有，但求所用”的柔性引才、用才理念，搭建起“没有围墙的地方志工作环境”。通过沟通感情、协商交流、购买服务让当地的优秀人才参与、帮助方志工作，通过政府批准设立方志专家库，通过在地方志编纂中购买服务，让人才的服务有一定的报酬，凝聚人才为方志工作出谋划策、献计出力，补齐地方志办公室人才不足的短板。普洱市地方志办公室就初步成立了一支有30人组成的“方志专家”队伍，队伍中三分之二的专家是外系统甚至是省直管单位的，但是他们都热心地方志的修编和评审工作。

聘请本地区熟悉政治、经济、文化、社会发展历史，热爱、热心方志文化的专家、学者参与编纂地方志、评审地方志，参与编审年鉴，这样做一方面是进行方志文化的宣传，提高方志工作的知名度，另一方面是弥补了地方志人才知识面、接触面的不足，丰富了地方志的内容，在很大程度上能够提高方志、年鉴的编审水平。交流、参与，与本地名师合作，是为方志人才提供学习机会，跟历史、政治、文化、社会工作者学艺的过程，在共事中提高学科水平和业务能力，增强方志人才的学习意识，也增强了责任心和危机感。

对待人才要开放包容，既要立足系统内，做好系统内现有人才资源的开发和使用，又要放眼所在地区，多角度、全方位延揽优秀人才，使当地人才集聚方志文化、为我所用，提高方志水平，收获人才成果。

文化的竞争其实主要是人才的竞争，方志人才是一个国家文化人才的主要组成部分。只有在方志人才上形成优势，方志文化才能得到更好的宣传和弘扬，才能在“一带一路”建设中增强竞争力，增加软实力。因此，我们要把培养人才、引进人才、使用人才作为一个有机的整体。只有这样，才能真正构筑起地方志文化的人才高地，为增强方志文化软实力提供人才保证。

千秋基业，人才为先，人才就是明天，人才就是未来。我们要深刻认识人才在地方志事业发展中的基础性、战略性、决定性作用，切实把方志人才的培养使用摆在全局工作的突出位置，更好地用方志人才这个“第一资源”来推动发展地方志工作这个“第一要务”。

我们要认真贯彻落实习近平总书记在全国科技创新大会、两院院士大会、中国科协第九次全国代表大会上提出的：“要大兴识才爱才敬才用才之风，在创新实践中发现人才、在创新活动中培育人才、在创新事业中凝聚人才，聚天下英才而用之，让更多千里马竞相奔腾。”只要拥有了人才，地方志系统就一定能够讲好中国故事，增强文化实力，推动经济社会发展，方志人才也才会有更加广阔的平台和美好的未来。

参考文献

［1］中共中央宣传部：《习近平总书记系列重要讲话读本》，北京：学习出版社、人民出版社。

［2］全国干部培训教材编审指导委员会：《全面建成小康社会与中国梦》，北京：人民出版社。

［3］《国家中长期人才发展规划纲要（2010—2020）》。

［4］王辉耀：《国际人才竞争战略》，北京：党建读物出版社。

［5］王小平：《本领恐慌》，北京：中国企业出版社。

［6］《云南史志》2015 年 1 ~6 期，2016 年 1 ~3 期。

第六届中国地方志学术年会综述

彭　川（中国地方志指导小组办公室）

2016年9月4—5日，由中国地方志指导小组办公室、中国地方志学会联合主办，西北师范大学承办，甘肃省地方史志办公室协办的第六届中国地方志学术年会在甘肃兰州召开。甘肃省人民政府副省长、甘肃省地方史志编委会主任夏红民发来致辞，中国地方志指导小组办公室主任、中国地方志学会副会长兼秘书长冀祥德，甘肃省地方史志办公室主任张军利，西北师范大学校长刘仲奎出席开幕式并致辞，中国地方志指导小组办公室副主任、中国地方志学会副会长刘玉宏主持开幕式并作会议总结，西北师范大学党委常委、副校长田澍出席会议。会议闭幕式由西北师范大学历史文化学院院长杨鹏飞主持。来自全国各地方志工作机构、高等院校、方志收藏机构、学术研究机构的120余人参加。

一．会议研讨内容概述

本届学术年会主题为“一带一路”与地方志创新，围绕主题，与会者提交的论文主要涉及“一带一路”视野下的方志学理论创新，“一带一路”视野下的方志编纂，“一带一路”视野下方志文献价值的再评价，方志文献所见“一带一路”文化交流，“一带一路”方志文献的整理与研究，方志文献与“一带一路”区域文化研究，“一带一路”方志文化与社会变迁，地方志服务“一带一路”建设的路径与方法，“一带一路”视野下地方志工作模式创新研究等方面的内容。

（一）“一带一路”视野下的方志学理论创新

方志编修，理论先行。本届年会针对第二轮修志在编纂实际中遇到的诸多问题提出了具有针对性的理论建议，有着很强的指导意义。樊春楼的《凡例的设置及其基本要求——结合全国31个省（直辖市、自治区）百余部志书凡例》一文通过对比全国百余部志书凡例，针对凡例条目、语言、次序等要素条分缕析，认为凡例要全面谋划、统筹安排、千锤百炼、目标集中、体现时代特色与区域特色。芙蓉的《关于第二轮志书规范记述地名的思考》结合少数民族地区修志实践，认为地名关系着国家领土完整，也是地区民族文化的载体，因此在第二轮修志中，要特别注意地名资料的搜集和使用，既要注重文献查阅，也要注意田野调查，特别是在记述少数民族语的地名时，要遵从“尊重历史照顾现实”的原则，考虑到民众的感情和现实，记述好地名。

（二）“一带一路”视野下的方志编纂

地方志编修是方志工作的立身之本，“一带一路”视野下的地方志编修呈现出独有的特点，许多与会作者就“一带一路”大视野、大区域的现实情况提出了自己的看法。马艾民的《“一带一路”视野下的地方志编纂》将地方志与年鉴编纂置于“一带一路”文化传播的大背景下，对年鉴现存的问题与不足之处进行分析，并提出了相应的对策。王耀生的《北方海上丝路（登州港）与新编两部蓬莱方志记述视角的变迁——“一带一路”视野下的二轮市县志编纂》讨论了两部新编《蓬莱市志》因记述视角的变迁，在编纂意图、所用体裁、篇目设置、资料选取上的变化，以及如何处理跨地域的丝绸之路记述与地方志“越境不书”传统内核的问题。李志刚的《试论“一带一路”视野下的地方志体例创新——以〈张家口市桥东区志〉京张铁路编为例》认为，在“一带一路”的大背景下，地方志编修时可以适当根据现实情况的变化灵活采用多种方式，如单独设编、前置首篇、越境而书、以“路”归类等做法，创新方志体例。邹廷波的《“一带一路”战略视野下的西藏地方志编修》将西藏置于南亚大通道的建设中，认为西藏在“一带一路”战略中与南亚起着重要的“桥梁”作用，在西藏地方志编修过程中要注意到其地理位置的特殊性，把握好西藏自古以来是中国领土不可分割之一部分的政治原则，突出西藏地方志特色。苏娟《兵团二轮修志编纂工作创新探讨》一文对二轮修志创新的必要性、途径和应遵循的原则三个方面逐层展开，讨论了新疆生产建设兵团在社会调查、量化记录等方面的创新。王建设《国家方志体系视野下村志的立身与编修》一文认为，村落文化是中国传统文化的源头，村志的编修也应纳入新方志的规划中。作者还对村志的组织及编纂提出了行之有效的方案，即村委乃先、专家领衔、村民参与、县志把关的16字要诀。于盼粘的《“一带一路”视野下修志对中药材进出口的研究》一文回顾了从丝绸之路开辟到郑和下西洋的历史进程中中药材贸易发展和安国市（古祁州）在全国药材中心市场的地位，提出编纂《丝路中药志》，将零散的历史资料集中起来，为“一带一路”建设做出贡献。柳成栋《关于编纂〈“中蒙俄经济走廊”黑龙江陆海丝绸之路经济带志〉的构想》一文以哈尔滨为枢纽，将黑龙江省、内蒙古自治区的51个市、县（区）和俄罗斯、韩国等14个城市覆盖进黑龙江陆海丝绸之路经济带，并对《中蒙俄经济走廊“黑龙江陆海丝绸之路经济带”志》的结构、体例、断限、编写原则、篇目设置等进行了谋划和探索。池诚的《试论“一带一路”视野下〈丝路人物志〉的编纂》主张突破地域界定、突破语言限制、分类记述人物等方法编纂系列专志，以更大、更新的视角，更丰富、更多元的文化特质为“一带一路”建设提供丰富的历史文化支撑。由林鹏《“一带一路”视野下的简志编纂与服务对象》一文认为编纂简志是最直接、最有效地将地方志工作融入“一带一路”建设中的做法，简志应精准服务受众群体，重点记述本区在技术创新、产业结构方面的特色和优势，方便受众投资开发，服务经济社会发展。

（三）“一带一路”视野下方志文献价值的再评价

地方志作为全面记述“一带一路”形成与发展的资料性文献，在记录历史风貌、展示丝路故事中发挥着重要的存史作用。历代流传下来的大量方志文献为还原历史真实提供了一手的资料，是连接历史与现实的桥梁，至今仍有极大的研究、发掘的意义。莫艳梅《“一带一路”视野下地方志书文献价值的再评价——以咸淳〈临安志〉、大德〈南海志〉为例》一文，介绍了两书的版本及刊刻流传情况，梳理了杭州、广州两座丝路古城在人口、物产、贡税，特别是与诸藩国往来贸易方面留下的大量翔实资料，提出地方志工作者要利用好志书的文献价值，积极整合丝路数据，讲好丝路故事，为“一带一路”创新与发展提供智力支撑。姚晓东、王蓓《跨越千年大洋再现丝路盛景——刍议宁波旧志所见海上丝绸之路史料及价值》一文将散落在旧志中的宁波丝路史料一一钩沉，勾勒出宁波（庆元）港口与海上丝绸之路沿线诸国往来的大致脉络，认为旧志中的宁波史料详尽准确、资料原始、细节完备，相较于其他史料有着特殊的价值。冯志农、凌文斌、滕元明《“海上丝绸之路”视野下的方志文献价值的探讨》一文认为，古代泉州方志文献保留了丰富的中外文化交流史料，其中关于古代科技和领土主权的记载对于现今建设“21世纪海上丝绸之路”具有十分重要的学术价值和应用价值。张斌成的《浅谈“东北亚丝绸之路”下方志文献价值的体现》一文认为，方志文献应结合自身特点，发挥学科优势，挖掘优秀传统文化资源，结合当前的现实问题开展具有战略性、针对性、实效性的研究，服务国家“一带一路”战略，为当地经济发展主动服务，在东北亚辐射中心发挥决策咨询作用。

（四）方志文献的整理与研究

“一带一路”涉及范围广，时间跨度大，关于方志文献的整理与研究是本届年会讨论的热点。田桂珍、赵颖《“一带一路”方志文献的整理与研究》一文梳理了清政府在黑龙江流域设治管理的起始和发展始末，认为黑河市在“一带一路”建设中口岸优势得天独厚，黑河地方志工作者应深刻挖掘历史智慧，为新时期的丝路建设提供文化支撑。刘善泳《让旧志里的文字活起来——“一带一路”引发的方志文献价值联想》一文认为，旧志文献是一地史脉之所系、一地文脉之所维、一地乡脉之所依，方志文献在提供历史资料，保存文化记忆，彰显家国情怀方面都有着不可或缺的作用，是历史文化的根基和活水源头。韩超《略论旧志影印——以陕甘宁旧志为中心》一文首先介绍了纸本旧志影印的概况和优劣情况，总结出目前影印古籍丛书的特点，认为古籍进行数字化处理是适应目前需求的新形势，值得推广；旧志影印应特别注意慎择底本、撰写前言或出版说明、编写新目录、撰写提要，规范旧志影印，为学者研究利用旧志提供便利。赵婷、赵琳《从〈华阳国志〉看西南丝绸之路的兴衰》一文将着力点放在西南丝绸之路上，通过对《华阳国志》史料的记载梳理，认为西南丝绸之路具有自发形成、供给侧结构简单、中央王朝控制力弱的特点，并对西南丝绸之路衰落原因作了分析。陈泽泓《从杨孚〈南裔异物志〉一窥汉代海外交往》一文从其辑佚条目中探求汉代岭南与海外交往的蛛丝马迹，对其中记载的玳瑁、象牙、犀牛等岭南物产做了简要梳理，认为此书不同于中原地区的风土志，具有面向海洋的特色，还留下了大量关于海外藩国国名和人文风俗的记载，具有极高的研究价值。李艳玲《道光〈厦门志〉——考量"海丝"文化的重要文献》一文认为，道光《厦门志》是一部体例完备且具有浓郁地方特色的志书，特别是对海外贸易的记载，其间也涉及海上气象规律、航线、交通工具等元素，体现了当时厦门人民对海洋的开发，在《厦门志·诸藩略》中分地域记载了贸易对象、海道、物产和交易情况，翔实丰富，有助于学者了解清中期至鸦片战争前厦门海上丝绸之路的情形，也对如今的厦台贸易、增强同东南亚国家的经济文化交流有着积极的参考价值。吴浩军《白银古旧方志存佚及研究整理考述》一文对白银地区自明代以来编修的地方志及带有方志性质的20多种史地杂著的存佚及研究整理情况一一进行考查，并对其存佚及研究整理情况略加考述。沈永清《海上丝绸之路与新编〈上海通志〉——关于地方志记载"一带一路"建设的思考》一文指出，上海地区海上丝绸之路源于唐，盛于宋元，承于清，延续至民国，是海上丝绸之路的重要起点之一，并详细介绍了新编《上海通志》中涉及海上丝路的材料，对地方志如何记载"一带一路"问题进行了阐述。

（五）方志文献所见"一带一路"文化交流

文化的交流与沟通是促进"一带一路"沿线人民心相通的重要途径，是最深层最具认同感的力量。赵鹏团《河西出土文献与汉魏王朝疆域地理制度研究》一文依据近年来河西地区出图的大量帛书，特别是依附在计簿里的地理文书，探讨了汉魏时期王朝疆域地理制度及其运行法则，指出"上计"与"问计"相结合，成为中央政府了解各地军政地理情况、考查官员的重要方式。汪凤娟《唐宋期间明州（庆元）港港口地位升格机缘——以地方志为中心的考察》一文结合地方志书材料，讨论了宁波的行政级别从唐初到南宋由县升府的内在和外在机缘，认为地理位置优越，通行条件好、北方战乱频繁导致的漕运系统瘫痪、国家经略重点转变、浙东地区人口增加导致粮食不足、沿海制置司和市舶司的设立等因素共同强化了明州（庆元）港港口的经济和军事地位。郭城的《宋代市舶政策与海南对外贸易》一文认为终宋一代虽未在海南设立市舶机构，但实质上海南已经进入了宋代市舶贸易体系。市舶政策对海南对外贸易的管控，呈现不断加强的趋势，并对琼岛的经济社会发展与少数民族地区开发产生了深远影响。邱旺山、柯少强《方志文献所见明代闽南"海上丝绸之路"文化交流》一文探讨了闽南对外文化交流的多样性，认为明代闽南与海外文化交流的主要载体是海上贸易的货物，而且伴随着贸易活动的开展，引起了闽南地区种植结构、货币制度、生活方式的变化，文化融合与冲突均有不同程度发展，既有郑和下西洋时的威名远播，也有倭寇犯乱、政治屠杀等极端事件。这种全方位的文化交流与冲突，正反映了文化传播过程新阶段所具有的新特点。罗志的《“海上丝绸之路”视域下的淮安古代对外交流——以方志文献为核心》一文首先介绍了古代淮安的重要地理位置，作为海陆丝绸之路的重要节点城市，淮安的对外交流在不同历史时期一直带有异域色彩，作者列举了诸多文物和考古发现为之佐证，从“海上丝绸之路”的视角审视了淮安的古代对外交流史。赵岩《“一带一路”视域下明清一口通商时期志书中的河口镇解读》一文梳理了明清时期的地方志书，认为河口镇的兴起源于海禁时期广州一口通商的大背景，水运网络密集成为河口镇的区位优势，河口镇抓住机遇融入南部——长江经济带，成为重要的商品集散地、外商进驻地、朝廷重点管理地。王翠的《清代闽南海上贸易考察——基于地方志书材料的研究》一文以福建沿海的贸易路线为轴，以宁波一地作为切入点，对两地海上贸易做了讨论，介绍了闽南贸易的四条主要航线及商品流向与构成，指出清代闽南两地海上贸易已相当发达，航线固定且角色定位明确，具有现代意义上区域贸易的完整要素与特征。于光建《基于方志视域下的清至民国时期河西走廊城镇商业述论》一文指出，入清之后河西走廊已由边陲军事重地演化为腹地，城市的商品经济日益活跃，作者根据清代的地方志书，分别梳理了凉州、兰州、肃州三地的地理位置和城市市场布局，以及各路商贾在城镇内的商业贸易情况，认为河西走廊地区民族间互市绵延不绝，独具特色。范洪涛《充分发挥历史积淀，着力推动当代建设——学习正史、古代方志和其他文献中有关“丝绸之路”记述的启迪》一文介绍了历史上形成的“绿洲丝绸之路”“草原丝绸之路”“南方丝绸之路”“海上丝绸之路”的主要线路和历史作用，介绍了正史、古代方志和其他文献对古丝绸之路相关内容的丰富记述，主张充分运用地方志书中的历史资源，推动当代丝绸之路的建设。

（六）“一带一路”与区域文化

李淑萍《试论秦皇岛与“海上丝绸之路”》一文梳理了自商周时期至明末碣石海港的发展变化，从天然的聚泊之所、人工内河泊岸到河口人工泊岸，秦皇岛一地沟通了海内外经贸联系和文化交流，秦皇岛作为以能源输出为主的多功能、全方位、综合性的国际贸易大港呈现出开发包容的城市特点。在志书书写上，秦皇岛要记述地方特色，在篇目设计上继承与创新兼顾，融入“一带一路”建设与发展。隋岩《“一带一路”视野下的东部陆海丝绸之路经济带战略的历史背景——东北亚丝绸之路考》一文阐述了“一带一路”战略提出的原因背景，认为黑龙江构建东部陆海丝绸之路经济带具有得天独厚的优势。作者还对东北亚丝绸之路的形成分阶段进行了讨论，认为这条千年古道至今仍不失其魅力。傅健《义乌与古代丝绸之路关系初探》一文从新旧唐书、大清一统志、义乌县志、本地宗谱、文人文集中勾勒出义乌与陆上、海上丝绸之路的有关历史轮廓，认为义乌与陆上丝绸之路主要是文化上的交流，与海上丝绸之路则主要在人、财、物的贸易关系，且交往的速度与水平几乎与全国同步。刘昌厚《挖掘厦门地方历史提供“海丝”文化资源》一文介绍了厦门因海而生、因贸而兴的历史背景，其发展与政治背景息息相关，并介绍了厦门今日的发展现状，是连接海上丝绸之路与陆上丝绸之路的支点。负有强、叶长青《宁夏与丝绸之路经济带的历史机缘研究》一文深入剖析了宁夏在丝绸之路经济带中战略支点的地位，认为其是在恪守“中阿合作”话语下的生成物，并详述了回族形成于丝路，贡献于丝路的演进历程。叶长青《地方志与区域文化协调发展研究》一文首先探讨了区域文化的概念，认为地方志要记载区域文化的各个要素，要注意扩展志书编纂种类、创新志书体例格式、科学设置志书编目、协调古今内容比例，还对促进地方志与区域文化协调发展提出了自己的建议。马新建《地方志与“丝绸之路”区域姓氏文化发展研究——以天水、甘肃、关中—天水经济区及其辐射区为例》一文以区域姓氏文化为切入点，认为天水、关中、陇上区域是中华民族寻根祭祖始地，新志续编应突出这一特色，创新篇目，着力记述姓氏文化，将姓氏文化研究全面纳入地方志工作布局，积极开发利用姓氏文化资源，为甘肃相关地区打造中国文明之源的核心地位与主体形象创造契机。罗生福《“一带一路”视野下的姓氏文化开发》一文论述了姓氏的起源、姓氏文化对地方志事业的价值，介绍了开发姓氏文化产业的几个成功事例，并提出了开发姓氏文化产业的几点设想。

尚季芳、张庆祎《论地名在历史研究中的价值和作用——以兰州市军事地名为例》一文以甘肃省会兰州为主要研究对象，概述了兰州的历史沿革，并从军事边防角度对兰州市区内及周边的一些地名进行考据辨析，反映了彼时的社会风貌及国力盛衰。路其首《明清时期张掖关公信仰研究——以地方志为中心的考察》一文将关注点放在张掖地区的关公信仰上，作者结合明清时期的地方志书和现存碑刻，并实地考察了张掖地区的多所关公庙，认为张掖当地的关公信仰受文化浸染、民众诉求和政府行为三方面影响，不仅满足了群众求得保佑的心理，也对官员维系社会秩序起着重要作用。张晓彭《张澍方志学特色论略》一文总结了张澍的方志学思想，认为张澍兼收并蓄，既注重材料的收集和文献的考订，又不轻视地理考据，构建了以志存史、史地并重、考证科学的独特的方志学理论体系。吴潮海《历史的嬗变——从丝绸发祥地到丝路新起点》一文指出，义乌是丝绸文化的源头之一，该地的蚕桑业、丝织业促进了以丝绸为核心的市场贸易和商业文化发展，义乌发达的水利交通使丝绸通过海上丝绸之路远播海外，主张今天的义乌应把握机会，将义乌打造成为全球国际贸易的高势能港口。莫金鸣、刘耀《浅谈海上丝路及深港地区的地位和作用》一文分析了前人忽视的“海盗集团”在维护海上丝路贸易繁荣和维护国家海权方面的作用，并将深港地区作为一个整体，探讨了其作为海上丝路重要节点地区所具有的不可替代的枢纽地位，其开放和国际化程度为带动周边地区发展、打造深港名片具有重要意义。任丽英《河北省新编方志关于“一带一路”文化交流的记载》一文提出，《正定县志》《乐亭县志》《盐山县志》中有关于河北与东北亚、日韩等国对外文化交流的记载，张家口张库大道、黄骅市海丰镇遗址、邯郸邺城均有文物遗存或考古发掘，都证实河北与丝绸之路有着千丝万缕的联系。闫雪卿《“一带一路”视野下的“张库商道”》一文介绍了由元大都通往今俄罗斯恰克图地区的张库商道形成的背景、兴盛和衰落的原因，总结了张库商道的现实意义，主张发挥张家口历史文化资源优势，弘扬合作共赢的丝路精神，抓住“一带一路”的黄金机遇，让张家口成为丝绸之路上向北开放的重要窗口。李龙《哈尔滨地方志文献所见对俄“一带一路”文化交流》一文通过梳理哈尔滨地方志书所载，从建筑艺术文化、饮食文化、音乐文化、教育文化、语言文化等交流方面，整理了哈尔滨对俄交流的历史与现状，认为俄罗斯文化已经深深地融入了哈尔滨的文化基因，并使哈尔滨成为具有自身特色的城市。冯云龙《从方志文献看景德镇与“一带一路”文化交流》一文以方志文献为基础，以地方文献和历史典籍为佐证，勾勒出景德镇陶瓷的历史发展脉络，认为景德镇陶瓷以及由此所产生的陶瓷贸易在陆海丝绸之路上均扮演了重要的作用，是古代文化交流的重要载体。郑桂槟、丁佩桂《试论“一带一路”视野下如何利用方志资源推动区域文化交流》一文认为，地方志作为区域文化的重要组成部分，具有明显的地域特征，在文化交流过程中，能够集中展现自身丰富的历史人文面貌，在推动“一带一路”建设过程中，地方志应积极整理发掘史料，提升区域文化内涵，找准城市坐标和定位，利用好方志资源，深化区域文化交往。刘星《从地方文献看明代新疆与内地的联系暨地域文化的发展》一文介绍了明代新疆的政治格局和与中央王朝的关系，特别指出了哈密卫的设立以及新疆与西域各国和中原地区的贸易往来情况，并通过维吾尔语言文字的成型、民间诗歌、音乐、舞蹈的繁荣发展反映明代新疆地区耀眼的少数民俗文化。陈郑云《“一带一路”视野下甘肃方志编纂与文化传播构想》一文在论述甘肃独特地方志文化资源的基础上，分析了甘肃在“一带一路”的视野下依法编修史志，利用方志文化资源，拓展方志文化内涵，发挥其文化传播作用，并就如何提升甘肃方志学术影响力提出了自己的意见。

（七）地方志服务“一带一路”建设的路径和方法

“一带一路”建设对地方志工作提出了新挑战，面对新形势，许多与会作者就地方志如何服务“一带一路”提出了建议。王铁鹏在《地方志服务“一带一路”的路径与方法》一文中阐明，地方志在服务“一带一路”战略中具有重大意义，地方志系统应从整理古籍档案、编纂志书年鉴、加强文化研究等方面为“一带一路”建设提供参考，并通过加强顶层设计、整合各方资源、建立长效合作机制等方面提升中华文化影响力。孟学武《助力“一带一路”方志大有可为——关于方志工作“资政佐策 服务社会”的思考》一文认为，方志是文化软实力的硬基础，山西方志记载了山西地区自古以来与“一带一路”绵延不绝的历史渊源，记载了山西拥有优越的区位条件、丰富的旅游资源、独特的经贸产品，集中体现了晋商“诚信、进取”的精神，开发利用价值极大。郝文强《地方志服务“一带一路”建设的路径与方法》一文认为，地方志服务“一带一路”建设可以通过建立专门的方志馆传播地方志文化、提供地情资料、发展地方志文化产业等方式，服务“一带一路”发展的政治、经济、文化目的。丁丽君、乔玮晏

《发掘历史智慧 助力“一带一路”战略——地方志工作服务区域经济发展研究》一文从鉴古知今角度，阐述了长春市历史上与丝绸之路的关联，并提出地方志服务“一带一路”建设应注重三个平台的搭建，注意加强人才队伍建设、完善奖惩机制、强化资料保障制度、完善信息化建设、实施走出去战略、扩大学术交流与合作。滕坤、李彦强《服务“一带一路”建设 方志人要有所作为》一文从历史维度阐述了“计利当计天下利”的中国四维，提出要精心打造大方志格局，创新服务思维，并着眼于未来，做好当代丝路建设伟大进程资料的整理留存。洪民荣、唐长国《上海地方志服务“一带一路”建设的路径和方法》一文介绍了上海地方志机构在做好史志编鉴写史基本工作基础上，探索出的服务“一带一路”战略的路径与方法，体现了上海以国际化的视野、多样化的方法服务“一带一路”建设的特点。贾栋钰《“一带一路”视野下的地方志资源开发利用》指出，地方志资源开发利用随着时代的不同呈现不同的特点，在“一带一路”视野下，地方志工作者应积极抢抓热点、善于把握热点、冷静看待热点，并建议进行供给侧改革、搭建平台体系、研究与普及相结合，来推动地方志服务“一带一路”战略的深度和水平。唐剑平、徐锦光《关于地方志服务“一带一路”建设的思考》指出，提高认识是地方志服务“一带一路”建设的重要前提，地方志工作应宏观把握内容，加强对当地“一带一路”建设工作的指导，树立正确的编纂思路。毛珏珺《整合地方志资源助力“一带一路”建设》阐述了“一带一路”的历史内涵和现实意义，提出地方志作为地域文化的重要载体，在服务“一带一路”建设过程中，地方志工作应积极整合各种资源，承担时代赋予的使命与机遇。管仁富《地方史志服务“一带一路”建设的路径和方法》一文介绍了河南省发挥史志工作优势，提供了富有地方特色的地情服务项目，在展示河南风采、宣传中原文化方面发挥了积极作用。高志刚《地方志服务“一带一路”建设路径与方法初探——以成都市地志办工作为例》一文以成都市志办的工作为例，从抢救整理特色史志文献、编纂特色专志、开展专题调研活动、构建信息化服务平台和编纂简明地情读物五个方面，介绍了地方志服务“一带一路”建设的路径与方法。蒙永红、刘刚《地方志服务“一带一路”建设的路径与方法》认为地方志服务“一带一路”建设不仅必要，而且具有相当的优势，并从服务方法上提出了编纂出版《“一带一路”年鉴》的建议。苏国萍《编修好兵团史志 服务于“一带一路”发展战略》一文针对新疆生产建设兵团在“一带一路”战略中的地位，提出地方志应加大对第二轮志书经济部类和政治部类的编写力度；利用史志资源深化记述内容；将史志成果转化为地情资料和地情文献等，服务于“一带一路”发展战略。曾庆硕《浅谈地方志服务“一带一路”建设的途径》介绍了新疆生产建设兵团十三师所在的哈密地区在古丝绸之路上的重要地位及兵团十三师在此的屯垦耕耘历史，提出通过对历史、地域文化的挖掘、宣传、交流，找到了地方志在服务“一带一路”建设上的支点和切入点。

（八）地方志工作模式创新

一些论者认为，地方志应根据形势的变化及时调整工作方向，适应经济社会发展的新需要。高永生《就对俄合作谈地方志工作新领域的拓展》一文介绍了对俄合作中遇到的对国外地方志资料翻译中的地理名称的考证问题以及考证的方法，就地方志对外合作的愿景及策略进行了初步阐述。许立峰《“一带一路”视野下地方志发展规划纲要的重要意义及地方志工作的创新浅析》一文阐述了“一带一路”战略提出的背景及纲要颁布的重要意义，指出当前地方志工作需创新工作模式，方能革故鼎新，占领文化阵地。孙善英《“一带一路”视野下的地方志创新路径探索》一文认为地方志要真正对接“一带一路”框架下的人文与经贸交流，必须要进一步转变观念，开拓视野，积极作为，扩大地方志服务经济社会的范围与途径，以应对新时期对地方志工作提出的挑战。赵艳珍《以香山为例 探“一带一路”视野下的方志创新》从香山文化的角度，总结了广东省香山地区在古今海上丝绸之路上的作用，在香山海上丝绸之路的研究和建设中提供了重要的历史文献支撑，并就新形势下香山地区地方志事业的创新提出了意见。罗伟伟《“一带一路”视野下地方志工作的供给侧改革》一文认为，当前的地方志工作是以需求侧为主，面对“一带一路”建设的新形势，地方志工作者应转变观念，以供给侧为主，理清发展短板，提高服务经济社会发展的质量。朱正国《从编纂出版模式到研究开发模式——“一带一路”视野下地方志工作模式创新》一文提出了有关地方志转型和创新的四种模式，并就四种模式逐一作了分析和评价，主张在“一带一路”视野下地方志应转向研究开发模式。钱堃《“一带一路”视野下的方志改革探索》以服务“一带一路”为背景，对地方志工作改革的必要性、方法论、方向、重点难点等问题进行了初步探索，提出地方志工作创新应注意整体谋划与重点突破，注重理论创新与实践探索，理性构建工作制度。龙麟《“一带一路”视野下民族地区地方志工作研究——以普洱市为例》一文结合普洱市修志实践，对普洱市地方志工作现状和存在问题进行了介绍和分析，并对如何优化以普洱为代表的民族地区的地方志管理提出建议。张占社《“一带一路”的历史超越对地方史志事业的客观要求》一文提出地方志工作者要主动担当，将丝绸之路的精神传承和发扬，史志兼修，推陈出新。

（九）其他

方志文献的数字化是方志工作的未来趋势之一。近年来全国各地大批数据库和地情网站陆续建成开通，许多基层方志工作者注意到了这一问题，在本届年会中，赵峰《“一带一路”视野下的史志网站数字化方志资源建设》详细分析了全国各地史志网站现状，比较了16家典型史志网站方志文献数据库的内容和功能，并在此基础上建议应树立正确数字化观念，开放方志文献数字资源，丰富专题数据库建设，规范方志数字化的标准等。陈忠、廖运建《“一带一路”视野下促进“互联网+地方志”发展创新研究》一文则从理论建设高度，指出地方志要依托“互联网+”战略，积极开发方志资源宝库，推动志鉴数字化、地情信息化、志鉴管理网络化，推动地方志传统模式的创新，打造地方志与“互联网+”的深度融合。

口述史研究是目前运用广泛的搜集一手资料的方法。在地方志工作中，周华《浅谈口述史方法与自然村落历史人文普查——以深圳市普查实践为例》一文针对深圳市目前的城市化状况，主张在现存资料不足的基础上，引入口述史的研究方法，在自然村落历史人文普查中运用口述史挖掘和抢救隐藏历史，呈现原生态的村落面貌，传承耕读文明。

方志人才的培养是方志事业繁荣发展的重要基础。孙晓东《浅议新形势下县级方志人才的培养》提出县级方志人才队伍现状影响了志书的编纂质量和效果，主张通过培训、实践、私授等切合县级方志人才培养的有效办法，营造良好的人才环境。程汝明《培育方志人才精彩中国故事》一文通过对云南省地方志系统人才现状的调研和对州（市）、县（市、区）方志人才状况的对比分析，主张创新工作方式、培育方志人才、提高工作水平，让地方志在“一带一路”战略中增强方志文化影响力。

二　会议特点评析

会议期间，来自全国各地的专家学者围绕“一带一路”与地方志创新进行了充分的学术交流，各抒己见、新见迭出。此次学术年会呈现出如下几个特点：

（一）研讨内容现实针对性强

本次学术年会围绕地方志与“一带一路”相关问题，紧密贴合实际，适应“一带一路”区域沿线地区政策沟通、设施联通、贸易畅通、资金融通、民心相通的现实需要，通过对沿线地方志文献的整理和研究，填补了我国西部和东南沿海地方志研究、特别是贸易商道等领域研究的缺欠，体现了地方志工作在围绕中心、服务大局，主动服务和融入国家发展战略中扮演的重要角色，是对地方志经世致用这一优良传统的继承和发扬。

另外，针对近日南海仲裁案的非法结果，大会交流的三篇文章均从不同角度阐述了南海历来是中国领土的一部分。与会学者通过对地方志书中大量史料的爬梳、整理，对中国历朝政府对南海的管辖提供了历史依据，志书中大量翔实的资料记载为中国对南海诸岛拥有无可争辩的主权提供了新的历史佐证。这说明在维护国家统一、服务经济社会方面，地方志书有其独特优势。

（二）指导意义突出

本届学术年会的多篇论文都涉及到在第二轮修志过程中面临的现实问题，如地名记述、越境而书等。各地都在摸索新形势下如何将地方志书的编纂贴近现实、提高质量，如何更好地开展地方志工作，确保志书编修出精品、出佳志。与会很多专家学者都有着丰富的修志经验，他们提交的论文对一些实践问题提出了具体可行的解决办法，对第二轮修志实践有着重要的参考和指导意义。

（三）首次与高校合作

本届学术年会是地方志系统与高等院校首次联合举办，这是增强方志文化影响力的一种新尝试。此次年会所搭建的全新学术交流平台，有助于利用高等院校丰厚的学术资源，充分发挥高等院校在教学、科研、人才培养等方面的优势，为推动方志理论研究和方志学学科建设的发展开辟新的领地，为今后方志学研究的进一步深化奠定理论基础。

（四）参会人员来源广泛

本届学术年会共有来自全国各级地方志工作机构、高等院校、科研院所、图书收藏机构等各方面专家学者与会。他们或在编史修志方面有着丰富的实践经验，或在方志理论研究上有着深厚的学术素养，或在宣传方志文化、弘扬方志文化方面走在前沿，他们的论文和观点极大地扩展了地方志的研究领域和范围，使学术年会的研讨视野更加开阔。

三　地方志学术研究的展望和期待

当前，在全国第二轮修志工作轰轰烈烈开展的同时，地方志在志鉴编修、文献收集、开发利用、文化交流、工作模式等方面都发生了深刻的变化，在全国范围内全面推进地方志事业转型升级势在必行。特别是在国家“一带一路”政策的带动下，沿线相关地区在志书篇目设计、记述主题、服务中心工作等方面都涌现出一些新观点新思路，中国地方志学术年会为各地地方志工作者、研究者、使用者搭建了一个良好沟通平台，加强了地方志工作者的交流和合作，但相对于目前地方志事业发展的需要仍显不够，有些地区的地方志工作机构对方志理论研究的重视程度仍有待加强。

与会学者普遍认为，当前地方志学术研究工作取得了长足进步，但仍存在需加强和改进之处。一是需要不断增加交流沟通，扩宽学术视野。由于历史原因，各地对方志编修的重视情况有所不同，历史传承有所差别，造成有些地区修志模式成熟，有些地区则相对薄弱，各地工作模式各有特色，这使得今天的学者和地方志工作者的互相交流和学习借鉴显得尤为迫切，中国地方志指导小组办公室除继续办好地方志学会年会外，还应多组织全国性的研讨会、培训班、学术论坛等，加大对交流平台的支持力度。二是需要注重新材料、新方法在新方志编修中的利用。在“一带一路”的大背景下，史学研究出现了很多新兴的研究材料和研究方法，方志编纂应注重入志资料的全面性、科学性、时代性，突破传统修志模式的局限，加强对信息技术、网络技术的运用，突出二轮志书的时代特色。三是需要继续加强方志系统人才培养工作。鼓励学者尤其是年轻学者从事方志理论研究，规范科研激励机制等相应制度，开展业务培训、人才培养等工作，使方志事业后继有人。

中国地方志学术年会是中国地方志指导小组办公室、中国地方志学会为深入推进顶层设计，加强基础研究和方志学学科建设，做好全国地方志科研工作而提供的一个良好抓手和平台，对开发好、利用好地方志这座资源宝库意义重大。此次学术年会，是全国地方志学者和地方志工作者的一件大事，各地方志同人济济一堂，就“一带一路”与地方志创新问题各抒己见，交流沟通，切磋研讨，达到了预期的效果，对于挖掘“一带一路”沿线发展潜力，增进各地区、各民族间的了解，对于传播中华文化、讲好中国故事、融入世界发展潮流，以及扩大方志文化影响力等均具有积极意义。与会代表表示，地方志工作者应以此次会议为契机，保持密切沟通与合作，改进交流机制、落实研讨内容，为地方志事业发展的转型升级做出积极贡献。

会议议程

2016年9月4日（星期日）全天代表报到

地点：兰州市国泰安宁大酒店大堂

2016年9月5日　（星期一）

08：30—09：30　第一单元：开幕式

地点：兰州市国泰安宁大酒店一楼会议厅敦煌厅

主持：刘玉宏　中国地方志指导小组办公室副主任中国地方志学会副会长

致辞：刘仲奎　西北师范大学校长　教授

张正锋　甘肃省人民政府副秘书长

冀祥德　中国地方志指导小组办公室主任

中国地方志学会副会长兼秘书长

09：30—10：00　合影（留存资料）

地点：国泰安宁大酒店

主持：何玉红　西北师范大学历史文化学院副院长

中场休息

10：00—12：00　第二单元：大会学术交流

（每人限定15分钟）

地点：兰州市国泰安宁大酒店一楼会议厅敦煌厅

主持：张英聘　中国地方志指导小组办公室科研处处长

研究员　中国地方志学会副秘书长

演讲：漆永祥　北京大学中文系中国古文献研究中心

教授　博士

新修方志中传统史志编纂方法与人文情怀的缺失

李并成　西北师范大学教授

敦煌本唐代图经再考

朱敏彦　上海史志学会会长　教授

我国哲学社会科学繁荣发展的纲领性文件——学习习近平在哲学社会科学工作座谈会上讲话的体会

马小彬　四川省地方志工作办公室党组书记、主任　研究馆员

不忘初心　牢记使命 主动作为——学习习近平总书记在哲学社会科学工作座谈会讲话的体会

刘　卫　广东省人民政府地方志办公室副主任

广东历代方志中的南海史料

王铁鹏　《北京志》副主编

地方志服务“一带一路”路径和方法

张占社　甘肃省地方史志办公室信息教育处处长

“一带一路”的历史超越对地方史志事业的客观要求

12：00—14：00　午餐、午休

14：00—16：10　第三单元：分组学术交流、点评

（每位发言人限定10分钟，点评3分钟，讨论15分钟）

地点：兰州市国泰安宁大酒店三楼贵宾室、三楼培训教室、二楼黄河厅

第一组

主持：马小彬　四川省地方志工作办公室党组书记　主任　研究馆员

1. 发言：马艾民　吉林省地方志编纂委员会年鉴指导处处长

“一带一路”视野下的地方志编纂

点评：柳成栋

2. 发言：李志刚　河北省张家口市桥东区档案史志局主编
试论“一带一路”视野下地方志体例的创新——以《张家口市桥东区志》京张铁路编辑为例
点评：田桂珍
3. 发言：邹廷波　西藏自治区地方志办公室工作人员
“一带一路”战略视野下的西藏地方志编修
点评：张斌成
4. 发言：樊春楼　河北省邯郸市涉县地方志办公室副主任　副编审
凡例的设置及其基本要求——结合全国31个省（直辖市、自治区）百余部志书凡例
点评：刘善泳
5. 发言：芙　蓉　内蒙古自治区地方志办公室博士
关于第二轮志书规范记述地名的思考
点评：邹廷波
6. 发言：王建设　四川天隆文化传播有限公司总编
国家方志体系下村志的立身与编修
点评：由林鹏
7. 发言：于盼粘　河北省安国市地方志办公室安国市志主编
“一带一路”视野下修志对中药材进出口的研究
点评：芙　蓉
8. 发言：柳成栋　黑龙江省地方志办公室编审
关于编纂《“中蒙俄经济走廊”黑龙江陆海丝绸之路经济带志》的构想
点评：沈永清
9. 发言：池　诚　陕西省咸阳市地方志办公室工作人员
试论“一带一路”视野下《丝绸人物

志》的编纂

点评：于盼粘

第二组

主持：洪民荣　上海市地方志办公室党组书记　主任

1. 发言：罗　志　江苏省淮安市地方志办公室科员
“海上丝绸之路”视域下的淮安古代对外交流——以方志文献为核心

点评：郑桂槟

2. 发言：赵　岩　江西省地方志编纂委员会办公室副主任科员
“一带一路”视域下明清一口通商时期志书中的河口镇解读

点评：冯云龙

3. 发言：王　翠　浙江省宁波市史志研究中心文献部部长
清代闽南海上贸易考察——基于地方志书材料的研究

点评：莫金鸣

4. 发言：于光建　宁夏大学西夏学研究院　讲师
基于方志视域下的清至民国时期河西走廊城镇商业论述

点评：傅　健

5. 发言：李淑萍　河北省秦皇岛市地方志办公室副主任
试论秦皇岛与“海上丝绸之路”

点评：李　龙

6. 发言：隋　岩　黑龙江省地方志办公室主任
“一带一路”视野下的东部陆海丝绸之路经济带战略的历史背景
章磊代为宣读
黑龙江省地方志办公室副主任

点评：陈郑云

7. 发言：傅　健　浙江省义乌市义乌市志编辑部主编助理

义乌与古代丝绸之路关系初探

点评：罗　志

8. 发言：刘昌厚　福建省厦门市地方志办公室副调研员
挖掘厦门地方历史　提供“海丝”文化资源

点评：任丽英

9. 发言：叶长青　宁夏回族自治区地方志办公室编审
地方志与区域文化协调发展研究

点评：李淑萍

第三组

主持：刘　卫　广东省地方志办公室副主任

1. 发言：孟学武　山西省阳泉市地方志办公室年鉴科科长
助力“一带一路”方志大有作为
——关于方志工作“资政佐策 服务社会”的思考

点评：郭达祥

2. 发言：郝文强　内蒙古自治区地方志办公室副编审
地方志服务“一带一路”建设的路径与方法

点评：程汝明

3. 发言：丁丽君　吉林省长春市地方志编纂委员会副主任
发掘历史智慧　助力“一带一路”战略

点评：龙　麟

4. 发言：李彦强　吉林省白城市地方志办公室主任编辑
服务“一带一路”建设 方志人要有所作为

点评：刘　刚

5. 发言：唐长国　上海市地方志办公室研究室（信息

处）处长（主任）
上海地方志服务“一带一路”建设的路径与方法

点评：王家球

6. 发言：贾栋钰　连云港市地方志办公室方志年鉴处科员
“一带一路”视野下的地方志资源开发利用

点评：赵艳珍

7. 发言：唐剑平　浙江省临安市地方志办公室研究员
关于地方志服务“一带一路”建设的思考

点评：乔玮晏

8. 发言：毛珏珺　江西省方志馆副馆长
配合地方志资源　助力“一带一路”建设

点评：许立峰

16：10—16：30　中场休息

16：30—18：30　第四单元：分组学术交流、点评
（每位发言人限定 10 分钟，点评 3 分钟，讨论 15 分钟）
地点：兰州市国泰安宁大酒店三楼贵宾室、三楼培训教室、二楼黄河厅

第一组

主持：吴浩军　河西学院教授

1. 发言：由林鹏　辽宁省人民政府地方志办公室主任科员
“一带一路”视野下的简志编纂与服务对象

点评：马艾民

2. 发言：张斌成　吉林省长春市九台区地方志办公室科长
浅谈“东北亚丝绸之路”下方志文献价值的体现

点评：李志刚

3. 发言：莫艳梅 浙江省杭州市萧山区地方志办公室副研究员
“一带一路”视野下地方志书文献价值的再评价——以咸淳《临安志》、大德《南海志》为例

点评：李艳玲

4. 发言：王　蓓 浙江省宁波市史志研究中心主任
跨越千年大洋　再现思路盛景——刍议宁波旧志所见海上丝绸之路史料及价值

点评：罗　志

5. 发言：滕元明 福建省地方志编纂委员会志书编辑处副调研员
“海上丝绸之路”视野下方志文献价值的探讨

点评：池　诚

6. 发言：田桂珍 黑龙江省黑河市人民政府地方志办公室主任
“一带一路”方志文献的整理与研究

点评：樊春楼

7. 发言：刘善泳 江西省石城县地方志办公室
让旧志里的文字活起来

点评：柯少强

8. 发言：韩　超 南京图书馆历史文献部助理馆员
略论旧志影印——以陕甘宁旧志为中心

点评：柳成栋

第二组

主持：叶长青　宁夏自治区地方志办公室编审

1. 发言：马新建 甘肃省天水市地方志办公室综合科科长

地方志与“丝绸之路”区域姓氏文化发展研究——以天水、甘肃、关中—天水经济区及其辐射区为例

点评：罗生福

2. 发言：罗生福　广西壮族自治区百色市地方志办公室科长
“一带一路”视野下的姓氏文化开发

点评：马新建

3. 发言：尚季芳　西北师范大学历史文化学院教授
论地名在历史研究中的价值和作用——以兰州市军事地名为例

点评：傅　健

4. 发言：张晓彭　西北大学文学院博士（南阳日报社编辑部副主任）
张澍方志学特色论略

点评：张庆祎

5. 发言：莫金鸣　广东省深圳市史志办公室调研员
浅谈海上丝路及深港地区的地位和作用

点评：赵　岩

6. 发言：任丽英　河北省地方志办公室副编审
河北省新编方志关于“一带一路”文化交流的记载

点评：刘昌厚

7. 发言：闫雪卿　河北省张家口市地方志办公室主任
“一带一路”视野下的“张库商道”

点评：张占社

第三组

主持：王铁鹏　《北京志》副主编

1. 发言：李世恩　山东省日照市地方史志办公室主任

高度重视国家战略意义，明晰节点
城市发展机遇，积极为“一带一路”
建设提供智力支持

点评：李彦强

2. 发言：郭达祥　广东省肇庆市地方志办科员
讲述丝路故事，在“一带一路”中
转型升级——以广东肇庆方志
为视角

点评：唐剑平

3. 发言：高志刚　成都市地方志办公室主任
地方志服务“一带一路”建设路径与方
法初探——以成都市地志办工作为例
王家球代为宣读
四川省成都市地方志办公室　副主任

点评：唐长国

4. 发言：刘　刚　四川省自贡市地方志办公室编辑科
科长
地方志服务“一带一路”建设的路
径与方法

点评：朱正国

5. 发言：苏国萍　新疆生产建设兵团志办公室方志处
调研员
编修好兵团史志　服务于“一带一
路”发展战略

点评：钱　堃

6. 发言：曾庆硕　新疆生产建设兵团兵团第十三师
史志办负责人
浅谈地方志服务“一带一路”建设
的途径

点评：孟学武

7. 发言：许立峰　福建省宁德市地方志编纂委员会
“一带一路”视野下地方志发展规
划纲要的重要意义及地方志工作的

创新浅析

点评：李世恩

8. 发言：孙善英　山东省聊城市地方志办公室

“一带一路”视野下的地方志创新路径探索

点评：孙晓东

2016年9月6日　（星期二）

08：30—10：10　第五单元：分组学术交流、点评

（每位发言人限定10分钟，点评3分钟，讨论15分钟）

地点：兰州市国泰安宁大酒店三楼贵宾室、三楼培训教室、二楼黄河厅

第一组

主持：朱敏彦　上海市地方史志学会会长　教授

1. 发言：李艳玲　福建省厦门市地方志办公室志书工作处负责人

道光《厦门志》——考量“海丝”文化的重要文献

点评：赵鹏团

2. 发言：吴浩军　河西学院教授

白银古旧方志存佚及研究整理考述

点评：韩　超

3. 发言：沈永清　上海市闵行区地方志办公室编辑

海上丝绸之路与新编《上海通志》——关于地方志记载“一带一路”建设的思考

点评：莫艳梅

4. 发言：赵鹏团　浙江省地方志办公室助理研究员

河西出土文献与汉魏王朝疆域地理制度研究

点评：吴浩军

5. 发言：汪凤娟　江西省方志馆编辑

唐宋期间明州（庆元）港港口地位升

格机缘——以地方志为中心的考察

点评：滕元明

6. 发言：柯少强　福建省龙海市地方志编纂委员会科员
方志文献所见明代闽南“海上丝绸之路”文化交流

点评：王　蓓

第二组

主持：任丽英　河北省地方志办公室副编审

1. 发言：李　龙　黑龙江省哈尔滨市地方志办公室科员
哈尔滨地方志文献所见对俄“一带一路”文化交流

点评：李淑萍

2. 发言：冯云龙　江西省景德镇市浮梁县史志档案局
从方志文献看景德镇与“一带一路”文化交流

点评：王　翠

3. 发言：郑桂槟　广东省汕头市地方志办公室地方志科副科长
试论“一带一路”视野下如何利用方志资源推动区域文化交流

点评：闫雪卿

4. 发言：陈郑云　西北民族大学历史文化学院在读硕士研究生
“一带一路”视野下甘肃方志编纂与文化传播构想

点评：张晓彭

5. 发言：赵　峰　上海市青浦区史志办公室副主任科员
“一带一路”视野下的史志网站数字化方志资源建设

点评：陈　忠

6. 发言：陈　忠　新疆地方志编委会信息处副主任科员
“一带一路”视野下促进“互联网+地方志”发展创新研究

点评：赵　峰

第三组

主持：郝文强　内蒙古自治区地方志办公室副编审

1. 发言：赵艳珍　广东省珠海市地方志办公室副研究员
以香山为例　探"一带一路"视野下的方志创新

点评：孙善英

2. 发言：朱正国　广东省云浮市地方志办公室
从编纂出版模式到研究开发模式——"一带一路"视野下地方志工作模式创新

点评：贾栋钰

3. 发言：钱　堃　海南省地方志办公室资料征集处主任科员
"一带一路"视野下的方志改革探索

点评：毛珏珺

4. 发言：龙　麟　云南省普洱市地方志办公室普洱市地方志学会秘书长、《普洱市志》副主编
"一带一路"视野下民族地区地方志工作研究——以普洱市为例

点评：苏国萍

5. 发言：孙晓东　江西省高安市地方志办公室副主任
浅议新形势下县级方志人才的培养

点评：许锦光

6. 发言：程汝明　云南普洱市地方志办公室主任
培育方志人才　精彩中国故事

点评：曾庆硕

10：10—10：20　中场休息

10：20—12：00　第六单元：闭幕式

地点：兰州市国泰安宁大酒店一楼会议厅敦煌厅

主持：杨鹏飞　西北师范大学历史学院院长 教授

1. 大会学术交流（每人限定 15 分钟）

演讲：

张克非　兰州大学博物馆馆长、教授

清代甘肃方志中的国家战略及地方博弈

李　莉　福建省地方志编纂委员会秘书处副处长

福建船政人经略南海的历史见证

陈家传　海南省地方志办公室市县处处长

南海诸岛自古以来就是中国领土

2. 小组汇报分组交流情况（每人限定15分钟）

第一组：马小彬　四川省地方志工作办公室党组书记

主任　研究馆员

第二组：洪民荣　上海市地方志办公室党组书记

主任

第三组：王铁鹏　《北京志》副主编

3. 总结：刘玉宏　中国地方志指导小组办公室副主任

中国地方志学会副会长

编后记

2016年9月4日至5日，由中国地方志指导小组办公室、中国地方志学会联合主办，西北师范大学承办，甘肃省地方史志办公室协办的第六届中国地方志学术年会在甘肃兰州召开。来自全国各级地方志工作机构、科研机构、高等院校、方志收藏机构的120余名专家学者参加了此次年会。

作为中国地方志指导小组办公室、中国地方志学会重要年度学术活动，得到了中国地方志指导小组秘书长、中国地方志指导小组办公室党组书记、主任冀祥德，副主任刘玉宏、邱新立的高度重视。第六届中国地方志学术年会从2016年年初即开始筹备，3月17日，冀祥德会见西北师范大学副校长田澍等一行，就相关合作事宜进行商谈，确定此次年会由西北师范大学承办。这是中国地方志指导小组办公室、中国地方志学会首次与高等院校联合举办学术年会。本届年会围绕贯彻落实《全国地方志事业发展规划纲要（2015—2020年）》，发挥地方志资源优势，扎实推进国家"一带一路"国家重要战略建设等主旨展开深入研讨。同时，还从地方志的角度，对我国在南海所拥有无可争辩的主权进行了阐述。这充分体现了地方志工作在围绕中心、服务大局，主动服务和融入国家发展战略中应有的作用，也是对地方志经世致用传统的继承和弘扬。

会议召开期间，甘肃省人民政府副省长、甘肃省地方史志编纂委员会主任夏红民发来致辞，也得到了甘肃省地方史志办公室主任张军利等领导和工作人员的大力协助，在此一并表示感谢。

会议筹备、召开期间得到了西北师范大学的大力支持。西北师范大学校长刘仲奎出席开幕式并讲话，副校长田澍，历史文化学院院长杨鹏飞全程参加会议。历史文化学院副院长何玉红等在会议组织和会务保障上的周到服务和辛苦付出，得到了与会人员的一致认可。

本届年会共收到论文177篇，经过专家遴选，入选89篇，其余88篇作为存目，附在会议论文汇编之后。会后，我们对文章进行了编校、整理，添加了领导致辞、讲话，附录了会议综述和议程，编辑出版了这本论文集。

本论文集的出版得到了论文作者和会议承办、协办单位在论文修订、图照提供等方面的支持和帮助。方志出版社地方史编辑部主任徐宏，编辑张颢、范静，在论文集的编辑、出版过程中做了大量的工作，正是他们专业、认真、负责的工作态度，才将这部论文集最终呈现在读者面前。

鉴于我们编校水平有限，加之时间仓促，书中难免有疏漏错讹之处，敬请广大读者批评指正。值此论文集即将付梓之际，谨向支持和参与这项工作的领导和同志们表示诚挚的谢意！

编者

2017 年 5 月

“一带一路”与地方志创新
——第六届中国地方志学术年会论文集

主　　编：冀祥德
副 主 编：张英聘　周勇进
责任编辑：范静　张颢
封面设计：战盈彤

出 版 人：冀祥德
出 版 者：方志出版社
地址　北京市朝阳区潘家园东里9号（国家方志馆4层）
邮编　100021
网址　http://www.fzph.org
发　　行：方志出版社发行中心
电话　（010）67110500
经　　销：各地新华书店
排　　版：北京纺印图文设计制作有限公司
印　　刷：廊坊市晶艺印务有限公司

开　　本：889×1194　1/16
印　　张：54
字　　数：1200千字
版　　次：2017年5月第1版　2017年5月第1次印刷

ISBN 978-7-5144-2412-6　　**定价**：280.00元